JURISPRUDENCE

DÉCENNALE

OU

COLLECTION-D'ARRÈTS RENDUS PAR LE SÉNAT DE SAVOIE

De 1838 à 1848

PAR MM. LOUIS PILLET ET ALEXANDRE RÉVIL

Avocats au Sénat de Savoie.

CHAMBÉRY

DE L'IMPRIMERIE DE PUTHOD, AU CHAMP-DE-MARS.

1847

Les Auteurs ayant rempli les formalités prescrites par les L.-P. du 28 février 1826, déclarent se prévaloir des droits et des priviléges accordés par la loi : tout exemplaire non revêtu de la signature des Auteurs sera réputé contrefait.

PRÉFACE.

Si claire et si parfaite que soit la loi, elle ne saurait se passer du secours de la jurisprudence. Le législateur se borne à poser le principe, laissant au juge le soin d'en déduire les conséquences et d'en régler l'application.

Lorsque le texte des lois était diffus et obscur, lorsqu'il fallait de longues et profondes études pour en réunir les fragments épars, les comparer entr'eux, résoudre les antinomies et composer du tout un corps de doctrine précis et homogène, l'interprétation de la loi semblait être réservée à quelques érudits commentateurs. Ce fut l'œuvre de ces docteurs illustres qui se succédèrent du douzième au dix-huitième siècle, et dont les écrits sont à cette époque la principale et presque l'unique source du droit.

Durant cette période de six siècles, les décisions des cours judiciaires sont à peine consultées ; rédigées avec un laconisme excessif et souvent même inintelligible, elles n'exercent aucune influence sur la marche de la jurisprudence. Si elles sortent de l'obscurité des archives, ce n'est qu'autant que de savants arrêtiste comme les Thesauro à Turin, les Casaregis à Gênes, et surtout l'immortel président Favre à Chambéry, s'en sont rendus les interprètes, en ont dévoilé le sens et les motifs, et par là les ont transformées en commentaires véritables.

Dès la publication récente de nos Codes, les rôles ont été intervertis ; tandis que la loi, devenue plus claire et plus concise, rend presque inutiles les veilles laborieuses des commentateurs, les Cours suprêmes, devenues plus explicites dans leurs arrêts, se changent en autant d'assemblées d'interprètes.

Appelées à étudier successivement chacune des questions du droit, apportant à cette étude la maturité de jugement qui distingua toujours le corps de la magistrature, éclairant toutes les difficultés par le feu de la discussion, ajoutant à l'autorité du commentateur privé celle du juge dépositaire des plus graves intérêts, livrant ensuite au public en quelques motifs concis et profonds le fruit de leurs méditations, elles ne pouvaient manquer de conquérir cette suprématie que nul ne leur conteste aujourd'hui dans le domaine de la jurisprudence.

Coïncidence singulière! c'est au moment où nos Codes semblent prendre à tâche de dépouiller les tribunaux de toute autorité législative, [1] que leurs arrêts acquièrent cette glorieuse prépondérance; et ils doivent cette position nouvelle à la loi même qui les oblige à rendre compte des motifs de leurs déterminations. [2]

Transformés en commentaires raisonnés, les arrêts sont devenus par cette heureuse révolution une des sources les plus fécondes de la jurisprudence. Ils sont aujourd'hui ce qu'étaient pour les siècles passés les écrits des glossateurs. Comme autrefois on invoquait le témoignage de ces derniers, on cite aujourd'hui, on commente et on publie de toutes parts les arrêts des Cours suprêmes.

Depuis longtemps les États de Sa Majesté sont entrés dans cette voie : la plupart de nos Sénats ont déjà des organes périodiques qui publient leurs travaux. Le *Diario forense* et les *Annali di Giurisprudenza*, à Turin, les excellentes collections de M. Mantelli et celle de M. Gervasoni, nous tiennent au courant des décisions des Sénats de Turin, de Casal et de Gènes, et ont acquis partout la haute estime qu'elles méritent.

Stimulés par ces exemples, nous avons essayé de livrer à la publicité les arrêts rendus par le Sénat de Savoie, la plus ancienne et l'une des plus illustres de nos Cours suprêmes.

Nous n'avons commencé ce recueil qu'à l'année 1838, parce que c'est la date de la mise en vigueur du Code civil, et surtout parce que c'est alors seulement que les arrêts ont commencé à être tous accompagnés de leurs motifs. [3]

Pendant ces dix ans, des questions intéressantes et variées ont été soumises au Sénat de Savoie. Au lendemain d'une réforme législative, il a eu souvent à résoudre des questions transitoires. C'est là où la loi reste muette, que s'agrandit surtout le rôle de la jurisprudence et l'importance des arrêts.

Confinant à la France et aux cantons Suisses, le ressort du Sénat voit naître

[1] Code civil, art. 17. — Code civil français, art. 5.
[2] Lettres-Patentes du 1er mars 1838. — Art. 111 Code de procédure française.
[3] Le Sénat de Savoie a commencé dans le courant du mois de mai 1838 à donner les motifs de toutes ses décisions.

fréquemment des questions de droit international. Nous nous sommes attachés à les recueillir avec le soin que méritent ces décisions importantes qui touchent de si près au droit public.

Entre les décisions interprétatives de nos lois, nous avons admis de préférence celles qui appliquent les principes de la législation nouvelle, et entre ces dernières, celles qui peuvent servir de commentaire à des dispositions spéciales à notre Code civil. Par là cette collection offrira de l'intérêt, même à côté des grandes collections de la jurisprudence française, et sera indispensable à quiconque voudra pénétrer sûrement le sens et la vraie portée de notre système de législation.

Nous n'avons rien négligé pour donner sur la procédure tous les arrêts en droit rendus par le Sénat. Ce sera, en attendant un Code spécial, le recueil le plus complet des règles et des maximes qui ont cours devant nos tribunaux.

Enfin, des tables détaillées placées à la fin du volume réuniront, comme en un traité méthodique, l'ensemble des matières qu'il contient. En facilitant les recherches, elles feront de cet ouvrage un manuel pratique d'un usage quotidien pour les hommes d'affaires.

Ce qui souvent a été le texte des reproches adressés à la jurisprudence des arrêts, malgré ses avantages incontestables, c'est l'incertitude qui plane sur la question posée et sur les circonstances qui ont déterminé les juges. Mille fois on a répété qu'au milieu de l'infinie variété des espèces, on ne trouve jamais un précédent identique, et qu'en se fiant à des analogies plus ou moins lointaines, on court risque de tomber dans les plus étranges méprises.

Pour éviter cette source d'erreur, autant du moins qu'il est en notre pouvoir, nous avons indiqué en tête de chaque arrêt, sans omettre aucune circonstance, la question résolue par le Sénat. Souvent nous y avons joint un précis des faits, et même, lorsque nous l'avons cru nécessaire, des arbres généalogiques.

Pouvant ainsi reconstruire facilement tout l'édifice du procès, tenir compte de toutes les influences, le lecteur discernera facilement l'esprit et la portée de chaque décision. Il ne devra cependant jamais oublier que l'arrêtiste n'a point pour but de fournir des moules tout prêts, où il ne reste qu'à couler chaque nouvelle espèce qui vient à surgir, mais de recueillir des principes larges et féconds, et en même temps des exemples pratiques qui guident dans l'application de ces principes.

Pour mieux prévenir encore tous les abus, nous avons annoté au bas de chaque arrêt les arrêts conformes et les arrêts contraires rendus par le Sénat de Savoie sur des questions analogues dans cette période décennale; c'est afin d'indiquer les points de droit qui peuvent être acceptés avec sécurité, et ceux au contraire qui, nonobstant des précédents respectables, ne doivent l'être qu'avec plus de réserve.

Tel est le but, tel est le plan de ce travail. En l'entreprenant, nous avons cru servir à la fois la cause de la magistrature, dont il suffit de faire mieux connaître les travaux pour les faire justement apprécier, et celle des nombreux adeptes de la jurisprudence, en mettant à la portée de tous cette collection de documents inédits.

Nous aimons à espérer que nos efforts seront accueillis favorablement. Ce sera pour nous à la fois la plus flatteuse des récompenses et un encouragement pour l'avenir.

Nous ne saurions terminer sans adresser un témoignage public de reconnaissance aux personnes qui ont bien voulu s'intéresser à notre travail : à M. le Président Picolet, Avocat-Fiscal-Général, qui, avec l'affabilité qui le distingue, n'a pas dédaigné de nous encourager et de nous assister jusque dans les moindres détails; à son Excellence M. le comte Grillo, premier Président au Sénat de Savoie, et l'un des rédacteurs du Code civil, qui nous a accueillis avec une bonté qui ne le cède qu'à son rare mérite ; et par-dessus tous, à son Excellence M. le comte Avet, premier Secrétaire-d'État pour les affaires de grâce et de justice, etc., etc., qui, après avoir contribué si puissamment à nous doter d'une législation nouvelle, ne cesse d'encourager tous les travaux qui ont pour but d'en répandre et d'en faciliter la saine intelligence.

Tableau des Abréviations.

. . . ..

P. P.	Premier président.
P.	Président de chambre.
R.	Rapporteur. [1]
C. C.	Code civil des Etats.
C. P.	Code pénal.
C. de C.	Code de commerce.
C. F.	Code civil français.
C. P. F.	Code pénal français.
C. de C. F.	Code de commerce français.
R. C.	Royales Constitutions de 1770.
E. H.	Edit du 16 juillet 1822.
D. R.	Droit romain.
D. A.	Droit antérieur.
Q. T.	Question transitoire.

[1] Chaque arrêt est signé par le président de la chambre et par le rapporteur ; en l'absence du président, le sénateur le plus ancien en remplit les fonctions, et en ce cas, son nom, placé avant celui du rapporteur, n'est pas accompagné de la lettre P : le rapporteur est seul rédacteur de l'arrêt.

JURISPRUDENCE DÉCENNALE.

Année 1838.

LÉGITIME. — ÉVALUATION DES BIENS.

Art. 946 C. c. (B. C.)

Pour fixer le montant de la légitime, on estime les biens suivant leur valeur au temps du décès, si la légitime est payée en argent; et suivant leur valeur au jour du partage, si elle se paie en immeubles:

En conséquence, l'option laissée à l'héritier doit précéder toute expertise. [1]

BERNERD C. Vᵉ BERNERD, née GRILLET.

LE SÉNAT : Attendu que la défenderesse a la faculté de payer en argent ou en immeubles la légitime à laquelle le demandeur a droit dans l'hoirie d'Antoine Bernerd, son père, et qu'elle n'a pas encore déclaré formellement de quelle manière elle voulait payer cette légitime;

Attendu que cette déclaration est un préalable indispensable, parce que si la défenderesse veut faire le paiement en argent, les immeubles devront être évalués suivant leur valeur au temps de l'ouverture de la succession; et que si au contraire la défenderesse veut payer la légitime en immeubles, il ne s'agit que de faire un partage des biens pour en attribuer au demandeur la quotité qui a été convenue au procès;

Ordonne, avant tout, que la défenderesse déclarera, dans le délai de la cause, si elle veut payer en argent ou en immeubles la légitime dont il s'agit.

PETTITI, *P. P.* DE BUTTET, *R.*

CONTRAT PIGNORATIF. — VILETÉ DE PRIX. — ENQUÊTE.

Art. 1683 C. c.

La dépréciation résultant de la qualité de *bien national* peut être soumise à l'appréciation des témoins, sans attenter aux droits sanctionnés par les traités.

Pour établir la vileté de prix dans un contrat argué d'impignoration, on procède par voie d'enquête et non par voie d'expertise. [2]

POLLET C. BLANC.

LE SÉNAT : Attendu que la question à décider n'est point celle de savoir si les lois qui ont déclaré nationale la pièce de terre située au Mollard, dont il s'agit dans la seconde partie du premier fait en matière contraire articulé par Anthelme Blanc, et qui ont ordonné la vente de cet immeuble, ont été sanctionnées par les gouvernements qui ont succédé à celui de la République Française : mais qu'il s'agit uniquement de connaître si cette pièce de terre était dépréciée, à raison de son origine, à l'époque où elle a été l'objet du contrat Richard notaire;

Attendu que cette dépréciation est un fait qu'on peut vérifier sans porter la critique sur les actes qui l'ont produite, et qu'on ne peut se dispenser de la prendre en considération, lorsqu'il s'agit de connaître quelle était, à la date dudit contrat Richard notʳᵉ, la valeur vénale des immeubles compris audit acte;

Attendu que Pollet soutient que ledit

---

[1] Arrêt conf. : 15 août 1843, Janin c. Janin; de Brichanteau, R. — 22 mars 1847, Genevois c. Voguet; Girod, R.
Arrêt contr. : 23 décembre 1824, Lathoud c. Lathoud; Roze, R. — 10 juin 1839, Gallerati c. Bom-

pard; d'Arcollière, R. — 13 août 1844, Gallet c. Gallet; Arminjon, R.
V. Edit sur les affranchissements du 19 déc. 1771.
[2] V. Arrêt du 4 juillet 1845, Perthuiset c. Burnet; Girod, R.

1

contrat ne renferme qu'un pacte pignoratif; que le Sénat a déjà reconnu de forts indices de ce pacte, et qu'il a même préjugé, par son arrêt du 5 janvier dernier, qu'il suffirait à Pollet de prouver la vileté du prix des immeubles dont il s'agit;

Attendu que cette preuve doit être faite par témoins, parce que l'article 1683 du Code civil ne déroge au mode de preuve admis par les Royales Constitutions, que dans le cas qu'il contemple, de l'action en lésion, qui n'est pas celui qui se présente dans la cause :

Sans s'arrêter aux plus amples conclusions d'Anthelme Blanc, admet les deux faits articulés dans son écriture du 23 mai dernier, et ordonne que les parties procèderont en conformité des Royales Constitutions.

PETTITI, *P. P.*   ARMINION, *R.*

---

17 Juillet 1838.

EXPLOIT DE COMMANDEMENT.
ERREUR MATÉRIELLE.

Art. 2379, 2381 C. c. (C. F.)

Un exploit de commandement suffit pour interrompre la prescription, lors même que l'officier ministériel aurait fait erreur sur le tribunal de qui émane le jugement.

FAVRE-BUISSON c. POMEL.

LE SÉNAT : Considérant que la prescription dont le défendeur a opposé se trouve écartée par l'exploit de commandement du 25 juin 1813, sans qu'on puisse accueillir la nullité que le défendeur mesure contre cet exploit, de ce que l'officier ministériel y a désigné le tribunal de Thonon au lieu de celui de Genève; car une erreur de cette nature ne saurait pas mieux vicier un exploit de commandement que ne vicierait un exploit d'exécution une erreur intervenue dans la date de la sentence, dès qu'il résulte suffisamment de l'époque à laquelle elle a été rendue, ou de quel tribunal elle est émanée, circonstances qui résultent de cet exploit, puisque ce sont les mêmes parties et les mêmes sommes énoncées dans le jugement dont s'agit :

Par ces motifs, sans s'arrêter à l'exception de prescription opposée par le défendeur, lui enjoint de payer.

ROZE, *P.*   ROSSET DE TOURS, *R.*

---

23 Juillet 1838.

PRESCRIPTION.

Art. 2257. (C. F., Q. 1.)

La prescription qui se rattache à un contrat est réglée par la loi en vigueur au jour où le contrat a été passé. [1]

LAROCHE c. VIVIANT.

LE SÉNAT : Attendu au fond que les effets d'un acte de vente doivent se régler par la loi veillante à l'époque où il a été passé ;

Attendu que, d'après l'art. 2265 du Code civil français en vigueur à la date de la vente du 9 janvier 1815, celui qui acquiert de bonne foi et par juste titre un immeuble en prescrit la propriété par dix ans, si le véritable propriétaire habite dans le ressort de la Cour royale dans l'étendue de laquelle l'immeuble est situé ;

Attendu que la bonne foi est toujours présumée, et qu'il suffit qu'elle ait existé au moment de l'acquisition (art. 2269 C. F.) ;

Attendu que l'intimé n'a pas détruit cette présomption et n'a rien déduit qui puisse faire exclure l'application de l'article précité (2265) :

Par ces motifs, déclare légitime l'exception de prescription opposée par le demandeur.....

PORTIER DU BELLAIR, *P.*   PICOLET, *R.*

---

24 Juillet 1838.

CONTRAT DOTAL. — DOT. — AUGMENT.

Art. 1312 C. c. (D. R., C. F., Q. I.)

Les époux mariés avant la mise en vigueur des lois françaises ont pu passer contrat dotal sous ces lois, nonobstant la prohibition de l'article 1394 du Code Napoléon. [1]

Les créanciers du mari ne peuvent contester la réalité de la numération de la dot après l'échéance du délai de dix ans fixé par la Novelle 100.

---

[1] Arrêts conf. : 12 mars 1811, Germain Clément c. Guiguet, Clément et cons.; Jacquemoud, R. — 18 juillet 1812, Collombet c. Collombet; Coppier, R. — 3 août 1813, Pernat c. Vuarchex et Anthoine; Cotta, R.

[2] Conclus. conf. : 27 mars 1837.
Arrêt conf. : 18 janvier 1811, veuve Bonnevie c. Genat; De Juge, R.
Contr. : 4 août 1816, Billiod c. Billiod; Girod, R.

BALLAZ C. JEANNE PETIT - CHAULAND
Vᶜ VIAL - COLLET.

Le 14 juillet 1806, les époux Claude Vidal-Collet et Jeanne Petit-Chauland, mariés dès 1795, règlent leurs intérêts civils. Jeanne Chauland constitue à son mari une somme de 1,200 livres, et celui-ci lui fait donation d'une somme de 600 livres, réversible au dernier survivant des époux, en toute propriété, s'il ne naît aucun enfant de leur mariage; et dans le cas contraire, en usufruit seulement.

Le 23 janvier 1817, l'épouse constitue une nouvelle somme de 500 livres en augmentation de dot: son mari lui promet l'augment à la forme du droit, le cas de restitution arrivant.

Le mari étant mort insolvable, Jeanne Petit-Chauland obtient, contre le curateur à son hoirie, une condamnation pour le montant des sommes ci-dessus énumérées, et se pourvoit contre Bullat, tiers détenteur des biens.

Ce dernier se porte opposant, en se fondant:

1° Sur la nullité de la constitution dotale faite en 1806, après la célébration du mariage, au mépris de l'article 1394 du Code civil français.

2° Sur la nullité de la donation de 600 livres, réprouvée par nos lois.

3° Il dit que l'acte du 23 janvier 1817 est frauduleux, et ne peut être opposé au tiers, en conformité de la défin. 1ʳᵉ au Code Fabr. *de dote cauta et non numerata.*

4° Enfin, que l'augment n'est pas dû pour une somme constituée après le mariage, et que d'ailleurs il est entaché du même vice que l'obligation principale.

L'opposant ayant succombé devant le tribunal de judicature-maje de Chambéry, appelle au Sénat, qui prononce en ces termes:

Attendu, au fond, que l'intimée a conclu mariage avec Claude Vial - Collet avant la publication du Code civil; qu'ainsi rien n'a obsté à ce que les époux aient pu régler leurs conventions matrimoniales après la célébration du mariage, en conformité des lois en vigueur en 1795;

Attendu, en ce qui concerne la donation portée par l'acte du 14 juillet 1806, qu'elle n'a pas été révoquée par le donateur;

Attendu, en ce qui touche l'acte du 23 janvier 1817, que l'exception de dot non nombrée n'a pas été proposée par le mari,

dans les dix ans, en conformité de la Novelle 100;

Que l'appelant, étant purement ayant-cause de Vial-Collet, ne peut avoir, dans l'hypothèse la plus favorable, plus de droit que son vendeur, qui ne serait plus admissible à opposer de simulation;

Attendu que l'augment promis le 23 janvier 1817 serait, indépendammen de toute stipulation, dû en vertu de la loi en vigueur lors de l'acte:

Par ces motifs, en recevant Grégoire Ballaz appelant du jugement rendu par le tribunal de Chambéry, le 4 juillet année dernière, faisant droit sur la cause d'appel, déclare avoir été bien jugé par ledit jugement, mal et sans griefs appelé, renvoie en conséquence la cause et les parties par devant le même tribunal, et condamne Ballaz à l'amende de deux écus et aux dépens.

PORTIER DU BELLAIR, P.
MILLIET DE St-ALBAN, R.

---

28 Juillet 1838.

APPEL. — VALEUR. — PRESCRIPTION. —
SERVITUDE DE PASSAGE.

Art 649 C. c. (D. R.)

En matière de servitude, la valeur de la cause est fixée par la valeur du fonds servant. [1]

La prescription trentenaire ne peut être invoquée pour établir une servitude de passage, lorsque le fonds n'est devenu enclavé que par le fait du propriétaire. [2]

---

[1] Par la valeur de l'un des fonds, au choix de l'appelant. — 28 décembre 1840, Viard c. Chatelard-Toinet; Coppier, R. — Nallet c. Rosay; De Juge, R. — 30 décembre 1840, de Chambost c. Genevray; Seitier, R. — 9 août 1811, Sordat c. Meyrier et Condevaur.

[2] La prescription immémoriale est seule admissible, même en cas d'enclave. — 28 décembre 1839, Vernal c. Gay; Seitier, R. — 15 mars 1811, Dufour c. les mariés Clopt et Collivaud; Milliet, R. — 18 juin 1811, Vᵉ Rosset c. Vulliez; Girod, R. — 2 mai 1812, Colliard c. Colliard; Coppier, R. — 6 décembre 1842, Jeandet, Grollier et consorts c. Gerbaix de Sonnaz; de Brichanteau, R. — 24 fév. 1844, Vernaz c. Burnat, Davet et Blanc; Clerc, R. — 29 mars 1844, Roch Puthod c. Lavanchy; Monod, R. — 4 juillet 1845, Ract c. Messier; Anselme, R. — 7 mars 1846, Anthoinoz c. Congrégation de Charité de Thonon; De Juge, R. — 4 août 1846, Reymilliet c. Cheminal; d'Arcolières, R.

PETIT-JEAN C. LES FRÈRES FAVRE.

LE SÉNAT : Considérant, en ce qui concerne la fin de non-recevoir opposée à l'appel, qu'il s'agit d'une servitude dont la valeur est indéterminée, et pour l'appréciation de laquelle le fonds que l'on voudrait soumettre à la servitude doit être pris en considération, puisque c'est ce fonds que l'une des parties veut faire déclarer libre, et que l'autre, au contraire, veut assujettir ;

Que, sous ce rapport, l'intimé n'ayant pas opposé de la non-valeur de l'immeuble inscrit sous le numéro 5109 de la mappe de Vacheresse, que l'appelant prétend soumettre à la servitude du passage, l'objet de la cause reste indéterminé, et par suite, l'appellation dans le cas d'être reçue ;

Considérant, sur le mérite de la cause d'appel, que quand on admettrait que, suivant la jurisprudence de ce pays, lorsqu'il s'agit d'un fonds enclavé, le passage pratiqué pendant trente ans, pour son investiture et dévestiture sur le fonds voisin, pourrait suffire pour acquérir une servitude discontinue, cette jurisprudence ne saurait s'appliquer à la cause actuelle.

(Ici le Sénat explique que le propriétaire du fonds enclavé avait acquis, le 26 avril 1757, une moitié indivise d'un mas communiquant avec la voie publique ; qu'il partagea ensuite, sans se réserver de passage sur le lot de son co-partageant.)

Cela posé, le partage fait dès le susdit contrat du 26 avril 1757, entre les co-propriétaires des numéros précités, et dans lequel l'appelant ou ses auteurs auraient négligé de conserver à la portion à eux échue le passage précédemment pratiqué pour la masse des fonds divisés ; ce partage, dit-on, ne saurait nuire au tiers propriétaire du fonds voisin, et constituer à son préjudice une enclave de nature à autoriser l'établissement d'une servitude discontinue à l'aide d'une possession de trente ans ; toute interprétation favorable à la liberté du fonds devant être accueillie :

Par ces motifs, déboute Claude Petit-Jean des conclusions par lui prises en l'instance.

ROZE, P.   DE MONTBEL, R.

---

31 Juillet 1838.

DOT CONGRUE. — EXCLUSION DES FILLES.

Art. 913 C. c. (R. C.)

La fille qui n'a pas été dotée à l'occasion de son mariage a droit à une dot congrue sur chaque succession dont elle est exclue.

CLÉMENT BATARD-GEVELOT C. ROSE BATARD-GEVELOT.

LE SÉNAT : Considérant que les dispositions du § 1er, tit. 7, liv. 5 des R. C., ne peuvent être appliquées qu'aux femmes mariées, et non à celles qui ne le seraient pas ; les droits de celles-ci étant déterminés par le § 6 du même titre ;

Que, d'après ce dernier paragraphe, les dots des filles doivent être réglées à proportion des biens de la famille ;

Que, pour remplir cet objet, toutes les successions dont elles sont exclues doivent concourir à la formation de leurs dots ; et que c'est ainsi que la jurisprudence de ce pays a entendu les deux paragraphes ci-dessus cités, en les combinant l'un avec l'autre ;

Considérant que le legs fait à l'intimée par son père, dans son testament du 1er janvier 1826, et la perception qu'elle en a faite ensuite, ne sauraient la priver du droit de réclamer une dot sur la succession de son frère, ouverte postérieurement, dès que la dot de la fille non mariée n'est envisagée comme congrue, qu'autant qu'elle reçoit le prix de son exclusion de chaque succession à laquelle elle est appelée *ab intestat* :

Par ces motifs, déclare François Clément Batard-Gevelot non recevable dans son appel de la sentence dont s'agit.

ROZE, P.   ROSSET DE TOURS, R.

---

31 Juillet 1838.

VENTE DE CHOSE LITIGIEUSE. — LÉSION.

Art. 1700 C. c. (D. R.)

L'action en lésion ne rend pas la chose litigieuse. La cession faite dans un pacte de famille n'est pas soumise aux dispositions des lois. *Cod. de litigiosis.*

Excoffier c. Portier.

Excoffier père avait vendu des biens à Portier, et ensuite avait proposé contre cette vente une action en lésion. Pendant la durée de l'instance il céda à son fils Claude, dans un pacte de famille, en date du 27 mai 1834, *tous les droits et actions dérivant du contrat de vente, qui peuvent lui compéter contre sieur Jaillet, détenteur actuel des biens, y compris le bénéfice de l'instance.* — On opposa de nullité à cette cession, en invoquant la loi 2, au Cod. *De litigiosis.*

Le Sénat : Attendu que Claude Excoffier a voulu suivre, en qualité de donataire de son père, l'action commencée par celui-ci, et que Portier lui a opposé qu'il était sans droit et sans action, parce que la donation du 27 mai 1834, Bouchet notaire, était nulle comme ayant pour objet une chose litigieuse;

Attendu que les lois comprises au titre du Code *de litigiosis,* ne sont pas applicables à l'acte du 27 mai 1834, parce que l'action intentée par François Excoffier était celle en lésion de la vente du 1er avril 1818, qui est personnelle, et qu'il n'y avait pas procès sur la propriété des immeubles qui ont été l'objet de la vente;

Attendu encore que ledit acte de donation est un pacte de famille qui a reçu son complément dans le traité du 30 mai 1834, Lachat notaire; que ces deux contrats ont été faits en vue de maintenir la concorde entre tous les enfants de François Excoffier, et d'assurer en même temps des moyens d'existence soit audit François, soit à sa femme; qu'on ne peut attribuer l'acte du 27 mai 1834, ni à un désir de vexer de la part du donateur, ni à un sentiment de cupidité de la part du donataire; qu'ainsi cet acte ne doit pas être placé dans la catégorie de ceux que les lois réprouvent;

Déclare non fondée l'exception du vice de litige.

Pettiti, *P. P.*   Arminjon, *R.*

---

3 Août 1838.

SUBHASTATION. — APPEL. — VALEUR. — TIERS-DÉTENTEUR.

Dans l'instance de subhastation la valeur de la cause d'appel par rapport au tiers-détenteur se dé-termine par la somme dont le créancier poursuit le recouvrement. [1]

Dupraz et consorts c. de Rostaing.

M. le baron de Rostaing, créancier d'Anthelme Cottarel, obtient injonction contre son débiteur, et la fait notifier aux tiers-détenteurs Dupraz, Cottarel, Paccoud et Rive.

Ceux-ci ayant soulevé quelques exceptions, en sont déboutés par le tribunal. Ils en appellent au Sénat.

M. de Rostaing soutient en fait que les immeubles détenus par chacun d'eux valent moins de 1,200 liv., et leur oppose de l'insuffisance de la valeur de la cause.

Les tiers combattent cette fin de non-recevoir, en se fondant sur ce que la somme demandée s'élève à plus de 1,200 livres (6,886 liv. 63 c.)

Le Sénat : Attendu que la valeur de la cause dont est appel est déterminée par la somme dont le sieur Rostaing poursuivait la rentrée sur les immeubles qu'il a désignés comme soumis à ses hypothèques;

Qu'en conséquence, il n'y a pas de fins de non-recevoir qui obstent à l'admission de l'appel, et que les appelants sont recevables à venir par voie d'opposition contre la notification qui leur a été faite de l'injonction accordée le 28 mars 1837,

Les reçoit appelants.

Pettiti, *P. P.*   Mareschal, *R.*

---

4 Août 1838.

VOIE DE FAIT. — DOMMAGES. — SOLIDARITÉ. — PÈRE. — MAITRE.

Art. 1302 C. c. (D. R.)

Les complices et les instigateurs d'une voie de fait sont tous solidairement responsables des dommages envers la partie lésée;

Le père est responsable du fait de son fils non émancipé, et le maître de celui de son domestique, s'ils en ont eu connaissance et ont pu l'empêcher.

---

[1] Concl. du 16 juin 1838.
Ou par la valeur du fonds dont on demande la subhastation. — 14 janvier 1839, Lydrel c. Vallier Ve Plantaz; Picolet, R. — 21 janvier 1839, Orsat, Tolnet et Matrod, c. Pegaz-Toquet; Jaillet, R. — 2 juillet 1841, François Girod et cons. c. les sœurs Pugeat; Jacquemoud, R. — 6 mai 1846, entre les mêmes parties.

VIDAL ET CONSORTS C. GINET PÈRE ET FILS.

LE SÉNAT : Attendu que la nature des excès et voies de fait commis dans les premiers jours de mai 1832, sur les fonds dont il s'agit, attribue aux demandeurs le droit de poursuivre solidairement la réparation des dommages qui en ont été la suite, contre tous les individus qui ont concouru à ces excès, ou qui en ont été les instigateurs ;

Attendu qu'il résulte de l'enquête produite que, le 1er mai 1832 et le jour précédent, Benoît Ginet fils s'est adressé à plusieurs personnes pour les engager à se transporter sur les fonds dont il s'agit, en leur disant : « Qu'il fallait y aller couper du bois, que « tous les habitants de Bordeaux et du Bour- « get devaient s'y rendre. »

Qu'il résulte encore de cette enquête que ledit 1er mai et le jour suivant, grand nombre d'individus se sont trouvés réunis sur lesdits fonds et y ont coupé du bois, et que ledit Benoît Ginet a été vu sur les lieux et pendant que se commettaient les excès ;

Attendu que les démarches de Benoît Ginet doivent le faire considérer comme l'instigateur ou le complice desdits excès et voies de fait, et le rendre dès lors solidairement responsable des dommages qui en ont été la suite ;

Attendu, en ce qui concerne François Ginet, qu'un père est tenu des dommages occasionnés par ses enfants non émancipés, et par les gens de sa famille, lorsqu'il a eu connaissance du fait qui a donné lieu à ces dommages et qu'il a pu l'empêcher ;

Attendu qu'il résulte des actes de l'instance que François Ginet père s'est prévalu des voies de fait dont il s'agit pour soutenir ses prétendus droits sur les fonds des demandeurs ;

Attendu qu'il ne résulte pas que Benoît Ginet fils soit émancipé ;

Attendu en outre qu'il est établi par l'enquête qu'à l'époque desdites voies de fait, Vincent, autre fils de François Ginet, et Louis Berlioz, domestique de ce dernier, se sont rendus plusieurs fois sur les fonds des demandeurs, qu'ils y ont coupé du bois et l'ont apporté au-devant de la maison de François Ginet, qui en a fait son profit ;

Attendu que ces circonstances suffisent pour rendre ledit François Ginet solidairement responsable de tous les dommages causés aux demandeurs par les excès et voies dont Benoît, son fils, a été l'instigateur ou le complice, et auxquels ont encore concouru d'autres personnes soumises à son autorité ;

Par ces motifs, déclare François Ginet et Benoît Ginet tenus solidairement de tous les dommages causés sur les fonds dont il s'agit.

PORTIER DU BELLAIR, P.   PICOLET, R.

———

7 Août 1838.

LEGS CONDITIONNEL. — INTERPRÉ-TATION DE VOLONTÉ.

Le legs fait pour le cas où l'héritier ne laisserait que des filles d'un mariage déterminé, est censé fait également pour le cas où il mourrait sans enfants.

LAVIGNE C. GONTHIER.

LE SÉNAT : Attendu que les conditions apposées dans un testament doivent être subordonnées à la volonté manifestée du testateur ;

Attendu que Jean-Claude Lavigne, en léguant aux enfants mâles de son fils Balthazar le capital de deux mille livres, dans le cas où il ne serait né que des filles de Françoise Gonthier de son mariage avec François Lavigne, a suffisamment fait connaître sa volonté de maintenir ledit legs pour le cas où ladite Gonthier ne donnerait naissance à aucun enfant de ce mariage ;

Par ces motifs, le Sénat déclare Françoise Gonthier tenue de payer le legs dont il s'agit.

PORTIER DU BELLAIR, P.   SEITIER, R.

———

8 Août 1838.

MUR MITOYEN. — EXHAUSSEMENT.

Art. 575 C. c. (Q. T.)

L'article 575 du Code civil qui permet à tout copropriétaire de faire exhausser le mur mitoyen, est applicable aux murs construits avant la mise en vigueur du Code civil.

Les constructions, quoique faites sous la loi antérieure qui les prohibait, doivent être maintenues, si la loi nouvelle autorise à les rétablir.

———

¹ Arr. conf. 8 août 1810, Bovery c. spectable Garin; d'Arcollière, R. — 1 février 1812, Dallinge c. Auger; Mareschal, R. — 23 décembre 1814, Gassilloud c. Vincent; Girod, R. ¹

GOTTELAND C. LANGARD.

LE SÉNAT : Attendu que l'exhaussement des deux murs mitoyens désignés au plan Thomé par les lettres A, E, B, et B, C, a été fait en 1836, et sous l'empire d'une législation qui refusait ce droit aux co-propriétaires d'un mur commun;

Attendu en conséquence que le jugement dont est appel, sous date du 25 vril 1837, a fait une juste application de la loi en condamnant l'appelant à démolir ses nouvelles constructions, et à rétablir les choses dans leur ancien état;

Attendu cependant que l'article 575 du Code civil dispose que tout co-propriétaire peut faire exhausser le mur mitoyen en se soumettant à certaines conditions; que la disposition de cet article qui consacre un principe de police urbaine, est applicable aux murs mitoyens construits avant le 1er janvier 1838, sans que cette application donne à la loi un effet rétroactif, puisque son objet a été de saisir les choses dans l'état où elles étaient; et que c'est d'autant plus le cas d'appliquer cet article à l'espèce, que l'un des murs dont il s'agit a été construit à frais communs sous l'empire du Code français, qui donnait à chacun des co-propriétaires les mêmes droits que l'article 575 de notre Code;

Attendu qu'on ne peut argumenter de l'article 594, qui porte en termes exprès que la disposition de l'article 592 s'étend même aux bâtiments actuellement construits, pour en conclure que l'article 575, ne parlant pas des murs mitoyens déjà existants, leur est par là-même inapplicable, parce qu'il n'y a pas une complète analogie entre la disposition de l'article 575 et celle de l'article 592, la première se bornant à donner plus d'étendue à un droit préexistant, tandis que la seconde confère un droit nouveau sur une propriété libre auparavant de toute servitude;

Attendu qu'il y aurait de l'injustice à ordonner la démolition des ouvrages construits par l'appelant, s'il était constaté qu'il pourrait les rétablir en vertu de l'article 575, puisqu'il éprouverait ainsi un grave préjudice, sans que l'intimée en retirât aucun avantage;

Attendu enfin qu'il est nécessaire, avant tout, de connaître si les murs mitoyens dont il s'agit peuvent supporter la plus grande charge provenant de l'exhaussement et des nouvelles constructions, sans rien perdre de leur solidité, et si l'intimée n'éprouvera aucun dommage, même temporairement, soit à raison de l'exhaussement, soit à raison des nouvelles constructions;

Le Sénat ordonne une vérification par experts. PETTITI, P. P. DE BUTTET, R.

Par arrêt du 4 juin 1842, entre les mêmes parties, le Sénat a autorisé l'exhaussement et décidé que les dommages réclamés par Langard ne pouvaient être que ceux que lui aurait causés la privation du soleil du midi, depuis l'époque de l'exhaussement jusqu'au 1er janvier 1838.

PETTITI, P. P. DE St-BONNET, R.

---

11 Août 1838.

DÉPENS.

Lorsque le Sénat condamne aux dépens de l'arrêt, les coûts des plaidoiries, du rapport et des conclusions motivées, sont compris sous cette dénomination. [1]

MICHON C. BERGOIN.

Le demandeur en réparation, condamné aux dépens de l'arrêt, faisait offre de payer l'assistance du procureur au rapport de la cause, les frais d'expédition et d'enregistrement de l'arrêt, et ceux de l'acte à production, avec son enregistrement et ceux d'expédition.

L'ordonnance impugnée avait alloué en outre les frais des plaidoiries et du rapport, et ceux des conclusions motivées.

LE SÉNAT : Considérant que le montant des dépens de l'arrêt dont il s'agit, doit comprendre tous ceux occasionnés par les actes ou formalités qui s'y rattachent immédiatement, et que ceux qui sont contestés par le demandeur en réparation, sont de cette nature;

Déclare le demandeur non recevable en son appel de l'ordonnance du 27 juillet, ordonnance qui sera observée selon sa forme et teneur, avec dépens.

PORTA. ROSSET DE TOURS, R.

---

[1] Les coûts de l'arrêt, au contraire, ne comprennent que les frais de greffe, ceux d'émolument et ceux d'expédition. Cette différence est aujourd'hui sanctionnée par la jurisprudence constante et uniforme du Sénat de Savoie.

11 Août 1838.

COMPÉTENCE. - RÈGLEMENT DE POLICE.

Le Sénat est seul compétent pour interpréter un règlement de police par lui approuvé.

FERROLLIET C. LA VILLE DE CHAMBÉRY.

LE SÉNAT : Attendu qu'il résulte du rapport de l'architecte de cette ville, en date du deux mai dernier, qu'il est de toute urgence et nécessité de procéder sans retard à la démolition de la façade de la maison appartenante à Claude Ferrolliet et Charles Arragon, qui menace ruine ;

Attendu qu'en cet état de choses, les Syndics de la ville ont pu, aux termes de l'article 143 du règlement de police, ordonner cette démolition ensuite du simple rapport de l'architecte susdit, et qu'ainsi leur ordonnance serait juste et légale ;

Attendu que, ne s'agissant à présent ni de reculement de la façade de ladite maison, ni de nouvelle construction, en conformité de l'article 154 du même règlement, il n'est pas encore le cas de procéder à la fixation d'aucune indemnité envers l'appelant ;

Attendu, d'autre part, que l'ordonnance dont il s'agit étant un acte de simple administration, ensuite d'un règlement approuvé par le Sénat, c'était à ce magistrat que Ferrolliet, s'il se croyait lésé, devait s'adresser pour y faire opposition, et non au tribunal de préfecture ; et qu'ainsi celui-ci s'est avec raison déclaré incompétent par la sentence du huit juin dernier ;

Déclare Ferrolliet non recevable..... ; ordonne que l'ordonnance des Syndics de cette ville, du dix mai dernier, sortira son plein et entier effet.

PETTITI, *P. P.*   COTTA, *R.*

---

14 Août 1838.

LETTRE DE CHANGE. — PRESCRIPTION.

Art. 201 C. de Comm. (C. C. F.)

En matière de lettres de change, la prescription quinquennale, fondée sur l'article 189 du Code de Commerce français, peut être écartée par des présomptions de non-paiement.

MOLLARD C. RECLUS-DUPARQUET.

LE SÉNAT : Attendu que la prescription établie par l'article 189 du Code de Commerce français, dont oppose Reclus Duparquet, n'est fondée que sur la présomption de paiement, que cette présomption légale peut être écartée par une présomption de même force ;

Attendu qu'il résulte du procès-verbal du commissaire à la faillite dudit Reclus-Duparquet, du 5 février 1820, que ce dernier, à la date du 23 décembre 1819, peu de temps après avoir souscrit lesdites lettres de change, se trouvait en état de faillite ouverte ;

Attendu que, dès ladite époque, Duparquet a été dessaisi de l'administration de ses biens, qui, par la force de la loi, ont été mis sous la main de ses créanciers ; qu'en cet état de choses la présomption que le débiteur ne s'est point libéré trouve son appui dans la loi, qui prive le failli de la libre disposition de ses biens ;

Attendu au surplus qu'il est établi par le procès-verbal du 31 janvier, produit au procès, que Paul Mollard a été porté comme créancier au bilan de Reclus-Duparquet, dressé par l'agent de sa faillite, qu'en cette qualité il a été inscrit au nombre des candidats pour le choix des syndics de cette faillite ; qu'il résulte en outre de la copie du jugement du tribunal de Valence, du 6 mars 1835, produite au procès, que ledit Paul Mollard n'a pas été désintéressé dans ladite faillite ;

Sans s'arrêter à l'exception de prescription opposée, ordonne que les parties procèderont céans au fond.

PORTIER DU BELLAIR, *P.*   PICOLET, *R.*

---

14 Août 1838.

EXCEPTION DES DENIERS NON NOMBRÉS
LETTRE DE CHANGE. — DISCUSSION.

Le délai de deux ans fixé par les lois romaines pour proposer l'exception des deniers non nombrés contre des obligations, n'a pu courir : 1° tant que ces obligations ont été considérées comme lettres de change ; 2° pendant la durée des débats sur la nullité de ces effets ; 3° enfin pendant l'instance de discussion.

DISCUSSION VOUTHIER.

LE SÉNAT : Attendu que les consorts Grassis, Berthoud, Martin et veuve Voguet ont soutenu que les effets et lettres de change déclarés nuls par l'arrêt du 26 avril 1836, valaient comme simples promesses reconnues en justice, et faisaient foi de leur contenu, et que le syndic à la discussion, ainsi que l'héritier bénéficiaire, ont opposé de la chose jugée et ont en outre proposé l'exception des deniers non nombrés;

Attendu que, dans l'hypothèse même où les lettres de change déclarées nulles par ledit arrêt vaudraient comme écrits sous seing privé, on pourrait néanmoins opposer contre ceux-ci l'exception des deniers non nombrés;

Attendu que le terme de deux ans accordé par le droit pour faire cette exception n'était pas expiré à l'époque de l'ouverture de l'instance de discussion de l'hoirie de Jean-Baptiste Vouthier, et qu'il n'a pu courir pendant l'instance;

Attendu encore que le délai n'a pas même dû courir avant l'arrêt du 26 avril 1836, soit parce que l'exception n'était pas proposable contre des effets de commerce, tandis qu'ils conservaient leurs priviléges, et avant que les porteurs de ces effets les fissent valoir comme de simples promesses, soit encore parce que l'exception de nullité proposée contre lesdits effets dispensait, à raison de sa force, de formuler en même temps celle des deniers non nombrés, qui n'était que secondaire;

Attendu que les consorts Martin, Berthoud et veuve Voguet ne se sont acheminés à établir leur crédit que par lesdits effets de commerce, et par la voie du serment qu'ils ont offert;

Attendu que leur offre de jurer n'est pas admissible, tandis qu'ils n'emploient que les lettres de change à l'appui de leur demande;

Ordonne que Berthoud, Martin et la Ve Voguet justifieront, ainsi et comme ils verront à faire, d'avoir fourni la valeur des effets dont ils demandent le paiement.

Pettiti, *P. P.* De Buttet, *R.*

---

11 décembre 1838.

LETTRES ROGATOIRES. — GENÈVE.

Lorsque le Sénat défère aux lettres rogatoires, et permet l'exécution dans les États d'un jugement rendu par le tribunal de Genève, il se réserve d'accorder l'injonction en conformité de l'édit sur les hypothèques.

Femme Girod c. Regard.

La demanderesse avait obtenu contre Regard un jugement du tribunal de commerce de Genève, du 21 juillet 1807, et ensuite un jugement de l'audience de la république de Genève, du 11 juin 1819. Elle avait fait notifier ce dernier jugement au débiteur le 1er juillet 1819.

La femme Girod ayant demandé injonction au Sénat, le défendeur fit défaut; le curateur nommé à sa cause se borna à opposer de nullité à cette notification, pour vice de forme.

Le ministère public conclut en faveur de la demanderesse, en se fondant sur ce que le Sénat ne doit entrer dans la connaissance du fonds qu'autant qu'il y a incompétence manifeste, ou exception de solution évidente; il ajouta que les nullités opposées étaient sans consistance.

Sur quoi le Sénat :

Attendu qu'il résulte de l'exploit du 1er juillet 1819 que le jugement du 11 juin précédent a été notifié au domicile de Pierre-Marie Regard; que cette signification est suffisante, aux termes de l'article 68 du Code de procédure civile, invoqué par le défendeur; qu'ainsi ce jugement est passé en chose jugée;

Attendu que, s'agissant en l'espèce d'un jugement rendu à l'étranger, aux fins de se pourvoir par exécution immobilière, il est le cas d'accorder l'injonction demandée.

Le Sénat, en déférant aux lettres rogatoires du conseil d'état de la république de Genève, déclare exécutoire dans ce ressort le jugement rendu par le tribunal de Genève le 21 juillet 1807, et celui du tribunal de l'audience du même lieu, du 11 juin 1819, et par suite enjoint à Me Montagnole, en sa qualité, et en conformité de l'article 94 de l'édit du 16 juillet 1822, de payer à la demanderesse, dans trente jours, ou procurer par effet la somme de 1,157 liv. 16 cent., suivant la liquidation portée en la requête de la demanderesse, avec dommages-intérêts tels que de droit, et c'est sous toutes dues distraction et imputations : et à l'effet de ladite injonction, est commis le premier huissier ou sergent royal requis, pour faire la notification exigée par ledit article.

Portier du Bellair, *P.* De Montbel, *R.*

---

22 *Décembre 1838.*

ÉTAT CIVIL. — OMISSION. — DÉCÈS.

Art. 63 C. c. (C. F.)

En cas d'omission sur les registres de l'état-civil, le décès d'un individu peut, d'après les lois françaises, être établi par simples présomptions, pourvu qu'elles soient graves, précises et concordantes. [1]

GAILLARD C. GAILLARD ET SANGLERAT.

Attendu qu'il résulte suffisamment de la déclaration de révérend Agnoletti, prieur de l'hôpital du St-Esprit, à Rome, produite au procès, que, pendant que le gouvernement français a occupé cette ville, les registres de décès des militaires reçus audit hôpital étaient tenus par l'administration militaire française ; d'où il suit que ces registres n'étaient point tenus, comme ils auraient dû l'être, par les officiers de l'état-civil ordinaire ;

Attendu que, quoique l'article 46 du Code civil des Français ne fasse mention d'une manière expresse, pour être admis à la preuve testimoniale des actes de l'état-civil, que des cas où les registres n'auraient pas été tenus, ou auraient été égarés, cette disposition n'exclut point ladite preuve dans le cas où les registres présenteraient des omissions, et que c'est ainsi que la jurisprudence française a interprété ledit article ;

Que, quoique ce même article porte qu'en cas de non-tenue ou de la perte des registres, les juges pourront admettre la preuve des mariages, naissances et décès, tant par les registres et papiers émanés des pères et mères décédés, que par témoins, cette disposition n'est point limitative ;

Qu'à défaut de témoins, il doit être laissé à la prudence et aux lumières du magistrat de suppléer à la preuve testimoniale, lorsqu'il se rencontre, au sujet du fait qui fait l'objet de la contestation, des présomptions graves, précises et concordantes, ainsi qu'on le voit établi par l'article 1353 du susdit Code ;

Que ces présomptions graves et concordantes se rencontrent dans la cause actuelle relativement au décès d'Alphonse Gaillard, à l'époque énoncée en l'instance : elles se fondent sur le certificat émané du bureau

[1] V. Concl. du 31 mars 1838.

de la guerre en France, produit au procès ; sur ce que depuis 1810 ledit Alphonse Gaillard n'aurait pas donné de ses nouvelles, ainsi que les parties n'en ont pas disconvenu au procès ; et encore sur ce que les consorts Gaillard auraient eux-mêmes, en se faisant forts pour le demandeur dans le contrat de vente du 26 juin 1828, implicitement reconnu que ce dernier avait des droits au domaine vendu, ce qui présupposait le décès d'Alphonse Gaillard antérieurement à la cessation du gouvernement français dans ce pays ;

Par ces motifs, le Sénat déclare Sanglerat tenu à relâcher au demandeur le trente-septième et tiers du domaine vendu par le contrat du 26 juin 1828.

ROZE, P.   ROSSET DE TOURS, R.

---

31 *Décembre 1838.*

BILLET SOUS SEING PRIVÉ. — DATE CERTAINE. — TIERS. — AYANT-CAUSE.

Art. 1428, 1432 C. c. (C. F.)

Un arrêté de compte entre sociétaires est valide, quoiqu'il ne soit pas rédigé à double original.

Il ne peut être opposé aux cessionnaires de l'un des sociétaires, s'il n'a acquis date certaine avant la cession.

TARTARAT-COMTET C. BOCHET ET RICHARD.

Tellier avait passé, le 30 juillet 1810, vente de ses biens à ses gendres Tartarat-Comtet et Bochet ; ceux-ci, par écrit du même jour, avaient pris charge de payer toutes ses dettes.

Les frères Richard, se disant créanciers de Tellier en vertu d'un écrit sous seing privé du 31 mars 1810, tirent en instance les deux cessionnaires, qui nient la signature et la date du billet, et subsidiairement y opposent de nullité, pour défaut de rédaction à double original.

LE SÉNAT : Attendu que, quoique par le susdit jugement, on ait déclaré valable l'écrit privé du 30 juillet 1810, contre Tartarat-Comtet et Bochet, les clauses de cet écrit combinées avec celles de l'acte de vente du même jour, établissent clairement que ces derniers ne peuvent pas être tenus de payer indistinctement toutes les dettes de Louis Tellier, quelle qu'en soit la date ; mais seulement celles dont la date serait antérieure à l'acte de vente et à l'écrit privé susdit ;

Attendu qu'en cet état de choses, les sœurs Tellier ayant le droit de prouver le paiement de la somme de 2,500 livres (comme elles se l'étaient réservé dans les actes), et leurs maris ayant opposé formellement à l'écrit sous seing privé du 31 mars 1810, produit par les frères Richard, comme titre de leur créance envers Tellier, qu'ils ne reconnaissaient ni la signature de celui-ci, ni la date de l'écrit, ni même l'existence de la dette, le tribunal ne pouvait ni ne devait, sans autre, passer à la condamnation des mariés Tartarat-Comtet et Bochet, comme il l'a fait par sa sentence dont est appel ;

Attendu que, quelles que soient la force et l'étendue des obligations contractées par les appelants, en vertu de l'acte de vente et de l'écrit privé du 30 juillet 1810, sus

énoncés, néanmoins les frères Richard, qui fondent leur action sur l'écrit sous seing privé du 31 mars 1810, dont la signature n'est pas reconnue, et dont la date n'est pas certaine, doivent, avant tout, justifier de l'une et de l'autre ;

Attendu que l'écrit du 31 mars 1810, appelé transaction, n'est substantiellement qu'un simple arrêté de compte de la société qui avait existé entre Louis Tellier et le père Richard, qui ne contient pas des conventions synallagmatiques, et qu'ainsi il ne peut être nul par défaut de rédaction en double original, aux termes de l'article 1325 du C. c. F. ;

Ordonne, avant tout, que les frères Richard justifieront, par tous moyens de droit, de la réalité et sincérité de la signature et de la date de l'écrit privé du 31 mars 1810.

PETTITI, *P. P.* COTTA, *R.*

JURISPRUDENCE DÉCENNALE.

Année 1839.

---

2 Janvier 1839.

PUISSANCE PATERNELLE. — TRANSAC-
TION. — ACQUIESCEMENT. — PROCU-
REUR. — DÉSAVEU.

Art. 252 C. c. (D. R.)

Sous l'empire du droit romain, le père, comme
légitime administrateur des biens de ses enfants,
peut transiger en leur nom sans formalités judiciaires.

Le procureur, sans mandat spécial, ne peut
acquiescer à la condamnation de son client.

Il peut être désavoué lorsqu'il a excédé les bornes
de son mandat. [1]

Requin c. Requin (les soeurs).

Sur l'appel des jugements rendus le 30
novembre 1835 et le 2 janvier 1837,

Le Sénat : Attendu que Sophie Requin
avait formé demande contre Jean-François
Requin, tant de son chef qu'en qualité de
père et légitime administrateur d'Etienne
Requin, son fils mineur, tendant à obtenir
une dot congrue équivalente à la légitime
dans la succession de Claudine Fressoz, sa
mère;

Attendu que, par un accord sous seing
privé fait entre les parties pendant le cours
du procès, le 28 octobre 1835, Jean-François Requin s'est engagé à payer à ladite
Sophie Requin, sa fille, la somme de mille
livres pour supplément de dot congrue, en
sus des trois mille que lui avait léguées sa
mère, dans son testament du 23 février
1825, Berthier notaire, et cela parce qu'il
considérait ce legs comme insuffisant, et en
outre pour terminer un procès long et dispendieux;

Attendu, en droit, que le père, comme
légitime administrateur des biens et avoirs
de son fils, ne doit pas être assimilé à un
simple tuteur, et que l'appelant, en vertu
de sa puissance paternelle, a pu validement
faire, sans autre formalité, le traité et la
transaction dont il s'agit;

Attendu qu'aucune loi, dans l'espèce,
n'imposait la communication des pièces au
ministère public;

Sur l'appel du jugement rendu le 5 janvier 1837;

Attendu que le procureur constitué par
l'appelant dans cette seconde instance,
n'avait ni titres, ni mandat, pour consentir
à la condamnation portée par ledit jugement;

Attendu, en conséquence, que l'appelant
est fondé à le désavouer :

Par ces motifs, déclare Jean-François
Requin non recevable en son appel des jugements du 30 novembre 1835 et du 2
janvier 1837;

Le reçoit appelant du jugement du 5
janvier 1837, et ordonne de procéder ultérieurement.

Portier du Bellair, P. Jaillet, R.

---

[1] Concl. du 1 avril 1838.
V. arrêt du 15 juin 1811, Parseval et cons. c.
de Costa; Clert, R.

7 Janvier 1839.

TESTAMENT MYSTIQUE. — TESTATEUR QUI NE SAIT PAS LIRE. — ADMINIS-TRATEUR. — SENATUS - CONSULTE LIBONIEN.

Art. 755 C. c. (D. B.)

Sous les lois romaines, le testateur qui ne savait pas lire pouvait faire un testament mystique, en employant un huitième témoin.

Le Senatus-Consulte Libonien n'était pas applicable à l'admistrateur qui avait capté la volonté du testateur en faveur de ses administrés. [1]

Conseil de Charité de Viuz-en-Sallaz c. Pellet-Collet.

Le Sénat : Attendu que d'après la juris-prudence romaine consignée dans la loi 21 du Code, au titre *de Testamentis*, il est permis indistinctement de tester d'une ma-nière mystique, et d'écrire soi-même son testament, ou de le faire écrire par toute autre personne à son choix; à la charge seulement de faire intervenir un huitième témoin pour la souscription de l'acte de présentation, dans le cas où le testateur ne saurait ou ne pourrait, lui-même, le sous-crire;

Attendu qu'il n'a été dérogé à cette faculté générale de tester mystiquement, que rela-tivement à l'aveugle, lequel, aux termes de la loi 8 du Code, au titre *qui testamenta facere possunt*, ne peut tester que par nun-cupation; mais qu'on ne saurait étendre cette disposition exceptionnelle à la personne qui ne sait pas lire, soit parce que la loi garde le silence à l'égard de celle-ci, ce qu'elle n'aurait pas vraisemblablement fait, si elle eût entendu comprendre les individus en très grand nombre qui ne savent ni lire ni écrire, soit parce que les mêmes motifs ne subsistent pas à l'égard de ces derniers, l'aveugle pouvant beaucoup plus facilement qu'eux être trompé sur l'état matériel de son testament;

Qu'aussi, d'après la pratique suivie dans ce pays, les personnes qui ne savent pas lire, sont admises à tester mystiquement, sans que ni les magistrats devant lesquels elles se présentent à ces fins, ni les notaires auxquels elles remettent leurs testaments, s'informent si elles savent lire; que la ju-risprudence observée dans les états est sur ce point constante et uniforme; que les Sénats de Turin et de Savoie ont ainsi pro-noncé, ce dernier notamment par arrêt du 12 janvier 1767, rendu dans la cause de Jacques - Antoine Ménoiaz, contre Jean-Baptiste Trépier et Charlotte Pugin, ayant décidé que les personnes *illitérées* peuvent tester mystiquement;

Attendu d'autre part que le Sénatus-Con-sulte Libonien n'est applicable qu'à ceux qui s'attribuent des legs à eux-mêmes ou à ceux qui sont sous leur puissance, et que tel n'est point le cas d'un syndic ou admi-nistrateur d'œuvre-pie vis-à-vis de ses administrés :

Par ces motifs, déboute Pellet-Collet des conclusions par lui prises en nullité du testament de Claudine Boulaz, sa mère.

Roze, *P.* D'Arcollières, *R.*

---

12 Janvier 1839.

LEGS. — CONDITION.

Art. 824 C. c. (D. B.)

Les legs mis à la charge de l'héritier pour le cas où il ne se fixerait pas dans une résidence déterminée, n'a rien de contraire à la liberté individuelle, et en conséquence n'est pas prohibé par les lois.

Conseil de Charité de Rumilly c. Gavard.

Le Sénat : Attendu que par son testament du 5 décembre 1831, reçu à Escles par Me Ramus, notaire, Joseph Gavard lègue à son fils son domaine d'Escles, à la charge d'y fixer sa demeure ordinaire pour surveil-ler l'exploitation du domaine qui vient de lui être attribué, et faire les réparations journalières dont il a un grand besoin; et dans le cas où il viendrait à quitter ladite demeure pour aller se fixer ailleurs, il le charge pour lors de payer une fois pour toutes la somme de 600 livres aux pauvres de Rumilly, auxquels il la lègue dans ledit cas ;

Attendu que cette clause ne contient rien qui soit contraire aux lois et aux bonnes mœurs, que la liberté du légataire n'est pas gênée d'une manière absolue par cette condition ;

Attendu d'autre part que Fabien Gavard,

---

[1] Concl. contraires du 15 juin 1838.

ne se fixant à Rumilly, chef-lieu de la commune où est situé le hameau d'Escles, n'a pas rempli la charge qui lui était imposée, que dès lors la condition du legs est arrivée :

Par ces motifs, condamne Fabien Gavard à payer le legs de 600 livres.

PORTIER DU BELLAIR, *P.*
DE MONTBEL, *R.*

---

14 Janvier 1839.

APPEL. — VALEUR. — TIERS-DÉTENTEUR.

La valeur de la cause, pour le tiers-détenteur sommé de payer ou de délaisser, s'estime par la valeur des biens soumis à l'hypothèque. [1]

LYDREL C. VALLIER.

LE SÉNAT : Attendu que la demande formée par un créancier contre un tiers-détenteur de payer ou de délaisser l'immeuble soumis à l'hypothèque de sa créance, met en litige l'immeuble dont il s'agit, que dès lors et à l'égard de ce tiers, la cause doit être appréciée par la valeur de cet immeuble ;

Attendu qu'il n'est pas contesté que les biens dont l'intimé demande le relâchement n'excèdent une valeur de 1,200 livres :

Reçoit Jean-Marie Lydrel appelant.

PORTIER DU BELLAIR, *P.* PICOLET, *R.*

---

19 Janvier 1839.

INJURES VERBALES. — ACTION CIVILE. — PRESCRIPTION.

Art. 147 C. p. (D. R.)

Sous le droit romain, l'action civile en réparation d'injures verbales se prescrivait par un an.

Lorsque l'injure rejaillit sur la famille, l'action peut être intentée par tout individu appartenant à la famille.

---

[1] Concl. conf. : 22 mai 1838.
Arrêt conf. : 21 janvier 1839, Orsat Matrod c. Pegaz-Toquet ; Jaillet, R. — 12 août 1839, Gruaz c. Tissot et consorts ; Mareschal, R. — 2 juillet 1841, Ponçon et Girod c. les sœurs Pugeat ; Jacquemoud, R. Ou par la somme demandée : 3 août 1838, Dupraz c. Rostaing ; Mareschal, R.

MUGNIER, GOTTELAND C. GUILLET.

LE SÉNAT : Attendu que l'action civile pour injure verbale, quelle que soit la gravité de cette injure, est éteinte par la prescription, si la partie offensée a laissé écouler une année sans porter plainte en justice ;

Attendu que la demande de Gasparde Guillet ne saurait être repoussée sous prétexte d'un défaut de droit, parce que l'action en injure compète à tout individu appartenant à la famille, lorsque cette injure rejaillit sur sa famille :

Par ces motifs, reçoit Gasparde Guillet appelante, et déclare légitime l'exception de prescription opposée par Gotteland.

ROZE, *P.* PORTA, *R.*

---

4 Février 1839.

LITISPENDANCE. — PRESCRIPTION. — BILLETS.

Art. 204 C. de Com. (C. Com. F.)

Un simple exploit de citation ne suffit pas pour saisir un tribunal et constituer litispendance.

La prescription de cinq ans, en conformité de l'art. 189 du Code de Commerce français, n'est pas applicable aux billets simples, quoique revêtus d'endossement et protestés.

MAGNIN C. BOURREL-GREPINET.

Magnin souscrit en 1815 quatre billets en faveur de Bourrel-Grepinet. Ce dernier le fait d'abord en 1817 devant le tribunal de Chaumont, où deux des billets étaient payables. En 1837, il le poursuit devant le tribunal de St-Jean-de-Maurienne, et ensuite porte sa cause au Sénat.

Magnin oppose de litispendance et de prescription.

LE SÉNAT : Considérant, sur le premier moyen, la litispendance dont a opposé le défendeur, que l'exploit de citation devant le tribunal civil de l'arrondissement de Chaumont, département de la Haute-Marne, du 8 mars 1817, sur lequel il prétend fonder son exception déclinatoire, n'a pu attribuer à ce tribunal la connaissance de la cause, parce que cet acte ne serait pas émané de lui, qu'il n'en aurait pris aucune connaissance ;

Considérant en outre que le défendeur

est absolument sans intérêts dans son exception, puisqu'il peut se défendre plus commodément et à moins de frais dans la province du lieu de son domicile ;

Considérant, sur le second moyen, la prescription, que l'article 189 du Code de Commerce, invoqué par le défendeur, n'a introduit la prescription de cinq ans que pour les lettres de change et billets à ordre souscrits par des négociants et pour fait de commerce ; que les billets dont il s'agit au procès ne présentent pas ces qualités, et ne peuvent être considérés que comme des billets simples, sans que les endossements dont ils sont revêtus, ni les protêts, aient pu leur faire perdre cette qualité ;

Que de pareils billets ne sont point sujets à la prescription portée par l'art. 189 :

Par ces motifs, déclare Magnin non recevable en son appel.

Roze, *P.*   Rosset de Tours, *R.*

---

8 Février 1839.

DOT. — RAPPORT. — PRÉCIPUT.

Art. 1075 C. c. (D. R.)

La dot constituée par les ascendants est toujours soumise au rapport. Elle ne peut être considérée comme préciput qu'autant qu'elle a été formellement constituée à ce titre.

Lorsqu'une somme est constituée en dot avec stipulation expresse que le constituant l'emploiera dans un terme fixé à acquérir des immeubles qui deviendront alors dotaux, ce n'est pas la somme convenue qui est sujette au rapport, mais bien la valeur des immeubles au jour de la délivrance qui en est faite au mari constitutaire.

Une donation de cette nature ne peut être critiquée comme donation de biens à venir.

Baron Favrat c. D^me Dessaix, v^e Breissand.

Le Sénat : Considérant que d'après la loi suivie à l'époque du contrat civil de mariage de D^lle Dessaix et du colonel Breissand, tout héritier venant à une succession devait rapporter à ses cohéritiers tout ce qu'il avait reçu du défunt par donation entre vifs, directement ou indirectement, lorsque le don ne lui avait pas été fait expressément par préciput et hors part, ou avec dispense de rapport ; que si, d'après la jurisprudence suivie en Savoie lors de la mort du général Dessaix, il paraissait admis que les donations pures et simples faites entre vifs ne se rapportaient pas à la succession du donateur, ainsi qu'on pouvait l'induire de la déf. 4 du président Favre, au titre *De Collat.*; de la déf. 50, au titre *De inof. test.*, et d'un arrêt rendu par le Sénat de Savoie, le 51 août 1791, dans la cause des frères Pellicier, il n'en était pas de même de la dot qui devait toujours être rapportée à la succession de l'ascendant qui l'avait constituée, lorsque la fille dotée venait y prendre part en concours avec d'autres descendants. L. 17 et 20 au Cod. *De Collat.*; Favre, déf. 51 *De inof. testam.* ;

Qu'ainsi, soit qu'on se rapporte à l'une ou à l'autre de ces jurisprudences, il n'est pas douteux que la veuve Breissand ne doive rapporter intégralement ce qu'elle a reçu à titre de dot du général Dessaix, son père ; et elle en convient elle-même, n'étant en différend avec les mariés Favrat que sur la nature et la consistance de cette dot ;

Considérant, sur ce point de contestation, que dans le contrat du 23 mars 1808, le général Dessaix n'a pas simplement constitué à sa fille une dot en argent, et à devoir être assise sur des immeubles que le mari achèterait, mais qu'il s'est engagé à fournir lui-même des immeubles à son choix, avec stipulation expresse qu'ils deviendraient dotaux dès l'époque du relâchement qui en serait fait ; relâchement qui, en effet, a eu lieu, pour remplir les conditions du contrat, au moyen de l'assignation que renferme l'acte sous seing-privé du 23 octobre 1809, enregistré le 30 du même mois ;

Que, d'après cela, on ne saurait révoquer en doute que la Dame Breissand n'ait reçu réellement pour son père, dès la date du contrat et nonobstant le terme qui y est stipulé, une dot en immeubles ; que ces immeubles ne soient provenus de la substance paternelle ; et que par suite ladite Dame Breissand ne doive être tenue de rapporter cette dot à la masse de la succession paternelle, dès qu'elle veut y prendre part comme cohéritière ;

Que, pour ne soumettre ladite veuve Breissand qu'au rapport de la somme de 80,000 livres, on alléguerait vainement que le général Dessaix ne possédait pas, à l'époque de la constitution faite à sa fille, les immeubles qu'il a remis par la suite, et qu'à teneur de l'article 943 du Code français, la donation des biens à venir était nulle : car, le fait fût-il vrai, la nullité dont cet article frappait la donation de biens à venir, n'était pas applicable aux donations faites dans les contrats, suivant la disposition de l'article 947 du même Code, puisée dans l'article 17 de l'ordonnance du mois de février 1731. D'ailleurs, quand on supposerait, contre la disposition de la loi, la nullité de la donation des biens à venir, le général Dessaix ayant rempli l'engagement naturel résultant du contrat dotal, et les mariés Breissand s'y étant conformés de leur côté, aucune des parties ne saurait plus s'en écarter, sous prétexte d'une nullité qui aurait existé dans le principe;

Qu'on ne chercherait pas avec plus de fondement à puiser dans les expressions du contrat dotal dont il s'agit, portant une constitution de 50,000 liv., payables dans huit ans, qu'on ne chercherait pas, dit-on, avec plus de fondement à y puiser une intention de la part du général Dessaix de n'opérer, dans l'acte du 25 octobre 1809, qu'une dation en paiement, ou une vente en faveur des mariés Breissand; car le général Dessaix, ne pouvant être contraint à payer en deniers la dot constituée, et, de leur côté, les époux pouvant l'astreindre à leur délivrer des immeubles d'une valeur de 40,000 livres, l'on ne saurait envisager que le père ait vendu, ni opéré une dation en paiement pour éteindre une dette en deniers qui n'existait pas réellement;

Considérant, en ce qui concerne les conclusions subsidiaires prises par la veuve Breissand, tendant à ce qu'il soit déclaré qu'elle est en droit de retenir, à titre de préciput et hors part, et à concurrence de la quotité disponible, toute plus-value qui aurait pu exister dans les immeubles remis par l'acte du 25 octobre 1809, que ces conclusions ne sauraient être envisagées comme fondées;

Qu'en effet, pour qu'il pût y avoir lieu à une pareille retenue, il serait nécessaire que la donation eût été faite à titre de préciput et hors part;

Que si, dans quelques circonstances, la jurisprudence a admis ladite retenue dans le cas de donations indirectes faites sous les couleurs de contrats onéreux, c'est parce qu'il résultait évidemment que l'un des contractants avait eu en vue d'avantager l'un de ses successibles au détriment des autres;

Or, dans le contrat dont il s'agit, on ne rencontrerait ni clause expresse, ni présomption qui engage à croire que le général Dessaix ait voulu faire un avantage à la dame Breissand, au préjudice de sa sœur, et

écarter ainsi une égalité que la loi présume avoir été dans les vues du défunt, surtout de la part du père à l'égard de ses enfants;

Par ces motifs, déclare la veuve Breissand tenue de rapporter à la masse de la succession du général Dessaix.... la valeur à dire d'experts, qu'avaient, à l'époque du décès dudit général, les quatre cinquièmes des immeubles remis aux mariés Breissand par l'acte sous seing-privé du 25 octobre 1809... avec intérêts tels que de droit, dès l'époque de l'ouverture de la succession.

Roze, P.   Coppier, R.

---

18 Février 1839.

DOT. — DONATION. — RENONCIATION.

Art. 117, 1525 C. c. (D. R.)

La constitution dotale faite après le mariage n'est point une donation soumise aux formalités ordinaires; l'acceptation du mari est suffisante.

Est cependant nulle la renonciation à la succession du constituant, qu'aurait consentie le mari en recevant la dot, cette renonciation n'étant faite ni en conformité de la loi dernière au Code *De pactis*, ni à l'occasion du mariage. [1]

JACOB c. JACOB.

LE SÉNAT : Attendu, sur le premier chef, que Jacques Jacob ayant, par le contrat du 27 juin 1816, fait en faveur de sa fille et de son mari une constitution de dot, à laquelle cette première aurait pu l'astreindre depuis le rétablissement des anciennes lois, dans le cas même où il se serait mariée sous le régime de la communauté, cette constitution ne saurait être envisagée comme une donation, ni conséquemment être soumise aux formalités prescrites par les R. C., pour les donations proprement dites;

Que la susdite constitution dotale ne pourrait être révoquée sous prétexte que Jeanne Jacob n'était pas intervenue dans l'acte, et qu'on ne peut, en thèse générale, stipuler pour une personne absente; car la maxime qu'on ne peut stipuler pour un absent, et le droit de révocation, cessent,

---

[1] Concl. 19 avril 1837.
Arrêt conf. : 26 juin 1841, Lavorel c. Lavorel : Anselme, R. — 28 mars 1844, Chaudet femme Villet, c. Chaudet : de Brichanteau, R.

2

lorsqu'il intervient à la stipulation un tiers qui y a intérêt (Thesauro, *Décision 70, n° 13*); et telle était la position d'Antoine Buffaz, intéressé incontestablement dans la constitution dotale dont il s'agit;

Attendu, sur le second chef, que toute stipulation relative à la succession d'une personne vivante, est prohibée et nulle, d'après la disposition du droit romain, consignée dans la loi dernière, au Code *De pactis*, à moins que la personne sur la succession de laquelle le pacte a eu lieu n'y ait consenti expressément, et n'ait persévéré jusqu'à sa mort dans cette volonté (Défin. 3 et 10 du Code Fabr., au titre *De pactis*);

Que si, lors du contrat du 18 juin 1819, les R. C. autorisaient les renonciations des filles, quoique les personnes aux successions desquelles elles renonçaient ne fussent pas présentes au contrat, cela avait lieu lorsque lesdites renonciations étaient faites par les filles lors de leur mariage. Or, ni l'une ni l'autre des circonstances ci-dessus rappelées ne se rencontrent à l'égard du contrat du 18 juin 1819, puisque d'une part Jeanne Jacob était déjà mariée, et même dotée à l'époque dudit contrat, et que d'autre part il ne résulte aucunement que Jeanne-Christine Ratel ait donné son consentement à la renonciation qu'il renferme, d'où suit la nullité de la renonciation;

Par ces motifs, déboute Aimé Jacob des conclusions en nullité par lui prises; déclare nulle et de nul effet la renonciation de Jeanne Jacob à la succession de sa mère, portée par acte du 18 juin 1819, Didier N°.

Roze, *P.* Coppier, *R.*

---

25 *Février* 1839.

MUR. — MITOYENNETÉ.

Art. 592. 591 C. c.

Les dispositions des articles 592 et 591 du Code civil ne s'appliquent pas aux simples murs de clôture. Le propriétaire du fonds voisin ne peut jamais en requérir la mitoyenneté, lorsqu'ils ne sont pas sur la limite des deux héritages.

Cncc Vᵉ Lachenal. c. Donnet.

Le Sénat : Attendu qu'aux termes du droit nul ne peut être contraint à céder la propriété ou l'usage de la chose qui lui appartient, si ce n'est pour cause d'utilité publique, ou lorsque des lois spéciales l'ont assujetti à quelque droit ou limitation, en faveur d'un héritage voisin;

Mais que ces lois exceptionnelles et exorbitantes du principe commun doivent être interprétées strictement, sans être étendues d'un cas à un autre;

Attendu que, ce principe posé, les conclusions de l'appelante ne sauraient être considérées comme fondées;

Qu'en effet elle ne peut les étayer sur les articles 578 et 591 du Code civil, pour s'attribuer le droit de rendre mitoyen le mur dont il s'agit, aux fins de s'en servir comme mur de clôture des héritages respectifs, puisque ce mur n'a point été construit sur les confins de la propriété du défendeur, ainsi que l'exigent les deux articles précités;

Que l'appelante ne peut pas mieux fonder ses conclusions, tant principales que subsidiaires, sur les articles 592 et 594 dudit Code ; car, quant à l'article 594, outre qu'il ne dispose que relativement aux constructions élevées depuis la mise en vigueur du Code, il est évident qu'il ne doit être entendu que d'un bâtiment qui aurait été construit à une distance moindre d'un mètre et demi de la ligne divisionnelle des héritages respectifs, et non d'un simple mur de clôture ; on est amené forcément à cette interprétation par les termes dans lesquels est conçu le susdit article 592, puisqu'il y est fait mention de *bâtiment*, dans l'italien *edifizio*, et de la faculté laissée à celui qui l'a fait construire de le *prolonger* jusqu'aux limites de sa propriété, expression qui ne saurait s'adapter à un mur de clôture, lequel n'est pas susceptible de prolongation;

Que l'interprétation ci-dessus donnée à l'article 592 paraîtra plus juste encore, si l'on en combine la disposition avec celle de l'article 594, qui ne fait qu'adapter les dispositions du premier aux constructions faites dans les villes et faubourgs antérieurement à la mise en vigueur du Code ; on voit le mot de *bâtiment* employé de nouveau dans le dernier de ces articles, et servir de traduction au mot *casa* employé dans le texte italien ; de manière que ni l'un ni l'autre article ne fait mention d'un simple mur, et ne saurait conséquemment s'y adapter, sans porter une nouvelle atteinte aux principes concernant le droit de propriété;

Déclare la demanderesse non recevable en son appel.

Roze, *P.* Rosset de Tours, *R.*

5 Mars 1839.

LETTRE DE CHANGE. - NON NÉGOCIANT. ACCEPTATION.

Art. 122 C. com. (R. C.)

Celui qui, n'étant pas négociant, a accepté une lettre de change, ne peut se libérer en excipant de la nullité de son acceptation : l'étendue de son obligation est réglée par les déclarations faites lors de l'acceptation.

SALOMON C. MUFFAT ET DONZEL.

LE SÉNAT : Attendu qu'il est convenu au procès que Muffat n'était pas négociant au temps de l'acceptation de la lettre de change du 12 septembre 1827 ;

Attendu cependant que Muffat ne disconvient pas d'avoir accepté, le 1er avril 1828, librement et avec connaissance des choses, la traite précitée, et d'avoir eu ses mains garnies, de la manière et sous les conditions par lui expliquées et ci-après rappelées, d'où il suit que l'exception de nullité radicale élevée contre son acceptation ne peut être accueillie ;

Attendu toutefois que la nature et l'étendue de son obligation envers le porteur doit être déterminée par la déclaration faite par celui-ci lors de ladite acceptation, et portant « qu'elle avait pour valeur des effets « et marchandises à lui livrées par Donzel, « que lui, Salomon, reprendrait dans le « cas de non paiement, ainsi que les mar- « chandises, si elles n'étaient pas vendues « aux échéances des paiements de la traite,» déclaration que Muffat a subsidiairement invoquée, et que Salomon a avouée ;

Attendu qu'il résulte suffisamment de cette déclaration, ainsi que de la correspondance de Muffat avec Donzel, et même avec le demandeur, produite au procès, qu'il ne se soumettait envers ce dernier qu'à verser entre ses mains le produit desdits effets et marchandises, dont l'exaction et la vente lui avaient été confiées, et à restituer ce qu'il n'aurait pu exiger ou vendre ;

Attendu que Muffat, dans son écriture du 9 janvier 1834, s'est borné à déclarer ne devoir plus que la somme de 2,774 liv. 98 cent., sur le produit desdits effets et marchandises, et à les offrir ;

Attendu que cette offre n'est pas, en l'état, satisfactoire, puisque d'après la déclaration prémentionnée invoquée par lui, il s'est soumis au paiement de la traite, ou à la représentation des marchandises et effets dont il s'agit ; que cette déclaration fait pleine foi contre lui comme en sa faveur ; d'où il suit qu'il doit rendre un compte détaillé des marchandises et effets qu'il a reçus ;

Ordonne que Muffat donnera la note des marchandises et effets qu'il a reçus de Donzel, ainsi que de ce qui reste en son pouvoir, et posera un compte détaillé des ventes et exactions qu'il a faites.

ROZE, P. SEITIER, R.

---

5 Mars 1839.

DONATION. — IMPUTATION. — LÉGITIME.

Art. 1092 C. c. (D. B.)

La donation d'une quote-part des biens présents et à venir du donateur est imputable sur la légitime, à moins que l'acte ne porte stipulation contraire.

DUIN C. DUIN.

LE SÉNAT : Attendu que, par le contrat dotal passé entre Michel Duin et Jeanne-Françoise Berthet, le 5 février 1827, pardevant le notaire Crozet-Bincaz, François Duin, pour témoigner sa satisfaction du mariage de son fils, lui a donné la moitié de ses biens présents et à venir, évalués à la somme de dix mille livres, déduction faite des dettes, montant à la somme de sept mille deux cents livres, « dont le donataire, « est-il dit, devra payer la moitié, en tant « qu'il aura la moitié des biens donnés, « lesquels seront alors de la valeur de treize « mille six cents livres ; »

Attendu que cette donation a les caractères d'une institution contractuelle, puisqu'elle comprend, outre la moitié des biens présents, la moitié des biens à venir, à la charge de payer la moitié des dettes, et que les donations de cette espèce sont sujettes à imputation, à moins que le donateur n'en ait dispensé le donataire ;

Attendu que François Duin n'a pas accordé cette dispense dans l'acte de donation, et que dans son testament du 4 août 1829, produit au procès, il a encore déclaré exclure ledit Michel de son hoirie, parce qu'il lui a donné la moitié de ses biens présents et à venir, et que cette donation excède de beaucoup la portion à laquelle il peut prétendre dans son hoirie ;

Déclare la légitime qui compète audit Michel Duin dans l'hoirie de François Duin son père, être comprise dans les biens qui lui ont été donnés par l'acte du 5 février 1827.

PETTITI, *P. P.*   ARMINJON, *R.*

---

9 *Mars 1839.*

BAIL A MÉTAIRIE. — ACTE PUBLIC.

Art. 1112 C. c. (R. C.)

La promesse de renouveler après l'échéance des neuf premières années, un bail à métairie, ne peut être établie que par acte authentique.

Cependant la preuve testimoniale est admissible à l'effet de régler l'indemnité qui pourrait être due au métayer, s'il avait, sur la foi de cette promesse, entrepris des ouvrages considérables.

DEBIOLLE C. REYMOND.

LE SÉNAT : Attendu que le bail à métairie, par sa nature et ses conséquences, prend le caractère d'un véritable contrat de louage ; que, d'après ce, il se trouve compris dans la disposition du chap. 4, § 8, tit. 22, liv. 5 des Royales Constitutions ;

Attendu que le serment déféré sur le consentement donné par l'intimé, à la date du 9 juin 1831, de proroger pendant neuf ans le bail du 13 avril 1830, tendrait à établir l'existence d'un bail dont la durée jointe à celle de ce dernier, excèderait le terme de dix ans ; que ce consentement dès lors doit, à peine de nullité, résulter d'un acte authentique, suivant les dispositions du paragraphe sus énoncé ;

Attendu cependant que, dans le cas où, sur la foi de la prorogation du 9 juin 1831, les défendeurs auraient fait des ouvrages considérables et hors de ceux auxquels ils étaient tenus en vertu du bail du 13 avril 1830, il serait juste qu'ils en obtinssent une indemnité, et que le tribunal ne les a pas privés de ce droit....

Déclare avoir été bien jugé.

PICOLET.   JAILLET DE St-CERGUES, *R.*

---

9 *Mars 1839.*

TESTAMENT. — PRÉTÉRITION. — CLAUSE CODICILLAIRE.

(D. B.)

Le testament de l'aïeul qui a institué son fils est rompu par la mort de ce dernier, si le petit-fils, devenu héritier au premier degré, s'y trouve prétérit. [1]

La succession est dévolue aux héritiers *ab intestat;* mais ceux-ci, en vertu de la clause codicillaire, doivent la restituer aux héritiers institués, sous la défalcation de la quarte falcidie et de la quarte trebellianique. [2]

La clause codicillaire n'opère jamais contre la volonté du testateur, et ne peut attribuer à l'héritier des droits plus amples que ceux qu'il aurait eus en vertu du testament.

MAURIS C. MAURIS.

Spectable Antoine-Philibert Mauris avait, par testament du 10 mai 1828, fait un legs à son fils Pierre-Joseph, et partagé sa succession également entre Antoine, son autre fils alors vivant, et Jean-Jacques, son petit-fils. Ce testament énonçait en outre que

---

[1] Spect. ANTOINE-PHILIBERT MAURIS, mort en 1836, *de cujus.*

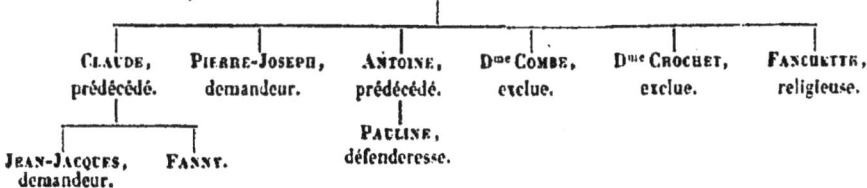

CLAUDE, prédécédé.	PIERRE-JOSEPH, demandeur.	ANTOINE, prédécédé.	Dme COMBE, exclue.	Dme CROCHET, exclue.	FANCHETTE, religieuse.
JEAN-JACQUES, demandeur. FANNY.		PAULINE, défenderesse.			

[2] Concl. du 11 juillet 1838. — V. Favre, Cod. *De codicill.*, déf. 2, 3 et 4. — De errorib. Pragmat. dec. 20, error. 7 et 8. — Thésauro, quest. 42, n° 6, et 70, liv. 2.

Claude Mauris avait reçu de son père une somme de 6,000 liv., suivant acte du 6 juillet 1824.

Le testateur étant mort le 30 décembre 1836, Pauline se met en possession de la moitié de l'hoirie afférente à son père : les demandeurs, se fondant sur la rupture du testament, veulent la réduire à sa part virile, soit au cinquième de la succession.

Pauline alors soutient la validité du testament, et subsidiairement invoque la clause codicillaire.

Le Sénat : Attendu qu'aux termes de la loi 13, Dig. *de injust. rapt. et irrit. test.*, du § 2 *instit. de exhered. liber*, et de la Nov. 115, chap. 3, le testament de l'aïeul est rompu lorsque le descendant qui est venu occuper le premier degré par le prédécès de son père, et acquérir ainsi le droit de suité, s'y trouve prétérit, et que telle a été la position de Pauline Mauris par suite du prédécès d'Antoine Mauris son père, arrivé depuis la confection du testament de spectable Antoine-Philibert Mauris, et avant la mort de ce dernier;

Attendu que ce testament ne saurait se maintenir, en supposant même que ledit spectable Antoine-Philibert Mauris se serait trouvé, lors de la mort d'Antoine son fils, et dès lors jusqu'à l'époque de son décès, atteint d'une faiblesse morale qui l'aurait empêché de refaire son testament, ainsi que Pauline Mauris l'a soutenu en fait ; car les lois rompant de plein droit le testament dans lequel le descendant qui jouit du droit de suité, se trouve prétérit, il faudrait que quelque disposition particulière et exceptionnelle dérogeât à cet égard au principe général, et soutînt le testament dans l'hypothèse où le testateur n'aurait pu le refaire; or, cette disposition exceptionnelle n'existe point dans les lois sur la matière;

Que la défenderesse invoquerait vainement à ce sujet la loi 5, au Code, tit. *de inofficioso testam.*, vu que cette loi, outre qu'elle ne renferme qu'une disposition pour un cas spécial, est loin de maintenir complètement le testament où l'enfant a été prétérit, puisqu'elle admet celui-ci à prendre une part virile dans la succession, et qu'elle rompt le même testament comme inofficieux, dans le cas où des étrangers auraient été institués;

Attendu que de la rupture du testament d'Antoine-Philibert Mauris, il découle nécessairement que sa succession s'est ouverte *ab intestat*, et que tous ses enfants ont été appelés à la recueillir par parts égales, sauf la subrogation établie par la loi royale alors en vigueur, en faveur de Pierre-Joseph et de Jean-Jacques Mauris ;

Attendu cependant que, nonobstant la rupture du testament pour cause de prétérition, la clause codicillaire tenue pour insérée dans cet acte, fait fléchir l'institution en fidéicommis, d'après la jurisprudence de ce pays et celle qui est suivie en Piémont, nonobstant la dissidence de quelques interprètes, et la disposition de quelques lois romaines sur cette matière;

Que, d'après la même jurisprudence, les héritiers appelés *ab intestat* par la nullité ou la rupture du testament, sont astreints à restituer leurs parts d'hoirie aux héritiers institués, sous la retenue néanmoins de la légitime et de la trébellianique;

Attendu que, quoique la clause codicillaire opère le maintien des legs particuliers compris dans le testament, Pauline Mauris ne saurait être envisagée comme fondée dans les conclusions subsidiaires qu'elle a prises pour le maintien des dispositions faites en faveur de son père, en tout ce qui porte sur des choses certaines; car d'une part toutes ces dispositions ont été faites à titre héréditaire, d'autre part elles sont incontestablement devenues caduques par le prédécès d'Antoine Mauris;

Que, quoique la susdite clause fasse fléchir l'institution héréditaire en fidéicommis, elle n'opère point contre et au-delà de la volonté du testateur, ainsi que l'enseigne Thésauro, liv. 2, quest. 42, n° 6, et ainsi que le Sénat de Savoie l'a préjugé plusieurs fois, notamment par l'arrêt rendu le huit juillet dix-sept cent soixante-seize, dans la cause des sœurs Dard, et par celui du vingt-neuf janvier dix-sept cent quatre-vingt-huit, dans la cause de Déville Bouchaton et Félisaz, contre Jeanne la cadette Descombes Félisaz;

Qu'il suit de là que spectable Jean-Jacques Mauris ne saurait être en droit de demander toute l'hoirie paternelle, sous la seule distraction des légitimes et de la trébellianique, puisque l'intention du testateur a été qu'il ne recueillît son hoirie que pour une moitié; d'où la conséquence qu'indépendamment de la légitime et de la trébellianique, Pierre-Joseph et Pauline Mauris, doivent retenir le surplus de leurs parts héréditaires, sous la défalcation seulement et proportionnellement à leurs dites parts, de ce qui sera nécessaire pour remplir Jean-

Jacques Mauris de la moitié de l'hoirie paternelle ;

Attendu que spectable Jean-Jacques Mauris, en demandant deux parts sur cinq de l'hoirie paternelle, a assez manifesté son intention de venir à la succession par représentation, soit d'entrer dans la place, dans le degré et dans les droits de Claude Mauris son père ;

Qu'il suit bien de là qu'il doit être tenu à tous les rapports auxquels sondit père aurait été astreint, s'il eût recueilli lui-même une part de l'hérédité, ne pouvant pas avoir plus de droit que ce dernier ;

Mais qu'il ne résulte pas néanmoins, en l'état, que le demandeur doive à la masse de la succession les six mille livres que le testament d'Antoine-Philibert Mauris énonce avoir été reçues par Claude Mauris, suivant un acte du six juillet dix-huit cent quatorze, vu qu'il ne conste pas que ledit Claude Mauris fût tenu au rapport de la somme dont il s'agit, dans le cas où il viendrait lui-même prendre part à la succession paternelle ;

Attendu enfin qu'il ne conste point non plus que le demandeur soit nanti du susdit acte du six juillet dix-huit cent quatorze, et qu'ainsi les réquisitions faites par le défendeur pour que le demandeur ait à le produire, sont prématurées ;

Par ces motifs, sans s'arrêter au fait soutenu par la tutrice de Pauline Mauris, dans les conclusions motivées qu'elle a fournies au procès, ni à ses conclusions subsidiaires tendantes à ce que la disposition faite en faveur d'Antoine Mauris, son père, soit maintenue dans tout ce qui porte sur des choses certaines, déclare le testament d'Antoine-Philibert Mauris, du dix mai dix-huit cent vingt-huit, avoir été rompu par la prétérition de Pauline Mauris, et la succession dudit Antoine-Philibert s'être ouverte *ab intestat*, et devoir être divisée en cinq parts, dont deux seront attribuées au demandeur, deux à Pierre-Joseph Mauris, et une à Pauline Mauris.

Déclare lesdits Pierre-Joseph et Pauline Mauris, en vertu de la clause codicillaire, tenus à restituer, proportionnellement aux parts qu'ils recueillent, à Jean-Jacques Mauris, leurs dites parts, déduction faite de la légitime et de la trébellianique, mais à concurrence seulement de ce qui sera nécessaire pour remplir ledit Jean-Jacques Mauris de la moitié de la succession d'Antoine-Philibert Mauris.

Roze, P.   Porta, R.

---

12 Mars 1839.

PUISSANCE PATERNELLE. — USUFRUIT.

Les enfants émancipés par l'âge ou par le mariage sous les lois françaises, sont retombés en 1814 sous la puissance paternelle.

L'usufruit de leurs biens adventifs a, dès cette époque, été acquis à leur père. [1]

Desjacques c. Desjacques.

Le Sénat : Attendu que, par la remise en vigueur des anciennes lois, Jean-Marie Desjacques a acquis sur les biens adventifs de Françoise Desjacques les droits dérivant de la puissance paternelle ;

Attendu qu'en sa qualité de père, ledit Desjacques doit remplir, à l'égard de l'intimée, mariée sous nos lois, des obligations dont l'étendue dépend de la consistance du patrimoine de l'appelant et de la valeur des biens soumis à l'usufruit ;

Déclare le défendeur avoir droit à l'usufruit des biens adventifs de la demanderesse, sous les charges attachées par la loi à cet usufruit.

Pettiti, P. P.   De la Charrière, R.

---

23 Mars 1839.

PASSAGE. — PRESCRIPTION. — FONDS INDIVIS.

On ne peut acquérir par prescription une servitude de passage sur un fonds indivis.

Duboin, Rubin c. la commune d'Etaux et Rd Ravinet.

Le Sénat : Attendu, en ce qui concerne la servitude de passage prétendue par révérend Ravinet, que l'ayant, d'après son aveu, conservée sur une partie du numéro 86, qu'il reconnaît être restée commune et avoir été possédée en indivision par tous les copropriétaires, le passage qu'il aurait exercé n'aurait eu lieu dès la publication du cadastre, qu'en vertu du droit que ses auteurs et lui avaient de passer sur un terrain commun entre eux et d'autres personnes, et sans

---

[1] Arrêt conf. : 13 août 1843, Mallod c. Doguin ; de Montbel, R.

que celles-ci eussent eu la faculté de s'y opposer ;

Qu'il suit de là que la règle *res sua nemini servit* formait obstacle à l'établissement de la servitude prétendue, ainsi que l'autre règle d'après laquelle la possession de partie adverse ne peut nuire à celui qui est dans l'impossibilité de l'empêcher ;

Par ces motifs, sans s'arrêter aux huitième, neuvième et dixième faits récapitulés par révérend Ravinet, dans son écriture du 28 mai 1838, ni aux conclusions par lui prises pour être maintenu, retenu, et au besoin réintégré dans la possession de la servitude de passage sur le terrain figuré par le numéro 86 de la mappe d'Etaux, desquelles il l'a débouté et déboute ;

Ordonne, avant de rendre droit, etc.....

ROZE, *P.*   ROSSER DE TOURS, *R.*

———

26 Mars 1839.

PATERNITÉ. — PRÉSOMPTION.

Art. 151 C. c. (P. R.)

Le mari peut désavouer les enfants dont sa femme est accouchée pendant le mariage, en prouvant l'impossibilité morale de tout rapprochement entre elle et lui. [1]

CHESNEY c. CHESNEY ET BEGUIN.

LE SÉNAT : Attendu que les enquêtes du demandeur constatent que, peu de mois après son mariage avec Françoise-Aimée Beguin, qui a été célébré le 4 juillet 1820 par le révérend curé des Plagnes, ladite Françoise-Aimée a quitté le domicile conjugal ; qu'elle n'a su excuser cette conduite qu'en alléguant qu'elle éprouvait de la répugnance pour un homme qui ne pouvait remplir le devoir conjugal ; qu'au printemps de 1821 elle est partie pour Paris avec une femme de mauvaise vie, malgré les instances que son mari, qui l'a rencontrée sur la route près de Saint-Martin, lui a faites pour la faire rentrer chez lui ; que, dès le jour où elle a quitté le domicile conjugal, ses liaisons et ses fréquentations l'ont fait considérer comme une femme infidèle ; que le

20 février 1824, elle est accouchée, à Paris d'une fille qui a été présentée le jour suivant à l'officier de l'état-civil du troisième arrondissement, et inscrite sur les registres des naissances sous les noms de Emilie-Alexandrine-Antoinette, fille de Joseph-Marie Chesney et de Françoise-Aimée Béguin ; que, le 23 décembre 1831, elle est accouchée à Paris d'une seconde fille, qui a été présentée le 23 du même mois à l'officier de l'état-civil du quatrième arrondissement, et inscrite au registre des naissances sous les noms de Louise-Léontine-Octavie, fille de Joseph-Marie Chesney et de Françoise-Aimée Béguin ; que, d'une part, du 21 mars 1823 au 6 octobre suivant, et du 1er février 1831 au 6 octobre suivant, soit pendant les époques correspondantes à celles de la conception des deux filles de Françoise-Aimée Béguin, son mari Chesney n'a pas quitté Sallanches, où il a été vu constamment, sauf pendant les absences de trois ou quatre jours, qu'il fait une ou deux fois chaque année, pour aller à Genève faire les emplettes qu'exige son commerce ; que d'autre part, on n'a pas ouï dire à Sallanches et dans les communes voisines, que Françoise-Aimée Béguin soit venue en Savoie ou à Genève dès le printemps de 1821, et qu'elle a appris elle-même, à deux des témoins de l'enquête, que depuis son arrivée à Paris, elle n'avait pas quitté cette ville, sauf pendant six mois qu'elle était demeurée à St-Germain ; enfin, que Françoise-Aimée Béguin a dit, en jetant les yeux sur sa fille aînée, que tout rapprochement entre elle et son mari était devenu impossible ; qu'elle a avoué, dans d'autres circonstances, le vice de la naissance de ses deux enfants, et que leur illégitimité est notoire à Paris, comme à Sallanches, parmi les personnes qui connaissent les mariés Chesney et Béguin ;

Attendu en outre que, par une sentence du 14 septembre 1832, l'officialité du diocèse d'Annecy, considérant que Françoise-Aimée Béguin a violé la foi conjugale en s'abandonnant au plus affreux dérèglement de mœurs, a dit et ordonné que Chesney est et demeure séparé *quoad thorum et habitationem*, de la Françoise-Aimée Béguin ;

Attendu que la loi 6 ff. *De his qui sui vel alieni juris sint*, admet parmi les exceptions à la présomption de paternité résultant du mariage :

1° L'éloignement des deux époux pendant le temps de la conception, ce qui suppose l'impossibilité physique ;

[1] V. Arrêts : 12 décembre 1816, Fraix-Bavoz ; De Juge, *R.*
V. d'autre part : 23 juin 1816, Marie-Ursule Grand c. Grand Sibourg ; de Brichanteau, *R.*

2° Toute autre circonstance qui prouve que le mari n'a pas cohabité avec sa femme;

Attendu que, si l'on peut mettre en doute la possibilité d'un rapprochement physique entre Chesney et sa femme, en raison des absences de trois ou quatre jours que Chesney a faites hors du lieu de sa résidence, les nombreuses circonstances qui sont constatées par les enquêtes, donnent la preuve la plus évidente que tout rapprochement a été moralement impossible, surtout en ajoutant à ces circonstances qu'il y a une distance de cent cinquante lieues environ de Sallanches à Paris; que Chesney avait déjà demandé la séparation de corps avant la conception de Louise-Léontine-Octavie, et qu'un mois avant sa naissance, le 25 novembre 1831, il faisait entendre des témoins par l'un des membres du tribunal de première instance de la Seine, pour prouver l'inconduite de sa femme et obtenir le jugement de séparation;

Vu les lettres-patentes du 8 mars 1833, déclare les susdites sœurs Emilie-Alexandrine-Antoinette et Louise-Léontine-Octavie n'être pas filles de Joseph-Marie Chesney; en conséquence, leur inhibe de prendre cette qualité et le nom de Chesney; et défend à Françoise-Aimée Béguin, leur mère, de leur donner ces nom et qualité; condamne cette dernière aux dépens.

PETTITI, *P. P.*   ARMINJON, *R.*

---

12 Avril 1839.

DÉPENS. — RÉPARTITION. — PRESCRIPTION.

Les dépens se divisent par têtes, quelle que soit la part de chaque intéressé sur l'objet du procès.

La prescription était régie par la loi du domicile du débiteur, suivant la jurisprudence admise en Savoie avant la mise en vigueur du Code civil.

GAUTHIER, BLANC ET Cᵉ, c. BAUDOT.

LE SÉNAT : Attendu, en point de fait, que si l'arrêt de la Cour d'appel de Grenoble, du 11 mars 1822, laisse, en ce qui concerne la condamnation aux dépens, quelque doute sur le mode de répartition, vu qu'il y est dit : « Condamne Joseph Boudol, et les mariés Lapierre et Micoud, » ce doute cesse par les expressions employées dans les exécutoires de dépens émanés de la même Cour,

exécutoires auxquels l'arrêt de céans, du 24 janvier 1837, a enjoint de satisfaire ;

Qu'en effet, dans cinq de ces exécutoires, au nombre de six, il est ordonné de contraindre au paiement des sommes qui y sont exprimées Claude Micoud et Anne Sougey-Dupuy, mariés, Gabriel Lapierre et Marie Sougey-Dupuy, mariés, et Joseph Baudol, et l'exécutoire du 28 décembre 1822, délivré à Joseph Gauthier, porte de contraindre au paiement de la somme qui en fait l'objet Joseph Boudol, Claude Micoud et Anne Sougey, mariés, Gabriel Lapierre et Marie Sougey, mariés ;

Que de pareilles expressions embrassent évidemment trois ordres de personnes distinctes et séparées, les mariés Micoud, les mariés Lapierre et Joseph Baudol ;

Attendu, en point de droit, que la condamnation aux dépens est une peine que la justice inflige aux plaideurs téméraires ;

Que ces dépens sont personnels, et se divisent par têtes et par parts viriles entre les condamnés *pro numero succumbentium*, quoique intéressés au fond de la cause pour portions inégales ;

Que telle est la doctrine sur cette matière enseignée par les interprètes les plus distingués du droit français ;

Qu'on en trouve la source dans le droit romain, consigné en la loi 10, § 3, au Dig. *De appellationibus* ; en la loi 43, aussi au Dig. *De re judicata*, et dans la loi 1ʳᵉ au Code *Si plures una sententia condamnati fuerint* ; toutes ces lois posent en principe général, qu'à moins d'une disposition contraire exprimée dans la sentence, les condamnations aux dépens se divisent par parts viriles, et telle est aussi la jurisprudence suivie en Savoie ;

Attendu, en ce qui concerne l'exception de la prescription quinquennale, relativement aux intérêts des capitaux dus aux demandeurs, et de laquelle le défendeur n'a opposé qu'à l'audience ;

Que cette exception, eût-elle même été proposée dans les actes au procès, ne saurait être accueillie, parce que la prescription, d'après l'opinion commune, est réglée par la loi du domicile du débiteur ; et en Savoie, où Joseph Baudol est domicilié, la prescription dont il s'agit n'était pas admise avant la promulgation du nouveau Code, dont la disposition ne peut rétroagir....

Par ces motifs, enjoint au défendeur de payer aux demandeurs la somme de 2,010 liv. 58 cent., formant le tiers de celle de

6,031 liv. 58 c., à laquelle sont calculés les capitaux et intérêts dus aux demandeurs.

ROZE, P.   ROSSET DE TOURS, R.

---

20 Avril 1839.

LÉSION ÉNORMISSIME. — RACHAT.

La lésion énormissime perpétue le pacte de rachat. La restitution de fruits n'est due que dès la litis-contestation. [1]

DANIEL C. CADET, MARTINOD ET SAILLET.

Cadet et Martinod avaient vendu à Daniel un immeuble, en se réservant la faculté de rachat. Daniel l'avait revendu à Saillet avec stipulation expresse qu'il ne demeurerait garant que du prix payé.

Cadet et Martinod ayant attaqué la vente comme entachée de lésion énormissime, le tribunal d'Annecy leur adjugea leurs conclusions et condamna Daniel à relâcher l'immeuble, avec restitution de fruits dès le jour de la vente.

Ce dernier en appela au Sénat, soutenant que la restitution des fruits n'était due que depuis la litis-contestation, et qu'en l'espèce elle se trouvait à la charge de Saillet, qui seul avait joui des biens, et qui, renonçant à toute garantie, avait pris à sa charge toutes les chances d'éviction.

LE SÉNAT : Attendu que, d'après la jurisprudence, la lésion énormissime intervenue dans un contrat de vente faite sous pacte de rachat pendant un temps déterminé, perpétue ce pacte, et ne donne lieu en faveur du vendeur qu'au relâchement des immeubles par lui aliénés, et que la restitution des fruits n'est due que dès la litis-contestation, à la charge toutefois de rembourser à l'acheteur le prix par lui payé, et les loyaux-coûts du contrat, et ce, avec intérêts dès le jour où ce dernier est tenu de faire compte de ces mêmes fruits ;

Par ces motifs, déclare François Saillet tenu de faire aux demandeurs le relâchement de la pièce de terre dont il s'agit au procès, avec restitution de fruits dès l'introduction de l'instance, et à la charge en outre, de la part des demandeurs, de rembourser audit Daniel le prix porté par le contrat du 19 janvier 1822, Favre notaire, et les loyaux coûts dudit contrat, et ce avec intérêts tels que de droit, à partir de l'époque où les fruits de ladite pièce de terre doivent être restitués aux demandeurs.

PORTIER DU BELLAIR, P.   JAILLET, R.

---

20 Avril 1839.

SÉNATUS-CONSULTE VELLÉIEN. — SOLIDARITÉ.

L'engagement solidaire consenti par une femme est, pour tout ce qui excède sa quote-part, considéré comme cautionnement prohibé par le sénatus-consulte Velléien.

La femme cependant ne peut se dispenser de payer ce qui lui a effectivement profité.

Elle est censée avoir profité de toutes les sommes qui lui ont été comptées, sauf son action contre le mari, s'il en a disposé à son profit particulier.

DEBROZ C. PETIT.

LE SÉNAT : Attendu qu'aux termes de l'acte du 18 janvier 1820, Ract notaire, Jean Petit dit l'Italien, et Marie Alloëns Bessand, femme de Claude Petit, ont consenti, sous la clause solidaire, en faveur du demandeur Pierre Debroz, une rente constituée de 43 livres, pour le capital de 870 livres, avec stipulation qu'en cas de retard de paiement de deux censes consécutives, l'acte précité serait résilié de plein droit, et que le capital deviendrait exigible comme une dette au jour ;

Qu'il n'a pas été dénié au procès que les débi-rentiers ont laissé écouler plus de deux ans sans satisfaire au paiement de ladite rente ;

Attendu que, par ce défaut de paiement, le cas du pacte résolutoire de ladite rente se trouve être arrivé ;

Attendu que c'est avec fondement que la défenderesse invoque les dispositions du sénatus-consulte Velléien pour faire déclarer nulle et sans effet la solidarité stipulée en faveur de Pierre Debroz, par l'acte de rente précitée; mais pour ce qui concerne la part du prix de ladite rente, qui est parvenu à la défenderesse, c'est vainement qu'elle invoque le bénéfice du sénatus-consulte Velléien; et telle est, sur le susdit prix, la somme de 500 livres 90 cent., qui a été employée à l'acquisition que la défen-

---

[1] Fav., défin. 7, De rescind.

deresse a faite des immeubles compris dans l'acte de vente du 19 janvier 1820, Ract notaire ; ladite somme ayant été payée au vendeur Antoine Ancillon par Pierre Debroz, dans l'intérêt de la défenderesse, ainsi qu'il résulte du même acte de vente ;

Que vainement, objecte-t-elle, que c'est au profit de son mari que cette acquisition a été faite, et que, depuis la vente, c'est ce dernier qui a joui des immeubles ci-dessus mentionnés ; car, n'ayant fait aucune déduite propre à établir qu'elle n'aurait stipulé que comme personne interposée, et que c'est par dol que la vente aurait été faite en son nom, on ne saurait avoir aucun égard à ses allégations, non plus qu'à la prétendue jouissance attribuée à son mari, qui aurait bien pu posséder durant le mariage les biens acquis, et en percevoir les fruits sans qu'on doive en induire que l'acquisition aurait été faite pour ce dernier ;

Attendu, en ce qui concerne les 203 liv. que l'acte du 18 janvier 1820 énonce avoir été payées comptant, que le même acte, portant d'une manière expresse que ladite somme a été retirée par la défenderesse et son beau-père, elle est censée parvenue par parts égales à l'un et à l'autre, et dans la supposition que la défenderesse eût ensuite remis la part par elle retirée, à son beau-père ou à son mari, cette circonstance pourrait bien lui donner contre eux une action en répétition, mais ne saurait nuire au demandeur, qui n'a point été dans le cas de suivre l'emploi des deniers par lui comptés ;

Par ces motifs, en déclarant le cas du pacte résolutoire inséré dans le contrat de vente du 18 janvier 1820, Ract notaire, être arrivé par défaut de paiement de plus de deux annuités, et sans s'arrêter à la clause solidaire consentie par la défenderesse dans ledit contrat, condamne celle-ci et Jean Petit dit l'Italien, à rembourser au demandeur la somme de 870 livres, formant le capital de la rente ci-dessus mentionnée, savoir : la défenderesse à concurrence de la somme de 402 liv. 40 cent., et Jean Petit à concurrence du surplus dudit capital, les condamne en outre, et dans la même proportion, au paiement des rentes échues, sous l'imputation de tous légitimes paiements faits à compte, et c'est suivant la liquidation qui sera faite du tout par experts convenus, à défaut, nommés d'office par le rapporteur de la cause, et déclare la défenderesse et ledit Jean Petit tenus aux dépens.

Roze, P.   Ponta, R.

21 Avril 1839.

ÉVICTION. — RECOURS.

Art. 1617 C. c. (D. R.)

Lorsque sur une action en revendication, l'acheteur a abandonné l'immeuble sans appeler son vendeur en garantie, il n'a, suivant nos lois anciennes, un recours contre ce dernier qu'à la charge de prouver que l'éviction était juste et inévitable.

AUDÉ C. BEAUREGARD ET GAYET.

Par acte du 7 avril 1823, spectable Beauregard vend un fonds aux frères Audé pour le prix de 750 livres. Il est stipulé que 600 livres ne seront payables qu'à la suite d'un arrangement que les acquéreurs se proposent de faire avec les hoirs Grumier ; que si cet arrangement ne peut avoir lieu, et que les acheteurs soient forcés d'abandonner la pièce à eux vendue, ils seront autorisés à se retenir ces 600 livres.

Les consorts Grumier se refusant à toute transaction, revendiquent les immeubles acquis par les frères Audé : ceux-ci abandonnent sans résistance, et sans appeler leur vendeur en garantie.

Beauregard alors réclame les 600 livres ; les frères Audé opposent de l'éviction qu'ils ont soufferte, et demandent le remboursement de la somme qu'ils ont payée à compte du prix.

En cet état,

Le Sénat : Attendu que, d'après le droit romain, l'acheteur qui, sans y être forcé et sans le consentement du vendeur, abandonne la chose vendue, n'a aucune action pour raison de l'éviction, aux termes de la loi 8e, au Code *De evict.* ; de la loi 76e, au Digeste, sous le même titre ; et que d'après la loi 55e, § 1er, un pareil abandon est même envisagé comme le fruit du dol ;

Que, suivant la jurisprudence de ce pays, l'acheteur qui a renoncé au procès et consenti l'abandon de la chose à lui vendue, sans qu'il y ait été déclaré tenu par une sentence, est astreint, s'il veut ensuite exercer une action récursoire contre son vendeur, à prouver que l'éviction était juste ;

Attendu que les défendeurs ne se sont point acheminés à faire une pareille preuve, et que des circonstances particulières dans la cause présenteraient au contraire de fortes présomptions que l'action réelle intentée par Claude Grumier n'était pas fondée, puisque, d'une part, les défendeurs n'ont pas disconvenu que le vendeur spectable Beauregard, qui avait aussi été actionné en délaissement de l'autre moitié de la même pièce de terre, n'avait jamais été contraint à l'abandonner; et que, d'autre part, il résulte de l'extrait du cadastre de la commune de Rotherens produit au procès, qu'en 1760 la pièce de terre dont il s'agit n'était point portée à la colonne de Claude Grumier, mais à celle de François Pillet, de qui Antoine Beauregard l'avait acquise;

Attendu que si l'acheteur qui abandonne la possession de la chose vendue, sans avoir appelé en garantie le vendeur, et qui ne justifie point que l'éviction était fondée, n'a aucun recours à exercer pour raison de cette garantie, que par son fait il a rendue impossible; il est rationnel d'envisager que cet acheteur ne saurait être dispensé de remplir l'obligation inhérente au contrat de vente, celle de payer le prix, paiement, au surplus, que, dans l'espèce, les acheteurs avaient stipulé de ne pas effectuer qu'au cas où ils seraient forcés à abandonner le fonds à eux vendu :

Par ces motifs, déclare les consorts Audé non recevables en leur appel.

ROZE, *P.* D'ARCOLLIÈRES, *R.*

---

23 *Avril 1839.*

ÉTRANGER. — IMMEUBLE SUR LA FRONTIÈRE. — ADJUDICATION PROVISOIRE.

Art. 26 C. c. (B. C.)

L'adjudication provisoire d'un immeuble situé près de la frontière, quoique faite en faveur d'un étranger, n'est point frappée de nullité par les §. 6 et 7, titre 12, livre 6 des RR. CC.

JACQUET C. LACROIX ET CORCELLETTE.

Par acte du 10 juin 1854, Lacroix vend à Jacquet un immeuble situé à Saint-Paul sur Yenne, non loin de la frontière de France.

Jacquet ne payant pas les intérêts du prix aux termes fixés, Lacroix obtient condamnation, puis injonction, et enfin autorisation pour la vente des immeubles compris dans l'acte du 10 juin 1854.

Jacquet alors vient soulever diverses exceptions, et entre autres soutient que l'immeuble étant situé à moins de deux milles des frontières, Lacroix, qui est

étranger, n'a pu ni le posséder, ni le vendre, et ne pourrait en obtenir l'adjudication provisoire.

Le tribunal, nonobstant ces exceptions, adjuge provisoirement les biens au poursuivant.

En appel,

LE SÉNAT : Attendu qu'il s'agit ici d'un créancier qui, forcé d'agir pour recouvrer sa créance, a dû nécessairement, aux termes de l'édit hypothécaire, faire une offre pour servir de mise à prix aux immeubles dont il poursuivait la subhastation;

Attendu, en outre, qu'il ne s'agit encore que d'une adjudication préparatoire, et que le débiteur qui reste possesseur desdits immeubles peut, en payant son créancier, arrêter ses poursuites :

Par ces motifs, sans s'arrêter aux faits articulés, déclare avoir été bien jugé.

PORTIER DU BELLAIR, *P.* JAILLET, *R.*

---

29 *Avril 1839.*

DISCUSSION. — TRANSACTION.

Art. 1114 C. c. (E. B.)

Les transactions amiables en matière de discussion, soit *appointements*, ne sont point réglées par l'article 1114 du Code civil, mais par les lois anciennes sur la procédure spéciale de discussion et d'ordre.

DISCUSSION GAITON.

Le syndic de la discussion concluait à l'homologation d'un appointement, soit conciliation consentie devant le seigneur rapporteur de la cause, en date du 27 avril 1858.

LE SÉNAT : Attendu que l'article 156 de l'édit du 16 juillet 1822 présente une disposition spéciale qui appartient à la poursuite des procès d'ordre et de discussion;

Attendu que l'art. 1414 du Code civil n'a pour objet que les transactions dans les procès ordinaires, et que sa disposition générale ne peut avoir eu l'effet d'abolir une loi de procédure toute spéciale;

Attendu que la forme de procédure en matière d'ordre, d'après l'art. 2353 dudit Code, doit être réglée par les lois sur la procédure civile, que jusqu'à leur publication, la loi existante doit conserver toute sa force;

Attendu que le procès-verbal du 27 avril

1838 a été dressé par le rapporteur de la cause, en conformité de l'art. 156 de l'édit précité, et qu'il ne s'est élevé aucune contestation à l'égard des allocations des créanciers ;

Attendu dès lors que rien n'obste à l'homologation de l'appointement dont il s'agit audit procès-verbal, auquel les créanciers comparus ont donné leur adhésion ;

Attendu néanmoins qu'avant de prononcer la déchéance des créanciers non comparus et des créanciers à hypothèque légale, il importe que le ministère public donne son avis sur la régularité de la procédure pour l'introduction et la poursuite de la discussion de l'hoirie dont il s'agit :

A homologué et homologue le traité fait devant le rapporteur de la cause ; ordonne qu'il sortira son entier effet entre les parties qui ont comparu.

PORTIER DU BELLAIR, *P.*   PICOLET, *R.*

---

13 Mai 1839.

LÉSION. — AVEU. — RATIFICATION

Art. 1451 C. c. (D. R.)

La valeur donnée à un immeuble dans une requête en lésion, ne forme point un aveu irrévocable.

La ratification de l'acte de vente ni la renonciation même réitérée à l'action en lésion, ne peuvent faire obstacle à cette action. [1]

THYRION C. FEMME MOINE.

LE SÉNAT : Attendu que l'estimation donnée par l'intimée aux immeubles décrits dans l'acte de vente du 7 janvier 1819, dans le seul but d'établir la lésion, ne peut être considérée comme un véritable aveu de sa part que ces biens ne valussent réellement que la somme par elle désignée ;

Attendu qu'en considérant même cette estimation comme un aveu judiciaire, l'intimée aurait toujours pu le rétracter, comme le résultat d'une erreur de fait, et par conséquent être admise à prouver la vraie valeur des biens à l'époque de l'acte de vente ;

Attendu que, soit aux termes de la loi, soit d'après la jurisprudence des arrêts, l'action en rescision pour cause de lésion ne peut être exclue ni par une ratification postérieure à l'acte de vente, ni par la renonciation réitérée à exercer cette action, lorsque la ratification et la renonciation renferment le même vice dont est entaché l'acte primitif de vente, et qu'ainsi la fin de non recevoir tirée de l'acte du 12 novembre 1821, ne peut être accueillie :

Déclare Joseph Thyrion non recevable dans son appel.

PETTITI, *P. P.*   COTTA, *R.*

---

14 Mai 1839.

TESTAMENT. — OUVERTURE.

Art. 986 C. c.

On peut toujours demander l'ouverture d'un testament, nonobstant toute prohibition insérée par le testateur dans l'acte de dépôt.

CURTET C. V° CURTET.

LE SÉNAT : Attendu qu'un testament est un acte qui intéresse le public, et que toute personne peut en demander l'ouverture ; que sous ce rapport, la clause ainsi conçue,

« Je, Jean Curtet, déclare expressément
« que je veux et entends que l'ouverture
« de mon présent testament ne soit faite
« qu'après l'ouverture de celui que j'ai
« déposé au Sénat le 20 septembre 1834,
« et à la réquisition de Jeanne Droguet,
« mon épouse, ou de ses héritiers, leur
« accordant même la faculté de le retirer
« sans le faire ouvrir, toujours après l'ou-
« verture de celui déposé au Sénat le 20
« septembre dernier, et déclarant spéciale-
« ment refuser semblable faculté à toute
« autre personne sans exception ; » insérée
dans l'acte de dépôt du testament dudit Jean Curtet, ne peut obster à l'ouverture dudit acte :

Par ces motifs, déclare y avoir lieu à ouvrir le testament présenté par Jean Curtet à M° Chapperon, notaire, le 20 septembre 1834.

PORTIER DU BELLAIR, *P.*
MILLIET DE S⁺-ALBAN, *R.*

---

[1] Fav. : Déf. 23, tit. 30, liv. 4.

21 Mai 1839.

APPEL. — VALEUR. — RESPONSABILITÉ. — PÈRE. — FILS COMMERÇANT.

Art. 3 C. de Com. (B. C.)

Un jugement est susceptible d'appel lorsque la condamnation qu'il prononce est indéfinie dans ses conséquences, bien que limitée dans son objet à une somme qui n'excède pas 1,200 livres. [1]

Le père est responsable des dettes commerciales de son fils, même émancipé, lorsqu'il a négligé de faire la déclaration prescrite par le § 4, chap. 6, tit. 16, liv. 2 des RR. CC. [2]

BERNARD c. ARDUIN ET Cᵉ.

LE SÉNAT : Attendu que l'appel du jugement du 10 août 1837 serait admissible sous le rapport de la valeur de la cause dès que l'appelant y avait été déclaré tenu, en termes généraux, des dettes contractées par son fils, en raison de son commerce, d'où résultait, au préjudice dudit appelant, une condamnation indéfinie dans ses conséquences ;

Attendu, au fond, que le père ne peut éviter une semblable condamnation subsidiaire, lorsqu'il n'a pas rempli la formalité voulue par le § 4, chap. 6, tit. 16, liv. 2 des Royales Constitutions, quoique le fils serait émancipé d'une manière expresse ou tacite ; tel étant le véritable sens dudit paragraphe, soit d'après les termes du texte italien, qui ne présente aucune ambiguïté, soit d'après une jurisprudence constante, et qu'ainsi en faisant l'application de ce principe à l'appelant lorsque l'état de banqueroute et d'insolvabilité de son fils était avoué au procès, le jugement dont est appel n'est pas dans le cas d'être réformé :

Par ces motifs, déclare Joseph Bernard etc.

ROZE, *P.* D'ARCOLLIÈRES, *R.*

---

[1] Arr. conf. : 25 fév. 1839, Bétemps dit Monet c. Vᵉ Didier et Chapperon ; Coppier, R. — 14 mai 1841, vᵉ Milleret c. Milleret ; Milliet de Sᵗ-Alban, R.

[2] Arr. conf. : 28 mai 1781. — 26 novembre 1839, Simon c. Bresson ; Mareschal, R.

27 Mai 1839.

SURVENANCE D'ENFANT. — DOT. — DON MANUEL.

Art. 1169, 1174 C. c. (C. F.)

Sous les lois françaises, la donation faite même à titre de dot, est révocable en cas de survenance d'enfants.

Le don manuel n'est pas sujet à révocation pour ce motif.

MAIGRE, Vᵉ VIBERT c. BURDET, BOUFFIER, ETC.

LE SÉNAT : Attendu qu'il est constant en fait, et avoué par les parties, que feu Philibert Burdet n'avait point d'enfant à l'époque de l'acte du 4 novembre 1806, Reveyron notaire, et qu'il a eu ensuite la demanderesse d'un mariage légitime ;

Attendu que, dans cet état de choses, la donation que ledit Burdet a faite par cet acte à Etiennette Maigre, sa nièce, a dû, aux termes des articles 960 et 1081 du Code civil français alors en vigueur, être de plein droit révoquée par la survenance d'enfant ;

Attendu que les termes généraux et absolus dans lesquels est conçu le premier de ces articles comprenant toutes sortes de donations sans aucune restriction, et notamment celles faites à cause de mariage, on ne peut, contre la lettre et l'esprit de la loi, admettre une exception en faveur de la dot qui, suivant le même Code, n'est en substance qu'une donation en contemplation de mariage ;

Attendu qu'une somme de mille livres a été constituée en dot par Philibert Burdet, et que cette constitution se trouve ainsi soumise à la révocation ;

Attendu, d'autre part, que les objets en argenterie ont été constitués par Etiennette Maigre, qu'il est établi par le contrat même qu'ils ne proviennent pas exclusivement de Philibert Burdet, et qu'au surplus ils ne constituent qu'un don manuel qui ne peut être soumis à la disposition de l'art. 960 :

Par ces motifs, déboute la demanderesse des conclusions par elles prises en répétition des objets en argenterie ; déclare la donation de mille livres faite par Philibert Burdet à Etiennette Maigre, avoir été révoquée de plein droit par l'effet de la naissance de la demanderesse.

PETTITI, *P. P.* COTTA, *R.*

31 Mai 1839.

CONSTITUTION DOTALE. — SAISIE.

Art. 1535, 1510 C. c. (R. C.)

Sous les Royales Constitutions, la femme séparée de biens ne pouvait faire emploi de ses deniers dotaux sans autorité de justice.

Tout emploi fait sans cette autorisation ne donne lieu à aucune action contre elle, si ce n'est à concurrence des revenus de la dot qui sont affectés à l'entretien de la famille.

GRASSIS ET TOGNET C. MICHAUD.

LE SÉNAT : Attendu que d'après la disposition du § 9, tit. 11, liv. 8 des RR. CC., la femme ne peut, durant le mariage, aliéner ni obliger sa dot; que l'emploi des deniers dotaux, lorsqu'il y a séparation de biens, ne peut être fait que par autorité de justice;

Attendu que l'intimé n'a pas justifié que la femme Tognet ait été autorisée à employer ses deniers dotaux à l'acquisition de la maison dont il s'agit au contrat du 9 décembre 1835;

Attendu néanmoins que les revenus de la dot sont destinés à l'entretien de la famille de la femme asséurée; que cet entretien comprend le logement; qu'il est convenu que la femme Tognet a habité la maison dont il s'agit avec sa famille; que dès lors la saisie obtenue par l'intimé doit sortir son effet, à concurrence de la vraie valeur des loyers de ladite maison :

Déclare l'intimé n'être en droit d'agir, durant le mariage des mariés Grassis et Tognet, sur les capitaux de la constitution dotale de la femme Tognet, ni sur les accessoires en dérivant, pour le paiement du prix porté dans l'acte de vente du 9 décembre 1835, ni pour les intérêts dudit prix : ordonne qu'il sera procédé à l'estimation de la vraie valeur des loyers de la maison dont il s'agit.

PORTIER DU BELLAIR, P.   PICOLET, R.

31 Mai 1839.

RAPPORT. — SUCCESSION.

Art. 1074 C. c. (D. R.)

Sous le droit romain, le petit-fils qui vient de son chef à la succession de son aïeule maternelle, n'est pas tenu de rapporter la donation faite à sa mère, bien qu'il en soit héritier.

HEURATEUR ET CROZET C. CROZET.

LE SÉNAT : Attendu, au fond, que la constitution dotale en avancement d'hoirie consentie par Claudine Michard, veuve Plotrin, de la moitié de tous ses biens en faveur de sa fille Renée Plotrin, dans son contrat de mariage avec Louis Crozet du 30 décembre 1777, a été acquise à celle-ci et a fait partie de sa succession; qu'en vertu des lois en vigueur en 1782, époque du décès de ladite Renée, Joseph Crozet, son fils, lui a succédé, à l'exclusion de Claudine, qui n'a eu droit qu'à une dot congrue sur les biens de l'hoirie de Renée sa mère; que le testament de Claudine Michard, en date du 6 novembre 1788, par lequel celle-ci a institué pour héritiers lesdits Joseph et Claudine Crozet, ses petits-enfants, n'a pu avoir l'effet de faire rentrer dans son hoirie la moitié des biens par elle constitués dans le contrat de mariage sus-énoncé;

Attendu, d'un autre côté, que Joseph Crozet appelé concurremment avec sa sœur à la succession Michard, veuve Plotrin, leur aïeule, ne représente pas dans cette succession Renée Plotrin sa mère; que dans cette circonstance, il ne peut y avoir lieu à l'application des lois qui obligent le successible héritier de sa mère à rapporter à la succession de l'aïeule les biens que la mère commune en a reçus :

Déclare Joseph Crozet être en droit de prélever sur les biens dont il s'agit la moitié des immeubles portés dans l'inventaire du 13 avril 1790, à la charge néanmoins par Joseph Crozet de faire raison sur cette moitié à Claudine Crozet, sa sœur, d'une dot congrue.

PORTIER DU BELLAIR, P.   PICOLET, R.

14 Juin 1839.

ALBERGEMENT. — NULLITÉ. — CHOSE JUGÉE.

Art. 1913 C. c. (R. C.; D. 1.)

Est nul l'albergement consenti depuis 1778, si le preneur n'y a pas stipulé la faculté de se rédimer au moyen d'une somme fixe.

L'exécution volontaire, la prescription ni la chose

jugée ne peuvent couvrir cette nullité qui est d'ordre public.

L'art. 16 des lettres-patentes du 6 décembre 1837, ne s'applique qu'aux albergements antérieurs aux édits de 1771 et de 1778. [1]

YVRARD C. LALAZ.

LE SÉNAT : Attendu que la faculté de se libérer au moyen du paiement d'un capital déterminé, n'a pas été stipulée en faveur de Jean Chevron dans l'albergement du 6 juin 1785, Guicher notaire ;

Attendu qu'à défaut de cette stipulation, ledit albergement est nul d'après les dispositions des art. 47 de l'édit du 19 décembre 1771 et 8 des lettres-patentes du 2 janvier 1778 ;

Attendu qu'une semblable nullité étant d'ordre public, ne peut être couverte par l'exécution de l'acte, ni écartée par la prescription ;

Attendu que, quand on admettrait que par la sentence du 14 mars 1788, Jean Lalaz aurait été reconnu posséder les biens dont il s'agit comme albergataire, ce n'aurait été qu'en conséquence du susdit albergement, et par suite il serait resté soumis aux effets de la nullité dont l'acte du 6 juin 1785 est entaché ;

Attendu que l'art. 16 des lettres-patentes du 6 décembre 1837 a laissé sous le régime des lois antérieures les albergements existants lors de la promulgation, et que la faculté de rachat accordée par le second alinéa de cet article n'est applicable qu'à ceux desdits albergements qui auraient été passés antérieurement aux dispositions prohibitives sus-rappelées, et non aux albergements entachés de nullité ;

Déclare nul et de nul effet l'acte d'albergement passé par Barthélemy Yvrard en faveur de Jean Chevron.

ROZE, P. COPPIER, R.

N. B. La sentence du 14 mars 1788 rendue par le juge-mage de Chambéry, sur poursuites de l'auteur d'Yvrard, condamnait l'auteur du défendeur au paiement de la rente promise et aux loyaux coûts de l'acte d'albergement.

10 Juin 1839.

LÉGITIME. — ÉVALUATION DES BIENS.

Art. 916 C. c. (R. C.)

Pour fixer la légitime, on évalue les biens suivant leur valeur au jour du partage, soit qu'on la veuille payer en argent, soit qu'on préfère la payer en immeubles. [1]

GALLERATI C. BOMPARD.

Il s'agissait dans cette instance de fixer les légitimes léguées aux demoiselles Uranie et Gordianne Bompard par leur père, mort en 1826.

Gallerati, créancier de ces demoiselles, concluait à ce que ces légitimes fussent portées au neuvième de la valeur attribuée par expertise au délaissé du père Bompard, à la date de 1839.

Les frères Bompard, soit Me Bebert leur procureur, demandaient une nouvelle expertise qui fixât la valeur des biens au jour de l'ouverture de la succession, et offraient de calculer sur cette base le montant des légitimes dues à leurs sœurs.

LE SÉNAT : Attendu que la légitime étant une quote-part des biens, le légitimaire y a droit de même que l'héritier à l'hoirie, suivant la valeur au moment du partage, bien que ce dernier puisse avoir l'option de payer la légitime en argent ou en nature ;

Que rien autre d'ailleurs n'obste à l'admission des expertises du 9 et du 19 décembre 1838 et 8 janvier 1839, produites par le demandeur, ni à la fixation de la valeur des immeubles de Conflans et de la Bathie, au moyen de la proportionnelle entre les évaluations données par les experts Bochet et Lassiaz :

Ordonne qu'il sera procédé à composition des hoiries, en portant la valeur des immeubles suivant la fixation qui en a été faite par l'expert Miguet, par expertises du 9 et du 19 décembre 1838 et du 9 janvier 1839 ; et quant à ceux qui sont situés sur les communes de Conflans et de la Bathie, suivant une moyenne proportionnelle entre les évaluations données par les experts Bochet et Lassiaz.

ROZE, P. D'ARCOLLIÈRES, R.

---

[1] Concl. : 5 mai 1838.

[1] V. ci-devant, arrêt du 5 juillet 1838.

· *22 Juin 1839.*

SÉPARATION DE BIENS. — DÉCONFITURE.

Art. 1553 C. c. (C. F.; Q. T.)

Le droit de demander la séparation de biens est réglé par la loi qui a présidé au mariage.

D'après le Code civil français, la femme peut obtenir la séparation de biens dès que ses droits sont en péril, bien qu'elle se soit mariée sans dot et sous le régime de la communauté.

On ne peut lui opposer que la déconfiture du mari existait déjà au moment du mariage, ou qu'elle est le résultat de sa propre inconduite.

Les tribunaux ont toute latitude pour apprécier l'état des affaires du mari.

REBOTTON C. PERRIER.

LE SÉNAT : Attendu que la loi est toujours venue au secours de la femme dont les avoirs sont en danger, à cause du mauvais état des affaires du mari ;

Attendu que d'après les principes consacrés par le Code civil français qui était en vigueur à l'époque du mariage d'Antoine Perrier et de Jacqueline Rebotton, ils se trouvent mariés sous le régime de la communauté dès qu'ils n'ont pas passé de contrat de mariage ;

Qu'aux termes de l'art. 1443 dudit Code, la séparation de biens peut être poursuivie en justice par la femme, si le désordre des affaires du mari donne lieu de craindre que les biens de ce dernier ne soient point suffisants pour remplir les droits et reprises de la femme ;

Attendu que de l'enquête produite, il résulte une preuve suffisante du désordre des affaires d'Antoine Perrier, et que sa déchéance est notoire ;

Que cela suffit pour donner lieu à la séparation de biens invoquée par la demanderesse pour la conservation de ses droits, et de tout ce qui lui est échu par succession ou autrement ;

Attendu que contre une demande en séparation de biens, on ne peut admettre des fins de non recevoir résultant des malversations et soustractions qu'on prétendrait avoir été commises par la femme, puisque le mari, étant chef de la communauté, est responsable de tout, sans pouvoir prétexter contre sa femme une mauvaise administration qu'il dépendait de lui d'arrêter ;

Qu'ainsi les faits soutenus par les intimés deviennent étrangers à la question de la séparation de biens, sauf aux intimés à faire valoir leurs droits, ainsi et comme ils verront à faire, lorsqu'il s'agira du partage de la communauté :

Par ces motifs, sans s'arrêter aux faits soutenus par les défendeurs, ni à leur exception, déclare dissoute la communauté légale qui a existé entre Antoine Perrier et la demanderesse, et celle-ci être en droit de reprendre la libre administration de ses biens.

ROZE, P. PORTA, R.

---

22 Juin 1839.

CHOSE JUGÉE. — LIMITES.

Art. 1164 C. c.

Lorsqu'une demande en délimitation a été écartée par un jugement en dernier ressort, on ne peut plus, sans porter atteinte à l'autorité de la chose jugée, ordonner une vérification des limites existantes, lors même que le demandeur prétendrait en avoir, depuis le jugement, découvert de nouvelles.

MOREL C. HUGARD.

LE SÉNAT : Attendu que la délimitation requise par l'appelant a été écartée par jugement du 1er juin 1836, qui est passé en force de chose jugée ;

Attendu que la vérification requise subsidiairement par ledit appelant, sous le prétexte de la découverte de nouvelles limites, avait pour objet, relativement au fonds dont il s'agit entre les parties, de faire procéder à une délimitation du même fonds sur une base différente de celle adoptée par le jugement du 1er juin 1836; qu'en rejetant, par son jugement du 17 mai 1837, la vérification requise, le tribunal a fait une juste application des principes sur l'autorité de la chose jugée ;

Déclare Morel non recevable.

PORTIER DU BELLAIR, P. PICOLET, R.

---

22 Juin 1839.

APPEL. — VALEUR. — BORNAGE.

Dans l'action en bornage, la valeur de la cause est fixée par la valeur de l'immeuble dont on demande la délimitation. [1]

Nicoud c. Vᵉ Gex.

Le Sénat : Attendu que la valeur de l'objet demandé en justice constitue la valeur de la cause, et que, quand une chose demandée a une valeur indéterminée, comme dans l'action en bornage en conformité de la mappe et du cadastre, on doit considérer la valeur de l'immeuble dont le bornage est requis;

Attendu que spectable Nicoud a soutenu en fait que la pièce de terre inscrite au cadastre et à la mappe de la commune de Trivier, sous les numéros 855, 856 et 859, valait la somme de 8,000 liv., et que les intimés n'ont pas contesté cette évaluation;

Reçoit spectable Nicoud appelant.

Pettiti, *P. P.* Arminjon, *R.*

---

27 Juin 1839.

PRIVILÉGE DU VENDEUR. — INTÉRÊTS.
— TIERS DÉTENTEUR.

Art. 2285 C. c. (E. II).

Le privilége du vendeur, d'après le Code civil français et l'édit du 16 juillet 1822, s'étend à tous les intérêts échus du prix de vente.

En conséquence, le tiers détenteur qui n'a pas purgé doit payer au créancier poursuivant, avec le capital de sa créance, tous les intérêts arriérés, s'il ne préfère délaisser.

Guers c. Collomb.

Le Sénat : Attendu, au fond, que les demandeurs en opposition n'ont pas disconvenu que les immeubles sur lesquels on agit ne soient par eux possédés, qu'ils ne proviennent du sieur Claude d'Allemagne, et qu'ils n'aient fait partie de la vente du 18 janvier

---

[1] Arrêt conf. : 26 avril 1845, Demaringe c. Charmot; Colta, R.
Lorsque les conclusions sont restreintes à une parcelle déterminée, V. 21 décembre 1839.

1812, consentie en faveur de ce dernier par spectable Amédée Biord;

Attendu que, par ledit acte de vente, le sieur d'Allemagne s'est obligé à payer annuellement à spectable Biord les intérêts du capital réservé à dame Flavie Morand, épouse du sieur Alligra Gandolfi; que pour l'exécution de cette obligation, les biens compris dans ladite vente ont été expressément affectés au privilége du vendeur;

Attendu que le privilége de ce dernier, dispensé d'inscription jusqu'à la publication du Code civil de S. M., a été conservé postérieurement par l'inscription prise en temps utile, le 17 avril 1838, en vertu de l'acte de vente sus énoncé du 18 janvier 1812;

Attendu que ladite inscription porte tous les intérêts dus au 18 janvier 1838, et que d'après l'article 125 de l'édit du 16 juillet 1822, le tiers détenteur qui n'a pas rempli les formalités pour la purge des immeubles par lui acquis, doit payer au créancier poursuivant tous les capitaux exigibles et accessoires légitimes quelconques, et frais dus à celui-ci, ou bien délaisser l'immeuble hypothéqué; que ces expressions *accessoires légitimes quelconques*, suivant la jurisprudence, emportent l'obligation de payer tous les intérêts dus au créancier poursuivant;

Déboute les demandeurs des conclusions par eux prises.

Portier du Bellair, *P.* Picolet, *R.*

---

27 Juin 1839.

DONATION. — CONTRAT DOTAL.
RENONCIATION. — INFIRME. — HOSPICE.

Art. 1176 C. c. (D. R.)

Les époux ne peuvent, même d'un commun accord, renoncer à une donation portée par leur contrat dotal.

L'obligation contractuelle de loger et d'entretenir une personne infirme ne cesse pas par son admission dans un hospice.

Thévenon et Guillerme c. Guillerme.

Le Sénat : Attendu que, par acte du 21 janvier 1835, Pierre Thevenon et Françoise Guillerme ont réglé leurs conventions matrimoniales;

Qu'audit acte sont intervenus Thérèse

3

Grathier veuve Guillerme, mère de ladite Françoise, et Jean Guillerme, frère consanguin de cette dernière, lesquels ont constitué audit Thévenon, pour sa future épouse, la généralité des biens y désignés, qu'ils possédaient dans les communes des Marches et de Chapareillan, pour en jouir après le décès de ladite Thérèse Grathier;

Qu'enfin lesdits époux Thévenon ont pris l'engagement exprès de loger, nourrir à leur table et entretenir ledit Jean Guillerme, et de lui donner tous les soins qu'exige son état de cécité; et que, dans le cas où il lui conviendrait mieux de vivre séparément, ils lui ont promis une habitation convenable et une pension viagère, payable partie en denrées et partie en argent;

Attendu que ledit acte authentique faisant pleine foi entre les parties contractantes de toutes les conventions qu'il renferme, doit sortir son effet tant qu'on n'est point parvenu à établir qu'il est entaché de dol, erreur ou lésion, ainsi que l'auraient allégué les appelants, sans avoir cependant rien prouvé ni déduit;

Que c'est en vain que les appelants et l'intimé auraient déclaré consentir à ce que ledit acte du 21 janvier 1833 reste sans effet et soit regardé comme non avenu, puisqu'il ne faut pas perdre de vue qu'il s'agit de conventions matrimoniales qui intéressent non-seulement les époux, mais encore leurs enfants; ensorte qu'il faudrait avant tout fournir des preuves bien évidentes que les donataires se trouvent grevés au-delà des forces de la libéralité;

Attendu, en ce qui concerne la possession des biens constitués, que les mariés Thévenon ont pu entrer dans cette possession aux termes dudit acte, et qu'ils ne peuvent imputer qu'à eux-mêmes s'ils n'ont pas tâché d'obtenir tout de suite la possession réelle des biens, du moins en partie;

Attendu qu'il ne résulte aucunement des clauses de l'acte précité que les mariés Thévenon n'aient pris l'engagement de fournir les aliments ou de payer la pension qui y est stipulée en faveur de Jean Guillerme, qu'à dater du décès de Thérèse Grathier;

Attendu que l'admission de Jean Guillerme à l'Hôpital de Charité, en cette ville, est un fait que les appelants ne peuvent utilement invoquer, puisqu'il leur est étranger, et ne change pas le droit qui compète audit Jean Guillerme d'obtenir la pension qui lui est due;

Par ces motifs, déclare les appelants non recevables en leur appel.

Roze, *P.* Porta, *R.*

———

5 Juillet 1839.

PRÉSOMPTION. — LOI QUINTUS MUCIUS.

La présomption de la loi Quintus Mucius n'est point applicable à la femme qui dirige les affaires de la maison à l'exclusion du mari.

JACCOUD c. MABBOUX ET CHENEVAL.

La femme du demandeur Jaccoud avait prêté à la femme Cheneval une somme de 1,087 liv. 50 cent, sous le cautionnement de Mabboux. Jaccoud demandait cette somme à Cheneval, héritier de sa mère, et à la caution. Ces derniers le renvoyaient se pourvoir contre les héritiers du mari, auquel, disaient-ils, les deniers sont censés être parvenus suivant la présomption de la loi Quintus Mucius.

LE SÉNAT : Attendu que l'enquête du demandeur des 30 avril et 1er mai derniers constate que Pétronille Terrier-Latour, femme de Jean-Marie Cheneval, dirigeait les affaires de la maison à l'exclusion de son mari; qu'elle faisait des emprunts, emportait elle-même les sommes prêtées, quoique Cheneval assistât à la numération des espèces, et qu'elle tenait son argent sous clef; qu'ainsi on doit présumer qu'en lui prêtant la somme de 1,087 liv. 50 cent., portée dans le billet du 4 février 1836, la femme du demandeur a suivi la foi de ladite Pétronille Perrier-Latour, et que la somme prêtée n'est pas parvenue au mari....;

Ordonne, avant tout, que Jaccoud affirmera par serment qu'il ne sait pas que la somme de 1,087 liv. 50 cent., portée dans le billet du 4 février 1836, et dont il demande le paiement, soit parvenue à Jean-Marie Cheneval, directement ou indirectement, en tout ou en partie.

Pettiti, *P. P.* Arminjon, *R.*

———

9 Juillet 1839.

TESTAMENT CONJONCTIF.

Art. 699 C. c. (D. R., C. F., Q. T.)

Le testament conjonctif fait en 1777 est valide, lors même que l'un des testateurs serait mort en 1810, sous l'empire du Code civil français. [1]

MÉRY c. MÉRY.

LE SÉNAT : Attendu que les lois en vigueur au 14 décembre 1777 permettaient à tous ceux qui avaient la capacité de tester de faire un testament conjonctif ;

Attendu que la disposition de l'art. 968 du Code civil français n'est relative qu'à la forme extrinsèque des testaments conjonctifs, et ne touche nullement à la capacité des testateurs ;

Attendu que la forme des testaments dépend uniquement de la loi du temps de leur confection, et nullement de celle en vigueur au jour du décès des testateurs ; d'où il suit que l'art. 968 n'est point applicable au testament de Françoise Chevrier, quoiqu'elle soit décédée après la promulgation du Code civil français ;

Attendu que, d'après les articles 1035 et 1036 du Code civil précité, sous l'empire duquel a été fait l'acte du 27 brumaire an XII, un testament ne peut être révoqué en tout ou en partie, que par un testament postérieur dont les dispositions seraient inconciliables avec celles contenues dans le premier ; ou par un acte notarié, portant déclaration de changement de volonté ;

Attendu que ledit acte, qualifié de protestation, ne renferme, de la part de Françoise Chevrier, aucune déclaration de révocation de son testament ; d'où il suit que le testament du 14 décembre 1777 doit sortir ses effets jusqu'à concurrence de la quotité disponible déterminée par le Code ;

Par ces motifs, sans s'arrêter aux exceptions élevées contre le testament du 14 décembre 1777, le déclare valide.

ROZE, P.   SEITIER, R.

[1] Arrêt conf. : 26 janvier 1812, Compagnon c. Coche ; Jacquemoud, R.

12 Juillet 1839.

ACTE AUTHENTIQUE. — FAITS EXPLICATIFS. — PREUVE TESTIMONIALE.

Art. 1134 C. c. (D. R.)

La preuve testimoniale est admissible pour expliquer les clauses ambiguës d'un acte authentique. [1]

LOGUIER c. CHAPPOT.

LE SÉNAT : Attendu que, si d'une part les expressions de l'acte du 9 décembre 1824, Mareschal notaire, relatives à la portion de cour vendue par Loguier à Renaud, semblent devoir comprendre 8 pieds de largeur sur toute la longueur de la même cour, d'autre part la désignation du côté du midi où les susdits 8 pieds devaient être pris, et les confins donnés à la portion vendue du côté du nord, laissent des doutes sur le point de savoir si Loguier a entendu vendre et Renaud acheter, autre chose que la portion de cour qui correspond à l'étendue de la maison contemplée dans le même acte ;

Attendu que les cinq faits déduits par Loguier, dans son écriture du 10 janvier 1837, tendent à faire connaître la véritable intention des parties contractantes, et que bien loin d'être contraires au contenu de l'acte public sus énoncé, ils ne servent qu'à l'expliquer en ce qui peut être douteux ;

Admet avant tout les cinq faits déduits par Loguier.

PETTITI, P. P.   COTTA, R.

— — — — —

13 Juillet 1839.

ADJUDICATION PRO INDEBITO. — CAUTION.

Art. 2039 C. c. (R. C.)

La caution ne peut procéder à exécution sur les biens du principal obligé, avant d'avoir elle-même effectivement soldé le montant de la dette.

L'adjudication faite en faveur de la caution avant cette époque est nulle, comme faite pro indebito.

[1] Arrêt conf. : 26 juin 1810, Burlin c. Burlin ; Girod, R.

ROSTAING, CAPAILLAN, ETC., c. LOUARAZ
ET CONSORTS.

Le 18 juillet 1819, Rostaing-Possillon, sous le cautionnement de Mᵉ Rostaing, créa au profit de l'hôpital de St-Jean-de-Maurienne, une rente annuelle et perpétuelle pour le capital de 6,000 liv. Il est convenu que Mᵉ Rostaing, à la première sommation qui lui sera faite par l'hôpital pour les arrérages de la rente, aura droit de contraindre Possillon à en rembourser le capital.

Dès 1820, Mᵉ Rostaing, sur les poursuites de l'hospice, est condamné à payer une première annuité. Aussitôt il se pourvoit contre Possillon, et se fait adjuger ses biens, pour le montant de 6,000 livres.

Possillon (soit ses créanciers), oppose de nullité à cette adjudication faite *pro indebito*, vu que Mᵉ Rostaing n'avait pas, à sa date, désintéressé l'hospice.

LE SÉNAT : Attendu, en ce qui touche l'exécution de ladite sentence, que la condamnation de Rostaing-Possillon à rembourser à Mᵉ Rostaing le capital de la rente ne pouvait avoir son effet, ni surtout recevoir son exécution avant que ce dernier eût payé lui-même le capital à l'hôpital; car le remboursement, qui est la restitution de l'argent déboursé, présuppose un paiement: aussi le juge de la Chambre n'a ni fixé, ni pu fixer aucun terme à Rostaing-Possillon pour faire la restitution du capital de la rente, puisqu'il ignorait le jour où Mᵉ Rostaing le paierait à l'hôpital; tandis que lorsqu'il a condamné ledit Rostaing-Possillon à rembourser la somme de 99 liv. 48 c., montant des loyaux coûts de l'acte du 18 juillet 1819, il a ordonné que le remboursement aurait lieu dans un mois, parce que Mᵉ Rostaing avait payé ladite somme au notaire Cailles;

Attendu, d'après ce qui précède, que Mᵉ Rostaing n'a dû poursuivre ni l'exécution mobilière, ni l'adjudication d'immeubles, pour être remboursé d'un capital qu'il n'avait pas payé; que l'adjudication du 19 juin 1821, Rostaing notaire, a été faite *pro indebito*; qu'elle est nulle sous ce rapport, comme elle l'est pour n'avoir pas été précédée d'une injonction, qui devenait indispensable en raison de la nature de la condamnation qui renfermait une condition implicite, que Mᵉ Rostaing devait remplir et justifier d'avoir remplie, avant de pouvoir demander l'exécution de la sentence;

Par ces motifs......, déclare nul et de nul

effet l'acte d'adjudication auquel il a été procédé le 19 juin 1821.....

PETTITI, *P. P.*   ARMINJON, *R.*

---

18 Juillet 1839.

DONATION ENTRE ÉPOUX. — FORMALITÉS.

Art. 1121 C. c. (R. C.)

Sous les Royales Constitutions, la donation faite par l'épouse en faveur de son époux, dans son contrat de mariage, était, à peine de nullité, soumise aux formalités prescrites par le § 14, tit. 14, liv. 5 des RR. CC. [1]

BOUVIER c. CURTET.

LE SÉNAT : Attendu que la donation contenue en l'acte du 18 janvier 1836, quoique subordonnée à un cas éventuel, ne présente pas moins le caractère d'irrévocabilité quant au donateur ; qu'ainsi elle se trouvait soumise aux formalités prescrites par les Royales Constitutions, pour la validité des donations entre vifs ;

Attendu que les dispositions de l'art. 2 du manifeste sénatorial du 20 septembre 1823, n'ont pas exempté les donations de cette espèce, faites par les femmes en faveur de leurs époux, desdites formalités, puisque cet article a réservé l'exécution du § 14, tit. 14, liv. 5 des RR. CC. ;

Déclare la donation faite par Antoinette Bouvier en faveur de son époux, par le contrat mentionné, nulle et de nul effet.

PORTIER DU BELLAIR, *P.*   ROCH, *R.*

---

16 Juillet 1839.

COMPÉTENCE. — JUGE DE MANDEMENT. INJURES. — TROISIÈME APPELLATION.

Le juge de mandement est incompétent pour prononcer sur une action civile en dommages-intérêts résultant d'injures verbales ou écrites, lorsque ces dommages sont portés à plus de 300 liv.

Ainsi la cause portée d'abord au juge de mande-

---

[1] Arrêt conf. : 29 décembre 1846, cons. Nanjod; Clert, R.

ment, puis en appel au tribunal, peut encore être déférée au Sénat, sans qu'on puisse opposer des trois degrés de juridiction. [1]

MATHIÉ C. GUILLERMIN.

LE SÉNAT : Sur conclusions du seigneur avocat-général, du 18 mars 1839 ;

Attendu que l'intimé a déclaré faire incident pour faire juger préalablement la question de savoir si le juge du mandement de Chambéry était compétent pour connaître de cette cause, et si elle n'aurait point déjà parcouru les deux degrés de juridiction fixés par la loi ;

Attendu que, par sa requête présentée audit juge, Charles Guillermin a pris des conclusions tendant :

1° A ce que Prosper Mathié fût condamné à lui faire réparation d'honneur, et rétracter ses propos calomnieux répandus dans le public, même par écrit ;

2° A ce que ledit Mathié fût déclaré tenu à lui payer les dommages-intérêts qui seraient fixés par experts, si mieux il ne préférait lui payer la somme de 4,800 liv. ;

3° A ce que la sentence à intervenir fût imprimée et affichée dans cette ville ;

Que ces différents chefs de conclusion constituaient une action purement civile, dont la connaissance n'était point attribuée au juge de mandement, dès qu'il s'agissait de dommages-intérêts réclamés pour une somme qui excédait celle de 500 liv. ;

Par ces motifs, en recevant Prosper Mathié appelant de la sentence dont il s'agit, ordonne que les parties procèderont sur la cause d'appel, ainsi et comme elles verront à faire.

ROZE, P.   PORTA, R.

---

17 Juillet 1839.

FILLES EXCLUES. — IMMIXTION.

La fille exclue qui s'immisce dans la succession dévolue à son frère, ne se prive pas de la faculté de répudier cette succession, lorsqu'elle lui sera déférée par la répudiation de l'héritier. [2]

---

[1] V. Arrêt du 8 janvier 1841, consorts Guiguet-Piot.
[2] Arrêt conf. : 9 juin 1843, Chevrier-Rey c. Ve Verdan et Dumont ; Mareschal, R.

LES SŒURS PUGEAT C. PONÇON, SULPICE, ETC.

LE SÉNAT : Attendu que l'on ne peut être héritier que par la disposition de l'homme, ou par la disposition de la loi ;

Attendu que Charles Pugeat est décédé en 1816, sous l'empire des Constitutions royales, et sans avoir fait de testament ;

Attendu que, dans cet état de choses, Charlotte et Françoise Pugeat n'ont point été rappelées au droit de suite par la volonté de leur père ;

Attendu qu'aux termes de la loi, elles ont été exclues de sa succession au profit d'un frère germain et d'un frère consanguin ;

Attendu que, jusqu'à ce que leurs frères eussent répudié l'hoirie paternelle, elles n'auraient pu en faire une adition valable, même par acte authentique ;

Attendu que les faits d'immixtion ne peuvent avoir plus d'effet qu'une acceptation expresse ;

Déclare lesdites Pugeat n'être pas héritières de leur père.

PETTITI, P. P.   DE LA CHARRIÈRE, R.

---

19 Juillet 1839.

ASSOCIATION DE FAIT. — ACTE PUBLIC.

Art. 1112 C. c. (D. R.)

L'existence d'une société de fait peut être prouvée par tous moyens de droit, à défaut d'acte authentique.

RICHARD C. RICHARD.

LE SÉNAT : Attendu que les conclusions du demandeur tendent à être maintenu dans la possession d'une tannerie qu'il prétend avoir construite et exploitée conjointement avec son frère Claude-Joseph Richard ;

Attendu que, d'après le principe quod ex re mea fit meum est, on doit considérer comme une propriété indivise toute chose produite par le concours simultané de l'industrie, du travail et des fonds de deux personnes, agissant l'une et l'autre comme maîtres et copropriétaires dans tous les actes qui se rapportent à l'établissement de la chose créée en commun ;

Que de tels actes, même entre négociants, constituent une association dans la chose produite, que cette association naissant d'un fait plutôt que d'une convention expresse, peut être prouvée autrement que par un acte de société dans la forme prescrite par les Royales Constitutions ;

Attendu que le défendeur s'est borné à opposer au demandeur de la non existence d'un acte de société, en requérant droit sur l'incident ; qu'il n'a pas discuté les moyens de preuve sur lesquels le demandeur a fondé ses conclusions ;

Sans s'arrêter à l'exception du défendeur, fondée sur le défaut de représentation d'un contrat de société dans la forme prescrite par le § 1, liv. 2, tit. 16, chap. 8 des RR. CC. ;

Ordonne qu'il déposera les livres, etc.

PORTIER DU BELLAIR, *P.* PICOLET, *R.*

---

23 juillet 1839.

VENTE. — INDIVISION.

Art. 1600 C. c.

La vente d'immeubles indivis n'est pas considérée comme vente de la chose d'autrui et n'est point soumise aux dispositions de l'art. 1600 du Code civil. [1]

DÉPOMMIER c. CHARMOT.

LE SÉNAT : Attendu au fond que, par contrat du 20 septembre 1827, les mariés Charmot et Goddet ont acquis non-seulement la maison revendue par le premier à révérend Dépommier, mais encore plusieurs autres immeubles qui sont encore indivis entr'eux ;

Attendu que la disposition de l'art. 1600 du Code, prohibitive de la vente de la chose d'autrui, n'est pas applicable au cas de l'indivision de cette même chose, lorsque l'acquéreur qui excipe de la nullité, peut devenir propriétaire incommutable, comme dans l'espèce de la cause, par suite d'un partage même postérieur à l'introduction de l'instance ;

Ordonne, avant d'autrement rendre droit, que le défendeur justifiera, dans le terme de six mois, par un partage régulier, que la maison et dépendances par lui vendues à Révérend Dépommier sont parvenues à son lot. ROZE, *P.* SEITIER, *R.*

---

29 Juillet 1839.

ABSENT. — EXCEPTION *CEDENDARUM ACTIONUM.*

Art. 99, 2074 C. c. (D. R.)

Sous le droit romain, l'absent est présumé vivant jusqu'à l'accomplissement de sa centième année.

Le tiers-détenteur actionné en délaissement peut opposer l'exception *cedendarum actionum*, si le créancier a laissé prescrire son action contre le débiteur. [1]

LES FRÈRES ET SŒURS CONSEIL c. BESSON.

Les frères et les sœurs Conseil, se disant créanciers d'un sieur Berthelet, absent des états, se pourvoient contre Marie-Angélique Besson son héritière ; en même temps ils la font sommer, comme tiers-détenteur, de payer ou délaisser les biens soumis à leurs hypothèques.

Marie Besson nie d'être héritière de Berthelet dont la mort n'est pas prouvée ;

Comme tiers-détenteur, elle oppose d'abord de prescription et ensuite de l'exception *cedendarum actionum*, disant que les consorts Conseil, ayant laissé prescrire leur action contre l'absent, ne pourraient plus aujourd'hui y subroger utilement.

Sur ces deux exceptions, LE SÉNAT :

Attendu qu'il conste des déduites des auteurs des demandeurs, consignées dans le verbal de non conciliation du 28 brumaire an V, que Jean-Baptiste Berthelet était à ladite époque, réputé absent des états ;

Attendu que Jean-Baptiste Berthelet est présumé vivant, tant que la preuve de sa mort n'est pas acquise, ou qu'il n'est pas établi que l'époque de sa naissance remonte à plus de cent ans ; qu'ainsi on ne peut attribuer à Jeanne-Michelle Berthelet ni à ses enfants, la qualité d'héritiers dudit Jean-Baptiste, lequel d'ailleurs, suivant des déduites faites en messidor an X, aurait laissé un fils nommé Jean-Marie ;

Attendu qu'en supposant même que la défenderesse détienne des immeubles provenant de l'auteur commun Jean-Claude Berthelet soumis à l'action réelle des demandeurs, elle ne pourrait être astreinte au paiement des legs faits aux auteurs de ceux-

ci ou au délaissement des immeubles, sans une cession d'action qui soit efficace; ce que les demandeurs se sont mis hors d'état de pouvoir faire, faute par eux d'avoir interrompu le cours de la prescription contre l'absent Jean-Baptiste;

Attendu que les tiers-détenteurs, comme les cautions, sont admis à opposer tous les droits qui compètent au débiteur personnel et principal :

En déclarant légitime l'exception de prescription opposée par la défenderesse, déboute les demandeurs de leurs conclusions tant principales que subsidiaires.

PETTITI, *P. P.* DE BUTTET, *R.*

---

2 *Août 1839.*

PURGE. — ACQUÉREUR. — ADJUDICATION A LA FOLLE ENCHÈRE.

Art. 2308 C. c. (E. H.)

L'acquéreur qui a fait transcrire et notifier son contrat est assimilé à l'adjudicataire; en cas de non paiement, les biens sont revendus à sa folle enchère et conformément à l'art. 121 de l'édit hypothécaire.

FEMME DOMENGE C. NUGUE.

LE SÉNAT : Attendu que l'acheteur qui a fait transcrire et notifier son contrat aux créanciers du vendeur, conformément à l'art. 72 de l'édit du 16 juillet 1822, doit être assimilé à un adjudicataire; en effet, il s'est, comme ce dernier, obligé envers les créanciers de son auteur sous la médiation de la justice;

Attendu en conséquence, que si l'acheteur ne satisfait pas à ses engagements, les immeubles par lui acquis doivent être remis en vente à ses périls et frais, au moyen d'une ou de deux enchères, suivant qu'il se sera ou non écoulé trois ans, depuis qu'il est devenu propriétaire irrévocable;

Attendu que dans le cas d'une vente volontaire, l'acquéreur ne devient irrévocablement propriétaire qu'après l'expiration du terme accordé, par l'art. 73, aux créanciers inscrits, ou dispensés d'inscription, pour demander que les biens soient mis aux enchères;

Attendu que, pour apprécier si le terme dont il vient d'être parlé était ou non expiré lors des poursuites dirigées contre l'appelante par les créanciers de spectable Despines, il est indispensable d'avoir sous les yeux les pièces de l'instance nouée par la femme Domenge pour la purge des immeubles qu'elle avait acquis dudit spectable Despines.

Ordonne, avant tout, que les pièces relatives à la demande pour purger seront produites par l'appelante dans les délais de la cause.

PETTITI, *P. P.* DE LA CHARRIÈRE, *R.*

---

6 *Août 1839.*

PROPRIÉTÉ. — COMPÉTENCE. — JUGE DE MANDEMENT.

Art. 1412 C. c. (E. Org.)

Le juge de mandement n'est pas compétent pour sanctionner un accord sur un droit de la propriété. [1]

LES ÉPOUX JACQUEMARD ET DUPUIS C. POLLIER.

Par transaction du 13 octobre 1836 rédigée devant le juge du mandement de La Motte, les auteurs de Jacquemard avaient abandonné à Pollier une pièce de terre en tant qu'il renoncerait à toutes prétentions sur le fonds en litige; Pollier accepta à condition *qu'il en serait passé acte.*

Cet acte ne fut point passé, Pollier ayant renouvelé ses prétentions, on lui opposa de la convention du 13 octobre 1826.

LE SÉNAT : Attendu que par l'accord mentionné dans l'ordonnance du juge du mandement de La Motte en date du 13 octobre 1826, les parties ont eu en vue un échange de biens fonds, soit la translation de propriétés immobilières; qu'ainsi l'écrit contenant ces conventions devait être rédigé en acte authentique suivant les dispositions des Royales Constitutions, à peine de nullité;

Attendu que le juge du mandement de La Motte n'avait aucun pouvoir pour conférer à cet acte le caractère d'authenticité, ce juge agissant en cette circonstance hors du cercle de ses attributions.

Déclare les mariés Jacquemard et Dupuis non recevables en leur appel.

PORTIER DU BELLAIR, *P.* ROCH, *R.*

---

[1] Arrêt conf. : 17 février 1840, Gavend c. Gavend; Picolet, R.

10 Août 1839.

EXCEPTION DE DENIERS NON NOMBRÉS.
— *LOCUS REGIT ACTUM*. — SERMENT. —
PREUVE TESTIMONIALE.

Art. 1434 C. c. (C. F.)

Le contrat de vente passé en France entre Savoisiens, pour des immeubles situés en Savoie, est régi, quant à ses effets, par les lois françaises.

La preuve testimoniale n'est pas admissible pour prouver la simulation..., mais le serment peut être déféré contre le contenu en l'acte.

GUIGUET c. GUIGUET.

Par acte du 30 novembre 1832, Moissaud et son collègue, notaires à Paris, Joseph Guiguet vend à Jean-Michel Guiguet son frère, des immeubles situés en Savoie, pour le prix de 4,000 liv. que le vendeur déclare avoir reçu précédemment, et dont il donne quittance à l'acquéreur.

Joseph Guiguet vient ensuite réclamer les 4,000 liv. qu'il prétend ne lui avoir jamais été comptées, et demande à être admis à la preuve testimoniale, subsidiairement il défère le serment litis-décisoire.

L'acheteur lui oppose des lois françaises qui régissent le contrat suivant l'adage : *locus regit actum.*

Le Sénat : Attendu que s'agissant d'apprécier les effets d'un contrat passé en France, c'est d'après les lois de ce pays, auxquelles les parties, quoique savoisiennes, sont censées s'être rapportées, que lesdits effets doivent être réglés en ce qui a trait à la décision de la contestation ;

Attendu que, d'après la disposition du Code français, la preuve testimoniale ne peut être admise contre le contenu aux actes, et que si la simulation peut s'établir par cette voie, quand il s'agit de l'intérêt du tiers, il n'en est pas de même à l'égard de l'un des contractants, rien n'ayant empêché celui-ci de se prémunir contre ses déclarations ;

Attendu cependant qu'aux termes des art. 1358 et 1360 dudit Code, le serment décisoire peut être déféré sur quelque espèce de contestation que ce soit, en tout état de cause, et encore qu'il n'existe aucun commencement de preuve de la demande ou de l'exception sur laquelle il est provoqué.

Qu'ainsi l'appelant est admissible à recourir à ce moyen pour établir la légitimité de sa demande, ainsi qu'il y a conclu subsidiairement ; mais que pour s'en prévaloir il doit suivre la forme de procéder établie par la loi de Savoie.

Par ces motifs, ordonne avant tout que l'appelant se conformera à la disposition du § 17, liv. 3, tit. 14 des R. C.

ROZE, P.   PORTA, R.

---

12 Août 1839.

CURATEUR. — HOIRIE JACENTE. — APPEL.
— VALEUR. — DÉLAI.

Art. 1131 C. c. (Q. T.)

Le curateur nommé en conformité des R. R. C. C. doit être maintenu dans ses fonctions tant qu'il n'en a pas été nommé un autre, en conformité de l'art. 1035 du Code civil. [1]

Le jugement, qui déclare n'y a pas lieu à la vente forcée d'un immeuble, n'est régi par l'édit hypothécaire ni quant aux délais d'appel, ni quant à la valeur de la cause. [2]

La valeur de la cause est suffisante dès que le fonds, dont la subhastation est demandée, vaut plus de 1,200 liv., lors même que la créance du poursuivant n'atteindrait pas ce chiffre. [3]

GRUAZ c. TISSOT, Me LAPERRIÈRE EN QUALITÉ DE CURATEUR A L'HOIRIE DE MAURICE TISSOT, ETC.

Le Sénat : Attendu que Me Laperrière ayant été nommé curateur à l'hoirie de Maurice Tissot, conformément à la jurisprudence en vigueur, à l'époque de sa nomination, il a qualité pour ester en cause et doit y être maintenu tant qu'il n'a pas été procédé à la nomination d'un autre curateur, en conformité de l'art. 1035 du Code civil.

En ce qui concerne les fins de non-recevoir opposées contre l'admission de l'appel ;

Attendu que, par la sentence rendue le 1er mars 1836, Gruaz a été débouté de ses conclusions tendantes à être autorisé à faire

---

[1] Arrêt conf. : 20 février 1816, Grange c. Me Héritier, en qualité de curateur à l'hoirie de Jeanne Duret.

[2] Arrêts conf. : 12 janvier 1836, chambre consult. entre Pierre Daniglier et Marie Genoud. — 13 août 1811, Rovro de St-Séverin c. Guyon ; de Montbel, R.

[3] Arrêt conf. : voyez ci-devant 16 janvier 1839.

subhaster les immeubles possédés par Josephte Tissot et Jean Déprez en sa qualité, et ceux-ci ont été déclarés en droit de se prévaloir de la faculté de purger ces immeubles accordée aux tiers par l'art. 124 de l'édit du 16 juillet 1822 ;

Attendu que cette sentence ne peut être classée parmi celles prononcées dans les causes de subhastation, ni mise sur la même ligne qu'une ordonnance portant autorisation de subhaster et appartenant ainsi à la cause de subhastation ;

Que d'après ce, les délais pour interjeter et relever appel de cette sentence, ne sont pas réglés par l'art. 112 de l'édit précité, et Gruaz s'est pourvu en temps utile et dans les délais fixés pour les causes ordinaires, en relevant, le 23 mars 1836, l'appel de ladite sentence qui avait été interjeté le 7 du même mois ;

Que par le même motif, la valeur de la cause, nécessaire pour rendre l'appel admissible, n'est pas déterminée par les dispositions spéciales dudit art. 112, et il suffit qu'il s'agisse d'un procès dont la valeur excède 1,200 liv. ;

Attendu que les intimés n'ayant pas contesté que les biens par eux possédés et sur lesquels l'action hypothécaire était exercée valaient plus de 1,200 liv., et les droits des parties devant être corrélatifs, il en résulte que l'appel peut être accueilli, quoique la somme pour laquelle l'action était exercée n'arriverait pas à ce chiffre.

Le dispositif porte sur le fond du droit.

PETTITI, *P. P.* MARESCHAL, *R.*

---

6 Septembre 1839.

RÉVISION. — LÉGITIMITÉ. — LÉGITIMATION.

Art. 159, 160, 161 C. c. (D. R.)

La révision ne peut être obtenue contre un arrêt que lorsqu'il contient des erreurs de fait.

L'enfant né sous les lois du 20 septembre 1792, à défaut de l'acte de mariage de ses parents, doit prouver sa possession d'état comme enfant légitime, et celle de ses parents comme époux.

Les royales patentes du 25 octobre 1816 ne sont applicables qu'à l'enfant qui établit qu'il y a eu mariage canonique ou civil entre ses parents.

Les enfants nés d'une femme divorcée peuvent être légitimés par rescrit du prince. — Le rescrit n'est pas censé subreptice par cela seul qu'il n'y est pas fait mention du divorce. [1]

Dme LACHAPELLE c. BALMAIN ET Dme DOMENGET.

LE SÉNAT : En ce qui concerne la révision de l'arrêt du 27 mars 1833,

Attendu que d'après la jurisprudence du Sénat fondée sur les dispositions des paragraphes 4 et 5, titre 27, livre 3 des royales Constitutions, la révision des arrêts n'est admissible que lorsqu'ils contiennent quelque erreur en fait, ou lorsqu'on a nouvellement trouvé quelques pièces qui changent l'état de la cause ;

Attendu que les erreurs reprochées audit arrêt, fussent-elles établies, ne constitueraient pas des erreurs en fait dans le sens de la loi et de la jurisprudence, ainsi que l'a démontré l'avocat-fiscal-général dans ses conclusions du 15 juin 1838, et qu'en conséquence la révision ne pouvait être accueillie ;

Passant à l'examen du fond de la cause en exécution des royales patentes du 5 janvier dernier ;

Attendu que la légitimité prétendue par la demanderesse doit être considérée et sous le rapport des lois qui étaient en vigueur à l'époque de sa naissance, et sous le rapport des lettres-patentes du 25 octobre 1816, publiées par le manifeste du Sénat du 30 même mois ;

Attendu, sous le premier rapport, qu'il est constant en fait que la demanderesse est née en vendémiaire an V, et conséquemment sous l'empire de la loi du 20 septembre 1792, qui, tout en changeant la forme des actes de l'état civil, n'a rien innové quant aux anciennes maximes relatives à la preuve de la légitimité des enfants ;

Attendu que si, pour établir sa légitimité, l'enfant, après le décès des père et mère, n'était pas rigoureusement tenu de représenter l'acte constatant la célébration de leur mariage, ce n'était que sous la condition d'administrer la double preuve de sa possession d'état comme enfant légitime, et de celle de ses père et mère comme époux ;

Attendu que tel était le dernier état de la jurisprudence des parlements, que le Code civil n'a fait que consacrer dans l'art. 197 ;

---

[1] V. concl. conformes du 16 juin 1838.

Arrêt de la cour d'appel de Bourges, 17 mars 1850;

Arrêt de la cour de Paris du 23 février 1822;

Arrêt de la même cour du 29 brumaire an XI;

Que c'est là un point de doctrine si constant, reconnu par tant de décisions, proclamé par des autorités si respectables, qu'il doit être à l'abri de toute sérieuse contestation;

Attendu que ce serait méconnaître l'esprit et la portée de l'arrêt rendu le 8 janvier 1806 dans la cause Robin Laborde, invoqué par la demanderesse, que de lui attribuer la sanction de la maxime contraire, puisque la cour de cassation a laissé entrevoir par son dernier motif que si elle avait pu s'immiscer dans les questions de fait qui sont hors de son domaine, elle aurait infirmé l'arrêt de la cour d'appel de Paris, non-seulement parce que dans l'espèce la possession de l'enfant n'était point établie, mais encore parce qu'il y avait des faits destructifs de celui du prétendu mariage de ses père et mère;

Attendu que les registres de naissance n'étant destinés qu'à établir la filiation et non la légitimité, les énonciations y insérées et relatives au mariage des père et mère, ne font pas preuve de ce mariage; que cela est si vrai, que depuis le Code civil français, comme auparavant, on n'a jamais exigé l'inscription en faux pour être admis à attaquer ces sortes d'énonciations;

Arrêt du parlement de Paris de 1797, dans la cause d'Elisabeth Fiorelli;

Arrêt du même parlement du 8 janvier 1777, dans la cause des enfants Hura;

Arrêt de la cour de cassation du 28 ventôse an XI;

Arrêts de la même cour, section criminelle, des 12 et 26 ventôse même année;

Et qu'en conséquence l'acte de naissance produit par la demanderesse ne peut lui seul établir sa légitimité;

Attendu que c'est en vain que la demanderesse a invoqué les dispositions du chapitre 2 de la Novelle 117, soit parce que les lois en vigueur à l'époque de sa naissance ayant introduit des solennités particulières pour les mariages, qui ne sont plus considérés comme de simples contrats consensuels, les déclarations faites par le père, même dans un acte authentique, ne peuvent assurer aux enfants la légitimité; soit parce que ces lois ayant changé les formes des

mariages et les moyens de les constater, ont par-là même abrogé les lois romaines à cet égard;

Attendu que la demanderesse n'est pas mieux fondée à invoquer les articles 319 et 322 du Code civil des Français, qui ne font que consacrer l'ancienne jurisprudence sur la matière qu'ils régissent, parce que ces articles concernent exclusivement la preuve de la filiation et non celle de la légitimité; en effet, si on les entendait comme la demanderesse, on les mettrait en opposition avec les articles 194, 195, 197 du même Code, ce qui serait contraire aux règles d'une saine interprétation, dès qu'on peut donner un sens raisonnable aux uns et aux autres, en limitant leur application à l'objet qu'ils ont en vue, et qui est clairement indiqué par la nature diverse des chapitres sous lesquels ils sont placés; aussi la jurisprudence des cours de France est-elle constante sur ce point;

Attendu que la double possession d'état sus-énoncée ne pourrait être efficace qu'autant qu'elle aurait été publique, constante et non équivoque, paisible et non interrompue, et que si ces caractères manquent, on doit toujours en revenir au titre, et décider la question suivant les règles générales;

Attendu que dans l'espèce la possession d'état de Victoire Nitot comme femme de l'avocat Balmain ne réunit pas ces caractères, puisqu'elle n'a duré que quelques années, et que même dans les premiers temps, Victoire Nitot n'était considérée que comme veuve Gando, ou citoyenne Nitot;

Attendu que même en admettant que la cohabitation de l'avocat Balmain avec Victoire Nitot, pendant quelques années, ait pu constituer une espèce de possession d'état, cette possession équivoque et de courte durée aurait été interrompue, soit par les dissensions élevées entre eux dès 1803, soit par la séparation qui les a suivies bientôt, soit par le procès, soit enfin par l'arrêt solennel de la cour d'appel de Grenoble du 11 juillet 1809, qui déclara Victoire Nitot n'être point femme légitime de l'avocat Balmain, et lui inhiba d'en porter le nom;

Attendu que quelle que soit la réserve insérée dans cet arrêt à l'égard des droits des enfants, la demanderesse ne pourrait éviter la conséquence de cette décision qu'en produisant l'acte de célébration du mariage de ses père et mère en due forme, parce que la possession d'état d'enfant légitime n'étant que l'effet de la possession d'état comme époux légitimes, l'interruption de celle de ces derniers résultant dudit arrêt, a nécessairement entraîné l'interruption de la possession d'état de la demanderesse comme enfant légitime;

Sur la question de savoir si la demanderesse peut être réputée fille légitime de l'avocat Balmain, suivant les dispositions des patentes royales du 25 octobre 1816, publiées par le manifeste du Sénat du 50 du même mois;

Attendu qu'en admettant même que lesdites patentes puissent, contre la lettre de cette loi toute spéciale, s'étendre aux effets d'un mariage contracté en France entre un sujet du roi et une femme restée française, ces lettres-patentes, qui ont réglé en premier lieu le sort des enfants issus des mariages contractés pendant la domination française et reconnus par l'église, mais qui n'étaient pas réputés valides par les lois civiles, ont placé ces mariages dans deux catégories bien distinctes : la première, contemplant les simples mariages appelés consensuels, et la seconde, les mariages contractés avec les solennités indispensables pour leur validité; les mots insérés dans l'art. 2, en opposition avec les termes employés dans le premier article, indiquent clairement la nature de ces deux espèces de mariage et leur différence; d'où il suit que si, dans l'article premier, on a voulu comprendre les mariages faits sans solennités, dans le deuxième, on a dû nécessairement comprendre les mariages contractés avec les formalités exigées par l'église pour leur validité;

Qu'il est si vrai que le législateur, dans l'article premier, s'occupe des mariages reconnus par l'église, qu'il ne les a pas soumis à la réhabilitation, comme il y assujettit les mariages contemplés dans l'art. 3, qui étaient aussi consensuels et avaient de plus une forme légale civile; bien plus, pour récompenser la piété des époux qui en les contractant sans les formalités requises par les lois du temps, s'étaient exposés à de graves inconvénients, il a, en changeant la jurisprudence reçue, autorisé les enfants issus de ces mariages à prouver la possession d'état de leurs père et mère du vivant de ceux-ci, et dans ce cas, en leur contradictoire;

Attendu néanmoins que si le Roi a cru devoir conférer à ces enfants les droits et les honneurs de la légitimité, il était naturel qu'il fût plus exigeant envers les enfants

nés d'un mariage contracté sans les solennités prescrites, qu'envers les enfants nés d'un mariage devant l'église : il était donc conséquent que ces derniers fussent déclarés légitimes sans aucune condition, tandis que les premiers ne le seraient qu'à la charge de fournir, tant par titres que par témoins, la preuve de la possession d'état de leurs père et mère, et d'être nés de leur mariage; possession qui seule était capable d'établir que leurs parents avaient eu la volonté de contracter un mariage et non de vivre dans le concubinage;

Attendu que l'esprit du manifeste étant ainsi fixé, il est certain que la demanderesse ne pourrait invoquer le bénéfice de l'art. 1er, sans rapporter la preuve de la possession d'état de mari et femme de ses père et mère;

Attendu, sur ce point, que la possession d'état dont il s'agit ne pourrait résulter que d'une réunion d'actes et de faits capables de donner la conviction de la préexistence d'un mariage; qu'en l'espèce, les présomptions invoquées par la demanderesse sont loin d'avoir les caractères suffisants pour faire croire à ce mariage, ainsi qu'il a été démontré précédemment. La possession d'état étant toute de fait, il serait d'ailleurs assez difficile d'admettre la distinction entre la possession d'état d'époux religieusement parlant, et celle d'époux suivant les lois civiles, surtout que, en l'espèce, la demanderesse ne déduit aucun fait nouveau, et qu'il n'y a à cet égard que l'allégation d'un mariage célébré à Corbeil, dont la réalité sera bientôt examinée;

Attendu, d'autre part, que la demanderesse ne peut invoquer les dispositions de l'article 2, puisqu'elle ne rapporte pas la preuve d'un mariage fait devant l'église; que celui qu'elle invoque n'a pas cette qualité, d'après les déduites qu'elle a faites pour le caractériser, et qu'elle n'allègue pas même que le prêtre Bertrand fût curé, ou délégué par celui-ci ou par l'ordinaire, et qu'il eût ainsi les pouvoirs indispensables pour célébrer le mariage. D'ailleurs toutes les circonstances de temps, de lieux et de personnes se réunissent pour démontrer l'invraisemblance de ce mariage religieux, que la demanderesse prétend avoir été célébré à Corbeil en l'an IV entre ses père et mère;

En effet, l'existence de François Soude, premier mari de Victoire Nitot, que celle-ci devait connaître, et formant un empêchement dirimant; la mort récente de Gando qu'elle avait épousé devant un ministre protestant, malgré ses premiers liens, et au mépris des lois civiles et religieuses; le danger pour un député à la Convention de violer les lois rigoureuses alors en vigueur, en contractant un mariage devant un prêtre catholique; le choix, pour la célébration, d'un lieu qui n'était le domicile d'aucune des parties; l'absence d'acte destiné à régler les intérêts civils des époux, nonobstant la différence d'âge et de fortune; la dénégation formellement faite par l'avocat Balmain devant les tribunaux de Grenoble de tout mariage civil ou religieux; les motifs par lesquels il expliqua lui-même alors sa cohabitation avec Victoire Nitot, et la qualité d'épouse qu'il lui aurait donnée; le silence gardé par celle-ci depuis la mise en vigueur de nos lois, dont les dispositions lui étaient connues; enfin, l'absence de tout acte contradictoire à l'avocat Balmain, tant pour établir son état que pour assurer celui de ses enfants, sont autant de circonstances qui détruisent toute présomption du mariage allégué;

Sur la question de savoir si les sœurs Balmain sont enfants adultérins;

Attendu que, d'après les lois en vigueur à l'époque de la naissance des sœurs Balmain, le mariage étant réduit à un simple contrat civil qui pouvait être dissous par le divorce, tout aussi bien que par la mort naturelle, il en résultait que les enfants nés d'une nouvelle union à laquelle aurait passé l'époux divorcé étaient réputés légitimes, sans que la nouvelle législation ait pu détériorer leur état, ainsi que l'a consacré l'article 5 desdites patentes de 1816; qu'en conséquence, Victoire Nitot étant libre de tous liens par l'effet du divorce de Soude et de la mort de Gando lors de la naissance des filles Balmain, celles-ci sont évidemment enfants naturels susceptibles d'être légitimés par rescrit du Prince, tout comme elles auraient pu l'être par un mariage subséquent contracté sous l'empire des lois françaises;

En ce qui regarde les vices d'obreption et de subreption opposés aux lettres patentes de légitimation du 30 août 1826;

Attendu que si, d'une part, les grâces accordées par le Souverain ne doivent point être surprises à sa religion par le dol, il est de principe que le dol doit être clairement établi par celui qui l'allègue, et que dans le doute, on doit se prononcer pour la validité du rescrit;

Attendu qu'en comparant le recours présenté au roi par l'avocat Balmain pour obtenir la légitimation de sa fille Virginie, avec les dispositions de l'authentique *Præterea* au Code *De naturalibus liberis*, extraite des Novelles 74 et 89, on reconnaît aisément que les énonciations de ce recours, quelque laconique qu'il soit, renferment toutes les circonstances que doit narrer un père qui sollicite la légitimation de son enfant, c'est-à-dire l'époque de la naissance de celui-ci, la liberté du père et de la mère lors de la conception, celle du recourant au moment de la demande, le décès de la mère, l'âge avancé du père qui ne lui permet plus d'espérer d'autres enfants, enfin, sa déclaration qu'il n'a ni ascendant, ni descendant légitime; d'où il résulte que dans son recours, l'avocat Balmain n'a rien avancé qui ne fût vrai, et qu'il n'a rien tu de ce qu'il devait dire dans le sens de ladite loi;

Attendu que la demanderesse ne pouvant être réputée enfant légitime de spect. Balmain, celui-ci n'aurait pas narré le faux à son égard, en exposant qu'il n'avait point d'enfants légitimes;

Attendu qu'on ne doit point confondre la légitimation par le mariage subséquent avec la légitimation par rescrit du prince; que si la première s'étend à tous les enfants nés avant le mariage, la seconde doit être restreinte, d'après la jurisprudence, à celui d'entre eux auquel le prince a voulu, sur la demande du père, conférer la légitimité; que cela posé, la demanderesse, quoique issue du même père et de la même mère que la défenderesse, ne peut, sous le prétexte que son existence n'a pas été énoncée au Roi, quereller les lettres-patentes susdites qui ne portent aucune atteinte à ses droits acquis;

Attendu dès lors qu'il n'était pas essentiel que le Roi fût informé du premier mariage de Victoire Nitot avec François Soude et de la dissolution de ce mariage par le divorce, dès qu'il n'est pas à présumer que cette circonstance eût influé sur la volonté du souverain, surtout qu'il avait précédemment légitimé des enfants adultérins:

Par ces motifs, en entérinant les royales patentes du 30 août 1836, déboute Marie-Victoire Balmain, femme Tixier de la Chapelle, et Jean-Baptiste Balmain, des conclusions par eux prises.

Petitti, *P. P.* Cotta, *R.*

2 Décembre 1839.

CESSION. — ACTE PUBLIC. — DOL.

Art. 1113 et 1300 C. c.

La cession par acte sous seing-privé d'une créance résultant d'actes authentiques, bien que nulle en sa forme, peut donner lieu à l'exception de dol.

LES FRÈRES FALCONNET C. DELESVAUX.

LE SÉNAT : Attendu au fond, que par l'acte du 26 octobre 1824, Hugard notaire, les frères Delesvaux ont arrêté, avec leur débiteur, le montant des censes dont ils étaient créanciers ; que cet acte portant un règlement définitif, après des imputations, a compris tout ce qui pouvait être dû à cette époque ;

Attendu, en ce qui concerne la créance portée par ledit acte du 26 avril 1824, que bien qu'elle ne soit pas textuellement comprise dans la cession du 16 août 1830, Dupuy notaire, qui n'a trait qu'au bénéfice de la vente du 4 avril 1814, Perillat notaire, et quoique l'écrit privé dudit jour, 16 août, ne puisse avoir opéré le transfert de cette créance, si cependant il était vrai que, lors desdits actes, il eût été convenu qu'au moyen de la somme de 200 liv. qui serait comptée aux demandeurs, ils renonçaient à tous les droits qu'ils pouvaient mesurer de cet acte, il obsterait aux conclusions prises par eux une exception de dol qui les rendrait non-recevables en leur action ;

Attendu, à cet égard, que les défendeurs n'ont point encore établi l'extrême de leurs conclusions :

Par ces motifs, en recevant appelants les frères Falconnet, ordonne que les défendeurs procéderont en l'instance, ainsi et comme ils verront à faire.

ROZE, P. MILLIET DE St-ALBAN, R.

---

16 Décembre 1839.

ENQUÊTE. — TÉMOIN. — SERMENT SUPPLÉTIF.

La partie qui se pourvoit dans les trente jours pour faire procéder à enquête, n'est pas déchue, bien que le juge ne procède à l'audition des témoins qu'après l'expiration de ce délai. [1]

L'assignation du procureur n'est pas nécessaire pour assister au serment de ceux des témoins qui, à raison de leur éloignement, seraient entendus après le jour fixé. [2]

La déposition d'un seul témoin ne fait aucune preuve.

Le serment supplétif ne peut être déféré que sur le fait personnel de celui qui demande à le prêter.

DUCRET C. BELLEVILLE.

Les frères Ducret poursuivaient le recouvrement d'une somme que leur devait Belleville ; celui-ci demandait l'imputation d'une somme de 10 louis portée par *quittance* du 30 septembre 1808.

Comme on contestait cette imputation, il offrit la preuve testimoniale, et subsidiairement demanda à être admis au serment supplétif.

LE SÉNAT : Attendu que Belleville s'est pourvu dans un délai utile par-devant le juge-commissaire pour faire procéder à son enquête ;

Attendu que ce juge a pu, à son choix, fixer le jour où il serait procédé à ladite enquête ;

Attendu que les demandeurs et leur procureur ont été dûment assignés pour y assister et voir jurer les témoins, si bon leur semblait ;

Attendu que l'audition des témoins Pierre Viret et Françoise André, faite le 16 avril, n'a été que la suite et le complément de l'enquête commencée le 7 mars précédent, et que rien n'obstait à ce que le juge pût accorder ce renvoi, sans qu'il fût nécessaire de donner une nouvelle assignation au procureur des demandeurs, s'agissant surtout de faire entendre un témoin demeurant dans un lieu éloigné et hors du pays ;

Attendu que dans tout cela ce commissaire n'a contrevenu à aucune des dispositions des R. C. sur la matière ;

Au fond :

Attendu que d'après l'enquête à laquelle a fait procéder Belleville, un seul témoin aurait déposé sur le fait par lui articulé ; tandis que tous les autres auraient déclaré l'ignorer complètement, et qu'un témoin unique ne peut faire aucune preuve, d'après la règle triviale en droit : *Testis unus testis nullus* ;

---

[1] 18 mars 1813, Barnoud c. la congrégation de Thônes ; d'Arcollières, R. — 11 avril 1813, Rieux Bailly et cons. c. la commune de Mégevette ; de Brichanteau, R.

[2] Contr. 20 juillet 1810, Simon c. ve Carrier.

Attendu, quant aux réquisitions dudit Belleville tendantes à être admis au serment supplétif sur la vérité du fait par lui articulé, qu'il ne s'agit point d'un fait qui lui soit personnel, mais au contraire d'un fait qui lui est absolument étranger;

Attendu enfin qu'il n'a fourni aucun autre contredit contre la liquidation produite :

Par ces motifs, sans s'arrêter aux nullités élevées par les demandeurs contre l'enquête à laquelle le défendeur a fait procéder les 7 mai et 16 avril derniers, et prononçant au fond, sans s'arrêter également aux réquisitions de celui-ci pour être admis au serment supplétif, le déboute de ses conclusions.

Roze, *P.* Jaillet, *R.*

---

21 Décembre 1839.

APPEL. — VALEUR. — BORNAGE. — EXPERTISE.

Dans une action en délimitation, lorsque le demandeur restreint ses conclusions à un numéro déterminé, et que le défendeur se borne à défendre sa possession, on n'évalue que la seule parcelle de terrain qui forme la différence entre la contenance cadastrale et la possession des parties. [1]

L'évaluation des biens pour fixer la valeur de la cause n'est pas soumise aux règles tracées par les articles 1683 et 1685 du Code civil.

Elle peut être faite par tous moyens autorisés par la jurisprudence.

DANCET C. LES FRÈRES BOUVERAT.

LE SÉNAT : Attendu que les conclusions prises par les consorts Bouverat contre François-Marie Dancet tendaient à obtenir une délimitation entre le numéro 5587 et le numéro 5591, appartenant à Dancet;

Attendu que, d'après l'exception proposée par Dancet, l'objet du litige, à l'effet d'apprécier la valeur de l'appel, se trouve restreint à la parcelle de terrain du numéro 5587, figurée au plan du géomètre Gorin, comme possédée par ledit Dancet, et qu'ainsi l'offre des intimés de consentir pour déterminer la recevabilité ou non-recevabilité de l'appel, à l'évaluation de tout le terrain mappé et inscrit sous ledit numéro 5587, est satisfactoire;

Attendu que les dispositions des articles 1683 et 1685 du Code civil doivent être restreintes au cas de lésion prévu par ces articles, et qu'il doit être facultatif à l'appelant d'établir la valeur du litige par les moyens autorisés par la jurisprudence,

Déclare satisfactoire l'offre faite par les intimés....

Portier du Bellair, *P.* Coppier, *R.*

---

[1] Conclusion du 15 juillet 1839.
Arrêts conf. : 12 mars 1833, consorts Blondeau c. Bocquin. — 20 juin 1837, Gillet contre les sœurs Vespres. — 16 janvier 1844, Marie Curtet femme

Borgey, c. Bavuz; de Montbel, R. — 27 juin 1846, Portier c. Colombier; Mareschal, R.
Lorsque au contraire les conclusions sont illimitées, V. 27 juin 1839, ci-devant.

JURISPRUDENCE DÉCENNALE.

Année 1840.

---

10 Janvier 1840.

SERMENT DÉFÉRÉ D'OFFICE. — DÉCÈS.

Le serment déféré d'office est censé prêté lorsque, après avoir déclaré être prête à jurer, la partie décède avant le jour fixé pour la prestation, et que le retard vient du fait de son adversaire. [1]

BAILLARD C. LES CONSORTS PAGNOD.

LE SÉNAT : Attendu que, par arrêt du 8 juillet 1837, le Sénat a déféré d'office à Marguerite Treyvand un serment ainsi formulé : « qu'elle ne sait pas et qu'elle n'a pas « connaissance...., » etc. ;

Attendu que Marguerite Treyvand a déclaré qu'elle était prête à jurer de la manière prescrite par ledit arrêt, et qu'elle s'est même pourvue au juge du mandement d'Annemasse, à ces fins commis, pour qu'il lui plût recevoir le serment ;

Attendu que, si ce serment ne fut pas prêté, c'est par le fait des défendeurs, qui se sont pourvus au Sénat pour faire surseoir à cette prestation de serment ;

Attendu que les défendeurs n'ont point fait conster de la légitimité de leur opposition à ce que le serment fût prêté en conformité de ce qui avait été prescrit par ledit arrêt du 8 juillet 1837 ;

Attendu que Marguerite Treyvand étant

décédée, et que le serment qui lui a été déféré d'office par l'arrêt précité, étant, suivant la jurisprudence du Sénat, censé prêté par elle, les nouvelles réquisitions des défendeurs contre le demandeur actuel (ayant-droit de ladite Marguerite Treyvand) sont en conséquence inadmissibles ;

Par ces motifs, déclare les défendeurs n'avoir aucun droit de répéter ce qu'ils ont payé pour l'acquittement de ladite lettre de change.

PETTITI, *P. P.*   JACQUEMOUD, *R.*

Nota. — Le serment avait pour objet de constater si la provision d'une lettre de change avait été faite par les défendeurs, et s'ils étaient fondés en conséquence à en réclamer le montant.

---

11 Janvier 1840.

PRODUCTIONS. — CLOTURE DES DÉBATS.

Dès que les plaidoiries sont terminées, aucune production de pièces nouvelles, même décisives, n'est admissible.

PITTON C. FONTAINE ET DUSAUGEY.

Attendu que la sentence du 15 mai 1839 n'a pas été signifiée, qu'elle n'a été prononcée ni à Pitton ni à son procureur, que ledit Pitton s'est pourvu au Sénat le 18 novembre suivant pour interjeter et relever appel de ladite sentence, que soit dans leurs conclusions motivées, soit même à l'audience du 17 décembre dernier où la cause a été plai-

---

[1] Favre, De erroribus pragmat., decad. XIX, err. X.
Arrêt contr. 10 décembre 1844, Vaudey et Favre c. Lathoud ; Girod, R. ◄

dée, les intimés n'ont opposé à Pitton aucune fin de non-recevoir, et que le 20 décembre ils ont demandé par requête au Sénat à être admis à produire un acte d'appel de ladite sentence du 15 mai interjeté par Pitton le 17 du même mois, et à opposer à celui-ci la fin de non-recevoir résultant de ce qu'il n'a pas relevé son appel dans les délais, et c'est en les restituant en temps ou en entier sous l'offre des dépens frustrés ;

Attendu que lorsque le procès est clos et que les pièces ont été déposées pour la votation, le Sénat doit juger sur les conclusions motivées des parties et sur les pièces portées dans leurs inventaires ; qu'on ne pourrait, sans de graves inconvénients, autoriser l'une d'elles à suspendre la décision du procès et à rouvrir les débats, sous le prétexte, qui serait souvent mis en avant, qu'elle a découvert quelques pièces, ou qu'elle a omis d'employer quelques moyens ; qu'ainsi il n'est pas le cas de s'arrêter à la requête que les intimés ont présentée le 20 décembre dernier, à l'acte d'appel du 17 mai précédent qui est joint à cette requête.

Reçoit Pitton appellant.

PETTITI, *P. P.*   ARMINJON, *R.*

---

18 janvier 1840.

HÉRITIER BÉNÉFICIAIRE. — VENTE MOBILIÈRE. — MINEUR.

Art. 558 C. c. (C. F., B. C.)

Sous les Royales Constitutions, l'héritier bénéficiaire qui vend des objets mobiliers portés dans l'inventaire ne perd pas sa qualité.

Sous le Code civil français, le mineur ne peut être déchu du bénéfice d'inventaire ni par son fait ni par celui de son tuteur.

FRANÇOISE RICHARD C. FRÈRES CULLAZ ET AUTRES

La succession de Claude Richard s'étant ouverte le 5 avril 1814, Françoise Richard, sa fille, alors mineure, déclara l'accepter sous bénéfice d'inventaire ; l'inventaire fut dressé régulièrement le 2 juin suivant.

Les consorts Duverney et Anthoine, créanciers de la succession, articulèrent alors des faits pour établir que Françoise Richard s'était immiscée dans l'hoirie, et qu'elle était déchue du bénéfice par elle invoqué.

Sur quoi LE SÉNAT :

Attendu que, suivant l'art. 461 du Code civil de France, le mineur héritier bénéficiaire ne peut par son fait ni par celui de son tuteur, encourir la déchéance du bénéfice d'inventaire ;

Attendu que, d'après la jurisprudence rapportée par le président Favre dans ses définitions 18e et 20e, au titre *De jure delib.*, l'héritier bénéficiaire perd les avantages de cette qualité lorsqu'il soustrait quelques effets héréditaires avant la confection de l'inventaire ; mais qu'il n'en est pas ainsi lorsqu'il dispose des objets inventoriés ;

Attendu que le § 7, tit. 8, liv. 5, R. R. C. C. est conforme à cette jurisprudence, et que les dispositions qu'il renferme sont exclusivement applicables au cas où l'héritier use à son profit ou se saisit de quelques effets avant la confection dudit inventaire ;

Que dès lors, soit d'après nos lois, soit d'après celles en vigueur, lorsque l'hoirie de Claude Richard a été acceptée sous bénéfice d'inventaire, ladite mineure n'aurait pas perdu la qualité d'héritière bénéficiaire pour revêtir celle d'héritière pure et simple, en disposant, vers la fin du mois de novembre 1814 ou de 1815, d'une portion des effets mobiliers inventoriés ;

Que dès lors la sentence dont est appel a fait grief en acheminant les intimés à circonstancier les faits qu'ils avaient soutenus ;

Déclare les faits articulés par les intimés non pertinents aux fins d'établir que Marie-Françoise Richard aurait été héritière pure et simple de Claude Richard, son père.

PORTIER DU BELLAIR, *P.*   MARESCHAL, *R.*

---

20 janvier 1840.

BAIL VERBAL. — NULLITÉ.

Art. 1413, 1443 C. c. (R. C.)

Sous l'empire des R. R. C. C. le bail verbal consenti pour un terme excédant neuf ans, était nul.

LES ÉPOUX BOIS ET BERTHET C. BOVAGNET ET AUTRES.

Le 12 août 1837, Revil devient adjudicataire d'un corps de bâtiment situé à Chambéry ; il cède une partie de son acquisition aux époux Bois et Berthet le 11 septembre suivant.

Ceux-ci voulant occuper cet appartement,

donnent congé à M. Bovagnet qui l'habitait comme locataire.

Ce dernier refuse de déguerpir, en disant qu'il a un bail verbal dont la durée est de dix années, à commencer au 15 décembre 1831.

L'existence du bail n'est pas contestée, mais les époux Bois et Berthet y opposent de nullité, en se fondant sur les § 1 et 8, tit. 22, chap. 4, liv. 5 des R. C.

Le tribunal de Chambéry rejette cette exception.

Sur l'appel, LE SÉNAT :

Attendu qu'un bail passé pour plus de neuf ans doit être rédigé en acte authentique à peine de nullité, suivant les dispositions du § 8, chap. 4, tit. 22, liv. 5 des R. C., et que dès lors un bail verbal ou sous seing-privé pour plus de neuf ans, ne peut être valable pour neuf années....;

Sans s'arrêter au bail invoqué par Bovagnet, le déclare tenu d'évacuer l'appartement dans le terme de deux mois.

PORTIER DU BELLAIR, P.   COPPIER, R.

---

21 janvier 1840.

NOUVEL OEUVRE.

Art. 463 C. c. (D. R.)

La seule connaissance des constructions élevées par le voisin ne prive pas du droit d'en demander la démolition. [1]

DAME LACHENAL C. DAME PETIT.

La veuve Lachenal avait fait faire quelques travaux à un mur mitoyen entre sa maison et celle de la dame Petit; elle y avait fait établir une cheminée et ouvrir des fenêtres.

La dame Petit se plaignit du nouvel œuvre et en demanda la démolition;

La dame Lachenal, en invoquant l'allégation *observa tamen* (Favre, alleg. 5, déf. 5, tit. 5, liv. 8), soutenait que la demanderesse ayant eu connaissance des travaux exécutés, ne pouvait plus en demander la destruction.

Sur ce point, LE SÉNAT :

Attendu que le 2me et le 5me faits sont ir-

rélévatoires, vu que la connaissance que la demanderesse aurait eue des ouvrages que la défenderesse faisait pratiquer, ne pourrait priver cette première de la faculté d'en demander la destruction dans le cas où ils lui seraient nuisibles, d'après la jurisprudence consignée dans la loi 5 au Digest. *De servitut. prædio urbon.* , la déf. 6 du président Favre au même titre, et celle adoptée par le Sénat dans des arrêts plus récents, sans que la défenderesse fût fondée à invoquer la disposition de l'art. 463 du nouveau Code, qui n'a trait qu'au cas particulier où une partie aurait empiété de bonne foi et fait bâtir sur le sol du voisin, et la soumet, toutefois, dans ce cas, à des conditions et à des charges qui ne sauraient avoir lieu dans l'espèce actuelle :

Par ces motifs, sans s'arrêter aux faits soutenus par la défenderesse, déclare la demanderesse non fondée dans ses conclusions.

ROZE, P.   PORTA, R.

---

24 janvier 1840.

VENTE. — FACULTÉ DE PURGER. — INTÉRÊTS.

Art. 1660, 2507, 2512 C. c.

L'acheteur qui promet de payer dans un terme fixé, ne renonce pas pour cela à la faculté de purger les immeubles acquis. [1]

Le tiers-détenteur qui a fait transcrire son contrat et l'a fait notifier aux créanciers inscrits, devient comptable envers eux de tous les intérêts du prix de vente, dès la date de la notification.

Dès cette époque, le vendeur ne peut plus y prétendre.

JACQUEMOND C. GRUFFAZ ET BASIN.

Le 18 mars 1836, Jacquemond achète des époux Gruffaz et Basin des immeubles dont le prix est stipulé payable dans le terme de dix ans; avant l'expiration de ce terme, il introduit une instance en purgation hypothécaire et fait notifier son contrat aux créanciers inscrits;

Malgré cette instance, les vendeurs l'actionnent par-devant le tribunal d'Annecy,

---

[1] Fab. Cod., liv. 8, tit. 5, déf. 3, all. 3.

[1] Arrêt conf. : 23 mars 1842, veuve Claus c. dames Rey et Gaillard ; Cotta, R.

4

et, par sentence du 14 août 1838, il est condamné à leur payer les intérêts du prix stipulé;

Sur l'appel de cette sentence, LE SÉNAT :

Attendu que l'acquéreur Jacquemond ne s'est obligé personnellement envers aucun des créanciers des vendeurs, qu'il n'a pas renoncé au mode de se libérer en introduisant une instance en purgation d'hypothèques ; que dès les notifications faites aux créanciers hypothécaires en septembre 1837 et mai 1838, il est devenu comptable envers eux des intérêts qu'il devait, puisque les intérêts sont les accessoires du principal et font partie du prix de la vente ;

Attendu que le tribunal d'Annecy, en condamnant, par la sentence dont il s'agit, l'acquéreur Jacquemond à payer aux vendeurs les intérêts échus le 18 mars 1838, a mal apprécié les clauses du contrat et fait une fausse application des lois sur la matière ;

Déboute les demandeurs de leurs conclusions.

PETTITI, *P. P.*   ANSELME, *R.*

---

25 janvier 1840.

FAÇADES. — RÉPARATIONS.

Un règlement municipal qui prohibe tous travaux tendant à consolider les façades des bâtiments sujets à un nouvel alignement, ne prive pas le propriétaire du droit de faire toutes les autres réparations qui n'augmentent pas la solidité de l'édifice.

VALLIER C. LA VILLE DE CHAMBÉRY.

LE SÉNAT : Attendu que les dispositions de l'art. 154 du règlement de police de la ville de Chambéry, prohibent d'une manière générale, et sous peine d'amende, l'exécution de tous travaux aux murs de façade des bâtiments, si l'on n'a obtenu préalablement la permission des syndics de la ville, et que la demanderesse a commencé les travaux dont il s'agit avant de s'être pourvue à l'administration municipale ;

Attendu que cet article se borne à imposer d'une manière générale l'obligation de recourir à l'administration de la ville, pour qu'elle ordonne les précautions nécessaires à la sûreté publique, mais qu'il ne détermine pas quels sont les droits respectifs de la ville et des particuliers par rapport aux travaux projetés ;

Attendu que l'art. 145 du règlement statue au dernier alinéa, que quant aux maisons dont les façades se trouvent dans le cas d'être avancées ou reculées pour les porter sur le nouvel alignement des rues, en exécution de l'art. 15 des royales patentes du 30 juillet 1822, il ne pourra, sous quelque prétexte que ce soit, être permis de faire auxdites façades aucune reprise, sous-œuvre, contrefort, ogive et semblable ouvrage tendant à les consolider et à retarder l'alignement ;

Attendu qu'il ne doit pas être porté atteinte aux droits dérivant de la propriété, sauf dans les cas formellement prévus par les lois ;

Que, d'après ce principe, les dispositions de l'art. 145 ne doivent pas être étendues aux travaux qui n'auraient pas pour objet de consolider les façades et d'en retarder ainsi l'alignement ;

Attendu que les syndics de la ville de Chambéry ont fait une fausse application dudit règlement en supposant qu'il prohibe toute espèce de travaux aux façades qui sont dans le cas d'un nouvel alignement, et en rejetant par ce motif la requête qui leur avait été présentée par la demanderesse afin d'être autorisée à continuer les travaux commencés ;

Attendu qu'il ne saurait être le cas de faire remettre les choses dans leur premier état, si les travaux commencés ne nuisent pas au décor de la ville, s'ils ne tendent pas à consolider la façade, et si, par conséquent, la veuve Vallier est fondée dans sa demande pour être autorisée à les faire exécuter ;

Attendu que ces questions de fait ne peuvent être appréciées qu'au moyen de l'avis d'hommes de l'art ;

Par ces motifs, LE SÉNAT a maintenu et maintient la condamnation à l'amende de 25 liv. portée par ordonnance du 1er avril, et avant de rendre droit, ordonne qu'il sera procédé à rapport d'experts, aux fins de déterminer si les travaux dont il s'agit sont nuisibles au décor de la ville et s'ils tendent à consolider la façade de la maison Vallier.

PONTIER DU BELLAIR, *P.*   MARESCHAL, *R.*

4 Février 1840.

PÉTITION D'HOIRIE. — PRESCRIPTION. — INTERRUPTION.

Art. 2579 C. c.

Tant que l'action en pétition d'hoirie n'est pas prescrite, on peut exercer toutes les actions qui en dérivent; ainsi, on peut arguer de simulation un acte de vente passé depuis plus de trente ans entre le défunt et l'un de ses successibles, pourvu cependant que cette action ne réfléchisse pas contre des tiers. [1]

FAUCOZ c. ANNE FAVRE.

Faucoz demandait le partage de l'hoirie de Pierre-Joseph Favre, décédé depuis plus de trente ans; il exigeait que dans ce partage fussent compris des biens vendus par le défunt le 26 prairial an X, à un nommé Etienne Favre dont la défenderesse était héritière, et arguait cette vente de simulation;

Anne Favre opposait de prescription 1° à l'action en pétition d'hoirie, 2° à l'action en simulation dirigée contre la vente du 26 prairial an 10.

Sur quoi, LE SÉNAT:

Attendu qu'il résulte des enquêtes auxquelles a fait procéder le demandeur, le 3 et le 11 août 1838, que la prescription invoquée contre l'action en pétition d'hoirie, a été interrompue par des paiements faits à Marie Favre sa mère, à compte de ses droits héréditaires;

Attendu que l'action en pétition d'hérédité embrasse l'universalité des droits qui dérivent de la qualité d'héritier, et conséquemment celui d'impugner un acte de vente que le défunt aurait passé frauduleusement avec l'un des successibles au préjudice des autres;

Attendu, dès lors, que la prescription n'étant pas acquise contre l'action en pétition d'hoirie, elle ne l'est pas non plus contre l'action en simulation, dont le demandeur argue la vente du 26 prairial an X, pourvu que l'exercice de cette dernière action ne réfléchisse pas contre des tiers, mais qu'il soit limité à l'acheteur ou à son représentant à titre héréditaire;

Attendu néanmoins que, si le demandeur est admissible à attaquer la vente du 26 prairial an X, il doit en établir la simulation;

Sans s'arrêter à l'exception de prescription opposée contre l'action en simulation de la vente du 26 prairial an X, ordonne que les parties procéderont plus amplement en l'instance.

PETITI, *P. P.* DE LA CHARRIÈRE, *R.*

---

17 Février 1840.

ÉMANCIPATION. — USUFRUIT. — JUGE DE MANDEMENT. — IMMEUBLES.

L'émancipation ne prive le père que de l'usufruit qui dérive de la puissance paternelle; ainsi ce dernier conserve l'usufruit qui lui est acquis sur les biens de ses enfants à tout autre titre.

Le juge de mandement est incompétent pour sanctionner, dans un acte d'émancipation, une renonciation à des droits immobiliers. [1]

GAVEND c. GAVEND.

LE SÉNAT: Attendu que l'émancipation des fils de famille n'a, relativement à leurs biens, que l'effet de les affranchir de l'usufruit, qui appartient au père en vertu de la puissance paternelle;

Attendu que l'usufruit revendiqué par Joseph Gavend lui a été acquis en vertu des dispositions testamentaires de Jeanne Comte sa femme, du 29 mai 1813, sous la charge y exprimée;

Attendu, d'ailleurs, que les juges de mandement ne peuvent donner un effet légal à des renonciations sur des droits immobiliers, renonciations qui sont en dehors de leurs attributions, et qui doivent être faites par des actes notariés;

Déclare l'acte d'émancipation du 17 juillet 1828, n'avoir eu l'effet de priver Joseph Gavend de l'usufruit qui lui compète en vertu du testament de Jeanne Comte, sa femme, sous date du 29 mai 1813.

PORTIER DU BELLAIR, *P.* PICOLET, *R.*

---

[1] Arrêt analogue: 28 décembre 1816, Bruyère c. M⁰ Nicoud; Jacquemoud, R.

[1] V. 6 août 1839, les époux Jacquemard et Dupuis c. Pollier; Roch, R.

18 Février 1840.

LÉSION. — PREUVE.

Art. 1683 C. c. (Q. T.)

La preuve de la lésion doit être faite en conformité du Code civil, même lorsqu'il s'agit d'actes passés avant sa mise en vigueur.

THYRION C. LA FEMME MOISE.

LE SÉNAT : Attendu que le mode de preuve de la lésion qu'on prétend être intervenue dans un contrat de vente appartient à l'instruction du procès, que les lois concernant la forme de procéder s'emparent de l'avenir et soumettent à leurs dispositions tous les actes à faire postérieurement à leur promulgation, sans égard aux lois sous lesquelles ont eu lieu les faits d'où dérive l'action qui fait l'objet du litige, d'où il suit que la preuve de la lésion dont il s'agit doit être faite par expertise, conformément aux art. 1683, 1684 et 1685 du Code;

Par ces motifs, déclare que la preuve de la lésion dont il s'agit doit être faite en conformité des articles précités du Code civil.

ROZE, *P.* SEITIER, *R.*

---

22 Février 1840.

DOT CONGRUE. — CESSION DE DROITS SUCCESSIFS.

L'obligation de payer aux filles une dot congrue comme prix de leur exclusion, est une charge réelle de l'hoirie, et pèse sur tout acquéreur de cette hoirie.

La clause insérée dans l'acte de cession, portant que les parties ne connaissent aucune dette à l'hoirie cédée, ne modifie pas ce principe.

ARMAND C. ARMAND.

Jean Armand, par acte du 24 septembre 1837, cède à Aimé Armand tous ses droits dans la succession de Pierre Armand son aïeul : Josephte, sœur du cédant, réclame la dot congrue qui lui compète sur la part d'hoirie cédée. Jean ayant appelé son cessionnaire en garantie, est débouté de son action en recours.

Sur l'appel, le Sénat a dit :

Attendu que la loi, en excluant la fille non dotée et dont le père est prédécédé, de la succession de son aïeul, et en lui subrogeant ses frères germains ou consanguins, les oblige cependant à lui constituer une dot congrue, qui prend naissance au moment de l'ouverture de la succession;

Attendu que cette obligation constitue une charge réelle de la succession, et en est une *délibation*, aux termes de la loi 116 *D. de legat. 1°*;

Attendu que les charges ou conditions imposées à l'héritier doivent être acquittées et accomplies par toute personne à laquelle l'hérédité parvient, même par le fisc, d'après les dispositions des lois 96, § 1er, *D. de cond. et demonst.*; 122, § 1er, et 126, *D. de legat. 1°*, et 60, § 1er;

Attendu que l'on ne peut, dans le cas actuel, argumenter de la clause insérée dans le contrat du 24 septembre 1837, portant que les parties ne connaissent pas de dettes à la part de l'hoirie vendue, pour en inférer que les vendeurs ont entendu garder à leur charge le paiement des dots de leurs sœurs; parce que cette clause ne peut raisonnablement s'appliquer qu'aux dettes de Pierre Armand, et non aux charges qui ont pris naissance à l'ouverture de la succession, et qui ne pouvaient être ignorées des parties, notamment celles dont il s'agit;

Déclare Aimé Armand tenu de garantir Jean Armand de la demande formée par sa sœur d'une dot congrue dans la succession de Pierre Armand.

ROZE, *P.* SEITIER, *R.*

---

6 Mars 1840.

HYPOTHÈQUE. — INSCRIPTION. — PRESCRIPTION.

Art. 2149 C. c. (C. F., E. H.)

Le créancier qui inscrit en son nom une hypothèque, n'est pas tenu d'énoncer dans l'inscription les titres en vertu desquels il est devenu propriétaire du droit cédé; il lui suffit d'énoncer le titre originaire constitutif de l'hypothèque.

Jusqu'à la promulgation du Code civil français, les hypothèques en Savoie n'ont été soumises qu'à la prescription trentenaire.

RICHARD C. REYDET ET AUTRES.

Le demandeur en vertu d'actes de 1787, 1789 et de l'an V, agissait en déclaration d'hypothèque contre les défendeurs; ceux-ci opposaient, 1° de nullité aux inscriptions prises ; 2° de prescription au droit d'hypothèque.

LE SÉNAT : Attendu que les articles 17 de la loi du 11 brumaire an VII, 2148 du Code civil français, et 49 de l'Edit hypothécaire de 1822, n'exigeaient, pour la validité de l'inscription, que l'énonciation de la date du titre constitutif de l'hypothèque et la désignation du créancier actuel ; que les inscriptions du demandeur renferment ces deux conditions ; qu'en bornant leur exigence à ces deux énonciations, les articles précités excluaient implicitement la nécessité de la mention des actes ou des événements en vertu desquels la créance est devenue la propriété de personnes autres que le créancier originaire; d'où il suit qu'il est indifférent que les inscriptions du demandeur ne fassent pas mention de la cession du 26 floréal an V, ou du 29 juillet 1787.... ;

Attendu, quant aux prescriptions décennales et trentenaires invoquées par Basile Reydet, que la loi de brumaire n'ayant point fixé de terme pour la prescription de l'hypothèque, sa durée est restée soumise à la législation ancienne ; que celle qui était en vigueur en Savoie n'admettait que la prescription trentenaire contre l'action hypothécaire, avec la clause du constitut ; que la prescription décennale n'ayant été introduite que par le Code civil français, ce n'est que dès la promulgation du tit. 20, liv. 3 de ce Code, qu'a pu commencer celle qui est opposée par Reydet, quoiqu'il ait déjà fait transcrire ses titres en 1801, et qu'ainsi elle n'aurait été complétée qu'en 1814 ;

Par ces motifs, déboute les défendeurs de l'exception de prescription.

ROZE, *P.*   SELTIER, *R.*

---

13 Mars 1840.

LÉSION. — VENTE DE LA CHOSE D'AUTRUI. — SIMULATION.

Art. 1681 C. c. (D. R.)

La clause à périls et risques insérée dans un contrat de vente, non plus que la connaissance qu'aurait eue le vendeur de la vraie valeur de l'héritage aliéné, ne font pas obstacle à l'action en lésion.

Celui qui vend la chose d'autrui ne peut demander la rescision du contrat pour cause de lésion ; en conséquence, l'acheteur peut, en réplique à cette action, opposer la simulation des titres de propriété dont se prévaut son auteur.

Les interpellations données sur ce chef sont admissibles.

BOUCHET c. MORAND.

Pierre-Antoine Peccoud, par actes des 27 janvier et 14 février 1818, vendit à Joseph Morand, son gendre, une partie de ses biens. Celui-ci, en 1827, revendit les mêmes biens à Jeannette Bouchet, veuve de Jean-Pierre Peccoud, fils du précédent vendeur.

Quelque temps après, Morand vient attaquer cette dernière vente pour cause de lésion.

Jeannette Bouchet répondit que l'action en lésion n'était pas proposable, d'abord parce que la vente était faite à tous périls et risques, ensuite parce que les ventes de 1818 n'étaient que des contrats simulés, faits pour échapper aux poursuites des créanciers : elle donna des interpellations sur ce fait au demandeur, et subsidiairement elle prit des conclusions en lésion contre les actes de 1818.

Le tribunal écarta les interpellations, par le motif que la simulation opposée par Jeannette Bouchet était une exception tirée du droit des tiers.

LE SÉNAT : Attendu que la clause à *périls et risques*, insérée dans le contrat de vente du 27 décembre 1828, ne saurait former obstacle à l'exercice de l'action en lésion proposée par le demandeur, vu qu'il est dans le domaine des experts d'apprécier, d'après les circonstances, la diminution de prix que cette clause peut produire ;

Que l'on n'en rencontrerait pas davantage dans la connaissance que le demandeur avait de la valeur des fonds vendus ; le motif de l'action dont il s'agit n'étant pas fondé sur l'ignorance dans laquelle le vendeur aurait été de la valeur réelle de la chose vendue, mais sur la vileté du prix stipulé, quelle qu'ait été d'ailleurs la cause qui l'a déterminé à vendre ;

Attendu, d'autre part, que si l'acheteur ne peut pas référer au vendeur la question du domaine, en ce sens que celui-ci soit astreint à établir qu'il était propriétaire de l'immeuble vendu ; néanmoins, s'il était prouvé qu'il n'en avait pas la propriété, il ne saurait être admis à exercer l'action en lésion, parce que celui qui vend la chose d'autrui ne saurait être envisagé comme lésé dans la vente qu'il en a faite ;

Attendu que les actes simulés sont considérés comme non faits, et n'ont ni le nom ni le caractère de contrats;

Que la défenderesse impugne comme tels les actes des 27 janvier et 14 février 1818, Guillet notaire, par lesquels le demandeur prétend être devenu propriétaire des immeubles qu'il a rétrocédés par le contrat du 27 décembre 1828, même notaire; et que l'ensemble des positions qu'elle a données dans les instances tendent à établir cette simulation;

Attendu encore que, d'après la jurisprudence rappelée par le président Favre, dans la déf. 2, *plus valere quod agitur*, non-seulement le successeur à titre singulier, mais tout tiers-possesseur peut opposer de la simulation lorsqu'il y a intérêt;

Par ces motifs, ordonne que le demandeur répondra en personne aux positions qui lui ont été données par la défenderesse.

ROZE, *P.*   D'ARCOLLIÈRES, *R.*

---

17 Mars 1840.

LÉSION. — ÉTAT DES LIEUX. — EXPERTS.

Art. 1685 C. c.

On n'est admis à articuler des faits, pour établir que l'état de l'immeuble a changé, qu'autant qu'il résulte du rapport que les experts, soit par eux-mêmes, soit par les renseignements qu'ils auraient pu se procurer, n'ont pu apprécier l'état de l'immeuble au jour de la vente. [*]

EXCOFFIER c. PORTIER ET JAILLET.

Le 1er avril 1818, François Excoffier vend à Jaillet la moitié indivise du domaine de Lachenaz; celui-ci, en 1824, cède le bénéfice de cet acte à Portier.

Claude Excoffier, fils du précédent, attaque le contrat du 1er avril comme entaché de lésion, et dirige son action contre Jaillet, acquéreur, et contre Portier, détenteur actuel.

Ce dernier articule plusieurs faits, pour établir qu'il a amélioré le domaine, et demande à en faire la preuve avant l'expertise.

Sur quoi, LE SÉNAT :

Attendu que les experts doivent rapporter sur la valeur qu'avait, à la date dudit acte, la moitié indivise du domaine de Lachenaz, et qu'ainsi les réparations que Portier soutient avoir faites aux immeubles en 1825 et dès lors, ne peuvent pas être prises en considération dans l'estimation de ladite moitié du domaine;

Attendu que Portier n'a pas même allégué que lesdites réparations aient changé l'état des immeubles, au point que les experts ne puissent pas rapporter sur leur valeur au moment de la vente; qu'au surplus, si les experts éprouvent quelque embarras sur ce point, à raison desdites réparations, et qu'ils ne puissent pas accorder les parties sur l'état ancien des immeubles, ils devront suivre la marche qui leur est tracée par l'art. 1685 du Code civil; qu'ainsi il n'est pas le cas de surseoir à la preuve de la lésion;

Ordonne que par trois experts il sera procédé à l'estimation de la valeur qu'avait, à la date du 1er avril 1818, la moitié indivise du domaine de Lachenaz, et c'est dans l'état où il était à cette époque, en prenant en considération la circonstance de l'indivision.

PETTITI, *P. P.*   ARMINJON, *R.*

---

3 Avril 1840.

JURIDICTION. - ÉVÊQUES. - SÉPARATION DE CORPS. - COMPÉTENCE. - ALIMENTS.

Art. 122, 141 C. c.

Les évêques d'Italie peuvent exercer par eux-mêmes la juridiction qu'ils ont déléguée à leurs officiaux.

Ils sont compétents pour prononcer la séparation de corps, lorsque les faits qui y donnent lieu se sont passés dans leur territoire, bien que les époux n'y soient pas domiciliés.

Le juge laïque appelé à régler les intérêts civils des époux doit s'abstenir d'examiner si le juge ecclésiastique a bien ou mal jugé.

Les aliments sont dus à la femme séparée, dès la date de la sentence qui prononce la séparation; ils sont arbitrés par relation aux besoins, à la condition et à la dot de l'épouse, sans qu'on ait égard aux avantages réciproques résultant du contrat de mariage.

---

[*] Arrêt conf. : 7 mai 1811, Gallay c. Thovex et Lansard; de Montbel, R.

DAME DE.... C. LE COMTE DE....

Le comte de...., domicilié en Savoie et résidant à Turin à raison des fonctions qu'il y exerçait, et Madame de...., son épouse, se présentent devant le R^{me} archevêque de Turin, pour faire prononcer, d'un commun accord leur séparation provisoire.

Le même jour, 6 février 1838, ce prélat, eu égard aux motifs exposés par les époux, les autorise à vivre séparés.

La dame de...., en demandant à être autorisée à ester en jugement, se pourvoit au Sénat pour faire condamner son mari à lui payer une pension alimentaire.

Celui-ci répond que la séparation prononcée par le R^{me} archevêque de Turin est sans effet ; 1° parce qu'elle aurait dû être prononcée par l'official et non par l'ordinaire ; 2° parce que les époux ne sont pas justiciables de l'official de Turin, à raison de leur domicile ; 3° enfin parce qu'elle n'est motivée que sur le seul consentement des parties.

Sur quoi, LE SÉNAT :

Attendu que les évêques d'Italie ont, dans leurs diocèses la plénitude de la juridiction dans les matières ecclésiastiques, et que s'ils délèguent à leurs officiaux leur autorité pour les affaires contentieuses, ils n'en conservent pas moins le droit d'exercer par eux-mêmes la juridiction qu'ils ont déléguée ;

Attendu que, si le R^{me} archevêque de Turin n'était pas compétent pour autoriser la séparation provisoire des époux de...., en raison du domicile du mari, les faits qui motivaient la nécessité d'une séparation le rendaient compétent, si ces faits s'étaient passés dans les limites de son diocèse ;

Attendu, à cet égard, qu'on doit plutôt présumer que ces faits ont eu lieu dans le territoire de sa juridiction, parce que les époux ont soumis simultanément à son tribunal la demande de séparation, et qu'à l'époque où ils ont fait cette demande ils avaient leur résidence à Turin ;

Attendu, d'ailleurs, qu'on ne doit admettre de nullité motivée sur le défaut de juridiction, que lorsque l'incompétence est manifeste, ce qui ne se rencontre pas dans l'espèce ;

Attendu, en ce qui touche la sentence même de l'archevêque, du 6 février 1838, que le Sénat doit s'abstenir d'examiner s'il a été bien ou mal jugé par cette sentence, et si le juge qui l'a rendue a suivi toutes les prescriptions du droit canonique ; que si le défendeur veut la faire révoquer ou réparer, il doit recourir au tribunal compétent ;

Attendu que, dès que le juge ecclésiastique a autorisé la séparation provisoire, la demanderesse est légalement séparée, et a le droit de réclamer des aliments à son mari devant les tribunaux laïques ;

Attendu que le Sénat ne peut, sans empiéter sur la juridiction ecclésiastique, s'arrêter aux déclarations que le sieur défendeur a faites au procès, vu que ces déclarations tendent à faire rentrer la demanderesse dans le domicile conjugal, nonobstant la sentence du 6 février 1838 ;

Attendu, en ce qui touche la fixation des aliments, qu'on ne peut en régler le montant d'après les avantages que le sieur défendeur a faits à la dame demanderesse, dans leur contrat de mariage du 25 juin 1832, Cot notaire, par le motif que ces avantages sont subordonnés à une condition qui n'est pas arrivée ; mais qu'on doit considérer les besoins de la dame demanderesse, en ayant égard à son rang et à la dot qui a été constituée et payée à son mari ;

Attendu que la dame demanderesse a droit aux aliments, dès la susdite sentence du 6 février 1838, parce que le sieur défendeur n'a reçu la dot que pour subvenir aux charges du mariage, et notamment à l'entretien de son épouse, et que si celle-ci est séparée de son habitation, c'est de son consentement exprès ;

Déclare le sieur défendeur tenu de payer à la demanderesse, par semestres échus, la pension annuelle de 5,500 liv., à titre d'aliments, à tant arbitrés par le Sénat, et c'est dès le 6 février 1838, jusqu'à la cessation de la séparation provisoire.

PETTITI, P. P. ARMINJOS, R.

13 Avril 1840.

ENQUÊTE. — DÉLAI. — PROROGATION.

Tant que les enquêtes ne sont pas ouvertes, le Sénat peut, par de justes motifs, restituer en entier contre l'expiration des délais, et admettre à articuler de nouveaux faits. [1]

---

[1] V. Arrêt du 29 avril 1815, la commune de Montailleur c. Berger ; Anselme, R.

BAUX c. FEJOZ.

Par arrêt du 7 mars, le Sénat avait ordonné qu'il serait procédé à enquêtes sur les faits respectivement soutenus par les parties. En exécution de cet arrêt, chacune d'elles avait fait entendre des témoins.

Postérieurement, mais avant l'ouverture des enquêtes, Brun articula trois nouveaux faits sur des circonstances dont il n'avait eu connaissance qu'après leur confection, et demanda à en rapporter la preuve, se fondant sur ce que l'on peut toujours déduire tant que les enquêtes ne sont pas ouvertes.

Fejoz s'opposa à l'admission des faits, en invoquant les §§ 1, 2, 3 et 4, tit. 16, liv. 3 des R. C.

Sur quoi, LE SÉNAT :

Attendu que les trois faits articulés par Brun tendraient à établir qu'il existait dans le troupeau de Fejoz une maladie contagieuse peu de temps avant le marché des vingt-huit bœufs dont il s'agit en l'instance;

Attendu que la prorogation de délai demandée par Brun, pour déduire des faits, est admissible, d'après les dispositions du § 7, tit. 28, liv. 3 des R. C. ;

En restituant Jacques Brun...... ordonne que Fejoz soutiendra, si bon lui semble, des faits en matière contraire : condamne Brun aux dépens de l'incident.

PORTIER DU BELLAIR, P.
DE MONTBEL, R.

---

13 Avril 1840.

DOT. — CONSTITUTION GÉNÉRALE.

Art. 1530 C. c.

La femme ne peut exercer par elle-même les actions comprises dans sa constitution dotale ; le mari seul a qualité pour le faire.

FEMME COMPAGNON c. CLARGUET.

La demanderesse, autorisée de son mari, plaidait pour faire déclarer la nullité d'un testament.

LE SÉNAT : Attendu que, par contrat du 25 août 1834, Mangé notaire, la demanderesse a constitué à son mari tous ses biens à venir, et qu'ainsi l'action par elle intentée contre les défendeurs est dotale ;

Attendu qu'aux termes de l'art. 1530 du Code civil, conforme d'ailleurs à l'ancienne jurisprudence, le mari seul a le droit d'administrer les biens dotaux et d'en poursuivre les débiteurs ou détenteurs ;

Attendu dès lors que la demanderesse n'a pas qualité pour agir, même avec l'autorisation de son mari ;

Déclare Caroline - Agathe Durandard, femme Compagnon, non recevable en sa demande.

PETTITI, P. P.   ROCH, R.

---

14 Avril 1840.

INHIBITIONS. — INFORMATIONS SOMMAIRES. — CAUTION POUR DOMMAGES ET INJURES.

Les inhibitions provisoires accordées en cas d'urgence par le juge de mandement, lorsqu'elles produisent les effets d'un séquestre, sont soumises aux mêmes formalités que les séquestres ordinaires ; elles sont nulles, si le juge les accorde sans informations préalables, et sans exiger caution pour les dommages et injures.

Celui qui se prévaut d'un décret nul est responsable des dommages soufferts. [1]

MORET c. CURTILLET ET AUTRES.

LE SÉNAT : Attendu que, par requête du 13 septembre 1838, au juge du mandement de Cluses, spect. Moret a demandé la saisie-séquestre au préjudice de Curtillet, avec inhibitions de déplacer, des bois abattus dans la forêt qu'il lui avait vendue par acte du 18 mars 1838, Bally notaire ;

Attendu que lesdites inhibitions avaient pour but d'enlever à Curtillet la libre disposition des bois qui étaient devenus sa propriété, et de les faire servir de gage à la créance de spect. Moret, qu'ainsi ces inhibitions produisant les mêmes effets qu'un séquestre, soit en faveur dudit Moret, soit au préjudice de Curtillet, doivent être régies par les mêmes règles ;

Attendu que l'art. 15 de l'édit du 27 septembre 1822, en autorisant les juges de

---

[1] Arrêt conf. : 18 janvier 1811, Vᵉ Foncet c. Foncet; Arminjon, R.
Arrêts contr. : 25 mai 1816, Jam c. Foi; Mareschal, R. — 6 juillet 1816, Vial, Cheissel c. femme Vial; Clert, R.

mandement à accorder des séquestres et des inhibitions dans les cas d'urgence, n'a point dérogé aux Royales Constitutions en ce qui concerne les formalités à observer;

Attendu qu'il ne résulte point du décret accordé le 13 septembre 1838 que le juge du mandement de Cluses ait satisfait aux dispositions du § 1er des R. C., au titre des séquestres, en prenant des informations sommaires sur la justice desdites inhibitions;

Attendu que la caution exigée par le § 6 du titre précité n'a pas été fournie;

Attendu que spect. Moret qui s'est prévalu d'un décret nul, est responsable des dommages qui peuvent en être directement résultés pour Curtillet, et qu'en ne statuant pas sur ces dommages, la sentence dont est appel fait grief à ce dernier :

Déclare nul et de nul effet le décret du juge du mandement de Cluses, du 13 septembre 1838; condamne spect. Moret aux dommages soufferts par Curtillet, par suite des inhibitions prononcées, ainsi qu'ils seront fixés. PETTITI, P. P. ROCH, R.

---

14 Avril 1840.

TUTELLE. — EXCUSE. — PARENTÉ.

Art. 260, 273, 291, 502, § 5 C. c.

Le tuteur élu par le conseil de famille ne peut se faire décharger de la tutelle, par cela seul qu'il n'est pas le plus proche parent des mineurs.

La qualité de créancier des mineurs n'est pas une excuse suffisante.

LAVILLAT C. DEBIOLLES.

LE SÉNAT : Attendu que, suivant les dispositions combinées des articles 260, 262 et 291 du Code civil, tout individu, parent ou allié du mineur, peut être nommé tuteur lors même qu'il ne se trouve pas avec lui dans l'un des premiers degrés de proximité;

Attendu que d'après les articles 286, 298 et 299 du même Code, le tuteur nommé ne peut proposer d'autres excuses que celles désignées dans la loi;

Que dès lors, celle proposée par Lavillat, et mesurée de ce qu'il est oncle par alliance du mineur qui a des parents du même degré, ne saurait être accueillie, puisque ce cas ne figure pas au nombre des motifs de dispense prévus par le Code;

Attendu que suivant l'art. 317, la qualité de créancier du mineur n'est pas un obstacle à la gestion de la tutelle, et que le numéro 3 de l'art. 302 porte incapacité seulement à l'égard des personnes qui ont ou sont exposées à avoir avec le mineur un procès dans lequel l'état de ce mineur, sa fortune ou une partie notable de ses biens soient compromis;

D'où il résulte que la créance de la femme Lavillat contre le mineur, ne forme pas un motif d'excuse ou d'incapacité, parce que cette créance qui est certaine et déterminée, ne peut présenter une éventualité qui compromette le patrimoine de ce mineur :

Déclare Jean-Marie Lavillat non-recevable en son appel, et le condamne aux dépens.

PORTIER DU BELLAIR, P. MARESCHAL, R.

---

22 Avril 1840.

DISCUSSION. — FRAUDE. — FEMME. — CAUTIONNEMENT.

Art. 2051, § 13, tit. 33, liv. 3 (R. C.)

Les ventes ou dations en paiement faites par le discuté quelques jours seulement avant l'introduction de l'instance de discussion et à une époque où le vendeur était poursuivi par ses créanciers, sont présumées faites en fraude des créanciers.

La femme qui s'oblige solidairement avec son mari pour des achats de denrées que celui-ci débite, est considérée comme simple caution, et son engagement est nul en conformité du Sénatus-Consulte Velléien.

DUBOULOZ C. LA DISCUSSION MILLION.

Louis Million et Louise Vernaz, sa femme, se reconnaissent solidairement débiteurs de sieur Dubouloz d'une somme de 1,166 liv. 80 cent. pour vin à eux livré, et promettent de la payer en deux termes, la moitié au 1er avril 1833, et l'autre moitié au 1er juillet suivant.

Le 28 janvier 1833, Dubouloz se fait rétrocéder, avec une légère diminution sur le prix, le vin par lui vendu précédemment.

Million, décède quelques mois plus tard, poursuivi par ses créanciers et dans un état complet de déconfiture : son hoirie est mise en discussion.

La rétrocession est arguée de nullité par les créanciers de Million; Dubouloz en soutient la validité, et prend des conclusions subsidiaires pour la faire maintenir au moins à concurrence de la moitié afférente à la femme Million.

Le Sénat : Attendu que d'après les dispositions du § 13, tit. 33, liv. 3 des R. C., la revente en faveur de l'appelant par le débiteur Million du vin dont il s'agit, revente qui a précédé de quelques mois l'introduction de l'instance de discussion de l'hoirie dudit Million, est présumée faite en fraude des autres créanciers ;

Attendu qu'indépendamment de cette présomption, l'état de déconfiture de Louis Million à l'époque de la revente du vin dont il s'agit, résulte du contrat de vente non dénié, et passé par ledit Million à sa femme le 18 janvier 1833, devant Mudry notaire, de tous ses avoirs, pour un prix déclaré reçu avant l'acte, sans qu'il apparaisse qu'aucun des créanciers de Million ait été désintéressé ; qu'il est établi que les 26 et 28 janvier même année, plusieurs décrets de saisie-séquestre ont été obtenus contre ledit Million par ses créanciers, qu'un de ces décrets a même été motivé sur le danger de perdre par suite du contrat de vente précité ;

Attendu qu'en cet état de choses, il est indifférent que la revente opérée en faveur de l'appelant du vin dont il s'agit, ait été recherchée de la part des parents des mariés Million et Vernaz ; qu'en conséquence, les faits subsidiairement articulés à ce sujet par l'appelant sont irrélevatoires ;

Attendu qu'il n'est pas établi qu'il y eût société de commerce entre Million et sa femme pour le débit du vin ;

Que dès lors Louise Vernaz n'est intervenue dans les marchés des 21 octobre 1832 et 28 janvier 1833, que pour garantir les obligations personnelles de son mari dans l'intérêt de l'appelant ;

Attendu que cette intervention de la part de Louise Vernaz ne peut être regardée que comme une intercession non-obligatoire pour elle ;

Attendu que le tribunal de Thonon, en statuant ainsi qu'il l'a fait par sa sentence du 12 avril 1836, a fait une juste application des lois sur la matière ;

A mis Louise Vernaz hors de cour et de procès ; déclare Louis-Prosper Dubouloz non-recevable en son appel.

Petiti, *P. P.* Anselme, *R.*

---

25 Avril 1840.

INTÉRÊTS. — PRESCRIPTION. — CHOSE JUGÉE.

Art. 2108 et 2336 C. c. (C. F.)

Celui qui fait offre de payer tout ce qu'il doit, ne renonce pas à la faculté d'opposer de la prescription quinquennale des intérêts.

L'arrêt qui, en termes absolus, condamne à payer une somme avec dommages et intérêts de droit, ne fait pas obstacle à la prescription quinquennale, si cette question n'a pas été soulevée.

La prescription de cinq ans n'est pas applicable aux intérêts échus avant la mise en vigueur du Cod. civ. français. [1]

Discussion Davet c. Mégemond et consorts.

Le Sénat : Attendu qu'en offrant dans leur écriture du 3 août 1815, ce dont ils étaient débiteurs, les consorts Chauvet et Mégemond n'ont pas reconnu être comptables de tous les intérêts courus, et n'ont pas renoncé à l'exception de prescription qu'ils pouvaient opposer à cet égard ;

Attendu que cette exception n'ayant pas été proposée avant l'arrêt rendu le 21 novembre 1836, cet arrêt n'a rien statué sur ce point, et ne peut servir de fondement à la fin de non-recevoir opposée par le demandeur ;

Attendu que la prescription mesurée de l'art. 2277 du Code civil de France n'est applicable qu'aux intérêts courus dès la promulgation de cette loi, et que suivant l'art. 2245 du même Code, la prescription desdits intérêts a été interrompue par la citation en conciliation du 15 février 1815, suivie du verbal de non-conciliation du 20 même mois, et de l'assignation du 16 mars suivant :

Ordonne qu'il sera procédé à rectification de la liquidation, au moyen de la seule allocation de cinq annuités et la courante, pour les intérêts échus dès la promulgation de la loi du 15 mars 1804, jusqu'au 15 février 1815.

Portier du Bellair, *P.* Mareschal, *R.*

---

[1] Arrêt conf. : 9 août 1812, Ruphy c. Jaillet ; Coppier, R. — 11 août 1816, Mudry et Delale c. Mudry ; Anselme, R.

5 Mai 1840.

DISCUSSION. — HÉRITIER BÉNÉFICIAIRE.
— IMMIXTION.

R. C. liv. 5, tit. 8, § 1 et 7.

Lorsqu'à la suite de l'acceptation d'une hoirie sous bénéfice d'inventaire une instance générale de discussion a été introduite en conformité des R. C., cette instance n'est point close par cela seul que l'héritier ayant fait acte d'immixtion serait déchu du bénéfice d'inventaire ;

En ce cas, les créanciers non-utilement colloqués conservent leur action personnelle contre l'héritier du débiteur discuté.

DISCUSSION BERLIOZ.

LE SÉNAT : Attendu qu'une instance de discussion une fois introduite ne peut être terminée que par un arrangement pris entre les créanciers, ou par un arrêt de collocation générale;

Attendu que le résultat de la déchéance du bénéfice de l'inventaire légal prononcée contre Françoise Berlioz, a été de la soumettre au paiement des dettes de la succession dont il s'agit, et d'opérer la confusion des créances qu'elle avait de son chef sur cette même succession ; qu'ainsi il y a lieu de continuer l'instance de la discussion dont il s'agit, pour en venir à la distribution du prix des biens vendus provenant de l'hoirie de Jacques Berlioz, sauf aux créanciers qui ne seront pas utilement colloqués, le droit d'agir ainsi et comme ils aviseront contre ladite Françoise Berlioz ;

Le Sénat ordonne que procédant à l'instance de discussion dont s'agit, les parties paraîtront devant le rapporteur.

PETTITI, P. P.　　ANSELME, R.

---

12 Mai 1840.

CHOSE JUGÉE. — BÉNÉFICE
D'INVENTAIRE.

Art. 1027, 1028 C. c. (C. C. F.)

Le jugement dont l'exécution est impossible ne passe jamais en jugé, même par l'acquiescement des parties.

Sous les lois françaises, l'héritier bénéficiaire qui vend sans formalité une coupe de bois, est déchu du bénéfice d'inventaire. [1]

LES SŒURS DUMANEY
C. LES CONSORTS DELACROIX.

Les consorts Delacroix demandaient par-devant le tribunal de Thonon l'exécution de plusieurs sentences obtenues par leurs auteurs contre Noble de Bardonèche, dont les sœurs Dumaney étaient héritières.

Celles-ci répliquaient qu'elles n'étaient héritières de Noble de Bardonèche que sous bénéfice d'inventaire.

Pour sauver cette exception les demandeurs articulèrent des faits d'immixtion ; ils produisirent un acte sous seing privé du 23 novembre 1806, par lequel François Dumaney, père des défenderesses, avait vendu la coupe d'une forêt dépendant de la succession du sieur de Bardonèche.

Par un premier jugement du 23 septembre 1837, le tribunal énonça dans un considérant que les sœurs Dumaney auraient perdu la qualité d'héritières bénéficiaires, à défaut par elles de justifier que la vente de bois, du 23 novembre 1816, avait été faite en conformité des articles 988 et 989 du Code de procédure civile français.

Par autres jugements du 24 novembre 1837 et 28 avril 1838, il fut ordonné aux sœurs Dumaney de justifier de l'accomplissement des formalités prescrites par les articles précités, lors de la vente de la coupe de bois.

Au lieu de fournir les justifications ordonnées, les défenderesses s'efforcèrent de démontrer que la vente d'une coupe de bois, devant être comparée à une vente de récolte ordinaire, ne pouvait être soumise aux formalités des articles précités.

Le 14 décembre 1838, il intervint un nouveau jugement qui déclara les sœurs Dumaney déchues de la qualité d'héritières bénéficiaires.

Elles ont appelé de ce jugement et ont opposé, au besoin, de nullité à ceux des 23 septembre, 24 novembre 1837 et 20 avril 1838.

Sur quoi, LE SÉNAT :

Attendu qu'il est établi et d'ailleurs non contesté que par acte sous-seing privé du 23 novembre 1806, le sieur François-Joseph Dumaney, père des appelantes, a vendu à Amédé Faurax et à Antoine Carrier une coupe de bois taillis à effectuer sur une

---

[1] Concl. contraires : 7 août 1839.

forêt dépendante de la succession du sieur de Bardonèche, qu'il avait acceptée sous bénéfice d'inventaire ;

Attendu que si, dans quelques-unes des sentences dont est appel, cette vente a été désignée tantôt sous la date du 22 avril, tantôt sous celle du 23 novembre 1816, ce n'est là qu'une erreur matérielle qui ne saurait être prise en considération, puisque l'acte de vente a été produit par les intimés ;

Attendu qu'en ordonnant par sa sentence du 24 novembre 1837, que les appelantes justifieraient que, pour la vente du 23 novembre 1816, elles ont rempli les formalités prescrites par les articles 988 et 989 du Code français de procédure civile, le tribunal de Thonon a soumis ces dames à une preuve qu'il leur est impossible d'administrer, soit que la vente ait eu lieu en 1806, soit qu'elle ait été faite en 1816, ledit Code de procédure n'étant pas encore en vigueur à la première de ces époques et ayant cessé de l'être à la seconde, dans le duché de Savoie ;

Attendu qu'une sentence, dont l'exécution est impossible, ne peut jamais acquérir l'autorité de la chose jugée, bien qu'on y ait acquiescé en procédant ultérieurement ;

Attendu, sur le fond, qu'aux termes de l'art. 521 du Code civil français, les coupes ordinaires des bois taillis ou de futaies mises en coupes réglées, sont considérées comme immeubles, et qu'aux termes de l'art. 806 du même Code, l'héritier bénéficiaire ne peut vendre les immeubles de la succession que dans les formes prescrites par les lois sur la procédure ;

Attendu qu'il importe peu de savoir si les bois dont il s'agit avaient été ou non mis en coupes réglées, puisque l'héritier bénéficiaire ne peut, d'après l'art. 805 dudit Code, vendre les meubles de la succession que par le ministère d'un officier public et aux enchères ;

Attendu que si la jurisprudence n'a pas appliqué la disposition de ce dernier article à la vente des fruits ordinaires, c'est parce que leur valeur peut toujours être facilement constatée soit par les mercuriales, soit par d'autres moyens, et qu'ainsi l'intérêt des créanciers ne peut éprouver aucun dommage par l'effet de cette vente ;

Attendu que l'héritier bénéficiaire, quoique propriétaire sous une condition résolutoire des biens qui composent la succession, n'est cependant à l'égard des créanciers, et d'après les principes du Code français,

qu'un simple administrateur obligé de rendre compte, et que, si on lui reconnaissait le droit de vendre, sans formalités de justice, soit des immeubles proprement dits, soit des coupes de bois, il lui serait facile de tromper les créanciers en dissimulant une partie du prix, ou de leur causer un dommage réel en vendant de bonne foi au-dessous du véritable prix ;

Attendu que telle n'a pu être l'intention du législateur qui, par les formes auxquelles il a soumis les ventes faites par l'héritier bénéficiaire, a montré une sage sollicitude pour l'intérêt des créanciers ;

Attendu que si le Code civil français ne prononce pas littéralement la déchéance du bénéfice d'inventaire contre l'héritier qui vend des meubles ou des immeubles dépendants de la succession, sans observer les formalités qu'il prescrit, cette déchéance n'en est pas moins dans l'esprit de ce Code, ce qu'indique clairement le soin minutieux qu'il a pris de tracer les règles de l'administration qu'il confie à l'héritier ;

Attendu qu'il est de principe universellement reçu que le bénéfice d'une loi ne peut être invoqué par celui qui a violé ou négligé les dispositions que cette loi consacre dans l'intérêt des tiers ;

Attendu d'ailleurs que le sieur Dumaney en vendant, par un acte sous seing-privé, la coupe de bois dont il s'agit, a virtuellement renoncé à sa qualité d'héritier bénéficiaire et qu'il doit, dès-lors, être considéré comme héritier pur et simple :

En recevant les dames Dumaney appelantes...., sans s'arrêter aux sentences des 24 novembre 1837 et 20 avril 1838, déclare les sœurs Dumaney avoir été déchues du bénéfice d'inventaire.

PETTITI, *P. P.* DE LA CHARRIÈRE, *R.*

---

12 *Mai* 1840.

PÉRIL D'ÉVICTION. — ACQUÉREUR. — SUPPLÉMENT DE DOT.

Art. 1660 C. c.

Il y a péril d'éviction pour l'acquéreur, et juste motif de se retenir le prix, [1] lorsque les biens par lui acquis dépendent d'une succession sur laquelle une

---

[1] Voyez 23 juin 1838.

fille pourrait avoir à prétendre un supplément de dot congrue.

L'offre de fournir caution ou de faire remploi du prix est suffisante pour faire cesser le péril.

FORAY C. QUINQUINET, NOVEL ET AUTRES.

LE SÉNAT : Attendu qu'il résulte du contrat dotal passé le 11 février 1811 devant Mᵉ Pichon, notaire, qu'il a été constitué à titre d'avancement d'hoirie à Louise Revol, femme de Pierre Barraz, par François Revol, son père, décédé à La Rochette, le 2 décembre 1818, la somme de 560 francs ;

Attendu que tant qu'il ne conste pas que cette somme ait été suffisante pour rendre congrue la dot de ladite Louise Revol, et pour l'exclure de tous plus amples droits dans la succession dudit Revol, il peut y avoir péril d'éviction pour les acquéreurs des biens dépendants de ladite succession ;

Attendu néanmoins que l'offre faite par Benoît Foray de fournir caution ou remploi pour la part du prix des biens dont il s'agit, afférente à ses enfants, serait satisfactoire :

LE SÉNAT enjoint de payer, à la charge par le demandeur, avant de retirer la somme qui lui revient en capital, de donner caution.   PETITTI, P. P.
DE BUTTET DE TRESSERVE, R.

---

15 Mai 1840.

DISCUSSION. — PRESCRIPTION.

Art. 2364, 2366 C. c.

L'adjudicataire des biens d'une discussion qui s'est soumis à en payer le prix ainsi qu'il serait ordonné par justice, ne peut prescrire pendant la durée de l'instance.

DISCUSSION MASSON C. LES FRÈRES LUGE.

Le 22 juin 1789...., Claude Luge devient adjudicataire des immeubles dépendants des discussions Vachot et Masson ;

La discussion Masson, interrompue pendant la révolution, est reprise en 1816, mais ce n'est que le 15 mars 1837 que le curateur se pourvoit contre les héritiers de Claude Luge pour les faire condamner au paiement du prix des biens adjugés à leur auteur ;

Ceux-ci opposent la prescription trentenaire ;

Sur quoi, LE SÉNAT :

Attendu que par l'acte d'adjudication sus-énoncé, homologué le 26 février 1790 en contradictoire des curateurs auxdites discussions Vachot et Masson, Claude Luge s'est obligé de payer, ainsi qu'il serait ordonné par le Sénat, la somme de 10,600 liv., formant le prix de ladite adjudication ;

Que cette charge qui emporte la défense de se dessaisir du prix desdits biens, ou de le payer autrement qu'il ne serait ordonné, a constitué Claude Luge dans l'obligation de le retenir pour et au nom des parties intéressées, et a rendu ainsi cette obligation imprescriptible, comme le serait celle d'un dépositaire ou d'un séquestre judiciaire ;

Attendu que la supposition que l'acquéreur aurait pu faire le dépôt du prix de ladite adjudication, ou être contraint à le payer, ne peut détruire la présomption qu'il n'a point cessé d'en être saisi en conformité de son titre, présomption qui ne peut céder qu'à des preuves positives ;

Attendu que les défendeurs n'ont produit aucune ordonnance ou injonction de paiement qui aurait pu donner principe à la prescription, en faisant cesser l'obligation de retenir ;

Attendu que depuis l'arrêt de collocation du 11 juillet 1829 qui a terminé la cause de discussion Masson, il ne s'est pas écoulé un temps suffisant pour prescrire ;

Déboute les défendeurs de l'exception de prescription trentenaire par eux proposée.

PORTIER DU BELLAIR, P.
PICOLET, R.

---

19 Mai 1840.

FONDATION D'ŒUVRE-PIE. — DROIT DE NOMINATION. — TESTAMENT.

Le fondateur d'une œuvre-pie peut se réserver et transmettre à qui bon lui semble le droit de nommer aux places qu'il crée :

La disposition par laquelle il lègue à une personne ce droit de nomination avec faculté d'en disposer, fait passer le droit dans le patrimoine du légataire et le rend transmissible à tous ses héritiers. [1]

---

[1] Concl. conf. : 27 septembre 1839.

CONGRÉGATION DE CHARITÉ DE CHAMBÉRY
c. LES HÉRITIERS DE LESCHERAINE.

Par testament du 28 mars 1816, M. de Candie lègue l'usufruit de tous ses biens à sa femme, et institue pour ses héritiers universels les hospices de la ville de Chambéry, en désignant le nombre de places et de lits qui devaient être créés dans chaque établissement;

Par une disposition spéciale, il lègue à M. Lescheraine, son neveu, la nomination à toutes ces places, en ajoutant qu'il *pourrait en disposer après lui.*

M. de Lescheraine meurt en 1851, et dans son testament qui est du 17 mai 1828, il ne fait nulle mention du droit de nomination qui lui était légué;

Ses héritiers veulent s'en prévaloir; les hospices leur opposent qu'il s'agit d'un droit personnel dont M. de Lescheraine n'aurait pu disposer que par une déclaration formelle:

Le tribunal de Chambéry rejette ce système;

Sur l'appel, LE SÉNAT:

Attendu que, suivant les usages observés en Savoie, le fondateur d'une œuvre-pie peut réserver pour lui et ses successeurs ou ayant-droit la faculté de nommer les personnes qui seraient dans le cas d'occuper les places qu'il a fondées;

Attendu qu'en établissant quatre lits à l'hôpital des malades, cinq lits à l'hôpital de la Charité et six lits à l'hospice des Orphelines, noble de Candie a, par son testament du 27 mars 1816, légué la nomination de ces places au sieur de Lescheraine, auquel il a conféré le pouvoir d'en disposer après lui;

Attendu que les expressions employées par le testateur manifestent clairement, par le rapport qui existe entre elles, que sa volonté a été que noble de Lescheraine n'eût pas seulement un droit personnel de nomination, mais qu'il pût transmettre le droit de nommer comme une partie intégrante de l'hoirie;

Attendu que l'expression *pourra disposer*, présente l'idée du pouvoir libre et absolu qui compète à celui qui a le droit de propriété, et que par conséquent l'emploi que le testateur a fait de cette expression n'a pu avoir pour objet de limiter les moyens, par lesquels le légataire pourrait transmettre le droit de nomination qui a fait l'objet du legs:

Déclare les hospices non-recevables.

PICOLET. MARESCHAL, R.

22 Mai 1840.

POSSESSOIRE SOMMARISSIME. — CUMUL. — DÉPENS.

Art. 418 C. c.

Le pétitoire et le possessoire ne peuvent être cumulés. Sans enfreindre cette règle, on ne peut agir au pétitoire, soit en délimitation, avant d'avoir terminé l'instance en réparation des voies de fait commises sur l'héritage à délimiter.

Le seul paiement des dépens de l'instance au possessoire ne serait pas suffisant pour la faire considérer comme terminée. [1]

MUFFAT-ÈS-JACQUES C. PERINET-MARQUET.

LE SÉNAT: Attendu que Perinet-Marquet s'était pourvu le 22 mai 1837 au juge de Sallanches pour obtenir la réparation d'une voie de fait qu'il imputait à Muffat-ès-Jacques sur le numéro 8945;

Que le fait seul du paiement par Muffat-ès-Jacques des dépens relatifs à cette instance, n'aurait pu avoir pour résultat de la terminer et de rétablir les choses dans leur premier état;

Que Muffat-ès-Jacques a même contesté céans d'avoir reconnu par ce jugement aucune possession en faveur de Perinet-Marquet;

Attendu que le possessoire sommarissime doit être entièrement évacué avant d'en venir au pétitoire ou au plein possessoire;

Attendu que le numéro 8945 fait partie des fonds par rapport auxquels Muffat-ès-Jacques a pris par-devant le tribunal de Bonneville des conclusions en délimitation, et que ces fonds se trouvant dans le même mas, le bornage doit avoir lieu simultanément pour tous, afin d'éviter les inconvénients qui pourraient résulter d'opérations partielles et isolées;

D'où il résulte que le possessoire sommarissime doit être évacué à l'égard de la voie de fait dont il s'agit en la requête présentée au juge de Sallanches, avant qu'il puisse s'agir de statuer sur les conclusions en délimitation prises par Muffat-ès-Jacques, et que par ce motif, le tribunal devait renvoyer les parties devant le juge du mandement, conformément aux réquisitions faites par Perinet-Marquet:

[1] Arrêt conf.: 10 février 1812, comte Perrin de Lépin c. Léonard; Arminjon, R.

Renvoie les parties par-devant le juge du mandement de Sallanches.

PORTIER DU BELLAIR, P. MARESCHAL, R.

---

9 Juin 1840.

ENQUÊTE. — TÉMOINS. — PARENTÉ. — REPROCHE. — APPEL.

On ne peut récuser que les témoins qui sont au degré de parenté fixé par le droit.

Lorsque des témoins sont reprochés pour cause de parenté à tout autre degré, on ne doit admettre leurs dispositions que pour y avoir tel égard que de droit.

En conséquence, est sujet à appel un jugement par lequel ces témoins ont été déclarés au-dessus de toute exception.

PETEX C. ANCENAY.

LE SÉNAT : Attendu qu'il résulterait des considérants et du dispositif du jugement dont est appel, que le tribunal a envisagé comme au-dessus de toute exception les témoins de l'enquête dont il s'agit ; que cependant s'il est vrai de dire que la loi ne tient pas pour récusables des témoins qui se trouvent dans des cas pareils, elle ne fait pas moins un devoir au juge de n'en admettre aucun sans avoir égard à toutes les circonstances qui peuvent affaiblir la valeur de son témoignage, et que de ce nombre doit certainement être rangée la parenté, à mesure qu'elle est plus rapprochée :

A reçu appelant.... ordonne que l'enquête dont s'agit sera ouverte et publiée, sauf à y avoir tel égard que de raison.

MILLIET DE St-ALBAN.
D'ARCOLLIÈRES, R.

---

9 Juin 1840.

RENONCIATION A UNE SUCCESSION. — REPENTIR.

Art. 1005 C. c. (C. F.; D. R.; Q. T.)

L'héritier qui, sous l'empire du Code civil français, a renoncé à une succession ouverte en 1799, a conservé la faculté de la reprendre, en respectant toutefois les droits acquis aux tiers. Cette faculté n'a souffert aucune atteinte de la mise en vigueur des R. C. en 1814.

FESTAZ C. TEILLER ET AUTRES.

LE SÉNAT : Attendu que l'acte de renonciation du 16 vendémiaire an XIII, dont les intimés ne contestent pas l'efficacité, aurait eu lieu sous l'empire du Code civil français concernant la minorité et les successions, et emporterait conséquemment la réserve, à teneur de l'art. 462 dudit Code, de reprendre l'hoirie tant qu'elle n'aurait pas été acceptée par un tiers ;

Attendu que si, d'après les dispositions de l'art. 785 du même Code, la demanderesse, en renonçant à l'hoirie maternelle ouverte en 1799, était censée n'avoir jamais été héritière, il ne suit pas de la fiction de droit qui établit cette rétroactivité, que l'acte de renonciation doive être considéré comme passé sous l'empire du droit commun régissant les successions à la mort d'Agathe Ract ; car une telle hypothèse aurait pour effet de donner à la loi abrogée une puissance qu'elle n'avait plus ; d'admettre son action dans une économie nouvelle ; de rétablir des droits et des exclusions actuellement réprouvés ; de méconnaître enfin les principes les plus incontestés de législation et de jurisprudence ;

Attendu que si l'acte de renonciation à l'hoirie maternelle passé par la demanderesse, dans sa forme tant intrinsèque qu'extrinsèque, appartenait à la loi française sous laquelle il a eu lieu, et non pas à la loi en vigueur lors de l'ouverture de la succession à laquelle il se réfère, il n'est pas moins certain que le rétablissement du droit commun opéré en 1814 n'a pu en altérer les effets dans la faculté accordée au renonçant de reprendre l'hoirie, tant qu'elle n'aurait pas été occupée par un autre ayant-droit ; car, bien qu'il soit de principe que les droits facultatifs dont on n'a pas fait usage peuvent être modifiés ou abrogés par la loi nouvelle, cette maxime est sans application aux facultés qui sont inhérentes à un acte volontaire et opposable dont elles modifient les conséquences, et qui sous ce rapport prennent le caractère d'une condition ou d'une réserve, bien qu'elles soient l'objet d'une disposition de la loi ; dans ce cas, le droit facultatif est censé faire partie essentielle de l'acte et en constitue la modalité, n'importe que son origine soit légale, dès qu'il est devenu le fait de l'homme comme conséquence prochaine et nécessaire de cet acte ; d'où il suit que la faculté réservée ne peut être séparée de l'exécution de cet acte qu'elle accompagne; que tant qu'on suppose l'efficacité de celui-ci, il est rationnel d'accorder l'existence de la faculté; qu'enfin la loi nouvelle ne peut accepter l'une sans l'autre, si ce n'est en faisant violence à la volonté qui a dicté l'acte, en maintenant les conséquences onéreuses et répudiant celles qui peuvent être utiles à son auteur, en séparant deux choses étroitement unies et indivisibles;

Attendu qu'en effet, Anne-Sophie Festaz, ou pour elle, son tuteur, en renonçant à l'hoirie maternelle au 16 vendémiaire an XIII, ne l'a fait que sous la condition de révocabilité réservée par l'art. 642 du Code civil français, que sous la prévision que leur détermination présente admettait un retour; que dès lors cette révocabilité était une des clauses intégrantes de l'acte de renonciation qui n'aurait pu être modifiée par la loi postérieurement promulguée, sans rendre plus dure la condition du renonçant, sans toucher à la substance même de l'acte de renonciation;

Attendu que si la loi nouvelle, dans un intérêt d'ordre public, ou eu égard aux dispositions du droit privé, peut imposer un terme à l'usage des facultés même contractuelles précédemment acquises, cette innovation doit être l'objet d'une disposition transitoire expresse, et ne peut s'induire simplement des délais accordés par la loi récente pour l'exercice des facultés analogues qui seraient nées sous son régime; car ce serait précisément contrevenir aux principes sus-énoncés qui ne permettent pas à la loi nouvelle de porter atteinte à l'intégrité des faits accomplis sous la loi précédente;

Attendu, au surplus, que l'intérêt des successibles appelés à défaut de l'héritier renonçant, se trouvait suffisamment garanti par le droit qui leur était conféré d'accepter l'hoirie durant sa vacance, et de mettre ainsi un terme à la faculté réservée à celui-ci de revenir sur son acte de renonciation;

Attendu, par conséquent, que l'exception des intimés ne trouverait pas un fondement valable dans la loi 6 au Code *De repudiendâ vel abstinendâ hœreditate*, qui n'est pas applicable au droit invoqué par la demanderesse comme condition indivisible de son acte de renonciation d'hoirie; qu'ainsi il n'apparaîtrait en l'état des choses aucun obstacle à ce qu'elle soit considérée comme légitime héritière de sa mère, selon la déclaration par elle faite dans l'instance introduite en décembre 1836, par-devant le tribunal d'Albertville, à l'effet de reprendre l'hoirie en l'état où elle se trouvait à cette époque, et sans préjudice des droits acquis durant la jacence :

Déboute les défendeurs de leurs exceptions tirées de l'acte du 24 prairial an XIII; déclare l'acte de renonciation n'avoir obsté à ce que la demanderesse ait pu reprendre la qualité d'héritière de sa mère; condamne les défendeurs aux dépens de l'incident.

JAILLET. GIROD, R.

---

10 Juin 1840.

CESSION. — SIGNIFICATION. — JUGE DE MANDEMENT.

Art. 1696 C. c. (R. C., liv. 2, tit. 3, chap. 21, § 4.)

La signification du transport d'une créance peut être faite par simple exploit d'huissier énonçant qu'il agit d'après la permission verbale du juge de mandement.

Ce magistrat peut autoriser la notification d'une cession dont le montant excède sa compétence.

RUPHY C. ALLAMAND ET CONSORTS.

LE SÉNAT : Attendu que la notification de l'acte de cession exigée par la loi pour saisir le cessionnaire de la créance vis-à-vis du débiteur cédé, peut avoir lieu par le ministère d'un huissier, en observant les formes qui sont imposées aux actes de son office;

Attendu que l'acte énoncé par le sergent Nanterre dans son exploit du 26 février 1825, n'a pas le caractère d'une commission émanée du pouvoir judiciaire, mais n'est que l'objet d'une réquisition privée pour l'accomplissement de laquelle, aux termes des § 4 et 13, chap. 21, tit. 3, liv. 2 des R. C., il suffit de la permission du magistrat ou du juge devant qui exerce l'huissier;

Attendu que ledit § 4 n'exigeant pas que cette permission soit accordée par un décret, elle résulterait suffisamment de l'exploit de l'huissier qui l'énonce, tant que cet exploit n'est pas argué de faux;

Attendu que le juge de mandement, en accordant la permission de notifier aux débiteurs la cession de créance du 8 octobre 1824, passée par Marion Chamot à Pierre-François Réné, n'exerçait aucun acte juridiction entre les parties, mais une attribution réglementaire d'ordre exigée par la loi pour donner le caractère de légalité à l'office de l'huissier requis ; que conséquemment il n'importe que les effets de l'acte de créance ou de celui de cession dont il n'était alors question, eussent ou non pu être matière de sa compétence ;

Attendu que le tribunal, en repoussant la preuve de la notification aux débiteurs cédés de l'acte de cession dont s'agit, résultant de l'exploit du 26 février 1825, a méconnu le sens de la loi :

A reçu appelant.... déclare avoir été mal jugé, et déboute les défendeurs de l'exception élevée contre l'exploit du 26 février 1825.

JAILLET. GIROD, R.

---

10 Juin 1840.

ÉGLISE. — BANC. — POSSESSION IMMÉMORIALE.

Le droit de tenir un banc dans une église ne confère aucun droit de propriété ni de servitude, mais seulement une préférence entre les personnes qui se rendent à l'église pour y faire leurs prières.

Ce droit peut se rapporter à un lieu déterminé, et s'acquérir par titre ou par possession-immémoriale. [1]

NIER-MARESCHAL C. LE CONSEIL DE LA FABRIQUE DE SCIENTRIER.

Par ordonnance sénatoriale du 30 novembre 1838, sur informations sommaires, il fut déclaré facultatif au révérend curé de Scientrier de faire enlever le banc que le demandeur avait fait placer dans l'église.

Nier-Mareschal se pourvut alors au Sénat, et en articulant des faits de possession immémoriale, il demanda, en contradictoire du conseil de fabrique, le rétablissement de son banc dans l'endroit où il était anciennement.

Dans ses conclusions du 6 juillet 1839, M. l'avocat-fiscal-général opina pour le rejet des faits articulés.

LE SÉNAT : Attendu que le droit de tenir un banc à l'église est établi dans plusieurs localités, et se trouve expressément réservé dans le manifeste du Sénat de Savoie du 22 avril 1825 ;

Attendu que ce droit, qui n'emporte avec lui aucun droit de propriété ni de servitude sur le fond ou dans l'édifice consacré, mais seulement un privilège de préférence entre les personnes qui s'y rendent pour faire leurs prières, peut être garanti et maintenu contre tout opposant en faveur de la personne qui l'a acquis par titre ou par prescription, sans que les droits inaliénables de l'église aient à en souffrir en aucune manière;

Attendu que ce privilège entre les assistants au service du culte peut se rapporter à un lieu déterminé dans la nef de l'église qui aurait été fixé par le titre ou par le long usage ;

Attendu que le conseil de fabrique ne pourrait en priver le demandeur au bénéfice de tout autre, tant que le lieu où celui-ci prétend exercer son droit fait partie de l'emplacement occupé par les assistants, s'il venait à prouver la possession immémoriale qu'il invoque, et que, partant, il y aurait lieu, dans ce cas, à le maintenir et au besoin à le réintégrer dans la libre jouissance de son droit ;

Attendu que les déduites du demandeur, tout en se rapportant à une place fixe dans l'église, ne l'ont point cependant suffisamment indiquée, que sous ce rapport, il est indispensable que le demandeur supplée à cette omission, puisque, dans ses conclusions motivées, le défendeur a opposé défaut de pertinence et de précision aux faits articulés, qu'il nie au surplus ;

Attendu, d'autre part, que les faits de possession doivent être exclusifs par relation aux administrateurs de la fabrique....

.... Ordonne que le demandeur circonstanciera mieux ses faits.

JAILLET. GIROD, R.

---

12 Juin 1840.

RÉTENTION. — SÉPARATION DE BIENS. — ANTICHRÈSE. — FRUITS.

Art. 1538-2132 C. c.

Le créancier qui est en possession des biens soumis à ses hypothèques, a le droit de rétention pour le montant de sa créance et des réparations qu'il a faites.

Le créancier qui a désintéressé la femme séparée de biens, ne peut se prévaloir de l'assignation à large

---

[1] V. Concl. contr., 6 juillet 1839. — V. Arrêt du 6 février 1811, Gazel c. le Conseil de la fabrique de Copponnex; de Montbel, R.

5

estime faite en faveur de cette dernière. S'il a retenu ces biens à titre de nantissement, il doit faire compte des fruits qu'il a perçus, et les imputer en déduction de sa créance.

DUPARC C. MATHIEU.

LE SÉNAT : Attendu que les frères Duparc qui sont en possession des biens soumis à leurs hypothèques, ont à l'encontre de leurs débiteurs le droit de rétention pour sûreté de ce qui leur est dû, et qu'ils ne peuvent, par conséquent, être tenus à relâcher immédiatement ces biens et renvoyés à faire des instances à part pour le recouvrement de leurs créances ou du montant des réparations qu'ils prétendent avoir faites ;

Attendu que quoique les appelants se soient fait céder les droits de la femme Mathieu qu'ils ont désintéressée, ils ne peuvent néanmoins se prévaloir de l'anti-chrèse avec large estime, qui constitue un privilège personnel à la femme assécurée ;

Attendu qu'ils ont possédé les biens soumis à leurs hypothèques à titre de nantissement et non à titre de propriété, d'où il résulte que les fruits de ces biens ne leur ont pas été acquis, mais que leur valeur doit être imputée sur leurs créances, conformément aux dispositions renfermées dans la loi 1ᵉ et dans la loi 3ᵉ du Code, au titre *De pign. action.*

En adoptant pour les autres chefs les motifs donnés par le tribunal.... ; ordonne que les frères Duparc relâcheront aux frères Mathieu les immeubles dont il s'agit avec restitution de fruits.... , à la charge par ces derniers de faire raison aux premiers des sommes qui leur sont dues, avec intérêts de ce qui est en capital....

PORTIER DU BELLAIR, *P.* MARESCHAL, *R.*

———

12 Juin 1840.

CHOSE JUGÉE. — ADJUDICATION. — ABSENT-CURATEUR. — CESSION DE CRÉANCE.

Celui qui a plusieurs moyens de nullité à opposer à un acte doit les proposer tous simultanément ; le jugement qui prononce la validité de l'acte impugné fait obstacle à toutes déduites de nouveau chef de nullité.

Les lois d'exception doivent être interprétées stric-

tement ; ainsi la Nov. 72 n'est pas applicable au curateur et garde aux biens d'un absent devenu cessionnaire d'une créance contre son administré.

Le droit de proposer cette exception est un privilège personnel de l'administré et ne peut être exercé par ses représentants. [1]

CHAPUIS C. DANGON.

Gaspard Chapuis s'absente en 1789 : Claude Dangon, son parent et son créancier, se fait adjuger une partie de ses biens par acte du 7 juillet 1790 ; cette adjudication n'est point notifiée ;

Le même Claude Dangon, le 24 prairial an III, est nommé curateur à la personne et aux biens de l'absent et conserve cette qualité jusqu'à sa mort, arrivée en 1824 ;

Les frères Jean-Baptiste et Jean-Marie Chapuis, parents de l'absent au même degré que les héritiers Dangon, mais préférés en raison de l'agnation, se font décerner la curatelle et garde aux biens de l'absent par jugements du 23 avril et du 26 mai 1826 ;

En cette qualité, ils intentent contre les héritiers Dangon une action en revendication des biens de l'absent ; ceux-ci opposent de l'acte d'adjudication du 7 juillet 1790, et reconventionnellement ils demandent le paiement d'une somme de.... dont leur père était devenu cessionnaire contre l'absent, par acte du 24 nivôse an XI ;

Les frères Chapuis, par un premier jugement du tribunal d'Annecy, sont déboutés de plusieurs exceptions de nullité opposées à l'adjudication prénarrée ; ils en soulèvent d'autres et en sont également déboutés par un nouveau jugement du 4 avril 1834.... ; ils appellent de ce dernier jugement ;

LE SÉNAT : Attendu, sur le fond, en ce qui regarde l'acte d'adjudication du 7 juillet 1790, Masson notaire, que les appelants en ont d'abord proposé la nullité pour défaut de formalités, que cette demande a été rejetée par une sentence du 30 juin 1830, qui a acquis l'autorité de la chose jugée ; qu'ils ont ensuite demandé la nullité du même acte pour cause de lésion ; qu'ils se sont désistés de cette nouvelle action ; enfin qu'après ces deux demandes, ils ont de nouveau impugné l'acte par voie de nullité motivée sur plusieurs infractions et omissions des formes tracées par la loi ;

———

[1] Concl. contr. : 20 avril 1839.

Attendu que, quoique les appelants aient fondé leur dernière action sur des moyens de nullité différents de ceux sur lesquels ils ont soutenu la première, il n'en est pas moins évident que l'une et l'autre de ces demandes sont fondées sur la même cause, savoir, sur des nullités de droit, d'où il suit que l'exception de la chose jugée qui a été faite aux appelants doit être accueillie, surtout qu'elle a pour elle l'autorité de la raison, qui dit assez haut que, si l'on permettait à un plaideur obstiné qui aurait plusieurs moyens de nullités à proposer contre un acte, de ne les présenter et faire juger qu'un à un, on prolongerait indéfiniment les procès.

En ce qui regarde l'acte de cession du 24 nivôse an XI, Veyrat, notaire ;

Attendu que Claude-Joseph Dangon était au même degré de parenté de l'absent Chapuis que François Chapuis, père des appelants, et que par l'effet rétroactif de la loi du 17 nivôse an II, qui appelait tous les parents sans distinction de sexe au partage des successions ouvertes dès le 14 juillet 1789, ledit Dangon avait, à la date du 24 prairial an III, le droit incontestable de demander la curatelle et garde aux biens de l'absent, sauf aux autres héritiers présomptifs à la prendre concurremment avec lui ;

Attendu au surplus que pour résoudre la question de savoir s'il était interdit à Dangon de se faire transporter la créance d'Étienne Dépré contre l'absent, créance dérivant de la sentence du juge du consulat de Savoie du 20 juin 1789, il importe peu d'examiner si ledit Dangon avait droit à la curatelle, parce que la Novelle 72 défend au curateur du mineur, du furieux, du prodigue et de tout autre de se faire transporter les droits et actions du créancier de son administré, sous peine d'extinction au profit de ce dernier de la créance cédée ; que cette Novelle est ainsi pour les uns une loi restrictive du droit des gens accompagnée de peine, et pour les autres la source d'un privilège inouï, celui d'être libéré d'une dette sans la payer ; que c'est une maxime incontestable que les privilèges ne passent pas d'une personne désignée à une autre personne qui n'est pas nommée, quoique celle-ci mériterait également la faveur accordée ; et que les lois prohibitives, surtout celles qui sont personnelles et accompagnées de dispositions pénales, doivent être plutôt restreintes qu'étendues ; d'où il suit que la loi citée par les appelants, qui

ne contemple que ceux dont la personne est confiée à un curateur, ne peut être invoquée pour un absent ni appliquée à celui dont la charge est limitée à une simple garde de biens.... :

A reçu appelant (pour d'autres motifs) sans s'arrêter aux exceptions de nullités reprochées à l'acte d'adjudication et à l'acte de cession.

PETTITI, *P. P.* ARMIXJON, *R.*

---

16 *Juin 1840.*

DONATION ENTRE ÉPOUX. — SIMULATION.

Sous la loi du 17 nivôse an II, les donations entre mari et femme étaient permises et n'étaient sujettes à réduction qu'autant qu'elles excédaient la portion disponible.

Les tiers ne peuvent arguer de simulation les actes antérieurs à celui duquel ils tiennent leurs droits.

CHARDON ET CONSORTS C. VEUVE MÉRMIN.

LE SÉNAT : Attendu que d'après l'art. 14 de la loi du 17 nivôse an II, les dons entre vifs étaient permis entre mari et femme, sauf réduction dans le cas où le don portait atteinte à la réserve établie en faveur des successibles du donateur ;

Attendu que les demandeurs n'agissent qu'en vertu d'un acte de vente postérieur à la donation faite à la défenderesse, que dès lors l'exception de simulation dont ils opposent ne peut avoir l'effet d'invalider l'acte du 24 messidor an V :

Déclare les demandeurs non recevables en leur appel....

PORTIER DU BELLAIR, *P.*
DE MONTBEL, *R.*

---

26 *Juin 1840.*

MARIAGE CIVIL. — COMMUNAUTÉ. — STATUT MATRIMONIAL.

Sous l'empire des lois françaises, l'association des époux est réglée par la loi en vigueur au jour du mariage civil ; ainsi le mariage contracté religieusement en 1801 et civilement après la mise en vigueur du Code civil français, est soumis au régime de la communauté. [1]

AUCLAIR c. FRANÇOISE EXERTIER Vᵉ RIVOLLET.

LE SÉNAT : Attendu qu'après avoir reçu la bénédiction nuptiale, le 19 mai 1801, Aimé Rivollet et Françoise Exertier ont contracté mariage devant l'autorité civile le 8 germinal an XII ;

Attendu qu'à ces époques la loi ne considérait le mariage que comme un contrat civil, et que par conséquent les effets de l'union de Rivollet et de Françoise Exertier se sont trouvés réglés par le Code qui était en vigueur le 8 germinal an XII ;

Attendu qu'en vertu de l'article 1393 dudit Code, les époux étaient soumis au régime de la communauté légale à défaut de conventions spéciales ;

Attendu qu'à teneur de l'article 1395 du même Code, les conventions matrimoniales ne pouvaient recevoir aucun changement après la célébration du mariage, et que dès lors la femme Rivollet n'aurait pu perdre les avantages du régime de la communauté, par le motif qu'elle aurait fait des prêts en son nom particulier ;

Attendu que dès le commencement de l'instance nouée le 9 août 1834, elle a manifesté son intention de vouloir exercer les droits résultant de la communauté légale, et qu'on ne saurait induire du jugement rendu le 7 avril 1836 qu'elle y a renoncé ;

Attendu que les dispositions du manifeste du Sénat en date du 30 octobre 1816, ne s'appliquent, en ce qui concerne les époux, qu'au cas où ils n'auraient pas contracté leur union selon les lois ecclésiastiques ; mais qu'elles n'ont pas eu pour objet les personnes qui se trouvaient unies par un mariage civil et religieux :

Par ces motifs, le Sénat a déclaré M. Auclair non recevable appelant.

PORTIER DU BELLAIR, P.
MARESCHAL, R.

[1] Arrêt conf. : 29 décembre 1840, Vivet c. Pichat; Arminjon, R. — 15 mai 1843, Miguet c. Monachon; de Juge, R.

26 Juin 1840.

ERREUR. — ACTE PUBLIC. — PARTAGE. — SERMENT.

Art. 1412, 1416 C. c.

L'erreur matérielle dans un contrat est toujours réparable, sans que cette réparation puisse être considérée comme portant atteinte à la force de l'acte public ; en conséquence, un contrat de partage dans lequel les lots n'auraient pas été portés tels qu'ils avaient été convenus entre les parties, peut être réparé pour cause d'erreur.

La preuve de l'erreur peut en ce cas être faite par serment.

BURTIN c. BURTIN.

Les frères Burtin procèdent à partage par acte du 15 septembre 1831 ; Claude-François prétend que par erreur matérielle et contrairement à ce qui était convenu entr'eux, la quantité des immeubles portés en son lot est moindre que celle portée au lot de Pierre-François, son frère, et il lui défère le serment sur cette circonstance ;

LE SÉNAT : Attendu que l'action intentée par l'appelant a pour objet d'établir que la contenance des lots respectivement assignés n'a pas été conforme aux accords passés entre son frère et lui, accords qui devaient être la base de la fixation des limites et la matière de l'acte de partage, ainsi qu'ils en étaient convenus ;

Attendu que cette hypothèse supposerait que l'acte de partage n'est entaché que d'une erreur purement matérielle qui, à l'époque de sa stipulation, fut commune aux deux co-partageants ;

Attendu que l'erreur matérielle est réparable, à la charge d'en fournir la preuve, ainsi qu'il résulte des lois 92, *De regulis juris* et 2ᵐᵉ au Code *De error. adv.*, sans que l'autorité attribuée à l'acte public puisse, dans l'espèce, y mettre obstacle, ne s'agissant pas de revenir sur les clauses de l'acte de partage, mais de les rétablir aux termes dans lesquels elles avaient été convenues entre les parties ;

Attendu que par la même raison il n'importerait pas qu'à teneur du partage, les lots pussent être considérés comme formés à corps et non à mesure ;

Attendu que le serment qui peut être déféré en tout état de cause, aurait été, d'après les lois en vigueur à l'époque du contrat de partage, comme il le serait présentement sous le Code civil, un moyen légal de prouver l'erreur dont il s'agit ;

Attendu que la formule de serment proposée par l'appelant dans sa requête appelatoire au bas de laquelle est apposée sa signature, serait tout-à-fait concluante dans l'intérêt de son action, puisqu'elle énoncerait la nature et la matière de l'erreur, et tendrait en outre à établir que l'intimé en avait extrajudiciairement admis l'existence :

Ordonne que, dans le délai de la cause, Pierre-François Burtin, délibérera sur le serment qui lui est déféré.

D'ARCOLLIÈRES.   GIROD, R.

---

27 Juin 1840.

SERMENT. — FAIT INCRIMINÉ.

Art. 1474 C. c.

L'art. 684 du Cod. pén. n'affranchit pas de l'action pénale les soustractions commises par le mari de la petite fille, au préjudice du grand-père ou de la grand'mère, ni celles qu'aurait commises la nièce au préjudice d'un oncle ; en conséquence, le serment déféré sur ces soustractions est inadmissible, comme ayant pour objet un fait incriminé.

PERRET C. PERRET FRANÇOISE.

Jean-Baptiste Perret, père et aïeul des parties, est décédé en 1817, après avoir institué héritier universel son fils Jean-Pierre, légué l'usufruit de tous ses biens à sa femme Jeanne Boccon, et fait quelque legs à Françoise Perret, sa petite-fille.

L'usufruitière est restée en possession de toute l'hoirie, sans avoir fait dresser aucun inventaire ; l'héritier a prétendu qu'à l'époque de son décès, son père avait dans son bureau une somme de 1,200 liv., et à cette occasion il a déféré à Françoise Perret, sa nièce, un serment litis-décisoire en ces termes.... : comme je n'ai jamais su que....; comme je ne me suis jamais emparée de cette somme, ni d'aucune partie.... ; comme je ne lui ai jamais pris aucune autre somme....

LE SÉNAT : Attendu qu'aux termes de l'article 1474 du Code civil, le serment décisoire ne peut avoir pour objet un fait incriminé par la loi ;

Attendu que la disposition de l'article 684 du Code pénal n'affranchit point de l'action pénale les soustractions qui seraient commises par le mari de la petite fille au

préjudice du grand-père ou de la grand'mère de celle-ci, ni celles qui seraient commises au préjudice d'un oncle, et qu'ainsi ces soustractions constituent un délit ;

Attendu, à plus forte raison, qu'il y aurait délit si ces soustractions avaient été commises par des étrangers ;

Attendu que d'après ces principes on ne saurait admettre dans toute sa teneur la formule donnée par Jean-Pierre Perret, puisqu'elle tend, entre autres objets, à faire jurer la défenderesse qu'elle n'a jamais chargé son mari ni personne autre de rien prendre à Jeanne Boccon, sa grand'mère.....:

Ordonne que la défenderesse prêtera serment en conformité de la formule ci-après.

PETTITI, P. P.
DE BUTTET DE TRESSERVE, R.

---

17 Juillet 1840.

PREUVE PRIVILÉGIÉE.

La fille devenue enceinte avant la promulgation du Code civil, bien qu'elle n'ait accouché que dès lors, peut agir contre son séducteur en conformité de l'ancienne jurisprudence ; elle est admise à se prévaloir de la preuve privilégiée. [1]

GILLIET C. FILLION.

LE SÉNAT : Attendu que la jurisprudence, en vigueur avant le Code civil, accordait à la fille devenue enceinte le droit d'être indemnisée par son séducteur ;

Que ce droit et les actions qui en dérivaient étaient acquis dès la conception et ont été conservés par l'article 11 du Code civil en faveur de celles qui étaient devenues enceintes avant la promulgation de ce Code ;

Attendu que l'article 5 des LL. PP., du 6 décembre 1837, n'a pu avoir pour objet de déroger à la loi de non rétroactivité portée par l'article 11 du Code ;

Que dès lors la réserve renfermée dans lesdites patentes en faveur des enfants nés doit s'étendre aux enfants conçus, conformément à la loi qui considérait ces derniers comme étant nés, lorsque cette fiction leur était avantageuse ;

---

[1] Arrêts conf. : 23 mai 1839, Debiolles c. Desfayet ; Porta, R.— 31 janvier 1840, Ayet c. Miguet ; d'Arcollière, R.

Attendu que le premier des faits articulés par Fillion pour écarter la preuve privilégiée invoquée par la fille Gilliet, n'est pas suffisamment circonstancié par rapport aux temps, et qu'il devait plus particulièrement se référer à l'époque de la conception ou à un temps antérieur :

A reçu et reçoit Josephte Gilliet appelante.

PORTIER DU BELLAIR, *P.* MARESCHAL, *R.*

18 Juillet 1840.

SERMENT. — FORMULE.

Lorsqu'il s'agit d'un serment en plaid, le juge seul peut en prescrire la formule.

Vᵉ BOEJAT C. LES ÉPOUX JEANDIN ET GIROD.

LE SÉNAT : Attendu que si, en règle générale, c'est à celui qui défère ou réfère le serment d'en présenter la formule, il en est autrement du serment en plaid à l'égard duquel il n'appartient qu'au juge seul d'en prescrire le mode et d'en fixer et modérer la valeur ;

Attendu d'ailleurs que la formule de serment donnée par les défendeurs ne présente pas la plus légère circonstance qui puisse faire considérer comme exagérée la somme sur laquelle la demanderesse a été admise à jurer :

Sans s'arrêter à la formule donnée par les défendeurs, ordonne que la demanderesse prêtera le serment auquel elle a été admise.

D'ARCOLLIÈRES. JAILLET, *R.*

20 Juillet 1840.

ENQUÊTE. — DÉLAIS. — REPROCHES. — AVEUX.

R. C. liv. 3, tit. 16, § 3; 18, § 23; 20, § 2, 3.

Les parties peuvent d'un commun accord proroger les délais pour enquêter.

Les faits de reproches doivent être déduits et prouvés avant l'ouverture des enquêtes, à moins qu'ils ne résultent d'actes authentiques.

L'enquête est nulle lorsque la partie n'a pas été citée pour voir jurer les témoins. [1]

---

[1] Arrêt contr. : 16 décembre 1839, Duret c. Belleville ; Jaillet, R.

L'aveu fait *absente parte* et en forme hypothétique ne constitue pas même semi-preuve.

SIMON C. Vᵉ CARRIER.

Attendu qu'on peut renoncer à son droit, et qu'ainsi il peut être dérogé du consentement des parties aux dispositions des R. C. relatives aux délais pour enquêter ;

Attendu qu'il résulte des réponses données par les témoins qu'il n'en a pas été ouï plus de dix sur chaque article, qu'ainsi il n'a pas été contrevenu aux dispositions du § 17, tit. 18, liv. 3 R. C. ;

Attendu que les reproches contre les témoins doivent être déduits et prouvés avant l'ouverture des enquêtes, ou autrement justifiés par la production des arrêts portant condamnation à des peines infamantes ;

Attendu que la citation de la partie pour voir jurer les témoins et pour donner ses interrogations est une formalité essentielle à la validité d'une enquête ; qu'ainsi l'omission de cette formalité, par rapport à l'audition faite à Paris, de Jacques-Benjamin Ruel, ne permet pas de s'arrêter à la déposition de ce témoin ;

Attendu que les aveux qu'aurait faits Simon en diverses circonstances, de devoir 3,000 liv. à l'appelante, ne sont rapportés que par Michel et Marguerite Rubin ; que selon celle-ci, ces aveux n'auraient été qu'hypothétiques ; que dans tous les cas, ils auraient été faits dans des cabarets, *absente parte* ; qu'ainsi aux termes de la déf. 4 au Code Fab., *si cert. petat.*, ces aveux ne forment pas même semi-preuve :

Déclare Marie-Alexis Simon non recevable en son appel....

PETTITI, *P. P.* ANSELME, *R.*

25 Juillet 1840.

SERVITUDE. — PASSAGE. — ACTION NÉGATOIRE. — PRÉSOMPTION DE LIBERTÉ.

Fav. C. déf. 8, de servit.

Tout héritage est présumé libre ; en conséquence, celui qui intente l'action négatoire ne peut jamais être tenu de prouver la liberté de son fonds, lors même qu'il avouerait la possession de son adversaire.

GROS-BOUVIER C. LASSIAZ.

Gros-Bouvier se pourvoit le 6 février 1838 pour faire déclarer ses propriétés libres et exemptes de toute servitude de passage en faveur des consorts Lassiaz. Ceux-ci, après avoir soutenu des faits de possession immémoriale, disent que Gros - Bouvier ayant avoué qu'ils étaient dès plusieurs années en possession du passage contesté, ce serait à lui de prouver la liberté de son héritage ;

Par jugement du 20 juillet 1838, le tribunal de Haute-Savoie : « Considérant que « le demandeur ayant avoué dans sa requête « introductive d'instance que les défen-« deurs passent, depuis quelques années, « sur ses pièces de terre y désignées pour « l'investiture et la devestiture de leurs « fonds, la présomption de liberté de ses « dites pièces de terre cesse ; d'où il suit « qu'aux termes de la définition 8, tit. De « servitut. et acq. du Cod. Fab., il appar-« tient au demandeur d'établir la liberté de « son fonds, en conséquence, ordonne qu'il « procédera ainsi et comme il avisera. »

Sur l'appel de ce jugement, le Sénat dit :

Attendu que la liberté d'un fonds est toujours présumée, que, par suite, celui qui prétend une servitude est obligé d'établir le droit qu'il revendique sans que cette règle puisse souffrir d'exception, tirée de ce que le possesseur du fonds prétendu servant aurait convenu d'une possession quelconque du passage revendiqué, lorsqu'il a été nié que le passage dont il s'agit ait été exercé à titre de servitude ;

Attendu que ce principe est d'autant plus admissible, que le propriétaire du fonds prétendu grevé serait, dans le système contraire, tenu de prouver un fait négatif, ce qui est souvent impossible :

Ordonne que les consorts Lassiaz établiront ainsi et comme ils aviseront qu'ils ont droit à la servitude prétendue.

JAILLET.   MILLET DE St-ALBAN, R.

---

27 Juillet 1840.

SUBREPTION. — NULLITÉ. — APPEL EN MATIÈRE DE SUBHASTATION. — DÉLAI.

Art. 99, 112, Edit de 16 juillet 1822.

Le décret qui fixe la première enchère d'immeubles qui n'ont pas été portés dans l'ordonnance de vente est subreptice et nul ; l'appel en est admissible même après l'expiration des délais fixés par l'art. 112 de l'édit. hypothécaire.

SAVEY C. SAVEY.

LE SÉNAT : Attendu qu'il est établi que dans le plan et l'extrait du cadastre signés Crétin, joints à la requête qui précède le décret du 16 mai dont est appel, on a fait figurer plusieurs immeubles désignés notamment sous les numéros 659, 1304 et sous partie des numéros 1303, 1320, 1321 1323 et 1287 dont on requérait la mise aux enchères à l'audience qui serait fixée, bien que lesdits immeubles n'eussent point été compris dans le manifeste dressé le 10 août 1839, en exécution du jugement du 26 juillet précédent ;

Attendu que le tribunal dont est appel, en fixant dans le décret dont il s'agit la première enchère desdits immeubles au 4 de ce mois, avec charge au greffier de dresser le manifeste requis, a formellement contrevenu aux dispositions de l'article 99 de l'édit hypothécaire, puisque, par rapport à ces immeubles, il n'y avait pas encore eu une ordonnance en contradictoire ou en contumace du débiteur qui en ordonnât la vente ;

Attendu que s'agissant d'un décret subreptice, puisque l'intimé avait omis de faire connaître au tribunal la substitution desdits immeubles à d'autres portés dans le manifeste du 10 août 1839, d'un décret rendu inauditâ parte, notifié sans y joindre l'extrait du cadastre relativement auxdits immeubles et non d'une ordonnance rendue et notifiée avec ses accessoires, conformément aux art. 99 et 100 de l'édit précité, il ne peut être le cas d'appliquer à l'espèce les dispositions rigoureuses de l'art. 112 sur les délais de l'appel ;

Attendu d'ailleurs que Martin Savey aurait appelé le 16 juin dernier, et par conséquent dans les cinq jours qui ont couru dès la notification du dernier manifeste, en date du 12 juin, qui contenait l'état des immeubles dont il s'agit, notification qui aurait fait le complément du décret du 16 mai et qui le mettait en état de juger de l'objet de la demande de l'intimé, qu'ainsi aucune fin de non-recevoir n'obsterait à son appel ;

Le Sénat a reçu et reçoit.... appelant...., sans s'arrêter au décret dont s'agit et à ce qui s'en est suivi, renvoie le demandeur à se pourvoir de nouveau pardevant le tribunal.

PETTITI, P. P.   ANSELME, R.

4 Août 1840.

DONATION A CAUSE DE NOCES. — FAIBLESSE D'ESPRIT. — INCAPACITÉ.

Liv. 5, tit. 11, § 14 R. C.

Sous la dénomination de personnes faibles d'esprit, le § 14, tit. 11, liv. 5, des R. C. comprend toutes celles qui ne jouissent pas de la capacité intellectuelle ordinaire.

Les donations faites par contrat de mariage entre époux dont l'un est faible d'esprit, sont soumises aux formalités du paragraphe cité.

BIMET C. BIMET.

Par contrat de mariage du 8 janvier 1835 Guérin Bimet, outre l'augment d'usage, fait donation à sa future épouse d'une maison évaluée 2,800 liv., s'en réserve la jouissance et stipule que cette donation serait réduite à l'usufruit en cas de survenance d'enfants ;

Atteint d'aliénation mentale, en juin 1835, Bimet est interdit et meurt dans cet état, sans laisser de postérité ;

Ses héritiers naturels prétendent que déjà, à la date de son mariage, le sieur Bimet avait les facultés intellectuelles considérablement affaiblies, et ils concluent à la nullité de la donation par défaut des formalités prescrites par le § 14 des R. C. :

Le tribunal déboute les consorts Bimet de leur demande en nullité.

Sur l'appel, le Sénat a dit.... :

Attendu que si, pour interpréter les termes généraux du § 14, tit. 14, liv. 5 des R. C., on considère l'objet spécial de cette disposition, qui est de prémunir certaines classes de personnes contre les mouvements d'une libéralité inconsidérée, on ne peut douter que sous le nom de personnes faibles d'esprit, la loi n'ait entendu comprendre toutes celles qui ne jouissent pas de la capacité intellectuelle du commun des hommes ;

Attendu que cette disposition s'appliquant sans exception à toutes les donations entre vifs, qui ne sont permises aux personnes faibles d'esprit que sous les formes voulues, la donation faite par l'époux à son épouse dans leur contrat de mariage s'y trouve pareillement comprise ;

Attendu que le 14e fait est concluant dans le sens des considérations qui précèdent ; que les autres articles peuvent fournir d'u-tiles renseignements pour l'appréciation de celui-ci.... :

A reçu les consorts Bimet appelants, ordonne que la défenderesse soutiendra, si bon lui semble, faits en matière contraire.

D'ARCOLLIÈRES.   GIROD, R.

---

4 Août 1840.

APPEL INCIDENT. — ACQUIESCEMENT. — FEMME. — COMMERCE. — SOCIÉTÉ.

Art. 156 C. p. (D. B.)

Lorsqu'un jugement a statué sur plusieurs chefs distincts, la partie qui a conclu généralement *au bien jugé* n'est plus admissible à se porter incidemment appelante de l'un des chefs.

La femme doit ses œuvres à son mari : elle n'est pas considérée comme associée au commerce qu'elle gère pour lui, à moins qu'il n'y ait un acte régulier d'association ; bien que le commerce ait été entrepris par le mari avec des marchandises constituées en dot.

DUBOULOZ C. BALLEYDIER.

LE SÉNAT : En ce qui concerne l'appel incident formé par Joseph Balleydier ;

Attendu que d'après la maxime, *tot sententiæ, quot capita,* lorsqu'un jugement statue sur plusieurs chefs de demandes, indépendants les uns des autres, les dispositions qui frappent sur chaque chef sont considérées comme autant de jugements séparés, de telle sorte que l'acquiescement donné par l'une des parties aux chefs décidés dont l'autre partie n'a pas appelé, forme contre la première une fin de non-recevoir insurmontable quant à l'appel qu'elle voudrait former postérieurement aux chefs acquiescés et sur lesquels ne porte pas l'appel de sa partie adverse ;

Attendu que Balleydier cité pardevant le Sénat, en vertu de lettres mises au bas de la requête appellatoire de Dubouloz, relativement aux trois chefs ci-dessus rappelés après avoir mis son acte à présentation le 18 décembre 1837, s'est présenté de nouveau en personne en l'assistance de son procureur, le 30 même mois, au banc de l'actuaire, et qu'il a pris des conclusions tendantes à ce qu'il fût déclaré avoir été bien jugé par ledit jugement, et notamment pour les chefs dont Dubouloz avait appelé ;

Attendu que ces expressions renferment indubitablement un acquiescement formel de la part de Balleydier audit jugement, même en ce qui concerne les décisions sur lesquelles ne portaient pas l'appel de sa partie adverse ;

En ce qui concerne les conclusions prises par Balleydier pour faire déclarer que Jeanne Balleydier a eu un commerce personnel, ou tout au moins commun entr'elle et son mari ;

Attendu que Balleydier n'a point établi que Jeanne Balleydier fût émancipée lors de son contrat de mariage du 23 novembre 1758, et que dès lors le commerce qu'elle gérait est censé appartenir à son père, qu'on en trouve au reste une preuve convaincante dans la constitution dotale que celui-ci a faite et dont une partie a été payée par la délivrance des marchandises qui étaient en fonds, dans la boutique occupée par sa fille, ce qu'il n'aurait pu faire s'il n'avait été propriétaire de ce commerce;

Attendu que la femme doit ses œuvres à son mari, et qu'on ne peut regarder Jeanne Balleydier comme associée au commerce entrepris par son mari avec les marchandises qui lui avaient été constituées en dot, par le seul motif qu'elle gérait ce commerce, puisque à teneur du § 1er, tit. 16, chap. 5, liv. 2 des R. C. de 1770, il eût été nécessaire de passer un acte de société, et qu'un tel acte n'a point été représenté.... ;

Déclare Balleydier non recevable dans son appel incident....

PETTITI, *P. P.*   JACQUEMOUD, *R.*

---

8 Août 1840.

LOCUS REGIT ACTUM. — ACTE SOUS SEING-PRIVÉ. — VENTE D'IMMEUBLES. — STATUT MIXTE.

Art. 1112 C. c. (D. V.)

Les immeubles situés en Savoie peuvent être vendus en France par acte sous seing-privé. [1]

Les effets de ce contrat, quant à la résolution de la vente, à défaut de paiement, sont réglés par la loi de la situation des biens.

---

[1] Voyez l'arrêt du 13 février 1846, Decroux c. Vial ; Anselme, R.

DISCUSSION CHAVASSE c. ARNAUD.

Le 1er juillet 1823, Arnaud vend à Chavasse, par écrit privé daté de St-Martin-le-Vinoux (France), le domaine de Rochefort situé en Savoie. Chavasse n'exécute pas les clauses de la vente, ne fait aucun paiement à compte du prix, et meurt en 1823 ; Arnaud, resté en possession du domaine, le vend à Joubert par acte authentique du 1er décembre 1857 ;

L'hoirie de Chavasse étant tombée en discussion, les syndics et vice-syndics, en se fondant sur l'acte privé du 1er juillet 1823, intentent une action en revendication du domaine de Rochefort contre Joubert, détenteur actuel ; celui-ci appelle le sieur Arnaud en garantie.

Par un 1er arrêt, tout en préjugeant la validité de l'écrit privé du 1er juillet 1823, le Sénat déboute la discussion Chavasse de son action en revendication contre Joubert ; mais il lui réserve son action contre Arnaud, et ordonne de procéder plus amplement à cet égard ;

En exécution de cet arrêt, les parties font de nouveau porter la cause à jugement sur la question des dommages.

LE SÉNAT, 1re et 2me chambres :

Attendu que par arrêt rendu le 8 août 1835, il a été préjugé que l'acte sous seing-privé du 1er juillet 1823, portant vente par Arnaud en faveur de Chavasse, du domaine de Rochefort, fonderait l'action *ex empto* contre le vendeur, dans le cas où conformément aux énonciations qu'il renferme, cet acte aurait été passé à St-Martin-le-Vinoux (France);

Attendu que cet acte fait foi entre les personnes qui l'ont souscrit, et que d'ailleurs Arnaud ne s'est pas acheminé à prouver qu'il a été passé à Chambéry ;

Attendu que les énonciations renfermées dans cet écrit, tout comme les faits qui l'ont précédé et suivi, établissent qu'il y a eu consentement parfait des parties sur la chose et sur le prix, et que Arnaud a entendu vendre et Chavasse acquérir le domaine dont il s'agit ;

Attendu que les biens acquis étant situés en Savoie, les effets de l'acte de vente doivent être réglés par nos lois ;

Que dès lors, en vertu des dispositions renfermées dans le § 5, tit. 16, liv. 8 des R. C., le retard que Chavasse aurait mis à exécuter cet acte et l'inexécution même de sa part, n'auraient pu avoir pour conséquence la résolution de la vente ;

Que Chavasse n'aurait pas mieux pu, au moyen d'un simple abandon et sans écrit, aliéner l'immeuble dont il a fait l'achat ;

Qu'en conséquence Arnaud doit procurer aux syndics de la discussion la possession du domaine de Rochefort, et à défaut, payer les dommages résultant de son inexécution à cet égard ;

Attendu que les syndics obtiendront par l'effet du présent arrêt la possession du domaine acquis par Chavasse ou une indemnité équivalente, et que dès lors ils ne peuvent avoir droit à la répétition des frais ordinaires d'insinuation qui pèsent sur l'acquéreur d'après les règles sur la matière.... :

Ordonne qu'à défaut par Michel Arnaud, de procurer la possession du domaine de Rochefort aux syndics et vice-syndics de la discussion Chavasse, il leur paiera à titre de dommages la valeur que ce domaine aurait actuellement....

PETTITI, *P. P.* MARESCHAL, *R.*

8 Août 1840.

MUR MITOYEN. — FENÊTRE.

Art. 578, 591 C. c. (Q. T.)

La faculté accordée par l'art. 578 du Code civil s'applique aux murs construits avant la mise en vigueur du Code.

L'existence des fenêtres dans ce mur n'est pas un obstacle à l'acquisition de la mitoyenneté, à moins qu'il ne s'agisse de fenêtres d'aspect ouvertes en vertu d'un titre. [1]

BOVERY c. GARIN.

LE SÉNAT : Attendu que la disposition de l'art. 578 du Code civil est absolue et que par conséquent elle est applicable à tous les cas où un propriétaire joint un mur placé sur les confins de sa propriété, sans distinction entre le mur construit avant la publication de cette loi et celui construit dès lors, ce qui d'ailleurs résulte implicitement des art. 594 et 598 ;

Attendu que l'existence d'une fenêtre dans le mur placé sur le confin d'une pro-

priété n'est pas de nature à préjudicier à la faculté sus-énoncée, puisque la loi ne fait aucune exception à cet égard, sauf à se conformer au prescrit de la dernière partie de l'article 608 dans le cas qui y est prévu, et à respecter les droits acquis pour les fenêtres d'aspect ;

Attendu, à cet égard, que l'appelant ayant, en vertu de l'acte du 3 mars 1817, Exertier notaire, le droit d'avoir une fenêtre d'aspect dans le mur dont il s'agit, la faculté résultant dudit article 594 ne doit être exercée qu'en la conciliant avec l'existence de cette fenêtre ; que sous ce rapport, rien n'obste à ce que l'intimé se prévale du bénéfice d'acquérir la mitoyenneté sans préjudicier aux droits du voisin ;

Attendu, d'après les considérations qui précèdent, que le tribunal aurait mal-à-propos admis que la fenêtre que Bovéry a droit de conserver, d'après l'acte du 3 mars 1817, pourrait être bouchée ; que, sous ce rapport, le jugement, dont est appel, fait grief à l'appelant :

Reçoit appelant...., déclare spect. Garin être en droit d'acquérir la mitoyenneté du mur de la maison du demandeur...., et c'est sans préjudicier à la fenêtre dont il s'agit en l'acte du 3 mars 1817.

MILLIET DE ST-ALBAN, D'ARCOLLIÈRES, *R.*

11 Août 1840.

SERVITUDE. — EAU.

Art. 551 C. c.

Le propriétaire du fonds inférieur n'est pas assujetti à recevoir les eaux qui découlent des héritages supérieurs, lorsqu'elles y ont été amenées par des travaux d'art, sauf titre ou prescription contraires.

MARTIN c. LACHAT.

LE SÉNAT : Attendu qu'il est constant, dans la cause, que les eaux dont se sert Martin pour l'arrosement de son pré-verger, y sont amenées artificiellement et pour cette seule destination, conformément à la répartition qui est établie entre les usagers ; d'où il résulte que ne s'agissant pas d'eaux ayant un cours naturel, à travers ledit pré-verger, ou en surgissant, Martin ne peut invoquer un droit de servitude résultant de la situation des lieux pour donner écoulement sur

[1] Arrêts conf. : 8 août 1838, Gotteland c. Langard ; de Bullet, R.— 1er février 1842, Dallinge c. Auger ; Mareschal, R.— 5 mars 1844, Marçot c. Duvernay ; Coppier, R.— 14 mai 1844, entre les mêmes, etc.

le fonds de Lachat, à l'excédant des eaux qu'il dérive ;

Attendu que le droit de décharger les eaux sur le fonds inférieur de Lachat ne pourrait ainsi être qu'une servitude établie par le fait de l'homme, laquelle, en raison de sa nature spéciale, exigerait ou un titre d'acquisition, ou la possession immémoriale, ou tout au moins l'existence de quelques ouvrages servant à l'aqueduc, pratiqués depuis plus de 50 ans, sur le fonds prétendu servant ;

Attendu que Martin n'ayant pas exhibé de titre, ni établi la construction de quelques travaux sur le fonds de Lachat, ni enfin fourni par son enquête une preuve suffisante de la possession immémoriale qu'il invoque, ne serait pas fondé à exiger que ledit Lachat continue à recevoir les eaux d'irrigation qui s'écoulent de son pré ;

Attendu qu'il suit de cet état de choses, que si Martin veut procurer à son pré-verger le bénéfice de l'irrigation, c'est à lui de construire tels ouvrages que les hommes de l'art jugeront propres à empêcher qu'il ne nuise à ses voisins, et qu'en conséquence le dispositif du jugement dont est appel, est conforme aux principes :

Le Sénat déclare non-recevable....

D'Arcollières.   Girod, R.

---

13 Août 1840.

ABSENT. — LÉGITIME. — EXPERTISE.

Art. 99 C. c. (D. A.) ; § 3, tit. 13 liv. 3 (R. C.)

D'après l'ancienne jurisprudence, l'absent n'est présumé ni vivant, ni mort : celui qui fonde des droits sur sa mort doit la prouver ; ainsi, c'est à celui qui veut que l'absent ne fasse pas nombre pour la supputation de la légitime, à établir qu'il était décédé au jour de l'ouverture de la succession.

Il n'est pas nécessaire que les experts prêtent serment avant de procéder à leur opération, il suffit qu'ils le fassent avant de dresser leur rapport.

Vᵉ Bidal c. Bidal.

Le Sénat : Attendu, sur le premier chef de ses conclusions, que la demanderesse ne s'étant pas prévalue des dispositions du Code civil, ce chef doit être jugé d'après les lois en vigueur au moment du décès d'Anthelme Bidal ; or, d'après la jurisprudence

de cette époque, Sébastien Bidal n'était présumé ni mort, ni vivant, pour regard des droits qui auraient pu s'ouvrir en sa faveur postérieurement à sa disparition, ou à ses dernières nouvelles ; que dans cette incertitude, c'était à ceux qui fondaient leur demande sur la mort de l'absent lors de l'ouverture des droits réclamés, à établir ce fait, comme c'était à ceux qui avaient intérêt à son existence, au même moment, à la prouver ;

Attendu que la prétention de l'appelante, pour obtenir un douzième au lieu d'un quatorzième dans la succession paternelle, ayant son fondement dans le prédécès dudit Sébastien à son père, c'est à elle à établir ce fait ;

Attendu que les positions qu'elle a données à cette fin à Pierre Bidal, dans son écriture du 18 juillet 1838, et les présomptions qu'elle invoque ne sont pas suffisantes pour administrer cette preuve ;

Attendu que le § 5, tit. 5, liv. 13 des R. C. n'exige pas que les experts prêtent serment avant l'examen de l'objet à expertiser, mais seulement avant de faire leur rapport, ce qui a été observé par ceux qui ont fait l'estimation des biens de la succession d'Anthelme Bidal, ainsi qu'il en résulte du procès-verbal du 10 mars 1837 ;

Attendu d'ailleurs que Françoise Monachon a donné un acquiescement formel à ce rapport, dans son écriture du 11 juillet 1837 ; que, par cette adhésion, elle a renoncé à toutes les exceptions qu'elle aurait pu élever contre cette expertise, si elle en avait eu de fondées ; elle est conséquemment non-recevable dans celles dont elle a opposé ;

Le Sénat, par ces motifs, déclare Françoise Monachon veuve Bidal, non-recevable.

D'Arcollières.   Seitier, R.

---

13 Août 1840.

LÉSION. — RENTE VIAGÈRE. — USUFRUIT.

Art. 1679 C. c.

Sous l'ancien droit, la réserve d'usufruit et de pension viagère ne rendait pas la vente aléatoire au point d'exclure l'action en lésion.

L'usufruit et la pension s'évaluent en additionnant 15 annuités avec les intérêts composés. [1]

---

[1] Arrêt conf. : 14 mars 1843, Combet c. Fleury ; Jacquemoud, R.

DIJOUD C. TOURNIER.

LE SÉNAT : Attendu que la réserve de l'usufruit des biens vendus en faveur du vendeur et de sa femme, et la pension viagère stipulée en faveur de celle-ci, étaient susceptibles, au moment du contrat de vente, d'une appréciation à peu près certaine; que la durée pouvait en être déterminée sur la présomption indiquée dans la loi 58, au Code, § 3, *De don.*, rappelée dans la défin. 10, allég. 2 du Code Fab., *De usufruct.*; qu'ainsi le contrat dont il s'agit pourrait être rescindé, s'il y avait eu lésion d'outre moitié dans le prix;

Attendu qu'en supposant que la valeur de l'objet vendu eût été, au moment du contrat, de 16,000 liv., comme le prétendent les appelants, il n'y aurait pas eu lésion d'outre moitié dans le prix convenu; puisque la somme de 5,000 liv. déclarée reçue par le vendeur, calculée avec l'intérêt composé pendant 18 ans, et la pension viagère calculée aussi avec l'intérêt composé pendant le même nombre d'années, aurait excédé la somme de 8,000 liv.;

Qu'indépendamment de ces valeurs, il résulte encore du contrat de vente dont il s'agit, que l'acheteur avait relâché au vendeur divers immeubles, ce qui augmente encore le prix;

Déclare les mariés Dijoud non recevables en leur appel.

PETTITI, *P. P.*   ANSELME, *R.*

---

14 Août 1840.

DONATION. — INSTITUTION CONTRAC-TUELLE.

Une donation de biens présents n'est pas censée institution contractuelle, quoique faite à titre d'anticipation à l'institution héréditaire, à charge de rapport dans certains cas déterminés, et différée jusqu'au moment de la mort du donateur.

Vᵉ MONTANT C. MONTANT.

Dans le contrat de mariage de son fils Claude-François (1770), Jean-François Montant lui fit une donation conçue en ces termes :

« Pour marquer la satisfaction..... il
« constitue par anticipation à l'institution
« héréditaire, à son fils ici présent, accep-
« tant et remerciant, en cas qu'il n'ait plus
« d'autres enfants de son épouse, et en
« ayant de plus, étant mâles; les biens se
« diviseront entre tous lesdits mâles, et
« étant des filles, leur dot se paiera aussi
« par moitié, savoir : la moitié de tous et
« un chacun de ses biens-fonds, en quoi
« qu'ils consistent, à prendre après son
« décès, sous condition que sondit fils paie
« la moitié des dots de ses sœurs, qui sera
« en argent.....

« Constitue encore à son fils, pour sa
« cote-part des meubles *morts* et *vifs*,
« savoir : ...... »

Dès lors le père Montant aliéna une partie de ses biens, et mourut *ab intestat* le 27 floréal an VII, laissant pour successibles le donataire, un autre fils nommé Alexis, et trois filles.

Après de longs débats sur le partage de son hoirie, la contestation a été portée sur le point de savoir si la donation faite à Claude-François était une libéralité irrévocable.

LE SÉNAT, sur cette question, a dit :

Attendu que la lettre et l'esprit de l'acte du 26 janvier 1770 indiquent assez que la volonté des contractants a été de stipuler une donation entre vifs, irrévocable, des objets y compris, bien que l'exécution de cette stipulation ait été différée à l'époque du décès du père Montant, donateur;

Attendu que ni la mention insérée dans ledit acte d'*anticipation à l'institution héréditaire*, ni la condition imposée au donataire de rapporter au partage les objets donnés, dans le cas que le donateur eût par la suite d'autres enfants mâles, ne peuvent point changer la nature du contrat, qui n'a contemplé qu'une partie aliquote des biens présents, sans parler des biens à venir, qui n'a attribué au donataire qu'une certaine quantité de meubles, sans parler ni de l'argent, ni des créances, et qui enfin n'a assujetti le même donataire qu'au seul paiement de la moitié des dots de ses sœurs, et non des autres dettes du donateur;

Attendu que cette donation a transféré au donataire la propriété de la moitié des immeubles qui composaient le patrimoine du donateur, à l'époque du contrat, sous les seules charges y mentionnées.....;

Déclare Claude-François Montant avoir droit à la moitié des biens-fonds possédés par son père à la date de 1770, sous les charges imposées.

PORTIER DU BELLAIR, *P.*   COTTA, *R.*

14 Août 1840.

SUCCESSION FUTURE. — CESSION. — PRESCRIPTION.

Art. 1220, 1607 C. c. (R. C.)

Sous la loi du 17 nivôse an II, la vente ou cession faite pour un seul et même prix, de deux successions, dont l'une est ouverte et l'autre ne l'est pas encore, est nulle pour le tout. [1]

On ne peut couvrir cette nullité en offrant d'imputer la totalité du prix sur l'hoirie ouverte au moment de la cession.

Celui qui possède en vertu d'un titre vicieux ne peut prescrire. [2]

ABRY C. ABRY.

Par contrat du 10 pluviôse an X, Jacqueline Abry cède à Noël Abry, son frère, tous ses droits dans l'hoirie de son père, déjà décédé, et dans celle de sa mère, encore vivante, pour le prix unique de 1,200 liv.;

Ce contrat est impugné de nullité; les héritiers de Noël Abry soutiennent qu'il est valide quant à l'hoirie du père, et demandent à ce que le prix en soit fixé par ventilation; ils offrent même d'imputer tout le prix sur cette hoirie; enfin, ils opposent de prescription à l'action intentée.

Le tribunal de Chambéry, saisi de la contestation, annule l'acte; mais sur la question de prescription, il considère que, bien qu'il se soit écoulé plus de trente ans dès la date de cet acte, le cessionnaire n'aurait pu prescrire qu'autant qu'il serait lui-même en possession depuis plus de 50 ans.

Sur l'appel de ce jugement, LE SÉNAT....:

Attendu, au fond, que l'acte du 10 pluviôse an X, Guillon notaire, contient vente et cession tant de la succession de Noël Abry, déjà mort à cette époque, que de celle de Marie Abry, qui était alors encore vivante;

Attendu qu'aux termes de la loi du 17 nivôse an II, tout pacte ou traité sur une succession non ouverte est nul, comme contraire à l'ordre public et aux bonnes mœurs; que cette nullité frappe le contrat du 10 pluviôse an X comme indivisible, puisqu'il est fait *unico pretio* et sans distinction de la valeur des droits échus d'avec celle des droits à échoir;

Attendu que le prix des deux successions dont il s'agit étant ainsi confondu, on ne peut le déterminer pour chacune d'elles ni par une ventilation, ni par une opération judiciaire quelconque, ni par l'imputation de tout le prix stipulé sur la succession ouverte au moment du contrat;

Attendu d'ailleurs que l'acte de cession étant nul *ab initio*, il ne peut être au pouvoir des appelants de le convalider aujourd'hui ni par l'offre d'imputer tout le prix de la cession dans la succession du père Abry, mort à l'époque de l'acte, ni par l'offre d'être prêts de donner aux appelants la légitime due à leur mère sur la succession de Marie Abry;

Attendu que le vice dont est entaché l'acte de cession susdit constituant une nullité radicale et absolue pour le tout, les intimés ont pu valablement réclamer leurs droits dans lesdites successions pendant trente ans, à partir de l'ouverture de la succession de Marie Abry, qui a eu lieu en 1813, quoique celle de Noël Abry ait été ouverte longtemps auparavant; d'où il suit que l'exception de prescription opposée par les appelants n'est point recevable;

Attendu que la possession des biens échus dans la succession de Noël Abry, depuis plus de trente ans de la part des appelants, ne peut attribuer à ces derniers le droit d'opposer la prescription, puisque le titre était vicieux, et qu'en cette matière: *melius est non habere titulum, quàm habere vitiosum*;

Attendu enfin que le recouvrement de partie du prix de la cession ne pouvant constituer une renonciation tacite aux moyens de nullité que les intimés pouvaient opposer à cet acte, les positions déduites par les appelants, dans leur écriture du 18 juillet dernier, après l'appointement de la cause sont irrélévatoires:

A mis à néant...., sans s'arrêter aux exceptions de prescription....; déclare nul et de nul effet l'acte de cession du 10 pluviôse an X.

PORTIER DU BELLAIR, P. COTTA, R.

[1] Arrêt conf.: 27 mai 1812, Durtin c. Baillard; Cotta, R. — 22 mars 1812, Petit c. Petit; Cotta, R. — 7 avril 1815, Coulter c. Coulter; Seltier, R.
[2] V. Arrêt contr. 28 décembre 1812, cons. Détraz c. Bugnard; Mareschal, R.

23 Novembre 1840.

ACTE AUTHENTIQUE. — ACTE SOUS SEING-PRIVÉ. — NULLITÉ. — EXCEPTIONS CONTRAIRES.

Art. 1112 C. c.; liv. 5, tit. 22, ch. 4, § 1er R. C.

Sous les Royales Constitutions, la promesse de nourrir et de soigner une personne devait, à peine de nullité, être rédigée en instrument authentique.

Des exceptions contraires ne peuvent être accueillies cumulativement.

Moiroux c. Pollier.

Le Sénat : Attendu que par l'écrit sous seing-privé, du 15 octobre 1837, produit au procès, Moiroux a pris l'engagement de nourrir Pollier et de lui prodiguer tous les soins possibles pendant sa vie, que cet écrit est antérieur à la mise en vigueur du Code civil; que le § 1er, ch. 4, tit 22, liv. 5 des R. C. prescrivait que tous les contrats entre vifs fussent faits par instrument authentique et que l'obligation de Moiroux ne peut être mise au nombre de ceux qu'il était permis de faire par écrit sous seing-privé;

Attendu que la promesse de Moiroux est liée même par une condition aux libérations réciproques qui sont faites dans le même écrit, qu'ainsi la nullité de l'acte sous seing-privé, quant à l'engagement de Moiroux, en affecte et vicie toutes les autres parties;

Attendu que Moiroux a constamment nié qu'Antoine Pollier eût été, en aucun temps, son domestique, et que cette négative tenant, on n'a pas dû s'occuper encore de l'exception de prescription que Moiroux a cumulée avec sa négative, parce que ces deux moyens ne peuvent marcher de front et sont même inconciliables, en ce que la prescription présuppose la vérité des faits niés, c'est-à-dire, admet comme constant que Pollier a été domestique de Moiroux et que celui-ci est débiteur des gages demandés; tandis que si Pollier n'a pas loué ses œuvres à Moiroux, il n'a pas eu droit à des salaires, et il ne peut s'agir de la prescription d'un droit qui n'a jamais existé :

A reçu appelant...., sans s'arrêter à l'écrit sous seing-privé, ordonne que les demandeurs procéderont....

Pettiti, *P. P.* Armixion, *R.*

18 Décembre 1840.

EAU. — IRRIGATION. — PRESCRIPTION.

Art. 558 C. c.

Le propriétaire riverain peut se servir des eaux courantes non domaniales pour l'irrigation de ses héritages, nonobstant toute possession contraire; en conséquence, les propriétaires inférieurs n'ont point à se plaindre, à moins que le droit d'user des eaux ne leur ait été acquis par titre ou par prescription, conformément à l'art. 556 du Code civil. [1]

Sauthier et Novelle c. Magnin.

Le Sénat : Attendu qu'il est constant en fait que les eaux provenant de la fontaine de Jarens, prennent leur source sur un terrain qui n'appartient à aucune des parties, et que ces eaux bordent le pré de l'intimé;

Attendu qu'aux termes du droit, celui dont une eau courante non domaniale borde la propriété, peut s'en servir, à son passage, pour l'irrigation de cette même propriété;

Attendu que la loi n'admet d'autres exceptions à ce droit, que lorsque le propriétaire du fonds inférieur a acquis l'usage exclusif des eaux qui bordent ce fonds, par titre ou par une prescription de trente ans, qui ne commence à courir que du moment où il a fait construire des travaux d'art sur le fonds supérieur, au vu et su du propriétaire;

Attendu que les appelants, qui étaient demandeurs en première instance, n'ont produit aucun titre et ne se sont point acheminés à établir d'avoir fait ni sur le terrain de Magnin, ni sur celui où la fontaine prend sa source, ni sur le chemin que les eaux parcourent avant d'entrer dans le pré de Magnin, des travaux d'art, tels que la loi les exige, pour acquérir un droit exclusif à la jouissance des eaux susdites;

Attendu qu'en appel, ils n'auraient pas mieux établi les extrêmes de leur action; que les faits, par eux articulés, ne tendent point à prouver ni la possession exclusive de l'eau, ni la construction par eux ou leurs auteurs de travaux d'art qui puissent faire présumer cette jouissance;

---

[1] Arrêts conf. : 6 avril 1841, Gaud c. Donand; de Brichanteau, R. — 24 avril 1841, Déperse c. Dupont; Jacquemoud, R.

Attendu que, quelle que puisse être la durée du temps pendant lequel les appelants ont pu jouir des eaux dont il s'agit, cette jouissance n'aurait pu priver Magnin de la faculté de dériver les eaux pour l'irrigation de son pré :

Déclare Jean Sauthier et Gaspard Novelle non-recevables en leur appel.

PORTIER DU BELLAIR, *P.* COTTA, *R.*

---

19 Décembre 1840.

MINEUR. — CAUTIONNEMENT.

Art. 2015 C. c. (D. A.)

L'obligation du mineur peut valablement, sous l'empire du droit romain, comme sous le Code civil, être l'objet d'un cautionnement.

La caution du mineur ne peut se prévaloir de la nullité introduite en faveur de ce dernier.

CARLE, PERRIER C. BERTHET.

Le 28 août 1831, Anthelme Bertin, majeur de quatorze ans et mineur de vingt, autorisé par François Carle, son oncle, se reconnaît débiteur de Pierre Berthet, d'une somme de 1,200 liv. pour argent prêté ; Carle se porte fort et s'oblige solidairement pour son neveu ; pour plus de garantie, le sieur Anthelme Perrier intervient au même acte et se rend caution solidaire des engagements qui y sont pris ;

Actionné pour le paiement de la somme de 1,200 liv., Perrier appelle Carle en garantie ; celui-ci oppose de nullité à l'acte du 28 août, comme ayant été consenti par un mineur dépourvu d'autorisation nécessaire ;

Le tribunal repousse cette exception : en instance d'appel, LE SÉNAT :

Attendu que, d'après le droit romain, lorsqu'un mineur, dépourvu de curateur, fait un emprunt, il contracte une obligation naturelle susceptible d'être garantie au moyen d'un cautionnement ;

Que le § 8, tit. 11, liv. 8 des R. C. ne modifie pas cette disposition de la loi romaine, et a exclusivement pour objet de rendre inefficace l'hypothèque à laquelle le mineur pourrait consentir sans y être légitimement autorisé ;

Que, cela posé, François Carle et Anthelme Perrier se sont validement obligés en faveur de Pierre Berthet, le premier comme débiteur principal et solidaire, le second comme caution à raison du prêt fait au mineur Anthelme Bertin, par contrat du 28 août 1831, Emery, notaire ;

Attendu qu'il est reconnu par les parties que Constant Berthet s'est obligé, au moment même dudit contrat, à payer au mineur Bertin, la somme de 756 liv. qui faisait partie du correspectif de l'obligation contractée par le mineur ;

Que sous ce rapport, les appelants ne pourraient mesurer aucune exception contre Pierre Berthet de ce que Constant Berthet ne se serait pas libéré, ou ne l'aurait pas fait d'une manière régulière ;

Attendu que suivant les lois 1, 2 et 23 au Digeste, *De fide Juss.* et la loi 1re au Code *De fide Juss. minor*, les exceptions personnelles au mineur et les restitutions qu'il pourrait implorer à raison de sa minorité, ne peuvent être opposées et invoquées par les cautions ;

Que, par conséquent, les appelants qui n'ont pas proposé l'exception des deniers non nombrés, pendant le délai de la loi, relativement à la somme déclarée reçue avant le contrat, ne sauraient être admissibles à le faire du chef de Bertin ;

Attendu d'ailleurs qu'ils n'ont pas même justifié que Bertin soit encore dans un âge qui lui donne le droit de proposer cette exception par voie de restitution ;

Déclare François Carle et André Perrier non-recevables en leur appel.

PORTIER DU BELLAIR, *P.* MARESCHAL, *R.*

---

19 Décembre 1840.

MINORITÉ. — COMPTE DE TUTELLE.

Art. 312 (D. R.)

Sous l'empire du droit romain, le mineur, devenu majeur, pouvait valablement libérer son tuteur, sans avoir préalablement reçu un compte détaillé de sa gestion.

Ve PETELAT C. BOJON ET CONSORTS.

La dame Bojon ayant atteint sa majorité, fait avec sa tutrice, le 8 octobre 1834, un contrat par lequel elle la libère des conséquences de la tutelle gérée, et traite sur divers autres objets.

En 1858, la dame Bojon impugne de nullité l'acte du 15 octobre 1834, par le motif qu'il n'aurait pas été précédé d'un compte régulier, et conclut à ce que sa mère tutrice soit condamnée à lui rendre compte de l'administration qu'elle a gérée.

Le tribunal d'Annecy adopte ce système, et prononce la nullité de l'acte.

Sur l'appel,

LE SÉNAT : Attendu que la loi en vigueur à la date de l'acte du 15 octobre 1834, ne frappait pas de nullité les traités faits entre le tuteur et le mineur devenu majeur, lorsqu'ils portaient libération du tuteur sans avoir été précédés ou accompagnés de la reddition d'un compte détaillé de son administration :

Déboute la dame Bojon de son exception de nullité mesurée du défaut de présentation d'un compte de tutelle.

D'ALEXANDRY, *P.* DE MONTBEL, *R.*

---

22 Décembre 1840.

PRÉTÉRITION. — TESTAMENT. — POSTHUME. — CLAUSE CODICILLAIRE — QUARTE.

Sous l'empire des R. C., le testament du père rompu par la naissance d'un posthume, se soutient en vertu de la clause codicillaire, si l'héritier institué n'est pas étranger à la famille. [1]

Les petites-filles, quoique sujettes à l'exclusion, ne sont pas censées héritiers étrangers.

LES SŒURS MOSSUZ, FREYRE - BÉTEMPS
c. MERMIN, TUTEUR.

Par testament du 28 juin 1833, Joseph Mermin institue pour ses héritiers universels Josephte - Marie et Virginie Mossuz, ses petites-filles, chacune pour un tiers, et les enfants nés et à naître de Joseph Freyre-Bétemps, son neveu, pour l'autre tiers. Il décède dans cette volonté le 27 avril 1835.

Le 8 octobre suivant, la veuve de Joseph Mermin accouche d'un fils qui est nommé Joseph-Julien, et placé sous la tutelle de François-Marie Mermin.

Celui-ci, au nom de son pupille, propose la nullité du testament du 28 juin 1833, à raison de la prétérition du posthume, et demande à être mis en possession de la succession en qualité d'unique héritier.

Les sœurs Mossuz invoquent en leur faveur les dispositions des §§ 20 et 21, tit. 1er, liv. 8 des R. C.; elles disent que la clause codicillaire ne produit aucun effet en faveur des enfants de Joseph Freyre-Bétemps; qu'en conséquence, elles doivent garder toute la succession, sous la distraction des deux quartes en faveur du posthume prétérit.

Après avoir, par un premier jugement, déclaré que le testament avait été rompu par la survenance du posthume Joseph-Julien Mermin, le tribunal de Bonneville, par jugement du 5 juillet 1839, décide que le testament de Joseph Mermin ne se soutient pas par la clause codicillaire, et que son hoirie doit être déférée *ab intestat.*

Sur l'appel,

LE SÉNAT : Attendu qu'à l'époque du testament de Joseph Mermin, en date du 18 juin 1833, Joseph-Julien Mermin n'était pas encore conçu, et que n'étant né que le 8 octobre 1835, et par conséquent plus de cinq mois après la mort du père, celui-ci est présumé en avoir ignoré la conception ;

Attendu qu'aux termes du droit, le testament du père est rompu par la naissance d'un enfant posthume prétérit par ignorance ;

Attendu cependant que suivant les dispositions des §§ 20 et 21 du tit. 1er, liv. 8 des R. C., la clause codicillaire, tenue pour insérée dans tous les testaments, opère son effet, même au préjudice des enfants prétérits par ignorance, lorsque les héritiers institués ne sont pas des étrangers ;

Attendu que les sœurs Mossuz, petites-filles de Joseph Mermin, ne peuvent être regardées comme des étrangers à l'égard de leur aïeul maternel dans le sens de la loi, puisqu'elles sont ses descendantes en ligne directe ;

Attendu que cette interprétation est fondée non-seulement sur les expressions des susdits paragraphes, mais aussi sur les §§ 1 et 2 du titre 4 au même livre, dans lesquels la loi faisant mention des distractions que les enfants ont droit de faire sur l'hérédité paternelle, et distinguant le cas où la restitution doit être faite aux descendants, de celui où elle doit être faite à un étranger, a par-là même déclaré que les

---

[1] V. Arrêt du 9 mars 1839 : Mauris c. Mauris; Porta, R.

descendants ne sont point des étrangers ;

Attendu, dans l'espèce, que la susdite clause opérant son effet en faveur des sœurs Mossuz, est inefficace à l'égard des filles de Freyre-Bétemps, nièces du testateur ;

Attendu que l'enfant prétérit, tenu, en vertu de la susdite clause, de restituer l'hoirie aux héritiers institués, a le droit de distraire sa légitime et la quarte trébellianique, et que, quant au mode de distraction, la cause n'est pas encore prête à recevoir jugement :

Déclare Joseph Freyre-Bétemps, en sa qualité, non-recevable. A reçu et reçoit les sœurs Mossuz appelantes... Déclare le testament de Joseph Mermin, en date du 18 juin 1835, avoir été rompu par la prétérition de Joseph-Julien Mermin, son fils, et cependant se soutenir en vertu de la clause codicillaire ; et pour la distraction de la légitime et de la trébellianique, ordonne de procéder.

PORTIER DU BELLAIR, *P.* COTTA, *R.*

---

23 décembre 1840.

PASSAGE. — PRESCRIPTION. — SUSPENSION. — CHEMIN ABUSIF.

Art. 649 C. c. (D. R.)

La servitude de passage pouvait, sous le droit romain, s'acquérir par une possession immémoriale. [1]

L'art. 691 du Cod. civ. français n'a pas interrompu, mais seulement suspendu la prescription commencée avant sa mise en vigueur.

Les dispositions du règlement particulier pour la Savoie pour la suppression des chemins abusifs, ne sont point applicables aux passages établis pour l'exploitation des propriétés particulières.

COGNE C. MORARD.

LE SÉNAT : Attendu, au fond, que le fait articulé par l'appelant en première instance était suffisamment circonstancié pour établir en sa faveur le droit de passage opposé à la demande ;

Attendu que la mise en vigueur des R. C. ayant fait cesser les effets que l'art. 691 du Code civil de France aurait pu exer-

cer sur la possession de l'appelant, cette possession avait simplement été suspendue sans être frappée d'une interruption propre à en détruire les conséquences, puisque le droit de passage invoqué pouvait être acquis, avant et après ledit Code, par la possession immémoriale ;

Attendu qu'indépendamment de l'aveu fait par l'intimé dans sa requête introductive d'instance, que l'appelant était en possession du passage depuis deux ou trois ans, le fait soutenu tendait encore à prouver une continuité de possession exclusive de toute interruption de fait ;

Attendu que l'aveu de la possession dispensait l'appelant de prendre des conclusions en maintenue ;

Attendu que l'article 16 du chapitre 4 du règlement de Savoie ne serait pas applicable à la cause où il ne s'agit que d'un droit particulier, sans rapport avec les intérêts généraux de l'agriculture contemplés par cette loi ;

A reçu et reçoit appelant... Ordonne que le défendeur soutiendra faits en matière contraire.

D'ALEXANDRY, *P.* MONOD, *R.*

---

23 Décembre 1840.

VENTE. — ÉVICTION. — CONTRAT D'ASSURANCE.

Art. 1637 (D. R.)

Quelles sommes comprend l'indemnité due à l'acquéreur en cas d'éviction ?

Il n'est pas en droit de répéter les sommes payées pour l'assurance contre l'incendie.

MAIGRE C. LES ÉPOUX MANTEL ET CURTET.

LE SÉNAT : Attendu que le contrat de vente du 1er septembre 1834, Marthe notaire, a été consenti par Amédée Maigre, avec maintenue et garantie de fait et de droit ;

Attendu qu'en vertu des dispositions de la loi 66, au Digeste *De contrah. emp.*, et de la loi 27, au Code *De evictio.*, les acquéreurs doivent être dédommagés à concurrence de la valeur qu'avait la maison acquise au moment de l'éviction ;

Attendu que le tribunal ne pouvait déterminer la valeur des dommages en prenant pour base le prix pour lequel Gariod se serait rendu adjudicataire ;

---

[1] V. ci-devant arrêt du 28 juillet 1838.

Attendu que l'indemnité due aux acquéreurs doit être fixée par relation à la valeur
de la maison au moment de l'éviction, et
doit comprendre en outre, 1° les frais de
l'acte de vente, qui ont d'ailleurs été offerts
par Maigre ; 2° la restitution des fruits dont
l'acquéreur évincé a fait raison ; 3° les dépens que les acquéreurs ont pu supporter
ensuite des instances de Gariod ;

Attendu que le contrat d'assurance de
la maison a eu l'intérêt des acquéreurs pour
objet principal et direct, et que dès lors
ils ne peuvent réclamer ce qu'ils ont payé
à cet égard :

A reçu appelant... et, sans s'arrêter au
contrat d'assurance de la maison, ordonne
que par experts... il sera procédé à rapport
sur la valeur de la maison au moment de
l'éviction, en prenant pour base d'évaluation l'état de la maison à l'époque de la
vente, et sur la valeur des fruits dont les
demandeurs ont fait raison à Gariod.

PORTIER DU BELLAIR, P.   MARESCHAL, R.

---

29 Décembre 1840.

APPEL. — DÉLAI. — DÉSAVEU. — PROCUREUR.

La production d'un jugement fait courir les délais
d'appel.

L'action en désaveu n'est pas admissible contre
un procureur qui n'a pas excédé les limites de son
mandat, lorsqu'il n'y a ni dol ni faute de sa part.
Cette action ne peut être intentée qu'en contradictoire du procureur désavoué.

JOURDAN ET CULAUD C. DUCREY.

LE SÉNAT : Attendu, sur la fin de non-
recevoir opposée aux consorts Jourdan et
Culaud, que la production faite le 29 septembre 1838 par M° Guyon, leur procureur
constitué, du jugement du 26 mai précédent, a fait courir le délai d'appel ; que dès
lors jusqu'à la date du décret du 18 février
suivant, il s'est écoulé un délai excédant
celui accordé pour la restitution en entier ;

Attendu que cette production était évidemment dans les pouvoirs attachés au
ministère de M° Guyon, qu'ainsi l'action en
désaveu ne pourrait être fondée que dans le
cas où il se serait rendu coupable de dol
ou de faute grave, ce que lesdits consorts
Jourdan et Culaud ne se sont pas acheminés
à établir, et ce qui d'ailleurs ne paraît

pas pouvoir lui être imputé dans ce cas,
puisqu'il n'a agi que d'après l'avis de leur
conseil, qui a dressé et signé l'acte précité
du 29 septembre.

Attendu d'ailleurs que l'action en désaveu aurait dû être exercée en contradiction
de M° Guyon :

Déclare les consorts Jourdan et Culaud
non recevables en leur appel.

D'ALEXANDRY, P.   SEITIER, R.

---

29 décembre 1840.

LOIS DE LA RÉPUBLIQUE. — LEUR PUBLICATION EN SAVOIE. — MARIAGE CANONIQUE EN 1796. — LÉGITIMITÉ. — LETTRES-PATENTES DU 25 OCTOBRE 1816. — AUGMENT. — TESTAMENT. — RAPPORT. — LEGS DE LA CHOSE DE L'HÉRITIER. — PARTAGE VERBAL.

Les lois du 14 et du 20 septembre 1792 sont censées
promulguées dans l'ancien département du Mont-
Blanc dès le 19 frimaire an IV, date de la publication, à Chambéry, de la loi du 12 vendémiaire an IV.

Dès cette époque, tout mariage canonique qui
n'aurait pas été régulièrement célébré à la mairie,
n'a pu produire aucun effet civil.

L'enfant né de ce mariage est considéré comme
illégitime pour tous les droits qui auraient pu lui
échoir pendant l'occupation française.

Les lettres-patentes du 16 octobre 1816 lui ont
restitué sa légitimité depuis le rétablissement des
R. C., pourvu toutefois que le mariage canonique
eût été régulièrement contracté.

Pendant l'interdiction du culte, le mariage entre
parents n'est point frappé de nullité, quoique les
époux ne justifient pas d'avoir obtenu des dispenses
de l'évêque.

L'augment de la mère, bien que reversible de
plein droit à ses enfants, se divise entre eux suivant
la loi veillante au moment de l'ouverture de la
succession maternelle : ceux qui sont incapables de
succéder à cette époque, n'y peuvent prendre aucune
part.

Le testament, quant à sa forme interne, en ce
qui concerne la capacité de l'héritier institué, est
régi exclusivement par la loi en vigueur au moment
de l'ouverture de la succession.

Sous la loi du 17 nivôse an II, comme sous les
lois romaines, les donations pour cause de noces sont
sujettes au rapport.

Le legs de la chose de l'héritier est valide en
droit romain. Le partage verbal était nul sous les R. C.

VIVET C. PICHOL. [1]

Anne-Marie Maître épouse, le 4 thermidor an IV (22 juillet 1796), Louis Pichol, par-devant le curé de la Côte-d'Aime; elle décède avant son père et sa mère, laissant l'intimée pour unique héritière.

Marie-Marguerite se marie le 12 prairial an V (31 mai 1797), à Pierre-Antoine Vivet, et dans son contrat dotal, ses parents lui constituent en dot la moitié de leurs biens, avec réserve d'usufruit en faveur du dernier survivant.

Marguerite Astier meurt *ab intestat* en 1808. Pierre Maître décède le 26 mai 1815, en instituant pour ses héritières sa fille Marie-Marguerite et sa petite-fille Marie Pichol, et faisant en outre divers prélegs à chacune de ses héritières. Son testament était fait depuis 1806.

Les deux héritières firent d'abord un partage verbal amiable de ces deux hoiries; en 1854, la femme Vivet s'étant ravisée, prétendit conserver le tout pour elle : elle se fondait sur ce que Anne-Marie n'ayant jamais été mariée civilement à Pichol, sa fille serait illégitime aux yeux de la loi, et ne pourrait recueillir ni la succession, ni l'augment de Marguerite Astier, morte sous l'empire du droit français. Quant à l'hoirie de Pierre Maître, elle la réclamait également, parce que le mariage canonique contracté entre le père et la mère de l'appelante, parents à un degré prohibé, n'aurait été sans dispenses de l'évêque, et se trouverait frappé de nullité.

Subsidiairement, elle prétendait s'exempter de rapporter à la succession la donation faite dans son contrat du 31 mai 1797, et enfin concluait à la nullité du prélegs fait à sa nièce, en soutenant qu'une partie des objets légués étaient la propriété de Marguerite Astier, sa mère, et non celle du testateur.

Sur toutes ces questions, LE SÉNAT :

Attendu qu'il est constaté que le curé de la Côte-d'Aime a donné la bénédiction nuptiale à Louis Pichol et à Anne-Marie Maître, le 4 thermidor an IV, et que l'intimée, qui est le fruit de cette union, n'a pas justifié que lesdits Pichol et Maître aient été mariés civilement, qu'elle a même reconnu qu'ils ne l'avaient pas été, lorsqu'elle a nié que la loi du 29 septembre 1792 eût été publiée à Macot antérieurement au mariage canonique;

Attendu que la loi du 14 septembre 1792 ne considérait le mariage que comme un contrat civil, et que celle du 20 septembre de la même année, donnait aux municipalités seules le pouvoir de recevoir les actes de naissance, de mariage et de décès, et d'en conserver les registres, et défendait à toutes personnes de s'immiscer dans la réception de ces actes, et dans la tenue de ces registres;

Attendu que la Savoie a été occupée par les Français le 22 septembre 1792, et qu'on ne peut raisonnablement admettre que la loi du 20 du même mois n'eût pas encore été publiée à Macot le 4 thermidor an IV, correspondant au 26 août 1796; que d'ailleurs cette loi qui ordonnait l'ouverture de plusieurs registres, pour constater les naissances, les mariages et les décès, a créé des monuments qui font connaître aujourd'hui, sinon la date de sa publication, du moins l'époque de sa mise en vigueur, et que l'intimée n'a pas dû espérer qu'on s'arrêterait à sa simple négative relativement à la publication de ladite loi du 20 septembre 1792, lorsqu'elle n'a pas même fait connaître le jour où les registres de l'état-civil ont été ouverts;

Attendu encore que la loi du 12 vendémiaire an IV avait aboli le mode de publication des lois par lecture publique, affiche,

---

[1] PIERRE MAITRE, mort le 26 mai 1815, Marié à MARGUERITE ASTIER, morte en 1808.

ANNE-MARIE, morte en 1802, mariée en 1796 à LOUIS PICHOL.

MARIE PICHOL, née le 9 juin 1799, *intimée.*

MARIE-MARGUERITE, mariée à PIERRE-ANTOINE VIVET.

MARIE-ANTOINETTE, femme d'un autre P᷾ʳᵉ-Aᵗᵉ VIVET, *appelante.*

son de trompe ou de tambour, et avait rendu les lois obligatoires du jour auquel le bulletin officiel, où elles étaient contenues, était distribué au chef-lieu du département, et que l'intimée n'a pas contesté que cette loi du 12 vendémiaire est arrivée officiellement à l'administration centrale, et a été publiée et affichée à Chambéry, chef-lieu du département, le 19 frimaire suivant; que la loi du 24 brumaire an VII avait déclaré que celle du 12 vendémiaire an IV avait été obligatoire du jour de son arrivée à l'administration centrale de chaque département, et que celles envoyées dans les anciens départements, ainsi que celles dont la publication avait été ordonnée dans les départements réunis, et qui n'avaient pas été publiées suivant les formes anciennes lors de l'arrivée officielle de la loi du 12 vendémiaire au chef-lieu du département, étaient également devenues obligatoires du jour de la susdite arrivée; qu'ainsi les lois du 12 vendémiaire an IV et du 24 brumaire an VII auraient, à tout le moins, rendu celle du 20 septembre 1792 obligatoire en Savoie dès le 19 frimaire an IV, et que le mariage de Louis Pichol et de Anne-Marie Maître, quoique célébré devant l'église le 4 thermidor an IV, n'était rien devant les lois civiles, réglant l'état des personnes;

Attendu, dès lors, que l'intimée n'a pu être mise au rang des enfants légitimes, et que ni son acte de naissance, quoiqu'elle y soit qualifiée de fille légitime, ni une possession conforme à cet acte, n'ont pu lui donner un état que la loi lui refusait; que l'art. 756 du Code civil des Français l'a privée de tous droits sur les biens de son aïeule Marguerite Astier, dont la succession a été ouverte en 1808, et que l'hoirie de ladite Astier a été entièrement dévolue à Marie-Marguerite Maître, sa tante, en raison du prédécès de la mère de l'intimée à ladite Astier;

Attendu que si l'augment doit être réservé aux enfants qui naissent du mariage, ce n'est là qu'une espérance pour eux, que leur droit ne s'ouvre qu'au décès de leur mère; que, dès lors, pour connaître quels étaient les ayant-droit à l'augment porté dans le contrat de mariage de Pierre Maître et de Marguerite Astier, du 6 mai 1767, Cornu notaire, il faut vérifier quel était l'état de la famille Maître à la date du décès de ladite Astier; qu'à cette époque, Anne-Marie Maître, sa fille, était morte; que

l'intimée, seule enfant de ladite Anne-Marie, ne pouvait prétendre à aucune part de l'augment, comme prenant la place de sa mère, puisque étant privée des avantages de la légitimité, elle ne tenait à Pierre Maître et à Marguerite Astier que par des liens purement naturels; et que l'appelante, qui était le seul enfant légitime survivant à ladite Astier, a été appelée à recueillir tout l'augment;

Attendu que la succession dudit Pierre Maître a été ouverte le 26 mai 1815; que si à cette époque l'état de l'intimée a été un obstacle à ce qu'elle fût appelée à prendre part à cette succession, en conformité des dispositions de dernière volonté que ledit Maître avait faites le 15 octobre 1806, par-devant le notaire Serret, tout empêchement a été levé par les patentes du 25 octobre 1816, qui ont déclaré que les enfants nés d'un mariage contracté seulement devant l'église étaient légitimes, en réservant cependant aux tiers les droits qu'ils avaient acquis par l'effet des lois antérieurement à la remise en vigueur des R. C.;

Attendu que, quoiqu'il serait justifié qu'il y aurait eu un empêchement dirimant au mariage de Louis Pichol et de Anne-Marie Maître, dérivant d'une parenté existante entre eux au quatrième degré, suivant la supputation canonique, l'intimée n'en doit pas moins jouir des honneurs et de l'avantage de la légitimité, parce qu'il est notoire que les prêtres qui ont exercé clandestinement dans la Savoie les fonctions du sacerdoce pendant le temps que le culte public y a été interdit, avaient tous les pouvoirs de l'ordinaire; que l'empêchement au mariage qui a été allégué est un de ceux dont l'évêque peut dispenser; qu'on doit présumer que si cet empêchement a été connu des contractants, le prêtre qui a béni leur mariage, leur en a accordé la dispense, comme il a accordé celle de la publication des bancs, et que si l'empêchement a été ignoré, ce qui est le plus probable, en raison de l'éloignement du degré de la parenté alléguée, la bonne foi des époux garantit l'intimée de toute investigation sur le mariage dont elle est issue, surtout que ce mariage est dissous depuis trente-huit ans par la mort de Anne-Marie Maître;

Attendu que le testament est un acte unilatéral, c'est-à-dire sans liens quelconques envers personne, qu'il ne dépend que de la volonté du testateur, qui peut chaque jour le modifier ou le révoquer, qu'il est ainsi dans le droit naturel, et qu'il y reste jusqu'à ce qu'il soit devenu irrévocable par la mort du testateur; que c'est alors seulement qu'il entre dans le domaine des lois civiles; que c'est dans ce moment qu'on a le droit d'examiner si la loi qui est en vigueur permet les dispositions que l'acte contient, ou si elle les invalide; que si elle les autorise, on doit les exécuter, quelles que soient à leur égard les prescriptions de la loi qui était suivie à l'époque de la confection du testament; car ce n'est pas à cette loi que le testateur a soumis et a pu même soumettre ses dispositions, puisque l'acte qu'il a fait a été un simple projet pendant sa vie, et que cet acte ne renferme pas ce qu'il voulait qui fût fait au moment qu'il testait, mais ce qu'il voulait qui fût fait après sa mort; qu'il est indifférent dès lors qu'il ait voulu dans un temps ce que la loi ne permettait pas, si une nouvelle loi a permis ce qu'il a encore voulu au moment de sa mort, son testament étant l'expression de sa dernière volonté;

Attendu qu'il découle naturellement de ces observations que quoique le prélegs fait à l'intimée dans le testament de Pierre Maître, comprendrait en totalité ou en partie des choses appartenant à Marguerite Astier à l'époque de ce testament, il n'en serait pas moins valide, parce qu'au moment de la mort dudit Maître, qui est survenue le 26 mai 1815, la mère de l'appelante, qui était héritière de ladite Astier, a été en même temps propriétaire des choses léguées et l'une des héritières dudit Maître, et que le droit romain qui était en vigueur en 1815, permettait le legs de la chose de l'héritier, soit que le testateur connût, soit qu'il ignorât que la chose ne lui appartenait pas; que ce serait vainement que l'appelante invoquerait la règle de Caton, parce que cette règle n'est pas rigoureusement appliquée, comme on le voit dans la loi 1e, § 2, ff. de reg. Caton, et que le testament de Pierre Maître a été fait en 1806;

Attendu que les deux prélegs que renferme le testament dudit Maître, paraissent corrélatifs, en ce que le testateur semble avoir donné à l'une des héritières parce qu'il donnait à l'autre; qu'on doit dès lors présumer qu'il n'aurait pas fait à la mère de l'appelante un legs précipitaire, s'il avait soupçonné qu'on contesterait celui qu'il faisait à l'intimée, et que l'appelante méconnaît la volonté de son aïeul, lorsqu'elle demande la nullité de la disposition faite en faveur de l'intimée, sans avoir déclaré qu'elle renonce au legs qui a été fait à sa mère;

Attendu que la loi du 17 nivôse an II, sous l'empire de laquelle a été passé le contrat de mariage du 12 prairial an V, soumettait l'enfant qui voulait prendre part à la succession de son père à rapporter ce que celui-ci lui avait donné lors de son mariage, et que le droit en vigueur à l'époque du décès de Pierre Maître, assujettissait également au rapport la dot et la donation, à cause de noces, faites par le père à l'enfant qui voulait prendre part à l'hoirie du donateur;

Attendu, en outre, que Pierre Maître a lui-même soumis implicitement à rapport les biens qu'il a constitués en dot, par le susdit contrat, à sa fille Marie-Marguerite, lorsqu'il lui a imposé la charge de payer ses frais funéraires, concurremment avec sa nièce Anne-Marie Pichol, et par moitié chacune, puisque cette charge rend manifeste sa volonté de réserver à ladite Anne-Marie l'autre moitié de ses biens, qui n'était pas comprise dans la constitution dotale faite à ladite Marie-Marguerite;

Attendu que pour se soustraire aux conclusions de l'appelante, l'intimée allègue vainement qu'il a été fait en 1816 un partage verbal des biens qui sont l'objet du procès, parce que ce mode de partage aurait été invalidé par les R. C., qui prescrivaient que tous les contrats entre vifs fussent faits par actes authentiques, à peine de nullité;

Attendu que la sentence du 25 avril 1837 a été seulement prononcée aux procureurs des parties, qu'elle fait grief à Marie-Antoinette Vivet, en ce qu'elle l'a déboutée de toutes ses conclusions; que ladite Vivet en a appelé le 26 mai de ladite année, et qu'elle a relevé son appel le 19 juin suivant; qu'elle est ainsi dans le délai pendant lequel la restitution à temps peut être accordée:

A reçu appelant..... Déclare Marie Vivet avoir seule droit à l'hoirie de Marguerite Astier, sa mère, et aux biens par elle délaissés, ainsi qu'à l'augment.... Sans s'arrêter aux conclusions prises en nullité du prélegs fait à la défenderesse, déclare la demanderesse tenue de payer à la défenderesse, par imputation ou autrement, la moitié de la somme que ledit Maître a donnée pour augment à ladite Astier, dans son contrat de mariage du 6 mai 1767, Cornut not.

PETTITI, *P. P.*   ARMINJON, *R.*

JURISPRUDENCE DÉCENNALE.

Année 1841.

---

2 janvier 1841.

ADJUDICATION DE TRAVAUX PUBLICS. — PREUVE TESTIMONIALE. — SERMENT.

Art. 1112, 1115, 1151, 1171 C. c.

Toute dérogation ou modification à une convention portée par acte public, doit être établie par une acte de même nature.

Ainsi, on n'est pas admis à prouver par témoins, ni même par serment, qu'un adjudicataire de travaux publics n'a été que le mandataire d'un tiers, ou bien qu'il lui a rétrocédé le bénéfice de son adjudication. [1]

VULLIERMET C. DUVERNEY

LE SÉNAT : Attendu que par acte du 20 juin 1838, Morand notaire, la ville de Chambéry a adjugé par la voie des enchères à Duverney, des travaux à exécuter sur le chemin du Collombier et des Charmettes, et que par acte du 5 juillet suivant, aussi Morand notaire, Vulliermet s'est rendu caution des engagements que Duverney avait pris dans le susdit acte du 20 juin ;

Attendu que Vulliermet a soutenu des faits, dans le but d'établir que Duverney a été une personne qu'il a interposée pour devenir adjudicataire des travaux dont il s'agit ; que si Duverney est allé miser lesdits travaux, et s'en est rendu adjudicataire, c'est ensuite de l'ordre qu'il lui en avait donné la veille de l'adjudication et le jour

même ; que c'est lui, Vulliermet, qui, dès le commencement des travaux jusqu'à l'intentat du procès, a dirigé et surveillé les ouvriers, qui a régulièment payé leurs journées, qui a soldé les indemnités dues pour les terrains endommagés, et qui a employé dans l'entreprise ses propres chevaux et voitures ; qu'il a été considéré comme l'adjudicataire par les diverses personnes employées dans les travaux, tels que ouvriers, maçons, voituriers et autres ; que Duverney a avoué vers la fin d'octobre 1838, sur les boulevards de Chambéry, que l'adjudication appartenait bien à Vulliermet, quoiqu'elle fût sous son nom ; qu'il s'est si peu considéré comme le véritable adjudicataire, qu'il a pris pendant le temps des travaux la qualité de commis de Vulliermet, et qu'en cette qualité, il a porté dans les comptes le prix de ses journées, à raison de 3 liv. 10 sous par jour, et qu'il s'en est ainsi crédité ;

Attendu que quoique Duverney ait avoué au procès que Vulliermet a coopéré aux travaux dont il s'agit, et qu'il se soit crédité dans la note par lui produite du prix de ses journées pendant la confection desdits travaux ; qu'il y ait ainsi des écrits émanés de Duverney qui rendent vraisemblables les faits allégués par Vulliermet ; cependant on ne doit pas admettre la preuve testimoniale, dès qu'elle tend à attribuer à Vulliermet l'adjudication du 20 juin 1838, qui a été donnée à Duverney ; et en effet, soit qu'on admette, comme l'allègue Vulliermet, qu'il ait donné ordre à Duverney d'aller miser pour lui les travaux dont il s'agit, soit qu'on suppose que postérieure-

---

[1] V. 3 janvier 1812 : Gaillepand c. Deruaz ; de la Charrière, R.

ment à l'adjudication, Duverney ait cédé
verbalement le bénéfice de l'acte, toujours
est-il évident que l'ordre qui a précédé
l'adjudication est un mandat, et que ce
mandat, tout comme la cession, si elle a
eu lieu, devait être fait par acte public,
parce que l'un et l'autre de ces contrats
avaient pour objet des travaux à adjuger ou
adjugés par actes publics, et qu'on ne peut
admettre ni la preuve testimoniale, ni la
preuve par la voie du serment, pour établir
un contrat que le Code civil invaliderait,
lors même que son existence serait constatée
par un écrit sous seing-privé :

A reçu appelant... Déclare François Vulliermet n'avoir droit au bénéfice de l'adjudication.

PETITTI, *P. P.* ARMINJON, *R.*

---

2 janvier 1841.

ÉTRANGER. — COMPÉTENCE.

Art. 32 C. c.

L'étranger qui a contracté, hors des états, avec
un étranger, peut être cité devant les tribunaux des
états lorsqu'il s'y trouve, et que, dans la convention, il a déclaré être momentanément domicilié
dans les états.

NEYER c. Vᵉ CHALLANDE.

Par écrit privé du 14 mai 1838 (fait à
Chesne, canton de Genève), la veuve Challande donne à bail à Guillaume Neyer, né
en Bavière, momentanément établi à Chambéry, où il est ouvrier, des immeubles
situés à Chesne...

Neyer ne se présente pas au terme convenu pour exécuter le bail ; la veuve Challande l'assigne, en dommages, par-devant
le tribunal de Chambéry ; il est condamné,
sur défaut, par jugement du 10 janvier
1840.

Il en appelle et fait valoir par-devant le
Sénat qu'il est étranger, que son adversaire
l'est également ; que le bail a été passé à
l'étranger, pour des immeubles situés à
l'étranger, et qu'ainsi il ne peut être justiciable des tribunaux des états. Il dit qu'à
supposer qu'il fût dans le cas prévu par le
§ 10, tit. 6, liv. 3 des R. C., le Sénat seul
aurait été compétent.

LE SÉNAT : Attendu que, dans la convention du 14 mai 1838, l'appelant a déclaré
être domicilié à Chambéry, où il a continué
d'habiter dès lors ; d'où il suit que l'exception déclinatoire par lui proposée n'est pas
admissible ;

Attendu que, dans ses conclusions motivées du 11 juillet dernier, il a articulé des
faits qui, s'ils étaient établis, pourraient
modifier la décision des premiers juges ;

A reçu Neyer appelant....

Sans s'arrêter à la déclinatoire proposée,
ordonne que la veuve Challande réponda
aux faits déduits.

D'ALEXANDRY, *P.* SEITTIER, *R.*

---

8 Janvier 1841.

COMPÉTENCE. — 3ᵐᵉ APPELLATION. —
JUGE DE MANDEMENT. — TRIBUNAL.
— SÉNAT.

Lorsque le juge de mandement s'est mal à propos
déclaré compétent, le tribunal doit connaître comme
juge de première instance et non comme juge d'appel.

Ainsi la sentence du tribunal qui a prononcé comme juge d'appel peut être déférée au Sénat, nonobstant les trois degrés de juridiction. [1]

GUIGUET-PIOT c. BURDIN.

Les consorts Guiguet-Piot souscrivent,
en 1821, un billet privé au montant de
492 liv. 50 c., en faveur de Burdin ; par
suite de plusieurs paiements à compte, la
somme est réduite à 175 liv. 50 c. ;

Pour en être payé, Burdin les assigne
par-devant le juge du mandement du Pont-
Beauvoisin ; ils opposent de nullité au billet
et déclinent la compétence du juge. Par
sentence du 15 mars 1831, ce magistrat se
déclare compétent.

Appel de cette sentence est porté au tribunal de Chambéry, qui, par jugement du
12 août 1834, prononce comme juge d'appel.

Ce jugement est à son tour déféré à la
censure du Sénat :

Attendu que, sur les instances de Mᵉ
Burdin, aux fins d'être payé de la somme
de 179 liv. 25 c., dont il se créditait en
vertu du billet passé le 14 septembre 1821,

---

[1] V. 16 juillet 1838, Grabier c. dame Perrin, Vᵉ
de Maistre ; Mareschal, R. — 15 juillet 1839, Mathiez
c. Guillermin, Porta, R.

les consorts Guiguet-Piot ont opposé que ce billet, qui renfermait obligation pour 429 liv. 50 c., n'avait point de cause ;

Attendu qu'il n'appartenait pas au juge de mandement de statuer sur le mérite de ce billet, dont le montant excédait les bornes de ses attributions ; et que le tribunal aurait dû connaître au fond, comme juge de première instance, et non comme juge d'appel ; que, sous ce rapport, l'ordre des juridictions doit être rétabli ;

Sans s'arrêter à la sentence rendue par le juge du mandement du Pont-Beauvoisin, le 13 mai 1831, non plus qu'à celle rendue le 12 août 1834, par le tribunal de préfecture de Chambéry, renvoie les parties par-devant le même tribunal, pour être par lui statué comme juge de première instance.

PORTIER DU BELLAIR, *P.* MARESCHAL, *R.*

---

8 Janvier 1841.

INDICES DE PROPRIÉTÉ. — PLACÉAGE. — ATTENTAT A L'APPEL.

Art 569 C c. (D. B.)

Divers indices de propriété d'une cour contiguë à deux maisons.

Il y a attentat à l'instance d'appel, si l'on exécute la sentence avant l'expiration du terme ordinaire d'interjection. Les constructions élevées sur le terrain litigieux, dans les dix jours qui suivent la notification de la sentence, doivent être démolies avant tout. [1]

POLLIAND C. GROLLET ET BOVERAT.

Les parties étaient en instance par-devant le tribunal de Bonneville, pour la délimitation d'un placéage contigu à leurs maisons respectives, situées dans la même ville.

Polliand demandait la délimitation en conformité de la mappe et du cadastre ; les consorts Grollet et Boverat, en se fondant sur leurs titres, demandaient à être maintenus en possession de la cour entière, et articulaient des faits de possession ; après des enquêtes de part et d'autre, le tribunal, par jugement du 6 décembre 1837, débouta Polliand de ses prétentions.

Ce dernier en appela au Sénat le 11 du même mois.

---

[1] Concl. conf. 7 janvier 1840.

Les consorts Grollet et Boverat, avant que l'appel ne leur eût été notifié et avant l'expiration des délais ordinaires d'interjection, firent élever une construction sur le placéage en litige.

LE SÉNAT : Attendu, au fond, que si l'appelant peut invoquer comme présomption en sa faveur l'inscription au cadastre du terrain en litige, les énonciations contenues en l'acte de vente du 8 septembre 1819, Renaud, notaire, l'avancement du toit de son bâtiment sur le même terrain, l'égout des toits et l'obligation imposée par les lois, au propriétaire qui construit une maison près de la ligne divisionnelle de ne le faire qu'à une certaine distance, il ne peut toutefois déduire de ces diverses circonstances une preuve de propriété ;

Attendu qu'il n'existe aucun accès dès le mur de façade de la maison de l'appelant à l'espace de terrain dont il s'agit ; que les fenêtres pratiquées dans ledit mur de façade ne forment pas un indice de propriété, puisque sous la législation qui a précédé le Code en vigueur, il n'était pas défendu de prendre jour sur le terrain adjacent du voisin ;

Attendu qu'il résulte des énonciations de l'acte passé devant Me Cohendet, notaire, le 11 janvier 1745, que M. Anthonioz, dont les intimés sont ayant-cause, a acquis la maison y désignée avec la cour attenante, placéages et puits ; que ces énonciations dans un acte ancien acquièrent une force d'autant plus grande, que la propriété exclusive du puits qui existe sur le terrain en litige, n'a pas été contestée aux intimés ; que la possession du hangar qui est construit en partie sur le même terrain et qui est figuré par la lettre M sur le plan en relief, signé Gorin, a été également attribuée aux intimés par jugement du tribunal de Bonneville, du 14 février 1834 ;

Qu'ainsi, ne résultant pas qu'il y ait jamais eu division du placéage en litige, la propriété d'une partie de ce placéage, reconnue en faveur des intimés, fait présumer encore en leur faveur la propriété du surplus, conformément à l'acte précité de 1745.

Attendu que l'enquête des intimés établissant, en leur faveur, une possession ancienne et caractérisée du placéage dont il s'agit, donne un nouvel appui aux moyens qui ressortent des titres sus-énoncés, tandis que l'enquête de l'appelant est insuffisante ; qu'elle lui est même désavantageuse ;

Attendu que le tribunal de Bonneville en

déboutant, par sa sentence du 6 décembre 1857, l'appelant de ses conclusions, a sainement jugé.

En ce qui concerne la construction du mur figuré au plan signé Gorin, par la lettre L :

Attendu qu'une sentence susceptible d'appel ne peut être exécutée qu'après l'expiration des dix jours qui suivent celui de sa prononciation ou de sa notification ; qu'il est dès lors indifférent que la construction du mur dont il s'agit ait été commencée et même achevée avant la notification de l'acte d'appel qui a eu lieu avant l'expiration des dix jours qui ont suivi celui de la prononciation de ladite sentence ;

Attendu que dans la construction de ce mur il y a eu attentat à l'instance, puisque les intimés ont exécuté, de leur propre autorité, une sentence qui ne devait pas l'être encore ; qu'il est de règle que l'attentat doit être réparé avant tout, et les choses remises en leur état premier :

Déclare Polliand non-recevable en son appel, et faisant droit sur les conclusions incidentes, déclare les consorts Grollet et Boverat tenus de démolir dans le délai d'un mois le mur par eux construit.

PETTITI, *P. P.*   ANSELME, *R.*

---

9 *janvier 1841.*

ABSENT. — CURATELLE ET GARDE AUX BIENS. — AGNATION.

Art. 84 C. c. (Q. T.)

Sous les R. C., les filles exclues de la succession le sont également de la curatelle et garde aux biens des absents.

C'est la loi en vigueur, au moment de la disparution ou des dernières nouvelles de l'absent, qui seule doit régler le mode de transmission de la curatelle et garde aux biens ; les héritiers du successible envoyé en possession durant l'occupation française, n'ont aucun droit acquis à obtenir l'envoi définitif. [1]

MONOD c. GUIGUET ET AUTRES.

En 1815, Jeanne-Adèle Monod, mère des intimés, obtient la mise en possession provisoire des biens de l'absent Nicolas Monod, elle en jouit jusqu'en 1821, date de son décès.

Les demandeurs obtiennent à leur tour la curatelle et garde aux biens de l'absent, laquelle leur est décernée par ordonnance du tribunal de Chambéry sous date du 20 juillet 1830.

Les intimés viennent alors demander à leur être préféré dans cette curatelle, en se disant les plus proches parents de l'absent par leur mère Jeanne-Adèle Monod ; ils soutiennent d'ailleurs que ce droit leur appartient comme héritiers de cette dernière qui l'avait laissé dans son hoirie après l'avoir acquis irrévocablement par la mise en possession de 1815.

Sur quoi, LE SÉNAT :

Attendu que, d'après la jurisprudence en vigueur à l'époque des dernières nouvelles de Nicolas Monod et lors du décès de Jeanne-Adèle, le droit d'obtenir la curatelle et garde aux biens de l'absent, comme celui de succéder *ab intestat*, étaient attribués de préférence aux seuls agnats ; et que, d'après les faits de filiation déduits au procès par les demandeurs en intervention, il résulterait qu'ils sont descendants de la souche commune par les femmes, tandis que les défendeurs en intervention seraient descendants de la même souche par les mâles, que dès lors le privilége de l'agnation serait un obstacle invincible à leur demande :

Déclare les consorts Guiguet, Therme et autres non-recevables en leurs conclusions.

D'ALEXANDRY, *P.*   DE MONTBEL, *R.*

---

18 *Janvier 1841.*

SÉQUESTRE. — INHIBITIONS. — INFORMATIONS SOMMAIRES.

Liv. 3, tit. 29, § 4 (R. C.)

Les inhibitions de percevoir des rentes ou fermages équivalent à de véritables séquestres ; elles sont nulles si elles ont été accordées sans informations préalables et sans caution. [1]

---

[1] Concl. contr. : 27 mai 1840. — Arrêt conf. : 30 décembre 1815, Garny c. Garny ; D. Brichanteau, R.

[1] Concl. conf. : 4 juillet 1840. — Arrêt conf. : 11 avril 1840, Moret c. Curtillet ; Roch, R. — Arrêt contr. : 25 mai 1846, Jam c. Fox ; Mareschal, R.

Ve Foncet c. Foncet.

Le Sénat : Attendu que la dame veuve Foncet n'a pas dû appeler du décret du 26 octobre 1859, tandis qu'elle pouvait en obtenir la révocation par le tribunal qui l'avait accordé ;

Attendu qu'elle a interjeté et relevé, dans les délais, appel de l'ordonnance du 16 décembre de ladite année.

Attendu que le susdit décret inhibe provisoirement à ladite dame veuve Foncet de percevoir les fermages des domaines de l'hoirie du sieur Louis Foncet, son mari, situés dans la province du Faucigny, qu'il a ainsi pour résultat d'empêcher ladite dame de percevoir les fruits desdits domaines, et constitue un véritable séquestre des censes entre les mains des fermiers ;

Attendu dès lors que le tribunal a dû se conformer aux dispositions du § 1er, tit. 29, liv. 5 des R. C., et que l'omission qu'il a faite de prendre les informations sommaires que la loi exige impérativement, rend nul le décret et tout ce qui s'en est suivi :

Déclare nul et de nul effet le décret d'inhibitions du tribunal de Bonneville du 26 octobre 1859, ainsi que les actes d'exécution qui l'ont suivi.

PETTITI, *P. P.*   ARMINJON, *R.*

---

19 Janvier 1841.

PARAPHERNAUX. — RÉPARATIONS. — REVENUS.

Art. 1570 C. c. (D. B.)

Le mari qui a perçu les fruits des biens paraphernaux de sa femme, ne peut se créditer des dépenses faites pour réparations sur ces mêmes biens, à moins qu'il ne justifie que ces réparations excèdent les revenus qu'il a perçus.

PONTET C. LES SOEURS PONTET.

Le Sénat : Attendu que, suivant la jurisprudence observée à l'époque du mariage de Joseph Pontet et de Michelle Deleschaux, et rapportée par le président Favre dans la déf. 22, au titre *De probat. et præsumpt,* le mari n'avait aucun droit sur les biens paraphernaux ou propres de sa femme, sans son consentement ;

Attendu que les dispositions de la loi 11

au *Code De pact. convent.* ont pour objet le cas où le mari a reçu, dans le contrat de mariage, le pouvoir d'administrer les créances paraphernales de sa femme ; et que, dans ce cas même, l'emploi des intérêts est encore subordonné au consentement exprès ou tacite de cette dernière ;

Attendu qu'il n'y a pas eu de conventions matrimoniales entre Joseph Pontet et Michelle Deleschaux ; que c'est ensuite du consentement tacite de celle-ci que ledit Pontet aurait perçu les revenus de ses biens ; et que dès lors on ne saurait admettre que la femme Pontet ait voulu tout-à-la-fois abandonner à son mari la jouissance de ses biens propres et se débiter envers lui pour les constructions qu'il y ferait ;

Que de là résulte la présomption que les revenus des biens de la femme Pontet ont été affectés au paiement des travaux qui ont pu être exécutés sur ces mêmes biens ;

Attendu qu'en acheminant l'appelant à circonstancier et à récapituler les faits qu'il avait articulés, le tribunal lui a laissé la faculté d'établir que la valeur des réparations faites excède le montant des fruits perçus, et ne l'a pas privé du moyen de se créditer à cet égard :

Déclare Jean-Baptiste Pontet non-recevable en son appel.

PORTIER DU BELLAIR, *P.*   MARESCHAL, *R.*

---

30 janvier 1841.

LEGS. —SUPPLÉMENT DE DOT.—RENONCIATION. — COMMUNAUTÉ.

Art. 947 C. c. (R. C.)

La fille qui a accepté le legs fait pour lui tenir lieu de dot congrue, peut néanmoins intenter une action en supplément, surtout si elle a déclaré dans la quittance ne le recevoir que *à compte de ses droits.* [1]

L'action en supplément de dot est une action immobilière et ne tombe point dans la communauté ; en conséquence, le mari, comme administrateur de la communauté, serait sans qualité pour transiger sur cette action ou pour y renoncer.

---

[1] Voyez 20 juin 1843, Meynend c. Meynend ; Seitier, R. — 28 mars 1844, Philippe c. Philippe ; de Brichanteau, R. — 8 avril 1845, Pugeat c. Vidal ; Jacquemod, R. — 23 janvier 1846, Durand c. Durand ; Millet de St-Alban, R. — 24 mars 1846, Nouvellet c. Rubod-Mollier et Dejay ; Clert, R.

CLAVEL C. BAULET.

LE SÉNAT : Attendu que Marie Baulet n'a jamais renoncé à réclamer une dot dans l'hoirie de Pierre Baulet, décédé sous l'empire des R. C. ;

Attendu qu'il ne résulte pas des actes produits, que ladite Marie Baulet ait accepté pour sa dot la somme qui lui avait été léguée par le testament de son père, sous date du 24 octobre 1815, Dénarié notaire ; qu'on ne peut tirer cette preuve ni des actes des 6 mars et 12 avril 1830, Dufourd, notaire, dans lesquels elle n'a pas été partie, ni de la quittance privée du 4 janvier 1816, dans laquelle elle aurait déclaré avoir reçu 100 liv. de Piémont *à compte des droits qu'elle a à prétendre dans les hoiries et successions de ses père et mère,* clause qui tend plutôt à établir une protestation pour la conservation de l'intégrité de ses droits, qu'une acceptation pure et simple de la dot léguée ; qu'on ne pourrait pas mieux se fonder sur l'acte du 6 mars, consenti par Joseph Roch, puisque dans cet acte du 6 mars 1825, celui-ci n'a point agi comme administrateur de la communauté, mais comme se faisant fort avec promesse d'aveu et de ratification de la part de Marie Baulet, sa femme ; qu'il n'aurait pu, en effet, se prévaloir de l'art. 1421 du Code civil de France, parce que le droit compétant à Marie Baulet, dans la succession paternelle, était de nature immobilière et n'était pas tombé en communauté ; tandis que Marie Baulet ne s'était pas prévalue du legs en argent qui lui avait été fait ;

LE SÉNAT reçoit appelant...., condamne le défendeur à payer au demandeur la dot congrue qui était afférente à Marie Roch, du chef de Marie Baulet, sa mère, dans la succession de Pierre Baulet, son aïeul maternel, avec intérêts tels que de droit dès le décès de Pierre Baulet.

DE MONTBEL.   MONOD, *R.*

---

3 *Février* 1841.

ENTREPRENEUR. — TRAVAUX PUBLICS. — LÉSION.

Art. 1203 C. c. (D. R.)

L'action en lésion est admise contre une entreprise de travaux publics adjugée aux enchères.

CUCCO C. LA VILLE DE ST-JEAN-DE-MAURIENNE.

En 1820, Joseph Cucco se rendit adjudicataire au rabais d'une entreprise donnée par la ville de St-Jean-de-Maurienne ; cette entreprise avait principalement pour objet de creuser dans le roc vif un canal d'écoulement pour les eaux d'Echaillon. Le roc se trouva d'une dureté telle que pour en extraire un mètre cube, il fallait dépenser plus de 54 liv., tandis que le devis ne portait pour cet objet que 17 ou 14 liv.

L'adjudicataire énormément lésé par cette entreprise, demanda la rescision du contrat et conclut au paiement de la vraie valeur des travaux par lui exécutés.

Le tribunal de St-Jean-de-Maurienne, par jugement du 9 mars 1838, le déclara non-recevable en ses conclusions.

Sur l'appel de ce jugement,

LE SÉNAT : Attendu que les conclusions de Joseph Cucco, conformes à celles qu'il avait prises en première instance, ont pour objet d'obtenir de la ville défenderesse le paiement de la vraie valeur des travaux par lui exécutés sur les bases de l'expertise du 2 août 1836, et subsidiairement une juste indemnité pour les dépenses imprévues que lui a occasionnées l'exécution du canal dont il s'agit ;

Attendu que ces conclusions comprennent la demande en rescision pour vice de lésion du contrat passé entre les parties ;

Attendu que ce contrat n'est, sauf en ce qui concerne les fournitures de dallage et de maçonnerie, qu'une véritable location de main d'œuvre pour un prix total convenu à tant la mesure, contrat qui présentait des chances de gain ou de perte, suivant que le correspectif promis serait ou ne serait pas en rapport avec les frais réels d'exécution ;

Attendu qu'il est de principe que ce contrat, comme toute location, conduction, admet l'action en lésion, s'il ne résulte pas des clauses stipulées que les parties ont entendu lui donner un caractère plus spécialement aléatoire ;

Attendu que dans l'hypothèse où le prix fixé par le devis serait déjà lésif comparé aux frais réels de l'entreprise, la formalité des enchères à laquelle ce contrat aurait été soumis, ne pourrait former obstacle aux justes réclamations de la partie lésée ;

Attendu que le rapport des experts choisis de gré à gré établit suffisamment que la lésion énorme existait même dans le prix du devis :

Par ces motifs, en entérinant les RR. PP., sous date du 20 juillet 1838, a reçu appelant....

PETITI, *P. P.* GIROD, *R.*

---

3 Février 1841.

PRIVILÉGE. — BAIL SOUS SEING-PRIVÉ. — DATE CERTAINE.

Art. 2187 et 1128 C. c. (Q. T.)

Le bail sous seing-privé passé en 1836, bien qu'il n'ait acquis date certaine qu'en 1839, est régi, quant au privilége du bailleur, par l'édit du 16 juillet 1822;

En conséquence, ce privilége n'a lieu sur les meubles garnissant la ferme, que pour les fermages de l'année courante.

CONSORTS COMBAZ C. PERROTIN.

Perrotin, se disant créancier de plusieurs annuités de censes, prétendait exercer le privilége du bailleur sur des meubles vendus par son fermier aux consorts Combaz.

LE SÉNAT : Attendu que les actes du 12 et du 24 mars 1839, Brunier, notaire, ne pourraient obster, quel qu'en fût d'ailleurs le mérite, à l'exercice du privilége revendiqué par l'intimé sur les meubles vendus aux appelants par le dernier desdits actes, si ce privilége venait à compéter effectivement à l'intimé ;

Attendu que celui-ci prétend se prévaloir dudit privilége en vertu d'un bail sous seing-privé qu'il aurait passé au vendeur à la date du 18 janvier 1836, c'est en effet la loi en vigueur à cette époque, soit l'édit du 16 juillet 1822 qu'il faut consulter comme ayant réglé le sort et les effets dudit bail, quant au point qui forme le litige ;

Attendu qu'à teneur de l'art. 5, n° 1 de cette loi, si le bail n'a pas date certaine, le bailleur n'a de privilége que pour les loyers de l'année courante, et n'en a aucun quant aux loyers des deux années précédentes, si le bail n'a pas une date certaine antérieure ;

Attendu qu'en l'espèce, lors même qu'on envisagerait la requête présentée le 5 février 1839, par l'intimé contre François Combaz, à fins d'exécution du bail dont il s'agit, comme réunissant, aux termes des principes reçus en cette matière, les caractères attributifs d'une date certaine par rapport à un acte sous seing-privé, il s'en suivrait seulement que ledit bail aurait acquis ce jour-là une date certaine, mais non que cette certitude de date pût remonter à la date primordiale du bail, conséquence qui non-seulement ne serait pas juste, mais en opposition avec le texte même de l'article cité plus haut, d'ailleurs on ne saurait perdre de vue qu'il s'agit ici du droit du tiers et non du débiteur, à l'égard de qui l'acte sous seing-privé a toujours date certaine ;

Attendu qu'il suit des considérations précédentes que l'intimé n'a jamais eu de privilége sur les meubles vendus par François Combaz dans l'acte du 24 mars 1839, pour les annuités de ses loyers qui se sont trouvées échues au jour où son bail a acquis date certaine, mais seulement pour le loyer de l'année courante, qu'ainsi il est le cas de réformer en ce sens le jugement dont est appel, ce qui rend au surplus inutile d'examiner si ledit privilége serait tombé sur la totalité ou sur la moitié seulement des susdits meubles :

LE SÉNAT déclare le demandeur n'avoir, en vertu du bail prénommé du 18 janvier 1836, aucun privilége sur les meubles compris en la vente du 24 mai 1859, sauf pour le loyer de l'année courante.

DE MONTBEL. D'ARCOLLIÈRE, *R.*

---

6 Février 1841.

APPEL COMME D'ABUS. — CHAPELLE. — BANC. — COMPÉTENCE DU SÉNAT.

Le Sénat est seul compétent pour statuer sur la propriété d'une chapelle établie dans une église paroissiale, et pour ordonner d'y faire les réparations nécessaires.

L'ordonnance de l'ordinaire qui aurait statué sur ces matières, serait sujette à appel comme d'abus. [1]

GAZEL C. LE CONSEIL DE FABRIQUE DE COPPONNEX.

Le sieur Gazel possédait, dans l'église de Copponnex, une chapelle sous le vocable de St-Laurent.

Par une 1re ordonnance du 10 septembre 1838, Mgr l'évêque d'Annecy mande au R°, archiprêtre de Cruseilles, de notifier au sieur

---

[1] Concl. conf. : 7 septembre 1840.

Gazel que si , dans le terme de six mois , la chapelle en question n'est pas entièrement et dûment restaurée et ornée , il sera par le fait déchu de tout droit sur ladite chapelle. Une 2ᵐᵉ ordonnance , du 27 février 1839 , suspend l'effet de la précédente jusqu'au 15 juin suivant ; enfin , par une 3ᵐᵉ ordonnance du 20 juin , l'ordinaire , vu que la chapelle n'a point été réparée dans les délais fixés , autorise la fabrique à s'en mettre en possession et la déclare dévolue à l'église de Copponnex.

Gazel a appelé comme d'abus de ces trois ordonnances et a demandé en même temps que le conseil de fabrique fût condamné à enlever les bancs qu'il avait fait placer dans la chapelle.

Le Sénat : Vu les conclusions de l'avocat-fiscal-général du 7 septembre 1840....;

Attendu que , ni dans la forme , ni dans le fond , les actes dont se plaint Gazel ne peuvent être considérés comme des décisions obligatoires , soit à cause de l'incompétence de l'ordinaire pour statuer sur semblable matière , soit parce que les règles de procédure tracées par les R. C. , n'auraient pas été observées ;

Attendu , au fond , qu'il est convenu au procès que le Conseil de fabrique de Copponnex a fait placer des bancs dans la chapelle de Gazel , ce qui constitue un attentat à son droit de propriété :

Par ces motifs , sans s'arrêter aux ordonnances dont il s'agit , déclare le Conseil de fabrique de Copponnex , tenu de faire enlever , dans le terme de dix jours , les bancs qu'il a fait placer dans la chapelle.

D'ALEXANDRY.   DE MONTBEL , *R*

---

9 Février 1841.

PRÉSOMPTION DE LA LOI *QUINTUS MUCIUS*. — FEMME.

Art. 1167 C. c. (D. B.)

La présomption de la loi *Quintus Mucius* peut être opposée à la femme qui a acquis conjointement avec son mari , lors même que l'acte porte que le prix a été payé par tous les deux. [1]

---

[1] Concl. contr. , 24 juin 1840.
Arrêt contr. , 5 avril 1841 , veuve Trepier c. Trepier (les filles) ; Arminjon , R. — 9 juin 1813 , Dumolard c. Dumolard ; de Brichanteau ; R.

DUBOUCHET c. PHILIBERTE TOCHON , SA FEMME.

Le 21 avril 1823 , par acte Cot notaire , les époux Dubouchet et Tochon acquièrent conjointement une maison située à Chambéry , pour le prix de 6,531 livres ; l'acte porte qu'ils ont présentement et réellement compté la somme de 3,531 liv. Par un acte postérieur du 11 août 1826 , il est donné quittance aux époux acquéreurs de la somme de 3,000 liv. , restée due sur le prix de la maison ; cette quittance est faite en leur absence.

La maison ayant été vendue , le mari prétend que le prix de vente doit lui être payé en entier , parce que le prix d'acquisition est présumé fourni de ses deniers.

Le tribunal de Chambéry a repoussé ses prétentions.

Sur l'appel , LE SÉNAT ;

Attendu que , d'après la disposition de la loi Quintus-Mucius , Philiberte Tochon n'est présumée avoir acquis la moitié de la maison dont il s'agit , qu'à l'aide des deniers de son mari François Dubouchet , et que les énonciations des actes du 21 avril 1823 et du 10 août 1826 , ne peuvent seules détruire cette présomption ;

Attendu qu'il en est de même du fait articulé par l'intimée , lequel ne tend point à établir que les deniers comptés lors desdits actes fussent réellement siens ;

A reçu et reçoit appelant....

Ordonne que l'intimée établira , ainsi et comme elle avisera , qu'elle a payé de ses propres deniers la moitié du prix de la maison dont il s'agit , ou qu'elle en a fait raison à son mari François Dubouchet.

PORTIER DU BELLAIR , *P.*   DE JUGE , *R.*

---

27 Février 1841.

APPEL. — VALEUR.

Pour apprécier la valeur de la cause , on ne peut pas joindre au fonds en litige un autre fonds adjacent , pour lequel il y a identité de motif. [1]

CROZET c. CROZET.

Le Sénat : Attendu que les conclusions prises et les instances faites par-devant le

---

[1] Arrêt conf. 5 mars 1812 , Cloppet c. Cloppet ; de Montbel , R.

tribunal avaient exclusivement pour objet la pièce en bois sapin inscrite sous le n° 5641 de la mappe de Brison, et les dommages résultant de la coupe de trois arbres faite sur cette pièce ;

Que, suivant les principes consacrés par les lois 12, 13 et 14 du Digeste, au titre *De except. rei judic.*, l'exception de la chose jugée ne pourrait être mesurée de la sentence dont est appel, relativement au fonds inscrit sous le n° 5645 ;

Que dès lors la valeur de ce fonds ne saurait être prise en considération pour déterminer la valeur de la cause ;

Sans s'arrêter aux plus amples conclusions prises, ordonne qu'il sera procédé en exécution de l'arrêt rendu le 10 avril 1837.

PORTIER DU BELLAIR, *P.* MARESCHAL, *R.*

Nota. — Cet arrêt ordonnait qu'il serait procédé à rapport d'experts sur la valeur d'une pièce de terre.

———

27 Février 1841.

ENQUÊTE. — DÉLAIS.

R. C. liv. 5, tit. 16, § 1.

Le tribunal ne peut restreindre les délais fixés par la loi, pour soutenir des faits et faire procéder à enquête.

LES CONSORTS VAUTHIER C. QUIBY.

LE SÉNAT : Attendu qu'il est constant en fait, 1° que le père Vauthier est décédé le 26 novembre 1826 ; 2° que les appelants ont répudié la succession de celui-ci, savoir : Antoine et André, le 4 décembre même année, et Laurent le 10 juillet 1827 ;

Attendu que, par sentence du 7 juillet 1834, les faits d'immixtion soutenus par l'intimé ont été admis, et qu'il lui a été ordonné de se pourvoir dans vingt jours, par-devant le rapporteur de la cause, sauf aux consorts Vauthier à soutenir faits contraires dans le même délai, si bon leur semble ;

Attendu que, par une seconde sentence du 28 avril même année, le tribunal dont est appel, a admis les deux premiers faits articulés par les frères Vauthier, et a déclaré le troisième inadmissible ;

Attendu que, par la sentence du 8 janvier 1835, ce dernier fait, quoique rectifié,

a été rejeté, parce que le terme de vingt jours accordé par la première sentence pour soutenir faits contraires, était écoulé ;

Attendu qu'en prononçant ainsi, le tribunal de St-Julien a restreint arbitrairement les délais fixés par la loi, pour soutenir des faits et enquêtes sur iceux ;

Attendu d'ailleurs que les délais ne peuvent courir pendant que la pertinence des faits est contestée ;

Attendu enfin que le troisième fait articulé par les consorts Vauthier est pertinent ;

A reçu et reçoit appelant..... Admet le troisième fait articulé par le défendeur, et ordonne que les parties procéderont en conformité des R. C.

PETITTI, *P. P.* DE LA CHARRIÈRE, *R.*

———

9 Mars 1841.

SOCIÉTÉ TACITE. — FRÈRES. — MINEUR.

Art. 182 C. c. (D. B.)

L'existence d'une société tacite entre frères ne se présume qu'autant qu'ils sont tous majeurs.

Les acquisitions faites par le frère majeur vivant en indivision avec les frères mineurs ne peuvent être imposées à ces derniers si elles sont désavantageuses. [1]

DUITTOZ-DUMOND C. DUITTOZ-DUMOND.

Les frères Duittoz-Dumond vivaient en indivision depuis la mort de leur père. Maxime, l'un d'eux, parvenu à sa majorité, acquit par adjudication un immeuble. Dans l'instance en partage introduite pour faire cesser l'indivision, il porta cet immeuble au compte de la société, disant l'avoir acquis des deniers communs et pour le compte de ses frères.

Comme le placement se trouvait désavantageux, l'immeuble ayant été payé au-dessus de sa valeur, ses frères s'opposèrent à ce qu'il fût compris dans le partage ; le tribunal d'Albertville prononça en cette conformité.

Sur l'appel, LE SÉNAT :

Attendu qu'on ne peut supposer, vu l'état de minorité où se trouvaient deux des enfants Duittoz-Dumond, lors de l'acquisition de l'immeuble dont il s'agit, une so-

———

[1] Concl. : 11 mai 1810 ; Favre, C. liv. 1, tit. 27, déf. 3, 4 et 5.

ciété tacite entre eux et l'appelant, que l'acte de gestion que ce dernier a dit avoir fait pour eux en misant ledit immeuble ne saurait les obliger, si cet acte a été contraire à leurs intérêts ;

Attendu qu'il résulte du verbal des enchères du 6 mai 1857, que l'appelant a misé l'immeuble dont il s'agit en son nom personnel, qu'il lui a été adjugé pour le prix de 14,000 liv. ;

Que suivant la mise à prix du cahier des charges, la valeur dudit immeuble n'avait été portée qu'à 8,382 liv. 50 c. ;

Que dans le rapport aux fins de partage, les experts convenus n'en ont porté la valeur qu'à 10,000 liv., qu'ainsi l'appelant a excédé de beaucoup dans son offre, l'estimation commune dudit immeuble ;

Qu'il y a eu fausse spéculation et perte réelle, quant à la partie du prix offert, excédant la vraie valeur de l'immeuble adjugé :

Déclare Maxime Duittoz-Dumond non-recevable en son appel....

PETTITI, P. P.   ANSELME, R.

9 Mars 1841.

COMMIS. — SOCIÉTÉ.

Art. 52 C. com. — 1855 C. civ.

Suivant les lois antérieures au Code de commerce, la promesse d'un tant pour cent sur les bénéfices de la vente ne donne pas au commis d'une maison de commerce le droit de se prétendre associé, s'il n'y a une convention formelle : il peut toujours être congédié au gré du commettant.

DÉLAYE c. DÉLAYE.

LE SÉNAT : Attendu qu'André Délaye n'alléguant pas l'existence d'un acte de société entre son frère et lui, ne peut être considéré que comme un commis, bien qu'une partie de son traitement fût fixée avec ou sans condition, en raison du 25 p. % des bénéfices ;

Attendu que si la qualité qu'il a prise dans la gestion du commerce de son frère peut lui imposer une responsabilité personnelle vis-à-vis des tiers, elle n'a cependant point changé ses rapports avec celui-ci, rapports qui étaient arrêtés par les termes de sa commission ;

Attendu que la qualité de commis étant

révocable au gré du commettant, ne peut donner aucun droit, à celui qui en est investi, de continuer sa gestion après la révocation du mandat, ni de retenir les clefs des magasins, les livres ou marchandises du commerce qui sont la propriété du commettant, même pour la garantie des créances qu'il pourrait avoir à réclamer de lui :

LE SÉNAT déclare André Délaye non-recevable en son appel.

PETTITI, P. P.   GIROD, R.

15 Mars 1841.

PASSAGE. — POSSESSION IMMÉMORIALE. — ABUS.

Art. 649 C. c. (D. R.)

Sous les lois antérieures au Code civil, la servitude de passage ne pouvait s'acquérir par une prescription même immémoriale, lorsqu'il y avait abus :

Le passage n'était pas réputé abusif lorsque le chemin public joignait le fonds, en faveur duquel on réclamait la servitude, était impraticable aux chariots ou présentait un trajet trop considérable à parcourir.

L'exception d'abus peut être proposée même après l'admission des faits de possession. [1]

DUFOUR c. LES ÉPOUX CLOPS ET CAULLIBAUD.

LE SÉNAT : Attendu que le jugement du 24 avril 1839 s'étant borné à considérer que des faits de possession trentenaire ne pouvaient être suffisants pour légitimer les prétentions du défendeur, n'a rien statué sur l'exception d'abus qui n'avait été qu'indiquée précédemment ; qu'ainsi, il ne peut y avoir chose jugée à cet égard :

Attendu que par son jugement du 1er avril 1840, le tribunal a admis les faits de possession immémoriale articulés par les mariés Clops, sans s'occuper des déduites du demandeur relativement au chemin public qui passerait à une extrémité de la pièce des défendeurs ;

Attendu cependant que si le chemin existait réellement sur le local, s'il était praticable pour les chariots, ou susceptible de le devenir, qu'en outre il ne présentât pas une distance trop considérable à parcourir par les défendeurs pour la culture de leurs

---

[1] Voy. ci-devant : Arrêt du 28 juillet 1838.

fonds, il n'y aurait pas alors un avantage évident à pratiquer le chemin prétendu pour le service des fonds des défendeurs, et par suite l'exception d'abus serait fondée;

Attendu, au surplus, que la disposition de l'art. 649 du Code civil est inapplicable à l'espèce, soit parce qu'il ne s'agit pas de passage constitué en vertu d'une possession trentenaire, soit parce qu'il y a lieu de vérifier si le passage prétendu a été acquis avant la nouvelle loi :

A reçu et reçoit appelant...., ordonne que par experts il sera procédé à vérification du chemin joignant au nord la propriété de Dufour, pour reconnaître si ce chemin existe sur le local, s'il est praticable pour les voitures; en cas d'obstacle, quelle est la nature de l'empêchement, s'il serait susceptible d'être rendu viable...., ordonne en outre que les experts feront constater de la plus grande étendue qu'il y aurait à parcourir en suivant la voie publique et la comparer au chemin prétendu.

De Montbel.   Milliet de St-Alban, R.

---

22 Mars 1841.

CESSION. — LITIGE. — RÉTROCESSION. — INTÉRÊTS. — PRESCRIPTION.

Art. 2108 C. c. (C. F., D. R.)

La rétrocession fait disparaître le vice de litige.

La prescription quinquennale peut être opposée entre cohéritiers, lorsqu'il s'agit non pas de restitution de fruits, mais de remboursement d'intérêts indûment exigés par un cohéritier au préjudice des autres.

Girard-Menoud c. Girard-Menoud.

Le Sénat : Attendu que dans l'hypothèse où la cession du 18 juin 1827, Charvériat notaire, aurait pu être attaquée pour vice de litige, ce vice se trouverait purgé par la rétrocession des mêmes droits faite à la cédante le 5 janvier 1837, puisqu'il n'a rien été produit ni déduit pour établir la simulation de cette rétrocession;

Attendu que la demande capitale n'a point été contestée, ni sous le rapport du titre sur lequel elle repose, ni sous celui de sa quotité;

Attendu, quant aux intérêts, que déri-

vant de créances, et non d'une perception de fruits par des cohéritiers à l'exclusion des autres, et la demande n'en ayant été formée que par requête du 6 avril 1816, il en résulte que l'exception de prescription opposée pour ceux qui sont échus sous le Code civil français est fondée :

..... Condamne N. N. à payer à la demanderesse 1° la somme capitale de....; 2° les intérêts en dérivant à dater de leur exigibilité, sous la déduction néanmoins de ceux prescrits sous le Code civil français.

De Montbel.   Seitier, R.

---

27 Mars 1841.

MOTIFS DU JUGEMENT. — DOT CONGRUE. — SUPPLÉMENT. — LÉSION.

Art. 1111 C. c. (R. C.)

Le Sénat se retient la cause et prononce au fond, lorsque les premiers juges ont manifesté leur opinion dans les motifs du jugement déféré.

La femme dotée et mariée convenablement sous les R. C., n'était pas admise à demander la rescision de sa constitution dotale pour cause de lésion.

Les sœurs Mailland c. Mailland.

Le Sénat : Attendu que les premiers juges ayant manifesté dans les motifs du jugement, sous date du 26 février 1839, une opinion qui se trouve contraire aux conclusions prises céans par les appelantes, il n'est pas le cas de leur renvoyer la cause, bien que d'ailleurs ils ne l'eussent pas formellement jugée, ni par ladite sentence, ni par celle dont est appel;

Attendu que, si au temps du président Favre, la femme mariée pouvait quereller sa constitution dotale en cas de lésion énorme, il n'en peut plus être de même à la vue du § 6, tit. 7, liv. 5 des R. C., qui est rédigé en termes tellement absolus, qu'il exclut évidemment toute action en supplément de dot et abroge toute coutume qui l'aurait consacrée; qu'en effet, cet article statuant *quant aux femmes mariées*, qu'on regarde toujours comme congrues les dots avec *lesquelles elles ont été honnêtement établies*, la conséquence naturelle et nécessaire de ce langage est que la femme, ainsi dotée et établie, reste exclue de toutes plus amples

7

prétentions, sous quelque prétexte que ce soit :

Déclare non-recevables en leur appel.

De Montbel.   D'Arcollières, R.

----

27 Mars 1841.

HYPOTHÈQUE. — PRESCRIPTION. — SUSPENSION.

(Art. 2501 C. c. (C. F.; E. H.; Q. F.)

La prescription de l'action hypothécaire, commencée sous l'empire du Code civil français, est acquise en faveur du tiers-détenteur par le laps de dix ou vingt ans.

Celle dont le principe remonte aux lois françaises, mais qui a été suspendue par la minorité ou la puissance paternelle et qui n'a commencé à courir utilement que sous les R. C., est exclusivement régie par cette dernière loi.

La prescription de dix et vingt ans n'était pas admise par la jurisprudence, elle n'a pas été rétablie par l'art. 66 de l'édit hypothécaire. [1]

Les consorts Magnin c. Veyrat.

Le 4 octobre 1807, par acte Curtet, notaire, Benoît Magnin vend à Veyrat tous ses biens. Le 28 du même mois, Jeanne Janin, femme du vendeur, fait inscrire au bureau des hypothèques de Genève, son contrat de mariage pour sûreté de sa dot et de son augment ; elle meurt ab intestat en 1812 ; ses héritiers renouvellent cette inscription en 1823 et en 1838 : Benoît Magnin décède en 1826.

En 1837, les consorts Magnin, comme héritiers de leur mère, actionnent Veyrat en déclaration d'hypothèque sur les biens par lui acquis de leur père ; celui-ci répond qu'il a fait transcrire son contrat, que dès la date de cette transcription, il possède publiquement les biens qui lui ont été vendus, qu'ainsi il est en droit d'invoquer la prescription décennale prévue par les articles 2180 et 2265 du Code français.

Les consorts Magnin répliquent que la prescription décennale n'est pas admise sous la loi Royale, qu'elle ne serait pas même acquise aux termes de l'art. 2236 du Code français, parce qu'à la mort de leur mère,

quatre des enfants Magnin étaient mineurs et que la minorité des uns empêchait la prescription à l'égard des autres.

Sur quoi le tribunal de St-Julien, par sentence du 2 mars 1839 ;

« Considérant que de l'aveu même des demandeurs, il résulte que le défendeur a possédé, depuis 1813, les immeubles sur lesquels porte la déclaration d'hypothèque ;

« Considérant qu'il s'est écoulé, depuis la majorité des demandeurs, un temps suffisant pour opérer la prescription aux termes de l'article 66 de l'édit du 16 juillet 1822, déclare les demandeurs non-recevables. »

En appel de cette sentence, le Sénat :

Attendu que l'intimé ayant acquis par acte du 4 octobre 1807, et rien n'ayant été déduit pour établir qu'il était en mauvaise foi, il a pu, d'après la disposition de l'article 2180 du Code civil de France, prescrire les hypothèques affectées sur les biens qui lui ont été vendus, puisque les prescriptions sont réglées par les lois en vigueur au temps où elles ont commencé à courir, lorsque les lois postérieures n'ont porté aucune disposition contraire ;

Attendu que dans l'espèce, s'agissant d'une créance essentiellement divisible entre les enfants Magnin, l'exception de prescription doit être examinée relativement à chacun d'eux ;

Attendu d'après cela, que les droits à la dot de leur mère, compétant aux enfants Magnin, auraient été soumis à cette prescription pour ceux qui ont été émancipés ou qui avaient atteint leur majorité sous lesdites lois, sans que la possession des immeubles vendus, entre les mains du vendeur, puisse avoir quelque influence lorsque la validité de la vente n'est pas contestée et dès que l'aliénation était devenue publique par la transcription ;

Attendu que si les enfants Magnin sont retombés sous la puissance paternelle par la remise en vigueur des R. C., il n'est pas moins certain que la prescription, qui a été suspendue pendant la vie du père, s'est complétée depuis le décès de celui-ci, arrivé le 26 octobre 1826, jusqu'à l'introduction de l'instance par requête du 16 octobre 1837, puisqu'il n'a pas été nié que les demandeurs demeurassent dans le ressort du Sénat ;

Attendu en ce qui concerne les enfants qui n'étaient pas libérés de la puissance paternelle sous les lois françaises, tout comme pour l'augment devenu exigible seulement

----

[1] Concl. contr. : 11 mai 1840.

dès le décès de Benoît Magnin, que la prescription n'a pu commencer à courir au préjudice des enfants que dès cette époque, puisque l'action qui aurait été mue antérieurement aurait nécessairement réfléchi contre leur père ;

Attendu, à l'égard de ses enfants, qu'il est admis que, sous l'empire de la loi royale, la prescription des hypothèques n'était acquise que par le laps de trente ans, sans que le juste titre, joint à la bonne foi, ait exercé quelque influence à cet égard ;

Que l'art. 66 de l'édit hypothécaire n'a pas été introductif d'un droit nouveau, vu qu'il n'a déterminé ni la durée, ni les conditions de la prescription ; qu'il mentionne et qu'il exprime assez qu'il se réfère sur ce sujet aux lois en vigueur ; que s'il a parlé de la prescription en faveur du possesseur avec titre et bonne foi, on ne peut en tirer la conséquence nécessaire qu'il ait eu en vue une nouvelle prescription ;

Attendu d'ailleurs que le législateur exige pour la prescription des hypothèques, le même laps de temps que celui qui est requis pour la prescription de la propriété ; or, il n'est pas à présumer qu'il ait eu également l'intention d'abroger ou de modifier, par ledit article, la jurisprudence en vigueur, qui n'admettait que la prescription trentenaire pour l'extinction de l'action revendicatoire ; si telle eût été sa volonté, il l'aurait exprimée clairement, il aurait fixé les conditions et le temps de la prescription qu'il substituait à celle qu'avait admise la jurisprudence antérieure, et s'il eût voulu faire revivre l'usucapion, il l'aurait expressément déclaré ;

D'où il suit que la prescription décennale, invoquée à cet égard par l'intimé, n'est pas fondée ;

..... A reçu appelant...., déclare légitime l'exception opposée par Veyrat, à raison des parts de dot revenant aux consorts Magnin qui ont été libérés de la puissance paternelle sous le Code civil français ; déclare ledit Veyrat non-recevable en son exception de prescription pour le surplus.

De Montbel.   Seitier, R.

---

27 Mars 1841.

APPEL. — DÉLAI. — ACTION EN LÉSION. — SOUS ACQUÉREUR. — EXPERTS.

Le jour où l'appel est interjeté, n'est pas compris dans les quatre-vingts jours accordés pour le relever au Sénat. [1]

Dans une action en lésion, les sous acquéreurs ne sont pas contradicteurs nécessaires ; en conséquence, bien que la requête appellatoire ne leur ait pas été signifiée dans les délais, ils ne seraient pas fondés à opposer de la chose jugée aux poursuites ultérieures dirigées contre eux.

Le jugement, qui sans motifs, rejette des experts proposés par une partie, cause un grief réparable en voie d'appel.

Bozonnet, femme Bel
c. les consorts Lavanchy et Andrier.

Le Sénat : Attendu qu'il est de principe que le jour où l'appel est interjeté ne doit pas être compris dans le délai accordé pour relever cet appel ;

Attendu que la sentence du 10 mai 1839 n'a été ni prononcée, ni signifiée aux parties ; que dès le 25 mai, jour où l'appel en a été interjeté, jusqu'au 13 août de la même année, jour où la requête en relief a été décrétée, le délai pendant lequel la restitution en temps peut être accordée ne s'est pas écoulé ;

Attendu qu'en matière de récision de vente pour cause de lésion, les seconds acquéreurs appelés pour sister en cause avec les premiers acquéreurs leurs auteurs, peuvent être considérés, par rapport aux vendeurs, plutôt comme des parties intervenantes pour veiller à leurs propres intérêts, que comme des contradicteurs nécessaires desdits vendeurs ; qu'ainsi il est indifférent que l'appel de la sentence dont il s'agit n'ait pas été relevé dans les délais, à l'encontre des Andrier, seconds acquéreurs, dès qu'il l'a été à l'encontre de leurs auteurs ;

Attendu que le tribunal dont est appel, en ordonnant que les parties fourniront une nouvelle rose d'experts, *autres que ceux déjà proposés ou nommés dans l'instance*, a mal jugé en ce qu'il a rejeté, par là même, les experts proposés dans la rose donnée le 5

---

octobre 1838, experts contre lesquels néanmoins il n'avait été allégué aucun motif de récusation légitime et précis :

A reçu et reçoit appelant...., ordonne que les défendeurs proposeront, dans le délai de la cause, des motifs de récusation légitimes et précis s'ils en ont contre les experts indiqués dans le mémoire du 5 octobre 1838. PETTITI, *P. P.* ANSELME, *R.*

---

29 *Mars* 1841.

DONATION. — CODICILLE. — TESTAMENT. — RÉVOCATION.

Sous l'empire des lois romaines, le testament ne pouvait être révoqué qu'en observant les formalités prescrites pour sa confection.

Le codicille, au contraire, était révoqué par toute manifestation de volonté contraire et conséquemment par une donation universelle, quoique nulle en sa forme.

SEMILLON C. GAY ET SEMILLON.

LE SÉNAT : Attendu que par arrêt du Sénat du 27 mai 1836, la donation faite par Thérèse Mollaret, en faveur de Maurice Gay et des enfants à naître de son mariage avec Thérèse Semillon, dans leur contrat dotal du 10 octobre 1823, a été déclarée nulle et de nul effet ;

Attendu que, suivant les lois alors en vigueur, cet acte annulé ne peut pas mieux se soutenir comme renfermant une institution héréditaire ; que la clause codicillaire invoquée fût-elle insérée ou censée apposée dans cet acte qualifié aujourd'hui de testament et dans lequel on a fait intervenir moins de cinq témoins, serait inutile ; Fav., déf. 5, *De testam.* ;

Attendu, quant aux effets qu'on voudrait encore mesurer de cette donation, et à l'influence qu'on lui attribue sur les dispositions contenues dans les testament et codicille de Thérèse Mollaret, des 4 décembre 1819 et 8 avril 1829, qu'il faut, pour la révocation des testaments, les mêmes solennités qui sont requises pour leur validité, et que le testament postérieur imparfait ne rompt pas le testament antérieur parfait ; que d'ailleurs on ne trouve pas dans la donation dont il s'agit, les formalités qui sont de l'essence d'un testament ;

Attendu que si, sous l'empire du droit romain, on attachait beaucoup d'importance aux dispositions testamentaires, c'est parce qu'elles dérogeaient à la loi commune qui réglait l'ordre des successions *ab intestat* ; et dès que la volonté du testateur était une fois exprimée, le législateur avait voulu qu'il mît la même solennité pour la révoquer que pour la consigner dans son testament ;

Attendu qu'il n'en était pas de même des legs et fidéi-commis laissés par codicille ; que, indépendamment de la différence qui existait entre les testaments et les codicilles, quant à leur forme intrinsèque et extrinsèque, les dispositions portées par les codicilles devenaient inutiles, dès que le testateur avait manifesté d'une manière quelconque, par une volonté authentique, son intention de les révoquer, *Lege 3*, §° *ult. leg. 13, 16 et 19, De adim. legat.* ; que la révocation avait lieu, lors même qu'elle aurait été manifestée par un acte ensuite annulé, pourvu que cet acte eût été revêtu d'une forme authentique ;

Attendu qu'en faisant à la cause l'application de ces principes, il résulte assez que, si la donation du 10 octobre 1823 a été impuissante pour opérer la révocation du testament de Thérèse Mollaret, et si le consentement qu'elle contient a été jugé imparfait pour la validité de la donation, il en résulte néanmoins une volonté suffisante de révoquer le legs porté par le codicille :

Déclare le codicille de Thérèse Mollaret, du.... révoqué, et la seule institution héréditaire contenue dans son testament du 4 novembre 1819, devoir sortir son effet en faveur des trois filles de François Semillon qui ont survécu à la testatrice. DE MONTBEL. MONOD, *R.*

---

5 *Avril* 1841.

AVEU. — PRÉSOMPTION DE LA LOI *QUINTUS MUCIUS.*

Art. 1357 C. c.

L'aveu consigné dans une requête n'est pas censé être le fait de la partie, à moins qu'elle n'ait signé, ou n'ait donné le pouvoir exprès de faire cet aveu ; elle peut toujours le révoquer. [1]

---

[1] Concl. : 11 mars 1840.

La présomption de la loi *Quintus Mucius* est écartée, lorsque le mari a laissé insérer dans l'acte que le paiement a été fait des deniers communs. [1]

Cette présomption n'est pas admise sous le Code civil français.

Vᵉ TREPIER C. TREPIER, SES FILLES.

Par acte du 15 fructidor an II, les époux Trepier et Basin acquièrent le domaine de Torméry, le premier à concurrence des deux tiers, et le second à concurrence de l'autre tiers.

L'acte énonce qu'il a été payé comptant une somme de 600 liv., et que le surplus du prix est payable aux créanciers des vendeurs.

Par autre contrat du 15 juin 1810, le sieur Trepier, tant en son nom qu'en celui de son épouse, acquiert une vigne pour le prix de 200 liv. qui est payé comptant.

François Trepier meurt en 1825, laissant pour son héritier son fils Jean-Baptiste ; celui-ci meurt quelque temps après son père : son hoirie est dévolue à ses deux sœurs Françoise et Eléonore.

La dame Basin, veuve Trepier, réclame à ses filles tous les droits qui lui reviennent dans l'hoirie de son mari ; elle déclare dans sa requête qu'elle a pris des arrangements avec son fils et qu'elle a perçu les intérêts du domaine de Torméry pour lui tenir lieu de ses droits ; elle ne demande, en conséquence, les intérêts que depuis la cessation de cette jouissance ; plus tard, elle révoque cette déclaration.

LE SÉNAT : Attendu que l'aveu qui a été fait, dans la requête, au tribunal, du 17 mai 1839, touchant la jouissance du domaine de Torméry et la compensation des fruits du domaine avec les intérêts de la dot et de l'augment, n'émane pas de l'appelante qui n'a ni signé la requête, ni donné mandat spécial à son procureur ;

Attendu cependant que si les intimées justifiaient que l'appelante a perçu les fruits dudit domaine dès la mort de son mari jusqu'au décès de son fils, la preuve de cette jouissance rendrait très vraisemblable l'arrangement avoué dans la requête, surtout qu'il est probable que l'avocat de l'appelante ne l'a déclaré qu'après avoir conféré avec la partie ; et il serait juste de maintenir la compensation, surtout dans une affaire qui se passe entre des proches parents et où il s'agit seulement de fruits et d'intérêts ;

Attendu que Trepier a déclaré et laissé déclarer par sa femme, dans ledit contrat du 15 fructidor an II, que la somme de 600 liv., retirée par Amédé Lambert, a été payée de ses deniers et de ceux de l'appelante ; que ces déclarations font cesser la présomption de la loi *Quintus Mucius* ;

Attendu que par écriture du 20 novembre 1810, les intimées ont consenti à ce que l'appelante soit déclarée propriétaire de la moitié de la vigne acquise par le contrat du 15 juin 1810, Nicoud, notaire ;

Attendu que le Code civil français n'admettait pas la présomption de la loi *Quintus Mucius* et qu'il autorisait les donations entre époux, qu'ainsi la déclaration faite par Trepier, dans le contrat du 15 juin 1810, relativement à la provenance de ladite somme par lui comptée, n'a rien de suspect ;

Ordonne que les défenderesses diront et déduiront ainsi et comme elles aviseront en ce qui touche la jouissance de la part de la demanderesse du domaine de Torméry....

PETTITI, *P. P.* ARMINJON, *R.*

---

6 Avril 1841.

EAU. — PRESCRIPTION.

Art. 558 C. c. (D. R.)

Suivant l'ancienne jurisprudence maintenue sur ce point par le Code civil (art. 558), le propriétaire riverain peut, nonobstant toute possession contraire, se servir de l'eau qui traverse son héritage, à la charge de la rendre dans son cours ordinaire à la sortie de ses fonds. [1]

GAUD C. DUNAND.

LE SÉNAT : Attendu qu'aux termes de l'ancienne jurisprudence maintenue et consacrée par la seconde partie de l'article 558 du Code civil, celui dont l'héritage est traversé par une eau courante, peut en user dans l'intervalle qu'elle y parcourt, à la seule charge de la rendre à la sortie de ses fonds à son cours ordinaire ;

Attendu qu'on ne peut prescrire contre

---

[1] Voy. arrêt du 9 février 1811, Dubouchet c. Tochon ; De Juge, R.

[1] Voy. arrêt conf. : 18 décembre 1810, Sauthier et Novelle c. Magnin ; Cotta, R.

ce droit, qu'autant qu'il s'est écoulé trente ans depuis qu'on a fait et pratiqué, sur le fonds du voisin, des constructions ou ouvrages propres à faciliter la chute des eaux, ou depuis que celui-ci a obtempéré à une opposition légalement formée :

..... A reçu et reçoit appelant....

PETTITI, *P. P.* DE BRICHANTEAU, *R.*

---

24 Avril 1841.

ABSENT. — ENVOI EN POSSESSION DÉFINITIF.

Art. 93 C. c. (Art. 2 de la loi transitoire du 6 décembre 1837.)

Lorsque, depuis la mise en vigueur du Code civil, un absent atteint l'âge de cent ans révolus, on ne déclare plus, comme sous l'ancienne jurisprudence, sa succession ouverte par suite de son décès présumé ; on se borne à prononcer l'envoi en possession définitif de ses biens en faveur de ses héritiers, en suivant l'ordre de succession établi par les lois antérieures.

LA VEUVE FONTANEL c. BAROLIN.

LE SÉNAT : Attendu que d'après les art. 93 et suivants du Code civil sous l'empire duquel il est constant au procès que Philippe Glaizat, absent des états dès 1754, a atteint sa centième année, il est le cas, non de déclarer la succession de ce dernier ouverte par son décès présumé, mais seulement de prononcer l'envoi en possession définitif de ses biens en faveur de ceux que la loi y appelle ;

Attendu, à cet égard, que les intimés sont fondés à demander l'envoi en possession dont il s'agit, puisqu'ayant droit, en conformité des lois antérieures, d'être admis à la curatelle et garde aux biens dudit Philippe Glaizat, ils peuvent, aux termes de l'art. 2 des LL. PP. du 2 décembre 1837, exercer tous les droits qui leur compéteraient, si l'absence avait été déclarée depuis la mise en vigueur du Code civil ;

Attendu qu'il en doit être de même pour Pétronille Barolin, relativement à la dot que les intimés, aux termes des anciennes lois et pour prix de son exclusion, lui auraient due sur les biens de l'absent, à moins toutefois que l'appelante n'eût déjà été, lors de son mariage, congruement dotée, circonstance dont la preuve est à la charge des intimés :

A reçu appelant...., ordonne que les parties procèderont plus amplement....

PORTIER DU BELLAIR, *P.* DE JUGE, *R.*

---

27 Avril 1841.

ACTE SOUS SEING-PRIVÉ. — DATE CERTAINE. — INSCRIPTION EN FAUX.

Art. 1128 C. c.

Les actes sous seing-privé ne font pleine foi de leur date et des conventions qu'ils renferment qu'entre les parties qui les ont souscrits ; en conséquence, un tiers peut, sans inscription en faux, en nier la date et les énonciations.

LES CONSORTS PASSY c. LES CONSORTS SIMON.

LE SÉNAT : Attendu que l'acte sous seing-privé ne fait foi, même de sa date, qu'entre les parties qui l'ont souscrit, et qu'ainsi il n'était pas nécessaire que les appelants s'inscrivissent en faux contre la quittance du 5 octobre 1829 ;

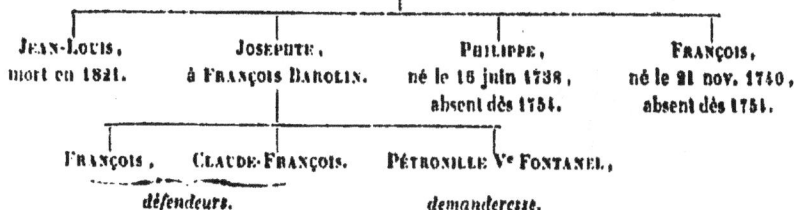

GLAIZAT.

JEAN-LOUIS, mort en 1821. / JOSEPUTE, à FRANÇOIS BAROLIN. / PHILIPPE, né le 16 juin 1738, absent dès 1754. / FRANÇOIS, né le 21 nov. 1740, absent dès 1754.

FRANÇOIS, CLAUDE-FRANÇOIS. *défendeurs.* / PÉTRONILLE Ve FONTANEL, *demanderesse.*

Attendu, dès-lors, que les intimés doivent prouver, autrement que par ladite quittance, non-seulement le paiement de la somme de 1,800 liv., y énoncée, mais encore le jour où le paiement a été effectué ;

Attendu que le fait, récapitulé dans l'écriture du 6 février dernier, ne précise pas le jour de ce paiement ;

Attendu que le tribunal de judicature-mage de Bonneville, par sa sentence du 14 juin 1857, en astreignant les appelants à s'inscrire en faux contre ladite quittance, a mal jugé :

A reçu et reçoit appelant...., ordonne avant tout que les défendeurs circonstancieront mieux leur fait.

PETTITI, *P. P.* DE BRICHANTEAU, *R.*

---

30 *Avril 1841.*

ACTION EN GARANTIE. — PRESCRIPTION.

Art. 2397 C. c.

L'action en garantie est prescriptible par trente ans, *dès l'intentat de l'action principale.*

La reprise d'instance qui aurait interrompu la prescription de l'action principale, ne forme point interruption à la prescription de l'action en garantie, si le garant n'a pas été appelé en cause.

LES CONSORTS MONOD C. DE SALINS ET AUTRES.

LE SÉNAT : En ce qui touche les conclusions en garantie prises par ledit sieur de Salins contre les consorts Guiguet ;

Attendu que le sieur de Salins ayant dénoncé la molestie qui lui était faite, et ayant, dès le 20 décembre 1791, pris des conclusions en garantie à cet égard, a dû poursuivre son action contre ses garants ; qu'il ne résulte pas qu'en 1819, lors de la reprise d'instance par Rondeau, en sa qualité, le sieur de Salins se soit présenté contre les défendeurs en garantie ;

Attendu que son silence, pendant plus de trente ans, doit avoir pour effet de soumettre son action à la prescription opposée, puisque l'action en garantie se prescrit comme toute autre :

..... Faisant droit sur les conclusions en garantie prises par le sieur de Salins contre Jeanne et Sophie Guiguet, a mis et met celles-ci hors de cour et de procès.

D'ALEXANDRY, *P.* DE MONTBEL, *R.*

---

30 *Avril 1841.*

CESSION. — LOI *PER DIVERSAS....* — VALEUR EN COMPTE.

Art. 1703 C. c.

La déclaration d'avoir reçu le prix d'une cession en *valeur en compte* ne prouve point la numération réelle, mais seulement un crédit ouvert au profit du cédant ;

En conséquence, le cessionnaire est tenu de prouver quelles sont les valeurs qu'il a réellement soldées, s'il en veut demander le remboursement au débiteur qui se prévaut du bénéfice des lois *per diversas et ab Anastasio.*

DÉROBERT C. MALLINJOUD.

LE SÉNAT : Attendu que le jugement du 22 mai 1859, qui a acquis l'autorité de la chose jugée, a préjugé expressément l'admissibilité de l'exception mesurée des lois *per diversas et ab Anastasio,* et la nécessité pour Mallinjoud d'établir ce qu'il avait payé pour prix réel de la cession ;

Attendu que les énonciations insérées dans la cession, que le prix stipulé a été *présentement payé en valeur en compte,* ne prouvent pas une numération réelle, mais un simple crédit en faveur du cessionnaire avec lequel le cédant était présumé être en compte ; que pour établir le mérite de la cession, l'intimé n'a pas démontré qu'il eût payé d'autres sommes que celles portées par les deux billets du 5 mars 1838 et par la déclaration du notaire Mallinjoud, du 18 mai 1859, que les appelants ont offert de lui rembourser ; qu'il n'a pas justifié de la livrance de vingt-quatre pieds de planche ; qu'ainsi il n'avait, en sa faveur, aucune présomption suffisante pour faire admettre le serment d'office déféré par le jugement dont est appel, aux fins de prouver le paiement du prix intégral de la cession :

A reçu et reçoit appelant...., ordonne que Mallinjoud établira autrement que par son serment, qu'il a réellement payé le prix total de la cession dont il s'agit.

D'ALEXANDRY, *P.* MONOD, *R.*

5 Mai 1841.

HYPOTHÈQUE. — TRANSCRIPTION. — INSERTION DANS LA GAZETTE.

Art. 2305 C. c.

Les délais fixés aux créanciers pour inscrire les hypothèques consenties avant l'aliénation, courent du jour de la transcription de l'acte d'aliénation, et non pas de celui où un extrait de cette transcription a été inséré dans la gazette.

DUPRAZ ET EMÉRY C. BOVAGNET.

LE SÉNAT : Attendu que la transcription de l'adjudication tranchée en faveur de l'appelant a été faite, suivant le certificat produit le 5 juillet dernier ;

Attendu que, d'après l'article 2305 du Code, le délai pour inscrire les hypothèques consenties avant l'aliénation commence à courir, non pas du jour de l'insertion au journal de la division de l'extrait sommaire de la transcription, mais du jour de la date de celle-ci au bureau de la conservation des hypothèques ; qu'ainsi, le tribunal dont il s'agit n'a pas statué avant l'expiration du délai que la loi accorde pour inscrire, puisque le jugement dont est appel a été rendu le 25 février dernier :

Déclare Bovagnet non-recevable en son appel.

PETITI, *P. P.*   ANSELME, *R.*

5 Mai 1841.

ETRANGER. — LETTRES ROGATOIRES. — GENÈVE. —RÉCIPROCITÉ.

Le Sénat ne défère pas aux lettres rogatoires qui lui sont adressées par les syndics et conseil-d'Etat de Genève : il prend connaissance de la cause au fond. [1]

Les LL. PP. du 29 février 1828, qui permettent, en matière de commerce, d'assigner devant le tribu-

---

[1] Voy. 17 juillet 1838, Jeandin c. Broche ; de Buttet, R. — 6 avril 1840, Cerf c. Albert, de Montbel, R.
Voy. 11 juin 1841, Carron-Grezard c. Nialon et Mouchet ; Arminjon, R. — 9 août 1843, Baudit, l'Hoste et Bertrand c. Fontaine et Dussaugey ; de Montbel, R. — 30 décembre 1843, Rouget c. Trembley ; Anselme, R. — 17 février 1845, Dufresne c. Henneberg ; de Brichanteau, R.

nal dans le ressort duquel les marchandises ont été livrées, ne règlent la compétence qu'entre les tribunaux des Etats.

La comparaissance volontaire d'un sujet devant un tribunal étranger, ne peut avoir pour effet de déroger au droit politique et de changer l'ordre de juridiction.

PONTEX (GENEVOIS) C. THÉVENOT.

Pontex avait fait condamner, pardevant le tribunal de Genève, le docteur Thévenot, sujet de S. M. ; pour obtenir l'exécution de ces condamnations en Savoie, il avait impétré des syndics et conseil-d'Etat de la république et canton de Genève des lettres rogatoires au Sénat ; il demandait que celui-ci, en y déférant, permît l'exécution demandée ; très subsidiairement, il concluait contre Thévenot à ce qu'il fût condamné, par nouveau jugement, à lui payer le montant de sa dette.

Sur ce, LE SÉNAT :

Attendu que dans chaque état, la justice émane du pouvoir suprême ; qu'il suit de là, que les jugements rendus dans un Etat, sont comme non-avenus lorsqu'on veut les faire exécuter dans un autre, à moins que le principe contraire ne soit consacré par des conventions diplomatiques ou par un usage constant et réciproque ;

Attendu que sous l'empire même d'une convention ou d'un usage semblable, les jugements rendus dans un pays ne sont exécutoires dans un autre, que lorsque les juges qui ont prononcé étaient compétents, d'après les maximes générales du droit ;

Attendu que, suivant ces maximes, le tribunal de l'audience du canton de Genève était incompétent pour statuer sur la demande de Louis Pontex, puisqu'il s'agissait d'une action purement personnelle dirigée contre un sujet du roi, domicilié en Savoie, pour livrances de marchandises à lui vendues à Genève ;

Attendu qu'aux termes de l'article 581 du Code de procédure genevois, les jugements et les actes notariés, rendus ou passés hors du canton, ne peuvent y être mis à exécution qu'après avoir été déclarés exécutoires par le tribunal de l'audience, parties ouïes ou duement citées et le ministère public entendu, à moins de dispositions contraires dans les traités ou dans les concordats entre les cantons ;

Attendu que cette disposition est générale, qu'il ne peut y être dérogé que par les traités, et qu'en l'absence d'une convention politique sur cet objet entre Sa Majesté et le canton de Genève, les jugements rendus en Savoie sont considérés, à Genève, comme non-avenus, et que les droits des parties doivent y être de nouveau débattus ;

Attendu que, dans cet état de choses, l'offre de réciprocité que font les syndics et conseil-d'Etat de la république de Genève est illusoire, puisqu'ils ne sont pas investis du droit de déférer aux lettres rogatoires qui leur seraient adressées par le Sénat pour permettre dans le canton l'exécution d'un jugement rendu en Savoie ;

Attendu qu'il est indifférent que spectable Thévenot ait formé opposition au jugement de défaut dont il s'agit devant le tribunal même qui l'a rendu, parce que les juridictions sont d'ordre public, et qu'un particulier en consentant à être le justiciable d'un tribunal étranger, n'a pu attribuer à celui-ci une autorité qu'il n'a pas et qu'il ne pourrait tenir que d'une convention passée entre le gouvernement dont il ressort et celui dans le territoire duquel on veut exécuter le jugement qu'il a rendu ;

Attendu que si, d'après l'art. 1er des LL. PP. du 29 février 1828, le demandeur dans les causes commerciales peut, à son choix, assigner le défendeur devant le tribunal du domicile de ce dernier, devant celui dans le ressort duquel le paiement doit être effectué, ou devant celui dans le ressort duquel les marchandises ont été livrées, cette disposition, uniquement destinée à favoriser le commerce intérieur en procurant une plus prompte exécution des engagements dont il est l'objet, ne peut être invoquée qu'entre négociants et devant les tribunaux institués par le Roi, qui n'a point entendu abdiquer une partie de sa souveraineté au profit des tribunaux étrangers :

Déboute le demandeur de ses conclusions principales ; ordonne, quant aux conclusions subsidiaires, que les parties procèderont.

PETTITI, *P. P.*
DE BUTTET DE TRESSERVE, *R.*

---

7 Mai 1841.

LÉSION. — EXPERTISE. — ÉTAT DE L'IMMEUBLE.

Art. 1683 C. c.

Aux termes de l'art. 1683, on ne doit recourir à la preuve testimoniale pour constater l'état des biens à la date de la vente, qu'après que les experts ont déclaré ne pouvoir apprécier cet état. [1]

GALLAY C. THOVEX ET LANSARD.

Le demandeur avait été admis à faire la preuve de la lésion intervenue dans la vente du 11 juillet 1817, Masson, notaire.

Les défendeurs s'opposaient à l'expertise jusqu'à ce que l'état de l'immeuble, à la date de la vente, eût été préalablement constaté, et articulaient des faits dont ils demandaient l'admission.

Sur ce, LE SÉNAT :

Attendu que si, aux termes de l'art. 1683 du Code civil, les experts doivent prendre en considération l'état de l'immeuble au temps de la vente pour en fixer la valeur, il résulte assez clairement de ce même article que l'on ne doit en venir à la preuve des faits à ce relatifs, qu'autant que les experts n'auraient pu par eux mêmes les apprécier, puisqu'il est dans leurs attributions de s'entourer de tous les renseignements nécessaires avant de procéder ;

Par ces motifs, ordonne que par experts il sera procédé à l'estimation de la valeur qu'avaient, à la date de l'acte, les immeubles dont il s'agit, dans l'état où ils étaient à cette époque.

D'ARCOLLIÈRES. DE MONTBEL, *R.*

---

10 Mai 1841.

ENQUÊTE. — DÉLAI.

La partie qui, après avoir obtenu une prorogation de délai, fait défaut le jour fixé par le juge-commissaire, ne peut plus être restituée en entier. [2]

---

[1] Voy. arrêt du 15 mars 1839, Regaud c. Bouffier ; Picolet, R.

[2] Concl. conf. : 20 juin 1840. — Arrêt conf. : 23 janvier 1836, Remondaz c. Sarrey ; Porta, R.

LES CONSORTS PERTHUISET C. BURNET.

LE SÉNAT : Attendu que, par ordonnance rendue le 17 août 1838, signifiée aux appelants le 24 du même mois, il leur a été enjoint de faire procéder, dans le délai de trente jours, à enquête sur les faits admis en preuve par le jugement du 14 juillet précédent ;

Que par décret du 22 septembre même année, les appelants ont obtenu du tribunal la prorogation d'un mois pour faire cette enquête ;

Qu'ils se sont pourvus, le 17 octobre suivant, au rapporteur, qui a fixé au 29 novembre le jour auquel il y serait procédé, et que cependant ils ont fait défaut, ainsi que résulte du procès-verbal dressé le même jour ;

Attendu que, suivant les dispositions du § 4 du tit. 16, liv. 3 des R. C., et la jurisprudence à cet égard, la partie qui n'a pas fait enquêter dans le délai n'y est plus admissible et ne peut être restituée en entier contre l'expiration de ce délai :

Déclare les consorts Perthuiset non-recevables en leur appel.

PORTIER DU BELLAIR, *P.* MARESCHAL, *R.*

---

28 Mai 1841.

FONDATION. — CHAPELLE. — PATRONAGE.

Le fondateur d'une chapelle peut réserver pour lui et ses descendants, le droit de nommer le recteur et de surveiller l'emploi des revenus affectés à la fondation.[1]

L'effet de la réunion des fondations ecclésiastiques aux propriétés nationales, a cessé par l'arrêté du 7 thermidor an II.

Par le rétablissement, en 1814, de nos anciennes lois, le droit de patronage et les autres clauses des fondations ont été rétablis de plein droit.

LA FABRIQUE DE FESSY-LULLY, LES SYNDICS ET CONSEIL DU MÊME LIEU ET AUTRES C. MARIE HUDRY ET CONSORTS.

LE SÉNAT : Attendu que, dans l'acte du 23 juin 1778, Ruche notaire, les fonda-

teurs se sont réservé expressément le droit de patronage et de nomination du recteur de la chapelle qu'ils ont érigée ; que cette réserve a été faite pour eux, leurs descendants mâles de leur nom et pour leurs parents mâles sans interruption, du nom de Chessel de Thonon ;

Que cette réserve insérée encore dans l'acte du 4 juin 1787, même notaire, par Jean-Marie Hudry, a motivé la nomination d'un recteur à ladite chapelle dans son testament du 16 décembre 1791, Cortagier notaire ;

Attendu, d'autre part, que les fondateurs se sont aussi expressément réservé le droit de surveiller l'emploi des sommes données tant pour l'entretien et les réparations de la chapelle, que pour les distributions à devoir être faites aux pauvres de Fessy et du Villard ;

Attendu que de pareilles réserves peuvent être imposées dans les fondations de la nature de celle dont il s'agit, et qu'ainsi rien n'obste à ce qu'elles aient leur effet ;

Que le droit de patronage n'étant pas créé en faveur des seuls héritiers, il suffit que les successeurs soient descendants mâles des fondateurs, pour qu'ils puissent se prévaloir des droits réservés ;

Attendu que, par les actes sus-énoncés, les fondateurs ont conféré à leurs parents le droit de surveiller l'exécution des fondations dont il s'agit, tant pour les réparations de la chapelle que pour l'accomplissement des autres charges imposées : ainsi, les conclusions prises par Me Bovagnet, en sa qualité, sont fondées ;

Attendu que si, par l'effet des lois transitoires, la fondation dont il s'agit a été nationalisée ou a pu être considérée comme réunie au domaine, cette destination a cessé par l'effet de l'arrêté du 7 thermidor an XI ;

Attendu, d'autre part, que si cette donation ne pouvait avoir son effet sous les lois françaises, en faveur de la chapelle érigée par les fondateurs, cet obstacle a été enlevé par la promulgation et la mise en vigueur de nos anciennes lois qui ont autorisé l'érection de chapellenies indépendantes des églises paroissiales, lorsqu'elle est faite dans les formes et avec les autorisations requises ;

Attendu, en outre, dans l'espèce, qu'ayant été formellement exprimé par les fondateurs, que jamais et dans aucun cas la chapelle qu'ils érigeaient ne serait réunie au maître-

---

[1] Concl. : 12 septembre 1838. — Voy. 13 août 1816, le président comte de Montbel c. St-Pierre de Soucy ; Coppier, R.

autel de la paroisse, cette clause formerait un nouvel obstacle à ce que la fondation dont il s'agit, fut réunie aux avoirs de l'église paroissiale ;

Attendu d'ailleurs que le manifeste sénatorial, du 22 août 1823, n'a pas compris, *dans les avoirs* des fabriques, les avoirs des chapelles qui pouvaient exister ;

Qu'il résulterait au contraire de l'esprit de cette loi que les bénéficiers créés ont droit d'administrer les œuvres dépendantes de leurs bénéfices ;

Qu'admettre un système contraire, ce serait sanctionner des lois destructives, dont les effets ont été abolis par la restauration ; d'où il suit que rien n'obste à ce que les intentions des fondateurs sortent leur plein et entier effet ;

Attendu en outre que la nomination de Rd Gindre, en qualité de chapelain, n'a pas été contestée, que tant de son chef qu'en qualité d'ayant droit de Rd Rannaud, il a offert d'appliquer les censes arriérées à faire les réparations et à acheter les ornements nécessaires à la chapelle ; qu'il a encore conclu à ce que l'excédant, s'il y en avait, fut distribué aux pauvres des communes de Fessy et du Villard ;

Que ces offres et conclusions satisfont pleinement à tous les droits des conseils de charité de ces communes, puisque le cas de la dévolution n'est pas arrivé :

Par ces motifs, déclare la fondation établie par les actes des 23 juin 1778 et 4 juin 1787, Ruche, notaire, devoir sortir son plein et entier effet suivant sa forme et teneur, conformément aux intentions des fondateurs ; déclare les successeurs de ceux-ci être fondés ; 1° à se prévaloir du droit de protonage et de nomination du recteur de la chapelle dont il s'agit ; 2° à exiger la justification de l'application, temps pas temps, des rentes et sommes destinées tant à l'entretien et à la réparation de la chapelle qu'aux distributions pour les pauvres de Fessy et du Villard ; 3° de surveiller l'exécution des messes et prières, objet de la fondation ; Déclare les dépens de ces chefs devoir être pris sur les arrérages de la fondation....

DE MONTBEL. MILLET DE St-ALBAN, *R.*

---

2 Juin 1841.

ÉMANCIPATION TACITE.

Art. 312 C. c. (C. F., D. R., Q. T.)

Le fils émancipé par le mariage, sous les lois françaises, n'est pas retombé sous la puissance paternelle au rétablissement des R. C., en 1814, s'il a vécu séparé de son père pendant un temps suffisant pour opérer l'émancipation tacite ; le temps couru sous les lois françaises peut être compté pour opérer cette émancipation. [1]

DISCUSSION PIOT c. PIOT.

Le syndic de la discussion demandait l'annulation d'un contrat de vente du 15 mars 1817, par lequel le discuté avait vendu à son fils la plus grande partie de ses avoirs : il fondait cette nullité sur le lien de la puissance paternelle qui existait à l'époque de ce contrat entre le père et le fils Piot.

Sur cette question, LE SÉNAT :

Attendu que le syndic à la discussion n'a pas disconvenu que Thomas-François Piot, dès l'époque de son mariage, soit dès 1806, n'ait vécu séparé d'Etienne Piot, son père ;

Attendu que, par l'effet de cette séparation, Thomas-François Piot se trouvait en état d'émancipation tacite lors de l'acte du 15 mars 1817, Foray notaire, ainsi qu'Etienne Piot lui-même l'avait reconnu dans ledit acte, et que les arrêts du 15 juin 1832 et du 20 avril 1833 l'ont préjugé :...,

Par ces motifs, déboute le syndic à la discussion des conclusions par lui prises en nullité de l'acte du 15 mars 1817.

PORTIER DU BELLAIR, *P.* COPPIER, *R.*

---

7 Juin 1841.

LETTRES ROGATOIRES. — ÉTRANGER. — DÉSAVEU.

Le sujet qui a contracté en France et promis d'y exécuter son engagement, est justiciable des tribunaux français.

Il ne peut s'opposer à l'exécution dans les Etats de l'arrêt rendu contre lui par une cour française, lorsqu'il a constitué un avoué pour le représenter devant cette cour.

---

[1] Concl. : 11 avril 1838.

S'il désavoue son mandataire, le Sénat le renvoie proposer son action en désaveu devant la cour étrangère qui a rendu l'arrêt et lui fixe un terme pour y introduire son action. [1]

REVILLOD C. LAFITTE ET GAILLARD.

LE SÉNAT : Attendu que, dans l'hypothèse où Mᵉ Double aurait été réellement fondé de pouvoir de Revillod, dans l'instance d'appel qui a précédé l'arrêt dont il s'agit, la Cour royale de Paris aurait exercé sa juridiction en présence dudit Revillod, intervenu volontairement en la personne de son mandataire, pour répondre soit à l'action principale, soit à l'action en garantie; que d'autre part, il s'agissait de l'exécution, promise en France, d'une obligation qui y avait été contractée, exécution réclamée ensuite d'un fait qui s'était aussi passé sur le territoire français ;

Attendu que le concours de ces deux circonstances établirait la compétence à l'encontre de Revillod, aux termes des lois françaises, sans blesser les règles de juridiction établies par nos lois, et que partant il n'y aurait pas lieu à refuser l'exécution dudit arrêt ;

Attendu que la déclaration de Mᵉ Double, qui a été produite, n'est point un titre valable et propre à infirmer la foi due aux mentions faites dans l'arrêt de la Cour royale de Paris, dans lequel Mᵉ Double figure en qualité de mandataire de Revillod ;

Attendu que s'il appartient à Revillod de prouver sa non participation aux débats qui ont précédé l'arrêt dont il s'agit, il est juste en l'état des choses, comme la partie défenderesse en a convenu elle-même, de lui accorder un terme pour établir la vérité de ses assertions à cet égard ;

Attendu que, bien que le grief de défaut de mandat ne soit pas étranger à la connaissance que le Sénat doit, à la forme du droit, prendre de la régularité de l'arrêt dont on réclame l'exécution au préjudice de Revillod, et qu'en principe il ne doive pas se dessaisir au profit des tribunaux d'un autre Etat de sa juridiction exclusive sur toutes les questions qui sont soulevées pardevant lui, concernant un sujet du roi ; cependant, comme il s'agit en l'espèce d'obtenir une preuve qui soit à l'abri du reproche de collusion et pour laquelle il est indispensable

d'agir en contradictoire de la partie adverse, soit contre un tiers qui n'est pas justiciable du Sénat ; comme la seule voie pratiquable pour parvenir à ce but est le pourvoi en désaveu pardevant la Cour royale de Paris, aux termes des dispositions du tit. 18, liv. 2 du Code de procédure française ; comme enfin la protection due au sujet sera ultérieurement garantie par le nouveau débat qui devra avoir lieu à la reprise de l'instance nouée céans :

Sans s'arrêter à l'ordonnance du 24 avril dernier ; ordonne que dans le terme de cinquante jours, le demandeur en opposition justifiera d'avoir introduit devant la Cour royale de Paris l'instance en désaveu de Mᵉ Double.

PETTITI, P. P.   GIROD, R.

———

8 Juin 1841.

PRESCRIPTION. — TIERS-DÉTENTEURS. — TRANSCRIPTION. — INTÉRÊTS.

Art. 2263, 2303 C. c.

Celui qui pour compléter la prescription invoque la possession de son auteur, est passible des mêmes exceptions que ce dernier.

Si la prescription opposée par son auteur avait déjà été écartée par un jugement, il y aurait chose jugée également contre lui.

L'acquéreur qui a fait transcrire son titre n'est point tenu d'offrir les intérêts du prix de vente échus depuis la transcription. [1]

ANTHOINOZ C. DUBOULOZ.

LE SÉNAT : Attendu que pour repousser la demande de la somme dont il s'agit, les frères Anthoinoz ont invoqué la prescription de l'action personnelle de l'intimé ; que n'ayant pu mesurer cette prescription que du chef de leur vendeur, ils sont devenus passibles des moyens que l'intimé aurait pu faire valoir contre ce dernier, que dès-lors la sentence du 19 janvier 1839, qui avait déjà écarté la prescription à l'encontre du débiteur, soit de son hoirie, a été un obstacle insurmontable à ce que les appelants fissent revivre la même exception.

---

[1] Concl. conf. : 0 juin 1840. — Arrêt conf. : 26 avril 1842, Balmain c. Emin ; Arminjon, R.

En ce qui concerne l'appel émis par Dubouloz du chef relatif aux intérêts non inscrits.

Attendu qu'il est constant au procès que les frères Anthoinoz ont fait transcrire leur contrat d'acquisition ;

Attendu que par suite de cette transcription, ils ne sont demeurés soumis, d'après les termes précis de l'art. 78 de l'édit hypothécaire, qu'aux charges dispensées d'inscriptions ou inscrites dans les délais déterminés ; que dès-lors, au vu de l'inscription renouvelée le 12 février 1838, non pour les intérêts, mais pour le capital seulement, les appelants n'ont dû offrir à l'intimé que ce qui était compris dans ladite inscription, ne pouvant s'agir en l'espèce de l'art. 125 dudit édit, dont la disposition n'est évidemment applicable qu'aux tiers-détenteurs non transcriptionnaire :

Par ces motifs, déclare tant les frères Anthoinoz que Dubouloz non-recevables dans leur appel.

PORTIER DU BELLAIR, *P.* DE JUGE, *R.*

---

12 Juin 1841.

NOTAIRE. — TÉMOIN CERTIFICATEUR.

Les notaires doivent connaître les personnes qui contractent pardevant eux ; s'ils ne les connaissent pas, ils doivent s'assurer de leur identité : la loi ne prescrivant aucun mode spécial pour cet objet, la relation d'un seul témoin est suffisante.

L'omission de cette attestation n'entraîne même jamais la nullité de l'acte. [1]

CHALLANDE C. BERTHET.

LE SÉNAT : Attendu que quoique le notaire Morel, qui a reçu l'acte de cession du 1ᵉʳ septembre 1781, ne connût pas les parties contractantes, il a cependant eu la précaution d'en faire certifier l'identité par un témoin spécial, ainsi qu'il l'a énoncé dans l'acte même ;

Attendu que le § 2, liv. 5, tit. 22, ch. 5 des R. C. de 1729, ne prohibant pas aux notaires de stipuler ou de recevoir un acte sans connaître les parties par eux-mêmes, ou par la relation de gens dignes de foi, n'a point établi de formes particulières au

moyen desquelles les notaires doivent acquérir cette connaissance, et qu'ainsi le notaire Morel, en s'en référant à cet égard à l'assertion d'un seul témoin, n'a point violé la loi ;

Attendu, en tout cas, que le susdit paragraphe en assujettissant le notaire qui reçoit l'acte sans connaître les parties à une peine corporelle et infamante, n'a point prononcé la nullité de l'acte même ;

Adoptant pour le surplus les motifs des premiers juges :

Déclare Anthelme Challande non-recevable en son appel.

PORTIER DU BELLAIR, *P.* COTTA, *R.*

---

14 Juin 1841.

LETTRES ROGATOIRES. — GENÈVE. — CONTRAINTE PAR CORPS.

Art. 26 C. c.

Le Sénat ne défère pas aux lettres rogatoires qui lui sont adressées par les tribunaux de Genève, mais il prend connaissance du fond, et permet l'exécution du jugement s'il en est le cas. [1]

La contrainte par corps n'est jamais accordée à l'étranger contre le sujet du roi.

CARRON-GREZARD C. LA RAISON DE COMMERCE NIALON ET MOUCHET.

LE SÉNAT : Attendu qu'il n'existe entre S. M., et la république, et canton de Genève aucun traité relativement à l'exécution dans l'un des Etats des jugements rendus dans l'autre ;

Attendu que l'article 576 du Code de procédure genevois ne permet l'exécution des jugements rendus hors du canton, qu'autant qu'ils ont été déclarés exécutoires par le tribunal civil, parties ouïes ou dûment citées et le ministère public entendu ; que le tribunal civil et le tribunal d'appel du canton de Genève soumettent aux dispositions de cet article les jugements rendus par les tribunaux de Sa Majesté et se considèrent comme les juges, non-seulement du droit, mais de la convenance d'accorder ou de refuser l'exécution qui leur est demandée ; qu'ils revoient le jugement au

---

[1] Concl. : 21 décembre 1840.

[1] Voy, arrêt du 15 mai 1841.

fond, même quand l'exécution est demandée contre un sujet du roi; qu'il est juste dès-lors d'user d'une exacte réciprocité;

Attendu, au fond, que Carron-Grezard ne conteste pas la créance de la maison de commerce Nialon et Mouchet, qu'il n'a justifié d'aucun paiement à compte de sa dette et que son opposition n'est relative qu'à la contrainte par corps prononcée par le susdit jugement:

Permet l'exécution rière son ressort du jugement dont il s'agit du tribunal de Commerce de Genève, par toutes voies permises par les lois du pays, sauf par la contrainte par corps.

PETTITI, *P. P.*   ARMINJON, *R.*

---

19 Juin 1841.

DONATION. — FRAUDE. — DATE CERTAINE.

Art. 1258 C. c.

La donation faite par l'époux à sa future épouse, dans son contrat de mariage, est censée à titre gratuit: elle ne préjudicie point aux créanciers antérieurs, qui peuvent en demander la révocation, en prouvant qu'elle excédait les avoirs du donateur.

L'épouse donataire n'est pas l'ayant-cause de son mari, en ce sens que les créanciers de ce dernier puissent demander la révocation des libéralités qu'il lui a faites, sans justifier que leurs créances avaient date certaine antérieure à ces donations.

DISCUSSION DUSSERRE.

Par contrat de mariage du 27 novembre 1811, Marin notaire, noble Dusserre fit donation à dame Marie de Syon, sa future épouse, d'une somme de 15,000 liv.

L'hoirie de noble Dusserre étant tombée en discussion, les héritiers de la dame de Syon se présentèrent en demandant à être colloqués pour cette somme de 15,000 liv.

Sur quoi, LE SÉNAT:

Attendu que les lois romaines faisaient une distinction entre les actes à titre onéreux et les actes à titre gratuit, les premiers ne pouvaient être attaqués qu'autant qu'il y avait fraude *ex utraque parte*; pour les seconds, au contraire, il suffisait qu'il y eût intention, *animum fraudandi*, de la part du débiteur. Cette intention et cet esprit étaient toujours présumés dès qu'il y avait préjudice pour les créanciers, § 5, Instit. *Quibus*

manumitt. non licet et passim. Ces mêmes principes ont été adoptés par le Code civil, sous l'empire duquel a été passé le contrat, Marin notaire.

Attendu que la donation dont il s'agit n'ayant pas été faite à titre de dot, et ne présentant que les caractères d'une libéralité pure et simple, ne saurait être envisagée comme faite à titre onéreux; que dès lors il devient le cas d'examiner si vraiment le sieur Dusserre était déjà en état de déconfiture le 27 novembre 1811;

Attendu qu'il ne paraît pas douteux, d'après l'instance de discussion, que la chose ne fût ainsi; car toutes les dettes, sauf de légères exceptions, ont une date ou une origine antérieure à ladite époque, qu'il est prouvé que Dusserre empruntait partout, sans considérer le mauvais état de ses affaires et sans examiner si ses biens et ses avoirs suffiraient au paiement de ses nombreux créanciers;

Que ce mauvais état de ses affaires était un fait si certain à l'époque de la donation, que, quoiqu'il ait reçu une somme de 16,000 liv. pour dot et trousseau, et que le mariage n'ait duré que trente mois environ, cette somme a été absorbée, sauf 500 liv., dont la représentation est offerte par spectable Déperse, sans qu'on ait désintéressé les créanciers et sans qu'on ait fait résulter de l'emploi de ce capital, malgré les réquisitions faites à cet égard;

Que s'il était vrai, comme on le voit par l'état de l'actif et du passif de la discussion, que Dusserre même, en recevant 16,000 liv. le 27 novembre 1811, soit demeuré au-dessous de ses affaires, il n'aurait pu sans fraude faire à sa femme, au préjudice de ses créanciers, une donation aussi considérable;

Que la faveur des contrats de mariage ne saurait légitimer de pareilles conventions; qu'il serait trop facile à des époux de soustraire leur actif aux poursuites des créanciers; qu'il n'est pas le cas d'examiner si le donataire a eu connaissance de la fraude; mais si les créanciers alors existants, ayant titres à date certaine, ont été lésés; que le donataire n'éprouve en cela aucun tort, puisqu'on ne lui prend rien, et qu'il cesse seulement de gagner au préjudice d'autrui; (tit. 5, *Cod. de resol. his quæ in fraud.*);

Attendu néanmoins que la dame de Syon de St-André, veuve Dusserre, devant être considérée comme un tiers vis-à-vis des créanciers de son premier mari Jacques

Dusserre, on ne peut lui opposer, soit à
ceux qui la représentent, les titres de créances qui n'avaient pas une date certaine au
moment de son contrat de mariage, aux
termes de l'article 1528 du Code civil de
France; qu'ainsi les héritiers de ladite dame
de Syon devront supporter, sur la collocation du montant de la donation, le prélèvement des sommes dues aux créanciers ayant
titre à date certaine avant la donation;

Colloque au cinquième degré, etc.

DE MONTBEL.   MONOD, R.

---

21 Juin 1841.

ABSENT DES ÉTATS. — CURATEUR. — DÉLAIS. — APPEL.

§ 18, tit. 4, liv. 3 des R. C.

Les actes faits en contradictoire d'un curateur
établi à la cause d'un absent ont la même force que
s'ils avaient été faits en contradictoire de l'absent
lui-même.

Spécialement la signification de la sentence au
curateur établi à la cause fait courir les délais. Si les
absents reparaissent après l'expiration de ces délais,
ils ne peuvent être restitués en entier.

LES CONSORTS LEJEUNE ET GUIDY c. LEJEUNE.

LE SÉNAT : Attendu que tous les délais
étaient expirés lorsque les défenderesses ont
interjeté et relevé leur appel de la sentence
dont il s'agit, d'abord signifiée le 7 juillet
1837, à Me Héritier, en sa qualité de curateur établi à leur cause, par sentence du
même tribunal, du 14 mars précédent, et
ensuite lue et publiée le 8 dudit mois de
juillet, à la porte de ce tribunal, ainsi qu'il
en conste de l'exploit signé Benod;

Attendu qu'aux termes du § 18, tit. 4,
liv. 3 des R. C., les actes faits en contradictoire du curateur établi à la cause d'un
absent, ont la même force que s'ils avaient
été faits en contradictoire de l'absent lui-
même;

Déclare Marie Lejeune, Ve Dupasquier,
et Marianne Guidy, veuve Astier, non-recevables en leur appel.

PETTITI, P. P.
DE BUTTET DE TRESSERVE, R.

---

26 Juin 1841.

SUCCESSION FUTURE. — VENTE. — RENONCIATION.

Art. 1220, 1607 C. c. (D. R.)

La vente de l'hoirie d'une personne vivante n'était
permise sous les lois romaines qu'entre les héritiers
présomptifs et du consentement de cette personne;
il fallait encore que cette dernière eût persévéré dans
sa volonté jusqu'à sa mort. [1]

Elle est censée avoir changé de volonté dès qu'elle
ajoute un legs à la somme promise pour prix des
droits successifs vendus.

Les renonciations faites par les filles, sous l'empire
de la loi de nivôse an II, sont nulles, même lorsque
la succession ne s'est ouverte que depuis le rétablissement des R. C., qui autorisent ces renonciations.

LAVOREL c. LAVOREL.

LE SÉNAT : Attendu que le pacte sur la
succession d'un homme vivant n'était excepté par la loi 30, au Code De pactis, de
la réprobation portée par le droit commun
contre ces sortes de conventions, que lorsqu'il avait lieu entre les héritiers présomptifs; que celui de l'hérédité duquel il s'a-
gissait, y avait donné son consentement
exprès; et qu'il avait persisté jusqu'à sa
mort dans cette volonté;

Attendu que la première des conditions
requises par la loi précitée ne se rencontre
pas dans les actes des 17 pluviôse an VII et
20 pluviôse an X, Brunet notaire, puisqu'il
s'y agit de ventes et cessions passées par des
enfants Lavorel à un Jacques Jacquet et à
un Georges Dunoyer, étrangers à la famille
des cédants; que, par rapport à Louise-
Marie Lavorel, le père, qui donnait son
consentement à l'acte de l'an X, n'a pas
persisté jusqu'à sa mort, dans sa volonté
exprimée audit acte, puisque dans son testament du 22 décembre 1824, Guillet note,
il a légué à sadite fille une somme en sus
de ce qui lui avait été attribué dans l'acte
de l'an X, et qu'à défaut par ses autres enfants y dénommés, de se contenter des légitimes par eux reçues, il les réduisait à la
légitime telle que de droit;

Que les renonciations de la part de Marie

---

[1] 18 février 1839, Jacob c. Jacob; Coppier, R.
Arrêt conf. 28 mars 1844, Chaudet c. Chaudet;
de Brichanteau, R.

Lavorel à tous plus amples droits dans la succession de son père, au moyen de la somme qui lui avait été constituée, doivent, aux termes de la loi du 17 nivôse, expliquée par celle du 22 ventôse an II, être réputées non avenues ; que c'est la loi en vigueur lors du contrat qui régit la renonciation qu'il contient, et non celles en vigueur lors de l'ouverture de la succession paternelle ;

A reçu et reçoit appelant..... Déclare les actes dont il s'agit ne pas obster aux conclusions prises par les demanderesses pour raison des dots et légitime qui leur compètent dans la succession de Jean-Pierre Lavorel.

PETTITI, *P. P.* ANSELME, *R.*

---

3 Juillet 1841.

DISCUSSION. — PACTE DE RACHAT.

(D. A.)

On appelle discussion une instance d'ordre qui comprend tous les avoirs du débiteur ou de son hoirie, lorsqu'elle a été répudiée ou acceptée sous bénéfice d'inventaire.

Il est de jurisprudence sous nos lois anciennes que lorsque le vendeur sous pacte de rachat vient à être discuté avant l'expiration du terme accordé pour l'exercice du rachat, les biens vendus rentrent dans le patrimoine de la discussion, sauf à l'acquéreur à se créditer à son rang pour obtenir la restitution du prix. [1]

DISCUSSION DE SAUVAGE C. MARTIN.

LE SÉNAT : Attendu que dans l'acte de vente qu'il a passé à Martin, le 20 décembre 1829, Dufour notaire, le sieur de Sauvage s'est réservé la faculté de rachat pendant dix ans ;

Attendu que ce terme n'était pas expiré lorsque l'instance de discussion a été introduite, et qu'il est de principe consacré par une jurisprudence constante que, dans ce cas, les biens vendus sous réméré rentrent dans le patrimoine du discuté, sauf à l'acheteur à former demande du prix et à être colloqué à son rang ;

Déclare les enchères du quatrième lot bonnes et valables, sauf à François Martin

à être colloqué à son rang pour la somme à lui due par l'hoirie de Sauvage.

PETTITI, *P. P.* DE LA CHARRIÈRE, *R.*

Nota. — Martin s'était porté opposant aux enchères qui avaient adjugé, à son préjudice, les immeubles par lui acquis dans l'acte du 20 décembre 1829.

---

5 Juillet 1841.

PROVISION. — MODE DE PAIEMENT.

Les provisions accordées par les tribunaux au légitimaire pendant la durée du procès en demande de légitime, doivent toujours lui être payées en argent. [1]

VEYRAT C. VEYRAT.

Jean-Pierre Veyrat, jeune poète dont la Savoie déplore encore la mort prématurée, s'était pourvu contre son frère Claude-Joseph pour obtenir, du chef de Sébastien, son frère, une légitime dans la succession de leur père commun : le tribunal d'Albertville où la cause était en instruction lui accorda une provision de 600 liv.

Claude-Joseph appela de cette ordonnance : il concluait à ce que son frère fut débouté de sa demande en provision, sauf à lui à se prévaloir de l'offre faite de lui délivrer provisoirement des immeubles pour une valeur de 4,000 liv. ;

Sur ce, LE SÉNAT :

Attendu que le droit à une légitime afférent au demandeur, du chef de Sébastien Veyrat, son frère, dans la succession de François Veyrat, leur père commun, décédé en 1836, n'est pas contesté par le défendeur ;

Qu'il est constant au procès que le père Veyrat avait fixé dans son testament du 26 avril 1826, Rey notaire, le montant de cette légitime à la somme de 5,000 liv. ;

Attendu que le demandeur qui s'est plaint de l'insuffisance de ladite légitime est en instance pour faire procéder à la composition de masse et obtenir un supplément ;

Attendu que les provisions accordées en pareil cas par les tribunaux, le sont par forme d'aliments et pour fournir aux frais

---

[1] V. Concl. du 21 avril 1810.

[1] Arrêt conf. : 25 juillet 1838, Girardin c. Bellemin ; Coppier, R. — 2 novembre 1846, Curtil c. Curtil ; Clerc, R.

du procès, qu'elles sont payables en argent;

Attendu que le tribunal d'Albertville, en accordant au demandeur, par sa sentence du 19 mai dernier, la provision de 600 liv. à valoir sur ses droits, a fait une juste application des lois sur la matière :

Déclare Claude-Joseph Veyrat non-recevable. PETTITI, *P. P.* ANSELME, *R.*

---

5 Juillet 1841.

INTÉRÊTS. — QUITTANCE. — PRÉSOMPTION.

Art. 1465 C. c. (D. R.)

Le débiteur qui représente un reçu par lequel il lui est donné quittance des intérêts d'une annuité déterminée, est présumé avoir acquitté tous les intérêts des années précédentes.

Le créancier peut cependant détruire cette présomption par tous moyens de droit.

COLLY C. PERNOLET.

Attendu que si, aux termes du droit et de la jurisprudence, le débiteur qui représente sa quittance de trois annuités d'intérêts, n'est présumé avoir soldé les années antérieures qu'autant qu'il exhibe trois reçus distincts pour autant d'annuités entières et consécutives, cette triple condition n'est exigée que dans le cas où les reçus ne mentionnent pas les annuités acquittées autrement que par la date même des reçus; mais que la même présomption de droit existe par la représentation d'un seul reçu où il serait spécifié que le paiement a lieu pour telle année déterminée, puisqu'il est naturel, en effet, d'en conclure que le créancier n'aurait pas donné la libération de la dernière année, pendant que les précédentes lui seraient encore dues;

Que tel était, dans l'espèce, le reçu sous date du 3 décembre 1831, dès qu'il y est expliqué que les trente livres sont à compte des intérêts de 1830 et de 1831, ce qui indiquait bien que ceux des années antérieures étaient à jour;

Qu'ainsi, le jugement dont est appel aurait d'autant moins fait grief aux appelants, que ceux-ci ne s'étaient point acheminés alors à fournir une preuve, ni même une présomption contraire; rien de semblable ne résultant de l'interpellation faite au défendeur de produire tous ses reçus, puisqu'il

prétendait précisément que celui ci-dessus mentionné le dispensait de représenter les précédents, et que, dans ce cas, il n'aurait pas été tenu en effet d'exhiber toute la série de ses quittances;

Que d'ailleurs l'intimé se trouverait en appel dans une position bien plus favorable encore par la nouvelle production qu'il y a faite du reçu, sous date du 22 novembre 1830, par lequel il est formellement libéré de la cense entière de 1829, ce qui suppose, d'une manière toujours plus explicite, qu'on n'avait plus rien à lui demander pour les années antérieures;

Attendu néanmoins que le créancier étant admissible à détruire la présomption dont il s'agit par tous moyens de droit, et les appelants ayant à ces fins donné des positions à l'intimé, il reste à examiner si elles sont effectivement relévatoires :

Par ces motifs...., ordonne avant tout que l'intimé répondra en personne à la première partie de la seconde position conçue en ces termes : « que les intérêts antérieurs à « 1829 sont encore dus en partie, du moins « n'ont pas été quittancés au reçu privé du « 29 novembre 1830. »

D'ALEXANDRY, *P.* D'ARCOLLIÈRES, *R.*

---

9 juillet 1841.

ENQUÊTE. — PROCUREUR.

Le procureur est *Dominus litis*; il suffit de l'assigner pour voir jurer les témoins, sans qu'il soit nécessaire de citer la partie. [1]

D'ALLEMAGNE C. FALQUET.

LE SÉNAT : Attendu que le procureur constitué en cause est *Dominus litis*, et qu'il est de jurisprudence constante que la partie qui fait enquêter, doit seulement assigner le procureur de la partie adverse à comparaître pardevant le commissaire chargé de l'enquête pour voir jurer les témoins et leur donner des interrogatoires...;

Sans s'arrêter à la nullité proposée.

PETTITI, *P. P.* ARMINJON, *R.*

---

[1] Concl. du 19 janvier 1841. — Arrêt conf. : 18 juillet 1835, les mariés Roux et Richard c. Ouvrier-Bonnaz ; Coppier, R. — 20 avril 1845, commune de Montailleur c. Berger ; Anselme, R.

8

9 juillet 1841.

PROCUREUR. — SUCCESSEUR A L'OFFICE. — INSTANCE D'ORDRE.

Le procureur qui a reçu des titres de créance de son client pour se présenter dans une instance d'ordre, est responsable si, par sa négligence, la collocation n'a pas lieu.

Dans l'instance d'ordre, la mort d'un créancier produisant n'éteint point le mandat donné ; l'instance se poursuit en contradictoire du procureur constitué, sans qu'il soit nécessaire de mettre en cause les héritiers. [1]

RAVOIRE C. PILLET, POLLINGUE ET AUTRES.

LE SÉNAT : Attendu que par acte au procès du 14 mars 1820, Me Pollingue se présenta pour Pierre Ravoire dans l'ordre introduit par Marie Collet, et produisit, pour fonder la demande de la somme de 656 liv. 14 c., un acte obligatoire du 8 mai 1807, inscrit le 14 septembre suivant ;

Attendu que, du certificat délivré au procès par Me Canet, le 2 décembre 1837, il résulte que les deux pièces produites par Me Pollingue furent retirées par Me Mongenet, son substitut ;

Attendu que, suspendue pendant de longues années, la poursuite de l'ordre dont il s'agit n'a été reprise que par acte du 23 août 1833 ;

Attendu qu'à cette époque Me Pillet était déjà successeur à l'office de Me Pollingue décédé en 1831, et qu'ainsi il était tenu de remplir les obligations de Me Pollingue envers son mandant Pierre Ravoire ;

Attendu qu'il est établi que dans l'intervalle qui s'est écoulé dès le 7 mars 1834 au 8 février 1836, Me Pillet a été assigné sept fois, et que, malgré ces assignations multipliées, non-seulement il n'a pas produit les pièces qui justifiaient la demande dudit Ravoire, mais il a gardé le plus complet silence au procès ;

Attendu que d'après les pièces de l'instance, et notamment d'après la date du titre constitutif de la créance réclamée, il consta que Pierre Ravoire aurait eu droit à une collocation en rang utile dans l'arrêt du 19 novembre 1833 ; que s'il n'a pas été colloqué,

ce n'a été que par la faute de Me Pillet, qui n'a pas rempli dans ce cas les devoirs de sa charge ;

Attendu que d'après l'article 33 de l'arrêt réglementaire du 17 novembre 1827, c'était aux héritiers de Me Pollingue et non aux héritiers de Pierre Ravoire, que Me Pillet devait réclamer les pièces retirées par ledit Pollingue, et qu'ainsi il a à s'imputer de n'avoir pas rempli les formalités prescrites par ledit article, qui a pour but de mettre à l'abri les intérêts des clients, dans le cas de remplacement de leur procureur ;

Attendu que le décès de Pierre Ravoire, arrivé en 1825, n'a rien changé aux obligations de Me Pillet, parce qu'il est constant en jurisprudence que la mort d'un créancier produisant, ne nécessite pas l'appel en cause de ses héritiers, ce qui autrement entraverait les procédures d'ordre, et serait contraire à l'esprit de la loi qui, en pareille matière, considère la créance plutôt que la personne du créancier :

Par ces motifs, condamne Me Pillet à payer aux consorts Ravoire la somme de.... avec dommages et intérêts.

PORTIER DU BELLAIR, P.   DE JUGE, R.

---

12 Juillet 1841.

APPEL. — DÉLAI. — PROCUREUR.

La signification d'un jugement au procureur constitué, ne fait pas courir les délais d'appel ; cependant lorsque la partie, dans une écriture, mentionne cette signification et discute sur le mérite du jugé, on admet que les délais d'appel ont couru dès cette date. [1]

DE VIGNET C. DURAND.

LE SÉNAT : Attendu que le jugement dont est appel du 6 mars 1835, a été signifié au procureur du sieur appelant le 18 même mois, et que ce dernier en a eu connaissance au moins le 9 juin suivant, puisque dans l'écriture qu'il a donnée au procès ledit jour 9 juin, et qui a été communiquée le surlendemain au procureur de l'intimé, il mentionne la signification faite, et discute sur la portée qu'on doit attribuer au jugé ;

---

[1] Concl. du 17 juin 1810.

[1] V. arrêt 21 juillet 1815 : Baud c. Baud ; d'Arcollières, R.

qu'il est dès lors évident que les délais pour interjeter et relever appel du susdit jugement, ont couru dès la date de ladite écriture, et qu'ils étaient expirés depuis longtemps, lorsque le sieur appelant a demandé au Sénat les décret et lettres citatoires du 14 mars 1836 :

Déclare le sieur appelant non-recevable en son appel.

PETTITI, *P. P.*   ARMINJON, *R.*

----

15 Juillet 1841.

RÉMÉRÉ. — TERME. — DOL.

Art. 1667 C. c. (D. R.)

Le vendeur n'est pas déchu de la faculté d'exercer le réméré par l'échéance du délai convenu, lorsque c'est par la faute ou par le dol de l'acheteur que les offres réelles n'ont pas été faites en temps utile.

LA FEMME BLANCHET C. MÉTRAL.

LE SÉNAT : Attendu que l'enquête à laquelle il a été procédé, établit que Michel Métral s'est présenté deux fois, le 15 avril 1838, chez la demanderesse, pour y faire des offres réelles ; que cette dernière et son mari se sont malicieusement absentés ce jour-là ; qu'il s'y est de nouveau présenté le lendemain, et que la demanderesse a refusé de recevoir le prix de la rétrocession des immeubles à elle vendus par Michel Métral ; qu'ainsi ce dernier ne peut pas avoir perdu, par le fait de la demanderesse, le droit d'exercer le rachat ;

Déclare Marie Bally, femme Blanchet, tenue de passer au défendeur, dans le terme de cinquante jours et aux frais de ce dernier, contrat de revente, avec restitution de fruits, tels que de droit, à la charge par le défendeur de payer le prix de vente et les loyaux coûts.

PORTIER DU BELLAIR, *P.*   COTTA, *R.*

----

16 Juillet 1841.

CESSION. — DROITS LITIGIEUX. — RENONCIATION.

Art. 1703 C. c. (E. H.)

L'exception tirée des lois *Per diversas* et *ab Anastasio*, est opposable à toute cession de créances, même non litigieuses, sauf les cas exceptés dans cette loi.

Cette exception étant péremptoire, peut être opposée en tout état de cause.

Le paiement des censes entre les mains du cessionnaire sans aucune protestation, rend le débiteur non recevable à se prévaloir des lois citées.

BOUVIER C. VALLIEN ET AUTRES.

LE SÉNAT : Attendu que la créance dont il s'agit, n'avait rien de litigieux, lors de la cession qui en a été faite à Etienne Bouvier ;

Que toutefois elle ne serait pas moins sujette à l'exception des lois *Per diversas* et *ab Anastasio* qui ont été étendues, d'après la jurisprudence, à toute cession de créance indistinctement, hors les cas exceptés dans ces mêmes lois, et que d'ailleurs il n'aurait obsté en l'espèce au débiteur cédé, ni du silence qu'il aurait gardé à cet égard *a limine litis*, puisque, à teneur du § 4, tit. 8. liv. 5 des R. C., ladite exception est rangée dans les péremptoires, et peut ainsi être proposée en tout état de cause, ni de la chose jugée par l'arrêt du 28 décembre 1839, dès que le Sénat s'y est borné à rejeter les moyens de défaut de droit reproduits, nonobstant le premier jugement dont il n'avait pas été appelé ;

Attendu néanmoins qu'il existe, sur ce même point, une autre fin de non-recevoir insurmontable pour les consorts Vallien, dans le consentement qu'ils ont donné à la cession, non-seulement par les paiements de censes qu'ils ont faits dès longtemps au cessionnaire lui-même, sans aucune protestation de leurs droits, mais encore par les déduites qu'ils ont aussi faites sans réserves sur ces paiements, dès l'origine et dans tout le cours de l'instance ; d'où il suit qu'ils ne peuvent plus aujourd'hui, sans se mettre en contradiction avec leur propre fait, contester à Bouvier des droits qu'ils lui ont constamment reconnus, et par conséquent lui opposer une exception à laquelle ils ont renoncé itérativement et en connaissance de cause ;

Par ces motifs, sans s'arrêter aux con-

----

[1] Arrêt contr. 4 juin 1836 : Berland c. Raymond ; de Savoiroux, *R.* — 15 décembre 1838, Ruphy c. Falquet ; Mareschal, *R.*

[2] Arr. contr. 12 juillet 1838 : Novel c. Briqueler ; Arminjon, *R.* — 15 février 1840, Pignière c. Regaud ; Jacquemoud, *R.* — 17 mai 1844, Lavenaz c. Bojet ; De Juge, *R.*

clusions des défendeurs, les condamne à payer le montant de la cession.

D'ALEXANDRY, *P.* D'ARCOLLIÈRES, *R.*

---

17 Juillet 1841.

APPEL. — ANTICIPATION. — DÉCRET D'ADJUDICATION.

Art. 94 (E. H.)

Avant l'édit du 13 avril 1841, il était admis en jurisprudence que l'anticipation d'appel de la part de l'intimé, dispensait l'appelant de relever lui-même son appel ; il ne lui était fixé aucun délai pour prendre ses conclusions. [1]

Aux termes de l'art. 94 de l'édit hypothécaire, il n'est pas exigé à peine de nullité du décret, que la requête présentée pour obtenir l'autorisation de se faire adjuger les biens de son débiteur, contienne la désignation des biens dont l'adjudication est demandée.

BROCHE C. FLANDIN.

LE SÉNAT : Attendu, quant au décret du 15 juin 1838, qu'il a été signifié, le 28 du même mois, par le sergent royal à ces fins commis, à l'appelant en personne, et que celui-ci n'en a interjeté appel que le 14 juin 1839, conséquemment hors de tout délai de restitution en entier ; mais qu'il en est autrement du décret du 7 juin 1839, puisque l'appel en a été émis le même jour, soit le septième jour après sa date et le lendemain de celui où il a été signifié à l'appelant ;

Attendu, d'autre part, qu'il est de jurisprudence avérée que l'anticipation, émise par l'intimé, dispense l'appelant de relever lui-même son appel ; qu'ainsi Flandin n'est pas admissible à opposer à Broche de n'avoir relevé le sien que par écriture du 29 novembre 1839, surtout que ce dernier avait répondu, dès le 21 septembre précédent, jour de la signification du soit-montré de la requête en anticipation du 29 juillet, qu'il entendait persister à son appel ;

Qu'ainsi il est le cas d'examiner si Broche peut être reçu appelant, au fond, du second desdits décrets ;

Attendu, à cet égard, qu'il n'est point fondé à impugner ce décret, non plus que la requête qui y a donné lieu, pour cause d'omission de la désignation des biens que l'intimé se proposait de se faire adjuger ; car l'édit du 16 juillet 1822, qui régit l'espèce, n'exige cette désignation que pour l'injonction préparatoire de payer dans trente jours (art. 94), et cette même formalité avait été remplie lors du décret injonctionnel du 15 juin 1838, et pour la requête présentée par le créancier au commissaire nommé pour procéder à l'adjudication (art. 95) ; que si à la vérité ladite omission se remarque effectivement dans la requête de Flandin au notaire commis Pondruel, sous date du 11 juin 1839, elle n'est pas moins sans influence possible sur un décret qui lui est antérieur, outre que cet acte, ainsi que celui dudit commissaire du même jour, sont étrangers à l'appel émis, et n'ont d'ailleurs conservé aucune importance pour le fond de la cause ;

Par ces motifs, déclare Broche non recevable en son appel du décret du 15 juin 1839 ; pour le surplus (par des motifs omis), ordonne de procéder à nouvelle liquidation.

D'ALEXANDRY, *P.* D'ARCOLLIÈRES., *R.*

---

19 Juillet 1841.

VENTE DE DEUX HOIRIES. — SUCCESSION FUTURE.

Art. 1507 C. c.

Lorsque deux hoiries, dont l'une est ouverte et l'autre ne l'est pas encore, sont vendues par un même acte, mais pour des prix distincts, la nullité de l'une des ventes est sans influence sur la validité de l'autre. [1]

CHAPPUIS C. BOCQUET.

LE SÉNAT : Attendu qu'en matière d'interprétation d'actes, il est de principe d'en expliquer les dispositions les unes par les autres ; qu'ainsi le pacte sur la succession future de la mère Chappuis, objet du second article du contrat du 10 juin 1831, Jacquet notaire, explique le motif des énonciations contenues dans le préambule dudit contrat relatives à la présence de ladite Chappuis ;

---

[1] Contr. depuis l'édit du 13 avril. — 9 août 1841, Planche c. Curtaud ; de St-Bonnet, R. — 31 décembre 1841, Curtet c. Loridon ; Arminjon, R.

[1] V. 14 août 1810 : Abry c. Abry ; Cotta, R.

Attendu qu'il ne suffit pas de s'arrêter à l'intention présumée de l'une des parties contractantes, pour interpréter ce qu'il y aurait d'obscur dans un acte, mais que l'on doit encore examiner celle de l'autre partie, puisque la perfection du contrat naît du concours de deux volontés pour le même objet; que dans l'acte dont il s'agit, non-seulement on ne rencontre aucune clause qui indique que l'intention de l'appelant ait été de subordonner l'efficacité du traité relatif à la succession paternelle qui était ouverte, à l'efficacité de celui relatif à la succession future de la mère, mais que cette intention est au contraire écartée par la nature même des deux traités, par le prix distinct de chacune des cessions, par les termes convenus du paiement du capital, et par la stipulation des intérêts des 50,000 liv. qui couraient dès le jour même de l'acte, et par l'absence de toute clause propre à garantir, en faveur dudit Chappuis, la répétition des sommes qui auraient pu être payées à Virginie Chappuis, en vertu du traité relatif à la succession du père commun, en cas d'inefficacité du traité sur la succession future de leur mère, par suite du changement possible de la volonté de celle-ci;

Attendu que l'hypothèque, qui n'est qu'un accessoire de la créance pour sûreté de laquelle elle a été consentie, suit le sort de celle-ci; qu'ainsi il est indifférent que, par une même clause, des immeubles du débiteur aient été grevés pour raison de deux créances, dont une serait certaine et l'autre conditionnelle;

Attendu que l'intervention de la veuve Chappuis dans cette instance est inutile, puisque il s'y agit de l'exécution du traité relatif à la succession du père Chappuis, auquel traité ladite Chappuis est étrangère, et qu'il n'est pas le cas de statuer sur celui qui est relatif à sa propre succession :

Adoptant, pour le surplus, les motifs des premiers juges, déclare Henri Chappuis non recevable en son appel.

PETTITI, *P. P.*   ANSELME, *R.*

---

23 Juillet 1841.

DOT CONGRUE. — SUPPLÉMENT.

Art. 916 C. c. (D. R.; C. N.)

Les femmes dotées et mariées sous l'empire des lois françaises, peuvent demander un supplément de dot congrue dans les successions de leurs parents décédés depuis la Restauration.

Le supplément ne doit pas être nécessairement calculé sur le pied de la légitime. [1]

BASTIAN c. DAME JACQUIER.

Attendu, sur le second chef, que la jurisprudence a bien admis que les femmes dotées et mariées sous les lois françaises, étaient en droit de réclamer un supplément de dot dans les successions de leurs parents décédés sous l'empire des R. C.; mais qu'il n'est pas également constant qu'elle ait consacré en principe, comme l'ont décidé les premiers juges, que cette dot doive égaler la légitime; elle est au contraire assimilée à celles des femmes mariées sans dot sous lesdites lois royales; en conséquence, elle peut être supérieure ou inférieure à la légitime, suivant les circonstances :

Déclare Prospère-Françoise Bastian avoir droit de réclamer un supplément de dot dans la succession de son père, telle qu'elle sera fixée par experts.

D'ALEXANDRY, *P.*   SEITIER, *R.*

---

26 Juillet 1841.

HYPOTHÈQUE DOTALE. — EXCEPTION *CEDENDARUM ACTIONUM.* — EXCEPTION DE DISCUSSION.

Art. 1330, 1331, 2170, 2171, 2258 C. c.

L'hypothèque de la femme, pour ses reprises matrimoniales, s'étend sur tous les immeubles qui ont appartenu à son mari.

Bien qu'elle ait laissé clore, sans s'y présenter, plusieurs instances d'ordre ouvertes pour la distribution du prix de quelques-uns des immeubles de ce dernier, elle n'est pas, dans ce cas, passible de l'exception *cedendarum actionum.*

Les tiers-détenteurs ne peuvent lui opposer l'exception de discussion, ni demander la vente préalable des biens restant au mari, lorsque l'assignation en immeuble faite à la femme pour la remplir de ses droits, l'a été conformément à l'art. 1518 du Code civ.

---

[1] Concl. 4 avril 1839. — Arrêts contr., 17 juillet 1835, les mariés Carmoz et consorts c. Carmoz; Anselme, R. — 3 juillet 1839, Vernaz c. Vernaz; de la Charrière, R.

Arr. conf. 29 avril 1843 : Cottarel c. Cottarel; Milliet de St-Alban, R. — 27 juin 1841, Michaud c. Jacquet; Milliet de St-Alban, R.

PERRET ET CONS. C. LA FEMME VEILLARD.

LE SÉNAT : Attendu que, suivant les articles 2170 et 2171 du Code civil et les lois antérieures, tous les immeubles qui ont été la propriété de Veillard Antoine, sont affectés à l'hypothèque légale de la demanderesse pour la garantie de ses reprises matrimoniales, et que cette hypothèque subsiste sur chacun de ces immeubles, tant qu'ils n'en ont pas été affranchis en remplissant les formalités prescrites par les lois sur la matière ;

Attendu que le Code civil n'a point modifié ce principe général ; qu'il s'est borné à régler par les articles 1550 et 1551 l'ordre dans lequel la femme doit exercer son action contre les tiers-détenteurs ; qu'il ne lui a point imposé l'obligation de se présenter dans tous les ordres qui sont ouverts pour la distribution du prix des biens provenus de son mari ; que dès lors, la femme n'est tenue de céder les actions qui lui compétent que sur les immeubles qui restent soumis à son hypothèque générale ; d'où il suit que l'exception des demandeurs mesurée du défaut de subrogation de la part de l'intimée est inadmissible ;

Attendu que ledit Code n'accorde point aux tiers-détenteurs le droit d'obliger la femme assécurée à faire subhaster les biens qui restent en la possession de son mari, et que les tiers n'ont que le droit qui leur est réservé par l'art. 1548 ;

Déclare les appelants non-recevables.

DE MONTBEL.   SEITIER, *R.*

---

30 Juillet 1841.

SÉPARATION DE CORPS. — SÉPARATION DE BIENS.

Art. 143, 1555 C. c.

La séparation illimitée, *quoad thorum et habitationem*, prononcée par le juge ecclésiastique, est précisément celle qui est mentionnée aux art. 143 et 1555 du Code civil, sous le nom de séparation définitive, et qui donne ouverture à la demande en séparation de biens.

Le tribunal laïque est seul compétent pour régler les intérêts civils des époux après la séparation de corps. [1]

---

[1] Concl. du 22 décembre 1810.

APPRATO C. MARIE CHARDONNET.

Le 2 novembre 1831, les parties comparaissent en personnes devant le Révérend official du diocèse de Maurienne, lui signalent les motifs qui rendent leur séparation nécessaire, le prient de ne pas les consigner dans sa sentence ; en même temps, elles demandent acte des conventions arrêtées entre elles, relativement à leurs intérêts civils.

Le Révérend official prononce la séparation *quoad thorum et habitationem* et leur donne acte de leurs réquisitions et conventions.

Le 28 novembre 1838, Marie Chardonnet, en invoquant les dispositions de l'art. 1555 du Code civil, demande, pardevant le tribunal de Maurienne, la séparation de ses avoirs dotaux.

Apprato s'y oppose, en disant que la séparation de corps prononcée n'était que provisoire, et ne pouvait en conséquence donner ouverture à la séparation de biens.

Sur l'appel, LE SÉNAT :

Attendu que la sentence de l'official, en date du 2 novembre 1837, a, sur les griefs allégués, prononcé la séparation illimitée de lit et d'habitation des mariés Apprato, ce qui s'entend toujours sans préjudice de la faculté qu'ont les époux de se réunir de nouveau de leur commun consentement ;

Attendu que cette séparation est précisément celle que le Code civil, aux art. 145 et 1555, regarde comme définitive par opposition à la séparation provisoire qui, dans des circonstances particulières, est ordonnée pour un temps limité, même en cas d'urgence, par le tribunal civil, aux termes de l'art. 140 ;

Attendu qu'il ne s'agit, conséquemment en l'espèce, que d'examiner la question laissée par ledit art. 1555 du Code civil à la prudente appréciation du juge, s'il est le cas, vu les circonstances, d'accorder à la femme la séparation de ses avoirs dotaux ;

Attendu que les arrangements domestiques énoncés dans la sentence de l'official ne sont pas revêtus de la forme légale propre à modifier ou seulement à confirmer, après la séparation desdits époux, les clauses de leur contrat de mariage, et ne peuvent ainsi former un obstacle préjudiciable à la demande de la femme Apprato ;

Attendu que les allégations de l'appelant sur l'état de sa fortune, sur les produits de sa profession et sur ses économies annuelles, démontrent qu'il n'a pas besoin, pour son existence, des avoirs de sa femme ;

Attendu, d'autre part, que les faits énoncés dans les mémoires de l'appelant ne seraient pas concluants pour l'objet de ses exceptions :

Par ces motifs...., et pour le surplus, adoptant les motifs des premiers juges, déclare Apprato non-recevable.

PETTITI, *P. P.*   GIROD, *R.*

2 Août 1841.

ÉCHELAGE. — DISTANCES.

Art. 591 C. c. (Q. T.)

Le droit d'échelage est présumé en faveur du propriétaire d'un mur qui joint l'héritage du voisin.

Les constructions qui ne se trouvaient pas à la distance légale lorsqu'elles ont été commencées, et qui n'ont dès lors été continuées que moyennant caution pendant la durée du procès, doivent être maintenues, si la législation venant à être changée, elles se trouvent être, au jour du jugement définitif, à la distance prescrite par la loi nouvelle. [1]

CHAUVEY C. DIJOUD ET AUTRES.

LE SÉNAT : Attendu que le droit d'échelage, sur le sol du voisin, est présumé de droit en faveur du propriétaire du mur qui longe ledit sol ;

Que cette présomption dans l'espèce est d'autant plus forte, qu'il s'agit d'un mur qui servait anciennement de clôture à un monastère sujet à des visites et à des réparations annuelles, tant à l'intérieur qu'à l'extérieur ;

Attendu que le droit d'échelage emporte celui de passage qui en est l'accessoire ;

Attendu que le défendeur qui a un droit d'échelage sur le sol du demandeur, a pu s'ouvrir un accès à ce sol pour l'exercice de son droit, que cette faculté néanmoins doit être restreinte à ce qu'exige la nécessité de la servitude ;

Attendu que le défendeur a été autorisé provisoirement à continuer les constructions commencées à la charge de donner caution ; que dès lors, il n'y a pas eu de sa part attentat à l'instance ;

Attendu qu'il est en droit de profiter des avantages des lois en vigueur au moment où il a été statué définitivement sur la propriété du terrain en litige, et que c'est d'après les mêmes lois que doivent être jugés les droits des parties au sujet des travaux autorisés provisoirement pendant l'instance et de ceux qui ne l'auraient pas été, puisqu'il n'y a eu, ni pour l'une, ni pour l'autre desdites parties, de droit acquis à cet égard pendant le procès ;

Attendu que le défendeur qui, d'après l'art. 591 du Code civil, pouvait construire une maison sur les confins mêmes de sa propriété, a pu, pour atteindre ce but, élever son mur de clôture existant sur les mêmes confins :

Déclare ne compéter au défendeur, sur le sol du demandeur, que le droit d'échelage et celui de passage pour l'exercice de ce droit, par l'une des ouvertures qu'il a pratiquées dans le mur.

PETTITI, *P. P.*   ANSELME, *R.*

3 Août 1841.

TESTAMENT MYSTIQUE. — SIGNATURE. — FAITS NÉGATIFS.

Art. 755 C. c.

La preuve testimoniale est admise à l'effet d'établir que l'auteur d'un testament mystique ne savait pas lire, bien qu'il ait signé le testament et que dans l'acte de remise il ait déclaré en avoir pris lecture. [1]

Vᵉ GUIMET C. LES SŒURS GUIMET.

Antoine Guimet fait successivement trois testaments ; le dernier, en forme mystique, porte la date du 7 mai 1858 ; il est écrit par un confident et signé par le testateur, qui y a fait insérer qu'après en avoir lu les dispositions qu'il a trouvées conformes à ses intentions, il l'a signé.

Le procès-verbal de remise constate la même déclaration.

Les sœurs Guimet se prétendant lésées par ce testament, en demandant la nullité sous le prétexte que leur père ne savait pas lire ; elles articulent des faits pour le prouver

---

[1] Arrêt conf. : 8 août 1838, veuve Langard c. Voiron ; de Buttet, *R.*

[1] Concl. 7 mai 1841.
Arrêt conf., 25 mai 1841 : Rey c. Rey ; Clerc, *R.*

Le tribunal, par son jugement du 7 janvier 1841, retient les faits articulés.

Sur l'appel de la veuve Guimet, LE SÉNAT :

Attendu que l'appelante a soutenu, soit en première, soit en seconde instance, la validité des trois testaments produits ; que ces trois actes de dernière volonté ne sauraient cependant avoir leur effet simultanément et cumulativement, puisque les dispositions qu'ils renferment ne se réfèrent pas les unes aux autres pour leur exécution ; que, par conséquent, c'est au dernier testament qu'il faut d'abord s'attacher, soit parce que, s'il était reconnu valide, il serait inutile d'entrer dans l'appréciation des deux autres, soit parce que les intimées ont intérêt à la nullité de ce testament, en raison des avantages qu'il contient en faveur de l'appelante ; que le tribunal, en acheminant dans ce sens, l'instruction de la cause, n'a pas fait grief à l'appelante et a suivi l'ordre naturel de la procédure ;

Attendu que l'appelante s'est principalement fondée sur la signature du testateur apposée au bas des testaments, et sur les énonciations y insérées *qu'il avait lu ce qu'il présentait*, pour en tirer la conséquence qu'il savait lire et écrire ;

Attendu que si l'on doit tenir pour certaine la signature que le notaire a constatée authentiquement, il n'en est pas de même de la lecture ; que la capacité de signer n'emporte pas nécessairement celle de savoir lire ; que le notaire n'a pas certifié que le testateur *savait lire*, il n'a fait que recevoir les déclarations du testateur qui, en s'attribuant une faculté qu'il pouvait ne pas avoir, n'a pu créer des présomptions propres à écarter la preuve contraire ;

Attendu, à cet égard, que si, en règle générale, un fait négatif n'est pas susceptible de preuve, il peut y avoir exception comme dans l'espèce où les témoins à entendre seront appelés à donner des causes de science assez positives pour en tirer la conséquence que le testateur savait ou ne savait pas lire, ou au moins pour rejeter la preuve de la science sur la partie qui soutient cette capacité dans le testateur ;

Attendu enfin que cette vérification est un préliminaire d'autant plus nécessaire, que les intimées ont excipé contre le testament du 7 mai 1838 de la nullité prononcée par l'art. 753 du Code civil, et que les parties sont en dissidence sur l'influence que cette nullité pourrait, suivant leurs

prétentions respectives, exercer sur les testaments antérieurs :

Par ces motifs, déclare l'appelante non-recevable en son appel.

D'ALEXANDRY, P. MONOD, R.

———

3 Août 1841.

SUCCESSIONS. — LOIS RÉVOLUTIONNAIRES.

Art. 915 C. c. (Q. T.)

Les effets rétroactifs de la loi du 17 nivôse an II, ont été d'abord suspendus et ensuite abolis par les lois postérieures ; en conséquence, les successions ouvertes en Savoie, en 1793, qui ne sont pas encore recueillies, sont régies par le droit des R. C., sauf les modifications introduites par la loi du 15 avril 1791, relativement à l'exclusion des filles.

HOIRIE D'ANNE CHARVET C. LES CONSORTS MASSON.

LE SÉNAT : Attendu, quant à l'hoirie d'Eugène-François Masson, décédé le 29 septembre 1793, que sa dévolution ne peut être réglée par la loi du 17 nivôse an II, puisque l'effet rétroactif de cette loi qui aurait atteint la succession dont il s'agit, a d'abord été suspendu, puis aboli par celles des 5 floréal et 9 fructidor an III, et 3 vendémiaire an IV, et qu'ainsi cette succession doit être régie par la loi des 8 et 15 avril 1791, qui était en vigueur lors du décès d'Eugène-François Masson, et qui a repris tout son empire du moment que l'effet rétroactif de celle du 17 nivôse an II a été rapporté ;

Attendu que la loi d'avril 1791 abolit indistinctement, entre héritiers *ab intestat*, toute inégalité résultant de la distinction des sexes ou des exclusions coutumières, et statue de même que tous héritiers en égal degré succèderont par portions égales ;

Que sans l'inégalité provenant de la distinction des sexes et de l'agnation introduite par les statuts de Savoie, la mère aurait eu droit, suivant le droit romain, à une part virile dans la succession de son fils lorsqu'il laissait des frères ou sœurs, que ce même droit lui a donc été restitué par la loi des 8 et 15 avril 1791 qui a rétabli le droit commun en cette partie, sans qu'on puisse soutenir que le second alinéa de cette loi ait voulu en restreindre l'effet aux seules filles ou à leurs descendants en concours avec des frères du défunt, puisqu'il est assez évident au contraire que l'auteur de la loi n'a pu vouloir en changer entièrement la portée d'un alinéa à l'autre, mais seulement en déclarer la conséquence principale et qui devait être d'une application plus fréquente :

Par ces motifs, déclare avoir compété à Anne Charvet, veuve Masson, une part virile dans la succession d'Eugène-François, son fils.

D'ALEXANDRY, P. D'ARCOLLIÈRE, R.

---

14 Août 1841.

PURGE. — FRAIS.

Art. 1653, 1660, 2506, 2512 C. c.

Les frais de purge sont à la charge du vendeur; l'acquéreur cependant lorsqu'il a promis de *payer en tout cas*, en doit faire l'avance, sauf à les imputer sur le prix de vente. [1]

DUFOURD C. RUBAT, DUPRAS ET AUTRES.

LE SÉNAT : Attendu que si Dufourd était d'abord fondé à se refuser au paiement demandé pendant les délais qui lui avaient été accordés par le tribunal pour purger, eu égard à l'assentiment de son créancier, soit du procureur de celui-ci, il n'en demeurait pas moins certain que ledit Dufourd était devenu sans excuses, même quant au délai trop court de l'ordonnance du 7 avril, lorsqu'au lieu de faire ses diligences et de se laisser mettre en demeure, au lieu d'introduire l'ordre, ainsi qu'il en avait eu tout le loisir dès le 4 janvier au mois d'août suivant, il n'avait fait autre chose que transcrire son contrat et en insérer note au journal du 7 avril; qu'ainsi le tribunal a bien jugé, le 11 du même mois d'août, en le condamnant à payer aux termes dudit contrat ;

Attendu, d'autre part, que tout vendeur étant tenu de procurer la libre et entière jouissance de l'objet vendu, lorsque l'acheteur n'a pas renoncé à ce droit, il s'ensuit qu'il doit aussi supporter les frais que l'éviction peut occasionner à ce dernier ; que dans l'espèce, l'auteur de Rubat s'y était même obligé expressément en se soumettant à toute manutention et garantie de fait et de droit ; que, sans doute, la charge prise par Dufourd de ne se refuser au paiement du prix en aucun cas et pour aucun motif quelconque, l'a soumis aussi à faire les avances des frais de purgation et à ne pouvoir, en attendant, se retenir le prix, mais nullement à supporter en définitive des déboursés qui sont en dehors du prix promis et de ses engagements, lesquels ne comprennent certainement pas celui de ne pas purger ou de payer des frais destinés à arriver au paiement des créanciers propres du vendeur, frais qui lui sont d'autant plus imputables, qu'il lui est loisible de les éviter en désintéressant lui-même ses créanciers ; que sous ce rapport le jugement dont est appel fait donc grief à l'appelant ;

Attendu qu'en décidant ainsi, il n'est pas le cas de statuer autrement sur le recours en garantie et sous garantie ;

Attendu enfin que rien n'obste à la recevabilité de l'appel :

Par ces motifs, déclare Dufourd non-recevable en son appel du premier chef, et pour le deuxième chef, l'a reçu et reçoit appelant et le déclare en droit de retenir, sur le prix des biens par lui acquis, les frais à faire pour purger lesdits biens.

D'ALEXANDRY, P. D'ARCOLLIÈRES, R.

---

20 Décembre 1841.

CONDITION DE VIDUITÉ. — CONVOL.

Art. 822 C. c. (R. C.)

A teneur des R. C., les avantages faits en faveur de son conjoint, par l'époux qui laisse des descendants, sont toujours censés faits sous la condition de viduité; sont compris sous le nom de descendants, à l'effet de cette disposition, tous les enfants de l'époux prédécédé, même ceux qui seraient issus d'un précédent mariage.

FEMME CHARBONNIER C. LES CONSORTS CHAUTENS.

LE SÉNAT : Attendu que les avantages faits à Antoinette Tardy par Jacques Chautens dans le contrat dotal du 19 juillet 1817,

---

[1] V. arrêt du 27 janvier 1844 : spect. Chabert c. Mariet ; Seitier, R. — 1er mars 1844, Bollon c. les mariés Teppaz et Brun ; Cotta, R.— 23 mars 1842, veuve Claus c. dames Rey, Gaillard et Perrotin ; Cotta, R.

Arrêt conf. 31 mars 1846 : Girard c. Dunand ; de St-Bonnet, R.

Mareschal notaire, ont été soumis à la condition de viduité;

Attendu que de la combinaison des § 17 et 18, tit. 1er, liv. 3 des R. C., il résulte que les avantages faits en faveur des femmes par leurs maris, sont soumis à la condition de viduité lors même qu'ils décèdent en laissant des enfants issus d'un précédent mariage;

Déclare Antoinette Tardy n'avoir droit à la pension stipulée en sa faveur que pour les termes échus et exigibles lors de son convolat.

D'ALEXANDAY, *P.* DE MONTDEL, *R.*

---

21 Décembre 1841.

SUBHASTATION. — APPEL. — DÉLAI.

Le jugement qui prononce sur une demande en revendication dans une instance en subhastation, doit être considéré comme un incident à la subhastation; et partant, il doit être rangé parmi ceux dont il est fait mention à l'art. 112 de l'édit du 16 juillet 1822. [1]

Pour faire courir les délais, il n'est pas nécessaire que le jugement sur l'incident soit signifié.

Les délais ne sont pas suspendus pendant les féries. [2]

Vᵉ BERTHIER c. PLANTAZ.

Plantaz poursuivait par voie de subhastation la vente des immeubles appartenant à Gervais Berthier : la mère de ce dernier intervint en cause, et demanda la distraction de plusieurs immeubles portés au manifeste, et dont elle se disait propriétaire.

Le 19 juillet 1839, intervint jugement qui rejeta la demande en distraction, et fixa l'audience du 14 août suivant pour les enchères définitives.

Gervais Berthier, tant en son nom qu'en celui de sa mère, interjeta appel de ce jugement le 29 juillet.

Les enchères définitives furent tranchées par jugement du 14 août suivant; la mère Berthier et son fils mirent acte d'appel de

ce nouveau jugement le 20 du même mois; ils relevèrent leur appel par requête présentée le 17 septembre 1839.

Sur ce, LE SÉNAT,

Attendu que le jugement du 19 juillet 1839 a débouté Jeanne-Marie Humbert, veuve Berthier, de la demande en revendication des immeubles dont Michel-Etienne Plantaz poursuit la subhastation, et a fixé l'audience pour l'adjudication définitive de ces immeubles;

Attendu que le jugement définitif du 14 août même année, porté pareillement en appel, a formé le complément de cette instance en subhastation en déclarant ouvertes les enchères définitives;

Attendu que la mère et le fils Berthier n'ont interjeté appel du premier de ces jugements que le 29 même mois, et ne l'ont relevé que le 21 septembre suivant;

Attendu que la même requête d'introduction d'appel du 21 septembre a eu aussi pour objet de relever l'appel du jugement du 14 août, qui n'avait été interjeté que le 20 dudit mois;

Attendu que l'art. 112 de l'édit du 16 juillet 1822, qui a eu pour but d'imprimer aux procédures de subhastation une marche plus rapide, prescrit que l'appel de tout jugement intervenu sur quelque incident que ce soit de cette procédure, devra être interjeté dans les cinq jours qui suivront celui où il aura été prononcé, quand même il aurait été rendu en contumace;

Attendu que cet article exclut ainsi la nécessité de l'intimation du jugement à la partie agissant en revendication, si toutefois les formes de la procédure sommaire ont été observées, en ce qui touche la notification du jour d'audience où il devait être pourvu;

Attendu qu'il suffit de constater, ainsi qu'il résulte au procès, que la veuve Berthier, sur la demande de laquelle avait été fixée l'audience du 19 juillet, n'a interposé son appel du jugement rendu à cette audience, qu'après l'échéance de cinq jours, pour qu'il soit évident qu'une fin de non-recevoir insurmontable s'oppose à cet appel;

Attendu, quant à Gervais Berthier, que, d'une part, son appel serait actuellement sans objet, à raison de la surenchère qui a suivi l'adjudication faite en faveur du poursuivant; d'autre part, qu'il n'a relevé son appel des deux jugements dont il s'agit, que le 21 septembre, et qu'il aurait ainsi laissé écouler à son préjudice le terme utile

---

[1] Arrêt conf. (Sénat de Gênes), 6 novembre 1828 : Delphino et Zacchia c. Lechinetti. — 30 juillet 1830, Venuti c. Lazzare Ghio.

Sénat de Savoie, 15 mai 1843 : Miguet c. Monachon et Gatel; De Juge, *R.*

27 décembre 1843 ; Montagnole c. Pegaz-Paquet; Mareschal, *R. (in terminis.)*

[2] Concl. 8 janvier 1841.

de trente jours, fixé par la jurisprudence pour introduire l'instance d'appel ;

Attendu qu'en cette matière, le terme court durant les féries :

Par ces motifs, déclare Jeanne-Marie Humbert, veuve Berthier, et Gervais Berthier non-recevables en leur appel.

PORTIER DU BELLAIR, P. GIROD, R.

_____

28 Décembre 1841.

PARTAGE VERBAL. — VENTE. — PÉRIL D'ÉVICTION.

L'énonciation dans l'acte de vente de la cause d'éviction, forme obstacle à ce que l'acheteur suspende le paiement du prix.

Le vendeur d'un immeuble qui ne le possède qu'en vertu d'un partage verbal, ne peut être contraint à procurer un titre authentique, ni être considéré comme vendeur de la chose d'autrui.

L'existence d'inscriptions hypothécaires sur l'immeuble vendu ne fait pas obstacle au paiement du prix, lorsqu'il est démontré qu'elles ne peuvent donner aucun sujet de crainte.

BERTHIER c. DUPUIS.

LE SÉNAT : Attendu que, par contrat du 27 septembre 1834, Cholat notaire, l'appelant, en se déclarant héritier de François Berthier, son père, à concurrence d'un tiers, a vendu à l'intimé et à Jeanne Arthaud-Berthet, son épouse, les immeubles désignés en l'acte (y est-il dit) par le partage encore verbal qui a eu lieu avec ses cohéritiers, et c'est pour le prix de 2,000 liv. neuves que les acquéreurs ont promis solidairement payer, la moitié dans un an, et l'autre moitié dans cinq ans, avec intérêt au cinq pour cent ;

Attendu que l'appelant a fait à l'intimé la délivrance des immeubles qu'il lui a vendus, et que ce dernier n'a éprouvé aucun trouble dans sa possession ; qu'il devrait dès lors remplir à son tour l'obligation qu'il a prise de payer le prix de la vente ;

Attendu que c'est en vain que l'intimé veut différer le paiement de sa dette, jusqu'à ce que l'appelant ait fait rédiger en acte authentique le partage verbal qui a eu lieu entre les successibles de François Berthier ; car l'appelant ne s'est point soumis expressément dans l'acte Cholat notaire, à une

obligation de la nature de celle que l'intimé prétend lui imposer, et qu'on ne peut induire cette obligation ni des mots *encore verbal* qui se trouvent dans ledit contrat et auxquels l'intimé s'est attaché, ni d'aucune clause de l'acte de vente ;

Attendu que c'est tout aussi vainement qu'il motive son refus de paiement, sur la crainte d'un trouble que pourraient lui faire les héritiers de François Berthier, en raison de ce que ledit partage est simplement verbal, car l'invalidité du titre de propriété de son vendeur lui a été dénoncée au moment de la vente ; et si, malgré le vice qui lui a été déclaré, il a promis sans réserve de payer le prix de la vente dans des termes qui sont expirés, il ne peut, après coup, soumettre son vendeur à un cautionnement qu'il n'a pas promis et dont la demande seule aurait probablement motivé de sa part un refus positif de passer le contrat de vente ;

Attendu, en outre, que sous l'empire du droit en vigueur à la date du contrat Cholat notaire, et qui doit régir exclusivement ce contrat et toutes les obligations qui en découlent, la vente de la chose d'autrui était permise, et que l'acquéreur, surtout celui qui avait acheté sciemment la chose qui n'appartenait pas à son vendeur, ne pouvait refuser le paiement du prix, tandis qu'il n'était pas troublé par le propriétaire ou par quelque créancier hypothécaire ; qu'il y a d'ailleurs une différence notable à établir entre le trouble que l'intimé pourrait craindre, en raison de la nullité du partage verbal, et le danger qui le menacerait d'une action en revendication, puisque s'il arrivait que quelqu'un des héritiers Berthier, refusant de donner plus longtemps sa sanction au partage verbal, en vînt demander un nouveau, l'intimé, soit comme héritier de sa femme, soit de son chef, aurait incontestablement qualité pour intervenir au partage et pour requérir que les biens qu'il a achetés fussent portés au lot de son vendeur ;

Attendu, enfin, que si l'intimé a produit des états généraux d'inscriptions hypothécaires, dans le but de faire connaître qu'il court le danger d'être évincé par des créanciers, l'appelant, en prenant de son côté une à une les inscriptions contenues dans ces états, a fait une offre suffisante pour celles des royales finances, et a fait sur toutes les autres des observations qui, quoique seulement justifiées en partie, reçoivent une grande importance de ce que l'intimé ne les a point contredites, et qui enlèvent ainsi aux états généraux d'inscriptions la portée qu'il a voulu leur donner; qu'il devient donc évident que le jugement dont est appel a fait griefs à l'appelant, lorsqu'il le soumet à un cautionnement indéterminé pour garantir l'intimé de l'éviction dont il se dit menacé :

A reçu et reçoit appelant.... condamne le sieur Dupuis à payer au demandeur le prix de la vente, avec dommages et intérêts tels que de droit.

PETTITI, *P. P.*   ARMINJON, *R.*

JURISPRUDENCE DÉCENNALE.

Année 1842.

---

3 Janvier 1842.

ACTE PUBLIC. — PREUVE TESTIMONIALE.
— ADJUDICATION. — DOL.

Art. 1112, 1113, 1500, 1501 C. c. (R. C.)

Toute convention qui a pour objet des immeubles doit être rédigée en acte public.

En conséquence, un tiers n'est pas admis à revendiquer des immeubles adjugés aux enchères, en soutenant que l'adjudicataire aurait promis de les miser pour lui, ou de les lui rétrocéder. Des faits tendant à établir cette promesse seraient cependant admissibles pour prouver le dol de l'adjudicataire, et le soumettre à payer une juste indemnité, en conformité des art. 1500, 1501 du Code civil. [1]

GAILLEPAN C. DERUAZ.

LE SÉNAT : Attendu que les conventions relatives à des immeubles sont nulles et sans effet, lorsqu'elles ne sont pas constatées par acte public;

Attendu dès lors que l'existence d'une pareille convention ne peut être prouvée par témoins, et que les faits soutenus pour établir la promesse faite par Mᵉ Deruaz de miser, pour le compte de l'appelant, les immeubles vendus à son préjudice, et de lui en passer ensuite la rétrocession, sont inadmissibles sous le rapport de l'action en relâchement qu'on veut en faire dériver;

Attendu que ces faits, de même que ceux qui tendent à établir les manœuvres imputées à Mᵉ Deruaz, pour abuser de l'ignorance et de la crédulité de Gaillepan, s'ils étaient prouvés, ne donneraient lieu qu'à une action en dommages et intérêts, seul objet de la demande primitive de ce dernier;

Attendu que la preuve de ces faits serait superflue, puisqu'il est constaté par le procès-verbal dressé le 4 décembre 1840, lors de la comparution des parties devant le rapporteur de semaine, pour tenter une conciliation; que l'intimé a loyalement et spontanément consenti à ce que les biens adjugés en sa faveur fussent estimés par experts, suivant leur valeur à l'époque de l'adjudication, et qu'il a offert de tenir compte à l'appelant de ce qui excéderait le prix de cette adjudication, avec intérêts tels que de droit, dès la date d'icelle;

Ordonne que, par experts, il sera procédé à l'estimation des immeubles compris dans l'adjudication du 8 août 1836, suivant leur valeur à cette époque.

PETTITI, P. P.   DE LA CHARRIÈRE, R.

---

17 Janvier 1842.

SERMENT. — ACCEPTATION. — MANDAT
SPÉCIAL.

Le procureur n'a pas besoin de mandat spécial pour accepter un serment déféré à son client.

DAYMONAZ C. VOUTHIER, DUCRUEZ ET AUTRES.

LE SÉNAT : Attendu que le § 17, tit. 14, liv. 3 des R. C., n'exige point un mandat

[1] V. Arrêt du 3 avril 1841, Trombert c. Charmot; d'Arcollières, R.

spécial de la partie pour accepter un serment; que d'ailleurs celle-ci devant le prêter en personne, la nécessité d'un mandat *ad hoc* n'existe pas dans ce cas, comme dans ceux contemplés par ledit paragraphe;

Attendu que, conformément à l'arrêt du 15 janvier 1841, Ducruez a régulièrement déféré à Deymonaz le serment dont il s'agit en l'instance;

Que, dans son écriture du 5 avril dernier, signée par lui, Deymonaz a référé ledit serment aux intimés Ducruez et Vouthier;

Ordonne que Ducruez et Vouthier prêteront le serment à eux déféré.

PETTITI, *P. P.* DE JUGE, *R.*

---

24 Janvier 1842.

ACTE PUBLIC. — REÇUS SOUS SEING-PRIVÉ.

Art. 1112, n° 4 C. c. (R. C.)

Les reçus sous seing-privé de sommes portées par acte authentique peuvent fonder l'exception de paiement.

Cette exception n'est soumise à aucune prescription.

VILLIOD C. BRANCHE.

LE SÉNAT: Attendu que, si les reçus produits par le défendeur ne sont pas dans les formes voulues pour opérer l'effet immédiat d'une quittance passée par acte authentique, ils suffiraient à fonder l'exception *solutionis*, et à écarter la demande de la dette à laquelle ils se rapportent;

Attendu que le créancier ne peut opposer de prescription à l'effet des paiements faits par son débiteur, parce que cet effet, soit l'extinction totale ou partielle de la dette, a eu lieu à l'instant même de ces paiements, et que dès lors la libération du débiteur, comme un fait accompli, est à l'abri de toute déchéance;

Déclare les demandeurs tenus d'imputer sur le montant de leur créance, 1° la somme portée par le reçu du 5 août 1787, et 2° celle de..... portée par le reçu du 5 août 1792.

PORTIER DU BELLAIR, *P.* GIROD, *R.*

---

25 Janvier 1842.

SUBHASTATION. — FOLLE-ENCHÈRE. — INSTANCE D'ORDRE.

Art. 119, 120, 121, 112 (E. H.)

Dès qu'il s'est écoulé trois ans depuis la date de l'adjudication, on ne peut procéder à la revente sur folle-enchère, aux frais et périls de l'acquéreur, qu'en observant les formalités établies pour les subhastations, contre le débiteur. [1]

Le délai de trois ans n'est pas suspendu par la poursuite de l'instance d'ordre.

L'ordonnance qui autorise cette seconde vente n'est point un incident à la cause de subhastation; les délais d'appel ne courent que du jour de sa notification à partie.

DOMENGET C. COLLY.

Par jugement du 21 novembre 1834, Colly devient adjudicataire des biens vendus au préjudice des sieurs Allioud père et fils. Domenget, créancier de ces derniers, introduit l'ordre pour la distribution du prix des biens adjugés. Cette instance, après de longs débats, est close par arrêt du Sénat, le 19 décembre 1840.

Les mandats de paiements sont délivrés aux créanciers; Colly ne payant pas, malgré les significations qui lui sont faites, Domenget se pourvoit contre lui pour faire vendre à sa folle-enchère les immeubles adjugés.

À l'audience, Colly excipe que les poursuites dirigées contre lui sont irrégulières; que trois années s'étant écoulées dès l'adjudication, on devait, à teneur de l'art. 121 de l'édit, remplir toutes les formalités des subhastations ordinaires.

Le tribunal rejette ce système, et ordonne la vente.

Colly se pourvoit en appel.

Sur quoi, LE SÉNAT:

Attendu que, d'après les dispositions contenues dans les articles 119, 120, et dans le premier alinéa de l'art. 121, comparées avec celles contenues dans le dernier alinéa du même art. 121, il existe une distinction bien tranchée entre la vente faite sur la folle-enchère de l'adjudicataire et

---

[1] Arrêt conf.: 19 juin 1838, Disc. Gonthier c. de Boigne, Brachet, etc.; Cotta, R. — 2 août 1839 et 2 janvier 1843, Filliard c. Nugues, Germain, etc.; de la Charrière, R.

celle qui aurait lieu après l'échéance de 5 ans depuis l'adjudication ;

En ce que, dans le premier cas, les biens adjugés sont censés ne l'avoir été que d'une manière conditionnelle, puisque, à défaut d'acquéreurs après la seconde enchère, les mêmes biens doivent être adjugés au créancier qui aura poursuivi la première subhastation, pour le prix porté dans le premier manifeste ; tandis que, d'après le dernier alinéa de l'art. 121, après l'échéance de 5 ans dès l'adjudication, l'adjudicataire qui n'a pas satisfait à ses obligations n'est pas moins réputé propriétaire définitif, puisqu'il y est prescrit, dans ce cas, de procéder à une seconde vente, en observant toutes les formalités requises contre le débiteur ;

Attendu que la dernière disposition de l'alinéa précité est claire et précise ; que l'instance en subhastation est de sa nature distincte de celle d'ordre ;

Attendu que le tribunal dont est appel, en admettant que le délai de trois ans a été interrompu par suite des débats qui ont eu lieu dans l'instance d'ordre, s'est fondé sur un principe qui est repoussé par la lettre et l'esprit de la loi, et n'a point tenu compte de l'intérêt des tiers, qui, après l'échéance des trois ans dès l'adjudication, auraient pu acquérir des droits sur les biens dont il s'agit contre l'adjudicataire ; que, sous ces divers rapports, il a été mal jugé ;

Attendu que le jugement dont est appel, contient une décision principale et non incidente en matière de subhastation ; qu'ainsi les délais pour l'appel n'ont pu courir que du jour de la notification ;

Attendu que ce jugement n'a été signifié à Colly que le 22 juin dernier, qu'il en a interjeté appel le 25 même mois, et par conséquent dans les délais ;

..... Ordonne qu'il sera procédé à une deuxième vente, aux frais et périls de Colly, en observant toutes les formalités établies pour les subhastations poursuivies contre le débiteur, en conformité du dernier alinéa de l'art. 121 de l'édit.

PETTITI, P. P.   ANSELME, R.

---

25 Janvier 1842.

APPEL. — DÉLAI. — SUBHASTATION.

Art. 112 C. c. (F. II.)

L'appel du jugement qui clôt l'instance en subhastation n'est pas régi par les dispositions de l'art. 112 de l'Édit hypothécaire.

Pour les délais, comme pour la valeur, il est soumis aux règles de la procédure ordinaire. [1]

COLLET c. TROMBERT ET CONSORTS.

LE SÉNAT : Attendu que l'art. 112 de l'édit hypothécaire du 16 juillet 1822 ne concerne pas le jugement d'adjudication qui termine l'instance de subhastation, et que s'il y avait quelque doute à cet égard, on devrait appliquer à l'appel de ce jugement les règles de la procédure ordinaire, plutôt que de le soumettre aux dispositions exceptionnelles de l'article précité ;

Attendu que Jean-Marie Collet a relevé son appel du jugement d'adjudication rendu par le tribunal de préfecture du Chablais, le 20 mars 1840, dans le délai pendant lequel la restitution en temps peut lui être accordée, et que l'unique question qui reste à examiner touchant la recevabilité de son appel, est celle de savoir si la valeur de la cause excède la somme de 1,200 liv. ;

Ordonne avant tout que, par experts, il sera procédé à l'estimation des immeubles portés dans le manifeste, suivant leur vraie valeur à la date du jugement dont est appel.

PETTITI, P. P.   ARMINJON, R.

---

26 Janvier 1842.

TESTAMENT CONJONCTIF. — CAPTATION.

Art. 699, 700 C. c. (Q. T.)

Les dispositions du Code civil qui prohibent les testaments conjonctifs ne sont pas applicables aux testaments rédigés dans cette forme avant sa mise en vigueur, bien que les testateurs, ou l'un d'eux, ne soient décédés que depuis cette époque. [2]

Les faits de captation ou de suggestion ne sont

---

[1] Arrêt conf., 25 juillet 1816, Forestier c. Bevillard ; Seitier, R.

[2] V. Arrêt conf. 8 juillet 1839, Mery c. Mery ; Seitier, R.

admissibles, pour faire exclure l'héritier comme indigne, qu'autant qu'ils prennent le caractère du dol ou de la violence. [4]

COMPAGNON C. COCHE ET AUTRES.

LE SÉNAT : Attendu que, suivant les lois en vigueur dans ce duché à la date du 13 mai 1820, le sieur Benoît-Denis Deflumet et sa femme pouvaient valablement faire leur testament dans le même acte, et que cette disposition légale appartient à la forme extrinsèque du testament et non à sa forme intrinsèque ;

Attendu que les testaments sont régis, quant à la forme extrinsèque, par les lois en vigueur à l'époque où ils ont été faits, et non par celles existantes à l'époque du décès du testateur ;

Attendu que les faits récapitulés par le demandeur, dans son écriture du 13 janvier 1841, ne sont point pertinents, parce qu'il n'est pas défendu de s'attirer des libéralités par des prières, des prévenances ou des services, la suggestion et la captation n'étant réprouvées qu'autant qu'elles sont accompagnées du dol ou de la fraude ; et parce qu'il ne résulte point desdits faits que le testament de dame Deflumet, du 13 mai 1820, Flandin notaire, soit le résultat du dol ou de la violence, et que la testatrice ait montré dès lors une volonté prononcée de le révoquer, et que les défendeurs l'aient mise dans l'impossibilité morale ou physique de le faire au moyen d'artifices, violences ou menaces ;

Déboute Compagnon de toutes ses fins et conclusions.

PETTITI, *P. P.*   JACQUEMOUD, *R.*

---

31 Janvier 1842.

COMPTE DE TUTELLE. — RÉCÉPISSÉ. — ERREUR DE CALCUL.

Art. 849 C. c. (C. F.)

Sous le Code civil français, lorsque l'arrêté de compte de tutelle porte que le compte détaillé et les pièces à l'appui, ont été remis à l'oyant depuis plus de dix jours, cette énonciation fait pleine foi, et l'arrêté est à l'abri de toute critique, bien que la remise ne soit pas constatée par un récépissé à part. [4]

L'omission ou l'erreur de calcul sont toujours réparables.

DAMES POLLINGUE ET LEBLON C. PHILIPPÉ.

LE SÉNAT : Attendu que le 20 septembre 1813, Chapperon et son collègue notaires, la veuve Philippé d'une part, M° Guy, en qualité de procureur de Gaspard-Casimir et de Prudent Philippé, ses fils, et Elisabeth sa fille, d'autre part, ont traité relativement au compte de la tutelle exercée par la veuve Philippé, et que ce contrat renferme reconnaissance par les oyant-compte d'avoir été nantis, dès le 6 même mois, de tous les tableaux, pièces et titres relatifs à ladite comptabilité ;

Attendu que cette reconnaissance fait preuve contre les parties qui l'ont faite, et justifie ainsi suffisamment que les oyant-compte ont eu communication des pièces dix jours avant le traité, en conformité des dispositions de l'art. 472 du Code français en vigueur à cette époque ;

Que dès lors il est inutile de s'occuper de l'exception de prescription opposée par l'intimée, non plus que de la ratification mesurée de l'acte de partage du 11 mai 1838, Gay notaire, et des instances qui l'ont précédé ;

Attendu que, par contrat du 1er juillet 1823, Gay notaire, Marguerite Philippé a, en pleine connaissance de cause, formellement libéré sa mère de la gestion tutélaire, et que d'ailleurs, suivant la jurisprudence en vigueur à cette dernière époque, la remise préalable des pièces n'était pas nécessaire ;

Attendu que toute erreur de calcul, ou omission, est réparable ; que le tribunal l'a ainsi considéré et ordonné par rapport à l'erreur signalée, et qu'en déboutant les appelantes de leurs conclusions en redressement de compte, il a seulement entendu écarter les conclusions qu'elles avaient prises pour la dresse d'un nouveau compte ;

En adoptant pour le surplus les motifs des premiers juges :

Déclare les dames Pollingue et Leblon non-recevables en leur appel

D'ALEXANDRY, *P.*   MARESCHAL, *R.*

---

[4] V. Arrêts 1er mai 1811, Arbé c. Arbé; d'Arcollière, R. — 7 février 1815, Tavernier c. Magnin; de Brichanteau, R.

[4] V. pour le droit romain, 10 décembre 1810, Pettelat c. Bojon; de Monthel, R.

5 Février 1842.

RENTE QUÉRABLE. — DÉCHÉANCE.

Art. 1915 C. c. (D. R.)

A défaut de stipulation contraire dans l'acte constitutif, la rente est réputée quérable :

En conséquence, le retard dans le paiement des arrérages ne suffit pas pour rendre le capital exigible, si le crédit-rentier ne justifie d'avoir mis en demeure son débiteur par une sommation régulière. [1]

L'arrêt qui prononce sur l'existence de la rente, tient lieu de titre nouvel, et dispense d'en passer un acte spécial.

PONCET C. REYDET.

LE SÉNAT : Attendu que la réserve insérée dans le billet du 12 brumaire an XIII en faveur du débiteur, équivaut à une constitution de rente perpétuelle, puisqu'il ne peut être tenu au remboursement du capital, pendant qu'il ne laissera pas écouler deux annuités sans payer les intérêts stipulés ;

Attendu que le créancier n'ayant pas stipulé que la cense serait portable en son domicile, elle était quérable, d'où il suit que le débiteur n'ayant pas été mis en demeure avant l'instance, ni dès lors, pendant que le mérite du billet était en litige, les offres par lui faites après le serment du demandeur, de payer à bourse ouverte, à raison du quatre pour cent, les censes dues du capital de 2,000 liv. anciennes, restant dû, et réductibles en livres nouvelles, sont satisfactoires ;

Attendu que le présent arrêt pouvant tenir lieu de titre nouvel, il est inutile d'examiner les réquisitions du demandeur à cet égard :

Par ces motifs, déclare satisfactoires les offres de Reydet, et ordonne qu'il sera procédé à liquidation.

D'ALEXANDRY, P. DE MONTBEL, R.

[1] V. arrêt 26 mai 1815 : Carrier c. Lamaison; De Juge, R. — 24 mars 1810, Thabuis c. Buscal; de Montbel, R.

8 Février 1842.

APPEL. — VALEUR. — IMPUTATION.

Bien que la demande originaire excède 1,200 liv., si dans la requête on a offert des imputations qui la réduisent à une valeur inférieure, la cause n'est pas susceptible d'appel. [1]

LA MAISON DE COMMERCE FONTAINE ET DUSSAUGEY C. PETIT.

LE SÉNAT : Attendu que par requête introductive de la première instance, du 19 mars 1840, Jean-Claude Petit a demandé le paiement de la somme de 1,769 liv. 55 cent., avec intérêts dès la fin d'avril précédent, sous l'imputation d'une somme de 891 liv. 65 cent. d'un côté, et de celle de 158 liv. 90 cent. de l'autre ;

Attendu, cela posé, que l'objet réel de la cause était évidemment au-dessous de la somme de 1,200 liv., et qu'ainsi le jugement dont il s'agit n'est pas susceptible d'être réparé par la voie de l'appel :

Déclare la maison de commerce Fontaine frères et Dussaugey non-recevable appelante.

PETTITI, P. P. DE LA CHARRIÈRE, R.

14 Février 1842.

ACQUÉREUR. — HYPOTHÈQUE. — FACULTÉ DE PURGER. — FRAIS. — INTÉRÊTS.

Art. 1660, 2204, 2300, 2312 C. c.

L'acquéreur d'un immeuble grevé d'inscriptions, peut suspendre le paiement du prix jusqu'à la clôture du jugement d'ordre, à moins que le vendeur ne préfère lui donner caution. (Art. 1660 C. c.) [2]

Celui-ci ne serait pas fondé à exiger le prix en

[1] Arr. conf. 2 mars 1813, femme Berger c. Rosset; d'Arcollières, R. — 28 juin 1815, Lécrult c. Maître; De Juge, R. — 12 décembre 1815, commune de Seytroux c. Bouvet; Cotta, R.

[2] Arr. conf. 18 avril 1812; Chantems c. Chantems; Cotta, R. — 24 mai 1815, Masson c. les mariés Vissol et Passavant; Anselme, R. — 20 mai 1815, Dufour c. de Rochette; Clert, R.

Jugé que l'offre de caution n'était pas satisfactoire sous l'édit hypothécaire : 22 mars 1812, Claus c. Perrotin; Cotta, R.

Que l'existence des inscriptions ne suffit pas toujours pour autoriser à suspendre le paiement : 6 décembre 1811, Borgey c. Perret; Cotta, R.

offrant de le verser entre les mains d'un créancier inscrit utilement.

Les frais de notification et d'ordre sont à la charge du vendeur, à moins que l'acheteur n'ait renoncé à la faculté de purger aux frais du vendeur. [4] Il n'est pas censé y avoir renoncé en stipulant un terme pour le paiement du prix. [5]

Le vendeur seul a droit aux intérêts du prix de vente; les créanciers inscrits ne peuvent y prétendre que depuis la notification du titre d'acquisition, en cas de vente volontaire, et depuis la sommation de payer ou de délaisser, en cas de vente forcée. [6]

PERCEVAUX c. DUPASQUIER.

LE SÉNAT : Attendu que les conclusions principales prises par l'intimé en première instance, tendaient au paiement d'une somme de 1,500 liv., avec dommages-intérêts tels que de droit, et que l'incident auquel cette demande a donné lieu porte d'ailleurs sur des frais d'une valeur indéterminée;

Attendu que la production du certificat des inscriptions qui frappent l'immeuble vendu par l'intimé, établissant que l'appelant est exposé à être troublé par des actions hypothécaires, celui-ci est fondé à purger et à suspendre le paiement du prix de vente jusqu'à la fin de l'instance d'ordre, nonobstant l'expiration du terme convenu, à moins que l'intimé ne lui donne une caution qui n'a pas même été offerte dans l'instance;

Attendu que les inscriptions qui frappent l'immeuble vendu subsistent dans toute leur force, tant qu'elles n'ont pas été radiées, et que le paiement entre les mains de révérend Dégeorges, l'un des créanciers inscrits, ne garantirait pas l'appelant de toute molestie; d'abord, parce que le rang des créanciers entre eux et le mérite de

leurs inscriptions ne sont déterminés irrévocablement que par le jugement d'ordre, lorsqu'il y a lieu de l'introduire, et ensuite parce que ce n'est qu'au moyen des notifications que l'acquéreur peut faire fixer définitivement le prix de son acquisition;

Attendu que les art. 68 et 147 de l'édit du 16 juillet 1822, de même que les art. 2303 et 2352 du Code civil, accordent à tout acquéreur d'immeubles la faculté de les purger des priviléges et hypothèques dont ils peuvent être grevés, et lui attribuent le droit de prélever, par préférence sur le prix, les frais du certificat des inscriptions, ainsi que ceux de la notification aux créanciers et de l'insertion au journal, et que les art. 2 et 156 de l'édit précité, de même que l'art. 2156 du Code civil, placent les frais du jugement d'ordre au nombre des créances privilégiées sur le prix;

Attendu que l'acquéreur ne saurait être privé de ces droits que dans le cas où il y aurait renoncé, et que la stipulation d'un terme pour le paiement, dans le contrat de vente du 11 août 1833, Berthier notaire, ne peut être considérée comme une renonciation aux droits ci-dessus rappelés, car le terme est stipulé dans l'intérêt de l'acquéreur; il n'est d'ailleurs point incompatible avec le prélèvement sur le prix des frais de purge et de l'instance d'ordre; enfin toute stipulation douteuse doit être interprétée contre le vendeur;

Attendu que le débiteur qui a consenti une hypothèque, conserve néanmoins les fruits de l'immeuble hypothéqué, d'où il suit qu'en cas de vente, il a droit aux intérêts qui les représentent, tant que l'action hypothécaire n'est pas exercée;

Attendu que l'action hypothécaire n'est exercée que lorsque les créanciers font la sommation au possesseur de l'immeuble de payer ou de délaisser, ou lorsque l'acquéreur, par un acte spontané de sa part, place l'immeuble sous la main des créanciers au moyen de la notification;

Attendu que lorsque les créanciers font la sommation, ils n'ont aucun droit aux fruits perçus antérieurement, d'après la disposition expresse de l'art. 130 de l'édit et de l'art. 2294 du Code, et que ce même principe est applicable à la notification, puisque la raison de la loi est la même;

Attendu que ces expressions : le prix stipulé, employées dans l'art. 72 de l'édit et dans l'art. 2306 du Code, ne peuvent s'ap-

---

[4] Arr. conf. 17 août 1811 : Dufour c. Rubat, Dupraz, etc.; d'Arcollières, R. — 22 mars et 18 avril 1812, ci-dessus, etc. — 17 mai 1812, Raffin c. Raffin; Mareschal, R.

Quand y a-t-il renonciation?
V. 27 janvier 1811, Chabert c. Mariet; Seitler, R. — 1er mars 1811, Bollon c. Teppaz et Brun; Cotta, R. — 27 mai 1813, Neyrod c. Verchère; de St-Bonnet, R.

[5] Arr. conf. 21 janvier 1811 : Jacquemod c. Gruffaz-Bazin; Anselme, R. — 18 février 1812, Dupraz c. Cavussin; Jacquemoud, R. — 22 mars 1812, ci-dessus.

[6] 21 mars 1838 : Delabaye c. Berthier; Millet, R. — 30 juillet 1811, Vivland c. Gros et Crozet; Milliet, R. — 26 avril 1812, ci-dessus. — 7 janvier 1813, Giraud c. Bret; Anselme, R.

pliquer qu'au prix principal, et non aux intérêts qui en sont l'accessoire ; première-ment, on ne peut supposer que le législateur ait voulu que l'acquéreur qui veut purger soit obligé d'offrir aux créanciers non-seu-lement la valeur de l'immeuble, mais encore celle des fruits, soit les intérêts du prix qui les représentent, puisque l'hypothèque du créancier n'affecte que l'immeuble et non les fruits ; secondement, le législateur, en déterminant que le tiers-possesseur qui veut purger, est tenu d'offrir aux créanciers le prix stipulé ou la valeur déclarée, et en considérant ainsi la valeur déclarée comme l'équivalent du prix stipulé, n'a pu avoir en vue que la valeur de l'immeuble et non celle des fruits ; troisièmement, si ces mots : *le prix stipulé*, eussent dû comprendre le prix principal et les intérêts, le législateur aurait été forcé de faire une distinction entre le prix principal et les intérêts dans l'art. 73 de l'édit et dans l'art. 2308 du Code, lorsqu'il autorise les créanciers à requérir que l'immeuble soit mis aux en-chères, au moyen de l'offre d'en augmenter le prix d'un dixième ; car il est évident que cette offre ne doit porter que sur le prix principal ; mais, loin de faire cette distinc-tion, le législateur s'est servi de nouveau, dans cette circonstance, de ces mêmes expressions : *le prix stipulé* ;

Attendu, enfin, qu'en faisant remonter à une époque antérieure à la notification le droit des créanciers sur les intérêts du prix de l'immeuble hypothéqué, il s e. suivrait que les créanciers auraient des droits plus étendus lorsque leur débiteur aurait vendu l'immeuble hypothéqué, que lorsqu'il l'au-rait gardé, et une telle différence ne serait légitimée par aucun principe ;

Attendu que le jugement dont est appel n'étant pas motivé, a violé les dispositions formelles de l'art. 10 du règlement annexé à l'édit du 27 septembre 1822 :

A reçu et reçoit appelant..... Déclare Percevaux avoir le droit de prélever les frais privilégiés de purge et d'instance d'ordre sur le prix de la vente ; le déclare tenu de payer à Dupasquier les intérêts du prix de vente dès la date de l'acte.

PETTITI, *P. P.* JACQUEMOUD, *R.*

---

19 Février 1842.

BORNAGE. — POSSESSION.

Art. 2356 C. c.

Le consentement donné sans protestation ni réserve à la mensuration et au bornage, en conformité de la mappe et du cadastre, vaut renonciation à toute possession ou prescription contraire.

PELLOUX C. PELLOUX.

LE SÉNAT : Attendu que l'appelant a avoué dans une écriture donnée le 2 janvier 1839, qu'il a fait procéder avec l'intimé, sans condition et sans protestation, relativement aux fonds sous les numéros 369, 366 et 370 de la nouvelle mappe de Contamines, au mesurage et au bornage, en conformité de l'ancienne mappe et de l'ancien cadastre de ladite commune de Contamines, de leurs pièces de terre contiguës, figurées à ladite mappe, savoir : celle de l'appelant sous les numéros 403 et 404, et celle de l'intimé sous les numéros 393 et 394 ;

Que le fait du bornage avoué a toute la portée d'une déclaration expresse des par-ties de n'avoir pas possédé *antino domini* le terrain qui se trouverait en-dehors de la ligne, que la mappe et cadastre leur attri-buent respectivement ;

Que dès lors, les faits de possession que l'appelant a articulés dans l'instance d'appel, manquent de la condition essentielle à l'ac-quisition de la propriété par la possession, et qu'ils sont inadmissibles sous ce rapport :

Déclare Etienne Pelloux non-recevable en son appel.

PETTITI, *P. P.* ARMINJON, *R.*

---

19 Février 1842.

APPEL. — VALEUR. — BAIL. — SOCIÉTÉ. — SOLIDARITÉ.

Art. 33-38 C. de com. (R. C.)

Bien que l'objet de la demande soit d'une valeur inférieure à 1,200 liv., si la décision contient un préjugé qui porte sur des valeurs plus considérables, la cause est susceptible d'appel :

Ainsi est sujet à appel le jugement qui, en con-damnant à payer une somme de 600 liv. pour une annuité de cense en vertu d'un bail passé pour neuf ans, statue sur une question de solidarité entre les preneurs.

Sous les R. C., soit qu'il s'agisse d'une société en nom collectif ou d'une société en commandite, l'associé qui contracte au nom de la société s'oblige solidairement avec ses coassociés.

ROUTIN C. DE LA SERRAZ ET PACTHOD.

LE SÉNAT : Attendu que, par bail sous seing-privé du 24 mai 1838, le sieur de La Serraz a affermé, pour neuf ans, à Pierre Routin et Comp⁰ et à Charles Pacthod, la carrière de Lignite qu'il possédait sur le territoire de la Motte-Servolex, sous la cense annuelle de 600 liv. que les preneurs ont promis solidairement payer le 1ᵉʳ septembre de chaque année ;

Attendu que si l'objet de la demande n'est que de 600 liv., montant de la seconde annuité de la cense dont il s'agit, et que si, sous ce rapport, la cause n'est pas susceptible d'appel, il n'en est pas moins vrai que le tribunal, après avoir décidé, bien que pour une annuité seulement, que le négociant, qui a traité au nom de la société dont il est membre et gérant, est tenu solidairement à remplir les obligations qu'il a consenties, sauf son recours contre ses associés, peut être amené à regarder Routin comme solidairement tenu au paiement des censes à échoir, et que, sous ce dernier rapport, la cause est d'une valeur suffisante pour être portée en appel ;

Attendu, quant au fond, qu'aux termes du § 2, chap. 8, tit. 16, liv. 2 des R. C., l'associé, qui s'oblige au nom de la société, est tenu solidairement avec ses coassociés, des dettes qu'il a contractées, soit qu'il s'agisse d'une société en nom collectif, soit qu'il s'agisse d'une société en commandite ; qu'il n'y a aucune différence, à cet égard, entre l'un et l'autre genre de société, si ce n'est que les commanditaires ne peuvent jamais être tenus au-delà de leur mise de fonds ;

Attendu que le créancier d'une obligation solidaire peut s'adresser à celui des débiteurs qu'il veut choisir, sans que celui-ci soit admissible à lui opposer du bénéfice de division :

Déclare Routin non-recevable en son appel.

PETTITI, P. P. DE LA CHARRIÈRE, R.

----

22 Février 1842.

EXCEPTION *CEDENDARUM ACTIONUM.* — SOLIDARITÉ. — CAUTION.

Art. 2071 et 1303 C. c. (D. R.)

L'exception *cedendarum actionum* peut être opposée en tout état de cause, et même en exécution du jugé.

Le débiteur solidaire peut s'en prévaloir aussi bien que la caution.

PICOLET C.' NOUVELLE.

LE SÉNAT : Attendu que l'exception *cedendarum actionum* est proposable en tout état de cause et même en exécution de jugement, qu'ainsi celui du 26 mars 1839, quoique passé en jugé, ne fait pas obstacle à cet égard au défendeur ;

Attendu que les textes du droit accordent indistinctement ladite exception au codébiteur solidaire, non moins qu'à la caution ou au tiers-possesseur, et que cette exception constitue de plus en leur faveur, d'après une jurisprudence constante, une fin de non-recevoir contre le créancier qui, par sa faute, s'est mis dans le cas de ne pouvoir leur céder utilement ses actions ;

Attendu néanmoins que ce dernier ne pouvant être naturellement responsable envers celui qui le paie, qu'autant qu'il lui a porté préjudice par son fait, celui-ci n'est pas non plus en droit d'exiger la cession de droits qui n'auraient pour lui aucune utilité ;

Attendu qu'il ne suffit pas non plus au créancier, pour repousser l'action dont s'agit, d'alléguer vaguement que les actions qui lui restent, après avoir renoncé au surplus, sont suffisantes et au-delà pour sa responsabilité envers le débiteur, mais que cette même responsabilité exige qu'il soit en mesure de justifier son assertion, ou qu'il offre du moins pleine garantie à cet égard ;

Attendu que dans les conséquences de l'acte du 7 février 1836, Thorens notaire, il n'est effectivement point certain, nonobstant les allégations contraires des demandeurs, qu'Etienne-François Nouvelle puisse trouver sur les biens vendus par son frère à Mᵉ Dupraz, un recours utile, à l'encontre surtout de ce tiers-détenteur, qu'il serait obligé d'évincer, et que c'est là un motif de plus pour laisser les demandeurs garants des suites de la radiation d'inscription portée par le susdit acte ;

Attendu que, d'après les dernières considérations ci-dessus, le jugement dont est appel a fait grief aux appelants :

Déclare lesdits consorts Picolet n'être en droit de poursuivre contre Nouvelle le paiement intégral des condamnations portées par le jugement du 26 avril 1859, qu'à la charge par eux de donner caution réécante et solvable pour le préjudice que peut avoir causé à Nouvelle la radiation de l'inscription consentie.

Portier du Bellair, P. D'Arcollières, R.

---

4 Mars 1842.

LETTRES ROGATOIRES. — ÉTRANGER. — COMPÉTENCE. — PRUD'HOMMES.

Le Sénat ne défère aux lettres rogatoires qui lui sont adressées par les tribunaux étrangers pour obtenir l'exécution des jugements rendus contre un sujet du roi, qu'autant que ces tribunaux sont compétents à la forme du droit.

Le conseil des prud'hommes de la ville de Lyon est incompétent aux termes du droit commun pour connaître d'une convention passée même en France entre un français et un sujet du roi domicilié dans les états.

L'art. 14 du Code civil français étant contraire aux règles de compétence ordinaire, et postérieur au traité du 24 mars 1760, ne peut affecter les sujets du roi. [1]

Rubod c. Berton.

Le Sénat : Attendu que l'action dérivant de la convention verbale alléguée par Berton et suivant laquelle Rubod aurait placé chez lui sa fille en apprentissage pour le terme de quatre ans, est une action purement personnelle qui, d'après les maximes générales du droit, aurait dû être portée devant le juge du domicile de Rubod, sujet du roi, domicilié en Savoie ;

Attendu dès lors que, d'après les maximes générales du droit, le conseil des prud'hommes de Lyon était incompétent *rations personæ* pour prononcer sur l'action dont il s'agit ;

---

[1] Arrêt conf. du 28 décembre 1812 : Vital c. la femme Berthet. — Du 28 avril 1816, Emonet c. Ducret ; de Montbel, R.

Attendu que l'art. 14 du Code civil français établit une règle de compétence exorbitante du droit commun dont l'effet est restreint au territoire français ;

Attendu que, suivant l'article 22 du traité conclu le 24 mars 1760 entre sa majesté et le roi de France, les jugements prononcés dans les deux Etats ne sont réciproquement exécutoires, que lorsqu'ils ont été rendus à la forme du droit, c'est-à-dire en conformité des règles générales de compétence établies par le droit commun ;

Attendu d'ailleurs que ledit jugement a été rendu en contumace contre Rubod et que celui-ci s'est pourvu en opposition en temps utile ;

Attendu, en conséquence, qu'il n'y a pas lieu de déférer aux lettres rogatoires de la cour royale de Lyon du 20 février 1840 :

. . . . En déclarant n'y avoir lieu à déférer aux lettres rogatoires ci-dessus, ordonne que les parties procéderont.

Pettiti, P. P. Jacquemoud, R.

---

5 Mars 1842.

SUBHASTATION. — APPEL. — DÉLAI.

Art. 112 (E. H.)

En matière de subhastation on ne peut se dispenser d'interjeter l'appel dans les cinq jours ; on ne saurait y suppléer même en portant directement l'appel au Sénat avant l'échéance de ce terme.

Simon c. la veuve Mithieux.

Par ordonnance du 18 mai 1841, le tribunal de Chambéry autorisa la vente des biens de Simon. Cette ordonnance lui fut notifiée le 5 juin suivant ; il se pourvut directement en appel au Sénat le 7 du même mois.

Sur quoi, le Sénat :

Attendu que, suivant le § 5, tit. 26, liv. 5 des R. C., l'appel doit être interjeté par-devant le greffier du tribunal dont on appelle, et qu'aux termes de l'article 112 de l'édit du 16 juillet 1822, l'appel d'une ordonnance qui a autorisé une subhastation doit être interjeté dans les cinq jours de sa notification ;

Attendu qu'en matière de subhastation, la loi a fixé des délais de rigueur et une procédure spéciale dont on ne pourrait s'écarter sans porter atteinte à son économie, car l'interjection d'appel par-devant le greffier est fondée sur la nécessité de rendre publique la résolution de l'appelant, afin que le poursuivant puisse voir chaque jour s'il devra, ou non, s'acheminer à l'accomplissement des formalités essentielles qui doivent précéder l'adjudication définitive, d'où il suit que cette interjection ne peut être suppléée par des équivalents, comme par la requête du 7 juin 1841;

Attendu que ces formes sacramentelles ont été si bien dans l'esprit du législateur qu'il s'en est préoccupé dans son édit du 15 avril 1841 et qu'en permettant aux tribunaux d'accorder des restitutions en entier, il a ajouté qu'il n'était rien innové aux règles spéciales tracées par l'édit du 16 juillet 1822, relatives à la notification et à l'appel des jugements que cet édit concerne:

Déclare Simon non-recevable.

De Montbel.   Monod, R.

---

5 Mars 1842.

INTENDANT. — COMPÉTENCE. — SAISIE.

Les saisies-arrêt sur les caisses communales à teneur des R. P. du 22 juin 1781, ne peuvent être accordées que par l'intendant.

Les tribunaux de judicature-mage sont également incompétents pour accorder des saisies séquestres sur les matériaux et les engins réunis pour des travaux placés sous la juridiction de l'intendant.

LA VILLE DE RUMILLY C. MARCOZ ET PALLUD.

LE SÉNAT : Attendu que le tribunal d'Annecy a fait une juste application des principes sur la matière en se déclarant incompétent au sujet de la saisie demandée sur la caisse de Rumilly, et que dès lors en levant les inhibitions accordées, il n'a pu en avoir en vue que celles qu'il avait accordées par son ordonnance du 18 juillet 1838, sans rien décider sur celles qui avaient été accordées par le juge de Rumilly ;

Attendu que les matériaux et les engins que l'entrepreneur Peylin avait préparés et destinés pour les travaux d'agrandissement de l'église de Rumilly, dont il s'est rendu adjudicataire envers les syndic et Conseil de ladite ville, se trouvaient placés exclusivement sous la juridiction de l'intendant d'Annecy à teneur des RR. PP. du 22 juin

1781, et qu'ainsi le tribunal d'Annecy était incompétent ratione materiæ, pour prononcer sur le mérite de la saisie accordée sur ces matériaux et engins par le juge de Rumilly :

Renvoie les sœurs Pallud et Marcoz à se pourvoir ailleurs.

PETTITI, P. P.   JACQUEMOUD, R.

---

11 Mars 1842.

SUBHASTATION. — NULLITÉ. — SÉPARATION DE BIENS.

Art. 2338, 1518, 1381, 1352 C. c.

La demande en subhastation faite au nom de plusieurs créanciers simultanément n'est pas frappée de nullité, bien que la requête introductive n'ait pas été signée par chacun d'eux, il suffit qu'ils l'aient ratifiée en prenant part aux poursuites.

Le débiteur ne peut se soustraire aux poursuites en abandonnant le revenu d'une année, en conformité de l'art. 2338 du Code civil, si ce revenu n'est pas suffisant pour désintéresser tous les créanciers poursuivants, même ceux qui n'auraient pas signé la demande.

La femme séparée, en obtenant une assignation réelle sur les biens de son mari, ne peut se soustraire aux poursuites des créanciers inscrits sur les biens ; comme tout autre tiers-détenteur, elle peut être expropriée si elle ne se prévaut de la faculté de payer ou de délaisser.

LA FEMME AUSSEDAT C. LA RAISON DE COMMERCE ARDUIN, TISSOT, CURTELIN ET AUTRES.

LE SÉNAT : Attendu que la demande en subhastation ne saurait être inefficace par le seul défaut de signature au plus grand nombre des créanciers poursuivant la vente sur la requête présentée à cet effet, dès que cette requête a été signée par deux de ces créanciers et que les autres ont ratifié, par leur adhésion aux poursuites dont il s'agit, la demande faite par leur mandataire ;

Attendu que pour apprécier le mérite de cette demande, on doit, suivant les dispositions de l'article 2345 du Code civil, prendre en considération la quotité de toutes les créances inscrites contre Joseph Bernard, d'où il suit que l'article 2338 n'est pas applicable à l'espèce ;

Attendu que l'hypothèque des créanciers dudit Bernard sur les biens de celui-ci est

. un droit qui suit ces mêmes biens dans quelques mains qu'ils passent, et qu'en conséquence ces créanciers en peuvent poursuivre les effets même sur les biens dont Marie Aussedat prétendrait obtenir l'assignation par suite d'assécuration de ses droits dotaux; que l'art. 1848 ne forme aucun obstacle à l'exercice de ce droit, ce qui devient évident d'après les art. 1551 et 1552;

Attendu qu'il est constant au procès que les avoirs de Joseph Bernard sont dans un état tel, que ses créanciers ne peuvent obtenir le recouvrement de leurs créances, que par la vente des biens dont il s'agit, d'où il suit qu'il pourrait y avoir préjudice pour eux si une partie de ces mêmes biens était soustraite à leurs poursuites par l'effet de l'assécuration obtenue par Marie Aussedat :

Déclare Marie Aussedat non-recevable.

PORTIER DU BELLAIR, P.   COPPIER, R.

---

18 Mars 1842.

SUCCESSION. — EXCLUSION. — AGNATION.

Art. 944 C. c.

L'exclusion prononcée par l'art. 944 du Code civ. ne s'applique qu'à la sœur appelée à la succession de son frère germain ou consanguin en concours avec d'autres frères germains ou consanguins, ou avec leurs descendants mâles par ligne masculine;

En conséquence, les descendants de la sœur venant à la succession de leur oncle maternel, ne sont exclus ni par les frères, ni par les descendants des frères du défunt. [1]

GAUDIN c. CORNILLAT.

R^d François Cornillat mourut *ab intestat* en 1859, laissant pour plus proches parents Pierre, Thérèse, Jeanne, Françoise et Marie, ses nièces et neveux, issus de sa sœur germaine Marie-Jacqueline Cornillat, épouse de Joseph Gaudin; il laissa d'autre part, R^d Gervais, François, Louis, Pierre et Joseph Cornillat, ses neveux, issus de ses deux frères consanguins Jean et Pierre Cornillat.

Les consorts Gaudin s'étant de suite mis en possession de l'hoirie de leur oncle, furent actionnés par les consorts Cornillat en relâchement de cette succession, sous offre du tiers de la portion virile qui leur compétait du chef de leur mère, le tout en conformité des articles 944, 946 du Code civil. Jugement du 27 mars 1841, du tribunal de Faucigny, qui adjuge les conclusions des demandeurs; sur l'appel de ce jugement.

LE SÉNAT : Attendu que de l'ensemble des dispositions contenues dans les deux premières sections du chap. 1er, tit. 5, liv. 5 du Cod. civ., il résulte que l'intention du législateur a été de régler les successions *ab intestat*, suivant la proximité de la parenté sans égard ni distinction de sexe; en un mot, de rétablir les dispositions de la Novelle 118 avec les additions que les circonstances des temps ont pu suggérer;

Attendu que, quoique par le chapitre second du même titre, le législateur ait voulu conserver en partie le droit d'agnation, l'ordre dans lequel ce chapitre est placé et la manière dont est conçu l'art. 942, font assez voir qu'il n'a pas entendu porter atteinte à la règle générale qu'il venait d'établir, mais seulement la soumettre, dans les cas déterminés, à certaines modifications exigées par l'intérêt des familles; d'où il suit que ces modifications doivent, comme toutes les autres exceptions, être restreintes aux cas exprimés dans la loi, et ne sont point susceptibles d'une interprétation extensive;

Attendu qu'en parcourant le chapitre second sus-énoncé, l'on voit que, des trois articles qui font mention de l'exclusion des femmes en faveur de l'agnation, l'art. 943 ne contemple que les successions du père et des autres ascendants paternels mâles; l'art. 944 ne contemple que les successions des frères germains ou consanguins, et l'art. 945 ne contemple que la succession de la mère;

Qu'aucune autre succession n'étant expressément mentionnée, on ne peut suppléer au silence de la loi, en étendant les dispositions des susdits articles aux successions de l'oncle et des autres parents en ligne collatérale, quelle que soit l'analogie qu'on pourrait établir entre ces dernières successions et celles que le Code a mentionnées;

Attendu, dans l'espèce, que R^d François Cornillat étant mort *ab intestat* en 1859, et n'ayant laissé d'autres parents plus proches que Pierre, Thérèse, Jeanne, Françoise et Marie Gaudin, enfants de Marie-Jacqueline Cornillat, sa sœur germaine, et Joseph fils

---

[1] Arrêt conf., 27 janvier 1841 : Lavanchy c. Thiollay ; De Juge, R.

de Pierre, François, Pierre, R⁴ Gervais et Louis fils de Jean Cornillat, ses frères consanguins à lui prédécédés, la succession, dans le vrai sens de la loi et dans l'acception naturelle des termes, doit être considérée comme succession d'un oncle et non comme succession d'un frère, et que la succession de l'oncle n'étant pas expressément comprise dans les articles ci-devant cités, elle doit être déférée suivant la loi générale sur les successions ;

Attendu que le droit de représentation défini par l'art. 924 et admis en ligne collatérale en faveur des descendants de frères ou de sœurs, ne peut changer le caractère de la succession dont il s'agit, et transformer la succession d'un oncle en celle d'un frère, pour lui rendre applicables les dispositions d'une loi exceptionnelle ;

En premier lieu, parce que ce droit, établi seulement pour empêcher les frères et les sœurs d'exclure les neveux et les nièces par la proximité du degré, ou pour empêcher les descendants des frères et des sœurs plus proches, d'exclure les descendants des frères et des sœurs plus éloignés, ou encore pour opérer le partage de la succession par souche entre les descendants des frères et des sœurs, parents du défunt au même degré, ne sauront nullement régler l'ordre de vocation, ou la préférence entre les diverses classes, les unes à l'exclusion des autres ;

En second lieu, parce que lorsque les descendants des frères et sœurs sont tous au même degré, ils n'ont besoin de se prévaloir du droit de représentation que pour fixer la portion qui pourrait leur revenir, au cas que d'autres parents unis au défunt par les mêmes liens, concourussent avec eux à la succession ;

Attendu d'ailleurs que l'art. 944, en étendant aux successions du frère germain ou consanguin le droit de subrogation accordé par l'article précédent aux frères germains ou consanguins et leurs descendants, a eu soin de spécifier le cas dans lequel l'exclusion devait avoir lieu ; savoir, *lorsque la sœur qui serait appelée à la succession, se trouve en concours avec d'autres frères germains ou consanguins, ou avec leurs descendants mâles par ligne masculine ;*

Que le législateur, en faisant mention de la sœur, et en ne nommant pas ses descendants, tandis que dans l'art. 943 ils sont nommés spécifiquement, a donné à entendre qu'il ne voulait pas les comprendre dans l'exclusion prononcée contre la sœur par l'art. 944 ;

Attendu que, pour donner une interprétation différente à cet article, on dirait en vain que les descendants de la sœur n'étant point exclus, ils seraient en meilleure condition que la sœur elle-même du chef de laquelle ils viennent à la succession ; puisque, en premier lieu, d'après les considérations qui précèdent, il n'est pas exact de dire que lorsque les descendants des frères et sœurs sont en égal degré, ils soient appelés à la succession de l'oncle du chef de leurs auteurs ; puisque, en second lieu, le législateur, voulant restreindre dans des limites plus étroites le droit d'agnation, a pu prendre tel point de départ et d'arrêt que bon lui semblait, affranchir parmi les successibles telle ou telle autre personne, tel ou tel autre degré, de l'exclusion qu'il laissait encore subsister en partie contre les femmes, sans nullement s'inquiéter des conséquences auxquelles pourrait donner lieu le changement qu'il venait d'opérer ;

Attendu que, dans l'absence de mention expresse des descendants de la sœur, on ne peut tirer aucune induction des premiers mots de l'article 944 ; savoir, *la disposition de l'article précédent est applicable à la succession du frère germain ou consanguin,* puisque ces expressions doivent se référer à ce que l'article 944 a de commun avec le précédent, c'est-à-dire à la préférence donnée aux frères germains et à leurs descendants sur les frères consanguins et leurs descendants, à la qualité de mâle et de capable de conserver et de perpétuer la famille que doivent avoir ceux qui veulent exercer le droit de subrogation, et enfin aux règles suivant lesquelles celle-ci doit avoir lieu ; mais les susdites expressions ne peuvent avoir la force de rendre applicable à la succession du frère les dispositions de l'art. 943 dans son entier ; dès que l'art. 944, par ses derniers mots, explique formellement quand, en faveur de qui et contre qui a lieu l'exclusion, lorsqu'il s'agit de la succession du frère, savoir : *lorsque la sœur qui serait appelée à la succession se trouve en concours,* etc., et qu'en nommant la sœur, il s'abstient de nommer ses descendants ;

En adoptant une différente interprétation de cet article, on rendrait inutiles ces dernières expressions, les seules cependant qui en fixent la vraie portée ;

Attendu que, pour étendre aux descendants de la sœur l'exclusion prononcée par l'article 944, on ne peut se fonder sur les expressions de l'article 946 : *ceux qui, aux termes des trois articles précédents, recueillent la part de succession à laquelle était appelée la femme ou ses descendants, sont tenus...* parce que, dans les trois articles précédents, ayant été fait mention de cas dans lesquels la femme et ses descendants étaient exclus, et d'autres cas dans lesquels il n'était point question de descendants, l'art. 946 a dû comprendre dans sa disposition, conçue en termes complexes, tous les cas, sans cependant avoir voulu étendre à chacun individuellement l'exclusion des descendants, comme l'indique la préposition disjonctive *ou* mise entre le mot femme et les descendants ;

Que cela est si vrai, que le législateur, après avoir employé dans l'art. 946 les expressions générales sus-énoncées, a spécifié avec soin dans l'article même les successions sur lesquelles on devait prendre une portion à donner à la femme ou à ses descendants exclus, écartant ainsi toute autre succession non-expressément contemplée ;

Attendu qu'on ne peut également tirer aucune induction de la rubrique ou exposition du chapitre II, pour dire que l'exclusion dont il s'agit dans l'article 944, doit être étendue aux descendants de la sœur, parce que le législateur ayant le but de réunir dans un seul chapitre les différents cas d'exclusion dont quelques-unes comprenaient les femmes et leurs descendants, et d'autres les femmes seules, il a dû se servir d'une locution qui comprît dans sa généralité tous les cas, sans cependant entendre que tous les articles contenus dans ce chapitre dussent s'appliquer indistinctement, dans leurs dispositions, aux mêmes personnes ;

Attendu que le cas dont il s'agit dans la présente cause n'étant contemplé dans aucun desdits articles, la succession de révérend François Cornillat doit être réglée par l'art. 938 ;

Attendu, en ce qui touche les conclusions prises par les appelants dans cette instance, que la cause n'est point encore prête à recevoir jugement :

Déclare la succession de révérend Cornillat être déférée aux consorts Gaudin, suivant les règles des successions *ab intestat*.

DE MONTBEL. COTTA, R.

---

22 Mars 1842.

VENTE. — HYPOTHÈQUE. — FACULTÉ DE PURGER. — FRAIS D'ORDRE.

Art. 1660 et 2332 C. c. (E. II.)

La promesse de payer, dans un terme fixé, le prix de l'immeuble aux créanciers inscrits, ni la connaissance qu'avait l'acheteur des hypothèques qui le grèvent, ne le privent de la faculté de purger.

Les frais du certificat de transcription, ceux de notification aux créanciers et ceux du jugement d'ordre, sont privilégiés sur le prix. [1]

Sous l'empire de l'édit du 16 juillet 1822, le vendeur d'un immeuble grevé d'hypothèques, n'était pas admis à requérir le paiement du prix en fournissant caution.

V⁰ CLAUS C. LES DAMES PERROTIN.

LE SÉNAT : Attendu que la production du certificat des inscriptions qui grèvent l'immeuble vendu par les sœurs Perrotin, établissant que l'appelante, en sa qualité, est exposée à être troublée par des actions hypothécaires, cette dernière, aux termes de l'art. 68 de l'édit du 16 juillet 1822, sous le régime duquel a été passé l'acte de vente du 16 juillet 1837, Bincaz notaire, est fondée à purger et à suspendre le paiement du prix jusqu'à la fin du jugement d'ordre, à moins que le contraire n'ait été stipulé dans l'acte ;

Attendu que, de l'acte sus-énoncé, il ne résulte aucune renonciation expresse de la part de l'acquéreur Barthélemi Claus au droit de purger, et qu'on ne saurait induire une tacite renonciation, ni de la circonstance que l'acquéreur connaissait la provenance des biens et les hypothèques qui les grevaient, ni du délai fixé pour le paiement du prix ;

Attendu que les articles 146 et 147 de l'édit précité attribuent à l'acquéreur qui veut purger, le droit de prélever, par privilège sur le prix, les frais du certificat des inscriptions, ainsi que ceux de notification aux créanciers et du jugement d'ordre ;

Attendu que le droit de purger donne la faculté à l'acquéreur de retenir le prix de la vente, pour être distribué aux créanciers en rang utile, et que, dans l'espèce, Barthélemi Claus et ses ayant-droit, non-seulement se sont mis en mesure de purger

---

[1] V. ci-devant, 14 janvier 1842.
Concl. conf., 19 mai 1841.

l'immeuble dont il s'agit, soit par la transcription, soit par les notifications faites aux créanciers, mais qu'ils ont poursuivi l'instance d'ordre, ainsi qu'il en résulte de la collocation provisoire du 11 mai 1840;

Attendu que l'édit du 16 juillet 1822, n'admettait pas le vendeur à exiger le prix moyennant caution, lorsque l'acquéreur voulait purger, et que les articles 2303 et 1660 du Code civil, introductifs d'un droit nouveau, ne peuvent être appliqués à un contrat stipulé avant sa mise en vigueur :

Reçoit la dame Claus appelante, et la déclare être en droit de purger... aux frais des demanderesses; déboute celles-ci de leur demande en paiement du prix moyennant caution. DE MONTBEL. COTTA, R.

---

2 Avril 1842.

DÉCRET. — SURENCHÈRE. — CAUTION.

Art. 2308 C. c., § 4 (E. H.)

Un simple décret, rendu inaudita parte, ne passe jamais en jugé.

La caution, donnée en conformité de l'art. 73 de l'édit hypothécaire, par le créancier qui demande la subhastation des biens soumis à son hypothèque, ensuite de l'augmentation du dixième, est déchargée dès que la mise à prix a été couverte;

En conséquence, lorsque le créancier poursuivant devient lui-même adjudicataire par suite des enchères, la caution n'a plus à répondre de sa solvabilité, et se trouve relevée de toutes les charges résultant de son engagement.

DIDIER-CHABERT C. LES ÉPOUX BESSON, MOLLENS ET AUTRES.

LE SÉNAT : Attendu que le décret du 28 juillet 1838 n'ayant pas été rendu en contradictoire des parties intéressées, n'est point soumis aux règles relatives à l'appel des sentences et ordonnances, et qu'aucun délai n'a couru pour interjeter et relever appel de ce décret;

Attendu que, par acte du 31 mai 1837, Chabert s'est rendu caution de Jean-Claude Besson, en conformité de l'art. 73 de l'édit du 16 juillet 1822, pour faire admettre la subhastation des biens acquis par Michel, ensuite de l'augmentation faite par Besson d'un dixième sur le prix de ces biens;

Attendu qu'à teneur de cet article, le créancier qui demande la subhastation, ne s'engage qu'à faire raison du prix auquel il

a porté l'immeuble, et des frais accessoires;

Attendu qu'en vertu de l'art. 78 du même édit, lorsque cette mise à prix a été couverte par des enchères et suivie d'adjudication, il est déchargé de l'engagement qu'il avait contracté comme créancier requérant;

Attendu que si le créancier prend lui-même part aux enchères, il doit se conformer aux dispositions de l'art. 79 de cet édit, et l'obligation qu'il contracte, en se rendant adjudicataire, ne naît plus de la soumission qui a accompagné sa demande en subhastation, mais de son concours dans les enchères;

Attendu que le cautionnement est de droit strict, et que la caution ne peut être obligée pour un cas non compris dans l'engagement qu'elle a pris;

Attendu que Jean-Claude Besson doit relever sa caution de toutes les charges résultant du cautionnement, et par conséquent supporter les frais relatifs à la radiation de l'inscription prise;

Sans s'arrêter au décret rendu le 28 juillet 1838, ordonne la radiation de l'inscription prise ensuite de l'ordonnance du... contre Didier-Chabert; déclare Besson tenu des frais de cette radiation.

D'ALEXANDRY, P. MARESCHAL, R.

---

22 Avril 1842.

VENTE. — LÉSION. — DOL. — SIMULATION.

Art. 1679 C. c.

Le contrat par lequel on a vendu à la fois et pour le même prix des meubles et des immeubles, est sujet à rescision pour cause de lésion, si les objets mobiliers sont de peu de valeur, comparativement aux immeubles.

Lorsqu'on attaque un même acte comme entaché de simulation et de lésion, on doit procéder par ordre et faire prononcer sur le premier moyen, avant de proposer la lésion. [1]

BRÊT C. PORTAZ.

LE SÉNAT : Attendu que le contrat du 23 octobre 1822, Feige notaire, a pour objet principal une vente d'immeubles; que les créances et les meubles qu'elle comprend

---

[1] Il en est de même des conclusions en nullité pour lésion énormissime : 12 mars 1844, dame Detati c. de Châteauneuf et Belleville; Clert, R.

— 159 —

n'en forment qu'une faible partie, et que le tout a été vendu pour un seul et même prix;

Attendu que ce qu'il y aurait de chanceux et d'incertain, par suite de quelques clauses insérées dans ledit acte, pour un acquéreur qui aurait été étranger, cesse de l'être à l'égard de l'appelant, beau-frère du vendeur, qui connaissait les affaires de celui-ci; d'où il suit que ladite vente peut être rescindée pour cause de lésion, d'après la jurisprudence; que d'ailleurs le tribunal l'avait déjà préjugé ainsi par son jugement du 9 août 1859, passé en force de chose jugée;

Attendu que les moyens de nullité, pour cause de dol ou de simulation, doivent être proposés et évacués avant l'action en rescision pour cause de lésion énorme; puisque cette action présuppose l'existence du contrat, tandis les premiers moyens l'excluent;

Attendu qu'avant qu'il puisse être le cas d'admettre les faits tendant à établir le dol, les parties doivent être acheminées à convenir de l'état des meubles et des immeubles, objet de la vente dont il s'agit, du montant des dettes hypothécaires, dont le paiement est à la charge de l'acheteur; puisque la connaissance préalable de ces faits était indispensable pour établir le prix conventionnel et le juste prix des objets de la vente, et reconnaître s'il y avait lieu a lésion;

Attendu que le tribunal, dont est appel, en admettant en preuve les faits articulés par l'intimé, avant d'avoir acheminé les parties à faire les déduites ci-dessus rappelées, a mal et précipitamment jugé;

Ordonne que la note des meubles et créances qui ont été l'objet de la vente dont il s'agit, et celle des dettes hypothécaires, dont le paiement est à la charge du défendeur, seront fournies par le demandeur, sauf à celui-ci à déduire par un préalable, si bon lui semble, ses moyens de nullité de la vente, pour cause de dol et de simulation.

PETTITI, P. P. ANSELME, R.

---

25 Avril 1842.

APPEL. — DÉLAI. — NOTIFICATION. — MATERNITÉ. — FILIATION.

Art. 386 C. c. (D. R.)

La prononciation d'un jugement aux procureurs des parties, ne fait pas courir les délais, il faut une notification.
Sous l'empire des R. C., la preuve de la maternité pouvait se faire par témoins.

CHAMAT C. BABUFY.

Attendu, sur la fin de non-recevoir, que la prononciation, aux procureurs des parties, du jugement dont est appel, n'a pu remplacer la notification prescrite par le § 9, tit. 23, liv. 5 des R. C.;

Attendu que la preuve testimoniale était admise par la jurisprudence antérieure au Code civil, en matière de réclamation de maternité, surtout lorsqu'elle était corroborée par quelques titres, ou par la force de présomptions qui rendaient vraisemblables les faits articulés; que, dans l'espèce de la cause, des présomptions d'un certain poids viennent fortifier la preuve offerte; elles se tirent de l'accouchement constaté de Marie Chamat d'un enfant vivant, du défaut de présentation de l'acte de décès de cet enfant, de celui de toute déduite pour établir sa mort, et de l'absence de réclamation de la part de tout autre individu de la filiation dont il s'agit:

Déclare les frères Chamat non-recevables.

PORTIER DU BELLAIR, P. SEITIER, R.

---

26 Avril 1842.

VENTE. — HYPOTHÈQUE. — CAUTION. — INTÉRÊTS.

Art. 1660, 2307, 2286 C. c.

Celui qui vend un immeuble en le garantissant libre d'hypothèques doit, avant de pouvoir en exiger le prix, procurer à l'acheteur main levée de toutes les inscriptions, si mieux il n'aime lui donner caution.

Ce cautionnement doit s'étendre à la garantie de l'effet des hypothèques qui frappent l'immeuble du chef de tous les précédents propriétaires.

Le droit de purger est une faculté accordée à l'acquéreur; on ne peut l'obliger à s'en prévaloir.

Il doit payer les intérêts du prix entre les mains du vendeur, jusqu'à ce qu'il y ait eu sommation de payer ou de délaisser, ou jusqu'à ce qu'il ait introduit une instance en purgation. [1]

BALMAIN C. EMIN.

LE SÉNAT : Attendu qu'il est avoué au procès que l'intimé a vendu à l'appelant des

---

[1] Voy. arrêt du 11 février 1842, ci-devant.

immeubles comme libres de toutes charges, dettes et hypothèques, et qu'il est constaté que ces immeubles sont grevés de plusieurs inscriptions ;

Attendu que celui qui vend des immeubles en les déclarant libres d'hypothèques lorsqu'ils ne le sont pas, assume sur lui l'obligation de les dégrever sans retard, et que l'acquéreur trompé peut, sur le fondement de la règle : *qui prior agit, prior adimplere debet*, refuser le paiement du prix des immeubles, tant que le vendeur ne les rend pas tels qu'il a dû les délivrer ; que c'est ainsi que le tribunal de Maurienne a envisagé la question dans sa sentence du 12 mai 1840, et l'a décidée d'une manière virtuelle dans celle du 23 février suivant, qui a acquis l'autorité de la chose jugée ;

Attendu, d'après cela, que, dès que l'appelant a le droit de retenir ce qu'il doit encore du prix de la vente jusqu'à ce que les immeubles soient affranchis des hypothèques qui les frappent, on ne pourrait substituer à ce droit qu'un cautionnement assez étendu pour remplacer les avantages et les sûretés que le dégrèvement donnerait à l'appelant ; que l'on ne saurait d'ailleurs contester que la rétention du prix de la vente ne soit plus avantageuse à ce dernier, qu'une action contre l'intimé et la caution, puisqu'elle lui donne en tout temps le moyen de réaliser les offres qu'il doit faire aux créanciers inscriptionnaires pour purger les immeubles ;

Attendu que l'intimé n'a pu trouver dans l'écriture donnée par l'appelant le 30 novembre 1840, la manifestation de la volonté de se contenter d'un cautionnement limité à la somme de 1,950 liv., et que le tribunal a erré en fait lorsque, se fondant sur les déclarations contenues dans ladite écriture, il a restreint le cautionnement à la dette de l'appelant ;

Attendu que la faculté que la loi donne à ce dernier de faire purger les immeubles, qui lui ont été vendus, des hypothèques qui les grèvent, ne peut être traduite en obligation ;

Attendu que l'appelant ne peut, pendant qu'il jouit paisiblement des immeubles et qu'il ne les purge pas, s'exempter de l'obligation de payer les intérêts de la somme qu'il peut encore devoir en capital, parce que les intérêts sont le corrélatif des fruits qu'il perçoit, sur lesquels aucun créancier de l'intimé ne peut avoir d'action, et qu'il

ne serait pas juste qu'il jouît de la chose et du prix :

.... Déclare que le cautionnement que Balmain a la faculté de donner à l'effet d'exiger ce qui lui est encore dû en principal du prix de la vente, doit s'étendre à la garantie contre l'effet des inscriptions qui frappent tant de son chef que de celui de ses auteurs, les immeubles qui ont été l'objet de la vente.

Nota. L'acquéreur avait déclaré se contenter d'une caution qui le garantirait à raison de tout le prix payé, bien qu'il ne restât débiteur que d'une partie.

PETTITI, P. P.   ARMINJON, R.

---

2 Mai 1842.

LEGS. — CONDITION. — TUTELLE.

Art. 821 C. c.

La condition imposée à un légataire de gérer une tutelle, est censée remplie lorsqu'il a déclaré être prêt à accepter cette charge, et qu'elle lui a été refusée par le conseil de famille ; il n'est pas obligé, sous peine de perdre son legs, de se porter opposant à cette délibération.

MONOD c. DUBOUCHET, TUTEUR.

LE SÉNAT : Attendu que, par testament du 16 mai 1839, Cot notaire, Péronne Cloître a légué à Monod, son mari, la somme de 2,000 liv. en propriété et toute la portion en usufruit dont elle pouvait disposer, à la charge qu'il accepterait la tutelle des filles de la testatrice, tutelle qu'elle a déclaré lui conférer ;

Attendu que la condition, à laquelle ce legs est subordonné, consiste dans l'obligation imposée au légataire d'accepter cette charge ;

Attendu qu'il résulte de la délibération prise par le conseil de famille, le 9 octobre 1839, que Monod a déclaré accepter la tutelle en conformité du testament ;

Attendu que le conseil de famille n'a pu porter atteinte au droit dérivant de ce testament, en subordonnant la délation de cette tutelle à un cautionnement qui n'est pas imposé par la loi et qui n'a pas été exigé par la testatrice ;

Attendu que l'appelant dont l'action est fondée sur le testament de sa femme et sur l'offre qu'il a faite en exécution des dispositions de ce testament, n'a pas eu à s'occuper des motifs qui ont dicté la délibération du conseil de famille, et qu'ainsi il n'a pas été tenu de se porter opposant contre cette délibération ;

.... Déclare Monod avoir droit au legs à lui fait par sa femme, avec intérêts à la forme du droit.

De Montbel.   Mareschal, *R.*

---

10 Mai 1842.

BAIL SOUS SEING-PRIVÉ. — RÉSILIATION. VENTE. — DOMMAGES.

Art. 1752, 1240, 1428 C. c.

Les dispositions de l'art. 1752 pour la fixation des dommages dus par suite de résiliation de bail, ne s'appliquent qu'au cas spécialement prévu par l'art. 1751 ; dans toutes les autres hypothèses, les dommages doivent être fixés d'après les règles tracées par l'art. 1240.

Entre le bailleur et le preneur, le bail sous seing-privé produit les mêmes effets qu'un bail authentique ; en cas de résiliation, il donne lieu aux mêmes indemnités.

Delaye c. Sonnet et Martin.

Le Sénat : Attendu que la règle particulière tracée par l'article 1752 du Code civil pour fixer les dommages et intérêts qui sont dus au locataire lorsqu'il est expulsé par l'acquéreur de la chose louée, est une exception aux principes généraux consacrés par les articles 1240 et suivants, et que cette règle doit par conséquent être restreinte au cas spécialement prévu par la loi ;

Attendu que les dispositions des articles 1750, 1751 et 1752 font voir clairement que le seul cas prévu à cet égard, est celui dans lequel le bailleur, ayant stipulé que le locataire pourrait être expulsé en cas de vente, s'est, par là même, soumis aux conséquences que la loi attache à une semblable réserve ;

Attendu que si, d'après l'article 1757, l'acquéreur a toujours le droit d'expulser le locataire lorsque le bail n'est pas authentique, ou n'a pas de date certaine, il faut en chercher la cause uniquement dans le défaut de fixité de date du contrat de bail relativement à l'acheteur ; mais que, pour ce qui concerne les dommages et intérêts auxquels le bailleur est tenu envers le locataire, le bail privé dans lequel il n'a pas été convenu que le locataire pourrait être expulsé, en cas de vente, doit produire les mêmes effets qu'un bail semblable fait par acte authentique, l'acte privé ayant, entre les parties contractantes, la même force que l'acte authentique ;

Attendu que, d'après les principes du droit applicables à l'espèce, les dommages et intérêts réclamés par l'appelant, doivent être fixés à raison de la perte qu'il a faite et du gain dont il a été privé par suite de l'interruption du bail, en ayant égard à tout ce qui a pu influer sur le préjudice qu'il a souffert, comme aussi à la possibilité qu'il aurait eue de l'éviter en tout ou en partie ;

Attendu que les intimés devaient maintenir à l'appelant la jouissance du magasin loué pendant toute la durée du bail, et qu'en le vendant avec promesse de faire entrer les acquéreurs en jouissance dès le 4 mai 1841, ils ont, par leur propre fait, donné lieu à son expulsion avant le terme fixé, d'où il résulte que les dommages et intérêts doivent comprendre tout ce qui a été une suite immédiate et directe de l'inexécution de leur obligation, d'après toutes les circonstances à devoir être prises en considération ;

Attendu qu'il résulte suffisamment des faits de la cause, que le but de l'appelant en prenant à bail, pour le terme de six ans, le magasin dont il est question, a été de s'en servir pour l'écoulement des marchandises qu'il a achetées à la même époque des intimés, et que les autres circonstances sur lesquelles portent les positions qu'il leur a données et les faits qu'il a soutenus, sont de nature à pouvoir être, sans autre, appréciées ou vérifiées par les experts qui seront chargés d'émettre un avis sur l'objet de ce procès ;

Attendu que la qualité des parties et la nature de la cause exigent qu'elle soit terminée par les voies les plus promptes ;

.... Déclare les dommages dus à Delaye devoir être de la perte qu'il a faite et du gain dont il a été privé en tout ce qui est une suite immédiate et directe de l'interruption du bail que lui avaient passé MM. Sonnet et Martin.... ; ordonne que par experts....

Pettiti, *P. P.*   De St-Bonnet, *R.*

13 Mai 1842.

VENTE. — HYPOTHÈQUE. — PURGE.

Art. 1660 C. c.

L'acquéreur qui a pris à sa charge les frais de l'instance en purgation d'hypothèque, ne peut, en prétextant l'existence d'inscriptions hypothécaires sur le fonds acquis, se refuser au paiement du prix, ni exiger une caution.[1]

COTTAREL C. DELABAYE.

Le Sénat : Attendu que la créance de Cottarel pour prix non payé de la vente qu'il a consentie, le 24 mai 1836, Burdinat notaire, n'est pas contestée par Delabaye ;

Attendu qu'il est stipulé dans l'art. 4 de ce contrat, que si l'acquéreur veut purger les hypothèques qui existent sur les biens acquis, les frais pour y parvenir seront exclusivement à sa charge ; qu'il n'a pas justifié de s'être acheminé à cette purgation qui lui offrait le moyen de se garantir de toutes recherches, et qu'il ne saurait, par ce motif, aggraver la position du vendeur en exigeant de lui la dation d'une caution ;

Attendu que la sentence, dont est appel, a été rendue ensuite de la déclaration de Delabaye qui demandait un délai de quinze jours pour payer, et qu'il ne saurait, sous ce rapport, critiquer cette sentence qui a été rendue sur son offre :

Déclare avoir été bien jugé....

DE MONTBEL.   MARESCHAL, R.

---

17 Mai 1842.

DONATION. — RÉDUCTION.

Art 751 C c. (Q. T.)

Réduction des donations faites par les ascendants avant la mise en vigueur du Code civil.

En règle générale, la révocation et la réduction des donations entre vifs sont régies par la loi en vigueur au jour de la donation.

Cependant, si la donation imposait au donataire la charge de payer, aux héritiers à réserve, tous les droits qu'ils pourraient mesurer dans l'hoirie du donateur, ces droits seraient fixés par la loi veillante au moment du décès.[1]

DAME TOURNIER C. DAME BOUCHET.

Le 4 décembre 1835, la dame Batalliard fait donation de tous ses biens à Marie Salomée Batalliard, dame Bouchet, sa fille ; elle meurt en 1840.

La dame Tournier représentant pour une moitié Laurence Batalliard, autre fille de la donatrice, demande dans l'hoirie de cette dernière une légitime telle que de droit :

La dame Bouchet, donataire universelle, offre de fournir une légitime sur une somme de 500 liv. restée en dehors de la donation ; pour le surplus, elle dit que la légitime réclamée doit se régler d'après les lois en vigueur à la date de la donation, et qu'alors la donatrice avait pu disposer des deux tiers de ses biens, un tiers seulement formant la réserve ; que l'art. 15 des lois transitoires maintenait l'irrévocabilité de la donation qui lui avait été faite.

Le tribunal de Chambéry, par sa sentence du 1er juin 1841, accueille ce système.

Sur l'appel de la dame Bouchet, LE SÉNAT :

Attendu que la donation du 4 décembre 1835, Cot notaire, est universelle et comprend les biens présents et à venir ; que, parmi les charges imposées à l'intimée, se trouve l'obligation spéciale de payer à Fanny et à Caroline Excoffon, comme représentant Laurence Batalliard, leur mère, tous les droits qu'elles pourront mesurer dans son hoirie à quelque titre que ce soit ;

Attendu qu'il a été stipulé que la donataire n'entrerait en jouissance des biens donnés qu'au décès de la donatrice, qui s'est réservé l'usufruit par une clause formelle ;

Attendu que l'exercice des droits réservés en faveur des filles Excoffon était éventuel et subordonné aux lois existantes au moment du décès ; que les expressions « pourront exercer sur son hoirie, » ne laissaient aucun doute sur l'intention des parties de se référer à la loi du décès, et non à celle existante au moment de la donation, d'où il suit que si la donation a été parfaite et irrévocable, c'est toujours avec la condition im-

---

[1] V. 14 février 1812, ci-devant.
27 janvier 1844 : Chabert c. Mariet ; Seitler, R. — 27 mai 1845, Neyrod c. Verchère ; de St-Bonnet, R.

[1] Concl. conf. : 12 mars 1812.
V. arrêt du 20 décembre 1816 : Nanjod c. Nanjod ; Clerc, R.

posée à l'intimée de payer, outre les constitutions dotales, les autres droits qui pourraient compéter aux descendants de Laurence Excoffon, au moment du décès de la donatrice : que celle-ci étant décédée sous l'empire du Code civil, c'est cette loi qui doit déterminer l'étendue des droits réservés ; en conséquence, l'article 15 des LI. PP. du 6 décembre 1857 n'était pas applicable à l'espèce :

Par ces motifs, déclare qu'il compète à la dame Tournier, du chef de Laurence Batallard, sa mère, pour une moitié une légitime dans l'hoirie de Françoise Batallard, sa grand'mère, à devoir être fixée en conformité de l'art. 719 du Code civil.

D'ALEXANDRY, P. MOXOD, R.

---

27 Mai 1842.

SUCCESSION FUTURE. — PRESCRIPTION. — DONATION DÉGUISÉE. — RAPPORT.

Art. 1220, 729 C. c. (L. 1., Q. T.)

Sous la loi du 17 nivôse an XI, tout pacte sur une succession non ouverte, est radicalement nul ; cette nullité n'est point couverte par l'exécution volontaire. [1]

La prescription ne commence à courir que du jour de l'ouverture de la succession cédée [2] ; mais elle est régie par la loi en vigueur à la date de la cession.

La donation déguisée sous l'apparence d'un contrat onéreux est valide dans sa forme, mais elle est réductible à la portion disponible ; la réduction est réglée par la loi en vigueur, au jour de l'ouverture de la succession du donateur. [3]

La donation déguisée est toujours dispensée de rapport. [4]

BURTIN C. BAILLARD.

Par acte du 2 messidor an IV, Jean Burtin vend à un nommé Burtin Laurent la généralité de ses immeubles et deux rentes constituées, pour le prix de 25,000 liv.; 10,000 liv. sont déclarées reçues dès environ deux mois ; 8,614 liv. sont comptées présentement en effets ; le surplus est stipulé payable à des créanciers désignés.

Par un autre acte du 13 du même mois, Laurent Burtin revend à Joseph Burtin, fils du précédent vendeur, les mêmes biens qu'il avait acquis le 2 messidor, et sous les mêmes clauses.

Le 12 thermidor an VI, Michelle Burtin, fille de Jean Burtin, cède à Joseph, son frère, et du consentement de son père et de sa mère, tous les droits qu'elle pouvait prétendre dans leurs successions futures, pour le prix de 600 liv., et c'est outre sa dot.

Le père Burtin meurt le 50 mars 1811.

Les intimés, héritiers de Michelle Burtin, demandent, le 50 novembre 1858, le partage de la succession en deux lots ; ils concluent : 1° à la nullité de la cession du 12 thermidor an VI, comme ayant pour objet la succession de deux personnes vivantes ; 2° à la nullité des ventes du 2 et du 15 messidor an IV, comme renfermant une donation déguisée, faite en fraude de la loi du 17 nivôse an II.

Sur quoi, LE SÉNAT :

Attendu, en ce qui touche la cession, que la loi du 17 nivôse an II frappe de nullité radicale toute stipulation sur la succession d'une personne vivante, soit que celle-ci fût présente ou non au contrat, soit qu'elle y ait donné son consentement ;

Attendu que cette nullité étant absolue n'a pu être couverte ni par le silence de Michelle Burtin, pendant sa vie, ni par le paiement du prix convenu ;

Attendu que le père Burtin n'étant décédé qu'en 1811, l'exception de prescription opposée par les appelants n'est point fondée, puisque, d'un côté, les intimés se seraient pourvus en temps utile pour interrompre la prescription trentenaire, et de l'autre, celle de dix ans introduite par le Code civil français, ne serait point proposable à l'égard d'un contrat stipulé avant sa mise en vigueur ;

Attendu, en ce qui touche les deux actes de vente des 2 et 15 messidor an IV, que toutes les circonstances de temps, de lieu, de personnes, ainsi que les clauses y insérées concourent à établir qu'ils ne contiennent que des libéralités déguisées sous les apparences de contrats onéreux, et que, cela étant, pour en déclarer la simulation, il n'est point nécessaire d'appeler en cause Laurent Burtin qui, ayant revendu les biens à Jean Burtin, auteur des appelants, à tous

---

[1] V. concl. en partie contraires, 5 juin 1811.
[2] Arrêt conf., 25 avril 1845 : veuve Perroux c. Revet ; Anselme, R.
[3] Arrêt du 7 mars 1846 : Bisillat-Donnet c. Faugerand ; Cotta, R.
[4] Du 8 février 1839 : Dessaix c. Dessaix ; Coppier, Rapᵉ.

périls et risques, est sans intérêt dans la discussion ;

Attendu que les donations tacites et conjecturales, parmi lesquelles doit être classée celle dont il s'agit, ne sont point soumises aux solennités requises pour les autres donations, et que pour leur validité, il suffit qu'on ait observé les formalités exigées pour les actes qui les contiennent ;

Attendu que, d'après les principes du droit, toutes les simulations ne sont pas indistinctement frappées de nullité, et que pour que la simulation vicie radicalement l'acte dans lequel elle est intervenue, il faut que ceux qui en sont les auteurs aient eu principalement pour objet d'éluder, par cette voie indirecte, la prohibition légale qui ne peut tomber que sur la chose ou sur la personne ; que c'est dans ce cas qu'il ne doit pas être permis d'emprunter le nom simulé d'une vente, ou de tout autre contrat à titre onéreux, pour légitimer par cette apparence spécieuse une disposition à titre gratuit que la loi réprouve ;

Attendu que cette distinction toute naturelle et tirée du texte de la loi 88, *Digest. de contrah. emp.*, trouve son appui dans la lettre et dans l'esprit de la loi du 17 nivôse an II, sous laquelle ont été passés les contrats sus-énoncés ; puisque, non-seulement, elle n'a point prohibé d'une manière absolue les donations faites à l'un des successibles, mais, au contraire, à l'article 9, elle les déclare valides jusqu'à concurrence de la portion héréditaire ;

Que si, quant à l'excédant, elle les déclare nulles, les héritiers naturels seuls ont le droit de faire prononcer cette nullité, et ce droit ne s'ouvre en leur faveur que du jour de l'ouverture de la succession du donateur ; d'où il suit que le père Burtin étant mort sous le Code civil français, c'est suivant ce Code et non suivant la loi du 17 nivôse an II, que cette réduction doit être opérée ;

Attendu que les donations sus mentionnées, dès lors qu'elles sont valables en elles-mêmes, doivent nécessairement, lorsqu'elles ont été faites par un père à l'un de ses enfants, profiter au donataire jusqu'à concurrence de la portion dont le père pouvait l'avantager directement, puisque autrement elles seraient sans effet, contre l'intention du donateur ;

Attendu que, si l'art. 843 du Code civil français veut qu'un héritier ne puisse retenir les dons, ni réclamer les legs à lui faits par le défunt, à moins que les legs ne lui aient été faits expressément par préciput ou hors part, ou avec dispense de rapport, il est aisé de reconnaître qu'il n'a prescrit l'usage d'aucunes formes ou termes sacramentels, pour que la dispense du rapport dont le donateur a voulu affranchir le donataire, soit réputée valable, et ait tout l'effet dont elle peut être susceptible ;

Attendu que si, dans une donation qui a été simulée sous les formes d'un contrat à titre onéreux, le donateur n'a pas dû stipuler qu'il la faisait par préciput, ou hors part, puisqu'il était au contraire dans l'intention de déguiser sa libéralité, il est cependant manifeste que ce déguisement même dont il a fait usage, exprime ouvertement la volonté qu'il a eue de dispenser le donataire du rapport de la chose donnée ;

Attendu que cette dispense du rapport des dons simulés ou indirects est encore déclarée expressément par les art. 847, 848 et 849 du susdit Code, lesquels se réfèrent à des dons qui auraient été faits non à un successible directement, mais pour lui à des personnes interposées, veulent que de tels dons soient toujours réputés faits sans obligation de rapport ;

Attendu, en outre, que l'art. 918 statue, quant aux ventes à fonds perdus, ou à rentes viagères, ou avec réserve d'usufruit, qui auraient été faites à un des successibles en ligne directe, que la valeur des biens aliénés sera imputée sur la portion disponible, et que l'excédant seulement, s'il y en a, sera rapporté à la masse, d'où la conséquence que de telles ventes, réputées par la loi comme dons simulés, doivent néanmoins profiter au successible, acquéreur apparent, pour toute la valeur des biens ainsi donnés, qui n'excède pas la portion dont le défunt pouvait disposer ;

Attendu enfin qu'aucune fin de non-recevoir insurmontable n'obste à l'admission de l'appel ;

Par ces motifs, déclare les ventes des 2 et 15 messidor an IV, devoir sortir leur plein et entier effet, jusqu'à concurrence de la portion d'hoirie dont Jean Burtin pouvait disposer à son décès.

De Montbel. Cotta, R.

27 Mai 1842.

DROIT DE PACAGE. — VAINE PATURE.

Art. 2567 C. c. (D. R.)

La possession même immémoriale de faire paître les troupeaux sur les fonds d'autrui, exercée simultanément par les habitants d'un hameau, ne leur attribue qu'un simple droit de parcours ou de vaine pâture.

Ce droit n'est censé exercé que par tolérance; le propriétaire des fonds peut toujours le faire cesser, en se conformant aux dispositions du Code civil.

COGNE C. MORARD.

LE SÉNAT : Attendu que le défendeur s'était soumis à prouver qu'il avait acquis la servitude de pacage sur le pré du demandeur, *pro suo et opinione domini*, par une possession immémoriale, et que les enquêtes auxquelles il a fait procéder en exécution de l'arrêt du 23 décembre 1840, n'énoncent aucun acte, aucun fait qui porte l'exercice et l'intention d'user d'une servitude;

Attendu que cette enquête n'a prouvé qu'un droit de parcours ou de vaine pâture dont il a joui conjointement avec les autres habitants des hameaux de Bellossy et de Vigny;

Attendu que cette possession, quoique ancienne et immémoriale, ne constitue qu'une faculté précaire et de pure tolérance, puisque le propriétaire du fonds peut s'affranchir de ce droit en mettant son héritage en défense, ce qui constitue une différence totale entre le droit de pacage acquis à titre particulier de servitude, et celui de parcours ou de vaine pâture exercé par une communauté d'habitants;

Attendu que, suivant les enquêtes, le droit de faire paître les bestiaux sur le pré du demandeur étant commun à une généralité d'habitants, dont le défendeur fait partie, il ne peut en user que conformément aux lois et usages:

Par ces motifs, déclare qu'il ne compète à Etienne Cogne, sur le pré du demandeur, qu'un droit de vaine pâture.

DE MONTBEL.   MONOD, R.

---

28 Mai 1842.

DONATION. — RAPPORT.

Art. 1067 C. c. (D. R.)

Sous la jurisprudence antérieure au Code civil, l'institution contractuelle, soit donation de biens présents et à venir, à la charge de payer une quotepart des dettes, était toujours soumise au rapport. [1]

FRANDIN C. FRANDIN.

LE SÉNAT : Attendu que, par contrat du 10 mai 1820, Frandin notaire, Antoine Frandin, pour témoigner sa satisfaction du mariage que contractait Claude, son fils, lui a fait donation entre vifs, à cause de noces, et irrévocable, de la moitié de tous ses biens présents et à venir, à condition qu'il paierait la moitié des dettes affectées et hypothéquées sur ses biens;

Que le donateur s'est réservé l'usufruit des biens même présents qu'il donnait, dès que le fils non-émancipé devait demeurer avec le père, et ne pouvait s'en séparer et jouir des biens donnés, qu'en cas de mauvais traitements de la part du père ou de ses gens;

Attendu que la mention des biens à venir faite dans l'acte, la charge imposée au donataire de payer la moitié des dettes, et l'usufruit réservé au père, font voir que le père a eu seulement l'intention d'assurer à son fils la moitié de son hoirie;

Attendu que, d'après la loi 20, au Code *De collationibus*, pour conserver l'égalité entre les enfants, toute donation faite par le père doit être rapportée à la masse; que les seules donations pures et simples en sont exceptées, et que celle dont il s'agit ne portant pas sur un objet déterminé, ne peut être réputée telle;

Adoptant, sur les autres questions, les motifs des premiers juges;

Attendu qu'aucune fin de non-recevoir insurmontable n'obste à l'admission de l'appel;

Déclare la donation faite par Antoine Frandin à son fils être sujette à rapport.

DE MONTBEL.   COTTA, R.

---

[1] Concl. contr. : 22 juin 1842.
Arrêt du 8 février 1839, Dessaix c. Dessaix; Coppier, R.

3 Juin 1842.

VENTE. — PACTE DE FAMILLE. — LÉGITIME. — FILLES.

Art. 729 C. c. (D. R.; Q. T.)

Le contrat par lequel un père cède tous ses biens à son fils, moyennant une pension viagère, et à charge de payer ses dettes et de doter ses filles, constitue un pacte de famille proprement dit, avec démission de biens, autorisé par le droit ancien.

Les filles, en traitant avec leur frère pour obtenir un supplément de dot, sont censées avoir approuvé et exécuté ce pacte, et ne peuvent plus l'attaquer.

L'art. 13 des L.-P. du 6 décembre 1837, qui les relève de toutes renonciations coutumières, ne porte aucune atteinte aux renonciations stipulées dans un pacte de famille, bien que le père soit mort sous la nouvelle loi. [1]

Les sœurs Décerier c. Décerier.

Le Sénat : Attendu que, par contrats du 2 et du 9 juillet 1832, Décerier notaire, Hugues Décerier a vendu et cédé à Charles et à Joseph Décerier, ses fils, les biens meubles et immeubles qu'il possédait à cette époque, au moyen de la charge qu'ils ont prise, entre autres, de payer ses dettes, de livrer à leur père et à leur mère une pension annuelle et viagère, et de payer à leurs sœurs les dots fixées dans ces contrats;

Que par acte du 30 mars 1835, Levanchy notaire, passé sous forme de transaction, entre Hugues et Charles Décerier, d'une part, et les filles Décerier, d'autre part, celles-ci ont reçu un supplément de dot, au moyen duquel elles ont promis de ne plus rechercher Charles, leur frère, relativement à l'abandon des biens que le père commun avait consenti en sa faveur ;

Que, par jugements rendus le 9 avril et le 26 mai 1835, sur les instances des filles Décerier, et ensuite des offres faites par leur père et par Marianne Chappuis, veuve de Joseph Décerier, en sa qualité, un supplément de dot leur a été adjugé eu égard à la portion de biens cédée à Joseph Décerier;

Et que, par quittance du 10 septembre même année, Dénarié notaire, elles ont libéré ladite Chappuis, en sa qualité, de ce qui leur revenait pour dot congrue ;

Attendu que les actes consentis par Hugues Décerier le 2 et le 9 juillet 1832, constituent un pacte de famille, avec démission de biens en faveur de ses fils, pacte qui était autorisé par le droit commun ;

Attendu que ce pacte ayant été approuvé par les sœurs Décerier, au moyen du supplément de dot qui leur a été accordé, les droits des enfants Décerier par rapport à ces biens, se sont ainsi trouvés fixés d'une manière régulière et contradictoire ;

Attendu que l'art. 13 des L.-P. du 6 décembre 1837 a eu seulement pour objet de faire régler par le Code civil la distribution des avoirs dépendants d'une succession ouverte sous l'influence de ce Code, nonobstant toutes renonciations coutumières qui auraient pu être consenties au moyen d'une dot, ce qu'on induit des termes de cet article et de ceux de l'article 15 des mêmes patentes, en vertu desquels les donations entre vifs faites avant le Code doivent être réglées par les lois antérieures, quant à leur révocabilité ou à leur réduction ;

Que, sous ce rapport, quoique Hugues Décerier soit décédé après la promulgation du Code, les sœurs Décerier ne sauraient invoquer les dispositions de cette loi, soit parce que les biens aliénés par le pacte de famille n'ont pas fait partie de la succession du père, soit parce qu'il ne conste pas qu'il ait eu d'autres biens, ou qu'il en ait acquis postérieurement à ce pacte ;

Attendu que les instances particulières faites par Charles Décerier sont, sous ce rapport, inutiles et frustratoires :

Déclare les sœurs Décerier non-recevables en leur appel.

De Montbel. Mareschal, R.

---

14 Juin 1842.

SUBHASTATION. — APPEL. — DÉLAI. — ACQUIESCEMENT. — PROCUREUR. — SUBROGATION.

Art. 2297 C. c.

L'appel du jugement qui ordonne la vente, sans fixer le jour de la première enchère, n'est pas soumis aux délais exceptionnels portés par l'article 112 de l'édit hypothécaire.

La déclaration faite par le procureur d'être sans instructions de sa partie, n'équivaut pas à un acquiescement aux conclusions adverses, et ne forme pas une fin de non-recevoir à l'appel.

---

[1] Concl. contr. 14 juillet 1841.
V. Arrêts 17 et 27 mai 1842, ci-devant.

Le tiers-détenteur menacé d'expropriation, qui paie le créancier poursuivant, est subrogé aux droits, priviléges et hypothèques de ce dernier ; il ne peut cependant se prévaloir de cette subrogation contre des tiers détenteurs dont les acquisitions sont antérieures en date à la sienne.

Ce principe ne peut être modifié par une subrogation conventionnelle, consentie par le créancier poursuivant, en faveur de l'un des tiers-détenteurs.

DOMENGE c. COLLOMBET.

LE SÉNAT : Attendu que, par le jugement dont est appel, le tribunal s'est borné à ordonner qu'à défaut par Vincente Domenge de rembourser à la demanderesse les sommes payées par celle-ci, dans le terme de dix jours, il serait procédé, en exécution de la requête du 5 juillet 1840, à la vente par subhastation des immeubles y désignés, sous les clauses, charges et conditions proposées ;

Attendu dès lors que, pour arriver à la subhastation effective, il était indispensable que le tribunal rendît un autre jugement pour fixer le jour de la première enchère et la confection du manifeste ; qu'ainsi le jugement du 5 février n'est qu'une injonction préparatoire et non un jugement de subhastation, dans l'esprit de la loi, d'où il suit que les dispositions de l'art. 112 de l'édit du 16 juillet 1822, ne sont pas applicables au jugement déféré ;

Attendu que le procureur de l'appelante s'étant borné à déclarer, lors de ce jugement, qu'il était sans instruction de sa partie, on ne peut soutenir avec fondement qu'il y a eu de sa part acquiescement aux conclusions prises ;

Attendu, au fond, que Vincente Domenge a acquis les immeubles dont l'intimé requiert la subhastation, par acte du 22 juillet 1851 ;

Qu'Henriette Collombet n'a droit à ceux qu'elle détient que par acte du 5 septembre suivant ;

Attendu qu'aux termes de la dernière partie de l'art. 2297 du Code civil, la subrogation acquise à ladite Collombet, par acte du 10 août 1840, ne peut donner à celle-ci le droit de molester ladite Domenge, peu important que la créancière primitive eût dirigé ses poursuites en expropriation contre tous les tiers-détenteurs, et qu'elle ait cédé le bénéfice de ses instances à l'intimée, puisque, s'agissant d'éviter un cir-

cuit d'actions, le motif de la loi serait toujours le même :

Déclare Henriette Collombet non-recevable en ses conclusions.

DE MONTBEL. MILLET DE St-ALBAN, R.

Nota. — Henriette Collombet avait payé un créancier inscrit sur les biens qu'elle détenait et sur ceux que détenait Vincente Domenge ; elle prétendait agir contre cette dernière, se disant subrogée aux hypothèques du créancier désintéressé.

———

1er Juillet 1842.

ASSIGNATION. — NULLITÉ. — APPEL. VALEUR.

La comparaissance d'une partie, malgré les protestations dont elle est accompagnée, couvre tous les vices de forme de l'exploit d'assignation.

Pour fixer la valeur de la cause en matière d'appel, on additionne le montant des conclusions principales et des conclusions reconventionnelles. [1]

GAUD c. GAUD.

LE SÉNAT : Attendu qu'il est de principe que la comparution de l'intimée répare toute irrégularité de la citation ; qu'en vain, Marie Gaud viendrait exciper des protestations dont il a cru devoir accompagner son intervention en la présente instance, puisqu'il est en cause et que le jugement dont est appel ayant été rendu sur ses poursuites, il ne peut s'être mépris sur l'objet de la requête en relief d'appel et des lettres citatoires qui lui étaient notifiées par l'exploit du 30 juillet 1841, avec assignation à comparaître céans au terme fixé ; qu'enfin, si la rigueur de la loi, en matière d'ajournement, tend à constater d'une manière positive et irrécusable la mise en cause, elle ne doit pas servir à appuyer des exceptions qui sont étrangères à son but ;

Attendu qu'à prendre la cause dans l'intérêt de l'intimée Marie Gaud, elle serait d'une valeur évidemment suffisante pour être admise à l'appel, puisque ses conclu-

[1] Arrêt conf., 16 janvier 1844, Chamberot c. Trabichet ; Cotta, R. — 23 janvier 1844, Angeloz c. Tochon ; Sellier, R. — 18 mars 1845, Berthier c. Berthier ; Cotta, R.

sions tendaient à obtenir le solde du prix de vente restant dû au montant de 640 liv., et en outre à obtenir le déboutement des demandes reconventionnelles pour la livrance en nature de 114 voitures de bois, ou le paiement de leur valeur calculée à raison de 12 liv. pour chaque voiture ;

Attendu que l'indivisibilité de la cause ne permettant pas qu'on la considère comme ayant une valeur moindre pour l'une que pour l'autre des parties, aux termes des règles de l'appel qui se réfèrent non à l'intérêt particulier, mais à l'importance de la matière en litige, il s'en suit que cette seconde fin de non-recevoir n'est pas plus fondée que la première.... :

.... Par ces motifs, reçoit appelant....

PORTIER DU BELLAIR, *P.* GIROD, *R.*

---

18 Juillet 1842.

BILLET À ORDRE. — NON-NÉGOCIANT. — NULLITÉ.

Sous l'empire des R. C., les billets à ordre souscrits par des sujets du roi non-négociants sont radicalement nuls ; est également nulle toute intervention dans un billet à ordre d'un non-négociant en qualité de caution. [1]

Le sujet qui n'aurait fait que renouveler, sous les R. C., un billet à ordre souscrit sous l'empire du Code civil français, sans opérer de novation, serait valablement obligé.

COGNET C. POLLINGUE.

LE SÉNAT : Attendu que les cinq billets de 2,000 liv. chacun, sous la date du 20 février 1818, souscrits par Pierre Floret, François Floret, Josephte Floret et le père du défendeur, pour valeur reçue comptant en or ou en argent, et indiqués payables au domicile de Pierre Floret, à Lyon, à l'ordre de Cognet cadet et sœurs, ont tous les caractères constitutifs du billet à ordre, qu'ils restent toujours billets à ordre, et que le demandeur les a considérés comme tels, en faisant protester, le 31 juillet 1818, celui dont le terme de paiement était arrivé le jour précédent, et en obtenant, le 30 novembre suivant, du tribunal de commerce de Lyon la condamnation, même par corps, de Pollingue pour raison de ces billets ;

Attendu que le § 57, chap. 3, tit. 16, liv. 2 des R. C., défend au non-négociant de faire des billets à ordre, et qu'il déclare nuls ceux par lui faits ; que la défense qui est virtuellement exprimée dans le texte italien, et qui, dans le texte français, ressort de ces mots : *nous défendons aussi*, atteint tous les sujets du roi non-négociants et les rend incapables de faire aucun billet à ordre ; que dès lors, la nullité, qui est la sanction de la défense, est d'ordre public, qu'elle est absolue et qu'elle frappe aussi bien le billet à ordre que le non-négociant souscrit comme caution, que celui qu'il souscrit comme débiteur ;

Attendu que Pollingue père, qui n'a figuré dans les billets en question que pour cautionner la maison Floret de Lyon, était sujet du roi, et qu'il n'a jamais été négociant ; qu'ainsi ces billets sont, en ce qui le concerne, radicalement nuls, et ne peuvent former contre lui un commencement de preuve par écrit ; que ce serait d'ailleurs en vain que le demandeur viendrait les faire valoir comme simples promesses ; car, si cette règle de droit, que ce qui est nul ne produit aucun effet, souffre quelques exceptions, ce n'est que dans des cas spéciaux où le législateur a voulu restreindre les effets de la nullité d'un acte, ainsi qu'il l'a fait par le § 20, tit. 1er, liv. 3 des R. C. et dans les art. 1415 et 1452 du Code civil ; mais que les rares exceptions que souffre la règle ne servent qu'à la confirmer ; que le juge commettrait un excès de pouvoir s'il se permettait d'en créer quelqu'une, ou s'il élargissait le cercle de celles qui existent, et qu'il doit surtout se garder d'en introduire une en faveur des billets en question, lorsque le § 57 précité les déclare de nul effet : *Saranno di niun effetto* ;

Attendu, après cela, qu'il devient le cas d'examiner les autres moyens que le demandeur a présentés en sous ordre à l'appui de ses conclusions ; que sans doute on ne pourrait lui refuser une action efficace contre le défendeur, s'il justifiait que c'est antérieurement au 1er janvier 1816, époque de l'abolition des lois françaises dans ce pays, qu'il a prêté, comme il le prétend, ses capitaux à la maison Floret, sous la garantie de la signature du père du défendeur, et que les effets commerciaux qui lui ont été livrés lors du prêt, ont été successive-

---

[1] Arrêt conf., 8 mai 1813 : Cotta, R. — 13 août 1814, Rigaud et Faltaz c. Mounier et Dubœuf ; Clert, R.

ment renouvelés et enfin remplacés par ceux qu'il a produits au procès ; parce que si ces faits étaient constants, il en résulterait que l'obligation de Pollingue remonte à une époque où il pouvait validement souscrire des billets à ordre, et alors il serait juste qu'il remplît un engagement dont il n'aurait pu être délié en substituant des effets nuls à des effets valides, étant évident, en ce cas, que le renouvellement n'aurait fait que proroger son obligation sans opérer une novation de la créance :

.... Déclare les cinq billets à ordre, sous date du 25 février 1818, nuls et de nul effet, quant au défendeur Pollingue.

PETTITI, *P. P.*   ARMINJOX, *R.*

---

18 Juillet 1842.

SAISIE. — SÉQUESTRE. — NOTIFICATION. — CAUTION.

Les décrets de saisie-séquestre peuvent être mis à exécution sans notification préalable ;

Lorsque les informations sommaires prescrites par la loi ont été prises régulièrement, la saisie tient, nonobstant les productions que pourrait faire le débiteur saisi, pour justifier de sa solvabilité.

Les tribunaux peuvent dispenser de donner caution pour dommages et injures, lorsque le séquestre est accordé au vendeur pour sûreté du prix sur les objets qui ont fait partie de la vente. [1]

BOISSIEUX-PERRIN c. REY ET AUTRES.

LE SÉNAT : En ce qui concerne la saisie-séquestre autorisée le 15 février 1840, à laquelle les intimés ont fait procéder le 16 mars suivant ;

Attendu que le séquestre est un moyen pour assurer la conservation des objets à saisir ; que ce but serait souvent manqué, si les provisions qui autorisent le séquestre devaient être notifiées avant qu'il y fût procédé ; qu'aussi la loi royale ne renferme pas une semblable prescription ;

Attendu que la demande des intimés, pour être autorisés à faire saisir, s'est trouvée régulièrement fondée au moyen des informations sommaires qui ont été prises en conformité du § 1er, tit. 29, liv. 5 des R. C.;

Que les certificats constatant que l'appelant paie une contribution doivent, sous ce rapport, être sans influence dans la cause ;

Attendu que la somme demandée faisant partie du prix de la vente des biens sur lesquels ont été coupés les bois séquestrés, le tribunal a pu trouver, dans les dispositions du § 7 du titre cité, un motif suffisant pour dispenser les intimés de fournir caution aux fins d'obtenir le séquestre de ces bois :

LE SÉNAT déclare Boissieux-Perrin non-recevable en son appel.

D'ALEXANDRY, *P.*   MARESCHAL, *R.*

---

19 Juillet 1842.

SUBHASTATION. — APPEL. — DÉLAIS.

En matière de subhastation, l'appel de tout jugement rendu sur quelque incident que ce soit, doit être interjeté dans les cinq jours qui suivent celui de sa prononciation, lors même qu'il n'aurait pas été notifié à la partie.

Est considéré comme incident à la subhastation, le jugement qui écarte une nullité proposée contre l'ordonnance de vente. [1]

L'erreur de la partie qui a fait notifier ce jugement ne peut avoir pour effet de proroger les délais d'appel.

LES FRÈRES TARTARAT-COMTET c. DE REYDELET.

LE SÉNAT : Attendu que, par ordonnance du 1er octobre 1841, le tribunal d'Albertville a, sur les poursuites de l'intimé, autorisé la vente des immeubles dont il s'agit, appartenant aux appelants ;

Attendu que ces derniers ayant opposé de nullité à la dernière ordonnance pour défaut de communication des pièces à l'avocat fiscal, le tribunal, sans s'arrêter à cette exception, a ordonné par le jugement du 20 novembre suivant qu'il serait passé outre à la première enchère ;

Attendu que les consorts Tartarat-Comtet n'ont interjeté appel de ce jugement que par acte du 5 décembre suivant ;

Attendu, cela posé, que l'ordonnance de vente ayant été préalablement rendue, la nullité proposée était nécessairement un incident dans la cause de subhastation ; que dès lors, aux termes du second alinéa de

---

[1] V. arrêt du 14 avril 1840 : Moret c. Curtillet ; Roch, R.

[1] Voy. arrêt du 21 décembre 1841, ci-devant. — 10 avril 1841 : les pauvres Clercs c. Bouchet ; Clert, R.

l'article 112 de l'édit hypothécaire du 16 juillet 1822, l'appel du jugement qui avait statué sur cet incident, devait rigoureusement être interjeté dans les cinq jours qui ont suivi celui où il a été prononcé;

Attendu que les délais qui règlent les appels étant d'ordre public, la notification du jugement faite aux appelants le 30 novembre n'a pu proroger les délais:

LE SÉNAT déclare les consorts Tartarat-Comtet non-recevables appelants.

PETTITI, *P. P.* DE JUGE, *R.*

---

22 Juillet 1842.

AVEU. — ENQUÊTE.

Art. 1189 C. c. (Q. T.)

Nonobstant les § 4, tit. 16, liv. 3 des R. C., on peut être admis à prouver par témoins un aveu échappé à la partie adverse après la clôture des enquêtes.

On peut, quelle que soit la valeur de la cause, prouver par témoins un aveu qui se rattache à une convention passée sous les lois antérieures, bien que cet aveu ait été fait depuis la mise en vigueur du Code civil.

LA Vᵉ PICOT C. FOEX ET AUTRES.

LE SÉNAT : Attendu, quant à l'aveu qui fait l'objet d'une nouvelle et ultérieure déduite, que bien que cet aveu se réfère à un fait sur lequel l'enquête se trouverait définitivement close, on ne peut cependant opposer à l'article probatoire dont il s'agit, la disposition du § 4, tit. 16, liv. 5 des R. C., puisqu'il ne s'agirait pas de revenir directement sur la matière de la dernière enquête, mais d'établir une circonstance tendant au même but, soit la preuve du fait en contestation par un aveu qui serait échappé à la conscience du défendeur, postérieurement à la dernière enquête; aveu dont la preuve pourrait être accueillie jusqu'à l'appointement de la cause, ainsi que le serait la production d'un titre tardivement découvert;

Attendu, d'autre part, que la disposition de l'art. 1469 du Code civil, ayant pour but de soustraire aux dangers de la preuve testimoniale l'aveu extra-judiciaire d'un fait pour lequel ce genre de preuve est inadmissible, n'est pas applicable à l'espèce, puisque la loi en vigueur à l'époque où le rabais dont s'agit aurait été consenti, et qui décide-

rait encore du genre de preuve qui serait propre à cette convention, ne mettrait pas d'obstacles à ce qu'elle fût établie par témoins :

Par ces motifs, le Sénat ordonne que Foëx déduira, si bon lui semble, en matière contraire, au fait articulé par la demanderesse.

PORTIER DU BELLAIR, *P.* GIROD, *R.*

---

23 Juillet 1842.

HOIRIE JACENTE. — CURATEUR. — SERMENT — HYPOTHÈQUE. — PRESCRIPTION.

Art. 2333 C. c. (E. H., C. F.)

Sous l'édit hypothécaire, le créancier qui avait des droits à exercer contre une hoirie jacente, pouvait les exercer contre un curateur à cette hoirie, sans en requérir la discussion générale.

L'instance poursuivie contre un curateur qui n'a pas prêté serment n'est point frappée de nullité; seulement le curateur est soumis à un compte plus rigoureux de sa gestion.

Le juge, commis pour procéder à une adjudication, peut nommer plusieurs experts pour évaluer les immeubles.

La nullité résultant du défaut de notification du jugement de condamnation, est couverte par le consentement donné aux procédures ultérieures.

L'adjudicataire n'est pas tenu de mettre en distribution le bénéfice du quart que la loi lui attribue.

La prescription décennale ne peut être invoquée par le tiers-détenteur dont le titre d'acquisition a été passé sous les lois françaises, s'il n'a pas fait transcrire son contrat sous ces lois.

L'édit du 16 juillet 1822 n'a point admis la prescription décennale en faveur du tiers-détenteur.

NOEL ET AUTRES C. MALFROY.

LE SÉNAT : Attendu que l'article 148 de l'édit du 16 juillet 1822, en statuant qu'on introduira une cause de discussion générale entre tous les créanciers, dans le cas d'une succession vacante ou jacente, ne faisait pas obstacle à ce qu'un créancier pût agir directement et par instance particulière contre un curateur à l'hoirie jacente, si personne ne requérait l'introduction de la discussion; que c'est dans ce sens que les dispositions de cet article ont été constamment interprétées par la jurisprudence;

Attendu que la nomination faite de

Mᵉ Arminjon, procureur, comme curateur à l'hoirie de François Rosset, à l'audience du 17 mai 1833, ne peut être arguée de nullité de ce que le serment prescrit aurait été prêté par son substitut ; car le serment ne constitue pas une condition de la validité de la nomination, mais il est simplement une obligation imposée pour la garantie morale de l'exercice de la charge ; c'est ainsi que le curateur ou le tuteur qui exerce sans l'accomplissement de cette formalité, ne fait pas des actes nuls, il devient seulement passible de la faute la plus légère, il est assimilé pour la conséquence de sa gestion à celui qui gère volontairement la chose d'autrui, *negotiorum gestor*, et tenu des dommages qui peuvent en résulter ;

Attendu que l'adjudication du 30 août 1834, Anthoinoz notaire, a été faite en conformité de l'édit du 16 juillet 1822 ; que si, dans le décret du 11 juillet précédent, qui donne commission au notaire, on a ajouté ces mots : *en conformité des R. C.*, cette addition n'a pas vicié le décret, puisque sa première partie portait : *qu'il serait procédé suivant les fins suppliées*, et que dans la requête on demandait ce qui a été exécuté par le notaire commis ;

Attendu que la loi, en statuant que le commissaire choisira un expert pour faire l'estimation des immeubles à adjuger, n'a pas prohibé d'en prendre deux ou plusieurs, sous peine de nullité ;

Attendu que l'exception de nullité tirée du défaut de notification du jugement du 9 mai 1834, qui a condamné le curateur à payer les sommes dont il s'agit, n'est pas mieux fondée ; car ce jugement a été prononcé à l'audience, et les procédures ultérieures ayant eu lieu à son encontre sans opposition, il y a eu acquiescement à la chose jugée ;

Attendu que l'instance en purgation a été suivie en contradictoire du même curateur et successivement du successeur à son office, qu'ainsi l'hoirie Lacroix était légitimement représentée ;

Attendu que Malfroy n'était pas tenu de mettre en distribution le bénéfice du quart qui lui était accordé par la loi ; que ce quart lui était acquis dès que le curateur ne s'était pas prévalu de la faculté accordée par l'art. 98 de l'édit hypothécaire, et qu'en outre, il était devenu propriétaire irrévocable des immeubles adjugés par l'effet de la transcription et de la notification de son titre, sans surenchère ;

Attendu, sur le défaut d'inscription opposé à Malfroy, que les acquisitions et transcriptions des appelants sont postérieures à l'acte du 22 brumaire an XII, et que les biens de Lacroix ne leur sont parvenus qu'avec les charges dont ils étaient grevés ; que la femme Lacroix avait une hypothèque légale dispensée d'inscription, d'après les dispositions du Code civil de France, conformes aux art. 20 et 39 de l'édit du 16 juillet 1822 ; d'où il suit que l'inscription prise le 21 février 1823, n'a pu avoir pour conséquence de restreindre la faveur que la loi attachait à sa créance, et que Malfroy a conservé tous ses droits en inscrivant le 11 avril 1838, en vertu de l'article 19 de la loi transitoire du 6 décembre 1837 ;

Attendu que sous l'empire du Code civil de France, la prescription décennale ne commençait à courir en faveur du tiers-acquéreur que du jour où le titre d'acquisition avait été transcrit sur les registres du Conservateur (art. 2180 et 2265) ; que les consorts Noël, seuls acquéreurs en 1810 et 1815, n'ayant pas fait transcrire leurs titres pendant le règne de cette loi, ne peuvent invoquer une prescription qui se rattachait à une formalité essentielle qu'ils ont négligé d'accomplir ;

Attendu que le § 1ᵉʳ, liv. 5, tit. 18 des R. C., a mis sur la même ligne toutes les actions réelles, personnelles ou mixtes, qu'il a voulu les assimiler et les éteindre par une prescription uniforme de trente ans ;

Que l'art. 66 de l'édit du 16 juillet 1822 n'a pas introduit à cet égard un droit nouveau, en réglant la condition de ceux qui voudraient fonder la prescription sur un titre d'acquisition ;

Attendu, enfin, que les appelants ont à s'imputer de n'avoir pas rempli les formalités utiles pour s'affranchir des hypothèques qui frappaient les biens par eux acquis, et que leur qualité de tiers-détenteurs ne leur donne pas le droit de remettre en question ce qui a été jugé :

LE SÉNAT déclare les appelants non-recevables en leur appel.

DE MONTBEL. MONOD, R.

25 Juillet 1842.

BAIL VERBAL. — VENTE. — DÉLAI DE CONGÉ.

Art. 1755 C. c.

Bien que le locataire n'ait qu'un bail verbal, il ne peut, en cas de vente, être expulsé immédiatement de l'appartement qu'il occupe.

L'acquéreur doit lui accorder le délai porté par l'article 1735; si aucune des parties ne fait conster de l'usage des lieux, le magistrat fixe lui-même le délai.

DAME BARTHÉLEMY c. M. DE JUGE.

LE SÉNAT : Attendu que, bien que le projet de bail par écrit, rédigé par le notaire Marthe, produit au procès, soit resté imparfait, le sieur De Juge n'a pas moins joui du jardin et de l'appartement dont il s'agit en vertu d'un bail verbal.

Attendu que, quoique ce bail n'ait été que verbal, l'acquéreur n'a pu contraindre le locataire à évacuer les immeubles loués avant l'expiration du délai de congé, délai dont la durée est réglée par l'usage des lieux, et à défaut d'usage laissée à la prudence des juges ;

En effet, l'obligation imposée à l'acquéreur d'avertir le locataire dans le cas prévu par l'art. 1755 du Code civil, lui est également applicable si le bail n'est que verbal, parce que dans les deux cas, il y a même motif de bienséance à ne pas expulser le locataire incontinent, et sans lui accorder aucun délai, surtout lorsque celui-ci se trouvait en jouissance au moment de la vente et que l'acheteur ne l'ignorait pas ;

Attendu que les défendeurs en garantie ne se sont pas acheminés à sauver la négative interjetée par le défendeur au principal, d'avoir reçu congé d'eux ;

Attendu qu'aucune des parties n'a fait conster de la durée, suivant l'usage, du délai accordé au locataire, en cas de vente, pour l'évacuation des immeubles loués ; qu'en l'absence de cette preuve, les juges peuvent, ayant égard aux circonstances, déterminer le délai convenable au locataire, et que le temps écoulé dès le 29 mars dernier est suffisant au défendeur :

Par ces motifs, le Sénat déclare le défendeur tenu de rendre libres, à l'usage de la demanderesse et avant le 6 août prochain, l'appartement et le jardin dont s'agit.

PORTIER DU BELLAIR, P.   COPPIER, R.

---

30 Juillet 1842.

INSTANCE D'ORDRE. — APPEL. — VALEUR. — FRAIS.

La collocation requise par privilège pour les frais d'ordre, est d'une valeur indéterminée; en conséquence, le poursuivant qui se croit lésé peut toujours se pourvoir en appel.

GIRARD c. DUNAND.

Attendu que l'appel du jugement dont il s'agit a été interjeté, et relevé dans les délais fixés par l'art. 137 de l'édit du 16 juillet 1822, et par la délibération réglementaire du 17 août 1830 ;

Attendu que la somme à distribuer excède 3,000 liv., et que, lors même que la somme demandée devrait, en outre, s'élever à plus de 1,200 liv., pour qu'il pût y avoir lieu à l'appel d'un jugement rendu dans une cause d'ordre, l'appel serait néanmoins recevable dans l'espèce, soit parce que la totalité des frais dont la collocation par privilège avait été requise, arrive évidemment à une somme supérieure à 1,200 liv., et que c'est à la somme demandée qu'il faut avoir égard, soit parce que les frais dont il s'agit, ne devant être liquidés que lors du jugement définitif d'ordre, qui n'a pas encore été rendu, ils présenteraient un objet d'une valeur indéterminée, même en ne prenant en considération que la seule portion de ces frais qui a été mise à la charge de l'appelant par la sentence interlocutoire du premier février dernier :

Par ces motifs, le Sénat reçoit Claude-Antoine Girard appelant.

PECTITI, P. P.   DE St-BONNET, R.

1er Août 1842.

SAISIE-ARRÊT. — AYANT-CAUSE. — TIERS. — REÇUS PRIVÉS.

Art. 1128, 1156 C. c. (C. F.)

Le créancier qui fait saisir - arrêter les créances de son débiteur, n'est point l'ayant-cause de ce dernier; mais il exerce en son nom propre un droit qu'il tient de la loi. En conséquence, les reçus sous seing-privé dépourvus de date certaine ne peuvent lui être opposés. [1]

Les circonstances peuvent cependant faire fléchir ces principes.

LES ÉPOUX ROSSET c. VIOLET ET CONS.

Attendu que Jean-Baptiste Lamy, dont les intimés sont cessionnaires, a fait saisir-arrêter entre les mains des appelants, par exploits du 50 décembre 1812, les sommes dues à Marin-François Violet, leur créancier, et que, par un autre exploit du 8 janvier suivant, il leur a dénoncé la demande en validité de la saisie qu'il avait faite contre Violet, le 2 du même mois; qu'en faisant ces instances juridiques, Lamy a exercé un droit qu'il tenait de la loi et non de Violet, son débiteur; qu'on ne saurait, dès lors, le considérer comme l'ayant-cause de ce dernier; et partant, que, quel que soit le sens qu'on doive attribuer à l'expression *ayant-cause* employée dans l'art. 1522 du Code civil français, il est évident que les appelants ne peuvent se fonder sur cet article pour faire considérer les quatre reçus qu'ils disent émanés de Violet, comme ayant la même foi qu'un acte authentique;

Attendu, après cela, que Lamy ne pouvait être qu'un tiers à l'égard de Violet, comme il l'était à l'égard des appelants, et que les intimés qui le représentent seraient fondés à rejeter les reçus en question, comme n'ayant aucune date contre eux, en raison de ce que, lors de l'exploit de dénonciation du 8 janvier 1815, ils ne se trouvaient compris dans aucune des trois exceptions de l'art. 1528 du même Code, si d'ailleurs les monuments de la jurisprudence française ne venaient attester qu'on n'applique pas rigoureusement au tiers saisi la disposition de l'article précité, lorsqu'il se présente quelques graves considérations en sa faveur, telles qu'on en pourrait trouver à l'occasion de la saisie-arrêt qui serait faite entre ses mains, de loyers, de fermages, de sommes dues par écrits sous seing-privé et surtout verbalement, en un mot, de ces créances qu'on est en usage de payer

moyennant un simple reçu, et quelquefois sans en demander aucun; mais que, dans toutes ces circonstances et d'autres analogues, on doit laisser au pouvoir discrétionnaire des juges le soin d'apprécier la sincérité de la date des reçus, en pesant, d'une part, les présomptions qui s'élèvent en faveur du tiers saisi, du paiement de sa dette dans un temps antérieur à la saisie; et de l'autre, les indices qui pourraient se présenter de sa collusion avec le débiteur saisi, pour frauder le créancier saisissant;

Attendu, cela posé, qu'on a dû examiner si les appelants sont placés dans les conditions où il est permis de mitiger, dans son application, la disposition de l'art. 1528 précité; que les investigations faites à cet égard, au lieu de faire découvrir des présomptions de la sincérité des dates des reçus produits au procès, ont mis en évidence des indices de simulation de ces écrits :

Par ces motifs, LE SÉNAT déclare les époux Rosset non-recevables en leur appel.

PETTITI, P. P.   ARMINJON, R.

---

5 Août 1842.

HOIRIE JACENTE. — CURATEUR A L'HOI-RIE. — CURATEUR A LA CAUSE. — TIERS-DÉTENTEUR.

Art. 1031 C. c.

L'hoirie qui est devenue jacente depuis la mise en vigueur du Code civil, doit être pourvue d'un curateur. Tout jugement obtenu contre elle sans cette nomination préalable, bien qu'en contradictoire d'un curateur à la cause de l'hoirie nommé en conformité des R. C., est considéré comme non-avenu.
On ne peut poursuivre les tiers-détenteurs qu'après avoir obtenu condamnation contre le curateur à l'hoirie. La nullité dont serait affecté le jugement rendu contre l'hoirie, rendrait nulles et inutiles les condamnations prononcées contre les tiers-détenteurs.

JANIN ET AUTRES c. DOMINJOUX.

Dominjoux, créancier de l'hoirie jacente de François Janin, décédé le....
fait nommer Me Chaboud curateur à la cause de l'hoirie, par décret du 22 mai 1858.
Le 8 mars 1859, il obtient condamnation contre Me Chaboud, en sa qualité, et se pourvoit contre les tiers-détenteurs des immeubles provenant de défunt François Janin,

---

[1] Concl. contr.: 17 avril 1812.
Arrêt contr.: 20 déc. 1813, Dusonchet-Berard c. Amoudruz; Jacquemoud, R.

et leur fait sommation de payer ou de délaisser ; ceux-ci opposent de nullité à tout ce qui a été fait, l'hoirie n'étant pas régulièrement représentée ; le tribunal repousse leur exception.

Sur l'appel, LE SÉNAT :

Attendu, au fond, que l'intimé, agissant contre une succession jacente postérieurement à la mise en vigueur du Code civil, était tenu, aux termes de l'art. 1035, de faire établir un curateur à cette hoirie ;

Que celui-ci seul aurait pu dès lors en être le représentant légal, et légitimer ainsi les poursuites de l'intimé et les jugements obtenus contre ladite hoirie ;

Que celle-ci n'ayant pas été pourvue de ce curateur, les actes et procédures intervenus sont donc, à son égard, sans effets et comme non-avenus, et cela sans qu'on puisse opposer du jugement du 8 mars 1859, où Me Chaboud est supposé avoir ladite qualité, puisque ne l'ayant pas en réalité, l'hoirie dont il s'agit n'était pas même en cause ;

Que l'action des Dominjoux contre les tiers-détenteurs a de même manqué de base, ceux-ci ne pouvant être poursuivis qu'en sous-ordre des condamnations valablement rendues contre le débiteur principal ;

Que ladite hoirie étant ainsi restée étrangère à l'instance, et les jugements intervenus ne pouvant lui être opposés, non plus qu'aux tiers, elle et eux ont conséquemment aussi le droit de n'être pas privés du premier degré de juridiction ;

Par ces motifs, déclare l'ordonnance du 22 mai 1838, portant nomination de Me Chaboud comme curateur à la cause de l'hoirie jacente, et tout ce qui s'en est suivi, tant à l'encontre de ladite hoirie que des tiers-détenteurs, ne les avoir pas affectés.

PORTIER DU BELLAIR, P.
D'ARCOLLIÈRES, R.

---

8 Août 1842.

APPEL. — DÉLAI. — INTIMATION.

Le décret de *soit appelé partie* mis sur une requête appellatoire, ne suspend pas les délais d'appel, lorsqu'on n'a pas fait intimer les lettres dans le délai qui y est fixé par le Sénat.

Une nouvelle requête présentée après l'échéance des délais, serait inadmissible.

GONON C. PERRET.

LE SÉNAT : Attendu que Jeanne Gonon a appelé du jugement dont il s'agit, le 13 avril 1841 ;

Que sa requête du 8 juillet suivant a été décrétée de *soit appelé partie, pour paraître dans huit jours, à ces fins lettres, qui seront intimées dans semblable terme ;*

Attendu que ladite Gonon ne s'est pas prévalue du bénéfice dudit décret ; qu'en conséquence l'appel n'a réellement été relevé que par requête du 6 août suivant, d'où il suit que tout le délai fatal pour faire admettre l'appel était expiré ;

Par ces motifs, LE SÉNAT déclare Jeanne Gonon non-recevable en son appel.

D'ALEXANDRY, P.
MILLIET DE St-ALBAN, R.

---

12 Août 1842.

ÉPOUX. — AUTORISATION.

Art. 129 C. s. (Q. T.)

La femme, quoique mariée sous l'empire du Code civil français, a pu, depuis le rétablissement des R. C., librement disposer de ses paraphernaux, sans autorisation maritale.

LA DAME THYRION C. LES RELIGIEUSES DE LA VISITATION D'ANNECY.

Attendu que, si les rapports matériels des époux sont irrévocablement fixés par la loi en vigueur à l'époque de leur mariage, il n'en est pas de même de leurs rapports moraux ; que ces derniers se rattachant à l'état et à la qualité de personnes, peuvent toujours être modifiés par le législateur, lorsqu'il le croit utile ; que, si les premiers rapports constituent des droits acquis que les lois subséquentes doivent respecter, il en est autrement des seconds, qui peuvent conséquemment être changés, sans qu'il y ait effet rétroactif ;

Attendu que, d'après les dispositions du droit romain, sous l'empire duquel a été passé l'acte du 23 juin 1852, Tissot notaire, la femme mariée peut traiter et disposer de ses biens paraphernaux, sans l'autorisation de son mari ;

Attendu, cela posé, que l'appelante a pu valablement consentir ledit acte du 23 juin 1852, sans l'autorisation de Joseph Thyrion ;

Attendu cependant que, si les faits articulés par l'appelante dans son écriture du 6 avril 1840, étaient prouvés, il en résulterait que le consentement qu'elle a donné audit acte n'a pas été libre, et qu'ainsi cette convention manquerait d'un de ses éléments ;

Admet en preuve les faits articulés par la demanderesse, et ordonne que les défenderesses en soutiendront de contraires, si bon leur semble.

PETTITI, *P. P.* DE LA CHARRIÈRE, *R.*

---

13 Août 1842.

DÉLÉGATION. — ACCEPTATION.

Art. 1367, 1374 C. c. (D. A.)

La délégation peut être consentie en l'absence du créancier délégataire, il suffit que ce dernier l'accepte ensuite.

L'acceptation peut être établie par tout genre de preuve et même par simples indices.

BARBIER C. MONTANT ET AUTRES.

LE SÉNAT : Attendu que, pour opérer une délégation parfaite, il n'est pas indispensable que le créancier délégataire soit présent à l'acte contenant la délégation ; qu'il suffit d'une acceptation ultérieure de sa part, et que cette acceptation peut s'induire d'un ensemble d'actes et de faits auxquels il a concouru ;

Attendu que, en combinant le jugement rendu le 5 floréal an IX par le tribunal civil de Genève, et l'acte de vente consenti le 27 messidor suivant, Arestan notaire, par Claude Decerrier en faveur de François Barbier, avec la quittance du 15 messidor an XIII, Dénarié notaire, produite au procès, il appert évidemment que François Barbier a pris charge de payer, en diminution du prix de son acquisition, tout ce qui était dû aux père et fils Montant en vertu du jugement ci-dessus énoncé ;

Attendu que l'acceptation de la délégation dont il s'agit, faite en faveur des consorts Montant, est établie soit par la dernière quittance du 15 messidor an XIII, soit par les poursuites exercées à leur requête contre Barbier ; qu'il résulte même de cette quittance que Barbier a eu soin de faire stipuler un consentement à la radiation des inscriptions qui auraient pu être prises en faveur des consorts Montant, sur les biens des frères Decerrier :

Déclare François Barbier non - recevable en son appel.

PETTITI, *P. P.* JACQUEMOUD, *R.*

---

13 Août 1842.

APPEL. — DÉCRET. — ORDONNANCE. — ORDRE.

L'opposition à une ordonnance rendue par un juge-commissaire dans un ordre doit se porter par-devant le tribunal, le Sénat ne peut en connaître.

VIVIAND C. BOLLON ET AUTRES.

Viviand s'était porté appelant au Sénat d'une ordonnance rendue par le juge-commissaire dans l'ordre Coutin, et en demandait la réparation.

Sur quoi, LE SÉNAT :

Attendu qu'aux termes du § 18, liv. 5, tit. 6 des R. C., Pierre Viviand devait se pourvoir devant le tribunal de judicature-mage de cette ville, en réparation de l'ordonnance du rapporteur, en date du 4 août 1840 :

Déclare Pierre Viviand non-recevable en son appel.

PORTIER DU BELLAIR, *P.* COPPIER, *R.*

---

16 Septembre 1842.

DÉCRET. — APPEL.

L'appel des décrets mis sur requête par les rapporteurs doit régulièrement être porté au tribunal ; le Sénat cependant en connaît, si la cause lui est soumise, sauf à faire supporter à l'appelant les plus amples frais de procédure occasionnés par son pourvoi au Sénat. [1]

V° GUIMET C. LES SŒURS GUIMET.

Par décret mis sur requête présentée au tribunal, une provision avait été allouée aux sœurs Guimet : la veuve Guimet s'est pourvue au Sénat en appel de ce décret.

---

[1] Arrêt contr. du 13 août 1842 : Viviand c. Bollon; Coppier, R.

Le Sénat, après avoir considéré les motifs qui pouvaient faire réformer le décret, a dit :

Attendu que s'agissant d'un simple décret rendu sur requête, l'appelante aurait pu s'adresser au tribunal pour en obtenir la réparation en faisant aux intimées des offres convenables, d'où il résulte qu'ayant pris la voie de l'appel, elle doit supporter les plus amples frais que cette manière de procéder a occasionnés.

Pettiti, *P. P.* De St-Bonnet, *R.*

---

25 *Novembre 1842.*

TESTAMENT. — NULLITÉ. — EXÉCUTION VOLONTAIRE.

Art. 1134 C. c.

L'exécution volontaire d'un acte nul en sa forme, n'emporte renonciation à la faculté d'opposer de cette nullité, que lorsque l'exécution a été consentie avec pleine connaissance de cause.

Ainsi, les héritiers qui se sont servi, pour repousser la demande d'un tiers, d'un testament dont la validité n'était pas alors contestée, ne sont pas déchus du droit d'en proposer la nullité.

Dupraz c. Julien.

Le Sénat : Attendu qu'on ne peut supposer qu'il y ait confirmation d'un acte, ou renonciation à en proposer la nullité, par suite d'exécution volontaire, s'il ne conste pas que la partie à qui on en oppose ait connu les dispositions dudit acte et ses vices de forme ;

Attendu qu'il ne résulte pas du jugement du 30 avril 1834, que le testament du 2 complémentaire au XII, Veyrat notaire, ait été produit ou énoncé, ou que les intimés en aient connu les dispositions ;

Attendu d'ailleurs qu'il n'y avait pas, à cette époque, contestation entre l'appelant et les intimés, au sujet du testament dont il s'agit ; qu'il résulte au contraire qu'ils étaient unis contre un tiers, pour repousser sa demande ; que, dans le dispositif du jugement, les parts à payer par chacun des héritiers d'Aimé Dupraz n'ont point été déterminées ; qu'il est reconnu, en outre, qu'aucune somme n'a été soldée par les intimés, qu'ainsi le tribunal de judicature-maje d'Annecy a bien jugé par le jugement dont est appel.

Pettiti, *P. P.* Anselme, *R.*

23 *Décembre 1842.*

CONCLUSIONS MOTIVÉES.

L'acte à conclusions motivées doit résumer tous les moyens employés par les parties ; si l'une d'elles faisait valoir à l'audience un moyen nouveau, son adversaire serait fondé à demander un délai pour y répondre.

Daymonaz c. la veuve Favre.

Le Sénat : Attendu qu'à teneur de l'art. 62 de l'arrêt réglementaire du 2 août 1841, l'écriture qui renferme les conclusions motivées doit résumer les moyens employés, et donner une idée exacte de tous les motifs sur lesquels les conclusions sont fondées ;

Attendu qu'en soutenant à l'audience que l'acte de vente du 29 octobre 1827, Cot notaire, n'aurait été que l'exécution de la clause du contrat dotal du 6 juin 1820, St-Martin notaire, suivant laquelle l'intimée devait verser 8,000 liv. dans le commerce de son mari, Daymonaz s'est appuyé sur un motif qu'il n'avait pas proposé en prenant ses conclusions, et que, par conséquent, l'intimée est fondée dans ses réquisitions pour être admise à fournir ses moyens contraires :

Ordonne que les parties procéderont plus amplement.

Pettiti, *P. P.* Mareschal, *R.*

---

23 *Décembre 1842.*

ORDRE. — ADJUDICATAIRE. — MANDAT DE PAIEMENT.

Le créancier qui, dans une instance d'ordre, a reçu un mandat de paiement sur un adjudicataire insolvable, peut exercer son recours contre les créanciers colloqués après lui.

Ceux-ci ne peuvent refuser de lui compter les sommes qu'ils auraient déjà touchées en vertu de leurs mandats.

Le créancier antérieur, pour exercer le recours, doit s'adresser directement aux derniers créanciers colloqués, sans mettre en cause les autres personnes qui ont été partie au jugement d'ordre.

Les dames Jaillet et Fernex c. les consorts Chauffat.

Le Sénat : Attendu que, dans l'ordre introduit par la distribution du prix des biens provenant de Claude Chauffat, vendus par expropriation forcée, les dames demanderesses, soit leur sœur, ont été colloquées au premier degré, d'où il suit qu'elles avaient droit d'être payées par préférence à Pierre et Nicolarde Chauffat, colloqués après elles;

Attendu qu'il est constant en fait, que Jacob Villemain, l'un des adjudicataires desdits biens, et aujourd'hui son hoirie, sur laquelle ont été délivrés les mandats de paiement des dames demanderesses, ne présente aucune solvabilité, et qu'ainsi le préjudice résultant de cette insolvabilité doit être supporté par les créanciers de Chauffat, suivant le rang dans lequel ils ont été colloqués dans l'ordre;

Attendu, cela posé, que Pierre et Nicolarde Chauffat, colloqués après les dames demanderesses, ne peuvent valablement retenir les sommes à eux payées, qu'autant que les demanderesses auraient été désintéressées;

Attendu que, ni la délivrance des mandats auxdits Pierre et Nicolarde Chauffat, ni l'assignation du débiteur faite lors de cette délivrance, ni enfin le paiement effectué desdits mandats, ne peuvent obster aux demanderesses pour répéter ce qui a été indûment payé à des créanciers colloqués après elles;

Attendu que les offres faites par les demanderesses aux défendeurs, de leur céder tous droits qu'elles peuvent avoir en vertu de leur mandat contre l'hoirie Villemain, sont satisfactoires;

Attendu enfin que les contestations particulières entre les défendeurs et les arrangements qu'ils ont pris, sont étrangers aux demanderesses, et ne peuvent par conséquent changer leur position;

Sans s'arrêter aux exceptions de Pierre et Nicolarde Chauffat, et sauf à eux à se prévaloir des offres faites par les demanderesses, les condamne à rembourser à ces dernières, à concurrence du montant de leurs créances, dont elles n'ont pu recevoir le paiement, avec dommages et intérêts dès la demande, tout ce que les défendeurs ont exigé en vertu du mandat qui leur a été délivré.

PORTIER DU BELLAIR, P. COTTA, R.

-- -- -- -- --

28 *Décembre* 1842.

CESSION D'HOIRIE. — SUCCESSION DE PERSONNE VIVANTE. — PRESCRIPTION. — SUSPENSION. — RETRAIT SUCCESSORAL.

Art. 1607, 2397, 1604 C. c. (D. R., G. F., Q. T.)

La vente, pour un seul prix, de deux hoiries, dont une n'est pas ouverte, est nulle pour le tout. [1]

On ne peut couvrir cette nullité en offrant d'imputer tout le prix de vente sur celle des deux successions qui était ouverte au moment de la cession.

Nonobstant le vice du titre, cette nullité peut être couverte par la prescription.

Les prescriptions établies par le Code civil français ne sont point applicables aux contrats antérieurs à sa mise en vigueur.

La prescription, sous les R. C., n'était suspendue par la puissance paternelle que pour les biens soumis à l'usufruit du père.

Le retrait successoral n'est pas applicable aux cessions de droits successifs, lorsqu'elles ont le caractère de transaction.

LES CONSORTS DÉTRAZ C. BUGNARD ET AUTRES.

LE SÉNAT : En ce qui concerne le mérite de l'acte du 4 pluviôse an IX;

Attendu que, par cet acte, Marie Blanc a consenti en faveur d'Antoine Blanc, son frère, la cession des droits qui lui compétaient et qui pouvaient lui compéter dans l'hoirie d'Antoine Blanc, leur père, décédé, et dans celle de Josephte Thévenon, leur mère, qui était encore vivante;

Attendu que cette cession a été faite pour un seul et même prix, et qu'on ne saurait déterminer celui de l'hoirie du père, en considérant que Josephte Thévenon aurait eu une dot d'une valeur déterminée par le contrat dotal du 27 janvier 1752, Rabut notaire, soit parce que cette femme aurait pu avoir acquis ou acquérir ensuite des avoirs plus amples que ceux fixés par ce contrat, soit parce que les droits de la cédante, sur l'hoirie de sa mère, étaient éventuels et indéterminés;

Attendu que la nullité dont cette cession est frappée par les lois des 5 brumaire, 17 nivôse an II, et 18 pluviôse an V, en ce qui

-- -- -- -- --

[1] Voyez arrêt du 11 août 1840 : Abry c. Abry; Cotta, R.

concerne la succession de la mère qui était vivante, vicie l'acte pour le tout, parce que le prix de chacune des hoiries n'étant pas déterminé, il y a indivisibilité dans la cession de ces hoiries ;

Attendu que cet acte ne saurait être validé pour l'hoirie d'Antoine Blanc, au moyen du consentement des défendeurs, à ce que tout le prix de la cession soit appliqué à cette hoirie ; car cet acte étant nul pour le tout, il ne peut dépendre de la volonté de l'un des contractants ou de ses ayant-droits de le valider en partie, en modifiant à leur gré les stipulations qu'il renferme ;

Attendu que cet acte étant réprouvé par la loi et frappé par ce motif de nullité radicale, il n'a pu être confirmé par l'exécution que les parties lui auraient donnée, ce qui rend inadmissibles les faits et les interpellations des intervenants à cet égard.

En ce qui concerne les exceptions de prescription opposées aux demandeurs ;

Attendu qu'il n'est pas le cas d'envisager quelle serait la portée de l'art. 1304 du Code civil français qui limite à dix ans l'action en nullité ou en rescision des conventions ; en effet, ce Code n'était pas en vigueur lorsque la cession a été faite, et d'après l'article 2281 du même Code, les prescriptions déjà commencées avant sa publication doivent être réglées conformément aux lois antérieures ;

Attendu que la jurisprudence rapportée par le président Favre dans la définition 2, tit. 5, liv. 4, suivant laquelle le vice du titre était un obstacle à la prescription de trente ou de quarante ans, a été abrogée par l'édit du 5 octobre 1598, car en statuant, par cet édit, que toutes actions seraient prescrites et éteintes par le laps de trente ans, à compter dès le jour où elles sont nées et où l'on n'a pu agir, le législateur a eu pour objet de subroger cette prescription à celles d'un plus long temps qui purgeaient le vice du titre ; telle a été, dès le principe, la portée donnée à cette loi, suivant ce qui est rapporté par le président Favre, dans sa définition 1re, n. 8, tit. 10, liv. 7 ;

Attendu que le fils de famille n'ayant pas l'administration de la partie de ses biens dont l'usufruit appartient à son père, il n'a pas qualité pour agir, et par ce motif la prescription ne peut pas courir contre lui ; telle est la disposition de la loi première, § 2 De annal. excep., de la loi 4, Cod. De

bonis quæ libet, de la Novelle 22, ch. 24 ;

Attendu qu'il n'en est pas de même à l'égard des pécules dont le père n'aurait pas l'usufruit, et notamment à l'égard de la succession d'un enfant à laquelle le père serait appelé par la Novelle 118 en concours avec ses autres enfants ; en effet, les enfants ayant le droit d'agir à l'égard de ces pécules, suivant les dispositions du § 10, liv. 5, tit. 4 des R. C., la prescription doit courir contre eux, s'ils ne sont pas en âge de pupillarité ;

Attendu néanmoins que pour faire l'application de ces règles à la cause, il est nécessaire de connaître avec précision l'époque du décès de Josephte Thévenon, la généalogie de la famille Mailland, tout comme l'époque de la naissance et du décès de tous les descendants de Maurice Mailland ;

Attendu que les défendeurs et les intervenants étant en instance ailleurs sur le mérite de l'acte de donation du 28 janvier 1809, ces instances doivent être jointes au présent procès, afin que l'on puisse statuer sur le mérite de l'exception de prescription mesurée de l'article 2265 du Code français.

En ce qui concerne les conclusions en retrait successoral prises par Rd Détraz et par les enfants Exertier ;

Attendu qu'à teneur de l'art. 1064 du Code, les cohéritiers sont en droit d'écarter du partage toute personne qui n'est pas au nombre des héritiers et à laquelle un cohéritier aurait cédé ses droits à la succession ;

Attendu que, d'après la teneur des actes du 7 et du 17 décembre 1841, Forestier notaire, et à raison des circonstances dans lesquelles ils ont été passés, on doit les considérer comme des transactions par lesquelles les frères Mailland se sont départis des conclusions qu'ils avaient prises en nullité de la cession du 4 pluviôse an IX ; et que, sous ce rapport, ces actes ne sauraient donner ouverture au retrait successoral ;

Attendu qu'en considérant même ces actes comme des cessions d'hoirie, elles auraient pour objet, non pas la succession de Marie Blanc, mais les droits que les cédants avaient à percevoir de son chef dans l'hoirie d'Antoine Blanc, son père, et les défendeurs étant co-successibles dans cette hoirie par la médiate personne de Gabrielle Blanc et d'Antoine à feu ledit Antoine Blanc, ils ne se trouvaient pas dans le cas prévu par l'article invoqué ;

Déclare Rd Détraz et les fils de Charles Exertier non-recevables en leur demande aux fins d'être subrogés aux bénéfices des contrats des 7 et 17 décembre 1841, sans s'arrêter aux exceptions que les intervenants mesurent de l'art. 1804 du Code civil français et de l'exécution donnée à l'acte du 7 pluviôse an IX.

PETTITI, *P. P.* MARESCHAL, *R.*

---

28 Décembre 1842.

APPEL. — ADJUDICATION DE TRAVAUX PUBLICS. — CAUTION. — FOLLE ENCHÈRE.

Des Patentes Royales qui accordent à la caution la faculté d'appeler d'un jugement, profitent de plein droit au débiteur principal. [1]

Les sentences en dernier ressort prononcées contre le débiteur principal, affectent la caution, bien qu'elle n'ait pas été partie dans l'instance ; elle ne peut plus faire valoir que les exceptions qui lui sont personnelles.

Lorsque les travaux sont exécutés à la folle enchère de l'entrepreneur, il doit seul profiter des bénéfices, comme il doit seul supporter les pertes.

PERROUD ET PEYLIN c. LA VILLE DE RUMILLY.

Perroud s'était rendu caution solidaire de l'entrepreneur Peylin, en faveur de la Ville de Rumilly, pour les travaux à exécuter à son église.

Peylin fut condamné à rembourser à la Ville de Rumilly une somme de 10,000 liv. qu'il avait reçue en avance sur des travaux.

Perroud, poursuivi comme caution, fut à son tour condamné par trois ordonnances de l'Intendant-général : s'étant pourvu au roi, il obtint des Lettres-Patentes qui l'autorisaient à appeler au Sénat de ces ordonnances ; Peylin prétendait être en droit de profiter de cette faveur royale.

Sur quoi, LE SÉNAT :

Attendu que, d'après les dispositions des lois 1re et 2me au Code *Si unus ex pluribus appelaverit*, l'autorisation d'appeler accordée par le Souverain à Perroud, caution solidaire, profite à Peylin, débiteur principal ;

Attendu que toutes les ordonnances prononcées contre Peylin, débiteur principal, et qui sont rendues en dernier ressort, affecteraient nécessairement Perroud, sa caution

solidaire, quand bien même il n'aurait pas été partie au procès, sauf pour les exceptions qui lui seraient personnelles ;

Attendu d'ailleurs que Perroud a été informé des ordonnances rendues contre Peylin le 31 mai et le 8 juin 1838, puisqu'elles lui ont été signifiées, qu'il aurait pu y former opposition par-devant l'intendant, et qu'il ne peut imputer qu'à lui-même s'il n'a pas profité de la voie qui lui était accordée ;

Attendu que la Ville ayant été autorisée, par l'ordonnance du 31 mai 1838, à continuer les travaux en reconstruction de l'église à la folle enchère de l'entrepreneur Peylin, si ce dernier est responsable de la perte, il s'en suit qu'il doit profiter des bénéfices que la Ville pourrait avoir faits sur le prix de son entreprise, et que Perroud aura le droit d'intervenir dans les comptes à faire à cet égard ;

Reçoit appelant....

PETTITI, *P. P.* JACQUEMOUD, *R.*

---

31 Décembre 1842.

INDIVISION ENTRE FRÈRES. — MINEURS.

Art. 1442 C. c. (C. C. F.)

La société tacite entre frères est admise sous le Code civil français.

Cette société est censée continuer entre leurs héritiers même mineurs, surtout lorsqu'elle est avantageuse. [1]

DE MARNINGE c. LES CONSORTS CHEVALLEY.

LE SÉNAT : Attendu qu'il résulte des énonciations insérées dans l'acte du 9 juillet 1815, Bron notaire, que les trois fils de Joseph Chevalley ont vécu en indivision et communauté de biens ;

Attendu, d'autre part, que, quoiqu'il soit constant au procès que Gaspard Chevalley est décédé plusieurs années avant 1814, on ne peut se refuser à admettre, au vu de l'acte sus-énoncé, que l'indivision qui existait entre ledit Gaspard et ses frères, n'ait continué entre ceux-ci et les héritiers du défunt, quoique mineurs, jusqu'au partage de 1814 ;

---

[1] Voy. art. 1183 C. c. — Arrêt conf. du 3 janvier 1847 : Gay dit Guerraz ; Arminjon, R.

[1] Voy. arrêt 31 juillet 1813 : Cottarel c. Cottarel ; Millet de St-Alban, R.

Que s'il est vrai en droit que des mineurs ne puissent être maintenus malgré eux dans l'indivision, il n'est pas moins constant que cette disposition, introduite en leur faveur, ne peut être invoquée par les majeurs lorsqu'ils ont continué à vivre en indivision ;

Attendu que cette communauté de biens peut d'autant moins être contestée en l'espèce par les défendeurs, qu'ils ont fait porter au cadastre, tant à leur colonne qu'à celle des héritiers de leur frère Gaspard et pendant la minorité de ces derniers, des immeubles qui leur étaient parvenus après la mort de Joseph Chevalley, auteur commun, ainsi que résulte du certificat délivré par le sous-secrétaire de la commune de Laringes, le 23 septembre 1839 :

Par ces motifs, déclare y avoir eu indivision et communauté de biens entre Amédée, Jacques et Gaspard Chevalley, et successivement avec les filles de celui-ci dès la mort de Joseph Chevalley, père et aïeul des parties, et en conséquence avoir dû entrer dans la masse à diviser les acquisitions faites par les frères Chevalley.

PORTIER DU BELLAIR, P.

MILLIET DE St-ALBAN, R.

Avec permission

JURISPRUDENCE DÉCENNALE.

Année 1843.

---

3 Janvier 1843.

RENONCIATION COUTUMIÈRE. — DOT CONGRUE. — MINEUR. — NULLITÉ. — PRESCRIPTION.

Art. 338, 1393 C. c. (R. C.)

La renonciation à une succession ouverte sous les lois françaises, faite, sous les R. C., par la fille au moyen d'une dot qui lui est constituée dans son contrat de mariage, n'est point régie par les dispositions du tit. 18, liv. 5 des R. C.

Cette renonciation est une véritable aliénation ; elle est nulle si la fille mineure n'a pas observé les formalités prescrites par les R. C. pour la vente des biens de mineurs.

Suivant notre ancienne jurisprudence, toute action en nullité dérivant de la minorité était prescrite par le laps de cinq ans à dater de la majorité.

COUDURIER C. COUDURIER.

Coudurier décède sous les lois françaises laissant trois enfants, Pierre, Louis et Barthelmie.

Le 13 juin 1818, les frères Coudurier, en mariant leur sœur alors mineure, lui constituent une somme de 4,000 liv., au moyen de quoi elle renonce en leur faveur, à tous plus amples droits dans la succession paternelle.

Nonobstant cette renonciation, Barthelmie, autorisée par son mari, provoque, en 1833, le partage de l'hoirie de son père.

Un premier jugement rendu sur défaut fait droit à la demande : par un second, rendu sur le consentement des frères Coudurier,

le Tribunal nomme des experts pour procéder au partage.

La cause étant demeurée sursise pendant quelques années, la demanderesse se pourvoit en reprise d'instance.

Alors Louis Coudurier réitère le consentement donné précédemment. Pierre se rétracte, produit le contrat de mariage de sa sœur et lui oppose de la renonciation qui y est consentie ; il articule plusieurs faits tendants à prouver que son consentement donné aux jugements rendus précédemment lui été surpris par les manœuvres frauduleuses de la demanderesse.

Le Tribunal de Chambéry, sans s'arrêter aux productions et aux déduites de Pierre Coudurier, déclare exécutoires les jugements précédents ;

Sur l'appel, LE SÉNAT :

Attendu que la renonciation de l'intimée à la succession de son père au moyen de la dot de 4,000 liv., aux termes de son contrat de mariage du 13 juin 1818, Chapperon notaire, ne saurait être assimilée à celles qui sont prévues par le tit. 18, liv. 8 des R. C., puisque les dispositions de ce titre sont corrélatives au régime des dots congrues et de l'agnation, et que la renonciation dont il s'agit se rapporterait au contraire à une succession déférée sous l'empire du Code civil français, qui n'admettait point de semblables privilèges en faveur des mâles ; que l'intimée en conséquence y aurait eu un droit acquis avant la loi royale, non point à concurrence d'une simple dot congrue, mais pour une part virile absolue ;

Que dès lors cette renonciation ne pouvant plus être envisagée que comme une aliénation faite par une mineure sans les formalités prescrites par le titre 11 du même livre, l'intimée aurait été fondée à l'impugner de nullité à teneur du § 2 du même titre, soit dès avant sa majorité, soit pendant les cinq années subséquentes ;

Que l'intimée n'ayant point usé de ce bénéfice en temps utile, l'appelant aurait aujourd'hui, abstraction faite des circonstances de la cause, le droit de lui opposer de prescription à cet égard, sans même craindre la maxime : *quæ temporalia sunt ad agendum*, etc., par le motif qu'elle ne protége que celui qui est en possession de l'objet contesté ;

Attendu cependant que l'appelant a perdu ce droit par suite du jugement du 7 avril 1834, rendu sur son consentement formel, puisque par là même il a renoncé tacitement à se prévaloir de ladite prescription vis-à-vis de l'intimée, d'où résulte pour celle-ci la faculté de continuer à soutenir, ainsi qu'elle l'a fait, que sa minorité avait obsté, en 1818, à la validité de sa renonciation ;

Qu'il suit de là que les conclusions principales de l'appelant ne sont pas fondées ;

Attendu, quant à ses conclusions subsidiaires, que l'exception de dol est sans doute opposable à la chose jugée, mais qu'en l'espèce les positions par lui données à cet égard se référant à un pacte illicite dans son objet et auquel, d'après leur énoncé, il aurait participé lui-même, elles ne peuvent être accueillies en justice :

..... Par ces motifs, déclare l'appelant non-recevable.

COPPIER.   D'ARCOLLIÈRE, R.

---

10 Janvier 1843.

PATERNITÉ. — PREUVE TESTIMONIALE.

Art. 185 C. c. (D. R.)

Sous nos lois anciennes, la fille séduite qui, à raison de sa inconduite, n'était pas admise à la preuve privilégiée, pouvait établir par témoins quel était l'auteur de sa grossesse.

Cette preuve cependant n'était accueillie que lorsque les faits déduits renfermaient des présomptions graves, précises et concordantes.

Quelles étaient ces présomptions ?

DELERCE C. MUDRY.

LE SÉNAT : Attendu que, si les lois et la jurisprudence en vigueur à l'époque de la conception et de la naissance de l'enfant dont la demanderesse est accouchée, permettaient la recherche de la paternité d'un enfant naturel et admettaient, pour l'établir, la preuve écrite et la preuve par témoins, il a cependant toujours été reconnu et jugé que les faits articulés à cet égard devaient, pour être admis, être de nature à former des présomptions graves, précises et concordantes de la paternité attribuée à l'individu actionné par l'enfant en réclamation d'état ;

Qu'il ne suffisait point de prouver que le prétendu père avait eu des relations intimes avec la mère de l'enfant avant et à l'époque de la conception de ce dernier ; qu'il ne suffisait point que la voix publique lui attribuât la grossesse de la mère ; mais qu'il était nécessaire d'établir soit la bonne conduite de celle-ci, au moins à l'époque de la conception, soit les promesses à elle faites par le prétendu père avant ou après ladite époque, soit les soins donnés à la mère au moment de l'accouchement ou après cette époque, soit la possession d'état de fils et les soins donnés par le père, soit enfin les aveux extra-judiciaires que le père aurait pu faire d'être l'auteur de la grossesse de la mère ;

Attendu, dans l'espèce, que rien n'a été déduit pour prouver que le défendeur ait fait, avant la conception de l'enfant, des promesses à la demanderesse ; qu'il ait prodigué des soins à cette dernière lors des couches, ni postérieurement ; qu'il ait pourvu à l'entretien de l'enfant ; qu'il l'ait traité comme son fils, ou au moins qu'il ait témoigné par aucun indice qu'il croyait en être le père ;

Attendu que les 1er, 2me, 3me et 5me faits tendent à établir les relations intimes qui ont eu lieu entre les parties à l'époque présumée de la conception de l'enfant : cependant cette seule circonstance ne pourrait favoriser le système de la demanderesse, puisque la conduite, non exempt de reproches, par elle tenue avant la conception, conduite constatée par l'enquête du défendeur et reconnue par l'arrêt du 2 mars 1839, étant censée avoir continué jusqu'à l'époque de la conception, laisserait des doutes sur le véritable auteur de sa gros-

sesso, bien qu'elle parvînt à établir clairement ses relations avec le défendeur ;

Attendu que les 4me, 7me et 8me faits, quoique tendant à prouver la notoriété publique,
ne peuvent, en l'absence des autres présomptions sus-énoncées, être censés suffisants pour établir la prétendue paternité,
parce que la voix publique seule, qui, le
plus souvent, ne prend sa source que dans
le dire des parties intéressées, n'est pas,
aux yeux de la loi, un moyen sûr pour établir la vérité de semblables faits, et surtout
parce qu'il serait dangereux de faire dépendre l'état des personnes de la déposition de
quelques témoins mal informés, qui ne pourraient fonder leur opinion sur des causes
plausibles de science ;

Attendu que le 6me fait ne contient point
une confession explicite de la part du défendeur d'être le père de l'enfant dont il
s'agit ; puisque, d'une part, les offres d'argent qu'il aurait faites à la demanderesse
avaient pour but de terminer un procès
scandaleux qui lui était intenté, et que,
d'autre part, l'aveu que l'on voudrait établir par le fait susdit, n'a point trait à la
paternité attribuée au défendeur, mais seulement aux relations qui avaient eu lieu
entre ce dernier et la demanderesse, le 29
novembre 1818 ;

Attendu que tous ces faits, soit dans leur
ensemble, soit pris séparément, ne fournissent point les présomptions graves, précises
et concordantes requises par la loi et la jurisprudence pour établir la filiation d'un
enfant naturel à défaut de titres ou de reconnaissance expresse ;

Attendu que, d'après les considérations
qui précèdent, ni les déclarations faites par
la demanderesse dans les douleurs de l'accouchement et insérées dans l'acte de bap-
tème produit au procès, ni ses réquisitions
tendantes à faire reconnaître la ressemblance de son enfant avec le défendeur, ne
peuvent constituer des présomptions propres à établir la paternité, parce que les déclarations sus-énoncées émanent d'une personne intéressée et dont la conduite n'est
pas exempte de reproches ; parce que le
défendeur n'ayant pas assisté au baptême
de l'enfant, l'insertion des déclarations
dans l'acte produit ne peut l'affecter ; parce
qu'enfin la ressemblance avec le prétendu
père (outre qu'il sera difficile de la constater légalement), n'a jamais été et ne peut
être un moyen sûr pour attribuer à quelqu'un la paternité d'un enfant :

Par ces motifs, déboute la demanderesse
de ses conclusions.

PORTIER DU BELLAIR, P.   COTTA, R.

---

10 Janvier 1843.

DOT CONGRUE. — RENONCIATION. —
DONATION. — INOFFICIOSITÉ.

Art. 916, 1607, 730 C. c. (R. C.)

La dot constituée par le père à sa fille déjà mariée,
n'est pas de plein droit présumée congrue.

La renonciation consentie au moyen de cette dot
n'est efficace qu'autant que la dot est réellement
congrue eu égard à la qualité et à la fortune de la
famille. [1]

Une semblable constitution ne peut valoir comme
vente de succession de personne vivante, si l'héritier
n'a stipulé dans les conditions fixées par la loi dernière au Code *De pactis*.

La querelle d'inofficiosité peut être proposée par
la fille qui réclame un supplément de dot, aussi bien
que par le fils qui réclame un supplément de légitime

VIOLLET c. VIOLLET.

LE SÉNAT : Attendu, en fait, que Françoise
Viollet s'est mariée à Bernard Tissot dans
le mois de janvier 1816, et que ce n'est que
par contrat du 2 décembre suivant, Rubel-
lin notaire, que Bernard Viollet lui a constitué en dot la somme de 1,200 liv. (ancienne monnaie) au moyen de laquelle la
femme Tissot a renoncé à tous droits paternels, maternels, fraternels, sororinels et
part d'augment ;

Attendu que Bernard Viollet a reconnu
lui-même que cette dot n'était pas congrue,
puisque, par son testament du 10 avril 1827,
il a légué à sa fille, à titre de supplément, la
somme de 1,000 liv. neuves ;

Attendu, en droit, que le contrat du 2
décembre 1816 ne renferme point, de la
part de l'appelante, une vente d'hoirie au
profit de son frère, qui n'était ni partie, ni
présent à l'acte ; que, cela posé, ce dernier
ne se trouve point dans le cas prévu par la
loi 30 au Cod. *De pact.*, et qu'il ne peut en
invoquer les dispositions ;

---

[1] Arrêt conf., 28 mars 1811 : Chaudet c. Chaudet ;
de Brichanteau, R. — 10 mars 1815, les consorts
Gaillard c. la veuve Chaumontel : Coppier, R. —
21 juin 1845, Baudet et Galley c. Berthier ; D'Arcollières, R.

Attendu qu'aux termes du § 6, tit. 7, liv. 8 des R. C., la dot constituée à une fille n'est, de plein droit, présumée congrue, que lorsque cette fille a été convenablement établie au moyen de cette dot ;

Attendu que, lorsque le mariage a précédé la constitution dotale, cette présomption cesse, et que pour juger, dans ce cas, si la dot est congrue ou non, on doit, comme lorsqu'il s'agit d'une fille non encore mariée, prendre en considération la qualité et la fortune de la famille ;

Attendu que la renonciation à tous plus amples droits, faite par l'appelante postérieurement à son mariage, ne doit sortir son effet qu'autant que la dot, qui en a été le correspectif, serait congrue, d'après les bases ci-dessus posées ;

Attendu que la donation universelle que le père Viollet a faite à l'intimé peut être attaquée comme inofficieuse par sa sœur réclamant une dot congrue, tout aussi bien qu'elle pourrait l'être par un de ses frères qui demanderait sa légitime :

..... Ordonne que le défendeur produira la note de l'or, argent, etc.

PETTITI, *P. P.* DE LA CHARRIÈRE, *R.*

---

14 Janvier 1843.

CONTRAT DOTAL. — DONATION. — ENFANTS A NAITRE.

Art. 1312, 1176 C. e. (C. F.) Q. T.)

Le contrat dotal passé sous les lois françaises n'a pu être modifié par des conventions passées en 1815 après l'abolition de ces lois.

La donation faite, dans ce contrat, aux enfants à naitre du mariage, est nulle à teneur de l'art. 906 du Code civil français ; elle ne se soutient que relativement à l'usufruit attribué à la mère de ces enfants.[1]

GREFFE c. GREFFE.

LE SÉNAT : Attendu, sur le premier chef, que le contrat du 3 février 1806, qui règle les conventions matrimoniales de Claude Greffe et de Louise Dalloz, n'a pu, aux termes de l'art. 1393 du Code français, sous l'empire duquel il a été passé, être modifié par le contrat du 1er novembre 1815, en ce

qui concerne les conventions matrimoniales ;

Attendu toutefois que l'hoirie de Claude Greffe ne peut être, à l'égard de la somme constituée à ce dernier, comptable envers sa veuve, que de ce qu'il a reçu ou pu recevoir, et sous la déduction des frais légitimement faits pour le recouvrement ;

Attendu que la donation faite par Claude Greffe, dans le contrat de 1806, d'un capital de 3,004 francs, aux enfants à naitre de son mariage, est nulle aux termes de l'art. 906 du Code civil français ;

Attendu qu'il n'en est pas de même de la donation faite à la future épouse, en cas de survie, de l'usufruit de ce capital :

Par ces motifs, reçoit Antoine Greffe appelant, sans s'arrêter aux plus amples prétentions de Louise Dalloz, en ce qui touche la donation contenue dans le contrat de 1806 ; déclare celle-ci n'avoir droit qu'à l'usufruit du capital porté dans ladite donation, et à dater seulement du jour du décès de Claude Greffe ;

PETTITI, *P. P.* DE LA CHARRIÈRE, *R.*

---

21 Janvier 1843.

COMPÉTENCE. — CHAMBRE DES COMPTES. — MATIÈRE POSTALE.

La Chambre des Comptes est seule compétente pour connaitre en appel d'un jugement rendu par les tribunaux de judicature-mage, dans les matières qui intéressent le service public des postes royales.

Droit de préférence attribué aux maitres de poste pour le louage des bâtiments nécessaires aux relais.

ARRAGON c. PONCET.

LE SÉNAT : Attendu qu'il est constant en fait qu'à l'époque de l'introduction de la demande, soit au 3 avril 1840, l'appelant était en possession de l'écurie objet du litige, et qu'il s'est prévalu de sa qualité de maitre de poste aux chevaux pour s'y faire maintenir en vertu de l'art. 40 du règlement annexé à l'édit royal du 30 mars 1836, sur les postes ;

Attendu que, par le jugement interlocutoire du 21 juillet 1840, qui a acheminé l'appelant à établir que ladite écurie était nécessaire à son relais, le tribunal s'est fondé sur cette loi qui donnait aux maitres de poste le droit de préférence à prix égal dans le louage du local nécessaire aux relais ;

---

[1] Concl. conf. : 14 juin 1842.

Attendu qu'aux termes de l'art. 105 du même édit, la juridiction civile de la royale Chambre des Comptes ne s'étend pas seulement à l'exécution des contrats, mais à toutes les causes et questions en général qui concernent le service des postes; que l'établissement des relais en forme la base principale; d'où il suit que toutes les difficultés qui peuvent naître à cette occasion font essentiellement partie de la juridiction exceptionnelle introduite à cet égard, et que le tribunal n'a pris connaissance et n'a jugé la cause actuelle que sous la dépendance de la Chambre des Comptes, suivant l'art. 7 de l'édit du 20 septembre 1822;

Attendu que l'édit du 5 avril 1841, publié à Montmélian le 23 juillet suivant, avant le jugement dont est appel, en apportant quelques modifications au précédent édit sur les postes, n'a cependant rien innové en matière de juridiction; que dès lors, quel que puisse être l'effet de la déclaration de l'intimé insérée dans son écriture du 18 mai 1841, de vouloir occuper par lui-même, et pour en faire un magasin, le local dont il s'agit, de même que la question relative aux sens des articles 72 et 73 du dernier édit, et leur application à la cause, tout cela étant lié au service général des postes, ne peut être dans les attributions du Sénat:

Par ces motifs, en se déclarant incompétent, renvoie les parties à se pourvoir ailleurs, ainsi qu'elles aviseront.

PORTIER DU BELLAIR, *P.* MONOD, *R.*

---

3 Février 1843.

APPEL. — DÉLAIS. — HÉRITIER. — BÉNÉFICE D'INVENTAIRE.

Art. 1010, 1017 C. c.

C'est la loi en vigueur au moment de l'interjection d'appel qui règle les délais accordés pour le relever:

Dans les appels interjetés avant la mise en vigueur de l'édit du 13 avril 1841, le délai pour le relever n'expire pas pendant les grandes féries.

L'héritier qui n'est pas en possession des biens de l'hoirie et qui ne s'est pas immiscé, ne peut être déchu du bénéfice d'inventaire tant qu'il ne lui a pas été fixé de délai, en conformité de l'art. 1017 du Code civil. [1]

La déclaration faite au greffe d'accepter l'hoirie sous bénéfice d'inventaire, ne suffit point pour faire courir les délais au préjudice de l'héritier qui n'est point en possession. [1]

BROISIN C. SPECTABLE RENAND.

LE SÉNAT: Attendu que Jean Broisin a mis acte d'appel du jugement dont il s'agit, le 12 juillet 1841, et qu'il l'a relevé le 1er octobre suivant, soit le 81me jour après son interjection; qu'à cette époque, qui tombait dans les grandes féries, il était encore, suivant la jurisprudence en vigueur au moment de l'appel, dans son délai pour obtenir la restitution demandée; qu'ainsi la fin de non-recevoir tirée de l'édit du 13 avril 1841 ne peut lui être opposée;

Attendu que, par acte mis au greffe du tribunal du Faucigny, le 21 juillet 1840, ledit Broisin avait déclaré accepter, sous bénéfice d'inventaire, la succession de Pierre Broisin, son père;

Attendu qu'il avait nié dans l'instance de s'être immiscé en rien dans ladite hoirie et d'avoir, avant comme après son acceptation sous bénéfice d'inventaire, possédé aucun des biens qui la composent;

Attendu que cette négative n'avait point été sauvée par spectable Renand;

Attendu, cela posé, qu'il était le cas d'appliquer à la cause l'art. 1017 du Code civil, d'après lequel les délais pour faire inventaire et délibérer ne courent que du jour fixé par le tribunal; qu'ainsi, au lieu de déclarer l'appelant héritier pur et simple en vertu de l'article 1018, qui n'est évidemment applicable qu'à l'héritier qui possède ou s'est immiscé, le tribunal de Faucigny aurait dû se borner à lui fixer un délai pour remplir les formalités prescrites en pareil cas; qu'en conséquence, le jugement dont est appel a fait un véritable grief audit Broisin;

Attendu que les trois premiers faits soutenus par l'intimé Renand, après l'ordonnance d'appointement, se rapportent à une époque postérieure à la déclaration d'acceptation sous bénéfice d'inventaire faite par l'appelant; que dès lors, ce dernier est censé avoir fait les actes signalés en la qualité par lui prise, surtout que ces actes peuvent être considérés comme purement conservatoires;

.....Ordonne que Broisin se conformera,

---

[1] Arrêt conf., 2 décembre 1843: Moine c. Magnin; Mareschal, R.

[1] Concl. conf., 12 mai 1842.

dans le délai de trois mois, au prescrit de l'art. 1014 du Code civil ; et, en cas d'ultérieures contestations, les parties se pourvoiront devant les premiers juges.

PORTIER DU BELLAIR, *P.* DE JUGE, *R.*

———

7 *Février 1843.*

LEGS. — INTERPRÉTATION. — CRÉANCE.

Art. 397 et 833 C. c.

Le legs de tout ce qui appartient au testateur dans un lieu déterminé, comprend non-seulement les immeubles et les objets mobiliers, mais encore les créances.

Le legs de tout ce qui appartient au testateur, à Paris, à l'époque de son décès, comprend non-seulement les créances dues par des Parisiens, mais encore celles dont le recouvrement ne peut s'effectuer qu'à Paris.

BISILLAT-VINCENDAZ C. MARIE BISILLAT-VINCENDAZ.

LE SÉNAT : Attendu que la clause générale par laquelle le testateur déclare *léguer à son frère Joseph, l'aîné, Bisillat-Vincendaz la généralité de tout ce qui pourra lui appartenir à Paris à son décès, en quoi que le tout consiste, avec le plus ou le moins sans exception,* renferme non-seulement les immeubles et effets mobiliers, mais encore les créances qu'il pourrait avoir à Paris;

Attendu que la clause précédente par laquelle le testateur avait déclaré léguer à ce même frère la généralité de toutes les créances qui pourraient lui être dues par des particuliers d'Outre-Chaise tant seulement, ne peut pas avoir pour effet de restreindre le legs porté par la clause suivante relative à tout ce qui lui appartiendrait à Paris, et d'en exclure les créances, soit parce que ces deux clauses sont entièrement distinctes et indépendantes l'une de l'autre, soit parce que la dernière, plus spéciale encore, relative aux biens de Paris, aurait dérogé à la clause générale qui la précède;

Attendu que, sous le titre de créances de Paris, on doit comprendre non-seulement celles qui pourraient être dues par des Parisiens, mais encore toutes celles dont le recouvrement ne pourrait s'effectuer qu'à Paris, par la double raison que les débiteurs y auraient eu leur domicile civil à l'époque du décès du testateur, et n'auraient

possédé en Savoie aucun bien sur lequel on pût agir pour le paiement de ces créances :

.... Déclare que toutes les créances dues au testateur à l'époque de son décès, par des Parisiens ou par des personnes originaires de Savoie, dont, à raison du domicile civil acquis à Paris, et du défaut de biens en Savoie, les poursuites à fin de paiement n'auraient pu se faire qu'à Paris, sont comprises dans le legs fait à l'appelant.

PETTITI, *P. P.* CLERT, *R.*

———

21 *Février 1843.*

CHOSE JUGÉE. — APPEL. — LITISPENDANCE. — INSTANCE SOMMAIRE. — NULLITÉ.

Le mari qui, ayant été partie en première instance, ne comparaît en appel que pour autoriser sa femme, n'est point censé appelant du jugement en ce qui le concerne.

Il ne peut, sous le prétexte de l'existence de l'appel, décliner la juridiction du tribunal de première instance.

Dans les instances sommaires, le tribunal peut, par un même jugement, statuer et sur l'exception déclinatoire proposée, et sur le fond de la cause, nonobstant les dispositions du § 2, tit. 9, liv. 3 des R. C., qui ne s'appliquent qu'aux instances réglées.

PAVIET C. HUMBERT.

LE SÉNAT : Attendu que, par les jugements des 10 juin, 11 août, 24 octobre et 21 novembre 1818, l'appelant Cécile Barlet, sa femme, et Marianne Fraissard ont été condamnés solidairement à procéder à la séparation et livrance des quarante-cinq *bichets* de terrain par eux vendus à Humbert, par contrat du 9 mai 1818, Dunand notaire;

Attendu que, quoiqu'ils eussent tous interjeté appel de ces jugements, Cécile Barlet et Marianne Fraissard seules ont relevé leur appel; que François Paviet ne figure dans la requête appellatoire que pour autoriser sa femme; qu'il ne résulte pas des actes de l'instance qu'il l'ont suivie, qu'il ait pris des conclusions de son chef, d'où l'on doit conclure qu'il a acquiescé auxdits jugements; qu'il suit de cet acquiescement que les jugements ont acquis l'autorité de la chose jugée, et par conséquent que l'exception de litispendance par lui élevée est sans fondement;

Attendu, quant à l'exception de nullité basée sur les dispositions du § 2, tit. 9, liv. 3 des R. C., que l'instance qui a précédé le jugement dont est appel, a été instruite en voie sommaire ; or, la disposition précitée n'est pas d'une application absolue dans les causes de cette nature, car la jurisprudence autorise les tribunaux à prononcer au fond, lorsque, comme dans le cas présent, la cause est instruite sur tous les chefs de contestation :

Par ces motifs, déclare Paviet non-recevable.

DE LA CHARRIÈRE, *P.* SEITIER, *R.*

---

11 Mars 1843.

DOT CONGRUE. — EXCLUSION. — COPROPRIÉTÉ. — PRIVILÉGE DU VENDEUR.

Art. 916, 2158 C. c. (R. C.)

Tant que la fille n'a pas reçu la dot congrue, prix de son exclusion, elle est censée cohéritière et copropriétaire des biens de la succession.

Si elle a cédé ses droits pour une somme déterminée, elle jouit du privilége du vendeur pour le recouvrement de cette somme, et prime tous les créanciers inscrits du chef du cessionnaire.

HUISSOUD C. HUISSOUD, FEMME GAILLARD ET AUTRES.

LE SÉNAT : Attendu que les actes de cession des 21 novembre 1815 et 25 août 1819 établissent que les sœurs Marie et Françoise Huissoud n'avaient pas reçu la dot qui leur était afférente dans la succession de Joseph Huissoud, leur père, ouverte sous l'empire des lois royales, et que d'ailleurs elles n'avaient pas accepté les legs qui les concernaient au testament de ce dernier ;

Attendu que la condition de leur exclusion de ladite hoirie n'ayant pas été remplie aux termes du § 1er, tit. 7, liv. 3 des R. C., les sœurs Huissoud retenaient la qualité de cohéritières que leur donnait le droit commun, et restaient ainsi copropriétaires des biens de ladite succession ;

Attendu qu'elles ont ainsi pu vendre leur part héréditaire d'immeubles de la succession, comme cette part a été effectivement vendue par les actes sus-énoncés ;

Attendu que ces ventes emportaient, pour garantie des paiements stipulés, le privilége du vendeur sur la portion d'immeubles qui en faisait l'objet ;

Attendu que ce privilége a dû nécessairement primer toutes les hypothèques auxquelles ladite portion d'immeubles a pu être affectée du chef du Laurent Huissoud :

..... Homologue la collocation qui est assignée à Marie Huissoud.

DE LA CHARRIÈRE, *P.* GIROD, *R.*

---

11 Mars 1843.

SUBHASTATION. — APPEL. — DÉLAIS. — TIERS-DÉTENTEUR.

L'ordonnance qui autorise la vente par subhastation d'un immeuble possédé par un tiers, en déclarant ce dernier déchu de la faculté de purger, est soumise aux dispositions de l'art. 112 de l'édit hypothécaire, soit quant aux délais d'appel, soit en ce qui concerne la valeur de la cause.

Les délais accordés pour relever l'appel courent du jour de l'interjection, bien que l'ordonnance de vente ne soit pas signifiée.

Ils courent et tombent pendant les grandes féries.

CUSIN C. DEBAUD.

LE SÉNAT : Attendu que le tribunal, en autorisant la vente aux enchères de l'immeuble dont il s'agit, sans s'arrêter aux oppositions de Cusin, qui prétendait être en temps utile pour poursuivre la purgation des hypothèques affectant ledit immeuble, a rendu un jugement de la nature de ceux auxquels se réfèrent les dispositions de l'art. 112 de l'édit du 16 juillet 1822 ;

Attendu qu'à l'époque où Cusin a relevé l'appel de ce jugement, il s'était écoulé plus de trente jours dès la date de l'interposition de son appel ;

Attendu que ce retard est péremptoire dans la matière dont il s'agit, bien que l'échéance du délai utile soit advenue pendant les féries ;

Attendu que Cusin ne peut être reçu à opposer du défaut de signification dudit jugement, dès qu'il en a lui-même interposé appel, et démontré par ce fait qu'il en avait pleine connaissance ;

Attendu que, outre la fin de non-recevoir sus-établie, il en existe une autre résultant du défaut de valeur de l'immeuble, qui, d'après ledit art. 112 de l'édit du

16 juillet 1822, ne doit pas être moindre de 5,000 liv. :

Par ces motifs, déclare Cusin non-recevable.

DE LA CHARRIÈRE, *P.*   GIROD, *R.*

---

14 Mars 1843.

CESSION. — NOTIFICATION. — DATE CERTAINE.

Art. 1386, part. 2, C. c.

Même après que la cession de la créance lui a été signifiée, le débiteur peut opposer de compensation au créancier cédant, pour toutes les créances antérieures à cette signification.

La preuve de cette antériorité est à la charge du débiteur qui demande la compensation.

BASSO C. DUNAND ET GRAND.

LE SÉNAT : Attendu que la cession faite à François-Martin Dunand a eu date certaine, par la notification qui en a été faite au débiteur par exploit du 7 décembre 1839 (art. 1436 du Code civil) ;

Que, pour légitimer son exception, Basso aurait dû établir que la créance avait une date antérieure à la notification qui lui a été faite (art. 1386, 2e partie) ;

Attendu que, à défaut par le défendeur d'avoir fait la justification à sa charge, ses conclusions en compensation ne pouvaient être adjugées ;

Déclare non-recevable.

PORTIER DU BELLAIR, *P.*   MILLIET, *R.*

---

14 Mars 1843.

VENTE. — LÉSION. — USUFRUIT. — MEUBLES. — RATIFICATION.

Art. 1679, 1431, part. 4, C. c. (R. C.)

L'usufruit est susceptible d'une appréciation certaine ; ainsi le contrat de vente fait avec réserve d'usufruit en faveur du vendeur, n'est pas tellement aléatoire que l'action en lésion ne puisse être proposée.

Comment se calcule la valeur de l'usufruit réservé ?

L'action en rescision pour cause de lésion est admissible lors même que la vente comprend quelques meubles, et que le tout a été vendu pour un seul et même prix.

La ratification d'un acte entaché de lésion, ne purge le vice qu'autant qu'il y a une augmentation de prix.

COMBET C. FLEURY-PINET.

LE SÉNAT : Attendu que les chances de perte ou de gain résultant de la réserve d'usufruit stipulée dans la vente du 7 juillet 1827, Cot notaire, sont susceptibles d'appréciation au moment de l'acte, d'après la règle tracée dans la définition 2 : *Si certum petatur*, et 10 : *De usu fructu*; qu'ainsi cette réserve n'empêche point l'exercice de l'action en lésion ;

Attendu que les immeubles dont il s'agit ont été vendus en bloc ; que les cheptels et fonds de semence destinés à leur exploitation, de même que les effets mobiliers attachés au bâtiment à perpétuelle demeure sont considérés comme immeubles par destination, et que les autres effets mobiliers compris dans la vente, conformément aux explications contenues dans l'acte du 2 août 1831, Gay notaire, sont d'une faible valeur par relation à celle des immeubles ; qu'ils ne peuvent faire obstacle à l'action en lésion, quoiqu'on n'ait pas stipulé un prix séparé pour ces meubles ;

..... Attendu que les ratifications dudit contrat de vente faites par les actes du 2 août 1831, Gay notaire, et du 5 juin 1836, Morand notaire, ne font aucune mention du vice de lésion, et qu'ils ne pourraient priver la demanderesse du droit de le faire réparer, que dans le cas où le défendeur prouverait qu'il a donné en correspectif une augmentation du prix suffisante pour anéantir l'action intentée :

... A reçu Andréanne Combet appelante.

PETTITI, *P. P.*   JACQUEMOUD, *R.*

---

15 Mars 1843.

INSTANCE D'ORDRE. — APPEL. — DÉLAIS.

Le jugement qui prononce sur la question d'ouverture d'ordre, n'est pas régi, quant aux délais d'appel, par l'art. 137 de l'édit hypothécaire. [1]

---

[1] Concl. contr., 15 juin 1842.

GATHIER C. PONCET.

LE SÉNAT : Attendu que si le sixième alinéa de l'article 137 de l'édit du 16 juillet 1822, paraît admettre une application moins restreinte que celle du troisième alinéa du même article, cette disposition ne comprend cependant, d'après son texte, que l'appel des jugements prononcés dans le cours de la cause d'ordre ;

Attendu que la cause d'ordre, telle qu'elle est réglée par l'article 154 et les suivants, ne commence que dès la convocation des créanciers pour produire leurs titres de créance ;

Attendu que la question de savoir s'il y a lieu ou s'il n'y a pas lieu à l'ouverture de l'ordre, est une question préjudicielle, et que le jugement qui décide cette question, ne fait point, strictement parlant, partie de l'instance d'ordre ;

Attendu que le jugement dont il s'agit ne serait point ainsi compris dans les dispositions dudit article 137, et que l'appel resterait soumis aux conditions ordinaires fixées par la loi :

DE LA CHARRIÈRE, *P.*   GIROD, *R.*

---

18 Mars 1843.

INTÉRÊTS. — REMISE.

Art. 1167 C. c. (D. R.)

La remise des intérêts est facilement présumée, surtout entre parents.

Le long silence du créancier suffit pour établir cette présomption.

BOURGEOIS C. BOURGEOIS.

LE SÉNAT : Attendu que les liens de parenté existant entre l'appelante et Claude Bourgeois, l'intimité qui régnait entre eux, la libéralité que ce dernier a exercée envers elle dans son testament, et la circonstance qu'il ne lui aurait pas demandé les intérêts de ce capital pendant sa vie, font présumer qu'il a entendu lui faire la remise de ces intérêts, d'après les principes consacrés par le président Favre dans la définition 4°. *De insinuandis donationibus*;

Attendu que l'intimé a payé jusqu'en 1834 à l'appelante les intérêts des sommes dont il est débiteur envers elle, sans se faire imputer les intérêts du capital porté par l'acte Pichon notaire ; que cette circonstance jointe à celle qu'il est héritier de Claude Bourgeois, son oncle, qui lui-même n'exigeait pas ces intérêts de l'appelante, et enfin que l'intimé est le frère de celle-ci, font également présumer qu'il a entendu lui faire la remise desdits intérêts jusqu'au jour où il en a formé la demande ;

Attendu que, sous ce rapport, le tribunal a mal jugé en allouant à l'intimé les intérêts du capital dont il s'agit, dès le 16 juillet 1816.

PETTITI, *P. P.*   JACQUEMOUD, *R.*

---

21 Mars 1843.

DOMICILE. — COMPÉTENCE. — HYPOTHÈQUE DOTALE. — TRANSPORT.

Art. 67, 68, 69 et 2263 C. c.

C'est au tribunal du domicile des époux qu'il appartient d'ordonner le transport de l'hypothèque dotale, bien que les immeubles sur lesquels elle est assise et ceux sur lesquels on veut la transporter, soient situés hors de sa juridiction.

MARQUIS DE LA SERRAZ C. LE MARQUIS DE LA CHAMBRE.

LE SÉNAT : Attendu que, suivant les art. 67 et 69 du Code civil, le changement de domicile s'opère par le fait d'une habitation réelle dans un autre lieu, joint à l'intention d'y faire son principal établissement, et qu'en l'absence de la déclaration expresse dont il est fait mention dans l'art. 68, la preuve de l'intention dépend des circonstances ;

Attendu qu'il est constant que le sieur de la Serraz et dame Eléonore-Maximilienne-Clémentine de Monthoux-Ficquelmont, son épouse, avaient leur habitation réelle à Turin lorsqu'ils se sont pourvus au tribunal de judicature-mage de cette ville, en juillet 1842, pour obtenir, sur des biens situés en Piémont, le transport des hypothèques dotales de ladite dame de la Serraz, hypothèques restreintes à 158,740 liv. 87 cent. par ordonnance du tribunal de Chambéry, du 6 décembre 1836, sur deux domaines situés à la Motte-Servolex et à Saint-Ombre, province de Savoie-Propre ;

Attendu que l'énonciation faite par le sieur de la Serraz dans plusieurs actes d'être domicilié à Turin, la vente des immeubles qu'il possédait en Savoie, l'acquisition d'autres immeubles en Piémont, la déclaration des sieur et dame de la Serraz d'être domiciliés à Turin, dans ladite requête, sont autant de circonstances qui démontrent leur intention d'abandonner le domicile qu'ils avaient à Chambéry, pour fixer à Turin le siége de leur principal établissement;

Attendu qu'une inscription a été prise le 30 juin dernier au bureau des hypothèques d'Albe en faveur de dame de la Serraz, pour ses hypothèques dotales, au montant de 138,740 liv. 87 cent., sur les biens acquis par le sieur demandeur des sieurs de Birago, par acte du 25 janvier 1842, Passarino notaire, pour le prix de 95,000 livres;

Attendu qu'en exécution de l'ordonnance rendue par le tribunal de Turin le 19 juillet dernier, en conformité des conclusions du ministère public, l'inscription pour ses hypothèques dotales qui grevaient les immeubles vendus par le sieur demandeur à dame Augustine-Françoise de Monthoux, veuve du sieur Alfred de la Serraz, sa belle-sœur, par acte du 27 juillet 1841, Roissard notaire, a été transportée sur les immeubles acquis par le sieur demandeur, en vertu de l'acte Paverino notaire, et que le 14 octobre dernier, ladite inscription a été radiée au bureau de la conservation des hypothèques de Chambéry, en ce qu'elle grevait les immeubles vendus à dame de Mouthoux par l'acte Roissard notaire;

Attendu que le sieur défendeur ne peut contester les effets de la radiation ci-dessus énoncée, faite en exécution de ladite ordonnance du tribunal de Turin, et que la mise en cause de l'épouse du sieur demandeur serait tout-à-fait inutile dans la présente instance.

De la Charrière, *P.* Jacquemoud, *R.*

---

23 Mars 1843.

SUBHASTATION. — PROCUREUR. — PATENTES. — COMPÉTENCE.

Art. 2338 C. c.

Le procureur du poursuivant qui est à la fois son mandataire spécial, peut signer la requête en sa double qualité.

Il appartient au tribunal de judicature-mage d'autoriser la vente d'une patente de procureur.

Les dispositions de l'art. 2338 du Code civil ne sont pas applicables aux places de procureur dont le revenu est éventuel.

MANGÉ C. CHAPPERON.

Le Sénat : Attendu que la demande faite par spectable Chapperon dans sa requête au juge-majo d'Annecy, conformément à l'art. 99 de l'édit hypothécaire, pour la fixation du jour de la première enchère, comprend implicitement la demande de l'autorisation de faire vendre;

Attendu qu'à teneur du premier alinéa de l'article précité, la requête aux fins de provoquer la vente par subhastation, peut être signée par un mandataire spécial du créancier poursuivant, et qu'aucune loi ne prohibe à un procureur en office de signer ladite requête en sa double qualité, s'il est muni de la part d'un créancier d'un mandat spécial;

Attendu que les conséquences, par rapport à l'appelant, de la vente par voie de subhastation des patentes dont il s'agit, ne sauraient porter aucune atteinte à la juridiction exclusivement réservée aux tribunaux de judicature-mage, en matière de vente d'immeubles, dès que l'autorisation accordée par le Sénat à l'individu porteur d'une patente de procureur d'en exercer l'office, est toujours subordonnée à la condition de la propriété d'icelle ou du droit d'en jouir;

Attendu que le revenu provenant d'une étude de procureur étant éventuel, il n'y a lieu de faire application à l'espèce des dispositions de l'article 2338 du Code civil :

Déclare Martin Mangé non-recevable.

Pettiti, *P. P.* Anselme, *R.*

---

24 Mars 1843.

APPEL. — VALEUR.

On peut réunir deux ou plusieurs chefs de demande, bien que dérivant de titres différents, pour rendre la cause susceptible d'appel [1].

---

[1] Concl. contr., 13 janvier 1843.
V. arrêt conf., 23 décembre 1842 : Tassaro c. Rossi; de Brichanteau, *R.* — 6 mars 1843 : Donal dit Favre c. Faucon dit Biguet; Mareschal, *R.*

FONTAINE ET COMP⁰ C. RAISIN.

LE SÉNAT : Attendu que les deux créances qui ont fait l'objet de la demande d'Alexandre Raisin par - devant le juge-mage de Bonneville, se composant de 400 liv. d'un côté, et de 1,066 liv. 55 cent. de l'autre, avec les intérêts en dérivant, forment, réunies, une valeur excédant 1,200 liv., et susceptible par conséquent de rendre la cause appelable ;

Attendu que quoique ces créances procèdent de deux titres différents, cependant, c'est par la même requête que Raisin en aurait réclamé le paiement ; ce sont les mêmes débiteurs qui auraient été actionnés ; c'est enfin par le même jugement que les frères Fontaine et Comp⁰ auraient été condamnés solidairement à la payer, d'où il suit qu'on ne peut pas disjoindre les deux sommes sus-énoncées et rejeter l'appel sous le prétexte que, prises isolément, ni l'une ni l'autre n'excéderait la somme de 1,200 livres.

A reçu appelant.

PORTIER DU BELLAIR, *P.*   COTTA, *R.*

1er Avril 1843.

CITATION. — ERREUR. — COMPÉTENCE.

L'erreur sur la qualité attribuée à la partie citée est couverte par la comparution volontaire.

Le pourvoi adressé à un juge incompétent ne suspend pas les délais d'appel, à moins que la cause n'ait été portée *ab inferiore ad superiorem.*

DONAT SAUGE C. DIDIER.

LE SÉNAT : Attendu que si Donat Sauge a pu croire, sur la signification de la requête d'introduction d'instance, qu'il était réellement assigné en qualité de fils de Claude Sauge, il a eu la possibilité de relever immédiatement cette erreur lorsqu'il s'est présenté à l'audience du tribunal ;

Attendu que le jugement du 16 janvier 1838, ayant été rendu en son contradictoire, ne pouvait être attaqué en voie d'obreption et subreption par-devant le tribunal qui l'avait prononcé ;

Attendu qu'à supposer que le tribunal lui eût fait grief par la célérité qu'il a mise dans l'expédition de la cause, ce grief ne pouvait être réparé qu'en voie d'appel ;

Attendu qu'en attribuant même à son recours en opposition devant le tribunal de Chambéry l'efficacité d'un recours appellatoire, ce recours n'aurait pu empêcher que ledit jugement n'eût passé en chose jugée, puisque l'erreur dans le choix du for n'est excusable, aux termes de la loi 1re *Digest. de appell. et relationibus,* que lorsque l'appelant s'est pourvu devant une juridiction supérieure à celle du tribunal qui a prononcé, c'est-à-dire lorsque le pourvoi a été régulièrement porté *ab inferiore ad superiorem,* et que le véritable siège d'appel a seul été méconnu ;

Attendu qu'il existe ainsi présentement une fin de non-recevoir insurmontable à l'appel du jugement du 16 janvier 1838, par suite de l'expiration des délais utiles ;

Attendu que le jugement du 16 janvier 1838 étant actuellement inattaquable, il n'y a lieu à admettre l'appel de celui du 1er décembre 1840 ;

Déclare Donat Sauge non - recevable en son appel.

DE LA CHARRIÈRE, *P.*   GIROD, *R.*

---

3 Avril 1843.

PRESCRIPTION. — NULLITÉ. — VENTE SOUS GRACE DE RACHAT. — POSSESSION.

Art. 1595, 1107 C. c. (C. F. ; Q. T.)

La prescription dérivant d'un contrat est régie par la loi en vigueur au moment où le contrat a été passé ; [1]

En conséquence, une vente consentie en 1814, n'a pu être attaquée comme contrat pignoratif après le laps de 10 ans, à compter dès sa date.

La prescription est régie par la loi française et commence à courir dès la date de l'acte passé sous cette loi, bien que le vendeur soit resté en possession des immeubles jusqu'au rétablissement des R. C.

Pour écarter cette prescription, le vendeur ne peut invoquer la maxime *quæ temporalia...,* s'il a abandonné la possession de l'immeuble avant l'intentat de l'action.

PERNAT C. VUARCHEZ.

LE SÉNAT : Attendu que les appelants ayant intenté l'action en nullité de l'acte

---

[1] Voy. ci-devant 23 juillet 1838.

du 3 avril 1814, Perillat notaire, comme renfermant, sous les apparences d'une vente, un contrat pignoratif, et les intimés ayant opposé l'exception de prescription, c'est la loi en vigueur à l'époque de l'acte qui doit servir de règle pour apprécier la recevabilité de l'action intentée ;

Attendu que d'après les dispositions de l'art. 1304 du Code civil français qui régissait, en avril 1814, la province du Faucigny où l'acte dont il s'agit a été passé, l'action en nullité ou en rescision d'une convention durait seulement dix ans ; que, quoique cet article n'ait point fixé le moment précis du commencement de ce délai, il résulte cependant de la contexture dudit article, que le délai dont il s'agit devait commencer au jour du contrat, puisque le législateur, dans tous les cas où il a voulu que le délai commençât à courir dès une autre époque, a eu soin de le déterminer expressément ;

Attendu que cette volonté du législateur résulterait encore de l'art. 1676, qui dispose que la demande en rescision de la vente pour cause de lésion n'est plus recevable après l'expiration de deux années à compter du jour du contrat, disposition qui, par identité de raison, doit s'appliquer à l'action en rescision pour cause de nullité ; puisque la nature des deux prescriptions et la raison de la loi étant les mêmes, il n'y aurait point de motifs pour adopter une interprétation différente ;

Attendu que les demandeurs n'ont intenté leur action en nullité qu'en mai 1841, et que dès le 3 avril 1814 à cette époque, il s'est écoulé un espace de temps plus long que celui qui est établi par l'article précité pour l'accomplissement de la prescription, et qu'ainsi leur action doit être regardée comme périmée ;

Attendu que, pour éviter cette péremption, les demandeurs ne peuvent invoquer la possession qu'a eue leur père de l'immeuble vendu jusqu'à la publication, dans la province du Faucigny, des R. C. qui exigent un temps plus long pour la prescription, soit parce qu'il est de principe aujourd'hui généralement reconnu que les prescriptions commencées sous une législation, sont réglées conformément à cette même législation ; soit parce que dans l'espèce actuelle où il s'agit d'une vente faite par celui qui était maître et propriétaire de l'immeuble vendu, la possession de cet immeuble qu'il en aurait eue après la

vente, ne pourrait empêcher que la prescription ne commençât à courir du jour de la passation de l'acte ; soit enfin parce que le père des demandeurs n'ayant pas effectué le rachat dans le délai accordé par le contrat, il est censé avoir possédé l'immeuble au nom de l'acquéreur qui en était devenu propriétaire incommutable en vertu de l'acte de vente ;

Attendu que c'est en vain que les appelants invoqueraient la maxime suivant laquelle : *quæ temporalia sunt ad agendum, sunt perpetua ad excipiendum*, puisqu'il est constant en fait que l'acquéreur Vuarchez s'est mis en possession de l'immeuble après l'expiration du terme accordé pour le rachat, sans que le vendeur ait fait la moindre opposition ; cette prise de possession de la part de l'acquéreur est censée rétroagir au jour de la vente, et de là la conséquence que les appelants, pour obtenir la réintégrande de l'immeuble ayant dû nécessairement intenter une véritable action, ne peuvent être considérés comme des propriétaires qui possèdent et qui, pour défendre leur possession, se prévalent d'une exception de nullité ; or, la maxime sus-énoncée s'applique exclusivement à ce cas spécial ;

Attendu dès lors que toutes les déduites des appelants sont irrélévatoires ;

Déclare les frères Pierre, Joseph et Jean Pernat non-recevables.

PORTIER DU BELLAIR, *P.* COTTA, *R.*

---

3 Avril 1843.

VENTE. — ACTE SOUS SEING-PRIVÉ. — MANDAT.

Art. 1112, 2032, 2033, 2034 c. c. (D. R.)

L'acte sous seing-privé ayant pour objet des immeubles, est radicalement nul : [1]

Le vendeur qui se prévaut de cette nullité n'est tenu d'aucun dommage envers l'acquéreur.

S'il a donné mandat à l'acquéreur pour revendre ces immeubles, il lui doit, en cas de révocation de mandat, une indemnité pour ses avances, frais et pertes.

En quoi consiste cette indemnité ?

---

[1] Voy. arrêt du 2 décembre 1839 ; les frères Falconnet c. Delesvaux ; Milliet de St-Alban.

DELAMARTINIÈRE C. SIBUET.

LE SÉNAT : Attendu qu'il ne résulte ni des expressions employées dans l'écrit privé du 23 décembre 1837, ni des clauses qu'il renferme que les parties aient entendu faire un acte de location d'œuvre ; que l'on voit, au contraire, que l'intimé a voulu vendre et les appelants acheter pour 13,280 liv. les immeubles désignés dans la procuration du 15 même mois, Cornuty notaire, et que la forme donnée à ces conventions n'a eu pour but que d'éviter aux appelants des frais d'insinuation, qui auraient été à leur charge ;

Attendu que, si les appelants peuvent reprocher à l'intimé un défaut de délicatesse et de loyauté dans l'exécution des engagements qu'il a consentis, celui-ci est cependant fondé en droit à se prévaloir de la nullité dudit écrit privé, à raison de ce qu'il aurait dû être rédigé en acte authentique à teneur des dispositions contenues dans le chap. 4, tit. 22, liv. 3 des R. C. ;

Attendu que la sentence rendue le 28 juin 1839 par le tribunal d'Albertville, qui a acquis l'autorité de la chose jugée, a prononcé implicitement la nullité dudit écrit privé, en ne réservant aux appelants que l'action dérivant du mandat pour être indemnisés des avances, frais et pertes qu'ils auraient pu faire à l'occasion et pour l'exécution du mandat par eux accepté, ce qui comprend :

1° Les frais occasionnés par l'exécution du mandat, non-seulement pour les immeubles qu'ils ont vendus, mais encore pour ceux dont ils avaient acheminé la vente (L. 11, Cod. mandati.) ;

2° Le remboursement des avances qu'ils auraient faites pour le même objet ;

3° Les intérêts de ces avances à dater du jour où elles ont été faites (Cod. Fab. déf. 20 et 26 de usuris et mora.) ;

4° Enfin, les pertes qu'ils auraient essuyées à raison de leur gestion (L. 20 et 27, § 4 et 56, § 4 Digest. mandati.) ;

Attendu que pour évaluer les pertes résultant du mandat, on ne doit point prendre en considération les bénéfices que les appelants auraient réalisés si la convention du 23 décembre 1837 eût été valide, ni ceux qu'ils auraient pu faire en employant leur temps ailleurs ; car ce n'est pas l'exécution du mandat en lui-même, dont la nature est d'être gratuit, qui leur a causé cette perte :

Déclare Delamartinière et Odru non-recevables.

DE LA CHARRIÈRE, P. JACQUEMOUD, R.

———

8 Avril 1843.

VENTE. — ÉPINGLES. — PREUVE.

Art. 1151, 2026 C. c. (R. C.)

Sous les R. C., la preuve testimoniale était inadmissible outre le contenu aux actes publics ; cependant on était admis à établir par tout genre de preuve et même par témoins que, dans une vente d'immeubles, il avait été stipulé et livré à titre d'épingles une somme en sus du prix porté dans l'acte.

Le propriétaire de l'immeuble est fondé à réclamer cette somme à son mandataire qui l'aurait reçue en négociant la vente.

DAME MARENGO C. PERINETTI.

La dame Marengo avait articulé des faits pour établir que, en négociant la vente du domaine de Méry, dont elle était copropriétaire pour une moitié, le sieur Perinetti avait reçu, à titre d'épingles, une somme non portée dans le contrat de vente ; ces faits étaient rédigés comme suit :

1° Que spectable Perinetti a négocié la vente du domaine de Méry, qu'il en a réglé le prix avec dame de Villette, soit avec ses agents ;

2° Qu'à l'occasion de cette vente, il a reçu de dame de Villette, ou de ses agents, en correspectif de ladite vente, soit à titre d'épingles, soit pour éviter les frais d'insinuation, une somme considérable en sus des 28,000 liv. portées dans le contrat de vente ;

3° Que la somme qu'il a reçue en sus du prix énoncé dans l'acte est de 2,000 liv. et plus ;

Sur quoi, LE SÉNAT :

Attendu qu'en vertu du testament de Jacques-François Maigrat, du 8 octobre 1826, Richard notaire, l'appelante est devenue copropriétaire pour une moitié du domaine situé à Méry, vendu à dame de Villette par acte du 9 août 1831, Mareschal notaire, et qu'elle a droit par conséquent dans la même proportion à la somme que celle-ci en aurait donnée en correspectif à titre d'épingles ou en augmentation du prix énoncé dans l'acte ;

Attendu que les faits articulés par l'appelante tendent à établir que spectable Peri-

— 174 —

netti, qui a figuré dans cet acte en qualité de mandataire de Louise Gardelini, sa femme, copropriétaire dudit domaine, en aurait négocié la vente et arrêté le prix avec dame de Villette ou ses agents, et qu'il en aurait reçu pour épingles ou en augmentation du prix énoncé dans l'acte, une somme considérable dont il n'aurait pas tenu compte à l'appelante ;

Attendu que ces faits sont suffisamment circonstanciés ; qu'ils sont relatifs à des particularités auxquelles l'appelante et son mandataire seraient étrangers, qui se seraient passés hors de la présence du notaire et des témoins, et dont il n'est pas fait mention dans l'acte Mareschal notaire ; que la preuve desdits faits fonderait en faveur de l'appelante les extrêmes d'une action de dol contre spectable Perinetti pour la restitution de la moitié de la somme dont il s'agit, et que cette preuve est admissible d'après les lois et la jurisprudence en vigueur à l'époque du contrat :

Admet en preuve les faits articulés, avec faculté aux mariés Perinetti d'en soutenir en matière contraire.

De la Charrière, *P.* Jacquemoud, *R.*

---

8 Avril 1843.

AUTORISATION MARITALE. — CONTUMACE.

Art. 134 C. c.

La contumace du mari cité pour autoriser sa femme en jugement, équivaut à un refus d'autorisation ;

Le Sénat accorde l'autorisation à la femme défenderesse, si la cause est pendante pardevant lui.

PERROT C. LES ÉPOUX GONON ET PERRIER.

Le Sénat : Attendu que Jean-Baptiste Perrier, par suite de sa contumace, est censé s'être refusé à autoriser sa femme Jeanne Gonon à ester en jugement ;

Attendu qu'il ne peut être au pouvoir dudit Perrier, par suite de son refus d'autoriser sa femme, de paralyser les poursuites d'Antoine Perrot contre celle-ci :

..... Autorise Jeanne Gonon, femme Perrier, à ester en jugement.

PETTITI, *P. P.* ANSELME, *R.*

10 Avril 1843.

TUTELLE. — MÈRE.

Art. 252, 280 C. c.

La mère qui intente une action au nom de ses enfants mineurs, doit justifier qu'elle s'est conformée aux prescriptions de la loi pour exercer la tutelle : à défaut de fournir cette justification, le jugement n'est pas fondé de sa part.

Vᵉ LAMBERT C. LES CONS. ALBRIEUX ET BRUNET.

Le Sénat : Attendu que la veuve Lambert n'ayant pas justifié de s'être conformée aux prescriptions de la loi pour l'exercice de la tutelle, le jugement n'est pas fondé de sa part..... :

Ordonne que la veuve Lambert fondera légitimement jugement.

PETTITI, *P. P.* MARESCHAL, *R.*

---

11 Avril 1843.

ENQUÊTE. — DÉLAI. — JUGE-COMMISSAIRE.

Le délai de 30 jours, pour faire procéder à enquête sur des faits admis à preuve, ne commence à courir que du jour où, sur réquisition de l'une des parties, le rapporteur de la cause a enjoint à l'autre de faire procéder à son enquête.

Lorsque le recours au juge-commissaire, pour la fixation du jour où les témoins devront être entendus, a eu lieu dans les 30 jours fixés par la loi, on n'encourt aucune déchéance, bien que le juge-commissaire fixe un terme plus éloigné pour l'audition des témoins.

RIEUX ET AUTRES C. LA COMMUNE DE MARGENCEL.

Le Sénat : Attendu que la loi accorde un délai de 30 jours pour faire enquêter sur les faits qui ont été admis ;

Attendu que, d'après la jurisprudence depuis longtemps consacrée par le Sénat, ce délai ne commence à courir pour chacune des parties que du jour où, sur la réquisition de l'une d'elles, le rapporteur a enjoint à l'autre de faire procéder à son enquête, si l'ordonnance du rapporteur a été rendue en contradictoire du procureur de

---

¹ Arrêt conf., 16 décembre 1839 : ci-devant.

cette dernière, ou du jour où cette ordonnance a été notifiée au procureur défaillant, si elle a été rendue sur son défaut ;

Attendu que l'ordonnance du rapporteur a été, dans la cause, rendue le 5 décembre 1841 et notifiée le 17 ; que les appelants se sont pourvus à lui le 5 janvier suivant pour qu'il fixât le jour où il entendrait les témoins ; que dès lors, leur recours a eu lieu en temps utile ;

Attendu que si le rapporteur, par des motifs qu'il doit seul apprécier, a renvoyé l'enquête à une époque postérieure au délai fixé par la loi, les appelants ne peuvent être responsables de ce fait auquel ils sont complètement étrangers ; qu'en jugeant, comme l'a fait le tribunal de Thonon, on donnerait au rapporteur le droit d'annuler, quand bon lui semblerait, le résultat d'une enquête, ce qui serait contraire aux règles de la justice ;

Attendu que si, dans le principe, les intimés ont pu de bonne foi soutenir le jugement rendu en leur faveur, ils ont cessé d'avoir cette excuse dès les conclusions du ministère public qui leur a refusé l'autorisation de plaider, en se fondant sur les considérations ci-dessus développées ;

Attendu, dans cet état de choses, que l'offre par eux faite de renoncer au bénéfice de ce jugement, n'aurait été suffisante qu'autant qu'ils auraient offert aussi les dépens faits depuis lesdites conclusions :

Par ces motifs, déclare les demandeurs être admissibles à faire procéder à enquête sur les faits par eux articulés et admis en preuve.

De la Charrière, P.
De Brichanteau, R.

----

24 Avril 1843.

HOIRIE JACENTE. — CURATEUR. — DÉCRET. — COMPÉTENCE.

Art. 1033 C. c.

Un simple décret ne préjuge rien sur la compétence du tribunal duquel il émane.

Le tribunal de judicature-mage est seul compétent pour nommer un curateur à une hoirie jacente.

Eustache c. M° Bebert, curateur.

Le Sénat : Attendu qu'un simple décret, surtout lorsqu'il est rendu *inaudità parte*,

ne décide pas irrévocablement la question de compétence ;

Attendu que le curateur à la succession jacente de Perrotin aurait dû être nommé par le tribunal de judicature-mage, en conformité de l'art. 1033 du Code civil :

Par ces motifs, le Sénat se déclare incompétent et renvoie le demandeur à se pourvoir ailleurs.

De la Charrière, P.   Seitier, R.

----

28 Avril 1843.

LÉGITIMAIRE. — DETTE D'HOIRIE.

Art. 1031 C. c.

Les dispositions de l'art. 1031 du Cod. civil ne sont pas applicables à une demande en légitime ;

En conséquence, le légitimaire qui est en même temps créancier de l'hoirie à d'autres titres, peut toujours exiger sa créance sans attendre la composition de la masse héréditaire et la fixation de sa légitime.

Jacquier c. les sœurs Jacquier.

Le Sénat : Attendu que l'action intentée par les intimées n'est point une action en partage, et que dès lors, l'article 1031 du Code civil ne leur est point applicable ;

Attendu que pour évaluer la légitime à laquelle les intimées ont été réduites par leur père, il faut prélever avant tout les dettes de son hoirie, et que si l'actif de la succession était absorbé par le passif, elles n'auraient aucune légitime à demander ;

Attendu en conséquence que l'appelant ne peut pas mieux refuser aux intimées qu'à tout autre créancier, le paiement de ce qui leur est dû par l'hoirie de Jacques Jacquier, pour des causes différentes de leurs droits légitimaires dont elles ne forment pas demande actuellement :

Déclare Claude Jacquier non-recevable en son appel.

De la Charrière, P.   Jacquemoud, R.

----

29 Avril 1843.

SUCCESSION. — EXCLUSION. — FILLE. — DOT CONGRUE. — LÉSION.

Art. 616, 1110 C. c. (R. C.)

La fille dotée et mariée convenablement sous l'empire du Code civil français, n'est point exclue de la succession de son père décédé depuis le rétablissement des R. C. [1]

La dot congrue n'est pas calculée sur le pied de la légitime, mais doit l'être en ayant égard à la fois à la qualité de la famille, à l'usage des lieux et à la valeur de l'hoirie.

Le traité portant renonciation à une succession ouverte, au moyen d'une dot, est sujet à rescision pour cause de lésion.

CLAUDE COTTAREL C. LES SŒURS COTTAREL.

Félix Cottarel, auteur commun des parties, meurt *ab intestat* en 1830, laissant six filles et un fils.

En décembre de la même année, trois des sœurs Cottarel actionnent leur frère pour faire fixer leur dot congrue ; cette instance ne reçoit pas de solution.

Par contrat du 29 septembre 1831 et 13 septembre 1832, les trois sœurs Cottarel ainsi que Françoise, qui n'avait pas été partie au procès, règlent avec leur frère le montant de leur dot congrue, tant dans l'hoirie de leur père que dans celle de leur mère encore vivante ; cette dernière intervient à l'acte et y donne son consentement.

En 1839, les sœurs Cottarel font de nouveau citer leur frère et demandent la rescision des actes de 1831 et 1832, comme lésifs et entachés de dol ; elles disent que leur frère leur a caché les forces de l'hoirie, et articulent des faits de lésion.

Cottarel répond que ses sœurs ont traité en pleine connaissance de cause, que bien que mariées sous les lois françaises, elles n'ont droit qu'à une dot congrue, et que sous ce rapport la lésion n'est pas admissible ; parce que la dot étant de sa nature essentiellement variable et arbitraire, on manque de termes moyens pour apprécier la lésion.

Le tribunal de Chambéry ayant admis les faits, Cottarel en appelle au Sénat, qui prononce en ces termes :

LE SÉNAT : Attendu que les sœurs Cottarel ont contracté mariage sous le régime du Code civil français ; que l'une d'elles, Françoise, n'a rien reçu à titre de dot, et que les sommes promises et constituées aux trois autres par les actes des 16 avril 1807, 24 janvier 1808 et 22 juin 1809, ne l'ont été

qu'en avancement de dot, et à tant moins et à bon compte des droits qu'elles pourraient espérer sur les hoiries de leur père et de leur mère ;

Attendu que Félix Cottarel, père commun des parties, étant décédé sous l'empire des R. C., ce sont ces lois qui doivent régir les droits sur sa succession qui s'est ouverte sous leur empire, d'où il suit que les sœurs Cottarel, d'après la lettre et l'esprit des §§ 1er et 2me, liv. 8, tit. 7 des mêmes Constitutions, peuvent être exclues de la succession de leur père, au moyen du payement d'une dot congrue sous l'imputation des sommes à elles promises respectivement ou payées ;

Attendu que la congruité de cette dot, aux termes du § 6 du même titre, doit être fixée soit d'après la qualité de la famille et l'usage des lieux, soit et plus particulièrement d'après la valeur de l'hoirie sur laquelle la dot doit être prise, et que si quelquefois, pour la déterminer, on a eu égard au montant de la légitime, il n'a jamais été admis en principe qu'on dût toujours prendre la légitime pour base ;

Attendu, cela posé, que trois des sœurs Cottarel n'ayant pas regardé comme suffisantes pour former leur dot congrue, les sommes à elles promises et constituées par les actes sus-énoncés, elles ont pu valablement agir contre leur frère pour la fixation de cette dot ;

Attendu que ce même droit compétait à plus forte raison à Françoise, qui n'avait rien reçu de son père, lors de son mariage ;

Attendu que, quoique par les actes des 29 septembre 1831 et 13 décembre 1832, Frandin notaire, on ait entendu satisfaire aux droits des intimées, cependant si, malgré les paiements faits à ces dernières par leur frère, ensuite de ces actes, elles sont à même d'établir que, dans la fixation de la dot congrue à elles afférente, il est intervenu une lésion propre à faire rescinder ces contrats, quel que soit le nom qu'on veuille leur donner, quelle que soit la nature des renonciations faites en iceux et l'étendue des clauses, il ne peut y avoir obstacle à l'exercice de l'action en rescision intentée ;

Attendu, à cet effet, que si, d'un côté, on considère ces actes comme des pactes de famille ayant eu pour objet de régler amiablement le montant de la dot dont il s'agit, la jurisprudence en vigueur à l'époque de leur passation attestée par le président Favre, dans les définitions 14, 15, 18 et 25 *De inofficioso testamento*, ne laisse aucun

---

[1] Concl. conf. : 15 janvier 1813.
Arrêt conf., 23 juillet 1841 : Bastian c. dame Jacquier ; Seitier, R. — 27 juin 1841, Michoud c. Jacquet ; Millet de St-Alban, R.

doute qu'ils puissent être rescindés pour cause de lésion ;

Que, d'autre part, si l'on considère ces mêmes actes comme de véritables transactions sur des procès nés et à naître, comme ils n'ont pas été revêtus des formalités prescrites par le § 2, tit. 20, liv. 5 des R. C., les contrats qu'ils renferment sont, ainsi que toute autre convention, passibles de l'action en rescision pour cause de lésion ;

Attendu que, pour soustraire ces contrats à l'action dont il s'agit et pour les faire regarder comme aléatoires, l'appelant ne pourrait utilement invoquer la clause y insérée *à périls et risques* ; puisque, étant, en vertu du droit d'agnation, unique héritier de son père, il se trouvait déjà en cette qualité soumis à toutes les chances de l'hoirie par lui acceptée purement et simplement, d'où il suit que les traités faits avec ses sœurs sur le montant d'une dot congrue, quoique stipulés à périls et risques, n'ont pas pu augmenter la responsabilité et les dangers dudit Cottarel ;

Attendu que, si d'après les considérations qui précèdent, on doit inférer que l'action intentée par les sœurs Cottarel est fondée en droit, il est cependant nécessaire, pour apprécier la portée et la pertinence des faits par elles déduits, de connaître, avant tout, la consistance et la valeur de l'hoirie délaissée par le père Cottarel, et par conséquent de procéder à composition de masse :

Ordonne que le défendeur contredira le rôle des immeubles et donnera la note du mobilier.

Portier du Bellair, P.
Milliet de St-Alban, R.

1er Mai 1843.

VENTE. — PRIX STIPULÉ. — SURENCHÈRE. — CESSIONNAIRE.

Art. 2508 C. c. (E. R.)

Le prix de l'immeuble est irrévocablement fixé entre le vendeur et l'acquéreur par l'acte de vente ; en conséquence, l'augmentation de prix résultant de la surenchère ne saurait jamais profiter au vendeur. [1]

Le cessionnaire du vendeur n'a pas plus de droits que son auteur ; en conséquence, il ne peut ni pro-

---

[1] Concl. conf., 31 mars 1842.

fiter du prix de la surenchère, ni se porter lui-même surenchérisseur, ni se faire subroger aux poursuites en cas de négligence ou de collusion du créancier qui a requis la mise aux enchères.

SORDET C. BLANC-DREVET ET AUTRES.

LE SÉNAT : Attendu que le correspectif de la transmission du domaine se trouvant définitivement fixé par le contrat de vente entre l'acquéreur et le vendeur, celui-ci ne peut profiter de l'accroissement du prix de la surenchère ; que ce prix doit être payé entre les mains des créanciers du vendeur, à la charge par ce dernier d'indemniser l'acquéreur dépossédé, et entre les mains de l'acquéreur pour le montant de la somme qui resterait après que les créanciers auraient été désintéressés ;

Attendu que Sordet, n'ayant justifié d'autre qualité que de celle de cessionnaire du privilége du vendeur afférent à Chovet, doit être considéré comme étant au lieu et place dudit Chovet pour le montant de sa créance, et ne pourrait, pas mieux que son auteur, profiter du bon fourni par la surenchère ;

Attendu qu'il est ainsi sans intérêt à appeler du jugement du 1er mars 1839 et à soutenir l'efficacité de la surenchère mise par Bellemin, laquelle d'ailleurs, n'ayant pas été notifiée aux créanciers, n'était pas devenue irrévocable aux termes de l'art. 81 de l'édit du 16 juillet 1822 ;

Attendu, d'autre part, qu'en sa qualité de cessionnaire et de représentant du vendeur, tenu à garantir l'acquéreur de l'éviction, il ne pourrait avoir le droit de se porter surenchérisseur, aux termes de l'article 73 de l'édit sus énoncé, ni conséquemment de se faire subroger aux poursuites, conformément à la disposition de l'art. 81 :

.....Déclare Joseph-Marie Sordet non-recevable.

De la Charrière, P. Girod, R.

---

2 Mai 1843.

APPEL. — VALEUR. — IMPUTATIONS.

Lorsque sur une demande excédant 1,200 liv., on offre dans la requête des imputations qui réduisent la somme, ce n'est plus que la somme restante, déduction faite des imputations offertes, qui doit être prise en considération pour fixer la valeur de la cause :

Il en est de même lorsque les imputations ont été convenues, dans le cours de l'instance, avant le jugement. [1]

GAYDON, FEMME BERGER, C. ROSSET.

LE SÉNAT : Attendu que, en matière de sommes d'argent, la valeur de la cause ne peut être que le montant des sommes qui ont formé l'objet de la demande portée à jugement, y compris les accessoires légitimes, et qu'en effet, quelle qu'ait été la partie qui a succombé et qui appelle, là seulement se trouve nécessairement la mesure de son intérêt, comme de celui de l'intimé ;

Que, d'après ce principe, lorsque, dans la requête introductive de l'instance, le demandeur a offert des imputations déterminées sur la somme primitive de la créance, ce n'est plus le chiffre de celle-ci qui sert de règle pour la valeur de l'appel, mais celui qui reste, déduction faite des sommes imputées, et cela, par le motif tout simple que personne n'est censé demander *quod intùs habet*, et qu'il n'y a eu en réalité ni contestation, ni jugement à cet égard ;

Que les mêmes raisons doivent amener la même décision, dans le cas où les imputations ont été consenties par le demandeur, avant que la cause ait été portée à jugement, puisque la demande ainsi que la contestation ont cessé dès lors pour cette partie :

..... Déclare l'appelant non-recevable en son appel.

DE LA CHARRIÈRE, *P.* D'ARCOLLIÈRES, *R.*

---

6 Mai 1843.

TIERS-DÉTENTEUR. — OPPOSITION. — COMPÉTENCE.

L'opposition qu'un tiers-détenteur veut former à un commandement même décerné par le Sénat, doit être portée au tribunal de judicature-mage de la situation des biens.

RUFFIER-MONNET C. RUFFIER.

LE SÉNAT : Attendu que les juridictions étant d'ordre public, le magistrat doit d'office examiner s'il est compétent pour statuer

[1] Arrêt conf., 8 février 1843, ci-devant.

sur la cause que les parties ont soumise à sa décision ;

Attendu qu'en s'opposant au commandement décerné contre eux le 31 octobre 1840, les demandeurs ne contestent ni le titre, ni la légitimité de la créance de la défenderesse, qu'ils se bornent à exciper d'un défaut d'hypothèque en sa faveur sur les immeubles par eux détenus, et subsidiairement d'un défaut de discussion de fonds encore possédés par le débiteur Renaud ;

Que, dès lors, aux termes de l'art. 94 de l'édit hypothécaire, c'est par-devant le tribunal du lieu où les biens sont situés que les parties doivent agir :

LE SÉNAT renvoie les parties à faire leurs instances par-devant le tribunal de Tarentaise.

PORTIER DU BELLAIR, *P.* DE JUGE, *R.*

---

8 Mai 1843.

APPEL. — DÉLAI. — INTIMATION. — PROCUREUR. — FÉRIES. — INDIVISIBILITÉ.

La notification d'une sentence doit être faite à la partie ; celle qui ne serait faite qu'au procureur *ad lites* ne ferait pas courir les délais d'appel.

Depuis l'édit du 13 avril 1842, les délais d'appel courent et tombent pendant les féries.

Lorsque le jugement statue sur une question indivisible, l'appel régulier de l'une des parties profite aux autres.

DONNET ET CANTON C. CLERC.

LE SÉNAT : Attendu, quant à Canton, l'un des appelants, que le jugement dont est appel ne lui a pas été intimé suivant le vœu de l'art. 1er de l'édit du 13 avril 1842, combiné avec les dispositions des R. P. du 30 juillet suivant, et que la notification faite à son procureur constitué en première instance n'a pu suppléer à une formalité formellement exigée, tant qu'il n'a pas été établi que celui-ci avait des pouvoirs suffisants, soit pour recevoir cette notification, soit pour mettre appel ; qu'ainsi aucun délai fatal n'a pu courir au préjudice de l'appelant ;

Attendu, quant à Donnet, que l'art. 2 de l'édit précité, en fixant le délai d'appel, n'a fait aucune distinction pour le temps qui court pendant les féries ; que le terme de

80 jours a été énoncé d'une manière générale et absolue pour les appels au Sénat ; que le législateur, en refusant toute restitution en temps à la partie qui ne se sera pas conformée aux règles qu'il trace, a voulu faire cesser l'ancien état de la législation et de la jurisprudence ; qu'en conséquence on ne peut créer des exceptions qu'il n'a pas exprimées ;

Attendu que, cela posé, l'intimation du jugement ayant été faite en personne audit Donnet, par exploit du 12 août 1842, et la requête en relief n'ayant été présentée que le 16 novembre suivant, il est évident que l'appel n'était plus recevable de son chef ;

Attendu cependant que ce jugement a statué sur une exception indivisible et commune aux deux parties ayant pour objet de repousser la demande dirigée par l'intimé ; que sous ce rapport l'appel de l'un devrait profiter à l'autre :

Déclare les appelants non - recevables (pour des motifs puisés dans le fond de la cause).

PORTIER DU BELLAIR, P. MONOD, R.

---

16 Mai 1843.

VENTE. — DROITS SUCCESSIFS. — LÉSION.

Art. 1110, 1114 C. c. (R. C.)

Sous l'empire des R. C., la vente de droits successifs n'était pas sujette à rescision pour cause de lésion, à moins qu'il n'y eût fraude de la part de l'acheteur. [1]

LAGNIER c. BARBARIN.

LE SÉNAT : Attendu qu'au moment où l'acte impugné a été passé, il était de jurisprudence qu'une vente de droits successifs faite à périls et risques n'était pas rescindable, uniquement pour cause de lésion même énormissime ; mais qu'il fallait que l'acquéreur eût caché les forces et l'état de l'hoirie au vendeur qui, de son côté, les aurait ignorés lui-même, en un mot, qu'il y eut fraude de la part de celui qui s'attirait une pareille vente ;

Attendu qu'à l'époque de la cession du 15 janvier 1820, les hoiries qui en ont formé l'objet étaient ouvertes depuis de

longues années, au su de Jeanne Passaguay, mère des intimés, laquelle n'avait pas quitté la maison commune, et que déjà même, par acte du 18 janvier 1816, celle-ci avait acquis conjointement avec l'appelant les droits de Louis Lagnier, leur frère, dans la succession dont il s'agit, d'où il suit que ladite Passaguay doit être censée n'avoir pu ignorer les forces et l'état des hoiries qui ont fait le mérite de l'acte impugné ;

Attendu que les intimés n'ont allégué, de la part de l'appelant, aucune manœuvre frauduleuse pour obtenir la cession dont il s'agit ; que dès lors, le dol ne se présumant pas, on doit considérer l'acte énoncé comme émané de la libre volonté de la cédante, qui d'ailleurs ne s'en est jamais plaint pendant sa vie, et l'a, au contraire, exécuté en recevant le prix convenu ;

Attendu qu'il importe peu que les parties aient déclaré dans l'acte que les hoiries n'étaient soumises à aucune dette connue, l'appelant n'en restait pas moins soumis aux charges qui pouvaient se découvrir par la suite, et ce sont les risques de cette incertitude que ladite Passaguay est présumée n'avoir pas voulu courir, risques qui, ne pouvant être appréciés au moment de l'acte, doivent rendre inadmissible le fait de lésion soutenu par les intimés ;

Attendu que la cause est d'une valeur suffisante pour la rendre susceptible d'appel, et que Théodore Lagnier est dans le délai voulu pour appeler :

LE SÉNAT déboute Barbarin des conclusions prises en nullité de l'acte de cession de 1820.

PORTIER DU BELLAIR, P. DE JUGE, R.

---

20 Mai 1843.

VENTE. — DONATION DÉGUISÉE. — SIMULATION. — NULLITÉ.

Art. 1131, 1134 C. c. (R. C.)

La donation déguisée sous les apparences d'un contrat de vente est nulle, lorsqu'elle émane d'une personne incapable de donner, ou qui n'aurait pu le faire qu'en observant certaines formalités.

Ainsi, est nulle la donation déguisée sous le nom d'une vente, faite par une femme sans les formalités prescrites par la loi.

Indices de simulation. [1]

---

[1] Arrêt conf., 22 mars 1844 : Bavuz c. Ract ; de Montbel, R. — 3 juin 1844, Muffaz c. Dumont ; Monod, R.

[1] Concl. conf., 21 janvier 1843.

FANTIN C. FANTIN.

LE SÉNAT : Attendu que l'acte du 19 mai 1829, Tronel notaire, par lequel les appelants prétendent avoir acquis de leur mère la généralité de ses avoirs, ne renferme pas un correspectif réel, un prix certain, mais seulement une obligation de payer les dettes et de fournir des aliments, ce que la loi impose déjà à tout héritier ou donataire universel;

Attendu que la nature de cette stipulation, la qualité des personnes, l'absence de tout motif urgent de vendre, l'âge avancé de la venderesse, le décès récent de son mari, les libéralités contenues dans son testament du 17 mars 1828, où sont rappelées celles faites à Jean-Baptiste Fantin, l'un des appelants, dans son contrat de mariage du 10 février 1823, les énonciations insérées dans les actes passés avec Rémy Fantin les 9 juillet 1828 et 28 février 1829, pour établir qu'ils payaient de leurs deniers propres, forment autant d'indices que ledit acte du 19 mai 1829 n'a été qu'une donation déguisée sous le nom de vente, et imaginée pour assurer irrévocablement aux appelants la succession maternelle, ce que ceux-ci ont implicitement reconnu par leur écriture fournie en première instance le 27 novembre 1841;

Attendu que les faits qu'ils avaient articulés étaient irrélévatoires, parce qu'ils n'ont pas cessé la cohabitation dans la maison paternelle, et que d'ailleurs il n'en serait pas résulté la preuve qu'à l'époque du 19 mai 1829 et antérieurement ils eussent déjà acquis les fonds nécessaires pour les paiements qu'ils allèguent avoir faits de leurs deniers, d'où il suit que ce qu'ils ont déclaré dans les deux contrats passés avec Rémy Fantin, ne peut obster à la demande actuelle et encore moins à Marguerite Alex, qui n'était pas partie contractante;

Attendu que, pour apprécier le mérite dudit acte de vente, il n'était pas nécessaire de connaître la valeur des biens cédés comparée aux charges imposées, puisque la simulation résultait suffisamment de la combinaison des clauses qu'il renferme et des circonstances qui l'ont précédé; que, sous ce rapport, le tribunal n'a pas fait grief aux appelants, en énonçant que le prix stipulé ne paraissait pas en rapport avec la valeur réelle des biens;

Attendu que cette simulation ayant eu pour but d'éluder les dispositions des R. C. qui prohibent aux femmes de faire des donations sans l'accomplissement des formalités prescrites, ne peut se soutenir même pour la portion disponible, parce que la prohibition tombe sur la capacité de la personne, sauf aux appelants à faire valoir les paiements qu'ils pourraient avoir faits, ainsi qu'ils aviseront;

Attendu qu'aucune fin de non-recevoir n'obste à l'appel :

En recevant appelant, déclare avoir été bien jugé, et condamne l'appelant à l'amende et aux dépens.

PORTIER DU BELLAIR, P. MONOD, R.

---

26 Mai 1848.

DOT. — PÈRE. — CAUTIONNEMENT.

Art. 1303, 2009 C. c. (C. F.)

Le père qui a paru au contrat de mariage de son fils, sans retirer la dot, n'est tenu que comme simple caution.

En conséquence, l'obligation de restituer la dot ne doit être considérée comme une dette du père, et portée au passif de son hoirie qu'autant qu'on établirait que c'est lui qui a retiré le montant de la dot.

Si le fils, débiteur principal, est en déconfiture, le père, comme toute autre caution, peut agir même avant d'avoir payé la dot, pour être relevé de son cautionnement.

DUPENLOUP C. DUPENLOUP.

LE SÉNAT : Attendu que l'appelant n'a pas établi que les avoirs dotaux de ladite Marie-Françoise Bouvard aient été, en tout ou en partie, exigés par Pierre Dupenloup, son père;

Attendu que si l'appelant avait exigé ou reçu lui-même la dot de sa femme, il serait infailliblement sujet à l'action récursoire, dans le cas où des poursuites seraient dirigées contre l'héritier de Pierre Dupenloup, à raison de l'obligation solidaire consentie par ce dernier, dans le contrat du 11 avril 1806;

Attendu que l'obligation de représenter les droits dotaux de Marie-Françoise Bouvard, devant ainsi tomber en définitive à la charge du mari, qui en serait le véritable débiteur, ne ferait pas partie du passif dont l'acquittement est imposé à l'héritier;

Attendu, d'autre part, que d'après l'art.

2032 du Code civil français, sous l'empire duquel le contrat de mariage dont il s'agit a été passé, ainsi qu'aux termes de l'art. 2069 de notre Code civil, la caution, avant qu'elle ait payé la dette, peut agir, pour sa garantie, contre le débiteur tombé en déconfiture ;

Attendu qu'il importe ainsi de connaître quel était l'état de la fortune de Jean-Marie Dupenloup à l'époque du séquestre du 4 août 1841, et quelle serait encore aujourd'hui sa responsabilité ;

Attendu que les documents résultant des pièces du procès et les contredits des parties seraient insuffisants, surtout ensuite des productions récemment faites en l'écriture du 2 mai courant ;

Attendu qu'il serait ainsi le cas d'acheminer les parties à déduire plus amplement sur les garanties existantes au profit d'Etienne Dupenloup, en cas de poursuites pour les reprises dotales de Marie-Françoise Bouvard, sa belle-sœur :

Par ces motifs, le Sénat ordonne que les parties procéderont ultérieurement.

DE LA CHARRIÈRE, *P.*   GIROD, *R.*

---

27 Mai 1843.

APPEL. — CHOSE JUGÉE. — MOYENS NOUVEAUX.

Le jugement qui déboute une partie de ses conclusions en nullité contre un acte, fondées sur le défaut de capacité des parties contractantes, ne fait point obstacle à ce que la même partie n'attaque ensuite cet acte, soit en nullité pour cause de dol, soit en lésion.

BRUN C. BRUN.

Claude-François Brun, par acte du 1er octobre 1821, vend à son fils, révérend Jean-Louis, la généralité de tous ses biens ; ce dernier s'engage, pour correspectif, à payer toutes les dettes de son père, et en outre, à le loger et à l'entretenir sa vie durant.

Après la mort de leur père, Germain et Agathe Brun, frère et sœur de l'acheteur, attaquent la vente du 1er octobre 1821. Ils disent qu'elle est nulle, comme passée entre un père et son fils, sous puissance paternelle, qu'elle n'a pas de correspectif, qu'elle est le fruit du dol et de la captation, et subsidiairement, ils la disent entachée de lésion énormissime, ou au moins énorme.

La contestation s'étant portée principalement sur le premier moyen, le tribunal, par jugement du 8 avril 1840, déboute les demandeurs de leurs conclusions, en se fondant sur ce que le fils est considéré comme père de famille en ce qui touche son pécule *quasi castrense.*

Appel au Sénat. Les demandeurs font valoir, entr'autres griefs, que le tribunal n'aurait pas dû les débouter, plusieurs de leurs moyens n'ayant pas été débattus dans l'instance.

LE SÉNAT : Attendu que le jugement dont il s'agit n'a statué que sur la capacité de Rd Brun pour contracter avec son père la vente attaquée ; que les faits soutenus par les appelants n'ont été appréciés par le tribunal que relativement à ladite capacité ; que dès lors toute voie légale reste ouverte aux appelants contre l'acte en question :

En adoptant les motifs donnés par le 1er jugement, déclare les appelants non-recevables.

PORTIER DU BELLAIR, *P.*   DE JUGE, *R.*

---

2 Juin 1843.

APPEL. — INTERJECTION. — PROCUREUR. — INDIVISIBILITÉ.

L'acte par lequel le procureur *ad lites* interjette appel d'un jugement non encore signifié à sa partie, n'est pas suffisant pour faire courir les délais. [1]

L'appel de l'une des parties profite aux autres, lorsque la cause a pour toutes le même objet et le même but. [2]

VAUDEY ET RONQUE C. DONNET.

LE SÉNAT : Attendu, sur la fin de non-recevoir, que l'appel n'a été interjeté que par le procureur Vaudey ; que le jugement dont est appel n'a été intimé à Jean-Baptiste

[1] V. concl. du 11 mars 1843. Arrêt conf., 6 mars 1813 : Lacroix c. Parenthoux ; de Montbel, R. — 1er juillet 1813 : Coudrey-Jaccoux c. Lavoex ; de Brichanteau, R. — 10 janvier 1814 : Hotelier c. Forestier ; de Brichanteau, R. — 27 mars 1811 : Dorange-Patoret c. Saddier ; de Montbel, R. — 2 avril 1811 : Bouvard c. Vulpillière ; Monod, R. — 2 décembre 1811 : Pecherand-Mollex c. Glatron-Croissonier ; Colta, R. — 5 août 1815 : Bel c. Bel ; Milliet de St-Alban, R.

[2] Arrêt conf., 2 décembre 1839 : Falconnet c. Delesvaux ; Milliet de St-Alban, R. — 8 mai 1813 : Donnet-Canton c. Clerc ; Monod, R.

Ronque, l'un des appelants, que le 5 août 1842; qu'aux termes de l'édit du 15 avril 1841, le délai fixé pour appeler et pour relever l'appel, ne court que dès l'intimation; qu'ainsi, aucune fin de non-recevoir ne pourrait obster audit Ronque, puisque, dès le 5 août jusqu'au 20 octobre, jour de la présentation de la requête en relief d'appel, il ne s'est pas écoulé quatre-vingts jours; que cela posé, la cause des appelants ayant le même objet et le même but dans ses résultats, l'appel de l'un doit profiter à l'autre :

A reçu appelant....

PORTIER DU BELLAIR, *P.* MONOD, *R.*

---

3 Juin 1843.

ACTE PUBLIC. — DENIERS NON NOMBRÉS.
— SIMULATION. — SERMENT.

Art. 1474 C. c. (D. R.)

L'exception des deniers non nombrés ne peut être proposée en dehors des cas prévus par la loi, lors même qu'on la désignerait sous forme d'exception de simulation.

Le serment litis-décisoire n'est pas recevable contre la teneur de l'acte authentique.

Les déclarations faites en l'absence de la partie intéressée, et qui n'ont pas été acceptées par elle, ne produisent aucune obligation. [1]

MUDRY C. LES CONSORTS DELERCE.

LE SÉNAT : Attendu que la question préjudicielle à juger est l'admissibilité ou non du serment déféré par les intimés ;

Attendu que l'action intentée par les intimés est essentiellement celle des deniers non nombrés, et que, bien qu'ils aient rattaché leurs moyens à une prétendue simulation intervenue dans l'acte du 28 brumaire an XI, ils n'en ont fourni aucun indice ;

Attendu, cela étant, qu'aux termes de la loi 14, § 5, au Cod. *De non numerata pecuniâ*, qui était en vigueur à l'époque de la passation dudit acte, le serment litis-décisoire ne peut être admis pour détruire la preuve écrite du paiement résultant d'un acte authentique ;

[1] Concl. conf., 18 janvier 1843.

Que pour faire admettre ce serment, les intimés ne peuvent invoquer une prétendue déclaration faite par le père de l'appelant, de n'avoir réellement livré que les créances cédées, et l'intention dans laquelle il aurait persévéré de faire raison de la somme dont il s'agit à la famille Delerce, puisque les déclarations et promesses n'ayant pas été faites en présence de la partie et n'ayant pas été acceptées, ne suffiraient pas, lors même qu'elles seraient prouvées, pour produire une véritable obligation de la part du père Mudry et de ses héritiers, de ne pas se prévaloir de la quittance en due forme contenue dans l'acte sus-énoncé :

Sans s'arrêter au serment déféré par les consorts Delerce, le Sénat les déclare non-recevables en leurs conclusions.

PORTIER DU BELLAIR, *P.* COTTA, *R.*

---

3 Juin 1843.

MÈRE. — TUTRICE. — INTÉRÊTS
MORATOIRES.

Art. 252, 2108 C. c. (C. F.)

La mère, bien qu'elle ne puisse ou ne veuille conserver la tutelle, en doit remplir les charges jusqu'à ce qu'elle ait fait nommer un tuteur. En conséquence, elle peut défendre, en qualité de mère, à une action dirigée contre ses enfants, et passer mandat à un procureur pour répondre en son nom.

Les intérêts dus par suite d'une condamnation judiciaire, sont soumis à la prescription de cinq ans, à teneur de l'art. 2277 du Code civ. français.

SUSCILLON, FEMME VIVIAND C. LA Vᵉ VALLET
(TUTRICE).

LE SÉNAT : Attendu que, d'après les dispositions de l'art. 247 du Code civil, lorsque le père ou l'aïeul n'ont point nommé de tuteur à leurs enfants mineurs, la tutelle appartient de plein droit à la mère ;

Que, quoique celle-ci, aux termes de l'art. 252, ne soit point tenue d'accepter la tutelle, elle doit cependant en remplir les charges jusqu'à ce qu'elle ait fait nommer un tuteur à ses enfants ;

Attendu, cela posé, que n'étant pas établi au procès que le père ou l'aïeul des frères Vallet leur ait nommé un tuteur, la défenderesse avait qualité d'ester en jugement pour eux, et de passer mandat à Mᵉ Nicoud pour les représenter, bien que dans ce mandat on n'ait énoncé que la qualité de mère, et non celle de tutrice;

Attendu, au fond, que la demande de Jacqueline Suscillon est fondée sur titre et sur un jugement et un arrêt qui ont acquis l'autorité de la chose jugée;

Attendu, quant aux imputations proposées, que la première, fondée sur le reçu du 18 ventôse an VII, contemple un paiement qui aurait été fait antérieurement à la vente du 9 nivôse an IX, d'où la conséquence qu'en admettant même la sincérité de ce paiement, il ne pourrait être imputé sur la créance réclamée;

Attendu, quant aux intérêts échus sous le régime du Code civil français, que les expressions générales dans lesquelles est conçu l'art. 2277 de ce Code, ne permettent aucune exception, et comprennent nécessairement dans la prescription de cinq ans les intérêts dus pour prix de vente d'immeubles, surtout quand ces intérêts, comme dans l'espèce, ont été stipulés payables par année;

Attendu que des termes indéfinis de cet article, il résulte qu'on ne peut et qu'on ne doit admettre aucune distinction entre les sommes dues en vertu d'un jugement ou en vertu de toute autre obligation, puisqu'il est constant qu'une somme due en vertu d'un contrat quelconque ne change pas de nature, lorsqu'il est intervenu sur l'acte constitutif de la créance une condamnation, étant de principe que les jugements sont déclaratifs et non attributifs du droit des parties; que le privilège que l'on voudrait introduire en faveur des intérêts dits *moratoires* serait inconcevable, lorsque l'on voit que les prix de ferme, qui sont la représentation des produits du fonds, les pensions alimentaires privilégiées de leur nature, les intérêts des dots sont frappés par la loi de la prescription de cinq ans;

Attendu que, pour éviter cette prescription, on invoquerait en vain le motif tiré de ce que les intérêts des sommes portées par un jugement de condamnation sont adjugés à titre de dommages-intérêts, soit parce que dans les obligations qui se bornent au paiement d'une certaine somme, les dommages-intérêts résultant du retard dans l'exécution, consistent toujours dans la condamnation aux intérêts fixés par la loi, soit parce que les intérêts qui sont le profit qu'un créancier est censé retirer d'une somme due, forment légalement tout le dédommagement que le débiteur lui doit pour le service de l'argent qu'il lui a prêté, et qui ne lui a pas été rendu au temps convenu;

Attendu qu'en présence de la diversité des arrêts rendus en cette matière par les cours françaises, on doit s'attacher au texte et à l'esprit de la loi, dont le but évident a été d'empêcher une longue accumulation d'intérêts qui pourraient causer la ruine du débiteur;

Que ce motif s'applique également aux intérêts dus en vertu d'une obligation, et à ceux qui sont dus en vertu d'un jugement, d'où il suit qu'ils doivent être frappés, les uns et les autres, de la prescription portée par l'art. 2277 précité:

..... Le Sénat enjoint à la veuve Vallet, en sa qualité, de payer à la demanderesse la somme capitale de....., avec intérêts tels que de droit.

PORTIER DU BELLAIR, *P.* COTTA, *R.*

---

9 Juin 1843.

FEMME. — LOI *QUINTUS MUCIUS.*

Art. 1463 C. c. (D. R.)

Bien que l'acte d'acquisition porte que le prix en a été payé par le mari et par la femme, de leurs deniers communs, la somme est censée fournie exclusivement par le mari; la femme ou ses héritiers ne peuvent se prévaloir de l'acquisition qu'en remboursant la moitié du prix, à moins qu'ils ne justifient que la femme avait en propre des sommes correspondantes à la moitié du prix. [1]

DUMOLARD, FEMME DIDIER - GOTTELAND
c. DUMOLARD, FEMME GRIMONET.

LE SÉNAT : Attendu qu'il n'est pas justifié que Anne Niéloud ait eu, pendant la durée de son mariage, d'autres avoirs paraphernaux que ceux provenant de la succession de son père, dont elle n'a jamais eu la jouissance en son vivant, comme il résulte de la déclaration du 20 décembre 1820, Mareschal notaire;

Attendu, d'après ce qui précède, que quoique le prix de l'acquisition faite par l'acte du 16 septembre 1811, Chapperon

---

[1] Arrêt conf., 9 février 1841 : Dubouchet c. Tochon; De Juge, R.
Arrêt contr., 5 avril 1841 : Treppier c. Anselme et Revuz; Arminjon, R. — 5 février 1847 : Combaz c. Combaz; d'Arcollières, R.

notaire, soit déclaré par cet acte et la quittance du 16 août 1813 avoir été payé des deniers communs à Anne Niéloud et à Jean-Marie Dumolard, son mari, ce prix est censé provenir entièrement de celui-ci :

Déclare l'hoirie d'Andréanne Niéloud être comptable de la moitié du prix d'acquisition porté en l'acte Chapperon notaire.

D'ARCOLLIÈRES. DE BRICHANTEAU, R.

---

10 Juin 1843.

SUCCESSION JACENTE. — CURATEUR.

Art. 1037, 1258 C. c. (D. R.)

D'après nos lois, comme d'après les lois françaises, le curateur à une hoirie jacente doit, sous sa propre responsabilité, faire le versement dans les caisses publiques des capitaux de la succession.

Les créanciers peuvent toujours se prévaloir de la prescription acquise à leur débiteur, nonobstant toute renonciation que ce dernier aurait faite en fraude de leurs droits.

Pour établir la fraude, il suffit de prouver que cette renonciation, au moment où elle a été consentie, portait atteinte à leurs droits.

Me BERTHON C. ROSAT.

LE SÉNAT : Attendu que la disposition du Code civil analogue à celle du Code français, concernant le versement dans les caisses publiques des capitaux des successions jacentes ou vacantes, est une charge imposée au curateur de ces hoiries, sous sa propre responsabilité ;

Attendu qu'en l'espèce où il s'agit du recouvrement d'une créance appartenant à une hoirie qui s'est ouverte en France, il suffit d'ordonner que Me Berthon remplisse les conditions inhérentes au pouvoir dont il a justifié ;

Attendu que s'il appartient au créancier de se prévaloir de la prescription accomplie au profit de son débiteur, lors même que celui-ci y aurait renoncé, cette faculté ne lui est acquise qu'à la condition d'établir que la renonciation du débiteur a porté un préjudice réel à la sûreté de ses droits au temps où elle a été consentie ;

Déclare que mandat de collocation sera délivré à Me Berthon pour le montant des sommes qui lui sont allouées, à la charge par lui de se conformer aux dispositions de l'art. 813 du Code civil français.

D'ARCOLLIÈRES. GIROD, R.

---

12 Juin 1843.

CONSEIL DE FAMILLE. — PARENTS. — INTERDICTION.

Art. 575 C. c.

Le juge, en convoquant le conseil de famille, peut écarter d'office même les plus proches parents contre lesquels il existerait des motifs plausibles de suspicion.

PIGNIÈRE C. DAME FOLLIET ET AUTRES.

LE SÉNAT : Attendu que les intervenants n'ont justifié d'aucun intérêt à intervenir dans cette instance en interdiction ;

Attendu qu'il est établi par les pièces produites, et d'ailleurs non contredit que les parents appelés à composer le conseil de famille qui s'est réuni par-devant le juge de mandement de Saint-Genix le 1er février 1842, étaient, après Me Chaboud et François Pignière, le neveu, les plus proches parents de la défenderesse en interdiction, comme il est énoncé dans le procès-verbal dudit jour ;

Attendu que la loi ne défend point aux juges de mandement d'écarter d'office des conseils de famille ceux des parents qui, quoique plus proches en degré, seraient dans le cas d'être repoussés pour quelques motifs plausibles de suspicion ;

Que les faits allégués dans les débats de la cause, ont pu fournir au juge du mandement de Saint-Genix des raisons suffisantes pour écarter du conseil de famille Me Chaboud et François Pignière, le neveu ;

Qu'en conséquence, le conseil de famille a été régulièrement réuni le 1er février 1842, sans l'intervention de ces deux parents ;

Déclare les intervenants non recevables en leur intervention, et pour le surplus, achemine l'instance en interdiction.

PETTITI, P. P. CLERT, R.

---

16 Juin 1843.

CONTRAT DOTAL. — CONVOLAT. — AN DE DEUIL.

Art. 145 C. c. (D. R. : Q. T.)

C'est la loi en vigueur à la date du contrat de mariage qui règle les modifications apportées aux conventions matrimoniales par suite du convolat, ou de la prévarication dans l'an de deuil :

Ainsi la femme mariée sous nos lois anciennes, et qui postérieurement à la mise en vigueur du Code civil, devient enceinte dans l'année de deuil, est soumise aux peines établies par les lois romaines et la jurisprudence.

L'arrêt réglementaire du Sénat, sous date du 28 février 1693, a rétabli les peines portées contre les secondes noces, sauf l'infamie. [1]

VERBOUX Vᵉ VULLIEZ C. VULLIEZ.

Par contrat dotal du 12 juillet 1833, Marie Vulliez fait donation d'une somme de 4,000 livres, et, en cas de survie, de l'usufruit de tous ses biens à Josephte Verboux, sa future épouse ;

Vulliez décède le 24 avril 1841, en laissant trois enfants issus de ce mariage ; le 12 mai 1842, sa veuve donne le jour à un enfant naturel : par jugement du 24 septembre de la même année, sur les poursuites du tuteur nommé aux enfants Vulliez, le tribunal de Thonon déclare révoquée et rescindée au besoin la donation faite à la veuve Vulliez ;

Sur l'appel interjeté par celle-ci,

LE SÉNAT : Attendu que les effets d'un contrat, et les droits qui en dérivent pour les parties, ou pour l'une d'elles, sont et doivent être exclusivement réglés par les lois en vigueur à l'époque où il a été passé ; que ce principe s'applique non-seulement aux stipulations expresses insérées dans l'acte, mais encore à celles qui sont sous-entendues dans l'intérêt des parties par la puissance des lois sous les auspices desquelles le contrat a eu lieu ; parce que les contractants sont censés s'y être rapportés pour toutes les éventualités que le législateur avait prévues et sur lesquelles ils ont gardé le silence ;

Attendu que Josephte Verboux a réglé ses conventions matrimoniales avec Marie Vulliez par acte du 12 juillet 1833, Deruaz notaire, qui contient de la part de l'époux une donation, en faveur de la future épouse, d'une somme de 4,000 livres, et de l'usufruit des biens qu'il délaisserait, avec réserve que, dans le cas où il aurait des enfants de son mariage, cet usufruit cesserait à leur majorité, si sa femme se remariait ;

Attendu qu'à l'époque dudit contrat de mariage, les lois romaines étaient en vigueur en Savoie, et que les lois 1 et 2 au Code *de Secundis Nuptiis*, ainsi que la Novelle 39, chap. 2, prononçaient la résolution des donations faites par le mari à sa femme dans son contrat de mariage, si celle-ci se remariait ou devenait enceinte dans l'an de deuil ;

Attendu que ces mêmes lois prononçaient en outre des peines dans l'intérêt de la morale publique ;

Attendu que si les lois canoniques et la jurisprudence du Sénat, attestée par le Président Favre dans la définition 1ʳᵉ *de Secundis Nuptiis*, avaient aboli les peines des secondes noces, ces peines, à l'exception de l'infamie, ont été rétablies par l'arrêt réglementaire du 28 février 1693 ;

Attendu qu'il est constant en fait que Vulliez est décédé le 25 avril 1841, dans la commune d'Armoy, en laissant trois enfants issus de son mariage avec Josephte Verboux, et que celle-ci est accouchée d'un enfant naturel du sexe féminin le 12 mai 1842, c'est-à-dire un an et 17 jours après la mort de son mari ;

Attendu que si une loi postérieure peut modifier les peines que la loi prononçait uniquement dans l'intérêt de la morale publique, il n'en est pas de même de celles qui, se rattachant à des intérêts privés, ne sont, à vrai dire, que le résultat d'une condition résolutoire qui est censée faire partie du contrat ; dans ce dernier cas, on ne doit appliquer que la loi en vigueur à l'époque des conventions, quand bien même le fait qui donne lieu à la résolution ne se serait passé que sous une législation nouvelle : juger autrement serait porter atteinte à des droits acquis, en faisant rétroagir la loi nouvelle et méconnaître l'intention des parties en dépouillant l'une d'elles des avantages que le contrat ou la loi antérieure lui assurait ;

Attendu, d'après les considérations qui précèdent, que l'appelante a perdu les avantages que son mari lui avait assurés par ledit acte du 12 juillet 1833, et qu'il est inutile d'examiner comment on doit interpréter l'article 115 du Code civil, puisqu'il n'est pas applicable à l'espèce :

..... Déclare Josephte Verboux, veuve Vulliez, non-recevable en son appel.

DE LA CHARRIÈRE, P. JACQUEMOUD, R.

---

[1] Conclus. conf., 17 mars 1843.

16 Juin 1843.

HOIRIE. — ACCEPTATION. — POSSESSION.

Art. 9×8, 1007 C. c.

L'acceptation d'hoirie ne peut résulter que d'actes qui supposent nécessairement l'intention de se porter héritier ;

Ainsi le fils qui, après avoir mis acte d'abstention de l'hoirie paternelle, est resté comme héritier de sa mère en possession des biens assignés à celle-ci dans une instance en séparation, ne peut être considéré comme héritier de son père. [1]

DEBROZ C. PETIT ET AUTRES.

Attendu que Claude Petit, par écriture du 12 juin 1841, au bas de laquelle se trouve apposée sa marque, a formellement nié de s'être immiscé dans la succession de Jean Petit, son père ;

Attendu qu'il a en outre produit un acte d'abstention de l'hoirie paternelle en date du 5 juillet 1841 ;

Attendu que la possession des immeubles provenant de son père et compris dans l'acte d'assécuration de dot sous date du 10 décembre 1822, n'établirait pas la qualité d'héritier dont il s'agit; puisque ayant succédé à sa mère, il serait présumé les posséder au même titre que celle-ci :

..... Déboute le demandeur de ses conclusions à l'encontre de Petit. (Elles tendaient au paiement de diverses sommes, comme héritier de son père.)

DE LA CHARRIÈRE, *P.* GIROD, *R.*

---

17 Juin 1843.

APPEL. — VALEUR. — IMPUTATIONS.

Pour fixer la valeur de la cause, on doit défalquer de la somme demandée le montant des imputations consenties. [2]

SULPICE C. FAITAZ.

Attendu que les conclusions prises par le demandeur dans la requête introductive de l'instance tendaient à obliger Pierre Faitaz à justifier les paiements faits par lui du prix de vente, porté par l'acte du 28 septembre 1837 Mareschal notaire, et, à défaut de cette justification, à payer le prix total de la vente, montant à la somme de 5,340 livres.

Attendu que le défendeur ayant produit différents reçus pour justifier les paiements par lui effectués, le demandeur n'en aurait contredit qu'un seul, savoir, celui du 28 octobre 1838, portant la somme de 430 livres, et aurait conclu à ce que, sans s'arrêter à ce reçu, il fût procédé à la liquidation des sommes payées, en prenant pour base les pièces produites par le défendeur, sauf le reçu du 28 octobre 1838 ;

Attendu, cela posé, que l'objet de la contestation ayant été restreint, d'après les conclusions des parties, au reçu sus-énoncé, la valeur de la cause n'est point appelable :

Déclare Jean-Claude Sulpice non-recevable en son appel.

PORTIER DU BELLAIR, *P.* COTTA, *R.*

---

17 Juin 1843.

INSTANCE D'ORDRE. — APPEL. — PROCUREUR.

En matière d'ordre, les délais d'appel courent dès le jour de la prononciation du jugement, si les parties ont assisté à l'audience et y ont été entendues par le ministère de leur procureur. [1]

BARDY ET MORET C. DEPASSIER FEMME DESPINE.

Attendu que les délais d'appel déterminés dans l'art. 137 de l'édit du 16 juillet 1822, ne peuvent point courir tant qu'il ne résulte pas clairement que les parties ont été entendues à l'audience par leurs procureurs ;

Attendu que la mention de cette audition des procureurs des parties ne se lit point dans le jugement du 23 novembre 1842, et que les expressions : *Ouï, Mᵉ Curton pour Mᵉ Dufour*, mises dans les qualités de ce jugement, au commencement du résumé

---

[1] Arrêt conf., 13 avril 1838. Besson c. Roibet; Rosset de Tours, R.

[2] Concl. conf., 19 mars 1843.
Arrêts conf. V. 2 mai 1843.

[1] Concl. contr., 30 mars 1843.
Arrêt conf., 13 janvier 1844 : Alliond c. Novel; Arminjon, R.
Les procureurs ne sont pas censés avoir été entendus, s'il n'en est fait mention expresse pour chacun d'eux dans les qualités du jugement.
Les délais d'appel, en ce cas, ne commencent à courir que du jour de l'intimation.

des conclusions respectives des parties, ne suffisent point pour établir que tous les procureurs aient été entendus à l'audience; le mot *oui* n'ayant pas été répété ni appliqué aux autres procureurs des parties, et l'énoncé des conclusions y résumées pouvant se référer aux conclusions écrites fournies dans le procès et signées par les mêmes substituts procureurs qui sont dénommés dans le jugement;

A reçu appelant.

PETTITI, *P. P.* CLERT, *R.*

----

20 Juin 1843.

LÉGITIME. — LEGS. — ACCEPTATION. — RENONCIATION. — LÉSION.

(Art. 1110 C. c. (R. C.)

La fille qui a accepté, sans réserve ni protestation, le legs à elle fait pour lui tenir lieu de légitime ou de dot congrue, dans une succession, n'est pas admissible à proposer l'action en supplément de dot; elle ne peut revenir contre son acceptation qu'en articulant des faits de lésion d'outre moitié. [1]

MEYNEND, FEMME DUCRET, C. MEYNEND.

LE SÉNAT : Attendu en fait que par testament du 23 février 1825, Miguet notaire, Bernard Meynend a légué à l'appelante, 1° le trousseau qu'il lui avait livré au moment de son mariage et qu'il a évalué 500 francs; 2° la somme de 650 francs; 3° deux draps de lit et une couverture, en la privant de tous plus amples droits dans son hoirie au moyen de ce legs;

Que par acte du 15 mai 1826, même notaire, l'appelante, autorisée par son mari, a donné à ses frères, les intimés, héritiers dudit Bernard Meynend, quittance pleine et entière, premièrement de la somme ci-dessus énoncée de 650 francs; secondement de celle de 72 francs 50 centimes, pour sa part de dot et d'augment dans l'hoirie de sa mère, « avec déclaration (est-il dit) que « cette quittance ne pourra nuire à Jeanne

« Meynend, l'appelante, pour ce qui pou-
« vait lui revenir (s'il y a lieu) dans la
« succession de défunt Michel Ducret, son
« oncle maternel, pour les deux premiers chefs, faire aucune recher-
« che, ni permettre l'être soit pour les legs
« légitimaires de son père, soit pour la
« part de dot et augment de sa mère, vou-
« lant rester libre pour le surplus, si aucun
« droit il y a »;

Attendu, en droit, que suivant la législation en vigueur à l'époque de ladite quittance, la fille qui avait reçu, après la mort de son père, le legs que ce dernier lui avait laissé pour lui tenir lieu de dot, et qui renonçait formellement à la succession paternelle, était inadmissible à demander un supplément de dot, et qu'il ne lui restait que la voie de la rescision, si elle avait été lésée d'outre moitié;

Attendu que la déclaration faite par l'appelante, dans ladite quittance, renferme une renonciation formelle de sa part à tous plus amples droits dans la succession de Bernard Meynend son père.

Attendu néanmoins que la quittance dont il s'agit n'a point la nature ni les caractères d'une vente de droits successifs;

..... Attendu que les faits déduits par l'appelante, pour établir qu'elle a éprouvé une lésion d'outre moitié par cette quittance, sont suffisamment précisés;

..... Par ces motifs, admet en preuve les faits articulés.

DE LA CHARRIÈRE, *P.* SEITTER, *R.*

----

26 Juin 1843.

PÈRE. — SUCCESSION. — RÉPUDIATION. — HÉRITIER APPARENT.

(Art. 359, 1005 C. c. (D. R.)

Sous l'empire des lois romaines, le père, comme légitime administrateur de ses enfants, pouvait répudier la succession qui leur était échue;

Le fils néanmoins conservait le droit de se faire restituer contre cette répudiation;

La restitution obtenue ne peut affecter les tiers qui ont acquis de bonne foi de l'héritier apparent.

REY ET CONSORTS C. GONTHARET.

Attendu en fait que Martin Garçon et Anne Benoît, sa femme, sont décédés sous

----

[1] Arrêt conf., 18 avril 1815 : Pugeat c. Vidal et consort; Jacquemoud, R. — 23 janvier 1816 : Durand c. Durand; Milliet de Saint-Alban, R. — 21 mars 1816 : Nouvellet c. Rubod-Molliet; Clert, R.
V. arrêt du 2 janvier 1847; Gaymard c. Gaymard; Girod, R.

les lois françaises, laissant pour héritiers légitimes Jean-Pierre, leur fils, et Jacques-Maurice Gontharet, leur petit-fils, enfant de Marie-Catherine Garçon; que Jean-Claude Gontharet, père et légitime administrateur de ce dernier, a répudié en 1815, au nom de son fils, la succession de Martin Garçon, et a procédé à un partage provisoire des biens de la succession d'Anne Benoît; que, en 1821, Jean-Pierre Garçon a vendu aux appelants les immeubles de l'hoirie paternelle et ceux échus à son lot de la succession maternelle; ces derniers, à leur tour, en ont revendu quelques-uns à différentes personnes; que le 26 octobre 1833, Jacques-Maurice Gontharet a appelé en justice l'héritier de Jean-Pierre Garçon, et a pris des conclusions tendantes au partage en deux lots des biens composant les deux hoiries, sans égard à la prétendue répudiation faite par son père de celle de Martin Garçon; que, ces conclusions ayant été accueillies, des experts ont opéré la division et leur rapport a été homologué; que, muni de ces pièces, Jacques-Maurice Gontharet a fait assigner, par-devant le tribunal de Moûtiers, les appelants et leurs sous-acquéreurs, et conclu contre eux à ce qu'ils fussent condamnés à lui relâcher les immeubles échus à son lot, dans ledit partage; immeubles dont il a donné l'état, enfin, que les consorts Rey, Garçon, Vilibord et Tressallet ont pris fait et cause en main pour leurs acquéreurs qui ont été mis hors de cause;

Attendu en droit et sur l'exception de nullité élevée contre l'acte de répudiation d'hoirie du 10 juillet 1815, que, quoique le renonçant y soit qualifié des prénoms de *Jacques - Maurice*, il est néanmoins évident que ce renonçant est Jean-Claude Gontharet, soit la même personne qui a signé ledit acte; cette identité résulte, 1° de l'attestation du greffier, portant que cet acte a été signé par le *comparant*, et ce comparant s'est signé Jean-Claude Gontharet; 2° de la qualité que prend celui-ci de père et légitime administrateur de Jacques-Maurice Gontharet, son fils; 3° de la dévolution de l'hoirie de Martin Garçon pour une moitié en faveur de ce dernier; 4° de la répudiation de cette même portion d'hoirie par Jean-Claude Gontharet, et enfin de l'énonciation faite par ledit fils Gontharet dans sa requête du 26 octobre 1833, *que son père avait répudié pour lui ladite succession;*

Attendu qu'il est constant au procès que le prénommé Jacques-Maurice Gontharet est né le 7 novembre 1809, et par conséquent qu'il n'avait pas même six ans accomplis à la date de la répudiation précitée;

Attendu que d'après la jurisprudence sur les lois 18, *Cod. de jure deliberandi*, 7. *Cod. ad Senatus consultum Trebellianum*, 9, 18. *Digest. de acquirend. vel amitt. hæreditate*, l'ascendant pouvait seul valablement répudier une succession échue à son enfant, placé sous sa puissance, qui n'avait pas encore 7 ans révolus, et qu'il ne restait a celui-ci que le bénéfice de la restitution en entier;

Attendu que, par cette répudiation, la part de l'hoirie de Martin Garçon, qui était échue à Jacques-Maurice Gontharet, a passé, en vertu du droit d'accroissement, à Jean-Pierre Garçon, son cohéritier, d'où il suit que ce dernier a réuni sur sa tête toute cette succession;

Attendu que la vente faite par Jean-Pierre Garçon aux appelants des biens provenant de l'hoirie dudit Martin Garçon est sous la date du 12 octobre 1821, tandis que ce n'est que par sa requête de 26 octobre 1833 que Jacques - Maurice Gontharet a manifesté à Joseph Garçon, héritier de Jean-Pierre, sa volonté de ne pas respecter la répudiation faite en son nom, par son père, d'où il résulte que ladite vente a eu lieu dans un temps où le vendeur était seul héritier de Martin Garçon;

Attendu qu'on ne peut induire des expressions contenues dans la transaction du 5 mai 1832, portant *que l'intimé ratifie tous les actes* de l'administration de son père, qu'il ait eu l'intention d'approuver la répudiation dont il s'agit, parce qu'il est de principe que les transactions n'embrassent et ne règlent que les différents qui s'y trouvent compris, soit que les parties aient manifesté leur intention par des expressions spéciales ou générales, soit qu'on la reconnaisse par une suite nécessaire de ce qui est exprimé; or, dans l'espèce de la cause, il ressort des autres clauses de cet acte que le père Gontharet n'a voulu exiger de son fils que la confirmation des actes de son administration, pour lesquels il avait à craindre des réclamations de sa part, ou des actions récursoires ou en garantie de la part des tiers;

Cette intention se tire notamment de la dernière clause de cet acte, conçue en ces termes : « Le fils Gontharet, par suite du « compte réglé et du présent traité, reste

« garant de toute action qui pourrait être
« intentée par des tiers au sujet de l'admi-
« nistration de son père ; »

L'abstention précitée n'étant pas de nature à donner lieu à une action quelconque
contre le père Gontharet, on ne peut admettre qu'elle eût été contemplée par les
contractants lors de la passation de ladite
transaction;

Attendu que l'intimé, par sa requête prémentionnée du 26 octobre 1835, n'a pas
explicitement imploré le bénéfice de la restitution en entier; qu'à supposer que les
conclusions qu'il a prises renferment implicitement cette demande, les jugements
qu'il a obtenus contre François-Joseph Garçon, jugements dans lesquels les appelants
et leurs acquéreurs n'étaient point portés,
ne peuvent affecter ces derniers : en effet, le
respect dû aux conventions contractées de
bonne foi, l'intérêt du commerce, le besoin
d'éviter des procès l'ont emporté sur la faveur qu'inspire la minorité; et la jurisprudence ancienne fondée sur les lois 22 *digest.
de min. vigenti annis, et ult. cod. de repud.
vel abstin. hæreditate,* refusait à l'héritier,
et notamment à l'héritier étranger, restitué
contre une répudiation d'hoirie, toute action revendicative contre les acquéreurs de
l'héritier temporaire;

Attendu, d'après les considérations qui
précèdent, que les conclusions prises par
l'intimé dans sa requête du 26 janvier 1840,
en relâchement des immeubles portés au
tenet respectif des appelants et de leurs acquéreurs, qui proviennent de la succession
de Martin Garçon, ne sont pas fondées:

..... Déboute Gontharet des conclusions
en nullité de l'acte de répudiation d'hoirie
du 10 juillet 1815, et de celles prises en relâchement des immeubles provenus de la
succession de Martin Garçon..... Ordonne
qu'il sera procédé à un nouveau partage des
biens fonds d'Anne Benoît, sauf aux tiers-
détenteurs de ces immeubles à y intervenir
pour surveiller leurs droits.

D'Arcollières. Seitier, *R.*

---

27 Juin 1843.

INSTANCE D'ORDRE. — APPEL. — DÉLAI.
— INTERJECTION.

Est soumis aux délais d'appel, fixés par l'art. 137
de l'édit hypothécaire, tout jugement rendu incidemment dans une instance d'ordre, ou qui s'y rattache
d'une manière directe;

En conséquence, on n'est plus admissible à appeler,
après l'échéance de ces délais, d'un jugement qui
déclarerait celui dont les biens ont été subhastés héritier pur et simple de son père.

Dans les instances d'ordre, l'interjection d'appel
est de rigueur. La partie qui n'a pas mis acte d'appel
dans les 5 jours, ne peut être admise à la restitution
en entier même en l'implorant dans les 20 jours. [1]

DURAND C. L'ORDRE DAMIAN.

LE SÉNAT : Attendu que, par décret du
18 mars 1837, donné par le rapporteur
commis, a été ouvert le procès - verbal
d'ordre pour la distribution du prix des
biens de Jean - Baptiste Damian ; que, par
ordonnance du 21 mai 1839, du même rapporteur, l'état de collocation a été arrêté
et clos, et que ledit état a été notifié par
écriture du 1er juin suivant ;

Attendu qu'une instance d'ordre du moment qu'elle est ouverte, a, par sa nature
et par les nombreux intérêts qui s'y agitent,
besoin d'être expédiée avec la plus grande
célérité ; que c'est pour atteindre ce but
important que l'édit hypothécaire a restreint les délais d'appel dans une semblable
matière ; que, dès lors, l'art. 137 dudit
édit doit s'appliquer non-seulement aux jugements qui prononcent définitivement sur
les contestations relatives à l'état de collocation, mais encore à ceux qui sont incidemment rendus sur les questions élevées
dans le cours de la procédure d'ordre et
qui s'y rattachent d'une manière directe ;

Attendu que le jugement dont est appel,
en déclarant Jean-Baptiste Damian héritier
de son père, a pour effet de prononcer la
confusion de leurs patrimoines respectifs,
et, par là, de fixer sur ce point le sort de
la collocation générale; qu'ainsi ledit jugement est du nombre de ceux qui sont contemplés par l'art. 157 précité;

Attendu que ce jugement a été prononcé
aux comparants en audience publique, le
16 juillet 1841, et que l'appel n'en a été
émis, par Me Berthier, que le 4 août suivant, soit 19 jours après sa prononciation ;
qu'ainsi les consorts Durand se trouvant
hors du délai prescrit, ne peuvent être ad-

---

[1] Concl. conf., 2 janvier 1843.
Arrêt conf., 5 mars 1842 : Simon c. la veuve Mi-
thieux; Monod, R.

mis à la restitution en entier par eux imploréo :

Déclare les consorts Durand non-recevables.

PORTIER DU BELLAIR, P.   DE JUGE, R.

1er Juillet 1843.

AVEU. — ACTE PUBLIC. — NULLITÉ.

Art. 1168 C. c.

L'aveu résultant des énonciations contenues dans un acte public déclaré nul, peut être opposé à celui de qui il émane, et forme preuve littérale des faits auxquels il se rapporte.

MATHOLE C. VEUVE BORREL.

LE SÉNAT : Attendu que la déclaration qu'a faite l'appelant, dans l'acte du 19 janvier 1838, Cornuty notaire, d'avoir perçu la somme de 5,008 liv. pour le compte et au nom de l'intimée sur les créances énoncées dans un contrat du 30 septembre 1815, Thonion notaire, ne constitue pas une des dispositions qui ont été l'objet principal dudit acte, mais qu'elle est simplement indicative du mode de paiement du prix de la cession ; qu'ainsi la nullité de cet acte, qui a été prononcée dans l'intérêt de l'intimée, par sentence du tribunal de judicature-mage d'Albertville, en date du 7 février 1840, n'est pas tombée sur ladite déclaration et ne l'a aucunement affectée ; qu'on doit dès lors la considérer comme une preuve littérale de l'exaction faite par l'appelant ; que les pièces produites par ce dernier ne suffisent pas pour justifier que son aveu n'a été que le résultat d'une erreur, et qu'on peut d'autant moins s'arrêter aux allégations qu'il a faites sur ce point, qu'elles paraissent peu vraisemblables, si l'on considère que s'il n'avait pas fait les exactions dont il a si bien déterminé lui-même la quotité, il n'en aurait pas demandé une décharge à l'intimée, et il lui aurait encore moins donné une quittance du prix entier de la cession qu'il venait de lui faire :

Déclare Joseph Mathole non-recevable.

PETTITI, P. P.   ARMINJON, R.

VENTE. — SERVITUDE. — RÉVOCATION. —ACTION *QUANTI MINORIS.* — DOMMAGES ET INTÉRÊTS.

Art. 1615 C. c. (D. R.)

Lorsque la chose vendue est soumise à une servitude non apparente, l'acquéreur est en droit, ou de demander la résolution de la vente, ou de proposer l'action *quanti minoris*, ou de conclure aux dommages et intérêts ; [1]

Cette dernière action ne peut cependant être proposée qu'autant que le vendeur avait connaissance de la servitude au moment du contrat.

La clause de style, *avec toutes servitudes actives et passives*, ne suffit pas pour dispenser le vendeur de cette garantie.

LEBORGNE, VIGAS ET COMPᵉ C. LEPASQUIER ET AUTRES.

En ce qui concerne les dommages et intérêts réclamés par les demandeurs à raison du droit de parcours compétant à défunt Puget sur les biens adjugés ;

LE SÉNAT : Attendu qu'il s'agit d'une servitude non apparente dont le vendeur doit la garantie suivant le droit commun, à moins qu'il n'en soit affranchi ou par la connaissance qu'avait l'acheteur de l'existence de cette charge, ou par une clause spéciale du contrat formellement exclusive de la garantie ;

Que, en l'absence de ces deux exceptions, l'acheteur peut, outre l'action résolutoire en certain cas, exercer l'action *quanti minoris* et celle en dommages-intérêts, avec cette différence que les deux premières affectent indistinctement tout vendeur, qu'il ait connu ou ignoré la servitude ; mais que la troisième ne peut s'adresser qu'à celui ou à ceux des vendeurs qui auraient dissimulé ladite charge ;

Attendu qu'en l'espèce, l'action proposée est celle *en dommages et intérêts* contre tous les membres de l'ancienne société de Saint-Hugon ; que si les uns n'ont pas nié d'avoir connu le droit de parcours dont il s'agit, Antoine Bertholus a répondu que quant à lui il l'avait ignoré ; que, s'agissant d'une charge non apparente, on ne peut pas induire une présomption contraire à cette né-

---

[1] Concl. contr., 12 janvier 1843.

gative de la circonstance qu'il faisait partie de l'ancienne société, et que dès lors il importe avant d'autrement statuer sur ce chef, de faire conster si Bertholus connaissait ou non ladite servitude, puisque dans la 1re hypothèse la loi lui refuserait toute action, comme acheteur instruit du vice de la chose vendue ; or, les demandeurs n'étant que des acquéreurs aux lieu et place d'Antoine Bertholus, ne sauraient avoir plus de droits que lui ;

Attendu que les défendeurs ne peuvent se mettre à l'abri des actions sus-énoncées, à l'aide de la clause : *avec toutes servitudes actives et passives* insérée dans le cahier des charges de la vente, pareille stipulation étant insuffisante pour avertir l'acquéreur d'une servitude qui est occulte dans le sens légal, et ne supposant non plus chez lui ni la connaissance de ce vice, ni l'intention d'acquérir au même prix que s'il l'eût connu, ou de renoncer à tous dommages-intérêts éventuels à cet égard :

..... Ordonne que les parties procéderont.

SEITIER. D'ARCOLLIÈRES, *R.*

---

4 Juillet 1843.

CAUTION. — EXCEPTION *CEDENDARUM ACTIONUM.* — HYPOTHÈQUE.

Art. 2074 C. c. (D. R.)

La caution ne peut se prévaloir de l'exception *cedendarum actionum*, qu'autant que le créancier s'est mis par un fait positif dans l'impossibilité de céder ses actions contre le débiteur principal : il ne suffit pas d'une simple négligence, surtout si elle a été partagée par la caution.

Spécialement, la caution ne serait pas fondée à se prévaloir du défaut de renouvellement des inscriptions prises contre le débiteur principal, pour se soustraire aux obligations résultant de son cautionnement. [1]

PEISSEL C. LA COMMISSION ADMINISTRATIVE DES HÔPITAUX DE LYON.

LE SÉNAT : Attendu que, par l'acte du 11 juin 1781, Perrot notaire, l'auteur de l'ap-

pelant s'est rendu caution solidaire et principal payeur de l'obligation contractée par Pierre Sibuet ;

Que, par jugement du 6 août 1841, la Commission défenderesse a obtenu, contre le débiteur principal et l'appelant, condamnation solidaire pour le paiement des sommes dues ; qu'en exécution de l'acte constitutif et du jugement, la défenderesse a pu agir contre l'un et l'autre des débiteurs, à son choix ;

Attendu, d'autre part, que la défenderesse, par aucun fait positif de sa part, ne s'est mise hors d'état de céder ses actions contre le débiteur principal ; que Peissel a pu, de son côté, veiller à la conservation du droit d'hypothèque qui grevait les biens du débiteur principal ; que s'il y a eu négligence de la part de la Commission à conserver ses droits, cette même négligence a été partagée par Peissel ; d'où il suit qu'il ne pourrait imputer à la défenderesse une faute qu'il a commise lui-même et qui le prive du recours utile contre le débiteur principal :

Déclare Jean Peissel non-recevable.

PORTIER DU BELLAIR, *P.*
MILLIET DE St-ALBAN, *R.*

---

7 Juillet 1843.

HYPOTHÈQUE. — TIERS-DÉTENTEUR. — SURENCHÈRE. — SUBROGATION.

Art. 2297 C. c.

La subrogation accordée par l'art. 2297 du Code civil au tiers-détenteur exproprié, appartient également à l'acquéreur d'un immeuble qui en est évincé par suite de la surenchère. [1]

Cette action en subrogation ne peut être exercée avant la clôture de l'instance d'ordre ; parce que ce n'est qu'alors qu'on peut vérifier si le prix d'adjudication est insuffisant pour désintéresser et les créanciers inscrits et le précédent propriétaire.

GAILLEPAN C. ANTHOINOZ.

Gaillepan achète de Favre, en 1817, une pièce de terre pour le prix de 1,755 liv. qu'il paie à M. Dessaix, créancier hypothécaire du vendeur ; Dessaix en donne quittance avec subrogation à ses priviléges et hypothèques.

---

[1] Voy. arrêt du 29 juillet 1839 : Conseil c. Besson ; de Buttet, R. — 26 juillet 1841, Perret c. Veillard ; Seitier, R. — 23 février 1842, Picolet c. Nouvelle ; d'Arcollières, R.

[1] Concl. contr., 5 février 1843.

En 1820, Favre vend d'autres immeubles aux frères Anthoinoz.

Gaillepan commence les formalités pour la purgation, mais il est exproprié par suite de surenchère : les frères Anthoinoz deviennent adjudicataires et introduisent un ordre.

Gaillepan évincé exerce son recours contre l'hoirie de son vendeur, soit contre M. Trombert, curateur à cette hoirie, et le fait condamner à lui rembourser le prix de son acquisition :

Se fondant sur l'art. 2297 du Code civil, il fait notifier ce jugement aux frères Anthoinoz, comme tiers-détenteurs d'immeubles hypothéqués à la dette qu'il a acquittée, et leur fait sommation de payer ou de délaisser.

Ceux-ci se portent opposants, et obtiennent main-levée de l'injonction, par jugement du tribunal de Thonon du 10 juillet 1840 :

Sur l'appel, LE SÉNAT :

Attendu que le jugement dont est appel aurait rejeté les conclusions de Gaillepan, en décidant que les dispositions de l'article 2297 du Code civil ne pourraient lui être applicables ;

Attendu que, bien que l'examen de cette question soit subordonné dans l'espèce à l'issue du jugement d'ordre introduit par les frères Anthoinoz, il importe cependant d'écarter un préjugé qui fait grief audit Gaillepan par les motifs qui l'ont dicté ;

Attendu que l'instance en purgation d'hypothèques repose sur la faculté accordée à l'acquéreur de provoquer l'exercice des droits hypothécaires des créanciers sur l'immeuble dont il est devenu propriétaire, en les mettant en demeure d'en poursuivre la revente, s'ils jugent que le prix d'acquisition n'équivaut pas à la valeur réelle de l'immeuble, et en les sommant en même temps de produire leurs titres aux fins d'être colloqués et payés selon le rang qui leur compète ;

Attendu que l'acquéreur évincé par suite de la surenchère est identiquement dans la position de l'acquéreur dépossédé par saisie immobilière, qu'il n'y a même aucune différence apparente entre eux, si ce n'est que, dans l'instance de purgation, l'initiative est due au tiers-possesseur ;

Attendu que le fait de cette initiative prise par le tiers-acquéreur qui, en bon père de famille, use des moyens introduits par la loi, pour s'assurer, en désintéressant les créanciers, la jouissance paisible de sa propriété et des améliorations faites et à faire, ne peut devenir un piège ; qu'il en serait ainsi, s'il était vrai que le tiers-acquéreur en ce cas fût traité moins favorablement qu'il ne le serait s'il eût attendu les poursuites des créanciers et se fût soumis aux inconvénients d'une possession indéfiniment révocable ;

Attendu que le droit de réagir contre les autres acquéreurs, dans les cas où ce droit peut avoir lieu, ne saurait être plus onéreux à ceux-ci pour être exercé ensuite d'une éviction par surenchère ;

Attendu que les principes d'équité sur lesquels est fondée l'exception *cedendarum actionum*, ainsi que le bénéfice de la subrogation légale, ne s'appliqueraient pas moins à l'acquéreur évincé par une surenchère qu'à l'acquéreur dépossédé par une saisie immobilière, et qu'on chercherait en vain dans l'économie de la loi un motif suffisant pour refuser à l'un ce qu'elle accorde à l'autre ;

Attendu que, dans cette parité de circonstances et dans le concours des mêmes raisons législatives, il ne peut y avoir lieu à douter qu'en parlant de l'acquéreur qui a subi l'expropriation, l'article 2297 du Code civil n'ait voulu comprendre également l'acquéreur évincé dans l'instance de purgation ;

. . . . . Attendu que, tant que le jugement de collocation dans l'instance d'ordre, introduite par les frères Anthoinoz, adjudicataires de l'immeuble de Gaillepan, n'a pas été rendu et que la dette en extinction de laquelle le prix d'adjudication doit être versé n'est pas connue, il ne peut s'agir de subrogation en faveur de Gaillepan ; qu'ainsi ce dernier aurait tout au moins prématurément fait faire injonction aux Anthoinoz ;

Attendu que si, en l'état des choses, il ne peut être le cas de préjuger sur la question du droit qu'aurait, ou n'aurait pas Gaillepan de se prévaloir du bénéfice de l'art. 2297 du Code civil, la main-levée de l'injonction ne doit cependant être prononcée qu'en écartant la fin de non-recevoir par laquelle ledit Gaillepan aurait été définitivement éconduit dans le jugement dont est appel :

Ordonne que les parties procèderont.

DE LA CHARRIÈRE, *P.* GIROD, *R.*

_____

8 Juillet 1843.

VENTE. — GARANTIE. — RESCISION.

La lésion est censée être le fait des deux parties contractantes :

En conséquence, si celui qui a acheté un immeuble à vil prix le revend, en garantissant seulement *ses faits et promesses*, il est responsable de l'éviction soufferte, par suite de la rescision du premier contrat, pour cause de lésion.

Il n'en serait pas de même s'il avait vendu avec la clause, *à tous périls et risques, et sans aucune garantie*; en ce cas, il ne serait pas responsable de l'éviction, pourvu toutefois qu'il pût établir que l'acheteur en connaissait la cause au moment du contrat. [1]

DUBEY ET GAVEND C. Mᵉ CHOLLAT.

Mᵉ Chollat acquiert d'un nommé Muscat-Carabin divers immeubles pour le prix de 2,580 liv. ; il revend les mêmes biens à Dubey et Gavend, par contrats du 21 septembre et du 11 octobre 1835, au premier, pour 600 liv., et au second, pour 5,000 liv. Les contrats portent que la vente a été faite par mode de subrogation, sans garantie ni maintenue de la part du vendeur que celles de ses faits et promesses. Le contrat de Dubey porte même que la vente est faite à périls et risques, mais toujours sous la garantie de ses faits et promesses.

Muscat ayant attaqué comme lésive la vente qu'il avait consentie à Mᵉ Chollat, les acquéreurs se pourvoient contre ce dernier pour être relevés et garantis de l'éviction dont ils sont menacés.

Mᵉ Chollat soutient que le recours en garantie n'est pas fondé contre lui, l'éviction ne résultant pas d'un fait qui lui soit personnel ; de plus, il soutient des faits tendant à établir qu'à la date de son contrat d'acquisition, Dubey connaissait les jactances de Muscat relativement à l'action en lésion.

Sur quoi, LE SÉNAT :

Attendu que, s'agissant en l'espèce d'une éviction pour cause de lésion qui serait intervenue au préjudice de Claude Muscat-Carabin, premier vendeur, et semblable fait étant essentiellement personnel aux deux parties, on doit tenir pour certain que la molestie faite à Claude Gavend, rentre dans le cas prévu par le contrat, surtout

que s'agissant d'une vente qui emporte avec elle la garantie de fait et de droit, Mᵉ Chollat aurait à s'imputer de ne s'être pas expliqué plus clairement dans une stipulation faite exclusivement dans son intérêt (*Leg.* 39, *Digest. de pact.* 21, *Digest. de contrah. empt.*) ; d'où suit que les conclusions prises par Claude Gavend sont fondées ;

Attendu, en ce qui concerne les conclusions prises par Dubey, que dans l'acte du 11 octobre 1835, il a acquis par voie de *simple subrogation à périls et risques et forfaits, sans aucune manutention ni garantie autre que celle qui pourrait résulter des faits et promesses de Mᵉ Chollat, vendeur* ;

Que, bien que la lésion soit le fait des deux parties, toujours serait-il certain que si Dubey avait connu les jactances et les prétentions de Muscat-Carabin, on devrait admettre que, par la charge de périls, risques et forfaits assumée par l'acquéreur, les parties ont réellement eu en vue l'action en lésion qui a été intentée dès lors par ledit Muscat-Carabin ; d'où suit que les 1ᵉʳ et 5ᵐᵉ faits soutenus par l'intimé, sont admissibles ;

Déclare Mᵉ Chollat tenu de relever, garder et garantir Claude Gavend ;

Et, avant de statuer sur les conclusions prises par Jean Dubey, ordonne qu'il soutiendra, si bon lui semble, faits en matière contraire.

PORTIER DU BELLAIR, *P.*
MILLIET DE Sᵗ-ALBAN, *R.*

---

18 Juillet 1843.

CHEMIN. — EMPIÉTEMENT. — COMPÉTENCE.

Les tribunaux de judicature-mage sont seuls compétents pour connaître s'il y a empiétement sur les chemins communaux et pour en faire fixer l'étendue.

AMBLET C. LA COMMUNE D'ANNECY-LE-VIEUX ET RUPHY.

Attendu que, par suite de l'action intentée par César Amblet contre les Syndic et Conseil de la commune d'Annecy-le-Vieux, devant le tribunal d'Annecy, la question à décider avait pour objet de reconnaître si le sol, formant l'objet du litige, faisait partie du chemin communal, ou si ledit Amblet en était propriétaire, ainsi qu'il le

---

[1] Concl. conf., 15 février 1843.

prétendait; qu'il n'est pas douteux dès lors que le tribunal ne fût exclusivement compétent pour statuer sur cette contestation, et que conséquemment il devait prononcer sur le fond du procès;

Attendu que le chemin dont il s'agit de fixer la largeur et l'assiette, sépare la propriété de César Amblet de celle de l'appelé en cause Jean-Louis Ruphy; que ledit Amblet soutient qu'à supposer qu'il y ait eu empiètement, cet empiètement aura eu lieu du côté du fonds appartenant à Ruphy; qu'on ne peut ainsi isoler la cause de ce dernier de celle de la commune, et qu'il est indispensable qu'il soit prononcé sur le tout par un seul et même jugement, tant à l'encontre de la Commune qu'à l'encontre de Ruphy:

..... Ordonne avant tout que, par experts géomètres, il sera procédé, en contradictoire des parties, à la fixation de l'assiette et de la largeur du chemin dont il s'agit.

PETTITI, *P. P.* DE S¹-BONNET, *R.*

25 Juillet 1843.

VENTE. — ACTION EN LÉSION. — HÉRITIER.

Art. 1690 C. c. (D. R.; Q. T.)

Suivant les lois romaines, chacun des cohéritiers du vendeur pouvait exercer, pour sa quote-part, l'action en lésion, sauf à l'acquéreur le droit de les contraindre à rescinder la vente pour le tout.

On pouvait prouver par témoins qu'une partie du prix avait été dissimulée dans l'acte de vente.

Le contrat passé sous les R. C. continue à être régi par les lois anciennes, bien que l'action en rescision ne soit proposée que depuis la mise en vigueur du code civil.

LES CONSORTS REBOTTON C. PERRIN.

LE SÉNAT: Attendu que les effets des contrats sont régis par la législation en vigueur à l'époque où ils ont été passés; que ce principe s'applique à tous les droits qui dérivent de l'acte, qu'ils soient absolus dès l'origine ou conditionnels, ouverts ou expectatifs; car les parties sont censées s'en être rapportées aux dispositions existantes pour toutes les éventualités que le législateur avait prévues et sur lesquelles elles ont gardé le silence;

Attendu que, suivant la législation qui régissait la Savoie à la date du contrat de vente du 15 mars 1816, Mareschal notaire, à Chambéry, les héritiers du vendeur n'étaient admis à exercer l'action en lésion qu'à concurrence de la part héréditaire de chacun d'eux; que l'acquéreur pouvait faire expliquer les autres cohéritiers pour connaître leur intention, et avait le droit de délibérer s'il lui convenait d'obliger ceux des cohéritiers qui voulaient faire rescinder la vente, à exercer l'action en lésion pour tout l'objet vendu ou à la restreindre à leur part héréditaire. (Cod. Fab., def. 9, famil. er. cisc. alleg. 3.) Enfin, qu'il avait le droit d'établir par témoins que le prix d'acquisition des immeubles vendus avait été plus élevé que celui qui est énoncé dans l'acte de vente;

..... Déclare non-recevables les consorts Rebotton.

D'ARCOLLIÈRES. JACQUEMOUD, *R.*

29 Juillet 1843.

BILLET A ORDRE. — ENDOSSEMENT. — COMPÉTENCE.

Le billet qui n'énonce pas à l'ordre de qui il doit être payé, dégénère en simple obligation non transmissible par voie d'endossement. [1]

Le tribunal de commerce n'est pas compétent pour en ordonner le paiement.

DUCLOS C. THIBE.

LE SÉNAT: Attendu que le billet à ordre dont le demandeur Thibe est porteur, souscrit à Marseille, le 31 août 1841, ne mentionne pas, conformément aux dispositions de l'article 188 du code de commerce de France, qu'il sera payé à l'ordre de la dame Duclos, créancière; que, par l'absence de cette énonciation essentielle, il n'y a pas eu, dans le sens de la loi, billet à ordre, transmissible par endossement;

Attendu que non-seulement ce billet ne présente pas les caractères spécifiés par la loi pour être classé parmi les billets à ordre et jouir du privilège qui en résulte, mais que l'endossement invoqué par le demandeur serait irrégulier pour n'avoir pas été

[1] Concl. conf., 17 mai 1843.

passé à *son ordre* textuellement, suivant le vœu de l'article 157; d'où il suit que ce billet ne doit être envisagé que comme une promesse pure et simple de payer une somme de 1,230 francs :

..... Déclare fondée l'exception déclinatoire.

PORTIER DU BELLAIR, *P.* MOXOD, *R.*

1ᵉʳ *Août 1843.*

APPEL. — DÉSERTION. — ERREUR DE CALCUL. — CHOSE JUGÉE.

Le délai fixé par les R. C. pour faire vider les causes d'appel, ne commençait à courir, d'après la jurisprudence en vigueur avant l'édit du 13 avril 1844, que du moment où l'appel avait été reçu. [1]

Le jugement qui consacre une erreur de calcul, ne passe jamais en jugé, et peut être réparé par le tribunal qui l'a rendu.

VERNERET C. BALLALOUD.

LE SÉNAT : Attendu, sur la question de désertion d'appel, que bien que l'appelant ait interjeté appel dans le délai utile pour obtenir la restitution en temps, il ne peut cependant être considéré comme passible des dispositions du § 17, tit. 26, liv. 3 des R. C., parce que le temps fixé par cette loi pour faire vider la cause d'appel, ne court que du moment où l'appel a été reçu par un décret ou par un arrêt, suivant la jurisprudence admise par le Sénat, et que le décret du 11 janvier 1842, portant simplement que les parties comparaîtront, n'a rien préjugé sur l'admissibilité de l'appel, d'où il suit qu'on ne pouvait considérer le demandeur comme appelant, tant qu'il n'avait été rien décidé à cet égard, et que par conséquent la désertion d'appel n'existe pas;

Attendu au fond, sur le premier chef d'appel, que par le jugement du 29 juillet 1856, le tribunal, après avoir reconnu en fait qu'il existait cinq petits-fils de Mᵉ Milleret, deux Ballaloud et trois Verneret, a aussi reconnu en principe que ces petits-fils devaient se diviser l'hoirie *ab intestat* par souche, que le calcul de la légitime devait cependant se faire par tête, et que le demandeur, en sa qualité, avait droit de retenir les deux quartes, soit la légitime et la trébellianique;

Attendu qu'en attribuant à l'appelant onze trente-sixièmes et demi de l'hoirie dont s'agit, ce jugement présente une conséquence erronée du principe admis, il y a eu erreur de calcul dans la computation des droits reconnus, réparable en tout état de cause;

Attendu qu'en suivant les bases tracées par la définition 57 du code Fabrien *de inofficioso testamento*, et adoptées par le Tribunal, les enfants Verneret doivent prendre *ab intestat*, à cause de la nullité du testament de Mᵉ Milleret, pour prétérition, la moitié de l'hoirie qu'ils étaient tenus de rendre, en vertu de la cause codicillaire, en retenant la légitime et la trébellianique; que la légitime était d'un dixième chacun; que sur les deux autres dixièmes, ils retenaient le quart pour la trébellianique, soit un vingtième de l'hoirie;

Attendu que la décision du tribunal ayant été conforme à ces principes, l'erreur de calcul qui s'est glissée dans la fixation de ces droits n'a pu nuire à l'appelant, parce qu'il ne conste pas qu'il ait reconnu et approuvé l'erreur, qu'il a, au contraire, protesté de la faire réparer, dans les divers actes de l'instance, et qu'une erreur matérielle ne doit pas prévaloir sur la déclaration du droit;

Attendu qu'il ne peut y avoir d'acquiescement à la consécration d'une erreur de calcul, puisque le jugement de 1856 a réellement voulu accorder autre chose que ce qu'il a fixé, et que rien ne fait présumer que le demandeur ait voulu se contenter de cette fixation erronée;

Attendu qu'il n'était pas nécessaire d'appeler, comme l'ont prétendu les premiers juges, pour faire réparer cette erreur, qu'il était en leur pouvoir de rectifier :

Déclare que les enfants Verneret ont droit, en conformité de ce dernier jugement, chacun à un dixième pour leur légitime, et à un soixantième pour la trébellianique.

PORTIER DU BELLAIR, *P.* MOXOD, *R.*

---

[1] La jurisprudence a changé complettement depuis l'arrêt du 30 juillet 1844; Genoux-Prachet c. Dupuis: De Juge R. — 5 avril 1845 : Genoud c. Bastard; Feillier, R.; et plusieurs autres.

1er Août 1843.

AUGMENT. — TRANSMISSION.

Art. 1329 C. c. (D. A.; Q. T.)

Suivant notre ancienne jurisprudence, les enfants avaient, depuis le jour du mariage de leurs parents, un droit acquis sur l'augment; ce droit n'a pu être modifié par une loi postérieure au mariage.

LES CONSORTS BILLIOD C. LES DAMES DE MONTHOUX.

LE SÉNAT : En ce qui concerne les conclusions prises par Marie Roch, quant à l'augment promis à Jacqueline Thiébaud, son aïeule maternelle, dans l'acte du 16 octobre 1787, Plagnat notaire;

Attendu que, d'après la loi statutaire, les enfants nés du mariage avaient un droit acquis sur l'augment, droit qui était seulement susceptible de résolution, dans le cas de prédécès des enfants à leur père et à leur mère;

Attendu que ce droit acquis à Gertrude Bérard, n'a pu être atteint par les dispositions des lois du 17 Nivôse an 2, et du 22 Ventôse suivant, qui ont aboli les coutumes relatives à la transmission des biens par succession ou donation :

Ordonne la collocation de Marie Roch devoir être faite au premier rang des créanciers hypothécaires, sur le prix de la généralité des biens vendus : 1° pour la somme de 1,600 livres, monnaie ancienne de Savoie, montant de la dot constituée à Jacqueline Thiébaud, femme Bérard, son aïeule maternelle;

Pour celle de 1,000 livres, même monnaie, montant de l'augment, le tout porté dans l'acte de mariage du 16 septembre 1787, Me Plagnat notaire.

PETTITI, *P. P.* ANSELME, *R.*

---

7 Août 1843.

TESTAMENT. — CLAUSE CODICILLAIRE. — TRÉBELLIANIQUE. — ABSENT. — CHOSE JUGÉE.

Art. 99, 1461, 1136. C. c. (D. R., R. C.)

L'héritier institué, tenu de restituer l'hoirie, en vertu de la clause codicillaire, ne peut demander la réduction des donations qui n'excèdent pas la quotité disponible, pour parfaire la trébellianique que la loi lui accorde;

Suivant la jurisprudence antérieure au code civil, l'absent n'est présumé ni mort ni vivant quant aux droits éventuels qui peuvent lui échoir après sa disparition; c'est à celui qui fonde la demande sur la vie de l'absent, à la prouver. [1]

Le jugement passé en jugé, qui a prononcé la nullité du testament, à raison de la prétérition de l'absent, ne préjuge pas irrévocablement l'existence de l'absent à la date du décès du testateur, et ne dispense pas les parties intéressées d'en rapporter la preuve.

CLOPPET C. CLOPPET.

Par testament du 9 mars 1830, Claude Cloppet, père des parties, lègue à Pierre Cloppet, le demandeur, une somme de 1,200 livres, à titre de légitime, et sans faire mention de l'un de ses fils, absent depuis longtemps, il institue Antoine, un autre de ses enfants, son héritier universel.

Par deux actes antérieurs au testament, Claude Cloppet avait donné tous ses biens à Jean et Antoine, deux de ses fils, et les avait chargé de payer la somme de 1,200 livres au demandeur.

Sur les poursuites de ce dernier, le tribunal prononce la nullité du testament du père commun des parties, pour cause de prétérition de l'absent, et réserve l'effet de la clause codicillaire en faveur de l'héritier institué.

Ce jugement étant passé en jugé, Pierre Cloppet tenu de restituer l'hoirie, en vertu de la clause codicillaire, demandait la distraction en sa faveur de la légitime et de la trébellianique, et en même temps l'envoi en possession des biens de l'absent Claude Cloppet son frère.

Sur ce, LE SÉNAT :

Attendu que le légitimaire chargé de rendre l'hoirie à un descendant, par l'effet de la clause codicillaire, a droit de retenir la légitime et la trébellianique sur sa part virile, en vertu des dispositions du § 1er, tit. 4, liv. 5 des R. C.;

Attendu néanmoins que malgré la nullité du testament de Claude Cloppet, père des parties, prononcée par un jugement qui a acquis l'autorité de la chose jugée, l'appelant serait empêché de jouir du bénéfice de

---

[1] Concl. conf., 20 février 1842.
Arrêt conform., 13 août 1840 : Bidal c. Bidal; Seitier, R.

la trébellianique , parce que ledit Claude Cloppet se serait dépouillé de ses biens par des actes entre-vifs, produits au procès, et que la nullité du testament dont il s'agit ne pourrait porter atteinte à la validité de ces actes, sauf le droit du légitimaire de faire réduire, à concurrence de la quotité disponible, les libéralités qu'ils renferment;

Attendu que, bien que le tribunal ait décidé, par un jugement devenu irrévocable, que le testament dudit Claude Cloppet est nul parce qu'il a prétérit l'un de ses fils absent, et que l'héritier institué ait déclaré ne pouvoir justifier que l'absent était mort à l'époque du décès de son père, on ne peut en induire que le tribunal ou les parties aient entendu tenir ledit absent pour vivant, par cela seul qu'il y avait défaut de preuve de sa mort;

Attendu que l'absent n'étant présumé ni mort ni vivant, l'appelant qui prétend lui faire réserver sa part héréditaire dans l'hoirie paternelle, doit prouver que ledit absent a survécu à son père;

Attendu que l'appelant est dans ses délais, pour fournir cette preuve par tous moyens de droit;

Attendu que, s'il est hors de doute, en point de droit, que l'appelant serait fondé à se faire associer à la curatelle des biens que son frère absent possédait lors de ses dernières nouvelles, il importe d'éclaircir, en point de fait, si cet absent a laissé quelques biens lors de sa disparition, car l'appelant n'a pas sauvé la négative qui a été interjetée à cet égard :

Ordonne que les parties procèderont plus amplement.

D'ARCOLLIÈRES.   JACQUEMOUD, R.

———

11 Août 1843.

VENTE. — SURENCHÈRE. — INSTANCE D'ORDRE. — MANIFESTE. — MOTIFS.

Art. 2313 C. c. (D. A.)

La surenchère rend non-avenue la vente qui l'a précédée;

En conséquence, les créanciers du propriétaire évincé, par suite de la surenchère, ne doivent pas être appelés à l'ordre.

La demande en rectification, ou modification, du manifeste, peut être proposée devant le tribunal, et même après le jugement qui a approuvé le manifeste et ordonné la vente.

L'omission de motifs dans une décision, n'est pas une cause de nullité. [1]

COLLY C. DOMENGET.

LE SÉNAT : Attendu que par l'effet de l'adjudication qui a eu lieu en faveur de Colly, à la suite de la surenchère qu'il a mise dans l'instance introduite par Domenget, pour le purgement des immeubles qu'il avait acquis des père et fils Ailloud, par acte du 18 janvier 1832, Forestier notaire, cette vente a dû être considérée comme résolue, et que, par conséquent, les biens dont il s'agit sont parvenus à l'adjudicataire libres de toutes charges hypothécaires, du chef du précédent acquéreur;

Attendu dès lors que les créanciers de Domenget n'ont point dû être appelés dans la cause d'ordre qui a eu lieu pour la distribution du prix de l'adjudication;

.....Attendu que si Colly croyait que la vente en bloc des biens dont il s'agit, sans l'essai préalable des enchères partielles, pût nuire au résultat des subhastations, il aurait dû s'expliquer spécifiquement avant le jugement du 1er juillet 1842, sur les clauses et les conditions qu'il aurait pensé devoir proposer pour la rédaction du manifeste, et qu'au surplus le jugement dont est appel n'empêchait pas que la division en plusieurs lots ne pût encore être autorisée par le tribunal;

Attendu que le jugement du 1er juillet 1842 a été rendu ensuite de l'arrêt du Sénat du 25 janvier de la même année, lequel, en prononçant sur un appel précédemment émis par Colly, a ordonné qu'il serait procédé à la revente poursuivie par Domenget, en conformité du dernier alinéa de l'article 121 de l'édit du 16 juillet 1822, et que le défaut d'énonciation de motifs, dans le jugement dont il s'agit, ne pouvant d'ailleurs causer à Colly aucun préjudice, il ne doit pas être admis à se prévaloir d'une irrégularité semblable, dans l'unique but de retarder des poursuites qu'il ne pourrait éviter qu'en payant intégralement le prix de l'adjudication faite en sa faveur :

Déclare Colly non-recevable.

PETTITI, P. P.   DE ST-BONNET, R.

———

[1] Concl. conf., 10 avril 1843.
Arrêt conf., 2 décembre 1844 : Basin c. Blanc, Cursaz; Girod, R.

11 Août 1843.

SOCIÉTÉ. — SOLIDARITÉ. — DISSOLUTION.

Sous l'empire des lois en vigueur avant le Code civil, les associés n'étaient pas tenus solidairement, les uns envers les autres, pour les obligations de la société.

La société, contractée pour un temps déterminé, ne peut être dissoute avant le terme, au gré de l'un des sociétaires. [1]

Les consorts de la Fléchère c. Bard et autres.

En ce qui concerne les conclusions prises en solidarité,

Attendu que, d'après la jurisprudence en vigueur à l'époque où ont été passés les actes sur lesquels les consorts de la Fléchère appuient leur demande, la solidarité, dans les sociétés même commerciales, ne se présumait point et ne pouvait être admise, si elle n'était expressément stipulée par les parties, ou établie par une disposition législative ;

Attendu que les actes invoqués par les demandeurs ne renferment aucune stipulation de solidarité entre ceux qui les ont passés, et que les demandeurs se sont bornés à implorer la solidarité résultant du § 2, tit. 16, chap. 5, liv. 2, des R. C. ;

Attendu que ce paragraphe, introduit par la loi du temps, en faveur du commerce, n'avait évidemment trait qu'aux obligations et dettes d'une société envers les tiers, et qu'il ne pouvait concerner les engagements respectifs des associés entr'eux, qui, édifiés sur leur responsabilité respective, n'étaient présumés s'obliger, à défaut de clause spéciale, qu'en conformité du droit commun ;

Attendu, cela posé, qu'il ne s'agit que de rechercher si la créance de l'auteur des demandeurs a été celle d'un tiers contre la société de Sainte-Catherine, ou seulement celle d'un associé vis-à-vis de ses coassociés ;

Attendu, à cet égard, qu'il résulte de l'acte du 5 mai 1787, que les parties y nommées, au nombre de 14, parmi lesquelles figuraient les auteurs des demandeurs et des défendeurs, formèrent entr'elles une association pour l'exploitation de la fabrique de faïence, dite de Sainte-Catherine, et qu'en reconnaissant que cette société avait

[1] Concl. contr., 10 janvier 1842.

déjà commencé le 15 juillet 1785, ils convinrent qu'elle ne finirait qu'à la révolution de 20 ans, soit par conséquent le 15 juillet 1803 ;

Attendu qu'il est de principe qu'une société contractée pour un certain temps, ne finit qu'à l'expiration de ce temps, et que, parmi ceux qui en font partie, les uns ne peuvent, à l'égard des autres, la dissoudre par leur seule volonté, mais qu'il faut, pour cela, le concours ou le consentement de tous les associés :

Déclare l'exception de non-solidarité, proposée par les défendeurs, légitime et fondée ; et pour le surplus, ordonne que les parties procéderont plus amplement.

Portier du Bellair, *P.* De Juge, *R.*

---

11 Août 1843.

ÉTRANGER. — COMPÉTENCE. — IMMEUBLE SUR LA FRONTIÈRE. — NULLITÉ. — CONFISCATION.

Art. 28 C. c. (R. C.)

Le Sénat est seul compétent pour prononcer sur la validité de la vente, faite à un étranger, d'immeubles situés à la proximité des frontières.

Les Français établis en Savoie pendant l'occupation française, qui ont continué à y résider depuis la restauration, sans faire de déclaration contraire, sont censés sujets du roi, et jouissent des droits attachés à cette qualité.

Les R. C., en prononçant la confiscation de l'immeuble situé sur la frontière, vendu à un étranger, ont, par là même, interdit au vendeur le droit de demander la nullité de la vente. [1]

Borgel et autres c. Roman.

Attendu que d'après le § 8 du proême des R. C., la question de nullité soulevée contre la vente du 26 mai 1816, est de la compétence exclusive du Sénat, puisqu'elle dépendrait de la qualité d'étranger de Roman, et de la nature de la contestation, qui concerne un immeuble situé à la proximité des frontières ;

Attendu qu'à la date dudit contrat, Carouge, domicile du défendeur, ainsi que Pressilly, lieu de la situation de l'immeu-

[1] Concl. conf., 8 mars 1843.

lle, étaient également sous la domination du roi, et régis par les R. C.; et que le défendeur lui - même, quoique Français d'origine, était, suivant le traité de Paris du 30 mai 1814, aussi sujet de Sa Majesté, et autorisé à jouir de tous les droits attachés à cette qualité, pendant qu'il n'avait pas déclaré son intention contraire; fait dont il n'a pas été justifié;

Attendu qu'il suit de là que les demandeurs ne seraient pas admissibles à invoquer la nullité de la vente dont s'agit, d'après le § 6, tit. final, liv. 6, des R. C.;

Attendu d'ailleurs qu'en se bornant à frapper de confiscation, au préjudice de l'étranger, l'immeuble qu'il acquerrait dans le rayon fixé, la loi royale n'avait pas entendu en annuler la vente pour en faire profiter les vendeurs;

Par ces motifs, sans s'arrêter à l'exception de nullité soulevée par les demandeurs contre la vente du 26 mai 1816, ordonne que les parties procèderont.

SEITIER. D'ARCOLLIÈRES, R.

---

12 Août 1843.

INSTANCE D'ORDRE. — APPEL. — AUGMENT COUTUMIER. — DONATION DÉGUISÉE.

Art. 1529 C. c. (R. C.)

Dans les instances d'ordre, l'appel émis par l'un des créanciers, profite à tous ceux qui sont colloqués après lui.

La citation faite au débiteur, seulement en qualité de mari constitutaire, suffit pour interrompre les délais de l'appel, même à son encontre, s'il a comparu à l'audience, et n'a pas contesté les conclusions prises directement contre lui.

L'augment n'est censé constitué à titre onéreux par le mari, qu'autant qu'il n'excède pas le taux fixé par la coutume; pour le surplus, il n'est qu'une simple donation.

Lorsque la constitution de dot est générale, la femme ne peut être colloquée effectivement dans l'ordre introduit pour la distribution du prix des biens du mari, à raison de son augment, qu'à concurrence de la moitié des sommes dotales réellement perçues; pour le surplus, elle est colloquée éventuellement, pour le cas où il lui écherrait de nouveaux biens dotaux.

BOCCON, TOURNIER ET AUTRES, C. PRALLET, FEMME DANOISE.

En ce qui concerne les fins de non-recevoir, proposées contre l'appel,

Attendu que Tournier l'a interjeté et relevé dans les délais fixés;

Attendu que le bénéfice de cet appel, qui tend à écarter quelques-uns des articles de la demande présentée par la femme Danoise, doit profiter aux créanciers colloqués après elle, et que, sous ce rapport, ils sont litisconsorts de Tournier, et recevables à se prévaloir de l'appel qu'il a interjeté;

Attendu que la créance de la femme Danoise étant seule contestée, il a suffi aux appelants de la citer à paraître céans, pour satisfaire à cet égard aux dispositions de l'art. 157 de l'édit du 16 juillet 1822;

Attendu que quoique le débiteur n'ait pas, conformément au prescrit dudit article, été appelé céans de son chef, mais seulement pour assister Rose-Antoinette Prallet, sa femme, cette omission ne saurait porter atteinte à l'efficacité de l'appel qui a été interjeté et relevé en temps utile, et donnerait seulement lieu à régulariser l'instance en l'appelant en cause, s'il ne s'y trouvait pas;

Attendu néanmoins que Danoise s'étant présenté céans pour assister sa femme, et les appelants ayant pris qualité contre lui personnellement, on peut induire du silence qu'il a gardé de son chef, qu'il n'a pas à faire valoir des moyens autres que ceux qu'il a proposés de concert avec sa femme;

En ce qui concerne le fond de la cause:

Attendu que si l'augment était proportionné à la dot, il ne serait pas regardé comme une donation gratuite, et se trouverait, par ce motif, dispensé des formalités prescrites pour ces donations;

Attendu qu'il n'est pas établi que la femme Danoise connût, à l'époque de son mariage, l'état des affaires de son mari, et qu'on ne peut conséquemment la regarder comme ayant traité en fraude des droits des créanciers qu'il pouvait avoir;

Attendu que par le contrat de mariage du 21 juillet 1835, Deschamps notaire, la femme Danoise, après s'être constitué la généralité de ses biens présents et futurs, a spécialement apporté en dot à son mari les 6,000 livres qui lui ont été données à ce titre par son père et par sa mère, et qu'un augment de 6,000 livres a été stipulé en sa faveur, par ce contrat;

Attendu que la position de la famille Prallet, et les clauses du contrat de mariage rendraient peu probable une augmentation notable dans la consistance de la dot constituée au montant de 6,000 livres, et que, sous ce rapport, l'augment stipulé paraîtrait excéder la quotité déterminée par la coutume;

Attendu néanmoins que la dot a été augmentée, après le mariage, de 1,500 livres anciennes, ensuite de l'institution faite en faveur de la femme Danoise, dans le testament de Rosalie Mouche, du 11 septembre 1857, Arnaud notaire;

Attendu que pour concilier la fixation actuelle de l'augment coutumier avec l'éventualité d'une augmentation postérieure dans la consistance de la dot, il y a lieu à colloquer la femme Danoise pour raison de son augment, immédiatement pour la moitié de ses avoirs actuels, et d'une manière éventuelle, à concurrence du surplus de l'augment stipulé dans le contrat de mariage, pour le cas où il y aurait ultérieurement quelque augmentation dans la consistance des avoirs dotaux;

Attendu que la portion de l'augment stipulé qui excéderait la quotité fixée par la coutume, ainsi que la donation de 10,000 livres faite par Danoise à sa femme dans le même contrat, étant des avantages purement gratuits, les dispositions qui les contiennent n'ont pu, à teneur du § 7, tit. 14, liv. 5 des R. C., affecter les tiers, et ne peuvent, par conséquent, préjudicier à leur demande en collocation :

A reçu appelant.

PETTITI, P. P.   MARESCHAL, R.

---

14 Août 1843.

LÉGITIME. — ÉVALUATION. — PLUS-VALUE.

Art. 016 C. c.

Lorsque la légitime est payée en corps héréditaires, le légitimaire doit profiter de l'augmentation de valeur qu'ont acquise les biens depuis l'ouverture de la succession.

En conséquence, l'évaluation doit être faite suivant la valeur au jour de la délivrance. [1]

---

[1] Arrêt conf., 5 juillet 1838 : Bernerd c. Bernerd; de Buttet, R. — 22 mars 1847 : Genevois c. Voguel; Girod, R.

JANIN C. JANIN.

LE SÉNAT : Attendu qu'en exécution de l'arrêt du 8 juillet 1842, Jacques Janin a déclaré vouloir payer en corps héréditaires la portion de la légitime qui est à sa charge;

Attendu, en cet état de choses, qu'il est tenu de délivrer à son frère, sur la part de l'hoirie paternelle échue à son lot, une quotité de corps héréditaires équivalente au vingt-quatrième de l'actif de cette hoirie, quelle que soit l'augmentation de valeur que les immeubles aient éprouvée depuis l'ouverture de la succession par l'effet de l'accroissement survenu dans la valeur vénale des propriétés territoriales;

Attendu, cela posé, que l'évaluation des immeubles, à l'époque du décès du père commun, est inutile, et que celle qui leur a été donnée dans le rapport sus-énoncé du 7 septembre 1840, peut servir de base à l'opération qui reste à faire pour déterminer les immeubles que Jacques Janin doit relâcher à son frère à titre de légitime :

.....Par ces motifs, déclare pierre Janin avoir droit de profiter de l'augmentation de valeur que les immeubles de l'hoirie de son père ont naturellement acquise depuis son ouverture.

DE LA CHARRIÈRE, P.   DE BRICHAUTEAU, R.

---

14 Août 1843.

DOT. — HYPOTHÈQUE LÉGALE. — AUGMENT. — REVENUS DE LA DOT.

Sous les R. C., l'hypothèque dotale remontait à la date du contrat de mariage, même pour les avoirs dotaux acquis postérieurement, lorsque la constitution comprenait les biens présents et futurs.

Suivant la coutume de Savoie, l'augment est de la moitié des sommes et créances dotales.

Lorsque la constitution comprend les biens futurs, on prend en considération, pour fixer cette moitié, la valeur des biens au jour où ils sont échus à la femme, avec tous les fruits, intérêts et autres accessoires, dès à la même époque.

ROULET ET CLÉRY C. V° LEUILLET.

LE SÉNAT : Attendu que par le contrat du 2 février 1816, Girard notaire, tous les biens présents et futurs de Jacqueline Sulpice avaient été constitués en dot, et que conséquemment la créance dont ladite Sulpice avait à exiger le paiement, dans la discussion Delorme, comme héritière d'Emérantianne Mollard, sa mère, se trouvait dotale;

Attendu que, d'après les lois en vigueur à l'époque du contrat ci-dessus mentionné, l'hypothèque légale de la femme remontait à la date du contrat de mariage, même pour les avoirs dotaux acquis postérieurement, lorsque la constitution comprenait les biens présents et futurs;

Attendu qu'il ne suffirait pas que Antoine Leuillet eût laissé retirer par sa femme seule le montant de la créance dont il s'agit, pour se trouver dispensé de l'obligation de la représenter, si d'ailleurs il ne constait point qu'elle eût tourné au profit de la femme, et qu'il est, du reste, suffisamment établi que les 2,000 livres dont l'allocation est contestée, ont été payées, à l'acquittement dudit Leuillet, à Susanne Barberis;

Attendu que, suivant la coutume, l'augment doit être fixé à la moitié des sommes et des créances dotales;

Attendu que, si le revenu des biens dotaux appartient au mari, durant le mariage, c'est seulement depuis l'époque à laquelle ils sont parvenus à la femme, lorsqu'il s'agit, comme dans l'espèce, d'une constitution de biens futurs; qu'ainsi, la somme capitale que Jacqueline Sulpice a pu réclamer, comme comprise dans sa dot, est celle qui se trouvait due en capital, intérêts et dépens, par la discussion de l'hoirie d'Emérantiane Mollard, à l'époque de son décès, et que c'est d'après cette somme que doit être calculé l'augment de cette partie de la dot:

A reçu Jacques Roulet et Cléry appelants.

PETTITI, P. P. DE ST-BONNET, R.

———

14 Août 1843.

PROCUREUR. — DÉSISTEMENT. — VENTE SIMULÉE. — NULLITÉ. — PRESCRIPTION.

Art. 1103, 1106 C. c. (C. F.)

Le procureur ne peut, sans un mandat spécial, se désister d'une opposition formée par son client.

La vente simulée est radicalement nulle, et ne peut se soutenir comme donation déguisée, lorsque les parties n'ont pas eu l'intention sérieuse de transmettre le domaine des objets qui y sont compris.

Cette nullité étant absolue, peut être proposée par tous ceux qui y ont intérêt.

Un acte de cette nature ne peut être considéré comme juste titre, et donner lieu à la prescription de 10 et de 20 ans.

GUIGUE c. GRANGER.

.....En ce qui concerne l'appel de Maurice Guigue,

Attendu que les conclusions de Bernard Granger, qui ont précédé le jugement du 31 mai 1837, tendaient, non-seulement à faire déclarer jacente l'hoirie de Pierre Guigue, mais encore à faire fixer jour et heure pour l'enchère des biens détenus par les tiers;

Attendu que l'adhésion donnée à ces conclusions, au nom de Maurice Guigue, a été évidemment le fruit d'une méprise sur la portée de ces conclusions;

Attendu d'ailleurs, que par le fait de cette adhésion, Maurice Guigue aurait renoncé à son opposition comme tiers-possesseur des numéros 2934 et 2935; que ce désistement, alors comme aujourd'hui, aurait excédé les pouvoirs du procureur occupant, et ne pouvait être donné sans mandat spécial, ou sans la participation personnelle de la partie, ce qui n'a pas été justifié;

Attendu que l'adhésion, dont il s'agit, n'ayant dû apporter aucun changement dans les qualités de Maurice Guigue, c'est en vain qu'on voudrait en induire que les Royales-Patentes du 29 septembre 1838 sont entachées d'obreption et de subreption;

Attendu que Bernard Granger ne serait pas mieux fondé à soutenir cette exception en s'étayant du mérite des actes sous date du 2 Fructidor an 13, et 4 Frimaire an 14, mérite que le développement des moyens respectifs, en fait et en droit, pourra seul faire apprécier, et qui n'a pu exercer une influence décisive sur la restitution en temps et en entier dont il s'agit;

Attendu, au fond, que Bernard Granger soutient que l'acte du 2 Fructidor an 13 est le fait du dol et de la fraude; que les parties, en passant cet acte, n'ont eu en vue que de simuler une vente, pour soustraire les biens qui en étaient l'objet aux poursuites imminentes des créanciers du vendeur;

Attendu qu'il invoque à l'appui de ses soutènements, l'état de déconfiture dans lequel se trouvait Pierre Guigue, les clauses insolites dudit acte, la possession des

16

immeubles retenue par le vendeur, le défaut de toute mutation à la cote cadastrale de celui-ci ;

Attendu que si Bernard Granger, qui ne serait devenu créancier que postérieurement, en vertu de l'acte du 4 Frimaire an 14, n'est pas admissible à exercer l'action Paulienne et à impugner cet acte pour des causes propres à le faire rescinder, soit comme vente réelle, soit comme libéralité déguisée faite en fraude des créanciers, la même fin de non-recevoir ne peut être opposée à des conclusions tendant à établir que ledit acte a été passé dans la volonté de ne donner aucune suite à la transmission du domaine qui en formait l'objet apparent ;

Attendu que l'acte dont la stipulation n'a été qu'un simulacre pour lequel aucun consentement n'est intervenu entre les parties, qui manque conséquemment de la base essentielle à tout contrat, est un acte nul de fait et de droit ;

Attendu que dans cette hypothèse le tiers agissant n'exerce pas un droit, une action propre à son débiteur, mais use d'une faculté qui lui est personnelle, celle d'établir la réalité d'un fait apte à fonder ses conclusions ;

Attendu que, dans les limites sus-indiquées, le but de Bernard Granger serait d'obtenir l'exercice de son action hypothécaire sur les fonds détenus par Maurice Guigue, comme si ces fonds n'étaient jamais sortis du domaine de Pierre Guigue, son débiteur ;

Attendu que la nullité absolue et originaire de l'acte de vente qu'il tente d'établir, ne serait qu'un fait invoqué à l'appui de ses demandes, dont il aurait droit de se prévaloir comme de toute autre circonstance propre à repousser les exceptions adverses, et à fonder ses conclusions ;

Attendu que si ledit acte n'a jamais eu de consistance réelle, Maurice Guigue, qui ne saurait être considéré comme acquéreur de bonne foi, ni comme possédant en vertu d'un titre habile à transférer la propriété, ne pourrait, avec plus de succès, opposer la prescription décennale aux poursuites de Granger ;

Attendu, en fait, que les moyens dont Granger fait usage pour soutenir la nullité originaire et absolue de l'acte du 2 Fructidor an 13, n'ont pas reçu leur entier développement, et qu'en particulier la participation de Pierre d'Alby, audit acte, ne pourrait résulter que de déduites spéciales,

quant au numéro 2935 ; qu'ainsi les parties doivent être acheminées à procéder ultérieurement sur ce chef :

.....Ordonne que les parties procéderont plus amplement.

D'ARCOLLIÈRES. GIROD, R.

---

21 Novembre 1843.

APPEL. — ACQUIESCEMENT. — ERREUR. — OMISSION.

Le jugement rendu sur aveu, ou sur acquiescement de la partie, ne peut plus être déféré en appel. [1]

L'omission ou l'erreur matérielle commise dans une sentence peut toujours être réparée par le même juge.

ABBAS c. FREZIA.

LE SÉNAT : Attendu qu'en thèse générale, tout jugement rendu sur offre ou aveu, ou suivi d'acquiescement, n'est pas susceptible d'appel ;

Attendu que le jugement du 23 février dernier n'a adjugé à Frézia la somme pour laquelle Abbas s'est déclaré débiteur, que pour les articles sujets à discussion, les parties ont été renvoyées à l'audience du 2 mars suivant ; qu'à cette audience, l'appelant, non-seulement n'a pas contesté de devoir le montant de 4,081 livres 60 centimes porté par le jugement du 23 février, mais qu'il s'est encore reconnu débiteur de l'intimé d'une autre somme de 118 livres 40 centimes, qu'il a offert de payer dans le jour même, paiement qu'il ne disconvient pas d'avoir effectué le 5 du même mois, d'où il suit qu'il y a eu, de la part d'Abbas, offres formelles dans lesdits jugements, et ensuite acquiescement ;

Attendu enfin qu'à supposer vraie l'erreur alléguée par l'appelant d'une somme de 500 livres que l'intimé aurait oublié de lui imputer dans leurs comptes, il est en droit de faire réparer cette omission par le tribunal qui a rendu les décisions dont est appel, ou lors de l'exécution du jugement :

Par ces motifs, déclare Jean-Baptiste Abbas non-recevable.

DE LA CHARRIÈRE, P. SEITIER, R.

---

[1] Arrêt conf., 28 décembre 1844 : Gassilloud c. Vincent ; Girod, R.

1er Décembre 1843.

SUCCESSION. — IMMIXTION. — VENTE.

Art. 988 C. c.

Le successible qui intervient et consent à la vente faite par un tiers d'objets sur lesquels le défunt son auteur aurait quelques prétentions à élever, ne fait pas nécessairement acte d'immixtion, et ne se prive pas de la faculté de répudier.

DUVILLARD C. MILLION.

LE SÉNAT : Attendu qu'il n'a pas été établi qu'Angelon Duvillard ait possédé des objets dépendants de la succession de Joseph-Marie Duvillard, son père, qu'il ait pris le titre ou la qualité d'héritier de celui-ci, ni même qu'il ait été interpelé de répondre à cet égard ; qu'ainsi les dispositions des §§ 2, 3 et 4 du tit. 5, liv. 3 des R. C. ne sauraient lui être applicables ;

Attendu, quant aux énonciations contenues dans l'acte de vente passé par l'intimée à Nicolas-Marie Besson, le 9 mars 1832, devant le notaire Bonod, ainsi conçues : « Interviennent ici les enfants de feu Joseph « Duvillard et de Françoise-Marie Million ; « savoir : Angelon, Marie, Hélène, etc., « lesquels donnent leur entier consente- « ment à cette vente, tout comme s'ils « étaient vendeurs eux-mêmes, et qu'ils « n'eussent aucun droit à y prétendre ; » Qu'il ne résulte pas de ces énonciations qu'Angelon Duvillard ait fait un acte qu'il n'aurait eu droit de faire qu'en sa qualité d'héritier, ou qui suppose nécessairement son intention d'accepter la succession de son père ;

Attendu que le contraire résulterait même de l'acte précité, en ce que c'est l'intimée qui a vendu l'immeuble, qui en a retiré une partie du prix, et a délégué le paiement du surplus à un de ses créanciers propres ;

Qu'il résulte des dernières expressions de la partie de l'acte sus-ténorisée, qu'Angelon Duvillard, qui y était intervenu, ne se considérait pas, en réalité, comme vendeur, mais qu'il n'a entendu faire, dans l'intérêt de l'acheteur, et pour le tranquilliser, qu'une renonciation à tout droit qui aurait pu lui compéter sur le fonds vendu par sa mère, qui s'en regardait comme propriétaire ; qu'ainsi on ne saurait induire de cet acte, qui est sans utilité pour Angelon Duvillard, que celui-ci, en y intervenant, ait entendu se porter héritier de son père :

..... Déboute Françoise Million des conclusions tendant à faire déclarer Angelon Duvillard unique héritier de Joseph-Marie Duvillard, son père.

PETTITI, *P. P.* ANSELME, *R.*

---

2 Décembre 1843.

TESTAMENT SECRET. — FORMALITÉ. — NOTAIRE CONFIDENT.

Art 731 C. c.

Quelles sont les formalités pour la présentation, la clôture et le cachetement d'un testament secret ?

Le notaire qui a écrit le testament comme confident, peut en recevoir le dépôt.

REY C. REY.

LE SÉNAT : Attendu qu'il ne résulte pas que le procureur qui a signé l'écriture fournie en première instance au nom du demandeur, le 8 novembre 1841, eût pouvoir suffisant pour consentir à la confirmation du testament du 6 mars 1841 ; et que, d'ailleurs, l'exception mesurée des déclarations faites dans cette écriture, a été repoussée par la première partie du jugement du 23 décembre 1842, de laquelle il n'y a pas eu d'appel ;

Attendu que les expressions qui se lisent dans l'acte de présentation du testament du 6 mars 1841, *clos, cousu avec un fil blanc double et scellé en deux endroits, à ses extrémités inférieure et supérieure, avec de la cire rouge du sceau de moi notaire, portant l'empreinte du chiffre de mon nom aux lettres initiales V. R. entrelacées*, indiquent que le testament était muni de deux sceaux, un à l'extrémité inférieure, l'autre à l'extrémité supérieure, et que ce nombre de sceaux, ainsi placés, était suffisant pour prévenir toute fraude et substitution de testament ; qu'en conséquence, il a été suffisamment satisfait aux prescriptions et au vœu de la loi ;

Attendu que l'article 731 du Code civil ne prescrivant point une mention formelle et distincte de la présentation du testament et de sa remise au notaire, il suffit que ces deux faits résultent de l'ensemble des énonciations de l'acte de présentation ; on voit même par les expressions du 4e § de cet article, que les mots *présenter* et *remettre* sont pris indifféremment l'un pour l'autre, pour désigner que le papier était scellé avant la remission, ou qu'il l'a été au moment de la remission ; on y emploie tantôt l'expression de *remettre*, tantôt celle de *présenter*, et le texte italien n'emploie que le mot *présenter* qui est traduit dans le texte français par *remis* et *présenté* ;

Attendu qu'en énonçant que le testament a été présenté au notaire, en présence des témoins, par le testateur qui a fait la déclaration et qui a requis acte de cette remise et déclaration, et en ajoutant que le tout a été fait en présence des témoins sans divertir à d'autres actes ; l'acte de présentation du 6 mars 1841 énonce suffisamment que le testament a été non-seulement présenté, mais en même temps remis au notaire en présence des témoins ;

Attendu qu'aucune disposition législative n'interdit de présenter le testament secret au notaire qui l'a précédemment écrit comme personne confidente du testateur, et que rien n'a été allégué qui puisse faire suspecter la délicatesse du notaire Rey qui a écrit comme confident et reçu comme notaire le testament dont il s'agit, l'appelant ayant même formellement protesté n'avoir rien à opposer personnellement contre lui ;

Attendu, en ce qui touche l'exception de nullité dérivée de ce que le testateur n'aurait pas su lire, que cette exception a été proposée en première instance par écriture mise au greffe un jour avant le jugement dont est appel, que, d'ailleurs, elle ne constituait pas une demande séparée de l'action principale en nullité de testament, mais seulement un nouveau moyen à l'appui de cette action principale, qu'en conséquence, rien n'obste à ce que cette exception puisse être proposée dans l'instance d'appel, quoiqu'elle n'ait point été discutée ni décidée en première instance ;

Attendu que l'article 755 du Code civil dispose que ceux qui ne savent ou ne peuvent lire ne peuvent faire aucune disposition par testament secret, et que les faits articulés par l'appelant pour établir que Claude Rey ne savait pas lire, sont, par conséquent, pertinents et admissibles :

Sans s'arrêter au consentement à partage donné au nom du demandeur dans son écriture du..... ni aux moyens de nullité opposés au testament dont s'agit, autres que celui dérivé de ce que le testateur n'aurait pas su lire..... : admet en preuve les faits articulés.

PETTITI, *P. P.* CLERT, *R.*

2 Décembre 1843.

HÉRITIER. — BÉNÉFICE D'INVENTAIRE. — DÉLAI.

Art. 1017 C. c.

L'héritier qui ne s'est pas immiscé et qui n'est pas en possession réelle de l'hoirie, peut se prévaloir du bénéfice d'inventaire tant qu'il ne lui a pas été fixé de délai péremptoire, en conformité de l'art. 1017 du Code civil.

MOINE C. MAGNIN (LES FRÈRES).

LE SÉNAT : Attendu que Me Grivaz ayant déclaré en première instance, conformément aux pouvoirs limités par la procuration du 25 juillet 1836, Morand et son collègue notaires, que Jean Moine ne voulait accepter l'hoirie de Julien Moine que sous bénéfice d'inventaire, le tribunal ne devait pas se borner à donner acte de cette déclaration, ainsi qu'il l'a fait par son ordonnance du 5 août 1836, mais il devait en outre, avant de statuer sur le mérite des conclusions prises par les frères Magnin contre Moine, acheminer ce dernier à se conformer aux dispositions de la loi sur le bénéfice d'inventaire, et reconnaître s'il avait droit de jouir de ce bénéfice ;

Attendu que, dès qu'il ne conste pas que Moine, qui est absent des Etats, se soit mis en possession réelle de l'hoirie et se soit immiscé, le délai pour faire inventaire n'a pu, suivant l'article 1017 du Code civil, courir contre lui qu'à dater du jour qui aurait dû être fixé par le tribunal, et qu'aucun jour n'ayant été fixé, Moine était en temps utile lorsqu'il a, le 2 avril 1839, déclaré au greffe accepter l'hoirie sous bénéfice d'inventaire et fait dresser le procès-verbal du 12 même mois, portant que son frère n'avait laissé ni meubles ni créances, et que, s'étant ainsi conformé au prescrit de la loi, il est en droit de jouir du bénéfice d'inventaire, et ne peut être tenu au paiement des dettes de l'hoirie qu'à concurrence de la valeur des biens de cette hoirie :

.....Condamne Moine, en qualité d'héritier bénéficiaire.

PETTITI, *P. P.* MARESCHAL, *R.*

2 Décembre 1843.

TESTAMENT. — SIGNATURE. — TESTATEUR ILLITÉRÉ.

Art. 718 C. e. (C. F.)

La déclaration prescrite par l'article 973 du Code civil français peut être faite en termes équipollents : ainsi, la déclaration de ne savoir écrire équivaut à celle de ne savoir signer.

Il n'y aurait pas nullité lors même que l'on viendrait à établir que le testateur, sans savoir écrire, a quelquefois tracé son nom en caractères informes et illisibles au bas des contrats qu'il consentait. [1]

VUARAMBON C. VUARAMBON.

LE SÉNAT : Attendu que la déclaration de ne savoir signer, prescrite par l'art. 973 du Code civil français sous le régime duquel le testament dont il s'agit a été reçu, peut être faite en termes équipollents ; que la déclaration de ne savoir écrire, faite par le testateur sur l'interpellation de signer à lui adressée par le notaire, équivaut, dans la pensée du testateur et du notaire, à la déclaration de ne savoir signer, et que cela devient encore plus évident lorsqu'on considère que dans plusieurs actes produits au procès, ce même notaire s'est servi de la phrase ne savoir écrire pour ne savoir signer ;

Attendu qu'aux termes des articles 973 et 1001 du Code civil français, on doit prononcer la nullité d'un testament où le testateur a déclaré ne savoir signer, lorsqu'il est constant qu'il savait signer ;

Attendu cependant qu'on ne pourrait appliquer cette règle générale au cas d'un testateur illitéré et adonné aux travaux de la campagne, qui tantôt aurait mis sa signature, tantôt se serait borné à déclarer qu'il ne savait signer, et qui, dans le peu d'actes où il aurait tracé sa signature, ne l'aurait fait que d'une manière informe ; parce que, dans ce cas, la déclaration de cet homme, de ne savoir signer, pourrait être considérée comme n'étant pas contre la vérité ;

Attendu que ces principes seraient surtout applicables à un testament où, comme dans l'espèce qui fait l'objet du procès, on n'aurait allégué aucun fait de suggestion ni

de captation, et ou la sincérité des dispositions testamentaires se trouverait même confirmée par d'autres actes, comme ici par la procuration générale passée en faveur des héritiers désignés dans le testament ;

Attendu qu'il résulte déjà, des pièces produites au procès, que le testateur ne signait pas habituellement les actes auxquels il intervenait ; car, si les intimés ont produit une acquisition du 1er janvier 1809 et une obligation du 17 juin suivant, dans lesquelles on énonce qu'il a apposé sa signature, les appelants, de leur côté, ont produit une acquisition du 14 février 1809 et une procuration générale du 24 octobre suivant, même date que celle du testament, dans lesquelles il a déclaré, comme dans le testament, ne savoir écrire ; plus, les conventions sous seing-privé, aussi de la même date, dans lesquelles il a également déclaré ne savoir écrire, et a seulement apposé sa marque ;

Attendu que le fait articulé par les appelants pourrait, avec le résultat des pièces que l'on vient d'énoncer, démontrer que l'on se trouve dans le cas exceptionnel ci-dessus rappelé, où la déclaration du testateur de ne savoir signer doit être tenue pour sincère et véritable :

.....Admet le fait en preuve.

PETTITI, P. P.   CLERT, R.

---

5 Décembre 1843.

APPEL. — DÉLAI. — VALEUR. — FEMME MARIÉE.

Les délais d'appel ne peuvent courir contre une femme mariée qui a plaidé avec l'autorisation de son mari, tant que la sentence n'a pas été signifiée à ce dernier.

Le jour où l'appel est interjeté n'est pas compris dans les 80 jours accordés pour le relever au Sénat. [1]

Pour apprécier la valeur de la cause, on doit calculer toutes les sommes demandées tant dans les conclusions originales que dans les conclusions additionnelles, et quel que soit d'ailleurs le mérite de la demande.

---

[1] Concl. contr., 21 mars 1842.
Voy. arrêt dans la même cause, 13 mars 1846 ; Clert, R.

[1] Concl. du 6 mai 1843.
Arrêt conf. : Bozonnet c. Lavanchy et Andrier : Anselme, R.

ARNAUD C. LES CONSORTS DURAND.

LE SÉNAT : Attendu que le jugement du 5 août 1842 dont est appel, n'a été signifié, le 18 même mois, qu'à l'appelante, sans l'avoir été à Jean-Martin Bermond, son mari, bien qu'il y ait été mis en qualité, d'où suit qu'aucun délai de l'appel n'a pu courir contre lui ni même contre l'appelante qui, à défaut de l'autorisation maritale, ne pouvait agir ni ester en jugement ;

Attendu qu'en matière des délais d'appel la jurisprudence constante étant que : *Dies à quo profigitur terminus, non computatur in termino*, il s'en suit que l'appelante ayant, en l'assistance et avec l'autorisation de son mari, interjeté appel du jugement dont il s'agit le 29 août 1842, et l'ayant relevé le 17 novembre suivant, qui était le quatre-vingtième jour après celui de l'interjection, se serait pourvue dans les délais utiles ;

En ce qui concerne la valeur de la cause :

Attendu que les expressions employées dans l'art. 8 du chap. 1er, tit. 2 de l'édit du 27 septembre 1822, pour déterminer la compétence des tribunaux, embrassent la valeur de la cause en général ;

Attendu que toute demande peut être ampliée durant le cours de l'instance, d'où il suit qu'en réunissant les demandes de l'appelante qui étaient portées dans sa requête du 25 juin 1841, avec celles qui ont été formulées et additionnées dans ses conclusions motivées du 4 juin 1842, quel qu'en soit d'ailleurs le fondement, la valeur de la cause qui a été l'objet du jugement dont est appel, excède la somme de 1,200 livres :

.....Reçoit appelant.

PETTITI, *P. P.*   ANSELME, *R.*

---

21 Décembre 1843.

VENTE. — ACTE SOUS SEING-PRIVÉ. — PORTE-FORT. — OBLIGATION. — CAUSE.

Art. 1207, 1112 C. c. (n. c.)

La vente d'immeubles qui n'est pas rédigée en instrument authentique, est radicalement nulle.

Si l'un des héritiers du vendeur ratifie cette vente de son chef propre, et garantit que ses cohéritiers mineurs la ratifieront, il est tenu aux dommages et intérêts envers l'acquéreur, s'il ne procure pas cette ratification : il ne peut opposer de défaut de cause à l'obligation qu'il a prise comme porte-fort.

JEAN GAY C. HUMBERT (LES FRÈRES).

LE SÉNAT : Attendu que, par l'acte du 29 avril 1822, Philippe notaire, Jean Gay a reconnu que les immeubles qui y sont mentionnés et dont les frères Humbert se trouvaient en possession, avaient été vendus par son père, à qui le prix en avaient été payé, sans que la vente eût été rédigée en acte authentique ;

Que, dans l'acte sus-énoncé dont le but était de confirmer la vente qui s'y trouve rappelée, Jean Gay a promis son fait propre en se portant fort pour ses consorts ; qu'un engagement semblable ne saurait être considéré comme une obligation accessoire, subordonnée à l'effet qu'aurait pu produire l'acte de vente dont il s'agit, relativement au mineur Maurice Gay, qui a été absolument étranger à ce contrat ;

Attendu que l'intention de convalider par une nouvelle vente celle qu'il reconnaissait avoir été faite par son père, a pu être, pour Jean Gay, une cause suffisante de l'obligation qu'il a contractée, et que, d'ailleurs, les lois qui reconnaissent l'engagement de celui qui s'est obligé, en promettant le fait d'un tiers, n'exigent pas que cet engagement ait un correspectif en faveur de celui qui se porte fort ;

Attendu dès lors que Jean Gay est responsable des suites de l'inexécution de sa promesse :

.....Déclare non-recevable.

DE LA CHARRIÈRE, *P.*   DE St-BONNET, *R.*

---

22 Décembre 1843.

APPEL. — VALEUR. — BAIL. — TACITE RECONDUCTION.

Art. 1780, 1781 et 1782 C. c.

Dans les instances en résiliation de bail, pour fixer la valeur de la cause, on doit prendre en considération le prix de location, et les indemnités réclamées par les parties comme suite de la résiliation. [1]

Le bail authentique, fait sous les anciennes lois, a pris fin de plein droit à l'expiration du terme fixé.

La tacite reconduction qui s'est opérée sous le Code civil, doit être régie par les lois nouvelles.

Pour qu'il y ait tacite reconduction, il ne suffit pas que le preneur reste en possession des biens af-

---

[1] Concl. contr., 16 juin 1843.

fermés, il faut qu'il y fasse des actes d'exploitation, au vu et su du propriétaire.

PATUEL C. DEMAISON.

LE SÉNAT : Attendu que pour apprécier la valeur de cette cause, on ne doit pas seulement prendre en considération le prix auquel le bail des biens dont il s'agit aurait pu être porté ; mais encore les dommages que pourrait souffrir l'appelant, tiers-acquéreur, par suite de l'opposition de Demaison à vider la possession des mêmes biens ; que, sous ces divers rapports, la cause se trouvant être d'une valeur indéterminée, il y avait lieu d'admettre l'appel ;

En ce qui concerne les conclusions prises contre Demaison :

Attendu que le bail authentique du 17 mars 1817, Germain notaire, stipulé pour le terme de 9 ans, a cessé de plein droit, en mars 1826 ;

Attendu que le bail qui s'est opéré dès lors, de trois en trois ans, par suite de la jouissance du preneur dans les mêmes biens, et le consentement tacite du bailleur, qui s'est renouvelé de la même manière en mars 1838, a cessé, ledit nouveau bail, de plein droit en fin de février 1841, conformément aux dispositions combinées des articles 1781 et 1780 du Code civil ;

Attendu que, pour opérer un nouveau bail par reconduction tacite après l'expiration du terme, il ne suffit pas, suivant l'article 1782, qui est aussi applicable aux baux ruraux sans écrit, que le preneur reste en possession des biens, mais encore qu'il y soit laissé, disposition qui suppose, de la part du preneur, des actes d'exploitation, et, de la part du propriétaire, une approbation de ces mêmes actes ;

Attendu que le temps de possession nécessaire pour faire présumer le consentement réciproque à un nouveau bail, n'a pas été déterminé par la loi, qu'elle s'en est remise à la prudence des juges..... :

..... Reçoit appelant.

PETTITI, P. P.   ANSELME, R.

---

22 Décembre 1843.

PASSAGE. — ABUS. — PRESCRIPTION IMMÉMORIALE.

On ne peut acquérir par prescription même immémoriale un passage abusif.

Tout passage est réputé abusif, lorsque le fonds, en faveur duquel il est réclamé, touche à la voie publique ; lors même que le chemin serait impraticable dans les mauvais temps, s'il est susceptible d'être réparé. [4]

TELLIER C. FONTANEL.

LE SÉNAT : Attendu qu'il appert du plan signé Apprato, produit par les appelants, que le chemin qui donne accès à leur grange, figurée par la lettre K, aboutit à un chemin public et mappé au point figuré par la lettre R ;

Que ce chemin continue de ce point R, par les lettres P, M, B, A, et longe, vers ce point, la maison des appelants ;

Attendu qu'il résulte des délibérations du conseil double de la commune de Bonvillaret, du 14 novembre 1841, que le chemin dont il s'agit, classé parmi les chemins communaux et mappé, est à la charge de la commune ;

Attendu que l'impraticabilité du chemin, indiqué sur le plan Apprato, n'est ni absolue ni permanente, et que les appelants eux-mêmes n'ont supposé ledit chemin impraticable, que lors des grandes crues d'eau et des mauvais temps, ce qui n'exclut pas la possibilité de le réparer quand il en est temps, et d'en user habituellement ;

Attendu qu'en cet état de choses, le passage prétendu sur le fonds de l'intimé, qui aboutit audit chemin public au point R, devant être réputé abusif, il s'en suit que les faits de possession immémoriale, articulés par les appelants, ne sauraient être admissibles :

Par ces motifs, sans s'arrêter aux faits articulés, déclare non-recevables.

PETTITI, P. P.   ANSELME, R.

---

30 Décembre 1843.

VENTE. — AYANT-CAUSE. — ACTE SOUS SEING-PRIVÉ. — DATE CERTAINE.

L'acquéreur est l'ayant-cause du vendeur pour tous les actes passés avant la vente [1] ;

---

[1] V. arrêts des 28 juillet 1838 et 15 mars 1841.

[5] Arrêt conf., 31 décembre 1838 : Tartarat-Comtet c. Bochet, Teillier, etc. ; Cotta, R. — 26 février 1844, Brunet et Guillermin c. Brunet et Tochon ; Jacquemoud, R.

Voy. arrêt du 1er août 1842 : Rosset c. Viollet ; Arminjon, R.

En conséquence, il est tenu de toutes les charges assises sur l'immeuble, lors même qu'elles résulteraient d'un acte sous seing-privé, pourvu qu'il ait acquis date certaine avant l'acquisition.

Il serait admissible à proposer la nullité de cet acte, en justifiant qu'il a été souscrit à une époque où la loi exigeait, à peine de nullité, un instrument public, pour ces sortes de contrats.

DUSONCHET C. BERARD ET AMOUDRUZ.

LE SÉNAT : Attendu que, d'après les principes du droit sur la matière, lorsqu'il s'agit des actes que le vendeur a faits ou aurait pu faire depuis le jour de la vente, l'acquéreur est *tiers* ; mais qu'il est *ayant-cause*, lorsqu'il est établi que ces actes sont antérieurs à la vente et qu'ils sont de nature à affecter l'immeuble vendu ;

Attendu que les conventions sous seing-privé, passées à Annecy, entre Dusonchet et Dominique Amoudruz, relativement aux immeubles dont il s'agit au procès et portant la date du 2 septembre 1818 (époque à laquelle la ville d'Annecy était régie par le Code civil français), ont acquis certitude de date le 23 octobre 1827, jour de la mort dudit Amoudruz ;

Attendu que Berard n'est devenu propriétaire de ces mêmes immeubles qu'en vertu de la vente du 29 mars 1837, consentie en sa faveur par Jean-Baptiste Amoudruz, agissant comme héritier de son père Dominique ;

Attendu, dès lors, 1° qu'il est évident que lesdites conventions sous seing-privé n'ont pas été faites en fraude des droits que Jean-Baptiste Amoudruz, successeur, à titre universel, de Dominique Amoudruz, l'une des parties signataires, soit envers Berard qui est, à cet égard, ayant-cause de son vendeur Jean-Baptiste Amoudruz, et qui n'a pu acquérir d'autres droits que ceux que ce dernier avait lui-même ;

Attendu, cela posé, que Berard n'est pas admissible à élever, contre lesdites conventions sous seing-privé, d'autres exceptions que celles que Jean-Baptiste Amoudruz pourrait lui-même proposer, et que le tribunal a établi une distinction mal fondée sous ce rapport, entre Jean-Baptiste Amoudruz et Berard, quant aux effets de ces conventions ;

Attendu que, malgré la date qu'elles portent, Jean-Baptiste Amoudruz, son ayant-cause, auraient été admissibles, il est vrai, à attaquer ces conventions par voie de nullité, en prouvant qu'elles auraient été faites sous l'empire des R. C. et antidatées ; mais que ni l'un ni l'autre ne s'est acheminé à fournir cette preuve, d'où il suit que la date énoncée dans lesdites conventions doit être tenue pour sincère à leur égard :

Déclare Berard non-recevable à contester la sincérité de la date des conventions sous seing-privé, du 2 septembre 1818.

DE LA CHARRIÈRE, *P.* JACQUEMOUD, *R.*

JURISPRUDENCE DÉCENNALE.

Année 1844.

---

9 Janvier 1844.

APPEL. — ACQUIESCEMENT. — SIGNIFI-CATION.

Celui qui a fait intimer un jugement sans protestation, n'est pas admissible à s'en porter appelant.

La déclaration faite par l'huissier du nom de la personne qui a requis son ministère, fait foi jusqu'à preuve contraire.

BONNE C. LES MARIÉS PLANTIER ET MASSARDIER.

Noël Bonne, négociant à Chambéry, était en contestation avec les mariés Plantier et Massardier; il avait obtenu d'abord contre eux un jugement qui, les considérant comme simples commis, leur enjoignait de déguerpir de ses magasins.

Bonne leur fit signifier ce jugement; mais se ravisant ensuite, il en appela au Sénat, et soutint que les mariés Plantier et Massardier étaient, non pas ses commis, mais ses associés.

Ces derniers opposèrent de l'acquiescement donné au jugement du tribunal.

LE SÉNAT : Attendu que, par l'exploit du 17 janvier 1843, mis au bas de la copie authentique du jugement du 5 même mois, l'huissier Combaz a certifié avoir signifié ce jugement au requis de l'obtenant, sans mentionner aucune protestation de la part de celui-ci de vouloir en appeler ni pour le tout, ni pour une partie;

Attendu qu'un acte de ce genre fait foi de son contenu, du moins jusqu'à preuve contraire; que dès lors il ne suffit pas, pour lui ôter sa valeur, de simples dénégations, ou de désaveu du procureur, comme l'appelant se borne à en opposer;

Attendu que la signification d'un jugement ainsi opérée par la volonté de celui qui l'a obtenu, sans réserve d'appel, et sans que sa partie adverse en ait appelé elle-même, doit être envisagée comme emportant acquiescement au jugé de la part du premier, puisqu'elle suppose naturellement son intention de se prévaloir du jugement;

Attendu qu'on ne saurait notamment regarder comme satisfaisante l'excuse que l'appelant mesure de l'édit du 15 avril 1841, édit qui prescrit l'intimation de tout jugement; car cette disposition ne doit s'entendre que comme règle de procédure d'appel, statuant qu'aucun délai ne courra contre la partie pendant que le jugement ne lui aura pas été signifié, mais il ne dit point qu'on soit tenu absolument d'intimer même une sentence qu'on n'aurait pas la volonté de mettre à exécution;

Attendu que l'appelant ne peut pas mieux prétexter que l'intimation dont il s'agit, pourrait ne signifier autre chose que son intention de profiter de la partie du jugement qui lui était favorable; car, indépendamment de la nécessité de protester pour le chef d'un jugement qu'on n'entend pas admettre, celui dont est appel n'aurait pu être ainsi scindé en deux dispositions indépendantes l'une de l'autre, puisque le déguerpissement des intimés n'était contemplé dans les considérants, et ordonné dans le dispositif que comme une suite de la qualité qui leur était attribuée, de commis de l'appelant;

Attendu, enfin, qu'un acquiescement n'étant autre chose en lui-même qu'une adhésion, une acceptation, on ne saurait l'assimiler, comme fait l'appelant, à des aveux ou à des offres qu'on est à temps de révoquer, jusqu'à ce que l'adversaire les ait acceptés :

A déclaré l'appelant non-recevable en son appel.

De la Charrière, *P.* D'Arcollière, *R.*

---

14 Janvier 1844.

RÉCUSATION. — ASSESSEUR. — AVOCAT-FISCAL.

Les motifs de récusation doivent être proposés par les parties avant le jugement, sauf dans les cas prévus par le § 17, tit. 10, liv. 3 des R. C.

Le jugement n'est pas nul quoique l'un des juges qui l'ont rendu ait donné, comme substitut-avocat-fiscal, des conclusions sur le point en litige. [1]

Leborgne c. Dufresnay Vᵉ Rey

Le Sénat : Attendu que le jugement dont est appel n'est point nul, bien que spectable Perrier y ait concouru comme assesseur, après avoir donné des conclusions dans cette même cause, en qualité de substitut-avocat-fiscal ; car, en principe général, les motifs de récusation doivent être allégués spécifiquement par les parties avant le jugement ; et lorsqu'elles ne se sont pas prévalues de cette faculté, elles sont censées y avoir renoncé. Il n'existe à cette règle d'autres exceptions que celles qui sont portées par le § 17, tit. 10, liv. 3 des R. C., qui doivent être restreintes aux cas spécialement prévus, et parmi lesquels celui dont il s'agit n'a pas été compris ;

Et adoptant pour le surplus les motifs des premiers juges :

Le Sénat déclare l'appelant non-recevable en son appel.

De la Charrière, *P.* Jacquemoud, *R.*

---

[1] Concl. conf., 31 mai 1843.

---

15 Janvier 1844.

DÉLAIS D'APPEL. — ORDRES.

Le jugement qui homologue la liquidation des sommes allouées dans une instance d'ordre, fait partie de cette instance ; il est régi, quant aux délais d'appel, par l'art. 137 de l'édit hypothécaire.

Les délais ne courent qu'à dater de la notification du jugement, lorsque le procureur n'a pas assisté à la prononciation faite à l'audience du tribunal. [1]

Ordre Rubod.

Le Sénat : Attendu qu'aux termes du jugement du 8 janvier 1841, l'instance d'ordre ne pouvait et ne devait être terminée que lorsque la liquidation dont la confection était ordonnée, serait déclarée bonne et authentique ; qu'ainsi le jugement du 24 février 1843, qui homologue la liquidation, fait partie essentielle de l'instance, et qu'il est soumis, quant aux délais de l'appel, aux dispositions de l'art. 137 de l'édit hypothécaire ;

Attendu que rien ne justifie que le procureur des appelants ait été présent à la prononciation dudit jugement du 24 février, ni même qu'il ait été appelé ou qu'il ait comparu à l'audience où ce jugement a été prononcé ; qu'ainsi le délai de cinq jours fixé par ledit article pour interjeter appel, n'a pu courir sans la notification du jugement :

Le Sénat reçoit les mariés Colly et Ailloud appelants du chef de la sentence susdite du 24 février 1843.

Portier du Bellair, *P.* Arminjon, *R.*

---

16 Janvier 1844.

SERMENT. — DÉPENS.

Art. 1183 C. c.

Celui qui dispense son adversaire de prêter le serment litis-décisoire, après qu'il a été accepté, est censé se désister de sa demande, et doit supporter les dépens.

Perret c. Perret.

Le Sénat : Attendu qu'il conste du verbal du 21 décembre 1842, rédigé au sujet de

---

[1] Arrêt conf., 19 juin 1843 : Bardy, Moret c. Mᵐᵉ Despine ; Clert, *R.*

la prestation du serment déféré à la défenderesse, que celle-ci, avant d'avoir mis la main sur les saints Évangiles, a été dispensée par le demandeur de la prestation dudit serment;

Que cette dispense renferme un désistement de ses instances, qui doit le soumettre aux dépens envers la défenderesse;

Attendu qu'en cet état de chose, la doctrine invoquée par le demandeur en matière de dépens, et consacrée par la jurisprudence dans le cas où le gain du procès a été le résultat de la prestation d'un serment litis-décisoire, ou d'une sentence définitive entre proches parents, ne saurait être applicable à l'espèce :

Le Sénat met les parties hors de cour et de procès.

Pettiti, *P. P.* Anselme, *R.*

———

17 Janvier 1844.

LETTRES ROGATOIRES. — LÉGALISATION. — JUGEMENT CONTUMACIAL. — PROCÈS-VERBAL DE CARENCE.

Le procès-verbal de carence dressé en présence de la partie condamnée, forme un acte d'exécution suffisant, aux termes de l'art. 159 du Code de procédure français.

Les pièces non légalisées peuvent être prises en considération par le Sénat, dès qu'elles sont mentionnées dans d'autres pièces revêtues d'une légalisation régulière. [1]

Saulnier c. Dubout, Hodot et Pons.

Le Sénat : Attendu que, par jugement rendu par le tribunal civil de Belley, le 5 mai 1841, Françoise Duboin, veuve Dubout, a été condamnée par défaut, faute de comparution, à payer à Jean Saulnier la somme de 510 liv. 95 cent., avec dépens, pour les diverses causes y énoncées;

Attendu que ce jugement a été compétemment rendu, s'agissant de dette contractée en France et de parties alors toutes domiciliées en France; que d'ailleurs il a été précédé de citation donnée en personne à ladite veuve Dubout, par exploit du 23 avril 1841, en tête duquel se trouve copie

du procès-verbal de non-conciliation pardevant le juge-de-paix de Seyssel;

Attendu que ce même jugement a été notifié à la veuve Dubout, avec itératif commandement de s'y conformer, par exploits des 1er juin et 8 juillet 1841, à elle remis en personne;

Attendu que le 13 juillet suivant, il a été dressé procès-verbal de carence au domicile de ladite veuve Dubout, à Seyssel, part de France; que ce procès-verbal a été dressé en présence de cette dernière, qui a répondu ne pouvoir payer, et copie lui en a été remise;

Attendu que ces faits sont constatés par les pièces produites au procès; que celles de ces pièces qui n'ont pas été revêtues de la légalisation, se trouvent rappelées dans les autres qui sont dûment légalisées : ainsi la citation du 23 avril est ténorisée dans le jugement du 5 mai, et les exploits de commandements des 1er juin et 8 juillet, sont énoncés dans le procès-verbal du 13 juillet; d'ailleurs, rien n'a été excipé contre la véracité des énonciations contenues dans ces pièces;

Attendu que la défenderesse n'a point fait constater et n'a pas même allégué avoir formé opposition au jugement du 5 mai 1841, nonobstant le laps de temps qui s'est écoulé dès les divers exploits de signification qui lui ont été remis en personne, et que ce long silence serait au besoin suffisant pour couvrir les irrégularités qui auraient pu se glisser dans les préliminaires de la conciliation;

Attendu que le procès-verbal de carence du 13 juillet 1841, a été dressé en présence de la partie condamnée et remis à cette dernière, ce qui suffit pour opérer exécution du jugement dans les six mois :

Le Sénat, en déférant aux rogatoires de la cour royale de Lyon du 3 décembre 1841, permet la mise à exécution rière son ressort du jugement rendu par le tribunal civil de Belley, le 5 mai 1841, à charge de faire procéder à cette exécution par des officiers du ressort, et en conformité des R. C.

Pettiti, *P. P.* Clert, *R.*

———

---

[1] Concl. conf., 4 juillet 1843.

23 Janvier 1844.

APPEL. — VALEUR DE LA CAUSE. — MINEUR. — VENTE D'IMMEUBLES. — RATIFICATION.

Art. 1151 C. c. (R. C.)

En matière d'appel, les deux parties doivent avoir des droits égaux ; dès que pour l'une d'elles la cause est d'une valeur suffisante pour être déférée en appel, l'autre partie est toujours admise à appeler, bien que l'objet de ses conclusions n'arrive pas à 1,200 liv.[1]

D'après la jurisprudence suivie en Savoie, la vente des biens immeubles faite par un mineur, sans observer les formalités prescrites, n'était frappée que d'une nullité relative.[2]

La ratification faite en majorité rétroagissait à la date de la vente, même au préjudice des tiers.[3]

Victor Angeloz c. Tochon.

Par un acte du 26 octobre 1828, Marguerite-Antoinette Delaperrière, veuve Angeloz, vend à M. Pierre Tochon divers immeubles appartenant à son fils mineur Jean-Marie Angeloz ; elle s'engage à faire ratifier cette vente par son fils, lorsqu'il sera parvenu à sa majorité.

Celui-ci effectivement ratifie et vend, au besoin, par un acte du 6 août 1831, consenti pendant sa minorité, qu'il ratifie encore, après avoir atteint sa majorité, le 20 juin 1832.

Dans cet intervalle, Victor Angeloz, créancier de Jean-Marie d'une somme de 800 liv., obtient contre lui jugement du tribunal de commerce du département de la Seine, le 11 mai 1832, et fait inscrire ce jugement au bureau des hypothèques le 15 juin de la même année.

En 1839, il s'adresse au tribunal d'Annecy, en demandant l'injonction prescrite par l'art. 94 de l'édit hypothécaire, et la notification à Me Tochon, comme tiers-détenteur.

Celui-ci forme opposition et demande déclaratoire de la liberté du fonds par lui possédé, en se fondant sur ce que les immeubles lui étant acquis dès 1831, ne pou-

---

[1] Arrêt conf., 14 janvier 1839 : Lydrel c. Vallier ; Picolet, R.

[2] Arrêt conf., 15 février 1845 : Morand c. Feyge et Muffat-Jeandet ; de Brichanteau, R.

[3] Concl. conf., 8 avril 1843.

vaient être affectés de l'hypothèque générale résultant du jugement du 11 mai 1832.

Le tribunal ayant admis cette opposition, Victor Angeloz en appelle au Sénat, qui, sur conclusions conformes du ministère public, en date du 8 avril 1843, prononce en ces termes :

Le Sénat : Attendu, sur les conclusions incidentes de l'intimé, qu'il est de principe fondamental en jurisprudence, que lorsque l'une des parties peut appeler, à raison de la valeur des intérêts qu'elle défend, l'autre est admissible à user de la même faculté, quelque minime que soit la valeur de l'objet de ses conclusions ;

Attendu, ce principe posé, que le prix des biens qui ont fait l'objet des ventes du 26 novembre 1829 et du 5 août 1831, sur lesquels Angeloz prétend avoir hypothèque, excède 1,200 liv., d'où il suit que la voie de l'appel serait ouverte à Me Tochon, s'il avait succombé en première instance, et qu'elle doit également l'être à l'appelant ;

Attendu, au fond, qu'il résulte de l'arrêt du 7 août 1837, produit par ce dernier et rendu en son contradictoire, que Jean-Marie Angeloz a ratifié le 20 juin 1832 l'acte passé par son mandataire le 6 août, année précédente, que la majorité dudit Angeloz, à la date du contrat de ratification, est suffisamment établie par l'arrêt sus-énoncé, puisqu'il déclare que la propriété des biens aliénés par l'acte du 6 août 1831, ratifié par celui du 20 juin 1832, a été transférée à Me Tochon par ces deux actes ;

Attendu, à l'égard de l'étendue des effets de cette ratification, que, d'après la jurisprudence du Sénat, la vente des biens immeubles faite sous l'empire des R. C. par le mineur ou son curateur en sa qualité, sans les formalités prescrites, n'était entachée que d'une nullité relative dont le mineur seul pouvait opposer, et la ratification tacite résultant du laps du *quinquennium*, qui intervenait à sa majorité, rétroagissait à la date de l'acte convalidé ;

Attendu qu'il doit en être de même de la ratification expresse ;

Attendu que ces ratifications produisaient leurs effets rétroactifs, non-seulement à l'encontre des parties contractantes, mais encore au préjudice des tiers, parce que la propriété des biens aliénés était transférée à l'acquéreur par l'acte confirmé ; seulement ce domaine, comme la vente, était soumis à une condition résolutoire, pour le cas où le mineur, devenu majeur, voudrait

so prévaloir de la nullité introduite en sa
faveur ;

Attendu qu'en faisant l'application de ces
principes à la cause, il en résulte que la
ratification faite le 20 juin 1832 par Jean-
Marie Angeloz, soit son mandataire, a
transmis à M° Tochon la propriété des biens
vendus à la date du contrat du 5 août 1831,
et que ces biens se trouvent ainsi affranchis
de l'hypothèque que Victor Angeloz voudrait mesurer du jugement du 11 mai 1832,
à supposer que cette hypothèque eût pris
naissance à cette date :

Par ces motifs, le Sénat, en recevant
Victor Angeloz appelant du jugement du
5 août 1840, met l'appellation et ce dont
est appel à néant ; et par nouveau jugement,
déclare ledit Angeloz n'avoir, en vertu du
jugement du 11 mai 1832, aucune hypothèque sur les biens portés au tenet de M° Tochon, et vendus à celui-ci par l'acte du 5
août 1831, ratifié par celui du 20 juin
1832.

De la Charrière, P.   Seitier, R.

---

26 Janvier 1844.

PROVISION. — ADJUDICATION. — COMPÉTENCE.

L'adjudication poursuivie en exécution d'un jugement, doit être demandée au même tribunal qui a
prononcé la condamnation.

L'adjudication ordonnée par un autre tribunal,
est frappée de nullité radicale, et l'adjudicataire est
tenu à la restitution des fruits dès son entrée en
possession.

Milleret c. Gagnières.

Le Sénat : Attendu que l'exécution d'un
jugement par voie d'adjudication ne peut
être régulièrement poursuivie, qu'en vertu
d'un décret émané du tribunal qui a prononcé la condamnation ;

Attendu que le Sénat, ayant accordé au
défendeur, par son arrêt du 21 décembre
1827, une provision de 500 liv., et par son
décret du 1er août suivant, ayant enjoint à
Marie Milleret d'en faire le paiement dans
trente jours, c'était à ce magistrat à commettre un notaire aux fins de l'adjudication ;
d'où il suit que celle à laquelle il a été procédé le 4 juin 1829, en vertu du décret du
tribunal de préfecture de St-Jean, sous la

date du 15 mai précédent, doit être considérée comme nulle ;

Attendu que Gagnières, étant tenu à la
restitution des fruits des immeubles compris
dans l'adjudication, n'est pas fondé, tant
que ces fruits ne sont pas liquidés, à réclamer le paiement intégral ou partiel de la
provision de 500 liv., parce qu'il pourrait
advenir que la valeur de ces fruits fût égale
aux sommes réclamées :

Par ces motifs, le Sénat, sans s'arrêter à
l'acte du 4 juin 1829, Arnaud notaire,
qu'il déclare nul et de nul effet, enjoint à
Charles-Joseph Gagnières de relâcher à la
demanderesse les immeubles compris audit
acte, avec restitution de fruits telle que de
droit.

Petciti, P. P.   Coppier, R.

---

27 Janvier 1844.

VENTE. — APPLICATION. — TRANSCRIP-
TION. — FRAIS. — SERMENT. — ACTE
AUTHENTIQUE.

Art. 1654, 1471, 2303 C. c. (R. C.)

L'acheteur qui a stipulé que le prix ne serait
payable que moyennant application, ne peut être
contraint à le solder autrement, lors même que,
par suite de la transcription, le vendeur établirait
que l'immeuble est libre de toute hypothèque.

Toute dérogation aux conventions portées par acte
public, doit être établie par acte également authentique. Le serment même ne serait pas admissible.

Les frais de la transcription sont à la charge du
vendeur, lorsqu'elle a été faite seulement pour
rendre le prix exigible et dans son intérêt exclusif,
sauf à lui à en demander le remboursement à l'acheteur, si ce dernier vient à remplir les formalités de
la purgation. [1]

Chabert c. Mariet.

Le Sénat : Attendu qu'une des clauses du
contrat de vente du 5 juin 1837, porte que
le prix en sera payé par spectable Chabert,
acquéreur, aux créanciers privilégiés et
hypothécaires du vendeur Mariet, au fur et
à mesure des échéances des créances, et le
surplus à lui-même, moyennant application

---

[1] V. arrêt du 1er mai 1847 : Dupenloup c. Quiby ;
de St-Bonnet, R.

ou sûreté de sa part, à concurrence de 3,000 liv.

Attendu que cette clause n'est accompagnée d'aucune autre explication du motif qui en aurait déterminé la stipulation; qu'à défaut de désignation d'une cause spéciale, on doit en inférer que l'acquéreur à entendu se procurer une garantie contre l'éventualité de toute espèce d'éviction, quelle qu'en soit la nature; il suit de là qu'il ne suffit pas à Mariet d'établir que spectable Chabert n'a plus à craindre aucune action hypothécaire sur les biens vendus par l'acte du 5 juin 1837, par suite de sa transcription et de l'expiration des délais fixés par l'article 2038 du Code civil, faits qui ont arrêté le cours des inscriptions de la part des créanciers du vendeur, il devrait encore démontrer que son acquéreur ne court aucun risque d'être évincé, par suite d'action en revendication ; jusqu'à cette justification, qu'il ne s'est pas acheminé à faire, l'appelant est fondé à exiger l'application en question pour la somme dont il est resté débiteur ;

Attendu, quant au serment déféré à l'appelant, qu'il a pour objet un pacte qui serait contraire aux clauses du contrat du 5 juin 1835, et notamment à celle qui est relative à l'application d'une partie du prix ; que cette dérogation, aux termes des R. C., devrait être consignée dans un acte authentique, comme celui du 5 juin dont elle est une dépendance; que ce défaut de solennité rendrait ce pacte radicalement nul et comme non avenu; d'où il résulte qu'il ne pourrait être prouvé par le serment de l'appelant;

Attendu, relativement aux frais de la transcription du contrat de vente du 5 juin 1837, que spectable Chabert, tout en prenant l'engagement d'en payer le prix jusqu'à due concurrence, aux créanciers privilégiés et hypothécaires du vendeur, ne s'est point soumis à la formalité de la purge, il lui était facultatif de la remplir ou d'y renoncer, et dans le fait, il n'avait pas d'intérêt de purger, d'après l'obligation qu'avait prise Mariet de fournir une application de 3,000 liv. sur le prix de vente; si donc ce dernier a fait opérer cette transcription, il l'a fait dans son seul intérêt, dans le but d'arrêter le cours des inscriptions sur les biens par lui vendus, et de les rendre libres, afin de pouvoir par ce moyen se dispenser de fournir ladite application; il suit de ces considérations que les frais de la transcription dont il s'agit, doivent rester

à la charge de l'intimé, sauf à se les faire rembourser, si Chabert remplit, par la suite, les formalités de la purge :

Par ces motifs, déclare Joseph Mariet n'être fondé à exiger le prix qui lui reste dû, en vertu du contrat de vente du 5 juin 1837, qu'en faisant l'application, ou en donnant la sûreté promise par cet acte. Le déclare en outre non - recevable en l'état, dans ses conclusions en remboursement des frais de la transcription du même acte.

DE LA CHARRIÈRE, P.   SEITIER, R.

1er Février 1844.

RENONCIATION. — DOT. — BIENS SITUÉS EN FRANCE.

Art. 1526 C. c. (R. C.)

La fille qui, en recevant une dot congrue, a renoncé à l'hoirie des constituants, *en quelque lieu que les biens se trouvent*, n'est pas censée, par là, avoir renoncé à sa part virile sur les biens dépendants de la succession, et situés hors des états.

RAVET-RACLET, FEMME FAVRE c. RAVET-RACLET LES FRÈRES.

Attendu que les clauses d'un contrat doivent être interprétées les unes par les autres, en donnant à chacune le sens qui résulte de l'acte entier;

Attendu que, d'après ce principe, la stipulation qui se trouve en fin de l'acte du 14 février 1826, Cholat notaire, conçue en ces termes : « Lesquels, par le moyen du « paiement de la dot portée en leur dit « contrat dotal, et celle de 200 liv., à la- « quelle les parties ont réglé le supplément « de dot et de droits qui pouvaient revenir « à ladite Madeleine Ravet-Raclet, femme « Favre, dans les hoiries de ses père et « mère, en quels lieux que les biens et « droits, composant lesdites successions, « soient situés et se trouvent, » doit être entendue d'après la clause insérée au même acte, et suivant laquelle les parties ont réglé le supplément de dot ou de légitime à laquelle pourrait avoir droit la femme Favre, dans les successions de ses père et mère; d'où l'on voit que cette dernière n'a entendu traiter qu'à l'égard des hoiries sur lesquelles elle n'avait qu'un droit de dot congrue, ou de légitime, et non à l'égard des biens que ses père et mère ont délaissés en France, et auxquels elle avait droit pour une portion virile;

Attendu que les mots, *en quels lieux que les biens et droits, composant lesdites successions, soient situés et se trouvent*, quelque généraux qu'ils soient, ne sauraient être envisagés comme comprenant les biens situés en France; parceque les conventions ne comprennent que les choses sur lesquelles il paraît que les parties se sont proposé de traiter, et que dans le contrat dont il s'agit, elles n'ont spécifié que les droits de supplément de dot et de légitime; qu'ainsi le contrat, à défaut de stipulation expresse à l'égard des successions ouvertes en France, doit être restreint aux hoiries déférées en Savoie;

Attendu d'ailleurs que toute stipulation ambiguë doit être interprétée contre celui qui a stipulé; qu'en conséquence, s'il y avait doute, il devrait être résolu contre les héritiers de Jean Ravet-Raclet;

Attendu que ce n'est point céans que doit être portée la demande en partage de biens situés en France, et provenants de Jean Ravet-Raclet et de Marie Mousy :

Par ces motifs, le Sénat déclare l'acte du 14 février 1826, Cholat notaire, ne renfermer aucune cession, de la part de Madeleine Ravet-Raclet, en faveur de Jean Ravet-Raclet, des droits que ladite Madeleine Ravet-Raclet pouvait avoir à prétendre sur les biens immeubles délaissés en France par son père et par sa mère, et pour le surplus, renvoie ladite femme Favre à se pourvoir ailleurs, ainsi et comme elle verra à faire.

PETTITI, *P. P.* COPPIER, *R.*

---

3 Février 1844.

DOT. — LEGS. — IMPUTATION. — PRESCRIPTION.

Art. 2397, 837 C. c. (D. R.)

L'action en restitution de dot est prescrite, si la femme a laissé écouler, sans réclamation, trente ans, dès l'échéance de l'année qui a suivi la dissolution du mariage.

La pension viagère, accordée par le mari à sa femme, n'est pas imputable sur ses reprises matrimoniales, sauf disposition contraire.

En conséquence, la perception de la pension viagère n'a pas suspendu le cours de la prescription de l'action en restitution de dot.

MORET ET DESBOIS c. FRANÇOISE MORET.

Attendu qu'il résulte des actes du procès que Claude-François Moret était décédé dès l'année 1787, qu'ainsi l'action compétant à sa femme, Anne-Marie Rey, pour la répétition de ses avoirs dotaux, reconnus par le contrat du 29 juin 1767, Maniguet notaire, avait pris naissance un an après la dissolution du mariage;

Attendu que depuis cette époque, jusqu'à l'intentat de l'action, il s'est écoulé un temps plus que suffisant pour opérer la prescription trentenaire, puisque la demande n'a été formée que le 5 août 1839;

(Le Sénat montre ensuite que Anne-Marie Rey avait, non pas l'usufruit des biens de son mari, mais une simple pension viagère).

Attendu, cela posé, que Anne-Marie Rey n'a pu compenser les intérêts de sa dot avec la pension dont elle a joui jusqu'à son décès, car il est de principe que le legs fait par un mari à sa femme, ne s'impute pas sur la dot, s'il n'a exprimé le contraire, *Leg. unic.*, § 3, *Cod. De rei uxoriæ actione*; et que, dans le doute, un legs n'est pas censé fait avec l'intention de faire compensation, *Fab., def. 8, De leg.*; qu'ainsi rien n'obstait à l'exercice de l'action pour les reprises dotales; que la prescription opposée n'a par conséquent pas été interrompue par la jouissance de ladite pension, et se trouvait acquise au moment de la requête introductive d'instance, ce qui rend inutile l'examen des autres questions accessoires :

Par ces motifs, le Sénat déclare légitime l'exception de prescription opposée à la demanderesse.

PORTIER DU BELLAIR, *P.* MONOD, *R.*

---

12 Février 1844.

RACHAT. — DÉLAI. — SUSPENSION.

Art. 1666, 1668 C. c. (D. R.)

Suivant nos lois anciennes, le terme du rachat est de rigueur; il expire au jour fixé dans la convention, sans autre interpellation. [1]

Il n'est suspendu ni par la minorité, ni par la pupillarité.

---

[1] V. Arrêt du 15 juillet 1841 : Blanchet c. Métral; Cotta, R.

Le vendeur qui propose l'action en lésion contre une vente, renonce implicitement à la faculté de rachat.

GAILLARD ET DUCHOSAL C. NANJOD LES FRÈRES.

Attendu que la vente du 17 juin 1820, Pellet notaire, fut consentie avec faculté de réméré *pendant 4 ans, et passé ledit terme, irrévocablement;*

Attendu qu'il est constant en fait, et avoué au procès, que l'acquéreur est entré immédiatement en possession de l'immeuble, et que le vendeur ne s'est jamais prévalu du pacte dont s'agit, jusqu'à l'instance actuelle;

Attendu que les intimés, par leur requête adressée au tribunal le 28 janvier 1842, avaient attaqué la vente par voie de rescision, pour cause de lésion, que la nature de cette action supposait au moins implicitement la reconnaissance d'une vente irrévocable, qui ne pouvait plus être résolue par l'exercice du réméré dont le terme était expiré dès long-temps;

Attendu que l'échéance du terme stipulé, était une interpellation suffisante, et qu'il était d'autant plus le cas d'appliquer la maxime *dies interpellat pro homine,* que le vendeur ne pouvait ignorer le contenu du contrat de vente, et le bénéfice de la réserve qu'il renfermait en sa faveur;

Que s'agissant d'une prescription conventionnelle, c'étaient les clauses de l'acte qui en devaient régler les effets; que, suivant la jurisprudence consacrée par le Code Fabrien, notamment par les *def. 2, Si adversus usucap., rel prescript.,* et 27 *de prescript.,* 80, *rel 40 ann.,* la pupillarité même n'interrompt pas cette espèce de prescription, d'où suit la conséquence qu'après l'expiration du terme fixé par le titre, la prescription est accomplie :

Par ces motifs, le Sénat déclare les frères Nanjod non-recevables à exercer le réméré stipulé en l'acte du 17 juin 1820, Pellet notaire.

PORTIER DU BELLAIR, *P.* MONOD, *R.*

---

19 Février 1844.

PROCUREUR. — DÉSISTEMENT. — JUGEMENT. — DÉLAI. — EXÉCUTION.

Le procureur ne peut, sans un mandat spécial, renoncer à une opposition formée par sa partie. [1]

Les jugements, qui ne sont pas en dernier ressort, ne peuvent être exécutés avant l'échéance des dix jours accordés pour interjeter l'appel.

MICHELLIER C. VENAT.

Attendu que, sans un mandat spécial, le procureur *ad lites* de l'appelant, n'a pu renoncer à l'opposition que celui-ci avait formée dans le verbal du 11 avril 1843, contre le mode de partage proposé par les experts convenus;

Attendu que le tribunal, en motivant le jugement dont il s'agit sur la seule déclaration de M⁰ Berthier, qui y est consignée, s'est fondé sur une base illégale, sans apprécier les véritables moyens des parties;

Attendu qu'il y a eu précipitation pour l'exécution du jugement dont il s'agit, et même attentat à l'appel, en ce que, avant que le jugement du 2 mai ait été signifié, le notaire commis a, par son décret du 22 même mois, fixé le jour où il serait procédé à exécution, et en ce que, sans attendre l'expiration des dix jours, et malgré l'acte d'appel interjeté au greffe le 25 mai, il a été procédé, le 26 même mois, au tirage au sort des lots; que, sous ces divers rapports, il a été mal et irrégulièrement procédé :

Par ces motifs, le Sénat reçoit Jean Michellier appelant du jugement du 2 mai 1843.

PETTITI, *P. P.* ANSELME, *R.*

---

24 Février 1844.

Art. 1516 C. c. (Q. T.)

FEMME. — SÉPARATION. — DÉCHÉANCE. — PREUVE.

La femme dont la dot est en péril, peut demander la séparation de biens, quoique son mari fût déjà avant le mariage en état de déconfiture.

---

[1] Ni à l'appel interjeté; 5 juillet 1812 : Dupraz c. Dupraz; Arminjon, R. — 11 mars 1843 : commune de Magland c. Delesvaux; Mareschal, R.

Le Code civil est seul régulateur de la séparation des droits dotaux, même pour les mariages contractés avant sa mise en vigueur.

La preuve de la déchéance du mari peut toujours se faire par témoins, et par sommaire-apprise. [1]

MALLINJOD C. BÉTRIX.

Attendu que l'article 1546 donne à la femme, dont la dot se trouve en péril, le droit d'en demander la séparation des biens de son mari ; que les termes de cette disposition, qui est d'ordre public, sont trop clairs, pour qu'on ne voie pas que le péril actuel de la dot suffit pour fonder la demande en séparation ; que c'est donc mal-à-propos que le tribunal d'Annecy, se rattachant à la jurisprudence du Sénat de Savoie, qui a été formellement abolie par le Code civil, a soumis l'appelante à prouver que l'état, par elle allégué, de déchéance de son mari, est survenu postérieurement au contrat de mariage ;

Attendu que la voie testimoniale est ouverte à l'appelante, pour rapporter la preuve des faits qu'elle a déduits à l'appui de sa demande ; qu'on ne peut dès lors lui faire abandonner ce moyen de preuve, qu'elle tient de la loi, pour faire dépendre le sort de sa demande, soit le sort de sa dot, de la vérification des livres de compte que son mari dit avoir tenus, et qu'il n'a pas même produits, et que le tribunal a bien jugé en écartant les prétentions de Bétrix sur ce point ;

Attendu que, malgré les défis donnés à l'appelante, elle n'a rien déduit aux fins d'établir les excès qu'elle impute à son mari, et qu'elle n'a pas recouru à l'autorité compétente, pour faire autoriser sa séparation de corps ; d'où suit, qu'en l'état, on ne peut lui accorder une provision ;

Attendu que, par une ordonnance du Sénat, en date du 20 décembre 1841, l'appelante a été autorisée à ester en jugement, pour continuer la poursuite de sa demande en séparation de dot ;

LE SÉNAT reçoit ladite Mallinjod incidemment appelante, et ordonne que le défendeur fournira, si bon lui semble, faits en matière contraire.

PORTIER DU BELLAIR, *P.* ARMINJON, *R.*

---

[1] Concl. conf., 1 mars 1842.
Arrêt conf., 22 juin 1839, ci-devant.

---

26 Février 1844.

ACTE SOUS SEING-PRIVÉ. — DATE CERTAINE. — TIERS. — AYANT-CAUSE.

Art. 1257, 1156, 1606 C. c.

Le créancier saisissant, est considéré comme l'ayant-cause de son débiteur.

En conséquence, les actes sous seing-privé, souscrits avant la saisie, peuvent lui être opposés.

Ils font pleine foi contre lui, tant de leur substance que de leur date, à moins qu'il ne les attaque de son chef propre, et en qualité de tiers, comme faits en fraude de ses droits.

BRUNET C. GUILLERMIN, MORIN ET TOCHON.

Benoît-Jean-Baptiste Brunet, se disant créancier du baron Brunet fils, fit saisir-séquestrer, le 1er octobre 1841, entre les mains de Joseph Guillermin, une somme de 6,380 livres, dont ce dernier, l'année précédente, s'était reconnu débiteur envers le baron.

Le décret ayant ordonné un soit-montré au baron Brunet et à Guillermin, ceux-ci, dans leur réponse, opposèrent que la créance avait été, antérieurement à la saisie, cédée à M. Tochon, par un billet du 6 septembre 1840, et que, par un billet du 8 novembre suivant, toute dette avait été éteinte, au moyen de deux effets, dont l'un était soldé, et l'autre, par suite d'une délégation, avait passé à Morin, soit à Bérard, son mandataire.

Tous ces paiements, et cette délégation, ne résultant que de simples écrits sous seing-privé, Benoît Brunet répondit qu'il n'était point l'ayant-cause du créancier ; que la cession de la créance n'est valable, à l'égard des tiers, qu'autant que le transport a été signifié au débiteur cédé, ou que celui-ci l'a accepté par acte authentique, ce qui n'a pas eu lieu en l'espèce ; que le paiement énoncé, effectué le 8 novembre, au moyen des billets, ne serait opposable au tiers saisissant, qu'autant que ces billets auraient date certaine, antérieure à la saisie, ce qui également ne se rencontre pas dans l'espèce.

---

[1] Concl. conf., 11 mai 1843.
Arrêt conf., 30 décembre 1843 : Dusonchet, Bérard c. Amoudruz ; Jacquemoud, R.
Arrêt contr., 1er août 1842 : Rosset c. Violet et consorts ; Arminjon, R.

18

Tout le procès portait ainsi sur la question de savoir si Benoît Brunet, comme créancier saisissant, était tiers, ou ayant-cause du baron Brunet. Le Ministère public, dans des conclusions fort savantes, en date du 11 mai 1843, se prononça contre Benoît Brunet, et démontra qu'il n'était qu'un simple ayant-cause.

LE SÉNAT : Attendu que lorsque le demandeur a fait notifier à Guillermin la saisie-arrêt qu'il avait obtenu provisoirement du Sénat, le 1ᵉʳ octobre 1841, au préjudice du sieur Jean-François Brunet, ledit Guillermin a déclaré que, par suite d'un règlement général de compte, arrêté le 8 novembre 1840, avec M. Tochon, mandataire général du sieur François Brunet, il avait souscrit deux billets, l'un de 1,080 livres, l'autre de 5,500 livres, que le premier était déjà acquitté, et que peu de temps après ledit règlement de compte, il avait été délégué à payer le montant du second billet entre les mains de Bérard ;

Attendu que ces déclarations ont été confirmées soit par les conclusions que le sieur Jean-François Brunet, M. Tochon, et Bérard, mandataire de Jules Morin, ont prises en l'instance, soit par les actes dont ils ont fait la production ; que, jusqu'à preuve contraire, on ne saurait douter de la sincérité des actes sous seing-privé, qui ont été produits, ni de l'antériorité de leur date au décret du 1ᵉʳ octobre 1841, si l'on considère le nombre de personnes dont le concours et le dol eussent été indispensables pour indiquer d'abord l'existence de ces actes au moment de la saisie, et ensuite pour les fabriquer et les antidater frauduleusement.

Attendu, au surplus, que le demandeur n'a articulé aucun fait de dol ou de fraude contre les actes produits par les défendeurs et appelés en cause ;

Attendu que le demandeur n'est pas admissible à opposer, contre lesdits actes sous seing-privé, les dispositions des articles 1436 et 1696 du Code civil ;

Sans doute, le créancier saisissant tient son droit de la loi, mais il ne peut s'en prévaloir que dans les limites qu'elle lui a tracées ; or, l'article 1257 du Code civil, en disant : *Que le créancier peut exercer tous les droits et actions de son débiteur,* suppose nécessairement que, dans ce cas, il n'agit pas de son chef propre, mais comme représentant la personne de son débiteur, et comme étant mis en son lieu et place. L'article 1258, l'explique encore de la manière la plus formelle, en disant : *Que le créancier pourra aussi, en son nom personnel, attaquer les actes faits par son débiteur, en fraude de ses droits ;* d'où l'on doit conclure que le créancier saisissant n'est pas tiers, qu'il n'est que le représentant du débiteur saisi, et que le tiers saisi est fondé à lui opposer tous les actes qu'il pourrait invoquer contre le débiteur saisi, à moins que le créancier ne prouve que ces actes ont été faits par son débiteur, en fraude de ses droits. Cette maxime est tellement constante, d'après l'esprit du Code civil, que le législateur n'a pas cru pouvoir s'en écarter, même dans les cas les plus favorables ; ainsi, malgré les privilèges qu'il a consacrés par les articles 1760 et 2157, il oblige le bailleur à reconnaître la validité des paiements faits, dans les délais d'usage, au locataire, par le sous-locataire, sans astreindre ce dernier à en fournir la preuve par des actes ayant date certaine contre les tiers ;

Attendu, d'après les principes énoncés, qu'il est constaté que Guillermin n'était plus débiteur du demandeur, au moment où celui-ci a obtenu le décret de saisie-arrêt du 1ᵉʳ octobre 1841 ; d'où il suit que les conclusions du demandeur ne sont pas fondées ;

Attendu, cela posé, qu'il devient superflu d'examiner les autres moyens de nullité invoqués contre ladite saisie-arrêt ;

Sans s'arrêter à la saisie-arrêt accordée par décret du 1ᵉʳ octobre 1841, déboute le demandeur de ses conclusions, et le condamne aux dépens.

D'ARCOLLIÈRES. JACQUEMOUD, R.

---

26 Février 1844.

CONTRAT PIGNORATIF. — SIMULATION. — INDICES.

La jurisprudence considère comme pignoratifs les contrats où se rencontrent ces trois circonstances : pacte de rachat, vileté de prix, et location au vendeur des immeubles vendus, pour un fermage correspondant à l'intérêt du prix.

Indices accessoires. [1]

Le contrat pignoratif ne produit aucun effet comme vente, mais il est valide comme acte obligatoire.

---

[1] Arrêt conf., 13 janvier 1844 : Moutard c. Arnaud Goddet ; D'Arcollières, R.

Vᵉ Recordon c. la Congrégation de Charité d'Étable, et les frères Recordon.

Attendu que la jurisprudence a certainement envisagé comme simulé et pignoratif, le contrat qualifié vente entre les parties, lorsqu'on y trouve le concours du pacte de rachat, de la vileté du prix, et de la continuation de la possession de la part du vendeur, au moyen d'un fermage correspondant à l'intérêt de celui de la vente;

Attendu qu'en l'espèce, la première et la dernière de ces conditions résultent des stipulations du contrat, et que la vileté du prix, soutenue en fait par les appelés en cause, est admise par l'intimée, pour le cas où la réunion de cette circonstance aux autres, serait jugée suffisante pour établir l'impignoration;

Attendu d'ailleurs, que la simulation du contrat de vente dont il s'agit, se manifeste encore par d'autres indices non équivoques, tels que la longue durée du pacte de réméré, *l'exclusion de toute novation de dette, avec la réserve de toute hypothèque résultant des obligations antérieures; le paiement des censes exigé de six mois en six mois, la commise, et la faculté d'entrer en possession, en cas de défaut de paiement pendant une seule année;* toutes clauses aussi insolites de vendeur à acheteur véritables, que naturellement appropriées aux vues d'un capitaliste qui ne veut que s'assurer un placement à intérêt; le vendeur n'étant point en effet comptable ici de fruits d'immeubles, mais d'intérêts seulement;

Attendu, quant aux effets d'un contrat de cette nature, qu'il ne peut lui en être attribué aucun comme vente, puisque telle n'a été l'intention d'aucune des parties, le vendeur n'ayant point entendu aliéner, ni l'acheteur acquérir la propriété, ni même la possession, laquelle a, au contraire, été réservée au premier, et qu'ainsi l'intimée n'est pas admissible à demander le relâchement de l'immeuble, comme y ayant-droit, en vertu de ce contrat;

Attendu, quant à ses conclusions subsidiaires, que les appelés en cause n'ont pas contesté la dette, offrant au contraire, en ce qui les concerne, les 1,050 livres, avec les intérêts non payés, et autres accessoires; mais qu'en l'état, l'appelante n'ayant pas délibéré à cet égard, il doit être sursis à son encontre:

Par ces motifs, le Sénat déclare le contrat du 15 janvier 1829, Vallien notaire, n'être qu'un contrat pignoratif; et déclare chacun des frères Jacques, Michel, et François Recordon, tenus de payer à l'intimée, dans le terme de 50 jours, chacun dans la proportion de ses droits héréditaires, la part à sa charge de la somme de 1,050, ainsi que les intérêts en dérivant, dès le 15 janvier 1834, des loyaux coûts d'acte, et de l'inscription qui l'a suivi.

De la Charrière, P.   D'Arcollières, R.

---

27 Février 1844.

ACQUIESCEMENT. — EXÉCUTION VOLONTAIRE. — SUCCESSION. — EXCLUSION. — ONCLE. — NEVEU.

On n'est point censé acquiescer à un jugement et renoncer à l'appel, par un acte d'exécution volontaire, lorsque cet acte peut être considéré comme conservatoire, et qu'il a été fait sans une connaissance exacte du jugement.

Les descendants de la sœur, venant par droit de représentation à la succession de leur oncle maternel, ne sont pas exclus par les frères, ni par les descendants des frères du défunt. [1]

Lavanchy, Girard et consorts c. Thiolley.

Attendu que pour être censé acquiescer à un jugement, il faut, après avoir pris une connaissance exacte de tout ce qu'il renferme, l'exécuter sans réserve, et d'une manière absolue;

Attendu que le jugement dont est appel n'a point été signifié aux consorts Lavanchy et Girard, et qu'il résulte même du quatrième fait soutenu par les intimés, que les appelants n'avaient pu, pour lors, s'en procurer une expédition.

Que, d'un autre côté, le partage invoqué par les intimés n'aurait point concerné les immeubles de la succession, qu'il n'aurait eu pour objet que les meubles et les denrées, choses qui, par leur nature, étaient exposées à périr, et que même les appelants n'auraient pas pris part aux opérations dudit partage;

Que, cela étant, il est évident que dans les circonstances déduites, tout aurait été

---

[1] Concl. conf., 20 décembre 1843.
Arrêt conf., 18 mars 1842 : Gaudin c. Cornillat; Cotta, R.

fait par les appelants sans une connaissance exacte du jugement et d'une manière vague et incomplète, d'où il suit que l'on pourrait douter qu'il y ait eu de leur part un véritable acquiescement au jugement dont il s'agit, et que, dans cet état de doute, on doit se prononcer pour celui qui a la loi en sa faveur.

En ce qui concerne le fond :

Attendu que le code civil, en règle générale, admet dans les successions collatérales tous ceux qui sont appelés à concourir, sans distinction de sexe;

Attendu que l'article 944 dudit code a introduit une exception à cette règle, mais que cette exception doit être restreinte au cas qui y est spécifiquement exprimé;

Attendu que ce cas n'existant pas dans l'espèce du procès, il ne pouvait être fait application dudit article 944, qui ne peut et ne doit recevoir aucune extension :

Le Sénat déclare les consorts Lavanchy et Girard être appelés, conjointement avec les intimés et la veuve Thiolley, à la succession de François Thiolley.

Portier du Bellair, *P.* De Juge, *R.*

1er Mars 1844.

LÉSION. — EXPERTISE. — NULLITÉ.

Les formes tracées par l'article 1685 du Code civil, pour les expertises en matière de lésion, ne sont pas prescrites à peine de nullité.

Ainsi, il n'y aurait pas nullité si l'un des experts avait fait connaître son opinion, ou avait omis de donner les motifs de son dissentiment.

L'expertise ne lie pas le juge : en cas de divergence, le tribunal peut adopter l'avis de la minorité, ou même, sans se tenir à l'opinion des experts, prendre simplement en considération toutes les circonstances propres à l'éclairer sur la valeur du fond. [1]

Vᵉ Dufresne c. Thévenot.

Le Sénat : Attendu que si l'on s'est écarté, dans le rapport ci-dessus énoncé, de la forme tracée par la loi, soit en faisant connaître le nom de l'un des experts qui n'a pas été du même avis que les deux autres, pour ce qui concerne une portion des biens

vendus, soit en omettant de faire mention expresse des motifs particuliers, des avis différents; ces irrégularité pourraient d'autant moins suffire pour faire entièrement écarter ce rapport, que la loi n'en prononce point la nullité, et que d'ailleurs, il n'a été pris de conclusions formelles ni par l'une ni par l'autre des parties, pour le faire rejeter d'une manière absolue,

Attendu que l'article 1685 du Code civil, exigeant qu'il soit formé un seul avis, à la pluralité des voix, il en résulte évidemment que l'appelante n'est pas fondée à demander que le prix de la portion de biens, relativement à laquelle il y a eu dissidence, soit fixé à la moyenne des évaluations faites par les trois experts; que cependant, les juges n'étant pas nécessairement liés par le rapport des trois experts, ils peuvent avoir égard, en matière de lésion, à l'avis de la minorité, comme à toutes les autres circonstances propres à les éclaircir sur la vraie valeur des biens dont la vente est impugnée; qu'ainsi, le tribunal a mal jugé, en tenant pour fixé, conformément à l'avis de la majorité, le prix de la portion des biens dont il s'agit, et en se privant, par cette décision anticipée, de la faculté de pouvoir ensuite apprécier le rapport dans son ensemble, et d'après toutes les données qu'il pourrait être le cas de prendre en considération, lors du jugement définitif:

Le Sénat reçoit la veuve Dufresne appelante; ordonne que les experts compléteront, s'il en est le cas, leur premier rapport, en donnant leur avis dans la forme prescrite par l'art. 1685 du Code civil.

De la Charrière, *P.* De St.-Bonnet, *R.*

1er Mars 1844.

VENTE. — HYPOTHÈQUE. — TRANSCRIPTION.

Le vendeur qui a pris charge de justifier de la liberté du fonds, n'est pas tenu de remplir les formalités de la transcription et de la purgation.

Il lui suffit de prouver que les inscriptions existantes ne peuvent affecter l'immeuble vendu.

Bollon c. les mariés Teppaz et Brun.

Le Sénat : Attendu que quelle que soit l'étendue qu'on voudrait attribuer à la

---

[1] Arrêt conf., 12 mars 1841 : de Saint-Michel c. de Chateauneuf; Clerc, R.

charge prise par les intimés dans l'acte de vente du 31 août 1833, Cot notaire, de justifier que l'immeuble vendu était libre de toute hypothèque, cette charge ne peut impliquer l'obligation de leur part de remplir les formalités nécessaires pour la purge, ni même pour la simple transcription de l'acte de vente;

Que ces formalités, introduites par la loi en faveur de l'acquéreur qui veut être tranquille sur la possession de l'immeuble acquis, auraient dû être remplies par l'appelant dans les huit ans qui lui ont été accordés pour le paiement du restant du prix; et que, ne l'ayant pas fait, il ne peut, sous le prétexte d'hypothèques incertaines et non encore inscrites, se soustraire aujourd'hui au paiement sus-énoncé :

Le Sénat déclare Bollon non-recevable en son appel.

Portier du Bellair, P.   Cotta, R.

<hr>

1er Mars 1844.

APPEL. — VALEUR. — DOMMAGES.

Pour apprécier la valeur de la cause, on prend en considération, non-seulement la valeur intrinsèque de l'objet de la contestation, mais encore sa valeur relative.

Ainsi une parcelle de terrain improductif, peut avoir une valeur suffisante, si cette parcelle est indispensable pour l'établissement d'une usine.

Dunand c. Digart et Tournier.

Attendu que la première question qui se présente à juger, est la fin de non-recevoir opposée à l'appelant, motivée sur l'insuffisance de la valeur de la cause, pour l'admissibilité de l'appel;

Attendu que, pour repousser cette exception, Etienne Dunand, dans son écriture du 1er mars 1842, a déduit deux faits tendant à établir que s'il était privé de la parcelle de terrain en litige, il éprouverait des dommages excédant évidemment 1,200 liv., parce que cette privation le mettrait dans l'impossibilité de faire mouvoir une scie qu'il a fait construire sur le n° 1541;

Attendu que pour administrer la preuve

<hr>
¹ Arrêt conf., 10 janvier 1810 : Chamoux c. Tissot; Milliet de St.-Alban, R.

de ces faits, il a proposé une expertise, et nommé l'architecte Dunand pour son expert;

Attendu que les intimés, tout en persistant dans leur négative sur la valeur de la cause, ont consenti, sans préjudice, à l'expertise proposée, en requérant qu'elle constate les faits et les circonstances consignés dans leurs conclusions ci-devant transcrites; ils ont agréé l'expert Dunand, et nommé de leur côté l'architecte Roche; l'appelant a adhéré à ces réquisitions, en consentant à l'appointement de la cause, sans y fournir aucun contredit;

Le Sénat, avant d'autrement statuer, ordonne que, par les experts convenus, il sera procédé à l'expertise dont il s'agit, en se conformant aux réquisitions des intimés. ¹

De la Charrière, P.   Seitier, R.

<hr>

2 Mars 1844.

SERVITUDE. — VOISINAGE. — ATELIER.

A défaut de titres contraires, on ne peut empêcher un voisin d'exercer sa profession, lors même qu'il en résulterait un bruit incommode, ou tout autre inconvénient pour les habitations avoisinantes.

Marjollet c. Renaud.

Le Sénat : Attendu que l'appelant, en exerçant dans sa maison la profession de menuisier, ne fait qu'user d'une faculté inhérente à sa propriété;

Que le bruit, plus ou moins incommode pour les voisins, d'un atelier quelconque, n'a jamais constitué un abus, et ne peut ainsi être atteint par la loi qui défend de nuire à autrui; d'où il suit que les deux premiers faits articulés par l'intimé, seraient absolument irrélevatoires, pour fonder sa demande;

Attendu que, d'après les considérations qui précèdent, le tribunal, en accordant, par le jugement du 31 janvier 1843, les inhibitions demandées, a fait grief à l'appelant, en ce qu'il a modifié son droit de propriété sans aucun motif légitime :

Le Sénat, en recevant Marjollet appelant,

<hr>
¹ Ces réquisitions tendaient à faire examiner si le sol en litige était réellement indispensable au mouvement des artifices, et encore s'il existait quelques artifices sur la propriété du demandeur.

déboute Renaud des conclusions par lui prises en première instance, et le condamne aux dépens.

PORTIER DU BELLAIR, *P.* DE MONTBEL, *R.*

---

4 Mars 1844.

RECONVENTION. — ÉTRANGER. — COMPÉTENCE.

Le sujet qui va plaider à l'étranger, devient justiciable du tribunal étranger devant lequel il a porté son action; il ne peut plus opposer d'incompétence à ce tribunal, à raison des demandes reconventionnelles qui viendraient à y être formées contre lui.

DE PARSEVAL, DEMEURANT A PONT DE VEYLE (FRANCE), C. V⁰ DE MARESCHAL, DEMEURANT A YENNE (SAVOIE).

Dans un procès intenté par Mme de Mareschal, contre Dagallier, auteur de M. de Parseval, procès pendant devant le tribunal civil de Bourg, Dagallier forma une demande reconventionelle; le tribunal prononça contre Mme de Mareschal.

De Parseval présente des lettres rogatoires de la Cour de Lyon, et demande l'exécution dans les états du jugement du tribunal civil de Bourg.

LE SÉNAT: Attendu qu'il résulte des pièces produites que, dans l'instance qui a précédé le jugement du tribunal civil de Bourg, du 16 décembre 1834, Mme de Mareschal a agi en qualité de demanderesse contre Dagallier, domicilié dans le ressort de ce tribunal; que le jugement du 26 juillet 1836, dont on demande l'exécution, n'est qu'une conséquence de celui de 1834, puisque dans l'un, comme dans l'autre, il s'agit de la même demande, et que c'est dans cette instance que Dagallier a pris les conclusions reconventionnelles dont il s'agit actuellement; qu'ainsi le tribunal de Bourg était compétent pour en connaître;

Attendu, sur la nature du jugement de 1836, que Mme de Mareschal y a été régulièrement représentée par le ministère de Me Mortier, son avoué, constitué antérieurement par elle; que la cause a été renvoyée sur la demande de cet avoué, pour qu'il eût connaissance de l'audience où le procès devait être jugé; que le jugement a été rendu en sa présence, et sur le défaut de plaider de sa part; que dès lors, ce jugement lui

ayant été signifié, toutes les formalités ont été remplies;

Attendu qu'aucune opposition n'a été formée à ce jugement, dans le terme peremptoire accordé par le Code de procédure français; d'où la conséquence que ce jugement a été complétement et légitimement rendu;

Attendu que Dagallier n'est pas en cause, qu'ainsi il ne peut pas s'agir de lui donner des interpellations;

Attendu que les lettres rogatoires de la Cour royale de Lyon, en date du 7 février 1838, sont en due forme:

En déférant auxdites lettres rogatoires, permet dans son ressort l'exécution du jugement rendu par le tribunal de première instance de Bourg, le 26 juillet 1836, entre Bernard Dagallier et Mme de Mareschal, à charge par le demandeur de se conformer aux lois en vigueur dans ce pays, pour son exécution.

PORTIER DU BELLAIR, *P.* DE MONTBEL, *R.*

---

4 Mars 1844.

ENQUÊTE. — TÉMOINS.

Il est défendu de faire entendre plus de dix témoins sur le même fait.

En cas de contravention à cette loi, on élimine les témoins qui ont été entendus après le dixième, lors même que leurs dépositions seraient concluantes en faveur de l'une des parties.

DE VARS C. DIVERS PARTICULIERS DE CLERMONT.

Attendu qu'en faisant entendre quatorze témoins dans leur enquête, sans les avoir étiquetés, ni sur les faits ni sur les personnes, les défendeurs et intervenants ont encouru la prohibition portée par le § 17, tit. 18, liv. 5 des R. C., qui ne permet pas d'entendre plus de dix témoins sur chaque fait;

Qu'il faut, en conséquence, éliminer les 11e, 12e, 13e et 14e témoignages, bien que les deux derniers eussent été suffisants pour compléter la preuve en faveur des frères Mestrallet, enfants d'Anthelme:

LE SÉNAT défère un serment d'office.

DE LA CHARRIÈRE, *P.* D'ARCOLLIÈRES, *R.*

12 Mars 1844.

PARTAGE VERBAL. — PRESCRIPTION.

Sous le Code civil français, tout partage entre cohéritiers, qui n'est pas fait en suivant les formalités prescrites, est réputé provisionnel ;

Il ne peut, en conséquence, être envisagé comme capable de fonder ni possession à titre de propriétaire, ni prescription. [1]

LACHENAL C. LACHENAL.

Attendu que par les jugements des 7 mai et 6 août 1839, passés en chose jugée, les faits des défendeurs ont été déclarés pertinents et admissibles, comme tendant à prouver qu'un partage avait eu lieu entre tous les cohéritiers de Claude Lachenal, et que la jouissance que chacun avait retenue de son lot, datait de trente ans avant l'introduction de la demande en nouveau partage ;

Attendu que tout le mérite de la contestation soulevée sur cette demande, s'est ainsi trouvé réduit au point de savoir si un partage avait eu lieu, au moins de fait, entre tous les ayant-droit de l'hoirie, et si, dans ce dernier cas, la possession, qui en a été la suite, au profit de chacun, les a rendus, à raison de sa durée, propriétaires incommutables ;

Attendu que la production faite, postérieurement auxdits jugements, de l'acte de vente du 2 janvier 1810, n'a pu modifier cet état de choses, ni trancher la question ; soit parce qu'en admettant même la présomption que Jean-Marie Lachenal eût personnellement, ou par un fondé de pouvoir, participé au partage énoncé audit acte, ces énonciations n'auraient pu suppléer au défaut d'acte écrit, que partie adverse opposait à l'efficacité de ce partage, soit parce que ledit acte de vente n'aurait pu changer la nature de ce partage, si, par l'omission des formalités requises dans le cas prévu par les articles 838 et 840 du Code civil français, il n'avait été que provisionnel, et conséquemment inhabile à conférer la possession *pro suo*, sans laquelle on ne peut prescrire ; soit enfin parce qu'on ne pouvait

induire de cet acte que le partage verbal, s'il avait eu lieu entre tous les cohéritiers, remontât à une époque assez éloignée pour fonder la prescription trentenaire :

LE SÉNAT admet les faits articulés en matière contraire.

PETTITI, P. P.   GIROD, R.

---

12 Mars 1844.

SOCIÉTÉ. — ADJUDICATION DE TRAVAUX PUBLICS. — ACTE AUTHENTIQUE. — PREUVE TESTIMONIALE. — COMMENCEMENT DE PREUVE. — SERMENT.

Art. 1112, 1151, 1160, 1474 C. c.

Une société contractée dans l'espoir d'obtenir une adjudication de travaux publics, n'est point une dépendance de cette adjudication.

La preuve de cette société peut être faite par témoins, entre non-négociants, pourvu cependant qu'il y ait commencement de preuve par écrit, dans le cas où la valeur des travaux adjugés excède 300 liv.

La preuve par serment est toujours admissible. [1]

POCCARD-CHAPPUIS C. TRÉSALLET ET CONSORTS.

LE SÉNAT : Attendu, en fait, que, dans sa requête introductive d'instance et en appel, Jean-Pierre Poccard-Chappuis a exposé que, dans le mois de septembre 1838, il avait convenu avec Jean-Baptiste et François-Joseph Trésallet, de prendre entr'eux, par égales parts, l'entreprise des travaux en déblais des fosses des mines de Pesey ; que quelques jours après, soit le 26 du même mois, les frères Trésallet, sous son cautionnement solidaire, sont devenus adjudicataires desdits travaux, par acte Gaymoz notaire ;

Que les intimés ayant nié au procès l'existence de la convention alléguée par l'appelant, celui-ci a déduit des faits pour l'établir, et subsidiairement leur a déféré le serment ;

Qu'enfin, les Trésallet ont excipé que la convention dont il s'agit serait une dépendance du contrat d'adjudication prémentionné, et ne pourrait être prouvée ni par témoins ni par le serment, mais seulement

---

[1] Concl. conf., 6 décembre 1843.
Arrêt conf., 12 janvier 1846 : Prémat c. Prémat ; de Brichauteau, R.

[1] Concl. conf., 16 juin 1843.
Voy. arrêt du 2 janvier 1841 : Vulliermet c. Duverney ; Arminjon, R.

par un acte revêtu de la même authenticité que celui qui constate l'adjudication ;

Attendu, en droit, que la société invoquée par Poccard-Chappuis, à supposer son existence, ne peut être considérée comme une dépendance de l'adjudication reçue par le notaire Gaymoz, quoique la réalisation des effets de cette société y fussent subordonnés ; en effet, on ne peut envisager un acte comme étant une dépendance, ou un accessoire d'un autre, que lorsqu'il porte quelque atteinte à ses dispositions, en y dérogeant, en les modifiant, ou en les expliquant ; or, la convention verbale dont il s'agit ne produit et ne peut produire aucun des effets sus-rappelés sur le contrat du 26 septembre 1838 ; ce traité, nonobstant la société qui serait intervenue entre l'appelant et lesdits adjudicataires, conserve intacts tous ses effets contre ces derniers, qui, de leur côté, conservent, contre l'administration des Mines, tous les droits que leur confère ce traité, et Poccard, en sa qualité d'associé, n'acquiert non plus aucune action contre elle ; ces deux conventions sont d'autant plus indépendantes l'une de l'autre, que celle alléguée par Poccard serait antérieure à l'adjudication du 26 septembre ; il suit de là qu'elle ne devait pas être soumise, pour sa validité, à la forme authentique donnée à cette adjudication ;

Attendu que notre Code civil, sous l'empire duquel aurait été conclue la convention verbale en question, ne détermine aucune forme spéciale pour le contrat de société, qui n'a pas pour objet l'une des matières contemplées par l'article 1412 ; d'où il suit qu'elle peut se contracter par écrit et sans écrit ; qu'ainsi celle invoquée par l'appelant serait valide ;

Attendu, quant à sa preuve, que, d'après les dispositions des articles 1454 et 1460 dudit Code, la preuve testimoniale ne pourrait être admissible, qu'appuyée d'un commencement de preuve par écrit émané des intimés, puisque la valeur de l'objet de cette société excède évidemment 500 liv., et qu'il aurait été au pouvoir des parties de la rédiger par écrit ;

Attendu que les pièces produites par l'appelant, à l'exception du procès-verbal du 6 octobre 1838, n'émanent pas des frères Trésallet ou des représentants de François-Joseph, et ne peuvent par conséquent pas servir de commencement de preuve ;

Attendu, relativement audit procès-verbal, qu'il a été dressé en présence et en contradictoire de François-Joseph Trésallet ; que le garde-magasin des Mines qui l'a rédigé a donné à Poccard-Chappuis la qualification d'entrepreneur des déblais qui ont fait l'objet de l'adjudication du 26 septembre 1838 ; que ledit Trésallet a signé cet acte sans faire aucune protestation ni observation ; que cette signature et ce silence constituent un vrai commencement de preuve littérale contre l'héritière de François-Joseph Trésallet, preuve qui peut se compléter par témoins ;

Attendu, néanmoins, que ce commencement de preuve écrite, ne peut être opposé à Jean-Baptiste Trésallet, qui n'était point présent au procès-verbal précité ; qu'ainsi la preuve testimoniale n'est point admissible à son encontre ;

Attendu, quant au serment subsidiaire qui a été déféré pour établir la convention dont il s'agit, que l'article 1474 l'admet sur quelque espèce de contestation civile que ce soit, à l'exception des trois cas y désignés, qui ne sont pas applicables à la cause :

LE SÉNAT, en recevant Poccard-Chappuis appelant, ordonne que les parties procéderont plus amplement.

DE LA CHARRIÈRE, P. SEITIER, R.

---

15 Mars 1844.

ABSENCE. — INTEPELLATION, — RENVOI AU PREMIER JUGE.

Art. 99 et 100 C. c. (D. R.)

Dans un partage d'hoirie, la part du successible absent accroît à ses cohéritiers ;

Cependant, l'absent peut être présumé vivant et appelé au partage, lorsque les pièces du procès fournissent des indices pressants de survie.

Les interpellations données sur la date de l'absence et le silence de la partie interpellée, ne sont pas considérés comme motifs suffisants pour exclure l'absent du partage.

Le Sénat, surtout dans les procédures d'ordre, en réformant la sentence pour un chef, renvoie au premier juge.

ORDRE GUIGUE.

En ce qui touche la question d'absence de Georges Favre.

LE SÉNAT : Attendu que les productions faites par les parties, avant le jugement dont est appel, fournissent de pressants indices, non-seulement que Georges Favre était encore vivant à l'époque du décès de son père, mais qu'il était considéré comme tel dans sa famille : d'où il suit, que quelles que soient les inductions, que l'on voudrait tirer du silence gardé par les appelants sur les interpellations à eux données relativement à l'absence de Georges Favre, avant la mort de son père, ce silence ne devait pas être envisagé par les premiers juges comme un aveu de la part des appelants, que Georges Favre était réellement absent à la susdite époque ;

Attendu, cela posé, que l'existence de Georges Favre doit être considérée comme reconnue à l'époque de l'ouverture de la succession de son père ; d'où la conséquence que le tribunal ne pouvait déclarer dévolue aux autres hoirs Favre la portion afférente à Georges dans ladite succession, et que sur ce point il a mal jugé ;

Attendu enfin que, quoique d'après les considérations qui précèdent, le premier chef de la sentence concernant la portion afférente à Georges Favre, dans la créance dont il s'agit, doive être réformé, néanmoins comme sur tous les autres chefs cette sentence devrait être confirmée ; le Sénat, s'agissant surtout de procédure d'ordre, ne peut ni ne doit retenir la cause :

Le Sénat déclare les hoirs Favre n'avoir droit, en l'état, d'exercer les actions qui pourraient compéter à Georges Favre, en vertu de l'acte de vente du 14 prairial an XI.

Pour le surplus, les déclare non-recevables en leur appel, et renvoie la cause devant les premiers juges.

De Montbel.   Cotta, R.

---

16 Mars 1844.

APPEL. — VALEUR. — INTÉRÊTS. — PLUS-VALUE. — EXPERTS.

Pour apprécier la valeur de la cause d'appel, on se reporte au moment où l'instance dont est appel a commencé entre les parties.

Ainsi, on joint au capital demandé le montant des arrérages échus à cette date, et à la valeur intrinsèque des immeubles revendiqués, la plus-value résultant des constructions existantes à cette époque.

L'évaluation doit être faite par experts.

Cordier Vᵉ Mamet c. Margel Vᵉ Chenevier.

Le Sénat : Attendu que l'intimée ayant nié que la valeur de la cause fût suffisante pour l'admissibilité de l'appel, il s'agit de savoir préparatoirement si la valeur des immeubles dont le relâchement est demandé, jointe au montant des arrérages réclamés au moment où l'instance a commencé entre les parties, excède la somme de 1,200 liv.;

Attendu que la valeur des immeubles dont il s'agit, comprend nécessairement la plus-value que leur donnent les bâtiments qui y seraient construits ;

Attendu que suivant la jurisprudence la plus récente, fondée sur l'esprit du Code civil, cette évaluation doit être faite par experts :

Ordonne préparatoirement que, par experts, il sera procédé à l'estimation des immeubles dont la demanderesse poursuit le relâchement, dans leur état actuel.

De la Charrière, P.   Jacquemoud, R.

---

22 Mars 1844.

CESSION D'HOIRIE. — LÉSION. — DOL.

Art. 1679 C. c. (D. R.)

La cession d'hoirie ne peut être rescindée pour cause de lésion. Elle est nulle lorsqu'elle a été extorquée par dol et captation.

Circonstances propres à caractériser le dol. [1]

Frais-Bavoz c. Ract.

Le Sénat : Attendu que les enquêtes auxquelles il a été procédé en exécution de l'arrêt du 17 juillet 1840, établissent suffisamment que l'acte de cession du 15 avril 1820, Vouthier notaire, avait été fait pour un vil prix ; qu'en admettant les faits articulés, le Sénat avait préjugé que si la vileté du prix se joignait aux circonstances de temps et aux rapports existants entre les parties, il en résulterait la preuve du dol dont la demanderesse se plaignait ;

Attendu qu'il résulte de ces circonstances de temps que la demanderesse fut émanci-

---

[1] Concl. conf., 24 mars 1840.
Arrêts conf., 17 juillet 1840 : Ract c. Ract ; de Montbel, R. — 16 mai 1843, Laymer c. Barbarin ; de Juge, R. — 3 juin 1844, Muffat c. Dumont ; Monod, R.

pée peu d'instants avant de passer la cession dont il s'agit ; que deux jours après, elle se constitua en dot, du consentement de son père, la somme de 200 liv., prix de la cession, sans expliquer la provenance de cette somme, se bornant à indiquer que le montant de la constitution lui appartient comme cohéritière de sa mère ;

Que l'on voit dans le contrat dotal du 10 mars 1850, Fontaine notaire, produit au procès, que François Ract constitua à Nicolarde, son autre fille, une somme de 2,000 liv., à tant moins et à bon compte de ses droits maternels ; circonstances qui démontrent toujours mieux la vileté du prix de ladite cession ;

Attendu, enfin, quant aux rapports existants entre les parties, que la qualité du défendeur, l'influence qu'il pourrait naturellement exercer sur sa fille, l'intérêt qu'il avait à favoriser ses enfants du second lit, tout concourt à démontrer que la demanderesse a été surprise pour consentir la cession, ne résultant pas même de cet acte qu'elle eût une connaissance suffisante des objets qu'elle cédait :

Par ces motifs, déclare l'acte de cession du 15 avril 1820, Vouthier notaire, nul et de nul eff... PORTIER DU BELLAIR, *P.* DE MONTBEL, *R.*

---

28 Mars 1844.

DOT CONGRUE. — LEGS. — ACCEPTATION. SUPPLÉMENT DE DOT. — RENONCIATION.

Art. 940 C. c. (R. C.)

L'acceptation d'un legs fait pour tous droits paternels et maternels, ne prive pas la fille du droit de demander un supplément de dot.

La constitution de cette même somme à titre de dot que ferait plus tard la légataire, ne formerait point renonciation à ses droits. [1]

PHILIPPE FEMME PONCET c. PHILIPPE.

LE SÉNAT : Attendu que, par testament du 31 décembre 1822, Lachat notaire, Pierre Philippe a légué la somme de 1,500 liv., six draps de lit, une garde-robe et une somme de 56 liv. pour un habit de noces à sa fille Claudine, pour la remplir de ses droits paternels, maternels et autres quelconques ;

Attendu que, par acte du 51 janvier 1855, Lachat notaire, ladite Philippe Claudine s'est constitué en dot les sommes et objets ci-dessus désignés, et que, par autre acte du 10 mars 1858, Pierre Poncet, en qualité de procureur constitutaire de celle-ci, sa belle-fille, en a fait quittance en faveur de l'intimé, avec promesse de ne plus rien rechercher en vertu dudit testament ;

Attendu que, sous l'empire des Royales Constitutions, la fille n'était exclue de la succession de ses père et mère, que moyennant une dot congrue ;

Attendu que la dot n'était de plein droit présumée congrue, que lorsqu'elle était constituée afin d'établir convenablement la fille ;

Attendu que Pierre Philippe n'a pas constitué une dot à Claudine, sa fille, en vue d'un mariage contracté par celle-ci ; que, par conséquent, la dot léguée par ledit testament ne peut être envisagée comme le prix de son exclusion, qu'autant qu'elle se trouvera proportionnée à la qualité et à la fortune de la famille de l'appelante ;

Attendu qu'en vain l'intimé voudrait déduire des conséquences favorables à son système de l'acte du 51 janvier 1855, Lachat notaire, puisque Claudine Philippe était libre de se constituer en dot tous ses biens, ou une portion seulement ; et en outre, que cet acte auquel l'intimé n'est pas intervenu, ne pourrait avoir effet qu'entre les parties qui l'ont signé ;

Attendu que la quittance du 10 mars 1858, Lachat notaire, ne se référant qu'au legs porté par le testament, ne peut être étendue au-delà de ce qu'elle exprime ; que d'ailleurs, le procureur constitutaire de l'appelante n'aurait pu libérer l'intimé que pour les sommes et objets qui avaient été constitués en dot :

Par ces motifs, reçoit Claudine Philippe appelante, et ordonne que Claude Philippe produira la note assermentée du mobilier.

DE LA CHARRIÈRE, *P.* DE BRICHANTEAU, *R.*

---

[1] V. arrêt du 20 juin 1813 : Meynend c. Meynend ; Seitler, R. — 18 avril 1845, Pugeat c. Vidal ; Jacquemoud, R. — 23 janvier 1846, Durand c. Durand ; Millet de St-Alban, R. — 24 mars 1846, Nouvellet c. Rubod-Molliet ; Clert, R.

28 Mars 1844.

DOT CONGRUE. — RENONCIATION. — NULLITÉ. — CESSION DE DEUX HOIRIES.

Art. 1220 C. c. (R. C.)

La dot constituée à la fille après son mariage n'est pas de plein droit présumée congrue.

Les renonciations faites à cette occasion sont régies par les principes du droit commun ; en conséquence, elles sont nulles si elles sont faites en l'absence de la personne à l'hoirie de laquelle on a renoncé. [1]

La cession pour un seul et même prix des successions de deux personnes vivantes, dont l'une n'a pas été présente à l'acte, est nulle pour le tout.

Chaudet, femme Vittet, c. Chaudet.

Le Sénat : Attendu que, par contrat du 17 septembre 1820, Thorens notaire, Jean Chaudet a constitué en dot la somme de 648 liv. à sa fille Henriette, mariée, y est-il dit, depuis environ sept ans, laquelle, moyennant ladite somme et avec l'autorisation de François Vittet, son mari, a renoncé à tous droits sur la succession du père et sur celle de la mère, qui n'était pas présente à la stipulation de l'acte ;

Attendu qu'aux termes du § 6, tit. 7, liv. 5 des R. C., la dot constituée à une fille n'est de plein droit présumée congrue, que lorsque cette fille a été convenablement établie au moyen de cette dot ;

Attendu que, lorsque le mariage a précédé la constitution dotale, cette présomption cesse, et que pour juger, dans ce cas, si la dot est congrue ou non, on doit, comme lorsqu'il s'agit d'une fille non mariée, prendre en considération la qualité et la fortune de la famille ;

Attendu, dès lors, que la renonciation dont il s'agit se trouvant en dehors des cas spécifiés dans le § 1er, tit. 13, liv. 5 des R. C., doit être appréciée d'après les dispositions du droit commun ;

Attendu qu'aux termes de la loi 30, Cod. *De pactis*, toute stipulation relative à la succession d'une personne vivante est nulle, à moins que la personne, sur la succession de laquelle il a été traité, n'ait elle-même consenti à la convention ;

Attendu que la mère d'Henriette Chaudet n'a point été partie à l'acte sus-énoncé du 17 septembre 1820, que la renonciation qu'il renferme, relativement à la succession maternelle, se trouve ainsi frappée de nullité ;

Attendu que si cet acte porte aussi renonciation à la succession du père qui était mort, cette renonciation est également nulle, parce qu'il n'a été stipulé qu'un seul et même prix pour les deux successions paternelle et maternelle, et que, dans cet état de choses, on ne peut savoir quel est le correspectif de la renonciation à la dernière de ces successions ;

Attendu, d'ailleurs, qu'André Chaudet n'était ni présent, ni représenté à cet acte de renonciation ;

Attendu que la congruité de la dot doit être appréciée d'après la valeur des biens délaissés par le père et par la mère de l'appelante, qu'il faut conséquemment en venir à la composition de la masse de leurs successions ;

Attendu que la jurisprudence a tracé la marche à suivre pour atteindre ce but ;

Attendu qu'après la décision sur le point de droit, la production du rôle des immeubles et de la note du mobilier ci-après ordonnée, la cause n'aura plus pour objet que de faire fixer la qualité de la dot d'après les bases ci-devant établies, et qu'il serait convenable aux parties de s'entendre amiablement :

Par ces motifs, sans s'arrêter à la renonciation portée par l'acte du 17 septembre 1820, Thorens notaire, ordonne que Henriette Chaudet produira le rôle des immeubles, et que André Chaudet donnera la note assermentée des meubles, or, argent et créances délaissés par Jean Chaudet et Gabrielle Jacquet, leur père et mère ; et que, ce fait, les parties comparaîtront en personne par-devant le rapporteur pour se régler sommairement entre elles, si faire se peut.

De la Charrière, *P.*
De Brichanteau, *R.*

---

[1] Concl. conf., 1er mai 1843.
Arrêt conf., 10 janvier 1843 : Viollet c. Viollet ; de la Charrière, R. — 10 mars 1845, Chaumontel c. Chaumontel ; Coppier, R.

29 Mars 1844.

PASSAGE. — DESTINATION DU PÈRE DE FAMILLE. — PRESCRIPTION IMMÉMORIALE.

Art. 650 C. c. (D. R.)

La destination du père de famille n'était pas admise comme titre constitutif de servitude, avant la mise en vigueur du Code civil. [1]

La servitude de passage ne pouvait s'acquérir que par titre ou par une possession immémoriale.

L'aveu de la destination du père de famille fait obstacle à l'admission de faits de possession immémoriale.

ROCH-PUTHOD C. LAVANCHY.

LE SÉNAT : Attendu que la constitution d'une servitude par destination du père de famille n'était pas reconnue avant la mise en vigueur du Code civil, qu'ainsi une servitude de la nature de celle revendiquée par les appelants, n'aurait pu résulter que d'un titre authentique, d'une stipulation expresse, ou d'une possession immémoriale, suivant la jurisprudence ;

Attendu que, par la requête en relief, les appelants ont déterminé d'une manière précise les fonds respectivement possédés ; que bien que ces fonds paraissent avoir une origine commune, et que l'existence d'un chemin tracé dans les plans Revuz, produits au procès, ne soit pas contestée, il s'agit d'examiner si les titres produits par les appelants, renferment, en faveur de leurs fonds, une réserve de servitude de passage sur les fonds de l'intimé . . . .

. . . .

Attendu que les nouveaux faits articulés en appel ne présentent pas les caractères voulus pour la preuve d'une servitude discontinue, car les appelants font remonter leurs prétentions à une destination du père de famille qui n'était pas reconnue, ainsi qu'on l'a énoncé, par le droit romain, d'après le principe *res sua nemini servit*; d'où il suit qu'on ne saurait qualifier d'immémoriale une possession qui aurait une origine au moins limitée à Jean-François Chaméty, auteur commun, auquel on attribue l'éta-

[1] Arrêt conf., 3 février 1844 : Morat-Caillet c. Morat ; de Brichanteau, R.

blissement du chemin litigieux par destination du père de famille ;

Adoptant pour le surplus les motifs donnés par les premiers juges :

Déclare les appelants non-recevables en leur appel.

PORTIER DU BELLAIR, P.   MONOD, R.

1er Avril 1844.

EAU. — POSSESSION. — PRESCRIPTION.

Art. 618 C. c. (D. A.)

Le vendeur ou ses héritiers peuvent récupérer par la prescription les droits qu'ils auraient aliénés au profit d'un tiers.

Mais pour cela, il faut des faits de possession exclusive, précis et bien caractérisés.

Pour conserver un droit acquis par titre, il suffit d'actes de possession moins fréquents et moins significatifs.

DÉPERSES C. DUPONT.

Un premier arrêt du 8 août 1840 avait décidé dans cette cause :

LE SÉNAT : Attendu que, par acte du 25 juin 1776, Vacherand notaire, noble de Bissy, auteur de dame Dupont, a vendu à Geneviève Dubois, auteur des frères Déperses, le cours d'eau de la fontaine et des sources qui pourraient se trouver sur les nos 819 et 820 de la mappe de Bissy ;

Attendu que cet acte ne fait point obstacle à ce que les mariés Dupont ou leurs auteurs aient pu récupérer les droits aliénés par noble de Bissy dans ledit acte, au moyen d'une possession exclusive, publique et paisible pendant un laps de temps suffisant pour prescrire :

Ordonne que les mariés Dupont circonstancieront mieux le fait par eux articulé.

PETTITI, P. P.   JACQUEMOUD, R.

Un second arrêt, en date du 24 avril 1841, portait :

LE SÉNAT : Attendu que, par l'acte Vacherand notaire, l'auteur des demandeurs ayant acquis la propriété de ladite source, qui sourd sur le sol appartenant aux défendeurs, la circonstance que ceux-ci ou leurs auteurs se seraient servis des eaux de cette source pour y laver, pour y puiser de l'eau, et pour abreuver le bétail de leur ferme de Minguevert, serait insuffisante pour leur en attribuer la propriété exclusive ; car ledit acte réservait expressément en faveur des auteurs des défendeurs le droit d'abreuvage pour les bestiaux de leur ferme de Minguevert ; et une plus grande extension donnée à l'exercice de ce droit n'entraînerait pas la perte de la propriété de ladite source ; ce qui est le seul objet du litige ;

Attendu que, pour pouvoir acquérir par prescription la propriété de la source dont il s'agit, les défendeurs doivent établir qu'il a existé, pendant plus de trente ans, avant l'intentat du procès, des ouvrages apparents vers la source même, de nature à mettre obstacle à ce que ces eaux ne fussent abandonnées à leur cours naturel, et à les forcer à entrer dans les rigoles que les défendeurs énoncent avoir été pratiquées par eux et par leurs auteurs, à l'effet d'employer lesdites eaux à l'irrigation de leurs prés et terres sous les nᵒˢ 819 et 458 de la mappe de Bissy, à l'exclusion des demandeurs et de leurs auteurs ;

Attendu que ces circonstances doivent être énoncées d'une manière explicite dans le premier fait :

Ordonne que les défendeurs circonstancieront mieux le premier fait.

PORTIER DU BELLAIR, **P.** JACQUEMOUD, **R.**

La cause ayant été de nouveau portée en audience en 1844 ;

LE SÉNAT : Attendu que, par l'acte du 23 juin 1776, Vacherand notaire, les auteurs des frères Déperses ont acheté du sieur de Bissy l'eau de la source désignée par les lettres A et X aux plans dressés par les géomètres Quenard et Nicollet ;

Attendu que, pour prescrire contre ce titre, les défendeurs auraient dû établir que, tant par eux que par leurs auteurs, ils ont joui de l'eau dont il s'agit à l'exclusion des demandeurs, que le Sénat l'a ainsi préjugé par son arrêt du 8 août 1840, en déterminant la nature de la possession dont les défendeurs devaient justifier pour légitimer leurs conclusions ;

Attendu que les actes de possession nécessaires pour conserver un droit acquis, n'ont pas besoin d'être aussi fréquents que ceux qui sont exigés pour acquérir un droit qu'on n'a pas ;

Attendu qu'il résulte de l'enquête des demandeurs, et notamment des 4ᵉ, 5ᵉ, 6ᵉ et 8ᵉ dépositions, que depuis l'acte de 1776, ils ont, par eux et leurs auteurs, joui de l'eau de la fontaine dont il s'agit pour l'abreuvage de leurs bestiaux et pour l'irrigation de leurs prés ; que les eaux de cette fontaine étaient conduites jusqu'à un bassin placé aux points B et C du plan Quenard ; bassin auquel ils abreuvaient leur bétail, par un canal en pierres, et, depuis la destruction de ce canal, par la rigole figurée audit plan par les lettres B, B, B ; que, de ce bassin, ils conduisaient l'eau sur leur pré ; que si cet usage a cessé par intervalles, cette interruption n'a jamais été assez longue pour donner lieu à la prescription ; enfin, que si les fermiers de Minguevert s'emparaient quelquefois de l'eau pour l'arrosement de leurs prés, ceux des demandeurs allaient la reprendre, en la faisant couler par la rigole ci-dessus mentionnée ;

Attendu, cela posé, que si l'enquête des défendeurs établit qu'ils ont usé aussi de l'eau de la fontaine de Minguevert, ces actes de possession doivent être considérés comme le résultat d'une tolérance à laquelle les demandeurs peuvent mettre un terme, et qu'ils sont loin de revêtir les caractères que la loi exige pour les rendre propres à opérer la prescription du droit transféré aux auteurs des frères Déperses par ledit acte de 1776 :

Par ces motifs, sans s'arrêter à l'exception de prescription invoquée par les défendeurs, leur inhibo de troubler les demandeurs dans la propriété et jouissance du cours d'eau de la fontaine dont il s'agit, sauf en ce qui concerne les droits réservés au vendeur par l'acte de 1776.

DE LA CHARRIÈRE, **P.** SETTIER, **R**

---

2 Avril 1844.

MANŒUVRES FRAUDULEUSES. — SURENCHÈRE. — INDEMNITÉ.

Art. 1500, 1501 C. c.

Celui qui, par des manœuvres frauduleuses, a empêché de surenchérir, peut être condamné à des dommages-intérêts en vertu des articles 1500 et 1501 du Code civil. [1]

Il faut pour cela établir que le surenchérisseur avait intention de se présenter, et qu'il n'a été détourné que par les manœuvres employées.

---

[1] Concl. conf., 23 janvier 1844.

TROMBERT C. CHARMOT.

L'appelant soutenait en fait que Charmot avait cabalé pour écarter un surenchérisseur qui se présentait pour mettre un sixième sur les biens subhastés au préjudice des mineurs Deruaz ; il concluait en conséquence à ce que ledit *Charmot fût condamné, envers les mineurs Deruaz , aux dommages résultant pour ceux-ci, de ce qu'il n'avait pas été mis une augmentation d'un sixième sur le prix de l'adjudication du 27 décembre 1841 ;*

Le Sénat : Attendu que, pour établir l'extrême de son action, l'appelant devait prouver en premier lieu que les frères Gianoli avaient formellement résolu de mettre l'augmentation du sixième aux enchères dont il s'agit, et en second lieu, qu'ils n'en ont été empêchés que par le fait de l'intimé ;

Attendu que les faits déduits à cet égard par l'appelant, fussent-ils établis, seraient insuffisants pour rapporter cette double preuve, puisque, d'une part, ils ne mentionnent qu'un simple projet chez les frères Gianoli ; et que, d'un autre côté, ils n'excluent pas la supposition de plusieurs causes étrangères à la conduite de l'intimé, et qui auraient également pu détourner les frères Gianoli de réaliser la surenchère du sixième ;

Attendu qu'il suit de là que les faits dont il s'agit ne sont pas propres à placer l'intimé dans les cas prévus par les articles 1300 et 1301 du Code civil, et conséquemment irrélévatoires :

Déclare Trombert non-recevable en son appel.

De la Charrière, P. D'Arcollières, R.

---

2 Avril 1844.

APPEL. — ACQUIESCEMENT. — ENQUÊTE.

Celui qui ayant été assigné en personne pour venir assister à une enquête ordonnée par jugement, n'y a pas comparu et ne s'y est pas opposé, est censé avoir acquiescé au jugement, et n'est plus admis à en appeler.

VUATHOUX C. DÉTRAZ.

Le Sénat : Attendu que Vuathoux n'a pas interjeté appel du jugement dont il s'agit dans les dix jours qui ont suivi l'intimation qui lui en a été faite en personne par exploit du sergent-royal Pioton, sous date du 6 juin 1843, et qu'il a laissé procéder à l'enquête qui a eu lieu le 10 juillet suivant, sur les faits admis par ce jugement, sans manifester l'intention d'en appeler, quoiqu'il eût été assigné en personne, par exploit du 7 du même mois de juillet, pour venir assister à la prestation de serment des témoins que Détraz avait à faire entendre ;

Attendu qu'en ne se présentant pas lors de cette enquête, à laquelle il a été procédé sans réclamation ni protestation de sa part, il est censé avoir adhéré à cet acte d'exécution du jugement dont il a ensuite appelé par sa requête du 29 juillet, ce qui emporte acquiescement :

En admettant l'écriture de Détraz, du 16 février dernier, déclare Vuathoux non-recevable appelant.

De la Charrière, P. De St-Bonnet, R.

---

2 Avril 1844.

APPEL. — VALEUR. — SOMME INDÉTERMINÉE. — COMMUNAUTÉ.

Le jugement qui prononce qu'un immeuble a été acquis à la communauté, est indéterminé dans sa valeur, et par conséquent, toujours sujet à appel, en ce qu'il préjuge l'existence d'une communauté.

CONSORTS EXERTIER C. EXERTIER.

Le Sénat : Attendu que par le jugement dont est appel, le tribunal de judicature-mage de cette ville a maintenu le demandeur dans la possession des immeubles dont il s'agit, en se fondant sur ce que le père des défendeurs avait déclaré, dans un acte du 30 juin 1811, Dronchat notaire, avoir acquis ces immeubles comme administrateur de la communauté ;

Qu'en conséquence, il a préjugé sur l'existence de cette communauté ; et que, sous ce rapport, le jugement porte sur un objet dont la valeur est indéterminée, conséquemment suffisante pour l'appel :

Sans s'arrêter aux fins de non-recevoir opposées par l'intimé, reçoit les frères Exertier dit Montems appelants, et ordonne que les parties procéderont ultérieurement.

Pettiti, P. P. Clert, R.

2 Avril 1844.

ENQUÊTE. — REPROCHES. — DÉLAI. — RESTITUTION.

Les faits de reproches doivent être déduits dans les cinq jours à dater de celui où il est donné copie des généraux interrogats.

Les tribunaux ne peuvent accorder aucune restitution contre l'échéance de ce délai. [1]

CONSORTS BERTHOUD C. REYDET DE LA VULPILIÈRE.

LE SÉNAT : Attendu, en fait, que les généraux interrogats des témoins contre lesquels le sieur défendeur a articulé les faits de reproches ci-dessus, lui ont été communiqués le 31 mars 1842, et qu'il n'a fourni lesdits faits que le 8 juin suivant;

Attendu, en droit, qu'aux termes du § 2, titre 20, liv. 5 des R. C., la partie est tenue de déduire ses reproches contre les témoins dans cinq jours, à dater de celui où copie lui a été donnée des généraux interrogats, et qu'il est statué au § suivant que, si la partie n'a pas fourni de reproches dans ce terme, l'enquête est tenue pour publiée;

Attendu qu'il résulte de la nature et de l'économie de ces deux dispositions, qu'il ne peut être accordé de restitution contre l'échéance dudit délai, et que telle est en effet la jurisprudence à cet égard;

Qu'il résulte de là que les conclusions du défendeur ne sont pas admissibles :

Par ces motifs, sans s'arrêter aux faits déduits par le défendeur, déclare ouvertes les enquêtes dont il s'agit, et facultatif aux parties de s'en faire délivrer expédition.

DE LA CHARRIÈRE, P.   D'ARCOLLIÈRES, R.

2 Avril 1844.

BÉNÉFICE D'INVENTAIRE. — MINEUR. — POURSUITES. — DÉLAI.

Art. 1019 C. c.

Le mineur qui n'a point fait acte d'héritier, ne peut être poursuivi en justice avant qu'il ne lui ait été fixé un délai pour faire inventaire et délibérer.

[1] Arrêt conf., 21 février 1842 : Commune de Notre-Dame-des-Millières c. Portier; De Juge, R. — 3 août 1816 : Carrier c. Carrier; de Brichanteau, R.

Le Sénat fixe ce délai lorsque la cause est pendante devant lui. [1]

JACQUET Vᵉ EXERTIER C. THYRION Vᵉ POTHIER.

LE SÉNAT : Attendu que si, aux termes de l'art. 1019 du Code civil, la demanderesse a le droit de poursuivre le paiement de la créance dont il s'agit, elle ne peut le faire qu'après l'expiration des délais fixés par la loi pour faire inventaire et délibérer; que dès lors il est le cas de fixer un délai à la demanderesse, en sa qualité, pour qu'elle ait à se conformer aux formalités prescrites en pareil cas :

Ordonne que la défenderesse, en sa qualité, fera inventaire et délibérera dans le délai de quatre mois; et, passé ce terme, il sera pourvu ainsi que de droit.

PORTIER DU BELLAIR, P.   DE JUGE, R.

6 Mai 1844.

APPEL. — DÉSISTEMENT. — PAIEMENT.

Celui qui, après avoir interjeté appel, fait des paiements à compte de sa dette, n'est pas censé, par cela seul, s'être désisté de son appel.

Il peut être déclaré non-recevable appelant, et condamné à tous les dépens.

JACOB C. RAMEL.

LE SÉNAT : Attendu que le désistement de l'appel d'un jugement doit être formel, et doit émaner de la partie même qui en a appelé;

Attendu, ainsi, qu'on ne saurait voir dans le fait isolé du paiement que Ramel a effectué à compte de sa dette, le 7 juin 1842, une renonciation de sa part à l'appel qu'il avait interjeté le 24 février précédent, et qu'on ne peut avoir aucun égard aux offres que Mᵉ Pallatin a faites au procès, sans mandat spécial dudit Ramel;

Attendu que la valeur de la cause ne s'élève pas à la somme de 1,200 liv. :

Déclare ledit François Ramel non-recevable appelant de la susdite sentence du 30 décembre 1841, et le condamne aux dépens faits dans l'instance poursuivie céans dès le 14 février 1843, inclusivement.

PORTIER DU BELLAIR, P.   ARMINJON, R.

[1] Concl. conf., 17 mars 1813.

7 Mai 1844.

ENQUÊTE. — DÉLAI. — OBREPTION.

La partie qui a demandé l'ouverture de l'enquête adverse, est déchue de la faculté de faire enquête sur ses faits contraires.

L'ordonnance qu'elle aurait surprise, en cachant cette circonstance, est nulle comme entachée de subreption. [1]

COLLY C. LAFOND.

LE SÉNAT : Attendu que le défendeur a fait procéder, le 6 octobre 1841, à enquête sur les articles admis par l'arrêt du 20 juillet précédent;

Attendu que cette enquête a été déclarée ouverte par ordonnance du rapporteur de la cause, le 7 avril 1842, sur les réquisitions du demandeur; que par-là, celui-ci a renoncé à la faculté qu'il avait de rapporter la preuve des faits principaux qu'il avait soutenus;

Attendu qu'en passant sous silence lesdites circonstances, le demandeur a surpris par obreption l'ordonnance du 29 avril 1843 et le décret du 8 mai suivant; d'où il suit que lesdites provisions doivent être de nul effet, aux termes du § 12, tit. 2, liv. 3 des R. C. :

Par ces motifs, sans s'arrêter à l'ordonnance rendue par le rapporteur de la cause, le 29 avril 1843, non plus qu'au décret de céans du 8 mai suivant, déclare Jean-Pierre Lafond non-recevable à faire enquête sur les faits admis par le jugement rendu par le tribunal de Thonon, le 10 février 1837.

PETTITI, *P. P.*   MILLIET DE St-ALBAN, *R.*

---

7 Mai 1843.

APPEL. — ACQUIESCEMENT. — DÉPENS. — PREUVE TESTIMONIALE.

Art. 1461 C. c.

Le paiement des dépens forme acquiescement au jugement. [2]

Il peut être prouvé par témoins, quelle que soit la valeur du litige.

---

[1] Concl. conf., 10 décembre 1843.
[2] Arrêt conf., 9 décembre 1839 : Chatel-Pourraz c. Benod-Delisle; Anselme, R.

PACHOD C. CHARBONNEL.

LE SÉNAT : Attendu que la partie qui, sans y être contrainte, paie sans réserves ni protestations les dépens d'un jugement rendu contre elle, est censée acquiescer;

Qu'il en dérive une fin de non-recevoir à l'appel qui en serait ensuite émis;

Attendu que le fait du paiement des dépens articulé par l'intimé, soit qu'on le considère en lui-même, soit qu'on le considère comme emportant un acquiescement au jugé, est susceptible de la preuve testimoniale, en ce que, dans le premier cas, l'objet à prouver n'excède pas la somme de 500 liv., et que dans le second, il s'agit d'un quasi-contrat dont la preuve, quelle que soit la valeur de son objet, est admissible par suite de l'exception faite dans l'article 1461 du Code civil :

Ordonne, avant tout, que les appelants soutiendront, si bon leur semble, faits en matière contraire à ceux soutenus par l'intimé.

PETTITI, *P. P.*   ANSELME, *R.*

---

10 Mai 1844.

ORDRE. — APPEL. — VALEUR. — SUBROGATION.

Art. 1237, 1311, 2158 C. c. (D. R. ; Q. T.)

Dans les causes d'ordre, lorsque plusieurs créanciers se présentent en sous-ordre au nom de leur débiteur, et appellent du jugement qui l'a écarté de l'ordre, il suffit que la créance de ce dernier s'élève à 1,200 liv., quel que soit le montant des droits individuels de chacun des appelants.

Sous les lois romaines, le prêteur pouvait être subrogé au privilége du créancier désintéressé de ses deniers, lorsque cette subrogation avait été promise dans le contrat de prêt, et que dans la quittance, il était énoncé que la somme avait été payée de ses deniers.

Le codébiteur solidaire qui, depuis la mise en vigueur du Code civil, a payé pour son codébiteur, est de plein droit subrogé à son hypothèque, bien que le titre constitutif de la solidarité remonte à une date antérieure.

Les créanciers peuvent exercer les droits de leur débiteur dans une instance d'ordre, et obtenir collocation en son nom, mais seulement à concurrence de leur intérêt respectif.

ORDRE GUERS.

LE SÉNAT : Attendu que, quelle que soit la manière dont a été présentée la demande qu'ont faite les consorts Dronchat, Mathié, Drivet et Bogey, par leur écriture du 14 janvier 1840, dans la cause d'ordre introduite pour la distribution du prix des biens vendus au préjudice de Jean-François Guers, il est facile de reconnaître qu'au fond cette demande tendait à obtenir le paiement de ce qui leur était dû par Aimé Gros-Jean, soit par ses héritiers, sur la somme que ces derniers auraient pu eux-mêmes réclamer; que c'est en conséquence cette somme et non la créance individuelle de chacun des appelants qui a été l'objet réel de la demande qu'ils ont formée cumulativement, et que la somme dont il s'agit étant supérieure à 1,200 liv., il n'y a sous ce rapport aucune fin de non-recevoir qui puisse obster à l'admission de l'appel;

Attendu d'ailleurs que la somme à distribuer est de plus de 5,000 liv., et que l'appel a été interjeté et relevé dans les délais fixés par la loi et par la jurisprudence;

Attendu, quant au fond, qu'il n'est pas contesté que les biens vendus au préjudice de Jean-François Guers, ne fissent partie de ceux sur lesquels le marquis d'Allinges avait un droit de privilège et d'hypothèque, en vertu de l'acte de vente qu'il avait passé, le 29 frimaire an X, en faveur de Michel Guers, auteur commun dudit Jean-François et de Jean Guers, son frère;

Attendu que, par l'acte du 22 février 1827, Girard notaire, lesdits Jean Guers et Aimé Gros-Jean ont reçu de révérend Moinier, à titre de rente constituée, chacun pour moitié, et néanmoins sous la clause solidaire, la somme de 6,000 liv.; qu'ils se sont formellement engagés à employer cet argent à éteindre leurs dettes, et à faire énoncer dans les quittances que les deniers provenaient de révérend Moinier, pour qu'il pût être subrogé aux droits des créanciers qui seraient désintéressés; que, conformément à cette convention, le marquis d'Allinges à reçu de Jean Guers, le 23 février 1827, la somme de 2,200 liv., pour solde du prix de la vente de l'an X, et que par la quittance du même jour, dans laquelle il est énoncé que l'argent provenait dudit révérend Moinier, il l'a subrogé, d'une manière expresse, à tous ses droits;

Attendu que, indépendamment de la faculté que les lois en vigueur en 1827 accordaient au débiteur de subroger aux droits du créancier à l'égard duquel il voulait se libérer sur les biens dont il se trouvait encore en possession, celui qui lui prêtait l'argent destiné à éteindre une dette hypothécaire, on ne saurait douter de la validité de la subrogation, qui, dans l'espèce, a été en outre formellement consentie par le créancier lors du paiement de la somme portée par la quittance du 23 février 1827, ce paiement devant être considéré comme fait au marquis d'Allinges par révérend Moinier lui-même, puisqu'il l'a été par Jean Guers presque immédiatement après l'acte de constitution de rente du 22 février 1827, en exécution d'une clause expresse de cet acte, et avec l'argent provenant dudit révérend Moinier;

Attendu, d'autre part, qu'il résulte des pièces produites que, en vertu de la clause solidaire insérée dans l'acte du 22 février 1827, demoiselle Moinier, héritière de révérend Moinier, a touché dans la cause d'ordre introduite pour la distribution du prix des biens vendus au préjudice des héritiers d'Aimé Gros-Jean, outre la part qui devait être à la charge de ce dernier, une portion de la créance dérivant de l'acte sus-énoncé du 22 février 1827, dont il ne pouvait être tenu que comme caution solidaire de Jean Guers, ce qui, d'après les dispositions du Code civil déjà en vigueur lorsque ce paiement s'est réalisé, a dû produire, en sa faveur, pour la somme payée en sus de sa part, une subrogation légale aux droits de demoiselle Moinier, subrogée elle-même à ceux du marquis d'Allinges;

Attendu, cela posé, qu'il n'est pas douteux qu'Aimé Gros-Jean n'eût pu se présenter dans l'ordre introduit pour la distribution du prix des biens de Jean-François Guers, qui se trouvaient affectés par suite de l'acte de vente de l'an X, au privilège et à l'hypothèque du marquis d'Allinges, dont le bénéfice avait été transmis à demoiselle Moinier, afin d'y être colloqué au lieu et place de celle-ci;

Attendu que les créanciers sont admissibles à exercer les droits de leurs débiteurs, et qu'en leur accordant cette faculté, la loi n'exige ni la présence en cause de ces derniers, ni aucune déclaration préalablement prononcée en leur contradictoire; qu'il est hors de doute, en conséquence, que l'on aurait dû prendre en considération la demande des consorts Dronchat, Mathié, Drivet et Bogey, de la même manière que si elle avait été faite par leur débiteur Aimé Gros-Jean, sauf aux parties intéressées à établir le fondement des exceptions qu'elles auraient pu faire valoir tant contre ledit Aimé Gros-Jean, que contre ses créanciers, si elles en avaient eu de légitimes à opposer à la demande dont il s'agit, tandis qu'à cet égard il n'y a eu de leur part que de simples suppositions;

Attendu néanmoins qu'Aimé Gros-Jean ne s'étant pas présenté dans l'ordre, la collocation à faire sur la demande des créanciers qui exercent ses droits, ne doit avoir son effet que pour les sommes qui se trouvent légitimement dues à ces derniers par ledit Gros-Jean, et que la subrogation consentie par le marquis d'Allinges, n'a d'ailleurs pu s'étendre au-delà de la somme qui lui a été payée, lors de la quittance du 23 février 1827:

En admettant lesdits Dronchat, Mathié, Drivet et Bogey à exercer les droits d'Aimé Gros-Jean, pour les sommes qui leur sont dues par ce dernier en capital et accessoires, tels que de droit, ordonne qu'ils seront colloqués dans l'ordre de Jean-François Guers, au rang fixé par les inscriptions des 5 mai 1823 et 18 avril 1827, et ce, en vertu de la subrogation dont ledit Aimé Gros-Jean aurait pu se prévaloir pour le recouvrement du montant de la somme payée sur le prix des biens, en sus de la moitié du capital et des intérêts de la rente constituée par l'acte du 22 février 1827, en tant que leur collocation n'excédera pas la somme de 2,200 liv., payée au marquis d'Allinges, et les intérêts tels que de droit.

De la Charrière, P. De St-Bonnet, R.

---

17 Mai 1844.

INJONCTION. — OPPOSITION. — COMPÉTENCE.

L'opposition formée par le tiers-détenteur à la sommation de payer ou de délaisser, doit être renvoyée *au juge compétent.*

Le tribunal de judicature-mage de la situation des biens est seul compétent pour connaître de cette opposition. [1]

---

[1] Concl. conf., 7 août 1843.
Arrêt conf., 6 mai 1843: Ruffier c. Hybord; de Juge, R.

CICÉRON c. THONION FRANÇOISE, FEMME LAMBERT-DONNET.

Françoise Thonion, après avoir obtenu du Sénat condamnation contre Maitral, son débiteur, fit procéder à injonction et notification aux tiers-détenteurs, en conformité de l'édit hypothécaire.

Cicéron, l'un des tiers-détenteurs, se pourvut en opposition au Sénat, se fondant, entr'autres moyens, sur ce que la poursuivante serait sans hypothèques sur les biens dont elle poursuivait la subhastation à son encontre.

La poursuivante se borna à opposer d'incompétence au Sénat. Sur conclusions conformes de l'Avocat-Fiscal-Général du 7 août 1843,

LE SÉNAT: Attendu qu'aux termes des art. 94 et 99 de l'édit du 16 juillet 1822, lorsque l'opposition à une injonction tendante à l'exercice de l'action réelle, ne porte pas sur le mérite de l'injonction elle-même; mais, comme dans l'espèce, sur le mérite ou l'étendue de l'action hypothécaire, le tribunal de la situation des immeubles, est le seul juge compétent en première instance:

Par ces motifs, se déclare incompétent, et renvoie Cicéron à agir ainsi et comme il verra à faire par-devant le tribunal de la situation des immeubles dont il s'agit.

De la Charrière, P. Le Brichanteau, R.

---

8 Juin 1844.

SIMULATION. — CONTRAT PIGNORATIF. — LÉSION. — PRESCRIPTION.

Art. 1151, 1161 C. c. (C. F.)

On ne peut attaquer comme contrat pignoratif une vente passée sous le Code civil français, même lorsqu'on y rencontrerait les indices d'impignoration admis par notre jurisprudence: le pacte de réméré, la location en faveur du vendeur, et la vileté de prix. [1]

La preuve testimoniale de la simulation n'est admise contre le contenu de l'acte public, qu'autant que la simulation aurait eu lieu pour couvrir un contrat prohibé par la loi, ou pour faire fraude à l'une des parties.

---

[1] V. Arrêt du 3 janvier 1811: Bouverat c. Gratin; de Montbel, R.

Le vendeur, laissé en possession comme fermier, ne peut invoquer la prescription trentenaire, tant qu'il ne justifie pas d'une interversion légitime et d'une possession à titre de propriétaire.

GAY C. NOBLE DE REGARD DE VILLENEUVE.

LE SÉNAT : Attendu que pour faire envisager comme un simple contrat pignoratif l'acte de vente du 12 décembre 1811, l'appelant ne s'est fondé que sur des présomptions de simulation qui résulteraient principalement du pacte de réméré, joint à la location faite en sa faveur, de la continuation de la possession qu'il aurait conservée, et de la vileté de prix dont il a offert de rapporter preuve;

Attendu que le pacte de réméré, et la relocation ont pu se concilier avec une vente réelle, et qu'en admettant même la vileté du prix, on ne saurait trouver, dans la réunion de semblables circonstances, une preuve suffisante de la simulation de l'acte dont il s'agit, d'après les lois sous l'empire desquelles il a été passé;

Qu'on ne peut, en effet, suivant les dispositions du Code civil français, avoir égard à des présomptions de cette nature, pour s'écarter de ce qui est clairement expliqué dans un acte, lorsqu'il s'agit d'en déterminer la nature et les effets entre les personnes qui l'ont souscrit, et auxquelles il eût été facile de se procurer une preuve écrite de ce qu'elles ont réellement entendu faire;

Que si la preuve testimoniale et les présomptions sont toujours admissibles pour établir le dol ou la fraude, cette règle n'est applicable, pour ce qui regarde les parties contractantes ou leurs ayant-cause, qu'aux cas dans lesquels une des parties aurait été victime de manœuvres frauduleuses de la part de l'autre; mais qu'il n'en est pas de même du cas où la simulation n'aurait été que le résultat libre de leur commune intention, à moins que le but de cette simulation n'eût été d'éluder des lois prohibitives et d'ordre public;

Attendu, cela posé, qu'il devient inutile d'examiner si la prescription décennale, invoquée par l'intimé, a pu être opposée, ou non, à l'appelant, d'après la disposition de l'art. 1304 du Code civil français;

Attendu que le contrat du 12 décembre 1811 devant être considéré, d'après ce qui précède, comme une vente réelle, le vendeur n'a pu posséder, depuis lors, qu'au nom de l'acquéreur; qu'il ne résulte point

qu'il y ait eu interversion du titre de sa possession; et que, par conséquent, on ne peut s'arrêter à l'exception de prescription trentenaire, par laquelle il a cherché à repousser la demande du sieur de Villeneuve;

Attendu que la lésion, même énormissime, ne pourrait être invoquée comme un moyen de nullité, d'après les lois qui ont régi le contrat du 12 décembre 1811; et que lors même que la rescision pour cause de lésion en aurait été régulièrement demandée, ce moyen, qui aurait dû être proposé dans le délai fixé par les mêmes lois, se trouverait aujourd'hui inadmissible :

Déclare Claude Gay non-recevable en son appel.

DE LA CHARRIÈRE, P.   DE ST-BONNET, R.

---

10 juin 1844.

COMPENSATION. — SOLIDARITÉ.

Art. 1381, 1304 C. c. (D. R.)

D'après la jurisprudence suivie en Savoie avant la mise en vigueur du Code civil, la compensation ne s'opérait de plein droit, qu'autant qu'elle était proposée par la partie.

Le créancier, en poursuivant un des débiteurs solidaires pour sa part, renonçait de plein droit à la solidarité.[1]

AIMÉ GAVARD C. LA VEUVE GAVARD.

Joseph Gavard-Gongalut et Joseph Carrier, coupables d'assassinat, sont condamnés à une peine criminelle, et solidairement à 800 liv. de dommages-intérêts. Joseph Gavard-Gongalut vend ses biens à son frère Aimé, qui lui souscrit un billet de 1,089 liv., en date du 18 janvier 1829.

Les héritiers de l'occis se pourvoient contre Aimé Gavard, comme détenteur des biens hypothéqués à leur créance; celui-ci leur paie une somme de 680 liv., pour laquelle il se fait subroger à leurs droits.

Aussitôt il se pourvoit contre Joseph Carrier, complice de son frère, lui demande la moitié des 680 liv. qu'il a déboursées, et le 18 mars 1840, obtient condamnation et injonction pour cette moitié.

Sur ces entrefaites, la veuve de Joseph

---

[1] Concl. contr., 28 mars 1843.

Gavard-Gongalut lui réclame les 1,089 liv. portées par le billet du 18 janvier 1829. Aimé ne conteste pas sa dette, mais propose diverses imputations, entr'autres celle des 680 liv. ci-dessus.

La veuve Gavard en offre la moitié, disant que pour le surplus, les poursuites exercées contre Carrier ont opéré novation.

Le ministère public soulève une autre question. La compensation s'opère de plein droit; du jour où Aimé Gavard a soldé les 680 liv., il s'est déchargé d'autant envers son frère Joseph : par là toutes discussions sur l'imputation offerte, sur la remise de la solidarité, etc., se trouvent oiseuses et superflues (28 mars 1843).

Le Sénat : Attendu qu'en première instance l'intimée a offert l'imputation sur la somme par elle demandée, en vertu du billet du 18 janvier 1829, d'une moitié de celle de 680 liv., portée dans la quittance du 13 septembre 1833, Pagnod notaire, et que l'imputation offerte doit avoir pour l'appelant un résultat aussi avantageux que celui qu'il aurait à attendre de la compensation, en raison de ce que, par la nature de la créance, ladite moitié de 680 liv. est productive d'intérêts dès la date de ladite quittance;

Attendu, quant à l'autre moitié de ladite somme de 680 liv., que, suivant la jurisprudence admise à la date de la quittance prémentionnée, la compensation, quoiqu'ayant lieu de plein droit, ne s'admettait qu'autant qu'elle était proposée, et que les choses se trouvaient alors dans leur entier;

Attendu qu'au lieu de se prévaloir, en conformité du droit, du bénéfice des arrêts qui lui avait été cédé dans ledit acte Pagnod notaire, et de proposer à l'encontre de son frère Joseph, la compensation de la totalité de la créance de 680 liv., avec la dette dérivant du susdit billet, jusqu'à concurrence de leurs quotités respectives, l'appelant a dirigé contre Carrier Joseph, par-devant le tribunal de judicature-mage de Bonneville, une action en paiement de la moitié à sa charge de ladite somme de 680 liv., et a obtenu, le 18 mars 1840, contre Me Duboin, comme curateur à la cause dudit Carrier, un jugement qui condamne ce dernier à payer à l'appelant, dans le terme de trente jours, la somme de 467 liv. 50 cent., pour la part des sommes par lui dues, en exécution des arrêts énoncés en l'instance;

Attendu, d'après ce qui précède, que

l'appelant a fait une novation de titres, à tel point, qu'en présence du jugement par lui obtenu le 18 mars 1840, il ne pourrait plus céder dans son entier à l'intimée, le bénéfice des arrêts, pour les faire exécuter contre Carrier; qu'en outre, l'action que l'appelant a exercée contre ledit Carrier, et le jugement qu'il a obtenu conformément à sa demande, ont emporté, en faveur dudit Joseph Gavard-Gongalut, la remise de la solidarité déclarée par lesdits arrêts; et que dès lors, la dette commune à ce dernier et à Carrier, s'étant divisée en deux parts égales, l'intimée ne s'est plus trouvée obligée que pour l'une de ces parts, et qu'elle a fait à cet égard une offre suffisante :

Déclare Aimé Gavard non-recevable en son appel.

Portier du Bellair, P; Arminjon, R.

---

11 Juin 1844.

SUBHASTATION. — MANIFESTE. — FAITS EXPLICATIFS.

L'adjudicataire n'acquiert que les seuls numéros portés au manifeste.

Ne sont pas admissibles, des faits tendant à prouver que, d'après l'opinion commune, des numéros omis au manifeste, faisaient partie du domaine subhasté.

Duboд c. Foray les frères.

Le Sénat : Attendu que le seul titre régulateur des droits des parties, est le manifeste, tel qu'il a été rédigé et publié, d'après les formes prescrites, et que c'est la loi seule, et non l'opinion publique ou individuelle, qui régit aussi l'interprétation d'un semblable acte judiciaire, comme de tout autre acte ou contrat, d'où il suit que les faits soutenus subsidiairement par l'appelant, sont irrélevatoires;

Attendu que la clause du manifeste portant que l'erreur ou l'omission dans la désignation des numéros ou confins, ne pourra être opposée, ni donner lieu à aucun recours, ne saurait avoir pour conséquence de faire triompher le système de l'appelant, si l'on considère que, dans le doute en cette matière, les clauses générales, et de style usuel, s'interpréteraient favorablement pour le malheureux exproprié, dont la position n'a rien de commun avec celle du vendeur; qu'il n'y a pas même doute, en l'espèce, que l'appelant n'ait obtenu tous les numéros et les contenances, en somme et en détail, qui étaient annoncés dans le manifeste; que si l'on conçoit que dans le cas contraire, il eût été fondé à invoquer ladite clause, il en doit être tout autrement, lorsqu'il s'agit de lui adjuger, par surcroît, des pièces de terre qui n'ont jamais figuré dans le manifeste, ni même dans toute la procédure qui l'a précédé, et dont il ne peut être censé, dès lors, avoir fourni le prix, lorsque d'ailleurs rien n'indique que la clause en question ait entendu révoquer cette autre assertion du manifeste, qui avait appris à l'appelant comme au public *que le tribunal autorisait la vente des immeubles ci-après désignés*; donnant ainsi à entendre assez explicitement que ceux qui ne seraient pas compris dans la désignation, ne le seraient pas non plus dans la vente; d'autant moins que ceux désignés ne formaient, avec ou sans les pièces dont s'agit, ni plus, ni moins qu'un seul mas, même avec les confins généraux donnés à ce mas:

Déclare Dijoud non-recevable en son appel.

De la Charrière, *P.*   D'Arcollière, *R.*

---

11 Juin 1844.

INSTRUCTION SOMMAIRE.

Toute cause, quelle qu'en soit la valeur, peut être instruite en voie sommaire.

Dame veuve Grivel c. Rebut de Saxel.

Le Sénat : Attendu qu'aux termes des §§ 15 et 16, tit. 2, liv. 3 R. C., la valeur d'une cause n'est pas un obstacle à ce qu'elle soit instruite sommairement; d'où suit que le tribunal n'était pas obligé de se conformer au prescrit du § 5, tit. 8, liv. 5 de la loi royale;

Attendu, au fond, que par l'acte du 23 juillet 1837, la veuve Grivel a déclaré devoir au demandeur la somme de 2,875 liv., qu'il lui avait prêtée ci-devant à diverses époques, en renonçant à l'exception des deniers non nombrés, et qu'elle a promis de restituer ladite somme dans 2 ans, avec intérêts au 5 p. 0/0;

Condamne l'appelante à payer au demandeur la somme de 2,875 liv.

Pettiti, *P. P.*   Milliet de St-Alban, *R.*

15 Juin 1844.

SOCIÉTÉ DE FAIT. — PREUVE.

Art. 1442 C. c. (D. R.)

L'existence d'une société de fait, en matière de commerce, peut être établie par tous moyens de preuve, et même par de simples indices, nonobstant le défaut d'acte authentique. [1]

Richard c. Richard.

Le Sénat : Attendu qu'il est de principe que les faits accomplis obligent les personnes qui y ont concouru; que c'est ainsi que le Sénat a déjà envisagé la question par l'arrêt du 19 juillet 1839, puisqu'en écartant l'exception tirée du défaut de représentation du titre constitutif de la société invoquée, il a acheminé le défendeur à contredire les moyens de preuve sur lesquels le demandeur fondait ses conclusions;

Attendu que les nombreuses productions faites par le demandeur, soit avant, soit après cet arrêt, établissent incontestablement que, pendant une période de 10 ans environ, soit depuis le milieu de l'année 1826, jusqu'au 26 août 1836, les deux frères Richard exploitaient une tannerie dans les bâtiments communs, qu'ils vivaient ensemble, qu'ils passaient des conventions avec des tiers pour l'achat et la vente des peaux, qu'ils agissaient en justice comme associés, que l'un agissait au nom de tous les deux indistinctement, qu'ils faisaient, en un mot, tous les actes propres à les faire considérer comme associés pour le commerce de la tannerie;

Attendu qu'Eusèbe Richard a été qualifié de maître tanneur pendant les opérations communes, et non comme simple ouvrier, contre-maître ou commis de son frère;

Attendu que les rentrées des fonds, et les règlements avec les débiteurs de l'établissement de la tannerie, se faisaient au nom des deux frères Richard;

Attendu que ces diverses circonstances en fait sont établies, non-seulement par la correspondance des tiers avec les frères Richard, qualifiés de maîtres tanneurs, mais encore par tous les actes authentiques d'acquisition commune, par les jugements, et

---

[1] V. Arrêt du 10 juillet 1839, entre les mêmes parties; Picolet, R.

par les autres documents produits au procès, et plus spécialement :

1° Par l'acte de vente du 3 novembre 1828, Orsat notaire, où l'on donne pour confins de l'objet vendu par Claude-Joseph Buffet, aux frères Richard, une bézière, sur laquelle, est-il dit, les acquéreurs veulent construire un battoir à écorce, pour l'usage de leur tannerie ;

2° Par la convention du 9 janvier 1839, passée entre les frères Richard, *tanneurs de profession*, avec Marie Joine, boucher, portant vente par celui-ci de ses cuirs, pour un temps déterminé ;

3° Par la requête du 28 janvier 1829, présentée au Juge-mage de Haute-Savoie par Claude-Joseph Richard, au nom de la maison de commerce *Richard frères*, contre Ducret et Lallier, et par le jugement rendu le lendemain, en conformité de la demande ;

4° Par le jugement rendu le 3 juin 1829, par le tribunal de Bonneville, en faveur des frères Richard, au préjudice de Pierre-Marie Chométy, et de la veuve Covette, au sujet de l'eau de la bézière mentionnée audit acte du 3 novembre 1828 ;

5° Par la sentence du juge de Tanninges du 28 juillet 1829, rendue entre Eusèbe Richard, de son chef, et comme associé de son frère, et les consorts Anthonioz, par laquelle on voit que les deux frères furent admis à affirmer par serment, et jurèrent en effet, qu'ils avaient réellement fait les livrances de cuirs dont ils réclamaient le paiement, les 20 février 1827, 27 septembre, et 2 novembre 1828; conformément au livre de comptes qu'ils exhibèrent au juge ;

6° Par les conventions du 4 septembre 1829, passées entre les frères Richard, *maîtres tanneurs*, et le marquis du Wuache, dans l'intérêt de leur tannerie ;

7° Par le jugement du 28 mars 1833, rendu par le juge du consulat de Bonneville, au profit des frères Alméras, marchands tanneurs, contre les frères Richard, aussi qualifiés de *marchands tanneurs* ;

8° Par la vente du 18 juillet 1828, Favre notaire, de révérend Baud, aux frères Richard, représentés par Claude-Joseph, des bâtiments qui ont servi à la tannerie, et par tous les autres titres d'acquisitions communes ;

9° Par les annotations qui se trouvent sur les livres déposés au banc de l'actuaire de la cause, où l'on trouve fréquemment les ventes de peaux ou de cuirs, les achats ou envois, faits en nom collectif, *nous avons*

vendu, etc. ; qu'on trouve notamment dans le livre portant n° 4, un compte réglé à la date du 22 avril 1829, entre les deux frères Richard et le sergent Mudry, chargé de faire le recouvrement des crédits auprès d'un grand nombre de débiteurs de l'établissement de la tannerie ;

Attendu que l'arrêt du 8 avril 1837, les décrets du 28 même mois, et du 14 juillet suivant, n'ont rien préjugé au fond, et n'avaient fait que prescrire des mesures conservatoires ;

Attendu que dans cet état de la cause, il serait superflu d'acheminer le demandeur à fournir une plus ample preuve, et que les articulations du défendeur ne seraient pas de nature à affaiblir les preuves écrites ;

Attendu que bien qu'il soit maintenant constant que les frères Richard étaient co-propriétaires et co-possesseurs de l'établissement commercial et des bâtiments de la tannerie, et qu'il y ait eu une société entr'eux pour l'exploitation de cette tannerie; cependant en l'absence d'un acte qui détermine la part de chaque associé dans les apports, dans les bénéfices ou les pertes, et dans le silence des livres, il convient d'acheminer les parties à s'expliquer à cet égard, pour en venir à la liquidation et au partage requis ;

Attendu, d'autre part, qu'en vertu du décret du Juge-Mage de Bonneville, du 6 septembre 1826, le sergent Corto, par exploit du 12 même mois, avait séquestré deux livres de commerce, l'un de 212, l'autre de 81 feuilles; que ces deux livres ont été portés dans l'inventaire auquel a procédé le greffier de Tanninges, le 8 mai 1837 ; que ce fonctionnaire, par sa réponse du 31 août suivant, au décret de soit-montré du 14 même mois, a déclaré être nanti des livres, et ne vouloir s'en dessaisir jusqu'à nouvel ordre ;

Attendu qu'il résulte encore de ladite sentence du 28 juillet 1829, que le juge de Tanninges a constaté l'existence d'un livre de commerce, où étaient inscrits les reçus des consorts Anthonioz, et que le demandeur soutient que ces livres ne se trouvent pas au nombre de ceux déposés au Banc; d'où il suit que le défendeur n'a pas satisfait, sur ce point, à l'arrêt du 19 juillet 1839, qui lui ordonnait de déposer les livres de commerce, sans exception ;

Déclare que depuis le milieu de l'année 1826, jusqu'au 26 août 1836, il y a eu société entre les deux frères Claude-Joseph et Eusèbe Richard, pour l'exercice du commerce de la tannerie dont il s'agit : ordonne que le défendeur satisfera au prescrit de l'arrêt du 19 juillet 1859, en ce qui concerne le dépôt, au Banc de l'actuaire, de tous les livres de commerce, et que, pour ce regard, comme pour le surplus, les parties procéderont plus amplement, ainsi et comme elles aviseront.

PORTIER DU BELLAIR, P. MOXOD, R.

---

15 Juin 1844.

PROCUREUR. — MANDAT *AD LITES.* — DÉSISTEMENT. — DÉSAVEU.

Art. 2031 C. c.

Le procureur qui excède les bornes de son mandat n'oblige point sa partie ; il n'est pas même nécessaire, en ce cas, de le désavouer.

Le simple mandataire *ad lites*, n'a pas qualité pour acquiescer à un jugement qui déboute son mandant. [1]

PARCEVAL ET CONSORTS C. DE COSTA.

LE SÉNAT : Attendu que par requête présentée au tribunal de judicature-mage de Chambéry, le 20 janvier 1840, Messire Camille de Costa a conclu à ce que, par experts convenus ou nommés d'office, il fût procédé à mensuration et délimitation, en conformité de la mappe et du cadastre, entre le lac Emery et les propriétés environnantes, appartenant aux consorts Beaumont, Girard-Reydet, Parceval, Vissol et Droguet ; que ceux-ci, paraissant à l'audience du 9 février suivant, se sont bornés à constituer Me Blanchet pour leur procureur, en demandant communication des pièces, et qu'à l'audience suivante, du 17 mars 1840, Me Blanchet, se présentant seul, au nom de ses mandants, a déclaré ne vouloir défendre aux conclusions prises contr'eux, et en conséquence, consentir à l'adjudication de ces conclusions, sauf en ce qui concernait Beaumont, pour lequel il a déclaré insister aux moyens par lui employés ;

Attendu qu'il ne résulte pas que les appelants aient eu connaissance de cette déclaration, et des ordonnances qui l'ont suivie,

---

[1] Arrêt conf., 2 janvier 1839 : Requin c. Requin ; Jaillet, R.

---

avant la signification qui leur a été faite, par exploit du 7 octobre 1840, pour venir constituer nouveau procureur, en remplacement de Me Blanchet, qui avait déclaré ne plus pouvoir occuper pour eux, et que dès lors ils n'ont donné aucun acquiescement à ce qui avait été dit en leur nom par Me Blanchet, s'étant portés appelants des ordonnances intervenues en première instance, par requête présentée céans le 28 novembre 1840 ;

Attendu qu'il est reconnu au procès que Me Blanchet n'avait pas d'autre mandat des appelants, que le simple mandat *ad lites*, résultant de l'ordonnance du 11 février 1840 ; qu'en conséquence, la déclaration par lui faite à l'audience du 17 mars 1840, renfermant un consentement qui dépendait de la volonté des appelants, n'a pu les lier irrévocablement, à défaut de mandat spécial, ou de ratification tacite de leur part, et ne peut donner ouverture qu'à une répétition des frais frustrés qu'elle aurait occasionnés :

Reçoit les consorts Parceval appelants.

PETTITI, P. P. CLERT, R.

---

21 Juin 1844.

CODICILLE. — INSCRIPTION EN FAUX. — ACTE AUTHENTIQUE.

Art. 1416 C. c. (R. C.)

On ne peut, sans s'inscrire en faux contre le notaire, être admis à prouver, contre les énonciations de l'acte, qu'un codicille a été dicté par une tierce personne qui a pris le nom du testateur.

Cette inscription en faux peut se faire après la mort du notaire, et nonobstant la prescription de l'action pénale.

VICHET C. VICHET.

LE SÉNAT : Attendu que les conclusions adjugées par le jugement dont est appel, reposent sur le codicille qui a été fait le 28 avril 1817, Ract notaire, sous les noms et prénoms, et sous l'un des surnoms de Henri Vichet, dit Grand-Quetquet, auteur des parties ;

Attendu que les présomptions invoquées, ne suffisent pas pour détruire la foi due à cet acte authentique ;

Attendu que les faits articulés par les appelants, tendant à établir qu'une personne interposée s'est présentée devant le notaire Ract, sous le nom de l'auteur des parties, et à détruire, sous ce rapport, la foi due aux énonciations de cet acte, relativement à l'identité du codicillant, ils ne peuvent être admis qu'au moyen d'une inscription en faux;

Attendu que la prescription de l'action pénale, à l'égard du faux qui pourrait avoir été commis, ne saurait dispenser les appelants de l'obligation de s'inscrire en faux, pas voie d'exception, parce que ces derniers n'ayant été dans le cas de proposer cette exception, que dès l'action intentée, aucun délai n'a couru contre eux avant cette époque:

En recevant Jean-Pierre Vichet et Claudine Guillerme, en sa qualité, appelants du jugement rendu le 8 juillet 1842, par le tribunal de Chambéry, ordonne, avant tout, qu'ils s'inscriront en faux, si bon leur semble, contre le codicille du 27 avril 1817, Ract notaire, dans le délai de 40 jours.

PETTITI, *P. P.* MARESCHAL, *R.*

---

24 Juin 1844.

CONNEXITÉ. — RENVOI. — RACHAT.

On ne peut porter en appel une action qui n'a pas subi le premier degré de juridiction.

Ainsi le débiteur dont les biens ont été adjugés, et qui a plaidé sur le rachat, ne peut, dans l'instance d'appel, prendre des conclusions en nullité de l'adjudication. [1]

MASSON ET TROUILLON C. MONTFALCON, LES CONSORTS.

LE SÉNAT : Attendu qu'en demandant préparatoirement la production des actes qui ont précédé l'adjudication du 18 septembre 1819, l'appelante a déclaré l'impugner par voie de nullité; qu'ainsi cette demande en production est préparatoire à celle en nullité;

Attendu que si l'on est admis, en cause d'appel, à présenter de nouveaux moyens, il n'en est pas de même d'une nouvelle action, lorsque la décision intervenue par-devant les premiers juges, ne prive pas les parties du droit de proposer cette nouvelle action, par-devant les mêmes juges. Or, telle est la nullité dont l'appelante veut impugner l'adjudication dont il s'agit. Cette action est tellement distincte de celle qu'elle avait proposée par-devant le tribunal de Chambéry, pour être admise à exercer le rachat, que ces deux actions s'excluent l'une l'autre : car l'une suppose que l'adjudication est entachée d'irrégularités qui la rendent sans effet, tandis que l'autre admet sa validité;

Attendu que le jugement dont est appel s'est borné à prononcer sur la demande de rachat, la seule qui lui était soumise;

Que l'action en nullité de ladite adjudication n'a pas subi le premier degré de juridiction, à teneur de l'édit du 27 septembre 1822, et qu'il appartient aux juges compétents pour en connaître, de prononcer sur les demandes préparatoires de cette action;

En adoptant les motifs des premiers juges, quant à la demande de rachat, déclare l'appelante non-recevable en son appel:

Ordonne, pour le surplus, en ce qui concerne son action en nullité de ladite adjudication, et les demandes préparatoires à cette action, que l'appelante se pourvoira ailleurs, ainsi qu'elle avisera.

DE LA CHARRIÈRE, *P.* JACQUEMOUD, *R.*

---

25 Juin 1844.

SÉQUESTRE. — INFORMATION SOMMAIRE. — OBREPTION.

Est nul, comme subreptice, le séquestre obtenu sans informations préalables, et sur un faux exposé. [1]

BASSET C. JOLAND.

LE SÉNAT : Attendu que, à l'appui de la requête sur laquelle a été rendu le décret du tribunal de Chambéry, sous date du 7 mars 1840, Basset avait présenté des titres constatant qu'il avait acheté, de compte à demi avec Joland, les bois mentionnés dans

---

[1] Concl. conf., 26 avril 1844.
V. arrêt 17 mai 1813 : Brun c. Brun; de Juge, R.

[1] Concl., 17 avril 1844.
V. Arrêt du 14 avril 1840 : Moret c. Curtillet; Roch, R. — 18 janvier 1841 : Foncet c. Foncet; Arminjon, R. — 18 juillet 1842 : Boissieux-Perrin c. Rey; Mareschal, R.

ladite requête, et que c'est en se fondant sur le droit de co-propriété, résultant de ces titres, en sa faveur, ainsi que sur les voies de fait que Joland aurait commises, au mépris de ce droit, en disposant seul, et sans son consentement, des bois dont il s'agit, qu'il en aurait demandé la saisie-séquestre accordée, d'après cet exposé, par le décret ci-dessus énoncé;

Mais que, à l'audience du 3 avril suivant, il a été obligé de convenir, sur les interpellations de Joland, que, par des conventions verbales, faites à Grenoble en 1838, il avait abandonné l'exploitation de ces bois audit Joland, au moyen d'une somme que ce dernier avait pris l'engagement de lui payer;

Attendu que si Basset avait narré, comme il l'aurait dû, cette circonstance, le tribunal aurait vu que, par suite du changement qu'elle avait pu produire dans les rapports des parties, il y avait incertitude sur la nature, et même sur l'existence des droits de Basset envers Joland, et que conséquemment il ne pouvait y avoir lieu à la mesure demandée, sans qu'il constât, avant tout, de la justice et de la nécessité du séquestre, autrement que par les titres produits;

Attendu qu'il suit de là, que le décret du 7 mars 1840, et le séquestre auquel il a été procédé, en exécution de ce décret, sont nuls, pour avoir été obtenus sur un faux exposé, dans un cas qui aurait exigé une information préalable et de plus amples éclaircissements, à teneur des §§ 1 et 2, tit. 29, liv. 3, R. C., et qu'ainsi il a été bien jugé par la sentence dont est appel;

Déclare Basset non-recevable en son appel.

DE LA CHARRIÈRE, *P.* DE ST.-BONNET, *R.*

---

25 Juin 1844.

TESTAMENT SECRET. — NULLITÉ. — SERMENT.

Art. 755 C. c.

Le testateur qui ne sait pas lire, ne peut pas faire un testament secret.

La déclaration faite par le notaire, que le testateur a signé, et qu'il a déclaré avoir lu le testament, n'obste point à ce qu'on prouve qu'il ne savait pas lire.

Le testament serait valide, lors même que le testateur, vu son état de maladie, n'aurait pu le lire au jour du dépôt, et qu'il n'en aurait effectivement pas pris lecture, s'il l'a réellement signé.

Le serment déféré sur ces circonstances, n'est pas admissible. [1]

REY C. REY.

LE SÉNAT : Attendu que par arrêt du 2 décembre 1843, le demandeur a été admis à fournir la preuve du fait par lui articulé, tendant à établir que, ni à la date de la présentation du testament secret du 6 mars 1841, ni antérieurement, Claude Rey ne savait lire l'écriture de main, et savait seulement écrire son nom;

Attendu qu'ensuite de cet arrêt, le demandeur a déféré au défendeur le serment litis-décisoire, en requérant qu'il jurât comme il n'est pas vrai : 1° que Claude Rey ne savait pas lire l'écriture de main, et savait seulement écrire son nom; 2° que ledit Claude Rey, alité à la date du 6 mars 1841, et gravement malade de la maladie dont il est mort le 14 même mois, non-seulement n'aurait pu lire, mais encore n'a pas lu le testament dont il s'agit;

Attendu que le défendeur a offert de jurer avoir vu Claude Rey lire l'écriture de main, lettres, billets et autres, et être entièrement convaincu que ce dernier est resté en pouvoir de lire son testament, comme il a affirmé l'avoir fait, demandant qu'on écarte les autres circonstances contenues dans la formule du demandeur;

Attendu qu'en l'état, toute la question à décider porte sur l'admissibilité de la seconde partie de la formule de serment donnée par le demandeur, relative au fait particulier qu'à la date du 6 mars, le testateur n'aurait réellement pas lu le testament dont il s'agit;

Attendu que la loi exige seulement que ceux qui veulent disposer par testament secret sachent et puissent lire, et qu'elle ne prescrit rien pour s'assurer si le testateur a réellement lu le testament, lorsque, comme dans l'espèce, il l'a signé;

Attendu d'ailleurs, que dans le cas même où il serait indispensable pour la validité du testament, que le testateur l'eût réellement lu, le serment dont il s'agit, sur le fait de cette lecture, ne serait pas admissible, parce que la lecture pourrait avoir eu

---

[1] Concl. conf., 11 mai 1843.
V. Arrêts des 2 décembre 1843, dans la même cause; et 3 août 1841 : Guimet c. Guimet; Monod, R.

lieu indépendamment de ce que l'héritier pourrait déclarer à ce sujet ;

Attendu que la formule sur laquelle le défendeur a offert de jurer, est conforme au fait admis par l'arrêt du 2 décembre 1843, et renferme toutes les circonstances exigées par la loi pour la validité du testament secret :

Sans s'arrêter aux réquisitions du demandeur, déclare satisfactoire l'offre faite par le défendeur de jurer, suivant la formule par lui donnée.

PETTITI, P. P. CLERT, R.

---

27 Juin 1844.

APPEL. — ACQUIESCEMENT. — DOT CONGRUE. — RENONCIATION. — LÉSION.

La demande en communication des pièces adverses, faite après la prononciation du jugement, ne constitue pas un acte d'acquiescement au jugé.

La fille dotée sous les lois françaises, conserve le droit de réclamer un supplément de dot. [1]

La renonciation faite en recevant une somme à titre de supplément, est valable, et ne peut être rescindée que pour cause de lésion. [2]

MICHAUD c. JACQUET.

LE SÉNAT : Attendu que la demande en communication des pièces produites dans une instance, ne peut constituer une exécution volontaire, emportant acquiescement à un jugement; car pour connaître si une sentence fait grief, il est souvent nécessaire d'examiner les actes auxquels les juges se sont référés ;

Attendu, au fond, qu'Anthelmette Michaud s'est mariée sous les lois françaises, et que la somme qui lui a été constituée par l'acte du 4 février 1812, l'a été *en avancement de dot*; d'où il suit que ladite Michaud avait droit à une dot congrue sur la succession de son père, mort en 1820 ;

Attendu que la déclaration faite par le père dans son testament du 3 avril 1820, que sa fille avait été suffisamment dotée lors

de son mariage, ne peut priver cette dernière de la faculté de demander un supplément, puisque mariée avec une constitution en avancement de dot, elle était fondée à demander tout ce qui était nécessaire pour compléter le prix de son exclusion ;

Attendu que par la quittance du 29 mai 1831, Héritier notaire, ladite Michaud, au moyen de la somme qui lui a été comptée, a promis à son frère de ne jamais rien lui réclamer pour le chef paternel, *sous due renonciation*; que cette clause se rapportant aux droits qui compétaient à la fille du chef de son père, renferme par là même une renonciation qui ne peut être écartée qu'au moyen de la rescision de l'acte ;

Attendu que les droits de la fille se référant à une quotité de biens, n'emportaient avec eux aucune charge héréditaire; d'où il suit que le frère, par la renonciation faite en sa faveur, n'a assumé aucune charge nouvelle qui ait pu rendre ce contrat aléatoire, dans le sens de la loi ;

Attendu, dès lors, que des faits de lésion ne pourraient être admis, tant que des conclusions formelles en rescision n'auraient pas été prises :

Ordonne que le demandeur procèdera en l'instance ainsi et comme il avisera.

COPPIER. MILLIET DE St-ALBAN, R.

---

27 Juin 1844.

TRANSCRIPTION. — INSCRIPTION. — RENOUVELLEMENT. — HABITS DE DEUIL.

Art. 1562, 2238, 2303 C. c. (D. A.)

La veuve qui a laissé ses droits confondus dans l'hoirie de son mari, peut demander dans l'ordre le montant de ses habits de deuil, et la pension alimentaire pendant l'année de deuil; ces sommes ne lui sont allouées avec intérêts que depuis le jour de la demande.

Le créancier qui, après l'échéance de dix ans, n'a pas renouvelé son inscription, perd non-seulement son rang, mais encore son droit de suite, si le tiers détenteur a transcrit son contrat d'acquisition.

Les hypothèques inscrites dans le délai fixé par l'édit du 16 juillet 1822, remontent au jour de leurs dates respectives. [1]

---

[1] Arrêt conf., 29 avril 1843 ; Cottarel c. Cottarel; Milliet de St.-Alban, R.

[2] Arrêt conf., 20 juin 1843 : Meynend c. Meynend; Seltier, R. — 17 février 1816 : Sansoz c. Sansoz ; Seltier, R. — 13 août 1844 : Real c. Real; De Saint-Bonnet, R.

---

[1] Concl. conf., 19 décembre 1842.

DISCUSSION BOCH.

Les hospices de Lyon avaient sur les biens en discussion une hypothèque inscrite le 28 brumaire an XII, l'inscription ne fut pas renouvelée jusqu'au 11 mars 1823. Dans l'intervalle, en 1812, Boch avait acquis les biens soumis à l'hypothèque des hospices, et avait transcrit son contrat.

Les hospices de Lyon prétendaient que Boch, ayant trouvé leur hypothèque valablement inscrite au jour de son acquisition et de la transcription, ne pouvait opposer du défaut de renouvellement; que cette omission, en tout cas, ne devait affecter que le rang d'hypothèque, mais non le droit de suite.

Les créanciers postérieurs combattaient ce système. Le ministère public conclut en leur faveur le 19 décembre 1842, et enfin :

LE SÉNAT : Attendu que les héritiers de Claudine Buisson, veuve de Jean-François Boch, avaient le droit de demander pour celle-ci, comme ils l'ont fait, une pension alimentaire pour l'an de deuil, en remplacement des intérêts de sa dot, et que les habits de deuil lui étaient également dus par l'hoirie Boch;

Attendu qu'aucun texte de loi n'alloue les intérêts des sommes dues pour les deux objets ci-dessus énoncés, et qu'ainsi ils ne sont dus que dès le jour de la demande, et à titre de dommages;

Attendu que le Sénat peut arbitrer le montant des sommes à allouer, soit pour les habits de deuil, soit pour la pension alimentaire due à la veuve pendant l'an de deuil;

Attendu que si l'hypothèque consentie en faveur des hospices de Lyon par Georges-Joseph Huissend, caution de Jean-François Boch, dans l'acte du 27 brumaire an XII, et inscrite le lendemain, frappait encore les immeubles vendus par le premier au second par l'acte sous seing-privé du 1er mars 1812, cette hypothèque a été éteinte en faveur de l'acheteur, par le défaut de renouvellement de l'inscription dans le terme de dix ans, fixé par l'art. 2154 du Code français, et que les héritiers de Me Gojon, ayant-droit des hospices de Lyon, ne peuvent plus invoquer le rang que leur attribuait cette inscription;

Attendu toutefois que par jugement du 18 juillet 1821, Jean-François Boch a été condamné, en faveur des hospices de Lyon, au paiement de la somme de 18,153 liv.

63 cent., avec intérêts et accessoires en dérivant, et qu'une inscription hypothécaire a été prise le 11 mars 1823, en vertu de ce jugement;

Attendu que cette hypothèque judiciaire a frappé tous les biens du débiteur, et conséquemment les deux numéros compris dans la vente sous seing-privé ci-dessus énoncée;

Attendu que, par contrat du 17 avril 1788, Turbil notaire, Jean-François Boch a vendu un bâtiment à André Poulet, sous l'obligation de ses biens présents et à venir, en cas d'éviction; que cette hypothèque inscrite le 29 octobre 1823, l'a été dans le délai accordé par les manifestes de la Chambre des Comptes, du 26 mai même année;

Attendu qu'aux termes de l'art. 165 de l'édit du 16 juillet 1822, cette hypothèque, dûment inscrite dans les délais fixés, remonte à la date du contrat, vis-à-vis des créanciers qui n'avaient pas pris une inscription régulière sous l'empire du Code français;

Attendu qu'il en est de même de Claude Charvoz, auquel Jean-François Boch a vendu une pièce de terre par contrat du 2 vendémiaire an VI (23 septembre 1797), sous l'obligation de ses biens présents et futurs, cette hypothèque ayant été inscrite le 23 juin 1823;

Attendu, cela posé, que l'hypothèque d'André Poulet doit primer celle de Claude Charvoz, et que toutes deux doivent être colloquées avant celle de Me Gojon, ayant-droit des hospices de Lyon, laquelle ne remonte qu'au jugement du 18 juillet 1821 :

Colloque, etc.

DE LA CHARRIÈRE, P. DE BRICHANTEAU, R.

1er Juillet 1844.

SERMENT. — DÉLÉGATION.

Le serment, même *in formâ majori*, peut être prêté devant un juge délégué.

FOLLIET C. FOLLIET.

LE SÉNAT : Attendu que le § 19, tit. 14, liv. 5 R. C., en déclarant que ce serment sera prêté devant l'autel du magistrat, dans les causes qui sont pendantes au Sénat, n'interdit pas la faculté de déléguer pour recevoir ce serment;

Attendu que l'âge avancé des demanderesses est un motif suffisant pour accorder
cette délégation :

Par ces motifs, admet les demanderesses
à jurer en conformité du § 4, tit. 14, liv. 3
R. C., suivant la formule par elles donnée
en leur écriture du 20 décembre 1843; à
quel effet commet le juge du mandement de
Tanninges, et le lieutenant-juge du mandement du Biot, pour recevoir ledit serment.

ANSELME.   COPPIER, R.

---

2 Juillet 1844.

APPEL. — ANTICIPATION. — DÉLAI.

En cas d'anticipation d'appel, l'appelant doit présenter ses moyens dans les trois mois, à partir de la
présentation. [1]

PLATTET C. JOLAND.

LE SÉNAT : Attendu que sur l'assignation
en anticipation d'appel, Plattet s'est présenté en cause le 14 août dernier, par le
ministère de Mᵉ Gariod, et a pris la qualité
d'appelant;

Attendu qu'aux termes de l'art. 5 du
règlement du 50 juillet 1841, l'appelant
devait tout au moins présenter ses moyens
dans les trois mois qui ont suivi son acte à
présentation, tandis qu'il ne l'a fait que
par l'écriture du 26 janvier dernier, plus
de cinq mois après; d'où il suit que son
appel est inadmissible;

Attendu que cette fin de non-recevoir
étant péremptoire, il est inutile d'examiner
le mérite des autres moyens invoqués par
l'intimé :

Par ces motifs, déclare Jean-Antoine
Plattet non-recevable appelant.

D'ARCOLLIÈRES.   SEITIER, R.

---

[1] Concl. conf., 22 mai 1844.
Arrêt contr., 21 juin 1842 : Petit c. Léonard; Cop-
pier, R.
Arrêt conf., 9 août 1844 : Planche c. Curtaud; de
St.-Bonnet, R. — 31 décembre 1844 : Curlet c. Lori-
don; Arminjon, R., et cent autres.

2 Juillet 1844.

SUBHASTATION. — APPEL. — VALEUR. — TIERS-DÉTENTEUR.

En matière de subhastation, quel que soit le montant de la somme demandée, l'appel est recevable
dès que les immeubles, objet des poursuites, valent
plus de 1,200 liv.

Si les immeubles sont aux mains de plusieurs tiers-
détenteurs, la valeur de la cause s'estime pour chacun d'eux, par la valeur des fonds qu'il possède. [1]

PONÇON ET GIRAUD C. PUGEAT (LES SŒURS).

LE SÉNAT : Attendu qu'il est admis en jurisprudence que l'appel du tiers-possesseur
est recevable lorsque la valeur des immeubles sur lesquels l'action hypothécaire est
poursuivie excède 1,200 livres, quand bien
même le montant de la demande serait inférieur à cette somme;

Attendu que la réunion des appelants,
pour s'opposer à l'action hypothécaire exercée contre eux comme tiers-détenteurs des
immeubles affectés au paiement de la créance
des sœurs Pugeat, ne peut avoir d'autre
effet que de diminuer la masse des frais de
procédure au profit de ces tiers-détenteurs,
mais non d'établir entre eux une connexité
de cause qui n'existe pas, car il est certain
que chacun d'eux serait admissible à invoquer des moyens différents et même opposés,
que l'un pourrait être condamné et l'autre
obtenir l'adjudication de ses conclusions,
l'un consentir au relâchement, l'autre continuer l'instance; en un mot, qu'il y a autant de causes différentes que de tiers-détenteurs;

Attendu que la créance des intimées étant
inférieure à 1,200 liv., il s'en suit que l'appel des demandeurs en opposition ne serait
admissible que relativement à celui ou ceux
d'entre eux dont les biens, qui sont l'objet
des poursuites des intimées, vaudraient
plus de 1,200 liv.; qu'ainsi, le fait articulé
par les appelants dans leur écriture du 28
novembre dernier est irrélévatoire, car en
admettant même (comme le fait l'énonce)
que la valeur de tous les immeubles sur lesquels l'action hypothécaire est exercée fût
de 3,000 livres, il pourrait arriver que la

---

[1] Concl. conf., 7 mars 1844.
Arrêt conf., 20 décembre 1845 : Dhileus c. Dérisoud; De Juge, R.

cause ne fût appelable pour aucun des quatre opposants :

Ordonne que les parties procéderont plus amplement en l'instance, ainsi qu'elles aviseront.

D'ARCOLLIÈRES. JACQUEMOUD, R.

---

9 Juillet 1844.

PASSAGE. — INVESTITURE ET DÉVESTITURE.

Art. 648, 1218 C. c.

La mention de l'investiture et dévestiture dans un acte de vente, n'est pas une clause purement de style et sans valeur.

Lorsque le fonds a été constamment desservi par un passage sur le fonds du vendeur, et qu'il serait enclavé si ce passage était supprimé, les clauses susénoncées sont considérées comme titre constitutif de servitude.

SORDAT ET JACQUIER c. MEYRIER ET CONDEVAUX.

LE SÉNAT : Attendu qu'il n'a pas été contesté que le passage pour la dévestiture et investiture de la vigne désignée au plan produit par la lettre B ait toujours été pratiqué sur le fonds désigné audit plan par la lettre A, et qu'à défaut de ce passage la vigne se trouverait enclavée ;

Attendu qu'il suit, de ces deux circonstances de fait, que les expressions *avec entrées, sorties, appartenances et dépendances générales et particulières* qui se lisent dans l'acte de vente du 16 novembre 1788, Ruche notaire, ne sont point de simples clauses insignifiantes de style, et renferment l'établissement d'une servitude de passage en faveur de l'acquéreur, François Simond, sur le fonds A restant au vendeur Meyrier :

Déclare Aimé Sordat et Maurice Jacquier non-recevables en leur appel.

COPPIER. CLERT, R.

---

15 Juillet 1844.

ORDONNANCE. — NOTIFICATION. — APPEL.

L'ordonnance de transport sur les lieux est de simple instruction ; elle n'est sujette ni à notification à partie, ni à appel.

EXERTIER c. SPECTABLE CORNIER.

LE SÉNAT : Attendu que l'ordonnance dont il s'agit ne préjuge rien sur les droits des parties et ne fait, sous ce rapport, aucun grief à spectable Cornier ;

Attendu que cette ordonnance, qui avait exclusivement pour objet de reconnaître l'état des lieux, doit être classée parmi les ordonnances de simple instruction ;

Attendu qu'à teneur de l'art. 4 du règlement annexé aux Lettres-Patentes du 30 juillet 1841, les ordonnances qui n'ont pour objet que l'instruction des procès ne sont pas soumises à la notification prescrite par l'art. 1er de l'édit du 13 avril précédent :

Déclare spectable Joseph Cornier non-recevable en son appel de l'ordonnance rendue le 3 juillet courant, par le tribunal de Chambéry.

COPPIER. MARESCHAL, R.

---

16 Juillet 1844.

PROCUREUR. — NOTIFICATION. — APPEL.

Le mandat *ad lites* donné à un procureur postulant devant un tribunal de province, portant pouvoir de suivre les causes jusqu'à leurs fins, arrêts et exécutions, est censé accorder au mandataire pouvoir de substituer dans l'instance appellatoire par-devant le Sénat.

En ce cas, il n'est pas nécessaire de faire notifier au mandant la requête appellatoire ; la signification faite à son *mandataire ad lites* est suffisante pour le constituer en demeure de comparaître.

FONTAINE ET DUSSAUGEY c. SPECTABLE GINET.

LE SÉNAT : Attendu qu'en conférant à Me Pagnod, par le mandat du 27 novembre 1840, tous les pouvoirs nécessaires pour le représenter, en sa qualité de délégué de la fabrique de sucre de Montcallier, en tous les procès de cette société, par-devant le tribunal de Bonneville, ainsi qu'en tous les actes desdits procès jusqu'à leurs fins, arrêts et exécutions, spectable Ginet avait par là même suffisamment autorisé Me Pagnod à se faire représenter dans l'instance actuelle d'appel au Sénat, puisqu'il est certain que ce dernier ne pourrait y venir occuper en personne ;

Qu'ainsi Me Montagnole ayant reçu qualité suffisante par le mandat du 20 septembre 1842, Bally notaire, pour venir défendre à l'appel, au nom de l'intimé, la fin de non-recevoir proposée par celui-ci, ne serait pas fondée sous ce rapport ;

Attendu qu'il en seroit de même et par les mêmes motifs, quant au défaut de signification de l'appel à la personne de l'intimé, puisque le décret du 9 août 1842 n'avait d'autre objet que de ne pas lui laisser ignorer l'appel, et que ce but était accompli dès que le décret était signifié à son mandataire *ad lites* ;

Attendu néanmoins que les faits de la cause et la position des parties ont été sainement appréciés au fond par les premiers juges :

Déclare les appelants non-recevables en leur appel.

SEITIER, D'ARCOLLIÈRES, R.

---

16 Juillet 1844.

MINEUR. — MARIAGE. — DOT. — CONDITION D'APPLICATION.

Art. 1151, 1329 C. c.

Le mineur est habile à contracter mariage et à régler ses conventions matrimoniales.

La promesse d'une dot payable au mari moyennant application, rend les débiteurs qui se seraient acquittés sans exiger cette application, responsables des paiements qu'ils auraient faits imprudemment. [1]

CELLIÈRE ET EFFRANCEY C. CELLIÈRE, DULLIN ET GIROD.

LE SÉNAT : Attendu que, d'après les décisions du Concile de Trente reçues en Savoie en ce qui touche les mariages, l'appelante a pu, quoique mineure, se marier sans le consentement de ses proches parents et sans l'autorisation d'un curateur ; que, du reste, rien ne constate que lors de son contrat dotal du 4 février 1837, Mareschal notaire, elle fût pourvue d'un curateur, et que ses parents aient fait quelque opposition à son mariage avec Effrancey ;

Attendu que, dès qu'elle a été habile à contracter mariage, elle l'a été également à régler les conventions civiles de son mariage ; que d'ailleurs le contrat dotal susrelaté ne contient, de sa part, aucun avantage soit direct soit indirect en faveur dudit

[1] V. Conclus., 19 avril 1844.

Effrancey ; que la dot qu'elle a constituée a été en rapport avec ses ressources pécuniaires et entourée de garanties suffisantes à sa conservation, et qu'elle a une cause légitime, parce que de sa nature elle est destinée à supporter les charges du mariage auxquelles l'appelante devait bien concourir ;

Attendu ainsi que le contrat dotal a été valide à son origine, et que l'appelante recourrait même en vain au remède de la restitution en entier qui était accordée au mineur lésé ;

Attendu que, jusqu'à sa majorité arrivée le 6 septembre 1840, l'appelante n'a pu ni procéder à partage de l'hoirie paternelle, ni aliéner sa part des immeubles et capitaux sans l'intervention de l'autorité judiciaire, laquelle ne lui aurait pas même permis l'exaction du prix des ventes sans en faire une bonne application, et que tout paiement volontaire d'un capital qu'aurait fait à l'appelante l'un des débiteurs de l'hoirie paternelle, n'aurait opéré libération qu'autant que le débiteur justifierait que la somme par lui comptée aurait tourné à l'avantage de la mineure ;

Attendu que, de son côté, Effrancey ne pouvait avoir, sur les biens de sa femme, d'autres droits que ceux qui lui étaient conférés par le contrat dotal ; que ce contrat contient simplement, de la part de l'appelante, la constitution en dot d'une somme de 6,500 livres à prendre sur ce qui lui revient des biens de Joseph Cellière, son père, moyennant l'application exprimée en l'acte ; qu'ainsi Effrancey n'avait ni le domaine ni la propriété des choses de sa femme, qu'il ne lui était pas permis d'en disposer à son gré ; que s'il voulait user des droits découlant des conventions matrimoniales de prendre et recevoir, sur la part des biens de l'hoirie de Joseph Cellière revenant à sa femme, la somme à lui constituée de 6,500 livres, il ne pouvait le faire qu'en justifiant de son titre ; et en présence du contrat dotal, celui qui avait à payer au mari devait surveiller l'emploi des deniers, et en exiger une application sûre pour ne pas courir le danger de payer une seconde fois, si Effrancey devenait insolvable ;

Attendu, d'après ce qui précède, qu'il importe peu de savoir si c'est à l'appelante ou à son mari qu'a été comptée la somme de 2,000 liv. livrée à Jacques Chiron, suivant le contrat du 10 février 1837, Mareschal notaire ; qu'il est également indifférent que le paiement de la somme de 5,000 liv. dont il s'agit dans l'acte du 25 avril 1837, Mareschal notaire, ait été fait aux mariés Bernard et Aussedat en présence d'Effrancey et de l'appelante et du consentement de cette dernière, puisque dans tous les cas, soit à raison de la minorité de la femme Effrancey, soit à raison de l'existence de la condition d'application qui est liée à la dot, les paiements en question n'auraient pu libérer ceux qui les ont faits qu'en justifiant qu'il en a été fait une bonne application ;

Attendu, à cet égard, qu'il conste du dossier de l'instance d'ordre dont il s'agira ci-après, que la maison qu'Effrancey avait le projet d'acheter lors de son contrat de mariage, et qu'il a achetée de Jacques Chiron par le susdit contrat du 10 février 1837, a été vendue à la poursuite de ses créanciers ; que, par jugement du 26 août 1842, elle a été adjugée à Marie Bouvet pour le prix de 8,145 liv. ; qu'une instance d'ordre a été ouverte par-devant le tribunal de judicature-mage de Chambéry pour la distribution du susdit prix ; que l'appelante s'est présentée dans cette instance, qu'elle a été primée par les autres créanciers comparants qui ont absorbé la somme mise en distribution ; que cependant, si au lieu de compter à Chiron la somme de 2,000 liv. en déduction du prix de ladite acquisition du 10 février 1837, et aux mariés Bernard et Aussedat celle de 5,000 liv. dont il s'agit dans l'acte du 25 avril suivant, on avait livré ces sommes à Coster, l'appelante subrogée aux droits de ce dernier, aurait été colloquée utilement pour ces deux sommes ; que si au moins on avait inscrit, dans le délai de la loi, la créance des mariés Bernard et Aussedat dont ceux-ci avaient cédé le bénéfice à l'appelante, elle aurait perçu sur la somme à distribuer celle de 1,615 livres 87 c., qui a été attribuée à la veuve de Jacques Chiron ;

Attendu que l'insolvabilité d'Effrancey est un fait qui n'a pas été contesté ; qu'ainsi la perte des sommes portées dans les actes prémentionnés du 10 février et du 25 avril 1837, est une vérité acquise au procès ; que cette perte ne saurait tomber sur l'appelante qui était mineure lors des paiements, et qui n'a constitué la somme de 6,500 liv. qu'à la charge d'une application ; que dès lors elle doit être supportée par ceux qui ont trop facilement livré les deniers, car c'était à eux d'en surveiller le bon emploi, à s'assu-

rer qu'ils parvenaient à un créancier ayant l'ancienneté du privilège et de l'hypothèque, qu'en payant ce créancier, la femme Effrancey serait colloquée à un rang utile en cas de revente de l'immeuble, ou d'expropriation de son mari ; c'était encore à eux d'inscrire et de renouveler les inscriptions prises pour la conservation de sa créance et principalement de la dot ;

Attendu que l'ordonnance dont est appel fait grief à l'appelante, en ce qu'en homologuant le compte dressé par Me Burnier, le 22 septembre 1842, elle préjuge indistinctement la validité de tous les paiements faits à Effrancey et à l'appelante ;

Attendu que les intimés faisant des instances qui auraient pour résultat la perte de la dot de l'appelante, celle-ci pour la conserver est bien recevable à exciper de l'insolvabilité de son mari :

Déclare la somme de 2,000 liv. et celle de 5,000 liv., livrées à Effrancey et à son acquittement, à compte de la dot de 6,500 liv. à lui constituée le 4 février 1837, et mentionnées dans les actes du 10 février et du 25 avril suivants, Mareschal notaire, n'être sujettes à rapport ni soumises à aucune distraction ou imputation sur la part revenant à la dame Mariette Cellière, des immeubles, capitaux et autres effets mobiliers de l'hoirie de son père ; ordonne en conséquence que les parties diront et déduiront céans, ainsi et comme elles aviseront.

PORTIER DU BELLAIR, P. ARMIXION, R.

———

20 Juillet 1844.

PRESCRIPTION. — SUSPENSION. — SERVICE MILITAIRE.

Art. 2591 C. c. (D. A.)

La prescription, d'après la loi du 6 brumaire an V, a été suspendue par l'absence pour le service militaire.

Quoique la prescription, en règle générale, ne coure pas contre celui qui, étant en possession, n'a aucun intérêt à agir, cependant du jour où la possession lui est contestée, du jour où il aurait dû prendre des conclusions subsidiaires, la prescription reprend son cours.

ROUX c. ROUX.

LE SÉNAT : Attendu qu'il est constant en

fait, que François Roux a atteint sa majorité le 12 octobre 1797, et que l'action en
reddition de compte de tutelle dont il s'agit,
n'a été proposée que par écriture du 27
mai 1830 ;

Attendu que François Roux soutient que
l'action n'était pas encore prescrite à cette
dernière date, par la raison que la prescription aurait été suspendue, 1° pendant
son absence pour le service militaire, dès
le 12 fructidor an VII jusqu'au 10 brumaire
an IX, date de son congé ; 2° pendant qu'il
a possédé toute l'hoirie de Michelin Roux,
comme son héritier, dès le 2 septembre
1827, date du décès de ce dernier, jusqu'à
l'arrêt du 4 janvier 1830, qui a définitivement écarté ses prétentions à l'intégralité
de cette hoirie ;

Attendu que les circonstances dans lesquelles fut rendue la loi du 6 brumaire an
V, relativement aux absents pour le service
militaire et les motifs sur lesquels elle a été
décrétée, démontrent suffisamment que
l'intention du législateur a été que toute
prescription fût suspendue pendant son absence, vu surtout qu'à raison des grandes
distances que les militaires étaient alors
dans le cas de parcourir, le bénéfice de
cette loi aurait souvent été illusoire, s'il
n'eût pas eu un effet suspensif de la prescription ;

Attendu que si le silence gardé dans le
principe par les autres cohéritiers, peut
permettre à François Roux de soutenir qu'il
possédait alors de bonne foi, et qu'il ne
pouvait pas proposer l'action en reddition
de compte pendant qu'il ne se présentait
point de contradicteurs à une semblable demande, sa bonne foi a cessé à l'intentat
de l'instance, et il était appelé dès lors à
proposer sa demande contre les cohéritiers
qui se présentaient, tout au moins en voie
subsidiaire pour le cas où ses prétentions à
toute l'hoirie ne seraient pas accueillies :

Par ces motifs, déclare l'action en reddition de compte tutélaire avoir été suspendue
dès l'entrée de François Roux au service
militaire jusqu'à l'expiration du mois qui a
suivi la délivrance de son congé, et dès le
décès de Michelin Roux jusqu'à l'intentat
de l'instance mue contre ledit François
Roux.

ANSELME.   CLERT, R.

---

26 Juillet 1844.

CLAUSE PÉNALE. — VENTE. — LÉGITIME. — DETTES.

Art. 1095, 1520, 1230 C. c.

La clause pénale stipulée dans un acte, opère ses
effets de plein droit et sans sommation préalable,
lorsque les parties ont renoncé à la faculté de purger
la demeure.

Le père, comme tout cohéritier, doit supporter
les dettes héréditaires en proportion de la réserve
qui lui est attribuée par la loi, dans la succession de
ses enfants.

SPECTABLE VEYRAT C. ROISSARD.

MM. Roissard vendent une maison à
M. Veyrat et à Mme Bergier, son épouse.
« L'acte porte qu'à défaut par les acqué-
« reurs de payer les intérêts du prix de
« vente restant dû, dans les 45 jours qui
« suivront leur époque de paiement, ledit
« prix et les intérêts arrérages seront im-
« médiatement exigibles, sans qu'ils puis-
« sent purger la demeure par quelque offre
« ou consignation que ce soit, auquel béné-
« fice dont l'effet leur est connu, ils décla-
« rent renoncer. »

M. Veyrat, devenu veuf et héritier de sa
femme, laisse échoir une année entière.
Poursuivi par MM. Roissard, il oppose d'a-
bord que la clause pénale n'a pu opérer
sans une sommation préalable. Ensuite, et
comme héritier de sa femme, il dit que son
beau-père n'a accepté que sous bénéfice
d'inventaire le tiers que la loi lui défère à
titre de légitime..... Il prétend, sous ce prétexte, retarder les poursuites des créanciers
jusqu'à l'échéance des délais.

LE SÉNAT : Attendu que la peine fixée par
cette clause claire et précise, est encourue
par l'effet seul de non-paiement dans le
terme convenu, sans que les demandeurs
aient eu l'obligation de constituer les défendeurs en demeure par aucun acte ;

Attendu que, quoique par testament du
16 juin 1845, Forestier notaire, Adèle-So-
phie Bergier ait institué Auguste Veyrat
pour son unique héritier, cette disposition
n'anéantit pas les droits que la loi attribue
au père de la testatrice, d'où il suit que ces
droits étant du tiers de la succession, le
père Bergier doit en supporter les charges,
comme héritier à cette concurrence ;

Attendu que l'appelant n'ayant pas justifié de son allégation que son beau-père au-

rait accepté, sous bénéfice d'inventaire, la part légitimaire qui lui compète dans la succession de sa fille, l'on n'a pas à s'occuper de la question de savoir quel serait à son égard l'effet de cette adition :

Déclare le défendeur tenu de payer aux demandeurs, dans le terme de 50 jours, 1° la moitié de la somme de 16,000 liv. restant due sur le prix de ladite vente.

PORTIER DU BELLAIR, *P*. DE MONTBEL, *R*.

---

30 Juillet 1844.

APPEL. — DÉSERTION.

L'appel est déclaré péri et désert lorsque, par la faute de l'appelant, la cause n'a pas été appointée dans l'année. [1]

GENOUX-PRACHET c. DUPUIS, VEUVE MOUCHET.

LE SÉNAT : Attendu que le jugement du 18 avril 1842 a été signifié aux appelants le 12 et le 14 mai même année, et que c'est le 17 même mois qu'ils en ont, en personne, interjeté appel ;

Qu'ils ont relevé leur appel par requête du 19 juillet, signifiée le 28 même mois à l'intimée ;

Que, cela posé, les appelants ont interjeté et relevé leur appel dans les délais légaux fixés par l'édit du 15 avril 1841 ;

Attendu que les appelants se sont présentés céans, par acte du 5 août 1842, et que, néanmoins, ce n'est que le 5 février 1844, et cela même sur les réquisitions de l'intimée, que la cause a été appointée ; que dès lors, il est le cas d'appliquer aux appelants le § 17, tit. 26, liv. 3 des R. C. :

Déclare péri et désert l'appel émis par Genoux-Prachet et Condevaux, le 17 mai 1842.

PORTIER DU BELLAIR, *P*. DE JUGE, *R*.

---

[1] Concl. conf., 30 mars 1844.
Arrêt contr., 1er août 1813 : Verneret c. Ballaloud ; Monod, R. — Arrêt conf., 5 avril 1815 : Genoud c. Rd Bastard ; Seitier, R.
La jurisprudence est aujourd'hui fixée sur ce point par plus de cent arrêts conformes.

---

3 Août 1844.

CONTRAT. — CAUSE LICITE. — MAITRE DE POSTE. — RENTE VIAGÈRE. — ACTE AUTHENTIQUE. — GRIEF.

Art. 1221, 1413 C. c. (C. F. ; R. C.)

La convention par laquelle deux personnes qui sollicitent un emploi du gouvernement, se soumettent, l'une, pour le cas où elle obtiendrait la préférence, à payer à l'autre une rente viagère, et l'autre à céder ce même emploi s'il vient à lui échoir, cette convention n'est point illicite. [1]

Une constitution de rente viagère, une transaction sur procès, même en matière de meubles, ne pouvaient, sous les R. C., être rédigées en actes sous seing-privé, à peine de nullité.

On ne peut obtenir en appel la réformation d'un jugement mal rendu, s'il ne fait pas grief, et si l'erreur commise est à l'avantage de la partie qui appelle.

BLANC c. DAME BAUDÉ, FEMME MARIANI.

LE SÉNAT : En ce qui concerne l'acte sous seing-privé du 6 juin 1813 :

Attendu que, du préambule dudit acte, il résulte que les parties contractantes avaient toutes deux fait des démarches pour obtenir la place de Directeur des Postes à Moûtiers, et que toutes deux croyaient avoir des chances égales pour l'obtenir ;

Attendu que ce ne fut qu'en vue de ces espérances mutuelles et des risques communs, que, par le traité dont il s'agit, sieur Blanc consentit à s'imposer une pension viagère de 200 livres en faveur de l'intimée, s'il venait à obtenir l'emploi précité ; et que, de son côté, Dlle Baudé, soit son tuteur pour elle, s'obligea, pour le cas où ledit emploi lui serait dévolu, de se contenter de ces 200 liv. et d'abandonner au sieur Blanc l'administration de la place, ainsi que les émoluments y attachés ;

Attendu qu'une pareille convention n'avait point pour but d'engager le choix de l'autorité à laquelle pouvait appartenir la nomination à l'emploi de Directeur des Postes, et que, d'un autre côté, elle ne renfermait point la vente ou cession dudit office, dans le cas où l'une des parties contractantes viendrait à l'obtenir ; que dès lors, cette convention ne portant que sur les arrangements pris entre les parties, re-

---

[1] Concl. contr., 29 mars 1844.

22

lativement aux avantages résultant dudit emploi, n'avait rien de contraire à l'ordre public ni même aux réglements en vigueur, d'où il suit que la condition arrivant, les parties devaient être validement obligées l'une envers l'autre ;

Attendu qu'il est constant au procès que, postérieurement à l'acte dont il s'agit, l'appelant fut nommé, sous le gouvernement français, à la place de Directeur des Postes à Moûtiers, et que, dès le moment de sa nomination, il paya à l'intimée la pension stipulée dans le traité de 1813 ;

Attendu qu'il est également constant que l'appelant fut, à la cessation du gouvernement français en Savoie, maintenu par la Restauration dans la place qu'il occupait précédemment ; sa conservation étant évidemment due au titre dont il se trouva revêtu en 1814, il ne peut s'affranchir de l'obligation de servir la pension stipulée au traité de 1813, en faveur de l'intimée ;

Attendu, d'ailleurs, que l'appelant n'avait fixé aucune condition à l'engagement par lui contracté en faveur de l'intimée, que, dès lors, cet engagement étant absolu, ne pouvait être restreint par suite de faits ou de considérations que les parties n'avaient point en vue lors du traité dont il s'agit.

En ce qui concerne l'acte sous seing-privé du 18 novembre 1817,

Attendu que cet acte renfermait tout à la fois et une transaction sur procès et une modification de la rente stipulée en faveur de l'intimée par l'acte de 1813, que sous ce double rapport, il devait, aux termes des Royales Constitutions, être rédigé en instrument authentique, d'où il suit que ces conventions auraient été frappées, dès le principe, d'une nullité radicale, et qu'elles n'auraient pu, par conséquent, modifier le traité de 1813, qui devait dès lors reprendre toute sa force et ses effets ;

Attendu, néanmoins, que l'intimée s'est bornée à demander le paiement de la pension de 120 liv. en exécution des conventions de 1817 ; que, de son côté, l'appelant, tout en argumentant sur la nullité de ces conventions, n'a point pris de conclusions formelles à cet égard, et que, bien plus, il a un intérêt réel à maintenir le traité de 1817, qui a diminué ses charges et ses obligations ; il devient évident que le jugement dont est appel qui a maintenu ledit traité, est loin d'avoir fait aucun grief au sr Blanc :

Déclare sieur Blanc non-recevable en son appel. PORTIER DU BELLAIR, *P.* DE JUGE, *R.*

10 Août 1844.

APPEL. — GRIEF. — MOTIFS.

Les motifs d'un jugement ne peuvent jamais causer grief irréparable, ni en conséquence donner lieu à appel ; il en est de même du dispositif conçu avec la clause salvatoire : *sans préjudice du droit respectif des parties.* [1]

FONTAINE ET DUSSAUGEY c. MOUNIER, DUBŒUF ET COMPie.

LE SÉNAT : Attendu que les considérants d'une sentence ne lient pas les juges, surtout lorsqu'il s'agit d'un simple jugement préparatoire, après lequel la cause reçoit des développements qui peuvent influer sur son résultat ;

Attendu, pour ce qui tient au dispositif de la sentence du 9 avril 1842, qu'il a été conçu avec la clause : *sans préjudice du droit respectif des parties*, et qu'ainsi il ne peut causer aux appelants aucun préjudice irréparable et définitif :

Déclare les frères Fontaine et Dussaugey non-recevables appelants de la sentence dont il s'agit.

D'ARCOLLIÈRES. DE SᵗᵗBONNET, *R.*

12 Août 1844.

VENTE. — DOL. — VIOLON. — DÉSISTEMENT.

Art. 1197 C. c.

Le dol est une cause de nullité de la convention.

L'erreur sur la qualité de la chose peut être un motif de nullité, lorsque cette qualité a été la cause déterminante de la convention.

La vente d'un violon attribué à un grand maître et acheté à cette condition, est nulle pour le tout, s'il vient à être reconnu que cet instrument est d'un autre facteur.

LE BARON BREISSAND c. FRIARD-LARPIN.

LE SÉNAT : Attendu qu'il résulte de l'enquête à laquelle le défendeur a fait procéder qu'il avait été convenu entre les parties que le défendeur entendait acheter un violon de

---

[1] Arrêt conf., 26 juillet 1846 : Tochon c. Burlet, Berthier, etc.; Arminjon, R.

Stener; que ce n'est qu'à cette condition expresse que le marché a eu lieu ; que cependant ce violon n'est point de la qualité convenue ; mais qu'il a été reconnu être d'un autre facteur et de peu de valeur, d'où il suit qu'il y aurait eu dol, dans ce marché, au préjudice du sieur de Breissand ;

Attendu que le demandeur n'a pas poursuivi l'instance au vu de cette enquête, qu'il a même reconnu postérieurement le peu de fondement de sa demande, en déclarant se désister de l'instance poursuivie céans ;

Attendu, toutefois, que ce désistement n'est pas suffisant, soit parce qu'il ne contient pas une renonciation formelle à l'action, soit parceque le demandeur n'a pas offert de restituer la somme qu'il a reçue et qui fait l'objet des conclusions reconventionnelles prises à son encontre :

Déboute Jean-Aimé Friard-Larpin des conclusions par lui prises en première instance, et le condamne à rembourser au sieur de Breissand la somme de 1,000 liv., sous l'imputation offerte, sauf à lui de reprendre le violon dont il s'agit.

PORTIER DU BELLAIR, *P.* DE MONTBEL, *R.*

---

12 Août 1844.

LÉGITIME. — EXPERTISE.

Pour fixer le montant de la légitime, on évalue les biens suivant leur valeur au jour où le légitimaire a abdiqué son droit de copropriété. [1]

Le légitimaire est censé avoir perdu ce droit, du jour où il a accepté le legs en argent qui lui était fait pour lui tenir lieu de tous ses droits dans l'hoirie.

GALLET FRÈRES C. GALLET.

Par testament du 15 février 1821, Jacques Gallet a institué pour héritiers Pierre et François Gallet, ses fils, et a légué à Claude, son autre fils, la somme de 960 liv. pour ses droits de légitime. Il est mort dans cette volonté en 1825.

En 1829, Claude Gallet reçoit le legs et en fait quittance ; en 1837, il se pourvoit au tribunal d'Annecy et demande un supplément de légitime. Des experts sont nommés pour évaluer l'hoirie ; ils estiment les

[1] V. arrêt du 5 juillet 1838 : Bernerd c. Bernerd ; De Buttet, R.

biens à leur valeur actuelle. Le tribunal homologue le rapport.

Appel au Sénat.

LE SÉNAT : Attendu que, par le testament du 15 février 1821, Laravoire notaire, Jacques Gallet a légué à l'intimé une somme de 960 liv. pour légitime paternelle, part de dot et d'augment maternels, si mieux il n'aimait demander la légitime paternelle, sans préjudice de la dot et de l'augment ; et que ledit intimé a reçu des appelants, ses frères, institués héritiers, ladite somme de 960 liv. dont il leur a donné quittance par actes du 12 mars 1829, Laravoire notaire, et du 23 même mois, Mathieu notaire ;

Attendu qu'en optant pour la somme léguée et en la recevant, l'intimé a abdiqué le droit dérivant, en faveur du légitimaire, de copropriété des biens de la succession de son père ; que cela est tellement vrai, que si ces biens avaient péri postérieurement au paiement du legs, la perte toute entière serait tombée sur les appelants, comme propriétaires exclusifs ;

Attendu, après cela, qu'il ne peut plus s'agir, de la part de l'intimé, que d'une action en supplément du prix de la légitime, et que ce supplément doit être fixé suivant la valeur des biens au moment de l'abdication du droit de copropriété :

Ordonne qu'il sera procédé à l'évaluation des immeubles de l'hoirie de Jacques Gallet dont les états ont été produits au procès, suivant leur valeur, à la date de la quittance du 12 mars 1829.

PORTIER DU BELLAIR, *P.* ARMINJON, *R.*

---

13 Août 1844.

IMPOT. — PRÉSOMPTION. — FERMIER.

L'impôt foncier, sauf preuve contraire, est présumé payé par le propriétaire et non par le fermier.

D^{lle} DELORT C. DE RUPHY.

LE SÉNAT : Attendu que l'impôt foncier, d'après les lois et règlements, est une charge réelle due par le propriétaire ;

Attendu qu'il n'a pas été justifié par le défendeur que, dans les lieux où le domaine dont il s'agit est situé, il était d'usage que l'impôt foncier dût être à la charge du fermier ;

Attendu qu'en l'absence d'une déclaration expresse des experts Lance et Mermier, il y a lieu de croire que, s'étant conformés pour le mode d'évaluation des fruits à l'arrêt du 17 juillet 1835, ils n'avaient pas fait dans leur évaluation la distraction d'une charge qui, selon l'usage généralement reçu, pèse non sur le fermier, mais sur le propriétaire ;

Attendu que le défendeur, par ses offres relatives au remboursement des contributions de 1815 et 1816, avait implicitement reconnu que les experts, dans l'évaluation par eux faite du produit annuel dudit domaine, n'avaient pas distrait le montant des contributions ;

Attendu, qu'étant constant au procès, que les livres des percepteurs desdites contributions sont détruits ou égarés ; qu'on doit admettre, dans cet état des choses, que le sieur Delort, possesseur dudit domaine, en a payé les contributions pendant la durée de la jouissance ;

Déclare André Favre (en qualité de tuteur de Dem^{lle} Delort) être en droit de se créditer des contributions dont était grevé le domaine dont il s'agit, dès et y comprises celles de 1817 jusqu'à la vente de 1826.

COPPIER.   ANSELME, R.

---

13 Août 1844.

RENTE VIAGÈRE. — SIMULATION. — LÉSION.

Art. 2010 C. c.

L'aliénation d'immeubles, moyennant une rente viagère, n'est pas un contrat purement aléatoire.

Quoique la rente excède le revenu de l'immeuble, le contrat peut être annulé comme manquant de correspectif sérieux, à raison des circonstances de fait laissées à l'appréciation des juges. [1]

PONT C. DURAZ.

Par acte du 28 août 1841, Françoise Muraz vend à Pierre Duraz divers immeubles moyennant la rente annuelle et viagère de 160 liv., dont 140 se trouvent compensées annuellement avec l'usufruit que l'acquéreur accorde, des biens sus désignés et aliénés, tant à la Dem^{lle} Muraz qu'à dame Muraz, sa sœur, si celle-ci survit à la demandcresse, et pour le surplus, soit pour les 20 livres restantes, l'acquéreur s'oblige de les payer à la venderesse, à pareil jour que celui-ci, à commencer l'an prochain 1842, pendant sa vie.....

La venderesse meurt en décembre 1841. Pont, son héritier, attaque la vente et soutient en fait que les immeubles valaient plus de 6,000 liv. Il concluait de là : 1° que le prix de 140 liv. étant au-dessous du revenu, la rente viagère serait nulle ; 2° que, en tout cas, le prix ne serait pas sérieux ; 3° enfin, que le contrat serait entaché de lésion.

LE SÉNAT : Attendu qu'on doit dans les conventions rechercher quelle a été la commune intention des parties, plutôt que de s'arrêter au sens littéral des termes ;

Attendu que, si d'après la contexture de l'acte du 28 août 1841, Barral notaire, on peut envisager ce contrat comme renfermant 1° l'aliénation des immeubles y désignés pour une rente annuelle et viagère de 160 liv. ; 2° le paiement de cette rente au moyen de l'abandon de l'usufruit de ces mêmes biens, et d'une prestation annuelle et viagère de 20 liv. ; cet acte ne présente cependant, suivant l'intention des parties, qu'une constitution de rente viagère sous réserve de l'usufruit des biens aliénés par Françoise Muraz, et au moyen du paiement d'une somme annuelle de 20 liv., car ces deux stipulations étant corrélatives et faites par un seul et même acte, ne forment qu'une seule et même convention ;

Attendu que l'article 2010 du Code civil, en déclarant que la rente viagère peut être constituée au taux qu'il plaît aux parties contractantes de fixer, pourvu qu'il soit supérieur au revenu que peut produire la chose cédée pour prix de la rente, n'a d'autre but que de déterminer un des caractères essentiels de ce contrat, et que la loi n'a pas entendu statuer que dès que le prix serait supérieur au revenu, l'acte devrait toujours être considéré comme aléatoire, car ce dernier caractère étant dépendant des circonstances de fait, a dû être laissé à l'appréciation des juges ;

Attendu que, pour apprécier la nature du contrat dont il s'agit, il importe de connaître quelle était à l'époque du 28 août 1841 la vraie valeur des fonds compris en l'acte Barral notaire, soit abstraction faite de l'usufruit réservé à Françoise Muraz, et quel était à la même époque le produit annuel de ces fonds ;

---

[1] Concl. contr., 17 janvier 1844.

Attendu que les trois faits articulés par Antoine Pont, en son écriture du 5 décembre 1842, sont pertinents dès qu'ils tendent à établir ces différentes valeurs :

Ordonne avant tout que Duraz soutiendra, si bon lui semble, faits contraires à ceux articulés par l'appelant en son écriture du 5 décembre 1842.

ANSELME.   COPPIER, R.

———

13 Août 1844.

APPEL. — DÉLAI. — LÉGITIME. — RENONCIATION. — LÉSION. — ACTE AUTHENTIQUE. — SERMENT.

Art. 1110, 1111 C. c.

L'interjection d'appel faite par le procureur, ne fait pas courir le délai de 80 jours.

La renonciation faite par la fille qui a droit à une légitime, est réputée partage de la succession ; elle est sujette à la rescision en cas de lésion du quart.

Elle n'est pas censée aléatoire, et n'est pas régie par l'art. 1111 du Code civil.[1]

Le serment est admissible contre les énonciations d'un acte public.

FRANÇOISE RÉAL, FEMME VUICHARD, c. RÉAL.

LE SÉNAT : Attendu que l'appel interjeté par Mᵉ Dupont le 29 décembre 1842, du jugement rendu le 7 du même mois par le tribunal de St-Julien, ne suppose pas nécessairement que l'appelante ait eu personnellement connaissance du jugement dont il s'agit, et qu'ainsi cet acte d'interjection d'appel n'a pu faire courir le délai dans lequel l'appel devait être introduit ; qu'il n'est pas le cas, en conséquence, de s'arrêter à la fin de non-recevoir opposée à l'appelante ;

Attendu, quant au fond, que, par l'acte du 20 janvier 1841, Françoise Réal, femme Vuichard, a abandonné, au moyen du correspectif qui y est stipulé, à Denis Réal, son frère, tous ses droits, non-seulement dans l'hoirie du père commun, décédé sous les lois actuelles, mais encore dans la succession de leur mère, décédée sous l'empire des lois françaises ;

[1] Arrêt conf., 21 juin 1843 : Meynend c. Meynend ; Sellier, R. — 27 juin 1844 : Michaud c. Jacquet ; Milliet de St-Alban, R.

Attendu qu'il compétait incontestablement à la dame Françoise Réal, une part héréditaire dans l'hoirie maternelle, ce qui suffisait pour que le contrat sus-énoncé dût être considéré comme destiné à faire cesser l'indivision entre cohéritiers, et rescindable par conséquent pour cause de lésion de plus du quart, dès que ladite Réal s'est départie en faveur de son frère par un seul et même acte et pour un seul et même prix, de tous ses droits dans les deux successions réunies ;

Attendu, d'ailleurs, que, même pour ce qui concerne la succession paternelle, l'appelante serait fondée à invoquer la disposition de l'art. 1110 du Code civil, s'il était établi qu'elle a éprouvé une lésion de plus du quart, puisque dans les cas particuliers où la femme se trouve exclue d'une succession en faveur des mâles, elle est néanmoins considérée comme copropriétaire des biens de la succession, tant que la légitime qui lui est due n'a pas été payée, et qu'ainsi elle a droit, comme tout autre cohéritier, de demander le partage de la succession pour faire fixer cette légitime, ou de provoquer la rescision du partage ou de l'acte qui en tient lieu, lorsqu'elle a été lésée au-delà du quart ;

Attendu que l'intimé ne peut pas invoquer l'art. 1111 pour soutenir l'acte du 20 janvier 1841 ; que cet article ne parle, en effet, que des cessions de droits successifs faites sans fraude à tous périls et risques ; et qu'il ressort suffisamment de l'ensemble de l'acte précité, qu'il n'a eu d'autre objet qu'une simple renonciation faite par la femme Vuichard en faveur de son frère, au moyen d'un correspectif qui lui a été donné ou promis, comme l'équivalent de ses droits indivis dans la succession de ses père et mère ; qu'il peut bien moins encore invoquer l'art. 1455, puisque, bien loin que l'acte dont il s'agit doive être envisagé comme un acte de ratification, du testament du père des parties, il fait voir au contraire que l'appelante ne s'est pas tenue, pour ce qui la concernait, à la disposition de ce testament ;

Attendu que, pour juger du fondement des conclusions prises par l'appelante, et pour pouvoir ensuite en apprécier les conséquences, il importe de savoir si le legs de 400 livres dont elle a fait quittance à son frère, sans qu'il résulte de la numération, a eu lieu au moment de l'acte du 20 janvier 1841, et si la somme de 1,000 livres énoncée dans le même acte, comme comptée antérieurement, a été réellement payée ou non, et que si la dénégation d'un fait résultant d'un acte authentique ne peut être la matière du serment décisoire, cette règle ne s'applique qu'aux faits que l'acte authentique constate s'être passés par-devant l'officier public qui l'a reçu :

Déclare l'acte du 20 janvier 1841 devoir être rescindé dans le cas où il résulterait qu'il est entaché de lésion de plus du quart ; ordonne que Denis Réal délibérera sur les formules de serment qui lui ont été déférées.

D'ARCOLLIÈRES. DE S¹-BONNET, R.

---

13 Août 1844.

EXPERTISE. — SERMENT. — FRAIS.

Les experts doivent assermenter leur rapport.

Le serment par eux prêté devant le tribunal de première instance, à l'occasion d'une première opération, ne peut suppléer le serment exigé par le Sénat.

Ils ne peuvent être admis à assermenter leur rapport après qu'il est produit et débattu.

Les frais de l'expertise nulle, sont à la charge de celui qui y a fait procéder, sans préjudice de la solidarité de droit en faveur des experts.

BOUVARD C. LES MARIÉS GAY, DIT GUERRAZ, RÉMOND, GORRAZ, GOTTELAND ET BOUVARD.

LE SÉNAT : Attendu que les géomètres Revet et Michel, commis pour procéder à l'expertise ordonnée par l'arrêt du 17 juillet 1843, devaient, aux termes du § 3, tit. 13, liv. 3 des R. C., affirmer par serment que la commission dont ils étaient chargés serait, ou avait été fidèlement remplie ;

Attendu que le serment antérieurement prêté par lesdits géomètres, à l'occasion de l'expertise ordonnée par le tribunal, ne pouvait tenir lieu du serment requis pour l'accomplissement de la commission du Sénat ;

Attendu que le serment affirmatif d'un rapport, déjà produit et débattu entre les parties, présenterait le danger de faire violence à la délicatesse ou à la conscience des experts, et qu'il est ainsi inadmissible ;

Attendu, d'ailleurs, que le rapport des géomètres Michel et Revet n'ayant, tel qu'il a été produit par l'écriture du 27 novembre dernier, aucune autorité probante, l'on ne

saurait priver les défendeurs du droit de se prévaloir de l'inefficacité actuelle de ce rapport ;

Attendu que Barthélemy Bouvard doit supporter les frais de ce rapport, par lui produit avant qu'il fût assermenté, et c'est, sans préjudice de la solidarité entre le demandeur et les défendeurs en faveur des experts, et de la réduction à laquelle il y aurait lieu sur le montant de la parcelle desdits frais, à raison de l'estimation des fruits qui n'était pas comprise dans l'objet de la commission portée par l'arrêt du 17 juillet 1843 :

Ordonne que, par de nouveaux experts convenus, ou à défaut nommés d'office par le rapporteur de la cause, il sera procédé à partage, en deux lots égaux, de tous les biens vendus par l'acte du 23 mars 1825, Berrod et son collègue, notaires à Lyon.

COPPIER. GIROD, R.

---

13 Août 1844.

BILLET A ORDRE. — NON-NÉGOCIANT. — NULLITÉ. — PREUVE.

Les billets à ordre souscrits par des non-négociants, étaient frappés de nullité absolue, sous les Royales Constitutions.

Cette nullité s'appliquait même aux billets de cette nature, souscrits par des régnicoles hors des États.

Les billets à ordre souscrits en contravention à cette loi, ne valaient pas même comme commencement de preuve par écrit.

Cette nullité peut être soulevée par la partie, même après qu'elle a reconnu sa signature au bas du billet.[1]

RIGAUD ET FAITAZ C. MOUNIER ET DUBOUX

LE SÉNAT : Attendu que, sur les interpellations données par les demandeurs dans la requête introductive d'instance au sujet des trois billets dont il s'agit, les défendeurs se sont d'abord bornés à répondre vaguement ; que, sans convenir de la sincérité des signatures apposées aux billets, ils opposaient de nullité à ces effets, en fondant les exceptions sur le défaut de *bon* en toutes

---

[1] Concl. conf., 17 mars 1841.
Arrêt conf., 18 juillet 1841 : Cognet c. Pollingue ; Arminjon, R. — 8 mai 1843 : Guilland c. Frinzine ; Cotta, R.

lettres, exigé par le Code civil de France ; que, plus tard, sur les observations des demandeurs qui soutenaient que la réponse des défendeurs renfermait l'aveu de la sincérité des signatures des billets, ceux-ci ont continué à garder le silence sur ce sujet ; et qu'ils ont même allégué avoir été surpris par le notaire Sourd qui leur avait fait souscrire des effets en partie sans cause et usuraires;

Attendu que ces réponses et exceptions des défendeurs renferment un aveu de leur part d'avoir souscrit les billets, et qu'ils n'ont rien déduit pour faire révoquer cet aveu ;

Attendu que les billets dont il s'agit présentent tous les caractères de billets à ordre, ce qui n'a d'ailleurs point été contesté dans l'instance ;

Attendu que le § 57, chap. 5, tit. 16, liv. 2, R. C., en vigueur à la date de ces billets, défend à tous ceux qui ne sont pas négociants de passer des billets à ordre, sous peine de nullité desdits billets;

Attendu que les dispositions de cette loi n'ont aucunement pour objet la forme des actes; qu'elles s'occupent uniquement des personnes, et établissent pour les non-négociants l'incapacité de s'obliger par billets à ordre; incapacité qui les suit en quelque pays qu'ils se trouvent, en ce sens du moins que les juges et magistrats des états ne peuvent avoir aucun égard aux billets à ordre souscrits par des sujets non-négociants, en quelque pays qu'ils aient été souscrits ;

Attendu que, d'après cela, il devient inutile d'examiner si les billets dont il s'agit ont été souscrits en France ou en Savoie ;

Attendu qu'en statuant, par forme prohibitive, qu'il n'était pas permis aux non-négociants de s'obliger par billets à ordre, le législateur a déclaré nulle et de nul effet toute obligation qu'on voudrait faire dériver d'un semblable billet; d'où il suit qu'on ne pourrait pas même lui donner l'effet d'une simple promesse, en quelque lieu qu'il ait été souscrit ;

Attendu que les demandeurs se sont réservé d'établir que les souscripteurs des billets étaient négociants, et auraient été conséquemment capables de s'obliger sous cette forme ; que les défendeurs se sont bornés à opposer de négative, et que, sur ce point, la cause n'est pas prête à recevoir jugement ;

Attendu qu'il ne peut pas être le cas de rien statuer à l'égard de Hugues Rigaud, qui ne figure nullement dans la présente instance d'appel :

Ordonne que les demandeurs justifieront de la qualité de négociant par eux attribuée aux signataires de ces billets.

COPPIER.   CLERT, R.

---

2 Décembre 1844.

INHIBITIONS PROVISOIRES. — RÉVOCATION.

Les juges peuvent toujours révoquer les institutions provisoires qu'ils ont accordées.

MABBOUX c. ROCH CHALLEY.

LE SÉNAT : Attendu que, d'après la jurisprudence du Sénat, les tribunaux ont le droit de révoquer et de modifier les inhibitions provisoires qu'ils avaient accordées, lorsque de nouveaux motifs le font juger opportun ;

Attendu que, si l'appel émis par les intimés du jugement du 9 août 1843, qui leur avait inhibé provisoirement de passer sur le fonds de Mabboux, avait dessaisi le tribunal de l'incident; le désistement de cet appel a remis la cause et les parties dans le même état qu'auparavant, et a ressaisi le tribunal de la connaissance de la cause comme s'il n'y avait point eu d'appel ; d'où il suit que le tribunal était compétent pour lever lesdites inhibitions ;

Attendu que sa décision sur ce point a été rendue avec la clause solvatoire, *sans préjudice du droit des parties*, et que, dans le fait, les dommages que Mabboux prétend avoir éprouvés dans sa récolte par le nouvel exercice de ce passage sur son fonds, après la levée des inhibitions susdites, peuvent s'apprécier en définitive :

Par ces motifs, déclare François-Marin Mabboux non-recevable appelant.

DE LA CHARRIÈRE, P.   SEITIER, R.

2 *Décembre* 1844.

MOTIFS DE JUGEMENT. — NULLITÉ.

Le défaut de motifs *n'est pas une cause de nullité du jugement.* [1]

Basin c. Jeannette Blanc, femme Cursaz.

Le Sénat : Attendu que les motifs ne font pas partie essentielle des jugements, et que le législateur, en imposant aux tribunaux l'obligation de motiver, n'a pas prononcé la peine de nullité en cas de contravention à cette obligation ;
Par ces motifs, ordonne que les parties procéderont plus amplement.
Grillo, *P. P.*, Girod, *R.*

2 *Décembre* 1844.

APPEL. — DÉLAI. — INTERPRÉTATION. MANDAT.

L'interjection d'appel faite par un mandataire revêtu de pouvoirs suffisants, fait courir les délais d'appel.

Le Sénat, en ordonnant à l'appelant de produire les mandats, préjuge la validité de l'interjection, dans le cas où cette production ne serait pas effectuée. [2]

Cependant, par équité et eu égard à l'ignorance des parties, il use de modération et accorde un nouveau délai.

Pécherand-Molliez, Breguet c. Glairon-Croisonnier, etc.

Le Sénat : Attendu que, quoique aux termes de l'article 2 de l'édit du 13 avril 1841, tout jugement doive être intimé à partie pour faire courir les délais de l'appel, cependant cette intimation cesse d'être nécessaire lorsqu'il y a eu acte d'interjection d'appel, qui fait présumer la connaissance du jugement;
Attendu que, peu importe que l'interjection ait été opérée par la partie même qui veut appeler, ou bien par un mandataire, pourvu que celui-ci fût muni de pouvoirs suffisants ;

Attendu que c'est précisément pour reconnaître si Mᵉ Doix, qui a émis l'acte d'appel du 5 mars 1842 au nom et par l'ordre exprès des appelants, était muni des pouvoirs nécessaires, que le Sénat, par son arrêt du 26 mars 1844, a ordonné à ces derniers de produire les mandats y énoncés ;
Attendu que les appelants, qui n'ont pas contesté que Mᵉ Doix fût leur mandataire, étaient obligés de faire cette production, et que leur défaut surtout après l'arrêt, ferait supposer que Mᵉ Doix avait qualité pour interjeter appel;
Attendu néanmoins que les appelants ont pu ignorer les conséquences que la non-production des mandats pouvait entraîner à leur préjudice, et qu'ainsi il serait trop rigoureux de les déclarer, sans autre, non-recevables appelants :
Ordonne que les appelants satisferont, dans le délai de la cause, au prescrit de l'arrêt du 26 mars 1844.
Portier du Bellair, *P.* Cotta, *R.*

6 *Décembre* 1844.

VENTE. — TROUBLE. — HYPOTHÈQUE.

Art. 1660 C. s. (R. A.)

Dans les ventes passées avant la mise en vigueur du Code civil, la production seule des bordereaux d'inscription n'est pas suffisante pour autoriser l'acheteur à suspendre le paiement du prix. [1]

Borgey c. Perret.

Le Sénat : Attendu que l'acte de vente du 9 décembre 1835, Descotes notaire, ayant été stipulé avant la mise en vigueur du Code civil, la production seule faite par l'appelant des bordereaux d'inscriptions qui grèvent les biens par lui achetés de Claude Perret, n'est pas suffisante pour établir qu'il y ait pour lui danger d'être troublé dans la jouissance libre et paisible desdits biens :
Ordonne que Noël Borgey procédera plus amplement.
Portier du Bellair, *P.* Cotta, *R.*

[1] Arrêt conf., 11 août 1843 : Colly c. Domenget de St-Bonnet, R.
[2] Concl. conf., 20 mai 1843.
V. arrêt dans la même cause, 7 juin 1845.

[1] Arrêt conf., 20 décembre 1847 : Veyrat c. Cruchet; Girod, R.
Arrêt contr., 26 mai 1845 : Masson c. Vissol; Anselme, R.

9 *Décembre 1844.*

ENQUÊTE. — DÉLAI. — RESTITUTION.

Les tribunaux, quoique autorisés à restituer en temps contre l'expiration des délais pour articuler des faits, ne doivent le faire que pour de justes motifs.

DERONZIER C. ALMÉRAS ET DERONZIER.

LE SÉNAT : Attendu qu'à la vérité les tribunaux peuvent restituer en entier contre l'expiration des délais pour articuler des faits en matière contraire ou des faits additionnels, mais cette faculté n'est pas illimitée; elle est au contraire restreinte aux cas où le retard ne s'est pas prolongé au point de faire présumer qu'il est le fruit de la négligence, ou l'effet du dessein de reculer la décision du procès, et qu'il est en outre motivé sur une cause légitime;

Attendu que les premiers juges ont fait une juste application de ce principe à la cause, en déclarant Jean-Pierre Deronzier non-recevable à articuler des faits contraires à celui admis par le jugement du 12 mai 1841, puisqu'il ne les a déduits que dix mois après avoir été constitué en demeure de le faire, et qu'il n'a justifié ce long retard que pour l'espace de quinze jours;

Adoptant, pour le surplus, les motifs des premiers juges :

Déclare Jean-Pierre Deronzier non-recevable dans son appel.

DE LA CHARRIÈRE, *P.* SEITIER, *R.*

---

10 *Décembre 1844.*

TIERS-DÉTENTEUR. — DÉLAISSEMENT. — PURGATION HYPOTHÉCAIRE.

Le tiers-détenteur qui, en achetant l'immeuble, a pris charge d'introduire, à ses frais, une instance d'ordre, ne peut plus être admis à délaisser. [1]

RAFFIN C. RAFFIN.

LE SÉNAT : Attendu que l'appelant, par la nature des engagements qu'il a pris dans l'acte de vente du 12 mars 1841, Dumaz

---

[1] Concl. conf., 7 mars 1844.

notaire, et par suite des jugements du tribunal de cette ville des 4 janvier et 28 juin 1842, se trouvait obligé de payer le prix des biens dont il s'agit, faute d'introduire, à ses frais, dans les délais qui lui ont été fixés, une instance en purgation d'hypothèques;

Attendu qu'il n'a pu, en cet état de choses, se libérer de ses obligations envers son vendeur par le délaissement qu'il a fait des mêmes biens le 19 août 1843 :

Déclare spectable Justin Raffin non-recevable en son appel du jugement du tribunal de judicature-mage de cette ville, du 21 octobre 1843.

GRILLO, *P. P.* ANSELME, *R.*

---

10 *Décembre 1844.*

INSTANCE SOMMAIRE. — CITATION.

La valeur de la cause n'est pas un obstacle à ce qu'elle soit instruite sommairement.

Dans les procédures sommaires, il n'est pas nécessaire de réitérer la citation, en conformité du § 3, tit. 5, l. 3, R. C.

PLANCHE C. LA VEUVE ASSIER.

LE SÉNAT : Attendu que, suivant la jurisprudence, il n'est pas nécessaire de réitérer la citation, en conformité du § 3, tit. 5, l. 3, R. C., lorsque le procès est traité sommairement, et que la valeur de la cause dont il s'agit, n'était pas un obstacle à ce qu'elle fût ainsi traitée :

Déclare Joseph Planche non-recevable en son appel.

GRILLO, *P. P.* MARESCHAL, *R.*

---

10 *Décembre 1844.*

CHOSE JUGÉE.

Art. 1461.

L'exception de chose jugée doit être rejetée toutes les fois qu'il existe un doute grave sur l'intention des juges et la portée de leur décision.

Ainsi lorsqu'ils ont mis hors de cour une partie, sans prononcer sur les conclusions prises par elle ou contre elle, on ne doit point considérer sa demande comme irrévocablement écartée.

PLANTAZ C. MALLINJOUD.

LE SÉNAT : Attendu que la première question à décider est de savoir si le jugement rendu le 26 avril 1839, par le tribunal de Bonneville, sur les poursuites des consorts Andrevettan, peut faire obstacle aux prétentions des consorts Mallinjoud sur les biens en litige; et que pour la résoudre, il s'agit d'apprécier le mérite des instances qui ont précédé ce jugement, les motifs qui ont influé sur l'opinion des juges, et la portée qu'ils ont voulu donner à leur décision;

Attendu que les pièces de cette instance établissent que les consorts Andrevettan, créanciers de Jean-Claude Mallinjoud, voulant exercer leurs droits hypothécaires sur ses biens, provoquèrent judiciairement contre les enfants mineurs dudit Mallinjoud, le partage de quelques immeubles dont ils donnèrent l'état, et qu'ils disaient être indivis entre eux et leur père; à cet effet, ils firent assigner avec ces mineurs, deux parents pour les assister; l'un d'eux ne parut pas, et l'autre, François-Marie Plantaz, allégua qu'il avait des intérêts opposés à ceux desdits mineurs, en se prétendant propriétaire des mêmes biens que les consorts Andrevettan attribuaient à ces derniers; il demanda, en conséquence, à être reçu intervenant dans la cause. Sur ces déclarations, le tribunal nomma Mᵉ Bouvet curateur à la cause des mineurs Mallinjoud; l'instance étant ainsi liée, les parties prirent respectivement leurs conclusions : Plantaz appuya les siennes sur le testament de Joseph-Christophe Dunand, sous la date du 28 avril 1831, Duc notaire; Mᵉ Bouvet fonda sur le même titre ses conclusions en déboutement de Plantaz. Alors les consorts Andrevettan, pour obtenir plus tôt le partage qui était le but de leur demande, et sans s'inquiéter de la question existante entre Plantaz et Mᵉ Bouvet, en sa qualité, donnèrent une écriture le 22 décembre 1837, dans laquelle ils reconnurent Plantaz pour leur légitime contradicteur, ils rectifièrent leurs conclusions en partage, et les dirigèrent contre lui, en demandant la mise hors de cour du curateur des mineurs Mallinjoud. Tel était l'état de la cause, lorsqu'elle fut portée à décision;

Attendu que les motifs du jugement intervenu démontrent évidemment que le tribunal ne s'est préoccupé que des conclusions des consorts Andrevettan, et qu'il a considéré que, puisque ceux-ci acceptaient Plantaz pour leur légitime contradicteur, relativement aux partages, et qu'ils requéraient la mise hors de cour du curateur des mineurs Mallinjoud, il n'avait plus à examiner la question incidentellement existante entre ces derniers et Plantaz; ce qui prouve que le tribunal n'a point entendu prononcer sur cette question incidente, c'est qu'il n'a point interprété les clauses du testament du 28 avril 1831, Duc notaire, qui était invoqué par les deux parties à l'appui de leurs conclusions, et qu'il n'en a pas même fait mention, tandis que s'il eût voulu prononcer sur les droits des mineurs, il en aurait nécessairement discuté et apprécié le mérite;

Attendu enfin, que dans le dispositif dudit jugement, le tribunal au lieu de faire une déclaratoire ou de prononcer un déboutement sur cette question incidente très-importante (ainsi qu'il n'aurait pas manqué de faire selon la pratique généralement adoptée, s'il avait voulu trancher cette question), le tribunal, disons-nous, s'est borné, au contraire, à mettre d'abord hors de cour Mᵉ Bouvet, pour ordonner ensuite le partage avec le contradicteur que les demandeurs avaient accepté;

Attendu, en conséquence, que le tribunal n'ayant rien statué ni voulu statuer sur les conclusions de Plantaz contre le curateur aux mineurs Mallinjoud, pas plus que sur les conclusions de celui-ci contre Plantaz, ces mineurs sont restés dans la même position que si les consorts Andrevettan avaient, dès le principe, agi directement contre Plantaz, sans faire mention desdits mineurs;

Attendu enfin que l'exception de la chose jugée doit être rejetée toutes les fois qu'il y a un doute grave sur l'intention des juges et la portée de leur décision; or, il est tout au moins certain que ce doute existe de la manière la plus complète dans ledit jugement du 26 avril 1839, en ce qui concerne la question de propriété élevée entre les mineurs Mallinjoud et Plantaz :

Et adoptant les motifs des premiers juges, quant à l'interprétation du testament Joseph-Christophe Dunand, dont il a sainement apprécié les diverses clauses, déclare François-Marie Plantaz non-recevable en son appel du jugement rendu le 8 mai 1843, par le tribunal de Bonneville.

DE LA CHARRIÈRE, P.   DE MONTBEL, R.

10 Décembre 1844.

DÉCÈS. — OUVERTURE DE SUCCESSION.
— MILITAIRE. — LÉGALISATION.

Art. 40 C. c. (C. F.)

Des présomptions suffisent pour établir la preuve du décès d'un militaire qui a servi dans les guerres de l'empire.

Un titre émané de fonctionnaires étrangers ne peut être pris en considération, s'il n'est revêtu de la légalisation de l'ambassadeur.

Les déclarations portées aux registres du ministère de la guerre, ne peuvent prévaloir contre des présomptions graves, précises et concordantes. [1]

SONDAZ C. SONDAZ.

LE SÉNAT : Attendu qu'il est constant que Germain Sondaz était en 1811 soldat dans les troupes impériales de France, qui faisaient la guerre en Espagne ;

Attendu qu'un grand nombre de soldats impériaux ayant succombé dans les engagements qui eurent lieu sur divers points de la Péninsule, il ne fut pas possible d'enregistrer exactement tous les décès ;

Attendu que l'arrêt du 20 juillet 1841 a préjugé dans la cause, à raison des circonstances de temps et de lieu, que si les faits articulés par Ginet étaient prouvés, il en résulterait que Germain Sondaz a péri en septembre 1811, dans la guerre d'Espagne ;

Attendu que l'enquête à laquelle il a été procédé, établit complètement les faits dont Ginet avait été admis à faire preuve : trois témoins, qui ont servi en Espagne dans le 54ᵐᵉ régiment d'infanterie légère, où Germain Sondaz était incorporé, attestent que dans le courant de septembre 1811, les troupes françaises, au nombre desquelles se trouvait ledit régiment, furent attaquées et battues ; qu'elles perdirent beaucoup de monde, et que l'ennemi resta maître du champ de bataille ; que lorsque ce régiment put faire halte à Rodrigo, l'on fit l'appel, et que quand on appela Germain Sondaz, il fut répondu qu'il était mort ; que dès cette affaire, il a été tenu pour mort dans le régiment, tout comme il passe dans son pays pour avoir succombé à cette bataille : et de fait, on a cessé dès lors d'avoir de ses nouvelles ;

[1] Arrêt du 20 juillet 1841, dans la même cause.

Attendu que cette enquête est régulière, d'après la jurisprudence du Sénat ; et que d'ailleurs, dans leurs conclusions motivées, les sœurs Christine et Etiennette Sondaz, en se bornant à demander que ladite enquête fût déclarée *inconcluante*, en ont implicitement reconnu la validité quant à la forme ;

Attendu qu'on ne peut avoir aucun égard aux dernières productions faites par Christine et Etiennette Sondaz, dans leurs écritures des 13 décembre 1843, et 20 février 1844, parce qu'elles ne sont pas revêtues de la légalisation de S. M. à Paris ; et fussent-elles en due forme, elles n'affaibliraient pas le mérite de l'enquête ci-dessus énoncée, car au milieu de la confusion inévitable dans ces guerres meurtrières, l'on a bien pu inscrire sur les registres du ministère de la guerre à Paris, qu'un soldat était prisonnier de guerre, tandis qu'il était mort dans le combat, surtout lorsqu'il est prouvé que l'ennemi était resté maître du champ de bataille ;

Attendu, d'après les considérations qui précèdent, que l'hoirie de Germain Sondaz, à défaut de testament, doit être divisée entre ses successibles, d'après les dispositions du liv. 3, tit. 1ᵉʳ, chap. 3 C. C. F., et que pour procéder au partage de cette succession, il s'agit avant tout de connaître ceux qui pouvaient y être appelés lors de son ouverture, ou les ayant droit de ceux-ci, afin d'agir en leur contradictoire :

Déclare la succession de Germain Sondaz devoir être partagée entre tous ceux auxquels le Code civil français en attribuait une part, d'après les dispositions précitées, en septembre 1811, et ordonne pour le surplus, que les parties procéderont plus amplement en l'instance, ainsi qu'elles aviseront.

DE LA CHARRIÈRE, *P.* JACQUEMOUD, *R.*

---

14 Décembre 1844.

SERMENT. — PROCUREUR.

Il faut un mandat spécial pour déférer le serment litis-décisoire ; le pouvoir général de déférer et référer le serment, n'est pas suffisant.

BALSAT C. LES SŒURS CARRON.

LE SÉNAT : Attendu que le pouvoir donné dans un mandat ad *lites*, de déférer et référer le serment, ne saurait remplacer le mandat spécial requis pour cet objet par le § 15, liv., 5, tit. 14 R. C. ;

Qu'ainsi on ne saurait s'arrêter aux délations, acceptations de serment, et énonciations faites durant le cours de l'instance soit par Me Nicollet, soit par Me Bompard, procureur de l'appelante, non munis de pouvoirs suffisants.

GRILLO, P. P. ANSELME, R.

---

23 Décembre 1844.

ACQUIESCEMENT. — IGNORANCE DU DROIT.

Art. 2051 C. c.

On ne peut, sous prétexte d'ignorance du droit, se soustraire aux conséquences d'un acquiescement donné à un jugement sujet à appel.

GASSILLOUD C. VINCENT.

LE SÉNAT : Attendu que par jugement du 12 juin 1838, Vincent a été reconnu fondé dans son opposition contre le droit prétendu par Gassilloud, d'appuyer ses nouvelles constructions contre la partie du mur dont il s'agit, et celui-ci déclaré tenu de supprimer les ouvrages déjà exécutés contre ledit mur, et à la hauteur de la fenêtre du grenier de Vincent ;

Attendu que, par acte au procès, sous date du 8 janvier 1839, Gassilloud s'est désisté de l'appel de ce jugement ;

Attendu qu'à la date du jugement ainsi acquiescé, le moyen de droit invoqué par Gassilloud, dans l'instance postérieurement introduite, lui était déjà acquis, et que s'agissant d'un bénéfice de la loi, l'ignorance de cette voie qui lui était ouverte par les dispositions du Code civil, ne peut être présumée ;

Attendu que l'acquiescement audit jugement a constitué un fait accompli en faveur de Vincent, et forme une fin de non-recevoir aux demandes actuelles de Gassilloud, dont l'admission aurait pour effet d'obtenir la révocation d'un jugement auquel il a spontanément adhéré :

Déclare François Gassilloud non-recevable en son appel.

GRILLO, P. P. GIROD, R.

---

28 Décembre 1844.

APPEL. — DÉLAI. — JOUR *A QUO.*

L'appel doit être relevé dans les 90 jours; en conséquence, la partie doit avoir présenté sa requête avant l'expiration du 90me jour, à dater de celui de la signification.

Le jour *ad quem* est compté au nombre des 90 jours, le jour *à quo* n'est jamais compté.

BLANC-GUÉRIN C. BLANC-GUÉRIN.

LE SÉNAT : Attendu que le jugement dont est appel a été notifié en personne le 15 décembre 1843, et que l'appel n'a été porté au Sénat que par la requête du 15 mars suivant, qu'il s'est ainsi écoulé un délai franc de 90 jours, en comptant dès le 16 décembre jusqu'au 14 mars inclusivement, car le mois de février intermédiaire, appartenant à une année bissextile, donne 29 jours ;

Attendu qu'à teneur de l'article 2 de l'édit du 15 avril 1841, la partie qui n'a pas interjeté appel dans les dix jours, à compter de l'intimation, n'a été admise que par exception à la règle générale, à le relever encore directement au Sénat, pourvu qu'elle recoure dans les 90 jours, à partir de la même date ;

Attendu que ces expressions de la loi prouvent évidemment que le législateur n'a pas voulu accorder un terme franc de 90 jours pour délibérer sur l'appel, de manière à pouvoir le relever le jour qui suivait l'échéance, d'après la maxime : *Dies termini non computatur in termino*; mais qu'il a impérativement exigé que l'appel fût relevé pendant le terme exceptionnel qu'il a fixé ;

Attendu d'ailleurs que le dernier alinéa dudit article 2, statue expressément : « qu'aucune prorogation ni restitution en « temps ne pourra être accordée à la partie « qui ne se sera pas conformée à ce qui est « prescrit concernant les délais d'appel ; » d'où il suit que ladite requête du 15 mars a été présentée hors de tous délais :

Déclare Marie-Antoine Blanc-Guérin non-recevable appelant.

GRILLO, P. P. MOSOD, R.

31 Décembre 1844.

APPEL. — DÉLAI. — ANTICIPATION D'APPEL.

En cas d'anticipation, l'appelant est non-recevable s'il ne présente ses griefs dans le délai de 90 jours, à partir de la notification du jugement. [1]

CURTET C. LORIDON.

LE SÉNAT : Attendu que Loridon n'a présenté ses moyens d'appel que le 26 mars dernier, soit postérieurement au 90ᵐᵉ jour qui a suivi la notification qui lui avait été faite en personne, le 20 décembre précédent, de la sentence dont il s'agit; qu'ainsi cette sentence a acquis irrévocablement l'autorité de la chose jugée :

Déclare ledit Loridon non-recevable appelant de la susdite sentence du 29 novembre 1843.

PORTIER DU BELLAIR, P. ARMINJON, R.

---

31 Décembre 1844.

CONTRAT. — INTERPRÉTATION. — DOUTE. — NULLITÉ.

Art. 1217 C. c.

Est nulle la vente d'un immeuble tellement incertain, que la détermination en soit impossible. — En ce cas, les frais d'acte sont mis pour moitié à la charge de chacune des parties.

BURNIER C. GUILLERMIN.

LE SÉNAT : Attendu, quant au fond, que la question à résoudre est celle de savoir si la blachère qui a formé l'objet de la vente du 28 juin 1834, Marthe notaire, est celle

qui est inscrite sous le numéro 5098, comme le prétend Guillermin, ou si c'est la blachère inscrite sous le numéro 5102, dont la contenance est beaucoup moins considérable;

Attendu que d'un côté Guillermin prétend avoir acheté le numéro 5098, en se fondant sur les confins indiqués dans l'acte, et que, d'un autre côté, les consorts Burnier prétendent avoir vendu la blachère sous numéro 5102, en se fondant sur la désignation du numéro et sur celle de la contenance; qu'en cet état, il est impossible de reconnaître, d'après les termes de l'acte, quel est celui de ces deux immeubles qui a formé l'objet de la vente dans l'intention commune des deux parties contractantes;

Attendu que ce doute ne peut être éclairci au moyen des enquêtes auxquelles il a été procédé sur les circonstances qui ont précédé ou accompagné le contrat dont il s'agit;

Attendu que les deux parties ont également à s'imputer de n'avoir pas mieux désigné l'immeuble qu'elles entendaient vendre et acheter, et qu'il est le cas en conséquence, en prononçant la nullité de ce contrat, d'en mettre les frais à la charge de toutes les deux;

Attendu que Mᵉ Michel-Antoine Burnier a occasionné des frais frustrés par son retard à produire l'acte de cession consenti en sa faveur le 25 avril 1834, par Annette Burnier, sa sœur :

A reçu et reçoit les consorts Burnier appelants du jugement du 15 juin 1837, a mis et met l'appellation et ce dont est appel à néant, et par nouveau jugement, en déclarant nul et de nul effet le contrat de vente du 28 juin 1834, ordonne que Guillermin tiendra compte aux consorts Burnier des fruits qu'il aurait perçus, et que ceux-ci tiendront compte audit Guillermin du prix ou des intérêts qu'ils auraient touchés; déclare que les frais de l'acte sus-énoncé seront supportés par moitié par chacune des parties.

DE LA CHARRIÈRE, P. DE ST-BONNET, R.

---

[1] Arrêt conf., 2 juillet 1844 : Plattet c. Joland; Seltier, R. — 6 août 1844 : Planche c. Curtaut; de St.-Bonnet, R.

JURISPRUDENCE DÉCENNALE.

Année 1845.

8 *Janvier 1845.*

CESSION. — ACTE AUTHENTIQUE. — QUITTANCE SOUS SEING-PRIVÉ. — TIERS. — AYANT-CAUSE. — DATE CERTAINE. — SERMENT.

Art. 1438 C. c.

Le cessionnaire d'une créance n'est point l'ayant-cause du cédant, en ce qui concerne les actes qui n'ont pas date certaine antérieure à la cession. [1]

En conséquence, le débiteur qui produit des quittances sous seing-privé, émanées du cédant, doit établir qu'elles remontent à une époque antérieure à cette cession.

Cette preuve peut être faite par serment.

Le serment litis-décisoire n'est pas régulièrement déféré lorsque la formule est sous-marquée par la partie qui ne sait pas signer.

RUFFIER C. BURTIN VEUVE DANGON.

Formule de serment.

« Je, Etiennette Burtin, par l'obligation « que j'ai comme chrétienne de dire la vé- « rité en justice et par-devant le magistrat, « dis et jure, en prenant le Tout-Puissant « à témoin, qu'avant et lors de la cession « que je me suis procurée du fils Ruffier, « je ne savais pas et ne connaissais pas le « paiement que lui avait fait son père par « écrit privé du 28 mai 1841 ; que je ne me « suis pas entendue et expliquée avec ledit « fils Ruffier pour faire perdre ladite som- « me à son père ; que je n'ai pas consulté « un tiers pour savoir si ledit paiement « porté par écrit privé, prévaudrait contre « un acte authentique de cession, où il « n'en serait nullement fait mention ; et si « je mens..... etc., » comme au § 4, tit. du serment, R. C.

LE SÉNAT : Attendu, quant à la quittance sous seing-privé et au serment déféré à ce sujet à l'intimée, en cause d'appel, que si les circonstances comprises dans la formule dudit serment étaient véritables, outre qu'il en résulterait nécessairement la preuve de la préexistence dudit écrit privé à la cession faite à l'intimée, il s'en suivrait aussi que sa demande actuelle ne saurait être accueillie ;

Attendu cependant que ce serment ne se trouve déféré que dans l'écriture à conclusions motivées, donnée après l'appointement de la cause, et que d'ailleurs la simple mention de la marque apposée par l'appelant au bas de cette écriture, ne justifie pas suffisamment qu'il ait eu la volonté de déférer le serment, ni même qu'il en ait pris connaissance :

Par ces motifs, admet le serment ci-dessus ténorisé à la charge d'en régulariser la délation.

GRILLO, *P. P.* D'ARCOLLIÈRES, *R.*

---

[1] Arrêt conf., 31 décembre 1838 : Tartaret-Comtet c. Bochet et Richard ; Cotta, R.

10 Janvier 1845.

SUBHASTATION. — PREMIER CRÉANCIER.

Art. 100, 101 (E. H.)

En cas de conflit entre deux créanciers poursuivant la vente par subhastation d'un même immeuble, le premier est toujours préféré.

Le premier créancier, dans le sens de cet article, n'est pas celui qui a priorité d'hypothèque ou de privilège, mais celui qui le premier a fait enregistrer l'ordonnance de vente au bureau de la conservation des hypothèques.

BURNIER C. PIGNIÈRE.

LE SÉNAT : Attendu que, suivant la disposition de l'art. 100 de l'édit du 16 juillet 1822, l'enregistrement au bureau des hypothèques de l'ordonnance qui autorise la vente des biens, est le complément nécessaire de cette ordonnance, puisque ce n'est qu'à dater de cet enregistrement que les biens sont séquestrés, et que le débiteur est privé du droit d'en disposer ;

Attendu que, comme conséquence de cette disposition, l'art. 101 mentionne comme étant la première, l'ordonnance qui a la priorité d'enregistrement ; et qu'en statuant que le second créancier ne pourra continuer les formalités pour la vente, cet article ne s'est pas référé à la priorité d'hypothèque dont il ne peut s'agir avant la cause d'ordre, mais qu'il a eu pour objet de faire cesser les poursuites du créancier qui veut faire subhaster, lorsqu'un autre créancier a déjà fait enregistrer l'ordonnance qui l'autorise à poursuivre la subhastation des mêmes biens :

Sans s'arrêter aux décrets rendus par le tribunal de Chambéry, les 23 et 28 décembre dernier, déclare les mariés Burnier avoir droit de poursuivre la vente des biens dont s'agit, et les renvoie à ces fins devant le tribunal.

GRILLO, P. P.   MARESCHAL, R.

10 Janvier 1845.

APPEL. — DÉLAI. — PROCUREUR *AD LITES*. — ANTICIPATION. — INDIVISIBILITÉ. — PRESCRIPTION.

Art. 2311, 2366 C. c.

Le procureur *ad lites*, qui n'a pas de mandat spécial, ne peut, en interjetant appel, faire courir les délais au préjudice de son client. [1]

La signification à partie, ne peut avoir pour effet de faire courir les délais, lorsque la sentence n'a pas été régulièrement notifiée.

La partie qui n'a pas appelé en temps utile, ne peut se prévaloir de l'appel utilement interjeté et relevé par ses litis-consorts, s'il n'y a entr'eux indivisibilité absolue de cause. [2]

Pour prescrire un droit de pacage sur un fonds communal, il faut une possession à titre de propriétaire (*uti singuli*).

LE COMTE DE SONNAZ ET AUTRES C. LA COMMUNE DES VILLARDS.

LE SÉNAT : Attendu, en ce qui concerne le comte de Sonnaz, Marie et Claude Jacquemard, Claude Sansonnet et Marie Genoud, qu'il ne résulte pas que la sentence dont est appel leur ait jamais été notifiée en personne, ni qu'il y ait eu réitération de notification ; que l'appel n'a été interjeté en leur nom que par un mandataire agissant en vertu de procuration *ad lites*, antérieure à ladite sentence, qui ne donnait conséquemment pas de mandat formel pour cet appel ; qu'en conséquence, aucun délai pour interjeter et relever l'appel, n'avait encore pu courir à leur encontre, à la date de leur acte du 2 juin 1843, dans lequel ils se sont portés appelants et ont fourni leurs moyens d'appel ;

Attendu, à l'égard de Claude Duvillaret-Beneton, Joseph Frarin, et Claude Duvillaret dit Villaret, qui n'ont également point reçu en personne la notification du jugement du 31 décembre 1842, et pour lesquels l'appel n'a aussi été interjeté que par un mandataire agissant en vertu de procuration antérieure à la sentence dont il s'agit, mais auxquels le pourvoi en anticipation

---

[1] Arrêts conf., 2 décembre 1844, et 7 juin 1845 : Croisonnier c. Croisonnier ; Cotta, R.

[2] Arrêt conf., 16 juillet 1844 : Perret, Ramel, etc. c. Genix ; Seiller, R.

d'appel a été signifié en personne le 5 avril 1845 ; que la signification de ce pourvoi ne pouvant avoir aucun effet sur les délais fixés pour interjeter et relever l'appel, aucun de ces délais n'avait encore pu courir contre eux, à la date de leur acte à conclusions motivées, du 2 juin suivant ;

Attendu que Joseph et Philippe Genoud-Bondaz, Catherine Duvillaret dit Villaret, François Ducret-Barreau, François, Marie, Jacques Varambon et François Frarin ont reçu notification en personne de la sentence dont est appel, les 9 et 15 février 1845, et que Philippe Bal-Songeon, qui n'a pas reçu de notification personnelle de ladite sentence, en a toutefois interjeté appel en personne le 16 dudit mois de février 1845, qu'en conséquence, tous les délais pour relever et interjeter appel se trouvaient écoulés à leur encontre, lorsqu'ils sont venus fournir leurs moyens d'appel dans l'acte du 2 juin suivant, et qu'ils ne peuvent point se prévaloir de l'appel mis utilement par quelques-uns des autres litisconsorts, parce que les prétentions de chacun des appelants étant fondées sur une possession individuelle et relative à des fonds distincts, on ne peut pas dire qu'il s'agisse ici de cause indivisiblement la même pour tous, seul cas auquel l'appel utilement formé par l'une des parties, profite aux autres ;

.....Attendu que les intimés ont pu s'attacher à repousser les faits des appelants, par le seul motif qu'ils n'établissaient qu'une possession de communistes, et non point une possession *uti singuli*, sans examiner, pour le moment, si ces faits n'auraient pas été également rejetables pour défaut de précision, sous le rapport de la nature, de la servitude réclamée et de la désignation des fonds auxquels elle serait attachée, rien ne s'opposant à ce qu'ils puissent, cas échéant, venir à ce second moyen de rejet desdits faits, après l'emploi du premier ;

Attendu que, par la même raison, le tribunal a également pu se borner à examiner le seul moyen employé par les intimés pour faire rejeter les faits des appelants, et qu'il a sainement apprécié la portée des interpellations données par les intimés, en jugeant qu'elles tendent à établir que la possession des appelants aurait été une possession de communistes et non point une possession particulière *uti singuli*, parce qu'effectivement s'il était vrai que ceux-ci

eussent consigné, comme les autres habitants d'Habères, le bétail qu'ils envoyaient pâturer sur la montagne dont il s'agit, et qu'ils eussent notamment payé pour ce bétail, ainsi consigné, le même droit d'octroi que les autres habitants payaient pour raison du bétail destiné à l'alpéage sur ladite montagne, il s'en suivrait qu'ils n'ont joui de la montagne que comme les autres communiers d'Habères :

Déclare Joseph et Philippe Bondaz-Duvillaret dit Villaret, Ducret, Varambon et Frarin non-recevables appelants, et les autres appelants non-recevables en leur appel.

PORTIER DU BELLAIR, *P.* CLERT, *R.*

---

21 Janvier 1845.

VENTE. — SIMULATION. — PREUVE TESTIMONIALE. — MOYENS CONTRAIRES.

Art. 1239, 1431, 1431 C. c.

Le créancier seul peut demander la révocation des actes faits en fraude de ses droits : en conséquence, celui qui au jour de la vente n'était pas créancier du vendeur, ne peut en proposer la nullité pour défaut de correspectif, lorsque l'acte fait mention d'un prix déterminé.

Les faits déduits pour prouver cette nullité sont inadmissibles, comme contraires au contenu d'un acte authentique. [1]

Celui qui propose l'action en lésion reconnaît la réalité de la vente, et ne peut plus l'attaquer ensuite comme contrat simulé.

LOUARAZ C. CLAPPIER.

Par acte du 24 septembre 1836, Louaraz, créancier de Bauquin, s'était fait céder par ce dernier tous ses droits sur un domaine vendu précédemment à Clappier, le 28 mars 1829. Il avait alors intenté contre cette première vente du 28 mars 1829, une action en lésion, dans laquelle il avait succombé.

Il vint ensuite arguer de simulation ce même acte du 28 mars 1829, disant que la vente aurait été consentie sans correspectif sérieux.

LE SÉNAT : Attendu que les quatre pre-

---

[1] V. Arrêt du 11 août 1813 : Guiguet c. Granges : Girod, *R.*

— 266 —

miers faits articulés par l'appelant ne sauraient justifier qu'il fût créancier de Barthélemy Bauquin à la date de l'acte du 28 mars 1829, Assier notaire;

Qu'on ne trouve pas, dans les autres faits par lui déduits, des circonstances suffisantes pour constater que la double vente qui a été l'objet de ce contrat, ait été faite en fraude des créanciers dudit Bauquin; que la vente des immeubles et des meubles ayant été consentie pour le prix de 850 liv., et l'aliénation de ce prix ayant eu lieu au moyen de la charge qu'a prise Clappier de loger, nourrir et entretenir son vendeur, soit en santé, soit en maladie; l'acte fait preuve que chacune des aliénations a eu son correspectif, et dès lors la partie desdits faits qui tend à faire envisager ledit contrat comme une donation déguisée, est contre le contenu en l'acte, et se trouve inadmissible sous ce rapport; qu'elle l'est en outre, en ce que l'action en simulation proposée aujourd'hui, est, en quelque sorte, en contradiction avec l'action en lésion que l'appelant a commencé par intenter, et dans laquelle il a succombé; car la simulation exclut l'idée d'une vente, tandis que la lésion en suppose toujours l'existence :

Déclare Louaraz non-recevable en son appel.

PORTIER DU BELLAIR, P.   ARMINJON, R.

———

24 Janvier 1845.

APPEL. — VALEUR. — DÉLAI. — CONVENTION TACITE. — PRÉSOMPTION. — DOMMAGE. — INDEMNITÉ.

La partie qui, dans le cours de l'instance, a restreint ses conclusions à une somme inférieure à 1,200 liv., n'en est pas moins recevable à appeler, si, à l'audience, elle a rétabli ses conclusions primitives, et si, en conséquence, le jugement porte sur une valeur excédant 1,200 liv.

La signification du jugement, faite sur la réquisition du créancier de l'une des parties, n'est pas suffisante pour faire courir les délais d'appel, si ce créancier n'a été partie dans l'instance.

Celui qui a engagé un tiers à faire un voyage et des dépenses, dans l'espoir d'obtenir un emploi déterminé, est responsable, s'il vient à échouer dans ses démarches, de tous les frais occasionnés par son imprudence.

GROSSI C. MASSUCHI.

Grossi, associé dans une entreprise de route à la Chapelle en Maurienne, avait écrit à Massuchi, et l'avait fait venir de Turin pour être magasinier, dans le cas toutefois où il serait agréé par la société. Massuchi fit le voyage et ne fut pas agréé. Il se pourvut alors contre Grossi, et réclama, à titre de dommages, une somme de 1,800 liv., qu'il réduisit à 1,000 liv., dans un acte à conclusions motivées, mais qui, dans les qualités du jugement, fut de nouveau portée à 1,800 liv.

Simon, créancier de Massuchi, intervint en cause, et conclut à ce que les sommes allouées à son débiteur, fussent versées entre ses mains.

Le tribunal adjugea à Massuchi toutes ses conclusions, sans faire mention de Simon. Ce dernier fit intimer le jugement : plus de 80 jours s'écoulèrent, et enfin Grossi porta l'appel au Sénat.

Massuchi lui opposait : 1° du défaut de valeur de la cause.

2° De l'expiration des délais.

3° Enfin il soutenait que le tribunal avait bien jugé au fond.

LE SÉNAT : Attendu que Massuchi, en concluant dans son écriture du 9 mars 1843, au paiement des dommages par lui soufferts, a fixé le montant de l'indemnité à la somme de 1,800 liv.;

Attendu que rien n'obstait à ce qu'il pût à l'audience du tribunal rectifier une erreur commise dans la rédaction de l'écriture contenant la récapitulation de ses moyens, et rétablir ses conclusions pour le paiement de cette somme de 1,800 liv., telles qu'elles se trouvent énoncées dans les qualités de ce jugement;

Attendu que ce jugement n'étant de nature à porter grief à Grossi qu'autant que Massuchi aurait manifesté l'intention de s'y conformer, il s'en suit que la signification dudit jugement du fait de ce dernier, était indispensable en l'espèce pour faire courir les délais d'appel, et que celle opérée à la diligence de Simon, ne pouvait avoir le même effet;

Attendu que le jugement n'ayant pas statué sur les demandes de Simon, qui d'ailleurs n'exerçait aucune action directe contre Grossi, il n'y avait pas nécessité de l'appeler en cause;

Attendu qu'ainsi les fins de non-recevoir opposées à l'appel ne sont pas fondées.

En ce qui concerne le fond de la cause :

Attendu qu'en recherchant dans les lettres produites, des données sur ce qui s'est passé entre les parties, c'est à l'ensemble de la correspondance qu'on doit s'arrêter, et non au contenu de l'une de ces lettres, prise isolément;

Attendu que si ces lettres établissent que les premières démarches pour engager Massuchi au service de la société d'entreprise, résidant à la Chapelle, ont été faites par Grossi, elles indiquent aussi qu'ils ne sont entrés en pour-parler que sous la réserve qu'il serait loisible soit à la société soit à Massuchi de se dégager à l'arrivée de celui-ci sur les lieux;

Attendu que Massuchi n'ayant pas prouvé que la société, en le renvoyant, ait excédé les bornes du droit qui lui était réservé, il s'en suit que Massuchi ne saurait invoquer le contenu de ces lettres à l'appui de l'action qu'il exerce à raison de l'inexécution des engagements pris envers lui;

Attendu que le jugement dont il s'agit ne pourrait ainsi être maintenu;

Attendu néanmoins qu'il n'est pas présumable que Massuchi, dans sa position peu fortunée, eût voulu s'exposer aux frais de voyage et de son séjour en Maurienne, s'il n'avait pas eu la certitude d'être, dans tous les cas, remboursé;

Attendu d'ailleurs qu'il résulterait des lettres produites que non-seulement c'est à la sollicitation de Grossi, que Massuchi est entré en pour-parler dans cette affaire, mais encore que c'est sur la foi de ces avances qu'il est parti pour la Chapelle, où son séjour a dû être prolongé quelques jours après le 11 mai 1842, par l'annonce de l'arrivée prochaine dudit Grossi, qui s'était décidé à se rendre sur les lieux;

Attendu qu'il y a dans le rapprochement de ces actes officieux et de ces présomptions la preuve d'un fait propre à obliger Grossi à rembourser à Massuchi les dommages qu'il a soufferts dans l'espoir d'être agréé par la société, sans qu'il soit nécessaire de fortifier cette preuve par la délation d'un serment;

Attendu que la cause, dans son état actuel, présente des données suffisantes pour que le Sénat puisse arbitrer dès à présent le montant de l'indemnité :

Par ces motifs, sans s'arrêter aux plus amples prétentions et réquisitions des parties, déclare Grossi tenu de payer à Massu-chi une somme de 300 liv., à tant arbitrée par le Sénat, les dommages dus à ce dernier.

GAILLO, *P. P.*   GIROD, *R.*

———

23 Janvier 1845.

SURENCHÈRE. — ACTE JUDICIAIRE. — JOUR FÉRIÉ. — SAMEDI-SAINT.

La surenchère du sixième, dans les ventes sur expropriation forcée, n'est pas un acte judiciaire; elle n'est pas nulle, quoique faite un samedi-saint, jour férié.

QUIBLIER C. LOCHON.

M. Lochon était devenu adjudicataire des biens subhastés au préjudice de Quiblier; Boccard ayant mis au greffe du tribunal de Thonon acte d'augmentation d'un sixième, cet acte fut déclaré nul par le jugement dont est appel, sous le prétexte qu'il avait été fait le samedi-saint, jour férié en l'honneur de Dieu.

Quiblier et Boccard appellent de ce jugement; ce dernier ayant déclaré se désister de son appel, Quiblier demeure seul en cause contre M. Lochon.

LE SÉNAT : Attendu que Quiblier a, comme débiteur exproprié, un intérêt évident à faire maintenir l'acte de surenchère mis par Marcellin Boccard, sur l'adjudication du 12 mars 1842, faite au bénéfice de M. Lochon;

Attendu que l'acte de surenchère dont il s'agit ne peut être regardé comme un des actes judiciaires qu'il est défendu de faire un jour férié;

Attendu que l'appel a été interjeté et relevé dans les délais :

Déclare valide l'acte de surenchère mis au greffe par Boccard, le 26 mars 1842.

PORTIER DU BELLAIR, *P.*   DE JUGE, *R.*

———

4 Février 1845.

DOT. — TROUSSEAU. — AUGMENT. — PÈRE. — CAUTIONNEMENT. — DISCUSSION. — SÉPARATION DE BIENS. — TIERS-ACQUÉREURS.

Art. 1546, 1550 et 1565 C. e.

Le père qui a paru au contrat dotal de son fils et s'est engagé conjointement avec lui à la restitution des sommes constituées, est considéré comme une caution.

Il peut se prévaloir de l'exception de discussion, tant que le mari, débiteur principal, n'a pas été préalablement discuté.

Il est tenu non-seulement de la restitution des sommes qu'il a réellement touchées, mais de toutes les obligations contractées, et même du paiement de l'augment.

Les tiers-acquéreurs ne peuvent être inquiétés qu'après discussion faite des biens du père personnellement engagé à la restitution de la dot.

La femme qui agit en séparation, ne peut demander la somme à laquelle a été estimé son trousseau, sans offrir la restitution des effets qui subsistent encore en nature, ou en imputer la valeur.

L'assignation réelle n'ayant pour but que de garantir à la femme la jouissance de ses reprises dotales, l'offre faite, par le mari ou le beau-père, avec due garantie, de servir régulièrement l'intérêt de ces reprises, fait cesser de plein droit la demande en assignation. [1]

MAUDRAY C. MONNARD.

LE SÉNAT : Attendu que, par contrat dotal du 5 septembre 1828, Michaud notaire, Péronne Monnard a constitué en dot à Jean Maudray, son futur époux, 1° la somme de 2,800 livres ; 2° son trousseau évalué à 400 livres ; il lui fut fait augment à la forme du droit ;

Attendu que Joseph Maudray, père de l'époux, a paru à cet acte et s'est soumis conjointement avec lui à la restitution des sommes constituées ainsi qu'au paiement de l'augment, cas échéant ;

Attendu que la promesse faite par le père Maudray constitue un véritable cautionnement, et par conséquent un engagement personnel ; qu'il suit de là, 1° que l'intimée devait commencer, comme elle l'a fait, par se faire assigner les biens possédés par son mari, avant d'agir contre son beau-père, puisque ce dernier n'était tenu qu'*in subsidium* au paiement des reprises matrimoniales de sa belle-fille ;

2° Que Péronne Monnard est fondée dans les conclusions qu'elle a prises contre lui, non-seulement pour la somme qu'il a touchée sur sa dot, mais encore pour tout ce qui lui en restait dû par Jean Maudray et pour le paiement de l'augment ;

3° Que l'appelant est inadmissible à renvoyer l'intimée à agir préalablement contre les acquéreurs des biens de son mari, qui ne peuvent être poursuivis par la femme qu'après discussion faite des parties personnellement engagées à la restitution de la dot. (Art. 2288 du Code civ.) ;

Attendu que l'intimée ne peut retenir son trousseau et demander la somme à laquelle il a été estimé ; qu'elle doit, à cet égard, opter ou pour la rétention, ou pour la somme à laquelle il a été estimé, et, dans ce dernier cas, donner la note des effets qui subsistent encore en nature, et en faire l'abandon à son beau-père, où l'imputation de leur valeur ;

Attendu qu'elle n'est pas fondée à exciper de la chose jugée tirée du jugement du 12 août 1842, parce qu'il s'agit ici d'une exception d'imputation ou de compensation, qui peut être opposée en tout état de cause et même jusqu'à l'exécution du jugement ;

Attendu que l'offre subsidiaire de Joseph Maudray de payer à Péronne Monnard, par semestres, les intérêts de ses reprises dotales, sous la condition qu'elle lui abandonnera les biens de son mari, qui lui ont déjà été assignés, est satisfactoire et d'ailleurs non contestée ;

Attendu qu'il suit de tout ce qui précède, que Péronne Monnard a agi régulièrement, et qu'elle ne peut être passible d'aucuns dépens pour tout ce qui a été fait avant les poursuites dirigées contre son beau-père :

Par ces motifs, en autorisant l'intimée à ester en cause d'appel..... ; ordonne que, dans les délais des Royales Constitutions, l'appelant fournira les sûretés convenables pour la garantie des offres faites.

DE LA CHARRIÈRE, P. SEITIER, R.

---

[1] Concl. conf.. 23 avril 1844.

4 Février 1845.

JUGEMENT. — AVEU. — PROCUREUR. — NULLITÉ. — APPEL.

Art. 1470 C. c.

Le jugement nul ne peut être réparé qu'en voie d'appel.

Les conclusions prises en nullité renferment implicitement les conclusions appellatoires.

Le jugement rendu contre la partie qui comparaît sans être assistée d'un procureur, est radicalement nul, à moins cependant qu'il ne s'agisse d'accorder un titre exécutoire sur aveu.

L'aveu peut toujours être rétracté, en prouvant qu'il n'a été surpris que par erreur de fait ou par dol.

SAULNIER C. CONTAT.

Contat paraissant à l'audience du tribunal de Faucigny, sans être assisté d'un procureur, avait reconnu la légitimité de la demande adverse, et en conséquence de cet aveu, avait été condamné à payer.

Ce jugement prononcé en sa présence ne lui fut pas notifié ; lorsqu'on en demanda l'exécution, Contat s'en porta appelant.

LE SÉNAT : Attendu, quant au jugement du 14 juillet 1830, que, présentant la forme extrinsèque des sentences, et se trouvant déféré céans pour en apprécier le mérite tant au fond qu'en ladite forme, la principale fin de non-recevoir qu'y opposent les intimés, bien que mesurée de l'absence d'une condition essentielle des sentences, n'est autre chose cependant qu'une exception de nullité, et par là même doit rentrer dans les voies ordinaires de l'appel, suivant l'édit de 1822, sur l'organisation judiciaire conforme, en ce point, à la jurisprudence déjà admise au temps du président Favre, qui atteste dans sa définition 20, *De re judicatâ*, la nécessité de la voie de l'appel contre les sentences rendues *contrà solitum judiciorum ordinem* ;

Attendu que les conclusions des intimés ayant toujours tendu à la mise à néant de ce jugement, renfermant ainsi implicitement la voie d'appel, on peut dès à présent examiner si elle est admissible en l'espèce ;

Attendu qu'il n'est pas douteux que les délais d'appel ne couraient pas dès la date dudit jugement contre la partie qui n'en avait

pas reçu la signification, bien que d'ailleurs la prononciation en eût été faite à l'audience, d'où il suit que Maurice Contat est encore dans le délai utile pour proposer tant ses moyens de nullité que ses griefs sur le fond ;

Attendu, quant au premier point, que l'intervention d'un procureur ne pouvait être nécessaire, s'agissant simplement d'accorder un titre exécutoire sur les aveux du débiteur ;

Attendu, quant au fond, que sans doute les premiers juges n'ont pu faire grief à la partie en confirmant des aveux qu'elle est censée faire en connaissance de cause, mais que si néanmoins elle vient à prouver ensuite en appel que son consentement n'a rien eu de réel par suite d'erreur de sa part, ou du dol de son adversaire, il est conséquent d'admettre que le jugement lui-même doit être réparé, n'ayant eu d'autre base ni d'autre cause que ce consentement erroné et sans consistance :

Ordonne avant tout que Julliard sera mis en cause.

GRILLO, *P. P.* D'ARCOLLIÈRES, *R.*

---

7 Février 1845.

TESTAMENT. — INDIGNITÉ.

Art. 709 C. c.

Est exclu de la succession comme indigne, l'héritier qui a empêché le testateur de refaire son testament.

Il ne suffirait cependant pas pour donner lieu à cette exclusion, de prouver que le testateur, après avoir manifesté le désir de faire appeler un notaire, en eût été dissuadé par l'héritier et se fût rendu à ses observations.

TAVERNIER C. COLLET.

LE SÉNAT : Attendu que s'il résulte des enquêtes que postérieurement à la confection du testament produit au procès, Marie-Josephte Tavernier a manifesté l'intention d'en faire un autre, et que, dans les derniers jours de sa vie, elle a témoigné de l'inquiétude relativement à ses dispositions de dernière volonté, il n'est cependant point éta-

Concl. contr., 31 mai 1844.

Arrêt conf., 1er mai 1841 ; Arbé c. Blanchet ; D'Arcollières, R.

bli que Jean-François Magnin l'ait empêché de faire un autre testament ;

En effet, si Me Jourdan, Péronne Vulliez et Marie Gaydon, femme Deleschaux, déclarent positivement que ladite Marie-Josephte Tavernier a, dans ses derniers moments, fait appeler le notaire, et si ces deux derniers témoins ajoutent qu'elle a témoigné de l'impatience de ce qu'il n'arrivait pas, il ne résulte point qu'elle ait montré du dépit ou du mécontentement lorsque Jean-François Magnin lui annonça que le notaire n'arriverait pas ; les inductions desdites Péronne Vulliez et Marie Gaydon, qui ne sont appuyées sur aucun fait spécial, n'indiquent que leurs propres impressions, et non le sentiment de la testatrice à cet égard ;

Attendu que les propos tenus par Josephte-Marie Tavernier, après que Jean-François Magnin lui eût dit qu'il était inutile de changer son testament, et rapportés par Péronne Vulliez et Marie Magnin, femme Culloz, démontrent que la testatrice mourut dans la volonté manifestée dans le lit acte, puisqu'au lieu de renvoyer chercher le notaire, elle se borna à recommander à son mari l'exécution fidèle de ses dispositions dernières ;

Attendu que les demandeurs n'ayant pas prouvé les faits par eux articulés, le testament de Marie-Josephte Tavernier du 10 mars 1830, Jordan notaire, qui, par arrêt du 23 avril 1843, a été déclaré régulier quant à la forme, doit obtenir sa pleine et entière exécution :

Par ces motifs, déboute les demandeurs.

DE LA CHARRIÈRE, P.
DE BRICHANTEAU, R.

---

15 Février 1843.

MINEUR. — VENTE. — NULLITÉ RELATIVE. — SÉNATUS - CONSULTE VELLEIEN. — CAUTIONNEMENT. — PORTE-FORT.

Art. 361, 384, 2031 C. c. (R. C.)

La vente des biens immeubles d'un mineur, faite sans observer les formalités prescrites, n'était, sous les Royales Constitutions, frappée que d'une nullité relative.

La femme qui vend en son propre nom les biens de son fils, en se portant fort pour lui, ne contracte pas un cautionnement prohibé par le Sénatus-Consulte Velleien.

Cet engagement est valide et l'oblige à garantir l'acheteur dans le cas où le mineur viendrait à refuser sa ratification. En conséquence, ce dernier devenu héritier de sa mère, est passible de l'exception de garantie. [1]

MORAND c. FEIGE ET AUTRES.

LE SÉNAT : Attendu, en fait, que, par acte du 9 mars 1823, Bréche notaire, Marie-Thérèse Tissot, veuve Feige, et Jean-Simon Feige, son beau-frère, agissant au nom et comme se portant solidairement forts et garants de Jean-Pierre et Jean-Simon Feige, leurs fils et neveu, avec promesse d'en rapporter ratification à l'époque de leur majorité, et dans le but surtout de libérer l'hoirie de leur père des dettes exigibles, ont vendu à Melchior Muffat-Jeandet, divers immeubles y désignés, appartenant aux mineurs Feige, pour le prix de 9,800 liv. payables aux créanciers de ces derniers, et que Marie-Thérèse Tissot, par une des clauses dudit acte, a promis relever Jean-Simon Feige, son beau-frère, de tout ce qu'il pourrait souffrir pour cause de cette vente ;

Attendu, en droit, qu'il a été consacré par une jurisprudence constante, que le § 2, tit. 11, liv. 8 des R. C., n'a point changé les dispositions des lois romaines relatives à la vente faite sans formalités judiciaires des biens immeubles appartenant à des mineurs, et que la nullité que prononce le paragraphe sus-mentionné, est purement relative ;

Attendu, quant au moyen de nullité puisé dans le Sénatus-Consulte Velleien, que si cette loi défend, en général, aux femmes d'intercéder pour autrui, et frappe un tel engagement d'une nullité radicale, ce n'est que lorsque la femme s'engage pour corroborer une obligation préexistante ou pour prendre sur elle l'obligation qu'un tiers était sur le point de contracter ; qu'en effet, il est de la nature du cautionnement de ne former qu'une obligation accessoire qui s'unit à une obligation principale patente ou dissimulée dans le but de faire fraude à la prohibition ;

Attendu qu'en vendant au nom et comme se portant solidairement forts et garants des

---

[1] Concl. conf., 20 juillet 1843.

mineurs Feige, Marie-Thérèse Tissot et son beau-frère ont contracté une obligation principale qui les soumettait de plein droit à garantir l'acheteur, si ceux dont ils avaient promis la ratification revendiquaient les immeubles vendus ; qu'on ne trouve en effet, dans l'acte du 9 mars 1828, aucune trace d'une obligation latente de la part des mineurs, et qu'il n'a point été établi que ces derniers fussent sur le point de faire à Muffat-Jeandet la vente dont il s'agit, lorsque leur mère, dirigée par l'intérêt bien entendu de ses enfants et dans le but d'affranchir l'hoirie de leur père des dettes exigibles dont elle était grevée, s'est portée à vendre elle-même quelques-uns des immeubles dépendants de cette hoirie ;

Attendu que Marie-Thérèse Tissot, en ne prenant point la qualité de tutrice dans ledit acte de vente, a clairement indiqué qu'elle entendait n'agir qu'en son nom personnel ;

Attendu que, si l'obligation contractée solidairement donne au créancier le droit de poursuivre pour le tout celui des co-obligés qu'il veut choisir, elle ne se divise pas moins de plein droit entr'eux, et ils n'en sont tenus chacun que pour sa part et portion ;

Attendu qu'il est démontré, soit par la promesse de Marie-Thérèse Tissot de garantir Jean-Simon Feige de toutes les suites de l'acte du 9 mars 1828, soit par la nature de l'affaire qui en a été l'objet, que ce dernier n'y avait aucune espèce d'intérêt, et que s'il a consenti à intervenir à cet acte, ce n'a été que pour donner plus de force à l'engagement de sa belle-sœur, d'où il suit que, loin d'avoir été cautionné par celle-ci, il a été, au contraire, sa caution ;

Attendu, cela posé, que l'exception du Sénatus-Consulte Velléien ne peut être proposée par les intimés devenus héritiers de leur mère, ni pour le tout, ni en partie, et que l'appelant est bien fondé à les repousser par la maxime : *Quem de evictione tenet actio, eumdem agentem repellit exceptio*, maxime dont l'application à l'espèce est en outre justifiée par toutes les considérations de morale et d'équité qui ressortent des faits :

..... Reçoit Morand appelant....., et déboute les intimés de leurs conclusions

DE LA CHARRIÈRE, *P.*
DE BRICHANTEAU, *R.*

---

15 Février 1845.

COMPÉTENCE. — TRIBUNAL SUPPRIMÉ. — EXÉCUTION.

L'exécution d'une sentence rendue par un tribunal qui n'a eu qu'une existence temporaire, doit être demandée au tribunal dont la juridiction est égale ou supérieure.

Les arrêts émanés de la délégation spéciale créée le 3 septembre 1816, pour le recouvrement des biens des communes, délégation qui jugeait en dernier ressort, doivent être portés au Sénat, qui seul a le droit d'en ordonner l'exécution. [1]

COMMUNE D'ENTREMONT C. BESSON ET GANDY.

LE SÉNAT : Attendu que l'exécution d'un jugement, lorsqu'elle est demandée contre le successeur de la partie condamnée, ne peut être ordonnée qu'en contradictoire ou sur le défaut de ce dernier ;

Attendu que cette exécution appartient au tribunal qui a rendu le jugement ;

Attendu que, si ce tribunal n'a eu qu'une existence temporaire, l'exécution doit en être demandée au tribunal dont la juridiction est équivalente ou supérieure ;

Attendu que la délégation créée par les lettres-patentes du 3 septembre 1816, bien que ses attributions fussent limitées quant à leur objet, n'en constituait pas moins un tribunal souverain jugeant en dernier ressort ;

Attendu que, si les pouvoirs de ce tribunal extraordinaire ont cessé de plein droit lorsque sa mission a été remplie, l'exécution d'un jugement par lui rendu ne peut être demandée qu'au Sénat, seul tribunal dont la juridiction soit également souveraine ;

Attendu que la question de compétence soulevée dans la requête en surcharge a été d'ailleurs implicitement jugée par le Sénat, qui n'aurait pas décerné les lettres exécutoires, s'il eût pensé que la cause dût être soumise au tribunal de première instance :

Le Sénat déboute les défendeurs de l'exception d'incompétence par eux proposée, et les condamne aux dépens.

DE LA CHARRIÈRE, *P.* DE MONTBEL, *R.*

---

[1] Concl. contr., 26 mai 1814.

17 Février 1845.

SUCCESSION. — RAPPORT. — DOT. — TROUSSEAU. — AUGMENT. — REMPLAÇANT MILITAIRE.

Art. 1075 C. c. (C. F.)

La sœur héritière venant à la succession du père, doit y rapporter tout ce qu'elle a reçu de ce dernier à titre de dot ou de trousseau ; mais elle ne rapporte pas la part d'augment de la mère prédécédée , parce que c'est une dette du père, et non point une libéralité faite en avancement d'hoirie.

Le fils doit rapporter le prix du remplacement militaire payé par son père, s'il a , depuis sa majorité, tacitement ratifié le contrat, en profitant du remplacement.

Il a droit cependant de distraire une somme correspondante à celle qu'il aurait vraisemblablement reçue de son père, s'il se fût acquitté lui-même du service militaire.

MAURIS C. MAURIS.

LE SÉNAT : Attendu, sur le second chef, que les dots et les trousseaux constitués aux demoiselles Louise, Joséphine et Marie-Françoise Mauris, par les contrats des 15 avril 1808 et 11 mars 1822, ne doivent être rapportés à la succession dont il s'agit, que pour tout ce qui serait justifié avoir été payé par spectable Antoine-Philibert Mauris ; et dans le cas où il serait établi qu'il a payé l'intégralité des sommes mentionnées dans le contrat dotal de Marie-Françoise, on devrait encore en distraire la part d'augment, parce que l'augment était une dette du père, et ne faisait point partie de la dot ;

Attendu, sur le troisième chef, que le service militaire était une dette personnelle que la loi en vigueur en 1812 imposait à Antoine Mauris ; que, quoique son père ait traité en son nom personnel dans l'acte du 9 novembre 1812, pour le remplacement de celui-ci, il ne stipulait pas moins pour les intérêts de son fils qui, en profitant du remplacement après sa majorité, a tacitement ratifié et approuvé l'obligation contractée pour lui ;

Attendu qu'à teneur de l'article 851 du Code civil français, le rapport est dû à la succession pour le paiement des dettes d'un des cohéritiers, à défaut de déclaration contraire ; que, dans l'espèce, si le père Mauris n'avait pas entendu soumettre son fils au rapport, il s'en serait expliqué

dans son testament ; d'où il suit que l'héritier d'Antoine Mauris doit rapporter à la succession tout ce qui sera justifié avoir été acquitté par Antoine-Philibert Mauris pour ledit remplacement, à l'exception néanmoins de la somme que le père aurait vraisemblablement donnée au fils au moment du départ, si celui-ci avait rempli personnellement son service militaire, arbitrée par le Sénat à la somme de 600 liv., égale à celle que ledit père a comptée au remplaçant au moment de son départ :

..... Par ces motifs, déclare spectable Jean Jacques et Pierre - Mauris n'être tenus de rapporter fictivement à la masse de la succession dont il s'agit, que ce qui sera justifié avoir été payé par Antoine-Philibert Mauris, à compte des dots et trousseaux par lui constitués à ses filles Louise, Joséphine et Marie-Françoise, par les contrats sus-énoncés, sous la distraction de la part d'augment quant à Marie-Françoise :

Déclare Irène Sardy, en sa qualité, tenue de rapporter aussi à la masse tout ce qui sera établi avoir été acquitté par sondit beau-père pour le remplacement d'Antoine Mauris, sous la distraction de la somme de 600 liv.

DE MONTBEL. SEITIER, R.

---

21 Février 1845.

HYPOTHÈQUE SPÉCIALE ET GÉNÉRALE. — EXCEPTION DE DISCUSSION.

Art. 2258 , 2289 C. c.

La constitution d'hypothèque spéciale et générale, sans que l'une déroge à l'autre, fait obstacle à ce que le tiers-détenteur puisse opposer de l'exception de discussion.

Pour que cette exception soit fondée, il ne suffit pas que le principal obligé possède des biens suffisants pour désintéresser le créancier poursuivant ; il faut qu'il puisse acquitter toutes les créances inscrites sur ces mêmes immeubles. [1]

BOTTOLIER-CURTET C. GARDET.

LE SÉNAT : Attendu que dans l'acte du 30 décembre 1816, Maniglier notaire, Jean Gardet, pour sûreté de ses engagements envers Claude-François Gardet, a constitué

---

[1] Concl. conf., 5 décembre 1841.

sur ses biens une hypothéqué spéciale et une hypothèque générale, *sans que*, y est-il dit, *l'une des qualités déroge à l'autre*;

Attendu que, par ces dernières expressions, il est évident que les parties contractantes n'ont pas voulu que l'hypothèque spéciale nuisît à l'hypothèque générale, ni celle-ci à la première; qu'ainsi, l'élection est restée au crédi-rentier, en vertu d'un droit acquis; d'où il suit que l'exception de discussion des biens soumis à l'hypothèque spéciale dont il s'agit, ne saurait être admissible;

Attendu que l'appelant n'a pas nié la provenance ni l'identité des biens soumis à l'hypothèque générale des ayant-droits de Claude-François Gardet, crédi-rentier;

Attendu que la valeur des immeubles saisis ne pourrait être appréciée qu'en la comparant non-seulement avec la créance des poursuivants, mais avec le montant de toutes les créances inscrites sur les mêmes immeubles;

Attendu que l'appelant n'a rien déduit ni justifié à cet égard; que d'ailleurs, la succession de Jean Gardet est jacente;

Déclare Jean-François-Julien Bottollier-Curtet non-recevable en son appel du jugement du tribunal d'Albertville, du 17 novembre 1843, et le condamne aux dépens.

GRILLO, *P. P.* ANSELME, *R.*

22 Février 1845.

ALIMENTS. — DURÉE.

Art. 123 C. c.

Toute pension alimentaire n'est accordée que pour le temps où celui qui la reçoit continue à en avoir besoin.

En conséquence, la durée des provisions ne doit jamais être fixée à l'avance par le décret qui les accorde.

AUDÉ C. FEMME AUDÉ.

LE SÉNAT : Attendu que la durée de toute pension alimentaire se trouve déterminée dans l'article 123 du Code civ.;

Que, s'agissant d'ailleurs d'une disposition provisoire, il est évident que l'obligation de fournir la pension dont il s'agit, ne peut avoir plus de durée que n'en a la cause qui y a donné lieu; qu'ainsi, il était inutile que le tribunal dont est appel en limitât le temps :

Adoptant, pour le surplus, les motifs des premiers juges, déclare Michel-François Audé non-recevable en son appel.

GRILLO, *P. P.* ANSELME, *R.*

22 Février 1845.

ALBERGEMENT. — EMPHYTÉOSE. — DOMAINE UTILE. — ABOLITION DE LA FÉODALITÉ. — PRESCRIPTION.

Le contrat d'albergement et d'emphytéose d'un droit d'affouage ou autre, ne constitue qu'une simple servitude sur le fonds albergé.

Les lois qui ont aboli la féodalité n'ont pu transformer cette servitude en propriété.

La possession continuée par les albergataires pendant un siècle, ne peut donner naissance à la prescription de la propriété.

CONSORTS DE REYDET C. GIROD, PALLUD ET AUTRES.

LE SÉNAT : Attendu que la concession à titre d'albergement et emphytéose perpétuelle de leur affouage et paquéage dans la montagne de Montmain, qui a été faite dans l'acte du 19 mai 1713, Chalut notaire, produite au procès par les nobles frères de Reydet aux particuliers dénommés en l'acte, ne constitue qu'un simple droit de servitude; que l'établissement d'une telle servitude, quoique diminuant les avantages du domaine utile, n'en proclame pas moins le droit exclusif des albergateurs au domaine direct de la montagne, et à tout ce qui peut rester d'utile après l'exercice de la servitude concédée; que ce droit est d'ailleurs mis en évidence par la clause de l'acte qui réserve aux sieurs de Reydet la faculté d'alberger ladite montagne à tous ceux qui viendraient habiter auxdits villages de Rosier et Basse, et que les lois qui ont aboli la féodalité n'ont pas eu l'effet de transformer en un titre de propriété, au profit des concessionnaires, ce qui n'était pour eux qu'un simple droit de servitude;

Attendu qu'en écartant l'exception de prescription proposée contre les consorts de Reydet, le tribunal de judicature-mage d'Annecy a fait une juste application des principes sur la matière;

Attendu qu'en déclarant les consorts de Reydet propriétaires indivis entr'eux de la montagne en question, le tribunal s'est borné à décider un point de droit, sans s'occuper aucunement de la question de savoir quelle était la consistance de ladite montagne à la date des albergements relatés dans son jugement, et que cette question doit rester vierge en appel, comme elle l'a été en première instance :

..... Le Sénat déclare les appelants non-recevables.

PORTIER DU BELLAIR, P. ARMINJON, R.

---

28 Février 1845.

CAUTIONNEMENT. — LIBÉRATION.

Art. 2009 C. c. (Q. T.)

La caution qui s'est engagée sous les lois anciennes, est relevée de son engagement à l'échéance du délai fixé par l'art. 2069 du Code civil, lorsque ce délai est expiré depuis la mise en vigueur du Code civil. [1]

FALIBOT-CONDRAY C. V° TREBILLOUD.

LE SÉNAT : Attendu que le fait de négligence du débiteur, continué sous l'empire du nouveau Code civil après l'échéance du terme convenu pour payer le créancier, attribue à la caution la faculté de se prévaloir des dispositions du quatrième alinéa de l'article 2009 du Code civil, pour obtenir d'être relevée dès à présent des suites de son cautionnement; que le jugement dont est appel, en assujettissant Falibot-Condray à un nouveau délai de dix ans, et se fondant sur l'ancienne jurisprudence, a contrevenu à la disposition citée, et doit ainsi être réformé :

..... Déclare Jeannette Berthoud, veuve Trebilloud, tenue de rapporter à Falibot-Condray, dans le terme de deux ans deux mois, la décharge du cautionnement de celui-ci porté dans l'acte du 7 décembre 1834, Crottet notaire; faute de ce faire, condamne ladite Trebilloud à verser, entre les mains du sieur Falibot-Condray, le capital et les intérêts qui pourront être dus à cette échéance, à la charge par Falibot-Condray d'en appliquer le montant à désintéresser François-Marie Ponchaud, créancier.....; ordonne que le présent arrêt sera, par la partie la plus diligente, notifié au créancier François-Marie Ponchaud, pour tous les effets que de droit.

GRILLO, P. P. ANSELME, R.

1er Mars 1845.

LEGS PIE. — INTÉRÊTS.

Art. 834 C. c. (D. R.)

Suivant les lois romaines et notre ancienne jurisprudence, les intérêts des legs pies étaient dus de plein droit dès la mort du testateur, ou dès l'époque par lui fixée, et, en tout cas, sans aucune sommation judiciaire.

DUFRESNEY C. VEUILLET, ET LES PAROISSES DE St-PIERRE ET DE St-LAURENT DE RUMILLY.

LE SÉNAT : Attendu qu'aux termes de la loi 45 au Code De Episcopis et Clericis à laquelle est conforme la définition 5, tit. 56, liv. 6 du Code Fabrien, les intérêts des legs pies sont dus au légataire dès l'époque de la mort du testateur ou du jour fixé par ce dernier pour le paiement, et non pas seulement du jour de la demande qui en est faite à l'héritier ;

Attendu que les dispositions contenues dans le testament du général de St-Amour, en date du 4 fructidor an XIII, en faveur des communes de St-Pierre et de St-Laurent de Rumilly, sont des legs pies dans le sens de la loi ;

Attendu que ces legs, aux termes de l'art. 3e dudit testament, n'étant exigibles qu'à la mort des personnes désignées dans les art. 4e, 8e et 9e, le tribunal a mal jugé en déclarant les héritiers du général de St-Amour tenus d'en payer les intérêts dès le 11 septembre 1828, époque de la mort de François-Hyppolite de Rumilly, frère du testateur et son usufruitier :

..... Déclare les Conseils de fabrique de St-Pierre et de St-Laurent de Rumilly avoir droit aux intérêts des capitaux légués par le général de St-Amour, au fur et à mesure des différentes époques d'exigibilité de ces capitaux, en conformité des articles 4e, 8e et 9e dudit testament.

PORTIER DU BELLAIR, P. COTTA, R.

---

[1] Concl. conf., 4 décembre 1844.
Arrêt conf., 7 août 1846 : Degeorge c. Grillon et Coissard; Mareschal, R.

1er Mars 1845.

COMPTE COURANT. — CAUTIONNEMENT. — LIBÉRATION. — BILLET A ORDRE.

Le cautionnement d'un compte courant consenti pour un temps déterminé cesse de plein droit au terme fixé.

La caution ne demeure point garant des effets de commerce fournis antérieurement à cette époque, s'ils viennent plus tard à être protestés et à laisser le compte courant à découvert.

Le cautionnement en ces matières peut être établi par simple billet; l'étendue en est déterminée par tout genre de preuve, et, entr'autres, par indices puisés dans la correspondance. [1]

PHILIPPE C. BERNARD ET BÉTRIX.

LE SÉNAT : Attendu que rien n'établit qu'antérieurement au 21 avril 1841, la banque fût en compte courant avec Velland, que la lettre de la banque dudit jour 21 avril, indiquerait plutôt le contraire ;

Attendu qu'en rapprochant ladite lettre de celle de Velland, du 23 du même mois, et du billet de garantie donné par spectable Philippe, le même jour, on découvre sans peine que le cautionnement de ce dernier se réfère essentiellement à la proposition qui a fait l'objet de la missive du 23, et l'adjectif *pris* avec les mots, *qui lui ont ouvert*, employés par spectable Philippe, dans le billet prémentionné, n'indiquent pas absolument des choses faites dans un temps antérieur, mais peuvent se référer et se réfèrent évidemment à un compte courant contemporain ; car, à teneur de la lettre du 23, ce compte devait s'ouvrir le jour même du cautionnement ;

Attendu que, lorsque par sa lettre du 21 avril, la banque a proposé à Velland de se mettre à découvert, vis-à-vis de lui, d'une somme de 18,000 liv., sous la garantie de spectable Philippe, elle a ajouté : *Notre découvert s'établira par l'escompte que nous vous ferons de votre papier, avec votre seule signature sur Genève et Lyon, laquelle n'aura jamais plus de 90 jours de date ;* que ces expressions qui appartiennent au langage du commerce, signifient que, lorsque la banque donnerait des valeurs à Velland, celui-ci remettrait du papier à 90 jours de date sur Genève et Lyon ; qu'on ne saurait l'entendre autrement dès que le papier de Velland devait être escompté et que c'était par l'escompte de ce papier que le découvert devait être établi ; qu'au surplus Velland n'a pas attribué un autre sens aux expressions de la banque, lorsque, par sa lettre responsive du 25 avril, il lui a dit : *La commission demi pour cent sera prélevée sur mes règlements à 90 jours ;*

Attendu, dès lors, que la lettre de la banque du 26 avril 1841, n'est que la reproduction détaillée, mais fidèle, des conventions existantes entre elle et Velland au moment du cautionnement ;

Attendu que, par l'écrit du 23 avril, Philippe a simplement cautionné, pour le terme de 2 ans, qui a ensuite été prorogé de 6 mois, les engagements de Velland à l'occasion du compte courant ; que son cautionnement a ainsi eu une durée à part indépendante de celle que pouvait avoir le compte courant et les engagements qui s'y rattachaient, et qu'il a cessé par la seule expiration du terme auquel il a été limité ; que Philippe a énoncé clairement sa pensée ; qu'au surplus, le rapprochement de cette condition imposée à Velland dans la lettre du 21, *que son papier n'aura jamais plus de quatre-vingt-dix jours de date,* de la réserve faite par Philippe de *faire cesser son cautionnement lorsqu'il le jugera convenable, moyennant avis de trois mois,* met toujours mieux en évidence que Philippe a voulu que son cautionnement eût un terme déterminé sans aucune corrélation avec celui du compte courant et des engagements de Velland ; en effet, la coïncidence remarquable entre les trois mois d'avertissement et les trois mois pour l'échéance des billets de Velland, fait présumer que, lorsque Philippe voulut se réserver la faculté de faire cesser son cautionnement quand il le voudrait, la banque dut faire remarquer que si le cautionnement finissait inopinément, les billets que lui aurait donnés Velland se trouveraient dépourvus de garantie, et qu'alors, pour concilier les intérêts de la banque avec la volonté de Philippe, on aurait convenu que le cautionnement ne finirait que trois mois après l'avis que donnerait Philippe, et au moyen de ce délai, tous les billets de Velland, antérieurs à l'avis et qui ne pouvaient avoir que 90 jours de date, devaient arriver au terme de leur échéance avant l'extinction du cautionnement ; d'ailleurs, avant comme après l'avis, la banque restait

[1] Concl. conf., 20 décembre 1844.

libre de cesser ses relations d'affaires avec Velland, si elle n'avait pas une entière confiance en sa signature ; car, en l'absence de toute convention sur la durée du compte courant, la banque pouvait, d'après les usages du commerce, suspendre en tout temps ses opérations avec Velland ;

Attendu qu'il résulte du compte courant sur lequel la banque a fondé ses conclusions, qu'à la date du 18 octobre 1843, Velland était créancier de la somme de 3,196 livres 40 c. ; qu'à la vérité quelques-uns des éléments constitutifs du crédit de Velland, se composent de billets par lui remis à la banque, dont l'échéance est postérieure au terme du cautionnement, et qu'il a pu arriver que ces billets aient été protestés faute de paiement ; mais que ces circonstances n'ont aucune influence dans la cause, parce que si, dans l'origine, Philippe était garant de ces billets, en raison de ce qu'ils naissaient des engagements pris par Velland à l'occasion du compte courant, l'obligation de Philippe n'a pas dépassé le terme fixé à la durée du cautionnement ; que ce serait en vain que la banque, se rattachant à la maxime : *Non est solutum quod non durat solutum*, ou bien à la circonstance que le compte courant était à découvert, voudrait faire remonter son crédit au jour de la délivrance des effets protestés ; dans les deux cas, il y a rétroactivité, et si la rétroactivité se conçoit facilement entre le créancier et le débiteur, elle ne saurait s'opérer au préjudice de la caution qui a limité son engagement à un terme certain, car entre la date des billets à ordre de Velland et le jour de leur échéance, il est survenu un fait qui a rompu la chaîne qui lie ces deux époques ; ce fait, c'est l'extinction du cautionnement de Philippe ;

Attendu que Burnod et Pellabaud ont été cités en personne, suivant l'exploit de l'huissier Vindret, en date du 23 avril 1844, et qu'ils ne se sont pas présentés en cause, ainsi que résulte du certificat délivré par l'actuaire Tochon, le 8 février dernier ; qu'ainsi ils sont en état de contumace :

Reçoit Jean-Baptiste Déléan, en sa qualité, appelant de la susdite sentence du 23 février 1844, et faisant droit sur la cause d'appel.....; déclare spectable Philippe avoir été déchargé, le 24 octobre 1843, des obligations résultant de son cautionnement du 23 avril 1841, en ce qui touche les billets portés à l'avoir de Velland dans le compte courant produit par la banque dont l'échéance aurait été postérieure audit jour 24 octobre 1843.

Portier du Bellair, P. Arminjon, R.

. 3 Mars 1845.

RENTE VIAGÈRE. — SURETÉ. — TROUBLE. — RÉSILIATION.

Art. 2011 C. c.

Le contrat de rente viagère peut être résilié, si le constituant ne fournit pas les sûretés promises.

Il en serait de même si les immeubles sur lesquels sont appliqués les fonds de la rente, venaient à être menacés d'éviction, et que le débi-sentier ne présentât pas d'ailleurs des garanties suffisantes de solvabilité.

Veuve Bouvier c. Girod.

Le Sénat : Attendu que l'appelant n'a pas nié que les immeubles qu'il avait acquis par l'acte du 29 juin 1842, Cot notaire, dans le but de faire bonne application en fonds libres, et jusqu'à concurrence de leur valeur, des capitaux que l'intimée lui a cédés par le contrat du 18 novembre 1839, Bebert notaire, n'aient été dès lors subhastés à son préjudice ;

Attendu que, tant de cette subhastation, qui a diminué les sûretés dues à la veuve Bouvier, que des poursuites mobilières que celle-ci a infructueusement exercées contre Girod, à raison des arrérages de la rente viagère, il résulte que ce dernier, qui ne justifie pas d'ailleurs d'autres avoirs, ne présente plus à l'intimée des sûretés suffisantes pour l'exécution des engagements par lui contractés, et qu'en conséquence, il y a lieu à l'application des dispositions portées par l'art. 2011 du Code civil :

Déclare Pierre Girod non-recevable en son appel.

Grillo, P. P. Coppier, R.

4 Mars 1845.

HOIRIE JACENTE. — CURATEUR A LA CAUSE. — CONTRAT PIGNORATIF. — INDICES.

Art. 1035 C. c.

Dans les procès commencés avant la mise en vigueur du Code civil, le curateur à la part d'hoirie doit continuer à exercer ses fonctions, et a qualité pour représenter la part d'hoirie, tant qu'il n'a pas été remplacé. [1]

Caractères du contrat pignoratif....Il ne peut valoir même comme antichrèse. [2]

PLANCHE C. Me HÉRITIER, CURATEUR AUX PARTS JACENTES DE L'HOIRIE COTTARD.

LE SÉNAT : Attendu que Me Héritier étant investi, dès un temps antérieur à la mise en vigueur du Code civil, de la charge de représenter et défendre, dans la présente cause, l'hoirie de Joseph Cottard, il peut et doit même continuer l'exercice de ses fonctions tant qu'il n'est pas remplacé par un curateur nommé selon le vœu de l'art. 1035 du Code civil ; que d'ailleurs aucune disposition du droit nouveau n'a fait cesser les curatelles aux hoiries jacentes qui se trouvaient conférées lors de la mise en vigueur du Code ;

Attendu que le contrat du 18 octobre 1832, Cholat notaire, contient en faveur du vendeur, la réserve de la récolte pendante par racines, la faculté du rachat pendant une année, et la location de l'immeuble pour le temps du réméré, au moyen du paiement, non pas d'une cense déterminée, et en rapport avec la valeur des fruits, mais des intérêts du prix de la vente et de ses accessoires ; que la réunion de ces diverses stipulations et la circonstance que le demandeur était créancier de Cottard, forment une grave présomption que le contrat n'a été dans la réalité qu'un contrat pignoratif ; que cette présomption se change en certitude légale en présence du rapport d'experts auquel il a été procédé le 21 avril 1845, par-devant le juge du mandement du Pont-de-Beauvoisin, ensuite de l'arrêt qui a été rendu le 31 janvier 1837, en ce que ce rapport constate la vileté du prix de la vente ; puisque l'immeuble aliéné pour une somme de 1,516 liv. 33 cent., était, au temps du contrat en question, de la valeur de 2,100 liv. ;

Attendu que le bail stipulé dans ce contrat, ne saurait être plus sérieux que la vente ; qu'il forme simplement un des caractères du pacte pignoratif, et qu'il ne peut avoir l'effet de constituer une antichrèse :

Déclare le contrat du 18 octobre 1832 simulé et simplement pignoratif.

PORTIER DU BELLAIR, P. ARMINJON, R.

---

15 Mars 1845.

TESTAMENT. — MINEUR. — CAPACITÉ.

Art. 701 C. c. (C. F.)

Sous les lois françaises, le mineur, au-dessus de 16 ans, ne peut disposer par testament que de la moitié de la portion disponible.

Le testament fait à cette époque n'est ainsi valable que pour une moitié de la succession, encore que le testateur ne meure qu'après avoir atteint sa majorité.

MICHARD C. MICHARD.

En ce qui concerne la réduction du legs dont il s'agit :

LE SÉNAT : Attendu qu'il est constant au procès que Maurizaz Benoît, mère des intimés, quoique décédée majeure de 21 ans, était mineure âgée de plus de 16 ans, lors de la confection de son testament du 5 septembre 1808, Chaumontel notaire ;

Attendu que l'art. 904 du Code civil français, qui régit l'espèce dont il s'agit, règle la capacité du testateur, et non la quotité disponible ; qu'en conséquence, Maurizaz Benoît n'a pu transmettre que la portion des biens dont la loi lui permettait de disposer lors de la confection de son testament, quoique décédée en majorité :

.....Déclare non-recevable.

GRILLO, P. P. ANSELME, R.

---

[1] Concl. conf., 9 mai 1844.
Arrêts conf., 12 août 1839 : Gruaz c. Tissot ; Mareschal, R. — 20 février 1840 : Granges c. Me Héritier, curateur à l'hoirie Ducret.
[2] Arrêt conf., 26 février 1844 : Recordon c. Etable d'Arcollières, R.

18 Mars 1845.

APPEL. — VALEUR. — DONATION. — CHARGE. — PÉRIL D'ÉVICTION. — HYPOTHÈQUE.

Art. 1660 C. c. (D. R.)

La cause peut être portée en appel lors même que la demande aurait pour objet une somme inférieure à 1,200 liv., si l'on a conclu en même temps à la radiation d'inscriptions existantes sur des immeubles valant plus de 1,200 liv. [1]

Lorsqu'il est menacé d'éviction, le donataire, comme l'acheteur, peut se refuser à exécuter les charges imposées par l'acte de donation.

Pour les contrats passés sous le droit romain, l'existence seule d'inscriptions hypothécaires ne constitue pas un péril imminent d'éviction. [2]

BERTHIER C. BERTHIER.

LE SÉNAT : Attendu que Me Berthier, tout en demandant dans sa requête introductive de l'instance, la somme de 1,200 liv., portée par l'acte du 26 octobre 1853, Magnin notaire, a formellement déclaré, dans la même requête, que la moitié de cette somme avait déjà été payée, suivant acte du 23 octobre 1839 ; d'où il suit que la demande primitive ayant été ainsi réduite à la somme de 600 liv., avec intérêts et frais d'inscription, la cause, sous ce rapport, ne serait point appelable ;

Attendu cependant que l'intimé s'est opposé au paiement de cette dernière somme, sous le prétexte que l'appelant devait, aux termes de l'acte de 1853, faire radier les inscriptions qui grevaient les immeubles y désignés, et que le tribunal a fondé le déboutement des conclusions de l'appelant sur l'obligation imposée à celui-ci de faire radier lesdites inscriptions ;

Que, d'après cela, ce n'est pas seulement la somme primitive qui doit fixer la valeur de la cause, mais encore les conséquences que doit nécessairement produire le jugement dont est appel, et que sous ce rapport, la fin de non-recevoir opposée par l'intimé ne peut plus être accueillie ;

---

[1] Arrêt conf., 30 avril 1843 ; Magnin c. Garin ; Cotta, R.

[2] V. Arrêt, 6 décembre 1844 ; Borgey c. Perret ; Cotta, R.

Arrêt contr., 21 mai 1843 ; Masson c. Vissol et Passavant ; Anselme, R.

Attendu, au fond, que la donation contenue dans l'acte de 1853, ayant été faite sous l'empire des lois romaines, l'intimé ne peut refuser le paiement de la somme stipulée pour correspectif, qu'autant qu'il y aurait péril imminent d'éviction ;

Que les inscriptions grevant lesdits immeubles, dont l'état a été produit au procès, ne prouvent pas que l'intimé fût en danger imminent d'être évincé ; d'où il suit que le tribunal a mal jugé en déboutant l'appelant de ses conclusions, sous le prétexte qu'il n'a pas justifié la liberté des immeubles ;

Attendu, en outre, que le tribunal ayant, par sa sentence du 18 décembre 1843, donné acte de l'offre faite par l'appelant de fournir caution, et ayant acheminé ce dernier à justifier de la solvabilité de la caution offerte en la personne de Jean Peramier, a, par là même, reconnu que l'intimé ne pouvait retarder le paiement de la somme réclamée par son frère, jusqu'à ce que celui-ci eût rendu libres les immeubles ; d'où il suit qu'en accueillant, par la sentence dont est appel, cette exception, il s'est évidemment déjugé ;

Attendu enfin qu'il résulte des pièces produites que la caution offerte par l'appelant présente des garanties suffisantes :

Le Sénat déclare Louis Berthier tenu de payer au demandeur la somme réclamée avec intérêts, moyennant la caution offerte.

PORTIER DU BELLAIR, P. COTTA, R.

1er Avril 1845.

BÉNÉFICE D'INVENTAIRE. — DÉCHÉANCE. — VENTE DE MEUBLES.

Art. 1028 C. c.

L'héritier bénéficiaire est déchu de son bénéfice si, pendant les 3 ans fixés par la loi, il vend des meubles de la succession, sans autorité de justice.

La requête présentée à un notaire pour procéder à la vente, et les enchères faites par ce dernier, ne sont pas suffisantes pour faire présumer une autorisation judiciaire préalable, et sauver la déchéance de l'héritier bénéficiaire.

DURAND C. QUENARD.

Attendu que le notaire Buclier, en procédant, par l'acte du 2 août 1839, à la vente des effets mobiliers délaissés par Georges feu Antoine Burnet, de la succession duquel il s'agit, n'a fait aucune mention d'une autorisation de justice, et a simplement énoncé qu'il agissait à la requête de Jean Dunand;

Attendu qu'ayant vendu pendant les cinq ans accordés par la loi à l'héritier bénéficiaire, celui-ci ne pouvait y faire procéder sans une autorisation de justice, à peine de déchéance du bénéfice d'inventaire, suivant les dispositions formelles de l'art. 1028 du Code civil;

Attendu que, soit en première instance soit en appel, Durand n'a fait aucune production pour prouver qu'il a rempli cette formalité essentielle; que, par l'effet de cette omission, il serait superflu d'examiner si la procédure renferme d'autres causes de déchéance dudit bénéfice :

Déclare Durand non-recevable.

GRILLO, *P. P.* MONOD, *R.*

---

5 Avril 1845.

APPEL. — DÉSERTION — RESTITUTION EN ENTIER.

La désertion est encourue par tous ceux qui n'ont pas fait appointer la cause dans l'année depuis l'introduction de l'instance d'appel.

Depuis l'édit du 13 avril 1811, on ne peut plus opposer que l'appel a été introduit après les 10 jours accordés pour l'interjeter, et en conséquence, qu'on ne plaide plus en appel, mais sur la demande en restitution. [1]

GENOUD c. BASTARD.

Attendu que d'après la disposition du § 17, liv. 5, tit. 26 R. C., les causes d'appel pendantes par-devant le Sénat doivent être finies dans le terme d'une année; que si la cause n'a pas été appointée par la faute de l'appelant, l'appel est censé désert;

Attendu que le décret de *soit appelée partie,* est sous la date du 2 juillet 1842, et que la cause n'a été appointée que le 22 janvier 1844, plus de 18 mois après l'introduction de l'instance d'appel, sans que Genoud ait justifié ce retard;

---

[1] Arrêt conf., 30 juillet 1844: Mouchet c. Genoud Prachet; De Juge, R.

Attendu que ce dernier n'ayant pas produit son acte d'appel, on ne peut en connaître la date précise; mais en admettant son allégation de l'avoir interjeté après le terme de dix jours, fixé par l'art. 2 de l'édit du 13 avril 1841, il ne serait pas fondé à se retrancher derrière le besoin d'une restitution en entier, pour se soustraire à la déchéance qu'il a encourue; car ladite disposition interdit toute restitution en entier à l'appel qui n'a pas été relevé dans les 90 jours qu'elle accorde à cet effet, et si elle donne aux tribunaux la faculté de recevoir l'appel qui a été relevé dans les 90 jours, bien qu'il n'ait pas été interjeté dans le délai, ce n'est pas par la voie de la restitution;

Attendu enfin que le § 17 sus-énoncé est applicable au cas où l'appel a été interjeté après le terme de 10 jours comme à celui où l'interjection a eu lieu dans ce délai; s'il en était autrement, il en résulterait que les appelants qui auraient négligé de se conformer à la loi, seraient traités par elle plus avantageusement que ceux qui l'auraient rigoureusement observée, ce qui ne serait ni rationnel ni logique;

Par ces motifs, déclare l'appel émis par François Genoud, péri et désert.

DE LA CHARRIÈRE, *P.* SEITIER, *R.*

---

5 Avril 1845.

ADJUDICATION. — NULLITÉ. — CHOSE JUGÉE. — INTÉRÊTS DES INTÉRÊTS. — INJONCTION. — ASSIGNATION. — BÉNÉFICE DU TIERS. — ERREUR DE DÉSIGNATION. — NOTAIRE. — EXPERT. — RÉCUSATION.

On peut proposer la nullité d'une adjudication nonobstant un jugement passé en chose jugée, qui a prononcé que l'adjudication affecte le débiteur, quoiqu'il y soit désigné sous un faux nom.

Les intérêts capitalisés sous l'empire du Code civil français, on continué à produire intérêt, depuis le rétablissement des R. C.

L'adjudication n'est pas nulle, si le créancier, au lieu de faire enjoindre au débiteur de comparaître pour y assister, l'a fait assigner par huissier; il n'est pas prescrit en ce cas de réitérer l'assignation qui n'a pas été faite à personne.

Le bénéfice du tiers doit être calculé en réduisant d'un tiers la valeur totale donnée aux biens par l'expert, ou bien en ajoutant à la somme due une moitié en sus.

Les erreurs dans la désignation des numéros adjugés, ne constituent pas des nullités ; elles autorisent simplement le débiteur à revendiquer les parcelles exclues de l'adjudication.

Le notaire commis, qui aurait été procureur du créancier poursuivant, et l'expert nommé qui serait son débiteur, sont justement suspects; cependant il il n'y a pas lieu, en ce cas, à prononcer d'emblée la nullité de l'adjudication, mais seulement à autoriser une expertise des biens adjugés, pour vérifier s'il y aurait eu préjudice causé au débiteur. [1]

VACHON C. COTTAREL.

LE SÉNAT : Attendu, en ce qui touche l'exception de la chose jugée, que par son jugement du 21 janvier 1853, le tribunal de Chambéry s'est borné à déclarer que l'adjudication du 8 octobre 1821, affectait Nicolas Vachon, bien qu'il fût désigné sous le prénom de Louis, soit dans cet acte, soit dans les sentences qui l'avaient précédé, parce que ledit Vachon était connu dans le public, et même désigné dans des actes authentiques sous l'un et sous l'autre de ces prénoms;

Attendu que cette question n'impliquait point l'examen des nullités de forme dont l'adjudication du 8 octobre 1821 pouvait être entachée, puisque le tribunal, dans d'autres circonstances en fait, aurait pu et dû décider que cette adjudication, quoique régulière en sa forme, ne pouvait être opposée à Nicolas Vachon, pour qui elle était *res inter alios acta*;

Attendu d'ailleurs que le Sénat, en ordonnant par son arrêt du 16 janvier 1844, que l'instance en nullité contre ladite adjudication serait réunie à celle en nullité introduite contre la seconde adjudication du 18 décembre même année, a préjugé que l'exception tirée de la chose jugée n'était pas admissible ;

Attendu que si la commune de St.-Pierre d'Alvey, lieu de la naissance et du domicile de Vachon en 1816, faisait en 1816 partie du mandement de St.-Genix, elle en a été détachée par l'édit du 10 novembre 1818, pour être réunie au mandement d'Yenne;

Attendu, cela posé, que Vachon a été justiciable du juge de St.-Genix jusqu'à la publication de l'édit sus-énoncé, et que dès

lors il est devenu justiciable du juge d'Yenne, d'où il suit d'une part que la tutelle de Nicolas Vachon, déférée le 29 juillet 1818 à son oncle Marin Vachon, par l'assemblée de famille et par le juge de St.-Genix, l'a été légalement; et d'autre part, que le juge d'Yenne était compétent pour rendre les sentences des 15 février et 24 juillet 1821 ;

Attendu que si le certificat délivré par le greffier du mandement d'Yenne, constate que dès le 12 novembre 1818, jusqu'au 8 octobre 1821, il n'existe sur les registres du greffe aucun acte par lequel Marie Sibuet-Bornet, veuve Vachon, ait été nommée tutrice de son fils Louis-Nicolas, il est établi par la requête ténorisée au bas de l'inventaire dressé par le notaire Magnin, ladite requête présentée au juge d'Yenne par la veuve Vachon, que celle-ci avait été nommée tutrice de son fils par décret dudit juge, sous date du 29 mars 1819;

Attendu, en conséquence, que Nicolas Vachon, assisté et autorisé par sa mère et tutrice, a eu la capacité d'ester en jugement dans les instances à la suite desquelles ont été rendues les sentences des 15 février et 24 juillet 1821, et que, sous ce rapport, ces sentences ne sont entachées d'aucune nullité;

Attendu que les intérêts capitalisés sous l'empire du Code français, et conformément aux dispositions de l'art. 1154 de ce code, ont été productifs d'autres intérêts, depuis la mise en vigueur de nos anciennes lois, quoiqu'elles prohibent une semblable convention;

En effet, une décision contraire serait en opposition avec le principe en vertu duquel les actes doivent être, quant à leurs effets, comme sous le rapport de la forme, jugés et appréciés d'après les lois sous lesquelles ils ont été passés; elle ne le serait pas moins au principe de la non rétroactivité : ces maximes ont été consacrées par la jurisprudence du Sénat, notamment par l'arrêt rendu au rapport du seigneur Picolet, le 30 juillet 1824, entre Dechaponnay, demandeur, et Joseph Combe, Joseph Godon et consorts, défendeurs;

Attendu, quant aux nullités proposées contre ces adjudications, que celle qui est basée sur la violation du § 39, tit. 52, liv. 5 des R. C., n'est pas fondée; l'assignation donnée à Vachon et à sa tutrice, remplace en effet l'injonction dont parle ce §, et remplit le vœu de la loi, qui ne prescrit pas d'assigner de nouveau, lorsque la première assignation n'a pas été faite à la personne ;

Attendu qu'il n'est point justifié que l'apostille mise au bas de l'exploit du 29 septembre 1821, ne soit pas de la même main que la copie de cet acte ;

Attendu qu'en opérant, comme il l'a fait, pour calculer le bénéfice du tiers, le notaire commis n'a point préjudicié à Vachon ; que la distraction devait se faire sur la valeur des biens, valeur qui était au-dessous du montant de sa créance ; que si l'on eût opéré en augmentant celle-ci, c'était une addition de la moitié et non du tiers qu'il aurait fallu faire ;

Attendu que s'il est intervenu des erreurs dans la désignation de la contenance de quelques-uns des immeubles, au préjudice de Vachon, ces erreurs ne constituent point une nullité, mais donnent seulement à ce dernier droit de revendiquer la partie desdits immeubles qui n'a pas été adjugée, en la prenant sur une quantité correspondante de terrain de moyenne valeur ;

Attendu qu'il est constaté, il est vrai, que le notaire commis pour procéder aux adjudications, avait été le procureur de Cottarel dans les instances mêmes qui ont précédé les sentences de condamnation, et que l'expert par lui choisi pour l'estimation des biens, était débiteur dudit Cottarel, mais que ces circonstances sont insuffisantes par elles seules, pour entraîner la nullité de ces actes ; que les nullités sont de droit strict, et doivent être prononcées virtuellement par la loi ; qu'il n'existe aucun texte à cet égard, et qu'on ne peut argumenter par analogie ;

Attendu, toutefois, que la qualité de procureur de Cottarel chez Me Reveyron, et celle de débiteur chez l'expert, permettent de douter qu'ils aient apporté dans leurs opérations toute l'impartialité qu'on était en droit d'attendre d'eux, et que les adjudications devraient être annulées, s'il était démontré qu'il y a une différence notable entre la valeur vénale des biens dont il s'agit, dans l'automne de 1821, et celle qui leur a été attribuée par l'expert ;

Attendu que la conduite de Cottarel fait justement suspecter l'évaluation donnée aux immeubles, puisque après avoir consenti à mettre à néant les adjudications, il s'est refusé à tenir compte des fruits, et a prétendu les compenser avec les intérêts de sa créance ;

Attendu que la seconde des adjudications a dû être faite le 18 octobre 1821, d'après l'exploit produit au procès, et que l'une des expéditions lui donne la date du 18 décembre suivant ; qu'elle serait complètement nulle, si elle avait eu lieu ledit jour 18 décembre ;

Attendu, quant aux numéros 1582 et 2402, que la cause n'est pas prête à recevoir jugement, et que les parties doivent procéder à cet égard en exécution de la sentence du tribunal, en date du 5 avril 1842 :

Par ces motifs, ordonne, avant d'autrement rendre droit, que, par experts convenus, à défaut nommés, il sera procédé à rapport assermenté sur la valeur vénale au mois d'octobre 1821, des immeubles compris dans l'adjudication dont il s'agit.

DE LA CHARRIÈRE, P. DE MONTBEL, R.

7 Avril 1845.

INTERPELLATION. — AVEU TACITE. — QUALITÉ HÉRÉDITAIRE.

Les interpellations touchant la qualité héréditaire, sont censées avouées, lorsque la partie interpellée fait défaut, ou garde le silence.

Il n'en serait pas de même des interpellations données sur tout autre mode de transmission des droits ou des obligations du défunt.

BONNAFOUS c. BURNIER.

Attendu que, dans sa requête aux premiers juges, du 5 septembre 1841, le sieur Bonnafous a dit simplement que *Charles Burnier avait eu pour successeur Michel-Antoine Burnier, tant en vertu de dispositions testamentaires, qu'ensuite d'arrangements de famille* ; que ce fait est complexe et ne saurait être assimilé à celui qui est contemplé dans le § 23, tit. 6, liv. 5 des R. C., soit à la simple qualité héréditaire de la partie citée ; que ce fait est d'ailleurs conçu dans des termes trop vagues, pour qu'on puisse absolument en inférer que l'appelant était le successeur universel de son père ; que dès lors le silence, quoique affecté, que l'appelant a gardé sur le fait en question pendant toute la durée des débats de première instance, n'a pas dû avoir pour effet de le faire considérer comme l'unique représentant de son père, et comme exclusivement chargé, en cette qualité, de remplir l'engagement que ce dernier a pris dans le contrat du 20 avril 1826 :

Ordonne que le demandeur dira et déduira, ainsi et comme il avisera en ce qui touche la qualité héréditaire de Me Burnier, et qu'il répondra au serment qui lui est déféré.

Portier du Bellair, *P.* Armison, *R.*

---

7 Avril 1845.

SUCCESSION DE PERSONNE VIVANTE. — DROITS ÉVENTUELS. — PART D'AUGMENT. — CESSION. — NULLITÉ. — INDIVISIBILITÉ.

Art. 1607 C. c.

La cession des droits échus et à échoir dans diverses successions, dont l'une n'est pas encore ouverte, est nulle pour le tout.

La cession d'une légitime due pour prix d'exclusion, et celle d'une part d'augment, sont assimilées à la cession des droits successifs. [1]

Couter c. Couter.

Par contrat du 14 octobre 1839, Marie Laurent vend à François Couter *tous les droits qu'elle avait et pourrait prétendre dans les successions de Joseph et Noël Laurent, ses père et frère défunts, avec toute légitime et part d'augment, soit exigée, soit encore à exiger dans toutes les successions de ses père et mère;*

Le 2 juin, Marie Laurent attaque le contrat ci-dessus, et en demande la nullité parce qu'il contient, dit-elle, un traité sur la succession d'une personne vivante, sa mère n'étant point décédée à la date de cet acte; la demanderesse meurt pendant l'instance, son hoirie passe à Marie Couter et à Excoffon.

..... Le tribunal déclare l'acte nul.

Le Sénat : Attendu que si les art. 1220 et 1607 du Code civil se bornent à prohiber la vente et les stipulations relatives à la succession totale ou partielle d'une personne vivante, même de son consentement, l'art. 1009 du même code étend cette prohibition à tous *droits éventuels* que le vendeur peut avoir à une succession future; que ces expressions *droits éventuels* embrassent évidemment l'augment et la part équi-

valente à la légitime donnée pour prix d'exclusion; que les motifs de la loi sont les mêmes pour l'augment et pour cette part que pour l'hérédité; car il y a la même immoralité et le même danger pour celui dans la succession duquel devront être revendiqués les droits qui ont fait l'objet de l'aliénation;

Attendu que la défense portée par les articles précités, est conçue dans des termes absolus, qu'ils n'admettent par conséquent aucune exception en faveur des parents et des cointéressés dans les droits cédés; d'où il suit que l'appelant ne peut se prévaloir de l'indivision de ses biens avec ceux du père ou du frère de la demanderesse, pour se soustraire à la nullité de l'acte de vente du 14 octobre 1839 :

Par ces motifs, déclare Couter non-recevable.

De la Charrière, *P.* Seitier, *R.*

---

11 Avril 1845.

DÉPENS. — ARRÊT.

L'arrêt qui, en réformant un jugement de première instance, met à la charge de l'intimé les dépens de l'appel, sans mentionner ceux de première instance, préjuge par là qu'ils doivent rester à la charge des parties qui les ont faits. [1]

Andreverta(n) c. Dupont.

Le Sénat : Attendu qu'en réformant, par arrêt du 11 mars 1843, le jugement du 17 février 1841, qui était favorable à Dupont, et en ne le condamnant qu'aux dépens de l'instance d'appel, le Sénat a suffisamment manifesté son intention, et statué que les dépens de première instance devaient être supportés par les parties qui les avaient faits :

Par ces motifs, déboute.

De la Charrière, *P.* Seitier, *R.*

---

[1] Arrêt conf., 2 janvier 1846 : Garbillon c. Goddard; Cotta, R.

---

[1] V. Arrêt conf., 11 août 1840 : Abry c. Abry; Cotta, R.

18 Avril 1845.

FILLE. — DOT CONGRUE. — LEGS. — RENONCIATION. — SUPPLÉMENT.

La fille qui s'est constitué en dot le legs à elle fait par son père pour lui tenir lieu de tous ses droits, ne s'interdit point par là la faculté de demander un supplément. [1]

Le Sénat arbitre le supplément lorsqu'il a tous les éléments nécessaires pour apprécier et le montant de l'hoirie, et la condition de la famille.

Pugeat c. Vidal.

Le Sénat : Attendu qu'Antoinette Pugeat, en acceptant tacitement le legs de 1,200 liv. que Claude Pugeat, son père, lui avait fait dans son testament du 9 août 1817, Forestier notaire, soit parce qu'elle se serait constitué en dot ce legs dans son contrat de mariage du 10 juin 1818, Michon notaire, avec Jean-Louis Vidal, soit parce qu'elle aurait approuvé les poursuites faites par ce dernier pour en obtenir les intérêts ou même le capital, n'a pas renoncé à tous plus amples droits qui pourraient lui compéter dans la succession paternelle, d'où il suit que la demande d'un supplément n'est pas interdite, en cas de lésion ;

Attendu qu'il résulte des faits de la cause que ladite somme de 1,200 liv. n'est pas en rapport avec la consistance de l'hoirie de Claude Pugeat, pour former la dot congrue qu'il aurait dû laisser à sa fille Antoinette ;

Attendu que l'instance fournit des éléments suffisants pour apprécier le montant de ladite hoirie, et arbitrer la dot congrue dont il s'agit :

A reçu appelants ; fixe à 2,400 liv., à tant arbitrée par le Sénat, la somme qui était due à Antoinette Pugeat pour sa dot congrue, dans l'hoirie de son père Claude Pugeat, et condamne le défendeur à la payer à Jean-Louis Vidal, en sa qualité de père et légitime administrateur, sous toutes dues imputations, et notamment du trousseau que ladite Antoinette Pugeat s'est constitué dans son contrat de mariage.

De la Chaurière, *P.* Jacquemoud, *R.*

---

[1] Arrêt conf., 28 mars 1814 : Philippe c. Philippe ; de Brichanteau R.

19 Avril 1845.

SERMENT. — FORME MAJEURE. — FORME MINEURE.

Tout serment décisoire doit être prêté en forme majeure, lorsqu'il porte sur une somme excédant 100 liv. anciennes, sauf toutefois le serment sur le fait de science, qui n'est jamais prêté qu'en forme mineure.

Renaud et consorts c. Morand.

Dans cette cause, on avait déféré deux serments : l'un à M. Morand père, qui portait sur des faits qui lui étaient personnels ; l'autre aux enfants Morand, qui ne portait que sur leur science.

Sur le mode de prestation de serment, le Sénat a dit :

Attendu, à l'égard de la forme de ces deux serments, qui ont l'un et l'autre pour objet une valeur excédant 400 liv. anciennes, que le dernier dont ont vient de parler, ne portant que sur la science de la partie, doit être régi par le § 20 des R. C., au titre du serment ; mais que celui qui est déféré à Me Morand, doit être prêté en la forme majeure, comme décisoire, quant aux engagements qui en sont l'objet :

Par ces motifs, ordonne que les enfants Morand jureront en conformité du § 20, tit. 1, liv. 5 R. C., suivant la formule donnée ; Me M...d jurera en conformité du § 4 du même titre, suivant la formule donnée.

Grillo, *P. P.* D'Arcollières, *R.*

---

25 Avril 1845.

DONATION DÉGUISÉE. — INDICES. — PRESCRIPTION. — SUSPENSION.

Divers indices servant à reconnaître une donation déguisée sous l'apparence d'une vente.

La prescription de l'action en nullité ne peut courir que du jour de l'ouverture de la succession du vendeur, parce que c'est de ce jour seulement que ses héritiers ont eu le droit d'attaquer la vente, et d'en prouver la simulation. [1]

La prescription est régie par la loi en vigueur au moment où le contrat a été passé. [2]

---

[1] Arrêt conf., 4 février 1840 : Faucoz c. Favre ; De la Charrière, R.

[2] Arrêt. conf., Laroche c. Viviant ; Picolet, R.

Le vice de simulation ne peut être couvert par la prescription de 10 et de 20 ans. [1]

REVET c. REVET.

LE SÉNAT : Attendu que les actes du 15 thermidor an V, bien qu'ils se présentent sous les apparences d'une vente, ne sont, en réalité, qu'une donation déguisée, faite en fraude des lois des 5 brumaire, 17 nivôse an II, et 18 pluviôse an V ;

En effet, la répugnance des pères de famille à se soumettre aux lois précitées, la qualité des parties contractantes dans les actes de l'an V, leur position relative, la vileté du prix convenu, les ratifications recherchées dans l'acte de l'an V auprès des autres successibles, la confirmation de ce même acte de la part du vendeur Jean Revet, dans son testament de l'an XIII, fournissent des présomptions graves, nombreuses et concordantes de la simulation desdits actes comme ventes réelles ;

En ce qui concerne la prescript. opposée :

Attendu que, s'agissant d'un droit successoral, elle n'a pu commencer à courir, au préjudice des intimés, que dès l'époque de l'ouverture de la succession de l'auteur commun, arrivée par suite du décès de celui-ci en 1818; que, dès cette époque à l'intentat du procès en 1856, 30 ans ne s'étaient pas écoulés ;

Attendu que les dispositions de l'art. 1306 du Code civil français ne sauraient être opposables à des actes antérieurs à sa promulgation ; que l'énumération d'ailleurs qui est faite dans ledit article des contrats soumis à la prescription décennale, se réfère à des contrats annulables et rescindables, à raison d'un vice de nature à être purgé, et non à des contrats de la nature de ceux dont il s'agit, frappés d'une nullité absolue ;

Attendu que rien n'a été statué dans le jugement dont est appel relativement à la provenance du prix mentionné dans les actes de l'an V, au sujet des rapports auxquels les intimés pourraient être tenus, dans les partages à faire et dans les réserves qui peuvent compéter de droit à l'appelante, qu'ainsi il n'a pas été fait grief à l'appelante sous ces divers rapports :

Déclare non-recevable.

GRILLO, P. P. ANSELME, R.

[1] Arrêt conf., 14 août 1813 : Guiguet c. Granges; Girod, R.

25 Avril 1845.

ESCALIER. — MUR. — EXPERTISE.

Le mur qui supporte un escalier commun, est présumé commun.

L'un des co-propriétaires ne peut y faire des innovations sans le consentement des autres, ou à défaut, sans avoir établi, par une expertise, que les travaux projetés ne nuisent en rien aux co-propriétaires.

Chaque partie a droit de choisir son expert, et en cas de dissidence, on procède à une tierce expertise.

ANSELME c. DELAPALME.

LE SÉNAT : Attendu qu'il est constant en fait que le mur sur lequel le sieur Delapalme veut faire exécuter des travaux, soutient l'escalier commun entre les parties, et que, par conséquent, il doit être considéré comme une propriété également commune entr'elles ;

Attendu que, cela posé, il doit être permis au sieur Delapalme de faire les innovations par lui projetées, en tant qu'il se conformera aux dispositions du Code civil qui le concernent ;

Attendu cependant que le tribunal dont est appel a mal jugé, en ordonnant qu'il serait procédé à vérification des lieux contentieux, en l'assistance d'un seul expert, tandis que les parties ont droit, d'après la loi, d'en choisir chacune un, sauf, en cas de dissidence, à nommer un tiers expert :

Ordonne que, par experts convenus, ou nommés d'office par le rapporteur de la cause, il sera procédé à rapport sur le point de savoir si les travaux que le sieur Delapalme entend exécuter sur le mur dont il s'agit, peuvent l'être sans nuire à la solidité et sûreté des bâtiments du demandeur, et, en cas de réponse affirmative, lesdits experts indiqueront les précautions à prendre, et les travaux à exécuter pour garantir les droits de chacun.

DE LA CHARRIÈRE, P. LE BRICHANTEAU, R.

25 Avril 1845.

COMPÉTENCE. — TRIBUNAL SUPPRIMÉ. — SÉNAT. — SIGNIFICATION DE JUGEMENT. — EXPLOIT. — PREUVE.

Dans les causes qui étaient pendantes, en 1815, devant un tribunal devenu étranger, la connaissance de la mise à exécution a été, par l'art. 5 du manifeste sénatorial du 31 janvier 1815, réservée à la juridiction exclusive du Sénat. [1]

La signification d'un jugement ne peut être prouvée que par exploit d'huissier; tout autre genre de preuve est inadmissible.

DUPONT c. DUPONT.

LE SÉNAT : Attendu que l'art. 1er du manifeste sénatorial du 5 ! janvier 1815, ne s'appliquait qu'aux procès qui étaient pendants, à cette époque, par-devant les tribunaux supprimés; que la connaissance de la mise à exécution des jugements prononcés par les tribunaux devenus étrangers, est réservée au Sénat, par l'art. 5 dudit manifeste; d'où il suit que le tribunal du Genevois a été induement saisi de la cause, et que le jugement dont est appel a été incompétemment rendu;

Attendu que la loi, en exigeant l'exploit de l'huissier pour constater la régularité d'une assignation ou de la signification d'un jugement, exclut virtuellement tout autre genre de preuve; qu'en conséquence, les faits articulés en appel par les intimés ne peuvent être établis par preuve testimoniale, ni même former l'objet d'une délation de serment, en tant qu'ils tendent à prouver la signification du jugement du 20 avril 1813 :

.....Par ces motifs, sans s'arrêter aux faits articulés, ordonne que les parties procèderont ultérieurement.

GRILLO, P. P. GIROD, R.

---

26 Avril 1845.

INSTANCE D'ORDRE. — APPEL. — DÉLAI. — CITATION. — CONCLUSIONS DU MINISTÈRE PUBLIC. — DÉCHÉANCE. — PRIVILÉGE. — INSCRIPTION.

Dans les causes d'ordre, l'appel doit être interjeté dans les 5 jours, et relevé dans les 30 jours.

La requête en relief n'est pas nulle, alors même qu'on n'y aurait mentionné que le créancier poursuivant, s'il se trouve être en même temps celui dont la collocation est contestée.

Le décret de soit-montré à l'avocat-fiscal-général

---

[1] Arrêt conf., 14 mars 1846 : Bouthillier Beaumont c. Daudin; Seitier, R.

suspend les délais d'appel, et l'appelant n'encourt aucune déchéance, si le ministère public l'assujettissant à présenter une nouvelle requête, et ne fixant aucun délai fatal, il a tardé de se conformer à cette prescription.

Le privilège qui n'est pas inscrit ne peut être pris en considération dans la collocation des créances.

GIROLET c. LA CONGRÉGATION DE CHARITÉ DE ST-JEAN-DE-MAURIENNE.

LE SÉNAT : Attendu que l'appel de la sentence du 4 juillet 1843, a été interjeté le 8 du même mois, conséquemment dans les 5 jours fixés par l'art. 157 de l'édit du 16 juillet 1822;

Attendu que, d'après la jurisprudence du Sénat, l'appel des sentences rendues en matière d'ordre peut être relevé par requête, pourvu qu'elle soit présentée dans le terme péremptoire de 30 jours, à dater de l'interjection d'appel.

Attendu que les appelants ont relevé leur appel par requête présentée céans le 7 août 1843, avant l'expiration de 30 jours dès leur acte d'interjection d'appel;

Attendu que cette requête présente tous les caractères essentiels d'un pourvoi en relief d'appel; et que l'irrégularité dérivant de ce qu'au lieu de demander lettres pour la citation du débiteur, et du procureur qui aurait représenté les créanciers dont les collocations étaient contestées, on se serait borné à en demander contre la congrégation de charité qui poursuivait l'ordre, et qui était aussi le créancier dont la collocation était contestée, ne peut pas la faire considérer comme nulle et de nul effet; qu'il reste conséquemment vrai que l'appel a été interjeté et relevé dans les délais fixés par la loi et la jurisprudence;

Attendu que l'appel ayant été relevé en temps utile par requête suivie de décret de soit montré à l'avocat-fiscal-général, le retard que les appelants auraient mis à présenter nouvelle requête, conformément aux conclusions du ministère public, ne peut les faire déchoir du bénéfice de cet appel, parce qu'aucune disposition législative ne leur fixait un délai péremptoire dans lequel ils dussent se conformer à ces conclusions pour régulariser l'instance;

Attendu que les appelants ne sont pas fondés à invoquer le privilège résultant de l'acte de vente passé par leur mère à Pierre Vernier le 22 avril 1810, parce que ce privilège n'a jamais été inscrit à la conservation des hypothèques depuis la publication du Code civil, ni antérieurement ;

Attendu que l'inscription par eux prise le 30 octobre 1823, ne fait aucune mention de ladite vente du 22 avril 1810 ; qu'elle ne peut conséquemment avoir aucun effet pour la conservation du privilège résultant de cette vente ;

Attendu que l'hypothèque portée dans cette inscription du 30 octobre 1823, n'est relative qu'à la créance résultant de l'acte du 24 octobre 1822, contre Jean-Pierre Flammier, et que sous ce rapport elle est évidemment primée par celle acquise à la congrégation de charité contre Pierre Vernier, auteur dudit Flammier, en vertu du jugement du 21 mai 1817, inscrite le 21 octobre 1823 et le 13 octobre 1838 :

Déclare Girolet non-recevable.

PORTIER DU BELLAIR, P. CLERT, R.

---

29 Avril 1845.

ENQUÊTE. — ASSIGNATION. — DÉLAI. — FÉRIES.

L'assignation pour voir jurer les témoins, en conformité du § 23, tit. 18, liv. 3 des R. C., peut être notifiée au procureur constitué. [1]

Les délais pour déduire les faits de reproche et les articles de salvation, ne courent ni ne tombent durant les féries.

Après l'échéance des délais fixés pour enquêter, les parties peuvent encore déduire de nouveaux faits, pourvu que les enquêtes ne soient pas encore ouvertes; mais c'est à la condition de les établir autrement que par témoins. [2]

LES ADMINISTRATEURS DE LA COMMUNE DE MONTAILLEUR C. BERGER ET CONSORTS.

..... En ce qui concerne le moyen de nullité opposé à l'enquête des Syndic et Conseil de Montailleur, par suite du défaut d'assignation à la personne de tous les communiers de la montagne de Chamosserand :

LE SÉNAT : Attendu que, de la combinaison des §§ 23 et 24, tit. 5; du § 5, tit. 4; des §§ 10 et 18, tit. 14; et du § 23, tit. 18,

liv. 3 des Royales Constitutions, il résulte que les assignations et les intimations, en ce qui tient à l'instruction des procès, doivent être faites seulement au procureur constitué, si la comparution personnelle de la partie n'est pas spécifiquement ordonnée ;

Attendu que le § 23 du tit. 18 précité ne prescrit pas cette comparution personnelle de la partie pour voir jurer les témoins produits ;

En ce qui concerne l'échéance des délais, pour reprocher les témoins :

Attendu que les faits de reproche et les articles de salvation ne peuvent être déduits dans les délais prescrits par le § 2, tit. 20, liv. 3 des Royales Constitutions, que par le moyen d'écritures fournies au procès; que les contestations qui peuvent s'élever pour l'admission de ces faits devant être décidées, suivant le § 4 des titre et livre précités, par des ordonnances et, en cas d'appel, par des arrêts ; il s'en suit que les délais, pour des actes de cette nature, ne peuvent courir que durant l'année juridique et non pendant les féries où il y aurait souvent impossibilité de procéder aux actes dont il s'agit ;

En ce qui concerne les reproches faits aux témoins produits par les Syndic et Conseil de Montailleur :

Attendu que, si quelques-uns desdits reproches paraissent avoir une certaine importance, ils ne sont pas néanmoins d'une gravité telle, qu'ils doivent faire écarter, dès à présent, d'une manière absolue, les dépositions de ces témoins, qu'il y sera accordé, toutefois, lors de l'appréciation des enquêtes, tel égard que de droit ;

En ce qui concerne les nouveaux faits déduits par les communiers de Chamosserand :

Attendu que, au vu des dispositions du § 4, tit. 16, et des §§ 1 et 2, tit. 21, liv. 3 des R. C., il n'y aurait pas d'obstacle, tant que les enquêtes ne sont pas ouvertes, à ce que les parties fissent de nouvelles déduites, à condition, toutefois, de les établir autrement que par la preuve testimoniale ;

Attendu que, dans l'espèce, les enquêtes auxquelles il a été procédé ne sont pas ouvertes ; que les nouveaux faits déduits par les susdits communiers, dans leur écriture du 11 décembre dernier, peuvent, comme adminicules, venir à l'appui de leurs moyens ; que la première partie du premier fait jusqu'au mot tandisque et le second fait, sont susceptibles d'être constatés par la voie des experts ; que le surplus des autres faits

---

[1] Concl. conf., 12 février 1845.
Arrêt conf., 9 juillet 1844 : Dallemagne c. Falquet; Arminjo... R.
[2] Voy. arrêt du 13 avril 1840 : Brun c. Fejoz ; De Montbel, R.

peut l'être encore autrement que par la voie testimoniale :

..... Ordonne l'ouverture des enquêtes.

GRILLO, P. P., ANSELME, R.

---

30 Avril 1845.

APPEL. — VALEUR. — RADIATION D'INSCRIPTIONS HYPOTHÉCAIRES.

L'appel est admissible, à raison de la valeur de la cause, lorsque l'on a demandé la radiation d'inscriptions hypothécaires existantes sur des immeubles qui valent plus de 1,200 liv. [1]

MAGNIN C. GARIN ET AUTRES.

LE SÉNAT : Attendu que Magnin, demandeur originaire, a, dans sa requête introductive de l'instance par-devant le tribunal, conclu à ce que les consorts Lecruit fussent déclarés tenus non-seulement de faire radier les inscriptions par eux prises contre lui, mais encore de le garantir de toute action qu'auraient pu mesurer contre lui les trois créanciers mentionnés dans l'acte du 19 janvier 1824, Veuillez notaire ;

Attendu que cette demande, tout-à-fait indéterminée, de Magnin, n'a pu être circonscrite à la somme de 1,000 liv. et accessoires, réclamée par les consorts Lecruit, en vertu du jugement du 18 janvier 1840, et sur laquelle le tribunal a statué par la sentence dont est appel ;

Attendu, en outre, que, s'agissant de radiation d'inscriptions prises sur des biens dont la valeur portée à plus de 1,200 livres n'a pas été contestée, c'est cette valeur qu'il faut prendre en considération pour fixer l'appellabilité de la sentence dont il s'agit, et non la somme pour laquelle l'inscription a été prise ;

Attendu, cela posé, que la fin de non-recevoir, tirée de la non-valeur de la cause, ne peut être accueillie :

Adoptant au fond les motifs des premiers juges, dit qu'il a été bien jugé, et condamne à l'amende de deux écus.

PORTIER DU BELLAIR, P. COTTA, R.

---

[1] Concl. conf., 1er avril 1845.
Arrêt conf., 16 mars 1856 : Berthier c. Berthier ; Cotta, R.

30 Avril 1845.

CAUTIONNEMENT. — ACTE SOUS SEING-PRIVÉ. — BON OU APPROUVÉ. — NULLITÉ. — COMMENCEMENT DE PREUVE PAR ÉCRIT. — AVEU.

Art. 1431, 1428, 1431 C. c.

La caution qui garantit une promesse sous seing-privé doit, comme le débiteur principal, écrire de sa main, ou le billet, ou du moins le bon ou approuvé, en conformité de l'art. 1431 du Code civil.

A défaut de cette formalité, le billet n'est pas frappé de nullité, mais il ne forme qu'un commencement de preuve écrite.

La partie ou la caution qui a reconnu la signature du billet, peut toujours attaquer par tout moyen de droit la convention qu'il renferme.

BARRAL C. GALLO.

LE SÉNAT : Attendu que la caution qui, à la suite d'une convention sous seing-privé unilatérale, vient appuyer et garantir cette promesse au profit du créancier, contracte évidemment, envers ce dernier, un engagement de même nature, et que, dès lors, il n'est pas douteux que l'art. 1454, qui régit la forme de ces sortes de conventions, ne soit applicable, sous le même rapport, au cautionnement comme il l'est à l'obligation principale, d'autant plus que, conçues en termes généraux, les dispositions de cet article n'admettent qu'une seule limitation à l'égard des marchands ;

Attendu, quant à l'exception de nullité, qu'il n'est permis d'en prononcer d'autres que celles qui sont clairement établies par la loi même ; que, si l'on compare les diverses expressions dudit article 1454 avec celles de l'art. 1428, auquel il est principalement corrélatif, on y voit sans doute l'intention formelle d'attribuer à l'espèce d'acte privé dont il y est question, lorsque cet écrit aura été revêtu de l'ensemble des formalités prescrites, la même foi qu'à l'acte public dans les limites de l'art. 1428 ; mais aucune règle d'interprétation n'exige d'en tirer la conséquence que si le débiteur n'a pas écrit de sa main, en toutes lettres, la somme due, l'absence de cette seule condition doive absolument entraîner la nullité du billet ; loin de là, il est au contraire certain que le législateur ne l'a point dit, qu'il l'aurait déclaré, s'il l'eût voulu, comme il n'a point manqué de le faire dans le cas de l'article immédiatement précédent, et qu'on ne concevrait même point comment on aurait pu avoir l'intention d'ôter toute valeur à un écrit dont la signature et l'approuvé sont avoués par celui auquel on l'oppose, rien d'ailleurs n'indiquant une pareille intention dans l'article suivant, dont la distinction s'explique aisément dans le même sens ;

Attendu, cela posé, que le billet dont il s'agit, formant un commencement de preuve de l'obligation qui y est exprimée, mais rien de plus, il suffisait au défendeur d'objecter la lacune relative à la somme non écrite de sa main en toutes lettres, pour que son adversaire ne pût obtenir sa condamnation sans avoir complété la preuve de la sincérité de cette promesse, autrement que par le billet même ;

Que, de plus, le défendeur ayant nié d'avoir entendu contracter un engagement solidaire et de s'être engagé pour plus d'une année, soutenant même qu'on avait usé de surprise, à ce sujet, envers lui, l'art. 1431 lui réservait la faculté de mieux articuler ce moyen après que le billet aurait été jugé irréprochable dans sa forme, que, par conséquent, le jugement *De quo* est doublement gravatoire à l'appelant ;

Qu'enfin, l'offre de l'appelant de payer sans condamnation après qu'il aurait été dûment prononcé sur ses conclusions et exceptions, ne présente pas de termes qui doivent le priver des moyens d'appel, ni des conséquences qui peuvent s'en suivre :

..... Par ces motifs, ordonne que l'intimé établira plus amplement le mérite du billet dont s'agit, vis-à-vis dudit Barral.

GRILLO, *P. P.* D'ARCOLLIÈRES, *R.*

---

2 Mai 1845.

LEGS. — INTERPRÉTATION. — TERME. — CONDITION. — INTÉRÊTS. — USUFRUITIER. — DÉLIVRANCE. — IMPUTATION.

Le legs d'une somme fixée, payable à la fille *deux ans après son mariage, sans intérêts jusqu'alors*, n'est pas censé conditionnel et caduc si la fille ne se marie pas. [1]

Elle peut le réclamer, quoique non mariée, lorsqu'elle a cessé de vivre dans la maison commune.

Les intérêts sont dus dès l'époque de la séparation.

---

[1] Concl. conf., 7 mars 1844.

Le légataire n'a pas d'action contre l'usufruitier de la succession ; il ne peut poursuivre que l'héritier, sauf à ce dernier son recours contre l'usufruitier.

L'imputation, comme le paiement, peut être proposée en tout état de cause, même en exécution du jugement.

BELLEMIN C. BELLEMIN, SŒURS.

LE SÉNAT : Attendu, en fait, que, par son testament du 22 juin 1824, Jean Bellemin a donné à Josephte Duvillard, son épouse, l'usufruit de tout ce qu'il délaisserait, à la charge qu'elle ne pourrait rien répéter de ses droits et biens dotaux et extra-dotaux, lequel usufruit cesserait et serait remplacé par une pension viagère au fur et à mesure que ses héritiers atteindraient l'âge de 25 ans ;

Qu'il a donné, par institution particulière, à chacune de ses filles Péronne l'aînée et Péronne la cadette, pour tous droits paternels, maternels, part d'augment, légitimes et autres généralement quelconques, la somme de 2,000 liv. payable dans deux ans après leur mariage, sans intérêt jusqu'alors, jusqu'auquel mariage elles seraient nourries, logées et entretenues par ses héritiers et leur mère, en travaillant icelles de leur pouvoir, à leur profit ;

Qu'enfin, il a institué pour ses héritiers ses quatre fils, Hugues, Michel, Philippe et Hugues-Marie Bellemin, et les a chargés de payer par quart les legs faits à leurs sœurs ;

Attendu que Michel et Philippe Bellemin, décédés après leur père, ont légué l'usufruit de leurs avoirs à ladite Duvillard, leur mère, et ont institué, pour leurs héritiers, leurs frères Hugues et Hugues-Marie Bellemin ; que ce dernier doit ainsi concourir au paiement des legs faits à ses sœurs, tant à raison de la part d'hoirie qu'il a reçue directement de son père, qu'à raison de celle qui lui est parvenue par suite du décès de ses frères Philippe et Michel ;

Attendu que, si le testateur a ordonné que les legs faits à ses filles seraient payés deux ans après leur mariage, les expressions dont il s'est servi font assez connaître que, partant de l'idée que ses filles se marieraient, il a seulement voulu fixer l'époque du paiement, sans entendre subordonner les legs, même à la condition de leur mariage ; que c'est ce qui résulterait d'ailleurs de la nature des legs, puisqu'ils ont été faits pour tenir lieu aux sœurs Bellemin des droits dont il n'aurait pas été au pouvoir de leur père de les priver ;

Attendu, cela posé, qu'il n'est pas douteux que les sœurs Bellemin, qui, sans être mariées, ont cessé depuis longtemps de vivre dans la maison commune, ne soient fondées à demander le paiement des legs dont il s'agit ;

Attendu, quant à l'époque depuis laquelle les intérêts peuvent leur en être dus, que si le testateur Jean Bellemin a déclaré que les legs dont il est question ne produiraient intérêt qu'après le mariage de ses filles, et que, jusqu'à leur établissement, elles seraient logées, nourries et entretenues dans la maison, on trouve les motifs de cette disposition dans la pensée où il était que ses filles se marieraient et que jusqu'alors elles vivraient, comme cela se voit ordinairement, dans la maison commune ; que, dans un pareil état de choses, il était naturel que les intérêts de leurs legs se trouvassent compensés avec les frais de leur nourriture et de leur entretien ; mais qu'on ne saurait induire des dispositions dudit Jean Bellemin que, dans le cas d'une séparation occasionnée par des circonstances autres que celle du mariage de ses filles, il eût entendu les priver du droit de demander les intérêts de leurs legs depuis l'époque à laquelle elles ont cessé d'être logées, nourries et entretenues par leur famille ; les legs dont il s'agit étant à leur legs destinés à tenir lieu de droits légitimaires ;

Attendu que, bien qu'il soit énoncé dans la quittance passée le 3 mai 1836, lors du paiement fait par l'appelant à sa sœur Péronne l'aînée, de la somme de 500 liv. pour un quart de son legs, que cette somme était payable sans intérêts, cette simple énonciation ne saurait être envisagée comme une renonciation de la part de ladite Péronne Bellemin aux intérêts antérieurs qui pouvaient lui être dus ;

Attendu que, d'après les termes du testament et les principes du droit, les légataires ne pouvaient avoir d'action que contre les héritiers pour le paiement de leurs legs, et des intérêts qui en sont l'accessoire, sauf aux héritiers à agir eux-mêmes contre leur mère, en tant qu'ils s'y seraient crus fondés, pour qu'elle eût à contribuer au paiement, à raison de l'usufruit qu'elle a eu des biens de la succession, et de celui qu'elle conserve encore d'une portion de ces mêmes biens ;

Attendu qu'il suit de là que l'appelant n'est pas fondé à demander que sa sœur Péronne l'aînée ait à lui tenir compte des intérêts de la somme de 500 livres qu'elle a déjà touchée sur son legs, depuis la date de la quittance qu'il en a reçue le 3 mai 1836, jusqu'à l'époque où, ayant atteint sa 25me année, il a commencé à jouir, d'après le testament de son père, de la part que celui-ci lui avait attribuée dans sa succession ;

Attendu, quant à l'autre objet de la demande reconventionnelle de l'appelant, que, si pendant qu'elles ont été nourries et entretenues dans la maison commune, les sœurs Bellemin ont dû s'occuper dans l'intérêt de leur famille, il ne résulte cependant pas des dispositions de leur père à cet égard, qu'il ait entendu leur interdire toute espèce de travail et d'industrie qui pût les mettre à même de faire quelques épargnes dans leur intérêt particulier, et que d'ailleurs l'appelant ne jouissant point encore alors de sa part des biens de la succession, ce n'était pas à lui, mais à l'usufruitière que les sœurs Bellemin auraient eu à rendre compte de l'emploi de leur temps et de leur travail ;

Attendu que si le tribunal n'a pas ordonné l'imputation des 500 livres payées par l'appelant en 1836, à sa sœur Péronne l'aînée, ce n'est pas un motif pour réformer le jugement dont est appel, l'imputation de cette somme pouvant toujours être proposée :

Déclare Hugues-Marie Bellemin non-recevable en son appel.

De la Charrière, P. De St-Bonnet, R.

---

6 Mai 1845.

CESSION. — DROITS LITIGIEUX. — HYPOTHÈQUE SPÉCIALE. — DÉSIGNATION. —HYPOTHÈQUE JUDICIAIRE. — RECONNAISSANCE DE SIGNATURE. — BAIL. — AVEU.

Les lois *per diversas et ab Anastasio* ne s'appliquent qu'aux cessions de droits litigieux. [1]

Elles n'atteignent ni les cessions d'universalité de

---

[1] Concl. conf., 17 mars 1845.
Arrêt contr., 16 juillet 1841.
Arrêt conf., 15 décembre 1838 : Ruphy c. Falquet : Mareschal, R.—15 février 1840 : Pignère c. Regard ; Jacquemoud, R. — 17 mai 1841 : Lavenaz c. Bojet ; De Juge, R.

droits, ni les autres cessions quelconques faites dans l'intérêt du débiteur.

L'hypothèque spéciale consentie sur les immeubles situés dans une commune déterminée, et autres lieux de la division, est valable seulement pour ceux de ces immeubles qui sont situés dans la commune.

Sous les lois de brumaire an VII, il n'y avait hypothèque judiciaire, en vertu d'une reconnaissance de signature, qu'autant que la signature avait été reconnue ou déclarée telle par jugement, il ne suffisait pas d'un aveu de la légitimité de la dette, sans mention de la signature.

Déconche et autres dans l'ordre Decorzens.

Le Sénat : Attendu, en ce qui touche Jeanne Faurax, que la cession à elle faite par acte du 10 octobre 1835, Buclin notaire, de la créance de Georges-Henri Clavel contre Jacques-Louis Decorzens, ne renferme que des sommes claires et liquides, et ne peut conséquemment pas être atteinte par les dispositions des lois *per diversas et ab Anastasio* ;

Attendu que ces lois ne peuvent également pas s'opposer à la cession des droits légitimaires qui compétaient au cédant Jean-Antoine Decorzens, dans la succession de Jeanne-Louise Montillet, sa mère, faite par acte du 10 septembre 1855, Pinet notaire, soit parce qu'elle porte sur des droits clairs et faciles à liquider, soit parce qu'elle renferme une cession d'universalité de droits successifs, et que les lois précitées ne sont point applicables à ce genre de cession ;

Attendu, en outre, que ces deux cessions ont été faites avec l'adhésion du débiteur cédé, dans son intérêt et pour améliorer la position de sa famille, ce qui démontre toujours plus qu'elles ne peuvent pas être atteintes par les dispositions desdites lois *per diversas et ab Anastasio* ;

Attendu que les énonciations du jugement d'assécuration des droits dotaux de Jeanne-Louise Montillet, rendu le 50 septembre 1817, en contradictoire seulement du mari, ne sont pas suffisantes pour déterminer à l'encontre des tiers le montant des droits de ladite Montillet, sur lesquels doit être calculée la légitime cédée à Jeanne Faurax, et que celle-ci, étant demanderesse dans l'ordre, doit justifier sa demande par la production des titres constitutifs de ses droits ;

Attendu que l'acte obligatoire consenti en faveur de Clavel, le 9 ventôse an XII, dont le bénéfice a été cédé à ladite Jeanne Faurax, renferme constitution d'hypothèque sur les fonds que le débiteur possède en la commune de Cusy et autres lieux de la division de Douvaine, arrondissement communal de Thonon, consistant en bâtiment, places, jardin, vergers, vignes, champs, prés et bois, plus amplement désignés en un extrait du cadastre de la commune de Cusy, que le débiteur promet de délivrer incessamment aux créanciers ; que ces énonciations précisent, par la situation et la nature, les immeubles que le débiteur possède dans la commune de Cusy ; qu'elles renferment en conséquence les désignations essentielles prescrites par la loi hypothécaire pour constituer la spécialité de l'hypothèque, et qu'en admettant que ces mots ajoutés dans l'acte : *et autres lieux de la division de Douvaine*, fussent trop généraux pour frapper les autres immeubles que le débiteur aurait pu posséder dans l'arrondissement, ailleurs que sur le territoire de la commune de Cusy, cette addition n'empêcherait point que les désignations précédentes ne fussent suffisantes pour spécialiser les immeubles de Cusy ;

Attendu que ces désignations sur les situation, nature et espèce des biens de Cusy, portées par l'acte constitutif d'hypothèque, se retrouvent dans le bordereau d'inscription du 10 avril 1806 ;

Attendu que c'est sur cette dernière inscription que se trouve fixé le rang dans lequel Jeanne Faurax a été colloquée dans l'ordre, ce qui dispense de s'arrêter à l'inscription prise le 18 ventôse an XII, et d'entrer dans l'examen des conséquences que pourraient avoir sur la validité de cette inscription, les omissions que l'on observe dans la copie de bordereau délivrée le 18 mai 1835, qui est d'ailleurs différente, et extraite d'un autre volume, que celle qui se trouve à la suite de l'expédition de l'acte obligatoire ;

Attendu, en ce qui concerne Michel Déconche, qu'agissant du chef de messire Paul-François de Salès, et en vertu des droits qui compétaient à ce dernier contre Jacques-Louis Decorzens, sa collocation dans l'ordre doit être réglée sur les titres dudit messire de Salès ;

Attendu que Déconche n'invoque et n'a produit qu'une seule inscription hypothécaire, prise en faveur de messire de Salès, contre Decorzens, celle du 8 brumaire an XIV ;

Attendu que cette inscription a été prise

pour une créance résultant d'un acte sous seing-privé du 2 ventôse an VIII, reconnue, est-il dit, par jugement du 21 nivôse an X, et d'un autre billet du 2 brumaire an IX, sur tous les biens de Jean-Baptiste Mouchet, Joseph Déconche et Jacques-Louis Decorzens; d'où l'on voit que c'est une hypothèque judiciaire que l'on a entendu inscrire en vertu du jugement du 21 nivôse an X, comme portant reconnaissance du bail passé à Mouchet sous la caution de Déconche et Decorzens, par acte sous seing-privé du 2 ventôse an VIII;

Attendu qu'à teneur de l'art. 5 de la loi du 12 brumaire an VII, qui doit régir cette inscription, l'hypothèque n'existe, pour les créances résultant d'acte privé, que dès que la signature de cet acte a été reconnue ou déclarée telle par jugement;

Attendu que cette hypothèque ne résulte pas du simple fait de la reconnaissance de la signature, mais de la sanction donnée à cette reconnaissance par l'autorité judiciaire ensuite de l'aveu des signataires, ou des preuves fournies contre eux;

Attendu que le jugement du 21 nivôse an X, ne renferme aucune mention de reconnaissance des signatures du bail dont il s'agit; que le demandeur n'avait pris aucunes conclusions pour cette reconnaissance de signatures, et qu'on ne peut pas donner au jugement plus d'extension que n'en comportent les conclusions du demandeur;

Attendu que l'aveu des défendeurs de devoir les sommes réclamées, n'emporte pas nécessairement reconnaissance de leur part de la signature du bail énoncé, puisqu'ils pouvaient devoir ces sommes en vertu de la simple jouissance qu'ils avaient eue du domaine du demandeur, et qu'ils étaient d'autant moins appelés à reconnaître la signature dudit bail, que le demandeur se réservait d'agir séparément pour raison des clauses contenues dans ce bail;

Attendu que le tribunal n'a point motivé la condamnation sur le bail, mais uniquement sur les aveux faits par les défendeurs de devoir aux demandeurs les sommes réclamées; et qu'en déclarant juger en dernier ressort il a clairement indiqué qu'il n'entendait prononcer que sur la somme réclamée de 855 liv. 10 cent., et non sur le bail, dont la seule cense annuelle s'élevait à une somme qui aurait dépassé sa compétence en dernier ressort;

Attendu qu'étant ainsi constant que le jugement du 21 nivôse an X, ne renferme

point reconnaissance des signatures du bail sous seing-privé du 2 ventôse an VIII, il s'en suit que ce jugement n'a pu conférer hypothèque que pour la somme de 855 liv. 10 cent., et qu'on ne peut en mesurer aucun droit d'hypothèque pour toutes les autres sommes qui ont pu être dues en vertu dudit bail;

Attendu qu'il est constant au procès que la somme portée dans ce jugement a été précédemment acquittée, et que celles pour lesquelles Déconche demande maintenant collocation, dérivant de jugements postérieurs à celui du 21 nivôse an X, et en vertu desquels on n'aurait pris aucune inscription hypothécaire, il ne peut être colloqué, pour toutes ces sommes, que parmi les créanciers chirographaires;

Attendu qu'il résulte des déclarations faites par messire de Sales dans l'acte de cession du 9 décembre 1819, Mudry notaire, que toutes les sommes portées par le jugement du 24 décembre 1806, ont été acquittées par Déconche et ses auteurs; qu'en conséquence, ce dernier a bien droit d'en répéter la moitié à l'encontre de Decorzens, qui devait payer la moitié des condamnations résultant de ce jugement;

Attendu qu'en faisant emploi conjointement avec Déconche de l'acte du 14 février 1818, Grivaz notaire, dans l'instance d'ordre ouverte sur les biens de Mouchet, Decorzens a, par là même, admis l'exactitude des énonciations de cet acte, non-seulement sur la totalité des sommes acquittées, pour le compte de Mouchet, par lui et par Déconche, mais encore sur les proportions dans lesquelles ils ont respectivement compté ces sommes:

.....En maintenant la collocation faite en faveur de Jeanne Faurax, au quatrième rang, déclare la collocation faite en sa faveur, au premier rang, ne devoir comprendre que la somme capitale et accessoires à laquelle elle établira arriver la légitime due à Jean-Antoine Decorzens, sur les avoir délaissés par Jeanne-Louise Montillet, par la production des titres constitutifs de ces droits; et sans s'arrêter à la collocation faite en faveur de Michel Déconche, aux troisième et septième degrés, déclare ce dernier ne devoir être colloqué que parmi les créanciers chirographaires, 1° pour la moitié de toutes les sommes en capital, intérêts et frais portées au jugement du 14 décembre 1806; 2° pour la moitié de ce qu'il résulte de l'acte du 14 février 1818, Grivaz notairo, avoir été payé par Déconche sur les condamnations antérieures, de plus qu'il ne résulte du même acte avoir été payé par Decorzens : ordonne que l'état de collocation sera rectifié en cette conformité.

PORTIER DU BELLAIR, *P.* CLERT, *R.*

---

14 Mai 1845.

APPEL. — VALEUR. — INHIBITION DE MOLESTIE. — ACTION EN CALOMNIE.

L'appel est recevable lorsque la valeur de la cause est indéterminée, bien que le demandeur ait offert de se contenter d'une somme inférieure à 1,209 liv.

L'accusé qui a obtenu une simple inhibition de molestie, peut intenter, contre son dénonciateur, une action en calomnie. [1]

TABERLET, VEUVE MILLERET, C. MILLERET.

LE SÉNAT : Attendu que le demandeur ayant conclu à des dommages-intérêts à devoir être fixés par experts, la cause s'est trouvée d'une valeur indéterminée, sans que l'offre de réduire ces dommages à la somme de 1,000 liv. puisse avoir une influence sur la recevabilité de l'appel, lorsque le défendeur a repoussé les conclusions prises contre lui, et partant rejeté l'option qui lui était laissée ;

Attendu, au fond, que dans sa requête introductive d'instance, et dans les cours du procès, le demandeur a fondé ses conclusions en dommages sur ce que le mari de la défenderesse aurait porté contre lui une dénonciation calomnieuse ;

Que l'extrème d'une semblable action est nécessairement la preuve de l'innocence de l'accusé, et le dol de l'accusateur ;

Attendu que le Sénat s'étant borné à inhiber molestie au demandeur, par son arrêt du 3 décembre 1839, l'a laissé sous le poids de l'action criminelle, et par conséquent ne lui a point ouvert l'action en calomnie :

Déclare le demandeur non-recevable en ses conclusions.

PORTIER DU BELLAIR, *P.* MILLIET DE St-ALBAN, *R.*

---

[1] V. Concl. du 21 mai 1811.

16 Mai 1845.

DONATION. — INSINUATION. — PUBLICATION.

Sous les R. C., toute donation qui n'avait pas été insinuée et publiée, restait sans effet par rapport aux tiers.

La déclaration faite dans l'acte, que cette donation était en augmentation de dot et en vue du mariage, ne modifiait en rien ce principe.

CHENUZ C. DELALLIER, ET AUTRES.

LE SÉNAT : Attendu que la demanderesse n'a pas satisfait au prescrit de l'arrêt de céans du 31 décembre 1842, et n'a pas justifié que la donation contenue dans l'acte du 31 août 1786, Dupassier notaire, ait été insinuée et publiée ;

Attendu qu'aux termes du §. 7., liv. 5, tit. 16 des R. C., ces formalités étaient nécessaires pour que la donation pût avoir son effet à l'égard des tiers ;

Attendu que quoiqu'il soit énoncé dans l'acte susdit que la donation était faite pour augmentation de dot, et en contemplation du mariage de la demanderesse, cependant il ne s'en suivrait pas que cette donation, aux termes du § 15, des tit. et liv. susdits, dût être censée exempte des solennités prescrites, puisqu'il est constant que le mariage de la demanderesse avec Michel-François avait déjà été célébré quelques mois auparavant :

Déclare la demanderesse non-recevable en ses conclusions.

PORTIER DU BELLAIR, *P.* COTTA, *R.*

---

20 Mai 1845.

VENTE. — PÉRIL D'ÉVICTION. — CAUTION. — SUBROGATION.

Art. 1660 C. c.

L'acheteur qui a promis de payer à l'acquit de son vendeur, entre les mains d'un tiers, ne renonce pas à la faculté de purger, et au droit de suspendre le paiement du prix, en cas de trouble, [1]

Le vendeur ne peut remplacer la caution dont il est parlé à l'art. 1660 du Code civil, par l'offre d'une

---

[1] Arrêt conf., 2 juillet 1817 : Tartavel c. Burdin ; Milliet de St-Alban, R.

subrogation, surtout si cette subrogation ne présente ni la même sûreté ni la même commodité à l'acquéreur.

DUFOUR C. DE ROCHETTE.

LE SÉNAT : Attendu que, par sa requête introductive d'appel, notifiée aux intimés le 14 octobre 1844, l'appelant a déclaré être prêt à payer, à bourse ouverte, les intérêts du capital réclamé, et a par conséquent acquiescé au chef du jugement dont est appel, qui est relatif à ces intérêts ;

Attendu qu'en promettant, dans son acte d'acquisition du 7 octobre 1839, Pochat notaire, de payer ce que François Porte, son vendeur, restait devoir à M. Dumont, de qui provenaient les biens acquis, Dufour n'a point contracté avec ledit Dumont, qui n'était pas présent à l'acte, et ne s'est point engagé à payer nonobstant tout trouble, ou toute crainte de trouble ; qu'en conséquence, cette stipulation ne peut être considérée que comme une indication de paiement, qui ne prive point l'acquéreur de la faculté de suspendre le paiement du prix capital, à raison des hypothèques existantes sur les biens vendus, conformément aux dispositions de l'art. 1660 du Code civil, sous lequel l'acte a été passé ;

Attendu d'ailleurs que Dumont a offert, en première instance, de fournir la caution autorisée par l'art. 1660 du Code civil, et que cette offre a été acceptée, la contestation n'ayant plus porté dès lors que sur le mérite de la subrogation offerte en remplacement de cette caution ;

Attendu que la caution autorisée par le même article 1660 du Code civil, devant tenir lieu de la rétention du prix capital qu'elle est admise à remplacer, doit, par là même, assurer à l'acquéreur un recouvrement prompt et facile dudit capital, comme si cette somme fût restée entre ses mains ;

Attendu que la subrogation offerte par M. Dumont, au privilége qui compète à spectable de Rochette, pour prix des biens situés à Ayzes, n'assurerait pas à l'appelant un prompt remboursement du capital qu'il paierait, qu'elle ne lui garantirait même le remboursement de cette somme que dans le cas seulement où les sommes restant dues à spectable de Rochette, avec leurs légitimes accessoires, et les hypothèques antérieures, grevant les biens vendus par ce dernier à M. Dumont, n'absorberaient pas la valeur desdits biens, qu'elles l'exposaraient ainsi aux chances d'une instance d'ordre, et à exercer son recours sur le prix de biens différents, et situés dans une autre commune que ceux par lui acquis de François Porte à Scionzier, et qu'elle est conséquemment loin d'équivaloir à la caution autorisée par l'art. 1660 du Code civil ;

Attendu, en ce qui touche les conclusions en garantie de spectable de Rochette, contre M. Dumont, qu'elles sont fondées sur titre authentique, et n'ont d'ailleurs pas été contestées :

Sans s'arrêter à la subrogation offerte, déclare celui-ci et spectable de Rochette non-recevables dans leurs conclusions contre Dufour, à moins qu'ils ne se conforment aux dispositions de l'art. 1660 du Code civil, en donnant la caution y désignée :

En ce qui touche les conclusions de spectable de Rochette contre M. Dumont, condamne ce dernier....

PORTIER DU BELLAIR, P. CLERT, R.

---

24 Mai 1845.

VENTE. — PÉRIL D'ÉVICTION. — PURGATION HYPOTHÉCAIRE.

Art. 1660 C. c. (E. H.)

Sous l'édit du 16 juillet 1822, tout acheteur d'immeubles grevés d'hypothèques, avait, sauf conventions contraires, la faculté d'introduire une instance en purgation.

Il suffit qu'il y ait une seule hypothèque inscrite, lors même que les créanciers ne menacent d'aucune poursuite imminente. [1]

VEUVE MASSON C. LES ÉPOUX VISSOL ET PASSAVANT.

LE SÉNAT : Attendu que le droit des parties qui ont contracté dans l'acte du 8 juillet 1835, Chapperon notaire, n'est pas seulement régi par les lois et la jurisprudence anciennes, mais encore par l'édit du 16 juillet 1822 ;

Attendu que, suivant cet édit, tout acheteur, à moins de conventions contraires, avait la faculté de purger l'immeuble vendu, s'il était grevé surtout d'hypothèques

---

[1] Arrêt contr., 6 décembre 1844 : Borgey c. Perret ; Cotta, R. — 18 mars 1845 : Berthier c. Berthier ; Cotta, R.

apparentes, et si le vendeur ne fournissait pas à l'acquéreur des garanties suffisantes, en cas d'éviction.

Attendu qu'on ne voit dans l'acte de vente précité aucune clause de laquelle on puisse induire que l'appelante ait renoncé à la faculté de purger l'immeuble dont il s'agit;

Attendu qu'il résulte des productions faites que l'immeuble vendu à l'appelante est frappé, tout au moins, de l'hypothèque résultant de l'acte de mariage des intimés, qu'il peut en apparaître de nouvelles dans les délais durant lesquels on peut inscrire après la transcription de l'acte; que Me Vissol d'ailleurs n'a pas même justifié des moyens qui lui restent pour garantir pleinement l'appelant, en cas d'éviction :

..... Déclare la veuve Masson être en droit de purger, à ses frais, l'immeuble par elle acheté dans l'acte du 8 juillet 1835, à la charge par elle de justifier, dans le terme de deux mois, d'avoir introduit l'instance.

GRILLO, *P. P.* ANSELME, *R.*

---

26 Mai 1845.

RENTE PORTABLE. — DEMEURE. — PACTE RÉSOLUTOIRE.

Le débi-rentier qui a promis de porter les arrérages de la rente à la résidence du crédi-rentier, n'est point tenu de les lui porter dans toute autre résidence où il se transporterait postérieurement à l'acte.

Il ne renonce pas à son droit en servant ces arrérages, pendant un temps illimité, à tout autre domicile, vu qu'il ne fait qu'user d'une faculté que lui accorde la loi.

Il ne saurait être constitué en demeure, et soumis au pacte résolutoire, qu'autant que le crédi-rentier justifierait de s'être mis en mesure de retirer les arrérages à la résidence déterminée par le contrat.

CARRIER C. LAMAISON.

LE SÉNAT : Attendu que la rente établie par l'acte du 27 août 1790, en faveur de révérend Carrier, et de ses héritiers, n'a été stipulée portable qu'au lieu de la résidence du constituant, soit à Menthonnex, où il était pour lors vicaire; que dès lors c'est dans ce lieu, et non ailleurs, que les débi-rentiers ont pu être tenus de servir la rente dont il s'agit;

Attendu que si les intimés ont porté des censes à Evires, lieu de la résidence actuelle des crédi-rentiers, ce paiement n'a été que facultatif de leur part et n'a pu donner le droit aux appelants de les contraindre à y servir à l'avenir de ladite rente ;

Attendu que les appelants n'ont pas même allégué s'être rendus à Menthonnex, ou y avoir placé quelqu'un pour y recevoir les censes par eux réclamées ; que, dès lors, ils n'ont pu constituer les intimés en demeure de servir la rente dont il s'agit, de manière à les soumettre à la résolution, faute du paiement régulier des arrérages ;

Attendu, cela posé, qu'en subordonnant l'application du pacte résolutoire stipulé dans l'acte de 1790, à la réalisation dans le délai de 15 jours, des offres faites par les intimés, le jugement a fait évidemment grief à ces derniers qui n'ont jamais été dans le cas dudit pacte ; d'où il suit que, sous ce rapport, le tribunal a mal jugé :

..... Par ces motifs, déclare les frères Carrier non-recevables dans leurs conclusions en résolution de la rente du 27 août 1790.

PORTIER DU BELLAIR, *P.* DE JUGE, *R.*

---

27 Mai 1845.

VENTE. — PÉRIL D'ÉVICTION. — PURGE. — INDICATION DE PAIEMENT.

L'acheteur qui a pris charge de payer le prix de vente *aux créanciers du vendeur que ce dernier désignerait*, ne peut contredire la désignation faite.

Il est déchu de la faculté de purger et de retenir le prix de vente, en conformité de l'art. 1660, s'il résulte des circonstances qu'il s'est contenté des sûretés qui lui sont garanties dans l'acte de vente.

NEYROD C. VERCHÈRE.

LE SÉNAT : Attendu que la donation du 29 août 1842, par laquelle Jeannette Rousselet a donné, entr'autres objets, à son fils Pierre Verchère les immeubles que celui-ci a vendus ensuite au notaire Pierre Neyrod, par l'acte du 14 novembre de la même année, se trouve énoncée dans ce dernier acte, que l'on doit ainsi présumer que ledit Neyrod a eu connaissance de cette donation et de la charge qui était imposée au donataire de payer à ses frères et à sa sœur, dans le terme d'une année, les sommes mentionnées dans l'acte de donation ;

Attendu que la clause générale par laquelle le notaire Neyrod s'est engagé à payer le prix de son acquisition aux créanciers du vendeur que ce dernier désignerait, ne s'applique pas moins aux dettes dont il était chargé envers ses frères et sa sœur, par suite de la donation dont il s'agit, qu'aux autres dettes qu'il pouvait avoir contractées ; que le vendeur a pu, en conséquence, désigner, audit notaire Neyrod, ses frères et sa sœur pour qu'il eût à leur payer jusqu'à due concurrence le prix de la vente consentie en sa faveur ;

Attendu que M⁰ Neyrod est censé avoir prévu que le paiement de ce prix ne suffirait pas pour dégrever entièrement les immeubles par lui acquis, puisque, indépendamment de la réserve de payer aux créanciers du vendeur, il avait encore stipulé une hypothèque spéciale pour le cas d'éviction ;

Attendu qu'en s'engageant formellement à payer dans les termes accordés au vendeur lui-même, et en stipulant pour le cas d'éviction une garantie spéciale, il a implicitement renoncé à tous plus amples moyens de sûreté, d'où il résulte qu'il ne saurait être admis à se prévaloir de la disposition de l'article 1660 du Code civil ;

Attendu, d'ailleurs, que de toutes les inscriptions hypothécaires sur lesquelles se fondait Neyrod, pour suspendre le paiement du prix de son acquisition, la seule qui reste est celle prise pour une somme non encore exigible de 1,200 liv., en vertu du contrat dotal de Marie Tavernier, belle-sœur du vendeur, et qu'il n'a point été établi par Neyrod que cette hypothèque, à laquelle sont encore affectés d'autres biens, outre ceux qui lui ont été vendus, puisse lui donner une crainte sérieuse d'éviction ;

Attendu que l'article 1660 du Code civil n'étant pas applicable à l'espèce, la faculté de purger, invoquée subsidiairement par l'appelant, ne peut, aux termes de l'article 2305, le dispenser d'effectuer le paiement du prix de son acquisition, aux termes et de la manière convenus :

Déclare Neyrod tenu de payer, avec intérêts, le prix de la vente du 14 novembre 1842, aux créanciers qui lui ont été indiqués par Pierre Verchère.

De la Charrière, *P.* De St-Bonnet, *R.*

---

30 Mai 1845.

ÉTRANGER. — COMPÉTENCE. — SÉNAT. — PRESCRIPTION.

Le Sénat est seul compétent pour prononcer sur les questions soulevées entre les sujets du roi et les étrangers, lorsque ces questions se rattachent aux rapports politiques existants entre les deux Etats ;

Ainsi, s'agit-il de savoir si la prescription commencée en faveur d'un Genevois a pu s'accomplir depuis la promulgation des Lettres-Patentes du 6 février 1818, qui défendent aux Genevois de posséder des terres dans les Etats, le Sénat seul est compétent. [1]

Jaillet c. De la Rive et autres.

Le Sénat : Attendu que la question tranchée par les premiers juges et qui consistait à savoir si, depuis les Lettres-Patentes du 6 février 1818, les intimés, comme ressortissants de la république et canton de Genève, ont pu, par une possession trentenaire commencée antérieurement aux Lettres-Patentes et continuée postérieurement, acquérir les immeubles qui sont l'objet du litige, se rattache trop intimement aux rapports politiques existant entre le gouvernement de Sa Majesté et celui de Genève, pour n'être pas de la connaissance exclusive du Sénat, d'après le § 8 du Proème des R. C. dont les dispositions sont toujours en vigueur ;

Attendu que, postérieurement à l'ordonnance d'appointement de la cause, Aline Neff a produit des pièces qui n'ont pas été examinées par les appelants :

..... Ordonne que les parties diront et déduiront ainsi et comme elles aviseront.

Portier du Bellair, *P.* Arminjon, *R.*

---

7 Juin 1845.

APPEL. — DÉLAI. — INTERJECTION. — MANDATAIRE. — INTERVENANT.

L'appelant qui a interjeté appel, en personne ou par mandataire muni de pouvoirs suffisants, doit relever son appel dans les 80 jours, à peine de déchéance.

Lorsque le Sénat a ordonné de produire les mandats, les appelants qui n'ont pas effectué cette pro-

---

[1] Concl. conf., 12 avril 1845.

duction, sont présumés avoir accordé des pouvoirs suffisants à leurs mandataires. [1]

Lorsque les appelants sont déclarés non-recevables, l'intervenant en cause d'appel, qui n'a pas encouru la même déchéance, doit être renvoyé à subir le premier degré de juridiction.

PÉCHERAND-MOLLIEZ c. GLAIRON, CROISONNIER ET AUTRES.

Le Sénat : Attendu qu'il résulte clairement des motifs de l'arrêt du 2 décembre 1844, que le Sénat, en ordonnant aux appelants de produire les mandats y énoncés, a entendu décider qu'à défaut de cette production on aurait tenu comme constant que Me Doix avait pouvoir suffisant pour, au nom des appelants, interjeter appel de la sentence rendue par le tribunal de judicature-mage de Haute-Savoie, le 23 février 1842 ;

Attendu que les appelants n'ayant pas fait cette production et n'ayant pas même désavoué le fait de leur procureur, l'interjection d'appel, opérée par ce dernier, doit être censée faite par eux-mêmes, et partant les quatre-vingts jours, accordés par l'art. 2 de l'édit du 13 août 1841, pour relever l'appel, ont couru dès le jour de l'interjection qui a eu lieu le 3 mars 1842 ;

Attendu que, dès cette date au 31 mai suivant, jour de la présentation de la requête en relief d'appel, plus de quatre-vingts jours s'étant écoulés, la fin de non-recevoir, opposée par Agathe Lefèvre, se trouve fondée ;

Attendu que, pour éviter la déchéance encourue, les appelants ne peuvent se prévaloir de l'appel que pourrait encore émettre Balthazard Montvignier-Monod, un des demandeurs en première instance, auquel la sentence dont il s'agit n'aurait pas été intimée, et qui n'est pas compris dans l'acte d'interjection d'appel sus-énoncé ; puisque, d'un côté, ce dernier duement cité en cause d'appel, s'étant rendu contumax, on ne peut pas raisonnablement supposer en lui une volonté d'appeler qu'il n'aurait pas manifestée, et que, d'un autre côté, l'objet du litige étant par sa nature divisible, l'appel émis par un des litis-consorts ne peut profiter aux autres qui ont laissé courir les délais utiles pour appeler ;

En ce qui touche la veuve Glairon :

Attendu que celle-ci n'ayant pas figuré au procès par-devant le tribunal et s'étant rendue simple intervenante en cause d'appel, le sort de ses instances doit suivre celui des instances des appelants, d'où il suit que l'appel émis par ces derniers n'étant pas reçu, il ne peut pas s'agir de prononcer sur les conclusions au fond prises par ladite Glairon, lesquelles n'ont point encore subi le premier degré de juridiction :

Déclare non-recevables.

PORTIER DU BELLAIR, P. COTTA, R.

---

14 Juin 1845.

SOCIÉTÉ. — IMMEUBLES. — ACTE PUBLIC. — NON - NÉGOCIANTS.

Sous les Royales Constitutions, les contrats de société entre non-négociants pouvaient être valablement rédigés en actes sous seing-privé, lors même qu'ils avaient pour objet des immeubles. [1]

L'existence d'une société de cette nature pouvait être établie par simples présomptions résultant des comptes et de la correspondance des parties.

DANESI c. FERRARIS.

Le Sénat : Attendu que, quelle que soit l'époque à laquelle une convention doit être exécutée, toujours est-il certain que c'est la loi veillante au moment de cette même convention qui doit en régir les effets ;

Attendu qu'en l'espèce les accords allégués par Danesi auraient eu lieu sous l'empire des R. C. ;

Attendu que, d'après le § 8, chap. 4, tit. 22, liv. 3 des R. C., il est permis de faire par écrits privés les contrats de prêt et de société ; qu'il ressort de la contexture de ce paragraphe, que les mots, lorsqu'il s'agira de meubles, marchandises et bestiaux, ne se rapportent qu'aux contrats de vente et d'échange ;

Attendu qu'il ne peut être le cas de la disposition du § 1er, chap. 3, tit. 16, liv. 2 des R. C., puisqu'il ne s'y agit que de société entre négociants et marchands ;

Attendu qu'il résulte, 1° des actes des 13 et 15 octobre 1857, Lavanchy notaire, que spectable Ferraris et Placide Danesi ont acheté ensemble les immeubles sur lesquels

---

[1] V. 2 décembre 1844, entre les mêmes.

[1] Arrêt conf., 20 février 1812 : Chapperon c. Guillermin ; De Montbel, R.

ils ont fait élever l'édifice qui fait l'objet du procès ; 2° des conventions sous seing-privé des 3 et 4 décembre suivant, qu'ils ont, ensemble, chargé des entrepreneurs des travaux nécessaires à la construction qu'ils projetaient ; 3° de la convention qu'ils ont faite avec la femme Sangy, ledit jour 4 novembre, qu'ils entendaient ouvrir l'établissement qu'ils projetaient pour leur avantage commun, puisqu'ils arrêtent ladite femme pour six années, *qu'ils la chargent de tous leurs intérêts, tant pour diriger la maison que pour pension et autres* ;

Attendu que, d'après le système des héritiers Ferraris, ils auraient compté à Danesi des sommes, qui arrivent à une quotité bien supérieure à la moitié des frais de la construction dudit édifice ; qu'il résulte même des articles 1, 5, 8, 9 de l'état par eux produit, que spectable Ferraris contribuait aux frais relatifs au roulement de la maison ;

Attendu que la détermination prise par les parties de créer une société pour l'exploitation d'une maison de santé, résulte encore de la lettre du 7 août 1838, souscrite par Danesi, produite par spectable Ferraris, où l'on voit qu'à cette époque les parties négociaient pour savoir comment se dissoudrait ladite société ;

Attendu qu'étant ainsi constant que les parties ont entendu créer en commun une maison qui serait conduite et dirigée pour leur compte, et ces faits s'étant accomplis successivement de cette manière, le serment, quant à ce, devient superflu ;

Attendu que spectable Ferraris et après lui ses héritiers, s'étant bornés à opposer d'inadmissibilité aux soutènements de Danesi, relatifs à l'existence de la convention, il est nécessaire que les parties s'expliquent sur la durée de ladite société :

Par ces motifs, déclare qu'en septembre 1837, il a été contracté société entre spectable Ferraris et Danesi pour la construction et l'ameublement, l'ouverture et l'exploitation d'une maison de santé..... ordonne que les parties procéderont.

ARMINJON. MILLIET DE St-ALBAN, R.

ENQUÊTE. — FAITS. — DÉLAI POUR CIRCONSTANCIER. — MANDAT. — COMPTE.

La partie à laquelle il a été fixé un délai pour circonstancier des faits, est déchue si elle ne l'a fait dans le délai déterminé, ou dans un temps très rapproché.

Le mandataire est présumé avoir rendu compte de sa gestion, et il est dispensé d'en produire une libération écrite, lorsque le mandant a laissé écouler plusieurs années sans réclamer, et qu'il est établi qu'il n'était pas dans l'habitude de régler par écrit.

CHABORD C. THEVENOT.

LE SÉNAT : Attendu, sur la fin de non-recevoir opposée par l'intimé et mesurée du laps de temps fixé à Chabord par le jugement du 12 juin 1827, pour préciser mieux les faits par lui déduits en l'instance, que, si la jurisprudence a par fois admis les parties à articuler ou à circonstancier les faits qu'elles avaient précédemment déduits, ce n'est que dans le cas où elles se sont exécutées dans un temps rapproché de l'expiration des termes et lorsque leur retard se trouve fondé sur un juste motif ; que, dans l'espèce, l'appelant n'a tenté de préciser ses faits que dans l'écriture du 19 juin 1838, tandis qu'il avait déjà été requis de le faire par celle du 19 juillet précédent, où Thevenot faisait la production de l'arrêt confirmatif du jugement du 12 juin 1827 ; qu'il ne l'a fait que plus de 20 jours après l'appointement de la cause, sans avoir auparavant demandé la réparation de l'ordonnance d'appointement ;

Attendu, au fond, que les assertions réitérées faites par Thevenot, d'avoir rendu compte à Chabord au fur et à mesure des opérations du commerce dont il était chargé, que ces assertions paraissent fort vraisemblables si l'on considère le long espace de temps qu'avait duré ce mandat, sans que Chabord eût contraint judiciairement son mandataire à rendre compte ; si l'on remarque surtout que les avances faites par ce dernier l'ayant été sans écrit et de confiance, il était tout naturel que Thevenot n'exigeât pas non plus d'écrit pour sa libération et qu'il rendît confiance pour confiance ;

Adoptant pour le surplus les motifs des premiers juges :

Par ces motifs, déclare Claude Chabord non-recevable.

De la Charrière, P. Seitier, R.

---

20 Juin 1845.

DONATION. — RÉDUCTION. — COHÉRITIERS. — INVENTAIRE. — MOYEN NOUVEAU.

Art. 1026 C. c.

Le cohéritier légitimaire qui n'a pas fait inventaire, ne peut demander la réduction des donations faites à d'autres qu'à ses cohéritiers.

Le donataire institué héritier, peut se soustraire à la réduction de sa donation, en répudiant sa part d'hoirie; il n'est plus alors réputé cohéritier dans le sens de l'art. 1026 du Code civil.

Les parties peuvent proposer en appel un moyen nouveau qui n'a pas subi le premier degré de juridiction, lorsqu'il ne forme pas une action ou une exception nouvelle. [1]

JARRE ET AUTRES C. LA FEMME JARRE.

Le Sénat : Attendu que le testament de Limet, père, a laissé à l'appelante l'option de prendre la qualité d'héritière ou de se prévaloir de sa constitution dotale, et qu'elle a préféré ce dernier parti sans qu'on lui ait opposé aucun acte d'acceptation ou d'immixtion, et que, par là, elle ne peut être considérée comme cohéritière de l'intimée;

Attendu que celle-ci n'a pas disconvenu, au contraire, de s'être portée héritière du père commun, ce qui résulte amplement du contrat de dation en paiement du 9 mai 1845, Flandin notaire, produit à son encontre en l'instance d'appel, et que, d'autre part, elle n'allègue même pas d'avoir fait procéder à l'inventaire de la succession paternelle;

Attendu que, se trouvant en outre du nombre des héritiers à qui une part légitimaire était due dans cette hoirie, les trois conditions prévues par l'art. 1026 du Code civil se réunissent contre elle pour la priver du droit de demander la réduction de la constitution dotale de sa sœur, conformément aux conclusions principales de celle-ci; qu'on

ne peut d'ailleurs regarder cette demande comme une action ni une exception nouvelle qui n'aurait pas subi le premier degré de juridiction, mais seulement comme un moyen nouveau pour obtenir l'adjudication de ses conclusions originaires et repousser les exceptions incidentes de sa partie adverse;

Qu'il suit de tout ce qui précède, que le jugement De quo ne peut plus subsister, lors même qu'il aurait justement apprécié ladite vente :

Par ces motifs, déclare la défenderesse non-recevable à requérir la réduction de la dot constituée à la demanderesse par l'acte du 25 avril 1811.

Coppier. D'Arcollières, R.

---

21 Juin 1845.

FILLE. — SUCCESSION. — EXCLUSION. — DOT CONGRUE. — CESSION D'HOIRIE. — LÉSION. — RETRAIT SUCCESSORAL.

Art. 1061 C. c. (Q. T.)

La fille qui, dans son contrat dotal passé après le mariage, a renoncé à des successions futures ou déjà ouvertes, peut toujours attaquer ce contrat pour cause de lésion. [1]

Pour échapper à la rescision, l'héritier ne pourrait opposer qu'il s'agit de droits héréditaires essentiellement aléatoires.

Il y a lieu au retrait successoral pour les successions ouvertes sous les R. C., et cédées seulement sous l'empire du Code civil.

La dot congrue d'une femme n'étant pas une part d'hoirie, peut être cédée à des tiers sans donner ouverture au retrait.

BAUDET ET GALLAY C. BERTHIER.

Le Sénat : Attendu que, sous le régime des R. C., il était certain que, nonobstant toute renonciation intervenue dans un contrat dotal passé postérieurement au mariage, la dot de la femme n'était censée congrue qu'autant qu'elle était proportionnée à la qualité de la famille et à la qualité de ses biens, et ce, sans distinction entre

---

[1] Concl. conf., 1er février 1845.

[1] V. arrêt du 10 janvier 1813 : Viollet c. Viollet; De la Charrière, R., etc.—Arrêt conf., 12 juin 1816 : Mugnier-Serand c. Giardin; Girod, R.

le cas où la renonciation aurait concerné la succession d'une personne vivante et celui où il s'agirait d'une succession déjà ouverte ;

Attendu que ce principe est d'autant plus applicable au contrat du 19 juin 1821, que cet acte ne comporte évidemment autre chose que ce qui résulte de ses énonciations, savoir : une constitution dotale faite sur les biens paternels et sur l'hoirie maternelle, et au moyen de laquelle la femme a renoncé à tous plus amples droits et prétentions sur ces deux objets ; que c'est donc contrairement au fait et à l'intention des parties que l'intimé voudrait transformer ledit acte en une vente ou cession d'hoirie, pour chercher à éviter l'application d'une loi d'ordre public qui a entendu assurer et mettre à couvert de toute atteinte les droits qu'elle a attribués aux femmes dans les avoirs de leurs auteurs ; que c'est même, au contraire, à cette règle qu'il faudrait ramener des contrats dotaux où l'on aurait déguisé de véritables renonciations sous des termes de cession, ou autres qui pourraient tourner à leur détriment sous ce rapport ;

Attendu, d'ailleurs, que la cession du 18 mars 1842, n'est pas attaquable sous le rapport du défaut de correspectif, puisqu'il ne conste point que les frère et sœur Baudet n'eussent pas de plus amples réclamations à faire à François Baudet, du chef de leur mère, que les sommes qu'elle leur avait laissées par son testament, et que la cession ou plutôt le traité dont il s'agit, indique au contraire que l'héritier n'était pas à l'abri de toute recherche sous ce rapport ;

Que la même cession ne peut non plus être impugnée pour cause du vice de litige, d'après les articles 1705 et 1706 du Code civil ;

Qu'enfin, lesdits cessionnaires ne sauraient être écartés par le retrait successoral, tout en admettant que l'art. 1064 du même Code est applicable aux cessions actuelles de droits successifs, ouverts sous le régime des Royales Constitutions ; car, s'il est vrai, sous ce dernier rapport, qu'il s'agit que d'apprécier un fait survenu sous le nouveau Code, un contrat qui ne change rien à la nature de la succession, ni des droits héréditaires de ceux qui l'ont reçue et sur lequel, par là même, la loi de l'ouverture de cette succession ne peut avoir conservé aucune prise, il n'est pas moins constant que le retrait en question est subordonné à une double condition, savoir : que le cédant soit cohéritier et que le ces-

sionnaire ne le soit pas ; or, avant notre Code civil, la femme n'était point réputée cohéritière dans les hoiries de ses auteurs, sa dot n'étant, comme toute légitime, qu'une portion des biens et non une portion de l'hérédité ; son droit, à cet égard, ne pouvait être un droit héréditaire, en sorte que cette qualité ne la concernait point, d'autant moins même que sa dot congrue était son titre d'exclusion ;

Qu'ainsi, dans l'espèce, le cédant n'ayant pu transmettre des droits différents de ceux de sa mère, et ces droits n'étant pas des droits de cohéritier, il manque une des conditions qui seraient requises pour que le défendeur puisse invoquer le privilége de l'article 1064 ;

Attendu qu'il suit des diverses considérations ci-dessus, que les conclusions principales des appelants sont fondées, puisque, d'ailleurs, la congruité de la dot ne peut être déterminée que sur la composition et la consistance des deux hoiries dont il s'agit ; que cependant rien n'a encore été déduit à cet égard :

Par ces motifs, sans s'arrêter aux exceptions et offres du défendeur, déclare qu'il compête aux demandeurs, du chef de Catherine Berthier, une dot congrue dans les successions de Claude Berthier et de ladite Bertrand.

GRILLO, P. P. D'ARCOLLIÈRES, R.

---

24 Juin 1845.

FONDS DOTAL. — ALIÉNATION. — DOMMAGES-INTÉRÊTS. — RÉTENTION.

Art. 1515 C. c. (D. F.)

Le contrat dotal passé sous les lois françaises, est régi dans ses effets par ces lois ; ainsi, l'aliénation du fonds dotal faite dix ans après le retour à nos lois anciennes, est néanmoins soumise aux dispositions de l'art. 1560 du Code civil français.

Le mari qui est intervenu au contrat pour autoriser sa femme, est censé co-vendeur, et est soumis à dédommager l'acheteur évincé.

L'acheteur cependant ne peut opposer ni de l'exception de garantie, ni du droit de rétention, sans porter atteinte au principe de l'inaliénabilité de la dot. [1]

---

[1] Concl. conf., 21 février 1815.

BOURGEOIS C. DÉLÉAVAL.

Par contrat du 3 mai 1823, Pernette Déléaval, autorisée par son mari Michel Bourgeois, se disant libre en ses droits, vend à
Philippe Déléaval divers immeubles ;

Le 8 juin 1841, Bourgeois, comme mari
constituaire, se pourvoit contre ce dernier
pour faire annuler la vente du 3 mai 1823,
sous prétexte que les immeubles aliénés
sont dotaux ;

Sur quoi, LE SÉNAT :

Attendu que le contrat dotal passé le 26
octobre 1807, Chatrier notaire, entre Michel Bourgeois et Pernette Déléaval, doit
être régi dans ses effets par le Code civil
français, alors en vigueur ;

Attendu que la vente faite le 3 mai 1823,
devant Renaud notaire, par Pernette Déléaval, autorisée par son mari, est censée
l'avoir été par l'un et l'autre ;

Attendu que si Michel Bourgeois ne peut
rentrer, pendant la durée du mariage, dans
les biens dotaux vendus par l'acte précité,
qu'en vertu des dispositions de l'art. 1560
du Code susdit, qui lui sont favorables, il
est juste qu'il soit soumis, s'il y a lieu, aux
charges qui lui sont imposées par le même
article envers l'acheteur Philippe Déléaval ;

Attendu que Bourgeois n'ayant pas déclaré, lors de l'acte de 1823, que les fonds
vendus étaient dotaux, ni contredit les assertions de sa femme d'être libre dans les
biens, objet de ladite vente, et ne constant
pas non plus que l'acheteur ait été informé
à ladite époque de la nature des biens vendus, il suit que ledit Bourgeois, conformément à l'article précité, doit être tenu aux
dommages-intérêts envers l'acheteur des
fonds dont il s'agit ;

En ce qui concerne le droit de rétention :

Attendu que, lors même que la créance
de l'acheteur serait hypothécaire et antérieure à l'acte de mariage précité, le recouvrement ne pourrait en être opéré par l'a-
cheteur, par voie de rétention, sans porter
atteinte d'une manière indirecte, aux biens
dotaux de la femme et sans contrevenir aux
dispositions prohibitives de la loi, relativement à l'aliénation des fonds dotaux :

Par ces motifs, déclare Philippe Déléaval
tenu de relâcher, à Michel Bourgeois, les
immeubles désignés dans l'acte du 3 mai
1823, avec restitution de fruits, tels que
de droit ; déclare ce dernier tenu, envers

Philippe Déléaval, aux dommages et intérêts tels que de droit, par suite de la révocation de l'aliénation des biens dont s'agit ;
GRILLO, P. P. ANSELME, R.

---

27 Juin 1845.

APPEL. — DÉLAI. — COMMISSION DE REVISION.

Celui qui s'est pourvu à la Commission de Révision
pour être admis à appeler, nonobstant défaut de valeur, doit, à peine de déchéance, présenter son
pourvoi dans le terme qui y est fixé.

Il est toujours dispensé des délais ordinaires d'appel, tels qu'ils sont fixés à l'article 2 de l'édit du 13
avril 1841. [1]

GAY ET PONSARD C. GRISARD ET DAQUIN.

LE SÉNAT : Attendu que les appelants se
sont pourvus, dans le délai de 50 jours,
pour obtenir l'autorisation d'appeler, nonobstant le défaut de la valeur de la cause ;
que l'arrêt de la Commission de révision
qui leur accorde cette faculté, fixe le terme
dans lequel la requête en appel devra être
présentée ; que cette production, ainsi que
le pourvoi et les pièces de première instance,
l'ont été dans le terme prescrit ; que ledit
pourvoi renfermait tous les moyens de Gay
et Ponsard ;

Attendu qu'en observant strictement ainsi
les dispositions des articles 15 et 20 de l'édit
du 13 avril 1841, les appelants ont été dis-
pensés de se conformer à l'art. 2 du même
édit, qui est devenu inapplicable à la cause ;
.....Reçoit appelants.
DE LA CHARRIÈRE, P. SEITIER, R.

---

28 Juin 1845.

FILLES. — EXCLUSION. — AUGMENTATION DE DOT. — SUITÉ.

Le père, en augmentant par son testament la dot
constituée à ses filles à titre d'exclusion, n'est pas
toujours censé les rappeler au droit de suite.

Il suffit, pour exclure cette présomption, qu'il ait
exprimé une intention contraire, qu'il leur ait prohibé, par exemple, toute plus ample répétition.

---

[1] Concl. conf., 2 mai 1845.

DUNAND, Vᵉ JACQUET, c. DUNAND.

LE SÉNAT : Attendu que, par leur testament conjoint du 24 décembre 1831, Lachal notaire, les auteurs communs n'ont fait qu'augmenter la somme qui avait été constituée aux demanderesses avant leur mariage, sans les relever de l'exclusion dont elles étaient frappées par la loi ; que, loin d'avoir rappelé leurs filles au droit de suite, soit à une part d'hoirie, les testateurs ont, au contraire, déclaré formellement les exclure *de toute plus ample répétition, en leur prohibant toute molestie contre l'héritier institué* :

..... Déclare les sœurs Dunand non-recevables en leur appel.

PORTIER DU BELLAIR, *P.*
MILLIET DE Sᵗ-ALBAN, *R.*

28 Juin 1845.

VENTE A CORPS. — MENSURATION. — PRESCRIPTION.

Art. 1624, 1625, 1629, 2414 C. c. (D. R. ; Q. T.)

La vente d'un immeuble déterminé pour un prix fixé dans l'acte, avec stipulation qu'il est fixé à raison de tant la toise, et qu'il pourra être augmenté ou diminué après mensuration, est une vente parfaite, même en droit romain.

La faculté de mesurer est prescrite par le laps d'une année dès la mise en vigueur du Code civil, lorsque la vente a été consentie avant cette époque et sous les lois romaines, qui n'admettaient que la prescription de trente ans. [1]

MERMOZ c. MARIN ET AUTRES.

LE SÉNAT : Attendu que la vente du 7 novembre 1832, Mugnier notaire, a pour objet un corps certain : une pièce de champ contenue dans des limites déterminées, et qu'elle a été faite pour le prix de 1,544 liv. ; qu'ainsi, il ne manque rien à cette vente pour être parfaite, puisqu'on y trouve le *res* et *pretium* ; qu'à la vérité, les parties ayant déclaré à la fin du contrat que l'immeuble était vendu à raison de 550 liv. le journal, le prix énoncé par les contractants

n'était pas invariable, puisqu'il pouvait par l'événement être augmenté ou diminué, mais que l'opération du bornage qui pouvait faire modifier les énonciations du contrat, ne constituait qu'une simple faculté, et que cette faculté, qui n'était d'abord prescriptible que par trente ans, a été soumise à la prescription annale par les articles 1629 et 2414 du Code civil :

..... Déclare prescrite la faculté stipulée dans l'acte du 7 novembre 1832, Mugnier notaire, de faire procéder au mesurage de la pièce de champ qui a été l'objet dudit acte.

PORTIER DU BELLAIR, *P.* ARMINJON, *R.*

28 Juin 1845.

DOT. — EXACTION. — REMPLOI. — PARAPHERNAL.

Lorsque la femme s'est constitué une somme fixe à prendre sur une hoirie, et que le mari, ne présentant pas de garantie, s'est soumis à en faire emploi, les débiteurs de l'hoirie peuvent se refuser à faire des paiements à compte, si le mari ne leur offre sûre application.

Tant que la somme dotale n'est pas comptée et dûment appliquée, l'hoirie entière est censée affectée au paiement de la dot. [1]

ARMINJAT, FEMME ROBERT c. LA Vᵉ ARMINJAT.

LE SÉNAT : Attendu que le tribunal n'a encore rien statué sur le droit d'usufruit qui peut compéter à Péronne Mollard, sur les biens de la succession de Pierre Arminjat, en vertu de l'art. 959 du Code civil ;

Attendu que, par contrat de mariage, Dupuis notaire, du 20 septembre 1840, les époux Pierre Arminjat et Péronne Mollard ont constitué en dot, à titre d'avancement dans leur hoirie, à Fanchette Arminjat, leur fille, soit à spectable Robert, son futur époux, savoir : Arminjat, la somme de 20,000 liv. ; et Péronne Mollard, celle de 5,000 liv., le tout payable après la mort du dernier des constituants, et que spectable Robert, après avoir déclaré qu'il ne possédait aucuns biens, s'est soumis à faire emploi de la dot, lorsqu'il en ferait l'exaction ;

Attendu que, dans le même contrat, il a

---

[1] Arrêt conf., 11 août 1845 : Odru c. Dufour et Chabert ; De Juge, R. — 13 février 1846 : Nicolet c. Crusilliat ; De Montbel, R.

[1] Concl. contr., 10 mars 1845.

été déclaré que ce qui adviendrait à l'épouse en plus dans la succession de son père et dans celle de sa mère, demeurerait paraphernal, et qu'elle en aurait en conséquence la libre administration ;

Attendu que, d'âprès ces mots *en plus*, ladite Fanchette Arminjat ne peut rien avoir en paraphernal du chef de son père, qu'autant que les biens de la succession de ce dernier vaudraient plus de 20,000 liv. ; car, c'est l'excédent de cette somme qui doit seul former le paraphernal ;

Attendu que ladite Fanchette Arminjat n'a pas justifié de la consistance et valeur des biens de l'hoirie de son père, et que ce défaut de justification fait naître un doute sérieux sur le point de savoir si les biens de ladite hoirie suffisent même pour former le capital de 20,000 liv. constitué en dot ;

Attendu que, dans cet état de choses, et quoique ladite Fanchette Arminjat soit héritière de son père, et qu'en cette qualité elle ait action pour demander le paiement de la somme de 6,000 liv. que doit la compagnie d'assurance, cependant on ne doit pas lui permettre d'exiger ladite somme de 6,000 liv., sans qu'il en soit fait application, jusqu'au jour où son mari aura droit de percevoir la dot ; car l'exaction sans remploi qu'elle en ferait, pourrait avoir pour résultat la perte d'une partie de la dot, surtout qu'il n'apparalt pas que spectable Robert, qui semble s'être concerté avec sa femme pour toucher librement la somme en question, présente aujourd'hui plus de garantie que le jour de son mariage :

Déclare non-recevables en leur appel.

PORTIER DU BELLAIR, *P.* ARMINJON, *R.*

---

4 Juillet 1845.

VENTE. — SIMULATION. — EXPERTISE. — ENQUÊTE.

Art. 1680 C. c.

Bien que pour établir la vileté du prix dans un contrat argué de simulation, on procède, en règle générale, par voie d'enquête, et non par voie d'expertise, rien n'empêche cependant de convertir l'enquête ordonnée en expertise, lorsque les deux parties y consentent.[1]

---

[1] Concl. contr., 15 mai 1845.
V. Arrêt, 17 juillet 1838 : Pollet c. Blanc ; Arminjon, R.

Pour établir la vileté du prix, il faut évaluer les immeubles suivant leur valeur à la date précise de l'acte impugné.

PERTHUISET C. LES CONSORTS BURNET.

François Perthuiset vend, le 19 nivôse an VI, un domaine à Jeanne Blanc, sa belle-fille. Les consorts Burnet, héritiers du vendeur, soutiennent en fait que l'acte de l'an VI n'a été qu'une donation déguisée, dans le but d'éluder la loi du 17 nivôse an II ; que les biens valaient au moins le triple de la valeur déclarée dans l'acte, et que le vendeur ne s'en est jamais dessaisi.

Ces faits sont admis, et la preuve en est ordonnée par jugement du 18 décembre 1841.

Les témoins sont entendus régulièrement, sauf pour le second fait, sur lequel le juge commis, du consentement des procureurs respectifs, les interroge tous *in globo*, comme des experts. Le tribunal ayant considéré les faits comme prouvés, Perthuiset appelle au Sénat, en se fondant principalement sur l'irrégularité de l'enquête.

LE SÉNAT : Attendu que le procureur du défendeur n'a pas excédé ses pouvoirs en consentant à l'expertise, et en agréant les experts qui étaient présentés par partie adverse ; que cette expertise ayant eu pour objet d'établir la vileté du prix de vente stipulé en l'acte du 19 nivôse an VI, rien n'obstait à ce que les formes introduites par les art. 1684 et 1685 du Code civil, fussent observées, d'où il suit que l'exception de nullité, opposée au rapport desdits experts, n'est pas fondée ;

Attendu toutefois que le tribunal a faussement apprécié le résultat de cette expertise, puisque les experts, en se référant à la valeur des biens dont il s'agit, en l'année 1800, n'auraient fourni aucune donnée concluante sur le prix des immeubles en janvier 1798, prix que les événements politiques qui se sont succédé entre ces deux époques, ont pu avoir notablement changé :

Par ces motifs, ordonne que par les mêmes experts, ou par tous autres dont les parties conviendront, il sera procédé à preuve du premier fait, et que pour le surplus, les parties procéderont.

GRILLO, *P. P.* GIROD, *R.*

8 Juillet 1845.

SUCCESSION. — MINEUR. — BÉNÉFICE D'INVENTAIRE. — INTERPELLATION.

Art. 984, 1019 C. c.

Lorsqu'un mineur, fils de famille, cité pour comparaître, et pour convenir des qualités héréditaires qui lui sont attribuées, a fait défaut, que son père, assigné avec lui, n'a pas comparu, les qualités héréditaires sont censées avouées.

Le mineur, en ce cas, est considéré comme héritier bénéficiaire de plein droit, et doit être condamné en cette qualité. [1]

PERROUD C. ABBÉ.

LE SÉNAT : Attendu que Jean Perroud, et Jean-Marie Lavoine, sont désignés, dans les qualités du jugement dont il s'agit, comme pères et légitimes administrateurs de leurs fils, défendeurs en la cause; qu'il est évident que la condamnation prononcée par ce jugement ne les a atteints que dans la qualité qui leur est attribuée;

Attendu que le défaut de comparaître emportait l'aveu tacite des interpellations données dans la requête introductive de l'instance, et équivalait à l'acceptation spontanée de l'hoirie de Sébastien Raffin, toutefois sous les réserves attachées par l'art. 984, à la qualité de mineur;

Attendu qu'on n'était point ainsi dans le cas prévu par l'art. 1018, qui se réfère au temps où l'héritier n'a pas encore accepté l'hoirie, d'où il suit qu'en prononçant ladite condamnation par défaut, le tribunal n'a point contrevenu aux dispositions de la loi;

Attendu que les défendeurs ont pris explicitement la qualité d'héritiers par leur déclaration faite au greffe, dans laquelle ils ont dit n'accepter l'hoirie que sous bénéfice d'inventaire;

Attendu qu'en s'exprimant en ces termes, surtout après la confection de l'inventaire auquel ils avaient assisté, ils doivent être considérés comme ayant déjà fait l'option que leur laissait l'art. 1016; d'où il suit qu'il est démontré que le jugement dont est appel, ne porte ainsi aucun grief aux défendeurs:

[1] Concl. conf., 28 février 1845.
V. Arrêts 26 avril 1844 : Jacquet c. Pothier; de Juge, R.; et 27 février 1846, entre les mêmes. — 2 décembre 1843 : Moine c. Magnin; Mareschal, R. — 19 janvier 1846 : Durand et Bernard c. Miguet; Seillier, R. — 10 décembre 1845 : Brechet c. Reyre Ve Sévoz; Cotta, R.

Par ces motifs, déclare les défendeurs non-recevables en leur appel.
GRILLO, P. P. GIROD, R.

---

11 Juillet 1845.

SERVITUDE. — PASSAGE. — ENCLAVE. — INDEMNITÉ.

Art. 620 C. c. (Q. T.)

Lorsqu'une servitude de passage a été acquise par prescription, en faveur d'un fonds enclavé, le propriétaire du fonds servant peut demander sa libération dès que le passage cesse d'être nécessaire.

Cette disposition s'applique même aux passages acquis par prescription, avant la mise en vigueur du Code civil.

Le remboursement de l'indemnité n'est dû qu'autant que l'on justifierait qu'une indemnité a été payée pour l'établissement de la servitude. [1]

VIARD C. LES CONSORTS RONDET.

LE SÉNAT : Attendu qu'il est constant en fait que la propriété de Viard était complètement enclavée, et n'avait aucune issue sur la voie publique, avant l'acquisition qu'il a faite de l'immeuble sous numéro 1930 de la mappe de Beaufort;

Attendu, cela posé, que le droit de passage exercé par lui sur les fonds des intimés, constitue une servitude légale, dont l'origine est due à la nécessité, et qui doit cesser avec la cause qui l'a fait naître; en effet, si l'intérêt général de l'agriculture exige qu'un fonds libre puisse être soumis à cette servitude, le même intérêt en sollicite la suppression, lorsqu'elle est devenue inutile;

Attendu que ces principes, puisés dans la nature des choses et la philosophie du droit, ont été formellement consacrés par l'art. 620 du Code civil;

Attendu que la disposition de cet article, dictée par un motif d'utilité publique, doit être appliquée aux servitudes établies pour cause d'enclave, avant la promulgation du Code, comme à celles qui seront établies postérieurement; que si l'on distinguait entre les unes et les autres, on paralyserait en grande partie le bienfait et la sage prévoyance de la loi;

[1] Arrêts conf., 23 janvier 1847 : Antoine c. Tronchet; Coppier, R. — 11 mai 1847 : Trébilloud c. Paulmay; Girod, R.

Attendu enfin que l'appelant n'a point justifié que ses auteurs aient payé une indemnité pour obtenir le passage dont il s'agit :

Déclare Claude-Antoine Viard non-recevable en son appel.

De la Charrière, *P.* De Brichanteau, *R.*

---

11 Juillet 1845.

FEMME. — CAUTION. — SENATUS CONSULTE VELLEIEN. — HYPOTHÈQUE. — CESSION DE RANG.

La femme qui vend solidairement avec son fils des immeubles dont ce dernier seul est propriétaire, est considérée comme caution, et en conséquence, son engagement est nul, aux termes du Sénatus-consulte Velléien.

Est cependant valide la subrogation aux hypothèques dotales, assises sur les immeubles vendus, qu'elle aurait consentie en faveur de l'acquéreur, moyennant paiement de pareille somme à un créancier désigné.

Cette subrogation, quoique accordée dans l'acte aux seuls créanciers de l'un des précédents propriétaires, doit cependant être acquise également à tous les créanciers personnels de la femme. [1]

Déage c. Bazin, veuve Treppier.

Le Sénat : Attendu qu'il est acquis au procès que la veuve de François Treppier n'était pas co-propriétaire des immeubles qu'elle a vendus au sieur Déage, conjointement et solidairement avec son fils, Jean-Baptiste Treppier, par acte du 19 janvier 1833, Hudry notaire, car il résulte notamment de l'acte même que ces immeubles provenaient de la succession dudit François Treppier, père de Jean-Baptiste ; que la vente a été faite pour acquitter les dettes de son hoirie ; et que les droits dotaux de la veuve Treppier reposaient sur lesdits immeubles ;

Attendu qu'il suit de là que les obligations solidaires contractées par la veuve Treppier dans cet acte, où elle a figuré en qualité de co-venderesse, ne sauraient être envisagées que comme des actes fidéjussoires, prohibés par le Sénatus-consulte Velléien, et que l'argent payé comptant par l'acquéreur, est censé avoir été retiré par Jean-Baptiste Treppier, qui était le véritable vendeur (*Faber., def. 1., ad Senatus-consultum Velleianum*) ; et quand bien même il serait vrai que dans le nombre des créanciers que l'acquéreur a pris charge de payer, quelques-uns fussent personnels à l'intimée, cette circonstance n'aurait pu autoriser celle-ci à vendre une chose qui ne lui appartenait pas, à l'effet de se rendre indirectement caution des engagements pris par son fils, malgré la prohibition formelle dudit Sénatus-consulte ;

Attendu que, d'après la disposition de la loi 21 au code *ad Senatus-consultum Velleianum*, la veuve Treppier avait la capacité de renoncer, en tout ou en partie, aux hypothèques qui lui compétaient sur les immeubles vendus ; et que, par une clause expresse dudit acte, elle a promis de subroger l'acquéreur à tous les droits résultant de son contrat dotal avec François Treppier, au fur et à mesure du paiement des créances désignées dans le même acte, et à concurrence desdits droits ;

Attendu que cette clause ayant été précédée de la déclaration de l'intimée, *qu'elle ne consentait ladite subrogation que pour acquitter les dettes de l'hoirie de son mari* ; la subrogation dont il s'agit doit être restreinte à celle des créances désignées, qui grevaient ladite hoirie : toutefois si dans le nombre des créances désignées, il s'en trouvait de personnelles à l'intimée, la justice et la bonne foi ne permettent pas de douter qu'elles ne soient également comprises dans la subrogation par elle promise ;

Attendu, cela posé, que le jugement dont est appel a fait grief au sieur Déage, en prononçant d'une manière absolue et sans réserve la nullité de l'acte de vente, Hudry notaire, par rapport à l'acquéreur et à la veuve Treppier :

A reçu et reçoit le sieur Déage appelant du jugement ci-dessus énoncé, a mis l'appellation et ce dont est appel à néant, et, par nouveau jugement rendant droit aux parties,

Déclare nuls et de nul effet les engagements pris envers l'appelant par la veuve Treppier, dans l'acte de vente du 19 janvier 1832, sauf en ce qui concerne la subrogation qu'elle a consentie en faveur du sieur Déage, relativement aux créances nominativement désignées dans ledit acte, pourvu qu'elles aient été ou soient dues par l'hoirie

---

[1] V. Concl. 21 février 1845.

de François Treppier, ou par la veuve Treppier personnellement.

DE LA CHARRIÈRE, *P.*   JACQUEMOUD, *R.*

---

12 Juillet 1845.

COMPENSATION. — SOCIÉTÉ.
— SOLIDARITÉ.

La compensation s'opère lorsque deux personnes
se trouvent respectivement débitrices l'une de l'autre.

Il importe peu que l'une des parties ne soit débitrice qu'en qualité d'associée à une maison de commerce, si, étant associée solidaire, elle peut être poursuivie pour le tout, sauf son recours contre ses
co-associés.

BOUCHET ET AUTRES C. THYRION.

LE SÉNAT : Attendu que les circonstances
contenues dans les positions données par les
appelants, dans leur requête introductive
de l'instance d'appel, sont propres à établir
qu'un règlement de compte a eu lieu entre
Joseph Thyrion et Jacques Bouchet, le 21
novembre 1821, règlement dont les éléments ont été consignés dans la copie de
l'écrit privé du même jour, produite au
procès;

Attendu que peu importe que la dette
réglée par cet écrit, fût une dette toute
particulière de Thyrion, ou bien une dette
de la société Thyrion et Masson envers les
consorts Bouchet, puisque dans l'une et
l'autre hypothèses il y aurait toujours lieu
à la compensation proposée par ces derniers, dès que Thyrion aurait formellement
reconnu cette dette, et qu'en qualité d'associé, il serait tenu solidairement de l'acquitter, sauf son recours contre Masson;

Ordonne que Thyrion répondra aux positions données par les consorts Bouchet.

PORTIER DU BELLAIR, *P.*   COTTA, *R.*

---

15 Juillet 1845.

BILLET SOUS SEING - PRIVÉ.
— RECONNAISSANCE. — SERMENT.

La délation de serment sur la sincérité d'un billet
sous seing-privé, et sur la convention qu'il renferme,
ne forme pas aveu de la signature mise au bas.

En conséquence, les juges peuvent, nonobstant ce

serment, ordonner la reconnaissance ou la vérification de la signature, afin de donner naissance à l'hypothèque judiciaire.

MICHAL C. PHILIPPON.

LE SÉNAT : Attendu qu'en déférant à l'appelant le serment sur la réalité du paiement
de 1,850 liv., énoncé dans l'écrit privé du 28
pluviôse an VIII, et sur la sincérité de cet
écrit, les intimés n'ont pas reconnu que cet
écrit eût été signé par Pierre Michal, et
que le tribunal a dû les acheminer à déclarer s'ils reconnaissaient, ou non, la vérité
de la signature apposée à cet écrit;

Attendu que l'appelant n'étant pas fondé
dans les conclusions qu'il a prises à l'égard
de ce chef, et ayant prolongé les instances
par ses indues contestations, il a justement
été condamné aux deux tiers des dépens :

Déclare Michal non-recevable en son appel.

GRILLO, *P. P.*   MARESCHAL, *R.*

---

21 Juillet 1845.

APPEL. — DÉLAI. — INTERJECTION. —
PRÉSENTATION. — MARIAGE. — STA-
TUT CONJUGAL.

L'interjection d'appel faite par le procureur, ne
fait pas courir les délais d'appel contre son client.

Il en est de même de l'acte à présentation mis au
banc de l'actuaire, à la suite du pourvoi en anticipation de l'intimé ; cette présentation n'étant également
que le fait du procureur.

Le contrat de mariage est régi par la loi du domicile du mari, à défaut de stipulation contraire.

Chacun est présumé conserver son domicile d'origine tant qu'il ne manifeste pas l'intention d'en
changer, et qu'il conserve l'esprit de retour. [*]

BAUD C. BAUD.

LE SÉNAT : Attendu, sur la forme, que
l'intimation du jugement dont est appel,
en date du 11 novembre 1843, n'a pas été
faite à la personne de l'appelant, ni réitérée, et qu'ainsi les délais d'appel n'ont pas

---

[*] V. concl., 11 juin 1841.
V. arrêt du 2 décembre 1844 : Croisonnier c. Croi-
sonnier ; Cotta, R. sur les délais d'appel.
Arrêt conf. du 7 janvier 1846 : Boissat c. Boissat ;
Mareschal, R. sur le statut conjugal.

commencé à courir à cette date ; qu'il en est de même de l'acte d'interjection intervenu le 21 même mois, cet acte n'étant pas du fait personnel de l'appelant, mais seulement de son procureur ;

Qu'enfin, l'acte à présentation en cause du 30 janvier suivant, dont l'objet direct était d'obéir à la citation en anticipation, n'a été encore que le fait du procureur substitué par le mandataire de l'appelant ;

Qu'ainsi, il ne résulte pas d'une manière certaine que ce dernier ait eu personnellement connaissance du jugement dont il s'agit lors de ladite présentation, ni conséquemment qu'on puisse attribuer à cet acte l'effet d'avoir ratifié l'interjection d'appel sus-énoncée, d'où il suit en outre que l'appelant s'est trouvé en délai utile pour prendre ses conclusions, et fournir ses moyens d'appel le 27 mars 1844 ;

Attendu, au fond, que nul n'étant présumé renoncer à son domicile d'origine, un pareil effet ne peut être attribué qu'à des actes incompatibles avec l'esprit de retour ; que tel n'a jamais été réputé le changement de demeure, mais qu'on trouverait plutôt des présomptions contraires dans les faits de la cause, en ce qu'il n'est pas nié que le père de l'intimé s'était transporté en Valais pour y tenir une ferme ; que lui-même est venu plus tard épouser une femme de sa commune, qu'il y a acheté des biens pendant son absence, et qu'enfin il est revenu s'y établir avec son ménage, circonstance qui seule suffirait pour faire présumer, quant à lui, qu'il n'a jamais cessé de conserver l'intention de retour à son domicile d'origine ;

Attendu que la loi du domicile du mari a toujours été, à défaut de stipulation contraire, la seule règle des intérêts civils du mariage, sans égard au lieu de sa célébration ;

Que celui de l'intimé avec Nicolarde Baud, en 1809, a donc été régi le principe, sous ce rapport, par le Code civil français qui était en vigueur, en Savoie, à ladite époque, et qui soumettait au régime de la communauté les époux qui ne l'auraient pas exclue dans leurs conventions matrimoniales ; d'où il suit en outre que le jugement dont est appel doit être réformé, et que les conclusions de l'appelant sont fondées ; que rien n'obste d'ailleurs à l'admission des écritures données par les deux parties, après l'appointement de la cause :

Par ces motifs, sans s'arrêter aux conclusions de Claude-Joseph Baud, déclare ce dernier s'être marié sous le régime de la communauté avec Nicolarde Baud.

GRILLO, *P. P.* D'ARCOLLIÈRES, R.

21 Juillet 1845.

TESTAMENT.—NULLITÉ.—QUALITÉ HÉRÉDITAIRE. — ÉTAT CIVIL. — POSITIONS. — COMMUNAUTÉ.

Nul n'est admis à proposer la nullité d'un testament, s'il ne justifie être le plus proche successible du testateur.

L'erreur dans les régistres de l'Etat civil peut être prouvée par des positions.

Lorsque des positions sont données à un corps moral, un de ses membres doit être député pour y répondre, et, à cet effet, il doit recevoir des pouvoirs suffisants par une délibération spéciale.

LAVANCHY c. LA CONGRÉGATION DE St-JEAN-D'AULPH.

LE SÉNAT : Attendu que les frères Lavanchy ne peuvent être recevables à arguer de nullité le testament fait par François Ducret le 25 avril 1833, Jordan notaire, qu'en justifiant d'être ses plus proches successeurs *ab intestat* ;

Attendu qu'ils ont, à ces fins, été acheminés par l'arrêt rendu le 4 juillet 1845, à justifier que Pierre-François Ducret était décédé avant le testateur son frère ;

Attendu que leurs nouvelles déduites tendent à établir que Pierre-François Ducret, né le 7 septembre 1761, serait mort le 8 septembre 1831, et que son acte de décès aurait été rédigé sous le nom de Jean-Pierre ;

Attendu que les positions données sont pertinentes en ce qu'elles tendent à prouver le décès de Pierre-François Ducret, et à établir ainsi que les demandeurs sont appelés à l'hoirie dont il s'agit ;

Attendu que ces positions doivent être précisées par relation à l'époque du décès mentionné ;

Attendu que la Congrégation de Charité étant partie, c'est à elle de répondre aux positions par l'organe d'un de ses membres, qui doit recevoir des pouvoirs au moyen d'une délibération de ladite Congrégation :

Ordonne que la Congrégation de Charité de St-Jean-d'Aulph répondra aux positions données par les consorts Lavanchy.

GRILLO, *P. P.* MARESCHAL, R.

22 Juillet 1845.

CURATEUR SPÉCIAL. — HABITATION. — FAUX PROCUREUR. — JUGEMENT. — NULLITÉ.

Le jugement rendu contre un curateur spécial au mineur, après que ce mineur a été habilité, est censé non avenu. [1]

PÉRONNIER C. LABEYE.

Péronnier avait été pourvu d'un curateur spécial pour recevoir le compte qu'Andréanne Labeye, sa mère, rendait de la tutelle qu'elle avait gérée : pendant la durée de l'instance il fut habilité, et malgré cela, le procès se continua en contradictoire du curateur ; il intervint jugement dont Péronnier prétendait avoir à se plaindre; il se porta appelant.

LE SÉNAT : Attendu que Jean Péronnier avait cessé d'être curateur spécial d'Antoine Péronnier dès l'habilitation de celui-ci, résultant du verbal du 5 septembre 1843, dans lequel ledit Jean Péronnier était intervenu ; que par suite de ce défaut de qualité, Andréanne Labeye, femme Berthier, n'avait pas de contradicteur légitime lors du jugement du 12 mars 1844 ;

Attendu, en conséquence, que ce jugement est comme n'existant pas, par rapport à Antoine Péronnier :

Par ces motifs, en déclarant ledit jugement n'avoir pu affecter Antoine Péronnier, renvoie les parties à se pourvoir devant le tribunal de judicature-mage.

GRILLO, *P. P.*   ANSELME, *R.*

---

25 Juillet 1845.

FRAIS. — DÉPENS. — INTÉRÊTS. — LIQUIDATION.

Les frais adjugés par sentence ne produisent intérêt que du jour où ils ont été liquidés.

L'ADMINISTRATION DE LA BOURSE DES PAUVRES DES ÉGLISES DE LA CAMPAGNE DE GENÈVE C. LES FRÈRES NAZ.

LE SÉNAT : Attendu qu'il a été procédé à la liquidation dont il s'agit, en exécution de l'arrêt rendu le 26 février 1842, par l'expert Renaud, nommé par l'ordonnance du 8 avril suivant ;

Attendu que les frais faits à la date du 1er mars 1828 ont été liquidés, et exigibles dès cette date, au montant de 1,295 liv. ;

Que les frères Naz se sont ainsi trouvés en demeure dès cette époque et passibles des intérêts de cette somme, suivant les principes rappelés par le président Favre, dans sa définition 12 *De usuris et morâ :*

Déclare la liquidation bonne et authentique.

GRILLO, *P. P.*   MARESCHAL, *R.*

---

26 Juillet 1845.

APPEL. — DÉLAI. — BÉNÉFICE D'INVENTAIRE. — ACTES CONSERVATOIRES.

Les délais d'appel ne sont pas suspendus pendant la durée des délais accordés par la loi pour faire inventaire et pour délibérer.

La poursuite des instances commencées par le défunt, est considérée comme un acte purement conservatoire que l'héritier peut faire sans encourir la déchéance du bénéfice d'inventaire. [1]

DE REYDELLET C. LES HÉRITIERS MICHON.

Georges Michon, père des intimés, condamné, par jugement du 16 janvier 1844, à payer diverses sommes à l'appelant, interjeta appel le 5 mars suivant; mais il mourut quelques jours après, avant d'avoir relevé son appel : ses fils mineurs acceptèrent sa succession sous bénéfice d'inventaire.

De Reydellet s'étant pourvu en anticipation d'appel, objectait aux intimés de l'expiration des délais pour relever leur appel, ceux-ci répondaient qu'aucun délai n'avait pu courir pendant tout le temps accordé pour faire inventaire et délibérer.

Sur quoi, LE SÉNAT :

Attendu que le jugement dont est appel a été signifié, le 26 février 1844, à la personne de Georges Michon, qui en a interjeté appel le 5 mars suivant, et qui est décédé le 29 du même mois ;

Que ses enfants n'ont pas fourni leurs moyens d'appel avant la signification qui

---

[1] Concl. conf., 29 avril 1845.

[1] Concl. conf., 12 avril 1845.

leur a été faite le 23 juillet 1844, de la requête en anticipation présentée par le demandeur ; d'où il suit que les quatre-vingts jours accordés par la loi pour faire valoir les motifs d'appel, étaient expirés à cette dernière date ;

Attendu que le délai accordé aux héritiers appelés à une succession pour faire inventaire et délibérer, ne les dispense pas de l'obligation d'employer les moyens qui ont pour objet la conservation des droits et des avoirs dépendants de l'hoirie, ainsi que résulte des dispositions des art. 1020, 1021 et 2593 du Code civil ;

Et que, sous ce rapport, il n'y a eu, en faveur des enfants Michon, aucune suspension dans le cours des délais fixés par la loi :

Déclare les héritiers Michon non-recevables en leur appel.

GRILLO, P. P.   MARESCHAL, R.

---

29 Juillet 1845.

SUCCESSION. — ACCEPTATION TACITE. — ABSTENTION.

Art. 1007 C. c. (R. C.)

Suivant les Royales Constitutions, l'héritier en possession des biens de l'hoirie, était de plein droit réputé héritier, s'il ne déclarait judiciairement posséder à quelqu'autre titre, dans les trente jours continus, à dater de celui où il avait appris que l'hoirie lui était déférée.

Pour se soustraire aux charges de l'hoirie, il ne lui suffisait point de nier d'avoir fait acte d'immixtion, ni même de produire un acte d'abstention, s'il était postérieur au trentième jour.

LES CONSORTS ROCHE C. BRUNIER.

LE SÉNAT : Attendu que le tribunal aurait mal jugé en rejetant l'exception d'immixtion sur le seul fondement que les frères Brunier avaient mis acte d'abstention le 8 février 1833, et qu'on n'avait point articulé de faits tendants à établir des actes d'addition antérieure (outre ceux de vente de meubles considérés comme inconcluants) ; car aux termes du § 2, tit. 8, liv. 8 des R. C., il suffit pour attribuer à l'héritier le titre héréditaire qu'il n'ait pas déclaré judiciairement, dans les trente jours continus, à dater de celui où il aura su que l'hoirie lui aura été déférée, qu'il en retenait la possession pour cause de quelque autre droit ; et comme il avait été soutenu dans tout le cours du procès que l'auteur des cédants, Alexandre Brunier, avait continué d'habiter la maison paternelle après le décès de son père, et que, d'autre part, l'acte d'abstention était postérieur au trentième jour du décès de ce dernier, il s'en suit que les premiers juges n'auraient pas dû se dispenser de faire procéder les parties à cet égard, pour reconnaître si cette continuation de possession avait existé réellement, et si elle était, ou non, insignifiante, suivant les Royales Constitutions ;

Attendu, d'ailleurs, que les appelants articulent céans, à cet égard, des faits plus explicites et qui sont pertinents d'après les considérations ci-dessus :

Par ces motifs, admet en preuve le fait articulé par les appelants, et ordonne que Brunier en soutiendra en matière contraire, si bon lui semble.

GRILLO, P. P.   D'ARCOLLIÈRES, R.

---

29 Juillet 1845.

FRUITS. — INTÉRÊTS. — PÉTITION D'HÉRÉDITÉ.

Soit d'après le Droit Romain, soit sous le Code civil, soit d'après les lois françaises, les intérêts des fruits ne sont dus, dans l'action en pétition d'hérédité, que du jour de la demande judiciaire.

LA Vᵉ VUY C. LES CONSORTS GAZEL.

LE SÉNAT : Attendu qu'aux termes de l'art. 1246 du Code civil, et de l'art. 1153 du Code civil français, sous l'empire duquel la succession de Claude-François Gazel s'est ouverte, les intérêts des fruits ne sont dus que du jour de la demande, ou de la convention, et que la jurisprudence qui a formé le droit intermédiaire ne les accordait pas dans la pétition d'hérédité, dès la litis-contestation ;

Attendu, en fait, que l'instance en partage de l'hoirie de Claude-François Gazel a été introduite peu de jours après le décès de ce dernier, et que ce n'est que le 21 novembre 1843, que le père de la demanderesse a réclamé les intérêts des fruits :

Par ces motifs, déclare la demanderesse n'avoir droit, que dès le 21 novembre 1843, aux intérêts des fruits qui pourraient lui rester dus.

PORTIER DU BELLAIR, P.   ARMINJON, R.

2 Août 1845.

VENTE D'HOIRIE. — LÉSION. — CONTRAT ALÉATOIRE. — RENTE VIAGÈRE.

Art. 1110, 1111 C. c.

L'action en rescision est admise contre tout acte qui a pour objet de faire cesser l'indivision entre cohéritiers.

Est comprise sous cette dénomination, la cession faite par un cohéritier à son cohéritier de sa part en meubles, immeubles, créances, titres, raisons et prétentions quelconques dans une succession déterminée. [1]

La stipulation d'une rente viagère pour prix de la cession, ne rend pas le contrat aléatoire et ne fait pas obstacle à la rescision. [2]

Forel c. Forel.

Le Sénat : Attendu qu'il est constant que, jusqu'à l'acte du 18 avril 1842, Bonnevie notaire, les deux frères Forel ont vécu en communion de biens, que cette communion embrassait deux successions qui leur avaient été déférées, celle de leur père et celle de leur oncle Forel, qu'elle comprenait en outre des immeubles qu'ils avaient acquis conjointement ;

Attendu que ledit acte, Bonnevie notaire, ne fait aucune mention desdites successions, qu'il comprend simplement la vente et cession de la part de l'intimé de ses biens meubles, immeubles, créances, noms, titres, actions et prétentions quelconques qui lui compètent et peuvent compéter, où que le tout soit situé, qu'une telle désignation ne contient pas la cession des droits successifs de l'intimé, qu'elle se réfère plutôt exclusivement aux avoirs actifs de ce dernier ; que, d'ailleurs, les clauses à tous périls et risques et sans aucune maintenance, qui précèdent l'indication des choses vendues, ne comportent pas l'engagement, de la part de l'appelant, de payer indistinctement toutes les dettes de son frère, mais qu'elles produisent uniquement l'obligation d'acquitter sans recours, les charges que pourrait faire naître l'éviction ; cette obligation doit bien être implicitement contenue

dans les clauses rappelées, interdisant à l'appelant l'exercice de l'action en garantie : il faut qu'il paye ce qu'il n'est pas admissible à répéter ;

Attendu, après cela, que la vente du 12 avril 1842 ne peut être assimilée à celle des droits successifs qui est l'objet de l'art. 1111 du Code civil ; qu'on ne peut d'ailleurs avoir aucun égard au serment que l'appelant à déféré, soit parce que ce serment tendrait à changer la nature du contrat, soit parce que, même en admettant que la vente comprenne les droits successifs de Claude Forel, son *quidquid juris* dans les deux successions, le serment déféré ne toucherait point la question de l'admissibilité de l'action en rescision, car, outre les droits successifs, l'acte en question contiendrait toujours les biens qui sont parvenus audit Claude par voie d'acquisition, et la vente a été faite pour un prix unique ;

Attendu que, dès que l'acte en question ne contient pas une vente de biens successifs, il ne peut qu'être régi par l'article 1110 du Code, qui admet l'action en rescision pour plus d'un quart, de tout acte qui a pour objet de faire cesser l'indivision entre cohéritiers, encore qu'il soit qualifié de vente, d'échange, de transaction, ou de toute autre manière ;

Attendu qu'il importe peu, dès lors, que l'acte Bonnevie, notaire, présente quelque chose d'aléatoire en raison de la clause à tous périls et risques, et de la constitution d'une rente viagère en correspectif de l'aliénation, cet aléatoire est susceptible d'appréciation, et si l'on appliquait à l'espèce qui se présente les règles touchant les conventions aléatoires, on aurait pour conséquence inévitable, que tout acte qui a pour objet de faire cesser l'indivision entre des cohéritiers ou entre des associés, serait facilement mis à l'abri de l'action en rescision, en y insérant des clauses emportant de l'aléatoire, ou en stipulant une rente viagère au profit du cohéritier ou de l'associé qui aliène, et l'on rendrait ainsi complètement illusoires les dispositions de l'art. 1110 ; que ces dispositions sont pour ainsi dire d'ordre public ; que, pour en assurer l'exécution, le législateur déroge en quelque sorte à l'art. 1712 du Code qui n'admet pas l'action en lésion dans le contrat d'échange, et à l'art. 2091 qui la refuse dans la transaction ; que dans l'art. 1111, il déclare même admissible l'action en rescision de la vente de droits successifs faite par un cohéritier à

[1] Arrêt conf., 13 août 1844 : Réal c. Réal ; De St-Bonnet, R.
[2] Arrêt conf., 13 août 1840 : Dijoud c. Tournier ; Anselme, R. — 14 mars 1843 : Combet c. Fleury ; Jacquemoud, R.

son cohéritier, si cette vente, qui est éminemment aléatoire, ne contient pas ces expressions *à tous périls et risques* qui, dans toute autre circonstance, serait une pure superfluité, puisque la vente d'une hérédité transporte par elle-même de plein droit, sur la tête du cessionnaire, tous les périls et risques de la succession ;

Attendu que le jugement déféré fait grief à l'appelant, en ce qu'il admet des faits qui n'étaient pas articulés, et qui était simplement à l'état d'une narration :

Sans s'arrêter au serment déféré, déclare l'action en lésion, introduite par l'art. 1110 du Code civil, proposable contre l'acte fait entre les parties le 18 avril 1842, est nulle.

PORTIER DU BELLAIR, *P.* ARMINJON, *R.*

---

11 Août 1845.

DEMENCE. — INTERDICTION. — NULLITÉ.

Art. 385 C. c.

La vente faite à une personne notoirement en état de démence, est nulle.

Cette nullité peut être proposée par voie d'exception, et tant qu'elle n'est pas écartée, il est sursis aux poursuites en paiement du prix de la vente. [1]

DÉPOMMIER C. VEYRAT.

Le 6 décembre 1839, révérend Dépommier achète de Veyrat des immeubles pour le prix de 2,543 livres; ne payant pas au terme convenu, il est condamné par l'official d'Annecy.

Après avoir fait commandement, aux termes de l'art. 2343 du Code civil, Veyrat se pourvoit au tribunal pour faire ordonner la vente des immeubles de son débiteur.

Dans cet intervalle, révérend Dépommier est interdit, son tuteur forme opposition à la vente demandée, il fonde son opposition sur ce que, à la date du 6 décembre 1839, révérend Dépommier était déjà notoirement incapable ; que, d'ailleurs, cette vente comprend en partie la chose d'autrui : de plus, il soutient que l'action en nullité suspend l'exécution du contrat. Le tribunal rejette cette opposition.

LE SÉNAT : Attendu que le jugement rendu par l'official d'Annecy, le 14 juillet 1841, condamne révérend Dépommier à payer à Veyrat le montant du prix de vente stipulé dans l'acte du 6 décembre 1839, Lathuile notaire, et que dans cette circonstance la validité de cet acte ne fut point mise en question ;

Attendu que l'appelant étant encore admissible à proposer la nullité dudit acte de vente, Lathuile notaire, il est fondé à en faire suspendre l'exécution jusqu'à ce qu'il ait été prononcé sur la nullité dont il excipe (art. 1407 du Code civil) ;

Attendu que, d'après les dispositions de l'art. 585 du Code civil, les actes antérieurs à l'interdiction peuvent être annulés lorsque la cause de l'interdiction existait notoirement à l'époque de ces actes, et même lorsque la partie qui a contracté en avait connaissance, pourvu que la qualité du contrat ou la lésion de plus du quart prouve sa mauvaise foi ;

Attendu que l'enquête qui a précédé l'interdiction de révérend Dépommier, n'ayant pas été faite en contradictoire de Veyrat, l'appelant doit prouver par tout autre moyen que les causes de cette interdiction existaient à l'époque de l'acte, Lathuile notaire, et qu'elles étaient notoires, ou du moins connues de Veyrat ; or, les divers actes de démence et de prodigalité auxquels l'appelant prétendrait que révérend Dépommier s'est livré avant le 6 décembre 1839, et qui auraient déjà pu donner lieu à l'interdire à cette époque, doivent être précisés avec toutes leurs circonstances de temps et de lieu, pour qu'on puisse en apprécier la portée, et que Veyrat soit mis à même d'articuler des faits en matière contraire :

Par ces motifs, reçoit Dépommier appelant du jugement dont il s'agit, et ordonne qu'il circonstanciera mieux les faits par lui articulés.

DE MONTBEL. JACQUEMOUD, *R.*

---

12 Août 1845.

TESTAMENT SECRET. — OUVERTURE. — FORMALITÉS. — CAPACITÉ DE TESTER. — COLÈRE.

Art. 896 C. c.

Il suffit que les témoins appelés à l'ouverture d'un testament secret, reconnaissent l'identité de l'acte de dépôt.

Tout testateur est présumé capable et sain d'esprit.

Il ne suffit pas, pour annuler un testament, de

---

[1] Concl. conf., 9 janvier 1845.

prouver que le testateur était sous l'impression d'une haine violente contre son héritier naturel, si cette haine n'a pas été portée au point d'altérer ses facultés intellectuelles. [1]

NOBLE ET DE BÉNÉVIX C. DUFOUR.

LE SÉNAT : En fait, attendu que les appelants, ainsi que l'intimé, sont tous les trois neveux du notaire Claude-Marie Dufour, le dernier comme enfant d'un frère, les autres du chef de deux sœurs ;

Que les appelants ayant voulu se mettre en possession des biens de cet oncle, en vertu d'un testament du 12 mars 1836, ouvert le 23 juin 1840, l'intimé a opposé de rejet à cet acte comme n'étant pas le testament déposé par leur oncle le 12 mars 1836, et d'ailleurs, comme portant la preuve évidente d'une haine et d'une colère injuste et marquée, susceptible des exceptions d'erreur patente de suggestion, et captation, et incapable conséquemment de révoquer le testament fait en sa faveur en 1818, dont il a fait, de son côté, la production, moyens qu'il a successivement développés par les faits, et à l'aide du serment ci-devant ténorisés ; excipant en outre avant tout, en appel, de fin de non-recevoir pour défaut de production de la part des appelants ;

En droit, sur la question de forme :

Attendu que le verbal d'ouverture de ce testament constatant que le notaire et les témoins ont reconnu, en présence du juge, l'état de l'*écriture*, soit *écrit*, et des signatures de l'acte de *présentation* dudit testament, le seul qu'ils eussent vu lors du dépôt, il s'en suit qu'on ne peut supposer une substitution, exclue d'ailleurs par la note testamentaire du 10 juin 1840, évidemment corrélative en toutes ses parties aux dispositions du même testament.

En ce qui touche l'incapacité du notaire Dufour, mesurée au vice de sa volonté par rapport à l'intimé :

Attendu que si tout testament doit être l'expression de la volonté véritable de l'homme, il n'est pas moins certain que cette volonté est ambulatoire pendant qu'il respire ; que, sous ce rapport, la loi respecte jusqu'à ses caprices quotidiens, et que, hors les cas de réserve dont il ne peut s'agir ici, elle ne lui demande aucun compte de ses sentiments de prédilection ou de haine

envers ses parents, sentiments qui sont dès lors également incapables de constituer, aux yeux de la loi, un défaut de volonté suffisante pour son testament ;

Que le notaire Dufour n'était donc pas moins libre de laisser toute sa succession aux appelants en 1836, qu'il l'avait été en 1818 d'en favoriser l'intimé seul ;

Et que, d'un autre côté, les divers témoignages d'affection paternelle que l'intimé avait constamment reçus de son oncle pendant la première moitié de sa vie, jusqu'à et dans son contrat de mariage, et bien moins surtout le testament de 1818, éloigné de 18 ans de celui qu'il impugne aujourd'hui, sont entièrement insignifiants pour établir ou même faire présumer que ce dernier acte n'ait pas été l'unique résultat d'une nouvelle volonté dudit oncle commun ;

Attendu, au contraire, qu'il y a présomption certaine en faveur de la volonté exprimée dans un testament revêtu des formes légales, par un homme reconnu, comme le notaire Dufour, pour jouir de la plénitude de ses facultés morales et intellectuelles ;

Qu'à la vérité, cette présomption générale n'exclurait pas absolument la possibilité des vices dont on veut employer la combinaison en l'espèce pour en induire un défaut essentiel de volonté dans le testament dont il s'agit ; mais que rien de semblable ne peut être admis, ni supposé ici, où il est constant en fait que le notaire Dufour est venu en pleine vigueur de santé, hors de la présence de ses parents, apporter et remettre à un collègue un testament déjà préparé et rédigé en entier de sa main, et qu'il déclara, devant les nombreux témoins instrumentaires, contenir l'expression de ses dernières volontés ;

Attendu que cet écrit témoigne de son côté, par le nombre, l'ordre et la nature de ses diverses dispositions, sans en excepter celles qui concernent l'intimé, que leur auteur n'a accompli qu'une œuvre également libre et réfléchie ;

Que cela est d'autant moins douteux, que ce testament est postérieur de trois ans à l'époque à laquelle on assigne l'origine et le motif de la colère et de l'*erreur* du testateur ;

Que celui-ci a persisté dans la même volonté quatre autres années, malgré les soins que s'est donnés l'intimé pour le faire revenir de ses préventions ; et qu'il n'est donc pas même vraisemblable qu'une détermination aussi prolongée n'ait été que le fruit d'un sentiment furieux et erroné dans son principe ;

Que si toutefois le testateur était un homme susceptible, irritable et entier par caractère, ce serait là un inconvénient dont spectable Noble ne pourrait être exclusivement responsable, et encore moins de toute imprudence de l'intimé qui n'aurait pas soigneusement évité de froisser une humeur aussi difficile ; qu'on doit surtout juger la position des parties par les actes produits au procès, et qu'à cet égard, l'acte du 7 mai 1833, Lavanchy notaire, consenti et signé par l'intimé comme partie, et par spectable Noble comme témoin, forme à la fois une impression favorable à la cause de ce dernier qui intervenait ainsi à un moyen de réconcilier son cousin avec son oncle, et une impression contraire aux vues de celui-là, par son aveu tacite de n'avoir pas été étranger aux changements de rédaction si blessants pour l'amour-propre du donateur, et que cette double présomption pourrait tout au plus être atténuée, mais non détruite par des témoins qui n'étaient pas présents, ni même par le seul qui ait signé avec le spectable appelant ;

Que, de plus, le legs porté par la note testamentaire de 1840 déjà citée, ne saurait être regardé comme un témoignage de haine envers l'intimé, et prouve toutefois que son oncle n'avait point eu l'intention de lui laisser son hoirie en 1836 ;

Attendu encore que toute déposition qui interviendrait contre spectable Noble, dans le sens des faits déduits, perdrait en grande partie sa valeur, par cela seul qu'aucun de ces faits ne contient la moindre imputation contre de Bennevix, quoique appelé à partage égal par le testament dans la succession dont il s'agit ;

Que la plupart des faits ne tendant qu'à constater le changement de disposition du défunt envers l'intimé, sont insignifiants, séparés de la cause de ce changement ; et que quant à ceux qui l'attribuent à spectable Noble, les uns, tels que les 12e, 37e, 40e, 51e, 52e et 60e, ne précisent ni les moyens employés, ni les propos tenus, manquant par là des circonstances nécessaires pour mettre à même d'en soutenir de contraires ; les autres, tels que le 40e et les suivants, ne sont pas d'une gravité suffisante pour rendre raison, par eux-mêmes, du passage subit d'une affection paternelle à une haine furieuse et incessante, et que

le 57e fait, le seul qui soit plus explicite sous ce rapport, ne reposant que sur un bruit public, ne pourrait aboutir à une preuve complète qui ne peut résulter ici, comme en toute accusation, de la seule opinion publique ;

Qu'il résulte de ces considérations que les faits de l'intimé sont irrélévatoires, séparément et dans leur ensemble ;

Attendu que presque tous les mêmes motifs rendent également inadmissible le serment par lui déféré, dont la matière est d'ailleurs immorale en grande partie et non pertinente pour le surplus, sans expliquer en aucun cas l'ascendant exclusif qu'aurait exercé le spectable appelant sur son oncle, de loin comme de près et durant sept années entières, ni faire comprendre comment celui-ci n'aurait pu s'y soustraire ou en être délivré nonobstant un état de choses tellement peu suspect, que l'héritage passe à des parents du même degré que l'intimé, et que son adversaire signalé n'aurait pas même exploité à son seul profit une domination aussi absolue qu'on le suppose ;

Déclare spectable Michel Dufour non-recevable en ses fins et conclusions.

GRILLO, P. P. D'ARCOLLIÈRES, R.

———

12 Août 1845.

FILLE. — DOT CONGRUE. — EXCLUSION. — LÉSION. — LÉGITIME. — ABSENTS.

La fille mariée sous les lois françaises, n'est point, au moyen de la dot qui lui a été constituée, exclue de la succession de son père, ouverte depuis le rétablissement des Royales Constitutions. [1]

Elle peut attaquer en rescision, pour cause de lésion, la renonciation qu'elle aurait consentie en recevant cette dot.

Pour évaluer le montant des droits de la fille, l'héritier ne peut faire compter ses frères absents, s'il ne prouve leur vie au moment de l'ouverture de la succession.

BOSSU, FEMME BLANCHARD, C. BOSSU.

LE SÉNAT : Attendu que Josephte Bossu s'est mariée en l'an VI de la République

———

[1] Arrêt conf., 23 juillet 1841 : Bastian c. Jacquier ; Seltier, R. — 29 avril 1843 : Cottarel c. Cottarel ; Milliet de St-Alban, R.

française , et que par acte du 15 pluviôse même année , Rosset notaire , François Bossu , son père , lui a constitué en dot la somme de 600 liv. ;

Attendu que , par autre acte du 18 mars 1819 , même notaire , les mariés Claude Blanchard et Josephte Bossu reconnurent avoir reçu de François Bossu la somme de 800 livres , tant pour acquittement de la somme de 600 liv. précédemment énoncée , que pour supplément de droits dans la succession de son père , auxquels droits elle a renoncé en faveur de celui-ci , avec promesse des mariés Blanchard de ne jamais plus rien lui demander des susdites 800 liv. ;

Attendu que , en l'an VI , la loi des R. C. n'était pas en vigueur en Savoie , et que , d'après la loi française , la dot constituée à Josephte Bossu , par le premier acte , n'était censée constituée qu'en avancement d'hoirie ;

Attendu qu'aux termes du § 6 , tit. 7 , liv. 5 des R. C. , le mariage de Josephte Bossu ayant précédé la constitution dotale à elle faite par le susdit acte de 1819 , cette dot ne peut plus être considérée comme prix d'exclusion , et que la renonciation que cet acte contient peut être rescindée pour cause de lésion ;

Attendu que les faits déduits pour prouver cette lésion sont pertinents et admissibles nonobstant la production faite par les intimés de l'acte du 29 août 1808 , Rosset notaire , duquel ils disent résulter que les biens assignés au lot de François Bossu , valaient à cette époque 6,838 liv. ; 1° parce qu'il n'est pas démontré par cet acte que les immeubles y assignés audit lot , soient les seuls délaissés par François Bossu ; 2° parce que l'égalité des lots et non l'estimation , fait la base de tout acte de partage ;

Attendu qu'il est constant en fait que l'absence de Pierre , Amédée et Louis Bossu est antérieure à la mort de François Bossu , leur père , arrivée en 1820 ;

Attendu que les intimés , en prétendant que lesdits Pierre , Amédée et Louis Bossu doivent faire nombre pour la computation de la dot congrue demandée par Josephte Bossu , réclament les droits échus à leursdits frères , et dans ce cas , d'après la loi et la jurisprudence , ils doivent prouver que ces deux individus existaient à l'époque de l'ouverture de la succession de François Bossu , leur père :

Par ces motifs , reçoit Josephte Bossu appelante. DE MONTBEL. DE BRICHANTEAU, R.

12 Août 1845.

FILS DE FAMILLE. — PUISSANCE PATERNELLE. — ÉMANCIPATION TACITE. — ACQUISITION. — TRANSACTION.

Suivant les lois romaines, les acquisitions faites par le fils de famille, sont censées faites pour le compte de son père, s'il ne justifie de la provenance des deniers. [1]

Les transactions entre le père et son fils sous puissance, sont radicalement nulles.

L'émancipation tacite opérée sous les lois françaises, a cessé de plein droit par le rétablissement des R. C. [2]

Est nulle la donation d'immeubles contenue dans un acte d'émancipation, si l'on n'a pas observé les formalités prescrites pour les donations. [3]

MALLOD C. MALLOD.

LE SÉNAT : Attendu que l'acquisition du 24 août 1830 , Dullin notaire , est censée faite pour le compte de Claude Mallod , puisque ce n'est que postérieurement à cet acte , c'est-à-dire le 2 septembre suivant , qu'il a émancipé son fils Anthelme , d'où il suit que les deux parties ont considéré qu'il n'y avait pas eu antérieurement d'émancipation tacite suffisante ;

Attendu que la déclaration que Claude Mallod a faite dans ledit acte d'émancipation , qu'il *entendait donner à son fils tous ses acquits faits et à faire* , est nulle par défaut de forme ;

Attendu qu'il est reconnu au procès que Humbert Mallod était émancipé suivant la loi du temps , à l'époque des actes d'acquisitions des 1er floréal et 8 messidor an XIII , qu'il déclare en avoir payé le prix avec les profits et épargnes provenant de son négoce sur le bétail , négoce qui n'a pas été nié ;

Attendu que depuis la mise en vigueur des R. C. Humbert Mallod est retombé sous la puissance paternelle ; qu'il résulte de là : 1° que la transaction du 28 mars 1817 , Reveyron notaire , passée entre Claude Mallod et son fils Humbert , est radicalement nulle , parce que le père et le fils ne forment

---

[1] Concl. , 8 août 1842.
[2] Arrêt conf. , 12 mars 1839 : Desjacques c. Desjacques ; De la Charrière, R.
Arrêt contr. , 2 juin 1841 : discussion Piot c. Piot ; Coppier, R.
[3] Arrêt conf. , 17 février 1840 : Gavend c. Gavend ; Picolet, R.

qu'une seule et même personne ; qu'ainsi ils doivent être replacés dans le même état où ils étaient avant cet acte ; 2° que les acquisitions faites par Humbert Mallod, depuis son retour sous la puissance paternelle, sont censées faites pour le compte de son père Claude ;

Attendu, sur les quittances du 1er mai 1819, Dullin notaire, que la provenance des sommes payées n'étant pas connue, la cause n'est pas prête à recevoir jugement :

Déclare nulle et de nul effet la transaction passée le 28 mars 1817, entre Claude Mallod et son fils Humbert, et remet les parties au même état qu'auparavant, et, en déclarant n'y avoir lieu à rapporter à la masse les immeubles acquis par Humbert Mallod, par actes du 1er floréal et 8 messidor an XIII, Dullin notaire, déclare que les immeubles qui ont fait le mérite des actes du 24 août 1830, Dullin notaire, 25 et 28 avril 1817, et 6 septembre 1818, seront également reportés à la masse, et, quant aux quittances Dullin notaire, ordonne que les parties procéderont plus amplement.

SEITIER. DE MONTBEL, *R.*

---

25 Novembre 1845.

APPEL. — DÉLAI. — TRIBUNAL COMPÉTENT. — DÉPENS.

Après l'expiration des délais fixés pour relever l'appel, le juge *a quo* est seul compétent pour ordonner l'exécution du jugé.

Le pourvoi au juge *ad quem* est irrégulier ; le Sénat cependant peut, en faveur de la bonne foi, ne pas condamner le recourant aux frais et dépens de l'instance.

JEANDET C. FATOUX.

LE SÉNAT : Attendu que Félix Fatoux, n'ayant pas relevé dans les délais de la loi l'appel par lui interjeté le 5 mai 1844, des sentences rendues par le tribunal de judicature-mage de cette ville, les 17 et 31 mai précédent, les consorts Jeandet n'avaient rien autre à faire que de s'adresser aux premiers juges pour obtenir l'exécution d'icelles ;

Attendu qu'au lieu de suivre cette marche, les consorts Jeandet se sont pourvus céans en anticipation d'appel ;

Attendu que la requête du 13 décembre 1844, par eux présentée après l'échéance des délais, ne saurait faire revivre un appel qui était dès long-temps périmé ; d'où il suit que les conclusions prises par Félix Fatoux, pour être mis hors de cour et de procès, doivent être accueillies ;

Attendu néanmoins qu'au vu de l'acte d'interjection d'appel sus-énoncé, les consorts Jeandet ont pu croire de bonne foi être obligés de recourir au Sénat pour faire déclarer Fatoux non-recevable appelant, avant de demander l'exécution des sentences dont il s'agit, et que, sous ce rapport, il serait rigoureux de les rendre passibles des dépens de la présente instance :

A mis et met Félix Fatoux hors de cour et de procès, sans dépens entre les parties.

DE LA CHARRIÈRE, P. COTTA, *R.*

1er Décembre 1845.

INTERPELLATION. — CHOSE JUGÉE. — DISPOSITIF.

Le dispositif seul constitue le jugement ; en conséquence, on ne peut appeler d'un jugement qui ne décide rien dans son dispositif, bien que les considérants paraissent préjuger la question. [1]

Le jugement qui admet des interpellations, et ordonne d'y répondre, ne préjuge rien sur le fond du droit.

CURIAL C. VULLIERMOZ.

LE SÉNAT : Attendu qu'Aimée Curial n'a appelé que du chef du jugement qui a ordonné qu'elle répondrait aux interpellations données par Vulliermoz, au sujet des latrines dont l'appelante a réclamé le rétablissement ;

Attendu que ces interpellations tendaient à établir que non-seulement la suppression desdites latrines avait eu lieu il y a près de trois ans, au vu et su d'Aimée Curial ; mais encore que c'était d'après son consentement que Vulliermoz les avait supprimées ;

Attendu que le dispositif constitue seul le jugement, et qu'en admettant les interpellations données au procès, le tribunal est toujours maître d'en apprécier la portée

---

[1] Arrêt conf., 10 août 1844 ; Fontaine et Dussaugey c. Mounier Dubœuf et consorts ; DE ST-BONNEL, R. Arrêt contr., 9 janvier 1817 ; Seitier R.

relativement aux conclusions des parties :
Déclare Aimée Curial non-recevable.

De la Charrière, *P.* De Juge, *R.*

---

15 Décembre 1845.

BAIL. — PREUVE TESTIMONIALE.

Art. 1454, 1723 C. c.

La preuve testimoniale n'est pas admissible pour établir une convention dont l'objet excède la somme de 300 liv.

Cette disposition ne souffre pas d'exception lorsqu'il s'agit de bail sans écrit, déjà exécuté par les parties.

Lallussière c. Ferrier.

Le Sénat : Attendu qu'il est reconnu par l'appelant que le prix du bail qu'il invoque excède la somme de 500 liv. ;

Attendu que l'article 1454 du Code civil, ne permet pas de recevoir la preuve par témoins d'une convention dont l'objet excède 500 liv. ;

Attendu que l'appelant n'est pas fondé à soutenir que l'art. 1723 a dérogé à cette règle générale de l'art. 1454, pour les baux qui auraient reçu quelque exécution, parce que cet article 1723, bien loin d'étendre l'application de la preuve testimoniale, a, au contraire, eu pour but de la restreindre en la refusant même dans le cas où l'objet de la convention est inférieur aux 500 liv., lorsqu'il s'agit d'un bail fait sans écrit ;

Attendu qu'il ne serait pas mieux fondé à soutenir qu'il a un commencement de preuve par écrit du bail en question, parce qu'il ne peut trouver ce commencement de preuve, ni dans la requête introductive d'instance, qui, loin d'admettre le bail, prouve que l'appelant s'est mis en possession sous prétexte de vouloir remplacer le précédent bailleur, ni dans le bail passé à Démolis, dans lequel il n'a aucunement figuré :

Déclare Pierre Lallussière non-recevable.

De la Charrière, *P.* Clert, *R.*

---

23 Décembre 1845.

SERVITUDE. — PASSAGE. — RÈGLEMENT.

Art. 618, 661 C. c.

Le propriétaire du fonds soumis à une servitude de passage, en faveur d'un fonds enclavé, peut fixer ce passage sur le point le moins dommageable.

Il peut, si les circonstances viennent à changer, fixer un autre trajet sur son fonds, pourvu que le propriétaire du fonds dominant n'en souffre aucun dommage. [1]

Revil-Signorat c. Cicéron.

Le Sénat : Attendu, au fond, que par l'acte du 5 mai 1833, Cornuty notaire, les mariés Revil-Signorat, et Joseph Chamiot-Maitral, ont acquis de Gabriel Rampion les immeubles qui y sont désignés, pour le prix convenu ; que cette acquisition se trouvant consommée, les acquéreurs ont convenu entr'eux que, pour l'investiture et dévestiture de la pièce acquise par les mariés Revil-Signorat, ils auraient leur passage avec voiture attelée, sur la portion de terre acquise par les frères Maitral, dès la route provinciale, en passant par le chemin qui conduit dès ladite route aux moulins des frères Maitral ;

Attendu que semblable stipulation ne peut être confondue avec la vente d'un droit de passage par un endroit fixe et déterminé ; qu'elle contient bien plutôt l'indication du passage par lequel une pièce enclavée peut être dévêtue, cas auquel le propriétaire du fonds servant doit toujours être admis à changer le passage, lorsque d'ailleurs le propriétaire du fonds dominant ne souffre aucun dommage ; d'où il suit que le tribunal, par le dispositif du jugement dont est appel, s'est conformé au droit :

Par ces motifs, déclare Signorat non-recevable.

Portier du Bellair, *P.*
Milliet de St-Alban, *R.*

---

23 Décembre 1845.

MANDAT. — RÉVOCATION. — NOTIFICATION.

Art. 2036, 2038 C. c.

Le mandat cesse de plein droit par la révocation du mandataire.

---

[1] Concl. conf., 14 avril 1845.

Les actes faits par ce dernier, depuis le moment où la révocation lui a été notifiée, ou depuis qu'il en a eu connaissance, sont nuls et de nul effet en ce qui concerne le mandant. [1]

DÉRIPPE C. MILLION.

Le Sénat : Attendu qu'il est de principe que le mandat finit de plein droit par la révocation du mandataire;

Attendu que si cette règle souffre une exception, c'est lorsque les engagements contractés par le mandataire, l'ont été dans l'ignorance de la révocation des pouvoirs de ce dernier;

Attendu que, pour faire cesser cette ignorance, la notification de la révocation du mandat n'est pas une condition indispensable, mais qu'il suffit que soit le mandataire, soit les tiers, aient eu connaissance de la cause qui anéantit le mandat; d'où il suit que c'est là une question de bonne foi, dépendante des circonstances, et livrée à l'appréciation du juge;

Attendu, en l'espèce, que, par acte du 2 janvier 1842, Cornuty notaire, Favre avait révoqué le mandat qu'il avait donné à Féchoz, pour vendre les immeubles qu'il possédait;

Attendu que c'est le lendemain, 3 janvier, que ledit Féchoz a vendu à l'intimé la maison dont il s'agit;

Attendu que du procès-verbal contenant les réponses de l'intimé aux positions admises par jugement du 21 mai 1845, il résulte :

1° Que le 2 janvier, jour de la révocation du mandat, l'intimé se rendit chez le syndic d'Albertville, pour lui demander de quel droit le valet de ville enlevait les affiches mises par Féchoz, pour annoncer la vente des biens dont il s'agit;

2° Que le syndic lui répondit ces mots : c'est avec bon droit qu'on enlève les affiches, il y a révocation de mandat;

3° Que le soir dudit jour, il répondit à Féchoz, qui le sollicitait d'acheter la maison de Favre : les ventes ne peuvent plus avoir lieu, les affiches ont été enlevées, il y a révocation; à quoi Féchoz répliqua : je suis en plein pouvoir de vendre; il y a si peu révocation que si je ne vends pas à toi, je vendrai à un autre;

4° Que Féchoz lui fit voir la procuration

en ajoutant ces mots : qu'as-tu à craindre avec moi, j'ai d'ailleurs de quoi répondre; que ce fut alors qu'ils tombèrent d'accord sur le prix de la maison en question; et que le lendemain, à la pointe du jour, Féchoz, qui avait couché chez l'intimé, lui fit dire qu'on l'attendait à Chevron, chez le notaire Mathias, pour passer l'acte;

Attendu que d'après l'ensemble des réponses de l'intimé, et quelles que soient les explications par lui données pour la justification de sa conduite, l'on ne peut supposer qu'en contractant avec Féchoz, le 3 janvier, il ignorât que le pouvoir de ce dernier avait été révoqué par son mandant Favre; d'où il suit que, faute surtout par l'intimé de s'être assuré du fait, ce qui lui était facile, puisqu'il demeure à Albertville même, il ne peut être considéré comme ayant agi de bonne foi dans l'acte de vente dont il s'agit, et dès lors il devient évident qu'en maintenant ledit acte, le tribunal a mal jugé :

Déclare nul et de nul effet l'acte de vente du 3 janvier 1842; ordonne, en conséquence, à Antoine Million de relâcher la maison comprise dans ledit acte.

De La Charrière, P. De Juge, R.

---

27 Décembre 1845.

DOT. — ESTIMATION. — FACULTÉ D'ALIÉNER. — VENTE. — CESSION DE SUCCESSION NON OUVERTE. — NULLITÉ.

La femme qui, sous le régime des B. C., s'est constitué en dot un immeuble estimé à une somme fixe, en établissant son mari procureur pour le vendre, moyennant application du prix, n'est pas censée avoir aliéné la propriété de cet immeuble.

L'estimation n'est censée avoir été faite que pour fixer le montant de l'augment. [1]

La vente de deux successions, dont l'une n'est pas ouverte, est nulle pour le tout. [2]

DISCUSSION BUTTET.

Le Sénat : Attendu qu'on voit dans l'acte de mariage passé le 2 mai 1816, devant le notaire Gardet, qu'après l'estimation des

---

[1] Concl. conf., 23 juillet 1845.

[1] Concl. conf., 6 février 1842.
[2] Arrêt conf., 14 août 1840 : Abry c. Abry; Cotta, R.

immeubles constitués, Péronne Duboin a établi le notaire Buttet son procureur général pour percevoir les revenus de *ses* biens, gérer *sesdits* biens, les vendre, échanger, toucher les prix d'iceux, moyennant remplacement ou garantie sur ses biens propres, de valeur égale;

Attendu que de l'ensemble de ces clauses, qui démontrent chez Péronne Duboin une intention bien formelle de conserver le domaine des immeubles estimés, il résulte suffisamment que la vente n'en a pas été opérée;

Qu'au surplus, la veuve Buttet s'étant mise en possession après le décès de son mari, des immeubles non aliénés, dont elle a perçu les revenus, les ayant même hypothéqués pour sûreté d'une obligation par elle contractée, par acte du 26 novembre 1829, Ballaloud notaire, elle aurait encore fait voir par ces actes que son intention primitive n'avait point été de les aliéner;

Attendu, en outre, que de la comparaison du montant total de l'estimation des biens constitués, avec la somme promise pour l'augment, et de la coïncidence des chiffres, il résulte de plus en plus que les parties contractantes n'ont eu d'autre but, dans cette estimation, que d'asseoir le chiffre de l'augment d'après le droit coutumier qui régissait alors la matière, et non d'en faire une vente;

En ce qui concerne la nullité de l'acte de vente et cession du 5 mai 1816, Jourdan notaire,

Attendu qu'il résulte de l'écriture de Thérèse Carron, veuve de Jean-François Buttet, du 20 août 1830, qu'elle a formellement révoqué le consentement qu'elle avait donné lors de l'acte du 25 mai 1816, Jordan notaire, au traité fait entre ses trois fils, au sujet de sa succession; que, par suite, elle a disposé de l'universalité de ses avoirs à forme de son testament du 27 avril 1834, Jordan notaire; qu'ainsi, aux termes de la loi 30, au code *de pactis*, ce traité doit être réputé non-avenu;

Attendu que la vente de la succession de Jean-François Buttet, déjà ouverte, est tellement liée, dans l'acte précité, à la vente de la succession future de la mère Buttet, que ces deux ventes ne forment qu'un tout indivisible, et ne constituant qu'une seule et même opération réglée pour un prix unique, il s'ensuit que le traité dont il s'agit doit être réputé nul, et non-avenu pour le tout; et qu'il y a lieu au partage, ainsi que

de droit, des deux successions, conformément aux testaments des père et mère Buttet :

Déclare l'estimation des immeubles constitués en dot, lors de l'acte du 2 mai 1816, par Péronne Duboin à Buttet, n'en avoir pas opéré vente en faveur de celui-ci; déclare le traité passé le 25 mai 1816, non-avenu et de nul effet.

PORTIER DU BELLAIR, *P.* ANSELME, *R.*

---

30 Décembre 1845.

SUBHASTATION. — APPEL. — DÉLAI. — VALEUR. — INSCRIPTION. — RENOUVELLEMENT. — PRESCRIPTION. [1]

La cause de subhastation n'est censée commencée que du jour où le juge-mage a fixé la première enchère : en conséquence, tout appel interjeté avant cette ordonnance, est soumis aux délais ordinaires. [2]

La valeur de la cause doit être égale pour les deux parties. Ainsi, dès que la valeur des biens soumis à l'action hypothécaire excède 1,200 liv., en la calculant sur la contribution foncière, les créanciers poursuivants sont admis à appeler, bien que leur créance n'arrive pas à 1,200 liv. [3]

Les erreurs commises dans une inscription prise en renouvellement d'une inscription précédente, ne peuvent porter aucun préjudice, si l'inscription primitive y est exactement désignée.

La prescription de 10 et de 20 ans, n'est pas admise dans la jurisprudence, même en matière hypothécaire. [4]

LES CONSORTS BERNARD c. PERROTIN.

LE SÉNAT : Attendu, sur la question de savoir s'il s'agit en l'espèce d'une cause de subhastation, ou d'une cause ordinaire, que les frères Perrotin ont présenté leur requête en opposition avant que le juge-mage eût fixé le jour où le tribunal devait autoriser la vente des biens; d'où il suit que l'instance en subhastation n'était pas encore commencée;

---

[1] Concl. conf., 21 février 1844.
[2] Arrêt conf., 12 août 1839 : Gruaz c. Tissot; Mareschal, R.
[3] Arrêt conf., 14 janvier 1839 : Lydrel c. Vallier; Picolet, R.
[4] Arrêt conf., 27 mars 1841 : Magnin c. Veyrat; Settier, R.

Attendu, sur les délais d'appel, que le jugement du 23 février 1842 n'a point été intimé aux consorts Bernard, que, n'ayant pas eu connaissance légale des décisions qui les affectaient, ils ont été à temps d'en appeler et de relever leur appel, ainsi qu'ils l'ont fait les 8 et 26 avril;

Attendu, en ce qui concerne la valeur de la cause, que la demande des intimés a pour objet la liberté d'immeubles qui, d'après la base de soixante fois la contribution foncière, ont une valeur excédant de beaucoup le taux voulu pour l'appellabilité, ce qui dispense de recourir à une expertise pour fixer la vraie valeur des biens; qu'il importe peu que le montant de la créance réclamée par les appelants n'arrive pas à 1,200 liv., puisque le droit d'appeler doit être égal et réciproque pour chacune des parties;

Attendu, au fond, qu'il ne s'est élevé aucun doute sur la validité de l'inscription prise le 7 mai 1811, pour sûreté de la créance dérivant de l'acte obligatoire sous date du même jour;

Attendu que dans l'inscription du 17 mars 1823, il est formellement exprimé qu'elle est requise en renouvellement, et pour faire suite à celle prise au bureau de Chambéry, le 7 mai 1811, et ce en vertu du même acte obligatoire;

Attendu que si les consorts Bernard ont fait erreur dans cette inscription sur le montant de la somme et sur la désignation des biens, il ne s'ensuit pas que les frères Perrotin aient été dans une incertitude absolue à cet égard, puisqu'ils ont pu vérifier l'inscription primitive, et s'assurer de l'origine de la créance, et de l'étendue de l'hypothèque;

Attendu, sur la prescription opposée, qu'aux termes de l'art. 66 du code hypothécaire, elle ne peut s'acquérir que par le laps de temps requis pour prescrire la propriété; que dès lors, d'après nos lois et la jurisprudence, la prescription de 30 ans serait seule admissible;

Attendu, en ce qui concerne les sommes réclamées, que les tiers détenteurs ne peuvent être poursuivis que par l'action réelle, et conséquemment pour les seules sommes dont l'hypothèque a été conservée par les inscriptions produites au procès:

Par ces motifs, sans s'arrêter à l'opposition qu'ont formée les frères Perrotin à la subhastation, etc.

DE LA CHARRIÈRE, P. DE MONTBEL, R.

30 Décembre 1845.

ABSENT. — ENVOI EN POSSESSION. — CURATELLE GARDE AUX BIENS.

A teneur des lois transitoires, le curateur nommé aux biens d'un absent, en conformité des lois antérieures, ne conserve d'autres droits que ceux qu'il aurait eus, si l'absence eût été déclarée depuis la mise en vigueur du Code civil.

En conséquence, il ne peut prétendre exclure les autres cohéritiers, qui n'auraient pas été associés à la curatelle.

La succession est réglée par les lois en vigueur à la date des dernières nouvelles de l'absent. [1]

GARNY C. GARNY

LE SÉNAT : Attendu qu'il est constant en fait que Claude à feu Joseph Garny s'est absenté en 1812, et qu'il ne résulte pas qu'on ait reçu de ses nouvelles depuis 1813;

Attendu qu'à teneur des lois transitoires du 6 décembre 1837, les héritiers présomptifs de l'absent conservent leurs droits en conformité des lois antérieures, comme si l'absence eût été déclarée après la mise en vigueur du Code civil qui nous régit; qu'il suit de là que Marie-Jeanne Garny, pour avoir obtenu la curatelle et garde aux biens de Claude Garny, n'a acquis aucun droit de préférence sur les autres héritiers de celui-ci;

Attendu que d'après les dispositions des art. 120 et suivants du Code civil français, en vigueur à l'époque de la disparition de Claude Garny ou de ses dernières nouvelles, les héritiers présomptifs de celui-ci ont droit de demander la mise en possession provisoire de ses biens;

Attendu qu'il est constant au procès que Marie-Jeanne Garny, femme Félisaz, n'est pas seule appelée à la succession de Claude Garny, son frère, mais qu'il n'est pas suffisamment établi quelle est la nature et l'étendue des droits de François Garny à ladite succession;

Attendu que Me Domenge n'ayant reçu aucun mandat de Michel Garny, n'a pu suivre la cause d'appel dans l'intérêt de celui-ci; que, par conséquent, il n'y a lieu

[1] Arrêts conf., 9 janvier 1841 : Monod c. Guiguet; de Montbel; R. — 24 avril 1841 : Fontanel c. Barolin; de Juge, R.

à statuer sur les conclusions prises contre ledit Michel Garny :

Par ces motifs, déclare François Garny avoir droit à se faire envoyer en possession provisoire des biens qui appartenaient à Claude Garny au jour de sa disparition, ou de ses dernières nouvelles, en proportion de la part héréditaire qui peut lui compéter sur l'hoirie de ce dernier ; et, quant à la portion afférente à chacune des parties sur cette succession, ordonne de procéder plus amplement.

PORTIER DU BELLAIR, *P.*
DE BRICHANTEAU, *R.*

JURISPRUDENCE DÉCENNALE.

Année 1846.

---

2 Janvier 1846.

DÉPENS. — ÉMOLUMENTS.

L'ordonnance qui enjoint de payer les dépens, n'est pas soumise aux délais d'appel fixés par les §§ 18, tit. 6, et 13, tit. 25, liv. 3 des R. C.

Lorsque dans une sentence il n'est pas fait mention des dépens, ils sont toujours à la charge de la partie qui a succombé.

S'il y a plusieurs parties condamnées, elles supportent les dépens en proportion des chefs dont elles ont été déboutées ;

La partie qui a fait l'avance des droits d'émolument, les peut réclamer de chacune d'elles dans la même proportion.

DAMES GARBILLON C. LES CONSORTS GODDARD.

LE SÉNAT : Attendu que l'ordonnance d'injonction du 16 juin dernier ne peut être assimilée à celles dont il est parlé aux §§ 7 et 18 du tit. 6 ; 12 et 15 du tit. 25, liv. 5 des R. C. ; qu'ainsi les dispositions relatives aux délais de l'appel des ordonnances contemplées dans les paragraphes précités, sont sans application à l'ordonnance dont il s'agit ;

Attendu que, d'après le § 1er, tit. 25, liv. 5 des R. C. la partie qui succombe dans un procès étant toujours censée avoir été condamnée aux dépens, dans le cas qu'il ait été omis dans les sentences de statuer sur iceux, il suit que les droits de greffe de l'arrêt du 11 mars 1844 doivent être supportés par chacune des parties en raison des chefs dans lesquels elle a succombé ; et quant aux droits d'émolument, au sujet desquels il

n'a pas non plus été statué, chaque partie déboutée ou condamnée doit rembourser à sa partie adverse, conformément au § 24, chapitre 1er des Lettres-Patentes du 10 mai 1816, ce que cette dernière se trouvera avoir payé ;

Par ces motifs, en recevant les demanderesses opposantes à l'ordonnance d'injonction du......, déclare chacune des parties plaidantes devoir supporter les droits de greffe de l'arrêt du......, en raison des chefs pour lesquels elle a succombé, sauf les droits légitimes de copie, de notification de l'arrêt et les frais de poste, déclarés à la charge exclusive des demanderesses.

PORTIER DU BELLAIR, *P.* ANSELME, *R.*

---

7 Janvier 1846.

DOMICILE. — STATUT CONJUGAL. — COMMUNAUTÉ.

Art. 69, 74 C. f.

L'association conjugale est, à défaut de conventions contraires, réglé par la loi du domicile de l'époux.

L'époux qui habite à l'étranger et y exerce une profession, n'est pas présumé avoir renoncé à son domicile d'origine, jusqu'à preuve contraire.

Le fils non émancipé, même majeur, a son domicile légal chez son père.

---

[1] Concl. conf., 30 décembre 1843.
Arrêt conf., 21 juillet 1845 : Baud c. Baud ; D'Arcollières, R.

BOISSAT C. BOISSAT.

LE SÉNAT : Attendu que, d'après les principes généraux du droit, l'association conjugale est, à défaut de conventions contraires, régie par la loi du domicile de l'époux ;

Attendu que François Boissat, père des parties, originaire savoisien et soumis à la puissance de son père qui habitait dans les Etats, avait, à raison de ces circonstances, un domicile légal en Savoie ;

Qu'on ne saurait induire qu'il a renoncé à ce domicile et perdu tout espoir de retour, de ce qu'il aurait résidé à Paris, comme gagne-deniers, pendant les deux années qui ont précédé son mariage, célébré dans cette dernière ville le 30 juillet 1787 ;

Que l'acte d'émancipation, du 11 novembre 1791, établit qu'à cette date il était rentré en Savoie, d'où suit la présomption qu'il a conservé son domicile d'origine ;

Et que, sous ces rapports, le mariage célébré le 30 juillet 1787, entre François Boissat et Christine Médail, a dû être régi par nos lois anciennes, et non par la coutume de Paris qui admettait la communauté légale ;

Attendu que les mariés Boissat l'ont ainsi entendu en regardant les biens de la femme comme paraphernaux, ce qui résulte : 1° du jugement rendu par le tribunal d'Annecy, le 24 juin 1807, par lequel Christine Médail, autorisée de son mari, a obtenu condamnation contre Pierre Dunand pour les sommes qu'elle lui avait prêtées ; 2° du contrat de vente du 24 juillet même année, Thonion notaire, consenti par ledit Dunand en faveur de Christine Médail qui a contracté en l'assistance et avec l'autorisation de son mari ; 3° du contrat du 14 avril 1809, même notaire, par lequel François Boissat s'est constitué débiteur de sa femme et lui a donné hypothèque pour la somme qu'elle a dit avoir reçue ;

Attendu que, en ce qui concerne les faits articulés par l'appelant dans son écriture du 2 janvier courant,

Qu'il serait sans importance que François Boissat fût resté à Paris jusqu'à 1791, ce qui rend le second des faits irrélevatoire ;

Que le 3° a pour objet ce qui est reconnu au procès, c'est-à-dire, qu'à l'époque de son mariage, Boissat a été commissionnaire ;

Que le 1er et le 4° sont également inadmissibles, parce que les propos vagues que Boissat aurait pu tenir dans la conversation,

ne sauraient régler ses rapports matrimoniaux, et porter atteinte aux preuves qui résultent des titres qui ont été mentionnés ; d'où il suit que l'appelant n'a fourni aucune preuve tendant à établir que son père aurait renoncé à son domicile d'origine :

Déclare François Boissat non-recevable en son appel du jugement rendu par le tribunal d'Albertville le 26 juin 1840.

DE LA CHARRIÈRE, P. MARESCHAL, R.

---

10 Janvier 1846.

PRODUCTION. — LIVRES DE COMPTE.

Lorsqu'il s'agit d'une affaire compliquée, il est de jurisprudence que le demandeur peut être contraint à produire ses livres de compte. [1]

BÉNÉ C. LES CONSORTS ALLAMAND.

LE SÉNAT : Attendu que si, en principe général, le demandeur ne peut être contraint à produire contre lui, il est cependant admis en jurisprudence qu'on peut l'obliger à la production de ses livres de compte, lorsque, comme dans l'espèce, il s'agit d'une affaire compliquée et que cette production peut éclairer la religion des juges :

Déclare l'appelante non-recevable en son appel.

DE LA CHARRIÈRE, P. DE MONTBEL, R.

---

12 Janvier 1846.

PARTAGE VERBAL. — PARTAGE PROVISIONNEL. — SUCCESSION.

Art. 1059 C. c. (C. F.)

Suivant le Code civil français, chacun des cohéritiers peut provoquer le partage de la succession tant qu'il n'y a pas eu *acte de partage*, ou possession suffisante pour acquérir par la prescription.

Un partage purement verbal n'est pas considéré comme *acte de partage* dans le sens de la loi.

---

[1] Concl. conf., 23 mars 1845.
Arrêt conf., 12 mars 1844 : Lachenal c. Lachenal ; Girod, R.

PRÉMAT C. PRÉMAT.

LE SÉNAT : Attendu qu'il est constant au procès que les successions des mariés Humbert Prémat et Guérine Lavanchy, se sont ouvertes sous l'empire du Code civil français, et que le prétendu partage qui en a été fait est antérieur à 1813 ;

Attendu que, d'après les termes de l'article 816 dudit Code, un partage purement verbal ne peut tenir lieu de l'acte requis par la loi, terme qui doit s'entendre d'un écrit constatant l'opération de partage et la déclaration des propriétés échues au lot de chacun des co-partageants ;

Attendu que les différents titres produits par les intimés et les faits par eux déduits dans l'écriture du 22 décembre dernier, donnée postérieurement à l'appointement de la cause, ne peuvent remplacer l'acte écrit soit *instrumentum* constitutif de partage, puisque de ces titres et déduites il résulterait seulement que quelques-uns des co-héritiers ont joui séparément de partie des biens desdites successions ;

Attendu qu'un partage purement verbal ou provisoire, en supposant qu'il en ait existé un, ne pourrait faire obstacle à la demande des appelants en partage définitif :

Par ces motifs, a reçu et reçoit les frères Prémat appelants du jugement rendu par le tribunal de Thonon, le 18 mars 1842, a mis l'appellation et ce dont est appel à néant, et par nouveau jugement déclare y avoir lieu à partage des successions dont il s'agit, et renvoie les parties pardevant les premiers juges, pour procéder en exécution de la déclaration qui précède, sans dépens. PORTIER DU BELLAIR, P. DE BRICHANTEAU, R.

---

12 Janvier 1846.

PÈRE. — FILS. — PUISSANCE PATERNELLE. — AUTORISATION. — SÉNAT. — TRIBUNAL.

Art. 233 C. c.

Durant la puissance paternelle, le fils majeur ne peut ester en jugement, à raison des biens dont le père a l'usufruit, qu'après avoir obtenu son consentement, ou, à défaut, l'autorisation du tribunal. [1]

---

[1] V. arrêt, 1er mai 1846 : Degrenaud c. Degrenaud ; Clert, R.

S'il y a opposition d'intérêts entr'eux, le tribunal saisi de la contestation, supplée l'autorisation du père.

Si la cause est pendante devant lui, c'est le Sénat qui autorise.

BERMOND C. DURAND.

LE SÉNAT : Attendu que l'opposition d'intérêts qui existe entre le père et le fils Durand, rend inapplicable à l'espèce la disposition de l'article 235 du Code civil, relative à l'autorisation du père en faveur du fils, pour rendre celui-ci habile à ester en jugement ;

Attendu que le Sénat qui a reconnu dans ses arrêts des 12 décembre 1843 et 22 juin 1844, l'intérêt qu'avait la femme Bermond à mettre en cause le fils Durand, comme héritier de sa mère, et qui l'a maintenu, a implicitement accordé à ce dernier l'autorisation prescrite en pareil cas, à défaut de celle de son père ;

(LE SÉNAT passe à l'examen du fond de la cause).

PORTIER DU BELLAIR, P. ANSELME, R.

---

12 Janvier 1846.

SUCCESSION. — RÉPUDIATION. — REPENTIR.

Art. 1005 C. c. (D. R.)

Sous les lois romaines, l'héritier qui a répudié la succession, n'est plus admis à la reprendre après le laps de trois ans.

Lorsque les trois ans se sont écoulés avant la mise en vigueur du Code civil, l'héritier n'est plus admis à se prévaloir de la faculté illimitée d'accepter, en conformité de l'art. 1005 du Code civil. [1]

CONGRÉGATION DE CHARITÉ DE ST-MICHEL C. SALOMON.

LE SÉNAT : Attendu que, suivant les dispositions de la loi dernière, au Code De repudiandâ vel abstinendâ hæreditate, le fils qui a déclaré s'abstenir de l'hoirie paternelle, n'est plus admissible à la reprendre après le terme de trois ans ;

Attendu que l'intimé n'a pas profité de cette faculté dans le délai de la loi ; et que

---

[1] Concl. conf., 25 janvier 1845.

le terme qu'elle lui accordait pour s'en prévaloir était déjà écoulé avant la mise en vigueur du Code civil ;

Attendu, dès lors, que l'intimé n'est plus admissible à invoquer l'art. 1005 dudit Code ;

Attendu, cela posé, que Grégoire Salomon est sans qualité pour impugner l'acte d'adjudication dont il s'agit au procès :

Déclare Salomon non-recevable en ses conclusions.

PORTIER DU BELLAIR, *P.* JACQUEMOUD, *R.*

---

16 Janvier 1846.

DROIT D'ACCROISSEMENT.
— SUBSTITUTION PUPILLAIRE.

Art. 861, 865, 866 C. c.

Sous le Code civil, il n'y a lieu à l'accroissement entre cohéritiers, que dans les cas prévus par l'article 864.

En conséquence, si l'un des héritiers auquel il a été substitué pupillairement vient à décéder avant sa majorité, il n'y a pas lieu à accroissement, bien que le substitué répudie; la part d'hoirie en ce cas est dévolue *ab intestat.*

FLANDIN c. LIGEON, V° FLANDIN.

LE SÉNAT : Attendu, en faits, que François-Martin Flandin a eu de son premier mariage, avec Marie-Antoinette Bourgeois, trois filles et un fils prénommé François-Vincent Flandin, et que de son second mariage, avec Marie-Rose Ligeon, sont nés Marie-Rose et François-Marie Flandin ;

Que, par testament du 20 août 1838, Billottet notaire, ledit François-Martin Flandin, après avoir fait des legs à sa femme et à ses filles, a institué pour ses héritiers universels dans la part assignée à chacun d'eux, ses deux fils François-Vincent et François-Marie Flandin, a déterminé les biens qu'il leur assignait, et a ajouté la disposition suivante : « Dans le cas que ledit
« François-Marie vienne à décéder avant
« l'âge de 16 ans accomplis, je lui substi-
« tue ma femme et sa mère Marie-Rose Li-
« geon pour l'usufruit seulement des biens
« compris dans son lot, lequel usufruit je
« lui lègue au besoin, toujours dans ledit
« cas pour en jouir pendant sa vie, sous les
« charges de droit ; mais sous la condition
» encore qu'elle ne réclamera pas sa légi-
« time dans la succession de sondit fils ; »

Qu'il est reconnu au procès que François-Martin Flandin est mort, en 1838, avec les intentions manifestées par ce testament, et que François-Marie Flandin, son fils, est décédé en 1840, âgé de moins de 16 ans ;

En droit,

Attendu qu'en instituant chacun de ses fils dans des biens spécifiés, et en fixant la part des charges attachée à chaque lot, François-Martin Flandin a désigné la quotité de la succession qui devait leur appartenir respectivement dans le sens de l'article 866 du Code civil, et que, sous ce rapport, cette institution héréditaire ne peut donner lieu à l'accroissement porté par l'article 865 ;

Attendu, en outre, que François-Marie Flandin a survécu à son père, qu'il ne conste pas de sa renonciation à l'hoirie paternelle, non plus que de son incapacité à la recueillir ;

D'où il suit que l'appelant ne pourrait s'appuyer sur aucun des cas qui donnent lieu au droit d'accroissement, d'après l'article 864 ;

Attendu que si, aux termes de l'art. 874 du Code, celui dont les enfants ou descendants placés sous la puissance paternelle, ne doivent pas retomber sous celle d'un autre ascendant, peut, en les instituant héritiers ou légataires, leur substituer d'autres personnes, même pour le cas où ils viendraient à décéder avant l'âge de 16 ans, c'est là une disposition exceptionnelle aux règles générales sur les testaments, et qui doit par conséquent être restreinte dans les limites tracées par la loi ;

Attendu que, par le testament précité, le père Flandin a substitué à son fils François-Marie, mineur, Rose Ligeon, sa mère, pour l'usufruit seulement des biens compris dans le lot dudit François-Marie, et qu'il n'a expressément substitué à ce dernier aucun héritier pour la propriété desdits biens ; que dès lors quelque extension qu'on donne à la disposition du père Flandin, on ne saurait y voir une substitution dans le sens de la loi : d'où il suit que, par le défaut d'acceptation de la part de Rose Ligeon, du legs à elle fait, la disposition dont il s'agit est devenue caduque aux termes de l'art. 831, et par suite, la succession de François-Marie a été dévolue *ab intestat*, et qu'ainsi ladite Ligeon a été fondée à réclamer, ainsi qu'elle l'a fait, sa part héréditaire dans ladite succession :

Déclare Flandin non-recevable en son appel du jugement du 30 juillet 1844.

De la Charrière, *P.* Mareschal, *R.*

---

17 Janvier 1846.

TESTAMENT SECRET. — SIGNATURE. — LECTURE.

Art. 755 C. c.

Est nul le testament secret, lorsqu'il est prouvé que le testateur ne savait pas lire l'écriture de main.

On peut être admis à faire cette preuve, lors même que le testateur a apposé sa signature sur le testament. [1]

Bullière c. Bullière.

Le Sénat : Attendu que l'article 755 du Code civil interdit à ceux qui ne savent ou ne peuvent lire de faire aucune disposition par testament secret ;

Attendu que, s'il était vrai que Pierre-Antoine Bullière ne sût pas lire l'écriture de main, le testament secret qu'il a déposé, le 28 mars 1839, entre les mains du notaire Bouttaz, serait radicalement nul ;

Attendu qu'il est à présumer que celui qui sait mettre sa signature, sait lire ; mais que cette présomption doit céder devant la preuve du contraire, d'autant plus qu'il existe un assez grand nombre de personnes qui savent apposer leur signature quoi-qu'elles ne sachent pas lire ;

Attendu que le second fait est pertinent, en le restreignant à la première phrase ainsi conçue : « que Pierre-Antoine Bullières ne savait pas lire l'écriture de main, » sauf à laisser aux témoins le soin d'expliquer leur cause de science, soit par la notoriété, soit par les circonstances indiquées dans la dernière partie de ce fait, soit par toute autre considération dont les magistrats apprécieront la portée par relation au fait principal, lorsqu'ils auront l'enquête sous les yeux ;

Ordonne que les défendeurs soutiendront, si bon leur semble, faits en matière contraire.

Portier du Bellair, *P.* Jacquemoud, *R.*

---

[1] Concl. conf., 22 juillet 1845.
Arrêt conf., 3 août 1841 : Guimet c. Guimet ; Monod, R. — 25 juin 1844 : Rey c. Rey ; Clert, R.

19 Janvier 1846.

SUCCESSION. — ACCEPTATION. — DÉLAI. — MINEUR.

Art. 1019 C. c.

Le mineur qui n'a pas accepté l'hoirie, ne peut être poursuivi comme héritier, tant qu'il ne lui a pas été fixé par le tribunal, à la requête des créanciers, un délai pour se prononcer en conformité des art. 1015, 1016 et 1019 du Code civil.

Cette fixation de délai ne peut être suppléée par aucun autre acte judiciaire. [1]

Ve Durand et consorts c. Miguet.

Joseph et Martin Durand étaient en instance au Sénat contre Miguet : Martin Durand étant décédé, Miguet se pourvut contre Claudine Bernard, sa veuve, en qualité de tutrice de Michel Durand, fils et héritier de Martin Durand ;

Elle se présenta en cause.

Le Sénat : Attendu, en ce qui concerne la part de Michel Durand, que l'art. 1019 du Code civil, sous l'empire duquel Martin Durand est décédé, accorde aux mineurs la faculté de faire inventaire et de délibérer sur l'acceptation ou la répudiation d'une succession qui leur est échue, jusqu'à l'expiration de l'année qui suit leur majorité, à moins que, sur les poursuites des créanciers de l'hoirie, le tuteur n'ait été forcé de le faire plus tôt, et, dans ce cas encore, les délais déterminés par les art. 1014, 1015, 1016 ne courent pas dès la date des poursuites, mais seulement du jour fixé par le tribunal à la requête des créanciers ;

Attendu que, dans l'espèce de la cause, il ne résulte pas des productions des parties, ni de l'instance, que Claudine Bernard ait fait inventaire des biens délaissés par son mari, ni délibéré s'il convenait à son enfant mineur, qu'elle acceptât, sous bénéfice d'inventaire, la part de la succession paternelle que la loi lui défère ;

Attendu qu'il n'en ressort pas non plus s'il est déjà intervenu un décret qui ait fait courir les délais désignés dans les articles précités ; que ni l'assignation en reprise d'instance, ni les écritures qui l'ont suivie, n'ont pu tenir lieu du décret susdit ; d'où

---

[1] Arrêts conf., 26 avril 1841 : Jacquet c. Pothier ; De Juge, R. — 27 février 1846 : entre les mêmes.
V. 5 juillet 1845 : Perroud c. Arbé ; Girod, R.

il suit qu'avant d'autrement statuer, quant à Michel Durand, il est le cas de fixer l'époque à laquelle commenceront à courir les délais pour faire inventaire de l'hérédité dont il s'agit, et pour délibérer sur son addition ou sa répudiation :

Par ces motifs, ordonne que la veuve Durand se conformera aux dispositions des art. 1014, 1015, 1016 du Code civil.

PORTIER DU BELLAIR, P. SEITIER, R.

20 Janvier 1846.

APPEL. — INTERJECTION. — DÉLAI. — MANDAT.

L'appelant qui a interjeté appel en personne ou par son fondé de pouvoirs depuis la mise en vigueur de l'édit du 13 avril 1841, n'a que 80 jours pour le relever au Sénat.

Le mandataire est censé nanti de pouvoirs suffisants, s'il a un mandat spécial consenti depuis le jugement déféré, ou bien une procuration générale.

L'appelant est présumé avoir donné des pouvoirs suffisants, s'il ne justifie du contraire en produisant le mandat. [1]

DESCHAMPS C. DESCHAMPS.

LE SÉNAT : Attendu que s'il est vrai de dire, en thèse générale, que le droit d'appeler d'un jugement doit être régi par la loi dominante au moment où ce jugement a été rendu, il faut aussi reconnaître qu'une fois l'exercice de ce droit commencé, on ne peut se dispenser d'apprécier chacun des actes ou des faits qui s'y rattachent ; qu'en l'espèce, il existe un acte d'interjection d'appel postérieur à la publication de la nouvelle loi, et qui ne peut être insignifiant, puisque celle-ci y attribuerait en certains cas, tous les effets de la signification d'un jugement à partie, et que la jurisprudence antérieure y attachait les mêmes conséquences ; que cependant, de même que la loi plus récente ne peut rétroagir, de même aussi la loi précédente est destituée de tout empire sur un acte postérieur à son abrogation; qu'ainsi, c'est à l'édit du 15 avril 1841 qu'il faut s'attacher pour juger l'acte d'interjec-

tion d'appel du 10 août de la même année, d'autant plus qu'il ne s'agit que d'une loi et d'un fait de procédure ;

Attendu qu'aujourd'hui un semblable acte est assimilé à la signification faite à la partie dans les deux cas où il serait émis sur un mandat spécial de celle-ci, postérieur au jugement dont est appel, ou bien par son mandataire général ;

Qu'en l'espèce, il ne peut s'agir d'un mandat spécial pour l'appel dont il s'agit, puisque Me Roux se réfère à une procuration antérieure de plusieurs années au jugement *de quo* ;

Qu'il serait aussi à présumer que cette procuration, la même en vertu de laquelle Me Roux avait occupé en première instance, n'était qu'un simple mandat *ad lites*, mais qu'on peut également croire que, s'il en était ainsi, Victor Deschamps ne serait pas resté en arrière de l'exhiber, et que s'il ne l'a pas fait, c'est de crainte de se nuire ;

Attendu, cependant, que tout demandeur doit produire le titre sur lequel il fonde ses prétentions ; que *reus in excipiendo fit actor;* que c'est donc à Victor Deschamps, qui excipe que sa procuration n'est qu'un simple mandat *ad lites*, de justifier cette assertion par la production du titre même, soit du mandat; et cela, sous la peine qui attend le demandeur qui n'a pas prouvé :

Ordonne que Victor Deschamps produira le mandat énoncé dans l'acte d'interjection.

GRILLO, P. P. D'ARCOLLIÈRES, R.

26 Janvier 1846.

VENTE. — PRÉSOMPTION *QUINTUS MUCIUS.* — PUISSANCE PATERNELLE. — INDIVISIBILITÉ.

La vente faite au mari et à la femme conjointement, profite à l'un et à l'autre, si elle est faite en extinction de leurs créances communes.

La vente faite par le père au fils placé sous sa puissance, est frappée de nullité suivant les lois romaines ; elle est nulle pour moitié, si elle est faite conjointement au fils de famille et à un étranger.

La fille émancipée par le mariage sous le Code civil français, est retombée sous la puissance paternelle par le rétablissement de nos lois Royales, en 1815. [1]

[1] Concl., 4 juillet 1841.
Arrêt conf., 2 décembre 1841 : Croissonnier c. Croissonnier; Cotta, R. — Et 7 juin 1845 : entre les mêmes.

[1] Arrêt conf., 12 mars 1839 : Desjacques c. Desjacques; De la Charrière, R. — 12 août 1845 : Mallod c. Doguin; De Montbel, R.

CHARVIN C. CHARVIN, V° DOCHE.

LE SÉNAT : Attendu qu'il résulte des termes formels du contrat du 4 avril 1819, que la vente qu'il renferme a été faite tant à Josephte Charvin qu'à son mari, et l'intention de toutes les parties sur ce point n'est pas moins manifeste, car Jean-Louis Charvin était débiteur envers chacun des époux, et s'acquitta envers chacun d'eux au moyen du prix de la vente qu'il consentit en leur faveur ; il suit de là que le tribunal d'Annecy a fait grief à l'appelant, en attribuant toute l'acquisition dont il s'agit à Doche ;

Attendu que les mariés Doche et Charvin, en se séparant du père de celle-ci, ne se sont pas mis en contravention aux engagements qu'ils avaient pris envers lui, dans leur contrat nuptial, parce que le cas de la séparation y avait été prévu et consenti ;

Attendu, sous le rapport de la capacité de Josephte Charvin à contracter avec son père, que les enfants, affranchis de la puissance paternelle, par le bénéfice de l'âge ou par le mariage sous les lois françaises, y sont retombés par la mise en vigueur de nos lois anciennes ; d'où il suit que la femme Doche, qui était rentrée sous la puissance de son père au 4 avril 1819, ne pouvait contracter avec lui, et que l'acte qu'ils ont passé ledit jour, est radicalement nul pour ce qui la concerne ;

Attendu, en ce qui touche la part de son mari, que la vente précitée a bien été faite aux deux époux conjointement, mais non solidairement, que les immeubles qui en font le mérite sont de leur nature divisibles, quoique non divisés par l'acte, qu'il ne ressort pas non plus de la nature de la convention, ni des clauses du contrat, que l'intention des parties ait été de donner à la vente le caractère de l'indivisibilité, d'où naît la conséquence qu'elle ne peut être annulée sous ce rapport ;

Attendu, toutefois, que la vente dont il s'agit, ayant été faite par le père Charvin à son gendre en paiement de ce qu'il lui devait, le premier serait en droit de reprendre les biens cédés, s'il établissait qu'il est intervenu une erreur à son préjudice dans la fixation de la créance des Doche, et qu'il n'était pas débiteur de toute la somme pour laquelle il a compensé le prix de vente ;

Par ces motifs, déclare nulle et de nul effet la vente du 4 avril 1819, en ce qui concerne la part acquise par Josephte Charvin, et sans s'arrêter aux plus amples moyens de nullité élevés par Charvin touchant la moitié vendue à Claude Doche, ordonne qu'il établira ainsi qu'il verra à faire, l'erreur intervenue au préjudice de son père.

PORTIER DU BELLAIR, P. SEITTER, R.

27 Janvier 1846.

VENTE. — SIMULATION. — FRAUDE. — INDICES.

Art. 1235 C. c.

La vente faite par le père à ses fils en paiement de leurs créances respectives, peut être regardée comme faite en fraude des droits des créanciers.
Divers indices de fraude. [1]

BALMAIN C. HUGUET.

LE SÉNAT : Attendu que les pièces produites présentent diverses circonstances qui indiquent que l'acte du 13 mai 1844, Bonnivard notaire, passé entre Jean-Claude Huguet et ses fils, a eu lieu dans le but de priver Balmain de la faculté de poursuivre le recouvrement de sa créance sur les objets portés audit acte ;

En effet, 1° le père Huguet a émancipé ses enfants le jour même où il a été ajourné à la requête de Balmain, en paiement de ce qu'il devait à ce dernier ;

2° L'acte Bonnivard notaire a été passé la veille du jour où l'appelant a obtenu, contre Jean-Claude Huguet, un jugement de condamnation en contumace ;

3° Ledit Huguet ne se trouvait à l'époque de cet acte, en aucune manière, obligé envers ses enfants à la restitution des sommes dotales par lui reçues ;

4° Il s'est dépouillé, par ce contrat, de la presque généralité de ses objets mobiliers ;

5° Il y a déclaré avoir retiré sur la somme constituée à la femme de son fils Jean-Richard Huguet, celle de 2,000 liv., tandis que la quittance énoncée sous la date du 24 août 1836, ne constate que l'exaction d'un capital de 1,000 liv. ;

6° Il a aliéné les objets compris en l'acte pour une valeur de 8,561 liv., lorsque les sommes portées aux quittances mentionnées

[1] Concl. contr., 23 juillet 1845.

n'arrivent en total qu'à 7,000 livres, ce qui offre une différence de 1,561 liv. ;

Attendu que ces diverses circonstances indiquent la fraude ; il importe néanmoins de connaître avant tout, si Jean Balmain a un véritable intérêt à impugner cet acte, parce qu'il n'existerait pas au pouvoir de Jean-Claude Huguet d'autres biens que ceux compris à la saisie, propres à lui assurer le paiement de ce qui lui est dû ;

Attendu que le tribunal aurait dû acheminer les parties à l'éclaircissement de ce point de fait ;

Attendu que, d'après les circonstances sus-rappelées, les intimés doivent justifier ce qu'ils ont allégué dans leur écriture du 16 juillet 1841, savoir, que Balmain peut obtenir le recouvrement de ses créances, sur d'autres valeurs mobilières et immobilières appartenant à son débiteur :

Par ces motifs, ordonne, avant tout, que les consorts Huguet justifieront qu'indépendamment des objets portés au contrat du 18 mai 1844, Jean-Claude Huguet a en son pouvoir d'autres biens suffisants pour assurer à Balmain le paiement de ses créances.

GRILLO, *P. P.* COPPIER, *R.*

---

31 Janvier 1846.

JUGEMENT. — MOTIFS. — QUITTANCE. — RENONCIATION. — JACTANCE.

Le jugement qui, en admettant des offres, déclare qu'elles sont satisfactoires, satisfait à la loi qui ordonne de motiver toutes les conclusions.

Le légataire, en donnant quittance d'un legs, ne peut être contraint à renoncer à tous plus amples droits qui pourraient lui compéter sur la succession.

L'héritier ne peut, en ce cas, retenir le legs pour sa garantie, mais il est fondé à intenter une action en jactance, pour contraindre le légataire à faire valoir ses droits dans un temps déterminé.

CURTELIN, FEMME BERTHOUD, C. CURTELIN.

LE SÉNAT : Attendu que la loi n'a point déterminé la forme dans laquelle les juges doivent donner les motifs de leurs décisions, et que le tribunal, en rappelant l'offre du demandeur, et en la déclarant satisfactoire, a suffisamment expliqué les motifs qui ont basé son jugement ;

Attendu, au fond, que le créancier n'est tenu que de donner quittance de la somme qui lui est payée par son débiteur, en indiquant la date et la nature du titre en vertu duquel il reçoit, sans que le débiteur puisse l'obliger à renoncer aux plus amples droits qui pourraient lui compéter ;

Attendu que la défenderesse a pris en appel des conclusions formelles en jactance, relativement aux plus amples droits que le demandeur entend se réserver, et qui ont donné lieu au procès sur lequel est intervenu le jugement dont est appel ; que si d'une part, la défenderesse ne peut retarder le paiement du legs dont il s'agit dans le testament de Marie Girard, puisque le terme en est échu, d'autre part, elle est en droit d'exiger qu'il soit fixé un délai au demandeur, pour purifier les protestations dont il s'agit ;

Déclare le demandeur tenu de purifier, devant le tribunal de première instance, dans le terme péremptoire de six mois, ses protestations et jactances sur l'hoirie de Marie Girard, veuve Curtelin, mère des parties, en introduisant son action dans ledit terme :

Condamne la défenderesse à payer.....

PORTIER DU BELLAIR, *P.* JACQUEMOUD, *R.*

---

4 Février 1846.

APPEL. — DÉLAI. — PRÉSENTATION. — VENTE. — RACHAT. — DÉCHÉANCE.

Art. 1056 C. c.

L'appelant qui ne s'est pas présenté en cause dans le délai fixé par les lettres, n'encourt aucune déchéance, lorsque sa partie adverse ne s'en est pas prévalue, et n'a pas obtenu des provisions formelles contre lui.

Le vendeur, avec pacte de rachat, ne peut être forclos par la seule expiration du délai fixé, si l'acheteur n'a pas rempli de son côté les obligations corrélatives qu'il a prises dans l'acte.

LUGRIN ET JULLIARD, MARIÉS, C. JULLIARD FRÈRES.

LE SÉNAT : Attendu, sur la fin de non-recevoir que les mariés Lugrin se sont pourvus par requête appellatoire le quatre-vingt-sixième jour après la signification du jugement, en demandant d'être restitués en temps ; qu'ainsi il y a lieu à admettre leur appel ;

Attendu que, quoique les appelants ne se soient pas présentés dans les délais fixés par les lettres, la cause n'en a pas moins été liée en temps utile, par suite de leur présentation, avant que les intimés aient obtenu aucune provision contre eux ;

Attendu que les appelants avaient formellement conclu en première instance, d'où il suit que le tribunal a mal jugé en écartant leur demande, par le seul motif qu'ils n'auraient rien opposé aux conclusions des intimés ;

Attendu, au fond, que par l'acte de vente du 18 décembre 1741, Jacquier notaire, les frères Julliard ont promis payer immédiatement le prix de leur acquisition aux créanciers des vendeurs désignés dans cet acte ; que cette vente a été faite sous le pacte de rachat de quatre ans, pendant lesquels les vendeurs jouiraient des immeubles au moyen du paiement régulier des intérêts du prix, et à la charge de rembourser 1180 liv., dans 14 mois ;

Attendu que si les vendeurs n'ont pas fait le paiement de ce capital, non plus que celui des intérêts du prix de la vente, les acquéreurs ne peuvent en mesurer la déchéance du droit d'exercer le rachat, parce que n'ayant pas eux-mêmes rempli leurs engagements, et n'ayant justifié qu'en appel d'une partie des paiements à leur charge, ils n'ont pas mis les vendeurs en demeure de remplir les engagements corrélatifs ;

Attendu que ces motifs rendent admissible la demande faite par les appelants avant l'échéance du terme de rachat, pour obtenir une prorogation de ce terme, et que dès lors les offres qu'ils ont faites de rembourser aux intimés les sommes que ceux-ci justifieront avoir payées pour cet objet, sont satisfactoires :

Proroge d'une année, à partir du 18 décembre dernier, le délai dans lequel le rachat stipulé dans l'acte du 18 décembre 1841, pourra être exercé.

DE LA CHARRIÈRE, P.   DE MONTBEL, R.

---

6 *Février 1846.*

ABSENT. — CURATEUR. — ENVOI EN POSSESSION PROVISOIRE. — CHOSE JUGÉE. — PRESCRIPTION.

Art. 99, 2364 C. c. (D. A.)

L'absent peut être tenu pour vivant, et comme tel, appelé au partage des successions ouvertes depuis ses dernières nouvelles.

Cet accord est irrévocable ; en conséquence, ceux qui y ont pris part ne peuvent plus révoquer en doute la vie de l'absent au moment de l'ouverture de la succession.

Le jugement qui, par erreur en fait, prononce qu'il y a eu envoi provisoire, passe en jugé entre les parties.

Celui qui n'a pas obtenu l'envoi provisoire, ou qui a été débouté de la demande qu'il en a faite, peut néanmoins, sans attenter à la chose jugée, obtenir l'envoi définitif.

L'envoyé en possession provisoire, ne possédant pas comme propriétaire, ne peut prescrire la propriété ni par 10 ni par 30 ans.

Il ne peut prescrire, même par 30 ans, contre les autres ayant droit à l'envoi définitif. [1]

CONSTANTIN C. DÉMOLIS.

LE SÉNAT : Attendu qu'à supposer que l'appel eût les conditions voulues pour faire courir les délais, il suffit, pour que l'appel ait été relevé en temps utile, que la requête appellatoire ait été présentée au Sénat dans les 80 jours de l'interjection ;

Attendu que les intimés plaident pour obtenir l'envoi en possession définitif des biens d'un absent, et principalement des parts d'hoirie qui lui ont été attribuées plusieurs années après sa disparition, d'un commun consentement entre eux et les appelants, soit leurs auteurs, suivant des jugements et partages intervenus en l'an IX ;

Que, sans doute, l'envoi définitif ainsi que l'envoi provisoire, n'ont régulièrement pour objet que les biens qui appartenaient à l'absent au jour de son départ ou de ses dernières nouvelles ; que pour avoir succédé il faut avoir existé au moment de l'ouverture de la succession ; qu'il est incertain, dans le cas présent, si l'absent était vivant lors du décès de ses frères et aïeul, et que c'est à celui qui réclame un droit comme échu à un absent, à prouver que ce dernier existait à l'instant où ce droit a pris naissance ;

---

[1] Concl. conf., 22 janvier 1845.

52

Attendu toutefois qu'il n'est pas le cas d'appliquer exclusivement ces principes ;

Qu'ici, en effet, la possession des appelants eux-mêmes n'a point d'autre source que la curatelle décernée à leur auteur le 19 pluviôse an IX, d'un commun accord dans la famille, et où figurait nominativement le père des intimés ;

Que, soit qu'on assimile ce curateur à ceux qui devaient, suivant les lois du temps, être donnés aux militaires absents, supposition qui eût été très-admissible par cela même qu'un acte doit être censé fait en exécution d'une loi qui l'ordonne, lorsqu'il n'y répugne point dans ses dispositions; soit qu'on eût préféré tenir l'auteur des appelants pour un curateur et gardlateur aux biens, soit qu'on doive l'envisager comme constitué, dès l'acte de curatelle, en état de possesseur provisoire, ainsi que l'a fait le jugement du 30 juin 1842; il n'est pas moins certain qu'alors, comme sous les lois antérieures et postérieures, et aujourd'hui encore, il était permis dans les familles de tenir pour vivant un de leurs membres absents, et que, dans ce cas, il n'est plus facultatif à ceux qui ont reconnu son existence de changer d'avis au gré de leur intérêt et au préjudice de leurs consorts ;

Que, dans l'espèce, non-seulement le père des appelants a trouvé bon de tenir son frère pour vivant en l'an IX, et de prendre la possession et la gestion de ses biens, mais d'y faire comprendre une part des hoiries avitales et fraternelles, et, pour cela, de profiter même du concours de la mère des intimés, sa sœur, ainsi qu'il en résulte amplement du jugement du 8 fructidor an IX, et du partage du 22 pluviôse suivant, dans lesquels cette part fut faite à l'absent comme existant, et laissée entre les mains de l'auteur des intimés, et en sa qualité de curateur audit absent;

Que, dès lors, rien n'est venu changer cette position respective des parties, sinon que les appelants ont accepté, pour ce qui les concerne, le jugement du 30 juin 1842, qui les a considérés comme des envoyés en possession provisoire vis-à-vis des intimés, et qu'ils se trouvent ainsi revêtus de cette qualité, non pas précisément par la curatelle de l'an IX, qui n'avait été, dans la réalité, ni une déclaration d'absence, ni un envoi en possession provisoire, choses alors inconnues, mais par une conséquence inévitable du susdit jugement, tout erroné qu'il ait pu être dans sa base;

Qu'il y a donc toute raison de repousser la prétention des appelants d'exiger aujourd'hui des intimés la preuve de l'existence de l'absent en l'an IX ;

Attendu qu'on ne peut pas supposer, avec les appelants, que le jugement de 1842, en déboutant les intimés de leurs conclusions pour l'envoi provisoire, les ait rendus non-recevables, par là même, à prétendre à l'envoi définitif, et cela sur le fondement qu'on n'a pas droit à ce dernier envoi, si on n'en avait pas au premier; car, outre que ces deux objets diffèrent de temps et de nature, et qu'on ne peut même les faire marcher de front, il est bien évident aussi qu'un jugement ne peut pas être entendu *ultrà petita*, mais corrélativement aux conclusions prises, et aux motifs auxquels elles se rattachent; que celui dont il s'agit ici n'a pas prononcé sur la qualité des intimés pour demander un envoi en possession, mais sur une simple question de temps ; que d'ailleurs les mêmes juges, certainement compétents pour interpréter leur première décision, ont amplement constaté, par celle dont est appel, qu'ils n'avaient point encore statué sur la question d'envoi en possession définitif, avant ce dernier jugement;

Attendu, quant aux moyens tirés de la prescription, que si les appelants entendent repousser l'action des intimés, pour avoir joui paisiblement dès l'an IX, il leur obste invinciblement du vice de leur titre original, qui n'a été que précaire en tout cas, et pour la prescription de 10 et de 20 ans du Code français, comme pour les autres ;

Que s'ils prétendent avoir prescrit contre l'action en envoi en possession, pour n'avoir pas été actionnés pendant plus de 30 ans, il leur obsterait encore que pour prescrire il faut posséder, et qu'ils ne peuvent avoir prescrit contre une demande en envoi en possession définitif, eux qui n'ont possédé et qui ne possèdent encore que comme possesseurs provisoires; aussi voit-on qu'après avoir donné aux envoyés en possession provisoire le droit d'exclure celui qui y aurait un droit préférable ou égal, mais qui n'aurait pas agi dans les 30 ans, notre Code civil admet à l'envoi définitif ceux mêmes qui n'auraient pas obtenu l'envoi provisoire, art. 92 et 93, C. c. ;

Attendu, en ce qui concerne la restitution des fruits, qu'il serait difficile d'admettre la théorie de bonne foi émise par les premiers juges quand le titre de la possession même est vicieux pour prescrire, mais qu'ici il n'est pas le cas de statuer sur les fruits antérieurs, à la demande judiciaire; les intimés ayant conclu au bien jugé; et que pour les fruits échus dès lors, il n'est pas douteux qu'ils ne soient dus aux intimés, d'après tout ce qui précède;

Adoptant, pour le surplus, les motifs des premiers juges, sur l'interprétation du contrat de cession du 22 pluviôse an X, Dufour notaire;

Et attendu, de tout ce qui précède, que le jugement dont est appel, ne fait pas grief aux appelants:

Par ces motifs, déclare les consorts Constantin non-recevables.

GRILLO, *P. P.* D'ARCOLLIÈRES, *R.*

———

6 Février 1846.

PUISSANCE PATERNELLE. — FILS DE FAMILLE. — ACQUISITION. — PRIX. — RAPPORT.

Art. 221 C. c. (D. R.)

Les acquisitions faites par le fils de famille, sous l'empire des lois romaines, ne sont acquises au père que lorsque ce dernier le veut.

Circonstances propres à manifester la volonté du père.

Le fils doit seulement rapporter le prix des acquisitions, lorsqu'il ne conste pas qu'il l'a payé avec ses propres deniers.

VERNAZ C. VERNAZ.

LE SÉNAT : Attendu, en ce qui touche les acquisitions faites par les défendeurs en leur seul nom, dès le rétablissement des R. C., jusqu'au décès de leur père, que, d'après les principes du droit, ce que le fils de famille acquiert avec les fonds provenant du père, n'est acquis à celui-ci qu'autant qu'il le veut; qu'en conséquence, si le père a manifesté l'intention de ne vouloir pas acquérir, les acquisitions restent au fils;

Attendu qu'ici le père de Vernaz n'a point déclaré vouloir que les acquisitions faites par son fils fussent pour son compte, et qu'il a même manifesté l'intention contraire, non-seulement dans son testament, mais encore dans l'acte d'acquisition du 22 mars 1819, Brun notaire, et dans ceux des 3 août et 18 septembre 1820, Arminjon notaire, car on voit par le premier de ces actes qu'il n'intervient que pour autoriser son fils à acquérir; et par les deux autres, qu'il n'entend acquérir que conjointement avec eux : d'où la conséquence qu'il entendait que ses fils achetassent aussi pour leur compte, et que, lorsqu'il ne s'associait pas avec eux dans l'acte, la propriété devait leur rester;

Attendu que quoique la propriété des immeubles acquis par le fils de famille, même avec les fonds provenant du père, demeure acquise au fils, lorsque telle a été la volonté du père, le fils est néanmoins tenu de rapporter dans la succession du père les deniers avec lesquels il a fait ces acquisitions, s'il ne conste pas que ces deniers proviennent d'autre part que du père; mais que dans la présente cause les défendeurs ont prévenu toute discussion à ce sujet, en offrant de tenir compte du prix des acquisitions dont il s'agit;

Attendu, relativement aux deux acquisitions faites par le père Vernaz, conjointement avec ses fils, dans les actes des 3 août et 18 septembre 1820, Arminjon notaire, que le père, en manifestant dans ces actes sa volonté que ses fils eussent leur part des acquisitions qu'ils renferment, n'a pas indiqué qu'il voulût s'en retenir plus de la moitié pour son compte; d'où il suit que l'offre faite par les défendeurs de consentir à ce que la moitié de ces immeubles soit considérée comme appartenant au père, et soumise à l'expertise, sont pleinement satisfactoires;

Attendu que si, d'une part, la cohabitation des fils avec le père fait présumer que les deniers avec lesquels a été faite l'acquisition du 3 août 1820, Arminjon notaire, ont été fournis par le père, comme ceux des autres acquisitions faites dès la mise en vigueur des R. C., et si, d'autre part, les énonciations du 18 septembre 1820, même notaire, font présumer que l'argent avec lequel les fils ont payé leur part de cette acquisition, ainsi que celles faites sous le régime du Code civil français, était leur propriété, toutes ces présomptions pourraient être détruites par des preuves contraires, et que la cause n'est pas en état de recevoir une solution définitive sur ces questions:

Déclare satisfactoires les offres des défendeurs de rapporter à l'hoirie paternelle le prix des acquisitions faites par les actes des 18 juin 1815, 26 avril 1817, 26 janvier 1821, etc.....et de soumettre à l'expertise, comme appartenant au père, la moitié des immeubles acquis par les actes du 3 août et du 18 septembre 1820.

De la Charrière, *P.* Clert, *R.*

---

7 Février 1846.

APPEL. — ACQUIESCEMENT. — SIGNIFICATION. — EXPLOIT.

La partie qui a fait signifier, sans protestation, un jugement, ne peut plus en appeler.

L'exploit de l'huissier, attestant que c'est l'appelant qui a requis son ministère, fait pleine foi jusqu'à preuve contraire. [1]

Guillot-Goguet c. Guillot-Goguet.

Attendu que, par exploit du 26 août 1844, le sergent-royal Dumaz a verbalisé avoir signifié au requis de l'appelant, Antoine Guillot-Goguet, le jugement dont il s'agit, sans mentionner, de la part du requérant, aucune protestation de vouloir en appeler ;

Attendu qu'il est de principe qu'on peut d'une manière tacite acquiescer à un jugement ;

Attendu que cette espèce d'acquiescement résulte d'un acte exclusif de l'intention de se plaindre de la chose jugée ;

Attendu que la signification d'une sentence faite, comme dans l'espèce, sans réserve ni protestation, annonce évidemment, de la part de celui qui accomplit volontairement cet acte de procédure, l'intention formelle de vouloir exécuter cette sentence ;

Attendu qu'il importe peu que l'exploit du 26 août, ci-devant énoncé, n'ait pas été signifié à la personne de l'intimé, puisque le défaut de signification ne concerne que le laps des délais d'appel, et ne modifie en rien l'intention manifestée de l'appelant ;

Attendu, d'un autre côté, que si l'édit du 13 avril 1841, prescrit l'intimation de tout jugement, cette disposition doit être entendue d'une manière conforme aux principes sur la matière, et dès lors on doit la regarder comme une règle de procédure d'appel, statuant qu'aucun délai ne courra contre la partie pendant que le jugement

ne lui aura pas été signifié, et non point comme renfermant une obligation absolue d'intimer même une sentence qu'on n'aurait pas la volonté de mettre à exécution ;

Attendu que l'exploit du sergent-royal Dumaz fait foi de son contenu, du moins jusqu'à preuve contraire ; que, dès lors, il ne suffit pas, pour lui ôter sa valeur, de simples dénégations, ou du désaveu du procureur, comme l'appelant s'est borné à opposer :

Déclare Antoine Guillot-Goguet, non-recevable en son appel.

De la Charrière, *P.* De Juge, *R.*

---

13 Février 1846.

VENTE. — PROMESSE DE VENTE. — DATION EN PAIEMENT.

Art. 1303 C. c. (D. R.)

La promesse de vente, bien que valable en sa forme, n'opère point translation de la propriété, lorsque cet effet a été subordonné à une condition qui ne s'est pas accomplie.

Ainsi la dation en paiement d'un immeuble, consentie par acte sous seing-privé, passé à Genève, n'a pas eu pour effet de transporter le domaine de cet immeuble, s'il était convenu entre les parties que les conventions seraient rédigées en acte authentique, et si cette clause n'a pas été exécutée. [1]

Decroux c. Decroux et Vial.

Le Sénat : Attendu que bien que l'écrit sous seing-privé du 16 janvier 1819, fasse preuve des faits qui y sont énoncés, puisque Claude-Antoine Vial n'a pas dénié sa signature, néanmoins comme la dation en paiement des immeubles qui y est mentionnée, faite par Vial à Nicolas Decroux, en extinction de la créance de celui-ci, était subordonnée, suivant la contexture dudit écrit, à la passation d'un acte de vente en faveur dudit Decroux ; que cet acte de vente n'ayant pas eu lieu, on ne saurait, faute de l'accomplissement de cette condition, donner effet à la dation en paiement faite dans ledit écrit ;

Attendu qu'il a été reconnu au procès que Jeanneton Vial n'avait point participé à

---

[1] Concl. conf., 15 juillet 1843.

[1] V. Concl. 3 janvier 1844.

l'écrit précité; qu'il n'a point été établi qu'elle ait possédé de mauvaise foi les immeubles donnés en paiement à son mari; que, dès lors, le tribunal de Saint-Julien, en la condamnant conjointement avec sondit mari, à la restitution des immeubles dont il s'agit, et des fruits perçus dès la date de l'écrit précité, lui a fait grief; quant à ceux qu'elle a perçus dès la demande judiciaire, et pour le surplus des prétentions des parties, la cause n'étant pas suffisamment instruite, il importe d'acheminer celles-ci à procéder plus amplement:

Déclare le domaine des immeubles n'avoir été transféré à Nicolas Decroux par l'écrit privé du 16 janvier 1819. — Déclare Jeanneton Vial n'être tenue à restituer les fruits provenant desdits immeubles que depuis la demande judiciaire. — Pour le surplus ordonne que les parties procéderont.

PORTIER DU BELLAIR, *P.* ANSELME. *R.*

---

13 Février 1846

VENTE. — MENSURATION. — PRESCRIPTION.

Art. 1629 C. c.

L'action en supplément, ou en réduction de prix, se prescrit par un an, lorsque la vente d'un immeuble a été consentie pour un prix déterminé, à raison de tant la mesure, sauf à faire raison de la différence.

Cette disposition est applicable soit que les parties aient réservé expressément la faculté de faire procéder à mensuration, soit qu'elles aient gardé le silence à cet égard. [1]

NICOLET c. CRUSILLAT.

LE SÉNAT: Attendu en fait que par acte du 27 septembre 1840, Piaget notaire, l'intimé a vendu à l'appelant, à raison de 4 liv. la toise, diverses pièces de terre, dont la contenance y est indiquée, ainsi que le chiffre du prix calculé sur la base convenue, *avec faculté aux parties de faire procéder à mensuration, pour icelles se faire raison du plus ou moins, d'après le prix fixé de la toise;*

Attendu, en droit, que si, dans quelques

cas, la vente d'immeubles, faite à tant la mesure, ne devient parfaite que par la mensuration, ce ne peut être lorsque, comme dans l'acte sus-énoncé, on a indiqué et la contenance vendue, et le montant total du prix, calculé d'après cette contenance; que, dans ce dernier cas, la faculté que se sont réservée les parties de faire procéder à mensuration, n'a eu pour objet que de faire constater la véritable contenance, et d'amener une augmentation ou une diminution proportionnelle dans le prix stipulé;

Attendu que cette clause n'ajoute rien aux prévisions de la loi, ni au droit qu'elle confère à chacun des contractants, d'où naît la conséquence que soit que les parties aient convenu de faire procéder à mensuration, soit que, par leur silence à cet égard, elles s'en soient référées aux disposition de la loi, l'action en supplément ou en diminution de prix, a la même portée dans les deux hypothèses, et que sa durée doit être renfermée dans les limites fixées par l'art. 1629 C. c.:

Déclare prescrite l'action en supplément.

DE LA CHARRIÈRE, *P.* DE MONTBEL, *R.*

---

14 Février 1846.

COMPÉTENCE. — ERREUR.

Le tribunal de judicature-mage, saisi d'une contestation, est compétent pour réparer une erreur matérielle, commise dans le dispositif d'un arrêt rendu dans la même instance. [1]

FOLLIET c. FOLLIET.

André Folliet demande, pardevant le tribunal de Thonon, aux sieurs Joachim et Louis Raymond Folliet le remboursement des parts d'augment de leur mère et de leur aïeul, que son père, dont il est héritier, a payées pour eux aux dame Tavernier et Andrier, leurs sœurs;

Joachim et Louis Raymond Folliet répondent que, par arrêt du Sénat du 5 avril 1842, ils ont déjà été condamnés à payer au demandeur la somme de 1,250 liv., montant de la dot et de *l'augment* constitués à leur mère, qu'ainsi tout a été consommé par cet arrêt relativement à *l'augment;*

---

[1] Arrêt conf. 28 juin 1845 : Mermoz c. Marin; Arminjon, R. — 11 août 1845 : Odruz Dufour c. Chabert Laubé; de Juge, R.

[1] Concl. conf. 26 juin 1846.

que d'ailleurs il n'appartient qu'au Sénat d'interpréter cet arrêt, et de décider si, comme le prétend l'intimé, il a entendu par le mot *augment*, ne désigner que l'augmentation de dot constituée à leur mère.

LE SÉNAT : Attendu, quant à la nullité du jugement dont est appel, tirée de ce que, s'agissant de question de compétence on n'aurait pas communiqué les pièces au ministère public; que cette exception est formellement détruite par la production des conclusions de l'avocat-fiscal du 17 août 1843 qui, en envisageant comme le résultat d'une erreur matérielle l'emploi du mot *augment*, fait dans l'arrêt du 5 avril 1842, a opiné que le tribunal était compétent à juger la contestation qui lui était soumise, sans qu'il eût besoin de renvoyer les parties par-devant le Sénat pour l'interprétation du susdit arrêt;

Attendu que le tribunal en jugeant conformément à l'avis de l'avocat-fiscal, n'a fait que rendre hommage à la vérité, puisque les énonciations insérées dans le susdit arrêt démontraient clairement que le Sénat n'avait pas eu en vue l'augment proprement dit, mais bien l'augmentation de la dot constituée à la mère des appelants, ainsi qu'il l'a ensuite formellement déclaré par autre arrêt du 2 avril 1844;

Attendu qu'étant constant en fait, que Barnabé Folliet, père de l'intimé, a payé lui seul à ses deux sœurs, Thérèse et Polixène, les parts d'augment à elles afférentes, les appelants, qui ne disconviennent pas d'être co-héritiers, chacun pour un tiers, de leur père, débiteur originaire de l'augment, doivent rembourser à l'intimé tout ce que le père de celui-ci a payé pour eux:

Déclare Joachim et Louis Raymond Folliet non-recevables appelants.

DE LA CHARRIÈRE, *P.* COTTA, *R.*

---

21 Février 1846.

SUBSTITUTION PUPILLAIRE. — LÉGITIME. — FILLES. — EXCLUSION.

Art. 574 C. c. (D. R.)

La substitution pupillaire est considérée comme le testament de l'héritier pupille.

En conséquence, la sœur de ce dernier n'a rien à prétendre, à titre de légitime, sur le montant de cette hoirie.

PONTENIER C. PONTENIER.

LE SÉNAT : Attendu qu'il est constant au procès que Joseph-Marie Pontenier a laissé quatre enfants qui lui ont survécu, deux mâles et deux filles;

Attendu que, par son testament du 17 janvier 1817, Berthet notaire, ledit Pontenier, après avoir institué ses deux fils pupilles, ses héritiers universels, a substitué pupillairement et vulgairement celui des deux qui survivra à l'autre;

Attendu qu'il est constant au procès que Bernard-François Pontenier un des fils intimés, est décédé en âge de pupillarité le 30 décembre 1822;

Attendu que par suite de la substitution pupillaire, faite dans le testament précité, Bernard-François Pontenier, qui d'ailleurs n'était tenu à aucune réserve en faveur de l'intimée, est censé avoir disposé lui-même de ses avoirs;

Attendu que les dernières conclusions de l'intimé, qui tendent à obtenir un neuvième dans la succession paternelle, en supposant que le père Pontenier est décédé ne laissant à lui survivant que trois enfants, reposent sur une fiction contraire à un fait constant:

Déclare Marie-François Pontenier être sans droit dans la succession de son frère mort en pupillarité, et n'avoir pas droit au neuvième dans la succession de son père.

PORTIER DU BELLAIR, *P.* ANSELME, *R.*

---

21 Février 1846.

INHIBITIONS. — SEQUESTRE. — INFORMATIONS SOMMAIRES. — CAUTION POUR DOMMAGES ET INJURES.

Les séquestres obtenus sans informations préalables et sans caution pour dommages et injures, sauf dans les cas prévus par la loi, sont nuls de plein droit.

Il n'en est pas de même des simples inhibitions. [1]

---

[1] V. Arrêts conf., 25 mai 1816 : Jam c. Fox, Mareschal, R. — 6 juillet 1816 : Vial Cheissel c. femme Vial; Clert, R.

Arrêts contr., 14 avril 1810 : Moret c. Curtillet; Roch, R. — 18 janvier 1841 : Foncet c. Foncet, Arminjon, R.

COLLOMB C. DE WASSERVAS.

LE SÉNAT : Attendu que quoique le décret du 6 décembre 1843 n'emploie pas les expressions de *Saisies-séquestres*, on voit cependant que les dispositions de ce décret ne se rapportent pas seulement au séquestre des bois coupés et effets mobiliers appartenant à Collomb, mais encore à des inhibitions de payer, décernées à l'encontre des divers débiteurs dudit Collomb, dénommés dans la requête qui précède le décret ;

Attendu qu'aux termes du § 2, tit. 29, liv. 5, R. C., il ne peut être procédé à aucun séquestre, même avant le procès, à moins qu'il ne conste non-seulement de la dette, mais encore d'une manière concluante que celui contre qui cette mesure est provoquée, est légitimement suspect de de dilapidation ;

Attendu que les § 6 et 7 du même titre disposent en outre que dans tous les séquestres le requérant devra préalablement donner caution pour raison des dommages et injures, à moins qu'il ne se trouve dans l'un des cas prévus par le § 7 ;

Attendu que rien dans les pièces n'indique qu'il ait été fourni quelque information pour faire conster que Collomb fut suspect de dilapidation ; et que l'intimé n'a pas même allégué que le séquestre dont il s'agit ait été précédé d'aucune information de ce genre ;

Attendu qu'il ne résulte pas non plus que ce séquestre ait été précédé de la caution prescrite par le § 6 du titre précité R. C., et que l'intimé n'a point fait conster d'avoir quelque droit spécial ou privilégié, ou de se trouver dans aucun des autres cas prévus par le § 7 ;

Attendu qu'il existe de notables différences entre le séquestre proprement dit, et les simples inhibitions de payer, décernées à l'encontre des débiteurs du débiteur, car le séquestre a lieu pour des choses déterminées, tandis que les inhibitions s'accordent pour des créances indéterminées, et souvent même incertaines ; le séquestre s'opère ordinairement par le déplacement des objets séquestrés, tandis que les inhibitions ont lieu sans aucun déplacement d'effets ; le séquestre exige souvent la nomination d'un gardien, et il n'en faut point pour les inhibitions ; enfin le séquestre entraîne toujours une fâcheuse publicité qui n'existe point dans les simples inhibitions ; d'où il suit que l'on ne peut pas appliquer aux

inhibitions de payer les dispositions législatives du tit. 29, liv. 5 R. C., qui ne parlent que des séquestres, et que l'omission des formalités prescrites pour les séquestres ne peut pas entraîner la nullité de ces inhibitions, pour lesquelles il suffit que les juges aient quelques raisons plausibles de les accorder, quoiqu'ils n'aient pas pris des informations expresses à ce sujet ;

Attendu que les faits exposés par le requérant joints aux circonstances particulières de la cause, ont pu fournir au tribunal de Thonon des motifs suffisants pour accorder les inhibitions décernées par le décret du 6 décembre 1843 ;

Attendu, en ce qui touche les dommages réclamés, pour raison du séquestre des bois et autres objets mobiliers de l'appelant, que celui-ci, n'ayant droit qu'à la réparation des dommages résultant directement du séquestre, ne pourrait rien prétendre pour ceux qui auraient été la suite de sa négligence à provoquer les mesures qu'il aurait pu solliciter soit pour la main-levée du séquestre, soit pour la vente des effets séquestrés ;

Attendu que le défaut de développement donné par Collomb en première instance aux conclusions qu'il avait prises pour la nullité des saisies-séquestres dont il s'agit, n'était pas un motif suffisant pour faire rejeter sans autre ces conclusions :

Sans s'arrêter aux exceptions de Collomb, pour raison des inhibitions accordées à l'encontre des débiteurs désignés dans la requête qui a précédé le décret du 6 décembre 1843, déclare nul et de nul effet le séquestre des bois coupés auquel il a été procédé : condamne de Wasservas à la réparation des dommages et injures résultant directement du séquestre.

DE LA CHARRIÈRE, *P.* CLERT, *R.*

---

23 Février 1846.

FEMME MARIÉE. — VENTE. — PRÉSOMPTION DE LA LOI QUINTUS-MUCIUS. — RETRAIT SUCCESSORAL.

Art. 1602, 1664 C. c. (C. H.)

La vente faite entre époux, sous le Code civil français, est valide, si elle a pour objet le paiement d'une dette préexistante.

Les paiements faits par la femme séparée de biens,

sous l'empire de la même législation, sont présumés faits de ses deniers, jusqu'à preuve contraire.

On ne peut exclure, en vertu du retrait successoral, que les acquéreurs étrangers; il suffit, pour échapper au retrait, d'avoir sur la succession un droit de dot congrue, quelque minime qu'il soit.

REY ET CONSORTS C. FRONT, VEUVE REY.

LE SÉNAT : Attendu que l'art. 1595 du Code civil français en prohibant la vente entre époux, a néanmoins fait une exception pour les cas qui font l'objet des trois alinéa qu'il renferme;

Attendu qu'il résulte évidemment de l'esprit et de la lettre du second de ces alinéa, que le législateur a entendu valider toute vente faite par le mari à sa femme qui aurait une cause légitime; que s'il n'a cité que celle qui aurait pour objet le remploi des immeubles aliénés, ou des deniers appartenant à l'épouse, ce n'est que dans un but démonstratif, et nullement dans un sens limitatif;

Attendu que la vente faite par Martin Rey à Véronique Front, le 17 janvier 1809, pour le prix de 1,400 liv., a pour correspectif : 1° des paiements à faire à Pernette Dunand, à la fabrique des Allues, à celle de St-Laurent-de-la-Côte et aux hospices de Lyon, pour une somme de 1,145 liv. 50 cent.; 2° la libération de 184 liv., portée par acte du 19 nivôse an VII, Hybord notaire; 3° celle de 54 liv. 50 cent., d'un côté, et celle de 56 liv. d'autre part, que le mari déclare avoir reçues de sa femme en différentes fois; ce qui fait le montant de 1,400 liv.; de cette somme 1,269 liv. résultent de titres dont les appelants n'ont pas contesté la sincérité, il ne resterait donc que 150 liv. 50 cent., qui ne reposeraient que sur la confession de Martin Rey; mais cette somme est trop modique pour qu'on puisse en suspecter la sincérité, et supposer que le mari eût voulu en faire à sa femme une libéralité déguisée sous le voile d'un contrat onéreux, dès que, suivant la loi du temps du contrat, il pouvait disposer en faveur de son épouse, à titre gratuit, d'une valeur bien plus considérable, en persistant dans cette volonté jusqu'à son décès; il suit de là que l'acte prémentionné a une cause approuvée par la loi;

Attendu que les paiements effectués par la femme séparée de biens, étaient censés faits de ses propres deniers, sous l'empire du Code civil français; que cette présomption ne pouvait être détruite que par la preuve du contraire, ou par des présomptions plus graves et concordantes; que dans l'espèce, les appelants n'ont rien produit ni déduit pour administrer cette preuve; qu'ils n'ont également su invoquer d'autres présomptions que celle qu'ils ont cru tirer de ce que leur mère ne justifiait pas de la provenance des deniers avec lesquels elle avait payé les différentes acquisitions qu'elle avait faites durant le mariage;

Attendu, en ce qui touche le retrait successoral, qu'il suffit d'être héritier d'une quote-part, au moment du partage, pour être en droit d'en repousser l'exercice, parce que cette faculté n'ayant été accordée que dans le but d'éloigner les étrangers des secrets des familles, le motif n'existe plus, lorsque le cessionnaire se trouve cohéritier avant la division de l'hoirie, et qu'en cette qualité il a le droit de s'initier dans tout ce qui la constitue;

Attendu que Véronique Front ayant succédé, pour une partie à Joseph-Marie Rey son fils, décédé en 1829, a acquis par là la qualité de successible dans l'hérédité de Martin Rey, d'où il ressort qu'elle ne peut plus être écartée du partage de cette succession :

Déclare Bernard Rey et autres non-recevables appelants.

PORTIER DU BELLAIR, P. CLERT, R.

---

27 Février 1846.

APPEL. — VALEUR.

La valeur de la cause est suffisante lorsque l'acheteur d'immeubles valant plus de 1,200 liv., est sommé d'en délaisser une quote-part qui n'arrive pas à cette somme; si, à raison de l'indivisibilité des biens, la vente peut être résolue pour le tout, par suite de l'éviction partielle.

La valeur de la cause étant égale pour les deux parties, le vendeur est fondé à appeler également dans ce cas. [1]

BOCCARD C. BOCCARD.

LE SÉNAT : Attendu, pour ce qui concerne la valeur de la cause, qu'il résulte des pièces employées dans l'instance, que l'immeuble adjugé le 5 février 1846 à Ber-

---

[1] Concl. conf., 2 avril 1845.

nard Huissand, a été vendu par ce dernier, le 7 mars 1846, à François Boccard, pour le prix de 1,050 liv.; que Jean Boccard et ses sœurs, en proposant la nullité de l'adjudication de 1816, ont dirigé l'action en revendication, par eux intentée, pour les 4/5 de l'immeuble dont il s'agit, tant contre le possesseur actuel, François Boccard, que contre Bernard Huissand, son auteur; et que François Boccard a pris de son côté des conclusions en garantie contre ledit Huissand;

Attendu que si François Boccard se trouvait évincé de l'immeuble en question pour les 4/5, qui ont formé l'objet du procès en première instance, il ne pourrait être forcé à en retenir un cinquième seulement, mais qu'il serait fondé, en abandonnant tout l'immeuble, à demander la restitution du prix qu'il en a donné, outre les dommages-intérêts qu'il aurait encore le droit de réclamer, tant pour la perte qu'il éprouverait de l'immeuble, que pour les fruits qu'il serait obligé de restituer;

Qu'il résulte de ces considérations que les conclusions en garantie, prises en première instance par François Boccard, portaient sur une valeur indéterminée, et qui excéderait même évidemment 1,200 liv.; qu'ainsi la cause était appelable, quant à François Boccard et à Bernard Huissand;

Attendu qu'il suffit que la cause soit appelable à l'égard de l'une des parties, pour qu'elle le soit également à l'égard de l'autre, le droit d'appeler étant réciproque:

Ordonne que les parties procéderont plus amplement.

GRILLO, *P. P.*   DE St-BONNET, *R.*

---

27 *Février 1846.*

FRUITS. — INTÉRÊTS.

Art. 1244 C. c.

Suivant la jurisprudence ancienne, les fruits adjugés par jugements ne portent point intérêt.

Sous le Code civil, les intérêts ne sont dus que depuis le jour de la demande judiciaire, sauf convention contraire.

En conséquence, on ne doit pas procéder à un compte à l'échelette, des intérêts et des fruits.

CADET ET CONSORTS C. DANIEL CONSORTS.

LE SÉNAT : Attendu, en ce qui touche les réquisitions des demandeurs au principal,

pour faire rectifier la liquidation signée Renaud, et faire imputer à l'échelette, sur leur dette, la valeur des fruits à restituer par Saillet, avec intérêts de ces fruits; que l'arrêt du 20 avril 1839 a précisé ce qui devait être payé par chacune des parties, et n'a pas alloué les intérêts des fruits, intérêts qui n'étaient pas dus suivant la jurisprudence ancienne, et qui n'auraient dû courir que du jour de la demande judiciaire ou de la convention, dès la mise en vigueur du Code civil, art. 1246, ce qui ne se rencontre pas dans l'espèce; que le compte à l'échelette aurait pour résultat de les faire profiter indirectement de l'intérêt de ces fruits; qu'enfin ce compte ne peut avoir lieu dans aucun cas, puisque les dettes respectives résultent de titres différents; que les demandeurs au principal doivent directement aux frères Daniel, et ceux-ci à Saillet, en vertu des actes de vente énoncés en l'instance; qu'ainsi quels que soient les indications et le mode de paiement proposés par le liquidateur, pour faciliter la libération mutuelle, la position des parties entr'elles n'a pas changé :

Sans s'arrêter aux réquisitions des demandeurs au principal, pour la rectification de la liquidation Renaud, ordonne que les parties paraîtront par-devant le rapporteur (pour d'autres chefs).

GRILLO, *P. P.*   MONOD, *R.*

---

27 *Février 1846.*

SUCCESSION. — INVENTAIRE. — ACCEPTATION.

Art. 1016 C. c.

L'héritier qui, ayant fait inventaire dans le délai fixé par l'art. 1016, n'a pas déclaré accepter la succession, est héritier bénéficiaire de plein droit, et peut être poursuivi comme tel par les créanciers de la succession. [1]

JACQUET V⁰ EXERTIER C. POTHIER.

LE SÉNAT : Attendu que par arrêt du 26 avril 1844, il a été ordonné à la défenderesse, en sa qualité, de faire inventaire, et

---

[1] Concl. conf., 20 décembre 1845.
V. Arrêts du 26 avril 1844; Exertier c. Pothier; de Juge, R.; — et 19 janvier 1846, ci-devant.

do délibérer dans le délai de quatre mois, et que cet arrêt lui a été notifié par exploit du sergent-royal Auclair, le 8 mai suivant;

Attendu que si la défenderesse, en sa qualité, a fait procéder à l'inventaire prescrit dans le délai fixé par l'arrêt précité, elle n'a justifié d'aucune répudiation légalement faite de l'hoirie de spectable Pothier, d'où il suit que les filles de ce dernier doivent être considérées comme ses héritières sous bénéfice d'inventaire; et que, par conséquent, la demanderesse est fondée de poursuivre à leur encontre l'adjudication de ses conclusions :

Déclare exécutoire, à l'encontre des mineures Pothier, le décret du 18 octobre 1841.

DE LA CHARRIÈRE, *P.* DE JUGE, *R.*

N. B. Par ce décret, le Sénat, sur réquisitions de la demanderesse, avait fait, en conformité de l'art. 2543, commandement à spectable Pothier de payer diverses sommes portées par arrêt du 15 mai précédent; spectable Pothier étant décédé, on demandait l'exécution de ce décret contre ses héritières mineures.

---

27 Février 1846.

USUFRUIT. — CAUTION. — INVENTAIRE. — FRAIS.

Art. 513 C. c. (D. B.)

Sous les lois romaines, l'usufruitier ne pouvait en aucun cas être dispensé de donner caution.

La dispense portée par testament est sans effet lorsque l'hoirie s'est ouverte avant la mise en vigueur du Code civil, lors même que l'usufruitier ne se serait mis en possession que sous la loi nouvelle.

D'après la jurisprudence, les frais d'inventaire étaient à la charge de l'hoirie.

DÉSALMAND, FEMME DÉCARRON, C. FORESTIER, FEMME PATTORET.

LE SÉNAT : Attendu que suivant la jurisprudence qui était en vigueur soit à la date du testament fait par Désalmand, le 5 décembre 1850, soit à l'époque du décès dudit Désalmand, arrivé le 26 mai 1857, le testateur ne pouvait dispenser l'intimée à qui il a laissé l'usufruit de ses biens, de l'obligation de donner caution d'user en bon père de famille, des biens soumis à l'usufruit ;

Attendu que les droits et les obligations corrélatives entre l'héritière et l'usufruitière, se trouvant ainsi fixés, ils n'ont pu être modifiés par le Code civil qui nous régit dès 1838, et qui ne saurait avoir un effet rétroactif;

Attendu que bien que l'intimée se soit mise en possession des biens sans donner caution, elle n'est pas moins restée soumise à remplir cette obligation, qui a pour motif permanent le droit de l'appelante à être indemnisée, si l'intimée abuse des biens soumis à l'usufruit;

En ce qui concerne les frais à faire pour l'acte d'état des immeubles, et pour l'inventaire des créances :

Attendu que ces actes ayant pour objet de déterminer la consistance de l'hoirie, dans l'intérêt de l'héritière aussi bien que dans celui de l'usufruitière, les frais qu'ils occasionnent doivent être supportés par chacune d'elles, suivant la mesure de leurs droits, à moins que la loi ne renferme des dispositions contraires sur ce point;

Attendu que c'est d'après ces motifs que la jurisprudence en vigueur lorsque les droits des parties ont été ouverts, met les frais de l'inventaire à la charge de l'hoirie :

Ordonne que Françoise Forestier, femme Pattoret, fournira caution de jouir en bon père de famille, des biens soumis à son usufruit;

Et qu'il sera procédé, à la charge de l'hoirie, à l'acte de l'état des immeubles.

DE LA CHARRIÈRE, *P.* MARESCHAL, *R.*

---

3 Mars 1846.

VENTE. — FEMME. — INCAPACITÉ. — GARANTIE.

Art. 1578 C. c. (C. F.)

La femme mariée sous le régime de la communauté, n'a pas qualité pour vendre les biens communs.

Elle ne peut être tenue à garantir l'acquéreur lors même qu'elle aurait déclaré dans l'acte être libre en ses droits. [1]

---

[1] Concl. contr., 28 mai 1845.

Rozier, femme Gazel, c. Jacquet.

Le Sénat : Attendu qu'il est établi au procès que Michelle Rozier s'est mariée en 1812, avec Claude-François Gazel, sans contrat de mariage, par conséquent sous le régime de la communauté légale ; que par suite elle n'a pu s'obliger valablement par l'acte du 24 septembre 1835, Lachat notaire, à garantir la vente des immeubles y mentionnés, qu'elle n'avait pas droit de faire ;

Attendu qu'il n'est pas établi que la déclaration de la femme Gazel, dans l'acte précité, d'être libre en ses droits, ait eu lieu par suite d'un dol de nature à surprendre la bonne foi de l'intimé ;

Attendu qu'il est de règle que chacun doit connaître la condition de la personne avec laquelle il contracte ;

Que la chose était d'autant plus facile à l'intimé, qu'il habite la même commune que l'appelante ;

Attendu qu'il est aussi de principe que les clauses par lesquelles un incapable cherche à corroborer un acte qu'il n'a pas le droit de faire, sont sans effet, puisqu'elles participent au vice du contrat dans lequel elles ont été insérées ; qu'elles sont censées ne l'avoir été que dans le but d'éluder la loi prohibitive ; qu'ainsi il ne peut être le cas, sous aucun rapport, de s'arrêter à la déclaration de l'appelante, insérée dans l'acte dont il s'agit :

Par ces motifs, déboute François Jacquet de ses conclusions en garantie.

Portier du Bellair, P. Anselme, R.

6 Mars 1846.

VENTE. — RACHAT. — DÉLAI. — DIVISIBILITÉ — PURGATION HYPOTHÉCAIRE.

Art. 1661, 1663, 1666, 1659, 1678 C. c.

L'acquéreur avec pacte de rachat peut purger les hypothèques inscrites sur les immeubles ; en cas de surenchère, l'adjudicataire n'acquiert les biens qu'à la charge de se soumettre au rachat.

Il est en droit d'exiger le remboursement du prix d'adjudication, d'ordre, et tous les autres accessoires, lorsqu'il a été convenu que l'acheteur serait indemnisé de tous les frais faits pour se libérer valablement envers les créanciers.

Le terme de rachat, fixé à 6 ans avant la mise en vigueur du Code civil, est réduit à 5 ans par le Code civil.

Le tribunal peut accorder une prorogation d'une année ; en cas de refus, on peut appeler du jugement.

Le rachat doit être exercé pour la totalité des immeubles vendus.

Pétrier consorts c. Laplace.

Par acte du 5 septembre 1859, Laplace a acquis des sieurs Pétrier et Dérisoud, et des frères François, Joseph et Jacques Pétrier, divers immeubles.

Par autre acte du même jour, il a acensé ces immeubles à ces mêmes François Joseph et Jacques Pétrier.

Laplace fait transcrire son contrat et faire les notifications ; ces formalités amènent la subhastation des biens acquis ; il reste adjudicataire pour le prix de 17,500 liv.

Les frères Pétrier étant toujours restés en possession, à titre de fermiers, il les fait assigner à payer le montant des censes arréragées, et demande leur expulsion, ce qui lui est accordé.

Le Sénat : Attendu, en fait, que par acte du 5 septembre 1829, Crozet notaire, Jacques Laplace a acheté : 1° des frères François, Joseph et Jacques Pétrier, la généralité des immeubles dont il s'agit audit acte ; 2° de François Dérisoud et de Pierre Pétrier, d'autres pièces de terre, à eux vendues sous grâce de rachat, par lesdit frères Pétrier, en vertu d'actes des 28 septembre 1833, Laravoire notaire, et 19 novembre 1834, Crozet notaire ; que cette vente a été consentie pour la somme de 12,000 liv., sur laquelle 2,677 liv. ont été payées à François Dérisoud et à Pierre Pétrier, au moyen de billets à eux souscrits par l'acheteur, et les 9,025 liv. restantes ont été stipulées payables dans 5 ans, avec intérêts, aux créanciers des frères Pétrier, par ordre d'inscription, après avoir préalablement pris les précautions indiquées par la loi ; qu'il a été en outre convenu que ces derniers pourraient, pendant 6 ans, racheter tous les immeubles vendus par cet acte, en remboursant à l'acquéreur le prix de vente, les frais d'icelle, et tous ceux qu'il aurait faits pour se libérer valablement envers leurs créanciers ;

Attendu que, d'après une clause aussi formelle, Laplace aurait pu, en l'absence même de toute poursuite de la part des créanciers hypothécaires, faire transcrire et notifier son contrat, afin d'arriver à la purge des biens par lui achetés;

Attendu que le jugement d'adjudication sous date du 25 février 1841, porte qu'il sera facultatif aux frères Pétrier de rédimer les immeubles qui en font l'objet, en remboursant à l'acquéreur les frais de l'acte de vente, ceux qu'il aura faits pour purger valablement, et tout ce qu'il aurait payé à compte du prix;

Attendu que Laplace, adjudicataire, en faisant procéder à l'ordre, a acquiescé à ce jugement, et s'est ainsi soumis à l'éventualité du rachat;

Attendu qu'en consentant à l'exercice du réméré, à la charge par les frères Pétrier, 1° de payer les frais de la revente; 2° de rembourser ceux de la vente; 3° de le rendre indemne, en lui remboursant le prix de l'adjudication, tous frais accessoires, ainsi que les sommes payées à François Dérisoud et à Pierre Pétrier, et les fruits des immeubles dont il n'a pas joui, le tout avec dommages-intérêts tels que de droit, Laplace a fait des offres satisfactoires, que les frères Pétrier ont mal-à-propos critiquées;

Attendu que si le délai du rachat, fixé à six ans dans le contrat, devait être réduit à cinq ans, aux termes du Code civil, les vendeurs pouvaient cependant, d'après le même code, obtenir la prorogation de ce dernier terme, qu'ils avaient demandée avant qu'il fût expiré;

Attendu que, dans cet état de choses, le tribunal, au lieu de débouter les appelants de leurs conclusions, aurait dû énoncer les conditions sous lesquelles ils pouvaient racheter;

Attendu que par l'acte sus-énoncé du 5 septembre 1839, les frères Pétrier se sont réservé de racheter non-seulement les immeubles par eux vendus, mais encore ceux qui, de leur consentement, étaient vendus par Dérisoud et Pierre Pétrier; d'où il suit que Laplace est en droit, par une juste réciprocité, d'exiger qu'ils les rachètent tous, même ceux qui ne seraient pas compris dans l'adjudication;

Attendu que si l'un des demandeurs a acquiescé au jugement du tribunal, il ne s'ensuit pas que les autres co-vendeurs aient le droit de rédimer seulement pour la part qui leur est afférente dans les immeubles vendus, soit parce que, comme il a été dit, le rachat avait été convenu pour le tout, soit parce que la division des im-

meubles pourrait les déprécier, et léser les intérêts de l'acheteur, qui n'a consenti au rachat que parce qu'il devait comprendre tous les immeubles;

Par ces motifs, proroge d'une année le terme légal du rachat, lequel commencera à courir dès le jour de la notification du présent arrêt; déclare en conséquence les demandeurs admissibles à racheter tous les immeubles; à la charge de rembourser, 1° le prix d'adjudication; 2° celui des immeubles vendus par le contrat de 1839, non compris dans l'adjudication; 3° les frais dudit contrat, ceux de l'acte de rachat, ceux de l'adjudication, tous ceux qui ont été légitimement faits pour la purge des immeubles dont il s'agit, pour la procédure et le jugement d'ordre; à la charge en outre de tenir compte, tant par imputation qu'autrement, à Laplace, des fruits des immeubles vendus dont il n'a pas joui, et de payer tous les dépens définitivement adjugés, ceux du jugement dont est appel, de l'instance qui l'a précédé, et le coût du présent arrêt.

De la Charrière, *P.* De Montbel, *R.*

---

6 Mars 1846.

APPEL. — MOYENS NOUVEAUX.
— PREMIER DEGRÉ DE JURIDICTION.

On peut proposer en appel des moyens nouveaux qui n'ont pas subi le premier degré de juridiction, mais non pas une action nouvelle. [1]

Celui qui a critiqué la demande en collocation d'un créancier, en soutenant qu'il était héritier du débiteur, peut lui opposer en appel que la créance était simulée.

C'est un moyen nouveau et non une action nouvelle.

CLÉMENT - BŒUF c. PONCET.

En première instance, les frères Clément-Bœuf avaient été considérés comme héritiers de leur père, et comme tels, déboutés de la demande en collocation qu'ils avaient formée contre son hoirie, dont les biens étaient mis en distribution. Le Sénat ayant prononcé qu'ils ne pouvaient être tenus

[1] V. Arrêt conf. du 17 mai 1813 : Brun c. Brun; De Juge, R.

pour héritiers, les créanciers dans l'ordre opposèrent de simulation à la créance.

LE SÉNAT : Attendu, en ce qui concerne le point de savoir si la cause, au fond, a subi le premier degré de juridiction, ou si elle doit être renvoyée par-devant les premiers juges pour statuer sur l'exception de simulation, élevée subsidiairement contre la créance des appelants;

Attendu, à cet égard, que si, en thèse générale, on ne peut porter en appel une demande nouvelle, ce principe est rigoureusement limité aux demandes, et ne s'applique point aux exceptions et aux moyens que les parties invoquent pour étayer leurs prétentions respectives; que les moyens de défense peuvent être présentés en appel, sans violer la règle des deux degrés de juridiction; parce que la demande a épuisé le premier degré, et que c'est elle seule qui doit le subir, et non les moyens qu'on lui oppose;

Attendu qu'en faisant l'application de ces principes à la cause, il en résulte que peu importe que le tribunal de Bonneville n'ait rien statué sur l'exception de simulation de la créance des frères Clément-Bœuf, quoiqu'elle eût été soumise à son examen, leur demande n'a pas moins éprouvé le premier degré de juridiction, et ne se trouve pas moins dévolue au second degré;

Attendu néanmoins qu'il ne peut être prononcé sur l'exception prémentionnée et sur les autres moyens qui peuvent être soulevés contre la créance des appelants, qu'en contradictoire d'un curateur nommé à l'hoirie jacente de Joseph Clément-Bœuf, en conformité des articles 154 et 155 C. c. :

Par ces motifs, avant de statuer sur la validité ou la simulation de la créance des frères Clément-Bœuf, ordonne qu'à leur diligence, il sera nommé un curateur à l'hoirie de leur père.

PORTIER DU BELLAIR, *P.* SEITTER, *R.*

---

7 Mars 1846.

CESSION. — CRÉANCE LITIGIEUSE. — SERMENT.

Art. 1705 C. c. (D. R.)

Est considérée comme litigieuse une créance adjugée par jugement définitif, à charge de prêter un serment purgatif, tant que ce serment n'est pas prêté.

En conséquence, le cessionnaire est passible des exceptions tirées des lois *per diversas et ab anastasio.* [1]

GROSSET-MAGAGNE C. FRANCOZ.

LE SÉNAT : Attendu que, par son jugement du 14 janvier 1855, le tribunal de judicature-mage de Bonneville, en condamnant Jean-Marie Francoz à payer à Socquet les sommes demandées par ce dernier, a ordonné que, pour et avant l'exigibilité de ces sommes, Socquet prêterait le serment dont les termes sont énoncés dans le jugement;

Attendu que dès que la créance dérivant de ce jugement se trouvait subordonnée à la condition que le serment serait prêté, elle restait à l'état de droit éventuel et incertain, tant que la condition n'était pas remplie;

Attendu que la cession d'un tel droit qui a été l'objet de l'acte du 4 mars 1856, Brèches notaire, rentre dans la disposition des lois *per diversas ab Anastasio, Cod. Mand.*, lesquelles étaient en vigueur à la date dudit acte, et que dès lors l'intimé est bien en droit de se soustraire aux conséquences que peut avoir le jugement du 14 janvier 1855, en remboursant le prix réel de la cession :

Déclare Grosset-Magagne non-recevable en son appel.

GRILLO, *P. P.*, ARMINJON, *R.*

---

7 Mars 1846.

DONATION DÉGUISÉE. — RÉDUCTION. — DOT CONGRUE. — APPEL. — MOYENS NOUVEAUX. — RENVOI.

Art. 1134 C. c. (R. C.)

La donation rédigée en forme de contrat onéreux, est valide toutes les fois qu'elle n'a pas pour but d'éluder les prescriptions de la loi.

Elle est cependant réductible en faveur des légitimaires, au taux fixé pour la quotité disponible. [2]

La fille qui s'est constitué en dot le legs à elle fait pour lui tenir lieu de ses droits légitimaires, n'est

---

[1] Concl. conf. 5 août 1844.
[2] Concl. conf., 2 janvier 1845.
Arrêt conf., 27 mai 1812 : Burtin c. Baillard ; Cotta, *R.*

point censée avoir renoncé à demander un supplément. [1]

Elle peut en appel proposer l'action en réduction, bien qu'elle n'ait pas subi le premier degré de juridiction, et que le tribunal de première instance n'ait statué que sur les conclusions en nullité. [2]

BISILLIAT-DONNET, FEMME LALLEMAND, c. FAUGERAND.

Quelques jours seulement avant sa mort, par acte du 27 février 1834, Bisilliat-Donnet vendit à Péronne Faugerand, l'une de ses filles, la majeure partie de ses biens. Cette vente fut attaquée comme donation déguisée sous la forme d'un contrat onéreux. Sur cette question,

Le Sénat : Attendu que toutes les clauses insérées dans l'acte du 27 février 1834, Moino notaire, ainsi que les qualités des parties qui les ont stipulées, indiquent clairement que quelle que soit la qualification qu'on ait donnée à cet acte, il ne contient en substance qu'une donation déguisée sous la forme d'un contrat à titre onéreux ;

Attendu que les donations de ce genre ne sont point soumises aux solennités requises pour les donations proprement dites ; mais qu'il suffit qu'on ait observé les formalités exigées pour les actes qui les renferment ;

Attendu que, suivant les principes du droit, pour que la simulation vicie radicalement les actes dans lesquels elle est intervenue, il faut que les parties aient eu pour objet principal et direct d'éluder la prohibition expresse de la loi ;

Qu'aucune preuve ou indice de cette intention ne se rencontrant dans l'espèce, la donation déguisée dans l'acte sus-énoncé, doit sortir son plein et entier effet ;

Attendu, néanmoins, que toute donation faite à l'un des successibles en ligne directe pouvant être réduite si elle excède la portion dont le donateur pouvait disposer, l'appelante peut demander un supplément de légitime ou de dot congrue, si elle croit que la somme de 500 liv. que doit lui payer sa sœur dans le terme et de la manière indiqués au susdit acte, n'est pas suffisante pour la remplir de ses droits ;

Attendu que les intimés ne peuvent tirer

contre l'appelante aucune fin de non-recevoir, de ce que cette dernière, par l'acte du 22 juillet 1838, Moino notaire, se serait constitué en dot la somme sus-énoncée, soit parce que les intimés n'ayant pas paru à cet acte, il est *res inter alios acta*, qui ne peut leur profiter, comme il ne pourrait leur nuire, soit parce que la simple constitution en dot d'une somme léguée ou promise, faite par une fille, ne peut, aux termes du droit, faire présumer une tacite renonciation aux plus amples droits qui pourraient lui compéter pour un supplément, si la somme léguée ou promise n'est pas suffisante pour la remplir de ses droits ;

Attendu que les conclusions prises par l'appelante à cet égard, ayant une connexité intime avec la question agitée sur la validité de l'acte du 27 février 1834, comme renfermant une donation déguisée, rien n'empêche qu'elle ne puisse les proposer en cause d'appel, quoiqu'elles n'aient pas encore subi le premier degré de juridiction ;

Attendu, néanmoins, que sous ce rapport la cause n'est pas prête à recevoir jugement ;

Déclare la donation contenue dans l'acte du 27 février 1834, devoir sortir son plein et entier effet, sauf et réservé à Louise Bisilliat-Donnet les droits qui peuvent lui compéter pour supplément de légitime.

De la Charrière, P. Cotta, R.

---

13 Mars 1846.

TESTAMENT. — SIGNATURE.

Art. 748 C. c.

La déclaration du testateur de ne savoir écrire, équivant à celle de ne savoir signer. [1]

Le testateur n'est pas censé savoir signer, bien qu'il ait apposé quelquefois sa signature, si cette signature n'est composée que de caractères irréguliers, péniblement tracés, et qui dénotent l'inexpérience du signataire.

VUARAMBON c. VUARAMBON.

Le Sénat : Attendu qu'il résulte du rapport d'experts du 20 juin 1845, que les signatures de Jean-Marie-Jacques Vuaram-

---

[1] V. arrêt du 28 mars 1844 : Philippe c. Philippe ; De Brichanteau, R.

[2] V. 17 mai 1813 : Brun c. Brun ; De Juge, R. — Et 6 mars 1846 : Clément-Bœuf c. Poncet ; Seltier, R.

[1] V. arrêt du 2 décembre 1813, dans la même cause.

bon, apposées dans les deux actes des 1er janvier et 10 juin 1809, sont formées comme celles des gens de la campagne qui apprennent à écrire et qui auraient un modèle devant eux ; qu'elles paraissent évidemment avoir été faites par une personne nullement habituée à signer, et qu'elles ne consistent que dans des caractères irréguliers, péniblement tracés, et qui n'ont point la forme d'une écriture courante et positive ; les experts ajoutant même qu'ils sont portés à croire que la main du signataire a encore été dirigée par une autre main habituée à écrire, et qu'à raison de sa raideur elle a opposé quelque résistance dans la formation des lettres ;

Attendu que ce rapport d'experts établit pleinement le fait admis en preuve par le précédent arrêt du 2 décembre 1843, et démontre que ledit Jean-Marie-Jacques Vuarambon, dont on n'a pu représenter que ces deux seules signatures, était réellement un homme illitéré qui savait tout au plus tracer péniblement et d'une manière informe les lettres de son nom ; qu'en conséquence, il a bien pu déclarer de bonne foi et avec sincérité, dans le testament dont il s'agit, comme il l'a également déclaré dans les autres actes produits au procès, qu'il ne savait pas signer ;

Attendu, qu'étant ainsi reconnu que la déclaration faite par le testateur de ne savoir signer a été sincère, il ne reste plus de doute que le testament ne renferme réellement sa volonté ; ce qui suffit pour la validité du testament, parce que la signature ou la mention de ne savoir signer, n'ont été exigées dans les testaments notariés que pour constater la volonté du testateur :

Par ces motifs, déclare les demandeurs non-recevables en leurs conclusions.

DE LA CHARRIÈRE, P. CLERT, R.

---

14 Mars 1846.

COMPÉTENCE. — RESTAURATION. — SUBHASTATION. — NULLITÉ. — PRESCRIPTION DE 10 ANS. — GARANTIE.

Les instances pendantes au moment de la Restauration, devant un tribunal devenu étranger, ont dû être portées au Sénat, à teneur du manifeste sénatorial du 31 janvier 1815.

Les jugements rendus par les tribunaux, au mé-

pris de cette disposition, sont frappés de nullité absolue.

La prescription de 10 et 20 ans n'est pas admise dans notre jurisprudence, même en matière hypothécaire.

Le créancier poursuivant n'est pas responsable, envers l'adjudicataire, de la nullité d'adjudication résultant de l'incompétence du tribunal. [1]

DAUDIN c. BOUTHILLIER - BEAUMONT ET AUTRES.

Cougnard, créancier de François Daudin, poursuivait le recouvrement de sa créance sur les biens de son débiteur, situés dans la province de Carouge. Les enchères préparatoires eurent lieu par-devant le tribunal de Genève, le 26 février 1814 ; mais par suite des événements politiques, il ne put être passé à l'adjudication définitive.

En 1816, Cougnard se pourvut au jugemaje de la province de Carouge pour reprendre l'instance suivie devant le tribunal de Genève et faire ordonner la vente définitive des immeubles de son débiteur ; par jugement contumacial du 26 avril même année, il fut fait droit à ses conclusions, et les biens furent adjugés à Bouthillier-Beaumont.

François Daudin, dans le courant de 1842, s'est pourvu au Sénat et a demandé la nullité de la sentence du 26 avril 1816, ainsi que celle de l'adjudication ; il se fondait : 1° sur ce que, d'après l'art. 7 du manifeste du 31 janvier 1815, Cougnard aurait dû se pourvoir au Sénat ; 2° sur des vices de forme dont était entachée l'adjudication.

Les défendeurs Cougnard et Bouthillier-Beaumont ont opposé à la demande plusieurs exceptions, et, entre autres, ils ont dit que les délais d'appel de la sentence du 26 avril 1816, étaient expirés, et enfin ils ont opposé de prescription décennale à l'action principale.

Sur ce, LE SÉNAT :

Attendu que l'usucapion n'est pas admise par les Royales Constitutions, suivant lesquelles toutes actions personnelles, réelles et mixtes ne se prescrivent que par trente ans, à l'exception de celles pour lesquelles elles fixent expressément un autre terme ; que l'action compétant au demandeur n'est point dans l'un des cas exceptés ;

Attendu que Cougnard avait déjà commencé, par-devant le tribunal de Genève, une

---

[1] Concl. conf., 8 août 1844.

instance en expropriation forcée des mêmes
biens qui font l'objet du procès actuel, et
l'avait poursuivie jusqu'à l'adjudication
préparatoire inclusivement ; que, dans l'intervalle de cette adjudication au jour fixé
pour l'adjudication définitive, le tribunal
de Genève avait cessé d'avoir juridiction
sur les biens dont il s'agit ;

Attendu que, d'après la combinaison des
articles 5 et 7 du manifeste sénatorial du
31 janvier 1815, les saisies immobilières
déjà dénoncées au débiteur saisi sous les
lois françaises, devaient être portées exclusivement céans, lorsque les tribunaux où
ces affaires étaient pendantes, étaient devenus étrangers au ressort du Sénat ;

Attendu que Cougnard, au lieu de se conformer à ces dispositions, a repris son instance en expropriation, au même point où
elle était restée au tribunal de Genève, et
l'a portée par-devant le juge-mage de Saint-
Julien ; que ce magistrat, par sentence du
26 avril 1816, ayant égard à l'adjudication
préparatoire ci-dessus énoncée, a ordonné
que l'aliénation desdits immeubles serait
faite par une seule enchère ;

Attendu que cette sentence ayant été incompétemment rendue *ratione materiæ*, est
frappée de nullité ainsi que l'adjudication
et le contrat de vente passé à Bouthillier-
Beaumont, le 18 juillet 1816, qui ont été
faits en exécution de ladite sentence ;

Attendu, quant aux conclusions de garantie prises par Bouthillier-Beaumont contre Cougnard, que ce dernier n'a passé l'acte
de vente du 18 juillet qu'en suite d'un ordre émané de la justice et en sa qualité de
créancier, et qu'il ne s'y est soumis qu'à la
garantie portée par le droit commun ; que,
d'un autre côté, rien ne peut faire présumer que ce soit par dol qu'il ait porté, devant le juge-mage de St-Julien, son action
au mépris de la juridiction du Sénat ;

Qu'au contraire, tout fait croire que ce
n'est de sa part qu'une ignorance du droit
qui ne constitue qu'une simple faute, laquelle ne le soumettrait pas à tous les dommages que Bouthillier peut souffrir par suite
de l'éviction dont s'agit, mais seulement à
la restitution de ses déboursés ; que lui-
même doit s'imputer de n'avoir pas porté
son attention sur le tribunal qui était compétent pour ordonner la subhastation des
biens dont il s'est rendu adjudicataire :

Par ces motifs, déclare nulle et de nul
effet la sentence du 26 avril 1816.

PORTIER DU BELLAIR, *P.* SEITIER, *R.*

---

17 Mars 1846.

SUBHASTATION. — APPEL. — VALEUR.

La faculté d'appeler doit être égale pour les deux
parties.

En conséquence, le créancier qui exerce une action
hypothécaire sur un immeuble dont la valeur excède
1,200 liv., peut appeler, bien que la somme demandée n'arrive pas à ce chiffre. [1]

RIVOLET c. ROBERT.

LE SÉNAT : Attendu que la jurisprudence
ayant déjà adopté en maxime, dans les cas
d'appel de la part des tiers-possesseurs
évincés, que la valeur du litige se mesure
sur celle de l'immeuble soumis aux poursuites du créancier, quoiqu'elle ne se ren-
contrât pas dans la somme demandée, il ne
serait pas contraire à la justice d'admettre
aussi l'appel dans ce cas pour le créancier
poursuivant lui-même, soit parce que sa
demande et ses conclusions affectent toujours en réalité l'immeuble entier, soit
parce que la valeur de la cause doit être
considérée comme un fait indivisible entre
les parties, indépendant conséquemment
de la mesure d'intérêt d'une seule d'entre
elles, et qui ne doit pas moins appartenir
au demandeur qu'au défendeur par un juste
droit d'égalité et de réciprocité dans la
même cause ;

Que celle-ci n'étant pas comprise dans le
dernier alinéa de l'article 112 de l'édit hypothécaire, il serait d'ailleurs suffisamment
certain que les biens qui font l'objet de
l'action en expropriation de l'appelant valent plus de 1,200 livres, puisque l'intimé
lui-même les a payés 3,500 livres :

Qu'ainsi l'appel serait admissible sous ce
rapport.

GRILLO, *P. P.* D'ARCOLLIÈRES, *R.*

---

[1] Concl. conf., 15 juillet 1815.
Arrêt conf., 14 janvier 1839 : Lydrel c. Vallier ;
Picolet, R.— 2 juillet 1844 : Ponçon et Girod c. Pu-
geal ; Jacquemoud, R.

17 Mars 1846.

CHAMBRE DES COMPTES. — COMPÉTENCE. — POSTE. — VOITURES PUBLIQUES.

La compétence de la chambre des comptes en matière de postes, est restreinte aux contestations relatives au service des postes, et à celles où l'inspection générale est intéressée.

Les poursuites des maîtres de postes contre les entrepreneurs de voitures publiques, pour les contraindre à payer la rétribution fixée, est de la compétence des tribunaux ordinaires.

Les seules voitures qui usent des chevaux de la poste, ou qui ont des relais particuliers sur les routes parcourues par la poste royale, sont assujetties à la rétribution de 25 centimes par poste, ou par tête de cheval.

Les autres voitures, bien que partant à heure fixe, changeant de chevaux aux points de départ, et correspondant avec un service régulier de postes établi sur le territoire étranger, n'y sont point soumises. [1]

DURAND, FEMME LACOUR, C. RIVAUD, VICHET ET AUTRES.

LE SÉNAT : Attendu, sur l'exception d'incompétence, qu'il résulte de la combinaison des art. 103 et 105 du chapitre 15 de l'édit du 30 mars 1836, la seule loi qui doive régler la compétence des tribunaux en matière postale, que le législateur n'a point entendu soumettre (comme le prétendent les intimés) à la juridiction de la chambre des comptes, tous les appels des causes que pourraient faire naître les dispositions de cette loi ; il en ressort au contraire qu'il ne lui attribue que les appels des contestations relatives au service des postes, et celles dans lesquelles l'inspection générale de cette branche serait intéressée ; en effet, tout en plaçant (art. 103) dans les attributions de la chambre la haute juridiction des causes civiles sur les postes, le législateur ajoute : « les tribunaux l'exercent en premier degré, sauf l'appel, d'après les règles sanctionnées par l'édit du 27 septembre 1822, « et dans la conformité établie ci-après ; » ces dernières expressions apportent déjà une restriction aux dispositions des lois précédentes, et l'art. 105 vient ensuite expliquer cette restriction en fixant la compé-

[1] Concl. conf., 12 janvier 1846.

tence de la chambre des comptes, et en déterminant quels sont les appels des décisions des tribunaux que la loi fait entrer dans le cercle de ses attributions, et l'on voit qu'elle n'y place que les appels des causes qui ont pour objet l'exécution et l'interprétation des contrats concernant le service des postes, de celles qui intéressent cette haute inspection générale ; soit qu'elles aient lieu avec l'administration, soit qu'elles s'agitent entre employés des postes, et généralement toutes celles qui regardent ce service. Or, la contestation ventilante entre les parties n'a point pour objet un contrat, elle n'existe pas entre employés des postes ; on ne peut pas donner cette qualification à Durand ni à ses héritiers ; l'administration et le service y sont tout-à-fait étrangers et sans intérêt quelconque, car quelle que soit la décision à intervenir sur ce procès, qu'elle soit favorable ou non aux intimés, elle ne peut exercer aucune influence sur les engagements par eux contractés envers l'administration des postes ; ils seront toujours obligés de les exécuter. Il suit de ces observations que l'exception d'incompétence soulevée par Rivaud et Vichet, est sans fondement, et que s'il y avait quelque doute à cet égard, il faudrait encore le résoudre en faveur de la juridiction ordinaire ;

Attendu, au fond, que l'art. 60 de l'édit du 21 juillet 1825, n'assujétit point les propriétaires ou les entrepreneurs des voitures publiques à se servir des chevaux des relais que les maîtres de poste ont établis sur le trajet que lesdits entrepreneurs ont à parcourir, en conformité de leur autorisation ;

Attendu que cette même disposition ne les oblige pas non plus à tenir des relais particuliers sur leur route, qu'elle se borne à leur en accorder la faculté ; et que ce n'est que dans le cas où ils s'en prévalent, qu'elle les soumet à la rétribution de 25 cent. par poste et par cheval, en faveur des maîtres de poste, faculté dont les appelants ni leur [...] n'ont fait usage ;

Attendu que d'après la signification propre du mot relais, et le sens que le législateur y a attaché dans l'art. 60 précité et dans plusieurs autres dispositions des lois postales, le relais est la substitution de chevaux frais à la place d'autres chevaux, faite entre le lieu du départ et celui de l'arrivée, et nullement le changement de chevaux au lieu du départ seulement ;

Attendu, quant aux productions faites,

et aux faits déduits dans l'écriture du 20 février, données longtemps après l'appointement de la cause, que ces productions ne peuvent être opposées aux appelants, n'émanant ni d'eux, ni de leur auteur Antoine Durand, elles leur sont tout-à-fait étrangères; que les faits sont également irrélévatoires, et d'abord les quatre premiers, parce que lorsqu'il serait établi qu'il existe une entente entre la diligence des consort Durand, et la diligence du courrier de Lyon, de se remettre, au Pont-de-Beauvoisin, les voyageurs qui se rendent de Chambéry à Lyon, et réciproquement, on ne pourrait pas en tirer la conséquence que ces deux diligences ne constituent qu'un seul et même service, et lors même qu'on pourrait le supposer, ce serait toujours deux entreprises différentes, puisque c'est la voiture Durand qui exécute le service du Pont à Chambéry, soit sur notre territoire, et non la diligence du courrier de Lyon; et cette voiture nationale, comme on l'a déjà dit, n'ayant point de relais particuliers dans le trajet qu'elle parcourt, est affranchie de toute indemnité envers les maîtres de poste;

Il en est de même du cinquième fait, car ladite indemnité n'est pas imposée à la célérité de la course, mais uniquement à l'établissement des relais particuliers, dans une étendue de route où les maîtres de poste sont obligés de relayer:

Par ces motifs, sans s'arrêter aux faits articulés par Rivaud et autres, les déboute de leurs conclusions.

PORTIER DU BELLAIR, *P.* SEITIER, *R.*

---

21 Mars 1846.

EVOCATION. — COMPÉTENCE. — USURE. — SERMENT.

Art. 1474 C. c.

Les tribunaux de judicature-mage sont exclusivement compétents pour connaître des délits d'usure.

Le Sénat n'est pas censé avoir évoqué la cause en ordonnant de nouvelles informations, et réformant une ordonnance de *non-lieu.*

Les faits d'usure ne peuvent former la matière d'un serment.

VALLIER C. DIDIER-CHABERT.

LE SÉNAT : Attendu, en faits, que sur la demande en paiement portée par Vallier

devant le tribunal, Chabert lui a déféré le serment sur plusieurs faits d'usure;

Que l'avocat-fiscal, à qui les pièces ont été communiquées, ayant présenté une remontrance pour qu'il fût informé en voie criminelle, le tribunal a rendu l'ordonnance du 13 juillet 1844, qui déclare n'y avoir lieu à procéder; que, sur les instances de Chabert, et ouï l'avocat-fiscal-général, le Sénat a rendu l'ordonnance du 7 septembre suivant, par laquelle, sans s'arrêter à celle rendue par le tribunal, il a commis l'assesseur-instructeur pour recevoir la plainte de Chabert, et procéder à information sur les faits qu'il signalerait;

Qu'ensuite des informations prises en vertu de cette ordonnance, et conformément aux conclusions de l'avocat-fiscal, le tribunal a rendu l'ordonnance du 21 juin 1845, qui déclare n'y avoir lieu à ultérieures poursuites;

Qu'enfin, par jugement rendu le 22 juillet suivant, entre Vallier, demandeur, et Chabert, défendeur, le tribunal a condamné Chabert au paiement des sommes demandées;

Attendu que, soit d'après les Lettres-Patentes du 19 mai 1851, qui ont substitué la peine de la prison à la confiscation des biens portée par le § 1er R. C., au chapitre *Des usures;* soit d'après l'article 517 C. p., qui punit l'usure de l'emprisonnement, le tribunal de Chambéry était appelé à connaître, en voie ordinaire, des faits dénoncés par Chabert;

Attendu que bien qu'à teneur de l'art. 5 des Lettres-Patentes du 11 janvier 1840, le Sénat puisse, pour de graves motifs, évoquer la connaissance des délits de la compétence des tribunaux inférieurs, toutefois, la cause dont s'agit ne présentant pas de motifs graves, et l'ordonnance sénatoriale du 7 septembre 1844 ne faisant aucune mention d'évocation, on doit admettre qu'elle n'a eu d'autre objet que d'écarter l'ordonnance de non-lieu, rendue par le tribunal et de réexciter, par ce moyen la juridiction ordinaire;

Attendu que le fait d'usure étant incriminé par la loi, il ne pouvait, aux termes de l'art. 1474 du Code civil, faire la matière du serment déféré par Chabert dans l'instance civile;

Déclare Didier Chabert non-recevable.

DE MONTBEL. MARESCHAL, *R.*

FAILLITE. — CONCORDAT.
— AFFIRMATION DES CRÉANCES
— MANDATAIRE.

Art. 533 C. de comm.

Peuvent seuls prendre part au concordat, les créanciers dont les créances ont été régulièrement affirmées.

L'affirmation, à supposer qu'elle puisse être faite par procureur, ne pourrait l'être qu'en termes précis, et non par serment sur la simple science ou opinion du mandataire. [1]

HEUSSY LES CONSORTS C. ROUX.

La faillite des frères Georges et André Heussy, ayant été déclarée par jugement du tribunal de Thonon, sous date du 10 février 1845, les créanciers produisirent leurs titres.

Marguerite Heussy, femme de l'un des faillis, se présenta également; sa créance fut vérifiée, elle fut affirmée par le sieur Berger-Magnus son mandataire; il jura que la somme de 12,000 liv. était réellement due à la femme Heussy, pour le lui avoir ouï dire dès nombre d'années.

Le même jour il y eut lieu à la formation d'un concordat qui fut accepté par la majorité, représentant plus des trois quarts des créances vérifiées et affirmées; parmi les acceptants se trouvait la femme Heussy, et en déduisant sa créance, la majorité des trois quarts ne se rencontrait plus.

Les créanciers opposants soulevèrent alors la nullité du concordat, disant que la femme Heussy n'aurait pu y prendre part, sa créance n'ayant pas été affirmée.

Sur cette question, LE SÉNAT : Attendu qu'en supposant que Marguerite Heussy ait pu donner pouvoir par lettre, à Magnus-Berger, d'affirmer pour elle la sincérité de sa créance devant le juge commissaire de la faillite dont il s'agit, les termes employés par ledit Berger, dans le verbal du 14 mai dernier, pour remplir ce mandat, seraient insuffisants pour certifier la sincérité de ladite créance, et que sous ce rapport il n'a pas été fait grief aux appelants :

Déclare les appelants non-recevables.

PORTIER DU BELLAIR, P. ANSELME, R.

MINEURS. — ASSIGNATION. — PARENTS.
—NULLITÉ. —NEGOTIORUM GESTOR.

Art. 311, 366 C. c.

Les mineurs, depuis la mise en vigueur du Code civil, n'ont pu être assignés qu'en la personne de leur tuteur.

Cependant la nullité fondée sur l'irrégularité de l'assignation et de la représentation en cause des mineurs, est purement relative, et ne peut être opposée que par ces derniers et par leur ayant-cause.

En conséquence, les créanciers du mineur qui ont fait assigner deux parents en conformité des R. C., et qui ont été condamnés en leur contradictoire, ne peuvent opposer de nullité au jugement, à raison de cette irrégularité. [1]

FLORENT-DURBIAN C. REVERDY (TUTEUR).

LE SÉNAT : Attendu que le demandeur, par sa requête du 20 février 1843, a régulièrement noué l'instance contre Jeanne Genolain, en qualité de tutrice d'Alexis Martin; qu'après le décès de celle-ci, le demandeur, aux fins de faire terminer cette même instance, a fait appeler, le 28 juillet suivant, le mineur, et avec lui François Cornuty et Pierre Reverdy, ses plus proches parents, pour l'assister et autoriser;

Attendu que lesdits Cornuty et Reverdy comparaissants ont déclaré vouloir défendre le mineur Martin; que le tribunal a donné acte de leurs déclarations, en contradictoire du demandeur, et qu'il a même été ordonné que les parties développeraient leurs moyens;

Que le demandeur a fait valoir ses prétentions, et discuté le mérite des exceptions qui lui étaient élevées au fond par Cornuty et Reverdy, en leur qualité;

Attendu que ceux-ci ayant géré les affaires du mineur, le demandeur aurait à s'imputer d'avoir reconnu leur qualité de *negotiorum gestores*;

Attendu que la nullité dont serait affecté le jugement dont il s'agit, est purement relative au mineur, et que le demandeur est inadmissible à s'en prévaloir;

Attendu, au fond, que le tribunal a bien

---

[1] Concl. conf., 26 janvier 1846.

[1] Concl. contr., 30 juin 1845.

jugé, adoptant, quant à ce, les motifs donnés par les premiers juges :

Déclare Florent-Durbian non-recevable.

PORTIER DU BELLAIR, *P.*
MILLIET DE St-ALBAN, *R.*

———

24 Mars 1846.

FILLE. — LEGS. — RENONCIATION.
— ACCEPTATION. — LÉSION.

La fille qui, en recevant le legs qui lui est fait pour lui tenir lieu de ses droits légitimaires, a renoncé à tous plus amples droits, ne peut prétendre à aucun supplément de dot, dans les hoiries ouvertes avant la mise en vigueur du Code civil.

Elle peut cependant obtenir la rescision de cette renonciation, pour cause de lésion. [1]

NOUVELLET C. RUBOD-MOLLIER.

LE SÉNAT : Attendu que, quoiqu'il soit hors de doute que les dispositions du § 6, tit. 7, liv. 5 R. C., ne sont point applicables à Marthe et à Marie Nouvellet, parce qu'il est constant au procès qu'elles se sont mariées sous le régime des lois françaises, sans doute constituée à l'époque de leur mariage; qu'en conséquence, elles avaient droit de demander une dot congrue, ou un supplément d'icelle; qu'il pourrait cependant se faire qu'elles se fussent privées de ce droit dans les quittances qu'elles ont données; d'où il suit qu'il est le cas d'examiner le mérite de ces quittances;

Attendu que, par testament du 16 février 1816, Rumilly notaire, Marin Nouvellet lègue à sa fille Marthe, femme Dejay, la somme de 100 liv., payable deux ans après son décès; au moyen duquel legs, ajoute-t-il, il l'exclut de son hoirie; et que, par quittance du 19 juillet 1823, Berthier notaire, ladite Marthe Nouvellet donne quittance définitive de ce legs à son frère, promettant de ne jamais l'inquiéter pour le regard de l'hoirie du susdit Martin Nouvellet, leur père;

Attendu que par ce même testament du 16 février 1816, Marin Nouvellet lègue à Marie Nouvellet, femme Rubot-Mollier, pareille somme de 100 liv., payable aussi dans deux années; que quoiqu'il n'ait pas ajouté, comme pour Marthe, qu'au moyen de ce legs il l'excluait de son hoirie, on voit cependant par la contexture du testament et par les termes du legs que son intention était la même à l'égard des deux filles, et que ladite Marie Nouvellet, femme Rubot-Mollier, l'a ainsi entendu dans sa quittance du 7 janvier 1823, Berthier notaire, où elle libère son frère de ce legs, et promet de ne lui faire aucune recherche pour regard de l'hoirie de Marin Nouvellet, à laquelle elle renonce au besoin;

Attendu qu'il résulte des termes dans lesquels ces quittances des 7 janvier et 19 juillet 1823 ont été conçues, comparés avec les énonciations du testament du 16 février 1816, que les légataires ont reconnu que le legs de cent liv. leur avait été fait à condition qu'elles renonceraient à tous plus amples droits de légitime ou autre dans la succession paternelle, et qu'elles ont accepté le legs en acquiesçant à cette condition;

Attendu qu'après un pareil acquiescement accepté par leur frère, lesdites légataires, ni leurs successeurs, ne sont plus recevables à demander un supplément de dot ou de légitime, à moins qu'il ne soit établi qu'il y ait eu lésion dans cet acquiescement, lésion qui serait proposable pour faire rescinder la libération donnée par les quittances dont il s'agit, parce que lesdites Marthe et Marie Nouvellet ne se trouvant pas dans le cas des dispositions du § 6, tit. 7, liv. 5 R. C. qui tiennent pour congrue la dot avec laquelle une femme s'est mariée sous leur régime, quelque modique qu'elle ait été, l'exception de lésion est inadmissible à l'égard des quittances par elles données;

Attendu qu'en l'état de la cause il n'a point encore été fait de productions ni de déduites suffisantes pour que l'on puisse apprécier s'il y aurait eu lésion pour lesdites Marthe et Marie Nouvellet, dans les quittances qu'elles ont données dans les deux actes ci-dessus rappelés :

Ordonne que les demanderesses procéderont plus amplement.

DE LA CHARRIÈRE, *P.* CLERT, *R.*

———

[1] V. Arrêt du 20 juin 1843 ci-devant.

24 Mars 1846.

RENTE. — DEMEURE. — RACHAT.

Art. 1913 C. c. (Q. T.)

D'après la jurisprudence antérieure à la mise en vigueur du Code civil, les rentes qui n'étaient pas stipulées portables, ne tombaient en commise, pour défaut de paiement des arrérages, qu'autant que la demande en avait été faite au domicile du débiteur. [1]

Sous le Code civil, il faut retard de paiement de deux annuités, après sommation légale.

Même pour les rentes établies sous les lois anciennes, la résolution est réglée par la loi en vigueur au jour où est échue chaque annuité d'arrérages.

THABUIS C. LA VEUVE BUSSAT (TUTRICE).

LE SÉNAT : Attendu, au fond, que, des deux censes réclamées, la première était échue avant la promulgation du Code civil; et que, d'après la jurisprudence en vigueur à cette époque, il n'y avait pas lieu à la résolution de la rente, lorsque, comme dans l'espèce, elle était quérable; si ce n'est qu'il y eût refus de payer sur la demande faite par le créancier au domicile du débiteur, ce dont il ne résulte pas;

Attendu, quant à l'autre cense échue sous le Code, qu'aux termes de ce Code, le défaut de paiement à l'échéance ne donne lieu à la résolution de la rente que lorsqu'il y a eu préalablement sommation de payer; d'où il suit que sous aucun rapport, les débiteurs ne sont en demeure :

Par ces motifs, déboute la demanderesse de ses conclusions, sauf à elle à se prévaloir des offres faites de paiement de toutes les censes arrérageées.

DE LA CHARRIÈRE, P. DE MONTBEL, R.

N. B. La demanderesse concluait à la résolution de la rente.

---

[1] Concl. conf.
Arrêt conf., 26 mai 1845 : Carrier c. Lamaison; De juge, R.

---

28 Mars 1846.

MINEUR. — VENTE DE BIENS MEUBLES. — FOUR.

Art. 535, 404 C. c.

Est censé meuble un four établi par un boulanger dans une boutique louée, lorsqu'il n'y est pas placé à perpétuelle demeure.

Il peut être vendu par le tuteur sans formalités d'enchères, s'il y a juste motif.

L'acheteur, en ce cas, ne peut se dispenser de payer le prix.

DELLIN CONSORTS, C. RIVE, VEUVE CHAPPERON.

LE SÉNAT : Attendu que dans le contrat de mariage du 1er mai 1833, Chapperon notaire, Joseph Chapperon et Louise Rive stipulèrent entr'autres que le commerce de boulangerie et de pâtisserie qu'ils se proposaient d'établir serait à moitié, et ce à dater de leur mariage;

Attendu que Joseph Chapperon étant décédé l'année suivante en laissant sa femme enceinte, celle-ci fit procéder de concert avec François Chapperon, père de son défunt mari, à l'inventaire du délaissé de celui-ci;

Attendu que ce fut en l'assistance et de l'autorisation de son beau-père, que, par acte du 31 octobre 1834, la veuve Rive vendit aux père des appelants le four et les meubles dont il s'agit, pour le prix de 2,000 liv., payables dans 6 ans, avec intérêts;

Attendu que la boutique où se trouvait ledit four n'appartenait point aux mariés Chapperon et Rive; que ce four pouvait être transporté dans un autre local pour l'exercice de la boulangerie; qu'ainsi, n'étant pas placé à perpétuelle demeure, il était rangé de droit dans la classe des meubles; d'où il suit que, dans l'intérêt même du mineur, l'aliénation dudit four devait être faite le plus promptement possible, et que, par conséquent, sous aucun rapport, la vente du 31 octobre 1834 ne peut être attaquée par les appelants;

Attendu que, dès le principe de l'instance, François Chapperon est venu appuyer la demande faite aux appelants par la veuve Rive, de la somme de 2,000 liv.; et que, bien plus, il a donné à cet égard, le 18 mars 1845, par un mandat spécial, Bebert notaire, tant à sa belle-fille l'intimée, qu'aux mariés Rive, ses père et mère, le pouvoir d'exiger, tant séparément que conjointement, le prix de la vente dont il s'agit; qu'ainsi les consorts Dullin n'avaient plus aucun prétexte plausible de se refuser au paiement de la somme qui leur était réclamée, surtout que le mineur Rive avait été pourvu d'un curateur à la cause, et que d'ailleurs ils auraient payé par ordre de justice;

Attendu que les consorts Dullin n'ont point consigné, même en appel, la somme par eux due; que dès lors leurs offres ne peuvent être considérées comme satisfactoires, et n'ont pu interrompre le cours des intérêts :

Déclare les consorts Dullin non-recevables.

DE LA CHARRIÈRE, *P.* DE JUGE, *R.*

---

28 Mars 1846.

FONDS DOTAL. — VENTE. — NULLITÉ RELATIVE. — ÉLECTION.

Art. 1315 C. c. (C. c. F.)

La vente du fonds dotal est frappée d'une nullité purement relative; il est ainsi facultatif aux époux de s'en prévaloir ou d'y renoncer.

La femme qui a conclu à la nullité de la vente du fonds dotal, ne peut plus, lorsque le défendeur a adhéré à ses conclusions, se désister de son action réelle pour se prévaloir de son action hypothécaire, suivant le principe *electá uná viá*, etc.

BOZET C. PELLET-COLLET.

LE SÉNAT : Attendu que l'acte d'aliénation d'un fonds dotal n'est frappé que d'une nullité relative, et qu'il est facultatif à la femme de s'en prévaloir ou de maintenir le contrat; mais que si elle en a demandé la nullité, il ne lui est plus permis de varier;

Attendu que s'il est vrai qu'une partie peut se désister de sa demande pendant que les choses sont entières, il n'en est pas de même lorsque la partie adverse a déclaré y adhérer;

Attendu, en fait, que les mariés Pierre-François Bozet, et Jeanne Pellet-Collet, représentés par les appelants, se sont pourvus au tribunal de Bonneville, par requête du 18 mai 1855, dans laquelle ils ont conclu à ce que la cession des biens dotaux, passée par acte du 14 janvier 1808, Mercier notaire, fût déclarée nulle, et qu'ils n'ont subordonné l'adjudication de leurs conclusions à

aucune condition; que, par écriture du 22 janvier 1836, l'intimé a déclaré consentir à ne pas se prévaloir de ladite cession; que, par écriture du 5 février suivant, les appelants ont déclaré accepter cette offre; enfin, que le jugement rendu le 12 avril 1837, par le tribunal de Bonneville (jugement qui a acquis, sous ce point, l'autorité de la chose jugée), a consacré la validité desdites offres et acceptations respectives;

Attendu, cela posé, que les appelants ne sont plus admissibles à demander l'exécution de la cession ci-dessus énoncée, et adoptant, pour le surplus, les motifs donnés par les premiers juges:

Déclare les appelants non-recevables en leur appel.

PORTIER DU BELLAIR, *P.* JACQUEMOUD, *R.*

---

28 Mars 1846.

APPEL. — VALEUR. — HYPOTHÈQUE. — TIERS DÉTENTEUR. — SUBROGATION.

Art. 2297 C. c.

Le tiers détenteur qui, actionné en délaissement par hypothèque, a acquitté la dette, a son recours tant contre le débiteur, que contre les tiers-détenteurs, dont les acquisitions sont postérieures en date à la sienne.

Si la somme payée excède 1,200 liv., il peut porter sa cause en appel, bien que les immeubles détenus par chacun des tiers acquéreurs n'arrivent pas à cette somme.

Il ne peut, en aucun cas, agir contre les tiers qui ont acquis avant lui, lors même qu'il se serait fait subroger dans sa quittance aux droits du créancier désintéressé.

BLANC C. CHABORD CONSORTS.

Attendu que, par acte du 20 juin 1858, Mareschal notaire, M° Blanc a payé à Pierrette Chabord, demanderesse originaire, la somme de 1,904 liv. 64 cent., et que c'est pour obtenir le remboursement de cette somme qu'il agit tant contre M° Domenge, curateur à l'hoirie de Jean Chabord, débiteur principal, que contre les intimés, comme tiers-détenteurs d'immeubles vendus par ces derniers; qu'ainsi, sous ce double rapport, et l'action provenant d'ailleurs d'un seul et même titre, la cause est évidemment d'une valeur suffisante pour faire admettre l'appel;

En ce qui concerne le chef de jugement dont M⁰ Blanc a appelé :

Attendu qu'il résulte des pièces de l'instance que M⁰ Blanc était au nombre des tiers-détenteurs auxquels Pierrette Chabord avait fait commandement de payer ou de délaisser; qu'ainsi en payant à cette dernière la somme qui lui était due en vertu de la cession du 30 mars 1819, il s'est trouvé placé dans un des cas prévus par l'art. 2297 du Code civil, et qu'il n'a pu dès lors, par une subrogation conventionnelle, nuire aux droits acquis aux intimés, dont les titres d'achat sont antérieurs à ceux de l'appelant; d'où il suit que ce dernier est inadmissible à agir contr'eux, tant qu'il ne fera pas conster que la moitié de la pièce de pré, dite au Fournèt, que Pierre Chabord a offert d'abandonner, ainsi que les pièces de terre que l'appelant a acquises par les actes des 27 mai et 27 décembre 1821, Cot et Mareschal notaires, ne sont pas d'une valeur suffisante pour le désintéresser de tout ce qui peut lui être dû en vertu de l'acte du 20 juin 1838 :

Déclare M⁰ Blanc n'être en droit d'agir contre les intimés que dans le cas où la moitié, etc., ne serait pas d'une valeur suffisante pour le désintéresser.

DE LA CHARRIÈRE, P.   DE JUGE, R.

---

31 Mars 1846.

VENTE. — PURGE. — FRAIS.

Art. 2503, 2610 C. c.

L'acquéreur a toujours le droit, sauf convention contraire, de purger les immeubles acquis de toutes les hypothèques qui les grèvent, tant du chef du vendeur, que de celui des précédents propriétaires.

Les frais de purgation sont tous, sans exception, à la charge du vendeur, même pour les hypothèques inscrites du chef des précédents propriétaires.

L'acquéreur ne renonce pas au droit de purger aux frais du vendeur, en promettant de payer le prix aux créanciers privilégiés ou hypothécaires du vendeur, antérieurs en ordre.

GIRARD C. DUNAND ET AUTRES.

LE SÉNAT : Attendu qu'il est facultatif à l'acquéreur de purger les immeubles dont la propriété lui est parvenue, de toutes les charges hypothécaires auxquelles ils peuvent être sujets, et que cette faculté n'étant

que la conséquence du droit qu'il a de s'assurer, en payant le prix convenu, la libre et entière jouissance des biens par lui acquis, les frais nécessaires pour atteindre ce but, ne peuvent retomber à sa charge, pas mieux pour ce qui concerne la purge des hypothèques dont les immeubles se trouvaient grevés du chef des propriétaires antérieurs à son vendeur, que pour ce qui concerne la purge de celles auxquelles ils seraient affectés du chef du vendeur lui-même;

Attendu que cette règle peut bien être changée ou modifiée par les conventions des parties, mais que le contrat du 10 février 1836 ne présente aucune convention expresse par laquelle M⁰ Dupraz se soit formellement engagé à restreindre les formalités de la purge et les frais qu'elles occasionneraient, aux seuls créanciers personnels du vendeur, Alexis Dunand; qu'on ne peut rien induire de semblable de la clause par laquelle il a été stipulé que le prix serait payé à l'acquittement dudit Dunand, à ses créanciers privilégiés hypothécaires, antérieurs en ordre de recevoir, tout faisant au contraire présumer que ces expressions doivent s'entendre sans distinction de tous les créanciers ayant des droits d'hypothèque sur les biens vendus;

Qu'il a en effet été convenu que les formalités de la purge seraient immédiatement remplies à la charge de l'une ou de l'autre des parties, et qu'on ne peut admettre que, les immeubles devant être purgés, il ait été dans l'intention des parties contractantes de ne le faire que d'une manière incomplète;

Que d'ailleurs toute clause obscure ou équivoque doit être interprétée contre le vendeur;

Attendu néanmoins que Girard n'est devenu propriétaire que par l'effet de l'élection d'ami qui a été faite en sa faveur par l'acte du 12 février 1846, en vertu de la faculté que s'en était réservée M⁰ Dupraz dans l'acte du 10 du même mois; que, devant ainsi être considéré comme ayant acheté directement de Dunand, il doit supporter les frais qu'il a occasionnés en purgeant du chef de M⁰ Dupraz les immeubles par lui acquis, et qu'il a d'ailleurs passé expédient à cet égard;

Attendu qu'il en serait de même des frais qu'il aurait occasionnés en étendant les formalités de la purge à d'autres individus, qui n'auraient pas dû être compris dans le nombre des précédents propriétaires ;

Attendu qu'il suit de tout ce qui précède que le tribunal a mal jugé en mettant indistinctement à la charge de Girard tous les frais faits pour purger les immeubles par lui acquis, du chef des précédents propriétaires, autres que le vendeur Alexis Dunand, et que cette décision du tribunal doit être maintenue seulement pour les frais faits relativement à M⁰ Dupraz, et pour ceux faits relativement aux autres individus que Girard a mal-à-propos compris dans le nombre des précédents propriétaires ;

Attendu qu'en cet état de chose il serait indispensable d'avoir de plus amples éclaircissements en fait pour reconnaître quelle sera la part des frais de purge et de l'instance d'ordre pour laquelle Girard aura droit d'être colloqué par privilége sur le prix de la vente; et que ce ne sera d'ailleurs que dans la liquidation qui devra en être faite par le tribunal, que la quotité pourra en être fixée, d'après les bases ci-dessus énoncées :

Déclare les frais généraux de purge et d'ordre, faits par Girard ou son procureur, devoir être alloués, par privilége sur le prix de vente, à l'exception des frais faits relativement à M⁰ Dupraz et à ses créanciers, et de ceux faits relativement aux autres individus que Girard aurait mal-à-propos compris dans le nombre des précédents propriétaires.

GRILLO, *P. P.* DE MONTBEL, *R.*

———

31 Mars 1846.

NOTIFICATION. — APPEL. — DÉLAIS. — COPIE.

Les délais d'appel ne courent qu'à partir du jour de la notification du jugement.

La notification d'un extrait du jugement où ne se trouvent ni les conclusions des parties, ni les motifs du jugement, est insuffisante pour faire courir les délais d'appel.

FONTAINE C. FONTAINE.

LE SÉNAT : Attendu, sur la fin de non-recevoir opposée à l'appel, que la notification faite le 19 octobre 1844, par exploit signé Collet, du jugement du 10 juillet précé-

dent, rendu par le tribunal d'Annecy, n'a pu faire courir les délais, car la copie informe, jointe à cet exploit, ne renferme ni les conclusions des parties, ni les motifs de la décision; d'où il suit que l'appelant n'avait pas une connaissance suffisante du jugement, aux termes de l'édit du 13 avril et des royales-patentes du 31 juillet 1841, et qu'aucune fin de non-recevoir ne pourrait ainsi obster à l'appel ;

Attendu, au fond, que les lois en vigueur à l'époque du contrat du 31 mai 1819, Mathieu notaire, autorisaient les pactes sur les successions futures, lorsqu'il y avait, comme dans l'espèce, consentement et persévérance de volonté, jusqu'à la mort de la personne de la succession de laquelle il s'agissait :

Déclare André Fontaine non-recevable en son appel.

GRILLO, *P. P.* MONOD, *R.*

———

1er Avril 1846.

INSTANCE D'ORDRE. — APPEL. — DÉLAI. COLLOCATION. — RENONCIATION. — NOTIFICATION.

Dans les instances d'ordre, lorsque le rapport de la cause n'est pas fait à la première audience de semaine, qui suit l'échéance du mois accordé aux créanciers pour produire leurs titres, le jour fixé pour ce rapport doit être notifié à tous les procureurs des créanciers comparus.

Si l'un des créanciers a été omis, le jugement rendu ne l'affecte point, et il peut en appeler tant qu'il n'a pas laissé échoir les délais d'appel, à dater du jour de la notification.

Le créancier conserve ses droits intacts, quand même le nom de son procureur aurait été porté par erreur dans les qualités du jugement. [1]

FÉVRIER C. LES CRÉANCIERS COLLOQUÉS DANS L'ORDRE PARPILLAT.

LE SÉNAT : Attendu que l'état de collocation de l'ordre Parpillat a été dressé le 9 août 1838, et notifié aux créanciers le 14 du même mois ;

Et que le jugement du 26 juillet 1842 n'a pas été rendu sur le rapport fait à la

———

[1] Concl. conf., 12 novembre 1844.

première audience de la semaine qui a suivi le mois accordé aux créanciers pour former leurs contredits à l'état de collocation ;

D'où il suit que les créanciers n'étaient pas informés légalement, et suivant le prescrit de l'art. 156 de l'édit sur les hypothèques, du jour auquel devait avoir lieu le rapport, et, que, par conséquent, le jour extraordinaire fixé pour faire ce rapport devait leur être notifié ;

Attendu qu'il résulte de l'annotation insérée au folio 129 bis v°, qui précède immédiatement le jugement du 26 juillet 1842, dans le volume de l'ordre, que le jour du rapport a été fixé pour le 16 dudit mois de juillet, et que tous les procureurs des créanciers ont reçu notification à cet égard, sauf Me Chaboud, procureur de Victor Février, omission qui a été occasionnée par la substitution de Me Chaboud à Me Pallatin, précédent procureur dudit Février, faite dans l'écriture du 1er février 1841 ;

Attendu que c'est encore par suite de cette substitution que Février n'a pas eu notification des actes faits postérieurement au jugement du 26 juillet 1842, ainsi qu'il en résulte des *habui copiam* souscrits par les autres procureurs seulement ;

Attendu que Me Chaboud, procureur de Février, n'ayant pas été appelé à paraître à l'audience du 16 juillet 1842, ce n'est que par une erreur matérielle qu'il a été mis en qualité dans le jugement du 26 du même mois ;

Attendu que si Février a fait, par son écriture du 10 août 1843, des productions pour établir la créance de la veuve Parpillat, aux droits de laquelle il demande à être subrogé, à concurrence de sa créance ; on ne saurait voir dans ces productions un acquiescement à ce jugement qui ne l'affectait pas, et qu'il protestait même de faire réformer.

En ce qui concerne le jugement rendu le 1er mai 1844 :

Attendu que Février a interjeté et relevé l'appel de ce jugement dans le délai de la cause ;

Attendu que le jugement du 26 juillet 1842, n'obligeant pas Février, il n'a pu encourir la déchéance de la collocation faite en sa faveur, pour n'avoir pas fourni les justifications ordonnées par ce jugement ;

Sans s'arrêter au jugement rendu le 26 juillet 1842, en ce qui touche Février, déclare avoir été mal jugé par celui du 1er

mai 1844, en ce qu'il supprime la collocation en sous-ordre, faite en faveur de l'appelant, et renvoie les parties par-devant le tribunal de Chambéry.

De la Charrière, P. Mareschal, R.

---

8 Avril 1846.

CONTRAT PIGNORATIF. — LOCATION PERPÉTUELLE. — ALBERGEMENT.

Art. 1244 c. c. (n. c.)

Le contrat de vente avec relocation en faveur du vendeur, n'est présumé pignoratif qu'autant que l'acheteur est dans l'habitude de prêter à intérêts usuraires (*consuetudo fœnerandi*).

La location pour 9 ans, avec promesse de rénover de 9 ans en 9 ans, ne constitue ni une location perpétuelle, ni un albergement.

Dujourdhui c. Cocher.

Le Sénat : Attendu que le contrat du 20 décembre 1823, Dupont notaire, présente tous les caractères de la vente, en ce qu'on y rencontre la chose vendue, le prix de cette chose, et le consentement des parties ;

Que c'est sous ce point de vue que l'ont considéré soit le vendeur dans son testament du 19 décembre 1831, Vulliet notaire, soit François Dujourdhui, l'un des appelants, dans le bail du 25 juin 1839, Arestan notaire, produit au procès ;

Attendu que résultant du contrat précité, Dupont notaire, que la plus grande partie du prix a été employée à désintéresser les créanciers du vendeur, et le surplus à éteindre la somme dont le vendeur serait reconnu comptable envers l'acquéreur, par suite d'un compte à régler ; il suit qu'on ne peut supposer chez celui-ci l'intention de simuler, sous le nom d'une vente, un prêt qui, en réalité, n'aurait pas eu lieu, et qui d'ailleurs, sans recourir à des moyens détournés, aurait pu être fait légalement et à découvert, si les parties eussent voulu faire ce genre de contrat.

En ce qui concerne les faits subsidiairement articulés par les appelants :

Attendu qu'il n'a pas été déduit dans le procès que l'acquéreur fût dans l'habitude de faire des prêts usuraires, c'est-à-dire au-dessus du taux légal ; que le deuxième fait, relatif à la vileté du prix, séparé de la circonstance ci-dessus, devient inutile comme moyen de preuve de simulation; que les susdits faits sont, en conséquence, irrélévatoires;

Attendu que la jouissance de l'immeuble dont il s'agit, laissée au vendeur à titre de bail, pendant 9 ans, renovable de 9 ans en 9 ans, ne présente aucun des caractères d'un contrat de location perpétuelle, en ce que l'acte précité ne contenant aucune clause restrictive du droit de propriété, chacune des parties contractantes conservait, à l'échéance de la période de 9 ans, la liberté de ne pas renouveler le bail dont il s'agit, si elle le voulait ainsi;

Que dans le bail de 1839, les parties ont changé la nature du prix du bail primitivement convenu, ce qui serait inconciliable avec les caractères de la location perpétuelle :

Attendu qu'on ne saurait non plus entrevoir dans l'acte Dupont notaire, les éléments du contrat d'albergement, en ce qu'il n'existe dans ledit acte aucune clause de laquelle on puisse induire qu'il y ait eu, en faveur du vendeur, rétrocession de la part de l'acquéreur, du domaine utile de l'immeuble dont il s'agit; qu'il résulte, au contraire, que le vendeur, en retenant l'immeuble à titre de bail, s'est obligé à payer chaque année, pour le compte de l'acquéreur, les impositions qui pourraient y être affectées, et de lui en rapporter les quittances de paiement; ce qui exclut qu'il y eût eu diminution quelconque du droit du domaine dudit immeuble, auprès de l'acquéreur :

Déclare les consorts François et Joseph Dujourdhui non-recevables en leur appel.

Portier du Bellair, P. Anselme, R.

4 Avril 1846.

HUISSIER. — MANDATAIRE. — SIGNIFICATION.

Art. 2297 C. c. (E. H.)

L'huissier ne peut exercer son ministère dans sa propre cause, ni dans celle de son mandant.

En conséquence, sont nuls les exploits dressés par un huissier dans l'intérêt de son mandant.

Le tiers-détenteur, non transcriptionnaire, sommé de payer ou de délaisser, peut opposer toutes les exceptions réelles qui compétent au débiteur, à moins que ce dernier n'en ait déjà été débouté, ou n'y ait renoncé. [1]

D'ANTIOCHE C. DUPRAZ ET REY.

Le Sénat : Attendu, quant aux nullités opposées aux exploits dressés par l'huissier Lazare Lugaz, sous les dates des 18 mars, 23 et 28 avril 1836, qu'il résulte des productions faites au procès que ledit huissier était mandataire général *ad lites* du comte d'Antioche, depuis le 15 février 1818; que c'est en cette qualité qu'il a substitué Me Domenge le 21 mars 1838, pour la poursuite de la cause dont il s'agit;

Attendu que, d'après les principes consacrés par la jurisprudence, et commandés par la morale, l'huissier ou le sergent-royal ne peut, à peine de nullité des actes, exploiter pour son mandant, dans les affaires renfermées dans le mandat, parce qu'il représente la personne du mandant, et que les actes de son ministère que le sergent-royal ferait dans l'intérêt de celui-ci, ne méritent pas plus de confiance que s'ils étaient exercés dans son intérêt personnel;

Attendu que Lugaz, en substituant d'autres mandataires pour la poursuite de la cause, n'a pas abdiqué sa qualité de procureur du sieur d'Antioche, et ne s'est point affranchi des obligations auxquelles le soumettait son mandat, puisque la loi se rend responsable de la gestion du substitué, en certains cas;

Attendu que l'édit hypothécaire de 1822, sous l'empire duquel le procès actuel a pris naissance, ne renferme aucune disposition qui interdise au tiers-détenteur, qui n'a pas fait transcrire son contrat, la faculté d'opposer au créancier les exceptions réelles qu'aurait pu faire le débiteur, à moins que celui-ci ne les eût déjà inutilement élevées, ou n'y eût renoncé;

Attendu que le père et le fils Moine n'ont pas été dans le cas d'opposer la nullité des exploits sus-rappelés, puisque les décisions portées contre eux ont été rendues par défaut, et qu'on ne peut pas non plus induire une renonciation tacite de ce qu'ils n'ont pas appelé de ces jugements contumaciaux, puisque leur intimation est faite par Lugaz, et que ses exploits étant nuls, ils ne peuvent produire aucun effet :

Déclare nuls et de nul effet les exploits

[1] Concl. conf., 21 décembre 1812.

d'assignation et d'intimation des 10 mars 1823 et 18 avril 1836.

PORTIER DU BELLAIR, P. SEITIER, R.

---

7 Avril 1846.

ÉTRANGER. — INJURE. — COMPÉTENCE. — DOMMAGES-INTÉRÊTS.

Art. 31 C. c.

La diffamation constitue un quasi-contrat qui oblige à réparer le dommage causé.

L'étranger qui a diffamé un sujet du roi à l'étranger, peut être cité devant les tribunaux des états, si dans le pays auquel appartient le délinquant on en use ainsi envers les étrangers.

Le Sénat retient la connaissance de la cause. [1]

THIABAUD C. LÉGER-BARON.

Thiabaud articule en faits que l'un des premiers jours de février 1845, dans le café du sieur ..... au Pont-de-Bens (France), où plusieurs personnes se trouvaient réunies, Léger-Baron (Français), a tenu contre lui, et en son absence, des propos injurieux; qu'il lui a en outre imputé d'être allé à Chambéry prendre de l'argent chez un banquier, au nom d'un tiers, et à son insu, etc.

A raison de ces faits qui caractérisent un délit, Thiabaud, se fondant sur les dispositions de l'art. 9 du Code pénal, et des art. 31 et 1300 du Code civil, intente contre Léger-Baron une action en dommages et intérêts, par-devant le Sénat.

Celui-ci oppose qu'étant Français, domicilié en France, il n'est pas justiciable des tribunaux de Savoie pour un fait passé en France; il dit d'ailleurs que l'art. 31 du Code civil, ne concernant que les étrangers qui ont contracté avec les sujets du roi, n'a eu en vue que les obligations contractuelles, et n'est pas applicable aux obligations résultant d'un délit. Sur cette question,

LE SÉNAT : Attendu qu'aux termes des art. 1300 et 1401 du Code civil, tout fait de l'homme qui cause à autrui un dommage, oblige celui qui en est l'auteur à le réparer;

Qu'aux termes de l'art. 31, les étrangers qui auront contracté en pays étranger avec un sujet, peuvent être cités devant les tribunaux de notre pays, s'ils s'y trouvent, et même lorsqu'ils ne s'y trouveraient pas, si dans leur pays on en use ainsi envers les étrangers;

Attendu que si les faits soutenus par le demandeur étaient établis, il en résulterait un dommage au préjudice de Thiabaud; que ces faits constituant un quasi-contrat, il en naîtrait une véritable obligation qui rentrerait dans les espèces prévues par le droit;

Attendu que, indépendamment de ce que les faits principaux se seraient passés en France, il résulterait du 4me que la diffamation aurait été également faite en Savoie; qu'il est certain, d'après la jurisprudence française, que les tribunaux de cet état connaîtraient de semblables obligations envers un étranger :

Déboute le défendeur de son exception d'incompétence.

ANSELME. MILLIET DE St-ALBAN, R.

---

7 Avril 1846.

FILIATION. — LÉGITIMATION. — MARIAGE. — PRÊTRE.

Art. 156, 172, n. 3 C. c. (C. F., Q. T.)

L'identité d'un enfant peut être établie par tout genre de preuves, même par témoins.

La reconnaissance d'un enfant faite par les parents dans l'acte de célébration de leur mariage, suffit pour établir la filiation de cet enfant.

Les prêtres qui ne sont pas rentrés en communion avec leur évêque, et n'ont pas repris leurs fonctions après le concordat de 1801, ont pu valablement contracter mariage sous le Code civil français.

Ce mariage a eu pour effet de légitimer tous les enfants nés auparavant, même ceux qui auraient été procréés sous une législation qui interdisait le mariage des prêtres, et déclarait leurs enfants sacrilèges.

Le rétablissement des lois romaines en 1815 n'a pu priver les enfants, ainsi légitimés, des droits acquis par le mariage de leurs parents, sous les lois qui en reconnaissaient la validité. [1]

DELABEYE C. DELABEYE.

Le 8 avril 1806, Hyacinthe Delabeye contracte mariage civil devant le maire de Tré-

---

[1] Concl. conf., 12 novembre 1846.

[1] Concl. conf., 22 mai 1844.

vignin, avec Jeanne Choselland. Dans l'acte de célébration, les époux reconnaissent pour leur fils un enfant né le 25 janvier 1790, et nommé Claude-Joseph.

Hyacinthe Delabeye meurt en 1851, *ab intestat*; Claude-Joseph son fils se met en possession de son hoirie.

Gaspard-Rose Delabeye, neveu du défunt, se disant son seul héritier, demande le relâchement des biens; il appuie sa demande sur les moyens suivants :

1° Le détenteur de l'hoirie Delabeye n'est pas le même que Claude-Joseph, reconnu dans l'acte du 8 avril 1806.

2° Fût-il le même, il n'a point justifié d'être réellement le fils d'Hyacinthe Delabeye; la simple déclaration de ce dernier ne peut suppléer à l'acte de naissance, et à la possession d'état.

3° Hyacinthe Delabeye était engagé dans les ordres sacrés au moment où il a contracté mariage; ce mariage était nul en conformité des lois canoniques, sanctionnées par le concordat et par les articles organiques; il n'a donc pu opérer légitimation.

4° Le mariage fût-il permis, il n'aurait pu, sans rétroagir, légitimer des enfants conçus et nés à une époque où le droit romain et le droit canonique étaient en vigueur, et proclamaient les enfants du prêtre adultérins et incestueux.

5° Enfin, le mariage serait nul en sa forme, parce qu'il ne résulte pas qu'il ait été célébré dans la maison commune, et en présence de quatre témoins.

Sur ces questions,

Le Sénat : Attendu qu'il est reconnu dans l'instance que l'intimé est actuellement en possession de tout le délaissé d'Hyacinthe Delabeye, et que cette possession remonte même au décès de ce dernier, arrivé en 1851; qu'ainsi n'ayant, à l'ouverture de la succession, éprouvé aucun contredit de la part de qui que ce soit, l'intimé est présumé avoir succédé à celui-ci dans la qualité qu'il a prise au procès;

Que cette présomption trouve un appui dans l'acte du 8 avril 1806, puisqu'il en résulte qu'à cette époque Hyacinthe Delabeye avait un fils né en 1790 de son commerce avec Jeanne Choselland, et que dès lors, la mort ne se présumant pas, ce fils, qui recevait en 1806 les soins dudit Delabeye et demeurait avec lui, est de plus en plus censé n'être que l'intimé;

Qu'à la vérité, l'enfant reconnu dans l'acte du 8 avril 1806 est indiqué avec les prénoms et nom de Claude-Joseph Delabeye, tandis que, suivant les appelants, l'intimé s'appelerait Joseph Labeye; mais que ces différences s'expliquent aisément, en ce qu'il est rare qu'un individu soit connu sous deux prénoms, et que la particule *de* s'enlève ou se met souvent sans que pour autant le nom cesse d'être le même; que d'après cela, l'intimé étant connu, de l'aveu même des appelants, sous le nom de Joseph Labeye, qui a une grande ressemblance avec le premier, il naît de cette désignation un nouvel indice d'identité;

Attendu, au surplus, que l'intimé a soutenu son identité comme un fait notoire à Aix et lieux circonvoisins, et que les appelants n'ont pas même allégué le contraire; que, loin de là, tout en niant que l'intimé fût le même que l'enfant indiqué dans l'acte du 8 avril 1806, ils ont pris des conclusions et ont plaidé pour faire déclarer nul ledit acte; qu'ainsi ils ont reconnu eux-mêmes la force des présomptions qui militaient en faveur du système de l'intimé; d'où il suit qu'on doit tenir pour suffisamment établie l'identité de ce dernier, surtout que les appelants ne se sont point acheminés à établir que l'enfant né en 1790 de Hyacinthe Delabeye et de Jeanne Choselland, fût décédé, ou que, vivant encore, il fût autre que l'intimé;

Que, d'autre part, la production de l'acte de naissance de l'intimé, qu'il appartenait aux appelants de faire, s'ils le croyaient utile à leur cause, n'était pas nécessaire à l'intimé, puisque la preuve de la filiation des enfants illégitimes n'est pas exclusivement subordonnée à l'alternative de leur acte de naissance, ou de leur possession d'état, les Codes français et national admettant en effet que cette preuve peut aussi résulter suffisamment de leur reconnaissance par leurs parents, dans un acte authentique, tel que celui dont on vient de parler; sauf à examiner bientôt si cette reconnaissance peut, ou non, profiter à l'intimé;

Attendu qu'il suit de ces diverses considérations que les premiers juges n'ont pas fait grief aux appelants, en tenant pour assez constante l'identité de l'intimé.

Sur la question de la validité de l'acte civil de mariage du 8 avril 1806, quant à la forme :

Attendu qu'on n'y remarque aucune omission essentielle; que si l'on n'y trouve pas la mention expresse que l'acte a été passé à

Trévignin, ni dans la maison communale, cette lacune ne peut emporter nullité, quand il n'est pas douteux que l'une et l'autre circonstances ne soient véritables; or, c'est ce qui résulte à l'évidence de l'acte même, quant à la première, puisqu'après avoir commencé sa rédaction en ces termes : *Par-devant nous, maire de la commune de Trévignin,* chaque fois que cet officier public est dans le cas de désigner dans la suite de l'acte le domicile de l'époux, de la femme ou des témoins, il répète les mots *de cette commune,* et qu'ils ne peuvent plus s'appliquer alors qu'à celle-là seule dans laquelle on se trouvait, et qui n'a été nommée que la première fois, en tête de l'acte; et quant à la présence des parties dans la mairie, outre qu'on doit la présumer, lorsque les autres circonstances connues en autorisent la supposition, on comprend aisément que c'est là une condition moins rigoureusement indispensable que la précédente ou que l'intervention des témoins, pour accomplir le but essentiel de la loi du côté de la publicité;

Attendu qu'à supposer que la minute de l'acte du mariage dont il s'agit présentât, relativement à l'un des quatre témoins, la même apostille que la copie produite par l'intimé, il ne s'ensuivrait pas que la présence de ce témoin eût été supposée après coup; que d'ailleurs son absence même n'eût pas entraîné la nullité du mariage;

Attendu, après tout, que les appelants n'ont signalé dans les actes du procès aucun autre de ces vices de forme ou de publicité dont ils arguent.

Sur la validité du même acte de mariage sous le rapport de la capacité des parties contractantes :

Attendu que, soit d'après la loi du 5 septembre 1791, abolitive des *vœux religieux et de tout engagement contraire à la nature,* soit d'après celle du 20 septembre 1792, qui ne plaça pas la prêtrise au nombre des empêchements du mariage, Hyacinte Delabeye, quoique précédemment engagé dans les ordres sacrés, avait eu la capacité de contracter un mariage valide aux yeux de la loi civile, qui seule désormais était appelée à régler l'effet de pareils actes;

Attendu que cette capacité ne lui avait point été enlevée par le Code Napoléon, puisque ce Code continue à regarder le mariage comme un contrat purement civil, et qu'il ne place pas non plus la prêtrise au nombre des empêchements de mariage;

Attendu que, pour annuler le contrat dont il s'agit on invoquerait en vain, à défaut d'une disposition expresse dans le Code, le concordat de 1801 et la loi organique qui y est annexée; parce que, à supposer même que le concordat, en rétablissant le culte canonique en France, ait remis en vigueur les canons qui défendaient aux prêtres de se marier, cette prohibition, d'après l'intention manifestée par les organes officiels du gouvernement, lors de la présentation du concordat et de la loi organique qui s'y rattache, ne pouvait pas atteindre les prêtres qui avaient abandonné leurs fonctions avant le concordat, et ne s'étaient plus mis en rapport avec leur évêque;

Attendu, à cet égard, qu'il apparaît suffisamment des pièces de l'instance que Hyacinthe Delabeye avait abdiqué ses fonctions de prêtre, et ne s'était plus remis en communion avec son évêque, et que les appelants n'ont pas même allégué le contraire; d'où il suit que le mariage dont il s'agit ne peut, sous aucun rapport, être nul aux yeux de la loi en vigueur à l'époque où il a eu lieu, et cela avec d'autant plus de raison, qu'il s'agit ici d'un fait accompli dans des circonstances spéciales et qui ne trouvent aucun analogue dans les arrêts cités par les appelants.

En ce qui concerne la légitimation de l'intimé.

Attendu qu'il est de principe que toute loi a un pouvoir absolu sur l'objet qu'elle contemple, et qu'on ne peut être astreint à des règles qu'elle n'a pas elle-même tracées;

Attendu que l'art. 331 du Code civil français, qui doit régir la matière, n'excepte du bienfait de la légitimation par le mariage subséquent que les enfants nés d'un commerce incestueux ou adultérin;

Attendu que l'intimé ne peut être rangé dans aucune de ces catégories, puisque la loi du temps ne désigne nulle part comme incestueux ou adultérins les enfants nés de personnes engagées dans les ordres sacrés, et qu'il importe peu dès lors qu'à sa naissance l'intimé ait pu être entaché d'un vice qui s'opposait à sa légitimation, puisque le bénéfice invoqué par lui dérive essentiellement de la loi nouvelle, qui n'a plus reconnu ce vice;

Attendu que, si dans l'acte du 8 avril 1806, les père et mère de l'intimé n'ont pas déclaré expressément vouloir le légitimer, il n'en résulte pas que le bénéfice de la légitimation n'ait pu lui être acquis, puisque l'art. 331 n'exige pas une semblable déclaration, et qu'il suffit en conséquence que dans l'acte même du mariage, l'intimé ait été reconnu par ses père et mère.

En ce qui concerne les effets de la légitimation dont il s'agit :

Attendu que, soit d'après le Code français, soit d'après notre ancienne jurisprudence, l'enfant légitimé par le mariage subséquent de ses père et mère, doit être, pour les droits qui s'ouvrent postérieurement à ce mariage, assimilé à l'enfant légitime ;

Attendu que les lettres-patentes publiées par le manifeste du Sénat du 31 octobre 1816, tout en réglant l'avenir, ont reconnu et consacré la légitimité des enfants nés d'un mariage civil contracté légalement durant l'occupation de la Savoie par la France ;

Que cette disposition n'est pas moins applicable à l'enfant légitimé par un mariage civil, qu'à celui qui est né dans un pareil mariage, puisqu'il y a identité de raison dans l'un et l'autre cas ;

Attendu, cela posé, que l'intimé, comme unique enfant légitime d'Hyacinthe Delabeye, a été seul appelé à recueillir son hoirie en 1831 :

Par ces motifs, déclare l'appelant non-recevable en son appel.

GRILLO, *P. P.* D'ARCOLLIÈRES, *R.*

---

18 Avril 1846.

STATUT CONJUGAL. — IMMEUBLE DOTAL. — VENTE. — INALIÉNABILITÉ. — REMPLOI.

Art. 1343 C. e. (C. c. F.)

Le contrat dotal est régi par la loi du domicile de l'époux.

En conséquence, lorsque le mari est domicilié en France, les époux peuvent stipuler que les immeubles dotaux situés en Savoie sont aliénables, en conformité de l'art. 1557 C. c. F.

L'aliénation faite est valide, nonobstant les lois qui prohibent en Savoie l'aliénation du fonds dotal.

GARNIER C. CHEVRON, FEMME BARBIER.

LE SÉNAT : Attendu, en fait, que, par contrat passé au Pont-de-Beauvoisin, département de l'Isère, le 19 février 1821, devant Me Permezel notaire, Pierre Barbier, demeurant au Pont-de-Beauvoisin (France), et Agnès Chevron, originaire d'Oncin, en Savoie, et demeurant au Pont-de-Beauvoisin, ont promis de s'unir en légitime mariage, sous le régime dotal; la future a constitué son futur *pour son procureur général et irrévocable, avec pouvoir de vendre et aliéner ses biens immeubles, auquel cas il n'y aura de dotal que le prix des ventes, dont le futur sera tenu de faire emploi en acquisitions d'autres immeubles qui demeureront spécialement hypothéqués à la sûreté du prix de ceux aliénés;*

Que, par contrat du 20 octobre 1826, Beaudet notaire, les mariés Barbier ont vendu à Michel Garnier le pré situé en Savoie, qui fait l'objet du procès, pour le prix de 1 140 liv., payable aux héritiers Berlioz et à Marie Pichon-Martin, créanciers de la femme Barbier, du chef de son père, et le surplus à Pierre Barbier, vendeur, moyennant quittance, avec consentement d'inscription hypothécaire sur ses biens propres.

En droit :

Attendu que, d'après les principes généraux du droit, l'association conjugale est, à défaut de conventions contraires, réglée par la loi du domicile de l'époux ;

Attendu que non-seulement les mariés Barbier n'ont pas entendu se soustraire à cette règle, mais qu'ils ont au contraire manifesté l'intention de s'y soumettre, en stipulant, conformément aux dispositions de l'art. 1557 du Code civil de France, que les immeubles de la femme pourraient être aliénés ; d'où il suit que la vente consentie le 20 octobre 1826 est valide, et que la femme Barbier ne serait recevable à rechercher Garnier que pour raison du prix de vente, dans le cas où il n'aurait pas été payé, ou ne serait pas payé de manière à conserver ses droits :

Déboute la femme Barbier des conclusions prises en nullité de l'acte de vente consenti le 20 octobre 1826.

DE LA CHARRIÈRE, *P.* MARESCHAL, *R.*

---

21 Avril 1846.

FAILLITE. — JUGEMENT DÉCLARATIF. —OPPOSITION. — DÉLAI. — APPEL.

Art. 622, 628 C. de Comm.

Le jugement déclaratif de faillite ne peut être réparé que par voie d'opposition dans les 8 jours.

Il ne peut être réformé par voie d'appel dans les délais fixés à l'art. 628 du Code de commerce. [1]

CRAPONNE C. RINGUET ET AUTRES.

Par jugement du 28 mai 1845, le tribunal d'Annecy déclare en état de faillite le père et le fils Craponne, les décrète de prise de corps, et ordonne l'apposition des scellés.

Le fils Craponne, détenu dans les prisons d'Annecy, est mis en liberté sur consentement des créanciers, par autre jugement du 16 juin suivant.

Le 26 même mois, il forme, par-devant le tribunal d'Annecy, opposition au jugement du 28 mai qui l'a déclaré en état de faillite; il donne pour motif qu'il est séparé de son père, et qu'il n'a pas de créanciers.

Les syndics de la faillite répondent que l'opposition est tardive aux termes de l'art. 626, Code de commerce, et le tribunal, par jugement du 19 juillet même année, déclare l'opposition non-recevable.

Le fils Craponne appelle au Sénat, tant de ce dernier jugement que de celui du 28 mai; il soutient que les délais pour former opposition n'ont pu courir, parce que le jugement ne lui a pas été signifié, et que, dans tous les cas, il est admissible à en demander la réparation par voie d'appel.

Sur ces questions, LE SÉNAT : Attendu qu'aux termes de l'art. 626 du Code de commerce, l'opposition au jugement déclaratif de la faillite, doit être proposée par le failli dans les 8 jours qui suivent celui où les formalités de la publication et de l'insertion de ce jugement dans les gazettes ont eu lieu; qu'ainsi Craponne aurait dû for.. opposition au jugement du 28 mai 1845, dans les délais fixés par l'art 626;

Attendu que dès lors que le législateur a soumis le jugement déclaratif de la faillite à une forme spéciale de notification, l'appel

dont fait mention l'art. 628 ne peut s'appliquer à ce jugement qui fait l'objet de l'article 626 ;

Que si l'on autorisait le débiteur qui a été en demeure de faire opposition, à provoquer encore, par la voie de l'appel, la réparation de ce jugement, on entraverait la marche de la procédure commerciale, que la loi a voulu rendre plus expéditive :

Déclare Craponne non-recevable.

GRILLO, *P. P.* GIROD, *R.*

---

24 Avril 1846.

CHOSE JUGÉE. — EXCEPTION DE SOLUTION. — SERMENT.

En règle générale, l'exception de solution peut être opposée en exécution du jugement.

Cependant, lorsque le jugement n'a été rendu que sur serment régulièrement prêté, que la somme était bien due et non exigée, l'exception de solution est écartée par la chose jugée.

RAMBAUD C. RAMBAUD.

Au fond : Attendu que s'il est vrai que l'exception de solution puisse encore être opposée après une condamnation passée en chose jugée, il n'en est pas ainsi lorsque cette condamnation repose sur un serment qui implique la non-solution; que, dans l'espèce, telle est la position qui a été faite à l'intimé dans le jugement du 6 mars 1825, produit au procès; qu'il s'y trouvait représenté par un curateur qui avait déféré le serment au demandeur, sur le point même de savoir si celui-ci n'aurait pas reçu, ni directement ni indirectement, sur sa créance, aucune autre somme ou valeur que celles qu'il avait avouées, et que le demandeur avait prêté ce serment en la forme solennelle, ainsi qu'il en consté par le procès-verbal joint aux folios 76 et 77 du volume de première instance du demandeur ;

Qu'il résulte aussi des termes mêmes du jugement qu'il s'agit d'exécuter, que la condamnation fut basée sur ce même serment et sur la preuve qu'il renfermait de la légitimité et de l'intégralité de la créance; qu'en conséquence on ne peut douter qu'en soutenant aujourd'hui que la même créance n'existait réellement pas à ladite époque, l'intimé ne vienne attaquer directement la chose jugée ;

---

[1] Concl. contr.
Arrêt cont. 8 juin 1846 : Crottet de Valel c. Muret; Coppier, R.

Attendu qu'un pareil serment n'eût pas formé sans doute un obstacle absolu à ce que l'intimé ne pût en écarter l'effet, en produisant de nouvelles pièces qui prouveraient sa libération ; mais que, loin d'en justifier, les lettres dont il s'agit au procès fournissent au contraire une forte présomption de la sincérité de l'assertion de l'appelant, d'avoir été créancier de l'intimé d'un autre billet que celui du 29 juin 1815 ; que, d'autre part, les reçus de la femme de l'appelant n'indiquent autre chose que des articles qu'il peut être dans le cas d'imputer ; et, quant aux procédures de Naples, elles n'apprennent aussi qu'une main-levée de sequestre, faute de représentation des titres de créance, chose qui s'explique facilement par la distance de la Savoie à Naples, mais ne comporte aucune libération effective de dette ; qu'il suit de là que le jugement dont est appel ne peut se soutenir, et que la condition de l'indû étant ainsi écartée, rien ne s'oppose à ce que l'appelant ne puisse se prévaloir des jugements des 30 avril 1816, et 6 août 1825, ainsi que de l'adjudication du 8 octobre suivant, et continuer l'instance par lui introduite le 2 juillet 1839 :

Par ces motifs, déboute Pierre Rambaud de ses conclusions de première instance, renvoie la cause et les parties par-devant les premiers juges.

GRILLO, *P. P.* D'ARCOLLIÈRES, *R.*

1er Mai 1846.

PUISSANCE PATERNELLE.
— USUFRUIT. — AUTORISATION.

Art. 233, 224 C. c.

Le fils, durant la puissance paternelle, ne peut ester en jugement à raison des biens dont le père a l'usufruit, qu'après avoir obtenu son consentement, ou à défaut, l'autorisation du tribunal.

Le père a l'usufruit des biens parvenus à ses enfants par succession testamentaire, lors même qu'il a été réduit à sa légitime sur ces mêmes biens.

En d'autres termes : le grand'père, en instituant ses petits-fils pour ses héritiers universels, et réduisant son fils, leur père, à la légitime, n'est pas censé avoir voulu priver ce dernier de l'usufruit attaché à la puissance paternelle.

DEGRENAUD c. DEGRENAUD.

Marie Descotes, mère et aïeule des parties, dispose de sa fortune en faveur d'Auguste et de Marie Degrenaud, ses petits-fils, et laisse à Jean-Claude Degrenaud, son fils, et père d'Auguste et de Marie, *sa légitime, telle que de droit* ; la disposition est conçue en ces termes : *Je veux que mes biens soient recueillis par mes héritiers, sans exception ni réserve.*

Auguste et Marie Degrenaud se pourvoient contre leur père, pour le faire condamner à relâcher tous les biens dépendant de l'hoirie de leur grand'mère ; celui-ci leur oppose qu'ils ne sont pas autorisés, et dit qu'en vertu de la puissance paternelle, il a l'usufruit des biens qui leur ont été laissés par leur grand'mère.

Sur ce, LE SÉNAT : Attendu que, d'après les dispositions de l'art. 233 du Code civil, le fils majeur ne peut, durant la puissance paternelle, ester en jugement à raison des biens dont le père a l'usufruit, qu'après avoir obtenu son consentement, ou à défaut, l'autorisation du tribunal, et le père peut opposer de la nullité dérivant de ce défaut de consentement ou d'autorisation ;

Attendu, en ce qui touche les biens provenant de la succession de Marie Descotes, qui forment l'objet principal de la présente instance, que, par son testament du 27 octobre 1825, Cot notaire, ladite Marie Descotes se borne à déclarer qu'elle veut que ses petits-enfants, Auguste et Marie Degrenaud, recueillent son hérédité, sans aucune exception ni réserve ; à la charge de payer les dettes et le montant de la légitime à laquelle elle réduit son fils Jean-Claude Degrenaud, leur père ; que cette disposition ne permet pas à ce dernier de prétendre autre chose dans l'hoirie de sadite mère, à titre de succession, que la part légitimaire accordée par la loi ; mais qu'il ne suit point de là qu'il doive être privé de l'usufruit que la loi lui accorde à raison de la puissance paternelle ;

Attendu, que si la charge imposée par la testatrice à ses petits-enfants, de payer la légitime du père, donne à présumer qu'elle pensait que ses petits-enfants recueilleraient de suite la pleine propriété et jouissance de son hérédité, l'on doit reconnaître, d'autre part, que ce n'est là qu'une présomption, et que d'ailleurs une pareille persuasion de la testatrice n'aurait pas suffi pour priver le père de l'usufruit, parce que ce bénéfice de la loi ne peut lui être enlevé que par une volonté bien manifeste du testateur ;

Attendu qu'à défaut de disposition testamentaire qui ait privé l'appelant de l'usufruit des biens parvenus aux intimés dans la succession de Marie Descotes, ceux-ci n'ont pu ester en jugement à raison de ces biens, sans son consentement ou l'autorisation du tribunal, à moins qu'ils n'eussent cessé d'être sous la puissance paternelle par quelqu'un des moyens établis par la loi ;

Attendu qu'à ce sujet les intimés se sont bornés à alléguer qu'ils étaient dès longtemps séparés de leur père, sans indiquer positivement l'époque de cette séparation, et sans faire connaître la date du décès de leur aïeule, ni l'âge qu'ils auraient eu, soit à la date de ce décès, soit à l'époque de la publication du Code civil ; qu'en conséquence la cause n'est pas prête à recevoir jugement à cet égard ;

Attendu qu'il ne peut s'agir d'entrer maintenant dans l'examen des droits qui compéteraient aux intimés comme héritiers de Marie Descotes, par suite des stipulations de l'acte d'acquisition du 50 mai 1817, Blanchet notaire, et de la quittance du 23 mai 1818, Morand notaire, parce qu'il faut savoir, avant tout, s'ils peuvent ester en jugement à raison de ces droits ; et que d'ailleurs cette discussion pourrait perdre beaucoup de son importance pour les intimés, s'il venait à être reconnu que l'usufruit de tous ces avoirs appartient à leur père :

Ordonne que, sans s'arrêter à l'exception déduite par les demandeurs, les parties procèderont.

De la Charrière, P.   Cleat, R.

1er Mai 1846.

APPEL. — ACQUIESCEMENT. — DÉCLARATION.

La déclaration faite par le procureur *de ne pas s'opposer à l'adjudication des conclusions du demandeur*, ne forme pas aveu de la dette et acquiescement au jugé.

Elle ne fait point obstacle à ce que le défendeur appelle du jugement rendu ensuite de cette déclaration.

Maison consorts c. Cot.

Le Sénat : Attendu que la déclaration faite à l'audience du 21 janvier 1845, par le procureur des appelants, *de ne pas s'opposer à l'adjudication des conclusions prises par Me Cot*, ne constitue point un aveu de leur légitimité ; que l'on ne peut attribuer à Me Collet une autre intention que celle d'avoir voulu manifester, par ces expressions, l'impuissance où il était de défendre à la demande pour être sans renseignements de la part de ses parties ; qu'il est d'autant plus naturel d'interpréter dans ce sens restrictif la déclaration dont il s'agit, que Me Collet n'avait pas de pouvoir pour faire des offres ou des aveux ; qu'il n'est pas à présumer qu'il ait voulu excéder les limites de son mandat :

Par ces motifs, reçoit appelants.....

Anselme.   Seitier, R.

---

2 Mai 1846.

DOT CONGRUE. — PAIEMENT. — OPTION DE L'HÉRITIER.

Suivant les A. C., la dot congrue n'est pas, comme la légitime, payable en argent ou en immeubles, au choix de l'héritier.

Elle doit être payée en argent ; à plus forte raison le supplément de dot congrue doit-il être payé en argent, lorsque la fille a déjà reçu partie de sa dot en espèces.

Bardet c. Bardet.

Le Sénat : Attendu que le § 1er, tit. 5, liv. 8 R. C., qui accorde à l'héritier la faculté de payer la légitime en argent ou en immeubles, ne fait aucune mention de la dot ; qu'on ne pourrait conséquemment étendre cette disposition au paiement de la dot qu'autant qu'il serait constant que le législateur eût assimilé la dot à la légitime ;

Attendu qu'on a une preuve bien claire du contraire dans le § 8 du même titre R. C., où l'on voit que le législateur présuppose qu'il peut exister une grande différence de valeur entre la dot et la légitime, puisqu'il accorde au légitimaire le choix de faire compter ou de ne pas faire compter les dots dans la masse héréditaire, suivant ce qui peut lui être plus ou moins avantageux, d'après le montant desdites dots ;

Attendu que la légitime est une partie aliquote de la succession, déterminée d'une manière fixe, d'après le nombre des successibles et le montant de l'hoirie; tandis que la dot doit se régler d'après la condition des personnes et l'usage des lieux; d'où il suit que les motifs qui ont fait accorder à l'héritier la liberté de payer la légitime en argent comptant ou en immeubles, ne seraient pas applicables au paiement de la dot, et que cette liberté indéfinie accordée à l'héritier ne serait même pas compatible avec l'obligation de se conformer aux usages des lieux;

Attendu d'ailleurs qu'il est reconnu au procès que l'intimé a reçu en argent une portion de la dot qui lui a déjà été comptée, et qu'il ne serait pas juste de l'obliger à avoir, contre son gré, une dot, partie en argent, partie en immeubles, en recevant en immeubles le supplément qui lui compète; vu surtout que l'offre de payer ce supplément de dot en immeubles n'a été faite par l'appelant qu'après l'achèvement des expertises qui avaient été ordonnées pour déterminer la valeur numérique à laquelle devait s'élever cette dot :

Déclare Jacques Bardet non-recevable en son appel.

De la Charrière, P. Cleat, R.

---

9 Mai 1846.

CORPS MORAL. — CONFRÉRIE. — PASSAGE. — ÉGLISE. — ENCLAVE.

(Art. 23, 430, 616, 619.)

Les confréries établies en Savoie avant la promulgation du *règlement particulier*, n'ont point été assujéties à *l'autorisation souveraine* prescrite par ce règlement.

Quoique momentanément dissoutes pendant l'occupation française, elles ont pu se reconstituer ensuite sans *autorisation*.

Celles qui sont en possession ancienne du droit d'acquérir et de posséder, ont conservé ce droit, nonobstant les prohibitions des lois.

Les propriétaires de maisons enclavées peuvent exiger un passage sur le fonds du vendeur.

Les églises ne peuvent être soumises à aucune servitude; en conséquence, est censé enclavé l'appartement qui n'a d'autre accès qu'une église consacrée au culte.

Suivant les circonstances, les vendeurs peuvent exiger une indemnité.

TURCHET, DIJOUD ET CONSORTS
C. LA CONFRÉRIE DE LA ROCHETTE.

Par actes du 17 mars et du 22 avril 1825, Turchet, Fugier, etc., auteurs des appelants, vendent au conseil de la confrérie du St-Sacrement de la Rochette, un bâtiment attigu à l'église paroissiale, et qui avait fait autrefois partie de la Sacristie de cette église.

Il est stipulé que les acheteurs n'auront aucun droit de passage sur le fonds restant aux vendeurs, *n'étant pas compris dans la vente le droit de passage par la cour et le jardin des Carmes.*

Le 28 octobre 1844, le conseil de confrérie se pourvoit au Tribunal, il dit que son bâtiment est enclavé, et réclame le bénéfice des art. 616, 619 C. c.

Les consorts Turchet et Dijoud opposent à cette demande :

1° Que la confrérie, n'étant pas un corps autorisé, ne peut exercer des droits civils, acquérir, posséder, ester en justice, etc., à forme du règlement particulier de Savoie ;

2° Qu'il n'y a pas enclave, puisque le bâtiment vendu communique avec l'église;

3° Qu'il a été convenu, lors de la vente, que ce bâtiment serait destiné à former une sacristie ou un lieu de réunion pour les confrères, ayant accès seulement par l'église;

4° Qu'en tous cas, les confrères, changeant la destination du bâtiment par eux acquis et en faisant une école, devraient au moins acheter le droit de passage.

Le Sénat : Attendu que, bien que l'autorisation souveraine soit nécessaire pour qu'une corporation puisse être considérée comme une personne morale, ayant une existence légale, et capable d'exercer des droits civils, les appelants n'ont pu être fondés, dans l'espèce, à invoquer cette maxime, pour faire écarter l'action dirigée contre eux par la confrérie du St-Sacrement de la Rochette ;

Qu'il est en effet suffisamment établi, par les documents produits en l'instance, que son existence remonte à une époque antérieure au règlement particulier pour la Savoie, du 22 novembre 1773; qu'elle aurait ainsi été implicitement approuvée par l'art. 8, chap. 4, liv. 1 de ce règlement, qui, en défendant seulement de créer de nouvelles corporations sans la permission expresse du roi, est censé avoir reconnu celles qui existaient auparavant; et que, par l'effet du rétablissement de nos lois anciennes, ladite confrérie aurait recouvré son existence telle qu'elle l'avait avant la révolution française, sans avoir eu besoin d'aucune autorisation nouvelle;

Attendu que les statuts de la confrérie du St-Sacrement de la Rochette, qui portent la date de l'année 1697, et dont l'ancienneté ne peut être sérieusement révoquée en doute d'après l'état matériel de l'exemplaire qui en a été produit, renferment des dispositions relatives à l'administration des legs et des revenus qui appartiendraient à la confrérie, ce qui suppose que, dès cette époque reculée, elle était considérée comme capable d'acquérir et de posséder;

Attendu qu'il est reconnu qu'on ne peut arriver au bâtiment dont il est question qu'en passant par l'église, et que, réduite à ce seul moyen de communication intérieure, la confrérie serait privée du droit de pouvoir disposer librement de ce bâtiment, ce qui ne pourrait se concilier avec la propriété qui lui en a été transmise; qu'il suit de là qu'elle est fondée à user du droit que la loi accorde à tout propriétaire dont l'héritage est enclavé, de forcer les propriétaires voisins à lui donner un passage; la raison de cette loi étant la même, soit qu'il s'agisse d'un bâtiment, soit qu'il s'agisse d'un fonds rural enclavé;

Attendu néanmoins qu'en vendant à la confrérie un bâtiment qui avait anciennement servi de sacristie, les appelants ont eu lieu de croire qu'on le rachetait uniquement pour la réunion de la confrérie, et pour l'usage de l'église dans laquelle elle est érigée; qu'ils n'ont pas dû supposer qu'on voulût ensuite lui donner une destination qui exigeât le passage hors de l'église; que la clause insérée dans l'acte de la vente faite par Novel Cattin, et par laquelle il a été expressément stipulé que le passage à travers la cour et le jardin des Carmes n'était pas compris dans la vente, peut servir à faire comprendre quelle a été, à cet égard, l'intention des parties, même pour ce qui concerne Fugier et Turchet, d'autant plus que c'est par un seul acte qu'en acquérant la part de bâtiment en question, appartenant à Novel Cattin, la confrérie a échangé la portion inférieure de la part du bâtiment par elle acquise, avec la portion supérieure de la part qui restait à Turchet; qu'ainsi il résulte suffisamment, sans qu'il soit besoin d'admettre les positions données à cet égard par les appelants, que le passage réclamé ne peut aucunement être considéré comme un accessoire déjà compris dans les contrats de vente et d'échange sus-énoncés;

Attendu, cela posé, que la confrérie ne peut obtenir le passage par elle demandé qu'à la charge d'une indemnité proportionnée au dommage qui peut en résulter pour les propriétaires voisins:

Déclare la confrérie avoir droit au passage par elle réclamé, et c'est à la charge de payer une indemnité proportionnée aux dommages que ce passage peut occasionner, pour raison de quoi les parties diront et déduiront plus amplement.

GRILLO, *P. P.* DE St-BONNET, *R.*

---

23 *Mai* 1846.

LÉSION. — ESTIMATION. — ACTE SOUS SEING-PRIVÉ.

Art. 1412, 1680 C. c. (R. C.)

Quoique la vente d'un immeuble par billet sous seing-privé, fût radicalement nulle sous les R. C., cependant lorsque cette vente était ensuite ratifiée, la ratification rétroagissait à la date du billet.

En conséquence, si la vente est arguée de lésion, c'est à la date du billet sous seing-privé, et non à celle de l'acte de ratification, qu'il faudra évaluer les biens, pour en fixer le juste prix.

FONTAINE C. DELABEYE, VEUVE GILLET.

LE SÉNAT : Attendu que la vente de l'immeuble dont il s'agit a été convenue et exécutée par la tradition réelle et par le paiement du prix, dès l'écrit privé du 26 novembre 1828; et que cet engagement et cette exécution ont été approuvés et ratifiés par l'acte authentique du 16 janvier 1833, Mareschal notaire;

D'où il suit qu'on doit considérer la valeur qu'avait le fonds vendu le 26 novembre 1828, pour apprécier s'il y a eu lésion au préjudice des auteurs de l'appelant, dans la vente qu'ils ont faite au sieur Gillet, et que les faits articulés par spectable Fontaine-Tranchant, par relation à la date de l'acte du 16 janvier 1833, sont mal circonstanciés;

Attendu que pour que les experts puissent déterminer avec exactitude la valeur du fonds vendu, il est en outre nécessaire que sa contenance et son périmètre soient déterminés avec précision :

Déclare Fontaine non-recevable.

De la Charrière, *P.* Mareschal, *R.*

---

25 Mai 1846.

INHIBITION. — CAUTION.
— INFORMATIONS SOMMAIRES.

Les inhibitions de payer ne sont pas assimilées aux séquestres.

Elles ne sont pas nulles, quoique accordées sans informations préalables et sans caution pour les dommages et injures.

Jam c. Fox.

Le Sénat : en ce qui concerne l'admissibilité de l'appel :

Attendu que les dommages mesurés par Jam des inhibitions provisoires accordées le 24 mars 1845 par le juge d'Yenne, sont indéterminés, et pourraient arriver à une somme de 1,200 livres, ce qui rend l'appel recevable.

En ce qui concerne le décret qui accorde les inhibitions :

Attendu qu'il existe des différences notables entre la portée et les effets des séquestres proprement dits, et les simples inhibitions de payer décernées contre le débiteur du débiteur; d'où il suit qu'on ne peut appliquer aux inhibitions de payer les dispositions législatrices du tit. 29, liv. 5 R. C., qui ne parlent que des séquestres; et que l'omission des formalités prescrites à l'égard des séquestres ne peut entraîner la nullité de ces inhibitions, pour lesquelles il suffit que le juge ait des raisons plausibles :

Attendu que les jugements de condamnation déjà obtenus contre Jam, et les saisies-séquestres accordées contre lui par le juge du consulat, avant que le Code de commerce fût en vigueur, ont fourni au juge d'Yenne, qui a été adi comme juge de secours, des motifs suffisants pour accorder les inhibitions provisoires qui lui étaient demandées.

En ce qui concerne les faits articulés par Jam :

Attendu que les motifs donnés étant suffisants pour déterminer le juge à accorder des inhibitions, abstraction faite de la position de fortune dans laquelle Jam pouvait

se trouver; le premier fait relatif à cette position de fortune est irrélévatoire;

Attendu que le second fait est inadmissible, soit parce qu'il ne détermine pas la somme que Jam aurait payée à l'huissier Berthet, soit parce que Jam n'a fait aucune production tendant à établir que cet huissier avait le pouvoir d'accorder des délais;

Attendu que le troisième fait, relatif à la perte de crédit qui serait résultée des inhibitions accordées, n'est pas pertinent, dès qu'il est reconnu que le juge avait le pouvoir d'accorder ces inhibitions et que l'état du procès donnait lieu à les accorder.

En ce qui concerne la compétence du tribunal pour statuer sur la main-levée des inhibitions :

Attendu que les débats qui avaient pour objet de reconnaître ce que devaient les tiers saisis, ne touchaient pas aux matières commerciales, et que s'agissant, à l'égard de Jam, de l'exécution des jugements rendus par le juge-mage comme juge de commerce, il ne lui appartenait pas, aux termes de l'art. 691 du Code de commerce, de connaître de l'exécution de ce jugement;

D'où il suit que le tribunal a été légalement saisi, et a rendu compétemment le jugement dont est appel :

Déboute Jean Jam des conclusions qu'il a prises.

De la Charrière, *P.* Mareschal, *R.*

---

26 Mai 1846.

SIGNIFICATION. — CONTUMACE. —
HABUI COPIAM.

La requête décrétée contre un magistrat est censée régulièrement signifiée, lorsqu'il a annoté au bas *j'ai copie*; cette annotation tient lieu d'exploit de signification.

Bernard c. G....

Le Sénat : Attendu que, dans une requête présentée céans le 2 mai dernier, le demandeur, après avoir exposé que dès le 20 novembre 1837, au 8 octobre 1839, Joseph Aurière, et successivement Dominique Bernard, dont Jean Gabriel se dit héritier, ont fourni à spectable G.... divers habillements dont le prix arrive à la somme de 718 liv., suivant la facture jointe au recours, a interpellé ledit spectable G.... de convenir, à peine d'aveu, des faits exposés en la requête ;

Que, sur cette requête qui a été décrétée d'un soit appelée partie pour comparaître à l'audience du 23 de ce mois, se trouve cette annotation, en marge du décret : *J'ai copie, St-Jean, le 9 mai 1846, signé G...* ;

Attendu que spectable G.... ne s'est pas présenté à l'audience fixée pour la comparution des parties ; qu'en raison de sa qualité, la déclaration qu'il a donnée par écrit équivaut à une notification faite à sa personne de la requête et du décret ; et que sa contumace a pour effet de faire considérer comme suffisamment établie la demande de Bernard :

Condamne à payer.

GRILLO, *P. P.* ARMINJON, *R.*

---

30 Mai 1846.

SERMENT. — DÉLATION. — MARQUE.

La partie qui défère le serment doit en signer la formule, ou donner un mandat spécial à un procureur pour la signer.

Celui qui ne sait pas écrire, peut-il faire sa marque ? [1]

Le serment du moins est en ce cas régulièrement déféré, lorsqu'il a été admis sans opposition, et que la partie a reconnu sa marque, et ratifié la délation de serment par un acte authentique.

SPECTABLE POGNIENT C. GONNET.

LE SÉNAT : Attendu que spectable Pognient n'a conclu à la nullité du jugement que postérieurement à l'ordonnance d'appointement ;

Qu'au surplus, la marque de Gonnet, mise au bas de l'acte à délation de serment, n'a point été contestée avant le jugement, et que d'ailleurs, par acte du 21 mars 1846, Marthe notaire, Gonnet, en reconnaissant que la marque dont il s'agit bien la sienne, a déclaré formellement la ratifier ; qu'ainsi, sous aucun rapport, les conclusions de spectable Pognient, sur ce chef, ne peuvent être prises en considération :

Déclare non-recevable.

DE LA CHARRIÈRE, *P.* DE JUGE, *R.*

---

[1] V. Arrêt du 8 janvier 1815 : Ruffier c. Hurtin ; d'Arcollières, R.

2 Juin 1846.

CONVENTION. — PREUVE. — ACTE SOUS SEING-PRIVÉ. — MUR MITOYEN.

Art. 1413 C. c.

La convention faite entre deux propriétaires, par laquelle ils s'engagent à donner une hauteur déterminée au mur mitoyen qui sépare leurs héritages, n'est pas un acte translatif de propriété immobilière ; il peut être rédigé sous seing-privé.

DAGAND C. PILLET.

En 1838, des conventions sous seing-privé sont passées entre le directeur de la société du gaz (sieur Pillet) et Dagand : par ces conventions, Dagand permet à la compagnie de construire un mur sur la ligne divisionnelle des propriétés respectives, s'engageant à payer la moitié des frais de construction.

Le mur construit, et le terme de paiement échu, le gérant de la société se pourvoit au tribunal contre Dagand, pour obtenir le paiement des sommes dues pour l'objet ci-dessus.

Dagand oppose de nullité aux conventions, comme n'ayant pas été rédigées en acte authentique, en conformité de l'art. 1412 du Code civil.

LE SÉNAT : Attendu que la valeur de la cause dont il s'agit ne roule pas seulement sur la moitié du prix demandé de la construction du mur en litige, mais sur les conséquences qui pourraient affecter l'intimé par suite de la nullité de la convention du 17 décembre 1838, dont il a été opposé ; que, considérée sous ce double rapport, cette cause serait appelable :

Attendu qu'il est constant en fait que les propriétés respectives des parties sont situées sur le territoire de la ville de Chambéry ;

Attendu que la hauteur du mur dont il s'agit, portée à 7 mètres, a été le résultat de conventions spéciales entre lesdites parties ;

Attendu que par suite de cette stipulation, qui n'est pas prohibée par la loi, il n'a pas été porté atteinte à la nature du droit de mitoyenneté, en ce que chaque voisin n'en est pas moins resté propriétaire de ladite moitié du mur, quelle que soit son élévation, et du sol sur lequel il repose ; et qu'il n'y a pas eu translation réciproque de fonds ou de droits immobiliers ;

Attendu dès lors, et par les motifs donnés par les premiers juges, que rien n'obstait à ce que les conventions dont il s'agit aient pu être validement faites par acte sous seing-privé;

Attendu que l'appelant, dans une dernière écriture, s'est plaint de diverses entreprises faites à son préjudice, sur le mur dont il s'agit; que, pour en justifier, il a fait les productions y énoncées;

Attendu que s'agissant de faits qui ont quelque connexité avec la cause principale, il est de l'intérêt des parties de statuer sur ces divers chefs par un seul et même arrêt:

Par ces motifs, sans s'arrêter à l'exception de nullité opposée à l'écrit du 17 décembre 1838, déclare Dagand tenu de payer.

PORTIER DU BELLAIR, *P.* ANSELME. *R.*

---

12 Juin 1846.

RETRAIT SUCCESSORAL. — CESSION. — PERSONNE INTERPOSÉE.

Art. 1064 C. c. (Q. T.)

Le retrait successoral peut être exercé au préjudice du cessionnaire étranger, lors même qu'il a acquis d'une personne interposée.

La preuve testimoniale est admissible pour établir l'interposition de personne.

Le retrait successoral a lieu même pour les successions ouvertes avant la publication du Code civil, lorsque la cession n'a été consentie que depuis cette époque.

MUGNIER-SÉRAND C. GIARDIN ET AUTRES.

L'appelante demandait à être déclarée en droit d'exercer le retrait successoral, avec condamnation de Giardin à relâcher et abandonner tous les biens, tous les meubles, tous les titres de famille, etc., qui pouvaient lui être parvenus en vertu des actes du 1er mai 1838, sauf à lui à se prévaloir de l'offre qui lui était faite de lui rembourser les loyaux coûts des actes de vente et tout ce qu'il justifierait avoir payé en exécution d'icelui. — Domenge, premier acquéreur, avait cédé le bénéfice de son acquisition à Giardin; cette cession était attaquée comme simulée.

LE SÉNAT : Attendu que s'il était reconnu que Domenge n'était que le prête-nom de Giardin, dans la vente du 1er mai 1838, et que celle du même jour, passée à Giardin lui-même, ne forme ainsi qu'une seule et même acquisition à son profit, la demanderesse serait en droit de se prévaloir du bénéfice de l'art. 1064 du Code civil, pour écarter ce dernier du partage de la succession paternelle;

Attendu que les 1er, 2e et 16e des faits déduits dans l'écriture du 24 février 1841, sont irrélévatoires sur le mérite des conclusions prises par la demanderesse;

Attendu que la série des autres faits déduits dans la même écriture, et qui sont avoués par Domenge lui-même, serait de nature à fournir des indices suffisants du fait allégué que Domenge n'a été qu'une personne interposée pour le compte de Giardin, lequel, en réalité, consolidait en sa personne, par les deux actes du 1er mai 1838, tous les droits de Jean-Claude Mugnier-Sérand dans la succession paternelle;

Attendu que Giardin ne s'est pas acheminé à établir que, au nombre des biens vendus par Jean-Claude Mugnier-Sérand, fussent compris des biens étrangers à la succession de ce dernier; que d'ailleurs, aux termes des actes du 1er mai, la ventilation sur la valeur relative de ces biens pris séparément, ne serait pas praticable;

Attendu que la demanderesse devait étendre explicitement ses offres aux charges stipulées dans lesdits actes du 1er mai 1838:

Ordonne que Giardin circonstanciera mieux ses faits.

GRILLO, *P. P.* DELEUSE, *R.*

---

13 Juin 1846.

VENTE. — PARTAGE. — PRESCRIPTION.

Art. 1603, 2361 C. c. (C. c. F.)

La vente d'un immeuble désigné par numéros et confins, avec stipulation expresse que le vendeur n'entend vendre que les immeubles échus à son lot, dans un partage déterminé, cette vente n'opère point translation de la propriété des numéros désignés, s'ils ne sont pas les mêmes qui lui sont échus dans le partage.

Elle ne forme pas juste titre pour fonder prescription de 10 et de 20 ans.

L'acheteur, en jouissant des numéros désignés dans l'acte, n'a pas même pu les acquérir par prescription trentenaire.

CHEVRON, FEMME MARTIN, C. BRANCHE
ET AUTRES.

LE SÉNAT : Attendu qu'il résulte clairement des partages qui ont été clos le 6 mai
1812, devant le notaire Dumaz, à ces fins
commis, et qu'il n'a jamais été contesté entre
les parties qu'au lot de l'appelante, Jeannette Chevron, est échue la portion à prendre du côté du couchant du pré aux Lèches,
de la contenance de 74 ares 40 centiares, et
qu'au lot de Thérèse Chevron, auteur des
intimés, défendeurs, est échue la portion
au levant de ce même pré aux Lèches, de
la contenance de 58 ares 8 centiares ;

Attendu que si dans l'acte de vente, passé
en faveur de Jean Branche, père et aïeul
des défendeurs, le 24 août 1815, il est d'a-
bord énoncé que la vente comprenait un
pré au mas des Lèches, de la contenance
environ de 74 ares, confinant au levant celui de Jeannette Chevron, la venderesse a
cependant ensuite formellement stipulé
qu'elle ne garantissait point les contenances précédemment exprimées, et qu'elle
n'entendait vendre les mêmes immeubles, à
elle échus en partage, que tels qu'ils sont
décrits et spécifiés dans la procédure de
partage, déposée aux minutes du notaire
Dumaz, auquel acte de partage les parties
ont déclaré se rapporter ;

Attendu qu'il suit de là que ce n'est point
aux désignations de contenance et confins
insérées dans l'acte de vente, mais bien à
celles portées dans le contrat de partage,
qu'il faut se référer pour connaître ce qui
a été compris dans la susdite vente du 24
août 1815 ; et qu'en conséquence, si l'acquéreur a possédé la portion de pré portée,
dans lesdits partages, au lot de Jeannette
Chevron, au lieu de celle échue au lot de
la venderesse, cette possession ne peut lui
être d'aucune utilité pour la prescription
invoquée, et qu'on s'occuperait vainement
du mérite d'une renonciation à une prescription qui n'aurait point existé ;

Attendu, en ce qui touche les défendeurs
en garantie, que les stipulations ci-dessus
rappelées dans l'acte de vente du 24 août
1815, portent clairement que la venderesse, Thérèse Chevron, femme Mestrallet, n'a
vendu que ce qui était décrit et spécifié à
son lot, dans le contrat de partage, et qu'ils
ne peuvent point prétendre qu'on leur ga-
rantisse ce qu'on ne leur a point vendu ;

Sans s'arrêter à la prescription invoquée
par les consorts Branche, les déclare tenus

de relâcher aux époux Chevron et Martin la
pièce de pré sise au mas des Lèches, territoire d'Onein.

DE LA CHARRIÈRE, P.　CLERT, R.

13 Juin 1846.

ENTREPRENEUR DE TRAVAUX PUBLICS.
— NÉGOCIANT. — COMPÉTENCE.

Art. 1 C. de comm.

L'entrepreneur de travaux publics est considéré
comme négociant.

Il est soumis à la juridiction des tribunaux de
commerce.

GARBOLINO C. EYROT.

LE SÉNAT : Attendu que l'appelant s'est
donné lui-même la qualité d'entrepreneur
de travaux publics ;

Attendu que les entrepreneurs de routes,
de ponts, de bâtiments, et autres travaux
publics, sont en habitude d'acheter les matériaux nécessaires à leurs entreprises, pour
les revendre ensuite au moyen d'un prix
qui se confond avec celui de la main-d'œuvre ;

Attendu que ces faits constituent des
actes de commerce définis par l'art. 672 du
Code de commerce ; d'où il suit que les entrepreneurs de ces sortes de travaux publics doivent être réputés commerçants, à
moins qu'ils n'établissent particulièrement
de n'avoir jamais été dans le cas de faire
aucun achat et fourniture de matériaux,
dans leurs entreprises ;

Attendu que l'appelant ne s'est point
acheminé à établir qu'il se trouvât dans
cette position exceptionnelle ;

Attendu qu'il n'a encore été rien préjugé
en première instance sur l'exception que
l'appelant mesure de sa résidence hors de
la province :

Déclare Jean Garbolino non-recevable en
son appel.

DE LA CHARRIÈRE, P.　CLERT, R.

19 Juin 1846.

VENTE. — HYPOTHÈQUE. — TROUBLE.

Art. 1600 C. c.

Lorsque le vendeur a garanti l'immeuble libre de toutes hypothèques, l'acheteur peut se retenir le prix s'il découvre quelque hypothèque, même du chef des précédents propriétaires.

Pour exiger le prix, le vendeur doit, en conséquence, produire des certificats négatifs du bureau de la conservation des hypothèques, ou justifier de l'extinction de toutes les hypothèques constituées dans les 30 ans qui ont précédé la vente.

JAILLET C. JACQUIER.

LE SÉNAT : Attendu que, par contrat du premier de 1838, l'intimé a vendu les biens y désignés à Pierre Chichignoud, libres de toutes dettes, charges et hypothèques; que ce dernier a revendu à l'appelant, par acte du 12 février 1842, les mêmes immeubles, et sous les mêmes clauses de garantie, avec charge d'en payer le prix à l'intimé, qui accepte la délégation;

Attendu que Jaillet ne s'est soumis à payer à Jacquier que sous l'obligation qu'a prise ce dernier de justifier qu'il n'existait aucune hypothèque sur les immeubles aliénés par ledit contrat du 12 février 1842; que cet engagement, d'après sa nature et les termes généraux qui le constituent, embrasse toutes les hypothèques affectant les biens dont il s'agit, au moment où Jacquier a pris cet engagement, sans égard à leur origine; que s'il restait quelque doute sur ce point, il devait encore s'interpréter contre l'intimé, qui aurait à s'imputer de ne s'être pas expliqué plus clairement; il suit de là que l'appel de Jaillet est fondé, et que les conclusions de Jacquier ne peuvent être accueillies qu'autant qu'il compléterait les productions requises par sa partie adverse;

Attendu qu'il n'est pas le cas d'ordonner la liquidation requise par l'intimé, tandis qu'il n'a pas fait la justification prémentionnée :

Par ces motifs, ordonne que le demandeur procédera plus amplement, ainsi et comme il verra à faire.

PORTIER DU BELLAIR, P. SETTIER, R.

20 Juin 1846.

BAIL SOUS SEING-PRIVÉ. — DOUBLE ORIGINAL. — ERREUR. — INTERPRÉTATION.

Art. 1432 C. c. (R. C.)

Lorsqu'un bail sous seing-privé a été rédigé à double original, et qu'ils ne se trouvent pas semblables entr'eux, pour la quotité des prestations imposées au fermier, on se règle d'après les principes ordinaires d'interprétation.

On peut, suivant les circonstances, adjuger au bailleur la somme la plus élevée, lorsqu'elle est plus en harmonie avec les autres clauses de l'acte.

PONTHIER C. L'ADMINISTRATION DES HOPITAUX D'ANNECY.

LE SÉNAT : Attendu qu'il est constant que les deux originaux du bail sous seing-privé dont il s'agit au procès, passés par les hospices d'Annecy à Joseph-François Ponthier (l'un et l'autre signés par les parties contractantes le 21 septembre 1829), sont parfaitement conformes entre eux, sauf que dans l'original qui est entre les mains des hospices, le fermier doit laisser entr'autres, à sa sortie, un ensemencé de 8 coupes de seigle, tandis que dans l'original qui est entre les mains de l'appelant, il est écrit *une*, au lieu de *huit*; qu'il existe ainsi une erreur matérielle dans l'un ou dans l'autre de ces deux actes originaux, et que pour apprécier de quel côté est l'erreur, l'on doit recourir à des présomptions puisées en dehors desdits actes;

Attendu que dans le bail que les hospices avaient passé antérieurement audit Joseph-François Ponthier, le 1er février 1819, l'ensemencé de seigle avait été fixé à *huit* coupes; que l'appelant n'a pas fait résulter que ledit Ponthier, dont il est héritier, se fût libéré envers les hospices d'un ensemencé de 7 coupes de seigle, lorsque son bail a été renouvelé, le 21 septembre 1829; et que si l'on prend en considération l'étendue des terres labourables composant la ferme donnée à bail, et le genre de culture, un ensemencé d'une coupe de seigle serait sans proportion avec l'ensemencé de 20 coupes de froment que le fermier s'est engagé à laisser à sa sortie; d'où il suit que le tribunal a bien jugé en adjugeant aux hospices leurs conclusions relatives à ce chef:

Déclare l'appelant non-recevable en son appel.

Portier du Bellair, *P.* Jacquemoud, *R.*

---

23 Juin 1846.

PATERNITÉ. — FILIATION. — PRESCRIPTION. — POSSESSION D'ÉTAT.

Art. 131, 165, 169 C. c. (C. F.)

L'action en réclamation d'état est imprescriptible à l'égard de l'enfant.

L'enfant inscrit comme adultérin sur les registres de l'état-civil, et réputé tel pendant plus de 30 ans, n'a pas pour autant titre d'adultérin, et possession conforme, à teneur de l'art. 163 du C. c.

La présomption *pater is est*, est admise dans tous les cas, lors même que la femme aurait quitté le domicile conjugal pour vivre dans le libertinage, qu'elle aurait célé à son mari la naissance de l'enfant, et que ce dernier, baptisé comme fruit de l'adultère, aurait, pendant plus de 30 ans, été repoussé de la famille du mari.

Grand et consorts c. Marie-Ursule, femme Grand.

A l'arrivée des troupes françaises à Scez (en Tarentaise) en 1793, Marie-Jacqueline Grand, femme de Louis Sourdet, quitte le domicile de son mari pour s'attacher à un militaire nommé Pierre Piat. Pendant plusieurs années elle réside avec son amant dans un hameau de la même commune, occupé par l'armée Française; après 10 mois de cohabitation, elle y accouche d'une fille, dont elle cache soigneusement la naissance à son mari.

Cet enfant est inscrit sur les registres de l'état-civil, le 14 mars 1794, sous le nom de Marie-Ursule, *fille de Jacqueline-Marie Grand et de Pierre Piat, Français, soldat des armes de Champagne.*

Jusqu'en 1842, pendant 48 ans, Marie-Ursule est considérée comme fille de Piat, elle en porte le nom; jamais elle ne se désigne sous le nom de Sourdet, pas même dans son contrat de mariage avec Jean-Joseph Grand; enfin elle ne réclame aucune part dans les successions de Louis Sourdet, mari de sa mère, ni dans celles d'aucun des parents de Sourdet.

En 1842, pour la première fois, elle invoque la maxime *pater is est*, se dit fille

légitime de Louis Sourdet, et par conséquent sœur germaine de Jean-Baptiste Sourdet, fils de Louis, mort en 1803, et à ce titre, demande le relâchement des biens dépendant de l'hoirie de ce dernier.

Les consorts Grand et Sibourg, héritiers *ab intestat* de Jean-Baptiste Sourdet, opposent à la demanderesse d'une possession d'état plus que trentenaire, conforme à son titre, et soutiennent des faits tendant à établir le vice de sa naissance.

Pour toute réplique, Marie-Ursule produit l'acte de mariage entre Louis Sourdet et sa mère, et oppose de prescription à l'action en désaveu.

Le tribunal accueille sa demande, et ordonne le relâchement des biens. Sur l'appel, le Sénat, malgré les conclusions contraires du ministère public, prononce en ces termes :

Le Sénat : Attendu que l'état des personnes tient essentiellement à l'ordre public; que s'il n'est permis à aucun individu de changer son état par une manifestation quelconque de sa volonté, aucun laps de temps, et par conséquent, aucune prescription qui fait supposer un acquiescement ne peut jamais l'atteindre pour le changer ou le modifier :

Adoptant pour le surplus les motifs des premiers juges, déclare les consorts Grand non-recevables en leur appel.

Portier du Bellair, *P.* De Brichanteau, *R.*

---

18 Juillet 1846.

CADASTRE. — COMMUNAUTÉ. — POSSESSION. — PRESCRIPTION.

L'inscription du cadastre fait présumer la propriété.

En cas d'opposition entre le cadastre minute et le cadastre mis au net, le premier est toujours préféré, si l'on ne justifie de l'erreur qui s'y serait glissée.

Une communauté ne peut acquérir par prescription qu'autant que les membres qui la composent ont possédé *uti universi*, et non *uti singuli*.

Quiry c. la Commune d'Annemasse et autres.

Le Sénat : Attendu que l'inscription en faveur de la communauté en général, sur le cadastre mis au net, étant différente de celle du cadastre minute, la première ne saurait prévaloir sur la seconde qu'autant qu'il serait démontré qu'il y a eu erreur dans cette dernière inscription, ce que la commune ne s'est point acheminée à établir; car elle s'est bornée à invoquer ladite inscription au cadastre mis au net, et même au besoin celle au cadastre minute, comme étant celle-ci faite en faveur des communiers de Romagny, et à nier qu'elle eût eu lieu en faveur des particuliers indivis;

Attendu que, d'après le langage admis au temps de la péréquation, et employé dès cette époque, les biens possédés par des hameaux comme communiers, ou par plusieurs individus comme indivis, ont été désignés dans les diverses opérations relatives aux cadastres par les mots : *Communauté du village de....*, *commune du village de....*, *la commune des maisons de....*, *communiers de la commune de....*; qu'il s'agit en conséquence de reconnaître si les mots *commune du village de Romagny*, qu'on lit sur le cadastre minute, se réfèrent aux habitants du hameau comme communiers, ou à quelques particuliers comme possédant en indivision;

Attendu que, par délibération du...., la commune a reconnu que cette inscription était au profit des particuliers nommés en ladite délibération du 21 mai 1740, puisque par cet acte consulaire elle a adhéré à la demande de ces particuliers, tendante à ce que ceux-ci fussent personnellement chargés de la taille imposée sur les fonds en litige, et que la commune en fût déchargée; ce qui eut lieu le 10 avril suivant, en contradictoire de cette dernière;

Attendu que la taille dont il s'agit ayant été mise à la charge personnelle de ces individus, les syndic et conseils ne sauraient être fondés à prétendre que tout ce qui a eu lieu à cette époque a été fait en faveur des communiers du hameau de Romagny, et non de ces particuliers; qu'en conséquence, ce n'a été que par erreur que ces mêmes biens ont été portés dans le cadastre mis au net, à la cote de la communauté en général;

Attendu, dès lors, qu'il n'importe pas que dans le procès-verbal d'estimation du 5 octobre 1752, les experts estimateurs, Dubois et Montréal, aient compris ces fonds dans la nomenclature des bois et pâturages communaux situés rière Annemasse, puisque les opérations de 1740 et de 1741 sus-énoncées, qui sont postérieures, ont reconnu l'erreur intervenue à l'égard de ces mêmes fonds, dans le verbal d'estimation de 1752;

Attendu qu'il n'est pas contesté que dès 1742 jusqu'en 1815, des particuliers de Romagny ont été portés sur diverses cotisations sous cette dénomination des *communiers de Romagny*, et qu'on s'est borné à faire observer qu'il ne résultait pas que ces tailles fussent relatives au fonds en litige;

Attendu que l'acquittement des contributions affectées sur les bois et pâturages dont il s'agit, fait dans des temps anciens, par des particuliers désignés *les communiers de Romagny*, fait présumer que le paiement des contributions effectué dans les temps modernes, pour des fonds ayant la même dénomination, et par des particuliers aussi désignés *les communiers de Romagny*, ont eu lieu pour les mêmes fonds, soit ceux contestés; que c'était à la commune à établir le contraire;

Attendu que ces divers paiements de contributions donnent aussi lieu de présumer que les appelants ou leurs auteurs ont acquitté également celles des autres années, dès que la commune n'a pas justifié de les avoir payées elle-même; que les comptes d'anciens percepteurs qu'elle a produits n'établissent pas que les paiements y énoncés qu'elle invoque aient été faits à raison de la contribution imposée sur les fonds contestés; que d'ailleurs la différence entre le montant de cette contribution et celle résultant des opérations de 1740 et 1741, indique plutôt que la contribution énoncée auxdits comptes, concerne d'autres immeubles;

Attendu qu'il résulte des pièces produites par les appelants que plusieurs particuliers, se disant communs et indivis dans la possession de fonds situés rière le village de Romagny, ont, à diverses époques, nommé des gardes pour la surveillance de leurs bois et pâturages, ont exercé des poursuites judiciaires contre quelques personnes, comme leur ayant causé des dommages sur ces mêmes fonds; que rien ne porte à croire qu'ils aient agi comme communiers du hameau, et au nom de ses habitants en général; qu'on voit au contraire qu'ils nommaient des procureurs, s'il y avait lieu, exerçaient leurs recours contre leurs mandants individuellement, et non contre le hameau; que ces actes faits publiquement et sans opposition des syndic et conseil, fournissent un argument en faveur du droit des appelants, sans qu'il y ait preuve contraire dans l'intervention du syndic ou d'un des conseillers au serment des gardes établis;

Attendu que le droit des appelants au fonds dont il s'agit est encore corroboré :

1° Par les actes d'association du 2 janvier 1692 antérieur à la confection du cadastre, et du 1er décembre 1745, par lesquels plusieurs particuliers concèdent le droit de communion à Étienne Gailland, du village de Mallebande, et à Nicolas Roquet, du hameau de Romagny; que ces deux contrats font voir que les cédants agissaient, *ut singuli*, et non comme communiers de Romagny, puisque par le premier de ces actes ils accordaient le droit de communier à un habitant de Mallebande, ce qu'ils n'auraient pu faire si ces biens eussent appartenu à Romagny; et que par le second ils concédaient semblable droit à un habitant de Romagny, qui n'aurait pas eu besoin d'une telle concession, si les fonds eussent été la propriété de ce hameau;

2° Par un inventaire du 12 octobre 1747, des biens des pupilles Gay, où l'on trouve énoncés les droits de ceux-ci dans *les communes de Romagny*; énonciation qui n'aurait sans doute pas eu lieu, comme superflue, si les fonds avaient appartenu au hameau;

3° Les procurations des 20 décembre 1767 et 28 décembre 1791, au moyen desquelles plusieurs individus, tant en leur nom qu'en celui de leurs consorts, constituent un mandataire pour veiller à la conservation de leurs bois et pâturages indivis, et pour les représenter dans toutes causes relatives à leur indivision;

4° Par un acte du 28 prairial an V, portant vente par Pierre-Marie Gailland, à Henri Collet, de ses parts et prétentions dans les communages de Romagny, en vertu de l'acte d'association du 2 janvier 1692, et par semblable cession par Jean Quiby, en faveur de Michel Dupont, sous la date du 7 juin 1807;

Attendu que ces actes d'association et ces cessions des droits en résultants, faits publiquement sans opposition de la commune d'Annemasse, qui ne pouvait les ignorer, font ressortir la notoriété des droits des appelants *ut singuli*, aux fonds en litige;

Attendu que les diverses productions ci-dessus rappelées, et les paiements des contributions justifiés par les appelants, faisant présumer leur possession dès 1742, celle immémoriale articulée par la commune, et admise par le jugement du 20 août 1829, serait dépourvue de vraisemblance;

Attendu que les faits de possession soutenus par la commune, et admis par le jugement dont est appel, ne renferment dans leur articulation aucun acte administratif propre à caractériser une possession communale, et sous ce rapport sont inadmissibles; que des faits émanés de l'administration et relatifs à cette possession étaient d'ailleurs d'autant plus indispensables, que dans la délibération du 21 mai 1740, les syndic et conseil avaient reconnu les droits particuliers des indivis aux numéros dont il s'agit;

Attendu que bien que dans ses conclusions du 11 juillet 1858, le ministère public, reconnaissant la nécessité pour la commune d'Annemasse de comprendre dans ses soutènements des actes administratifs pour rendre ses faits pertinents, lui ait suggéré de plus amples déduites sous ce rapport, elle ne s'y est point acheminée; ce qui donne lieu de croire qu'elle n'avait aucun fait de cette nature à articuler;

Attendu que le jugement du 20 août 1829, en ordonnant aux syndic et conseil de mieux préciser leurs faits de possession par la désignation des confins, n'a eu d'autre but que de rendre avant tout l'objet de la contestation certain et déterminé; et que ce préalable rempli, les juges pouvaient encore examiner la pertinence de ce fait, pour l'admettre ou le rejeter; qu'ainsi les intimés ne sont pas fondés à invoquer sur l'admissibilité de leurs faits, l'autorité de la chose jugée;

Attendu d'ailleurs que les nouvelles pièces produites céans par les appelants, servent à établir toujours mieux leurs droits à la propriété des fonds, et à rendre inadmissibles les faits de la commune;

Par ces motifs, débouté les syndic et conseil d'Annemasse des conclusions par eux prises.

GRILLO, P. P. COPPIER, R.

---

25 Juillet 1846.

BILLET SOUS SEING-PRIVÉ.
— DATE CERTAINE. — TIERS. — AYANT-CAUSE. — FAILLITE. — SYNDIC.

Art. 1436 C. c.

Les reçus sous seing-privé qui n'ont pas date certaine antérieure à la faillite, ne peuvent être opposés aux créanciers du failli.

En conséquence, celui qui se crédite dans une faillite, en se fondant sur un billet sous seing-privé, doit en établir la date autrement que par les énonciations de ce billet.

Le syndic de la faillite qui a opposé du défaut de date certaine, n'a pas qualité pour se désister de cette exception, sans le consentement des créanciers dont il n'est que le mandataire. [1]

PAUFFERT C. BRISSAUD.

LE SÉNAT : Attendu que Jean-Philippe Carrayon-Gentil, en se présentant dans la faillite de Charles-Joseph Brissaud pour obtenir, en faveur des enfants mineurs dudit Brissaud, collocation dans la distribution de ladite faillite pour une somme de 8,000 livres qui avait été accordée audit Charles-Joseph par déclaration du conseil de famille du 6 juillet 1836, homologuée par le tribunal de Bourgoin le 30 même mois, devait indispensablement justifier que le failli avait touché ladite somme avant sa déconfiture ; que cette obligation était d'autant plus impérieuse pour lui que, dans tout le cours de première instance, sur les réquisitions des créanciers, les syndics avaient opposé le non paiement ;

Attendu que le reçu sous seing-privé, au moyen duquel Gentil, en sa qualité, a prétendu faire cette justification, n'a pris date certaine qu'après l'ouverture de la faillite, soit le 16 août 1841 ;

Attendu, dès lors, que ce titre ne pouvait être opposé avec efficacité aux tiers, et que le tribunal aurait mal jugé en déclarant cette demande fondée ;

Attendu que si, en instance d'appel, le syndic n'a plus fait valoir l'exception de non-paiement, il n'a pas pour autant reconnu explicitement ce fait, que d'ailleurs il n'avait pas le pouvoir, sans le consentement de ses mandants et en l'absence d'un titre probant, de renoncer aux exceptions péremptoires qui compétaient à la masse :

En recevant Joseph Pauffert appelant du jugement, déclare le demandeur non-recevable en ses conclusions.

ANSELME.　MILLIET DE St-ALBAN, R.

---

[1] Arrêts conf., 1er août 1842. — 20 février 1844. — 8 janvier 1845.

25 Juillet 1846.

APPEL. — SUBHASTATION. — DÉLAI. — VALEUR.

Les délais d'appel d'un jugement définitif rendu en matière de subhastation, ne sont point réglés par l'art. 112 de l'édit du 16 juillet 1822, mais par les lois ordinaires de la procédure civile. [1]

Il en est de même lorsque ce jugement définitif prononce sur une demande en distraction du rôle des immeubles subhastés.

La valeur de la cause, en ce cas, se calcule en évaluant l'immeuble dont la distraction est demandée par l'appelant, sans qu'on puisse avoir égard aux autres immeubles dont d'autres tiers-détenteurs auraient sollicité la distraction. [2]

FORESTIER C. BEVILLARD ET AUTRES.

LE SÉNAT : Attendu que l'article 112 de l'édit du 16 juillet 1822, relatif au délai d'interjection d'appel, n'est applicable qu'aux jugements incidents prononcés dans le cours d'une instance en subhastation, et que, d'après la jurisprudence, cette disposition n'est point applicable aux décisions intervenues dans le jugement définitif de subhastation ;

Attendu que, dans l'espèce, le chef, dont est appel et qui a déclaré l'appelante non-recevable en sa demande en distration, fait partie d'un jugement définitif de subhastation, d'où il suit que Justine Forestier était en droit de jouir des délais fixés par l'art. 2 de l'édit du 15 avril 1841 ;

Attendu qu'elle a interjeté et relevé son appel dans les termes fixés par cet article ;

Attendu que l'appelante n'est point fondée à invoquer, pour la recevabilité de son appel, la valeur résultant de l'ensemble des différentes demandes en distraction formées en première instance par différents tiers-détenteurs, mais que cette valeur doit être déterminée uniquement par celle de la seule réclamation qui la concerne :

Déclare Justine Forestier non-recevable appelante.

ANSELME.　SEITIER, R.

---

[1] Arrêt conf., 25 janvier 1812.
[2] Arrêt conf., 2 juillet 1844.

25 Juillet 1846.

ADJUDICATION. — APPEL. — VALEUR. — RACHAT. — NULLITÉ. — MOYENS NOUVEAUX.

Art. 2550 c. c.

La valeur de la cause dans un procès en nullité d'adjudication est déterminée par la valeur des biens adjugés.

Le débiteur qui conclut à être admis au rachat des biens adjugés à son préjudice, ne renonce pas par là à se prévaloir de la nullité dont son adjudication aurait été entachée. Cette nullité peut être proposée en appel quoiqu'elle n'ait pas subi le premier degré de juridiction. [1]

Sous le Code civil, l'adjudication est nulle si elle a eu lieu pour une somme excédant la créance de l'adjudicataire.

DAMOIX c. POLLINGUE.

Le 15 août 1839, Pollingue se fait adjuger, par le ministère de M° Rebaudet, notaire commis, des immeubles appartenant à Damoix.

Le procès-verbal énonce que la créance de Pollingue, non compris les frais d'adjudication, est de 524 liv.; que la valeur des immeubles est fixée à 1,556 liv., déduction faite du quart; et que le créancier est mis en possession de tous ces immeubles, à la charge de payer la portion du prix d'estime excédant sa créance au débiteur ou aux créanciers inscrits sur ces immeubles.

L'adjudication ayant été faite en contumace, le 31 janvier 1845; Pollingue fait enjoindre à Damoix de délaisser les immeubles.

Damoix se pourvoit en opposition contre cette injonction, en se fondant sur ce qu'il est dans les délais pour racheter.

Pollingue offre de relâcher les immeubles moyennant le paiement de sa créance en capital et accessoires; le tribunal déclare ces offres satisfactoires, et fixe le délai de 50 jours pour les réaliser.

Damoix appelle de ce jugement.

Le Sénat : Attendu que la valeur de la cause ne doit point se déterminer d'après la somme due à l'intimé, mais bien d'après la valeur des immeubles que celui-ci s'est fait

[1] Concl. contr., 7 avril 1846.
Arrêt contr., 24 juin 1844.

adjuger le 15 août 1839; que la valeur de ces biens excède évidemment 1,200 liv.;

Attendu que les conclusions prises par l'appelant, en première instance, n'avaient pour objet que l'exercice du rachat de ces biens, qu'elles ne tendaient qu'à la désignation d'un notaire pour en recevoir l'acte; que ces conclusions n'emportaient pas renonciation aux nullités dont cette adjudication devait être entachée, moyens dont Damoix aurait toujours pu se prévaloir dans le cas où, par quelque événement, il n'aurait pu exercer le rachat;

Attendu qu'à l'audience du 11 juin, Pollingue a conclu à ce que Damoix fût déclaré non-recevable, au besoin débouté de son opposition avec condamnation aux dommages-intérêts et aux dépens, sauf à lui de se prévaloir de l'offre d'être prêt à lui relâcher les immeubles adjugés, en tant qu'il paierait préalablement au défendeur le montant de sa créance dans un délai qui serait fixé par le tribunal;

Attendu que les premiers juges, en déclarant satisfactoire l'offre de Pollingue, et en accordant à cet effet un délai de 50 jours au demandeur pour exercer le rachat dont il s'agit, ont préjugé la validité de l'adjudication prémentionnée, et ont ainsi privé par là Damoix de la faculté de se prévaloir des nullités dont ladite adjudication pouvait être entachée, et, par conséquent, ce jugement a fait grief à Damoix sous ce rapport;

Attendu que, dans l'instance d'appel, ce dernier a excipé entr'autres que Pollingue s'était fait adjuger des immeubles pour une valeur triple ou quadruple du montant de sa créance, sous prétexte qu'il était exposé à désintéresser des créanciers ayant hypothèque sur les mêmes biens;

Attendu qu'aucune disposition du Code civil n'autorise le créancier à se faire adjuger des biens au-delà du montant de sa créance, excepté dans le cas prévu par l'art. 2330, deuxième alinéa, du Code civil; que cette disposition, en limitant cette faculté à ce cas, exclut implicitement tous les autres;

Attendu que, dans l'espèce, les biens adjugés à Pollingue formaient six pièces différentes dont la valeur totale, avec la déduction du quart, a été portée à 1,556 liv. 20 c., et que sa créance, outre les frais d'adjudication, ne s'élevait qu'à 524 liv., d'où il suit que cette adjudication est nulle et de nul effet;

Attendu que ladite exception ne forme

point une demande nouvelle, qu'elle n'est qu'un moyen nouveau employé par Damoix pour fonder son opposition, et qu'il a pu le faire valoir en appel :

Par ces motifs, déclaré nulle et de nul effet l'adjudication du 15 août 1839.

PORTIER DU BELLAIR, *P.* SEITIER, *R.*

---

27 Juillet 1846.

RENTE. — ARRÉRAGES. — PRESCRIPTION. — FÉODALITÉ. — ALBERGEMENT.

Art. 2297 C. c.

Le capital des rentes perpétuelles n'était prescriptible que par cent ans, suivant la jurisprudence antérieure à la mise en vigueur du Code civil. [1]

Les rentes empreintes d'un caractère de féodalité ont été abolies par les lois des 4 août 1789, 18 juin et 25 août 1792, 17 juillet 1793 et 28 nivôse an II.

Il en est de même des rentes purement foncières, qui auraient été substituées, sans faire novation complète, à des rentes d'origine féodale.

LA FABRIQUE DE LA CATHÉDRALE D'ANNECY
C. LA COMMUNE DE St-JEAN-D'AULPH.

Par transaction du 2 août 1714, la royale abbaye de St-Jean-d'Aulph avait acquis sur des immeubles situés dans la commune de St-Jean-d'Aulph, diverses redevances en nature, et spécialement en vin.

Ensuite de l'édit sur l'affranchissement et par acte du 17 août 1768, la cense fut réglée en argent, le capital de l'affranchissement arrêté à 14,700 liv., dont la commune de St-Jean-d'Aulph promit de payer l'intérêt annuel arrivant à 588 liv., en se réservant son recours contre les particuliers possesseurs des fonds albergés.

La commune ne servit qu'une annuité, en 1770.

En 1828, la Fabrique d'Annecy, cessionnaire de la royale abbaye de Saint-Jean-d'Aulph, fait assigner la Commune débitrice pour la faire condamner au remboursement du capital et au paiement des intérêts arréragés.

Celle-ci oppose : 1° que la rente est prescrite ; 2° que l'acte du 17 août 1768 est nul ;

5° que la rente est due par les possesseurs des biens albergés ; 4° enfin, que la rente a été éteinte par les lois abolitives de la féodalité.

Le tribunal de Thonon accueille le troisième moyen, et ordonne la mise en cause des possesseurs des fonds.

Sur l'appel de ce jugement, LE SÉNAT :

Attendu que le capital de la rente promis par l'acte d'affranchissement du 17 août 1768, Buisson notaire, ne pourrait être prescrit que par le laps de cent ans, parce que si le débi-rentier avait la faculté de se libérer du capital, cependant le créancier n'avait pas le pouvoir d'exiger autre chose que le payement annuel de la rente ;

Attendu que l'engagement contracté par la commune de Saint-Jean-d'Aulph dérivant d'une disposition royale, il s'en suit, 1° que les demandeurs ont une action directe contre les Syndic et Conseil de ladite Commune pour l'exécution de leur promesse, sauf le recours de ces derniers, si bon leur semble, contre les possesseurs des fonds chargés des redevances dont il s'agit ; 2° qu'aucune autre autorisation n'était nécessaire pour la validité des obligations contractées par lesdits Syndic et Conseil ;

Attendu que ledit acte d'affranchissement du 17 août 1768, Buisson notaire, ne renferme point une novation des titres de redevances qui y sont énoncés, mais seulement la substitution d'une rente pécuniaire de 588 livres anciennes à la prestation annuelle de 49 setiers de vin dus à l'abbaye de Saint-Jean-d'Aulph par les tenanciers de ladite Commune ; de laquelle rente perpétuelle les Syndic et Conseil de Saint-Jean-d'Aulph pourraient, est-il dit, s'affranchir « en payant le capital de 14,700 liv., avec « faculté de se libérer même en parties bri- « sées qui ne seraient pas moindre de 4,000 « liv., au moyen d'un avertissement de six « mois ; »

Attendu, cela posé, que et les redevances qui ont donné lieu audit acte Buisson notaire, étaient d'une nature féodale, elles auraient été irrévocablement abolies par les lois des 4 août 1789, 18 juin et 25 août 1792, 17 juillet 1793 et 28 nivôse an II ;

Attendu que les pièces produites en instance font présumer, jusqu'à preuve contraire, que les rentes dont il s'agit sont entachées de féodalité dans le sens des lois ci-dessus rappelées, car ledit acte, Buisson notaire, a été passé en vertu d'une disposition royale relative aux affranchissements

---

[1] Concl. conf., 2 août 1839.
Arrêt conf., 8 juin 1838.

des droits féodaux, notamment des Patentes-Royales du 28 janvier 1766, qui permettent à la communauté de St-Jean-d'Aulph d'affranchir et éteindre les fiefs de la royale abbaye dudit lieu ; on y rappelle, entr'autres, l'ordre donné par Sa Majesté aux délégués par elle nommés dans lesdites Patentes, de procéder à l'affranchissement et extinction des redevances cédées à l'abbaye par une transaction du 2 août 1714, Guyon notaire. Il est énoncé en outre dans les requêtes qui furent présentées, soit aux révérends religieux de l'abbaye d'Aulph, soit à Sa Majesté, que les rentes ou albergements dont il s'agit emportaient nature de fiefs ; enfin, dans la lettre adressée par Sa Majesté au sieur Président de la délégation, il est dit formellement que lesdites redevances en vin avaient été considérées par le Roi comme étant au nombre de celles dont il avait eu l'intention de procurer l'affranchissement par les Patentes de délégation du 28 janvier 1766, concernant les fiefs ;

Attendu néanmoins, qu'il convient d'acheminer les demandeurs à sauver cette présomption, s'ils peuvent le faire, par la production des titres énoncés dans ledit acte Buisson notaire ;

Attendu, en conséquence, que le jugement dont est appel fait grief aux deux parties, savoir : aux défendeurs, en rejetant leurs exceptions mesurées des lois abolitives de la féodalité, et aux demandeurs, en leur imposant l'obligation de faire sister en cause les débiteurs des redevances mentionnées audit acte Buisson notaire :

Par ces motifs, ordonne que les parties procèderont plus amplement en l'instance, ainsi et comme elles aviseront.

ANSELME. JACQUEMOUD, R.

---

28 Juillet 1846.

HYPOTHÈQUE. — TIERS-DÉTENTEUR. — PRESCRIPTION. — RENONCIATION.

Art. 2180, 2182 c. c.

Le tiers-détenteur qui n'a pas purgé doit payer, avec les capitaux inscrits, tous les intérêts en dérivant, à quelque somme qu'ils puissent s'élever.

Si, en soulevant l'exception de discussion, il a fait offre de payer tout ce qui pourra rester dû après la discussion du principal obligé, il est censé avoir par là renoncé à opposer la prescription des intérêts.

DULLIN, CONSORTS, C. FRANÇOISE THORENS.

LE SÉNAT : Attendu que les poursuites exercées en 1817 et continuées jusqu'au mois de septembre 1823, par Marie-Angélique Passavant et Françoise Thorens contre Félix Collarel et Jean Dullin, ont légalement interrompu la prescription invoquée contre l'action hypothécaire intentée par ladite Thorens ;

Attendu que l'hypothèque dérivant de l'acte obligatoire du 29 octobre 1791, passé en faveur de Pierre Morel par Jean Georges sous le cautionnement de Jacques Thorens, a été régulièrement inscrite le 25 pluviôse an VII ; que cette inscription a été renouvelée le 11 novembre 1808, le 16 avril 1823 et le 30 décembre 1837 ; qu'à supposer que l'époque d'exigibilité n'ait pas été indiquée d'une manière suffisante dans le bordereau du 25 pluviôse an VII, la rectification de cette mention d'exigibilité aurait été opérée, en temps utile, le 13 février 1808 ;

Attendu que les appelants n'ayant pas rempli les formalités prescrites pour purger les immeubles acquis de Jean Georges, sont tenus, suivant les dispositions de l'article 125 de l'édit du 16 juillet 1822 applicable à la cause, de payer à l'intimée, à défaut de délaissement, tout ce qui lui reste dû en capital et accessoires ;

Attendu qu'ils peuvent d'autant moins se soustraire à cette obligation, que leurs auteurs, dans l'instance commencée en 1817, au lieu d'exciper de la manière la plus formelle de la prescription relative aux intérêts de la créance dont il s'agit et de faire prononcer sur le mérite de cette exception, ainsi qu'ils en auraient eu le droit, se sont bornés à requérir la discussion des autres biens de Jean Georges, en offrant de payer ce qui pourrait rester dû à Marie-Angélique Passavant, discussion préalablement faite, ce qui emporterait un désistement de leur part de tout droit de prescription quant à ces intérêts ;

Par ces motifs, déclare les consorts Dullin non-recevables en leur appel.

GRILLO, P. P. COPPIER, R.

28 Juillet 1846.

DOT CONGRUE. — LÉSION. — ÉVALUATION.

Pour apprécier en point de fait, si la renonciation des filles, sous les R. C., moyennant dot congrue, est sujette à rescision pour cause de lésion, on procède à composition sommaire de l'hoirie du constituant à la date de chacune des renonciations impugnées, sans discuter rigoureusement chaque article de l'actif et du passif du patrimoine.

Le juge, au vu de cette composition sommaire, des expertises sur la valeur des biens et en tenant compte des charges et des éventualités qui pèsent sur l'héritier, arbitre le montant des suppléments de dot congrue.

COTTAREL C. COTTAREL.

LE SÉNAT : Attendu que par arrêt du 29 avril 1845, il a été décidé que la lésion invoquée par la demanderesse était proposable ;

Qu'il a été dit, quant aux droits compétant aux filles Cottarel dans l'hoirie de leur père, qu'il leur revient une dot congrue en conformité des Royales Constitutions ; *que cette dot avait dû être fixée soit d'après la qualité de la famille et l'usage des lieux, soit d'après la valeur du délaissé ; qu'il a été ajouté que si parfois, pour fixer le montant des dots, on avait eu égard à la légitime, il n'avait jamais été admis en principe qu'on dût toujours prendre cette légitime pour base ;*

Attendu que les parties ayant été acheminées en conséquence à convenir du rôle des immeubles et de la consistance du mobilier, le défendeur ne peut se soustraire à l'action proposée en faisant ressortir les éventualités, les chances et les charges qu'il avait assumées, parce que son système paralyserait l'effet de la chose jugée, que d'ailleurs il a été acheminé à faire des catégories des différentes espèces de créances et de charges qui grevaient l'hoirie ;

Attendu, en outre, que si pour apprécier si l'action des demandeurs est fondée, on doit connaître les forces de l'hoirie de Félix Cottarel, il ne s'en suit pas que cette connaissance doive être d'une exactitude tellement rigoureuse, qu'il faille discuter une à une toutes les charges et toutes les éventualités qui pourraient en diminuer la valeur à la date des contrats impugnés ;

Que semblables prétentions rendraient l'instance actuelle d'une solution impossible, d'autant plus que les questions qui se présenteraient ne pourraient être appréciées que sur le vu de tous les moyens qui auraient pu être employés contre l'héritier ; ce qui ne peut être admis ;

Attendu, d'autre part, que le magistrat devant lequel s'agite la cause en lésion, pourra, après que la valeur des immeubles aura été fixée et que les créances actives seront reconnues, en arbitrant la somme qui pourrait revenir aux demandeurs pour les remplir des dots congrues qui leur étaient afférentes, fixer une part à l'héritier, pour les éventualités et les charges qu'il doit supporter sur le vu des titres produits par le défendeur, et des exceptions proposées respectivement ;

Attendu, en ce qui concerne la consistance des immeubles à expertiser, que s'agissant de vérifier définitivement si les actes passés avec le défendeur sont lésifs et jusqu'à quel point cette lésion aurait été encourue, et par suite, cas échéant, quel serait le supplément à payer aux demandeurs, il faut de toute nécessité que ceux-ci s'expliquent catégoriquement sur la quotité de ces mêmes immeubles, parce que, s'agissant d'apprécier la valeur de toute l'hoirie, on ne peut admettre des exceptions successives ; ce qui serait contraire à la nature de l'action intentée et aux règles de la procédure ;

Par ces motifs, sauf au Sénat à avoir tels égards que de raison lorsqu'il s'agira d'arbitrer la dot revenant aux demandeurs, aux chances, éventualités, etc..., ordonne : 1° que les demandeurs purifieront leurs protestations relativement aux immeubles délaissés par leur père, et que successivement par experts....., il sera procédé à la fixation de la vraie valeur, à l'époque des transactions impugnées, des immeubles ainsi que des meubles.

ANSELME.   MILLIET DE St-ALBAN, R.

---

4 Août 1846.

CURATEUR A LA CAUSE DE L'ABSENT. — PARTAGE D'HOIRIE. — PRESCRIPTION. — RENONCIATION.

Le curateur régulièrement nommé à la cause de l'absent, sous les R. C., doit continuer à sister en cause depuis la mise en vigueur du Code civil.

S'il ne peut ni accepter ni répudier la succession

échue à l'absent, il a néanmoins qualité pour veiller à ce qu'il ne soit porté aucun préjudice aux droits de son administré dans le partage de cette succession.

La déclaration de *consentir au partage suivant les droits des parties*, emporte renonciation à la prescription acquise contre la demande en partage.

JORDAN ET CULLAUD C. DUCRET, CONSORTS.

Les demandeurs se pourvoient, en 1854, au tribunal de Thonon, pour obtenir le partage de l'hoirie de Joseph Ducret, mort en 1800.

Les consorts Ducret excipent du retrait successoral ; cette exception est écartée par jugement du 4 janvier 1839, qui ordonne en outre de contredire le rôle des immeubles et de répondre aux conclusions en partage.

Les défendeurs appellent de ce jugement, et sont déclarés non-recevables par arrêt du 29 décembre 1840.

Revenus par-devant les premiers juges, ils opposent de prescription à l'action en partage ; le tribunal accueille cette nouvelle exception, par jugement du 9 mai 1848.

La cause présente encore une autre question : François Ducret, l'un des défendeurs, est absent, et représenté par M. Delacroix, comme curateur à sa cause. Ce dernier soutient n'avoir pas qualité pour défendre à l'action en partage ; il dit ne pouvoir ni répudier ni accepter l'hoirie de Joseph Ducret ; il demande sa mise hors de cour et de procès et la nomination d'un curateur à l'absent.

LE SÉNAT : Attendu, en fait, que sur les conclusions prises par les demandeurs contre les hoirs Ducret pour faire ordonner le partage de l'hoirie de Joseph Ducret, auteur commun, le tribunal de Thonon a, par son ordonnance du 18 avril 1837, nommé M. Delacroix curateur à la cause de l'absent François Ducret ;

Que, par jugement du 26 mai 1838, ce tribunal a déclaré nuls et de nul effet, à l'égard de cette hoirie, les actes de cession des 23 et 28 pluviôse an V, Bétems notaire, dont les défendeurs faisaient emploi pour écarter l'action intentée ;

Que, sur les instances des demandeurs, pour que les défendeurs eussent à contredire l'état des immeubles dont ils demandaient le partage, les défendeurs se sont rapportés à l'assignation de lot faite en faveur de Joseph Ducret, dans l'acte de partage du 17 janvier 1761, Aubry notaire, ont conclu à ce que l'action de Cullaud fut écartée au moyen du remboursement avec

accessoires tels que de droit du prix des cessions qu'il s'est procurées, et ont consenti au partage suivant les droits que les parties peuvent avoir ; sur quoi est intervenu le jugement du 4 janvier 1839, par lequel le tribunal a rejeté les réquisitions des défendeurs envers Cullaud, et ordonné qu'ils contrediraient spécifiquement le rôle des immeubles produit, et qu'ils répondraient aux conclusions des demandeurs pour le partage de l'hoirie de Joseph Ducret, en six lots ;

Qu'en rejetant l'appel de ces deux jugements, l'arrêt du 29 décembre 1840 leur a donné l'autorité de la chose jugée ;

Qu'enfin, le jugement dont est appel a déclaré légitime l'exception de prescription mesurée par les défendeurs, de ce que l'auteur commun serait décédé en 1800, et l'action n'aurait été intentée que par la requête du 24 septembre 1854 ;

Attendu que M. Delacroix a été nommé curateur d'une manière régulière et conforme aux dispositions des Royales Constitutions, qui étaient en vigueur à l'époque de sa nomination ;

Attendu que cette qualité lui a été reconnue par les jugements rappelés qui ont l'autorité de la chose jugée ;

Attendu que, bien que M. Delacroix ne puisse pas immiscer l'absent dans l'hoirie de son père, il n'a pas moins qualité pour veiller à la conservation des droits que la loi a ouverts en faveur de cet absent ;

Attendu qu'en consentant au partage suivant les droits que les parties pouvaient avoir, les défendeurs ont renoncé à l'exception de prescription qui aurait pu leur competer contre l'exercice de ces droits ;

Qu'aussi en ordonnant, le 4 janvier 1839, que les défendeurs contrediraient l'état produit, le tribunal a préjugé que les demandeurs avaient, de leur chef ou comme ayant-droit, la qualité héréditaire qui leur a été reconnue ;

Attendu que la disposition du même jugement portant que les défendeurs répondront aux conclusions des demandeurs pour le partage en six lots, n'a eu pour objet que de faire reconnaître la part afférente à chaque successible ;

Attendu, cela posé, que l'exception de prescription n'était pas admissible lorsqu'elle a été proposée :

Par ces motifs, déclare avoir été mal jugé ; émendant et corrigeant, déclare Claude et Marie Ducret et M. Delacroix non-recevables en l'exception de prescription par eux proposée.

DE LA CHARRIÈRE, *P.* MARESCHAL, *R.*

---

4 Août 1846

CONTRAT DE MARIAGE. — DOT. — AUGMENT.

Art. 1312 C. c. (C. C. F.; Q. T.)

Les époux mariés avant la mise en vigueur du Code civil français, n'ont pu passer leur contrat dotal sous ces lois.

La constitution dotale est en ce cas frappée de nullité, et la stipulation d'augment se convertit en simple don de survie, révocable au gré du donateur. [1]

BILLAUD C. BILLAUD LA VEUVE.

Le 2 février 1807, les époux Billaud, mariés depuis six ans, règlent leurs conventions matrimoniales : ils déclarent vouloir vivre sous le régime dotal : l'épouse se constitue en dot tous ses avoirs ; et le mari reconnaît avoir reçu d'elle, dès environ un an, la somme de 1,200 liv. qu'elle a antérieurement reçue de ses parents ; il lui est fait augment d'une pareille somme.

Les époux se font, de plus, donation réciproque de tous leurs biens, en cas de prédécès sans enfants ; dans le cas contraire, il est stipulé que cette donation sera réductible à la moitié de l'usufruit.

Le mari étant prédécédé, sa veuve demande, en 1839, à son fils, Joseph Billaud, la restitution de la somme de 1,200 liv., le paiement des 1,200 livres montant de l'augment, et la jouissance de la moitié des biens délaissés par le défunt.

Joseph Billaud excipe de l'article 1398 du Code civil français ; il produit son contrat de mariage sous date du 18 août 1830, dans lequel son père, du consentement de l'intimée, a révoqué les dispositions et les avantages matrimoniaux qui pourraient résulter du contrat de 1807, et par lequel ils lui ont fait, l'un et l'autre, donation de tous leurs biens.

Le tribunal de Chambéry repousse les exceptions du fils Billaud ; il se pourvoit en appel au Sénat, qui prononce comme suit :

LE SÉNAT : Attendu que le droit réservé aux mariés Billaud, par la loi en vigueur à l'époque de leur mariage, de passer un contrat dotal après leur union, ne formait qu'une simple faculté que la loi postérieure a pu révoquer, sans porter atteinte au principe de la non-rétroactivité, qui garantit les droits acquis ;

Attendu qu'aux termes des articles 1394, 1395 et 1543 du Code civil français, sous l'empire duquel a été passé l'acte du 2 février 1807, la dot ne pouvait être constituée après la célébration du mariage ; d'où il suit que la veuve Billaud ne saurait être admise à se prévaloir de la constitution dotale portée par cet acte ;

Attendu que le défendeur a nié que René Billaud, son père, eût réellement, avant ledit acte, reçu des avoirs de sa femme une somme de 1,200 liv. ; qu'il appuie sa négative sur la déclaration contenue en l'acte du 18 août 1830, par lequel la veuve Billaud, conjointement avec son mari, a reconnu que l'aveu du recouvrement de cette somme était contraire à la vérité ; qu'il a produit, en outre, l'acte du 5 avril 1818, par lequel la part d'hoirie paternelle et la part d'augment de celle-ci auraient été fixées à 900 liv. et délivrées en immeubles ; qu'enfin la demanderesse n'aurait fait aucune déduite propre à repousser l'exception du défendeur ;

Attendu que l'augment stipulé audit acte du 2 février 1807, ne pourrait, comme accessoire de la constitution dotale, avoir plus d'efficacité que celle-ci ; que, considéré comme un don de survie, il aurait été essentiellement révocable, aux termes de l'article 1096 du Code civil français, et effectivement révoqué, du consentement de la demanderesse, dans l'acte du 18 août 1830 :

Par ces motifs, déboute la veuve Billaud de ses conclusions.

GRILLO, *P. P.* GIROD, *R.*

---

[1] Concl. conf., 9 août 1845.
Arrêts contr., 21 juillet 1838 : Dallas c. Petit-Chauland ; Milliet de St-Alban, R. — Et 18 janvier 1841 : Bonnevie c. Genat ; De Juge, R.

7 Août 1846.

CAUTIONNEMENT.
— RENTE PERPÉTUELLE. — RETARD.—
SOLIDARITÉ.

Art. 2089 C. 4. (D. R.)

Sous les lois romaines, la caution pouvait demander sa libération lorsque le débiteur principal était depuis longtemps en demeure.

Le co-débiteur solidaire était assimilé à la caution, et jouissait du même droit de se faire décharger en cas de retard de son co-débiteur.

Pour obtenir sa décharge, il devait en conséquence justifier du *long retard* du principal obligé.

Dégeorges c. Grillon et Coissard.

Le Sénat : Attendu que, par acte du 29 mars 1826, Guillet notaire, Christophe Grillon, François Coissard et les frères Philibert et Marie Dégeorges ont consenti, sous la clause solidaire et avec hypothèque, en faveur des administrateurs de la Bourse des pauvres Clercs du diocèse d'Annecy, la rente annuelle et perpétuelle de 200 livres, au moyen du capital de 4,000 liv., dont 2,000 livres ont été retirées par Guillon, 1,000 liv. par Coissard, et pareille somme de 1,000 liv. par les frères Dégeorges, avec stipulation que les débiteurs ne pourraient être contraints au paiement du capital qu'au cas où ils manqueraient au paiement de la rente six mois après chaque échéance, ou que ladite rente devint divisible entre un plus grand nombre de débiteurs ;

Que, par acte du 19 juillet 1844, Tissot notaire, la même administration a libéré Marie Dégeorges, tant de son chef que comme héritier de son frère, du capital de 1,000 liv. et des intérêts et frais d'inscription pour leur part, au montant de 1,177 liv. 82 c., sans entendre renoncer aux hypothèques de la Bourse des pauvres Clercs, ni à la clause de solidarité qui lui compétaient ;

Et que, par acte du 9 janvier 1846, même notaire, cette administration a consenti à la radiation des inscriptions prises contre les frères Dégeorges en vertu du contrat de constitution de rente, à l'acceptation du notaire pour les frères Dégeorges, et à la réquisition de Grillon et de Coissard ;

Attendu que l'appelant est resté passible de l'action personnelle résultant de la solidarité stipulée dans le contrat de 1826 et

réservée dans l'acte du 19 juillet 1844, Tissot notaire ;

Attendu qu'il n'est pas établi que les intimés soient en demeure de servir la rente, et que, sous ce rapport, Dégeorges ne serait pas fondé à appuyer sur le retard, sa demande pour être libéré de la solidarité convenue ;

Attendu que, d'après la jurisprudence fondée sur la loi 58 au Digeste *Mandati*, la caution n'est admissible à demander d'être déchargée de son cautionnement, qu'autant que le débiteur est dès longtemps en retard de payer ;

Attendu que, bien que l'augmentation du nombre des débiteurs, dès la remise des pièces pour le jugement dont est appel, ait donné à l'administration de la Bourse des pauvres Clercs le droit d'exiger le capital, Dégeorges, débiteur solidaire, n'est pas néanmoins admissible, d'après la jurisprudence rappelée, à demander d'être déchargé de son cautionnement, parce qu'un longtemps ne s'est pas écoulé dès l'exigibilité :

Déclare Marie Dégeorges non-recevable en son appel.

De la Charrière, P. Mareschal, R.

---

11 Août 1846.

BÉNÉFICE D'INVENTAIRE.
— RECÉLEMENT. — DÉCHÉANCE.

Art. 1013 C. c.

L'héritier qui a recélé quelques objets appartenant à la succession, est déchu du bénéfice d'inventaire.

Il ne pourrait se prévaloir de la disposition de l'art. 1013 du Code civil, lors même que son cohéritier, n'ayant pas participé à la soustraction, conserverait intact sa qualité d'héritier bénéficiaire. [1]

Blanc, femme Cursaz, c. Basin.

Le Sénat : Attendu que l'article 1013 du Code civil a pour but de régler le mode d'acceptation de l'hoirie lorsque les cohéritiers contestent entr'eux sur ce point ; que l'article 1022 inflige la déchéance du bénéfice d'inventaire à l'héritier qui s'est rendu coupable de recélement ;

Attendu que ces deux dispositions diffé-

---

[1] Concl. conf., 1er mai 1845.

rent essentiellement dans leur objet et dans leur économie ; que le caractère de pénalité de la dernière et l'intérêt des créanciers qu'elle tend à protéger, indiquent suffisamment que le législateur n'a pas entendu en paralyser les effets, par cela seul qu'un des cohéritiers conserverait sa qualité d'héritier bénéficiaire ;

Attendu que les articles 1er, 2e, 3e, 4e, 5e et 7e déduits par la demanderesse sont pertinents, dans le sens qu'ils tendent à établir le recèlement de plusieurs objets qui n'ont pas été décrits dans l'acte d'état de l'hoirie que le défendeur, de concert avec son frère Népomucène Basin, a fait dresser sous date du 8 août 1842 ;

Attendu que les articles 6e et 8e ne sont pas suffisamment circonstanciés, en ce qu'ils n'énoncent pas explicitement que le détournement des effets dont il s'y agit soit imputable à Marc-Antoine Basin :

Par ces motifs, sans s'arrêter à l'exception de Marc-Antoine Basin, tirée de la disposition de l'art. 1015 du Code civil, admet la preuve des faits.

GRILLO, *P. P.* GIROD, *R.*

---

13 Août 1846.

PATRONAGE. — CHAPELLE. — FONDATEUR.

Le droit de patronage réservé au fondateur d'une chapelle est présumé personnel.

Dans ce cas, il se transmet aux seuls héritiers du fondateur, et non aux acquéreurs étrangers du domaine dans lequel est située la chapelle. [1]

COMTE DE MONTBEL
c. LA COMMUNE DE St-PIERRE-DE-SOUCY.

Le comte de Montbel achète, en 1835, du marquis de La Serraz, héritier du comte de St-Pierre, la terre de St-Pierre-de-Soucy, avec toutes appartenances et dépendances, y compris le droit de patronage.

La Commune ayant entrepris la reconstruction de son église paroissiale, le comte de Montbel fit offre de reconstruire, à ses frais, une chapelle fondée, dans cette église, par les comtes de St-Pierre, aux droits desquels il se disait, en vertu de son contrat d'acquisition.

Cette offre ayant été repoussée, le comte de Montbel se pourvut au Sénat pour faire reconnaître ses droits ; il disait principalement que l'acte de fondation avait attaché le droit de patronage au fief et non à la lignée du fondateur, il en donnait pour preuve une clause de l'acte qui imposait au recteur l'obligation de célébrer la messe dans le château de St-Pierre-de-Soucy, les jours de fêtes et les dimanches, et une autre qui réservait sur les biens de la dotation le droit de direct domaine.

Le ministère public accueillit ce système dans ses conclusions, en date du 24 juin 1845.

LE SÉNAT : Attendu qu'il ne résulte pas de l'acte du 12 mai 1673, Charpin notaire, que le droit de patronage dont il s'agit soit réel, et que, dès lors, suivant les principes du droit, il doit être présumé personnel ;

Attendu que ce droit, considéré comme personnel, n'a pu être transmis par l'acte de vente du 15 août 1835, Morand notaire, au demandeur, qui n'est ni l'un des héritiers légitimes, ni héritier testamentaire des fondateurs, et qui n'a pas même acquis l'universalité des biens et droits du marquis de La Serraz :

Déboute le demandeur de ses conclusions en maintenue et retenue en possession du droit de patronage dont il s'agit ; et ordonne, en ce qui concerne le banc, qu'il dira et déduira plus amplement, ainsi qu'il avisera.

GRILLO, *P. P.* COPPIER, *R.*

---

2 Novembre 1846.

PROVISION. — LÉGITIME. — INTÉRÊTS.

La provision sur la légitime, lorsqu'elle n'excède pas le montant des intérêts échus, est toujours payable en argent.

L'héritier n'a pas l'option de la payer en corps héréditaires.

CURTIL c. CURTIL.

LE SÉNAT : Attendu que la faculté de payer la légitime ou supplément de légitime en argent ou en immeuble au choix de l'héritier, ne s'applique qu'au capital et non aux intérêts ; et que l'appelant n'a point établi que la somme de 500 livres, montant de la

---

[1] Concl. contr., 13 août 1846.

provision dont il s'agit, excédât les intérêts du capital qui pourrait être par lui dû, pour raison de la légitime que le jugement du 3 juillet 1844 a attribuée à l'intimée dans la succession de son père ;

Attendu, d'ailleurs, que le jugement du 24 juillet 1846, dont est appel, a été rendu ensuite du consentement formel donné par le procureur de l'appelant, tant sur l'expertise requise que sur la provision, à quel égard il a observé seulement que la somme demandée de 2,000 liv. était exagérée, et que l'appelant n'a point révoqué à cet égard le fait de son procureur :

Déclare Dominique Curtil non-recevable.

PORTIER DU BELLAIR, *P.* CLERT, *R.*

---

12 Décembre 1846.

APPEL. — VALEUR. — SAISIE.

Le jugement qui déclare une saisie bonne et valable, porte toujours sur une valeur indéterminée.

En conséquence, il est susceptible d'appel, bien que la valeur des objets saisis, d'après l'estimation qui en est faite dans le procès-verbal, ne s'élève pas à 1,200 fr.

LACROIX C. LACROIX FEMME LACHENAL.

LE SÉNAT : Attendu que, si l'estimation des objets saisis faite par l'huissier exploitant ne s'élève qu'à 786 livres, il n'en résulte point qu'ils n'aient pas une valeur supérieure ; que d'ailleurs les dommages réclamés à raison du préjudice réel et de l'injure constituent une valeur indéterminée qui, d'après la jurisprudence, rend la cause sujette à appel ; d'où il suit que les fins de non-recevoir opposées par la femme Lachenal doivent être écartées ;

(Par des motifs puisés dans le fond de la cause, l'appelant est déclaré non-recevable.)

DE MONTBEL, GIROD, *R.*

---

12 Décembre 1846.

PATERNITÉ. — PRÉSOMPTION. — ABSENCE. — DÉSAVEU. — DÉCÈS. — PREUVE TESTIMONIALE.

Art. 63, 151, 153 C. c.

L'enfant conçu pendant le mariage a pour père le mari, nonobstant toute énonciation de son acte de naissance, et toute possession d'état conforme à ce titre.

L'absence du mari pendant les années qui ont précédé la naissance de l'enfant ne suffit pas pour détruire la présomption de légitimité.

Le mari seul et ses héritiers, dans le cas prévu par le Code civil, ont le droit de proposer l'action en désaveu.

Tous les intéressés peuvent cependant, pour vaincre la présomption de légitimité, établir que l'absent était mort avant la conception de l'enfant.

Cette preuve peut être faite même par témoins.

LOUISE, SE DISANT FILLE LÉGITIME DE FRANÇOIS FRAIS-BAVUZ, C. TORNIER.

Le 22 floréal an X, François fils de Joseph Frais-Bavuz épouse Laurence Mermoz. En 1805 il part pour les armées françaises, et disparaît sans donner jamais de ses nouvelles. Laurence Mermoz accouche d'une fille en 1821 ; il est dit dans l'acte de naissance que cette fille, nommée Louise, est née de Laurence Mermoz dont l'époux est absent depuis 16 ans, et de Joseph Tornier, qui demeure avec elle dans la maison de Joseph Frais-Bavuz, père de l'absent.

Joseph Frais-Bavuz meurt en 1825 en instituant pour son héritier ce Joseph Tornier, et en fais... t un legs à *Louise Tornier, fille illégitime de Laurence Mermoz.*

Soit dans le public, soit dans sa famille, soit dans son contrat de mariage, Louise est considérée comme fille illégitime de Laurence Mermoz et de Joseph Tornier.

Cependant, en 1842, elle se pourvoit au tribunal d'Albertville, contre Tornier, qui s'est mis en possession de l'hoirie de Joseph Frais-Bavuz ; en invoquant la maxime : *Is pater est quem nuptiæ demonstrant,* elle conclut à être déclarée fille légitime de François Frais-Bavuz, et demande la rectification de son acte de naissance.

Tornier lui répond qu'elle ne peut réclamer un état contraire à celui que lui donnent son acte de naissance et une possession conforme à ce titre : il s'achemine en même temps à établir par témoins que le mari était mort avant l'époque de la conception de l'enfant, ce qui détruit toute présomption de légitimité.

Le tribunal admet la présomption invoquée par la demanderesse, et en même temps les faits du défendeur : appel des deux parties.

LE SÉNAT : Attendu qu'il résulte des pièces de l'instance que Jean-François Frais-Bavuz

et Laurence Mermoz se sont mariés civilement et canoniquement le 22 floréal an X,
et que l'appelante est née de ladite Laurence Mermoz le 8 décembre 1821; qu'ainsi
le mariage des prénommés étant établi, et
la filiation maternelle de l'appelante étant
constante, celle-ci serait en droit de se dire
fille légitime dudit Frais-Bavuz, d'après la
maxime : *Pater is est quem justæ nuptiæ demonstrant;* et cela, sans que les considérations puisées dans des déclarations étrangères à l'acte de baptême, ou des aveux
qui seraient contraires au fait de légitimité
invoquée, puissent en rien ébranler la présomption que la loi attache à la maxime
précitée.

En ce qui concerne l'appel émis par la
femme Mermoz :

Attendu que la preuve par titre du décès
d'un individu n'est pas exclusive de celle
par témoins, et que la loi à cet égard laisse
au juge une latitude indéfinie suivant les
circonstances;

Attendu que les faits soutenus en première instance par Tornier pour établir le
décès de Frais-Bavuz avant 1821, sont suffisamment précisés, et que d'ailleurs les
circonstances de la cause sont propres à en
faire présumer la véracité; qu'ainsi le tribunal a bien jugé en prononçant, ainsi qu'il
l'a fait, leur admission :

Par ces motifs,

Sans s'arrêter tant à l'appel principal,
qu'à l'appel incident, ordonne que le jugement dont il s'agit sortira son plein et entier
effet.

DE MONTBEL, DE JUGE, R.

---

15 Décembre 1846.

PARTAGE. — RETRAIT SUCCESSORAL. —
ÉCHANGE. — PRIX. — DOT CONGRUE.

Le retrait successoral peut être invoqué contre
toute cession de droits successifs consentie depuis la
mise en vigueur du Code civil, lors même que l'hoirie
cédée se serait ouverte sous les lois anciennes qui
n'admettaient pas le retrait. [1]

La dot congrue attribuée aux filles, comme prix
d'exclusion, est réputée *droit successif.*

Le retrait peut être exercé contre l'étranger devenu

[1] Arrêt conf., 12 juin 1846 : Mugnier-Serand
c. Giardin.

cessionnaire par voie d'échange, comme il le serait
contre l'acheteur de droits successifs.

Le prix à rembourser est alors la juste valeur des
objets cédés en contre-échange, et non la valeur fictive
donnée à chaque lot dans l'acte d'échange.

MUDRY ET BOESNARD C. BOUVET

Par acte du 29 août 1843, François Bouvet acquiert, par voie d'échange, tous les
droits des consorts Delerce, dans les successions d'Étienne Mudry et Marie Plagnat
leurs aïeuls maternels, décédés avant la
mise en vigueur du Code civil. Les immeubles donnés en contre-échange sont évalués
dans l'acte à 6,400 fr.

Il se pourvoit ensuite contre les consorts
Mudry, et demande le paiement de la dot
congrue à laquelle avait droit Anne Mudry,
mère des cédants dans l'hoirie d'Étienne
Mudry.

Les défendeurs déclarent vouloir exercer
le retrait successoral, et lui offrent la vraie
valeur, au jour de l'acte, des biens cédés
en contre-échange.

Bouvet réplique que le retrait n'est applicable qu'à la vente et non à l'échange de
droits successifs, et subsidiairement il demande le remboursement et la somme de
6,400 fr., qu'il prétend être le prix des
droits cédés.

LE SÉNAT : Attendu que l'article 1064 du
Code civil, en prescrivant que le cessionnaire contre lequel est exercé le retrait
successoral doit obtenir le remboursement
du prix de la cession, a voulu que celui-ci
fût pleinement indemnisé, et ainsi qu'il
n'éprouvât ni perte ni profit par suite de la
cession et du retrait ;

Attendu que cet article s'applique, dans
son esprit et dans ses conséquences, également au cessionnaire échangiste qui a droit
d'exiger la valeur réelle des biens donnés
en échange des droits acquis, et ne peut,
de son côté, s'opposer à la demande ayant
pour but de faire fixer judiciairement cette
valeur; car n'accorder aucun recours aux
retrayants contre la simulation qui aurait
lieu dans l'acte sur l'estimation des biens,
ce serait laisser au cessionnaire un moyen
facile d'éluder la loi :

Par ces motifs, ordonne qu'il sera procédé à expertise sur la valeur vénale qu'a-
vaient les biens cédés par Bouvet, dans
l'acte du 29 août 1843, Jordan notaire, à
l'époque dudit acte.

DE LA CHARRIÈRE, P. GIROD, R.

28 Décembre 1846.

APPEL. — DÉSERTION. — PRESCRIPTION. — INTERRUPTION.

La désertion d'appel n'est pas encourue par la partie qui, de bonne foi, a fait porter la cause au rôle, dans les délais fixés, lors même que, par suite du décès de l'intimé, la cause se trouverait irrégulière, et devrait être appointée de nouveau après l'expiration des délais.

L'action *familiæ erciscundæ* interrompt la prescription de toutes les actions particulières de l'hoirie contre les cohéritiers.

Ainsi la prescription de l'action *mandati* contre l'un des héritiers tenu de rendre un compte de gestion à l'hoirie, n'a pu lui être acquise, si, dans les trente ans, l'action en partage a été intentée.

BRUYÈRE C. COCHET.

Par acte du 2 février 1788, Jacques Cochet donne à son fils Pierre mandat général pour administrer ses biens, puis il décède en novembre 1808. Justine Cochet, femme Bruyère, intente, le 9 avril 1835, une action en partage contre son frère Pierre ; mais ce n'est que par écriture du 24 février 1840 qu'elle prend des conclusions formelles pour faire déclarer son frère tenu de rendre compte de sa gestion.

Celui-ci oppose de prescription à cette demande, plus de 50 ans s'étant écoulés depuis l'expiration du mandat.

Le tribunal admet cette exception. La femme Bruyère porte la cause en appel, mais en faisant appointer la cause, elle met en qualité un des intimés dont elle ignorait le décès. Pour régulariser la cause, elle doit mettre en cause les héritiers du défunt, et faire appointer de nouveau : comme alors le délai fixé par le Billet Royal du 28 juin 1845 était expiré, on lui oppose de la désertion.

LE SÉNAT : Attendu que le Billet Royal du 28 juin 1845 a relevé de la péremption les causes d'appel alors pendantes au Sénat de Savoie, pourvu qu'elles fussent appointées et mises au rôle dans le délai de trois mois à dater de sa publication, et que la partie appelante, qui ignorait le décès de l'une des intimées, a satisfait aux conditions susénoncées en provoquant l'ordonnance d'appointement du 5 juillet, même année, et en faisant porter la cause au rôle le 28 août suivant ;

Attendu que l'action *familiæ erciscundæ*

oblige chaque cohéritier à rapporter à la masse tout ce dont il peut être personnellement débiteur envers l'hoirie à diviser ; qu'ainsi le tribunal, dans le jugement dont est appel, a mal à propos distingué entre l'action en partage de l'hoirie paternelle que Justine Cochet a introduite contre son frère Pierre, par requête du 9 avril 1835, et l'action *mandati*, dont l'effet était d'obliger ledit Pierre Cochet à tenir compte à la masse du reliquat de sa gestion, en vertu de la procuration générale que Jacques Cochet, père des parties, lui avait passée par acte du 2 février 1788, Olive notaire, le tribunal ne pouvait en même temps accueillir cette action *familiæ erciscundæ* et affranchir, par la prescription, l'un des cohéritiers des sommes dont sa gestion, exercée même du vivant du père commun, aurait pu le rendre reliquataire envers l'hoirie à partager ;

Attendu, d'ailleurs, que ladite procuration générale ayant produit ses effets jusqu'au 23 novembre 1808, époque du décès de Jacques Cochet, trente ans ne s'étaient point encore écoulés, lorsque par écriture des 29 mars 1837 et 10 janvier 1838, Justine Cochet a interpellé son frère au sujet de la gestion dont il s'agit ;

Attendu, enfin, que le tribunal, par sa sentence du 24 juillet 1839, qui a passé en jugé, avait déjà implicitement écarté toute exception de prescription à cet égard, de la part de Pierre Cochet, en préjugeant qu'il était tenu de rapporter à la masse le reliquat de sa gestion, puisque le nouveau serment que Justine Cochet voulait lui déférer a été rejeté par le motif que le serment purgatif qu'il avait déjà prêté, le 28 mai 1838, pardevant le rapporteur de la cause, avait compris même cette gestion ;

Attendu qu'il est à présumer que Pierre Cochet, qui vivait avec son père, lui rendait compte de ses opérations, à mesure qu'il les exécutait, et que d'ailleurs le tribunal a préjugé, par cette même sentence, qu'il n'était pas tenu de poser un compte détaillé de sa gestion, puisqu'il s'est borné, malgré les réquisitions ci-dessus rappelées, à acheminer Justine Cochet à établir, ainsi qu'elle aviserait, que ledit Pierre Cochet s'était retenu d'autres choses ou valeurs que celles dont il a fait la déclaration :

A reçu les frères Bruyère appelants du chef dudit jugement relatif à l'exception de prescription opposée par les défendeurs.

GALLO, P. P., JACQUEMOUD, R.

29 Décembre 1846.

APPEL. — DÉLAI. — NOTIFICATION. — RESTITUTION.

Le sénat peut restituer pour de justes motifs contre le défaut d'intimation des lettres d'appel, dans le délai qui y est fixé.

Il n'accorde cette restitution qu'autant que l'appelant a pris ses conclusions appellatoires dans les délais ordinaires de 80 ou de 90 jours, fixés par les lois sur la procédure.

Femme Primberge c. Simon Cullaud et 80 autres.

Le Sénat : Attendu que si, aux termes des § 5 et 6 R C., au titre des appellations, il pouvait y avoir une fin de non-recevoir contre l'appel émis par la femme Primberge, faute par elle d'avoir fait intimer sa requête dans le délai prescrit, il résulterait assez de l'esprit de l'article 2 de l'édit du 15 avril 1841, que le sénat pourrait restituer contre cette fin de non-recevoir, lorsque l'appel aurait été relevé dans les quatre-vingt-dix jours, surtout en l'espèce où il se trouve près de quatre-vingts intimés;

Attendu que, d'après les dispositions de l'édit du 15 avril 1831, le délai pour appeler et relever les appels devant les cours suprêmes a été étendu à quatre-vingt-dix jours dès l'intimation du jugement;

Que, dans l'espèce, quoique la sentence du 5 février 1845 n'ait pas été notifiée par l'exploit du 20 mars suivant à la femme Primberge, s'il était vrai que celle-ci en eût personnellement ou par mandataire muni de pouvoirs suffisants, appelé le 27 mars, ainsi que les intimés l'ont allégué, il en résulterait qu'ayant ainsi manifesté qu'elle avait connaissance de cette décision, elle aurait dû cotter ses griefs contradictoirement dans le temps prescrit par la nouvelle loi;

Attendu, d'autre part, que, faute par elle de s'être prévalu du décret du 10 juin 1845, en le faisant notifier dans le terme qui lui était fixé, elle aurait dû faire valoir ses griefs dans les actes en temps utile; qu'en l'espèce, n'ayant pris des conclusions que dans son écriture du 21 juillet, communiquée au procureur des intimés le 22, il lui obsterait une fin de non-recevoir insurmontable résultant de l'échéance des délais depuis qu'elle aurait émis son appel:

Par ces motifs, ordonne que les intimés produiront l'acte d'appel du 27 mars 1845.

De la Charrière, *P.*
Milliet de St-Alban, *R.*

---

29 Décembre 1846.

FAILLITE. — CONCORDAT. — APPEL.

Art. 472, 511, 545, 528, 629 C. de com.

Le jugement qui rejette une demande de sursis au concordat et l'admission provisionnelle des créances, n'est pas compris dans la disposition de l'art. 629, n° 4 du Code de commerce, en conséquence il est susceptible d'appel.

Il ne peut être procédé à concordat entre les créanciers, tant que l'époque de la cessation des paiements n'a pas été définitivement arrêtée.

Regaud et Passet c. les Syndics a la faillite Deymonnaz.

Le Sénat : Attendu que, d'après les dispositions de l'article 628 du Code de commerce, le jugement du 4 février 1846 aurait dû être signifié; que cependant aucune signification n'avait été faite lorsque les appelants ont interjeté leur appel par acte mis au greffe du tribunal le 28 même mois, et qu'ils l'ont introduit céans par requête décrétée le 10 octobre suivant; qu'en conséquence aucune fin de non-recevoir n'obste à l'admission de cet appel sous le rapport des délais;

Attendu que les appelants ont soutenu que leurs créances dans la faillite dont il s'agit, étaient pour l'un de plus de 14,000 livres, pour l'autre de plus de 2,000 livres, et que ces assertions n'ont point été formellement contredites par les intimés;

Attendu qu'en énumérant dans l'article 629 les diverses espèces de jugements déclarés non susceptibles d'opposition ni d'appel, le Code de commerce ne fait point mention de ceux qui, comme celui dont il s'agit, rejettent le sursis au concordat et l'admission provisionnelle des créances contestées; que les dispositions de cet article 629 étant une limitation du droit commun des appellations, doivent être interprétées d'une manière stricte, et ne peuvent conséquemment être étendues d'un cas exprimé à un cas non exprimé; qu'il existe d'ailleurs une très-grande différence entre un jugement qui, se bornant à prononcer un sursis de quelques jours au concordat, ou une admission provisionnelle de créances contestées, ne peut pas causer de préjudice réel aux créanciers, et un jugement qui, en rejetant, comme celui-ci, la demande de quelques créanciers pour un sursis ou une admission provisoire de leurs créances, peut causer à ces derniers des préjudices très graves, et même irréparables en définitive ; d'où il suit qu'on ne pouvait en aucune manière appliquer à un jugement de cette nature les dispositions du § 4 de l'article 629 précité ;

Attendu, au fond, que, d'après les dispositions de l'article 544 du Code de commerce, il ne peut y avoir de concordat entre les créanciers et le débiteur failli, qu'après l'accomplissement des formalités prescrites dans les articles précédents, et qu'au nombre de ces formalités se trouvent celles de l'article 472, qui exige que le tribunal détermine l'époque à laquelle a eu lieu la cessation de paiement, ou d'une manière expresse en l'indiquant dans son jugement, ou d'une manière indirecte en se référant aux dispositions portées dans le deuxième alinéa de cet article ;

Attendu que la nécessité de cette détermination préalable résulte encore des dispositions de l'article 545 du Code de commerce, qui déclare que les créanciers privilégiés ou hypothécaires ou nantis d'un gage n'auront pas voix dans les opérations relatives au concordat ; d'où il suit que ces opérations ne peuvent pas être régulièrement suivies avant la fixation de l'époque de l'ouverture de la faillite, parce que, avant cette fixation, le sort des hypothèques et des gages consentis par le débiteur est incertain, et l'on ne sait pas quels sont les créanciers qu' devront en réalité être tenus pour créanciers hypothécaires ou ayant un gage valablement établi, comme on le voit dans l'espèce actuelle, où le nombre des créanciers hypothécaires serait très-considérable ou très-restreint, suivant qu'on porterait l'époque de l'ouverture de la faillite à la date du 14 juin 1843 fixée dans le jugement du 5 mai 1846, ou à la date du jugement déclaratif de faillite du 28 février 1846, la plupart des hypothèques résultant de jugements ou d'actes postérieurs au 14 juin 1843 ;

Attendu que le tribunal de judicature-maje de St-Jean-de-Maurienne avait déjà reconnu, par son jugement du 5 mai 1846, confirmé sur opposition, par autre jugement du 31 août suivant, cette nécessité d'une détermination préalable de l'époque de l'ouverture de la faillite, et avait en même temps déclaré que cette époque ne devait pas être la même que celle du jugement déclaratif de faillite ;

Attendu qu'étant constant en fait qu'appel de ces jugements des 5 mai et 31 août 1846 a été interjeté et porté céans, il suit de là que l'époque de l'ouverture de la faillite redevient incertaine et indéterminée ; qu'en conséquence, en ordonnant, en l'état, par son jugement du 4 septembre 1846, de passer outre au concordat, le tribunal s'est mis en opposition aux dispositions de la loi, et à la chose jugée par son jugement du 5 mai précédent :

Par ces motifs, déclare n'y avoir lieu à concordat qu'après que l'époque de la cessation de paiement aura été définitivement déterminée.

GRILLO, *P. P.* CLERT, *R.*

---

29 Décembre 1846.

DONATION. — INSTITUTION CONTRACTUELLE. — RÉDUCTION. — RAPPORT.

La donation qui n'excédait pas la quotité disponible au jour où elle a été consentie, ne peut être soumise à réduction par une loi postérieure. [1]

L'institution contractuelle, ou donation de biens présents et à venir, faite dans un contrat de mariage, était soumise, d'après les Royales Constitutions, aux mêmes formalités que la donation pure et simple.

Elle ne peut également devenir réductible en vertu d'une loi postérieure, si elle n'était pas inofficieuse au moment où elle a été consentie.

Le donataire ne peut cependant refuser de la rapporter à la masse, s'il veut venir au partage de la succession du donateur, à moins qu'il n'en ait été dispensé.

Le donataire institué héritier à l'exclusion de tous les autres successibles, est censé dispensé du rapport, lors même que les lois en vigueur au moment de l'ouverture de la succession viendraient à réduire à son préjudice le montant de la part disponible.

---

[1] Arrêt conf., 17 mai 1842.

39

Nanjod c. Nanjod.

Le Sénat : Attendu que la donation du 4 juin 1784, ayant été faite par acte entre vifs dans le contrat de mariage d'Antoine Nanjod, était irrévocable et n'a pu être soumise à réduction par les lois en vigueur lors du décès du donateur Joseph Nanjod ; car ces lois ont bien pu atteindre et modifier les dispositions de dernières volontés que ce dernier aurait faites antérieurement, mais elles n'ont pu rétroagir sur des droits irrévocablement acquis par actes entre vifs ;

Attendu que le contrat du 26 mai 1786 renfermait, au profit d'Aimé Nanjod, des institutions contractuelles qui n'ont pu être révoquées par le contrat de 1789 ;

Attendu que l'institution contractuelle renferme les principaux caractères de la donation entre vifs, notamment le dessaisissement de la propriété des biens donnés du vivant du donateur, et l'irrévocabilité de la disposition ; que, sous ce rapport, celle faite par la femme dans le contrat du 26 mai 1786 aurait dû être revêtue des formalités prescrites par le § 14, tit. 4, liv. 5 des Royales Constitutions alors en vigueur ; et qu'en conséquence, l'omission de ces formalités entraîne la nullité de la disposition pour ce qui concerne ladite Marie Cheneval ;

Attendu qu'il n'en est pas de même pour la part de Joseph Nanjod ; qu'à son égard, la disposition ayant été faite par acte authentique, elle présente toutes les conditions nécessaires pour sa validité ;

Attendu, relativement à la nature et aux effets de cette institution contractuelle, qu'étant une disposition entre vifs, irrévocable et complètement valide, aux termes des lois en vigueur à la date de l'acte, elle n'a pu être soumise à réduction par les lois postérieures en vigueur à l'époque de l'ouverture de la succession de Joseph Nanjod, lors même qu'elle excèderait la quotité dont celui-ci pouvait encore disposer aux termes de ces dernières lois ; que cependant dans le cas où ledit Aimé, soit ses successeurs, veuillent en outre se porter pour héritiers de Joseph Nanjod et venir au partage de la succession avec les autres cosuccessibles, ils devront rapporter à la masse de cette hoirie tout ce qu'ils auraient perçu en vertu de cette institution, les lois anciennes et nouvelles étant d'accord pour imposer à tout copartageant l'obligation de rapporter ce qu'il aurait précédemment

perçu de l'hoirie, à moins qu'il n'existe une dispense de rapport qui ne se rencontre pas ici ; qu'en conséquence, ils ne pourront se prévaloir de l'intégralité de l'institution faite à Aimé Nanjod, qu'en renonçant à la succession de ce dernier, comme il a été décidé par l'arrêt du 21 juin 1836, relativement à la donation d'Antoine Nanjod ;

Attendu qu'en instituant Antoine et Pierre Nanjod pour leurs héritiers universels, à l'exclusion des autres enfants, Joseph Nanjod et Marie Cheneval ont assez clairement manifesté qu'ils entendaient que ceux-ci ne vinssent point en participation dans le partage de l'hoirie avec les deux aînés ; que la loi postérieure, en réduisant cette disposition au quart de l'hoirie, ne lui a point enlevé ce caractère d'exclusion des autres cohéritiers ; d'où il suit que lesdits Antoine et Pierre ont eu droit de prélever, à titre de préciput et hors part, ce qu'ils ont pu recueillir en vertu de cette disposition, savoir : tous les deux dans l'hoirie de la mère, et Pierre seul dans celle du père :

Par ces motifs, déclare les défendeurs Aimé, Pierre et Michel feu Antoine Nanjod avoir droit, en vertu de la donation faite à ce dernier, par acte du 4 juin 1784, Pagnod notaire, à tous les immeubles portés dans l'acte de vente y relaté, du 21 avril 1783, même notaire, et aux seuls immeubles décrits dans cet acte de vente ; déclare cette donation n'avoir pas été soumise à réduction par l'effet des lois françaises en vigueur à l'époque du décès du donateur, et lesdits donataires n'être tenus à aucun rapport à l'hoirie de ce dernier à laquelle ils ont renoncé ;

Déclare l'institution contractuelle contenue dans le contrat du 26 mai 1786, Guyon notaire, en faveur d'Aimé Nanjod de la part de Marie Cheneval, nulle et de nul effet ; et, en ce qui concerne l'institution contractuelle faite audit Aimé, dans ledit contrat, par Joseph Nanjod, déclare les intervenants héritiers d'Aimé Nanjod, avoir droit, en vertu de cette institution contractuelle, au quart de l'hoirie de Joseph Nanjod, dans le calcul duquel quart ne seront point compris les biens précédemment donnés par ledit Nanjod, par actes entre vifs ; déclare cette donation n'avoir pas été soumise à réduction par les lois postérieures, mais les donataires ne pouvoir venir en partage de l'hoirie du donateur sans y rapporter ce qu'ils en auraient recueilli en vertu de ladite donation ; déclare les héritiers d'Antoine et de Pierre Nanjod avoir droit de se retenir, à titre de préciput et hors part, ce qu'ils pourront recueillir du quart que l'arrêt du 21 juin 1836 leur a attribué dans l'hoirie de Marie Cheneval, en vertu des dispositions du contrat du 26 novembre 1789, et les héritiers de Pierre Nanjod avoir droit de se retenir, au même titre, ce qu'ils pourront recueillir, en vertu des mêmes dispositions, dans l'hoirie de Joseph Nanjod.

GAILLO, *P. P.* CLERT, *R.*

JURISPRUDENCE DÉCENNALE.

Année 1847.

---

2 Janvier 1847.

FILLES. — RENONCIATION. — DOT. CONGRUE. — LEGS.

La fille qui, à l'occasion de son mariage, n'a pas été exclue au moyen d'une dot congrue, peut toujours demander un supplément de dot dans la succession de son père.

La renonciation qu'elle aurait consentie en recevant une somme léguée par ce dernier à titre d'exclusion, est considérée comme faite sans cause et frappée de nullité radicale, si le legs n'équivalait pas à la dot congrue. [1]

SŒURS GAYMARD C. GAYMARD. [2]

Jacques-Louis Gaymard, par son testament du 29 septembre 1814, et son codicille de 26 décembre 1820, lègue à chacune de ses trois filles, et à ses deux petites-filles,

---

[1] Concl. conf., 9 avril 1846.
Arrêts conf., 30 janvier 1841. — 28 mars 1844.
V. Arrêt du 20 juin 1843.

---

une somme fixe de 2,900 liv., au moyen de laquelle il les exclut de leurs droits, non-seulement dans son hoirie, mais encore dans celle de son épouse.

Le 12 avril, le 15 février 1827, et le 5 février 1828, les sœurs Gacon et l'une des trois filles du testateur, passent quittances aux frères Gaymard des legs ci-dessus, avec promesse de ne plus rien réclamer au sujet des droits paternels et maternels.

Le 1er mai 1842, elles intentent, contre les héritiers Gaymard, une action en supplément de dot congrue. Déboutées au tribunal, elles en appellent au Sénat.

LE SÉNAT : Attendu que l'exclusion de tous plus amples droits, imposée aux appelantes, dans les testament et codicille de Jacques-Louis Gaymard, leur père et aïeul, ne saurait être un obstacle à ce qu'elles puissent se prévaloir des dispositions du tit. 7, liv. 5 R. C., qui leur réservent une dot congrue, puisque aucune d'elles ne se trouve dans le cas prévu par la dernière partie du § 6;

Attendu que les renonciations insérées dans les actes qui constatent l'acceptation

---

[*] Jacques-Louis GAYMARD, mort en 1827.

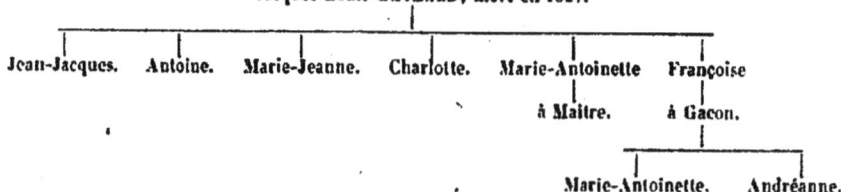

Jean-Jacques.	Antoine.	Marie-Jeanne.	Charlotte.	Marie-Antoinette à Maître.	Françoise à Gacon.
				Marie-Antoinette.	Andréanne.

et le paiement des legs faits aux appelantes, étant consenties sans correspectif, doivent être considérées comme des conventions sans cause, par là même impuissantes à les priver du droit d'obtenir un supplément de dot, si les valeurs qu'elles ont reçues sont insuffisantes :

Par ces motifs, ordonne que les défendeurs contrediront les rôles des immeubles produits au procès.

DE LA CHARRIÈRE, *P.* GIROD, *R.*

---

4 Janvier 1847.

APPEL. — DÉLAI. — CAUTION. — CHOSE JUGÉE.

· La caution peut appeler du jugement rendu contre le débiteur principal, quoiqu'elle n'ait pas été partie à l'instance.

Elle n'est toutefois admise à le faire que dans les délais accordés au débiteur principal.

Elle peut toujours proposer les exceptions qui lui sont personnelles, sans se pourvoir en appel. [1]

GAY, DIT GUERAZ, C. PETIT ET BRÉMONT.

LE SÉNAT : Attendu que le jugement dont il s'agit, du 9 février 1843, a été notifié à François Combaz le 3 et le 24 avril suivant ; qu'aucun appel n'en a été interjeté de la part de ce dernier ; et qu'il a acquis envers lui l'autorité de la chose jugée, à l'expiration des 90 jours déterminés par les Lettres-Patentes du 15 avril 1841 ;

Attendu que Gay, dit Gueraz, n'est pas partie dans ce jugement, qu'il n'a pas même été appelé dans l'instance qui l'a précédé, et que les intimés, au profit desquels il est rendu, le lui ont fait notifier le 6 décembre 1845, afin de le faire exécuter à son encontre comme caution de Combaz;

Attendu que si les dispositions de la loi 5, *Digestis de appellationibus,* sur lesquelles il fonde la recevabilité de l'appel qu'il a interjeté le 22 novembre 1845 du jugement en question, accordent à sa caution la faculté d'appeler du jugement rendu contre le débiteur, ce ne peut être que dans le cas où la caution qui appelle est partie dans le jugement; ou bien lorsque la caution, qui n'est pas partie dans le jugement,

appelle pour le débiteur, dans le délai pendant lequel ce dernier peut appeler lui-même ; que, dans l'espèce, le jugement rendu contre Combaz avait déjà acquis l'autorité de la chose jugée, lorsque Gay a interjeté appel ;

Attendu, en outre, que pour écarter la demande des intimés, Gay ne reproduit en appel que l'exception tirée du cas de force majeure, qui a été employée par Combaz, et écartée par le jugement dont il s'agit ; qu'il ne peut cependant proposer cette exception qui est propre à Combaz, et inhérente à sa personne, sans se mettre en son lieu et place ; que, se prévalant ainsi de ses droits, il doit être considéré comme son ayant-cause, et dès lors qu'il doit souffrir toutes les exceptions qui sont proposables contre Combaz, et particulièrement celle de la chose jugée par le jugement déféré ;

Attendu que si Gay a à proposer des exceptions puisées dans la nature ou l'étendue du cautionnement qu'il a donné, ou d'autres exceptions qui lui soient personnelles, le jugement dont il a appelé ne fait aucun obstacle à ce qu'il fasse emploi de ces exceptions par-devant les premiers juges, tant par voie d'opposition à l'injonction que les intimés ont demandée contre lui, que de toute autre manière, ainsi et comme il avisera :

Déclare ledit Jean Gay, dit Gueraz, non-recevable en son appel du jugement du 7 février 1843.

PORTIER DU BELLAIR, *P.* ARMINJON, *R.*

---

5 Janvier 1847.

DIFFAMATION. — ACTION CIVILE. — ÉTRANGER. — COMPÉTENCE.

Art. 30 C. c., Art. 4. C. d'instr. crim.

L'étranger qui a diffamé un sujet, même en pays étranger, est justiciable des tribunaux des états pour l'action civile en dommages-intérêts.

L'action civile peut être proposée directement et avant l'action criminelle, surtout lorsque le ministère public s'est borné à faire de simples protestations. [1]

---

[1] Arrêt conf. 28 décembre 1842.

[1] V. Arrêt du 7 août 1846, dans la même cause. Concl. conf., 12 novembre 1846.

THIABAUD C. LÉGER-BARON.

Thiabaud articulait des faits pour établir que Léger-Baron l'avait diffamé et concluait à des dommages-intérêts.

Léger-Baron se bornait à répondre que quelques-uns de ces faits se seraient passés sur le territoire des états, et seraient de nature à donner lieu à une action pénale contre lui.

Or, en ce cas, disait-il, l'action civile ne peut précéder l'action publique (*L. unic. quandô civil. act. crimin. præjud.*—*C. Fabr. def. 1, ad leg. corn. de falsis.* — *def. 1, quand. civ. act.* — *Def. 13, de ordin. judic.* — *Code d'instr. crim. français, art. 13.*—*Code pénal de S. M., art. 629, 622.*—*Cod. civ., art. 168.*

Sur quoi, LE SÉNAT : Attendu que déjà avant l'arrêt du 7 avril 1846, le demandeur avait soutenu les 9 premiers faits dont il requiert l'admission; que le 4ᵐᵉ entr'autres est relatif à des discours imputés par le demandeur au défendeur, comme ayant été tenus en Savoie;

Que ce nonobstant, le Sénat, après avoir statué en voie civile sur la compétence, a ordonné que les parties procéderaient en l'instance, ainsi et comme elles verraient à faire;

Attendu dès lors qu'il a été préjugé que l'action civile était proposable directement, surtout en l'espèce, où le ministère public s'est borné à faire des réserves, en laissant au demandeur le soin d'établir à ses périls et risques la vérité des faits qu'il a déduits;

Par ces motifs, sans s'arrêter aux exceptions du défendeur, ordonne qu'il soutiendra des faits en matière contraire.

MILLIET DE Sᵗ-ALBAN, *R.*

---

8 Janvier 1847.

ACTE SOUS SEING-PRIVÉ. — NULLITÉ. — ADJUDICATION

Art. 1603, 1412 C. c.

La nullité d'une adjudication fondée sur l'art. 1603 du Code civil, n'est que relative.

On ne peut céder par acte sous seing-privé le bénéfice d'une adjudication de coupe de bois, acquise par acte authentique.

DÉPERY ET PÉRY C. CLERT ET DÉPERY.

LE SÉNAT : Attendu que la nullité opposée à l'adjudication du 1ᵉʳ mars 1840, et tirée des dispositions de l'art. 1603, ne constituerait qu'une nullité relative que l'administration de Scionzier seule pourrait proposer, ce qu'elle n'a pas fait, n'étant pas même intervenue dans l'instance;

Attendu que les conventions sous seing-privé du 25 mai 1840, renferment la cession par Jacques Dépoisier, en faveur des intimés, du bénéfice d'une adjudication résultant d'acte authentique; que cette cession, qui ne pouvait être valablement consentie que par acte public, est nulle d'après les dispositions de l'art. 1412, n° 4;

Attendu que la même nullité affecte également la cession sous seing-privé du 25 janvier 1841, portant transfert en faveur des appelants du bénéfice de la même adjudication; que cette cession ne peut être considérée comme une simple vente de bois à couper dans la forêt communale de Scionzier, dès qu'elle énonce expressément non une aliénation de cette nature, mais le transport du bénéfice de l'adjudication tranchée en faveur de Dépoisier;

Attendu que bien que les intimés ne puissent mesurer aucun droit des conventions du 25 janvier 1841, le fait des appelants de s'être approprié les bois dont il s'agit, les rend responsables envers les intimés, devenus cessionnaires de Dépoisier, par acte produit dans leur écriture du 7 décembre 1846, donnée après l'appointement de la cause :

Par ces motifs, sans s'arrêter aux conclusions de Joseph Clerc et Bernard Dépery, mesurés des actes sous seing-privé des 25 mai 1840, et 25 janvier 1841... les admet à la production de leur écriture du 7 décembre dernier. GRILLO, *P. P.* COPPIER. *R.*

---

9 Janvier 847.

MOTIFS DE JUGEMENT. — APPEL.

On peut appeler d'un jugement dont le dispositif ne fait pas grief, lorsque les motifs ont préjugé la question de droit. [1]

QUAY ET GILLY C. AUXIONNAZ.

LE SÉNAT : Attendu qu'en première instance les appelants avaient conclu à la nul-

[1] V. Arrêt du 10 août 1844; p. 250.

lité des actes du 6 novembre 1825, et du 30 avril 1837, pour cause de lésion énormissime, et subsidiairement pour cause de lésion énorme ;

Attendu que dans le motif du jugement dont est appel, le tribunal, en ne parlant que de la lésion énormissime, et en gardant un silence absolu sur la lésion énorme, paraît n'avoir voulu admettre que la première ;

Attendu que si, en principe général, le dispositif seul, et non les motifs d'un jugement, lie les juges et les parties, cette règle reçoit exception lorsque les motifs préjugent la question de droit ; que, sous ce rapport, les défendeurs ont eu un juste motif de faire réformer la décision intervenue :

Par ces motifs, reçoit les consorts Quay et Gilly appelants.

DE LA CHARRIÈRE, *P.* SEITIER, *R.*

---

11 Janvier 1847.

SUCCESSION. — RÉPUDIATION. — DISCUSSION. — ADJUDICATION. — COMPÉTENCE. — MINEUR.

Suivant les lois en vigueur en 1822, toute répudiation d'hoirie donnait lieu à une instance générale de *discussion* devant le Sénat.

Le Sénat était exclusivement compétent pour ordonner la vente des biens dépendant de l'hoirie répudiée.

L'erreur de droit n'excuse pas ; en conséquence, l'adjudicataire doit s'imputer d'avoir acheté des biens dont la vente est ordonnée par un juge incompétent. [1]

SOEURS EVRARD C. GINET ET MODURAT.

LE SÉNAT : Attendu, au fond, que, par acte du 5 septembre 1820 François et Louis Evrard ont déclaré, de l'autorité de Joseph Evrard, leur tuteur, qu'ils s'abstenaient de l'hoirie de leur père ;

Attendu que, par arrêt de céans du 29 novembre 1836, cette abstention a été déclarée nulle, ainsi que tout ce qui l'a suivie ;

Attendu que la vente judiciaire des biens immeubles composant l'hoirie dont il s'agit a été provoquée devant le juge de la Motte

par M⁰ Pillet, établi curateur à cette hoirie ;

Attendu qu'aux termes des lois en vigueur en 1822, la répudiation d'une hoirie donnait lieu à une instance générale de discussion et d'ordre, dont la connaissance était exclusivement attribuée au Sénat.

Attendu, cela posé, que lui seul pouvait ordonner, sur les instances du curateur, la vente des immeubles compris dans cette hoirie ; et qu'ainsi l'adjudication qui en a été faite aux intimés, ensuite d'un décret du juge du mandement de la Motte, est nulle par défaut de pouvoirs dans la personne du juge ;

Attendu que l'ignorance du droit n'excuse pas, et que les intimés doivent s'imputer d'avoir acheté des biens dont la vente était ordonnée par un juge incompétent ;

Attendu que les frères Evrard, devenus majeurs, ont accepté purement et simplement la succession de leur père, ainsi qu'ils pouvaient le faire ; et qu'en cette nouvelle qualité, ils auraient eu le droit d'impugner les adjudications de 1822, comme radicalement nulles par défaut de pouvoir dans le juge qui les avait autorisées, alors même que l'acte d'abstention aurait été valide ;

Sans dépens entre les parties.

DE LA CHARRIÈRE, *P.* DE MONTBEL, *R.*

---

19 Janvier 1847.

PATERNITÉ. — FILIATION. — TRANSACTION. — RÉCLAMATION D'ÉTAT

Art. 170 C. c. (Q. T.) 2084 C. c.

Est nulle toute transaction sur une question d'état.

L'art. 170 du Code civil oppose une fin de non-recevoir insurmontable aux héritiers de l'enfant qui, depuis la mise en vigueur du Code civil, a laissé passer trois ans sans poursuites, depuis les derniers actes de la procédure.

Cet article s'applique même aux instances commencées avant le mise en vigueur du Code civil, et restées dès lors sursises pendant trois ans. [1]

BOLLIET C. TARPAN.

Le 15 mars 1842 meurt *ab intestat* Antoine Georges, appelé de Drée. Marguerite Bolliet, sa veuve, se met en possession de son hoirie.

---

[1] V. Concl. 30 mars 1846 ; p. 381.
V. Arrêt, 23 décembre 1844 : Gassilloud ; p. 260.

[1] Concl. conf., 5 avril 1846 ; p. 324.

Les sœurs Tarpan, en produisant un acte de mariage duquel il résulte que Nicolarde Communal, mère d'Antoine Georges, était, au moment de la conception de ce dernier, épouse de Benoît Tarpan, leur père, invoquent la maxime *pater is est*, se disent sœurs du défunt, et demandent le relâchement de son hoirie, sauf pour le quart afférent à sa veuve.

Entr'autres moyens, la veuve de Drée invoque une transaction du 14 février 1819, par laquelle les sœurs Tarpan, moyennant une somme fixe, avaient traité sur les droits d'Antoine Georges à la succession de Benoît Tarpan, leur père, et sur une action en réclamation d'état qu'il avait introduite à cette époque.

Elles opposaient en outre de la prescription mesurée de l'art. 170 du Code civil, vu que le défunt avait laissé passer trois ans sans poursuite, dès le dernier acte de procédure.

Le tribunal de Chambéry, par jugement du 26 mai 1845, rejette ces deux exceptions en disant :

« Attendu que l'état des personnes est d'ordre public, et que le défunt mari de la défenderesse n'aurait pu renoncer à celui d'enfant légitime des mariés Tarpan, résultant du mariage ci-dessus énoncé ;

« Attendu qu'en réalité il n'a fait aucune renonciation de cette nature, celle du 14 février 1819, Mollard notaire, n'étant relative qu'à la succession de Benoît Tarpan, et pour un correspectif convenu ;

« Attendu que les demanderesses n'exercent point une action en réclamation d'état, leurs conclusions étant dirigées en partage d'hoirie, elles ne font que défendre à la possession d'état soulevée par la défenderesse, et sous ce rapport, aucune prescription n'a pu courir contr'elles, d'après la maxime *quæ temporalia sunt ad agendum, perpetua sunt ad excipiendum* ; d'où il suit que l'article 170 du Code est inapplicable à l'espèce :

« Par ces motifs, le tribunal, en déclarant les demanderesses héritières légitimes *ab intestat* de Georges Antoine Tarpan, dit de Drée, ordonne le partage, en conformité du Code civil. »

« Guillermin, juge-mage. Rey, rap. »

Marguerite Bolliet ayant appelé de ce jugement,

LE SÉNAT : Attendu que dans l'instance qui a précédé la transaction du 14 février 1819, Mollard notaire, Antoine de Drée, de la succession duquel il s'agit, avait demandé sa légitime dans l'hoirie de Benoît Tarpan, dont il prétendait être le fils ;

Que Marie et Claudine Tarpan, alors défenderesses, lui opposèrent qu'il était étranger à la succession dudit Benoît Tarpan, dont il n'avait jamais été reconnu pour être le fils, n'ayant point été baptisé à son nom, n'étant point en possession de cette qualité, n'ayant jamais porté le nom Tarpan, ne l'ayant pas même pris dans son acte de mariage ;

Que les parties ayant considéré *que l'objet de l'instance étant une question d'état, dont le développement pourrait être dispendieux et le résultat très-incertain, il leur convenait de faire réciproquement des sacrifices plutôt que de s'engager dans un long procès ;*

Qu'en conséquence, Antoine de Drée renonça *à toutes prétentions à la succession dudit Benoît Tarpan, soit à titre de légitime, soit à quelque autre titre que ce pût être, pour le* correspectif de 2,850 liv., au moyen de quoi les parties se tinrent respectivement *quittes de tout ce qu'elles auraient pu prétendre l'une envers l'autre, relativement à ladite hoirie, en renonçant à toutes actions à cet égard ;*

Attendu que si la demande d'Antoine de Drée n'a eu d'abord pour objet qu'un intérêt matériel, qu'une légitime dans la succession de Benoît Tarpan, le sort de cette demande, d'après la nature des exceptions élevées, n'en a pas moins été subordonné, comme les parties l'ont reconnu dans ledit acte, à une question d'état qui devait être vidée préjudiciellement.

Attendu que cette transaction, quoique réglant les prétentions d'Antoine de Drée dans l'hoirie de Benoît Tarpan, ne renferme de sa part aucun désistement formel, relativement à la question d'état qui avait été élevée dans l'instance ;

Attendu, dès lors, que, nonobstant cette transaction, Antoine de Drée aurait pu encore poursuivre l'instance sur la question d'état d'enfant légitime de Benoît Tarpan, sur lequel il n'avait ni transigé, ni pu transiger ;

Attendu que depuis cet acte jusqu'à son décès, arrivé le 15 mars 1842, Antoine de Drée, majeur déjà lors de ladite transaction, n'a pas repris ses poursuites en réclamation d'état, et qu'il s'est écoulé plus de trois ans depuis la mise en vigueur du Code civil, jusqu'en mars 1842 ; qu'il en résulterait une fin de non-recevoir contre la demande des intimés, si la nouvelle loi devait être appliquée à une instance commencée avant que ce Code fût obligatoire;

Attendu, à cet égard, que la disposition de l'art. 170 du Code civil est fondée, d'une part, sur des motifs d'ordre public, et de l'autre sur le désistement présumé de l'enfant qui, pouvant continuer l'instance par lui commencée sur la question d'état, a, pendant trois ans, cessé toute poursuite;

Attendu, cela posé, que cette disposition est applicable à une instance qui n'aurait été nouée que depuis la mise en vigueur du Code, soit qu'on la considère comme une loi d'ordre public, soit qu'on la considère comme établissant contre l'héritier de l'enfant, une fin de non-recevoir déduite du désistement que fait présumer le silence de celui-ci pendant trois ans, lorsque ce laps de temps s'est écoulé sous l'empire du Code;

Attendu que l'application de la nouvelle loi est d'autant plus incontestable en l'espèce, que l'action des demanderesses étant née sous le Code, il appartenait par là même à cette loi de régler les cas où cette action pouvait être écartée;

Attendu enfin qu'aucune fin de non-recevoir n'obste à l'appel:

Par ces motifs, déclare les sœurs Tarpan non-recevables en leurs couclusions.

DE LA CHARRIÈRE, *P.*
MILLIET DE ST-ALBAN, *R.*

---

19 Janvier 1847.

LEGS. — PAIEMENT DES DETTES. — GARANTIE. — SÉNATUS-CONSULTE MACÉDONIEN. — TRANSCRIPTION.

Art. 859, 860, 1647, 1919, 2301, 2303.

Le légataire d'un fonds expressément déclaré libre de toutes dettes et hypothèques, n'est tenu ni du paiement des dettes personnelles du défunt, ni de celles des précédents propriétaires, hypothéquées sur le fonds; s'il a été dépossédé à la suite de poursuites réelles, il a une action en recours contre l'héritier.

Ce dernier peut opposer au légataire évincé, qu'il s'est mal à propos laissé exproprier pour le paiement d'une dette dont il se serait fait décharger en excipant du Sénatus-consulte Macédonien.

La transcription d'un testament dans lequel les pièces léguées ne sont pas désignées par leurs numéros ou confins, ne suffit pas pour priver de leur droit de suite les créanciers non inscrits sur les immeubles légués.

Nonobstant l'existence de cette transcription, le créancier dont l'inscription est périmée, peut toujours agir en délaissement, sauf à prendre une nouvelle inscription si l'on vient à lui opposer de la peremption de la première.

MARMOEX C. MARMOEX.

Attendu que par son testament du 21 mars 1819, Frezier notaire, révérend Joseph Marmoëx, après avoir légué aux enfants mâles d'André Marmoëx, son neveu, deux pièces de terre, telles qu'il les avait achetées de leur père, par acte reçu par ledit Mᵉ Frézier, a ajouté la disposition suivante: *Pour être lesdites pièces remises à ses légataires exemptes de toutes dettes et hypothèques, exemptes aussi de tout droit d'usufruit en faveur de leur père, qu'il en exclut parce qu'il lui a déjà assez fait d'avantages jusqu'à présent;*

Attendu qu'aux termes du droit l'héritier universel était tenu au paiement des dettes du défunt par le seul fait de son acceptation pure et simple de la succession, à moins que le testament ne contint quelque disposition contraire sur ce point;

Attendu, cela posé, que si en imposant à son héritier l'obligation de délivrer les pièces de terre léguées libres et exemptes de toutes dettes et hypothèques, Révérend Marmoëx n'avait en vue que ses dettes personnelles, il ne lui aurait pas échappé que sa disposition sur ce point était inutile; qu'il faut dès lors admettre que le testateur s'est occupé du dégrèvement des immeubles de toutes les dettes et hypothèques qui les affectaient du chef de ses auteurs; qu'au surplus, les termes du testament sont clairs, comprennent toutes les dettes et hypothèques, sans aucune limitation; et qu'il n'y a aucun motif d'admettre une distinction entre les dettes personnelles et les dettes non personnelles du testateur, surtout que le legs est fait à ses neveux;

Attendu ainsi que si l'appelant Joseph Marmoëx, héritier institué dans le testament, avait exécuté ponctuellement la volonté du défunt, il aurait affranchi les immeubles légués avant de les délivrer aux légataires, et alors ceux-ci n'auraient pas été dépossédés en 1840, par Charles Bouchage, créancier de leur père, de la pièce de terre, nature champ et pré marais, inscrite sous partie du numéro 12 de la mappe de Drailland, comprise dans le legs à eux fait ;

Attendu que l'obligation de Joseph Marmoëx étant mise en évidence, il est le cas d'examiner quel est le mérite des diverses exceptions qu'il a proposées contre les légataires pour repousser leur demande en indemnité, résultant de l'éviction par eux soufferte ;

Sur l'exception mesurée de ce que André Mormoëx qui, en sa qualité de père, a fait opposition à la vente poursuivie par Bouchage, aurait omis de formuler l'exception du sénatus - consulte macédonien contre l'obligation qu'il avait souscrite en faveur dudit Bouchage, par acte du 12 août 1845, Bastard notaire ;

Attendu 1° que l'obligation dont il s'agit n'a pas été conçue pour argent comptant, qu'elle l'a été pour argent prêté ci-devant, et que le prêt pouvait remonter à un temps antérieur à l'abrogation des lois françaises, qui était récente ; 2° que tout prêt fait aux fils de famille n'est pas indistinctement sujet au sénatus-consulte macédonien, la loi admettant plusieurs cas où l'exception n'est pas proposable ; 3° que si le prêt fait au fils de famille ne produit pas une action civile, il ne forme pas moins une obligation naturelle ; qu'André Marmoëx était libre de faire ou de ne pas faire l'exception en question, et qu'on ne peut lui reprocher de ne l'avoir pas faite ; 4° que l'appelant à qui le manifeste pour la vente forcée de l'immeuble en question a été notifié le 10 avril 1840, n'aurait pas omis de faire à Bouchage, d'abord avant la vente, et ensuite dans l'instance d'ordre, l'exception sus-indiquée, s'il l'avait jugée proposable ; que le silence qu'il a gardé fait présumer le non fondement de ce moyen, et qu'il ne peut reprocher aux légataires que leur père a omis d'employer une exception qu'il aurait dû proposer lui-même, s'il la croyait légitime.

Sur l'exception faite contre la demande des légataires, et mesurée de ce que Bouchage aurait saisi l'immeuble légué sans avoir un droit de suite sur cet immeuble :

Attendu, d'une part, que le contrat obligatoire du 12 août 1815, Bastard notaire, consenti par André Marmoëx, au profit de Bouchage, produisait une hypothèque générale sur tous les biens du débiteur ; que cette créance a été inscrite au bureau de la conservation des hypothèques de Thonon le 24 janvier 1823 ; que rien d'ailleurs n'est venu justifier que cette inscription eût été renouvelée dans les 15 ans de sa date, et même au temps des poursuites exercées sur les biens légués ; que cependant le non-renouvellement de l'inscription ne saurait résulter de ce que Bouchage ne figure pas dans l'exploit de Pioton du 10 avril 1840, parmi les créanciers inscriptionnaires auxquels le manifeste du 5 même mois a été notifié, en ce que c'était Bouchage qui poursuivait la vente forcée, que c'était lui qui faisait faire les notifications du manifeste, et qu'il n'était pas le cas de se faire notifier à lui-même ce qu'il notifiait aux autres ;

Attendu, d'autre part, que le testament de révérend Marmoëx contient simplement l'indication de la nature, de la dénomination et de la situation des deux pièces de terre léguées aux fils d'andré Marmoëx ; que ces énonciations n'étant pas suffisantes, ledit André aurait dû, lors de la transcription qu'il a fait faire du testament au bureau de la conservation des hypothèques de Thonon, le 9 juin 1838, présenter une note contenant les indications requises par l'article 2304 du Code civil ; que la mention qui est faite, dans le testament, du titre en vertu duquel révérend Marmoëx avait acquis la propriété desdits immeubles, peut d'autant moins remplacer la note exigée par la loi, que la date du titre n'est point indiquée dans la mention sus-rappelée, et que quand la loi impose au transcriptionnaire l'obligation de déposer une note, elle lui fait un devoir rigoureux dont l'omission ne peut être sans conséquence ;

Attendu, après cela, que la transcription du 9 juin 1838 n'a aucune valeur ; et que l'inscription prise par Bouchage, le 24 janvier 1823, et qui avait conservé jusqu'au 25 janvier 1838 l'hypothèque résultant, en sa faveur, de l'obligation du 12 août 1815. a pu en tout temps être renouvelée et avoir son effet sur les immeubles hypothéqués ; qu'à la vérité, Bouchage ne pouvait pas en 1840 exercer le droit de suite sur les immeubles affectés à sa créance, tant que son inscription du 24 janvier 1823 n'était pas renouvelée, mais que s'il avait souffert cette exception de la part des légataires, il lui suffisait pour l'écarter de prendre une nouvelle inscription ;

Attendu, d'après tout ce qui précède, que, à part l'exception du sénatus-consulte macédonien, que André Marmoëx n'a pas cru proposable, et que Joseph Marmoëx n'a pas non plus fait valoir, ledit André, en sa qualité de père, n'avait à employer contre Bouchage aucune exception qui fût de nature à empêcher l'éviction des fonds légués ; que ledit Joseph qui, aux termes du testament de révérend Marmoëx, devait remettre aux fils dudit André Marmoëx, libres et exempts de toutes dettes et hypothèques, les biens qui leur étaient légués, et qui les leur a remis affectés de l'hypothèque de Bouchage, doit aux légataires dépossédés une indemnité correspondante à la valeur au temps de l'éviction, de ceux des immeubles légués qui ont été subhastés, et c'est avec fruits, dommages et intérêts.

En ce qui touche les conclusions prises par Joseph Marmoëx contre André Marmoëx :

Attendu qu'aux termes, soit du contrat de vente, soit du droit, André Marmoëx doit garantir son acheteur de l'éviction soufferte ; que le silence que Joseph Marmoëx a gardé à l'égard de son vendeur, lors du trouble éprouvé par les légataires de la part de Bouchage, s'explique par le silence que les légataires ont eux-mêmes gardé à l'égard dudit Joseph ; que ce silence n'a cependant pas d'autre conséquence que de laisser au compte des légataires les frais faits à l'occasion de l'éviction, et que André Marmoëx doit audit Joseph une indemnité proportionnée à la perte que ce dernier souffre ;

Attendu que c'est en vain que, pour écarter la demande en dommages faite par Joseph Marmoëx, André Marmoëx se rattache à la disposition du testament de révérend Marmoëx, dont les dispositions ont été rappelées ; il n'y a rien dans ce testament qui fasse présumer que le défunt ait ordonné à son héritier d'affranchir de ses propres deniers les immeubles légués de toutes les dettes et hypothèques dont ils pouvaient être affectés du chef d'André Marmoëx, sans pouvoir exercer aucun recours contre ce dernier ; qu'une telle charge, si elle existait, serait pour André un legs considérable, puisqu'elle obligerait l'héritier de payer la créance Bouchage ; que cependant si dans le temps où ce dernier exerçait des poursuites contre ledit André, celui-ci avait donné au testament de son oncle la portée qu'il veut lui donner aujourd'hui, lui qui connaissait ce testament qu'il a fait transcrire en juin 1838, aurait incontestablement agi contre Joseph, au lieu de se laisser exproprier deux fois sur les poursuites de Bouchage ;

Attendu encore que lorsque le testateur

exclut André de tout droit d'usufruit sur les biens légués à ses fils, en motivant l'exclusion sur ce qu'il lui avait déjà assez fait d'avantages jusqu'à présent, il dit clairement qu'il ne lui fait aucun legs ; et qu'on ne peut admettre en présence de cette disposition formelle la présomption que le testateur a voulu léguer à André une somme suffisante pour acquitter toutes celles de ses dettes qui grèveraient les fonds de terre légués à ses fils ;

Attendu ainsi que le jugement dont est appel fait grief à Joseph Marmoëx :

Reçoit Joseph Marmoëx appelant.... Et par nouveau jugement, rendant droit au fond, sans s'arrêter aux exceptions dudit Joseph Marmoëx, le déclare tenu de payer à Antoine Marmoëx, tant de son chef qu'en sa qualité de cessionnaire de son frère Claude Marmoëx, et à Pierre Marmoëx, les dommages-intérêts résultant de l'éviction par eux soufferte de la pièce de pré-marais sous partie du numéro 12 de la mappe de Draillant, formant l'article 5 du manifeste dressé le 5 avril 1840 par le greffier du tribunal de judicature-mage de Thonon, et c'est avec fruits, dommages-intérêts tels que de droit, dès le jour de la dépossession, suivant l'évaluation et la liquidation qui auront lieu par les experts dont les parties conviendront, et à défaut, qui seront nommés d'office par le rapporteur de la cause.

PORTIER DU BELLAIR, P. ARMINJON, R.

---

19 Janvier 1847.

RAPPORTEUR. — CONCILIATION.

Le renvoi des parties devant le rapporteur est abandonné au pouvoir discrétionnaire des juges.

En conséquence, on ne peut appeler d'un jugement qui a refusé de fixer une séance en conciliation.

BONNE C. TISSOT.

LE SÉNAT : Attendu que le jugement dont est appel n'a fait aucun grief au demandeur, en l'acheminant à procéder ultérieurement puisque la cause n'était pas instruite au fond ;

Attendu que les tribunaux sont essentiellement juges de l'opportunité du renvoi des parties devant le rapporteur pour tenter les voies amiables, autrement la forme de procéder dépendrait du caprice des plaideurs, ce qui serait inconciliable avec la dignité et les attributions du pouvoir judiciaire;

Attendu que Tissot, en consentant en première instance au renvoi dont il s'agit, requérait la communication des pièces pour éclaircir les articles du compte en discussion, et que, sans cette communication préalable, la cause n'était pas préparée aux débats qui pouvaient avoir lieu devant le rapporteur, et rendre cette comparution des parties fructueuse;

Attendu que si le juge devant lequel le renvoi est ordonné n'a pas le pouvoir de juger la contestation, il a incontestablement celui d'examiner les productions, sans quoi sa médiation serait sans objet et sans utilité:

Déclare Noël Bonne non-recevable en son appel.

COPPIER, *P.* MONOD, *R.*

---

25 Janvier 1847.

VENTE. — COUPE DE BOIS.
— DÉLIVRANCE. — RÉSILIATION.

Art. 1273, 1613, 1662 C. c.

La vente d'une coupe de bois à opérer dans un délai déterminé, n'est pas censée résiliée de plein droit, si dans le délai fixé les bois n'ont pas été enlevés.

MOLLARD C. EXERTIER.

LE SÉNAT: Attendu que la convention du 5 août 1859, a eu pour mérite une coupe de bois à opérer dans deux délais déterminés; que dans les ventes de cette nature, la délivrance de l'objet aliéné est censée faite fictivement au moment de la conclusion du marché, en conformité du 5e alinéa de l'art. 1613 du Code civil; que ces espèces de conventions ne peuvent jamais être résiliées de plein droit; qu'il faut toujours que la résolution en soit prononcée par un jugement suivant l'art. 1273 du Code civil, et jusqu'à sa prononciation l'acquéreur reste propriétaire de l'objet à lui aliéné;

Attendu que c'est sans fondement que Mollard invoque la disposition de l'article 1662, car elle n'est applicable qu'aux ventes de denrées et autres objets mobiliers, dont la délivrance se fait réellement et non fictivement;

Attendu, enfin, qu'en faisant l'application de ces principes à ce chef de contestation, il en résulte que Mollard, en vendant à Billard, pendant le procès, une partie de la coupe de bois qu'il avait déjà aliénée auparavant à Exertier, a réellement vendu une chose qui ne lui appartenait pas, et par suite, a mis Billard dans le cas de ne pouvoir jouir et disposer du bois dont il s'agit; d'où il suit que les conclusions prises par ce dernier, en première instance, pour la restitution du prix de l'aliénation et pour le remboursement de ses frais d'exploitation, étaient fondées, et que le tribunal, en les accueillant, s'est conformé aux principes sur la matière:

Déclare Gaspard Mollard non-recevable en son appel, et le condamne aux dépens.

DE LA CHARRIÈRE, *P.* SEITIER, *R.*

---

26 Janvier 1847.

SERMENT. — SOLENNITÉS.

Est nul le serment qui n'a pas été prêté avec toutes les solennités prescrites.

En conséquence, on doit considérer comme non-avenu le serment prêté, lorsque le procès-verbal ne constate pas que deux flambeaux ont été allumés et que la partie s'est agenouillée.

CHATILLON C. DAVET.

LE SÉNAT: Attendu que les Royales Constitutions, en admettant le serment comme un moyen de preuve en justice, lui ont imposé une forme et des solennités spéciales propres à rappeler l'importance de cet acte et le respect dû à la vérité, à défaut desquelles, quelle que soit d'ailleurs sa force dans le for interne, le serment ne saurait établir judiciairement le fait qu'il était destiné à prouver;

Attendu qu'il ne résulte pas, du procès-verbal du 16 décembre 1845, que deux flambeaux aient été allumés et que Gaspard Chatillon se soit mis à genoux pour la prestation de serment dont il s'agit, ainsi que l'exigeait le § 4, tit. 14, liv. 3 des Royales Constitutions; d'où il suit que ce serment, qui n'a pas eu lieu sous l'influence des solennités prescrites et conformément à la loi, doit être considéré comme non-avenu:

Attendu qu'il est admis par la jurisprudence fondée sur la loi 35e, au Digeste de

Jure jurando, que le serment irrégulièrement prêté, peut être réitéré :

Par ces motifs, ordonne que, par-devant le juge-maje du Chablais, à ces fins commis, Chatillon prêtera le serment prescrit par l'arrêt du 26 mai 1843.

DE LA CHARRIÈRE, *P.* GIROD, *R.*

---

27 *Janvier 1847.*

MANDAT *AD LITES*. — DÉLIBÉRATION CONSULAIRE.

Les mandats *ad lites* doivent être faits par actes publics : ils ne peuvent être rédigés par les administrations sous forme de délibération et sans intervention de notaire.

CONGRÉGATION D'ARBIN
c. CONGRÉGATION DE MONTMÉLIAN.

LE SÉNAT : Attendu que les procurations *ad lites* doivent être faites par acte public ; qu'on ne saurait assimiler à un acte de cette nature la délibération du 17 avril 1842, dans laquelle la Congrégation de charité de Planaise, sans le concours d'un notaire, nomme M° Jean-Baptiste Vernaz pour son procureur, et dont ce dernier a fait emploi en intervenant, par écriture du 6 mai 1842, dans le procès existant entre la demanderesse et la défenderesse ;

Attendu que la délibération prémentionnée n'ayant pas le caractère de l'authenticité voulu par la loi, la Congrégation de charité de Planaise doit être considérée comme non présente en l'instance.

PORTIER DU BELLAIR, *P.* ARMINJON, *R.*

---

30 *Janvier 1847.*

LÉSION. — EXPERTISE.

Art. 1665 C. c.

Les experts appelés à évaluer un domaine vendu en bloc, ne doivent pas en calculer le prix comme si chaque pièce eût été vendue isolément.

Cependant, il ne leur est pas interdit d'évaluer chaque pièce séparément, pourvu qu'ils le fassent par relation à tout le domaine.

CHOLAT C. LE COMTE DE BOIGNE.

LE SÉNAT : Attendu que la rescision d'un acte pour cause de lésion étant fondée sur la disproportion qui se trouve entre le prix stipulé et la valeur réelle de ce qui a formé l'objet de la vente, ce serait mal appliquer la loi que de chercher, pour reconnaître s'il y a lésion dans la vente d'un corps de domaine, quel serait le montant du prix que l'on aurait pu en retirer, en vendant séparément et en détail les différentes parties dont se compose le domaine vendu ;

Attendu, néanmoins, que, dans le cas d'une vente semblable, les experts chargés d'évaluer le domaine doivent nécessairement connaître l'étendue, la qualité et les valeurs des différents immeubles qui en font partie, et qu'en estimant ces immeubles, non d'après le prix qu'on aurait pu en retirer si on les eût vendus isolément et en détail, mais d'après celui qui doit leur être attribué par relation à toutes les autres parties du domaine, on peut trouver dans ces évaluations partielles, un des principaux éléments qui doivent servir de base aux experts pour reconnaître quelle était la valeur totale du domaine ;

Attendu qu'à cet égard, le jugement dont est appel a trop enchaîné l'avis des experts en ordonnant, d'une manière absolue, que l'évaluation dont il s'agit serait faite par corps de domaine et non par fractions ; que les appelants sont en conséquence fondés à demander la réparation de ce jugement :

A reçu et reçoit les consorts Cholat appelants du jugement du 2 mai 1843, a mis et met l'appellation et ce dont est appel à néant, et par nouveau jugement, ordonne que, par trois experts dont les parties conviendront, ou qui, à défaut, seront nommés d'office par le rapporteur de la cause, il sera procédé à l'estimation du domaine vendu par l'acte du 15 mars 1818, suivant son état et sa valeur au moment de la vente.

PORTIER DU BELLAIR, *P.*
DE ST-BONNET, *R.*

1er Février 1847.

VENTE. — PÉRIL D'ÉVICTION. — DÉLÉGATION. — NOVATION.

Art. 1367, 1374, 1660 C. c.

La promesse de payer le prix de vente entre les mains d'un créancier désigné, l'acceptation de ce dernier et la fixation d'un terme de paiement, n'opèrent point novation entre l'acheteur et le créancier délégué.

Nonobstant cette délégation, l'acheteur peut toujours se prévaloir des dispositions de l'art. 1660. [1]

VACHERAND C. ANTOINETTE BLANC.

Par acte du 20 avril 1842, Vacherand acquiert un domaine des mariés Hérisson et Deletraz, pour le prix de 3,900 livres, dont quittance est donnée dans l'acte, moyennant la charge prise par l'acquéreur de désintéresser divers créanciers du vendeur, et, entr'autres, Antoinette Blanc, qui intervient dans l'acte pour accepter la délégation et accorde un terme de paiement.

En 1844, Antoinette Blanc demande à Vacherand le paiement de sa créance; celui-ci oppose de l'art. 1660 du Code civil, disant qu'il est molesté par la femme Hérisson, qui revendique comme dotaux une partie des biens acquis.

Jugement du tribunal d'Annecy, qui prononce que la délégation consentie en faveur d'Antoinette Blanc, a opéré novation complète; que, dès-lors, il n'y a plus lieu à l'application de l'article 1660. Sur l'appel,

LE SÉNAT : Attendu que la section seconde du tit. 6, liv. 5 du Code civil, après avoir défini de quelle manière s'opère la novation, dispose par l'article 1367 que la délégation n'opère point de novation, si le créancier n'a expressément déclaré qu'il entendait décharger son débiteur qui a fait la délégation ;

Attendu que le contrat du 20 avril 1842 ne renferme aucune clause qui puisse faire croire que l'intention des contractants ait été de libérer les vendeurs vis-à-vis d'Antoinette Blanc ; que sa déclaration d'accepter le nouveau débiteur *en signe de parfaite délégation*, et la prorogation du terme de paiement accordée au nouveau débiteur pour se libérer, ne sauraient faire admettre une libération qui n'existe pas, car le contrat n'en parle pas, et le terme accordé n'a rien changé à la première obligation qui n'a été en aucune façon éteinte ;

Attendu que l'obligation de Claude Vacherand n'avait d'autre cause que le prix de vente, et qu'en promettant de verser une partie de ce prix entre les mains de la créancière de ses vendeurs, il n'a point renoncé à se prévaloir des dispositions de l'art. 1660 du Code civil, introduites en faveur de tout acquéreur qui est troublé ou qui a juste sujet de crainte d'être troublé dans la possession de l'immeuble acquis ;

Attendu que le trouble a été dénoncé devant le tribunal, ce qui ressort des faits exposés dans le jugement dont est appel, et que quoique l'issue des poursuites de François Deletraz ne soit pas connue, il n'est pas moins juste que l'acquéreur ou les siens jouissent du privilége que la loi leur accorde ;

Attendu que les articles 1367, 1368 et 1374 du Code ont une corrélation nécessaire, car le dernier article suppose la libération du premier débiteur ;

Attendu que le jugement déféré, en attribuant au contrat du 20 avril 1842, les effets d'une délégation avec novation, a fait grief aux appelants, puisqu'ils seraient privés des exceptions que la loi leur fournit:

En recevant les consorts Vacherand appelants,...., déclare Antoinette Blanc non-recevable en ses conclusions, sauf à elle à se prévaloir des offres qui lui ont été faites en première instance, en conformité de l'article 1660.   COPPIER.   MOXOD, R.

1er Février 1847.

COMPÉTENCE. — *EXEQUATUR.* — ACQUIESCEMENT.

Art. 30, 32 C. c.

Le jugement rendu en France par le tribunal du lieu où l'engagement a été contracté, contre un Savoisien qui ne s'y trouve pas, est censé rendu par un tribunal incompétent, aux termes du traité de 1760. Le Sénat ne défère pas aux lettres rogatoires.

L'acquiescement volontaire de la partie ne change rien à ces principes. [1]

---

[1] Concl. conf., 8 mars 1846 (236).
Arrêt conf., 11 février 1842.

[1] Concl., 9 avril 1847.

ARNOULD-SÉNARD ET COMPᵉ
c. BARDET (ABSENT DES ÉTATS).

Les demandeurs habitant à Reims, créanciers de Bardet (Savoisien), l'avaient fait citer à Reims, lieu du contrat; ils avaient obtenu jugement coutumacial du tribunal de commerce de cette ville; en 1844, ils avaient fait écrouer Bardet, et avaient même obtenu de lui une déclaration d'acquiescement, en date du 10 mai 1845.

Ils vinrent ensuite demander, dans le ressort du Sénat de Savoie, l'exécution de ce jugement du 21 avril 1843.

LE SÉNAT : Attendu que l'action intentée par les demandeurs contre Joseph Bardet, est purement personnelle; qu'il résultait de l'exploit de citation du 18 avril 1845, que ledit Bardet était sans résidence ni domicile connus en France; qu'il n'a pas été cité en personne;

Attendu, dès lors, que, d'après le droit commun en vigueur lors du traité de 1760, entre Sa Majesté et le Roi de France, l'action dont il s'agit aurait dû être portée devant le juge du domicile de Bardet, sujet de Sa Majesté, domicilié en Savoie;

Attendu que l'effet de l'art. 14 du Code civil de France doit être restreint au territoire français; que cette disposition, postérieure au traité et qui n'a pu y être contemplée, ne saurait atteindre les sujets de Sa Majesté; qu'ainsi les demandeurs ne sauraient être admissibles à invoquer l'art. 22 du traité dont il s'agit, pour faire exécuter, en Savoie, le jugement du tribunal de commerce de Reims, du 21 avril 1845;

Attendu que l'identité de la signature de Bardet, au bas de l'écrit du 10 mars 1845, fût-elle constatée, les conclusions des demandeurs ne seraient pas moins inadmissibles, en ce que, s'agissant de matières qui tiennent à l'ordre des juridictions, il n'a pu être au pouvoir de Bardet de rendre régulier, par un acte de sa volonté, un jugement rendu par un tribunal incompétent :

A déclaré et déclare Arnould-Sénard, Jacques Sénard-Colombier et Compᵉ non-recevables en leurs conclusions.

PORTIER DU BELLAIR, *P.* ANSELME, *R.*

---

3 Février 1847.

SERVITUDE ACTIVE. — AFFOUAGE. — PRESCRIPTION.

Art. 673, 674 C. c.

Les servitudes actives d'affouage et de pâturages s'éteignent par le seul non-usage, pendant un temps suffisant pour fonder la prescription.

M. DE SONNAZ C. DIVERS HABITANTS D'HABÈRE-POCHE.

LE SÉNAT : Attendu que le demandeur a suffisamment justifié qu'il est descendant de Gabrielle-Françoise de Mudry, et du nombre des ayant-droit au bénéfice de la reconnaissance du 4 novembre 1687; ce qui suffit également pour fonder son intervention et sa demande;

Attendu cependant que le droit par lui revendiqué n'étant autre chose qu'une servitude active, il est de sa nature sujet à la prescription trentenaire par le seul non-usage, sans qu'il y ait besoin de quelque acte contraire de la part du possesseur du fonds servant, et sans qu'il y ait lieu à la maxime *In facultativis non currit prescriptio*;

Attendu que le demandeur n'est pas non plus admissible à repousser les exceptions adverses comme appartenant exclusivement à la comté des Allinges qui n'en aurait pas fait emploi; car outre qu'il s'agit ici d'un défaut de droit opposé au demandeur, et que la comté des Allinges n'était déchue en l'état du procès, au moment de la transaction du 24 décembre 1842, d'aucun de ses moyens vis-à-vis de tout intervenant ni du demandeur actuel, le dernier d'entr'eux, il n'est pas douteux que les défendeurs, par l'événement de cette même transaction, ne se soient trouvés subrogés à tous les droits de ladite comté, pour la part qu'elle leur a cédée en cantonnement; et de plus, qu'ils ont un intérêt manifeste à diminuer le nombre de leurs consorts dont chacun diminuerait, pour les autres, leur quote-part du dividende commun;

Attendu que le sieur demandeur n'est pas mieux fondé à prétendre qu'il aurait conservé son droit, par une sorte de jouissance indivise avec les défendeurs, sur les fonds asservis; pareille conséquence n'ayant lieu qu'en faveur de ceux qui possèdent en commun le fonds dominant; et ici, au contraire, le sieur de Sonnaz n'ayant agi que pour son compte, en vertu de son titre spécial de reconnaissance, lequel lui-même est étranger aux autres prétendants et relatif seulement à un fonds dominant, distinct et séparé de tout autre ;

Attendu que les termes de la transaction sus-énoncée repoussent encore l'induction que le demandeur voudrait en tirer, en ce sens que les demandeurs n'auraient obtenu, suivant lui, la mesure de leur cantonnement, qu'en vue et à la charge d'y admettre chaque intervenant, ou ceux-là du moins qui figuraient comme tels au moment de sa rédaction ; le demandeur, en effet, n'ayant pas même été partie assistante audit traité, ne peut y participer plus efficacement que les autres intervenants, lesquels y ont figuré, et contre qui cependant il y a eu réserve formelle de n'admettre à la jouissance du cantonnement obtenu, que ceux qui établiraient leurs droits ;

Attendu qu'il résulte de ces diverses considérations que le noble demandeur ne peut se dispenser de justifier que son droit n'a pas été éteint par prescription ;

Attendu, après tout, que si les inhibitions qui ont pu intervenir ne doivent pas lui nuire, d'un autre côté, il ne sera non plus jamais admissible à se prévaloir de la transaction du 24 décembre 1842, sans offrir et solder sa part afférente des frais légitimement faits pour y parvenir :

Par ces motifs, en admettant l'intervention de sieur Joseph de Sonnaz, ordonne qu'il sauvera, ainsi et comme il avisera, l'exception de prescription du droit d'usage et d'affouage porté par la reconnaissance du 4 novembre 1687, par lui produite au procès. PORTIER DU BELLAIR, P. D'ARCOLLIÈRES, R.

———

5 *Février 1847.*

AVEU. — INDIVISIBILITÉ. — DOL.

Art. 1470 C. c.

Le principe de l'indivisibilité des aveux judiciaires reçoit exception toutes les fois qu'il ressort des circonstances du procès quelque indice de dol.

POCCARD-CHAPUIS C. TRESALLET ET POCCARD-SONDARD.

LE SÉNAT : Attendu que, dans l'acte du 10 juillet 1845, les consorts Tresallet ont convenu, en tant qu'on ne diviserait pas leur aveu, de l'existence de la société invoquée par Poccard, mais qu'ils ont ajouté qu'il avait été fait des comptes mois par mois et que ce dernier avait toujours touché sa part des bénéfices, jusqu'au décès de François-Joseph Tresallet ; ils ont interpellé le mandataire du demandeur d'en convenir ;

Attendu que celui-ci a bien fait l'aveu dans l'acte du 10 juillet 1845, que Poccard avait retiré quelques sommes de l'entreprise en question, et que Tresallet lui a présenté, en diverses fois, des comptes inexacts ; mais que ce mandataire n'a spécifié ni le nombre, ni les époques, ni la quotité des sommes touchées ; d'où il suit qu'on ne peut conclure de ses déclarations qu'il eût été fait des comptes mois par mois jusqu'au décès dudit Tresallet, et que les sociétaires se soient divisé tous les bénéfices de l'entreprise ;

Attendu que, d'après la jurisprudence, le principe général qui consacre l'indivisibilité de l'aveu judiciaire reçoit exception lorsque les déclarations présentent quelque indice de dol, ou qu'elles sont en contradiction avec les négatives interjetées, ou les assertions faites au procès antérieurement par la partie ; que, dans l'espèce, les défendeurs ont obstinément nié l'existence de la société en question ; que ce n'est que dans l'acte du 10 juillet 1845 qu'ils en ont fait l'aveu ; que cette négative décèle de la mauvaise foi de leur part et ne permet pas qu'on ajoute, à leurs déclarations tardives, la même créance que si elles eussent été faites dans le principe du procès ; d'où il suit que, dans ce cas, il y a lieu à scinder les déclarations des défendeurs ;

Attendu qu'ils ont subsidiairement soutenu un fait, dans leur écriture du 25 mai dernier, tendant à prouver les comptes par eux allégués ; que ce fait est relévatoire et suffisamment circonstancié :

Par ces motifs, ordonne que Poccard-Chapuis soutiendra faits contraires, si bon lui semble, à celui déduit dans l'écriture du 25 mai dernier.

DE LA CHARRIÈRE, P. SEITIER, R.

———

12 Février 1847.

FAILLITE. — POURSUITE HYPOTHÉCAIRE. — INJONCTION.

Art. 515, 618 C. de Comm.

Le créancier hypothécaire du failli, avant de poursuivre les tiers détenteurs des immeubles affectés à son hypothèque, doit obtenir condamnation personnelle contre le failli.

Le tribunal auquel cette injonction est demandée, ne peut renvoyer le créancier à faire ses instances dans la faillite.

Le créancier hypothécaire peut obtenir condamnation, même pour les sommes qui ne seraient point encore exigibles. [1]

DÉGEORGE C. LA FAILLITE CRAPONNE.

LE SÉNAT : Attendu, en fait, que, par contrat du 15 mai 1844, Bouche notaire, Dégeorge a vendu à Claude-Louis Craponne, négociant, divers immeubles pour le prix de 21,000 liv. neuves, payables avec intérêts annuels au cinq pour cent, savoir : 2,000 liv. dans quatre mois, et le surplus par dixième, d'année en année, jusqu'au paiement de la somme totale, et que le 1er juillet suivant, le vendeur a pris inscription pour la conservation de son privilége ;

Attendu que, par contrat du 29 mars 1845, Bouche notaire, ledit Craponne a vendu à sa fille Emilie-Elisabeth, les mêmes immeubles qu'il avait achetés de Dégeorge, plus, divers effets, bestiaux et ustensiles aratoires pour la somme de 21,450 liv. payable, savoir.... à Joseph Lacoste ; pour le compte et à l'acquittement du vendeur, et le surplus avec intérêts annuels au cinq pour cent, acquis aux termes et de la manière que devait le faire le vendeur à teneur d'acte sus-énoncé ;

Attendu que, postérieurement à ce dernier contrat, ledit Craponne est tombé en état de faillite et a disparu des Etats ;

Attendu que Dégeorge voulant se mettre en mesure d'agir réellement contre la fille Craponne, détentrice des immeubles par lui vendus à son père, s'est pourvu devant le tribunal d'Annecy contre les syndics à la faillite, pour les faire condamner au paiement de la somme de 21,000 liv. sous l'imputation par lui offerte, et que, par le jugement dont est appel, le tribunal l'a déclaré non-recevable en ses conclusions, par le motif qu'il devait se présenter et agir dans l'instance en faillite ;

Attendu, en droit, que jusqu'à ce que le Code de procédure civile ait tracé de nouvelles règles en matière d'exécution sur les immeubles, on doit se conformer aux prescriptions de l'édit du 16 juillet 1822 ;

Attendu qu'aux termes de l'article 94 de cet édit, toute exécution sur les immeubles, lorsqu'ils sont possédés par le débiteur, doit être précédée d'une injonction de paiement émanée du juge qui a rendu le jugement ;

Attendu que, d'après les secondes dispositions de l'article 125 du même édit, le créancier ne peut agir en expropriation sur les immeubles à lui affectés par privilége ou hypothèque et détenus par un autre que le débiteur, que trente jours après la notification, soit au débiteur, soit au tiers-possesseur, de l'injonction énoncée en l'article 94 ;

Attendu, cela posé, que l'obtention d'un jugement de condamnation contre le débiteur est le préliminaire indispensable de toute exécution sur des immeubles, soit qu'elle doive être dirigée contre le débiteur lui-même, soit qu'elle doive l'être contre un tiers-détenteur ;

Attendu que, d'après l'article 545 du Code de commerce, les créanciers priviligiés ou hypothécaires d'un failli n'ont voix, dans les opérations relatives au concordat, qu'en renonçant à leurs priviléges ou hypothèques ; d'où il suit que, s'ils les ont conservés, ils peuvent agir réellement et par instances à part sur les immeubles qui leur sont affectés ; que cette faculté ressort encore de la disposition de l'art. 618 du même Code, portant que si l'instance en expropriation n'a pas été par eux commencée avant l'union, les syndics seuls sont admis à poursuivre la vente ;

Attendu que, s'il en est ainsi, lorsque les immeubles sont possédés par la masse, il doit en être de même, à plus forte raison, quand les immeubles sont passés à des tiers avant l'ouverture de la faillite ;

Attendu que, sous le rapport de l'action personnelle contre la faillite, la dette est intégralement exigible aux termes des articles 478 du Code de commerce et 1279 du Code civil ;

Attendu qu'il est même dans l'intérêt de la masse que la première condamnation

[1] Concl. conf., 10 décembre 1846 (609).

prononcée contre elle embrasse toute la dette, puisqu'en obligeant le créancier à intenter autant d'instances particulières qu'il y a de termes de paiement dans l'obligation du failli, ce serait augmenter les frais, et conséquemment le passif de la faillite ;

Attendu, néanmoins, que les syndics ont obtenu, en première instance, l'adjudication de leurs conclusions, et que, dès lors, il ne serait pas juste de les soumettre à tous les dépens ;

Par ces motifs, reçoit Marie Dégeorge appelant du jugement dont s'agit, a mis et met l'appellation et ce dont est appel à néant, et, par nouveau jugement, condamne les défendeurs, en leur qualité, à payer au demandeur, dans le terme de trente jours, la somme de 21,000 livres avec dommages-intérêts tels que de droit, sous l'imputation offerte et suivant la liquidation qui sera amiablement faite par les procureurs des parties, à défaut, par Me Renaud, expert liquidateur nommé d'office.

De la Charrière, *P.* De Montbel, *R.*

---

12 Février 1847.

COMPÉTENCE. — INJURE. — SOCIÉTÉ.

Le juge de mandement est incompétent pour statuer sur des conclusions tendant à ce que sa sentence soit affichée.

Cette incompétence étant d'ordre public, rend nulle toute sentence rendue ; on peut en conséquence en demander la réparation, même après l'expiration des délais ordinaires de l'appel. [1]

Une société commerciale a qualité pour poursuivre la réparation des injures proférées contre l'un de ses membres. [2]

Médail c. Araud.

Le Sénat : Attendu que François Araud avait conclu, contre Louis Médail, à la rétraction des propos par lui tenus, en déclarant que c'était une calomnie, et pour qu'il eût à payer, à titre de dommages, une somme de 40 livres, avec inhibitions de ré-

---

[1] Concl. contr., 21 juin 1816.
Arrêt conf., 16 juillet 1839 : Mathié c. Guillermin ; Porta, R.
[2] Arrêt conf., 19 janvier 1839 : Mugnier et Gotteland c. Guillet ; Porta, R.

cidiver et d'injurier le demandeur en aucune manière, sous peine de deux jours de prison et de tous dommages-intérêts, et enfin pour qu'il fût déclaré facultatif, à lui demandeur, de faire faire, aux frais du défendeur, vingt expéditions du jugement à intervenir, *pour être icelui affiché aux lieux accoutumés du Pont*, et pour s'en servir pour sa justification ;

Attendu que ces conclusions, en la partie qui avait trait à l'affiche du jugement, étaient évidemment hors des attributions du juge ; que celui-ci, en se bornant à statuer sur l'autre partie de ses conclusions, n'a pu changer la nature de la cause ;

Attendu que l'incompétence du juge, en raison de la nature des conclusions prises, était une exception d'ordre public, que le premier juge devait reconnaître d'office ;

Que le tribunal, comme juge d'appel, devait lui-même la déclarer ; que, s'étant borné à rejeter les conclusions de Louis Médail par fin de non-recevoir, il résulte que ni l'un ni l'autre de ces jugements ne peut se soutenir.

En ce qui concerne la cause portée à la connaissance du tribunal par requête du 25 juillet 1829 :

Attendu que chaque sociétaire étant responsable, à l'égard des tiers, de toutes les actions qui peuvent affecter la société, il en résulte que chaque membre de cette société a droit, à moins de convention contraire, de poursuivre, à ses périls et risques, les actions qui peuvent compéter à la raison sociale ;

Attendu qu'en l'espèce il n'a pas été dénié que la société Araud-Deschamps et Cie ait existé ; qu'il n'est pas même allégué qu'il fût interdit à François Araud, de poursuivre la réparation du dommage causé à la société, surtout lorsqu'il agissait au nom et dans l'intérêt de la raison sociale, on doit tenir pour certain que François Araud avait qualité pour poursuivre l'instance ;

Attendu, au fond, que les épithètes injurieuses dont Louis Médail s'est servi dans sa lettre du 16 juin 1829, étaient de nature à nuire à la confiance nécessaire à la prospérité de la maison Araud-Deschamps et Cie ; que d'après les ordres du souscripteur, les imputations dont il s'agit devaient être répandues auprès de tous les voituriers de Termignon et, par suite, recevoir une certaine publicité ;

Attendu que, dans les actes du procès,

loin que le demandeur ait atténué ses torts, il les a au contraire aggravés en les répétant dans son écriture du 18 décembre 1829 ;

Attendu qu'en admettant que les faits donnés en position par la même écriture fussent établis, ils n'auraient pas pu excuser les injures dont il s'agit ;

Attendu, d'autre part, que les faits qui ont donné lieu à cette instance étaient antérieurs au décès de Joseph Deschamps, qu'ils concernaient la société elle-même, que le mandat pour la poursuite du procès n'avait pas été donné par ledit Deschamps, on ne peut ainsi admettre que les pouvoirs du procureur constitué eussent cessé par le décès d'un des sociétaires et même par la dissolution de la société ;

Attendu que le désistement des conclusions, par l'ayant-droit de Joseph Deschamps, ne peut avoir effet que pour la part qui concernait ce dernier :

Par ces motifs, a reçu et reçoit Louis Médail appelant du jugement rendu par le tribunal de cette ville comme juge d'appel, le 17 janvier 1848, et sans s'arrêter à ce jugement non plus qu'à la sentence du juge du Pont-de-Beauvoisin, le 15 juillet 1829, renvoie les demanderesses à agir ailleurs, ainsi et comme elles verront à faire, en raison des conclusions prises par exploit du 24 juin 1829. DE LA CHARRIÈRE, P. MILLIET DE Sᵗ-ALBAN, R.

---

12 Février 1847.

PRESCRIPTION. — RENONCIATION.

Art. 2338, 2339 C. c.

La prescription ne peut être suppléée par le juge. Tout aveu, même extrajudiciaire, de la dette, forme renonciation à la prescription.

REGARD DE LUCINGE C. BORREL DE Sᵗ-ALBAN.

LE SÉNAT : Attendu que le sieur de Lucinge n'a appelé du jugement du 29 novembre 1845, que parce que le tribunal aurait adjugé à l'intimé, sans égard à la prescription quinquennale, les intérêts courus dès le jugement de 1833 jusqu'au jour du paiement ;

Attendu que le sieur de Lucinge n'ayant pas excipé de ce moyen, le tribunal ne pouvait y suppléer d'office, d'après les dispositions de l'art. 2338 du Code civil ;

Attendu que si, d'autre part, l'appelant est admissible à opposer la prescription en tout état de cause, il ne s'agit plus que d'examiner la portée des productions faites par l'intimé, pour écarter cette exception ;

Attendu que l'appelant, par ses deux lettres des 28 novembre 1845 et 30 mai 1845, témoignait à l'intimé la peine qu'il éprouvait d'être en retard de lui payer ses intérêts, en ajoutant que la position où il s'était trouvé l'en avait empêché ; que, moyennant qu'il lui donnât le temps nécessaire, il désignerait l'un de ses meilleurs acquéreurs pour solder, entre les mains de son homme d'affaires, les intérêts qui lui seront dus ; qu'à l'avenir, ils lui seraient payés scrupuleusement toutes les années ;

Attendu que ces lettres portent, de la part de l'appelant, reconnaissance de tous les intérêts arrérages, puisqu'il répondait à la demande qui était faite par l'intimé, qu'il lui ferait payer les intérêts qui lui étaient dus, d'où suit que ces lettres renferment une renonciation tacite au moyen de prescription qu'il a opposé dès lors :

Par ces motifs, déclare le sieur de Lucinge non-recevable en son appel.

DE LA CHARRIÈRE, P. DE MONTBEL, R.

---

15 Février 1847.

TESTAMENT. — INCAPACITÉ DE TESTER. — SERMENT.

Art. 701 C. c.

Le serment déféré à l'héritier sur l'état des facultés intellectuelles du testateur au moment du testament, ne serait pas admissible.

MAURIS C. MAURIS.

LE SÉNAT : Attendu, sur le 5ᵉ chef, que le serment déféré à spectable Mauris et à sa tante Sardy, en sa qualité, ne porte point sur des faits singuliers, caractéristiques de la déchéance des facultés intellectuelles de dame Andréanne de Pilly au temps où elle a testé, mais sur le fait général de cette déchéance à ladite époque ;

Attendu que les dernières volontés des hommes sont placées sous la sauve-garde des magistrats. Les tribunaux ne doivent donc les annuller, notamment pour cause d'incapacité morale, que lorsqu'ils en ont acquis la preuve certaine ; que cette preuve ne peut résulter de la seule opinion des personnes avantagées par le testament; qu'elle doit se tirer de la réunion de faits spéciaux, avoués et établis, d'après lesquels les juges doivent former leur conviction sur l'état mental du testateur au temps où il a disposé ;

Attendu qu'outre le danger qu'il y aurait pour la justice de s'en rapporter à l'opinion des intéressés, c'est que, en cas de dissidence de sentiments, les juges se trouvaient dans la nécessité, ou de scinder la capacité, ou de confirmer ou infirmer l'acte dans son entier, contrairement à une partie des opinions émises, sans avoir des éléments pour fonder la préférence.

DE MONTBEL.   SEITIER, R.

---

20 Février 1847.

APPEL. — ANTICIPATION. — DÉLAI.

L'appelant qui n'a pas formulé ses griefs dans les 90 jours, à partir de la signification du jugement, est non-recevable. Il ne lui suffirait pas de s'être présenté en cause contre l'intimé agissant en anticipation d'appel. [1]

Il ne serait pas relevé de cette fin de non-recevoir lors même que, avant l'expiration du 90e jour, il aurait présenté, au secrétariat du Sénat, une requête appellatoire, si elle n'a été ni signifiée, ni produite dans les délais utiles.

GAILLAND C. BESSON.

LE SÉNAT : Attendu que le jugement du 15 mai 1846 a été intimé à Me Gailland en personne, par exploit du 3 juin suivant, que ledit Gailland en a seulement interjeté appel le 18 août même année ;

Qu'à la suite de la signification qui lui a été faite, le 3 septembre, de la requête en anticipation d'appel de Besson, du 29 août précédent, il n'a comparu que le 7 du mois de septembre, en se bornant à protester de faire telles déduites et telles observations qu'il écherrait, et que ce n'est que par écriture du 19 décembre même année qu'il a présenté ses moyens d'appel ;

Attendu qu'à cette dernière date Me Gailland se trouvait hors des délais fixés par

---

[1] Arrêts conf., 2 juillet 1844 : Dupuis c. Geneux-Prachet ; De Juge, R. — 31 décembre 1844.

l'article de l'édit du 15 avril 1841 et par l'art. 5 des Lettres-Patentes du 15 juillet suivant pour présenter ses moyens de défense, d'où il suit que le jugement dont il s'agit a acquis l'autorité de la chose jugée, sans que puisse obster la requête du relief d'appel déposée au secrétariat civil du Sénat le 29 août, parce que cette requête, quoique présentée dans les délais, n'a point été produite par Me Gailland, dans son acte à présentation du 7 septembre, et que, ne l'ayant été que le 19 décembre, elle doit être regardée comme non-avenue et comme incapable de le relever de la fin de non-recevoir par lui encourue :

Déclare Me Gailland non-recevable appelant.   DE MONTBEL.   DE JUGE, R.

---

23 Février 1847.

ENQUÊTE. — DÉLAI.

Les délais pour faire procéder à enquête ne courent que du jour où l'ordonnance rendue en l'absence de l'un des procureurs a été notifiée.

La position des deux parties devant être égale, la partie qui a requis l'ordonnance n'est pas forclose tant que l'autre partie n'a pas reçu de notification.

DUPENLOUP C. GAILLARD.

Des faits principaux et contraires avaient été admis.

Par ordonnance du 15 août 1846, rendue sur réquisition du procureur des demandeurs, et a lui prononcée, le rapporteur ordonne de procéder à enquête dans le délai de la loi.

Cette ordonnance rendue sur défaut du procureur adverse, ne lui est notifiée que le 29 septembre.

Le 28 octobre, le Sénat accorde aux demandeurs prorogation d'un mois; ils se pourvoient au juge commis le 7 novembre. On leur oppose du § 17, tit. 6, liv. 3 des R. C.

LE SÉNAT : Attendu que l'ordonnance du 15 août 1845, quoique rendue sur les réquisitions du procureur des demandeurs, ne devait et ne pouvait être mise à exécution qu'après sa notification au procureur des défendeurs, qui avait été contumax, et qui, par conséquent, avait la faculté d'en demander la réparation, aux termes du § 18, liv. 3, tit. 6 des R. C. ;

Attendu que le § 17 du même titre, dispose formellement que les délais qui doivent courir dès le jour de l'ordonnance, ne commenceront que dès celui de sa notification, lorsqu'elle devra être faite au procureur d'une des parties; d'où il suit que les demandeurs ne pouvaient procéder à leur enquête jusqu'après cette formalité essentielle, et que si la négligence mise à cette notification constitue une infraction au devoir imposé à tout procureur par le § 66, elle n'a donné lieu à aucune déchéance au préjudice de sa partie, dans l'espèce; car ladite ordonnance n'ayant été notifiée que le 29 septembre suivant, les demandeurs étaient bien en délai utile pour demander et obtenir les commissions et prorogation accordées par les décrets des 11 et 25 octobre de la même année :

Par ces motifs, sans s'arrêter à l'opposition des défendeurs, ordonne l'ouverture des enquêtes respectives, et que les parties procèderont ainsi qu'elles aviseront.

GRILLO, *P. P.* MONOD, *R.*

---

26 *Février 1847.*

PASSAGE. — PRESCRIPTION.

Art. 669 (D. A.)

D'après l'ancienne jurisprudence, la servitude de passage pour l'investiture et la dévestiture d'un fonds enclavé, s'acquérait par la prescription de 30 ans. [1]

BOSSU C. DELOES.

LE SÉNAT : Attendu que d'après l'ancienne jurisprudence, comme sous le Code civil, la servitude de passage, pour l'investiture et dévestiture du fonds enclavé, se prescrivait par une possession trentenaire;

Attendu que Bossu a excipé en première instance que sa pièce, figurée sous le numéro 1085 de la commune de Tervens, était enclavée, et qu'il ne pouvait la desservir qu'en passant à travers les propriétés du demandeur, en l'interpelant de répondre s'il n'avait déjà exercé ce passage depuis plus de 50 ans;

Attendu que pour établir l'existence de l'enclave alléguée par le défendeur, Deloës a produit un plan dressé par. le géomètre Noirat, duquel il résulte qu'il existe un chemin désigné par les lettres D, I, K, L, M, tendant du village de Bollay au chef-lieu, chemin auquel vient aboutir la pièce de Bossu;

Attendu que pour sauver la négative interjetée par ce dernier, que le chemin prédésigné soit public, Deloës a déduit des faits dans ses écritures des 5 juin et 16 juillet 1845;

Attendu que, dans cet état de choses, le tribunal devait se borner à statuer sur la pertinence de ces faits, au lieu de débouter Bossu de ses conclusions;

Attendu qu'en prononçant ainsi, il a fait grief à l'appelant, parce que dans le cas où les faits n'auraient pas été admissibles, comme dans celui où Deloës n'en aurait pas administré la preuve, l'enclave se trouvait établie et ressortait même du plan produit; et alors l'interpellation prémentionnée, donnée par le défendeur, était pertinente;

Attendu que, dans l'état de la cause, il importe, avant tout, d'examiner si les faits soutenus par Deloës sont propres à prouver que le chemin dont il s'agit est public;

Attendu, à cet égard, que les deux premiers ne sont pas suffisamment concluants, car la circonstance que le chemin tend d'un village à un autre, ne suffit pas par elle seule pour établir qu'il est public, dès qu'il n'est pas mappé dans toute sa longueur :

Par ces motifs, ordonne que Deloës circonstanciera mieux les faits, et qu'il produira un extrait de la classification des chemins communaux, vicinaux et publics de la commune de Cervens, qui a dû être dressé en conformité du Brevet du 28 octobre 1839, et des instructions qui le suivent.

DE LA CHARRIÈRE, *P.* SEITTER, R.

---

26 *Février 1847.*

TESTAMENT MYSTIQUE. — SIGNATURE.

Art. 730 C. c.

Le testament mystique doit, à peine de nullité, être signé à chaque feuillet.

L'omission de la signature au bas d'un seul feuillet emporte la nullité du testament entier; on ne pourrait en sciner les dispositions pour maintenir seule-

---

[1] V. Arrêt contr. 15 mars 1841 : Dufour c. Clops et Colliraud; Milliet de St-Alban, R.; et autres arrêts cités sous celui du 28 juillet 1838.

ment celles qui sont contenues dans les feuillets signés par le testateur. [1]

DE BÉNÉVIX C. DE BÉNÉVIX.

LE SÉNAT : Attendu que le Code civil, en conservant l'ancien mode de tester sous la forme mystique, a exigé aux articles 759 et 782, que le testament clos, qui n'était pas de la main du testateur, fût par lui signé à chaque feuillet, ou tout au moins que la cause qui l'aurait empêché de signer fût mentionnée dans l'acte de remise; [2]

Attendu que le but que s'est proposé le législateur en prescrivant cette nouvelle formalité relative au corps du testament, a été de lui imprimer un signe matériel et permanent de la participation du testateur, et en même temps de constater l'identité de cet écrit;

Attendu que cet objet de l'art. 780, et les termes impératifs dans lesquels il est conçu, indiquent que la signature du testateur à chaque feuillet constitue une formalité essentielle de l'acte; qu'en effet l'art. 802 place l'art. 780 ainsi que l'art. 782 au nombre de ceux qui doivent être observés à peine de nullité;

Attendu que l'unité de forme et de contexte des actes est une règle de droit qui s'applique aux actes de dernière volonté, et qui leur est d'autant plus propre, qu'elle tend à garantir aux dispositions du testateur leur intégralité et leur connexité; qu'il est ainsi tenu pour certain en jurisprudence que l'existence d'un testament se rattache au concours des formalités prescrites par la loi; qu'un testament, quant à sa forme intrinsèque, ne peut être en partie valide, et en partie nul; que le défaut de l'une des formalités requises à peine de nullité, vicie le testament dans son entier;

Attendu que tout argument spécial qu'on voudrait déduire du mot disposition dont il fait usage dans l'art. 780, en le prenant dans son acception moins étendue, est évidemment mal fondé, car on ne peut douter qu'il ne soit employé dans sa signification complexe, et comme synonyme du mot testament, pour référer la formalité du seing au corps de l'acte, et non à chaque libéralité, à chaque clause prise séparément;

Attendu que les art. combinés 780 et 802, ne peuvent ainsi être entendus dans le sens que la nullité n'atteigne que le feuillet non signé, puisque les principes ci-dessus rappelés s'opposeraient ouvertement à cette interprétation, qui, dans son influence sur le fond du testament, aurait d'ailleurs pour conséquence possible de porter atteinte à l'ensemble des dispositions, et de scinder telle libéralité qui, dans ses clauses utiles, ou dans ses conditions onéreuses, se trouverait écrite en partie sur le feuillet dépourvu de signature;

Attendu que les règles générales établies par la loi pour obvier aux dangers qu'elle a prévus, ne peuvent fléchir à raison des spécialités des cas; que la faculté de tester n'étant accordée qu'à la charge de l'exercer dans les formes requises, le testateur qui ne les a pas observées est censé n'avoir pas testé;

Attendu qu'il est hors de contredit au procès que l'original du testament de M⁰ Pierre Bénévix, écrit par un confident, n'est pas signé à son dernier feuillet; que l'acte de remise rédigé par M⁰ Veuillet ne fait aucune mention de la cause qui aurait empêché le testateur de signer; qu'il suit de là que ce testament n'étant pas revêtu des formalités prescrites aux art. 780 et 782 du Code civil, se trouve frappé de la nullité portée par l'art. 802 :

Par ces motifs, déclare Joséphine de Bévénix non-recevable en son appel.

DE LA CHARRIÈRE, P. GIROD, R.

---

26 Février 1847.

VENTE. — ÉVICTION. — GARANTIE.

Art. 1636 C. c.

L'acheteur qui au moment du contrat a eu connaissance exacte de la cause d'éviction, ne peut agir en garantie contre le vendeur.

GENTIL C. COLLY.

LE SÉNAT : Attendu que par l'acte du 29 mai 1840, Thorens notaire, Colly a vendu à l'appelant le quart à lui appartenant d'une forêt inscrite sous le numéro 1196 de la mappe de St-Didier, à tous périls et risques et sans garantie;

Attendu que, même en supposant avec le tribunal dont est appel, que sous l'empire du Code civil une pareille clause était insuffisante pour faire rejeter l'action en lésion,

[1] V. Concl. conf. 17 juillet 1846.

il n'en est pas moins vrai que celle-ci doit être inadmissible, lorsqu'il est prouvé qu'au moment de l'acte les parties connaissaient les causes de trouble ou d'éviction dont la chose vendue était affectée ;

Attendu qu'il résulte des productions faites par M° Gentil que, lors de la vente à lui passée, il existait au Sénat une instance entre lui et les autres co-propriétaires de la forêt dont il s'agit, d'une part, et les consorts Favre et M° Antholnoz, d'autre part; instance dans laquelle ces derniers agissaient les uns en revendication de la moitié de ladite forêt, et l'autre hypothécairement sur l'autre moitié, en paiement d'une somme capitale de 4,845 liv., et des accessoires en dérivant ;

Attendu que l'appelant et l'intimé étaient parties dans cette instance, et qu'ainsi ils connaissaient l'un et l'autre les risques que pouvait présenter la chose vendue ;

Attendu que M° Gentil, avant de traiter avec l'intimé, s'est procuré la cession des droits que M° Antholnoz pouvait avoir sur la forêt dont il s'agit, cession pour laquelle il s'est obligé au paiement d'une somme de 1,800 liv. :

Par ces motifs, reçoit Gentil appelant, et déclare Jean-Marie Colly non-recevable en ses conclusions.

DE LA CHARRIÈRE, P.   SEITIER, R.

---

2 Mars 1847.

BAIL VERBAL. — VENTE. — CONGÉ.

Art. 1750, 1751, 1755, 1757.

L'acquéreur ne peut expulser le locataire qui n'a qu'un bail verbal, sans l'avertir au temps fixé pour les congés.

A défaut d'usage établi à cet égard, le tribunal fixe le délai selon les circonstances particulières de la cause. [1]

BORROT ET VALLOIRES C. GRAVIER.

LE SÉNAT : Attendu, en ce qui touche Lucien Valloires, que, d'après les principes du Code civil, le bail donne un droit sur la chose louée, de telle sorte que l'acquéreur ne peut en expulser le locataire muni de bail authentique ou ayant date certaine, à moins que cette faculté n'ait été réservée dans le bail (art. 1750 et 1751); que même dans le cas où cette réserve a été stipulée dans le bail, l'acquéreur ne peut en user que sous la double charge d'indemniser le locataire, et de l'avertir préalablement au temps usité dans le lieu pour les congés (art. 1751 et 1755); et qu'enfin, dans le cas où il n'y a pas bail authentique ou ayant date certaine, l'acquéreur peut expulser le locataire sans l'indemniser (art. 1757); il n'en est pas pour autant déchargé de l'obligation d'avertir au temps d'avance usité pour les congés, ou tout au moins, à défaut d'usages établis dans le lieu, de lui donner un délai convenable pour le déguerpissement, suivant les circonstances particulières de la cause ;

Attendu que dans sa réponse au décret de *soit montré*, mis sur requête dudit Lucien Valloires, l'appelant n'avait point déclaré n'avoir aucun bail de l'hôtel dont il s'agit; et que dans le doute où l'on était à ce sujet, on ne pouvait pas lui enjoindre de déguerpir comme s'il n'eût eu aucun bail, ainsi qu'il a été fait par l'ordonnance du 29 décembre 1846 ;

Attendu cependant qu'en l'état de la cause, il est maintenant suffisamment constant que ledit Gravier n'a pas de bail authentique, puisqu'il n'en a point produit, et ne l'a pas même allégué; qu'en conséquence, il ne pouvait tout au plus avoir qu'un bail verbal, qui ne lui donne vis-à-vis du tiers-acquéreur, que le droit d'avis préalable usité pour les congés, ou à défaut d'usages établis à cet égard dans le lieu, a un délai convenable pour le déguerpissement ;

Attendu qu'il s'est écoulé plus de deux mois dès l'époque où l'appelant a été poursuivi judiciairement par Lucien Valloires, aux fins du déguerpissement; qu'il avait déjà été actionné aux mêmes fins plus d'un mois auparavant de la part de Bernard Borrod, précédent propriétaire de l'hôtel; que dès lors l'appelant a été en même temps judiciairement informé de la vente passée en faveur de Lucien Valloires; qu'il a dû conséquemment se mettre en mesure de déguerpir l'hôtel vendu à ce dernier, et que s'il ne l'a pas fait, sa négligence à cet égard ne devrait pas préjudicier au tiers-acquéreur, qui a droit, de son côté, à ce que les

---

[1] Arrêt conf., 25 juillet 1842 : dame Barthélemy c. de Juge; Coppier, R.
V. 10 mai 1842 : Delaye c. Sonnet et Martin; de St-Bonnet, R.

délais no soient pas trop étendus, au grave détriment de l'hôtel :

Reçoit Martin Gravier appelant.....Enjoint audit Martin Gravier de déguerpir l'hôtel dont il s'agit dans 20 jours.

GRILLO, *P. P.* CLERT, *R.*

---

6 Mars 1847.

PAIEMENT. — TERME. — CLAUSE PÉNALE.

Art. 1320, 1337 C. c.

Toute créance, à défaut de stipulation contraire, est censée payable au domicile du débiteur.

Les peines stipulées pour le cas de non-paiement ne sont encourues que du jour où le débiteur a été mis en demeure de payer à son domicile.

MAURISS C. CHAPPERON.

LE SÉNAT : Attendu que dans l'acte de vente du 3 janvier 1842, Forestier notaire, rien n'a été dit ni convenu relativement au lieu où devaient être effectués les paiements du prix de la vente dont il s'agit ;

Attendu qu'à défaut de conventions à ce sujet, les acquéreurs Maurins n'étaient point obligés de porter au domicile du vendeur Chapperon les portions de prix exigibles, ni de le sommer de les recevoir, mais de les tenir prêtes à être livrées à leur domicile, lieu où le paiement devait être opéré, conformément à l'art. 1337 du Code civil, quand le vendeur s'y serait présenté pour les recevoir ;

Attendu que l'intimé n'a pas même allégué de s'être présenté au domicile des acquéreurs pour demander et recevoir, aux époques convenues, les parts exigibles et échues du prix de vente dont il s'agit ; que dès lors l'échéance seule du terme était insuffisante pour constituer les acquéreurs en demeure, et les soumettre, par suite de l'échéance seule du terme, au paiement du prix intégral de la vente :

A reçu Joseph et Claude Maurins appelants.....Déclare Jean Claude Chapperon n'avoir pas été en droit de demander, le 15 février 1845, date de la requête, le prix restant de la vente du 2 janvier 1842, Forestier notaire.

PORTIER DU BELLAIR, *P.* ANSELME. *R.*

---

6 Mars 1847.

VENTE. — HYPOTHÈQUE. — DÉLAISSEMENT. — OBLIGATION DE FAIRE.

Art. 2290, 2255 C. c.

L'acquéreur qui a pris charge de payer le prix d'acquisition aux créanciers du vendeur, ne peut plus être admis à délaisser.

Il doit introduire une instance d'ordre dans le temps fixé pour le paiement.

En cas d'inexécution de ses obligations, il doit être condamné à tous les dommages-intérêts. [1]

CLOPPET ET RAVET C. PAVILLET.

LE SÉNAT : Attendu que par l'acte du 8 octobre 1857, Cornuty notaire, les défendeurs se sont soumis à payer le prix de leur acquisition aux créanciers antérieurs et privilégiés du vendeur, dans le terme d'une année, avec intérêts au 5 pour 100 ;

Attendu, en conséquence, que la principale obligation des acheteurs a été de payer de la manière réglée par le contrat ; qu'ainsi ils se sont interdit, vis-à-vis de l'acquéreur, la faculté de délaisser les immeubles vendus ;

Attendu d'ailleurs qu'en raison de la publicité des hypothèques, et de la faculté qu'avaient les acquéreurs de faire ouvrir un ordre pour la distribution du prix, ils ne pouvaient prétexter de ne pas connaître les créanciers antérieurs et privilégiés ;

Attendu que les défendeurs n'ont pas rempli leur obligation, et ne justifient point que cette inexécution provient d'une cause qui leur est étrangère ;

Attendu que toute obligation de faire ou de ne pas faire se résout en dommages-intérêts, et qu'ainsi le tribunal a bien jugé, en condamnant les défendeurs à payer au demandeur les dommages que lui a causés le délaissement des immeubles dont il s'agit ;

Par ces motifs, déclare les consorts Cloppet et Ravet non-recevables en leur appel.

DE LA CHARRIÈRE, *P.*
MILLIET DE St-ALBAN, *R.*

---

[1] Arrêt conf., 10 décembre 1843.

6 Mars 1847.

SUBHASTATION. — NULLITÉ. — AJOURNEMENT.

Dans les instances en subhastation, l'omission des formalités prescrites par la loi n'emporte nullité qu'autant qu'il y a préjudice réel pour le débiteur, ou omission de formalités substantielles.

En conséquence, l'ordonnance de vente ne serait pas nulle, si l'huissier en ajournant le débiteur avait omis d'indiquer le millésime du jour de la comparaissance, à la suite du quantième du mois. [1]

VEUVE GRIVEL C. LES MARIÉS ANTOINE ET CULLAZ.

LE SÉNAT : Attendu que l'art. 110 de l'édit du 16 juillet 1822 dispose textuellement que dans la procédure de subhastation l'on n'aura aucun égard aux exceptions de nullité dérivant de la seule omission ou violation de formalités, à moins qu'il ne s'agisse de formalités substantielles, ou dont l'omission ou violation cause préjudice au débiteur ;

Attendu qu'on ne peut classer dans cette catégorie exceptionnelle ni les omissions ou erreurs matérielles signalées par l'appelante dans la copie de requête qui lui a été remise par exploit du 28 juin 1844, ni l'omission du millésime dans ledit exploit, après ces mots *six juillet*, jour fixé pour la comparaissance ; en effet, nonobstant lesdites erreurs ou omissions, l'appelante a été parfaitement avertie qu'en exécution d'un jugement de condamnation rendu contre elle le 30 décembre 1835, par le tribunal de Thonon, pour le paiement d'une somme de 400 liv., avec intérêts dès le 14 octobre 1832, et d'un décret injonctionnel du 9 mars 1844, les mariés Cullaz s'étaient pourvus au sieur juge-maje de Thonon pour faire autoriser la vente par subhastation au préjudice de l'appelante, des immeubles désignés au bas de cette requête, et elle a été citée à comparaître *le six juillet, à neuf heures du matin, à Thonon, au palais de justice, pour répondre à la demande faite en ladite requête ;*

C'est en vain qu'elle prétend avoir ignoré dans quelle année elle devait comparaître, à raison de l'omission du millésime après ces mots *six juillet* ; il est évident qu'elle n'a pu se méprendre à cet égard, car l'on ne

décerne pas des citations à comparaître dans plusieurs années ; au reste, l'exploit d'ajournement du 28 juin 1844, étant daté par jour, mois et an, l'appelante a dû, d'après les règles de procédure, se présenter le *six juillet* qui suivait le jour de la citation ;

Attendu que l'appelante doit s'imputer de n'avoir pas comparu au jour indiqué pour proposer ses exceptions, en conformité de l'art. 110 de l'édit énoncé, et que dans l'ordonnance rendue le 6 juillet 1844, elle a été légalement tenue pour contumace ;

Attendu que ledit jugement du 30 décembre 1835, dont les intimés poursuivent l'exécution par voie de subhastation, condamne l'appelante à leur payer seulement la somme de 400 liv., avec intérêts dès le 14 octobre 1842 ;

Attendu, cela posé, que la demande de l'appelante est inférieure à la somme de 2,000 liv., et qu'à teneur de l'art. 112 du même édit, l'ordonnance dont il s'agit n'est pas appelable, même par voie de nullité ;

Attendu que la subhastation des immeubles n'ayant pas eu lieu au jour fixé dans ladite ordonnance, tout ce qui a été fait dès lors se trouve comme non avenu, et qu'ainsi il n'est pas le cas de s'en occuper :

Par ces motifs, sans s'arrêter aux faits subsidiairement articulés par la veuve Grivel, la déclare non-recevable appelante de ladite ordonnance du 6 juillet 1844, et de tout ce qui l'a précédée.

GRILLO, *P. P.*   JACQUEMOUD, *R.*

———

9 Mars 1847.

CAUTIONNEMENT. — MORT CIVILE. — ALIMENTS. — BILLETS. — BON ET AP- PROUVÉ.

Art. 44, 1454, 2013, 2016, C. c.

La mort civile ne prive que des seuls droits civils qui sont spécifiés dans la loi.

L'obligation pour cause d'aliments, contractée par le mort civilement, est valable, et est susceptible de cautionnement.

Le billet sous seing-privé, signé par le débiteur, ne fait qu'un commencement de preuve, s'il ne porte pas le Bon et approuvé.

La caution qui donne hypothèque pour une dette chirographaire, ne s'engage pas in duriorem causam. Il en serait autrement de celle qui aurait garanti des intérêts que ne devait pas le débiteur principal.

---

[1] Concl. 9 mars 1846.

Dubois c. Cadot.

Le Sénat : Attendu que l'arrêt énoncé dans les écritures données au procès, n'a pas été produit, qu'ainsi rien ne constate que François Burnier soit mort civilement ;

Attendu, au surplus, que si la mort civile prive le condamné de toute participation aux droits civils, ce n'est que de la manière et dans les cas déterminés par la loi ; qu'il a droit à des aliments, qu'il peut même les acquérir par donation entre vifs et par testament ; que dès lors les obligations qu'il contracte pour fourniture de subsistances à lui faite produisent incontestablement des effets civils, sauf au créancier de procéder en justice par la voie indiquée dans le dernier alinéa de l'article 44 du Code civil ;

Attendu encore que le cautionnement d'une obligation purement naturelle, est valide aux yeux de la loi ;

Attendu que le cautionnement ne pouvant exister sans une obligation principale, l'intimé aurait dû, ne fût-ce que pour fortifier les présomptions qui pourraient déjà résulter en sa faveur du contrat du 21 février 1845, Balliard notaire, sommer l'appelant d'avouer ou de désavouer formellement les faits qui peuvent être personnels à Burnier en ce qui touche l'écriture et la signature, soit du billet du 19 janvier 1741, dont l'original n'a pas été produit en première instance, soit du billet du 25 avril 1845, qui n'a été produit qu'en cause d'appel ;

Attendu que si les deux billets sont écrits et signés par Burnier, ils feront foi pleine et entière de son obligation, quoiqu'ils ne soient revêtus d'aucun bon et approuvé de sa part ; qu'il importe peu d'ailleurs que la date du second billet soit postérieure à l'acte Balliard notaire, en ce que ce n'est pas le billet qui forme l'obligation, qu'il en forme simplement la preuve ;

Attendu que si les billets sont simplement signés par Burnier, l'omission qu'il aurait faite d'ajouter à sa signature un bon ou un approuvé, n'entraînerait pas la nullité de l'écrit, que le billet serait simplement privé de l'avantage de faire foi de l'obligation du souscripteur ;

Attendu qu'en cautionnant avec la garantie d'une hypothèque, une dette purement chirographaire, l'appelant ne se serait pas engagé sous des conditions plus onéreuses que Burnier, qu'il aurait simplement donné plus de sûreté à l'intimé ;

Attendu cependant que l'appelant se serait engagé sous des conditions plus onéreuses que Burnier, si l'obligation de ce dernier n'était pas susceptible de produire une masse d'intérêts égale à celle qui doit dériver des termes de l'acte Baillard notaire :

En recevant Eusèbe Desbois appelant du jugement du 26 novembre 1845, met l'appellation et ce dont est appel à néant ; et par nouveau jugement, ordonne que le demandeur dira et déduira ainsi et comme il avisera.

Portier du Bellair, P., Armisjon, R.

12 Mars 1847.

INTERPRÉTATION D'ARRÊT. — AFFOUAGE. — USAGERS. — RÉPARTITION.

Le Sénat est seul chargé de l'interprétation des arrêts.

Le droit d'affouage dans les forêts communales peut être accordé aux propriétaires qui n'ont pas de feu dans la commune à raison des immeubles qu'ils y possèdent.

Ils prennent part à tous les dividendes en argent résultant des ventes de coupes en proportion de leur quote-part de contributions foncières dans la commune.

Lafin et consorts c. des particuliers du hameau de Moussy et de la commune de Cornier.

Le Sénat : Attendu que s'agissant d'interpréter l'arrêt rendu le 9 août 1830, il appartient au Sénat de faire cette appréciation ;

Attendu que pour arriver à ce résultat, il est indispensable de connaître quels étaient les droits réclamés par les parties à l'époque de la décision respectivement invoquée ;

Attendu que les demandeurs concluaient à être déclarés en droit de jouir et de profiter du communage du numéro en litige comme avaient droit d'en jouir et d'en profiter les chefs de famille composant le hameau de Moussy, pêle-mêle et avec eux, en raison de leurs possessions particulières dans ledit hameau, suivant les usages et les règlements locaux, à l'exclusion de tout particulier non habitant ni possédant fonds dans le hameau de Moussy ;

Que sur ce intervint l'arrêt précité dans les termes suivant :

En faisant droit sur les conclusions des demandeurs, le Sénat a déclaré et déclare lesdits demandeurs avoir droit au partage sur les fonds communaux dont il s'agit, en proportion des propriétés qu'ils possèdent dans la circonscription du territoire du hameau de Moussy, et à raison de la taille qu'ils paient pour lesdites propriétés;

Déclare encore les demandeurs n'avoir droit à l'affouage sur lesdits fonds communaux, que pour l'entretien des propriétés qu'ils possèdent dans la circonscription du territoire du hameau de Moussy;

Attendu que les défendeurs ne contestent point aux demandeurs l'exercice en nature du droit d'affouage, en conformité de l'arrêt et d'après les règlements intervenus sur la matière, mais qu'ils prétendent que la chose jugée s'oppose à ce que les demandeurs soient admis à prendre une part du prix provenant de la coupe de bois opérée sur le numéro 1451;

Attendu, à cet égard, que la coupe de bois en question n'a eu lieu que postérieurement à l'arrêt invoqué, qu'ainsi elle constitue un fait nouveau qui n'a pas été et n'a pu être prévu par ledit arrêt;

Attendu, d'autre part, que pour exclure les demandeurs de la jouissance commune du bois en question, les défendeurs leur opposaient principalement leur qualité de forains; que néanmoins, malgré cette exception, l'arrêt n'en a pas moins reconnu le droit des demandeurs à l'affouage en question; qu'à la vérité il a borné l'exercice de ce droit à l'entretien des propriétés possédées par ces derniers dans le territoire de Moussy, mais qu'un pareil dispositif n'a eu en vue que le cas où l'affouage aurait lieu en nature, et cela pour régler la quotité qui en reviendrait alors aux demandeurs, et qu'il n'a rien préjugé de contraire à la nature du titre en vertu duquel ces derniers agissaient; d'où il suit que c'est en les considérant comme co-propriétaires du fonds communal inscrit sous le numéro 1451, que l'arrêt leur a reconnu le droit de profiter de l'affouage y existant; et qu'ainsi c'est en raison de cette co-propriété que l'on doit apprécier le mérite de leurs conclusions dans l'instance actuelle;

Attendu qu'aux termes des règlements sur la matière, et depuis la confection du cadastre ordonnée par l'édit de 1730, la contribution qui pèse sur les fonds communaux est répartie sur les propriétés parti-

culières au marc la livre de la contribution dont ces dernières sont frappées;

Attendu qu'il est de principe que celui qui supporte les charges affectées sur une chose, doit participer aux fruits qu'elle produit;

Attendu que quoique ne faisant pas feu dans le hameau de Moussy, les demandeurs ne sont pas moins soumis, en raison des propriétés qu'ils y possèdent, à la contribution qui pèse sur le numéro 1451, ainsi qu'aux charges accumulées; que dès lors ils ont droit de profiter des fruits provenant dudit fonds en raison de la taille qu'ils paient pour les immeubles qu'ils possèdent dans ledit hameau;

Attendu que le bois coupé par les défendeurs sur le numéro 1451, est un excédant de l'affouage auquel les parties ont droit suivant les proportions déterminées par l'arrêt; que dès lors le prix provenant de la coupe est un véritable fruit de l'immeuble précité, d'où il suit que les conclusions des demandeurs doivent être accueillies:

Déclare les demandeurs avoir droit à la distribution du prix de la coupe de bois dont il s'agit, à raison de la taille qu'ils payaient pour les fonds qu'ils possédaient dans la circonscription du territoire du hameau de Moussy, à l'époque de la coupe en question.

DE LA CHARRIÈRE, P. DE JUGE, R.

---

12 Mars 1847.

PRODUCTION. — DÉLAI. — NOTIFICATION.

Lorsqu'une sentence enjoint de faire une production dans un délai déterminé, ce délai court non pas du jour de la notification à la partie, mais dès la production dans l'instance de cette sentence, ou de l'arrêt qui la confirme.

MARGUERITE GILLET, FEMME MICOLAUD, c. MARIETTE GOYBET, FEMME GILLET.

LE SÉNAT : Attendu que Mariette Goybet n'a pu faire courir le délai d'un mois accordé à l'appelante par le jugement du 21 mars 1845, qu'en faisant dans l'instance la production de ce jugement, et de l'arrêt du 8 août 1844, qui l'a confirmé en renvoyant les parties par-devant les premiers juges, la notification de cet arrêt était insuffisante pour tenir lieu des actes de procédure exigés pour constituer l'appelante en demeure;

Attendu que l'appelante a si bien reconnu la nécessité de faire cette production, qu'elle l'a effectuée par son écriture du 29 novembre 1844, en requérant que Mariette Goybet eût à se conformer au prescrit dudit jugement ;

Attendu que c'est seulement depuis le jour où cette écriture a été communiquée au procureur de l'appelante, que ce délai d'un mois a pu courir au préjudice de celle-ci ;

Attendu qu'il résulte de l'annotation mise en marge de ladite écriture que cette communication n'a été faite que le 9 janvier 1845 ; d'où il suit qu'en articulant un fait en exécution dudit jugement, par une écriture communiquée le même jour 9 janvier, au procureur de l'intimée, Marguerite Gillet était bien en temps utile :

Reçoit Marguerite Gillet appelante, déclare pertinent et inadmissible le fait.

GRILLO, *P. P.*   JACQUEMOUD, *R.*

---

13 Mars 1847.

ÉTRANGER. — IMMEUBLE PRÈS DE LA FRONTIÈRE. — NULLITÉ.

Art. 28 C. c.

La nullité prononcée par l'art. 28 du Code civil, s'applique à toute vente sans exception, même à celle qui serait faite par un étranger à un étranger.

Cette nullité n'est pas simplement relative ; tout intéressé peut en opposer.

L'acheteur ne pourrait demander la revente aux enchères à son profit. [1]

CHARLES FALCOZ c. LES FRÈRES FALCOZ.

Par contrat du 11 février 1840, Charles Falcoz (Français) avait acheté de Jean, son frère (également Français), un immeuble situé en Savoie, à moins de 5 kilom. de la frontière.

A la mort de Jean, les frères Falcoz, ses cohéritiers, provoquent le partage de la succession et prétendent y faire entrer l'immeuble vendu le 10 février 1840, en se fondant sur la nullité de la vente.

Charles Falcoz oppose que cette nullité

n'est applicable qu'à un étranger qui acquiert d'un sujet ; il dit en outre que les intimés n'ont pas qualité pour proposer la nullité de la vente ; enfin et subsidiairement, il demande que l'immeuble soit mis aux enchères à son profit exclusif.

Le tribunal de judicature-maje de Chambéry :

Considérant qu'il n'a pas été dénié au procès que Charles Falcoz fût Français, et que les biens, situés en Savoie, compris dans la vente du 10 février 1840, Giraud notaire, ne fussent à une distance moindre de 5 kilom. des frontières ;

Considérant que l'article 28 du Code civil dispose formellement que les étrangers ne peuvent acquérir, sous peine de nullité du contrat, des biens immeubles dans les Etats, à une distance moindre de 5 kilom. des frontières, et que cette disposition entraîne la nullité de l'acte de vente précité du 10 février 1840, en ce qui concerne les biens situés en Savoie ;

Considérant que l'on ne peut argumenter du traité conclu à Turin, le 24 mars 1760, entre LL. MM. les Rois de Sardaigne et de France, pour en induire un droit particulier en faveur des habitants des frontières délimitées par ledit traité, parce que ce traité ne contient aucune disposition à cet égard, et parce que l'art. 28 du Code civil, introduit par une raison d'Etat toute spéciale, déroge, en ce point, aux principes généraux de réciprocité ;

Considérant, dès lors, que les biens, situés en Savoie, compris dans la vente du 10 février 1840, doivent être regardés comme faisant partie de la succession de Jean Falcoz ;

Considérant, en ce qui touche les réclamations subsidiaires des défendeurs, que les parties ne se sont pas suffisamment expliquées à cet égard :

Par ces motifs, le tribunal, en mettant hors de cour et de procès Charles-Félix Falcoz, sans s'arrêter à l'acte de vente du 10 février 1840, Giraud notaire, en ce qui concerne les biens situés en Savoie compris dans ledit acte de vente, déclare lesdits biens avoir fait partie de la succession de Jean Falcoz, et, pour le surplus, ordonne que les parties procèderont plus amplement.

NICOUD, *P.*   DÉNARIÉ, *R.*

LE SÉNAT, adoptant les motifs des premiers juges, déclare Falcoz non-recevable en son appel.

COPPIER.   MARESCHAL, *R.*

---

[1] Concl. conf., 20 novembre 1846.
V. arrêt du 11 août 1843, ci-devant pag. 198.

13 Mars 1847.

SOCIÉTÉ. — DÉBOURSÉS. — INTÉRÊTS.
— TAUX LÉGAL.

Art. 1869 C. c.

Entre associés, les intérêts des avances sont dus de plein droit depuis le jour des déboursés, sans qu'il y ait besoin de sommation préalable ni de convention spéciale.

Le taux légal de l'intérêt, en Savoie, était du 4 p. 0|0 depuis le 19 décembre 1771 au 3 septembre 1807.

GODDARD C. GARBILLON.

LE SÉNAT : Attendu qu'il a été reconnu au procès que le montant total de la dépense de Claude Goddard, dans la société contractée en l'an III, excède la dépense de spectable Garbillon, co-associé, de 8,908 liv. 66 centimes ;

Attendu que, soit qu'on considère Goddard comme simple associé, soit qu'on le considère par rapport à l'excédant de dépense dont s'agit, comme ayant agi en qualité de mandataire de la société, il a droit à l'intérêt légal de ses déboursés, dès le jour de la dissolution de la société ; en effet, si l'on considère Goddard comme simple associé, on ne pourrait le priver de cet intérêt sans le grever de la perte qu'il a essuyée par suite du non usage de son argent, et sans en laisser le profit exclusif à son co-associé Garbillon, qui en a joui au détriment de Goddard ; ce qui serait contraire à l'égalité qui doit toujours exister entre associés, et qui a été l'objet spécial de la clause stipulée à l'article 2 de la convention du 15 germinal an III ;

Si l'on considère Goddard comme ayant agi, lors des déboursés, comme mandataire de la société, il a encore droit à cet intérêt ;

Autrement, il faudrait admettre qu'un devoir, utilement rempli pour le compte de la société, pourrait être dommageable à celui qui s'en est acquitté ; ce qui serait contraire aux principes de justice ;

Attendu que les intérêts réclamés par les demandeurs dérivent de la nature même du contrat de société qui, une fois consenti, soumet les parties à tous ses effets ; que ces intérêts sont dus pour rendre la position de chaque associé égale et pour rendre indemne celui d'entr'eux qui, pour l'avantage commun, a dépensé son argent propre ;

Attendu, dès lors, que les règles invoquées par les défendeurs, en matière d'intérêts moratoires dérivant de prêts ou d'autres contrats de ce genre, sont sans application à l'espèce dont il s'agit ;

Attendu qu'il est constant au procès que la société contractée en l'an III était dissoute dès le premier vendémiaire an VI (22 septembre 1797), que même toutes opérations avaient cessé dès le 31 janvier même année ;

Attendu que le taux légal de l'intérêt en vigueur, en Savoie, à ladite époque jusqu'à la loi du 3 septembre 1807, était à raison du quatre pour cent, que dès ladite loi, il a été porté à raison du cinq pour cent :

Enjoint de payer les deux tiers du capital de 8,908 liv. 66 c., portés dans la liquidation Martin, du 20 janvier 1846, avec intérêts, dès le 22 septembre 1797 jusqu'au 3 septembre 1807, à raison de quatre pour cent, et dès le 3 septembre 1807 jusqu'à final paiement, à raison de cinq pour cent.

PORTIER DU BELLAIR, P. ANSELME. R.

15 Mars 1847.

TESTAMENT SECRET. — NULLITÉ. — ACTE DE DÉPOT. — SIGNATURE. — MARQUE.

Art. 751 C. c.

Le testament secret n'est pas frappé de nullité lorsque le testateur, par suite d'un empêchement survenu, consigné par le notaire, n'a pu signer ni le testament ni l'acte de dépôt.

La loi n'exige point qu'il fasse sa marque dans le cas où il n'aurait pu signer le testament, quoiqu'elle l'exige pour le cas où ayant signé le testament, il n'aurait pu signer l'acte de dépôt. [1]

REVILLOD-BUSQUET C. SAGE-VALLIER.

LE SÉNAT : Attendu que les formalités prescrites pour les testaments ne peuvent se suppléer ni s'étendre d'un cas à un autre, et que les nullités qui vicient ces sortes d'actes, doivent être clairement exprimées dans la loi ;

Attendu que, suivant l'intimé, le testament de François-Marie Revillod, du 30 mai 1842, serait nul, par la raison que l'acte

---

[1] Concl. conf., 30 décembre 1846.

de remise dudit testament n'est pas muni de la marque du testateur ou de sa déclaration de ne pouvoir la faire ;

Attendu, à cet égard, que Revillod a déclaré, lors de la remise de son testament, qu'il n'avait pu le signer à cause d'un tremblement qui lui était survenu aux mains, qu'ainsi le testateur, par l'effet de cette déclaration, s'est trouvé dans un des cas prévus par l'art. 752 du Code civil ;

Attendu qu'en prévoyant le cas qui vient d'être énoncé, l'article précité a exigé que le testateur déclarerait qu'il a lu ses dispositions et qu'il ferait connaître la cause pour laquelle il ne les a pas signées ; mais que ledit article n'a rien prescrit relativement à la marque à faire par le testateur pour le cas où il ne pourrait signer l'acte de remise ; d'où il suit que sous ce rapport, ainsi que d'ailleurs l'indiquent suffisamment les mots *en outre*, insérés dans l'article 752, la loi s'en est rapporté à l'article 751, qui indique les formalités requises dans l'acte de remise d'un testament de l'espèce de celui de Revillod ;

Attendu que l'article 751 a prévu, dans son sixième alinéa, le cas où le testateur, par suite d'un empêchement survenu depuis la signature du testament, ne pourrait plus signer l'acte de remise et que, dans ce cas, il exige que l'on suive ce qui est prescrit par l'art. 748 ;

Attendu qu'en indiquant, par une disposition expresse, le cas où l'article 748 serait applicable pour la validité de l'acte de remise d'un testament secret, l'art. 751 en a exclu l'application à tout autre cas, d'après la maxime *inclusio unius est exclusio alterius* ; que, dès lors, Revillod ne pouvait être compris dans la disposition de l'article précité, et le notaire ne pouvait être tenu de remplir les formalités prescrites par l'article 748 ; d'où il suit qu'en déclarant nul le testament dudit Revillod, le tribunal a mal jugé :

En recevant Joseph Revillod-Busquet appelant...., déboute Claudine Sage-Vallier de ses conclusions en nullité du testament dont il s'agit.

De la Charrière, *P.* De Juge, *R.*

————

CONSTRUCTION. — DISTANCE. — MUR. — FENÊTRES.

Art. 591, 593 C. c.

En règle générale, le propriétaire peut toujours bâtir sur les confins de sa propriété.

La disposition de l'article 591, relative aux bâtiments actuellement existants dans les villes et faubourgs, est inapplicable aux hameaux.

Hors des villes et faubourgs le voisin peut bâtir à telle distance que bon lui semble, lorsque le mur de son voisin est situé sur les confins même, et qu'il ne se prévaut pas de la faculté d'en requérir la mitoyenneté. [1]

Terraz c. Couttet.

Le Sénat : Attendu qu'aux termes de l'article 591 du Code civil, celui qui veut construire une maison peut bâtir sur les confins mêmes de sa propriété ;

Attendu que ce droit appartient aux intimées, que les constructions de l'appelant et les ouvertures existantes dans son mur n'obstent pas à l'exercice de ce droit :

1° Parce que, résultant du plan du géomètre Bessonnet produit par Terraz, que le mur de la maison de ce dernier est placé sur la ligne de la mappe de la commune de Chamonix qui sert de séparation entre les propriétés respectives des parties, et les intimées pouvant requérir, d'après les dispositions de l'article 578, la mitoyenneté de ce mur pour y adosser les constructions par elles projetées, ils peuvent, à plus forte raison, bâtir sur leur propre fonds sans être tenus à observer aucune distance ;

2° Parce que, d'après l'art. 608, l'existence des ouvertures pratiquées par Terraz dans son mur ne pouvant priver les sœurs Couttet du droit d'acquérir la mitoyenneté de ce mur, elles ne sauraient former un obstacle aux constructions dont il s'agit ;

Attendu que l'art. 594 n'établit qu'une restriction à la règle générale consacrée par l'art. 592, en faveur des constructions dans lesquelles existent des ouvertures et pour le cas seulement où ces constructions seraient placées dans des villes ou faubourgs ; d'où il suit que l'article 594 n'est pas applicable à la cause où il s'agit de bâtiments placés dans un hameau ;

————

[1] V. arrêt du 8 août 1810, ci-devant p. 74.

Attendu que l'appelant ne peut pas mieux invoquer l'art. 695, dès que le mur de sa maison se trouve construit sur la ligne de séparation des deux héritages :

Par ces motifs, reçoit Jean-Michel Terraz appelant du premier chef du jugement dont il s'agit ; faisant droit sur la cause d'appel, met l'appellation et ce dont est appel à néant, et, par nouveau jugement, déclare les sœurs Couttet être en droit de bâtir sur les confins de leur propriété ; déboute en conséquence Jean-Michel Terraz des conclusions par lui prises en première instance.

GRILLO, *P. P.* COPPIER, *R.*

---

17 Mars 1847.

RECHERCHE DE PATERNITÉ. — ENFANT ADULTÉRIN. — INCAPACITÉ.

Art. 180, 185, 187 C. c. (C. c. F.)

On n'est pas admis à soutenir qu'un enfant est le fruit de l'adultère, pour faire prononcer la nullité du testament qui l'institue héritier contre la prohibition de la loi.

La condition de l'enfant et la recherche de paternité, sont réglées par la loi en vigueur au jour de sa naissance. [1]

SYLVIN C. SYLVIN.

Claude feu Martin Sylvin était marié avant l'an IV. Le 6 messidor an IV, Marie Sylvin veuve Rey, sa cousine, met au monde un enfant, que, dans l'acte de naissance, elle attribue à Claude Sylvin.

Claude feu Martin Sylvin institue, par un testament du 10 avril 1828, pour son héritier universel, un nommé Rochet ; ce dernier, le 20 juin 1835, cède à Claude Sylvin, fils naturel de Marie Sylvin, tous les bénéfices, noms, raisons et actions qui lui appartiennent comme héritier de Claude feu Martin Sylvin, *comme si le cessionnaire eût été héritier dudit Sylvin,* pour le prix de 2,000 livres, dont le tiers compté lors de l'acte et deux autres tiers au moyen d'un billet qui sera censé acquitté à défaut de représentation.

Les héritiers légitimes de Claude feu Martin Sylvin tirent en instance tant Rochet que Claude Sylvin, pour faire déclarer nuls

---

[1] Concl. conf., 10 avril 1846.

soit le testament de 1828, soit la cession de 1835, comme simulés à l'effet de transmettre la succession à un fils adultérin.

LE SÉNAT : Attendu qu'il résulte de l'extrait des actes de naissance de la commune de Pesey, sous date du 26 fructidor an IV, que l'intimé Claude Sylvin serait né, le 6 messidor de la même année, de Marie fille de Hugues Sylvin, veuve de Jean-Baptiste Rey ;

Attendu qu'en droit, la question de savoir si la paternité peut être recherchée et par quel genre de preuve elle peut être établie, soit en faveur d'un enfant illégitime, soit contre lui, est une question qui tient essentiellement à l'état même de l'enfant, et que cet état a dû être irrévocablement fixé par les lois en vigueur lors de la conception et de la naissance ;

Attendu, cela posé, que les lois qui ont remplacé la législation française et sous l'empire desquelles est décédé Claude feu Martin Sylvin, que les appelants veulent faire considérer comme ayant été le père de l'intimé, sont sans influence sur la question à décider ;

Attendu, en conséquence, que les dispositions de la loi du 12 brumaire an II, ainsi que celles du Code civil français auxquelles s'est référé l'article 10 de la loi précitée, sont seules applicables à l'espèce ;

Attendu que les énonciations de l'acte de naissance du 26 fructidor an IV, indiquent que cet acte a été dressé sur la déclaration de la mère de l'intimé, en l'absence de Claude feu Martin Sylvin, et que les présomptions sur lesquelles se fondent les appelants, pour donner à entendre que l'acte en question aurait été signé par ledit Claude feu Martin Sylvin, dont on aurait ensuite effacé la signature, sont trop peu concluantes pour qu'on puisse y avoir égard ;

Attendu, d'après cela, que, bien que la mère ait attribué la paternité de son enfant à Claude Sylvin, l'acte de naissance dont il est question ne saurait être envisagé comme une reconnaissance de la part de Claude feu Martin Sylvin, même en supposant qu'il ne pût y avoir aucun doute sur l'identité de ce dernier avec la personne indiquée dans l'acte de naissance, sous le nom de Claude Sylvin ;

Attendu qu'il ne conste pas que, postérieurement à l'acte de naissance ci-dessus mentionné, il ait été fait aucun acte formel de reconnaissance de la part dudit Claude feu Martin Sylvin ;

Attendu, dès lors, qu'il n'y a pas lieu d'examiner quel pourrait être, relativement à l'objet du procès, l'effet d'une reconnaissance que Claude feu Martin Sylvin aurait faite d'un enfant adultérin, nonobstant la prohibition prononcée par l'article 335 du Code civil français ;

Attendu qu'ainsi tout se réduit à savoir si, d'après les lois qui ont présidé à la naissance de l'intimé, les appelants peuvent être admissibles à prouver qu'il doit le jour à un commerce adultérin qui aurait existé entre Marie Sylvin, sa mère, et Claude feu Martin Sylvin ;

Attendu, à cet égard, que la lettre et l'esprit de l'article 340 du Code civil français, expliqués par les motifs qui l'ont dicté, ne permettent pas de douter que, sauf le cas d'enlèvement, le législateur n'ait entendu prohiber, d'une manière absolue, la recherche de la paternité relativement aux enfants illégitimes, non-seulement dans le cas où ces enfants se trouveraient intéressés à pouvoir faire cette recherche, mais encore dans le cas où des tiers auraient intérêt à pouvoir la faire contr'eux ;

Attendu que si l'article 342 est conçu de manière à faire croire d'abord que le législateur a voulu restreindre à l'enfant adultérin ou incestueux la défense de la recherche de la paternité, sans l'étendre à ceux qui auraient intérêt à la faire contre lui, un examen plus approfondi fait bientôt comprendre que cette interprétation serait erronée ;

Qu'il est aisé de voir, en effet, que l'intention du législateur ayant été qu'on ne pût, pour des intérêts d'un ordre secondaire, réveiller des souvenirs d'inceste et d'adultère, et cela jusqu'à interdire aux parents la faculté de reconnaître les enfants qui en auraient été le fruit, il a voulu, à bien plus forte raison, que le secret de la naissance de ces enfants, inaccessibles d'ailleurs à des preuves certaines et positives, ne pût devenir le sujet de débats judiciaires toujours affligeants pour la morale publique, et qu'il y a, à cet égard même, raison de décider, soit que la recherche soit faite dans l'intérêt de l'enfant, soit qu'elle soit faite contre lui ;

Attendu, d'ailleurs, que si la défense de la recherche de la paternité est absolue pour ce qui concerne les enfants simplement naturels, il serait absurde qu'on pût admettre à rechercher la paternité en soutenant qu'un enfant est né de l'inceste ou de l'adultère ;

Attendu que l'on invoquerait en vain les articles 762, 763 et 908 pour en conclure que la recherche de la paternité doit être admise contre des enfants que l'on soutient être nés de l'inceste et de l'adultère, et en faveur desquels auraient été faites des libéralités excédant celles permises par la loi ; qu'il est à observer, à cet égard, qu'il peut arriver quelquefois que, sans qu'il soit besoin de rechercher la paternité, la condition d'un enfant adultérin ou incestueux se trouve toute établie, comme la chose aurait lieu, par exemple, par l'effet d'un jugement qui aurait prononcé la nullité d'un mariage ou qui aurait accueilli une action en désaveu dans les cas particuliers où le désaveu est permis, et qu'il suffit que les articles 762, 763 et 908 puissent trouver leur application dans ces cas extraordinaires, pour qu'ils se concilient parfaitement avec l'article 340, entendu dans toute la généralité de l'acception des termes ;

Attendu qu'il résulte de la discussion et des motifs des articles 762, 763 et 908 que c'est, en effet, à des cas semblables, nécessairement fort rares, que le législateur a entendu en restreindre les dispositions ;

Attendu que s'il peut quelquefois arriver que la défense absolue de la recherche de la paternité donne aux parents la facilité de favoriser des enfants naturels non reconnus, ou même des enfants incestueux et adultérins, cet inconvénient a dû céder à la nécessité de prévenir des inconvénients beaucoup plus graves auxquels le législateur a voulu remédier en prohibant la recherche de la paternité ;

Attendu, d'ailleurs, que les documents produits par les appelants et les faits par eux soutenus, en supposant même qu'ils fussent complètement établis, ne présenteraient que des données fort équivoques et insuffisantes pour dissiper tout doute sur le véritable auteur des jours de l'intimé ;

Attendu que la preuve de l'incapacité de l'intimé étant ainsi écartée, les appelants ne peuvent être fondés à impugner, comme simulés et faits en fraude de la loi, le testament de Claude feu Martin Sylvin en faveur de Antoine Rochet, et l'acte de cession consenti par ce dernier en faveur de l'intimé ; que, conséquemment, il a été bien jugé par la sentence dont est appel ;

Déclare Jean-Maurice et Jean-Martin Sylvin non-recevables en leur appel.

PORTIER DU BELLAIR, P.   DE St-BONNET, R.

20 Mars 1847.

ORDRE. — HYPOTHÈQUE GÉNÉRALE. — HYPOTHÈQUE SPÉCIALE. — CONCOURS.

Art. 2330 C. c. (C. c. F.)

Suivant le Code civil français, qui n'admet pas la subrogation légale, lorsque des créanciers à hypothèques générales se trouvent en concours sur les mêmes biens avec divers créanciers munis d'hypothèques spéciales, ils doivent être colloqués de telle sorte qu'ils touchent leur créance de préférence sur les biens soumis aux hypothèques spéciales les dernières inscrites.

DISCUSSION RACT.

Le Sénat : Sur les conclusions prises par Josephte Dubettier-Brevens, tendantes à ce qu'il soit déclaré n'y avoir lieu à la subrogation admise par le liquidateur en faveur desdits Tissot, Suares, Molliex et Pontenier ;

Attendu que d'après l'esprit général du système hypothécaire français qui régit l'espèce, on doit avoir égard à l'antériorité des créanciers entr'eux ;

Qu'aux termes de l'article 2114 dudit Code, l'hypothèque est de sa nature indivisible et subsiste en entier sur tous les immeubles affectés ;

Que, d'après l'article 2134, l'hypothèque n'a de rang que du jour de l'inscription prise par le créancier ;

Attendu que dans le concours sur les mêmes immeubles d'une hypothèque générale qui a l'avantage de la priorité, avec des hypothèques spéciales inscrites successivement les unes après les autres, il est dans l'ordre des choses de faire les collocations de manière à ce qu'aucun des principes consacrés par les articles 2114 et 2134, ne soit violé ;

Que si, d'une part, le créancier à hypothèque générale antérieure, par suite de l'indivisibilité de son droit, doit obtenir le paiement intégral et sans division de sa créance, sur tous les immeubles de son débiteur, il est du devoir du juge de faire porter les hypothèques générales sur le prix des biens grevés de l'inscription spéciale dont la date est la plus récente, pour assurer le paiement des premiers inscrits, afin de conserver l'antériorité de ce rang qui est la conséquence nécessaire du régime hypothécaire ;

Attendu, en effet, que celui qui, par l'inscription, a donné la publicité à son hypothèque, a acquis la certitude de ne pas voir colloquer avant lui la créance qui n'a frappé que postérieurement la propriété de son débiteur ; que cette règle, posée par l'article 2134 du Code civil, ne recevrait pas toute son application si on la restreignait au cas où les inscriptions frappent les mêmes immeubles ; qu'en l'étendant à celui où des biens différents sont frappés des hypothèques spéciales successives, pour donner l'antériorité à celles qui ont été les premières inscrites, on fait jouir de la préférence le créancier qui, ayant traité avec le débiteur, a eu le premier la prudence de prendre ses sûretés lorsque les immeubles de ce dernier n'étaient frappés que par des hypothèques générales qui le priment, et qu'il savait que le paiement de celles-ci était assuré par la valeur des autres biens qui n'étaient pas affectés spécialement ;

Attendu, en outre, que le créancier dernier inscrit n'a pu ignorer que les immeubles de son débiteur devaient garantir l'hypothèque générale et les hypothèques spéciales déjà inscrites, qu'il s'est ainsi soumis à n'être colloqué qu'après qu'il y aurait été satisfait ;

Attendu, enfin, que le dernier créancier inscrit spécialement sur un immeuble n'aurait pu, dans un ordre particulier, renvoyer le créancier à l'hypothèque générale, a agir pour son paiement sur d'autres immeubles, et qu'ainsi il ne peut se plaindre lorsque, dans un concours général, on fait prévaloir les effets des hypothèques spéciales antérieures en absorbant en tout ou en partie le prix des immeubles affectés en faveur des créanciers spéciaux les derniers inscrits ;

Attendu, en l'espèce, que l'hypothèque de Josephte Dubettier-Brevens, femme de Jean-Claude Ract, n'a été inscrite que le 4 mai 1810, bien longtemps après celles des consorts Pontenier, des frères Suares, d'Hyacinthe Tissot et des consorts Molliex et Page ;

Qu'ainsi ladite Dubettier-Brevens n'est pas fondée à se plaindre si, par suite de son retard à faire inscrire son hypothèque, elle se trouve dans le cas de souffrir que les créanciers ayant hypothèque générale antérieure, absorbent une partie du prix des immeubles affectés à son hypothèque ;

Que, d'après ces considérations, peu importe que le liquidateur ait, par l'effet de la subrogation qu'il a admise, réservé les pertes qu'il a fait éprouver à quelques créanciers spéciaux, sur le prix des immeubles affectés en faveur de ladite Dubel-tier-Brevens, puisque, sans user de ce moyen, il pouvait et devait même, d'après les principes ci-devant posés et adoptés par la jurisprudence française, faire porter l'effet des hypothèques générales sur les biens soumis aux hypothèques des derniers créanciers inscrits.

DE LA CHARRIÈRE, *P.*
MILLIET DE St-ALBAN, *R.*

---

22 Mars 1847.

SUCCESSION *AB INTESTAT.* — USUFRUIT DU CONJOINT. — LÉGITIME. — EXCLUSION DES FILLES. — OPTION DE L'HÉRITIER. — EXPERTISE. — HABIT DE DEUIL.

Art. 959, 916, 371, 1562 C. c.

L'époux survivant a droit au quart en usufruit de la succession entière y compris les portions qui composent les légitimes des filles.

Cependant, il ne doit point supporter de réduction sur son usufruit, à raison des parts attribuées aux légitimaires.

L'héritier qui a l'option de payer la légitime en argent ou en corps héréditaire, doit se prononcer avant qu'il soit procédé à l'expertise.

Les habits de deuil de la veuve sont arbitrés par experts en égard à la fortune et à la condition du défunt. [1]

GENEVOIS c. VOGUET. [2]

Spectable Genevois meurt *ab intestat* en 1845 ; les enfants Voguet réclament une légitime du chef de leur mère ;

Christophe Genevois prétend que cette lé-

---

[1] V. Concl., 25 mai 1846.

gitime doit être prise sur le quart en usufruit déféré à sa belle-mère, comme sur le reste de la succession, et veut diminuer d'autant cet usufruit.

Il refuse de faire l'option sur le mode de paiement, avant qu'il ait été procédé à expertise sur la valeur des biens.

Enfin, en offrant à Louise Pichon, sa belle-mère, de lui rembourser tous les frais qu'elle a faits à l'occasion de son deuil, il lui refuse toute plus ample allocation à titre d'habit de deuil.

LE SÉNAT : Attendu que l'article 959 du Code civil, au titre des successions *ab intestat*, par lequel un droit d'usufruit est attribué à l'époux survivant dans la succession de son conjoint qui a laissé des enfants, est, par des termes formels, borné au cas où ce dernier serait décédé sans testament, de sorte que, par le seul fait de sa prétérition dans le testament de son conjoint, l'époux survivant est privé du bénéfice de l'art. 959 ;

Attendu qu'il est ainsi évident que l'avantage conféré à l'époux par cet article, n'a d'autre source que la volonté présumée du défunt, et qu'il ne peut être considéré, sous aucun rapport, comme un droit de légitime ;

Attendu que la loi, en interprétant la volonté de l'époux décédé sans testament, et en donnant à cette intention présumée l'autorité d'une disposition expresse, n'a pu vouloir la soustraire à l'influence des principes consacrés notamment par les articles 727 et 728, qui limitent la faculté de disposer au profit du conjoint et d'après lesquels les libéralités, faites en faveur de celui-ci, ne peuvent grever les réserves légales ;

Attendu qu'en effet l'article 731, qui détermine quelles sont les déductions et les prélèvements à opérer pour fixer la quotité disponible, ne fait aucune mention de l'usufruit dont il s'agit ; que, d'ailleurs, il n'est pas inclus dans la signification des mots dettes et gains dotaux, puisqu'au con-

---

[1] Spectable GENEVOIS, mort en 1843,

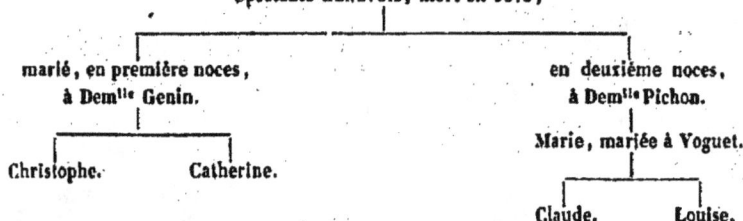

- marié, en première noces, à Dem^{lle} Genin.
  - Christophe.
  - Catherine.
- en deuxième noces, à Dem^{lle} Pichon.
  - Marie, mariée à Voguet.
    - Claude.
    - Louise.

traire l'article 960 le qualifie du titre de part héréditaire ; d'où ressort la certitude que le vœu de la loi est que la portion de biens due aux filles du défunt, franche de toutes charges conformément à l'art. 946, ne puisse être directement ni indirectement atteinte par cet usufruit, et qu'il doit être pris sur le surplus de l'hoirie ;

Attendu que si, aux termes de l'art. 959, l'usufruit de l'époux survivant s'étend à une part de l'hoirie entière, et qu'il pèse ainsi abstractivement sur chacun des biens qui la composent, c'est aux héritiers mâles, tenus de délivrer à leurs sœurs une légitime libre de toutes charges, à faire fixer l'assiette de cet usufruit sur des avoirs déterminés et de manière à ce qu'il ne frappe point sur la légitime, tout en conservant, d'ailleurs, à l'époux survivant, l'intégralité des droits qui lui sont attribués ;

Attendu que le tribunal, en décidant que l'usufruit afférant à Louise Pichon, veuve Genevois, ne pouvait tomber à la charge de la portion de biens revenant aux enfants Voguet, et devait néanmoins s'étendre au quart de l'hoirie entière, n'a pas fait grief à l'appelant.

En ce qui concerne le troisième chef du jugement :

Attendu que la question de savoir quelle époque doit être prise pour base de l'estimation du patrimoine du défunt, dans le calcul de la part des biens revenant à ses filles, est restée totalement étrangère aux débats des parties ; que l'appelant n'a coté aucun grief contre la distinction sur laquelle le tribunal a fondé sa décision concernant l'option préalable à faire par l'héritier qui se prévaut de la disposition de l'article 946, et s'est borné à demander que son choix fût renvoyé après que l'évaluation de l'hoirie serait connue ; que des considérations indépendantes de l'alternative posée dans le jugement et sur laquelle le Sénat n'a pas actuellement à prononcer, suffisent à décider la question portée en appel ;

Attendu, en effet, que ledit article 946, en laissant aux frères le droit de payer leurs sœurs en argent ou en corps héréditaires, d'après une juste estimation, a entendu placer les uns et les autres dans des chances égales, quant aux résultats de l'expertise à laquelle il doit être procédé ; qu'il n'a pu vouloir concéder aux héritiers la faculté de faire leur choix en calculant le bénéfice que l'expertise pourrait leur fournir l'occasion de réaliser au préjudice de leurs sœurs ;

Attendu, en outre, que soit pour abréger les délais, soit pour réduire les frais des opérations requises, soit encore pour conserver aux biens leur évaluation relative, il importe de ne faire procéder qu'à une seule et même expertise par laquelle la valeur totale du patrimoine, ainsi que la part de biens à délivrer à la fille dans le cas où l'héritier a opté pour ce mode de paiement, soit simultanément fixé ; d'où il suit que l'option de l'héritier doit précéder l'estimation des biens ; que le tribunal, en prononçant ainsi, a sainement jugé ;

Attendu, quant aux habits de deuil, que l'article 1562 du Code civil, en statuant qu'ils doivent être fournis à la veuve par la succession du mari, n'a pas eu pour objet d'accorder à cette dernière une simple indemnité, qu'elle a droit d'exiger ces habits de deuil ou leur valeur à dire d'experts, si des contestations surgissent sur leur estimation ; que le tribunal, en ordonnant une expertise pour fixer l'évaluation en argent de ces habillements, d'après la fortune et la condition de feu spectable Genevois, n'a fait non plus aucun grief à l'appelant :

Par ces motifs, déclare Genevois non-recevable en son appel.

DE LA CHARRIÈRE, P. GIROD, R.

---

23 Mars 1847.

HOIRIE. — ACCEPTATION TACITE. — FONDS DOTAL. — INALIÉNABILITÉ. — PRESCRIPTION.

Art. 988, 1343 et 2388 C. c.

L'héritier qui, après avoir répudié la succession, ratifie pour un prix convenu la vente des biens du défunt, fait acte d'immixtion et devient héritier pur et simple. [1]

La vente d'un fonds dotal était radicalement nulle sous les R. C. ; alors même que la femme, en vendant, aurait déclaré l'immeuble libre, elle ne peut être tenue à des dommages-intérêts envers l'acheteur.

La prescription ne peut courir au préjudice de la femme, que du jour de la dissolution du mariage.

La prescription par dix et vingt ans, n'était pas admise en Savoie sous les R. C. [2]

---

[1] V. arrêt du 1er décembre 1843, ci-devant p. 203.
[2] Arrêts conf., 27 mars 1841 : Magnin c. Veyrat ; Seitier, R. — 23 juillet 1842 : Noël c. Mallroy ; Monod, R.

LATHUILE-GAGNEUX C. LAPERROUSAZ,
LES CONSORTS.

LE SÉNAT : Attendu que par suite de la vente du 5 avril 1709, Mauris notaire, l'immeuble dont il s'agit a été acquis par Pierre Antoine Laperrousaz et Michelle Giardin, sa femme ;

Que, sur les sept enfants issus de ce mariage, il est reconnu au procès que Pascal et Christine sont morts sans descendants ; que, eu égard aux déclarations faites dans les actes par les autres successibles, de s'abstenir de la succession d'Antoine Laperrousaz, on doit tenir pour constant que cette hoirie est jacente ; d'où il suit que c'est régulièrement que M. Mongenet a été établi curateur à ladite hoirie par le tribunal d'Annecy, le 20 août 1845, et qu'il s'est présenté en cette qualité :

Attendu, en ce qui concerne les représentants de Michelle Giardin, morte en 1799, que malgré les déclarations faites par tous ses enfants de répudier son hoirie, étant établi par la production de l'acte du 11 septembre 1827, M. Gillet notaire, que Joseph, Suzanne, femme Mignier, et Jeanne, femme Lacombe, ont ratifié en tout son contenu la vente passée par leur père le 8 mars 1827, Brunier notaire, en tout ce qui concernait la part des immeubles provenant de Michelle Giardin, leur mère, pour le prix payé lors dudit acte ;

Que, par le fait de cette ratification, lesdits Laperrousaz ont fait acte d'héritiers de leur mère, il en résulte qu'il ne peut être le cas de s'arrêter à leurs déclarations postérieures, et que faute par eux d'avoir établi que les autres enfants de ladite Michelle Giardin aient fait acte d'héritiers et n'ayant pas déclaré qu'ils n'avaient adi que pour leur part, on doit les réputer héritiers de leur mère pour le tout ;

Attendu, au fond, que par acte du 20 juin 1769, Burnod notaire, Antoinette Molino, veuve de François Lathuile, a constitué en dot la généralité de ses biens et droits présents et futurs, à Joseph Gagneux, son second mari ; que par acte du 5 avril 1799, Mauris notaire, elle a vendu, tant de son chef, que comme mandataire de son mari, aux mariés Laperrousaz et à Michelle Giardin, la maison qui lui était parvenue dans le partage de l'hoirie de son père, par acte du 50 avril 1775, Masson notaire ;

Attendu que le mariage d'Antoinette Molino n'a été dissout que le 25 juillet 1804

par le décès de son mari Joseph Gagneux ;

Attendu que d'après les lois 1 ff. solut. matrim., unique, au Code de rei uxoriæ actione, l'aliénation du fonds dotal est nulle ; que cette nullité d'ordre public a été admise non-seulement en faveur de la femme, mais encore en faveur des enfants ;

Attendu, dès lors, que quelles que soient les déclarations faites par une femme dans un contrat de vente, quels que puissent être les moyens détournés qu'elle aurait pu prendre pour parvenir à l'aliénation de ses biens dotaux, hors des cas exceptionnels admis par le droit, il faut tenir pour constant que la nullité dont il s'agit étant d'ordre public emporterait l'inefficacité des clauses insérées dans l'acte, desquelles on voudrait faire dériver une action en dommages-intérêts, puisque toute action dérivant d'un fait réprouvé par les lois ne pourrait autoriser un recours utile ;

Attendu, au reste, que dans l'espèce les mariés Laperrousaz ont d'autant moins pu être trompés par Antoinette Molino, lorsqu'elle déclarait que la maison qu'elle vendait ne lui avait pas été constituée en dot ; qu'il résultait implicitement de cette déclaration qu'il y avait eu constitution, et que les acquéreurs auraient à s'imputer de n'avoir pas requis l'exhibition de cet acte.

En ce qui concerne l'exception de prescription :

Attendu que celle trentenaire n'aurait pu commencer au préjudice de la femme que dès la mort de son mari, arrivée le 25 juillet 1804, et que l'instance en revendication a été mue par requête du 17 juin 1829 ;

Que celle de dix ans n'est pas mieux fondée, puisque l'usucapion n'était pas admise, et que l'art. 66 de l'édit du 16 juillet 1822 n'a rien innové à cet égard, car cette loi n'étant relative qu'au mode de l'extinction des privilèges et hypothèques, et ne faisant courir cette prescription qu'à dater de la transcription du titre translatif de la propriété, il ne peut être le cas de faire l'application de cette nouvelle disposition ;

Attendu enfin qu'aucune fin de non-recevoir n'obste à l'appel :

Par ces motifs, sans s'arrêter à l'acte du 5 avril 1799, Mauris notaire, qui est déclaré nul et de nul effet, comme contenant vente des biens dotaux constitués par Antoinette Molino en son contrat dotal du 5 avril 1769, Burnod notaire, et en déclarant illégitimes les exceptions de prescription opposées, déclare Claude Gervaison tenu de relâcher aux demandeurs la maison dont il s'agit au procès, suivant leur part héréditaire dans la succession de ladite Molino, avec restitution des fruits telle que de droit dès le plaid contesté, et c'est à la charge par eux de faire raison de la part du prix qui aurait été payée en dégrèvement des charges qui pouvaient les concerner dans ladite succession.

DE LA CHARRIÈRE, *P.*

MILLIET DE ST-ALBAN, *R.*

---

27 Mars 1847.

PRESCRIPTION DE SIX MOIS. — HOTELIERS. — EXCEPTION.

Art. 2299 C. c.

La prescription de six mois ne peut être opposée par celui qui reconnaît la sincérité de la dette, qui avoue ne l'avoir pas acquittée, et soutient que le créancier lui en a fait la remise.

MASSERENGHI C. PACCORET.

LE SÉNAT : Attendu que la prescription de six mois établie par les articles 2399 et 2400 du Code civil, contre les hôteliers, traiteurs et maîtres de pension, est spécialement fondée sur la présomption de paiement résultant de l'habitude où l'on est d'acquitter ces sortes de dettes dans un bref délai, et même sans exiger de quittance;

Attendu néanmoins que d'après l'interprétation de l'art. 2404 du même Code, cette prescription ne peut pas être invoquée par celui qui convient de n'avoir pas acquitté sa dette;

Attendu qu'en supposant même que le fait articulé par l'appelant fût pertinent pour établir que l'intimé, ou son auteur, doivent être classés dans la catégorie contemplée par les articles 2399 et 2400, la prescription invoquée n'en serait pas moins inadmissible. En effet, Masserenghi en soutenant que son fils a été tenu en pension *pietatis causa*, à raison des liens de parenté existant entre les parties et sans correspectif que quelques petits cadeaux et l'abandon des intérêts du capital prêté à Etiennette Boverat, mère de l'intimé, par acte du 6 février 1810, Monet notaire, reconnaît par-là même qu'il n'a pas fait d'autres paiements;

Attendu que le tribunal n'a rien statué ni préjugé sur les autres exceptions soulevées, et à raison desquelles il a ordonné, au contraire, de procéder plus amplement :

Sans s'arrêter au fait articulé par Masserenghi, le déclare non-recevable en son appel dudit jugement.

GRILLO, *P, P.*, JACQUEMOUD, *R.*

---

26 Mars 1847.

FAILLITE. — CONCORDAT. — RABAIS. — INSTANCE DE DISCUSSION.

Art. 344 C. de comm. (R. C.)

Sous les R. C., les créanciers d'une faillite pouvaient, sans introduire une instance générale de discussion, consentir à un concordat, sous la médiation du juge de consulat.

En ce cas, les délibérations de la majorité des créanciers étaient obligatoires pour tous. [1]

CREY C. VILLIOD.

LE SÉNAT : Attendu, en fait, que l'appelant ayant fait faillite sous l'empire des R. C., le juge du consulat a fait apposer les scellés sur ses marchandises, procéder à inventaire de ses biens, et a nommé un économe; qu'il y eut plus tard une réunion de créanciers qui élirent un syndic, et lui donnèrent des pouvoirs très-amples;

Attendu que celui-ci convoqua une nouvelle réunion des créanciers pour paraître le 15 juin 1825 devant le juge du consulat, à l'effet de leur donner connaissance du résultat de ses opérations; que là, Crey offrit de les satisfaire moyennant le rabais du 25 p. 0/0, offre qui fut acceptée par la majorité des comparants, au nombre desquels était Cyprien Chenal, l'un des auteurs des intimés, lequel cependant ne s'engagea que sous la réserve de répéter le rabais, dans le cas où le failli reviendrait à une meilleure fortune;

Attendu que, par requête du 19 mars 1826, Jean Crey fit assigner les autres créanciers qui n'avaient pas comparu, et entr'autres Philiberte Vienge, dont les consorts Villiod sont droit-ayant, pour comparaître à l'audience du 16 janvier 1828;

---

[1] Concl. conf., 12 décembre 1846; p. 637.

Attendu qu'à cette audience, à laquelle plusieurs créanciers adhérèrent encore au concordat, le juge du consulat donna acte du défaut contre les contumaces, au nombre desquels était ladite Vienge, et considérant que la plus grande partie des créanciers a accepté la proposition de Crey, et que le montant de leurs créances excède les 2/3 du total des dettes, déclara que le plus grand nombre devait prévaloir et que tous les autres opposants ou défaillants devaient se conformer à ce concordat;

Attendu que les consorts Villiod ont actionné par-devant le tribunal de Moûtiers le 11 juin 1844, Jean Crey, à l'effet de le rendre condamné au paiement des mêmes sommes qui avaient figuré dans sa faillite; que celui-ci ayant opposé dudit concordat, ils l'arguèrent de nullité fondée sur ce que ce traité avait été conclu avant l'introduction de l'instance de discussion, et sur ce que leurs auteurs n'y avaient pas consenti;

Attendu que les jugements dont est appel ont accueilli ces moyens;

Attendu, en droit, que les § 11 et 12 du chap. 6, tit. 16, liv. 2 des R. C. consacrent à la vérité, en principe, la discussion des biens d'un failli, mais qu'ils ne déterminent point la forme ni le terme de son introduction; que le § 11 donne l'initiative au juge du consulat pour prendre les mesures conservatoires dans l'intérêt des créanciers; que dans le § 13, le législateur, dans le but d'épargner des frais, et pour l'avantage du commerce, fait un devoir au juge du consulat d'interposer sa médiation extrajudiciairement pour accorder les créanciers et autres intéressés; que dans le § 33, tit. 35, liv. 3, il est interdit au rapporteur de la cause de discussion de s'entremettre, lorsque le juge du consulat a déjà entrepris l'accommodement entre les créanciers, et qu'il ne l'a pas abandonné; il suit de ces dispositions que le législateur n'a point entendu subordonner le concordat à l'introduction de l'instance de discussion, mais bien qu'il a voulu le favoriser avant comme pendant le cours de celle-ci;

Attendu qu'il résulte du § 34, tit. 35, liv. 3 des R. C., corroboré par le § 10, du chap. 6, tit. 16, liv. 2, que le consentement donné par la plus grande partie des créanciers doit prévaloir, et lie les autres, soit qu'il s'agisse d'accorder au débiteur des sauf-conduits ou des répits, soit qu'il s'agisse de toutes autres délibérations;

Attendu que la sentence prémentionnée du 16 janvier 1828, constate que la plus grande partie des créanciers, dont les créances excèdent les 2/3 des dettes de Crey, ont accepté son offre, et que les consorts Villiod n'ont point contesté les déclarations que cette sentence renferme; d'où il ressort qu'elle les lie et qu'ils doivent faire le rabais du 25 p. 0/0 du montant de leurs créances comme les autres créanciers;

Attendu qu'il résulte des déduites des parties qu'elles sont réciproquement créancières et débitrices, que ce ne sera que lorsque leurs créances seront liquidées et qu'il sera démontré laquelle reste débitrice de l'autre, qu'il y aura lieu à statuer sur les conclusions de l'appelant pour la mainlevée des séquestres mis sur ces créances :

Par ces motifs, déclare les délibérations prises par la plus grande partie des créanciers de Jean Crey, et sanctionnées par l'ordonnance du 16 janvier 1828, être obligatoires pour les consorts Villiod, et ceux-ci être tenus au rabais de 25 p. 0/0 sur le montant de leurs créances.

DE LA CHARRIÈRE, *P.* SEITIER, *R.*

---

27 Mars 1847.

EMPOISONNEMENT PAR IMPRUDENCE. — DOMMAGES - INTÉRÊTS. — DOMESTIQUE. — MAITRE. — RESPONSABILITÉ.

Art. 1301, 1302 C. c.

L'empoisonnement causé par imprudence d'un domestique dans son service, donne aux héritiers de l'occis une action en dommages-intérêts contre le domestique et contre son maître.

Cette action ne serait pas fondée contre le maître, si le domestique avait agi en dehors des fonctions auxquelles il est préposé. [1]

CONSORTS PERROT ET BAL C. L'HOTEL-DIEU DE CHAMBÉRY.

LE SÉNAT : Attendu que la mort de Claude Perrot a été causée par l'imprudence de Marie Dupraz, sa domestique, et par celle de Claudine Cavoret, domestique de l'hôpital, qui malgré les observations à elles faites, se sont introduites par une communication intérieure, dans la pharmacie de cet

---

[1] Concl. conf., 20 janvier 1847; p. 31.

établissement, qui était encore fermée au public, et y ont pris la potion remise à Perrot par sa domestique ;

Attendu néanmoins que Claudine Cavoret était cuisinière en sous ordre à l'Hôtel-Dieu, et n'avait absolument aucun service qui l'attachât à la pharmacie ;

D'où il suit que le dommage par elle causé ne l'ayant pas été dans les fonctions auxquelles elle était employée, l'administration de l'Hôtel-Dieu ne peut en être responsable, d'après les dispositions de l'art. 1802 du Code civil :

Déclare Marie Sevez, veuve Perrot, de son chef et en sa qualité, Joseph Perrot, et François Bal en sa qualité, non-recevables en leur appel du jugement rendu le 1er juillet 1845, par le tribunal de Chambéry.

GRILLO, P. P. MARESCHAL, R.

---

27 *Mars 1847.*

PRESCRIPTION. — INTERRUPTION. — BIENS DOMANIAUX.

Art. 2378, 425 C. c.

Les biens des anciens bénéfices sont devenus nationaux à la mise en vigueur des lois françaises (au 25 janvier 1793) puis ils sont tombés dans le patrimoine royal, et par là sont devenus imprescriptibles, dès la publication de l'édit du 28 octobre 1814, jusqu'à l'époque où ils en ont été détachés pour former la dotation de nouveaux bénéfices.

La réunion temporaire d'un domaine au patrimoine royal, a eu pour effet non pas seulement de suspendre, mais d'interrompre la prescription commencée auparavant. [1]

RÉVÉREND JOURDAN, RECTEUR D'YVOIRE, C. LA COMMUNE D'EXCENEVEX.

LE SÉNAT : Attendu que les deux pièces de terre inscrites sous les numéros 121 et 916 de l'ancienne mappe de la commune d'Excenevex, étaient portées au cadastre au nom de la cure d'Excenevex, réunie à la paroisse d'Yvoire ; que les intimés ont eux-mêmes reconnu dans la délibération consulaire du 12 novembre 1842 qu'avant la révolution française, le révérend curé en avait la jouissance, et qu'ainsi il est suffi-samment établi que ces immeubles appartenaient au bénéfice cure ;

Attendu que par suite des lois de la révolution française, les biens dont il s'agit ont fait partie du domaine national de France, auquel a succédé le domaine royal ; et que, par conséquent, ils ont dû être considérés comme une propriété Domaniale, jusqu'aux dispositions souveraines qui ont dessaisi le domaine de ces sortes de biens pour les rendre à leur ancienne destination ;

Attendu que bien que le domaine se trouvât, sous les lois françaises, sujet à la prescription, aucune prescription n'était encore acquise contre lui au profit de la commune d'Excenevex, lorsque ont été rétablies nos anciennes lois qui consacraient le principe de l'imprescriptibilité des biens domaniaux ;

Attendu que la continuation de la possession pendant toute la durée du temps fixé par la loi, étant une des conditions essentielles de l'acquisition qui s'opère par la prescription, il s'en suit que la prescription, tant qu'elle n'est que commencée, ne donne aucun droit de propriété au possesseur ; que conséquemment elle est interrompue lorsqu'il survient une loi nouvelle dont l'effet nécessaire est d'effacer toute possession antérieure, par cela même qu'elle déclare imprescriptible la chose possédée avant même que la prescription en fût acquise ;

Attendu que si d'autres dispositions législatives font ensuite rentrer la chose dont il s'agit dans la classe des biens sujets à la prescription, le possesseur peut de nouveau commencer à prescrire, mais qu'il ne peut être fondé à se prévaloir d'une possession ancienne, que des lois antérieures rendaient inefficace ;

Attendu qu'il suit de là que la commune d'Excenevex n'a pu posséder utilement les biens dont il est question à l'effet de prescrire ; que depuis l'époque à laquelle ils ont cessé de pouvoir être considérés comme domaniaux, et que, soit qu'on fixe cette époque à la date du manifeste du 22 août 1825, soit qu'on la fasse remonter à 1816, le temps qui s'est écoulé depuis lors jusqu'à l'intentat du procès, se trouve insuffisant :

A reçu et reçoit révérend Jourdan appelant de la sentence du tribunal du Chablais, sous date du 3 février 1844 ; a mis et met l'appellation et ce dont est appel à néant ; et par nouveau jugement, rendant droit au fond, ordonne que révérend Jourdan, en sa qualité de recteur de la paroisse d'Yvoire,

---

[1] Concl. contr., 23 juin 1846 ; p. 521.

sera réintégré dans la possession des deux pièces de terre désignées au procès, et c'est avec restitution de fruits dès la demande judiciaire, suivant l'évaluation qui en sera faite par experts convenus, à défaut nommés d'office par le rapporteur de la cause.

PORTIER DU BELLAIR, P. DE ST-BONNET, R.

---

29 Mars 1847.

ACHETEURS. — INDIVISION. — PRESCRIPTION. — SUSPENSION. — CONSEIL JUDICIAIRE.

Art. 1676, 2386, 2397 C. c.

L'acquisition faite par deux personnes, sans désignation de leurs quotes-parts respectives, est censée faite par chacune d'elles pour une moitié, quelle que soit leur part contributive au prix d'acquisition.

Toute action, même celle qui tend à obtenir la communication des titres communs, est éteinte par la prescription trentenaire.

La prescription n'est pas suspendue par la nomination d'un conseil judiciaire, et pendant le temps que durent ses fonctions.

BRUNET C. BRUNET.

LE SÉNAT : Attendu que lorsque deux personnes achètent conjointement un immeuble, elles sont censées, à défaut de stipulation contraire, en avoir fait l'acquisition par égales parts ; il importe peu que le pr.. .'en ait pas été payé dans les mêmes proportions, et même qu'un des deux acquéreurs ait payé l'intégralité du prix stipulé, comme dans l'espèce de la loi 2, au Code pro socio ; l'inégalité dans le paiement donne seulement à l'associé qui a payé au delà de sa part, le droit d'agir contre son co-associé, en remboursement de cet excédant ;

Attendu qu'on ne remarque aucune clause dans l'acte du 6 messidor an IX, Grassis notaire, qui puisse faire supposer que le demandeur et son père n'ont pas entendu acquérir par égales parts le domaine dont il s'agit ;

Attendu que l'action qui aurait pu compéter au demandeur contre son co-associé ou ses héritiers, pour la représentation et communication des titres cédés par le même acte, est éteinte par la prescription trentenaire dont le défendeur a excipé ; il résulte en effet de l'acte de naissance produit au procès, que le demandeur est devenu majeur de 21 ans le 2 du mois de février 1804, il a donc pu agir dès cette époque, et il s'est écoulé depuis lors plus de 42 ans, jusqu'à son écriture du 19 janvier 1846, communiquée le même jour, dans laquelle il a pris pour la première fois les conclusions ci-dessus rappelées, concernant la représentation de ces titres. En retranchant l'espace pendant lequel la prescription a été suspendue à raison de l'interdiction du demandeur, qui a duré depuis l'ordonnance sénatoriale du 7 avril 1820, jusqu'à celle du 14 mai 1824, par laquelle il a été pourvu d'un conseil judiciaire, il reste encore un intervalle de plus de 30 ans ;

Attendu que le demandeur prétendrait en vain que la prescription a été légalement suspendue pendant qu'il a été pourvu d'un conseil judiciaire, car la prescription court contre toutes personnes, à moins qu'elles ne soient dans quelque exception établie par une loi, or, les majeurs pourvus d'un conseil judiciaire ne se trouvent exceptés ni par le droit romain, ni par le Code civil ; car si les interdits sont privés des moyens d'agir, il n'en est pas de même du majeur pourvu d'un conseil judiciaire ; d'où il suit que la prescription qui avait été suspendue à dater du décret d'interdiction du demandeur, a repris son cours depuis que cette interdiction a été révoquée, et remplacée par la nomination d'un conseil judiciaire ;

Attendu que la demande en restitution de fruits se prescrit pour chaque année par l'expiration du laps de 30 ans ; et qu'ainsi, d'après les observations qui précèdent, il ne s'agit plus que de vérifier la date à laquelle le demandeur a pris, contradictoirement au défendeur, des conclusions en restitution des fruits du domaine dont il s'agit en l'instance ;

Attendu que si le demandeur croit être en temps utile pour agir en remboursement de la somme de 4,000 liv. qu'il a payée au delà de sa part du prix stipulé dans ledit acte de vente Grassis notaire, c'est seulement lorsqu'il proposera son action qu'il sera le cas d'examiner le mérite des exceptions élevées par le défendeur, basées sur les écrits sous seing-privé dont il a fait la production :

Par ces motifs, déclare le demandeur Benoît Brunet n'avoir droit qu'à la moitié des immeubles acquis par l'acte du 6 messi-

44

dor an IX, Grassis notaire, et le déboute de
ses conclusions, relatives à la production et
communication des titres énoncés audit
acte; ordonne pour le surplus que les parties procèderont plus amplement.

GRILLO, P. P. JACQUEMOUD, R.

---

13 Avril 1847.

APPEL. — VALEUR. — SOMMES RÉUNIES.

L'appel d'un jugement qui a prononcé sur plusieurs créances dérivant de causes différentes, quoique demandées par une même requête, n'est pas
recevable si aucune de ces sommes n'arrive à 1,200
livres.

POLLET, COMTE ET CONSORTS C. REY.

Des ouvriers maçons, plâtriers, charpen-
tiers et menuisiers, ayant travaillé pour
l'entrepreneur Rey, se trouvaient créanciers de sommes qui, réunies, excédaient
1,200 liv. Ayant succombé dans une demande portée au tribunal de première instance, ils appelèrent; sur quoi,

LE SÉNAT : Attendu qu'il résulte des pièces
produites et des déclarations des parties, que
les sommes dont chaque appelant se prétend
créancier, dérivent de causes et de conventions différentes, et sont, par conséquent,
distinctes et séparées; d'où il suit qu'elles
doivent être envisagées séparément pour
déterminer s'il y a lieu à l'admissibilité de
l'appel;

Attendu qu'il résulte encore des mêmes
pièces et de l'aveu tacite des appelants
qu'aucune de ces sommes n'excède 1,200
livres;

Attendu que les juridictions sont d'ordre public, qu'il n'est pas au pouvoir des
tribunaux ou des parties d'y déroger; d'où
il suit que ni la demande cumulative faite par
tous les appelants, ni l'expertise de l'architecte Besson, ni les ordonnances et jugements intervenus dans la cause, n'ont eu
l'effet de rendre connexes les différentes
créances, de distinctes et séparées qu'elles
sont de leur nature; en conséquence l'appel
n'est pas admissible;

Par ces motifs, déclare les consorts André
Pollet, Jean-Baptiste Comte, Jean Duc, Antoine Blanc, Hugues Clavel, Jean-Louis
Sesto et Jean-Claude Duverney non-recevables en leur appel.

DE LA CHARRIÈRE, P. SEITIER, R.

---

19 Avril 1847.

FILLE. — RENONCIATION. — SUCCESSION. — DOT CONGRUE. — LÉSION D'OUTRE MOITIÉ. — PRESCRIPTION.

Art. 1295 C. c.

La fille qui après la mort de ses parents a été exclue
de leur succession moyennant une dot congrue, peut
demander la rescision de sa renonciation, si elle a été
lésée d'outre moitié. [1]

Cette action est admise lors même que par le même acte, pour un seul et même prix, la fille aurait
cédé ses droits sur une autre hoirie, à laquelle elle
était appelée en qualité de cohéritière avec le cessionnaire. [2]

L'action en lésion en ce cas ne se prescrit que par
10 ans, depuis la mise en vigueur du Code civil.

CONVERSET C. SES SOEURS.

LE SÉNAT : Attendu que l'hoirie d'Aimé
Converset, père des parties, ouverte en
1818, a été déférée à l'appelant, et que la
loi en a exclu les intimées moyennant le
paiement d'une dot congrue;

Attendu que, comme héritier de son père,
l'appelant était tenu au paiement des dettes
et charges de la succession;

Attendu dès lors que les cessions que les
intimées lui ont faites sous la dénomination
de vente d'hoiries, et avec toutes les clauses
particulières aux contrats de cette nature,
par actes des 23 février 1830, et 11 avril
1831, Meynet notaire, n'ont, dans la partie
qui touche l'hoirie paternelle, ni augmenté,
ni pu augmenter les charges et risques qui
pesaient déjà sur l'appelant, et qu'il avait
assumées par le seul fait de son immixtion
dans l'hoirie;

Attendu, après cela, que si l'on dépouille
les actes prémentionnés des clauses inutiles
qu'ils contiennent à l'égard de l'hoirie paternelle, ces actes ne sont plus, dans la réalité, qu'une renonciation de la part des intimées, au profit de l'appelant, à la dot congrue qui leur compétait dans cette hoirie,
moyennant un prix qui est confondu avec
celui de la vente qu'elles ont faite dans les
mêmes actes de leur part de l'hoirie de Marie Perrier leur mère;

---

[1] V. Arrêts du 29 avril 1843; p. 175.—Du 13 août
1844; p. 253.
[2] Arrêts du 16 mai 1843; p. 179. — Du 22 mars
1844; p. 225.

Attendu que les renonciations faites par les intimées n'ont pas eu lieu dans les cas contemplés au § 1er du tit. 18, liv. 8 des R. C.; et que suivant le § 6, tit. 7, du même livre, la quotité des biens de l'hoirie forme l'un des éléments qui entrent dans la fixation de la dot; que cet élément a même été considéré comme le principal, dès l'abrogation des lois françaises;

Attendu que s'il est vrai que les intimées aient été lésées, même simplement d'outre moitié, dans la renonciation qu'elles ont faite, la voie de la rescision doit leur être ouverte;

Attendu que c'est pour un seul prix qu'elles ont fait à l'appelant et la renonciation dont il s'agit, et la vente de leur part de l'hoirie de Marie Perrier, qui les avait instituées héritières avec leur frère, par testament du 20 février 1820, Meynet notaire;

Attendu qu'en raison de l'aléatoire que comporte la vente des droits successifs, on ne saurait déterminer quelle est la partie du prix corrélative à la renonciation;

Attendu, dès lors, qu'il faut ou admettre ou rejeter l'action en rescision des actes dans leur entier;

Attendu que dans cette alternative on doit se prononcer pour les intimées, parce que si les actes sont lésifs, il est plus juste de rétablir les parties dans l'état où elles étaient auparavant, que de priver les intimées de l'action qui leur compète en rescision de la renonciation;

Attendu que la prescription de l'article 1681 du Code civil, est limitée à la vente des immeubles, et que les actes Meynet notaire, en raison des choses qui en sont l'objet, ne sont soumis qu'à la prescription décennale de l'art. 1398;

Attendu, d'après ce qui précède, que pour connaître s'il est intervenu dans les actes prémentionnés une lésion d'outre moitié au préjudice des intimées, on doit acheminer les parties à la composition de l'actif et du passif des hoiries d'Aimé Converset et de Marie Perrier, et à l'évaluation des immeubles et des effets mobiliers de ces hoiries:

En recevant Victor Converset appelant,.. sans s'arrêter à l'exception de prescription proposée, ordonne qu'il contredira, si bon lui semble, le rôle d'immeubles, etc.

PORTIER DU BELLAIR, *P.* ARMINJON, *R.*

---

20 Avril 1847.

COMPÉTENCE. — CONSEIL D'INTEN-DANCE. — PRISE D'EAU. — BARRAGE. — CONVENTION.

Les tribunaux peuvent connaître des demandes en suppression de barrages sur un cours d'eau domanial, lorsque cette suppression est demandée en exécution de conventions privées, et en laissant intacts les droits du domaine. [1]

ARAMBOURG C. BACHET.

LE SÉNAT : Attendu que les conventions du 21 juillet 1836, Baume notaire, laissant intacts les droits du domaine royal, et n'ayant pour objet que des intérêts privés, les questions relatives à la validité et à l'exécution desdites conventions, sont de la compétence des tribunaux ordinaires, ce qui rend inapplicable l'art. 22, §2 des L. P. du 31 décembre 1842;

Au fond :

Attendu qu'il résulte des pièces produites, qu'à l'époque de l'acte du 21 juillet 1836, l'appelant avait déjà deux artifices sur le canal de Thioux, c'est-à-dire un battoir à écorce, et une roue pour un moulin à blé; que leur construction avait été autorisée par ordonnances de l'intendant d'Annecy des 21 juillet 1825, et 18 décembre 1826; et que par les L. P. du 26 août 1841, Arambourg a été autorisé par S. M. à continuer la prise d'eau par lui opérée, et qu'ainsi la prise d'eau antérieure a été maintenue;

Attendu que Claude Bachet voulant construire sur le même cours d'eau des artifices en aval de ceux d'Arambourg, les parties ont pu valablement faire toutes les conventions qu'elles ont cru nécessaires pour garantir leurs intérêts réciproques;

Attendu que ces conventions n'ont rien d'illicite et qu'elles contiennent un correspectif réel de la part d'Arambourg, non-seulement dans le consentement de ce dernier aux constructions projetées par Bachet, mais encore dans la concession qu'il a faite à Bachet d'appuyer les barrages sur ses fonds, et sur l'îlot dont il s'est dit propriétaire;

Attendu que si Bachet a obtenu depuis la concession royale du 7 septembre 1841, il

---

[1] Concl. contr., 10 décembre 1816; p. 607.

n'a fait que se conformer à la clause qui avait été expressément stipulée dans l'acte même du 21 juillet 1836, et que cette concession lui a été accordée dans la supposition que la dérivation qu'il implorait du roi, n'était pas nuisible aux droits des tiers :

Par ces motifs, déclare Hortense Welfert, veuve Bachet, en sa qualité de tutrice d'Alfred Bachet, son fils, non-recevable en ses conclusions de nullité du traité du 21 juillet 1836, Baume notaire.

GRILLO, *P. P.* DELEUSE, *R.*

---

20 Avril 1847.

ACQUIESCEMENT. — CHOSE JUGÉE. — PARTAGE. — VENTE.

Le cohéritier qui vend l'immeuble échu à son lot, est censé acquiescer au jugement qui a ordonné le partage, pourvu toutefois qu'il soit établi qu'il en a eu connaissance.

DUNAND C. DUNAND.

LE SÉNAT : Attendu que lors du jugement du 12 janvier 1838, Pierre-Joseph Dunand et les autres défendeurs n'ont rien répondu aux conclusions en partage prises par Angélique Barbaz ;

Attendu que par son écriture du 11 mai suivant, ladite Barbaz a produit en l'instance le jugement du 12 janvier 1838 ; qu'à l'audience du même jour elle a sommé les défendeurs de procéder, en exécution dudit jugement, à la nomination d'experts, aux fins du partage, et qu'ils n'ont fourni aucune réponse à cette sommation ;

Attendu que par exploit du sergent Berthet du 27 avril 1839, signifié à l'appelant en personne, il lui a été notifié copie de la requête décrétée par le tribunal de préfecture du Chablais le 19 même mois, laquelle renfermait mention expresse du susdit jugement qui avait ordonné le partage de l'hoirie de Pierre Dunand, et successivement la subdivision des lots suivant les bases portées en la requête introductive d'instance ;

Attendu que ces diverses circonstances indiquent assez que Pierre-Joseph Dunand a eu connaissance, à ces diverses époques, de la décision du 12 janvier 1838 ;

Attendu que la vente qu'il a passée le 13 octobre 1839, devant le notaire Dubouloz, à Aimé Dunand, d'une pièce de pré portée

en son lot, dans l'acte de partage, peut être considérée comme constituant un fait d'adhésion audit partage, et par suite, un acquiescement au jugement qui l'avait prescrit :

Par ces motifs, déclare Pierre-Joseph Dunand non-recevable en son appel du jugement dont il s'agit.

GRILLO, *P. P.* COPPIER. *R.*

---

23 Avril 1847.

VENTE. — ACTE PUBLIC. — DÉROGATION. — BILLET SOUS SEING-PRIVÉ. — POSITIONS.

Art. 1611, 1412 C. c.

Le vendeur est tenu de délivrer l'objet vendu ; le billet sous seing-privé par lequel l'acheteur se serait chargé des frais d'un procès à intenter, pour obtenir la délivrance des biens vendus, ne peut affranchir le vendeur de cette obligation. Cette convention forme une dérogation au contrat de vente, et doit être rédigée en acte authentique.

La promesse de partage d'un immeuble ne peut être prouvée que par acte authentique. Les positions données à ce sujet ne sont pas recevables. [1]

LOUVIER C. DUBOIN.

LE SÉNAT : Attendu qu'en vertu des dispositions de l'art. 1611 du Code civil, Louvier était tenu de faire le transport en la jouissance et possession de Duboin des biens qu'il lui avait vendus par l'acte du 1er octobre 1846, Bouvard notaire ;

Attendu que l'acquéreur a nié d'avoir été mis, et d'être en possession de ces biens, et que le vendeur ne s'est point acheminé à établir le contraire ;

Attendu qu'il résulte des certificats délivrés par le secrétaire de la commune de Saint-Gervais, les 26 mars et 19 juin 1843, que les numéros de ces biens ont été portés à la côte de Gonthard, et successivement à celle de spectable Demay, ensuite des sentences mentionnées dans les actes de mutation ;

Attendu que quels que puissent être la portée de ces sentences et le mérite de ces mutations, l'acquéreur trouvait dans ces

---

[1] Concl. contr., 11 janvier 1847.

titres un motif suffisant pour ne pas faire
des actes de possession qui auraient pu l'exposer à des condamnations aux dommages-
intérêts ;

Attendu que l'écrit sous seing-privé du
1er octobre 1840, par lequel Duboin aurait
pris l'engagement de poursuivre à ses frais
le procès à intenter à spectable Demay pour
obtenir la division et la limitation des biens
que Duboin avait acquis, ne peut être opposé à Duboin d'une manière efficace, parce
que cet écrit renferme des explications et
modifications au contrat de vente consenti
le même jour, et que dès lors elles devaient
être rédigées en instrument public, suivant
les dispositions du 4e alinéa de l'art. 1412
du Code ;

Attendu que la position donnée par Louvier dans son écriture du 18 avril 1846,
n'est pas admissible, en ce qu'elle tendait à
établir l'existence entre Duboin et spectable
Demay d'une convention en partage d'immeubles, qui ne saurait avoir d'existence
légale qu'au moyen d'un acte public ;

Attendu que l'état des choses, et la position relative des parties, donnent lieu à
accorder à Louvier un délai convenable
pour qu'il puisse faire la délivrance des
biens vendus ;

Attendu qu'il est inutile de maintenir les
tiers saisis en cause, sauf à les appeler en
définitive s'il y échoit :

En recevant Marie-Eugène Louvier appelant, ... ordonne, avant de statuer sur les
plus amples conclusions des parties, que
Louvier justifiera, dans le délai d'une
année, d'avoir fait à Michel Duboin la délivrance des biens qu'il lui a vendus par contrat du 1er octobre 1840, Me Bouvard notaire.

GRILLO, P. P. MARESCHAL, R.

---

23 Avril 1847.

COMMERÇANT. — CONTRAINTE PAR CORPS. — EXCEPTION. — ENTREPRENEUR DE TRAVAUX PUBLICS. — BANQUIER.

Art. 717 C. de comm.

L'entrepreneur de travaux publics, empruntant
d'un banquier, est réputé commerçant ; s'il ne rembourse au terme fixé, il est contraignable par corps.

La contrainte peut être demandée après le jugement de condamnation, et en ce cas, prononcée par
sentence à part.

REGAUD C. INSERMINI.

LE SÉNAT : Attendu que Regaud et Insermini ont la qualité de commerçants, le premier comme banquier, le second comme entrepreneur de travaux publics ;

Attendu que les prêts qui ont fait le mérite de la créance de Regaud, ayant été
puisés dans sa caisse, et ayant servi à payer
les travaux de l'entreprise d'Insermini, cette
créance doit être regardée comme commerciale ;

Attendu qu'en admettant même, suivant
le système d'Insermini, que Regaud aurait
été caution de son entreprise, la créance ne
serait pas moins commerciale, puisque ce
cautionnement aurait eu pour objet une
affaire de commerce ;

Attendu qu'en vertu de l'art. 717 du
Code de commerce, la contrainte par corps
doit être prononcée, sauf les exceptions et
modifications déterminées, contre tout commerçant condamné pour dette commerciale,
au paiement d'une somme principale excédant 500 liv. ;

Attendu que la créance de Regaud excède
cette somme, et qu'Insermini ne se trouve
pas dans un des cas exceptés par la loi ;

Attendu que Regaud n'avait pas conclu
pour obtenir la contrainte par corps dans
les instances qui ont précédé le jugement
de condamnation rendu le 22 décembre
1845, et que ce jugement n'a rien statué à
cet égard ;

Attendu que, bien que suivant la loi sur
la contrainte par corps, et notamment suivant l'art. 717, cette contrainte doive, en
thèse générale, être prononcée par un jugement, il n'est pas néanmoins strictement
ordonné qu'elle soit prononcée par le même
jugement qui condamne au paiement de la
dette ;

Qu'en effet, d'après les principes généraux, le juge qui a déjà statué sur les instances des parties, peut encore prononcer
soit sur les demandes accessoires, lorsqu'elles sont originairement fondées sur la
disposition de la loi, soit sur le mode d'exécuter son jugement ;

Que dans l'espèce la demande en contrainte par corps, bien qu'accessoire de la
condamnation au paiement, est fondée sur
la disposition de la loi qui accorde cette
action à laquelle le jugement du 22 décembre 1845 n'a porté aucune atteinte, puisqu'aucune conclusion n'avait été prise sur
ce point, et qu'il n'a rien statué à cet égard ;

Qu'envisagée sous un autre point de vue, cette demande ne tend qu'à l'exécution du jugement principal, et peut par conséquent être accordée par un second jugement;

Attendu qu'on ne saurait tirer une induction contraire en opposant que l'art. 2108 du Code civil paraîtrait limiter au cas mentionné au 4ᵉ alinéa de cet article, le pouvoir accordé au juge de prononcer la contrainte par corps par un second jugement, et de ce qu'aux termes de l'art. 722 du Code de commerce, les dispositions du Code civil sur la contrainte par corps sont applicables en matière de commerce; en effet, les dispositions de l'art. 2108 se rapportent à des cas où il est purement facultatif au juge de prononcer la contrainte par corps, à raison de quelques circonstances spéciales; elles ne pouvaient donc s'étendre à ceux dans lesquels la contrainte par corps étant un droit accordé par la loi et inhérent à l'action principale, il ne dépend pas de l'arbitrage du juge de l'accorder ou de ne pas l'admettre :

En recevant André Regaud appelant,... sans s'arrêter à l'opposition proposée par Insermini, le déclare contraignable par corps pour l'exécution des condamnations prononcées contre lui par le jugement rendu le 22 décembre 1846, par le chef du consulat de Chambéry.

GRILLO, *P. P.* MARESCHAL, *R.*

1ᵉʳ Mai 1847.

FEMME. — AUTORISATION. — SÉPARATION DE BIENS. — COMPÉTENCE.

Art. 129 C. c.

Le Sénat autorise à ester en jugement la femme française qui se pourvoit directement à lui pour obtenir l'exécution dans les états d'un jugement rendu par un tribunal étranger.

Le tribunal du domicile du mari est toujours compétent pour prononcer la séparation de biens. [1]

FRANÇON C. DURAND.

Attendu qu'il résulte du contrat de mariage passé à Chambéry le 2 janvier 1841, Bebert notaire, entre la demanderesse et

Jean-François Durand, que ce dernier est né et domicilié à Voiron (France), en conséquence, le tribunal de Grenoble, dans le ressort duquel ledit Durand est né et domicilié, était compétent pour prononcer la séparation de biens entre celui-ci et la demanderesse, sa femme, ainsi qu'il l'a fait par jugement du 28 août 1841;

Attendu que l'acte du 11 septembre suivant, Martin notaire à Voiron, établit que Jean-François Durand et Mᵉ Chaffard, en sa qualité de syndic définitif à la faillite dudit Durand, ont acquiescé à ce jugement, et qu'ils l'ont même exécuté en partie;

Attendu que les conclusions de Mᵉ Ponnet en sa qualité, relatives à l'interprétation du jugement dont il s'agit, sont prématurées :

Autorise la demanderesse à ester en jugement, et en déférant aux lettres rogatoires de la cour royale de Grenoble, sous date du 27 juin 1846, permet dans son ressort l'exécution du jugement rendu au profit de la demanderesse, par le tribunal civil de Grenoble, le 28 août 1841.

GRILLO, *P. P.* JACQUEMOUD, *R.*

1ᵉʳ Mai 1847.

VENTE. — PRIVILÉGE. — NOVATION. — PURGE. — ORDRE. — FRAIS.

Art. 1565, 1600, 2352 C. c.

Le vendeur qui convertit en rente constituée le prix d'un immeuble, n'est pas censé pour autant faire novation et renoncer à son privilège.

Les frais de l'acte de vente, ceux de transcription, des notifications, de l'insertion au journal, et ceux des états des inscriptions hypothécaires, sont, en règle générale, à la charge de l'acheteur. [1]

Les frais de l'instance d'ordre sont à la charge du vendeur.

DUPENLOUP C. QUIBY.

LE SÉNAT : Attendu que l'acte (du 30 septembre 1838, Perréard notaire) ne renferme aucune clause relative à la purge de l'immeuble vendu;

Attendu que résultant de la clause finale

---

[1] Concl. conf., 3 mars 1847.

[1] Concl. 19 mars 1847.
Arrêt contr., 14 avril 1841, ci-devant, p. 121. — 14 février 1844, ci-devant, p. 129. — 22 mars 1842, ci-devant, p. 137.

de l'acte dont il s'agit, que Quiby a voulu conserver le privilége du vendeur, quoiqu'il vînt de convertir en rente constituée le prix de l'immeuble par lui vendu, on ne saurait induire une vraie novation de cette constitution de rente; que dès lors la clause du même acte, invoquée par Dupenloup, appartient au style du notaire, et qu'on doit considérer la constitution de la rente plutôt comme un mode de paiement du prix de la vente, que comme une nouvelle dette contractée par Dupenloup;

Attendu encore que la novation ne se présume pas, qu'il faut qu'elle résulte clairement de l'acte, et que dans l'espèce elle ne ressort pas suffisamment du contrat Perréard notaire;

Attendu qu'en l'absence de stipulations, et hors le cas où un sentiment de pure vexation de la part de l'acheteur serait évident, on doit recourir aux principes pour décider sur lequel de l'acheteur ou du vendeur doit tomber la charge des frais de la purge et de l'ordre;

Attendu que l'art. 1600 du Code civil met à la charge de l'acheteur les frais d'actes, et autres accessoires de la vente; que parmi les frais accessoires à la vente, on doit compter ceux de la transcription du titre, sa notification, et de son insertion au journal, qui ont pour objet la consolidation de l'immeuble entre les mains de l'acheteur; que la notification ne pouvant s'opérer qu'au vu d'un état général des inscriptions grevant l'immeuble, les frais de cet acte doivent être également compris parmi ceux qui sont accessoires à la vente;

Attendu, en outre, que l'art. 2314 du Code civil vient à l'appui de cette opinion, en ordonnant que l'adjudicataire doit restituer au précédent acquéreur les frais susmentionnés.

En ce qui touche les frais de l'ouverture et de l' poursuite de l'ordre:

Atte lu qu'aux termes de l'art. 2332 du même Code, et de l'art. 157 de l'édit hypothécaire, ces frais doivent être prélevés sur la somme mise en distribution; qu'ainsi ces frais ne sont pas à la charge de l'acheteur:

En recevant Dupenloup appelant, déclare les frais de la transcription du contrat du 30 septembre 1838, Perréard notaire, ceux de la notification, de l'insertion au journal et de l'état des inscriptions être à la charge de Dupenloup, et n'être pas à sa charge ceux relatifs à l'introduction et à la purge.

suite de l'instance d'ordre, pour la distribution du prix porté audit contrat.

PORTIER DU BELLAIR, P. ARMINJON, R.

6 Mai 1847.

APPEL. — VALEUR. — VALEUR RELATIVE.

Pour fixer la valeur de la cause d'appel, on doit tenir compte de l'usage auquel était destiné l'objet de la contestation, et de la valeur relative qu'il peut avoir pour celui qui le revendique.

DESCHAMPS C. DESCHAMPS.

LE SÉNAT : Attendu, quant à la valeur de la cause, que s'il est de principe constant qu'on ne doit pas seulement avoir égard à la valeur absolue du terrain contentieux, mais aussi à sa valeur relative pour celui qui le revendique; il suit de cette règle même que l'appréciation doit varier suivant que le demandeur posséderait ou ne posséderait pas d'autres terrains propres au même usage qu'il a en vue; et que, en cas affirmatif, la valeur du litige consiste à ajouter au prix vénal du sol l'évaluation de sa plus-value pour la destination déterminée, si plus-value il y a comparativement à l'emploi des autres terrains;

Attendu d'ailleurs que les parties sont d'accord de mettre de côté la valeur des constructions que l'appelant aurait déjà établies sur le sol contesté :

Ordonne qu'il sera procédé à expertise...

PORTIER DU BELLAIR, P. D'ARCOLLIÈRES, R.

7 Mai 1847.

VENTE. — PRIX. — ACTE PUBLIC. — CONTRE-LETTRE. — SIMULATION.

Art. 1112, 1037 C. c.

Sous les R. C., bien que les ventes d'immeubles dussent, à peine de nullité, être rédigées en actes authentiques, on était cependant admis à prouver qu'une partie du prix avait été déguisée et portée par une contre-lettre souscrite en même temps que la vente.

Ce supplément du prix stipulé est dû, en tout cas au

vendeur, lors même que par suite de circonstances particulières, les délégations consenties se trouveraient inefficaces. [1]

GONTHARET C. FLANDIN.

LE SÉNAT : Attendu en fait que, par acte du 12 mars 1832, Jeanne-Marie Villibord, veuve Gontharet, a vendu des immeubles à Antoine Romanet pour le prix de 5,200 liv.; qu'elle a fait quittance de ce prix à concurrence de 1,000 liv., au moyen d'un billet de semblable somme souscrit en sa faveur par Pierre-Antoine Flandin, beau-père de l'acquéreur, et qu'il a été convenu entre Flandin et son gendre que celui-ci imputerait la somme dont il se trouvait ainsi déchargé, sur les droits de marie-Lucie Flandin, son épouse ;

Que, par un autre billet du même jour, Pierre-Antoine Flandin s'est engagé à payer à ladite Villibord pareille somme de 1,000 liv., et que pour correspectif de cet engagement contracté par Flandin, à la décharge de son gendre, celui-ci s'est obligé de payer, après le décès de Flandin et à la décharge des héritiers de ce dernier, un legs de semblable somme de 1,000 liv.. que ledit Flandin avait fait en faveur d'un enfant naturel de sa fille Marie-Lucie ;

Qu'il résulte, tant de ce dernier billet que d'une déclaration dont il est suivi, que la somme de 1,000 liv. dont il s'y agit a été promise par Flandin à la veuve Gontharet, pour une partie du prix que l'on n'avait pas fait figurer dans l'acte de vente passé en faveur de Romanet ;

Attendu que les signatures dont sont revêtus le billet et la déclaration sus-énoncés, n'ont pas été contestées; qu'il est hors de doute, en conséquence, que le prix de la vente consentie en faveur de Romanet était de 4,200 liv.; que la veuve Gontharet n'a consenti à n'en faire figurer que 5,200 dans l'acte, que parce que, par un titre à part, le beau-père de l'acquéreur s'était engagé à lui payer l'équivalent de cette diminution ;

Attendu, en droit, que si les R. C. sous l'empire desquelles a été passé le contrat de vente du 12 mars 1832, exigent que les ventes d'immeubles soient faites par instrument authentique, on ne peut pas en conclure que la vente ayant été faite par acte public,

l'acquéreur puisse se prévaloir du défaut d'énonciation dans l'acte d'une partie du prix pour en frustrer le vendeur, lorsqu'il est certain d'ailleurs que la vente a été faite pour un prix supérieur à celui énoncé dans l'acte, et qu'il existe un titre qui fait connaître le montant de cet excédant ;

Attendu que dans un cas semblable, où la preuve d'un prix supérieur à celui mentionné dans l'acte se trouve acquise et n'est pas contestée, il y aurait dol de la part de l'acquéreur à vouloir retenir la chose vendue sans payer tout le prix convenu, et qu'on ne peut supposer que la loi ait entendu donner son appui à une fraude de cette espèce ;

Attendu que ces observations s'appliquent à celui qui s'est obligé pour l'acquéreur, tout aussi bien qu'à l'acquéreur lui-même ;

Attendu qu'il n'a pu être au pouvoir de Pierre-Antoine Flandin de se délier de son engagement envers la veuve Gontharet, en révoquant le legs que Romanet avait pris charge de payer à l'enfant naturel de Marie-Lucie Flandin ;

Attendu que le billet dont il s'agit était un titre distinct de la vente, qui donnait aux appelants le droit d'agir directement contre les héritiers de Pierre-Antoine Flandin, et que c'eût été à ceux-ci à faire appeler en cause Romanet, s'ils avaient cru devoir exercer une action en recours contre lui :

Déclare les héritiers Flandin tenus de payer, chacun à concurrence de sa part héréditaire, la part afférente aux demandeurs sur le montant du billet dont il s'agit.

PORTIER DU BELLAIR, P.
DE St-BONNET, R.

- - - - - -

10 Mai 1847.

APPEL. — DÉSERTION. — INSCRIPTION AU ROLE. — COMMUNICATION A L'AVOCAT-GÉNÉRAL.

La désertion de l'appel est encourue, même pour les causes appointées et mises au rôle dans l'année, lorsque l'appelant vient ensuite à retarder outre mesure, et sans juste motif, la communication des pièces au ministère public. [1]

- - - - - -

[1] Arrêts conf., 5 juin 1847 : Taravel c. Taravel; du Juge, R.; et 7 août 1847 : Devillaz c. Devillaz; Armnjon, R.

[1] Concl. contr., 13 août 1845; p. 565.
V. Arrêt du 8 avril 1843; p. 173.

GROSSET - CURTET C. CONSEIL ET
GROSSET - JANIN.

LE SÉNAT : Attendu qu'aux termes du § 17, tit. 26, liv. 5 des R. C., rappelé dans le manifeste du Sénat du 4 juillet 1845, les causes d'appel doivent être terminées dans une année, et que si elles ne le sont pas dans ce délai par la faute de l'appelant, l'appel est censé désert ;

Attendu que, suivant l'art. 5 du même manifeste, les causes d'appel sont censées terminées par l'appointement en droit et la mise au rôle ;

Attendu que le § 1er des L. P. du 1er mars 1858, porte que les causes dans lesquelles la communication des pièces au ministère public est ordonnée, seront inscrites au rôle après que les conclusions des parties auront été données ;

Attendu qu'on voit par l'ensemble de ces dispositions que l'appelant doit faire dans l'année tout ce qu'il faut faire pour que la cause soit prête à être jugée ;

Attendu que si dans les procès qui exigent l'avis du ministère public, le Sénat permet de faire inscrire la cause au rôle avant que l'office public ait conclu, cette interversion dans l'ordre des formalités ne diminue en rien les obligations que l'appelant doit remplir pour que son appel ne se périme pas ; qu'il doit dès lors, après la mise au rôle, et dans l'année, déposer et faire déposer au banc de l'actuaire les pièces du procès, pour qu'elles soient transmises au ministère public, si cela a été ordonné ;

Attendu que si dans le cas où la cause doit être communiquée au ministère public, on admettait que l'appelant a satisfait au vœu de la loi, en se bornant à faire appointer et inscrire au rôle la cause, on lui donnerait la faculté d'en retarder indéfiniment la décision, ce qu'il pourrait faire en différant la remise des pièces à l'office public, et l'on éluderait ainsi les dispositions royales qui ont toutes pour but de mettre un terme prompt au jugement des causes d'appel ;

Attendu que dans l'espèce la cause a été appointée et mise au rôle dans l'année qui a commencé le 21 juin 1845, mais que ce n'est que le 4 février 1847 que l'appelant a fait au banc de l'actuaire le dépôt de ses pièces pour la communication à l'avocat-fiscal-général, prescrite par l'ordonnance rendue par le rapporteur de la cause le 15 mars 1845 ;

Attendu que l'appelant n'a donné aucun motif qui vienne excuser le retard de huit mois qu'il a mis à faire la communication prescrite :
Déclare l'appel péri et désert.
PORTIER DU BELLAIR, P. ARMINJON, R.

---

11 Mai 1847.

SUBHASTATION. — TRANSCRIPTION. — DESSAISISSEMENT. — VENTE. — OFFRE. — APPEL.

Art. 2311.

Le débiteur est dessaisi des biens subhastés, et est considéré comme simple séquestre judiciaire, depuis le jour de la transcription au bureau des hypothèques de l'ordonnance de vente par expropriation forcée.

La vente par lui consentie après cette époque est nulle et de nul effet en ce qui concerne le créancier poursuivant.

Cependant le débiteur peut toujours recouvrer les biens, et cesser les poursuites en désintéressant le créancier poursuivant.

Pour lui faire offre de paiement, il n'est pas nécessaire de se porter appelant. l'ordonnance de vente.

GUICHERD - CAMELOT C. PERRET.

LE SÉNAT : Attendu qu'il résulte des pièces de l'instance que Françoise Perret, femme Genix, avait obtenu, le 22 juin 1841, ordonnance portant autorisation de subhastation des immeubles de Claude Perret, qui avait été transcrite au bureau des hypothèques le 5 juillet suivant, et confirmée en appel ; que cette première ordonnance et celles qui l'avaient suivies, étant devenues surannées par la suspension des poursuites, elle a obtenu nouveau commandement, et nouvelle ordonnance d'autorisation de subhastation, à la date du 7 décembre 1844 ; que cette seconde ordonnance a été transcrite au bureau des hypothèques le 21 décembre 1844 ; les enchères n'ayant pas eu lieu à l'audience du 50 janvier 1845, qui avait été fixée dans ladite ordonnance du 7 décembre 1844, elles furent renvoyées par ordonnance du 18 octobre 1845, à l'audience du 21 novembre suivant, et successivement prorogées par trois décrets du 21 novembre 1845,

---

1 Concl. conf. 8 avril 1817.

45

et enfin du 11 décembre 1846, elles ont été fixées par ce dernier décret à l'audience du 26 janvier 1847 ; et qu'à cette audience a été rendu le jugement dont est appel, par lequel le tribunal, sans s'arrêter aux oppositions de Gicherd-Camelot, non plus qu'à celles de Claude Perret, ordonne de passer aux enchères préparatoires des immeubles dont il s'agit ;

Attendu que l'acte de vente du 8 novembre 1845, Revil notaire, sur lequel Joseph Guicherd-Camelot fonde son opposition, est postérieur à la transcription au bureau des hypothèques de l'ordonnance portant autorisation de subhastation du 7 décembre 1844 ; que les diverses ordonnances rendues en exécution de celle-ci en ont empêché la surannation ; qu'en conséquence, le débiteur Claude Perret, se trouvait à la date dudit acte du 8 novembre 1845, également dessaisi de la libre disposition de ses immeubles, et que la vente par lui faite dans cet acte en faveur de Guicherd-Camelot, ne peut avoir aucun effet à l'encontre de la poursuivante ;

Attendu que l'appelant ne peut pas invoquer la prorogation consentie par l'acte sous seing-privé du 7 janvier 1846, qui est pour lui res inter alia acta ; et qu'il n'est conséquemment pas le cas d'entrer dans l'appréciation des conséquences de cette promesse de prorogation ;

Attendu que le jugement du 27 janvier 1847 n'est point un obstacle à ce que l'appelant ne puisse encore faire cesser les poursuites de la femme Genix, en la mettant complètement hors d'intérêt, le débiteur, ou tout autre pour lui, étant toujours admissible à faire cesser les poursuites du créancier par le paiement de la créance, pour qu'il se porte à ce sujet à des offres satisfactoires et réelles, mais qu'il ne peut se faire de ces offres un moyen d'appel, et qu'il doit les proposer d'une manière régulière devant les premiers juges ;

Attendu que les conclusions en garantie prises par Claude Perret à l'encontre de Guicherd-Camelot, en se fondant sur les stipulations de l'acte du 8 novembre 1845, n'ont point encore été proposées en première instance ; qu'il ne peut conséquemment y avoir lieu en l'état à rien statuer à ce sujet dans la présente instance d'appel :

Déclare Joseph Guicherd-Camelot non-recevable en son appel.

Grillo, P. P. Clert, R.

17 Mai 1847.

APPEL. — DÉLAI. — SERMENT. — RÉVOCATION.

Art. 1181 C. c.

Pour que l'appel soit recevable, il suffit que la requête ait été déposée au secrétariat du Sénat dans les délais utiles, bien qu'elle n'ait été décrétée qu'après l'échéance des délais.

On peut toujours rétracter le serment, lors même qu'il a été accepté, s'il n'a pas été régulièrement déféré dans une écriture signée par la partie elle même, ou par son mandataire spécial.

ARMINJAT C. MOLLARD.

LE SÉNAT : Attendu, sur la fin de non-recevoir, que le jugement dont est appel a été intimé le 14 août 1846, qu'il en a été interjeté appel le 21, et que les appelants ont déposé leur requête en relief d'appel au secrétariat civil du Sénat le 8 novembre, quoique cette requête n'ait été décrétée que le 17 ;

Attendu que les mariés Robert, en faisant le dépôt de ladite requête dans le délai de 80 jours, à dater de l'interjection d'appel, ont satisfait au vœu de la loi ;

Attendu, au fond, que, par écriture du 10 janvier 1845, le procureur de Péronne Mollard a déféré le serment à Fanchette Arminjat sur les deux faits ténorisés dans la formule consignée dans cet acte, mais que cette écriture n'est point signée par ladite Mollard, et qu'il n'est pas justifié que son procureur ait eu un mandat spécial pour faire cette délation de serment ; d'où il suit qu'elle est irrégulière, et doit être considérée comme non-avenue, et que l'intimée a été fondée à révoquer ce serment, nonobstant l'acceptation faite par les appelants :

En recevant les mariés Arminjat et Robert appelants du jugement rendu par le tribunal de Bonneville le 31 juillet 1846, met l'appellation et ce dont est appel à néant.

DE LA CHARRIÈRE, P. SETTIER, R.

21 Mai 1847.

CONTRAINTE PAR CORPS. — DETTE COMMERCIALE.

Art. 2099 C. c. (Q. T. R. C.)

C'est la loi en vigueur au jour où l'obligation a été contractée, qui seule détermine quand la contrainte par corps est applicable.

En conséquence, pour les dettes commerciales contractées sous les R. C., la contrainte par corps ne peut être prononcée qu'en voie subsidiaire, en cas d'inefficacité de toutes poursuites réelles sur les biens du débiteur.[1]

Rey c. Mayet.

Le Sénat : Attendu que la créance dont il s'agit prend son origine dans les livrances faites au père de l'appelant le 23 février 1826, au montant de 255 liv. 40 cent., et dans la reconnaissance faite par le défendeur le 8 septembre 1839 ;

Attendu, dès lors, que l'obligation dont il s'agit a pris son origine avant la publication du Code de commerce, et par conséquent, sous l'empire des R. C. ;

Attendu que la contrainte par corps n'est pas seulement un mode d'exécution, mais qu'elle est une véritable garantie donnée à l'obligation ;

Que, sous ce rapport, la contrainte par corps ne doit être exercée que sous les modifications prévues par la loi veillante lors de l'obligation ;

Attendu, en conséquence, que, faute par les intimés d'avoir épuisé les autres moyens d'exécution, il ne pouvait y avoir lieu à la prise de corps ;

Attendu enfin que le défendeur ayant eu connaissance du jugement du 27 mars 1846, par la notification qui lui en a été faite en personne le 9 décembre suivant, aurait à s'imputer de ne s'être pas porté appelant dudit jugement dans le délai légal ; qu'ainsi ce serait par sa négligence qu'il aurait donné lieu aux lettres de prise de corps du 7 janvier dernier :

En recevant Joseph Rey légitime appelant du jugement déféré, a mis et met l'appellation et ce dont est appel à néant ; et, par nouveau jugement, sans s'arrêter à ses conclusions en dommages, déclare n'y avoir lieu à décerner la contrainte par corps contre le défendeur, et ordonne qu'il sera mis en liberté.

De la Charrière, *P.*
Milliet de St-Alban, *R.*

---

22 Mai 1847.

TRIBUNAL DE COMMERCE. — JUGE-MAGE. — CONSULAT.

Dans les provinces où il n'existe pas de tribunal de commerce, le juge-mage connaît seul des procès en matière commerciale.

Il prononce sans consulter les autres membres du tribunal.[1]

Chapelain et Brachet c. Jacquemin.

Le Sénat : Attendu qu'en raison de son objet, la cause qui ventile entre les parties, appartient à la juridiction commerciale ;

Attendu qu'aux termes de l'art. 18 de l'édit du 22 septembre 1822, les tribunaux de judicature-mage doivent, dans les villes où ne siègent pas des consulats, connaître en première instance des causes concernant le commerce, en observant la procédure prescrite par les constitutions générales, pour les magistrats du consulat ;

Attendu que l'art. 5 des L. P. du 29 février 1828, prescrit aux juges-mages des provinces dans lesquelles il n'existe pas de tribunal de commerce, de remplir les obligations qui sont imposées au chef du consulat dans les §§ 3, 4, 7, chap. 1, et les §§ 1, 2, 3 et 54; chap. 2 du tit. 16, liv. 2 des R. C. ;

Attendu qu'il ressort de la combinaison des dispositions contenues dans les § précités, que le juge-mage faisant les fonctions de chef du consulat, peut et doit même souvent, pour terminer promptement les procès, les juger sans le concours des autres membres du tribunal qu'il préside ; que c'est du reste ainsi qu'on le pratique en Savoie, et qu'on ne saurait trop applaudir à cet usage ;

Attendu que les L. P. du 24 avril 1845 n'ont pas innové, en ce qui touche la juridiction commerciale, qu'elles l'ont au contraire maintenue, en conservant même la forme de procéder, sauf quelques modi-

---

[1] Concl. conf., 30 avril 1847.

[1] Concl. conf., 16 mars 1847; p. 177.

fications qui ne touchent pas à la question soulevée par les appelants :

Sans s'arrêter aux exceptions de nullité proposées, déclare les appelants non-recevables en leur appel.

PORTIER DU BELLAIR, *P.* ARMINJON, *R.*

---

29 Mai 1847.

SAISIE. — CAUTION. — NULLITÉ. — DOMMAGES.

Est nulle, sauf dans les cas spécialement exceptés par la loi, la saisie faite par le créancier qui n'a pas préalablement donné caution pour les dommages et injures.

Le saisissant est toujours responsable des dommages réellement soufferts.

CUSIN C. DESCOTES.

LE SÉNAT : Attendu que spectable Cusin n'a pas justifié qu'au temps de la saisie il eût sur les objets saisis un droit spécial ou un privilége; que dès lors il a dû donner la caution exigée par le § 6, tit. 29, liv. 5 des R. C.;

Attendu qu'ayant procédé à la saisie sans avoir donné une caution, ce qu'il a fait en exécution du décret du juge de St-Genix du 24 octobre 1846, est radicalement nul;

Attendu que si la nullité d'une saisie soumet celui qui l'a faite au paiement des dommages-intérêts, on doit cependant distinguer entre une saisie faite au préjudice de celui qui ne doit rien, et une saisie faite au préjudice de celui qui est réellement débiteur; que, dans ce dernier cas, on ne doit allouer que les dommages réellement soufferts, lorsque la dette est établie;

En recevant Paul-Léon Descotes appelant, déclare nulle et de nul effet la saisie-séquestre à laquelle il a été procédé le 26 octobre 1846, par le sergent Chenu, et condamne spectable Cusin aux dommages.

PORTIER DU BELLAIR, *P.* ARMINJON, *R.*

---

5 Juin 1847.

APPEL. — VALEUR. — DÉPENS. — INTÉRÊTS.

Les dépens faits en première instance ne peuvent être pris en considération pour apprécier la valeur de la cause d'appel.

On ajoute au capital les intérêts échus jusqu'au jour de la demande judiciaire.

TRAVERS C. FERRAND.

LE SÉNAT : Attendu que d'après l'art. 8 de l'édit du 27 septembre 1822, on ne peut appeler par-devant le Sénat que dans les causes d'une valeur excédant 1,200 liv., excepté pour cause d'incompétence à raison de la matière;

Attendu que cette valeur se détermine par la demande judiciaire;

Attendu que dans l'espèce les conclusions prises en première instance par les consorts Ferrand, avaient pour objet de rendre l'appelant condamné au paiement de la somme de 630 liv. avec intérêts tels que de droit; que cette somme capitale dérivait d'un effet souscrit par ledit Travers en faveur de Noël Ferrand, le 5 février 1830, et payable à Ecole le 1er janvier 1835;

Attendu qu'en supposant que cet effet ait pu produire des intérêts depuis son échéance, et en ajoutant ces intérêts courus dès lors jusqu'à la demande du capital, ce cumul ne formerait pas encore une somme excédant 1,200 liv.;

Attendu enfin que les dépens faits par-devant les premiers juges ne peuvent être pris en considération pour déterminer la valeur de la cause :

Déclare Benoît Travers non-recevable, et le condamne aux dépens.

DE LA CHARRIÈRE, *P.* SEITIER, *R.*

---

5 Juin 1847.

APPEL. — DÉSERTION. — CONCLUSION DU MINISTÈRE PUBLIC. — INSCRIPTION AU ROLE.

La désertion est encourue lorsque l'appelant n'a pas fait porter la cause au rôle dans l'année.

On déduit le temps pendant lequel les pièces sont restées déposées au bureau du ministère public, et le temps nécessaire pour expédier les conclusions.

SOEURS TARAVEL C. BUISSON ET TARAVEL.

LE SÉNAT : Attendu que la requête en appel des mariés Vincent et Bonnivard a été notifiée aux intimés par exploit du 27 novembre 1844 ;

Que par son ordonnance du 24 mai 1845, la cause a été, sur la réquisition des appelants, appointée en droit avec communication des pièces à l'avocat-fiscal-général ;

Qu'aux fins de cette communication les pièces ont été déposées au banc de l'actuaire le 8 juin même année ;

Que les conclusions de l'avocat-fiscal-général du 24 mars 1846, ont été expédiées aux intimés le 7 mai suivant ;

Qu'enfin la cause a été portée au rôle le 5 février 1847 ;

Attendu, cela posé, qu'en déduisant même le temps écoulé depuis le 8 juin 1845, époque du dépôt des pièces au banc de l'actuaire, jusqu'au 7 mai 1846, époque de l'expédition des conclusions, soit onze mois environ, il n'en résulte pas moins que la cause a duré au-delà de l'année portée par le § 17, tit. 26, liv. 5 des R. C., et qu'ainsi la mise au rôle étant devenue indispensable, aux termes du manifeste du 4 juillet 1845, pour qu'une instance soit considérée comme terminée dans le sens du § précité, il est le cas de rejeter l'appel des mariés Vincent et Bonnivard :

Condamne les appelants aux dépens.

DE LA CHARRIÈRE, *P.* DE JUGE, *R.*

---

12 Juin 1847.

SENTENCE. — SIGNATURE. — PARTAGE VERBAL. — ACTE AUTHENTIQUE.

Art. 1685, 1413 C. c.

Est nulle toute sentence qui n'est pas signée par le président du tribunal.

Les partages qui ont pour objet des immeubles, doivent, à peine de nullité, être rédigés en actes authentiques.

En conséquence, on ne peut avoir aucun égard à un partage verbal, ni en admettre la preuve. [1]

---

[1] Concl. conf., 13 mars 1847; p. 129.
Arrêts conf., 12 mars 1844. — 12 janvier 1846.

PONSARD C. PONSARD.

LE SÉNAT : Attendu que pour la validité d'un jugement, la signature de celui qui préside la séance du tribunal est expressément requise par le § 7, tit. 23, liv. 3 des R. C., et que d'après le § 3 du même titre, l'absence de cette formalité entraîne la nullité du jugement ; d'où il suit que la sentence dont est appel n'ayant pas été signée par le Sénateur juge-mage, qui présidait la première section du tribunal de cette ville le jour où la décision a été prononcée, ce jugement est entaché de nullité ;

Attendu qu'aux termes de l'art. 1412 du Code civil, les partages qui ont pour objet des immeubles, doivent se faire par acte public, et que d'après l'art. 1413 du même Code, on ne pourrait avoir aucun égard au partage verbal allégué par les appelants, ni admettre aucune preuve pour l'établir ;

Attendu dès lors que les appelants ne pourraient prétendre retenir la portion qu'ils ont actuellement, sauf à avoir égard, lorsqu'il y aura lieu, aux améliorations et détériorations que les parties pourraient avoir faites sur les portions par elles possédées :

Par ces motifs, sans s'arrêter au jugement du 11 juillet 1845, ordonne qu'il sera procédé à partage des immeubles dont il s'agit.

GRILLO, *P. P.* DELEUSE, *R.*

---

12 Juin 1847.

DONATION. — MEUBLES. — CRÉANCES. — DÉSIGNATION.

Art. 597, 1115 C. c.

La donation d'effets mobiliers n'est valable que pour les effets qui sont spécifiés dans l'acte, ou dans un état annexé à l'acte de donation.

Les créances sont comprises sous la dénomination d'effets mobiliers. [1]

La désignation générique des titres de créance dans un acte qui porte donation de tous les biens présents, ne serait pas suffisante pour remplir le vœu de la loi.

---

[1] Concl. conf., 27 mai 1847.
V. arrêt du 7 février 1843, ci-devant pag. 166.

YVRARD C. YVRARD..

LE SÉNAT : Attendu que, d'après l'article 1145, une donation d'effets mobiliers n'est valable que pour les effets qui sont spécifiés avec indication de leur valeur respective dans l'acte même de leur donation, ou dans un état qui y est annexé, et qu'il n'est pas douteux que les créances ne soient comprises dans la classe des effets mobiliers auxquels s'applique cette disposition ;

Attendu que la règle dont il s'agit est générale, et qu'on ne saurait y admettre une exception dans le cas d'une donation qui comprend tous les biens présents et toutes les créances du donateur, sans faire une distinction que la loi ne fait pas ;

Attendu, d'ailleurs, que la donation ne pouvant s'étendre aux biens à venir, il importe même, lorsqu'elle comprend tous les biens présents, que les effets mobiliers qui en font partie soient spécifiquement désignés à l'effet de prévenir la fraude et les difficultés qui s'élèveraient par la suite, sur ce qui a pu former le véritable objet de la donation ; que la nécessité de cette spécification se fait sentir surtout dans le cas où la donation contient, comme dans l'espèce, au profit du donateur, une réserve d'usufruit ;

Attendu que le n° 19, art. 1er de la donation du 18 août 1840, auquel se réfère la contestation soumise à la décision du Sénat, comprend diverses créances dont le montant total n'est énoncé que d'une manière approximative, et sans indication ni de la nature, ni du montant de chacune d'elles, ni même des noms des débiteurs, et qu'une désignation aussi vague et aussi incomplète ne saurait remplir le vœu de la loi :

Déclare François Yvrard non-recevable en son appel, et le condamne aux dépens.

PORTIER DU BELLAIR, P. DE St-BONNET, R.

---

14 Juin 1847.

TITRE CLÉRICAL. — DONATION. — HOMOLOGATION. — NULLITÉ.

Art. 1123, 1124 C. c.

Le titre clérical est considéré comme une donation, surtout lorsqu'il a été constitué après l'ordination ; il doit, à peine de nullité, être homologué en conformité des art. 1123 et 1124 du Code civil. [1]

RÉVÉREND PACTHOD C. VELLAND.

LE SÉNAT : Attendu que par acte du 21 avril 1826, Guillet notaire, François Pacthod, père de l'appelant, lui constitua pour son titre clérical, aux fins d'être admis aux ordres sacrés, la pension viagère de 150 liv., et c'est en hypothéquant, pour sûreté de ses engagements, un champ et un pré situés dans la commune d'Annecy-le-Vieux ;

Que, par requête du 30 avril 1842, présentée aux vicaires capitulaires du diocèse d'Annecy, l'appelant, devenu recteur de la paroisse d'Annecy-le-Vieux, exposa que pour permettre aux acquéreurs du champ et du pré ci-dessus indiqués de purger ce fonds de l'hypothèque qui les grevait, François Velland, père de l'intimé, avait bien voulu se charger du titre clérical dont il s'agit, en l'hypothéquant sur une pièce de terre à lui appartenante ;

Que sur cette requête intervint le décret ainsi conçu : Permettons à M. l'abbé Pacthod de renoncer au titre clérical constitué par l'acte précité, et d'accepter, pour le remplacer, l'offre généreuse que lui a faite M. François Velland sur ses propriétés ;

Qu'ensuite de cette autorisation l'appelant, par acte du 7 mai 1842, Saillet notaire, déclara renoncer en faveur de son père absent, à l'acceptation, pour lui, du notaire stipulant, au titre clérical que celui-ci avait bien voulu lui constituer par l'acte du 21 avril 1836 ; en conséquence, consentit à la main levée et radiation de l'inscription hypothécaire prise en sa faveur contre son père, en vertu de l'acte ci-devant énoncé ;

Que, successivement et incontinent, François Velland, pour réaliser ses offres, déclara constituer et assigner à l'appelant, acceptant avec la plus vive reconnaissance, tant pour lui qu'au nom du révérend procureur-fiscal-épiscopal, le revenu soit pension annuelle et viagère de 150 livres nouvelles de Piémont, et qu'il s'obligea à lui payer chaque année sous la condition expresse et de rigueur et sans laquelle l'acte n'aurait pas eu lieu, que ladite pension se prescrirait à défaut d'être réclamée temps

---

[1] Concl. conf., 12 avril 1847.
V. arrêt du 21 mars 1848 : Mouchet c. Mouchet.

par temps, de manière à ce qu'il ne fût jamais dû, et qu'il ne pût jamais être réclamé que la pension d'une année échue ;

Attendu, cela posé, que la constitution de la rente viagère dont il s'agit en faveur de l'appelant par François Velland, a été, en ce qui concerne celui-ci, une véritable libéralité, puisque, outre que cette constitution a été considérée ainsi par l'appelant lui-même dans la requête et l'acte ci-devant analysés, on ne voit point que ledit Velland ait reçu aucune somme, aucun correspectif, ni de la part du père de l'appelant ni de la part de ce dernier, pour l'engager à fournir la pension viagère en question ; et qu'ainsi, dès qu'il est constant que Velland n'a tiré aucun profit de la libération faite en faveur du père Pacthod, il importe peu que le titre clérical constitué par l'acte de 1842 l'ait été en remplacement du titre établi par l'acte de 1826, ce remplacement ne pouvant par lui seul changer en acte onéreux ce qui était un acte spontané de libéralité ;

Attendu que l'acte du 7 mai 1842, Saillet notaire, n'a point été homologué ;

Attendu, à cet égard, que dans l'hypothèse même où la constitution d'un titre clérical, en vue d'une ordination future, pourrait, à l'égal d'une donation en vue de mariage certain et déterminé, être dispensée sous notre Code, de la formalité de l'homologation, comme elle était sous l'ancienne législation affranchie de celle de l'insinuation, il n'en est pas de même du titre clérical consenti après l'ordination ; que, dans ce cas, qui est celui de l'espèce, la donation est sans influence sur un fait accompli, et que, dès lors, il n'y a plus de motifs de lui appliquer l'exception faite à la règle générale, déclarant nulles les donations ou libéralités qui n'auraient pas été homologuées:

Par ces motifs, déclare révérend Pacthod non-recevable dans son appel, et le déclare tenu aux dépens.

DE LA CHARRIÈRE, *P.* DE JUGE, *R.*

---

19 Juin 1847.

ABSENT DES ÉTATS. — CURATEUR A LA CAUSE. — ADJUDICATION. — NOTIFICATION. — DÉLAI.

Lorsqu'une adjudication a été poursuivie contre un absent des Etats représenté par un curateur à sa cause, c'est à ce curateur seul que doit être faite la notification prescrite par l'article 98 de l'édit hypothécaire pour faire courir le délai de rachat.

DESJACQUES, DÉFENDEUR AU PRINCIPAL ET DEMANDEUR EN GARANTIE, C. ETIENNE DUFOUR, DEMANDEUR AU PRINCIPAL, ET JACQUES SERMET, APPELÉ EN CAUSE, DÉFENDEUR EN GARANTIE.

LE SÉNAT : Attendu qu'il résulte de l'adjudication du 17 avril 1833, Delacroix notaire, et des actes qui y sont annexés, que la créance de Jean-Baptiste-Jacques Sermet, qui a donné lieu à ladite adjudication, a été poursuivie contre Me Claude-François Dufour, en qualité de curateur établi à la cause de Pierre Dufour, absent des Etats ; que jugement a été rendu contre ledit curateur le 5 octobre 1831, dans lequel a été réglée la dette de l'absent ;

Attendu que ledit Jacques Sermet, ayant voulu mettre à exécution ledit jugement par voie d'adjudication des biens de l'absent, a obtenu, du tribunal de Bonneville, le 22 mars 1833, la commission prescrite par les articles 95 et 96 de l'édit du 16 juillet 1822, contre ledit Me Dufour en sa qualité ;

Attendu que tant le décret du notaire commis que celui du tribunal, ont été notifiés audit curateur par exploit du 12 avril 1833, de l'huissier Dessaix ;

Attendu que, d'après la disposition du § 12, liv. 3, tit. 4 des Royales Constitutions, l'instance poursuivie contre le curateur à la cause de l'absent, est légitime ; que, d'après le § 18 au même titre, les actes faits en contradictoire des curateurs à la cause des absents, ont autant de force que s'ils avaient été faits en conséquence d'un pouvoir spécial donné par ceux qu'ils représentent ;

Attendu qu'il a été justifié en cause d'appel que l'adjudication sus-énoncée a été notifiée à Me Dufour, en sa qualité, par exploit du 5 mars 1834 ;

Attendu que Me Dufour ayant eu qualité pour assister à l'adjudication, avait par là même qualité pour recevoir notification de cet acte ;

Attendu que l'adjudication se trouvant ainsi, quant à la forme, à l'abri de critique fondée, on doit tenir pour certain que le délai de rachat a couru de plein droit dès la notification sus-énoncée ; peu importe que Pierre Dufour soit décédé dès lors, car tout étant accompli en contradictoire du mandataire légal, les héritiers dudit Pierre Dufour auraient à s'imputer de n'avoir pas pris des renseignements utiles à leur cause :

Par ces motifs, déclare Etienne Dufour non recevable en ses conclusions relatives au rachat des biens portés dans l'adjudication du 17 avril 1833, Delacroix, notaire.

DE LA CHARRIÈRE, P.
MILLIET DE St-ALBAN, R.

---

22 Juin 1847.

ORDRE. — APPEL. — DÉLAI. — PRODUCTION DU JUGEMENT.

Le jugement homologatif d'un ordre, est soumis aux délais d'appel fixés par l'art. 137 de l'édit hypothécaire.

Le délai court pour les jugements qui n'ont pas été prononcés en audience publique, du jour où a été communiqué, au procureur de l'appelant, l'écriture par laquelle le jugement est produit.

GUICHERD C. Me PONNET.

LE SÉNAT : Attendu que par des motifs d'économie dans les frais, et de célérité dans la marche de la procédure, le législateur a soumis les instances d'ordre à des règles particulières ;

Attendu que l'article 137 de l'édit du 16 juillet 1822, exige que l'appel d'un jugement homologatif d'un ordre soit interjeté dans les cinq jours ;

Attendu que lors même que le défaut d'interjection d'appel d'un jugement, dans les cinq jours de sa prononciation, n'entraînerait pas fin de non-recevoir de cet appel dans l'espèce de la cause, celui émis par les frères Guicherd serait encore inadmissible, pour ne l'avoir pas été dans les délais prescrits ; en effet, le jugement homologatif de l'ordre a été produit par écriture du 21 juin 1844, cette écriture a été communiquée à Me Revuz, successeur à l'office de Me Prallet, qui avait été constitué dans l'instance d'ordre par la mère des frères Guicherd, et ceux-ci n'ont présenté leur requête appellatoire que le 28 avril 1846, plus de 22 mois après ;

Attendu enfin qu'il résulte de la combinaison des alinéas 4 et 7 de l'article 137 de l'édit précité, que les délais fixés par le premier de ces alinéas, pour l'appel des jugements d'ordre, sont applicables même lorsque ces jugements sont attaqués par voie de nullité :

Déclare Henri et Joseph Guicherd non-

recevables appelants, et les condamne aux dépens.

DE LA CHARRIÈRE, P. SETTIER, R.

---

25 Juin 1847.

SOCIÉTÉ COMMERCIALE. — LOCATION D'ŒUVRE. — ACTE AUTHENTIQUE. — ÉCRIT SOUS SEING-PRIVÉ. — SOCIÉTÉ DE FAIT. — DONATION. — RÉMUNÉRATION.

Art. 48, 58, 39, 57 C. de com. (R. C.)

Art. 1878, 1123 C. c.

La promesse de tant pour cent sur les bénéfices nets d'une entreprise commerciale, sans participation aux pertes, ne constitue pas une société; mais une simple location d'œuvres. [1]

Les sociétés commerciales contractées depuis la mise en vigueur du Code civil français, mais avant la publication du Code de commerce français, sont restées régies, quant à la forme, par les Royales Constitutions.

En conséquence, les sociétés contractées à cette époque par écrit privé qui n'est pas signé par deux témoins, sont nulles et de nul effet.

La société en participation n'a trait qu'à une ou plusieurs opérations déterminées.

En conséquence, la société qui s'applique à une série indéterminée d'opérations, ne peut être qualifiée de participation ; elle est soumise aux règles prescrites pour les sociétés en nom collectif.

La nullité de l'acte de société ne fait pas obstacle à l'existence de la société de fait, dont les effets sont déterminés par les circonstances.

La société de fait est dissoute du jour où les rapports sociaux ont cessé de fait entre les parties.

La promesse d'une prestation ou d'une somme déterminée en reconnaissance des bons services rendus, ne constitue pas une donation soumise à peine de nullité, aux formalités prescrites par le Code civil français.

RICOME, DIT VIGAN, ET PETIT C. DU NOYER.

LE SÉNAT : En ce qui concerne la question de savoir s'il y a eu société entre Terrier et Jœgerschmid ;

Attendu que l'écrit du 2 thermidor an XIII ne renferme, de la part de Jœger-

---

[1] Concl. en partie conf., 5 mars 1847.
Arrêt conf., 9 mars 1844, voyez ci-devant, p. 96.

schmid, que l'entreprise de monter un établissement industriel et d'en diriger ensuite les fabrications au moyen d'une part déterminée dans les bénéfices nets ;

Attendu que cette participation aux bénéfices, sans l'obligation de concourir aux pertes qui pouvaient résulter de l'entreprise, a écarté la pensée d'une association et a classé Jœgerschmid au nombre des simples intéressés dans l'établissement ;

Attendu que l'écrit du 21 décembre 1806 n'est qu'un accessoire de celui du 2 thermidor an XIII, dont il revêt par conséquent le caractère ;

Attendu que, sous ce rapport, ces deux conventions ne constituent qu'une location d'œuvre ;

Attendu, en supposant que ces traités renferment l'établissement d'une société, qu'ils ne pourraient être régis par le Code de commerce français, qui n'a été mis en vigueur que dès 1808 ;

Que les sociétés commerciales devant, aux termes de l'art. 1575 du Code civil de France, être réglées par les lois et usages en vigueur, et les dispositions des Royales Constitutions, sur cette matière, n'étant point encore abrogées à la date de ces traités, leur mérite devrait être déterminé par le § 1er, chap. 5, tit. 16, liv. 2, qui dispose que les sociétés commerciales doivent être faites par acte authentique ou par écriture de main privée signée par les parties et par deux témoins dignes de foi ;

Que cette prescription sur la forme à observer a pour objet le rapport des parties entr'elles, ce qui ressort des dispositions finales du même paragraphe, d'après lesquelles les sociétés faites, conformément à cette loi, doivent avoir leur effet *précisément* suivant les termes de la stipulation ; ce qui a pour conséquence que, s'il n'y a pas un acte régulier, il n'y a pas de stipulation à observer ;

D'où il suit qu'en envisageant ces traités comme des pactes de société, ils seraient inefficaces et nuls puisqu'ils n'ont été faits par acte authentique, et que l'écrit privé qui les renferme n'est pas signé par deux témoins ;

Attendu que l'écrit du 14 avril 1810 constitue, entre les sieurs de Lescheraines et Terrier, l'établissement d'une société pour l'exploitation de la fabrique qui avait été créée ;

Que, sous ce rapport, cette société ne saurait être considérée comme une société en participation, dont le caractère distinctif est d'avoir pour objet une ou plusieurs opérations de commerce spéciales et déterminées ;

Qu'elle appartient, au contraire, aux sociétés en nom collectif qui ont pour objet de faire un commerce sous une raison sociale, soit de s'appliquer à une série indéterminée d'opérations ;

Attendu que, cela posé, la convention du 14 avril 1810 est frappée de nullité pour n'avoir pas été déposée, par extrait, au greffe du tribunal de commerce, dans la quinzaine de sa confection, conformément au prescrit de l'article 42 du Code de commerce français, qui était en vigueur à cette époque ;

Attendu que, bien qu'une société n'ait pas été validement convenue entre les sieurs de Lescheraines et Terrier, il n'y a pas moins eu entr'eux une société de fait résultant de rapports nombreux, et notamment de ceux ci-après désignés (suit l'énumération des circonstances en fait) ;

Attendu que des considérations qui précèdent, il résulte que la société de fait qui a existé momentanément entre les sieurs de Lescheraines et Terrier, a été rompue par leur consentement réciproque, et qu'en restant maître de l'établissement, le sieur de Lescheraines s'est soumis à la restitution avec accessoires des sommes que Terrier avait versées dans la caisse de cet établissement.

En ce qui concerne les conclusions fondées sur l'écrit du 15 décembre 1811 :

Attendu que, suivant les expressions de cet écrit, le sieur de Lescheraines, en reconnaissance des sages et amicales négociations, démarches et soucis de Terrier, pour lui acquérir le domaine du sieur de Saint-Agnès, a promis avec plaisir de tenir à sa disposition, durant sa vie, un tonneau de vin rouge des vignes de la Ravoire, appartenant à lui de Lescheraines, qui lui sera livré à Chambéry annuellement, et en considération des affaires mentionnées dans cet écrit que Terrier a traitées pour de Lescheraines dès l'an VIII au 15 décembre 1811, que celui-ci a reconnu lui devoir la somme de *quinze mille* livres, payable avec intérêts lorsqu'il sera avantageux au sieur de Lescheraines, et pour le cas où cette dette ne serait pas payée du vivant du sieur de Lescheraines, il entend qu'elle soit acquittée dans l'année de son décès ;

Attendu que la promesse relative au ton-

,neau de vin a été faite à titre gratuit et en reconnaissance des offices amicaux attribués à Terrier ; qu'ainsi le sieur de Lescheraines ne s'est pas constitué débiteur à cet égard, et a seulement déclaré promettre avec plaisir ce tonneau de vin à la disposition de Terrier ;

D'où il résulte que ses héritiers ne sont pas recevables à réclamer la prestation des annuités dont leur auteur ne s'est pas prévalu ;

Attendu que la promesse de *dix mille* livres a son correspectif dans les affaires que Terrier a traitées en qualité d'homme d'affaires pour le compte du sieur de Lescheraines ; qu'aussi, à la différence de la promesse faite pour le tonneau de vin, il s'est reconnu débiteur de cette somme ;

D'où il suit que cet engagement ne saurait être argué de nullité comme dépourvu des formalités prescrites pour les libéralités faites par acte entre vifs...........

Déclare n'y avoir eu qu'une société momentanée et de fait entre les sieurs de Lescheraines et Terrier pour l'usine destinée à traiter le fer, et les héritiers du sieur de Lescheraines tenus seuls de toutes les conséquences actives et passives de cette société....

Sans s'arrêter aux conclusions prises par les demandeurs à l'égard du vin dont il s'agit, dans l'écrit du 15 décembre 1811 ;

Ordonne que les parties procéderont plus amplement.

GRILLO, *P. P.* MARESCHAL, *R.*

---

6 *Juillet 1847.*

BÉNÉFICE D'INVENTAIRE. — CURATEUR. — DÉCHÉANCE.

Art. 1024 C. c.

L'héritier qui a déclaré accepter une succession sous bénéfice d'inventaire depuis la mise en vigueur du Code civil, n'est pas tenu de faire nommer un curateur à l'hoirie en conformité des Royales Constitutions.

Il ne peut être déchu de son bénéfice et déclaré héritier pur et simple, pour n'avoir fait procéder à cette nomination. [1]

---

[1] Concl. conf., 27 mars 1847.
Arrêt contr., 8 juin 1813 : Lely c. Morand ; d'Arcollières, R.

PHILIPPINE BILLIOD, VEUVE BRON, c. Mᵉ GUYON ET DAVET.

LE SÉNAT : Sur l'appel émis par Philippine Billiod ;

Attendu que Mᵉ Guyon, Charles Davet, Anne Justice et autres intimés repoussent les conclusions par elle prises, en se fondant sur ce qu'elle n'a pas fait nommer un curateur pour assister à l'inventaire ;

Attendu que l'ancienne et la nouvelle législation, en ce qui concerne l'acceptation d'une hoirie sous bénéfice d'inventaire, reposent sur des principes différents ;

Attendu que, pour reconnaître quelles sont les dispositions de l'ancienne loi qui ont survécu à la publication du Code civil, on doit soigneusement distinguer celles de ces dispositions qui concernent l'administration de l'hoirie, et les pouvoirs de l'héritier bénéficiaire de celles qui tiennent purement à la forme de l'inventaire ; que, si les dernières doivent conserver leur force obligatoire jusqu'à la mise en vigueur d'un Code de procédure, il ne saurait en être de même des premières, lorsqu'elles sont inconciliables avec les principes consacrés par le Code civil ;

Attendu que l'ancienne loi dépouillait l'héritier de toute administration de l'hoirie acceptée sous bénéfice d'inventaire pour en saisir un économe et un curateur ; que tous les droits actifs et passifs de l'hoirie ne pouvaient être exercés que par ce dernier ou contre lui ;

Attendu que le Code civil, adoptant un tout autre système, investit l'héritier bénéficiaire de l'administration de l'hoirie ; qu'en cette qualité il en exerce les droits et défend aux actions dirigées contr'elle ; que les pouvoirs qui lui sont conférés ne sont limités qu'en ce qui concerne la vente du mobilier et des immeubles, qu'il ne peut faire que dans les cas et suivant la forme énoncée aux articles 1027 et 1028 du Code civil ;

Attendu, cela posé, que la nomination d'un curateur serait une superfétation, puisqu'à l'exception de sa présence à l'inventaire, il ne pourrait avoir d'autres attributions que celles que la loi confie à l'héritier lui-même ;

Attendu que si, dans ce système, les créanciers et les légataires sont privés de la garantie qu'offrait à leurs intérêts la présence du curateur à la confection de l'inventaire, cet avantage est remplacé pour eux, par la faculté que leur donne le Code civil par les articles 1029, 1030 et 1032 d'exiger de l'héritier des sûretés convenables pour la valeur du mobilier compris dans l'inventaire, pour les fruits des immeubles, et pour la portion du prix des meubles aliénés qui excéderait les sommes à payer aux créanciers hypothécaires, et enfin de faire déchoir l'héritier du bénéfice d'inventaire s'il s'est rendu coupable de recelé ou s'il a omis sérieusement et de mauvaise foi de comprendre dans l'inventaire des effets de la succession :

Reçoit Philippine Billiod appelante, et déclare qu'elle n'est point déchue du bénéfice d'inventaire pour les causes sus-rappelées.

DE LA CHARRIÈRE, *P.* SEITIER, *R.*

---

20 Juillet 1847.

CONVOL. — SECONDES NOCES. — PEINES. — SUCCESSION.

Art. 934 C. c. (D. F. Q. T.)

Suivant le Code civil français, le père binube n'est pas exclu, comme sous les R. C., de la succession de l'enfant du premier lit. Cette exclusion est une loi de succession plutôt qu'une peine des secondes noces.

En conséquence, le père qui aurait encouru cette peine en passant à un second mariage pendant que les R. C. étaient en vigueur, en serait relevé, si la succession ne s'ouvrait qu'après leur abrogation et sous le Code civil français.

CHARVIN C. CHARVIN.

LE SÉNAT : Attendu, en fait, que Jean-Louis Charvin épousa, en premières noces, Josephte Charvaz, en novembre 1784; que celle-ci lui constitua en dot la somme de 418 liv. anciennes, dont il fut fait augment de 209 liv.;

Attendu que le mari promit restituer le tout à la dissolution du mariage, ainsi que les linges et habillements de sa femme; que celle-ci est décédée peu d'années après, en laissant deux enfants, la défenderesse et un prénommé Benoît, décédé en 1806;

Attendu que Jean-Louis Charvin a passé à de secondes noces le 25 janvier 1788 avec Péronne Curiaz, qui lui fit une constitution dotale de 350 liv.; qu'il est issu de ce mariage une fille prénommée Claudine, morte le 9 messidor an XIII;

Attendu, en droit, que c'est la loi sous l'empire de laquelle une succession s'ouvre *ab intestat* qui détermine seule les personnes qui doivent la recueillir, et quel est le droit de chacune d'elles dans la distribution des biens dont cette hoirie se compose; qu'il suit de là que la loi antérieure ne confère aucun droit acquis aux successibles sur les successions qui s'ouvrent depuis son abrogation;

Attendu qu'en faisant l'application de ce principe à la cause, il en résulte que les lois en vigueur au moment du convol de Jean-Louis Charvin n'ont attribué aucun droit acquis à la défenderesse sur la succession de son frère Benoît, qu'elles ne lui présentaient qu'une simple expectative pour le cas où celui-ci serait décédé sous leur régime; il en ressort encore que l'hoirie de Benoît Charvin doit être régie par le Code civil Français;

Attendu que les dispositions de ce Code ne comprennent pas, comme la loi antérieure, dans les peines des secondes noces l'exclusion du binube de la succession d'un enfant du premier lit;

Attendu que d'après l'art. 751 du même Code, le père ou la mère survivant est appelé à recueillir un quart dans la succession d'un enfant qui laisse des frères ou des sœurs;

Attendu que nonobstant la déclaration qu'a faite le père de la défenderesse dans le contrat dotal du 4 avril 1809, qu'il constitue à Doche l'hoirie et les droits dotaux de Josephte Charvaz, on ne peut induire d'une clause aussi générale qu'il ait eu l'intention de se dessaisir, en faveur de sa fille, du 1/4 qui lui revenait dans cette hoirie :

Par ces motifs, ordonne qu'il sera porté au crédit de François Doche (fils de la défenderesse Josephte Charvin) le montant de la constitution dotale de Josephte Charvin, défenderesse, laquelle se composait : 1° du 1/6 qui lui compétait à titre de dot et par prélèvement dans l'hoirie de Josephte Charvaz, sa mère; 2° des 5/4 des autres 5/6 dont elle a hérité de son frère Benoît.

DE LA CHARRIÈRE, *P.* SEITIER, *R.*

20 Juillet 1847.

RENTE. — ARRÉRAGES.
— PRÉSOMPTION DE PAIEMENT.

Tant sous les R. C. que sous le Code civil français, pour que le débiteur d'une rente soit présumé avoir acquitté les censes échues, il faut qu'il justifie par trois reçus distincts d'avoir payé les censes de trois années consécutives, sans que le crédi-rentier y ait fait aucune protestation pour les annuités antérieures.

DISCUSSION FAVRAIN.

LE SÉNAT : Attendu que le débiteur d'une rente doit avoir obtenu de son créancier, pendant trois années consécutives, et chaque année, un reçu formulé sans protestation de la cense échue dans l'année même, pour acquérir la présomption du paiement des censes échues les années précédentes;

Attendu qu'aucun des défendeurs qui ont invoqué cette présomption, ne se trouve placé dans les conditions qui la font naître :

Sans s'arrêter aux exceptions des défendeurs ni aux plus amples prétentions de Me Laperrière, en ce qui touche les censes échues, condamne les défendeurs, Me Collet en sa qualité de curateur à la cause de Claudine Lallier, et Josephte Lallier contumax, à payer à l'hoirie de Joseph Favrain, dans les proportions ci-après déterminées, les censes de 270 liv. ancienne monnaie, chacune échues dès le 1er janvier 1809 inclusivement, dérivant du contrat de rente constituée du 16 août 1788, Berthet notaire.

PORTIER DU BELLAIR, P. ARMINJON, R.

23 Juillet 1847.

QUALITÉ HÉRÉDITAIRE. — ABSENT DES ÉTATS. — CURATEUR A LA PART D'HOIRIE. — ACCROISSEMENT. — CRÉANCIERS. — POURSUITE.

Art. 861, 1000, 1031, 1099 C. c.

Le fils du débiteur décédé, assigné en personne, et sommé de convenir de sa qualité héréditaire, est censé l'avouer par le seul fait de sa contumace; il peut être condamné comme héritier à concurrence de sa part héréditaire.

Si quelques-uns des héritiers sont absents des états, la citation doit être faite suivant la forme tracée par les R. C.

S'ils ne comparaissent pas, il n'y a pas lieu à nommer un curateur aux parts d'hoiries jacentes, mais on poursuit en contumace, contre les héritiers absents, l'exécution commencée contre le défunt, en attendant toutefois l'échéance des 8 jours fixés par l'art. 1099 du Code civil. [1]

DUPRAZ, FEMME GIROD, C. LES FRÈRES REGARD.

La demanderesse a conclu à ce qu'il plaise au Sénat, sans s'arrêter aux exceptions de Me Trombert en sa qualité, desquelles il sera débouté, en donnant acte de la contumace encourue par Gaspard Regard, en déclarant exécutoire l'arrêt du 11 décembre 1838 au besoin nonobstant le sur an, en contradictoire de ce dernier et dudit Me Trombert, et enjoindre, en conformité de l'édit hypothécaire, de payer à la demanderesse, avec dommages-intérêts tels que de droit, dans 30 jours :

1° La somme de 1,157 liv. 16 cent., portée par la liquidation énoncée en l'instance;

2° Celle de 504 liv. 5 cent., montant des dépens taxés et liquidés par l'ordonnance du 19 juillet 1842, et à l'effet de ladite injonction, commettre le premier huissier ou sergent-royal requis pour la notification prescrite par l'art. 94, et l'édit hypothécaire sous toutes dues imputation et distraction avec dépens;

Me Trombert a conclu à ce qu'il plaise au Sénat le mettre hors de cour et de procès; subsidiairement débouter la demanderesse au besoin, et tout au moins, en l'état, de toutes ses fins, prétentions, réquisitions et conclusions avec dépens.

LE SÉNAT, ouï l'exposé des faits et les procureurs des parties,

Attendu que par arrêt du 11 décembre 1838, le Sénat a enjoint à Me Montagnole, nommé précédemment curateur à la cause de Pierre-Marie Regard, absent des états, de payer à la demanderesse la somme de 1,157 liv. 16 cent., et a commis le premier huissier ou sergent-royal requis pour faire les notifications prescrites par l'art. 94 de l'édit du 15 juillet 1822;

Attendu que, postérieurement à cet arrêt, Pierre-Marie Regard est décédé laissant pour héritiers Joseph, François, Marie et Gaspard, ses fils;

Attendu qu'ensuite du décret de soit appelé partie, mis au bas de la requête de la

[1] Concl. conf., 25 mars 1847; p. 197.

demanderesse du 14 octobre 1845, les enfants de Pierre-Marie Regard ont été cités pour ouïr déclarer exécutoire contre eux, en leur qualité d'héritiers de leur père, l'arrêt sus-énoncé; que Joseph, François et Marie ont été cités suivant le mode consacré pour les absents, et Gaspard en personne;

Attendu que tous ont fait défaut, et que Gaspard, assigné personnellement, doit être tenu pour héritier de son père jusqu'à concurrence de la part à lui afférente dans la succession de ce dernier;

Attendu qu'aux termes des articles 864 et 1000 du Code civil, la part de l'héritier renonçant accroît à ses co-héritiers, soit qu'il s'agisse d'une succession testamentaire, soit qu'il s'agisse d'une succession légitime;

Attendu que, d'après l'art 1034 du Code, une succession n'est réputée jacente que lorsqu'après les délais pour faire inventaire et pour délibérer, il ne s'est présenté personne pour la réclamer, qu'il n'y a pas d'héritier connu, ou que les héritiers connus ont renoncé;

Attendu qu'on ne se trouve dans aucun des cas prévus par cet article, et que dès lors il n'y avait pas lieu de nommer un curateur aux parts de l'hoirie dont il s'agit, dévolues à ceux des enfants Regard qui sont absents des états, à l'égard desquels un seul ajournement suffit, quoiqu'il n'ait pu être signifié à personne;

Attendu que, d'après l'article 1099 du même Code, les titres exécutoires contre les défunts, le sont pareillement contre ses héritiers, à la charge de n'en poursuivre l'exécution que huit jours après la signification de ces titres à la personne, ou au domicile des héritiers;

Attendu que ces titres sont à plus forte raison exécutoires par voie réelle, sur les biens délaissés par le débiteur;

Attendu que la signification à faire à ceux des héritiers qui sont absents des états, doit l'être conformément aux règles établies pour l'ajournement des individus qui ont cessé d'avoir leur domicile ou leur résidence dans les états de S. M.;

Attendu, cela posé, que la demanderesse peut, sans une nouvelle condamnation, agir sur les biens laissés en Savoie par Pierre-Marie Regard, et au préjudice des enfants de celui-ci, huit jours après qu'elle leur aura fait signifier de la manière ci-dessus expliquée, l'arrêt du 11 décembre 1838:

Par ces motifs, en mettant Me Trombert en sa qualité hors de cour et de procès, déclare la demanderesse ne pouvoir obtenir l'injonction requise en vertu de l'art. 94 de l'édit du 16 juillet 1822, qu'après l'échéance d'un délai de huit jours, dès la signification faite à sa requête de l'arrêt du 11 décembre 1838, aux enfants de Pierre-Marie Regard, ainsi et comme il a été ci-dessus expliqué, et la condamne aux dépens.

DE LA CHARRIÈRE, *P.*   DE MONTBEL, *R.*

---

24 Juillet 1847.

TUTEUR. — NOMINATION. — DESTITUTION. — TRIBUNAL COMPÉTENT. — DOMICILE.

Art. 66, 261, 307, 308 C. c. (C. c. F.)

Lorsqu'un sujet décède à l'étranger, laissant un enfant mineur, quel est le tribunal compétent pour le pourvoir d'un tuteur?

Si le mineur a son domicile à l'étranger, quoiqu'il n'y soit pas naturalisé, le juge de ce domicile est compétent pour procéder à la nomination du tuteur.

Le juge qui a été compétent pour procéder à la nomination du tuteur, est seul compétent pour prononcer sa destitution.

Le tuteur, en ce cas, doit toujours être entendu, à peine de nullité de la délibération.

BLANCHET, TUTEUR D'EUPHRASIE PUGNAT, c. PUGNAT.

LE SÉNAT : Attendu qu'il est constant en fait que Pugnat, natif de Cordon en Faucigny, est allé se fixer à Paris sur la fin de l'empire; qu'il y exerça une profession; que plus tard il a contracté mariage avec Euphrasie Chollet; que de ce mariage est née le 31 mars 1850 une fille qui a été inscrite sur les actes de naissance sous les prénoms d'Euphrasie-Estelle; que Jacques Pugnat est décédé à Paris en 1851; que le conseil de famille convoqué sous la présidence du juge-de-paix du troisième arrondissement, a, par délibération du 31 mars dite année, nommé François-Marie Louvier subrogé tuteur d'Euphrasie-Estelle Pugnat, dont la tutelle appartenait de plein droit à sa mère; que la veuve Pugnat s'est ensuite remariée avec François-Marie Blanchet, né en Savoie et domicilié à Paris, sans avoir fait décider si la tutelle de sa fille devait lui être conservée ; que la femme Blanchet, veuve en premières noces de Jacques Pugnat, est décédée à Paris le 15 février 1833, après avoir eu une fille de son second mariage ; que, par délibération du 17 même mois, un conseil de famille présidé par le juge-de-paix du troisième arrondissement, a nommé François-Marie Blanchet tuteur d'Euphrasie-Estelle Pugnat ; que ce dernier ayant, en cette qualité, actionné Marie-Joseph Pugnat en reddition de compte d'un mandat à lui donné par la mère de ladite Euphrasie-Estelle, le défendeur a opposé de nullité à la tutelle déférée à Blanchet, en se fondant sur ce que la mineure, sujette de sa majesté, quoique née à Paris, n'avait pu être pourvue d'un tuteur que par un conseil de famille convoqué au domicile d'origine de son père ; que, par jugement du 9 septembre 1833, le tribunal de Bonneville a déclaré la tutelle déférée à Blanchet régulière, et ce dernier avoir qualité pour suivre l'action par lui intentée ; qu'un conseil de famille réuni sous la présidence du juge de mandement de Sallanches à la requête de Marie-Joseph et Joseph-Marin Pugnat a, par une délibération du 22 juillet 1845, destitué Blanchet de sa qualité de tuteur pour cause de malversation et d'inconduite notoire, en se réservant de délibérer ultérieurement sur la nomination d'un tuteur à la mineure Pugnat ; que ledit Blanchet n'a point été appelé à cette délibération que le tribunal de Bonneville a homologuée par le jugement dont est appel. (Dans les conclusions qu'il a données, le ministère public a été d'avis que la tutelle déférée à Paris était nulle par l'effet de l'incompétence du juge-de-paix qui a présidé le conseil de famille.)

Attendu, en droit, que d'après l'ancienne jurisprudence maintenue sur ce point par les codes de Savoie et de France, on doit distinguer entre autres deux espèces de domicile : le domicile d'origine et le domicile de fait ; que ce dernier résulte de l'établissement d'une résidence permanente dans une autre commune que celle où est fixé le domicile d'origine, soit que cette commune fasse partie du pays auquel on appartient, soit qu'elle fasse partie d'un pays étranger ;

Attendu que dans le concours des deux domiciles dont on vient de parler, le juge de l'un et de l'autre est compétent pour convoquer le conseil de famille et pourvoir à la nomination du tuteur (*Loi unique, Codice, ubi petantur tutores vel curatores*) ; que cette disposition du droit romain a été im-

plicitement consacrée par l'article 261 du Code civil, et par l'article 406 du Code français ; que ces deux articles en effet, se bornant à désigner le juge du domicile du mineur, ont, par là même, lorsque celui-ci a un double domicile, reconnu un pouvoir égal dans le juge de l'un et de l'autre ;

Attendu que si ce principe est incontestable lorsque les deux domiciles sont établis sous la même souveraineté, la raison et l'équité veulent qu'il en soit de même, bien que le domicile de fait se trouve fixé sous une souveraineté étrangère ; que cette interprétation, commandée par l'intérêt du mineur, dont il importe de constater et de garantir au plus tôt les avoirs et les droits, l'est aussi par l'intérêt des deux états, lorsque la loi de l'un et de l'autre déclare que l'enfant d'un étranger peut à son choix rester membre de l'état dont il est originaire, ou devenir un jour membre de l'état dans lequel il est né ; que cette dernière éventualité peut être considérée comme étant de nature à donner au juge du domicile de fait le droit de prendre sous sa protection la personne et les biens du mineur ;

Attendu que si la tutelle déférée devant ce juge était nulle pour cause d'incompétence, il en résulterait que le mineur, privé de l'hypothèque légale sur les biens du tuteur, n'aurait aucune garantie réelle d'une bonne et fidèle gestion ;

Attendu, d'autre part, que l'évènement qui donne lieu à la tutelle peut être ignoré au domicile d'origine ; et que dans cette hypothèse la nomination du tuteur ne peut être provoquée que par les parents et les amis du mineur, établis sur le lieu même où celui-ci a son domicile de fait, et devant le juge de ce domicile ;

Attendu, cela posé, qu'on doit tenir pour régulière et légale la nomination de François-Marie Blanchet aux fonctions de tuteur d'Euphrasie-Estelle Pugnat faite le 17 février 1833, par délibération d'un conseil de famille convoqué devant le juge-de-paix du troisième arrondissement de Paris, domicile de la mineure ;

Attendu que lorsqu'il s'agit d'une tutelle dative, la destitution du tuteur ne peut être prononcée que par l'autorité qui l'a nommé ;

Attendu que, d'après l'art. 508 du Code civil, et l'art. 447 du Code français, toute délibération du conseil de famille qui prononce la destitution du tuteur ne peut être prise qu'après avoir entendu ou appelé ce dernier ;

Attendu que la délibération qui destitue François-Marie Blanchet de la tutelle d'Euphrasie-Estelle Pugnat a été prise par un conseil de famille convoqué devant le juge de Sallanches, et que le tuteur n'y a pas été entendu ni appelé; que cette délibération se trouve ainsi frappée de nullité sous ce double rapport, et que le tribunal de Bonneville, en l'homologuant, a mal jugé;

Attendu que si quelques-uns des faits imputés à Blanchet dans l'écriture des intimés du 9 octobre 1846, constituent des crimes, ledit Blanchet, aux termes de l'art. 6 du Code pénal, ne peut, à raison de ces faits qui auraient eu lieu à Paris, être jugé ni puni dans les états de S. M. qu'autant qu'il y serait rentré;

Attendu que les dépens doivent être à la charge de Marie-Joseph et de Joseph-Marin Pugnat, qui ont provoqué la destitution de Blanchet, sauf leur recours ultérieur contre qui de droit s'ils s'y croient fondés :

Reçoit François-Marie Blanchet appelant du jugement dont il s'agit; met l'appellation et ce dont est appel à néant; et par nouveau jugement, déclare nulle et de nul effet la délibération prise le 22 juillet 1845 par le conseil de famille convoqué devant le juge du mandement de Sallanches, délibération qui prononce la destitution de Blanchet de la tutelle d'Euphrasie-Estelle Pugnat, sauf aux demandeurs à provoquer, si bon leur semble, cette destitution devant le juge compétent, et les condamne aux dépens des instances, sous la réserve de leur recours contre qui de droit, lorsqu'il aura été statué sur ladite destitution.

DE LA CHARRIÈRE, *P.* SEITIER, *R.*

---

26 Juillet 1847.

COLON PARTIAIRE. — CONGÉ. — USAGE DES LIEUX.

Art. 1792, 1800 C. c.

Le bail du colon partiaire ne commence et ne finit aux époques fixées par l'art. 1800 du Code civil, qu'à défaut d'usages contraires.

Les congés doivent être donnés aux époques pareillement fixées par les usages locaux.

Ces usages doivent être prouvés par témoins, avant qu'il puisse être statué sur l'expulsion du colon partiaire.

DURIEUX c. VULLIERMET.

Attendu qu'il est devenu constant par les aveux de l'intimé retenus dans le jugement dont est appel, que les appelants ont donné congé à l'intimé le trois août 1846 pour abandonner le 25 février 1847 les immeubles qu'il tient à titre de colon partiaire;

Attendu que pour qu'un congé ait son effet, la loi ne prescrit pas qu'il soit donné par écrit;

Attendu qu'aux termes de l'art. 1792 du Code civil, l'art. 1800 du même Code ne doit recevoir son application qu'à défaut de coutumes ou de conventions expresses;

Attendu que le fait soutenu en première instance par les appelants, et qui tend à prouver l'existence d'une coutume réglant à Aix, Mouxy et aux environs, l'époque de l'entrée et de la sortie du colon partiaire, est insuffisant pour établir l'action proposée contre l'intimé; que le bail à métairie ne cesse point de plein droit; que le propriétaire doit donner, ou le colon partiaire prendre congé à l'époque fixée par la coutume; que dès lors les appelants doivent, indépendamment du fait par eux articulé, justifier l'existence d'une coutume relative au congé, et justificative de l'opportunité du temps de celui qu'ils ont donné le 5 août 1847, pour que l'intimé ait dû sortir au temps indiqué dans le fait prémentionné :

En recevant les frères Durieux appelants du jugement déféré du 1er mars 1847, met l'appellation et ce dont est appel à néant; et par nouveau jugement, ordonne que les demandeurs diront et déduiront plus amplement, ainsi et comme ils verront à faire, dépens réservés.

PORTIER DU BELLAIR, *P.* ARMINJON, *R.*

---

30 Juillet 1847.

CONSTITUTION DOTALE. — FONDS DOTAL. — INALIÉNABILITÉ. — VENTE. — PÉRIL D'ÉVICTION.

Art. 2174, 1660 C. c.

La femme qui a constitué en dot un immeuble, a une hypothèque générale sur les biens de son mari, alors même que le fonds dotal est inaliénable; elle peut à son choix exercer sur les biens, l'action en revendication ou l'action hypothécaire.

Cette hypothèque cependant n'est pas censée suffisante pour donner à l'acheteur des biens du mari le droit de suspendre le paiement du prix.

VISSOL ET PASSAVANT C. LA VEUVE MASSON.

LE SÉNAT : Attendu que les conclusions de M⁰ Vissol, tendant au paiement du prix restant de la vente du 8 juillet 1835, Chapperon notaire, ne faisaient pas obstacle à ce que la veuve Masson ne continuât, si elle l'eût voulu, l'instance en purgement par elle commencée, puisque même après le paiement opéré elle y serait encore admise;

Attendu qu'il ne conste pas de l'acte de mariage passé le 19 avril 1812, devant Blanchet notaire, qu'il y ait eu déclaration expresse que l'estimation donnée dans ledit acte aux immeubles constitués en dot en ait transporté la propriété au mari;

Attendu, quant au trousseau, qu'il y a été formellement dit que l'estimation n'en opérait pas la vente;

Attendu, dès lors, que d'après la loi en vigueur lors de l'acte précité, les immeubles constitués sont restés dotaux et inaliénables;

Qu'en cas d'aliénation desdits biens de la part de M⁰ Vissol, sa femme, indépendamment de l'action qui lui compéterait contre l'hoirie de son mari, pourrait exercer encore l'action en revendication contre les tiers acquéreurs desdits immeubles;

Attendu qu'en cet état de choses l'inscription du 31 octobre 1823, la seule qui grève encore l'immeuble vendu à la veuve Masson, ne saurait être pour celle-ci un juste sujet de craindre d'être troublée par une action soit hypothécaire, soit en revendication relativement audit immeuble:

Enjoint à Anthelmette Martin, veuve Masson, de payer à M⁰ Joseph Vissol la moitié du prix restant de la vente, partie en l'acte du 8 juillet 1835, Chapperon notaire, avec dommages-intérêts tels que de droit.

PORTIER DU BELLAIR, P. ANSELME, R.

---

30 Juillet 1847.

EXPLOIT. — NULLITÉ. — ASSIGNATION. — HUISSIER.

Est insuffisant pour constituer en contumace l'exploit dans lequel l'officier ministériel n'aurait pas constaté avoir fait ses diligences pour parler à la personne citée, à plus forte raison, s'il avait verbalisé en ces termes : mes négligences faites.

ALLARD C. LACHENAL.

Attendu que par requête du 4 août 1846 François-Joseph Allard s'est pourvu comme propriétaire de la créance de 8,400 livres, résultant de l'acte obligatoire du 10 janvier 1810, consenti par François Lachenal père en faveur de Valentin Flandin, et qu'il a demandé lettres citatoires contre François Lachenal fils, pour reprendre en son contradictoire les erremens du procès commencé contre son père en 1818, et le faire condamner au paiement de la somme dont il s'agit;

Que par exploit du sergent-royal Vallier cadet, sous date du 4 septembre 1846, ledit François Lachenal fils a été assigné en la personne de sa sœur Fanchette, et qu'à la suite d'une seconde requête présentée par Lachenal le 20 avril 1847, l'assignation a été réitérée par exploit du sergent-royal Esclatier, sous date du 1ᵉʳ mai dernier, mais qu'il est énoncé dans ce dernier exploit que le sergent-royal a remis la copie à une sœur de Lachenal, pour n'avoir pu parler à sa personne après ses négligences faites;

Attendu qu'un exploit d'ajournement doit présenter par lui-même la preuve de l'observation rigoureuse de tout ce qui est prescrit pour la validité de l'assignation, et qu'on ne peut trouver cette preuve, quant à l'exploit dont il s'agit, dans des expressions qui indiqueraient précisément le contraire de ce que le sergent-royal était tenu de faire pour la régularité d'un acte aussi essentiel;

Attendu, dès lors, qu'il ne peut être passé outre à l'expédition de la cause sans que ledit Lachenal fils ait été mis régulièrement en demeure de présenter ses moyens de défense:

Ordonne, avant tout, que l'instance sera régularisée.

PORTIER DU BELLAIR, P. DE St-BONNET, R.

---

30 Juillet 1847.

TOITURES EN TERRASSES. — DISTANCE LÉGALE. — VUE. — BALLUSTRADE.

Art. 611, 439 C. c.

Il est permi à tout propriétaire d'établir une terrasse sur le toit de sa maison, sans qu'il soit obligé de se tenir à la distance prescrite par le Code civil pour les vues directes ou balcons sur la propriété d'autrui.

Cependant la terrasse peut être considérée comme un balcon lorsqu'elle est entourée de balustrades, et en ce cas, l'offre de tenir cette balustrade à la distance légale du fonds voisin est parfaitement satisfactoire.

Fabrique de la Cathédrale d'Annecy
c. Ducret.

Le Sénat : Attendu, en ce qui concerne la terrasse, ou toit plat, substitué par le défendeur à l'ancienne toiture aiguë à deux pans, que les prohibitions de l'art. 611 du Code civil, toutes générales et absolues qu'elles puissent paraître, ne doivent pas moins être conciliées soit avec la liberté appartenant à chacun de donner à ses toitures la forme qu'il préfère, soit aussi avec l'usage même existant dans une partie du royaume de construire les toits en plateforme ; qu'on ne saurait donc sous ce rapport voir dans l'article précité la condamnation de l'innovation opérée par le défendeur, de même que cette loi n'a point entraîné ailleurs la suppression de ce genre de toiture, dans tous les cas où ne se présente pas la distance prévue d'un mètre et demi, à peu près inapplicable partout où il y a agglomération de maisons ;

Attendu qu'en réalité les expressions synonymes *vue droite, ou fenêtre d'aspect*, ne s'appliquent pas plus spécifiquement ni génériquement à des toits plats qu'à un jardin divisé entre deux propriétaires par une simple ligne séparative, et où chacun d'eux peut certainement, sans contrevenir audit art. 611, user à volonté de sa vue droite ou d'aspect sur l'héritage de son voisin ;

Que les termes balcons ou autres semblables saillies ne comprennent point non plus dans leur acception naturelle aucune toiture proprement dite, ni surtout le toit plat, qui ne projetterait pas de saillie plus avancée sur le fonds voisin que la couverture précédente du bâtiment ; point de fait non contesté en l'espèce, où il résulterait même du plan ordonné que la plate-forme dépasserait moins le mur que l'état de choses antérieur ;

Qu'il suit de ces diverses considérations que le défendeur pourrait sans difficulté conserver le toit-terrasse dont il s'agit sans balustrade, mais que ses diverses propositions sur ce même objet indiquant de sa part l'idée de convertir la terrasse en une sorte de balcon, il reste encore à apprécier la question sous ce point de vue ;

Attendu, à cet égard, que son offre de placer la balustrade à la distance légale semble de nature à satisfaire à toute plus rigoureuse exigence de la loi, puisque l'objet principal de celle-ci n'est pas la distance du mur, mais de la vue droite ; puisqu'en fait de vue de cette espèce, l'art. ne défend à personne d'en pratiquer à volonté hors de la distance prévue ; qu'en fait de balcons, la spécification de ceux qui font saillie ne renferme pas ceux qui restent en arrière du mur, la distance ne se mesurant pas même de la saillie ; et qu'après tout on ne saurait adopter l'interprétation contraire sans aboutir à cette conséquence absurde, qu'il faut proscrire tout belvédère de toute maison à toit plat, avec le moindre rebord, de laquelle les murs extérieurs se trouveraient à moins d'un mètre et demi du fonds voisin, ces fonds ou ces murs fussent-ils même à cinquante pieds de distance du belvédère ;

Que si du reste le défendeur a offert amiablement de retirer sa balustrade d'un pied en-deça de la distance légale, de supprimer la trappe figurée au plan en relief, et de faire déverser toutes les eaux pluviales dans le canal voisin, ce serait abuser du droit et de l'intention présumée du défendeur que de retenir en jugement des offres qui n'ont été faites que pour éviter ou abréger les contestations, le droit n'obligeant qu'à ne pas aggraver les servitudes, et donnant à tout propriétaire d'un toit quelconque la faculté de s'y ménager un accès, soit pour l'entretien de sa propriété, soit pour tout autre usage non abusif, rien n'indiquant non plus à la vue du plan ordonné, et en comparant l'ancienne couverture avec la nouvelle, que le stillicide de celle-ci doit être plus onéreux que le précédent ;

Faisant droit sur le mérite de la cause d'appel, le Sénat déclare les demandeurs non-recevables en leurs conclusions pour la suppression du toit-terrasse dont il s'agit, sauf à eux à se prévaloir des offres du défendeur, d'y placer à la distance prescrite à l'art. 611 du Code civil, une balustrade qu'il ne pourra franchir que pour les réparations nécessaires en dehors, et de ne pas aggraver le stillicide préexistant.

Portier du Bellair, P.   D'Arcollières, R.

------

31 Juillet 1847.

DONATION. — RAPPORT. — ÉVALUATION.

Art. 1085 C. c.

Le successible qui rapporte à la masse les donations qu'il a reçues, doit les rapporter suivant leur état au jour de la donation et leur valeur au jour de l'ouverture de la succession, lors même que ces deux époques se rapporteraient à deux législations différentes.

RIVE C. LES SŒURS RIVE.

Attendu que le tribunal a également bien jugé en déclarant que les immeubles donnés à Antoine Rive par son père, suivant contrats des 9 et 29 septembre 1816, Rivoire et Comte notaires, devaient être estimés suivant leur état à l'époque des donations, en ayant égard à leur valeur au décès du donateur;

Attendu, en effet, que les droits des successibles ne s'ouvrent qu'à cette dernière époque, et que c'est ainsi l'état du patrimoine à cette date qui doit être apprécié, pour fixer les droits des enfants auxquels la loi accorde une réserve, sans que puissent obster les libéralités qui auraient été faites antérieurement; d'où suit que ce sont bien les immeubles qui ont été donnés qui doivent être représentés fictivement pour en inférer la quotité des dots qui doivent être fixées, eu égard à la valeur de tout le délaissé, sans que les améliorations ou détériorations qui seraient le fait de ses donataires ou de ses ayant-droit puissent nuire, ou profiter aux filles qui demandent leur dot congrue :

Par ces motifs, déclare Antoine Rive et Me Gotteland en sa qualité, non recevables en leur appel, et les condamne aux dépens de l'instance poursuivie céans, taxés à cent trente-cinq livres cinquante-cinq centimes, non compris les coûts du présent.

MILLIET DE St-ALBAN. DE MONTBEL, R.

[1] Concl. conf., 5 juillet 1847.

2 Août 1847

HYPOTHÈQUE JUDICIAIRE. — RÈGLEMENT DE COMPTE. — CONDAMNATION. — SOCIÉTÉ. — STATUT CONJUGAL. — AUGMENT.

Art. 2177, 1529, C. c. (C. c. F.; Q. T.)

Les ordonnances rendues sur consentement des parties et portant obligation de poser un compte, emportent hypothèque judiciaire pour la garantie du paiement du reliquat.

Les conventions matrimoniales sont régies par la loi du domicile de l'époux.

En conséquence, l'époux français qui s'est marié en Savoie à une Savoisienne, a pu, sous les R. C., restreindre à son gré la stipulation d'augment. [1]

ORDRE FALCOZ.

Attendu que l'existence d'une société entre Joseph Gros et Claude-André Falcoz pour entreprise de travaux, et l'obligation de régler les comptes de cette société, ont été reconnus par les parties dans l'instance qui a ventilé par-devant le tribunal de Chambéry, et ont été judiciairement constatés par les ordonnances des 23, 25 et 27 avril 1835, lesquelles emportent nécessairement l'obligation de payer ce qui pourrait être dû par l'une ou l'autre des parties pour l'apurement des comptes dont il s'agit;

Attendu que, suivant l'article 50 de l'édit du 16 juillet 1822, les arrêts, jugements et ordonnances, tant définitifs que provisoires, portant condamnation ou obligation quelconque, produisent une hypothèque judiciaire dès leur date;

Attendu que l'inscription prise le 23 mars 1837 par Joseph Gros, pour une créance éventuelle de vingt-cinq mille livres, contre Claude-André Falcoz, a valablement conservé en faveur dudit Gros l'hypothèque résultant des ordonnances ci-dessus énoncées;

Attendu qu'il résulte du contrat de mariage de Lucile Gojon et de Charles-Félix Falcoz, sous date du 8 décembre 1825, Saint-Martin notaire, que l'époux est sujet français, d'où il suit que d'après les lois du domicile marital, qui régissent ces conventions matrimoniales, les parties ont pu valablement fixer à dix mille livres la somme

[1] Concl. conf., 2 juillet 1847.

promise à titre d'augment, et que le père de l'époux ne peut être tenu au-delà des obligations auxquelles il s'est formellement soumis ;

Attendu que Claude-André Falcoz, père de l'époux, n'a consenti qu'une hypothèque spéciale pour la garantie de la dot, du trousseau et de l'augment de dix-mille livres, et que la promesse qu'il a faite de parfaire, en cas d'insuffisance des immeubles donnés en hypothèque, doit être considérée comme une obligation purement personnelle ;

Attendu qu'en supposant même que l'article 20 de l'édit du 16 juillet eût été applicable à l'espèce, ledit Claude-André Falcoz se trouverait affranchi de l'hypothèque générale, d'après les stipulations précises dudit contrat de mariage agréées par l'épouse du consentement de son père ;

Attendu que le tribunal aurait dû prononcer ou ordonner de procéder plus amplement au sujet des conclusions formelles prises par Lucile Gojon, pour la fixation de la quotité de son augment, et que, dès lors, il appartient au juge d'appel de fixer cette quotité :

Par ces motifs, en autorisant Lucile Gojon femme de Charles-Félix Falcoz à ester en jugement, a reçu Julie Gros appelante du jugement rendu dans l'ordre dudit Charles-Félix Falcoz... Ordonne que Gros, soit son héritière, sera colloquée éventuellement pour la somme portée dans son bordereau d'inscription du 13 mars 1837, au rang que lui assigne cette inscription prise en vertu desdites ordonnances des 23, 25 et 27 avril 1833;

Déclare Lucile Gojon femme Falcoz n'avoir hypothèque sur les biens de Claude-André Falcoz, en vertu de son contrat de mariage, St-Martin notaire, que sur les immeubles spécialement affectés dans ledit acte pour la garantie de sa dot, de son trousseau et de son augment, lequel augment doit rester fixé à la somme de 10,000 liv.

GRILLO, *P. P.* JACQUEMOUD, R.

---

6 *Août* 1847.

PURGATION HYPOTHÉCAIRE. — CAUTION. — SOLVABILITÉ.

Art. 2308 C. c.

Le créancier qui requiert la mise aux enchères dans le cas de l'art. 2308 du Code civil, doit offrir caution à concurrence du prix stipulé augmenté d'un 10me et de tous les frais.

Pour établir la solvabilité de cette caution, il doit produire l'état de ses biens en justifiant de la valeur qu'il leur attribue, et en prouvant qu'ils sont la propriété de la caution.

Il doit, en outre, produire l'extrait des inscriptions existantes sur les biens tant du chef de la caution que du chef de ses auteurs, surtout si elle ne les a acquis que depuis peu d'années.

GIROD, AGNELLET C. VELLAND.

Attendu que le créancier qui requiert la mise aux enchères, dans le cas de l'article 2308 du Code civil, est tenu, aux termes de cet article, d'offrir une caution, non pas seulement d'un dixième dont le prix de vente est augmenté, mais pour le prix même augmenté d'un dixième, ainsi que pour tous les frais, et qu'il doit justifier de la solvabilité de cette caution ;

Attendu qu'il ne conste point dans l'espèce, de la solvabilité de la caution que l'appelant a offerte en la personne de Jean Terrier, en requérant la mise aux enchères des immeubles vendus par Joseph Velland à Augustin Agnellet par l'acte du 8 février 1846, Masson notaire ;

Rien ne prouve, en effet, que l'on puisse porter les immeubles possédés par Jean Terrier à une valeur aussi forte que celle que leur donne l'appelant ; il n'est même pas certain que ledit Jean Terrier soit réellement propriétaire de la totalité des immeubles situés sur le territoire d'Annecy, qui auraient été inscrits à son nom suivant l'état qui en a été produit, par suite de la vente consentie en sa faveur par Jacques Terrier son père, le 25 octobre 1838 ; on peut en douter avec d'autant plus de raison qu'une grande partie de ces immeubles, qui n'est pas spécifiée dans l'acte du 25 octobre 1838, se trouve désignée, au contraire, comme appartenant à Terrier père, dans une inscription hypothécaire prise le 31 mars 1848, au profit de la compagnie des Pompiers d'Annecy, en vertu d'une obligation solidaire contractée par le père et par le fils à la date du 17 février 1848 ;

Attendu, d'ailleurs, que les immeubles possédés par Jean Terrier lui sont parvenus par des actes d'acquisition de date récente, et qu'ils sont hypothéqués, de son chef, pour des sommes considérables ; qu'il n'a été produit aucun certificat des inscriptions hypothécaires auxquelles ils peuvent, en outre, se trouver sujets du chef de Jacques Terrier et des autres auteurs et possesseurs actuels, et que, à défaut de transcription de tous les actes d'acquisition dont il s'agit, il serait, du reste, impossible de reconnaître si les garanties que présenteraient la caution offerte pourraient être considérées comme suffisantes :

Déclare Jean-Benoît Girod non recevable en son appel du jugement du 26 septembre 1846, et le condamne aux dépens.

Portier du Bellair, *P.* De St-Bonnet, *R.*

7 Août 1847.

LEGS. — LÉGITIME. — OPTION. — COPROPRIÉTÉ. — SUBHASTATION.

Art. 916, 2333 C. c. (R. C.)

Le légitimaire qui a reconnu l'héritier pour son débiteur, ne peut plus répudier le legs qui lui a été fait pour lui tenir lieu de tous ses droits.

L'héritier en optant pour payer en immeubles, ne peut empêcher les poursuites réelles de ses créanciers sur les biens provenant de la succession.

Le légitimaire n'est point en ce cas considéré comme un copropriétaire, aux termes de l'art 2333 du Code civil.

Descotes c. Descotes.

Attendu qu'il résulte des pièces produites, que par testament du 22 novembre 1856, déposé aux minutes de Me Magnin notaire, Joseph-Marie Descotes a légué à François Descotes son fils cadet, à titre de légitime, la somme de cinq mille livres nouvelles, sans préjudice du capital qu'il devait à sondit fils François provenant du legs à lui fait par son oncle Joseph Rivoire, au montant de trois mille livres, a légué au même titre à sa fille Geneviève Descotes la somme de deux mille livres nouvelles, et a institué pour son héritier universel Paul-Léon Descotes, son fils aîné.

Attendu qu'il n'apparaît pas que lesdits François et Geneviève Descotes aient répudié le legs qui leur a été ainsi fait à titre de légitime ;

Attendu qu'on voit, au contraire, que par acte du 17 septembre 1845, Me Valentin notaire, le prénommé François Descotes a donné quittance à son frère Paul-Léon de la somme de deux mille quatre cents livres

neuves sur celle de trois mille livres dont celui-ci était devenu son débiteur en qualité d'héritier de son père, suivant testament déposé aux minutes de Me Magnin notaire, le 22 novembre 1856, ce qui emporte reconnaissance formelle de sa part de la qualité d'héritier universel conférée à sondit frère par le testament précité, et acceptation implicite du legs qui lui a été fait dans ce même testament à titre de légitime ;

Attendu qu'il suit de là que lesdits appelants François et Geneviève Descotes doivent être considérés comme simples créanciers dans l'hoirie de leur père des legs qui leur ont été faits par celui-ci à titre de légitime ;

Attendu que la déclaration tardivement faite par Paul-Léon Descotes de vouloir payer les légitimes de sesdits frère et sœur en immeubles, à teneur du § 1er, tit. 5, liv. 5 des Royales Constitutions, sous le régime desquelles la succession dont il s'agit de Joseph-Marie Descotes, s'est ouverte, ne peut pas entraver les poursuites de son créancier, parce que la faculté accordée par le paragraphe précité, étant un droit personnel de l'héritier vis-à-vis des légitimaires, ne peut pas préjudicier aux créanciers dudit héritier, ni être opposé à leurs poursuites sur les immeubles de ce dernier ; et que d'ailleurs, en supposant même lesdits légataires réintégrés dans les droits de légitimaires, cela ne pourrait leur donner qu'un droit réel sur les immeubles de la succession paternelle pour les suivre en quelque main qu'ils passent jusqu'à l'entier acquittement de la légitime. Mais ce droit n'empêcherait pas que l'héritier ne continue à être considéré comme vrai propriétaire de tous les immeubles de l'hoirie, et n'équivaut conséquemment pas entièrement au droit absolu de copropriété indivise qui a été contemplé par l'art. 2333 du Code civil ;

Attendu que Paul-Léon Descotes n'a pas contesté que sa dette envers spectable Cusin ne soit actuellement de beaucoup supérieure à la somme de deux mille neuf cent une livres quatre-vingt-cinq centimes, pour laquelle les poursuites en subhastation ont été commencées, et que cela résulte d'ailleurs des titres produits ; qu'en conséquence, l'offre faite de déléguer au créancier le revenu de ses immeubles n'est pas *satisfactoire* dès qu'il ne s'est pas même acheminé à justifier que ce revenu puisse suffire pour le paiement de la dette dont le terme de paiement est maintenant échu ;

Sans s'arrêter aux offres et réquisitions de Paul-Léon Descotes, déclare les appelants non recevables en leur appel du jugement rendu par le tribunal de judicature-maje de cette ville le 4 novembre 1846, et les condamne aux dépens taxés à deux cent trente-cinq livres dix centimes.

GRILLO, *P. P.*   CLERT, *R.*

---

9 *Août 1847.*

FAILLITE. — PROMESSE DE VENTE. — NULLITÉ. — FRUITS. — REVENDICATION.

Art. 1593, 432 C. c.
Art. 477, C. de comm.

Dès la déclaration de l'ouverture de la faillite, les faillis n'ont plus à sister en cause.

La promesse de vente d'un immeuble est nulle si elle n'est rédigée en acte authentique.

La perception de fruits qui aurait été faite par l'acheteur ajouté, sous la foi de cette promesse, est censée illégale, et donne au propriétaire le droit de revendiquer ces fruits en quelques mains qu'ils passent, et même dans la faillite de l'acheteur.

Cependant, lorsque les fruits ont été perçus de bonne foi, le propriétaire n'en peut réclamer que la valeur, déduction faite des frais d'exploitation.[1]

FAILLITE HEUSSY.

Attendu que l'intervention des syndics à la faillite comme représentant les consorts Heussy rendait inutile la maintenue en cause de ces derniers, lesquels n'ont pas mieux dû être ajournés en l'instance d'appel, quoique mis en qualité, dans le jugement et que les frères Anthoinoz ont à s'imputer ces diverses irrégularités;

Attendu que le curateur à la cause des consorts Heussy a nié que Paul Heussy, beau-frère, ait été l'associé des frères Heussy, que dès lors c'est dans l'instance de faillite qu'il doit être statué sur l'existence de la société alléguée;

Attendu que la promesse de vente, faite le 1er février 1842 par les Anthoinoz aux frères Heussy, comprenait, outre les forêts destinées à être exploitées, le sol de ces mêmes forêts, des bâtiments, des artifices et des fonds en pâturages, soit des biens

immeubles, et qu'aux termes de l'article 1593 du Code civil, cette promesse de vente, pour être valable, devait être rédigée en acte authentique;

Attendu qu'il est reconnu par les parties que l'acte public de la vente dont il s'agit ne devait être passé que lorsque les frères Heussy, originaires Suisses, auraient obtenu l'autorisation royale qui leur était nécessaire pour acquérir des immeubles;

Attendu que, l'efficacité de la vente étant ainsi soumise à une condition suspensive qui n'est pas arrivée, la promesse de vente devant être réputée comme non avenue, les frères Heussy ne sauraient être considérés comme propriétaires des bois par eux exploités, bien que cette exploitation puisse être envisagée comme ayant été faite avec le consentement tacite des Anthoinoz; car, ce consentement, auquel on ne peut toutefois refuser quelque effet, n'a pu transférer aux frères Heussy le domaine d'immeubles dont la vente se trouvait subordonnée à une condition qui ne s'est pas réalisée; que les mêmes principes sont applicables aux foins saisis;

Attendu que le défaut d'opposition des frères Anthoinoz à une exploitation qu'ils n'ont pu ignorer, les paiements et les livrances de bois qui leur ont été faits ensuite de cette même exploitation ne laissent aucun doute sur leur adhésion tacite à ces coupes, ce qui exclut tout caractère de déprédation attribué à ces mêmes coupes;

Attendu que les frères Heussy ayant joui des biens dont il s'agit et exploité les forêts en dépendant du consentement des Anthoinoz, ils ne doivent être tenus qu'à faire raison aux appelants de la valeur des bois que ceux-ci feront conster avoir été coupés sur leurs fonds par lesdits Heussy, et qui ne seraient pas représentés, sous la distraction sur la valeur de ces mêmes bois, comme sur celle des bois et des foins sequestrés, de tous frais d'exploitation.

Par ces motifs, reçoit Alexandre et Jean-Claude Anthoinoz appelants; accorde main levée auxdits Anthoinoz du sequestre auquel ils ont fait procéder les 4 et 16 novembre 1844, par exploit du sergent royal Joly, pour tous les bois coupés ou non coupés et pour les foins saisis qu'ils justifieront provenir de leur domaine de l'Écondult et du Toron, à la charge par eux de faire raison à la faillite Heussy des frais d'exploitation et de main d'œuvre.

GRILLO, *P. P.*   COPPIER, *R.*

---

[1] Concl. conf., 9 avril 1847.

10 Août 1847.

SÉPARATION DE CORPS. — SÉPARATION DE DOT. — INTÉRÊTS.

Art. 1346, 1347 C. c.

Lorsque la séparation de corps a été prononcée entre époux, à raison de torts graves qui rendent la cohabitation impossible, le tribunal est autorisé à prononcer la séparation des droits dotaux, quoique la dot ne soit point en péril.

Les intérêts sont toujours dus à la femme dès sa demande en séparation. [1]

DE BARRAL C. DAME MONTANIER DE VANS.

Attendu que la séparation de corps prononcée par l'officialité de Chambéry entre l'appelant et l'intimée, a été motivée sur les torts de l'appelant envers sa femme;

Attendu que cette séparation de corps est régie par les dispositions de l'article 155 du Code civil, d'après lesquelles, la femme définitivement séparée de corps peut, suivant les circonstances, obtenir la séparation de sa dot et de ses autres droits dotaux, lors même que la fortune du mari en garantirait la conservation;

Attendu que les circonstances de la cause rendent indispensable la séparation de la dot de l'intimée, afin de prévenir de nouvelles difficultés entre les époux;

Attendu que l'appelant est nécessairement comptable des intérêts de la dot et des avoirs dotaux de l'intimée dès la date de la demande en séparation;

A reçu et reçoit le sieur de Barral appelant du jugement dont il s'agit, a mis l'appellation et ce dont est appel à néant, et par nouveau jugement, en autorisant l'intimée à ester en cause et rendant droit aux parties, déclare que tous les avoirs de l'intimée sont dotaux, et que sieur de Barral n'a aucun droit d'usufruit sur la part d'hoirie échue à son épouse dans la succession de leur fille Flavie.

Par ces motifs, sans s'arrêter aux offres de l'appelant, qui sont déclarées irrélévatoires, prononce la séparation de la dot et des avoirs dotaux de dame de Barral et ordonne que par experts convenus, et à défaut, nommés d'office, il sera fait en sa faveur, à concurrence de sa dot et avoirs dotaux, une

Concl. conf., 27 juin 1847.

assignation réelle sur les immeubles de son mari, en conformité de l'article 1548 du Code civil.

Condamne sieur Joseph de Barral à payer à son épouse les intérêts de sa dot et avoirs dotaux, dès le jour de la demande en séparation jusqu'à la mise en possession des immeubles à assigner.

Déclare, à teneur de l'article 1549 dudit Code, les dépens à la charge du sieur de Barral, ainsi qu'ils seront taxés.

GRILLO, *P. P.*   JACQUEMOUD, *R.*

---

10 Août 1847.

OFFICIALITÉ. — JUGE ECCLÉSIASTIQUE. — FEMME MARIÉE. — AUTORISATION. — APPEL D'ABUS.

Art. 131 C. c.

Le juge ecclésiastique est-il compétent pour autoriser une femme à intenter par-devant lui une action en séparation de corps?

S'il a accordé cette autorisation, sa sentence est-elle entachée d'abus?

COLETTE GAUTHIER FEMME VEYRAT C. VEYRAT.

Colette Gauthier s'était pourvue en séparation de corps contre son mari, devant le révérend official diocésain d'Annecy; ce magistrat, déclarant dans sa sentence l'autoriser à plaider, rejeta la demande.

La femme Veyrat appela comme d'abus de cette sentence, et énuméra des griefs puisés dans le fond de la cause.

Le seig. avocat-fiscal-général, tout en estimant que les griefs signalés n'étaient point fondés, appela lui-même d'office de la partie de la sentence par laquelle le révérend official avait déclaré autoriser la demanderesse à sister en cause.

Il disait:

« Nous ne pensons pas que la demanderesse puisse, à défaut de l'autorisation de son mari, ou en plaidant contre lui, être autorisée par le juge ecclésiastique.

« L'autorisation judiciaire est un acte de juridiction volontaire... une espèce de tutelle.... Elle s'exerce essentiellement par celui-là seul que la loi charge de la surveillance des personnes privilégiées...

« C'est là un point qui n'a jamais fait le moindre doute en France, sous les coutumes d'où nos codes ont tiré cette institution, et en particulier vis-à-vis de la juridiction ecclésiastique. Pothier, Merlin et plusieurs autres rapportent un arrêt du 17 février 1729, qui a déclaré abusive une autorisation accordée par un official à une femme, quoiqu'elle fût défenderesse devant lui.

« Les articles 218, 221, 222, 224 du Code civil français se servent toujours du mot *juge*... Cependant, soit avant, soit depuis l'article 861 du Code de procédure, la jurisprudence française a toujours considéré le tribunal de première instance du domicile conjugal comme seul compétent pour autoriser la femme demanderesse devant quelque juridiction que fût portée sa demande. Les tribunaux de commerce, les juges-de-paix, les cours royales, la cour de cassation, la cour de préfecture, le tribunal même de première instance, qui ne seraient pas celui du domicile, ne peuvent dans aucun cas accorder cette autorisation de plaider à la femme demanderesse. Ils n'autorisent que la femme défenderesse, parce qu'alors la régularité de l'instance étant à la charge de l'adversaire de la femme, on ne peut l'obliger à se présenter devant un juge qui n'est pas le sien, pour satisfaire à une formalité complètement illusoire, lorsque la femme est attaquée, car il est de toute nécessité qu'elle se défende.

« Notre Code civil a fait au Code français l'emprunt de presque tout ce qui regarde l'autorisation... Aussi le Sénat de Turin n'a-t-il jamais hésité à renvoyer les femmes demanderesses devant lui, même en appel, se pourvoir de l'autorisation devant le tribunal de judicature-majeure de leur domicile.

« A plus forte raison l'autorisation doit-elle être étrangère à une juridiction d'un ordre tout exceptionnel. »

Après avoir longuement et savamment établi le point de droit, le ministère public conclut en ces termes :

« Nous concluons à ce qu'il plaise au Sénat déclarer qu'il y a abus dans l'autorisation d'ester en jugement accordée à Colette Gauthier femme Veyrat, demanderesse dans le jugement du révérend official d'Annecy du 20 janvier 1844, et dans la confirmation en ce point de ce jugement par celui du révérend official métropolitain du 2 janvier 1845, exhorter lesdits révérends officiaux à s'abstenir, à l'avenir, de semblables autorisations, sous peine de suspension de leur temporel. Ordonner que la requête qui précède et les conclusions précédentes et l'or-

donnance à intervenir leur seront signifiées à la diligence de l'avocat-fiscal-général, et qu'elles seront en outre portées au registre de céans.

« 17 novembre 1846, signé GREYFIÉ. »

Le Sénat, chambres réunies, vu les conclusions de l'avocat-fiscal-général, *sans s'arrêter à l'appel de ce dernier*, prononce sur le fond de la cause.

GRILLO, P. P. COPPIER, de l'avis du Sénat.

---

14 Août 1847.

VENTE. — HYPOTHÈQUE. — PURGATION. — STIPULATION POUR AUTRUI.

Art. 1208, 1660 C. c.

Le vendeur qui aliène une partie de ses biens, avec charge d'acquitter toutes ses dettes hypothécaires, est censé stipuler au profit de ses créanciers.

L'acheteur qui acquiert à cette condition, est obligé personnellement au paiement des dettes hypothécaires, et ne peut s'y soustraire en introduisant une instance en purgation hypothécaire. [1]

MATHIEZ c. CHAPPUIS ET MAILLAND.

François Mathiez avait été condamné, par jugement du 5 décembre 1845, à payer aux mariés Chappuis et Mailland une somme de 1,500 liv. Comme il tardait à s'acquitter, les créanciers lui firent faire une commande en conformité de l'art. 2343 du Code civil, et successivement firent ordonner la vente par subhastation de ses biens.

A l'audience fixée, Mathiez fit défaut ; ses fils Michel et Jean-Louis se rendirent intervenants et produisirent un acte de vente consenti en leur faveur par leur père, le 31 décembre 1845, par lequel ils avaient pris charge d'acquitter toutes les dettes hypothécaires du vendeur. Ils déclarèrent alors se prévaloir de l'art. 1660 du Code civil, et introduisirent une instance en purgation hypothécaire.

Le tribunal les ayant condamnés à payer, ils en appelèrent ;

LE SÉNAT : Attendu que, par acte du 26 janvier 1843, Raphy notaire, ratifié par l'intimé Claude Chappuis le 11 mars suivant, même notaire, Bertin Chappuis, son père, a vendu à François Mathiez, père des

---

[1] Concl. conf., 31 mars 1847.

appelants, les biens désignés dans le premier de ces actes pour le prix de 2,500 liv., sur lequel l'acquéreur a promis relever son vendeur de 1,500 liv. avec intérêts, pour les droits dotaux de Françoise Mailland, sa belle-fille, intimée ;

Attendu que, par jugement rendu le 5 décembre 1845, entre les intimés et François Mathiez, ce dernier a été condamné à payer ladite somme de 1,500 liv. avec intérêts et sous dues distractions, au moyen du remploi déterminé par le même jugement ;

Attendu que, par l'acte qualifié pacte de famille, le 51 décembre 1845, Canet notaire, entre François Mathiez et ses fils, Mathiez père a vendu et abandonné ses biens à ses fils au moyen des charges prises par ces derniers, parmi lesquelles figure l'engagement d'acquitter toutes les dettes hypothécaires du vendeur ;

Attendu que, par l'effet des dispositions de l'art. 1208 de notre Code, Mathiez père a pu stipuler comme il l'a fait dans cet acte au profit des intimés, et que ceux-ci sont recevables à se prévaloir de la stipulation faite en leur faveur ;

Attendu que les appelants étant ainsi devenus débiteurs personnels, ils ne peuvent pas invoquer les dispositions de l'article 124 de l'édit hypothécaire, qui accorde au simple tiers-possesseur la faculté de purger ou délaisser, et que les intimés ont été fondés à demander contr'eux le commandement de payer qui leur a été accordé par le jugement dont est appel ;

Attendu qu'ils ne seraient admissibles que du chef de leur père, acquéreur des biens, à invoquer les dispositions de l'article 1660 du Code, sous prétexte que ces biens seraient grevés d'hypothèques, autres que celles de l'intimé ;

Attendu que Mathiez père n'a manifesté aucune crainte de trouble et a été condamné à payer par la décision rendue le 5 décembre 1845, qui a acquis l'autorité de la chose jugée ;

Déclare Michel et Jean-Louis Mathiez non-recevables en leur appel.

GRILLO, P. P. MARESCHAL, R.

----

6 Décembre 1847.

SUCCESSION. — FILLE. — EXCLUSION. — RENONCIATION.

La fille mariée avant la mise en vigueur du Code civil et congruement dotée, est exclue de toutes les successions ouvertes sous les Royales Constitutions.

Elle ne peut se prévaloir ni de l'art. 13 des Royales Patentes du 6 décembre 1837, qui l'autorise à réclamer un supplément de légitime dans les successions non ouvertes, nonobstant toute renonciation antérieure, ni de l'indivisibilité de sa renonciation, pour prétendre à un supplément de dot dans les successions ouvertes antérieurement.

La renonciation à toutes successions paternelles et maternelles contenue dans le contrat dotal est, en ce cas, scindée et maintenue pour les seules successions ouvertes sous les lois anciennes. [1]

BERTRAND C. BERTHIER.

Pierre Bertrand et Claudine Berthier ont contracté mariage en 1817. A cette occasion, Joseph Berthier, père de l'épouse, lui a constitué en dot une somme de 1,200 livres pour tous droits paternels, maternels, légitimes et part d'augment, à tous lesquels elle a renoncé.

Claudine Ambrois, femme de Joseph Berthier, est décédée *ab intestat* en 1837, et Joseph Berthier en 1842, en laissant leur fils Jacques pour unique héritier.

La femme Bertrand, soit ses héritiers, demandent à Jacques Berthier une dot dans l'hoirie de Claudine Ambrois, et une légitime dans celle de Joseph Berthier. Ils disent que la dot constituée doit être imputée en entier sur l'hoirie du frère ; qu'ainsi ils ne peuvent être exclus ni de l'hoirie de la mère, rien ne leur ayant été constitué sur cette hoirie, ni de celle du père déférée sous la loi nouvelle.

Après avoir succombé au tribunal, ils portent leur cause en appel.

LE SÉNAT : Attendu qu'il est constant et reconnu au procès que Claudine Berthier s'est mariée en 1817, avec une dot de 1,200 livres qui lui a été constituée dans son contrat de mariage, et que Claudine Ambrois, sa mère, dans la succession de laquelle elle demande maintenant une dot congrue, est décédée *ab intestat* en 1837 ; d'où il suit que

----

[1] Concl. conf., 14 avril 1847.

tous les faits s'étant accomplis sous le régime des Royales Constitutions, c'est uniquement d'après les dispositions de cette législation que l'on doit décider les questions
relatives aux droits de Claudine Berthier
dans la succession de sa mère ;

Attendu qu'à teneur des §§ 1 et 6, tit. 7,
liv. 5 des Royales Constitutions, la femme
qui, à l'époque de l'ouverture d'une succession à laquelle elle aurait été appelée,
se trouvait honnêtement mariée avec une
dot quelconque au moyen de laquelle elle
avait contracté ce mariage, était entièrement exclue de cette succession sans pouvoir plus rien y prétendre ; d'où il suit que
Claudine Berthier se trouvant à l'époque de
l'ouverture de la succession maternelle mariée avec une dot constituée dans son contrat de mariage, ne peut plus rien réclamer
dans cette succession ;

Attendu que les dispositions de l'art. 13
des L. P. du 6 décembre 1837, sont seulement relatives aux successions qui seraient
déférées après la mise en vigueur du Code
civil, et sont conséquemment sans application dans l'espèce actuelle, où il s'agit d'une
succession déférée avant la mise en vigueur
dudit Code ;

Attendu que l'exclusion de Claudine Berthier de toute ultérieure réclamation dans
l'hoirie maternelle, étant la conséquence
des dispositions des Royales Constitutions
ci-dessus rappelées, plutôt que de la renonciation stipulée dans son contrat de mariage, il est inutile de discuter, soit sur le
mérite de la renonciation elle-même, soit
sur les effets qu'elle pourrait encore conserver après la publication du Code civil,
qui la rend inefficace pour l'hoirie paternelle également comprise dans cette renonciation ;

Déclare les consorts Bertrand non recc-
vables en leur appel du jugement rendu par
le tribunal de judicature-maje de Chambéry le 24 février 1846, et les condamne
aux dépens.

GRILLO, P. P.   CLERT, R.

---

13 Décembre 1847.

COMPÉTENCE. — GENÈVE.
—EXEQUATUR. — BILLET A ORDRE. —
NÉGOCIANT.

Art. 202 C. de comm.
Art. 1166 C. c.

Les jugements rendus par les tribunaux de Genève
ne sont mis à exécution, dans les Etats, qu'après
connaissance du fond de la cause.
Est nul le billet à ordre souscrit à l'étranger par
un Savoisien non-négociant. [1]

DESGRANGES C. HUMBERT FRANÇOIS.

LE SÉNAT : Attendu que l'article 1466 du
Code civil, concernant l'exécution des jugements rendus en pays étrangers, dispose
qu'on devra agir, à cet égard, de la même
manière qu'on en use dans ces pays à l'égard
des jugements rendus par les tribunaux des
Etats, sans préjudice des règles et usages
suivis pour leur mise à exécution ;

Attendu que, d'après l'article 576 du
Code de procédure genevois, les jugements
des tribunaux étrangers ne peuvent être
mis à exécution dans le canton qu'autant
qu'ils ont été déclarés exécutoires par le
tribunal civil, parties ouïes ou duement
citées ;

Attendu que les tribunaux de Genève
étant ainsi appelés à connaître du fond de
la cause avant de statuer sur l'exécution
des jugements étrangers, on doit user du
même droit dans les Etats du roi, pour
les jugements émanés de ces tribunaux ; en
sorte qu'il y a lieu d'examiner si ceux dont
le demandeur réclame l'exécution ne contiennent aucun grief propre à faire repousser cette demande ;

Attendu que dans ses conclusions motivées, Humbert François a opposé de négative aux allégations de Desgranges, qui lui
attribuait la qualité de négociant ;

Attendu que l'art. 202 du Code de commerce interdit à tous autres qu'à des commerçants de souscrire des billets à ordre ;
que, signés par des personnes étrangères
au commerce, ils ne constituent, quant à
celles-ci, que de simples obligations ;

Attendu que ces dispositions prohibitives,

---

[1] Concl. conf., 16 juin 1847.
Arrêt conf., 13 août 1844, ci-devant p. 231.

dont le but évident est de soustraire ceux qui ne sont pas négociants aux conséquences que la loi commerciale attache à ce genre d'engagement, formeraient obstacle à ce que des billets à ordre, souscrits à l'étranger par un sujet de S. M. de la classe des personnes auxquelles la loi défend de le faire, puissent produire, dans les Etats, d'autres effets que ceux qui leur sont réservés par l'art. 202 précédemment cité ; d'où il suit que les jugements des tribunaux étrangers qui sanctionneraient l'engagement pris par ces billets comme pleinement valable dans sa forme et dans ses effets exceptionnels, ne pourraient obtenir exécution au préjudice d'un sujet, puisqu'ils auraient donné à la signature de celui-ci une portée que la loi du pays ne saurait lui reconnaître ;

Attendu que l'engagement, pris par le signataire non-commerçant d'un billet à ordre, se trouvant réduit à une simple obligation et dépouillé des caractères qui pouvaient le soumettre à la juridiction commerciale, le jugement émané des tribunaux de commerce Genevois, pour cette cause, contre un sujet étranger au commerce, devrait être considéré céans comme incompétemment rendu, quelle que puisse être, d'ailleurs, la compétence à eux attribuée par la loi étrangère dans leur ressort ;

Attendu que si les négatives par lesquelles François a contesté sa qualité de négociant étaient fondées, la demande en exécution des jugements dont il s'agit devrait être, sans autre, repoussée, il importe d'acheminer le demandeur, qui n'a pas été mis en demeure de répondre à ces négatives, à les sauver ;

Attendu que, lors même qu'il serait constant que François était négociant à l'époque où il a souscrit les billets à ordre des 18 juin et 20 août 1845, et qu'ainsi les jugements du tribunal de Genève ont été compétemment rendus, s'il était à même d'établir, comme il le soutient dans les faits donnés en position, qu'il n'a signé que comme caution de Desgranges auprès du créancier Dard, les jugements qui le condamnent à rembourser au demandeur les sommes que celui-ci aurait payé en acquittement de sa propre dette, contiendraient un grief de nature à former aussi un obstacle insurmontable à leur exécution :

Par ces motifs, ordonne avant tout que Desgranges sauvera les négatives opposées par Humbert François, concernant la qualité de négociant qu'il prétend lui attribuer, et qu'en outre, il répondra aux positions données par celui-ci dans l'écriture du 20 décembre 1846.

De la Charrière, P.   Girod, R.

---

14 Décembre 1847.

ÉTAT CIVIL. — PREUVE. — INSCRIPTION EN FAUX. — NAISSANCE. — DÉCÈS.

Art. 60, 61 C. c.

Bien que les registres de l'état-civil portent qu'un enfant est mort quelques minutes après sa naissance, on peut prouver par témoins qu'il est mort-né.

Il n'est pas nécessaire de s'inscrire en faux contre l'officier qui a dressé l'acte d'état-civil. [1]

Duparc c. Duparc.

Le Sénat : Attendu que le recteur de Jonzier, en consignant sur les registres de l'état-civil les déclarations qui lui ont été faites par Jean Duparc et par la sage-femme Jeanne-Marie Jacquet, n'a fait que rapporter ces déclarations telles qu'il les avait reçues, qu'il n'a vérifié ni pu vérifier les faits qui lui étaient déclarés, et que, sous ce rapport, les extraits par lui rédigés sont valides dans la forme ;

Attendu que, quoique en thèse générale, les actes de l'état-civil régulièrement rédigés soient revêtus, par la loi, d'un caractère authentique, et que, par conséquent, foi entière leur soit attribuée ; cependant, ces principes ne reçoivent leur application que lorsque les officiers de l'état-civil ont vérifié, par eux-mêmes, les faits qu'ils sont chargés de constater ; qu'ils ont vu et connu la personne dont ils établissent l'état, et qu'ils consignent enfin, dans les actes qu'ils rédigent, les connaissances qu'ils ont acquises ;

Attendu que hors les cas sus-énoncés, non-seulement il est permis d'attaquer les actes de l'état-civil sans la formalité de l'inscription en faux, mais que, pour les attaquer, la preuve par témoins peut être admise, ainsi que tout autre genre de preuve ;

Attendu que, dans l'espèce, il s'agit simplement d'une déclaration que le recteur de

---

[1] Concl. contr., 30 avril 1847 ; p. 387.

Jonzier a consignée sur les registres, *que l'enfant dont Françoise Duparc était accouchée, était de sexe féminin et était né vivant*; mais que le recteur n'a pas vérifié ni dû vérifier les faits qui lui étaient déclarés;

Attendu qu'en combinant l'acte de naissance avec l'acte de décès, des présomptions surgissent contre la vérité des déclarations y faites par Jean Duparc et la sage-femme Jacquet, et que partant la preuve testimoniale, offerte par les appelantes pour établir que l'enfant dont il s'agit est né mort, est admissible;

Attendu que le second fait déduit par les appelantes, dans leur écriture du 10 février 1846, tend à ce but, ainsi que les intimés l'ont reconnu en ne s'opposant pas à son admission;

Attendu que quoique les trois autres pris isolément ne soient pas aussi concluants que le second, cependant comme ils peuvent servir d'adminicules, il n'est pas le cas de les rejeter:

En recevant les sœurs Duparc appelantes, ordonne que les appelants déduiront faits en matière contraire.

DE LA CHARRIÈRE, *P.* COTTA, *R.*

---

17 Décembre 1847.

TESTAMENT. — INCAPACITÉ. — FAIBLESSE D'ESPRIT. — ENQUÊTE. — CHOSE JUGÉE.

Art. 901 C. c.

Pour faire déclarer nul un testament pour cause de démence ou de faiblesse d'esprit, il faut des faits qui démontrent une absence de volonté chez le testateur.

Quoique les faits de faiblesse d'esprit aient été admis à preuve et soient attestés par l'enquête, le juge cependant peut, au vu des explications données par les témoins, prononcer la validité du testament. [1]

MILLIET C. CHAVANEL.

LE SÉNAT : Attendu, au fond, qu'il est de principe que, pour être privé de la faculté de tester, il faut être incapable d'avoir une volonté et ne pas jouir de cette liberté d'esprit que la loi exige pour disposer par acte de dernière volonté;

Attendu que les lois en vigueur à l'époque de la confection du testament de Josephte Chavanel, ne définissant pas, comme il aurait été difficile de définir, quelle devrait être la faiblesse d'esprit qui pourrait priver l'homme mourant de la consolation de disposer, à son gré, de sa fortune, les questions de ce genre ont toujours été laissées à la prudente appréciation des magistrats;

Attendu, cela étant, que, quoiqu'il y ait chose jugée sur la pertinence des faits déduits par l'appelant, il n'est pas moins vrai que celui-ci, pour réussir dans sa demande, devait en administrer la preuve pleine et entière, et qu'à défaut de cette preuve, on doit revenir à l'application des principes du droit sur la matière;

Attendu que la simple lecture des enquêtes, prouve que l'appelant n'a pas fourni la preuve que la testatrice était atteinte d'incapacité morale de tester, soit parce que, sur les dix témoins entendus, quatre, savoir : les 1er, 5e, 6e et 7e, ont déposé formellement de n'avoir pas remarqué que le moral de Josephte Chavanel fût altéré, ni qu'elle eût fait des extravagances; soit parce que les 4e et 9e ont déclaré ignorer tous les faits sur lesquels ils ont été interrogés; soit enfin parce que les dépositions des quatre autres témoins ne reposent que sur des ouï-dires dont le vague fait ressortir l'insuffisance;

Attendu que la contre-enquête à laquelle il a été procédé de la part de l'intimée, non-seulement atténuerait le peu de force que l'enquête de l'appelant peut mériter, mais encore établirait que la testatrice jouissait, à l'époque du testament dont il s'agit, de ses facultés intellectuelles;

Attendu que, quoique de l'ensemble des dépositions des témoins entendus de part et d'autre, il résulte que Josephte Chavanel n'avait pas ce degré d'intelligence qui est le partage du commun des hommes, cependant, il y a loin de là à cet état de folie ou de faiblesse d'esprit qui peut rendre l'homme incapable de faire son testament;

Attendu que les informations prises à la requête du fisc, au sujet de la mort de ladite Chavanel, et dont l'appelant voudrait faire usage pour appuyer son enquête, sont sans portée, soit parce qu'elles n'ont pas été prises en conformité des lois sur la procédure civile, soit parce que, entre le testament de la femme et sa mort, s'étant écoulé un certain espace de temps, il pour-

---

[1] Concl. conf., 11 juin 1847.

rait se faire qu'à l'époque de sa mort cette femme eût pu être considérée comme faible d'esprit, et qu'elle ne le fût pas à l'époque où elle a fait son testament ;

Attendu, enfin, que les faits additionnels articulés par l'appelant en cause d'appel, outre qu'ils sont irrélévatoires et non pertinents, ont été déduits hors des délais fixés par la loi, d'où il suit qu'ils ne peuvent être admis :

Déclare Claude Milliet, en sa qualité, non-recevable en son appel.

DE LA CHARRIÈRE, *P.* COTTA., *R.*

---

20 Décembre 1847.

— APPEL. — DÉSERTION.
COMMUNICATION A L'AVOCAT-GÉNÉRAL.
— MISE AU ROLE.

L'appelant encourt la désertion si la cause ayant été appointée et mise au rôle dans l'année, il tarde de communiquer les pièces au ministère public.

Il ne peut s'excuser en alléguant le retard mis par l'intimé à faire expédier ou enregistrer les actes qui le concernent, parce que l'appelant est chargé, sous sa responsabilité, de la prompte expédition de la procédure.

Vᵉ MARC C. PAEVOT, CARRIER ET CONSORTS.

LE SÉNAT : Attendu que les causes d'appel doivent être appointées et mises au rôle dans l'année, à partir de la date des lettres accordées sur la requête en relief, ou à compter de l'échéance de la prorogation qui aurait été obtenue ; ce qui résulte des dispositions du manifeste du Sénat, sous date du 4 juillet 1845 ;

Attendu que le § 1ᵉʳ des L. P. du 1ᵉʳ mars 1858, porte que, quant aux causes dans lesquelles la communication des pièces à l'avocat-général a été ordonnée, elles doivent être inscrites au rôle après que les conclusions du ministère public auront été rendues ;

Attendu qu'il résulte de l'ensemble de ces dispositions que l'appelant doit faire, dans le cours de l'année, tout ce qui est nécessaire pour que la cause soit en état d'être jugée ;

Attendu que si l'usage s'est introduit de faire inscrire les causes au rôle avant que le ministère public ait donné ses conclu-

sions, les obligations de l'appelant, touchant l'expédition de la cause, n'ont pas cessé d'être les mêmes pour éviter la péremption de son appel ; qu'il doit, à cet effet, dans l'année, déposer et faire déposer les pièces du procès au banc de l'actuaire qui les transmet à l'office public ; différemment, l'appelant pourrait, à son gré, retarder la décision du procès et éluder ainsi l'objet spécial des dispositions sus-rappelées ;

Attendu que tel est, sur ce point, la jurisprudence du Sénat consacrée par des arrêts récents ;

Attendu que si la veuve Marc a fait appointer et inscrire la cause au rôle dans l'année à compter de la prorogation accordée par le décret du 27 septembre 1845, le dépôt de ses pièces et de celles des autres parties n'a eu lieu que dans la dernière quinzaine de mars 1847, et ainsi six mois environ après l'échéance de ladite prorogation ;

Attendu que c'était à la partie appelante à veiller à ce qu'aucun retard ne fût mis à l'enregistrement de l'ordonnance d'appointement, et à la régularisation de son volume, comme aussi à se pourvoir contre les autres parties si le dépôt des pièces était différé par leur fait ; d'où il suit qu'elle ne saurait se soustraire aux conséquences de sa faute, qui a amené l'échéance du délai péremptoire fixé par la loi :

Par ces motifs, déclare péri et désert l'appel du jugement dont il s'agit.

DE LA CHARRIÈRE, *P.* GIROD. *R.*

---

28 Décembre 1847.

LETTRE DE CHANGE. — *SANS FRAIS.* —
MANDAT. — ENDOSSEMENT.

Art. 189 C. de comm.

La lettre de change portant la clause *sans frais ni protêt*, dégénère en mandat de paiement.

Ce mandat de paiement constitue cependant une obligation commerciale, et peut se transmettre par la voie de l'endossement. [1]

---

[1] Concl. conf., 2 août 1817.

REGAUD C. DE MALMASSE ET LA FAILLITE
PACORET.

LE SÉNAT : Attendu qu'il est constant et
reconnu au procès que l'effet en question,
tiré par l'appelant, le 15 février 1847, sur
MM. Bechet, Dethomas et Comp^e, à Paris,
et payable à l'ordre de M. Gabriel Pacoret,
pour valeur reçue comptant, a été dressé
suivant toutes les formes de la lettre de
change ; et que la question se réduit au
point de savoir si, à raison des mots *sans
frais* mis par l'appelant au bas de sa signature, cet effet doit, aux termes de l'article
189 du Code de commerce, être considéré
comme ne renfermant plus qu'une simple
obligation civile, non susceptible d'endossement régulier ;

Attendu que la clause *sans frais ni protêt*
ou autres équivalentes avaient été introduites par les usages du commerce et étaient
souvent insérées dans les lettres de change,
tant par les négociants étrangers que par
ceux des Etats, bien antérieurement à la
publication du Code de commerce ; que le
législateur, dans l'article 189 précité, n'a
point proscrit cet usage ; qu'il l'a au contraire clairement autorisé, en expliquant
seulement que l'insertion de ces clauses
ôtait à la lettre le caractère d'une véritable
lettre de change, et lui donnait celui d'un
mandat de paiement, d'une simple obligation ;

Attendu qu'en autorisant ainsi l'emploi
de ces clauses dans les négociations commerciales, le Code de commerce a, par là
même, entendu que ces négociations con-
serveraient leur caractère de négociations
commerciales ; d'où il suit que lorsqu'il dit
que la lettre de change, revêtue d'une pareille clause, prend le caractère d'un mandat de paiement et a l'effet d'une simple
obligation, on doit l'entendre d'un mandat
de commerce, d'une obligation commerciale ;

Attendu qu'une nouvelle preuve que le
Code de commerce a entendu conserver aux
effets mentionnés dans l'art. 189. le caractère d'effets de commerce, se tire encore de
l'art. 678 du même Code, où l'on observe
qu'il renvoie aux tribunaux civils la connaissance des lettres de change ou billets à
ordre ayant le caractère de simples obligations d'après les termes des art. 122, 123,
124, 125 et 222, sans y comprendre celles
dont il a été question dans l'article 189, qui
se trouvent ainsi attribuées à la connaissance des tribunaux de commerce ;

Attendu que l'effet du 15 février 1847 a
été convenu payable à l'ordre de M. Pacoret,
et que, d'après les règles du commerce, un
effet ainsi conçu est transmissible par la
voie de l'endossement ;

Attendu que la voie de l'endossement
n'est pas réservée exclusivement à la lettre
de change régulière, puisque l'on voit à
l'article 122 du Code de commerce, qu'une
lettre tirée dans les Etats par une personne
non commerçante et qui n'a d'autre effet
que celui d'une obligation contractée sous
seing-privé, peut cependant être transmise
par la voie de l'endossement et revêtir le
caractère d'une lettre de change, lorsqu'elle
aura été endossée, et se trouvera ainsi accompagnée de la signature d'un commerçant ;

Attendu que cette faculté de pouvoir être
transmise par la voie de l'endossement doit
être conservée aux effets de ce genre, alors
surtout qu'ils sont tirés sur un lieu étranger, parce qu'ainsi l'exige la bonne foi qui
doit régner dans les transactions commerciales, et que, d'ailleurs, l'article 121 du
Code de commerce dispose qu'en pareil
cas une lettre, tirée même par une personne
non commerçante, doit avoir l'effet d'une
lettre de change ;

Attendu qu'en déclarant que la clause
sans frais ni protêt ôtait, à la lettre dont il
s'agit, le caractère de lettre de change pour
ne lui laisser que celui d'une simple obligation, l'article 189 a expliqué que l'effet
de commerce, revêtu de cette clause, n'aurait pas les prérogatives de la lettre de
change, celle notamment résultant du protêt avec recours prompt et solidaire contre
tous les endosseurs et tireurs, et droit de
change et rechange ; mais il ne lui a pas,
par là, enlevé les effets résultant des conventions des parties, comme celui de pouvoir être endossé lorsqu'il aurait été conçu
payable au porteur ;

Attendu que l'effet du 15 février 1847 a
été endossé par Pacoret aux intimés, sous
la date du 15 même mois, pour valeur en
compte, et qu'ainsi cet endossement présente tous les caractères d'un endossement
régulier ;

Attendu que le résultat de l'endossement
régulier est de transférer aux porteurs la
propriété de l'effet endossé ; d'où il suit que
l'appelant n'est plus recevable à opposer
aux intimés les exceptions qu'il aurait eu
à opposer à Pacoret ;

Attendu que le jugement du 10 avril
1847 ne préjuge rien sur la question de

savoir si les intimés pouvaient ou non faire protester l'effet dont il s'agit et s'ils peuvent réclamer le remboursement des frais du protèt qu'ils ont fait faire, qu'en conséquence aucun grief n'a été fait à l'appelant sur ce point ;

Attendu que, s'agissant de matière de commerce, il est évident que le juge du consulat ne pouvait faire autrement que de prononcer en conformité de l'article 717 du Code de commerce ;

Attendu que l'effet en question ayant cessé d'être la propriété de Pacoret par suite de l'endossement que celui-ci en a fait, les syndics de la faillite n'ont plus aucun compte à régler pour ce regard avec l'appelant ; d'où il suit que les conclusions prises par ce dernier contre les appelés en cause sont sans fondement :

Met les appelés en cause hors de cour et de procès, et déclare l'appelant non-recevable en son appel.

GRILLO, P. P. CLEAT, R.

29 Décembre 1847.

COMPTE DE TUTELLE. — TRANSACTION. — LÉSION.

Art. 319, 2094 C. c. (R. C.)

Sous l'empire des Royales Constitutions, le tuteur pouvait valablement transiger sur son compte de tutelle avec le pupille parvenu à sa majorité, sans justifier par un récépissé de la remise de son compte.[1]

Cette transaction ne pouvait jamais être attaquée par voie de lésion.

Vᵉ DELACHENAL c. LES SOEURS MONTSERRAZ.

LE SÉNAT : Attendu qu'il résulte des énonciations renfermées dans la transaction du 24 novembre 1817, Thonion notaire, qu'un compte détaillé, accompagné de pièces justificatives et de l'inventaire dressé par le même notaire, a été présenté à l'appelante relativement à la gestion tutélaire exercée par Françoise-Marie Delachenal, sa mère, et par son second mari ; et que c'est ensuite de ce compte que cette dernière a été libérée de cette gestion ;

Attendu que, suivant le principe admis par la loi 3 au Digeste *De minoribus*, et par la Novelle 155, et consacré par la jurisprudence et par le tit. 10, liv. 5 des Royales Constitutions, le mineur devenu majeur pouvait valablement libérer son tuteur de sa gestion, sans que cette décharge fût accompagnée d'un compte détaillé ;

Attendu qu'en droit romain, l'action en lésion admise, quant à la vente, par la loi 2, au Code *De rescindenda venditione*, ne s'étendait pas aux transactions, suivant ce qui résulte de la loi 1ʳᵉ, § dernier, *Ad senatus consultum Tertullianum* ; la raison est que la transaction ayant pour objet des droits incertains ou contestés, il est difficile d'apprécier la valeur de ces droits, et par conséquent d'avoir des bases pour établir la lésion ;

Attendu que cette règle n'a pas été modifiée par le § 2, tit. 20, liv. 5 des Royales Constitutions, portant que si une transaction a été autorisée par l'interposition du décret du Sénat, on ne pourra l'impugner sous prétexte de lésion, quoique énormissime ; en effet, cette disposition puisée dans l'édit d'Emmanuel Philibert, a eu pour objet d'écarter des transactions, l'application de la loi 2, au Code *De rescindenda venditione* ; mais elle n'a rien changé aux principes relatifs aux transactions, et la jurisprudence observée, dès lors, tendait à suivre ces principes ;

Attendu qu'il serait d'autant moins le cas d'admettre l'action en lésion dans l'espèce, que la longue exécution donnée au contrat de 1817, la difficulté de retrouver tous les éléments de comptabilité et les diverses questions sur lesquelles il a été transigé, auraient pour conséquence de jeter les parties dans un dédale inextricable, et de rendre impossible l'appréciation exacte de leur position respective au temps du contrat ;

Attendu que les observations et les déduites tendantes à établir que la transaction aurait été obtenue par dol et surprise, ne sont pas pertinentes et de nature à motiver l'anéantissement de la transaction. — L'erreur dans laquelle les parties auraient pu se trouver sur quelques-uns des objets de la transaction, ne constituerait pas dol, et que, d'ailleurs, l'incertitude des droits des parties, à l'égard de ces objets, ayant donné lieu à la transaction, on ne saurait trouver dans cette erreur un motif de l'annuler ;

Attendu que cet acte ayant compris dans ses dispositions les droits que les parties

---

[1] Concl. conf., 4 mai 1847.
Arrêt conf., 19 décembre 1840 : Petelat c. Bojon ; De Montbel, R.

mesuraient du contrat de vente du 22 nivôse an II, il n'est plus le cas de s'occuper du mérite de ce dernier contrat dès que la transaction est maintenue, ce qui rend inadmissibles les positions données ;

Attendu que la transaction a eu pour objet non-seulement la gestion exercée par Françoise-Marie Delachenal, mais encore celle exercée par son second mari, et que, par conséquent, l'appelante ne serait pas fondée à élever des prétentions plus amples que les droits fixés par cette transaction :

Et en adoptant pour le surplus les motifs donnés par les premiers juges,

Sans s'arrêter aux positions données par Marie-Josephte Choc, veuve Delachenal, non plus qu'aux faits par elle articulés, la déclare non-recevable en son appel du jugement rendu le 16 janvier 1846, par le tribunal d'Albertville.

GRILLO, *P. P.* MARESCHAL, *R.*

29 Décembre 1847.

CURATEUR A L'HOIRIE. — CONTUMACE. — VENTE. — PÉRIL D'ÉVICTION. — HYPOTHÈQUE.

Art. 1660 C. c.

Lorsque le curateur à l'hoirie jacente vient à faire défaut, la cause est poursuivie en contradictoire d'un curateur spécial, aux périls et risques du curateur à l'hoirie.

Dans les ventes faites avant la mise en vigueur du Code civil, l'existence d'inscriptions hypothécaires ne suffit pas pour autoriser l'acheteur à se retenir le prix.[1]

JACQUES VEYRAT c. REVUZ (CURATEUR SPÉCIAL DE L'HOIRIE JACENTE DE FABIUS CROCHET, PAR SUITE DU DÉFAUT DE Me LARAVOIRE, CURATEUR A CETTE HOIRIE), ET DIVERS TIERS ACQUÉREURS.

Veyrat avait vendu en 1836 un domaine à Crochet ; après la mort de ce dernier, il se pourvut contre son hoirie, représentée par Me Laravoire, pour obtenir paiement du prix ; en même temps il demanda, entre les mains de plusieurs sous-acquéreurs, saisie-séquestre des sommes qu'ils restaient de-

[1] Concl. conf., 20 avril 1847.

voir à l'hoirie Crochet. Ceux-ci opposaient de l'existence de plusieurs inscriptions hypothécaires. Le tribunal ayant accueilli cette exception, Veyrat porte la cause au Sénat.

Me Laravoire fait défaut ; le Sénat alors, sur conclusions conformes du ministère public, nomme un curateur spécial à l'hoirie, et sur le fond de la cause, prononce en ces termes :

LE SÉNAT, Attendu que d'après les principes des lois romaines, le vendeur n'était tenu qu'à délivrer la chose vendue, et à faire cesser les troubles apportés à la possession de l'acheteur ; que s'il n'y avait pas de troubles, ou si les troubles avaient cessé par les soins du vendeur, l'acheteur ne pouvait de son côté refuser d'exécuter ses engagements, sous prétexte que l'éviction était plus ou moins prochainement à craindre ;

Attendu que si ces lois réservaient à l'acheteur une action en indemnité contre celui qui lui avait vendu sciemment une chose sujette à éviction, elles exigeaient cependant qu'il n'eût pas connu lui-même la cause de l'éviction à l'époque de la vente, ce qui ne saurait être allégué dans l'espèce, puisque les charges dont excipent les intimés, tout au moins les principales, avaient acquis le degré de publicité dont elles étaient susceptibles par leur inscription sur les registres hypothécaires, lorsque les intimés sont devenus acquéreurs par les actes des 12 et 20 juin 1836 ;

Attendu que celui qui a acheté avant la promulgation du Code civil ne peut invoquer les dispositions de l'art. 1660 pour se garantir des troubles à venir, puisque ces dispositions introduites corrélativement aux obligations plus étendues imposées aux vendeurs par la loi nouvelle, ne peuvent avoir d'effet rétroactif ;

Attendu que la vacance de l'hoirie du créancier, non plus que le grand nombre de dettes dont elle serait obérée, ne peuvent former obstacle à ce que cette hoirie puisse agir contre ses propres débiteurs ; que les mariés Veyrat ont pu ainsi, en se prévalant des noms, raisons et actions de l'hoirie de Crochet, leur débiteur, poursuivre les consorts Velloz et Rachel, acquéreurs de celui-ci ; que toutefois l'édit du 16 juillet 1822 laissait auxdits Velloz et Rachel un moyen de se mettre à l'abri de toutes causes d'éviction ou de molestie après le paiement de leur prix, en faisant, par les voies de la purgation hypothécaire, appel à tous les créanciers pour prendre part, selon leur rang, à la distribution de ce prix ; que s'ils ne veulent pas user de ce moyen, qui leur a été indiqué par Veyrat lui-même, ils ne peuvent, en l'absence de molesties actuelles, se dispenser d'exécuter leur contrat, et de payer entre les mains des demandeurs :

Par ces motifs, déclare les intimés, à défaut d'avoir fait transcrire leur contrat d'acquisition dans le délai d'un mois, et d'avoir successivement, dans les délais fixés par la loi, introduit l'instance de purgation et d'ordre, en conformité de l'art. 2506 du Code civil, tenus de payer à Veyrat les sommes dont ils restent comptables envers l'hoirie de Fabien Crochet.

D'ARCOLLIÈRES. GIROD, R.

---

29 Décembre 1847.

SIMULATION. — CONTRAT DOTAL. — DONATION DÉGUISÉE.

La simulation ne vicie le contrat qu'entre les parties qui y ont participé.

En conséquence, le mari qui, dans son contrat dotal, a donné quittance de partie de la dot, est lié par son fait, mais il ne peut porter aucun préjudice à sa femme, si elle n'a pas pris part à la simulation.

Celle-ci peut, après la dissolution du mariage, ou la séparation de biens, exiger la dot entière, sans égard à la quittance simulée. [1]

DEBAUD C. LES FRÈRES THOREL ET MARIE THOREL, FEMME DEBAUD.

LE SÉNAT : Attendu que la somme de 5,000 liv., stipulée à titre de constitution dotale, en faveur de Marie Thorel dans l'acte du 12 janvier 1832, Thorens notaire, est le correspectif de la renonciation par elle faite dans le même acte aux successions de ses père et mère ;

Attendu que cette constitution dotale ne pourrait être réduite à l'égard de la femme Debaud à la somme de 2,500 liv., qu'autant qu'il serait constant que cette dernière aurait eu connaissance lors dudit acte de la simulation qui aurait pu avoir lieu pour l'excédant de ladite somme ;

Attendu que Marie Thorel a nié d'avoir eu connaissance, lors de l'acte Thorens no-taire, de la simulation prétendue ; qu'elle a affirmé y avoir été tout-à-fait étrangère ; que les défendeurs ne se sont point acheminés à sauver cette négative ; d'où il suit que la constitution dotale, quant à ladite femme Debaud, est de la somme de 5,000 livres ;

Attendu que les frères Thorel ayant convenu que lors dudit acte il n'y avait eu réellement de payé sur la somme de 5,000 liv., que celle de 2,500 liv., ils restent débiteurs envers leur sœur d'une égale somme, pour complément de la dot promise ;

Attendu que si la simulation alléguée par les défendeurs, quant à la somme de 2,500 liv., était établie, Claude Debaud qui y aurait pris part ne pourrait exiger le capital et intérêts restant dus sur le montant de la constitution dotale ; que Marie Thorel aurait seule droit, en cas de dissolution de mariage, ou de séparation de biens, d'en faire l'exaction avec l'application quant au capital ;

Attendu, en ce qui concerne les conclusions prises par Claude Debaud contre les frères Thorel, et l'exception de simulation proposée par ces derniers, que la cause n'est pas prête à recevoir jugement :

Par ces motifs, en autorisant Marie Thorel, femme de Claude Debaud, à ester en jugement, déclare ladite Debaud être créancière envers Jacques, Pierre et Marie Thorel, en vertu de l'acte du 12 janvier 1832, Thorens notaire, de la somme de 2,500 liv., avec dommages-intérêts tels que de droit, exigible en cas de dissolution de mariage, ou de séparation de biens, pour complément de 5,000 liv., à elle constituées en dot, et la met hors de cour et de procès.

PORTIER DU BELLAIR, P. COPPIER, R.

---

31 Décembre 1847.

HYPOTHÈQUE JUDICIAIRE. — JUGEMENT CONSENTI. — RECONNAISSANCE DE SIGNATURE. — VENTE SOUS SEING-PRIVÉ. — IMMEUBLES

Art. 1112, 2117, 2123 C. c.

La vente d'immeubles faite par acte sous seing-privé, est nulle.

Cet acte cependant peut produire hypothèque judiciaire, lorsque l'acheteur, assigné en restitution

---

[1] Concl. 8 juin 1847.

d'immeubles, ou en paiement du prix stipulé, a reconnu la légitimité des conclusions adverses.

Le jugement qui ordonne de *procéder plus amplement* n'en est pas moins considéré comme jugement de condamnation, si la dette principale y est reconnue.

Il vaut en outre comme reconnaissance de la signature mise au bas du billet, et à ce titre, confère hypothèque pour la restitution de l'indû. [1]

Buisson c. Buisson.

Jean-Louis Buisson vend par billet sous seing-privé du 27 novembre 1855, un immeuble à son frère Pierre-Célestin pour le prix de 500 liv., déclaré reçu, et quittancé.

En 1844, Pierre-Célestin ayant reconnu que cet immeuble n'était pas la propriété du vendeur, le fait assigner pour qu'il ait, sauf à lui procurer la jouissance de l'immeuble vendu, à lui en restituer le prix avec accessoires, c'est en reconnaissant sa signature mise au bas du billet du 27 novembre 1856.

Jean-Louis reconnaît la signature, et déclare n'avoir rien à opposer aux conclusions prises contre lui. Le tribunal en donne acte, et avant de rendre droit, ordonne que les parties procéderont plus amplement.

Pierre-Célestin fait inscrire ce jugement au bureau des hypothèques; toute la contestation porte maintenant sur le mérite de cette hypothèque.

Le Sénat : Attendu que les conclusions prises par Pierre-Célestin Buisson contre Jean-Louis Buisson, son frère, par les deux requêtes introductives de la cause en première instance, tendaient à ce qu'à défaut de lui procurer la délivrance des biens qu'il lui avait vendus par le contrat du 25 juin 1855, et par l'écrit privé du 27 novembre 1850, il eût à reconnaître sa signature apposée au bas de ce dernier écrit, et à lui restituer, avec tous légitimes accessoires, la somme de 500 liv., acquittée dans le premier de ces actes, et celle de 500 liv., déclarée reçue dans le second ;

Attendu qu'à l'audience du 28 mai 1844, Jean-Louis Buisson a déclaré reconnaître sa signature mise au bas de l'écrit privé du 27 novembre 1850, et, en outre, n'avoir rien à opposer aux conclusions prises à son encontre par le demandeur son frère; que par l'ordonnance dudit jour, et sur les réquisi-

tions de ce dernier, il a été accordé acte de ces déclarations ;

Attendu que si cette ordonnance porte en outre qu'il sera plus amplement procédé, ce chef concerne principalement Jean-Louis et Jean-Baptiste Buisson, dont le premier soutenait que celui-ci avait, au lit de mort de leur père, pris l'engagement de le relever des demandes de Pierre-Célestin leur frère, pour la restitution du prix des ventes dont il s'agit, engagement qui était nié par ledit Jean-Baptiste Buisson, en sorte que ce dernier chef n'était rien de sa force et de sa portée à l'ordonnance du 28 mai 1844, qui constatait l'acquiescement donné aux conclusions dudit Pierre-Célestin contre Jean-Louis, pour la restitution du prix acquitté dans l'acte du 25 juin 1855, à défaut de procurer le relâchement de l'immeuble vendu par cet acte;

Attendu que cette ordonnance n'a pas eu seulement pour effet d'établir la preuve de l'acquiescement donné aux conclusions du demandeur, mais qu'en accordant acte du contrat judiciaire intervenu par le fait de cet acquiescement, entre Pierre-Célestin Buisson et Jean-Louis, son frère, elle a scellé et consacré l'obligation prise par celui-ci de rembourser la somme de 500 liv., s'il ne faisait pas relâcher l'immeuble vendu par l'acte du 25 juin 1855, dont elle était le correspectif; que dès lors cette obligation a reposé sur un double titre, sur le contrat susénoncé, et sur l'ordonnance du 28 mai 1844; que sous ce dernier rapport, elle doit être mise au nombre des obligations pour la garantie desquelles l'art. 2177 du Code civil confère une hypothèque judiciaire; que si cette obligation n'a fait que confirmer un engagement préexistant, et pour lequel aucune garantie hypothécaire n'avait été prévue, elle n'en a pas moins été consentie judiciairement, et n'a pas moins dû produire tous les effets que la loi attache à une obligation quelconque résultant d'une ordonnance ou d'un jugement;

Attendu que l'écrit sous seing-privé du 27 novembre 1850, nul comme acte de vente, établissait néanmoins le paiement de la somme de 500 liv., correspectif de l'aliénation que les parties avaient eu en vue, et par cela même, sauf la vérification de la signature du souscripteur, formait un titre propre à fonder la répétition de cette somme, à défaut de la chose pour laquelle elle avait été payée;

Attendu que l'ordonnance du 25 juin

---

[1] Concl. conf., 20 mai 1817; 451.

1844, en donnant acte de la reconnaissance de la signature de Jean-Louis Buisson, et en outre, de son acquiescement aux conclusions prises pour le remboursement résultant non-seulement de l'acte sous seing-privé, mais encore des déclarations faites en justice par le défendeur, a acquis à Pierre-Célestin Buisson le bénéfice des articles 2177, 2178 du Code civil, qui, sous ce double rapport, garantissaient l'efficacité de son action par une hypothèque judiciaire;

Attendu que, en accordant l'alternative de délivrer les immeubles, ou d'en rembourser le prix, il ne soumettait à aucun délai le recouvrement de sa créance; qu'il entendait évidemment que le choix du débiteur fût immédiatement fait, et l'objet de ce choix rempli sans délai;

Attendu que Jean-Louis Buisson ayant de son côté passé expédient sur ces demandes, sans réserve ni exception aucune, il s'en suit que l'exigibilité de la créance de Pierre-Célestin Buisson n'était soumise à aucun terme, et qu'ainsi les hypothèques judiciaires dont il s'agit ont dû opérer immédiatement leur effet;

Attendu que ces hypothèques acquises antérieurement à la vente du 10 février 1845, dont excipent les demandeurs en opposition, et inscrites avant la transcription de cette vente, ont dû, dans leur généralité, frapper les immeubles qu'ils voudraient faire rayer du rôle des biens à subhaster; qu'en conséquence, le jugement dont est appel doit être réformé:

Par ces motifs, en recevant Pierre-Célestin Buisson appelant, débouté Victor et Philibert Buisson de leurs oppositions au commandement du 16 février 1846.

DE LA CHARRIÈRE, *P.* GIROD, *R.*

TABLE ALPHABÉTIQUE

DES NOMS DES PARTIES.

TABLE DES ARTICLES

INTERPRÉTÉS PAR LA JURISPRUDENCE DÉCENNALE.

CODE CIVIL.

50

TABLE ALPHABÉTIQUE ET MÉTHODIQUE

DES MATIÈRES

CONTENUES DANS LA JURISPRUDENCE DÉCENNALE.

❦

A

13. Sous le droit romain l'absent était présumé vivant jusqu'à l'accomplissement de sa 100e année; en conséquence ce n'est qu'après l'expiration de la 100e année, que le successible de l'absent peut être poursuivi en qualité d'héritier.   29 juillet 1839.   38

§ 4. *Des droits échus à l'absent.*

14. D'après l'ancienne jurisprudence, l'absent n'est présumé ni vivant, ni mort : celui qui fonde des droits sur sa mort doit la prouver; ainsi c'est à celui qui veut que l'absent ne fasse pas nombre pour la supputation de la légitime, à établir qu'il était décédé au jour de l'ouverture de la succession.
13 août 1810,   75

15. Décidé en sens contraire :
Pour évaluer le montant des droits de la fille, l'héritier ne peut faire compter ses frères absents, s'il ne prouve leur vie au moment de l'ouverture de la succession.   12 août 1815.   312

16. Suivant la jurisprudence antérieure au Code civil, l'absent n'est présumé ni mort ni vivant quant aux droits éventuels qui peuvent lui échoir après sa disparition; c'est à celui qui fonde la demande sur la vie de l'absent à la prouver.
Le jugement passé en jugé, qui a prononcé la nullité du testament, à raison de la prétérition de l'absent, ne préjuge pas irrévocablement l'existence de l'absent à la date du décès du testateur, et ne dispense pas les parties intéressées d'en rapporter la preuve.   7 août 1813.   196

17. L'absent peut être tenu pour vivant, et comme tel, appelé au partage des successions ouvertes depuis ses dernières nouvelles.
Cet accord est irrévocable; en conséquence, ceux qui y ont pris part ne peuvent plus révoquer en doute la vie de l'absent au moment de l'ouverture de la succession.   6 février 1816.   329

18. Dans un partage d'hoirie, la part du successible absent accroît à ses cohéritiers.
Cependant, l'absent peut être présumé vivant et appelé au partage, lorsque les pièces du procès fournissent des indices pressants de survie.
Les interpellations données sur la date de l'absence et le silence de la partie interpellée, ne sont pas considérés comme motifs suffisants pour exclure l'absent du partage.   15 mars 1814.   221

V. PATERNITÉ, 2.

ABUS. V. AUTORISATION, 4; CHAPELLE, 1; PASSAGE, 4. 5. 6.

ACCEPTATION DE LETTRE DE CHANGE.
V. LETTRE DE CHANGE, 2.

ACCEPTATION DE SUCCESSION.

1. Le fils du débiteur décédé, assigné en personne, et sommé de convenir de sa qualité héréditaire, est censé l'avouer par le seul fait de sa contumace; il doit être condamné comme héritier, à concurrence de sa part héréditaire.   23 juillet 1817.   111

2. Suivant les R. C., l'héritier en possession des biens de l'hoirie, était de plein droit réputé héritier, s'il ne déclarait judiciairement posséder à quelqu'autre titre, dans les 30 jours continus, à dater de celui où il avait appris que l'hoirie lui était déférée.
Pour se soustraire aux charges de l'hoirie, il ne lui suffisait point de nier d'avoir fait acte d'immixtion, ni même de produire un acte d'abstention, s'il était postérieur au trentième jour.
20 juillet 1813.   308

3. L'acceptation d'hoirie ne peut résulter que d'actes qui supposent nécessairement l'intention de se porter héritier.
Ainsi le fils qui, après avoir mis acte d'abstention de l'hoirie paternelle, est resté, comme héritier de sa mère, en possession de biens assignés à celle-ci dans une instance en séparation, ne peut être considéré comme héritier de son père.
16 juin 1813.   186

4. Le successible qui intervient, et consent à la vente faite par un tiers d'objets sur lesquels le défunt, son auteur, aurait eu quelques prétentions à élever, ne fait pas acte d'acceptation, et ne se prive pas de la faculté de répudier, s'il ne stipule aucun prix pour sa déclaration.   1er décembre 1813.   203

5. Au contraire, s'il ratifie pour un prix convenu une vente faite par le défunt, il devient héritier pur et simple, nonobstant toute répudiation qu'il aurait faite antérieurement.   23 mars 1817.   120

6. Nul ne peut accepter une hoirie qui ne lui est pas déférée. En conséquence, la fille exclue qui s'immisce dans la succession dévolue à son frère, ne se prive pas du droit de la répudier, lorsqu'elle lui sera déférée par la répudiation de l'héritier.
17 juillet 1839.   37
V. BÉNÉFICE D'INVENTAIRE, 9 à 13. RÉPUDIATION, 1 et suiv.

ACCROISSEMENT.

Sous le Code civil, il n'y a lieu à l'accroissement entre cohéritiers, que dans les cas prévus par l'article 864.
En conséquence, si l'un des héritiers auquel il a été substitué pupillairement vient à décéder avant sa majorité, il n'y a pas lieu à accroissement, bien que le substitué répudie; la part d'hoirie en ce cas est dévolue *ab intestat*.   16 janvier 1816.   324

ACQUIESCEMENT.

§ 1. *Quelles sont les personnes qui peuvent acquiescer?*

§ 2. *Quels sont les actes qui forment acquiescement?*

§ 3. *Quels sont les effets de l'acquiescement?*

§ 1. *Quelles sont les personnes qui peuvent acquiescer?*

1. Le procureur sans mandat spécial, ne peut acquiescer à la condamnation de son client.
Il peut être désavoué lorsqu'il a excédé les bornes de son mandat.   2 janvier 1839.   13

2. Le procureur qui excède les bornes de son mandat n'oblige point sa partie; il n'est pas même nécessaire, en ce cas, de le désavouer.
Le simple mandataire *ad lites*, n'a pas qualité pour acquiescer à un jugement qui déboute son mandant.   15 juin 1814.   239

3. Le procureur ne peut, sans un mandat spécial, se désister d'une opposition formée par son client.   11 août 1813.   201
Jugé dans le même sens.   19 février 1814.   216

§ 2. *Quels sont les actes qui forment acquiescement?*

1. Celui qui a fait intimer un jugement sans protestation, n'est pas admissible à s'en porter appelant.
La déclaration faite par l'huissier du nom de la personne qui a requis son ministère, fait foi jusqu'à preuve contraire.   9 janvier 1814.   209

5. La partie qui a fait signifier, sans protestation, un jugement, ne peut plus en appeler.

L'exploit de l'huissier attestant que c'est l'appelant qui a requis son ministère, fait pleine foi jusqu'à preuve contraire. 7 février 1816. 332

6. Le paiement des dépens forme acquiescement au jugement.

Il peut être prouvé par témoins, quelle que soit la valeur du litige. 7 mai 1844. 232

7. Celui qui ayant été assigné en personne pour venir assister à une enquête ordonnée par jugement, n'y a pas comparu et ne s'y est pas opposé, est censé avoir acquiescé au jugement, et n'est plus admis à en appeler. 2 avril 1844. 230

8. Le cohéritier qui vend l'immeuble échu à son lot, est censé acquiescer au jugement qui ordonne le partage, pourvu toutefois qu'il en ait eu connaissance. 20 avril 1847. 428

9. On n'est point censé acquiescer à un jugement et renoncer à l'appel, par un acte d'exécution volontaire, lorsque cet acte peut être considéré comme conservatoire, et qu'il a été fait sans une connaissance exacte du jugement. 27 février 1844. 219

10. La déclaration faite par le procureur sans instruction de sa partie, n'équivaut pas à un acquiescement aux conclusions adverses et ne forme pas une fin de non-recevoir à l'appel. 14 juin 1842. 146

11. La demande en communication des pièces adverses, faite après la prononciation du jugement, ne constitue pas un acte d'acquiescement au jugé. 27 juin 1844. 212

12. La déclaration faite par le procureur *de ne pas s'opposer à l'adjudication des conclusions du demandeur*, ne forme pas aveu de la dette et acquiescement au jugé.

Elle ne fait point obstacle à ce que le défendeur appelle du jugement rendu ensuite de cette déclaration. 1er mai 1816. 361

§ 3. *Quels sont les effets de l'acquiescement ?*

13. Le jugement rendu sur aveu, ou sur acquiescement de la partie, ne peut plus être déféré en appel. 21 novembre 1813. 202

14. Lorsqu'un jugement a statué sur plusieurs chefs distincts, la partie qui a conclu généralement *au bien jugé* n'est pas admissible à se porter incidemment appelante de l'un des chefs. 4 août 1810. 72

15. On ne peut, sous prétexte d'ignorance du droit, se soustraire aux conséquences d'un acquiescement donné à un jugement sujet à appel. 23 décembre 1844. 200

16. L'acquiescement donné au jugement rendu par un tribunal étranger, incompétent aux termes des traités, ne peut avoir pour effet de rendre le jugement exécutoire dans les états. 1er février 1817. 399

ACTE AUTHENTIQUE. V. ADJUDICATION, 15, 16, 17. APPLICATION, 1. AVEU, 6. BAIL A MÉTAIRIE, 8. CESSION, 1. ERREUR, 1. FAUX. MCR, 1. PARTAGE, 3, 4. PREUVE TESTIMONIALE. RENTE, 7. SOCIÉTÉ, 5 à 9. VENTE, 11 à 14.

ACTES CONSERVATOIRES. V. BÉNÉFICE D'INVENTAIRE, 13.

ACTE SOUS SEING-PRIVÉ. V. BILLET, 1 à 4. DATE CERTAINE, 1 à 8.

ACTION CIVILE. V. INJURE, 1, 2. ÉTRANGER, 3.

ACTION NÉGATOIRE. V. SERVITUDE, 1.

ACTION POSSESSOIRE. V. POSSESSOIRE.

ADJUDICATION.

§ 1. *Qui peut poursuivre l'adjudication, ou se rendre adjudicataire ?*

§ 2. *Quel est le tribunal compétent pour l'ordonner ?*

§ 3. *Quelles sont les formalités prescrites ?*

§ 4. *Des adjudications de travaux publics.*

§ 1er *Qui peut poursuivre l'adjudication, ou se rendre adjudicataire ?*

1. La caution ne peut procéder à exécution sur les biens du principal obligé, avant d'avoir elle-même effectivement soldé le montant de la dette.

L'adjudication faite en faveur de la caution avant cette époque est nulle comme faite *pro indebito*. 13 juillet 1839. 35

2. L'adjudication provisoire d'un immeuble situé près de la frontière, quoique faite en faveur d'un étranger, n'est point frappée de nullité par les § 6 et 7, titre 12, liv. 6 des R. C. 23 avril 1839. 27

2 *bis.* La nullité de l'adjudication, fondée sur l'art. 1603, est purement relative. 8 janvier 1817. 391

§ 2. *Quel est le tribunal compétent pour ordonner l'adjudication ?*

3. L'adjudication poursuivie en exécution d'un jugement, doit être demandée au même tribunal qui a prononcé la condamnation.

L'adjudication ordonnée par un autre tribunal, est frappée de nullité radicale, et l'adjudicataire est tenu à la restitution des fruits dès son entrée en possession. 26 janvier 1844. 213

4. Le créancier poursuivant n'est pas responsable, envers l'adjudicataire, de la nullité d'adjudication résultant de l'incompétence du tribunal. 14 mars 1816. 313

§ 3. *Quelles sont les conditions prescrites pour la validité de l'adjudication ?*

5. La nullité résultant du défaut de notification du jugement de condamnation, est couverte par le consentement donné aux procédures ultérieures. 23 juillet 1842. 150

6. L'adjudication n'est pas nulle, si le créancier, au lieu de faire enjoindre au débiteur de comparaître pour y assister, l'a fait assigner par huissier ; il n'est pas prescrit en ce cas de réitérer l'assignation qui n'a pas été faite à personne. 5 avril 1815. 279

7. Aux termes de l'art. 91 de l'édit hypothécaire, il n'est pas exigé à peine de nullité du décret, que la requête présentée pour obtenir l'autorisation de se faire adjuger les biens de son débiteur, contienne la désignation des biens dont l'adjudication est demandée. 17 juillet 1844. 116

8. Les erreurs dans la désignation des numéros adjugés, ne constituent pas des nullités ; elles autorisent simplement le débiteur à revendiquer les parcelles exclues de l'adjudication. 5 avril 1845. 279

9. L'adjudicataire n'acquiert que les seuls numéros portés au manifeste.

Ne sont pas admissibles les faits tendant à prouver que, d'après l'opinion commune, des numéros omis au manifeste, faisaient partie du domaine subhasté. 11 juin 1844. 236

10. Le juge commis pour procéder à une adjudication, peut nommer plusieurs experts pour évaluer les immeubles. 23 juillet 1812. 150

11. Le notaire commis qui aurait été procureur du créancier poursuivant, et l'expert nommé qui serait son débiteur, sont justement suspects; cependant il n'y a pas lieu, en ce cas, à prononcer d'emblée la nullité de l'adjudication, mais seulement à autoriser une expertise des biens adjugés pour vérifier s'il y aurait eu préjudice causé au débiteur. 5 avril 1815. 279

12. Le bénéfice du tiers doit être calculé en réduisant d'un tiers la valeur totale donnée aux biens par l'expert, ou bien en ajoutant à la somme due une moitié en sus. 5 avril 1815. 279

13. L'adjudicataire n'est pas tenu de mettre en distribution le bénéfice du quart que la loi lui attribue. 23 juillet 1812. 150

14. Sous le Code civil, l'adjudication est nulle lorsqu'elle a eu lieu pour une somme excédant la créance de l'adjudicataire. 25 juillet 1816. 373

15. Toute convention qui a pour objet des immeubles doit être rédigée en acte public.

En conséquence, un tiers n'est pas admis à revendiquer les immeubles adjugés aux enchères, en soutenant que l'adjudicataire aurait promis de les mettre pour lui, ou de les lui rétrocéder. Des faits tendant à établir cette promesse seraient cependant admissibles pour prouver le dol de l'adjudicataire, et le soumettre à payer une juste indemnité en conformité des art. 1500, 1501 du Code civil. 3 janvier 1812. 125

§ 4. Des adjudications de travaux publics.

16. Toute dérogation ou modification à une convention portée par acte public, doit être établie par un acte de même nature.

Ainsi, on n'est pas admis à prouver par témoins, ni même par serment, qu'un adjudicataire de travaux publics n'a été que le mandataire d'un tiers, ou bien qu'il lui a rétrocédé le bénéfice de son adjudication. 2 janvier 1811. 82

17. On ne peut céder par acte sous seing-privé le bénéfice d'une adjudication de coupe de bois, acquise par acte authentique. 3 janvier 1817. 391

18. L'action en lésion est admise contre une entreprise de travaux publics adjugée aux enchères. 3 février 1811. 92

ADJUDICATION A FOLLE ENCHÈRE. V. Purge, 7. Subhastation, 9.

ADMINISTRATEUR.

Le sénatus-consulte libonien n'était pas applicable à l'administrateur qui avait capté la volonté du testateur en faveur de ses administrés. 7 janvier 1839. 11

AFFIRMATION DES CRÉANCES.

Peuvent seuls prendre part au concordat les créanciers dont les créances ont été régulièrement affirmées.

L'affirmation, à supposer qu'elle puisse être faite par procureur, ne pourrait l'être qu'en termes précis, et non par serment, sur la simple science ou opinion du mandataire. 23 mars 1816. 317

AFFOUAGE.

Le droit d'affouage dans des forêts communales peut être accordé aux propriétaires qui n'ont pas de feu dans la commune.

En ce cas ils prennent part aux dividendes en argent résultant de la vente des coupes, dans la proportion des contributions foncières qu'ils supportent dans la commune. 12 mars 1817. 111

2. Les servitudes actives d'affouage et de pâturage, s'éteignent par le non-usage pendant un temps suffisant pour fonder la prescription. 3 février 1817. 100

V. Albergement, 2.

AJOURNEMENT.

1. Est insuffisant pour constituer en demeure l'exploit dans lequel l'officier ministériel n'aurait pas constaté d'avoir fait ses diligences pour parler à la personne citée; à plus forte raison, s'il a verbalisé en ces termes : mes négligences faites. 30 juillet 1817. 118

2. L'erreur sur la qualité attribuée à la partie citée, est couverte par la comparution volontaire. 1er avril 1813. 171

3. La comparaissance d'une partie malgré les protestations dont elle est accompagnée, couvre tous les vices de forme de l'exploit d'assignation. 1er juillet 1812. 117

V. Instance sommaire, 1. Mineur, 6, 7. Subhastation, 1, 2.

ALBERGEMENT.

1. Est nul l'albergement consenti depuis 1778, si l'albergataire n'y a pas stipulé la faculté de se rédimer au moyen d'une somme fixe.

L'exécution volontaire, la prescription, ni même la chose jugée ne peuvent couvrir cette nullité qui est d'ordre public.

L'art. 16 des Lettres-Patentes du 6 décembre 1837, ne s'applique qu'aux albergements antérieurs aux édits de 1771 et de 1778. 11 juin 1839. 30

2. Le contrat d'albergement et d'emphytéose d'un droit d'affouage ou autre, ne constitue qu'une simple servitude sur le fonds albergé.

Les lois qui ont aboli la féodalité n'ont pu transformer cette servitude en propriété.

La possession continuée par les albergataires pendant un siècle, ne peut donner naissance à la prescription de le propriété. 22 février 1815. 273

V. Bail, 1.

ALIMENTS.

1. Les aliments sont dus à la femme séparée, dès la date de la sentence qui prononce la séparation; ils sont arbitrés par relation aux besoins, à la condition et à la dot de l'épouse, sans qu'on ait égard aux avantages réciproques résultant du contrat de mariage. 3 mars 1810. 51

2. Toute pension alimentaire n'est accordée que pour le temps où celui qui la reçoit continue à en avoir besoin.

En conséquence, la durée des provisions ne doit jamais être fixée à l'avance par le décret qui les accorde. 22 février 1815. 273

APPEL.

§ 1. Quels sont les jugements sujets à appel?
§ 2. De la valeur de la cause.
§ 3. Des délais dans lesquels doit être introduite la cause d'appel.
§ 4. Des délais dans lesquels elle doit être terminée.
§ 5. Appels en matière de subhastation.
§ 6. Appels dans les causes d'ordre.

§ 1. *Quels sont les jugements sujets à appel?*

1. On ne peut obtenir en appel la réformation d'un jugement mal rendu, s'il ne fait pas grief, et si l'erreur commise est à l'avantage de la partie qui appelle. 3 août 1811.   219

2. Le dispositif seul constitue le jugement; en conséquence, on ne peut appeler d'un jugement qui ne décide rien dans son dispositif, bien que les considérants paraissent préjuger la question.
1er décembre 1815.   311

3. Les motifs d'un jugement ne peuvent jamais causer grief irréparable, ni en conséquence donner lieu à appel; il en est de même du dispositif conçu avec la clause salvatoire : *sans préjudice du droit respectif des parties*, 10 août 1811.   250

4. Jugé en sens contraire : on peut appeler d'un jugement dont le dispositif ne fait point grief, lorsque les motifs ont préjugé la question de droit.
9 janvier 1817.   391

5. Le renvoi des parties devant le rapporteur est abandonné au pouvoir discrétionnaire des juges; en conséquence on ne peut appeler d'un jugement qui a refusé de fixer une séance conciliatoire.
19 janvier 1811.   396

6. On ne peut porter en appel une action qui n'a pas subi le premier degré de juridiction.
Ainsi le débiteur dont les biens ont été adjugés, et qui a plaidé sur le rachat, ne peut, dans l'instance d'appel prendre des conclusions en nullité de l'adjudication. 24 juin 1811.   250

7. En sens contraire : le débiteur qui conclut à être admis au rachat des biens adjugés à son préjudice, ne renonce pas par là à se prévaloir de la nullité dont son adjudication aurait été entachée. Cette nullité peut être proposée en appel, quoiqu'elle n'ait pas subi le premier degré de juridiction.
25 juillet 1816.   373

V. CHOSE JUGÉE.

8. Les parties peuvent proposer en appel un moyen nouveau qui n'a pas subi le premier degré de juridiction, lorsqu'il ne forme pas une action ou une exception nouvelle. 20 juin 1815.   298

8 bis. On peut proposer en appel des moyens nouveaux qui n'ont pas subi le premier degré de juridiction, mais non pas une action nouvelle.
Celui qui a critiqué la demande en collocation d'un créancier, en soutenant qu'il était héritier du débiteur, peut lui opposer en appel que la créance était simulée.
C'est un moyen nouveau et non une action nouvelle. 6 mars 1816.   310

8 ter. On ne peut plus porter en appel les causes qui ont subi deux degrés de juridiction. La sentence d'un juge incompétent à raison de la matière, n'est pas comptée comme formant degré d'appellation.
16 juillet 1839, et 8 janvier 1811.   36, 88

V. EN OUTRE ACQUIESCEMENT, 4, 5, 6, 7, 8, 9, 10, 11, 12, 13, 14, 15.

§ 2. *De la valeur de la cause.*

I. — *Sont toujours sujets à appel les jugements qui portent sur une valeur indéterminée.*

9. Un jugement est susceptible d'appel lorsque la condamnation qu'il prononce est indéfinie dans ses conséquences, bien que limitée dans son objet à une somme qui n'excède pas 1,200 liv.
21 mai 1839.   29

10. L'appel est recevable lorsque la valeur de la cause est indéterminée, bien que le demandeur ait offert de se contenter d'une somme inférieure à 1,200 livres. 14 mai 1815.   292

11. Le jugement qui déclare une saisie bonne et valable, porte toujours sur une valeur indéterminée.
En conséquence, il est susceptible d'appel, bien que la valeur des objets saisis, d'après l'estimation qui en est faite dans le procès-verbal, ne s'élève pas à 1,200 liv. 12 décembre 1816.   381

12. Le jugement qui prononce qu'un immeuble a été acquis à la communauté, est indéterminé dans sa valeur, et par conséquent, toujours sujet à appel, en ce qu'il préjuge l'existence d'une communauté.
2 avril 1811.   230

13. Bien que l'objet de la demande soit d'une valeur inférieure à 1,200 liv., si la décision contient un préjugé qui porte sur des valeurs plus considérables, la cause est susceptible d'appel.
Ainsi est sujet à appel le jugement qui en condamnant à payer une somme de 600 liv. pour une annuité de cense en vertu d'un bail passé pour neuf ans, statue sur une question de solidarité entre les preneurs. 19 février 1812.   230

14. La cause peut être portée en appel lors même que la demande aurait pour objet une somme inférieure à 1,200 liv., si l'on a conclu en même temps à la radiation d'inscriptions existantes sur des immeubles valant plus de 1,200 liv.
18 mars 1815.   278

15. L'appel est admissible à raison de la valeur de la cause, lorsque l'on a demandé la radiation d'inscriptions hypothécaires existantes sur des immeubles valant plus de 1,200 liv. 30 avril 1815.   287

II. — *Comment s'estime la valeur de la cause?*

16. L'évaluation des biens pour fixer la valeur de la cause n'est pas soumise aux règles tracées par les articles 1683 et 1685 du Code civil.
Elle peut être faite par tous moyens autorisés par la jurisprudence. 21 décembre 1839.   46

17. En matière d'appel, les deux parties doivent avoir des droits égaux ; dès que pour l'une d'elles la cause est d'une valeur suffisante pour être déférée en appel, l'autre partie est toujours admise à appeler, bien que l'objet de ses conclusions n'arrive pas à 1,200 livres. 23 janvier 1811.   212

18. En matière de servitude, la valeur de la cause est fixée par la valeur du fonds servant.
28 juillet 1838.   3
Par la valeur de l'un des deux fonds, au choix de l'appelant. *ibidem*, note 1.

19. Dans l'action en bornage, la valeur de la cause est fixée par la valeur de l'immeuble dont on demande la délimitation. 22 juin 1839.   33

20. Dans une action en délimitation, lorsque le demandeur restreint ses conclusions à un numéro déterminé, et que le défendeur se borne à défendre sa possession, on n'évalue que la seule parcelle du terrain qui forme la différence entre la contenance cadastrale et la possession des parties.
21 décembre 1839.   46

21. La valeur de la cause, dans une instance en nullité d'adjudication, est déterminée par la valeur des biens adjugés. 25 juillet 1816.   373

22. Dans les instances en subhastation, v. ci-après.

23. Dans les instances en résiliation de bail, pour fixer la valeur de la cause, on doit prendre en considération le prix de location, et les indemnités réclamées par les parties comme suite de résiliation.
22 décembre 1813.   206

24. Pour apprécier la valeur de la cause, on prend

en considération non-seulement la valeur intrinsèque de l'objet de la contestation, mais encore sa valeur relative.

Ainsi une parcelle de terrain improductif, peut avoir une valeur suffisante, si cette parcelle est indispensable pour l'établissement d'une usine.
1er mars 1811. 221

26. Pour fixer la valeur de la cause, on doit tenir compte de l'usage auquel était destiné l'objet de la contestation, et de l'utilité qu'il peut avoir pour celui qui le revendique. 6 mai 1817. 131

27. Pour apprécier la valeur de la cause d'appel, on se porte au moment où l'instance dont est appel a commencé entre les parties.

Ainsi, on joint au capital demandé le montant des arrérages échus à cette date, et à la valeur intrinsèque des immeubles revendiqués, la plus-value résultant des constructions existantes à cette époque.

L'évaluation doit être faite par experts.
16 mars 1811. 225

28. Les dépens faits en l'instance ne peuvent être pris en considération pour apprécier la valeur de la cause d'appel. On ajoute au capital les intérêts échus jusqu'au jour de la demande judiciaire.
5 juin 1817. 430

III. — Demandes réunies, réduites, etc.

29. On peut réunir deux ou plusieurs chefs de demande, bien que dérivant de titres différents, pour rendre la cause susceptible d'appel.
21 mars 1813. 170

30. L'appel d'un jugement qui a prononcé sur plusieurs sommes demandées par diverses personnes, et procédant de causes différentes, quoique totalisées dans la même requête, n'est pas recevable, si aucune de ces sommes n'arrive à 1,200 liv.
13 avril 1817. 426

31. Pour apprécier la valeur de la cause, on ne peut pas joindre au fonds en litige un autre fonds adjacent, pour lequel il y a identité de motif.
27 février 1811. 91

32. Pour apprécier la valeur de la cause, on doit calculer toutes les sommes demandées, tant dans les conclusions originaires, que dans les conclusions additionnelles, et quel que soit d'ailleurs le mérite de la demande. 5 décembre 1813. 205

33. Pour fixer la valeur de la cause en matière d'appel, on additionne le montant des conclusions principales, et des conclusions reconventionnelles.
1er juillet 1812. 117

34. Pour fixer la valeur de la cause, on doit défalquer de la somme demandée le montant des imputations consenties. 17 juin 1813. 186
8 février 1812. 129

35. Lorsque sur une demande excédant 1,200 liv., on offre dans la requête des imputations qui réduisent la somme, ce n'est plus que la somme restante, déduction faite des imputations offertes, qui doit être prise en considération pour fixer la valeur de la cause.

Il en est de même lorsque les imputations ont été consenties dans le cours de l'instance avant le jugement. 2 mai 1813. 177

36. La partie qui, dans le cours de l'instance, a restreint ses conclusions à une somme inférieure à 1,200 liv., n'en est pas moins recevable à appeler, si à l'audience elle a rétabli ses conclusions primitives, et si, en conséquence, le jugement porte sur une valeur excédant 1,200 liv. 21 janvier 1845. 266

§ 3. Des délais dans lesquels doit être introduite la cause d'appel.

I. — De quelle époque commencent à courir ces délais, en cas de signification du jugement?

37. Les délais d'appel ne courent qu'à partir du jour de la notification du jugement.

La notification d'un extrait du jugement où ne se trouvent ni les conclusions des parties, ni les motifs du jugement, est insuffisante pour faire courir les délais d'appel. 31 mars 1846. 352

38. La signification du jugement, faite sur la réquisition du créancier de l'une des parties, n'est pas suffisante pour faire courir les délais d'appel, si ce créancier n'a été partie dans l'instance.
21 janvier 1845. 266

39. La prononciation d'un jugement aux procureurs des parties, ne fait pas courir les délais, il faut une notification. 25 avril 1812. 139

40. La signification d'un jugement au procureur constitué, ne fait pas courir les délais d'appel; cependant lorsque la partie, dans une écriture, mentionne cette signification et discute sur le mérite du jugé, on admet que les délais d'appel ont couru dès cette date. 12 juillet 1841. 111

41. La notification d'une sentence doit être faite à la partie; celle qui ne serait faite qu'au procureur ad lites ne ferait pas courir les délais d'appel.
8 mai 1843. 178

42. Les délais d'appel ne peuvent courir contre une femme mariée qui a plaidé avec l'autorisation de son mari, tant que la sentence n'a pas été signifiée à ce dernier. 5 décembre 1813. 205

43. La production d'un jugement interlocutoire fait courir les délais d'appel contre la partie qui l'a faite. 29 décembre 1840. 82

II. — Cas où il y a interjection d'appel.

44. L'appelant qui a interjeté appel en personne ou par son fondé de pouvoirs depuis la mise en vigueur de l'édit du 13 avril 1811, n'a que 80 jours pour le relever au Sénat.

Le mandataire est censé nanti de pouvoirs suffisants, s'il a un mandat spécial consenti depuis le jugement déféré, ou bien une procuration générale.

L'appelant est présumé avoir donné des pouvoirs suffisants, s'il ne justifie du contraire en produisant le mandat. 20 janvier 1846. 326
7 juin 1845. 295

45. L'interjection d'appel faite par un mandataire revêtu de pouvoirs suffisants, fait courir les délais d'appel.

Le Sénat, en ordonnant à l'appelant de produire les mandats, préjuge la validité de l'interjection, dans le cas où cette production ne serait pas effectuée.

Cependant, par équité et eu égard à l'ignorance des parties, il use de modération et accorde un nouveau délai. 2 décembre 1844. 256

46. L'interjection d'appel faite par le procureur ad lites, ne fait pas courir les délais d'appel contre son client.

Il en est de même de l'acte à présentation mis au banc de l'actuaire, à la suite du pourvoi en anticipation de l'intimé; cette présentation n'étant également que le fait du procureur. 21 juillet 1845. 305
2 juin 1843. 181
13 août 1844. 253
10 janvier 1845. 264

III.—*Du cas où il y a pourvoi en anticipation.*

47. Avant l'édit du 13 avril 1841, il était admis en jurisprudence que l'anticipation d'appel de la part de l'intimé, dispensait l'appelant de relever lui-même son appel : il ne lui était fixé aucun délai pour prendre ses conclusions. 17 juillet 1841. 116

48. Depuis l'édit du 13 avril, en cas d'anticipation d'appel, l'appelant doit présenter ses moyens dans les trois mois, à partir de la présentation.
2 juillet 1844. 211

49. En cas d'anticipation, l'appelant est non-recevable s'il ne présente ses griefs dans le délai de 90 jours, à partir de la notification du jugement.
31 décembre 1844. 261

50. La présentation au banc de l'actuaire, qui n'est que le fait du procureur, n'est pas suffisante pour faire courir les délais. 21 juillet 1845. 305

51. L'appelant n'est point censé avoir présenté ses moyens en temps utile, si, dans les délais, il a exposé ses griefs dans une requête appellatoire qui n'a pas été décrétée, et qu'il n'a pas produite au procès. 20 février 1847. 405

52. La signification à partie, du décret mis sur la requête en anticipation d'appel, ne peut suppléer la notification du jugement, ni faire courir les délais d'appel. 10 janvier 1845. 261

IV. — *De la durée des délais d'appel.*

53. C'est la loi en vigueur au moment de l'interjection d'appel qui règle les délais accordés pour le relever.
Dans les appels interjetés avant la mise en vigueur de l'édit du 13 avril 1841, le délai pour le relever n'expire pas pendant les grandes féries.
3 février 1843. 165

54. Depuis l'édit du 13 avril 1842, les délais d'appel courent et tombent pendant les féries.
8 mai 1843. 178

55. Le jour où l'appel est interjeté n'est pas compris dans les 80 jours accordés pour le relever au Sénat. 5 décembre 1843. 205

56. L'appel doit être relevé dans les 90 jours ; en conséquence, la partie doit avoir présenté sa requête avant l'expiration du 90ᵐᵉ jour, à dater de celui de la signification.
Le jour *ad quem* est compté au nombre des 90 jours, le jour *à quo* n'est jamais compté.
28 décembre 1844. 260

57. Il suffit que la requête ait été déposée au secrétariat civil, bien qu'elle n'ait été décrétée qu'après l'échéance des délais. 17 mai 1847. 434

58. Le pourvoi adressé à un juge incompétent ne suspend pas les délais d'appel, à moins que la cause n'ait été portée *ab inferiore ad superiorem.*
1ᵉʳ avril 1843. 171

59. Celui qui s'est pourvu à la Commission de Révision pour être admis à appeler, nonobstant défaut de valeur, doit, à peine de déchéance, présenter son pourvoi dans le terme qui y est fixé.
Il est toujours dispensé des délais ordinaires d'appel, tels qu'ils sont fixés à l'article 2 de l'édit du 13 avril 1841. 27 juin 1845. 300

60. Le décret de *soit appelé partie* mis sur une requête appellatoire, ne suspend pas les délais d'appel, lorsqu'on n'a pas fait intimer les lettres dans le délai qui est fixé par le Sénat.
Une nouvelle requête présentée après l'échéance

des délais, serait inadmissible. 8 août 1842. 151

61. Le Sénat peut restituer pour de justes motifs contre le défaut d'intimation des lettres d'appel dans le délai qui y est fixé. 29 décembre 1846. 381

62. L'appelant qui ne s'est pas présenté en cause dans le délai fixé par les lettres, n'encourt aucune déchéance, lorsque sa partie adverse ne s'en est pas prévalue, et n'a pas obtenu des provisions formelles contre lui. 4 février 1846. 328

63. Lorsque le jugement statue sur une question indivisible, l'appel régulier de l'une des parties profite aux autres. 8 mai 1843. 178

64. La partie qui n'a pas appelé en temps utile, ne peut se prévaloir de l'appel utilement interjeté et relevé par ses litis-consorts, s'il n'y a entr'eux indivisibilité absolue de cause. 10 janvier 1845. 261

65. L'appel de l'une des parties profite aux autres, lorsque la cause a pour toutes le même objet et le même but. 2 juin 1843. 181

66. La sentence rendue par un juge incompétent à raison de la matière, peut être réparée par le tribunal supérieur, même après l'expiration des délais d'appel. 12 février 1847. 403

66 *bis.* Après l'expiration des délais fixés pour relever l'appel, le juge *a quo* est seul compétent pour ordonner l'exécution du jugé.
Le pourvoi au juge *ad quem* est irrégulier ; le Sénat cependant peut, en faveur de la bonne foi, ne pas condamner le recourant aux frais et dépens de l'instance. 25 novembre 1845. 311

V. Appel en matière d'ordre, ci-après, 97.

§ 4. *Des délais dans lesquels doit être terminée la cause d'appel.*

67. Le délai fixé par les R. C. pour faire vider les causes d'appel, ne commençait à courir, d'après la jurisprudence en vigueur avant l'édit du 13 avril 1841, que du moment où l'appel avait été reçu.
1ᵉʳ août 1843. 195

68. Depuis l'édit du 13 avril, la désertion est encourue par tous ceux qui n'ont pas fait appointer la cause dans l'année depuis l'introduction de l'instance d'appel. 30 juillet 1844. 249

69. Depuis l'édit du 13 avril 1841, on ne peut plus admettre la différence auparavant consacrée par la jurisprudence, entre le cas où l'appel est reçu et celui où les parties plaident sur la restitution.
5 avril 1845. 270

70. La désertion n'est pas encourue par la partie qui, de bonne foi, a fait porter la cause au rôle dans les délais fixés, lors même que, par suite du décès de l'intimé, la cause se trouverait irrégulière et devrait être appointée de nouveau.
29 décembre 1847. 381

71. La désertion est encourue même pour les causes appointées et mises au rôle dans l'année, lorsque l'appelant vient ensuite à différer outre mesure, et sans juste motif la communication des pièces au ministère public. 10 mai 1847. 432

72. Il ne pourrait, en ce cas, s'excuser en alléguant le retard mis par l'intimé à faire expédier ou enregistrer les actes qui le concernent, parce que l'appelant est chargé, sous sa responsabilité, de la prompte expédition de la procédure.
20 décembre 1847. 460

73. Lorsque les pièces ont été communiquées au ministère public avant la mise au rôle, on déduit le

temps pendant lequel elles sont restées déposées au
bureau fiscal, et le temps nécessaire pour expédier
les conclusions. 5 juin 1847.   136

§ 5. *Appel en matière de subhastation.*

I. — *Délais accordés pour l'introduire.*

74. En matière de subhastation, l'appel de tout
jugement rendu sur quelque incident que ce soit,
doit être interjeté dans les cinq jours qui suivent
celui de sa prononciation, lors même qu'il n'aurait
pas été notifié à la partie. 19 juillet 1843.   149

75. En matière de subhastation on ne peut se dispenser d'interjeter l'appel dans les cinq jours ; on
ne saurait y suppléer même en portant directement
l'appel au Sénat avant l'échéance de ce terme.
5 mars 1842.   133

76. Les délais accordés pour relever l'appel courent du jour de l'interjection, bien que l'ordonnance
de vente ne soit pas signifiée.
Ils courent et tombent pendant les grandes féries.
11 mars 1843.   167
21 décembre 1841.   122

77. L'erreur de la partie qui a fait notifier ce jugement ne peut avoir pour effet de proroger les délais d'appel. 19 juillet 1842.   149

78. L'appel du jugement qui ordonne la vente,
sans fixer le jour de la première enchère, n'est pas
soumis aux délais exceptionnels portés p : l'art. 112
de l'édit hypothécaire. 11 juin 1842.   146

79. Le jugement, qui déclare n'y avoir pas lieu à
la vente forcée d'un immeuble, n'est régi par l'édit
hypothécaire, ni quant aux délais d'appel, ni quant à
la valeur de la cause. 12 août 1839.   40

80. L'appel du jugement qui clôt l'instance en
subhastation n'est pas régi par les dispositions de
l'article 112 de l'édit hypothécaire.
Pour les délais, comme pour la valeur, il est soumis aux règles de la procédure ordinaire.
25 janvier 1842.   127
25 juillet 1846.   372

81. La cause de subhastation n'est censée commencée que du jour où le juge-maje a fixé la première
enchère ; en conséquence, tout appel interjeté avant
cette ordonnance, est soumis aux délais ordinaires.
30 décembre 1845.   317

81 *bis.* Le décret qui fixe la première enchère
d'immeubles qui n'ont pas été portés dans l'ordonnance de vente, est subreptice et nul ; l'appel en est
admissible même après l'expiration des délais fixés
par l'art. 112 de l'édit hypothécaire.
27 juillet 1840.   71

II. — *Valeur de la cause.*

82. La valeur de la cause est suffisante dès que le
fonds, dont la subhastation est demandée, vaut plus
de 1,200 liv., lors même que la créance du poursuivant n'atteindrait pas ce chiffre. 11 août 1839.   40

83. La valeur de la cause, pour le tiers-détenteur
sommé de payer ou de délaisser, s'estime par la valeur des biens soumis à l'hypothèque.
14 janvier 1839.   15
3 août 1838.   5

84. En matière de subhastation, quel que soit le
montant de la somme demandée, l'appel est recevable dès que les immeubles, objets des poursuites,
valent plus de 1,200 livres.
Si les immeubles sont aux mains de plusieurs

tiers-détenteurs, la valeur de la cause s'estime pour
chacun d'eux, par la valeur des fonds qu'il possède.
2 juillet 1844.   211

85. La valeur de la cause doit être égale pour les
deux parties. Ainsi, dès que la valeur des biens soumis à l'action hypothécaire excède 1,200 liv., en la
calculant sur la contribution foncière, les créanciers
poursuivants sont admis à appeler, bien que leur
créance n'arrive pas à 1,200 livres.
30 décembre 1845.   317
17 mars 1846.   311

86. La valeur de la cause est suffisante lorsque
l'acheteur d'immeubles valant plus de 1,200 liv., est
sommé d'en délaisser une quote-part qui n'arrive
pas à cette somme, si, à raison de l'indivisibilité
des biens, la vente peut être résolue pour le tout,
par suite de l'éviction partielle.
La valeur de la cause étant égale pour les deux
parties, le créancier est fondé à appeler également
dans ce cas. 27 février 1846.   336

III. — *Quels sont les jugements rendus sur incidents en matière de subhastation?*

87. Est considéré comme incident à la subhastation, le jugement qui écarte une nullité proposée
contre l'ordonnance de vente. 19 juillet 1842.   149

88. L'ordonnance qui autorise la vente par subhastation d'un immeuble possédé par un tiers, en
déclarant ce dernier déchu de la faculté de purger,
est soumise aux dispositions de l'art. 112 de l'édit
hypothécaire, soit quant aux délais d'appel, soit en
ce qui concerne la valeur de la cause.
11 mars 1843.   167

89. Le jugement qui prononce sur une demande
en revendication dans une instance en subhastation,
doit être considéré comme un incident à la subhastation, et partant, il doit être rangé parmi ceux
dont il est fait mention à l'art. 112 de l'édit du 16
juillet 1822. 21 décembre 1841.   122

90. Si la demande en distraction est rejetée par le
jugement définitif, l'appel peut être admis dans les
délais fixés par l'édit du 13 avril 1841.
25 juillet 1846.   372

§ 6. *Appel dans les causes d'ordre.*

91. Dans les causes d'ordre, l'appel doit être interjeté dans les 5 jours, et relevé dans les 30 jours.
26 avril 1845.   285

92. En matière d'ordre, les délais d'appel courent
dès le jour de la prononciation du jugement, si les
parties ont assisté à l'audience et y ont été entendues
par le ministère de leur procureur.
17 juin 1843.   186

93. Les délais ne courent qu'à dater de la notification du jugement, lorsque le procureur n'a pas
assisté à la prononciation faite à l'audience du tribunal. 15 janvier 1844.   210

94. Pour les jugements qui n'ont pas été prononcés à l'audience fixée, les délais courent du jour où
a été communiquée à l'appelant l'écriture par laquelle le jugement est produit. 22 juin 1847.   440

95. Le décret de *soit-montré à l'avocat-fiscal-
général* suspend les délais d'appel, et l'appelant
n'encourt aucune déchéance, si le ministère public
l'assujettissant à présenter une nouvelle requête, et
ne fixant aucun délai fatal, il a tardé de se conformer à cette prescription. 26 avril 1845.   285

96. Dans les instances d'ordre, l'interjection

pu être modifié par une loi postérieure au mariage. 1ᵉʳ août 1813. 196

5. L'augment de la mère, bien que reversible de plein droit à ses enfants, se divise entre eux suivant la loi veillante au moment de l'ouverture de la succession maternelle : ceux qui sont incapables de succéder à cette époque, n'y peuvent prendre aucune part. 29 décembre 1810. 82

6. L'augment n'est censé constitué à titre onéreux, que jusqu'à concurrence du taux fixé par la coutume ; pour le surplus, il ne constitue qu'une donation sujette aux formalités de l'insinuation. 12 août 1813. 199

V. Contrat dotal, 1, 2, 6. Dot, 7. Rapport, 5.

AUTORISATION.

1. La femme, quoique mariée sous l'empire du Code civil français, a pu, depuis le rétablissement des R. C., librement disposer de ses paraphernaux, sans autorisation maritale. 12 août 1812. 151

2. La contumace du mari cité pour autoriser sa femme en jugement, équivaut à un refus d'autorisation. Le Sénat accorde l'autorisation à la femme défenderesse, si la cause est pendante par-devant lui. 8 avril 1813. 174

3. Le Sénat autorise à ester en jugement la femme française, qui se pourvoit directement à lui pour obtenir l'exécution, dans les Etats, du jugement rendu par un tribunal étranger. 1ᵉʳ mai 1817. 430

4. Le juge ecclésiastique est compétent pour autoriser la femme à intenter une action en séparation de corps ; ou du moins, s'il a accordé cette autorisation, sa sentence n'est pas entachée d'abus. 10 août 1817. 151

V. Puissance paternelle, 5, 6. Séparation de biens, 11.

AVOCAT-FISCAL. V. Récusation.

AVEU.

1. L'aveu consigné dans une requête n'est pas censé être le fait de la partie, à moins qu'elle n'ait signé, ou n'ait donné le pouvoir exprès de faire cet aveu ; elle peut toujours le révoquer. 5 avril 1811. 100

2. La valeur donnée à un immeuble dans une requête en lésion, ne forme pas aveu irrévocable. 13 mai 1839. 28

3. L'aveu fait *absente parte* et en forme hypothétique, ne constitue pas même semi-preuve. 20 juillet 1810. 70

4. L'aveu peut toujours être rétracté en prouvant qu'il n'a été surpris que par erreur de fait ou par dol. 4 février 1815. 209

5. Le principe de l'indivisibilité de l'aveu judiciaire reçoit exception toutes les fois qu'il ressort des circonstances du procès quelque indice de dol. 5 février 1817. 401

6. L'aveu résultant des énonciations contenues dans un acte public déclaré nul, peut être opposé à celui de qui il émane et forme preuve littérale des faits auxquels il se rapporte. 1ᵉʳ juillet 1813. 190

7. Nonobstant le § 4, tit. 10, liv. 3 des R. C., on peut être admis à prouver, par témoins, un aveu échappé à la partie adverse après la clôture des enquêtes.

On peut, quelle que soit la valeur de la cause, prouver, par témoins, un aveu qui se rattache à une convention passée sous les lois antérieures, bien que cet aveu ait été fait depuis la mise en vigueur du Code civil. 22 juillet 1812. 150

8. Les déclarations faites en l'absence de la partie intéressée, et qui n'ont pas été acceptées par elle, ne produisent aucune obligation. 3 juin 1813. 182

AYANT-CAUSE. V. Date certaine, 1 à 8. Donation, 22.

B

BAIL.

§ 1ᵉʳ. *Bail à loyer.*
§ 2. *Résiliation et tacite réconduction.*
§ 3. *Bail à métairie.*

§ 1ᵉʳ. *Bail à loyer.*

1. La location pour 9 ans, avec promesse de rénover de 9 ans en 9 ans, ne constitue ni une location perpétuelle, ni un albergement. 3 avril 1810. 353

2. Sous l'empire des R. C., le bail verbal consenti pour un terme excédant 9 ans, était nul pour le tout. 20 janvier 1810. 48

3. La preuve testimoniale n'est pas admissible pour établir une convention dont l'objet excède la somme de 300 liv. Cette disposition ne souffre pas d'exception lorsqu'il s'agit de bail sans écrit, déjà exécuté par les parties. 15 décembre 1815. 315

V. Billet sous seing-privé, 4.

§ 2. *Résiliation et tacite réconduction.*

4. Les dispositions de l'art. 1752 pour la fixation des dommages dus par suite de résiliation de bail, ne s'appliquent qu'au cas spécialement prévu par l'art. 1751 ; dans toutes les autres hypothèses, les dommages doivent être fixés d'après les règles tracées par l'art. 1240. Entre le bailleur et le preneur, le bail sous seing-privé produit les mêmes effets qu'un bail authentique ; en cas de résiliation, il donne lieu aux mêmes indemnités. 10 mai 1812. 111

5. Bien que le locataire n'ait qu'un bail verbal, il ne peut, en cas de vente, être expulsé immédiatement de l'appartement qu'il occupe. L'acquéreur doit lui accorder le délai porté par l'article 1755 ; si aucune des parties ne fait conster de l'usage des lieux, le magistrat fixe lui-même le délai. 25 juillet 1812. 152

6. Il en est de même pour les baux de biens ruraux. 2 mars 1817. 408

7. Le bail authentique, fait sous les anciennes lois, a pris fin de plein droit à l'expiration du terme fixé. La tacite réconduction qui s'est opérée sous le Code civil, doit être régie par les lois nouvelles. Pour qu'il y ait tacite réconduction, il ne suffit pas que le preneur reste en possession des biens affermés, il faut qu'il y fasse des actes d'exploitation, au vu et su du propriétaire. 23 décembre 1813. 206

§ 3. *Bail à métairie.*

8. La promesse de renouveler après l'échéance des neuf premières années, un bail à métairie, ne peut être établie que par acte authentique.

Cependant la preuve testimoniale est admissible à l'effet de régler l'indemnité qui pourrait être due au métayer, s'il avait, sur la foi de cette promesse, entrepris des ouvrages considérables.
9 mars 1839.   20

9. Le bail du colon partiaire ne commence et ne finit qu'aux époques fixées par l'art. 1800 du Code civil, à défaut d'usages contraires.

Les congés doivent également être donnés aux époques fixées par les usages des lieux. Ces usages doivent être établis par témoins, avant qu'il puisse être statué sur les conclusions prises en expulsion du colon partiaire. 26 juillet 1847.   447

PRIVILÉGE DU BAILLEUR. V. DATE CERTAINE, 8.

BANC.

Le droit de tenir un banc dans une église ne confère aucun droit de propriété ni de servitude, mais seulement une préférence entre les personnes qui se rendent à l'église pour y faire leurs prières.

Ce droit peut se rapporter à un lieu déterminé, et s'acquérir par titre ou par possession immémoriale. 10 juin 1840.   65

BÉNÉFICES ECCLÉSIASTIQUES.

Les biens des anciens bénéfices ecclésiastiques sont devenus nationaux à la mise en vigueur des lois françaises en 1792, puis sont retombés, en 1814, dans le patrimoine royal, et par là sont devenus imprescriptibles jusqu'à leur restitution.
27 mars 1847.   424

BÉNÉFICE D'INVENTAIRE.

§ 1. Droit ancien et Dispositions transitoires.

§ 2. Acceptation sous bénéfice d'inventaire, d'après le Code civil.

§ 3. Déchéance du Bénéfice d'inventaire.

§ 1. Droit ancien et dispositions transitoires.

1. Sous les R. C., l'acceptation d'une hoirie sous bénéfice d'inventaire, donnait lieu à une instance générale de discussion. 3 juillet 1841.   112

2. Sous les R. C., l'héritier bénéficiaire qui vend des objets mobiliers portés dans l'inventaire, ne perd pas sa qualité. 18 janvier 1840.   48

3. L'héritier qui a déclaré accepter une succession sous bénéfice d'inventaire, depuis la mise en vigueur du Code civil, n'est pas tenu de faire nommer un curateur à l'hoirie; il ne peut être déclaré héritier pur et simple pour n'avoir fait procéder à cette nomination. 6 juillet 1847.   442

§ 2. Acceptation sous bénéfice d'inventaire.

4. L'héritier qui ne s'est pas immiscé et qui n'est pas en possession réelle de l'hoirie, peut se prévaloir du bénéfice d'inventaire tant qu'il ne lui a pas été fixé de délai péremptoire, en conformité de l'art. 1017 du Code civil. 2 décembre 1843.   204

5. La déclaration faite au greffe d'accepter l'hoirie sous bénéfice d'inventaire, ne suffit point pour faire courir les délais au préjudice de l'héritier qui n'est point en possession. 3 février 1843.   165

6. Le mineur qui n'a pas accepté l'hoirie, ne peut être poursuivi comme héritier, tant qu'il ne lui a pas été fixé par le tribunal, à la requête des créanciers, un délai pour se prononcer en conformité des art. 1015, 1016 et 1019 du Code civil.

Cette fixation de délai ne peut être suppléée par aucun autre acte judiciaire. 19 janvier 1846.   325

6 bis. C'est le Sénat qui fixe le délai lorsque la cause est pendante devant lui. 2 avril 1844.   231

7. L'héritier qui ayant fait inventaire dans le délai fixé par l'art. 1016, n'a pas déclaré accepter la succession, est héritier bénéficiaire de plein droit, et peut être poursuivi comme tel par les créanciers de la succession. 27 février 1846.   337

8. Lorsqu'un mineur, fils de famille, cité pour comparaître, et pour convenir des qualités héréditaires qui lui sont attribuées, a fait défaut, que son père, assigné avec lui, n'a pas comparu, les qualités héréditaires sont censées avouées.

Le mineur, en ce cas, est considéré comme héritier bénéficiaire de plein droit, et doit être condamné en cette qualité. 8 juillet 1845.   303

§ 3. Déchéance du bénéfice d'inventaire.

9. L'héritier qui a recélé quelques objets appartenant à la succession, est déchu du bénéfice d'inventaire.

Il ne pourrait se prévaloir de la disposition de l'art. 1013 du Code civil, lors même que son cohéritier, n'ayant pas participé à la soustraction, conserverait intacts ses droits d'héritier bénéficiaire. 11 août 1846.   379

10. L'héritier bénéficiaire est déchu de son bénéfice si, pendant les 5 ans fixés par la loi, il vend des meubles de la succession, sans autorité de justice.

La requête présentée à un notaire pour procéder à la vente, et les enchères faites par ce dernier, ne sont pas suffisantes pour faire présumer une autorisation judiciaire préalable, et sauver la déchéance de l'héritier bénéficiaire. 1er avril 1845.   278

11. Sous les lois françaises, l'héritier bénéficiaire qui vend sans formalité une coupe de bois, est déchu du bénéfice d'inventaire. 12 mai 1840.   59

12. Sous le Code civil français, le mineur ne peut être déchu du bénéfice d'inventaire ni par son fait, ni par celui de son tuteur. 18 janvier 1840.   18

13. Les délais d'appel ne sont pas suspendus pendant la durée des délais accordés par la loi pour faire inventaire et pour délibérer.

La poursuite des instances commencées par le défunt, est considérée comme un acte purement conservatoire que l'héritier peut faire sans encourir la déchéance du bénéfice d'inventaire.
26 juillet 1845.   307

V. INVENTAIRE.

BÉNÉFICE DU TIERS. V. ADJUDICATION, 12, 13.

BILLET.

1. Le billet sous seing-privé, signé par le débiteur, ne forme qu'un commencement de preuve, s'il ne porte le bon et approuvé. 9 mars 1847.   440

2. La caution qui garantit une promesse sous seing-privé, doit, comme le débiteur principal, écrire de sa main, ou le billet, ou du moins le bon ou approuvé, en conformité de l'art. 1131 du Code civil.

A défaut de cette formalité, le billet n'est pas frappé de nullité, mais il ne forme qu'un commencement de preuve écrite.

La partie ou la caution qui a reconnu la signature du billet, peut toujours attaquer par tout moyen de droit la convention qu'il renferme.
30 avril 1845.   287

3. Un arrêté de compte entre sociétaires est valide quoiqu'il ne soit pas rédigé à double original. 31 décembre 1838. 10

4. Lorsqu'un bail sous seing-privé a été rédigé à double original, et qu'ils ne se trouvent pas semblables entr'eux pour la quotité des prestations imposées au fermier, on se règle d'après les principes ordinaires d'interprétation.

On peut, suivant les circonstances, adjuger au bailleur la somme la plus élevée, lorsqu'elle est plus en harmonie avec les autres clauses de l'acte. 20 juin 1846. 368

BILLET A ORDRE.

1. Les billets à ordre souscrits par des non-négociants, étaient frappés de nullité absolue sous les R. C.

Cette nullité s'appliquait même aux billets de cette nature, souscrits par des regnicoles hors des Etats.

Les billets à ordre souscrits en contravention à cette loi, ne valaient pas même un commencement de preuve par écrit.

Cette nullité peut être soulevée par la partie, même après qu'elle a reconnu sa signature au bas du billet. 13 août 1844. 254
13 décembre 1817. 457

2. Sous l'empire des R. C., les billets à ordre souscrits par des sujets du roi non-négociants sont radicalement nuls; est également nulle toute intervention dans un billet à ordre d'un non-négociant en qualité de caution. 18 juillet 1812. 118

3. Le sujet qui n'aurait fait que renouveler, sous les R. C., un billet à ordre souscrit sous l'empire du Code civil français, sans opérer de novation, serait valablement obligé. 18 juillet 1812. 118

4. Le billet qui n'énonce pas à l'ordre de qui il doit être payé, dégénère en simple obligation non transmissible par voie d'endossement.

Le tribunal de commerce n'est pas compétent pour en ordonner le paiement. 29 juillet 1843. 191

5. La prescription de cinq ans, en conformité de l'art. 189 du Code de commerce, n'est pas applicable aux billets simples, quoique revêtus d'endossement et protestés. 4 février 1839. 15

BORNAGE.

Le consentement donné sans protestation ni réserve à la mensuration et au bornage, en conformité de la mappe et du cadastre, vaut renonciation à toute possession ou prescription contraire. 19 février 1842. 131

V. APPEL, 19, 20.

C

CADASTRE.

L'inscription au cadastre fait présumer la propriété.

En cas d'opposition entre le cadastre minute et le cadastre mis au net, le premier est toujours préféré, si l'on ne justifie de l'erreur qui s'y serait glissée. 18 juillet 1846. 369

CAPTATION.

1. Les faits de captation ou de suggestion ne sont admissibles, pour faire exclure l'héritier comme indigne, qu'autant qu'ils prennent le caractère du dol ou de la violence. 26 janvier 1842. 127

2. Est exclu de la succession comme indigne, l'héritier qui a empêché le testateur de refaire son testament.

Il ne suffirait cependant pas pour donner lieu à cette exclusion, de prouver que le testateur, après avoir manifesté le désir de faire appeler un notaire, en eût été dissuadé par l'héritier et se fût rendu à ses observations. 7 février 1845. 269

CAUTIONNEMENT.

§ 1er. Qui peut cautionner ?
§ 2. Quelles sont les obligations susceptibles d'être cautionnées ?
§ 3. Des effets du cautionnement.
§ 4. De l'extinction du cautionnement.

§ 1er. Qui peut cautionner ?

1. La femme qui vend en son propre nom les biens de son fils, en se portant fort pour lui, ne contracte pas un cautionnement prohibé par le sénatus-consulte Velléïen.

Cet engagement est valide et l'oblige à garantir l'acheteur dans le cas où le mineur viendrait à refuser sa ratification. En conséquence, ce dernier devenu héritier de sa mère, est passible de l'exception de garantie. 15 février 1845. 270

2. L'engagement solidaire consenti par une femme est, pour tout ce qui excède sa quote-part, considéré comme cautionnement prohibé par le sénatus-consulte Velléïen.

La femme cependant ne peut se dispenser de payer ce qui lui a effectivement profité.

Elle est censée avoir profité de toutes les sommes qui lui ont été comptées, sauf son action contre le mari, s'il en a disposé à son profit particulier. 20 avril 1839. 25

3. La femme qui s'oblige solidairement avec son mari pour des achats de denrées que celui-ci débite, est considérée comme simple caution, et son engagement est nul en conformité du sénatus-consulte Velléïen. 22 avril 1840. 57

4. La femme qui vend solidairement avec son fils des immeubles dont ce dernier seul est propriétaire, est considérée comme caution, et en conséquence, son engagement est nul, aux termes du sénatus-consulte Velléïen.

Est cependant valide la subrogation aux hypothèques dotales, assises sur les immeubles vendus, qu'elle aurait consentie en faveur de l'acquéreur, moyennant paiement de pareille somme à un créancier désigné.

Cette subrogation, quoique accordée dans l'acte aux seuls créanciers de l'un des précédents propriétaires, doit cependant être acquise également à tous les créanciers personnels de la femme. 11 juillet 1845. 304

§ 2. Quelles sont les obligations susceptibles de cautionnement ?

7. L'obligation du mineur peut valablement, sous l'empire du droit romain, comme sous le Code civil, être l'objet d'un cautionnement.

La caution du mineur ne peut se prévaloir de la nullité introduite en faveur de ce dernier. 19 décembre 1840. 79

8. L'obligation pour cause d'aliments fournis à une personne frappée de mort civile, est valable et susceptible de cautionnement. 9 mars 1847. 410

§ 3. *Des effets du cautionnement.*

9. La caution ne peut s'obliger *in duriorem causam* : ainsi, elle ne peut garantir des intérêts qui ne seraient pas dus par le débiteur principal.

Elle ne s'oblige pas *in duriorem causam* en donnant hypothèque pour une dette chirographaire. 9 mars 1857. 410

10. La caution peut appeler du jugement rendu contre le débiteur principal, quoiqu'elle n'ait pas été partie à l'instance. Elle n'est toutefois admise à le faire que dans les délais accordés au débiteur principal.

Elle peut toujours proposer les exceptions qui lui sont personnelles, sans se pourvoir en appel. 4 janvier 1857. 390

11. Des Patentes Royales qui accordent à la caution la faculté d'appeler d'un jugement, profitent de plein droit au débiteur principal.

Les sentences en dernier ressort prononcées contre le débiteur principal, affectent la caution, bien qu'elle n'ait pas été partie dans l'instance ; elle ne peut plus faire valoir que les exceptions qui lui sont personnelles. 28 décembre 1842. 159

§ 4. *De l'extinction du cautionnement.*

12. L'exception *cedendarum actionum* peut être opposée en tout état de cause, même en exécution du jugé. 22 février 1842. 132

13. La caution ne peut se prévaloir de l'exception *cedendarum actionum*, qu'autant que le créancier s'est mis par un fait positif dans l'impossibilité de céder ses actions contre le débiteur principal : il ne suffit pas d'une simple négligence, surtout si elle a été partagée par la caution.

Spécialement, la caution ne serait pas fondée à se prévaloir du défaut de renouvellement des inscriptions prises contre le débiteur principal, pour se soustraire aux obligations résultant de son cautionnement. 4 juillet 1843. 191

14. Le tiers détenteur actionné en délaissement peut opposer l'exception *cedendarum actionum*, si le créancier a laissé prescrire son action contre le débiteur. 29 juillet 1839. 32

15. Cependant la femme, qui a laissé clore, sans s'y présenter, plusieurs instances d'ordre ouvertes pour la distribution du prix d'immeubles appartenant à son mari, n'est pas passible de l'exception *cedendarum actionum*, de la part des détenteurs de biens hypothéqués pour la restitution de sa dot. 26 juillet 1841. 117

16. Sous les lois romaines, la caution pouvait demander sa libération, lorsque le débiteur principal était depuis longtemps en demeure.

Le codébiteur solidaire était assimilé à la caution et jouissait du même droit de se faire décharger, en cas de retard de son codébiteur.

Pour obtenir sa décharge, il devait en conséquence justifier du *long retard* de ce dernier. 7 août 1846. 379

17. Le père qui a paru au contrat dotal de son fils est considéré comme caution, et, en cas de déconfiture du fils, peut demander à être relevé de son cautionnement. 26 mai 1843. 180

V. Compte courant, 1.

CESSION.

I. — *Formes de la cession.*

1. La cession par acte sous seing-privé d'une créance résultant d'actes authentiques, bien que nulle en sa forme, peut donner lieu à l'exception de dol. 2 décembre 1839. 15

2. La signification du transport d'une créance peut être faite par simple exploit d'huissier, énonçant qu'il agit d'après la permission verbale du juge de mandement.

Ce magistrat peut autoriser la notification d'une cession dont le montant excède sa compétence. 10 juin 1840. 61

II. — *Cession de droits litigieux.*

3. L'action en lésion ne rend pas la chose litigieuse. La cession faite dans un pacte de famille n'est pas soumise aux dispositions des lois. *Cod. de litigiosis*. 31 juillet 1838. 4

3 *bis*. La rétrocession fait disparaître le vice de litige. 22 mars 1841. 97

4. Les lois *per diversas et ab Anastasio* ne s'appliquent qu'aux cessions de droits litigieux.

Elles n'atteignent ni les cessions d'universalité de droits, ni les autres cessions quelconques faites dans l'intérêt du débiteur. 6 mai 1845. 289

5. Décidé cependant en sens contraire.

L'exception tirée des lois *per diversas et ab Anastasio*, est opposable à toute cession de créances, même non litigieuses, sauf les cas exceptés dans cette loi. 16 juillet 1841. 115

6. Est considérée comme litigieuse une créance adjugée par jugement définitif, à charge de prêter un serment purgatif, tant que ce serment n'est pas prêté. 7 mars 1846. 311

7. Cette exception étant péremptoire, peut être opposée en tout état de cause.

Le paiement des cens entre les mains du cessionnaire sans aucune protestation, rend le débiteur non-recevable à se prévaloir des lois citées. 16 juillet 1841. 115

8. La déclaration d'avoir reçu le prix d'une cession en *valeur en compte* ne prouve point la numération réelle, mais seulement un crédit ouvert au profit du cédant.

En conséquence, le cessionnaire est tenu de prouver quelles sont les valeurs qu'il a réellement soldées, s'il en veut demander le remboursement au débiteur qui se prévaut du bénéfice des lois *per diversas et ab Anastasio*. 30 avril 1841. 103

CHAMBRES DES COMPTES. V. Postes, 1, 2.

CHAPELLE.

1. Le Sénat est seul compétent pour statuer sur la propriété d'une chapelle établie dans une église paroissiale, et pour ordonner d'y faire les réparations nécessaires.

L'ordonnance de l'ordinaire qui aurait statué sur ces matières, serait sujette à appel comme d'abus. 6 février 1841. 93

2. Le fondateur d'une chapelle peut réserver pour lui et ses descendants, le droit de nommer le recteur et de surveiller l'emploi des revenus affectés à la fondation.

L'effet de la réunion des fondations ecclésiastiques aux propriétés nationales, a cessé par l'arrêté du 7 thermidor an II.

Par le rétablissement, en 1814, de nos anciennes lois, le droit de patronage et les autres clauses des fondations ont été rétablis de plein droit.
28 mai 1841. 108

3. Le droit de patronage est présumé personnel. Arrêt du 13 août 1846. 380

CHEMIN.

1. Les tribunaux de judicature-mage sont seuls compétents pour connaître s'il y a un empiétement sur les chemins communaux et pour en faire fixer l'étendue. 18 juillet 1843. 193

2. Les dispositions du règlement particulier pour la Savoie pour la suppression des chemins abusifs, ne sont point applicables aux passages établis pour l'exploitation des propriétés particulières.
23 décembre 1840. 81

CHOSE JUGÉE.

1. Le jugement dont l'exécution est impossible ne passe jamais en jugé, même par l'acquiescement des parties. 13 mai 1810. 59

2. Le jugement qui, par erreur en fait, prononce qu'il y a eu envoi en possession provisoire, passe en jugé entre les parties. 6 février 1816. 329

3. L'exception de chose jugée doit être rejetée toutes les fois qu'il existe un doute grave sur l'intention des juges et la portée de leur décision.
Ainsi lorsqu'ils ont mis hors de cour une partie, sans prononcer sur les conclusions prises par elle ou contre elle, on ne doit point considérer sa demande comme irrévocablement écartée.
10 décembre 1844. 257

4. Le jugement passé en jugé qui a prononcé la nullité du testament, à raison de la prétérition de l'absent, ne préjuge pas irrévocablement l'existence de l'absent à la date du décès du testateur, et ne dispense pas les parties intéressées de la nécessité d'en rapporter la preuve. 7 août 1843. 196

5. Celui qui a été débouté de la demande qu'il a faite de l'envoi en possession provisoire des biens d'un absent peut, sans attenter à la chose jugée, obtenir l'envoi définitif. 5 février 1846. 329

6. Celui qui a plusieurs moyens de nullité à opposer à un acte, doit les proposer tous simultanément; le jugement qui prononce la validité de l'acte impugné fait obstacle à toutes déduites de nouveau chef de nullité. 12 juin 1810. 66

7. Le jugement qui déboute une partie de ses conclusions en nullité contre un acte, fondées sur le défaut de capacité des parties contractantes, ne fait point obstacle à ce que la même partie n'attaque ensuite cet acte, soit en nullité pour cause de dol, soit en lésion. 27 mai 1843. 181

8. On peut proposer la nullité d'une adjudication nonobstant un jugement passé en chose jugée, qui a prononcé que l'adjudication affecte le débiteur, quoiqu'il y soit désigné sous un faux nom.
5 avril 1845. 279

9. Lorsqu'une demande en délimitation a été écartée par un jugement en dernier ressort, on ne peut plus, sans porter atteinte à l'autorité de la chose jugée, ordonner une vérification des limites existantes, lors même que le demandeur prétendrait en avoir, depuis le jugement, découvert de nouvelles.
22 juin 1839. 32

CITATION. V. AJOURNEMENT, 1, 2, 3. INSTANCE SOMMAIRE, 1.

CLAUSE CODICILLAIRE. V. POSTHUME. DONATION, 21.

CLAUSE PÉNALE.

La clause pénale stipulée dans un acte, opère ses effets de plein droit et sans sommation préalable, lorsque les parties ont renoncé à la faculté de purger la demeure. 26 juillet 1844. 248

CODICILLE. V. TESTAMENT, 2.

COLÈRE. V. TESTAMENT, 1.

COMMANDEMENT. V. TIERS-DÉTENTEUR, 1 à 5.

COMMERÇANT.

1. L'entrepreneur de travaux publics est considéré comme négociant.
Il est soumis à la juridiction des tribunaux de commerce. 13 juin 1846. 367

2. L'entrepreneur de travaux publics, empruntant d'un banquier, est réputé commerçant; s'il ne rembourse au terme fixé, il est contraignable par corps. 23 avril 1847. 429

COMMIS. V. SOCIÉTÉ, 1, 2.

COMMISE. V. RENTE, 2, 3, 4.

COMMUNAUTÉ.

1. L'action en supplément de dot est une action immobilière et ne tombe point dans la communauté; en conséquence, le mari, comme administrateur de la communauté, serait sans qualité pour transiger sur cette action ou pour y renoncer.
30 janvier 1841. 91

2. La femme mariée sous le régime de la communauté, n'a pas qualité pour vendre les biens communs.
Elle ne peut être tenue à garantir l'acquéreur, lors même qu'elle aurait déclaré dans l'acte être libre en ses droits. 3 mars 1846. 338
Quand le mariage est-il censé en communauté? V. CONTRAT DOTAL. MARIAGE, 4.

COMPARAISSANCE. V. AJOURNEMENT, 3.

COMPENSATION.

1. D'après la jurisprudence suivie en Savoie avant la mise en vigueur du Code civil, la compensation ne s'opérait de plein droit, qu'autant qu'elle était proposée par la partie.
Le créancier, en poursuivant un des débiteurs solidaires pour sa part, renonçait de plein droit à la solidarité. 10 juin 1844. 235

2. La compensation s'opère lorsque deux personnes se trouvent respectivement débitrices l'une de l'autre.
Il importe peu que l'une des parties ne soit débitrice qu'en qualité d'associée à une maison de commerce, si, étant associée solidaire, elle peut être poursuivie pour le tout, sauf son recours contre ses coassociés. 12 juillet 1845. 305

3. Même après que la cession de la créance lui a été signifiée, le débiteur peut opposer de compensation au créancier cédant, pour toutes les créances antérieures à cette signification. 14 mars 1843. 168

lois, nonobstant la prohibition de l'article 1391 du Code Napoléon. 21 juillet 1838. 3

2. Décidé en sens contraire : Les époux mariés avant la mise en vigueur du Code civil français, n'ont pu passer contrat dotal sous ces lois.

La constitution dotale est en ce cas frappée de nullité, et la stipulation d'augment se convertit en simple don de service révocable au gré du donateur. 4 août 1816. 378

3. Le contrat dotal passé sous les lois françaises, n'a pu être modifié par des conventions passées en 1815 après l'abolition de ces lois. 11 janvier 1813. 161

4. Le contrat de mariage est régi par la loi du domicile du mari, à défaut de stipulation contraire. 21 juillet 1815. 321

Chacun est présumé conserver son domicile d'origine, tant qu'il ne manifeste pas l'intention d'en changer, et qu'il conserve l'esprit de retour. 7 janvier 1816. 321

5. Le contrat dotal est régi par la loi du domicile de l'époux.

En conséquence, lorsque le mari est domicilié en France, les époux peuvent stipuler que les immeubles dotaux situés en Savoie sont aliénables, en conformité de l'art. 1557 C. c. F.

L'aliénation faite est valide, nonobstant les lois qui prohibent en Savoie l'aliénation du fonds dotal. 18 avril 1846. 358

6. Les conventions matrimoniales sont réglées par la loi en vigueur au domicile de l'époux. En conséquence, l'époux français qui est marié à une Savoisienne, a pu, sous les R. C., restreindre la stipulation d'augment. 2 août 1847. 150

CONTRAT PIGNORATIF.

1. La jurisprudence considère comme pignoratifs les contrats où se rencontrent ces trois circonstances : pacte de rachat, vileté de prix, et location au vendeur des immeubles vendus, pour un fermage correspondant à l'intérêt du prix. Indices accessoires. 26 février 1811. 218

2. Caractères du contrat pignoratif. 4 mars 1815. 277

3. Décidé en sens contraire : Le contrat de vente avec relocation en faveur du vendeur, n'est présumé pignoratif qu'autant que l'acheteur est dans l'habitude de prêter à intérêts usuraires (consuetudo frenerandi). 3 avril 1816. 353

4. On ne peut attaquer comme contrat pignoratif une vente passée sous le Code civil français, même lorsqu'on y rencontrerait les indices d'impignoration admis par notre jurisprudence : le pacte de réméré, la location en faveur du vendeur, et la vileté de prix. 8 juin 1811. 231

5. Pour établir la vileté du prix, il faut évaluer les immeubles suivant leur valeur à la date précise de l'acte impugné. 4 juillet 1815. 302

6. La dépréciation résultant de la qualité de bien national peut être soumise à l'appréciation des témoins, sans attenter aux droits sanctionnés par les traités. 17 juillet 1838. 1

7. Pour établir la vileté de prix dans un contrat argué d'impignoration, on procède par voie d'enquête et non par voie d'expertise. 17 juillet 1838. 1

8. Bien que pour établir la vileté du prix dans un contrat argué de simulation, on procède, en règle générale, par voie d'enquête et non par voie d'expertise, rien n'empêche cependant de convertir l'enquête ordonnée en expertise, lorsque les deux parties y consentent. 4 juillet 1815. 302

9. Le contrat pignoratif ne produit aucun effet comme vente, mais il est valide comme acte obligatoire. 26 février 1811. 218

10. Le bail consenti dans un contrat pignoratif, ne constitue pas antichrèse. 4 mars 1815. 277

CONTRE-LETTRE. V. VENTE, 14, 15.

CONTUMACE. V. CURATEUR A L'HOIRIE.

CONVENTION.

1. La convention par laquelle deux personnes qui sollicitent un emploi du gouvernement, se soumettent, l'une, pour le cas où elle obtiendrait la préférence, à payer à l'autre une rente viagère, et l'autre à céder ce même emploi s'il vient à lui échoir, cette convention n'est point illicite. 3 août 1811. 219

2. Le dol est une cause de nullité de la convention. L'erreur sur la qualité de la chose peut être un motif de nullité, lorsque cette qualité a été la cause déterminante de la convention.

La vente d'un violon attribué à un grand maître et acheté à cette condition, est nulle pour le tout, s'il vient à être reconnu que cet instrument est d'un autre facteur. 12 août 1811. 250

3. Est nulle la vente d'un immeuble tellement incertain, que la détermination en soit impossible. — En ce cas les frais d'acte sont mis pour moitié à la charge de chacune des parties. 31 décembre 1811. 261

CONVOL.

1. C'est la loi en vigueur à la date du contrat de mariage qui règle les modifications apportées aux conventions matrimoniales par suite du convolat, ou de la prévarication dans l'an de deuil.

Ainsi la femme mariée sous nos lois anciennes, et qui postérieurement à la mise en vigueur du Code civil, devient enceinte dans l'année de deuil, est soumise aux peines établies par les lois romaines et la jurisprudence.

L'arrêt réglementaire du Sénat, sous date du 28 février 1693, a rétabli les peines portées contre les secondes noces, sauf l'infamie. 16 juin 1813. 181

2. Suivant le Code civil français, le père binube n'est pas exclu, comme sous les R. C., de la succession de l'enfant du premier lit ; cette exclusion est une loi de succession, plutôt qu'une peine des secondes noces.

En conséquence, le père qui aurait encouru cette peine en passant à un second mariage, sous les R. C., en serait relevé si la succession ne s'ouvrait qu'après leur abrogation et sous le Code civil français. 20 juillet 1847. 113

CORPS MORAL. V. CONFRÉRIE. POSITION. PRESCRIPTION, 7, 7 bis.

COUPE DE BOIS. V. BÉNÉFICE D'INVENTAIRE, 11. VENTE, 18 bis.

COUR.

Divers indices de propriété d'une cour contiguë à deux maisons. 8 janvier 1811. 89

COURS D'EAU. V. EAU, 1, 2, 3. TRIBUNAL.

CRÉANCE.

Les créances sont comprises sous la dénomination d'effets mobiliers. 12 juin 1847. 437

V. LEGS, 6. PRESCRIPTION, 1.

CURATEUR A L'ABSENT.

1. Les lois d'exception doivent être interprétées strictement; ainsi la Nov. 72 n'est pas applicable au curateur et garde aux biens d'un absent devenu cessionnaire d'une créance contre son administré.

Le droit de proposer cette exception est un privilège personnel de l'administré, et ne peut être exercé par ses représentants. 12 juin 1840. 66

V. ABSENT, 1, 2, 3, 4.

CURATEUR A L'HOIRIE.

§ 1. *Dispositions transitoires.*
§ 2. (Code civil) *Nomination du curateur.*
§ 3. *Fonctions du curateur.*

---

§ 1. *Dispositions transitoires.*

1. Le curateur nommé en conformité des R. C. doit être maintenu dans ses fonctions tant qu'il n'en a pas été nommé un autre, en conformité de l'art. 1035 du Code civil. 12 août 1839. 40

2. Dans les procès commencés avant la mise en vigueur du Code civil, le curateur à la part d'hoirie doit continuer à exercer ses fonctions, et a qualité pour représenter la part d'hoirie, tant qu'il n'a pas été remplacé. 4 mars 1845. 277

§ 2. (Code civil) : *Nomination du curateur.*

3. L'hoirie qui est devenue jacente depuis la mise en vigueur du Code civil, doit être pourvue d'un curateur. Tout jugement obtenu contre elle sans cette nomination préalable, bien qu'en contradictoire d'un curateur à la cause de l'hoirie nommé en conformité des R. C., est considéré comme non-avenu.

On ne peut poursuivre les tiers-détenteurs qu'après avoir obtenu condamnation contre le curateur à l'hoirie. La nullité dont serait affecté le jugement rendu contre l'hoirie, rendrait nulles et inutiles les condamnations prononcées contre les tiers-détenteurs. 5 août 1842. 153

4. Le tribunal de judicature-maje est seul compétent pour nommer un curateur à une hoirie jacente. 21 avril 1843. 150

5. L'instance poursuivie contre un curateur qui n'a pas prêté serment n'est point frappée de nullité ; seulement le curateur est soumis à un compte plus rigoureux de sa gestion. 23 juillet 1842. 150

§ 3. *Fonctions du curateur.*

6. D'après nos lois, comme d'après les lois françaises, le curateur à une hoirie jacente doit, sous sa propre responsabilité, faire le versement dans les caisses publiques des capitaux de la succession. 10 juin 1843. 184

7. Lorsque le curateur à l'hoirie jacente vient à faire défaut, la cause est poursuivie en contradictoire d'un curateur spécial, aux périls et risques du curateur à l'hoirie. 29 décembre 1847. 463

V. ABSENT, 5. BÉNÉFICE D'INVENTAIRE, 3.

DATE CERTAINE.

Ordre alphabétique.

1. Les actes sous seing-privé ne font pleine foi de leur date et des conventions qu'ils renferment qu'entre les parties qui les ont souscrits; en conséquence, un tiers peut, sans inscription en faux, en nier la date et les énonciations. 27 avril 1841. 102

2. Un arrêté de compte entre sociétaires ne peut être opposé aux cessionnaires de l'un des sociétaires, s'il n'a acquis date certaine avant la cession. 31 décembre 1838. 10

3. Le cessionnaire d'une créance n'est point l'ayant-cause du cédant, en ce qui concerne les actes qui n'ont pas date certaine antérieure à la cession.

En conséquence, le débiteur qui produit des quittances sous seing-privé, émanées du cédant, doit établir qu'elles remontent à une époque antérieure a cette cession.

Cette preuve peut être faite par serment. 8 janvier 1845. 263

4. L'acquéreur est l'ayant-cause du vendeur pour tous les actes passés avant la vente.

En conséquence, il est tenu de toutes les charges assises sur l'immeuble, lors même qu'elles résulteraient d'un acte sous seing-privé, pourvu qu'il ait acquis date certaine avant l'acquisition.

Il serait admissible à proposer la nullité de cet acte, en justifiant qu'il a été souscrit à une époque où la loi exigeait, à peine de nullité, un instrument public pour ces sortes de contrat. 30 décembre 1843. 207

5. Le créancier saisissant est considéré comme l'ayant-cause de son débiteur.

En conséquence, les actes sous seing-privé souscrits avant la saisie, peuvent lui être opposés.

Ils font pleine foi contre lui, tant de leur substance que de leur date, à moins qu'il ne les attaque de son chef propre, et en qualité de tiers, comme faits en fraude de ses droits. 26 février 1844. 217

6. Décidé en sens contraire : Le créancier qui fait saisir-arrêter les créances de son débiteur, n'est point l'ayant-cause de ce dernier ; mais il exerce en son nom propre un droit qu'il tient de la loi. En conséquence, les reçus sous seing-privé dépourvus de date certaine ne peuvent lui être opposés.

Les circonstances peuvent cependant faire fléchir ces principes. 1er août 1842. 152

7. Les reçus sous seing-privé qui n'ont pas date certaine antérieure à la faillite, ne peuvent être opposés aux créanciers du failli.

En conséquence, celui qui se crédite dans une faillite en se fondant sur un billet sous seing-privé, doit en établir la date autrement que par les énonciations de ce billet.

Le syndic à la faillite qui a opposé du défaut de date certaine, n'a pas qualité pour se désister de cette exception sans l'assentiment des créanciers dont il n'est que le mandataire. 25 juillet 1846. 371

8. Le bail sous seing-privé passé en 1836, bien qu'il n'ait acquis date certaine qu'en 1839, est régi, quant au privilège du bailleur, par l'édit du 16 juillet 1822.

En conséquence, ce privilège n'a lieu sur les meubles garnissant la ferme, que pour les fermages de l'année courante. 3 février 1841. 93

V. Donation, 22.

DÉCÈS. V. État civil, 1, 2, 4.

DÉCONFITURE. V. Séparation de biens, 3, 5, 6.

DÉCRET.

1. Un simple décret, rendu *inaudita parte*, ne passe jamais en jugé. 2 avril 1842. 138

2. Un simple décret ne préjuge rien sur la compétence du tribunal duquel il émane.
21 avril 1843. 175

3. L'appel des décrets mis sur requête par les rapporteurs, doit régulièrement être porté au tribunal; le Sénat cependant en connaît, si la cause lui est soumise, sauf à faire supporter à l'appelant les plus amples frais de procédure occasionnés par son pourvoi au Sénat. 16 septembre 1842. 155

V. Inhibitions, 1 à 5. Saisie-Séquestre, 1, 2, 3.

DÉLAI. V. Appel, 37 à 81, et 91 à 100. Bénéfice d'inventaire, 4, 5, 6, 6 *bis*, 7, 8, Enquête, 1 à 11. Production, 1, 2. Rachat, 1, 2, 3, 4. Subhastation, 9.

DÉLAISSEMENT.

1. Le tiers-détenteur qui en achetant l'immeuble, a pris charge d'introduire, à ses frais, une instance d'ordre, ne peut plus être admis à délaisser.
10 décembre 1844. 257

2. Il en est de même de celui qui a promis de payer le prix aux créanciers antérieurs du vendeur; il doit introduire une instance d'ordre.
En cas d'inexécution de ses obligations, il doit être condamné à tous les dommages-intérêts.
6 mars 1847. 400

DÉLÉGATION.

1. La délégation peut être consentie en l'absence du créancier délégataire, il suffit que ce dernier l'accepte ensuite.
L'acceptation peut être établie par tout genre de preuve, et même par simples indices.
13 août 1842. 155

2. La promesse de payer le prix de vente entre les mains d'un créancier désigné, l'acceptation de ce dernier, et la fixation d'un terme de paiement, n'opèrent point novation entre l'acheteur et le créancier délégué.
Nonobstant cette délégation, l'acheteur peut toujours se prévaloir des dispositions de l'art. 1660.
1er février 1847. 390

DÉLIBÉRATION CONSULAIRE. V. Mandat, 1.

DÉLIVRANCE. V. Vente, 29 *bis*.

DÉMENCE.

La vente faite à une personne notoirement en état de démence est nulle.
Cette nullité peut être proposée par voie d'exception, et tant qu'elle n'est pas écartée, il est sursis aux poursuites en paiement du prix de la vente.
11 août 1845. 310

V. Testament, 2, 3.

DÉMISSION DE BIENS. V. Pacte de famille.

DÉPENS.

1. Lorsque le Sénat condamne aux dépens de l'arrêt, les coûts des plaidoiries, du rapport et des conclusions motivées, sont compris sous cette dénomination. 11 août 1838. 7

2. Lorsque dans une sentence il n'est pas fait mention des dépens, ils sont toujours à la charge de la partie qui a succombé. 2 janvier 1846. 321

3. L'arrêt qui, en réformant un jugement de première instance, met à la charge de l'intimé les dépens de l'appel, sans mentionner ceux de première instance, préjuge par là qu'ils doivent rester à la charge des parties qui les ont faits.
11 avril 1845. 282

4. Celui qui dispense son adversaire de prêter le serment litis-décisoire, après qu'il a été accepté, est censé se désister de sa demande, et doit supporter les dépens. 16 janvier 1844. 210

5. Celui qui après avoir interjeté appel, fait des paiements à compte de sa dette, n'est pas censé par cela seul s'être désisté de son appel.
Il peut être déclaré non-recevable appelant, et condamné à tous les dépens. 6 mai 1844. 231

6. Les dépens se divisent par tête, quelle que soit la part de chaque intéressé sur l'objet du procès.
12 avril 1839. 21

7. S'il y a plusieurs parties condamnées, elles supportent les dépens en proportion des chefs dont elles ont été déboutées.
La partie qui a fait l'avance des droits d'émolument, peut les réclamer de chacune d'elles dans la même proportion. 2 janvier 1846. 321

8. L'ordonnance qui enjoint de payer les dépens, n'est pas soumise aux délais d'appel fixés par les § 18, tit. 6, et 13, tit 25, liv. 3 des R. C.
2 janvier 1846. 321

V. Acquiescement, 6.

DÉSAVEU.

1. L'action en désaveu n'est pas admissible contre un procureur qui n'a pas excédé les limites de son mandat, lorsqu'il n'y a ni dol, ni faute de sa part. Cette action ne peut être intentée qu'en contradictoire du procureur désavoué.
29 décembre 1810. 82

2. Le procureur qui excède les bornes de son mandat, n'oblige point sa partie, il n'est pas même nécessaire en ce cas de le désavouer.
15 juin 1844. 239

3. Le procureur qui excède les bornes de son mandat, peut être désavoué par son client.
2 janvier 1839. 13

V. Étranger, 5.

DESCENDANTS. V. Viduité.

DÉSISTEMENT.

Celui qui, après avoir interjeté appel, fait des paiements à compte de sa dette, n'est pas censé, par cela seul, s'être désisté de son appel.

Il peut être déclaré non-recevable appelant, et condamné à tous les dépens. 6 mai 1844. **231**

DÉSERTION. V. APPEL, 67 à 73.

DESTITUTION DE TUTEUR. V. TUTELLE, 5.

DESTINATION DU PÈRE DE FAMILLE. V. PASSAGE, 8.

DETTE COMMERCIALE. V. CONTRAINTE PAR CORPS, 2.

DEUIL.

1. La veuve qui a laissé ses droits confondus dans l'hoirie de son mari, peut demander dans l'ordre le montant de ses habits de deuil, et la pension alimentaire pendant l'année de deuil; ces sommes ne lui sont allouées avec intérêts que depuis le jour de la demande. 27 juin 1844. **242**

2. Les habits de deuil de la veuve sont arbitrés par relation à la fortune et à la condition du mari. 22 mars 1847. **419**

DIFFAMATION. V. ÉTRANGER, 2, 3.

DISCUSSION (exception de).

La constitution d'hypothèque *spéciale et générale, sans que l'une déroge à l'autre*, fait obstacle à ce que le tiers-détenteur puisse opposer de l'exception de discussion.

Pour que cette exception soit fondée, il ne suffit pas que le principal obligé possède des biens suffisants pour désintéresser le créancier poursuivant; il faut qu'il puisse acquitter toutes les créances inscrites sur ces mêmes immeubles.

DISCUSSION (instance de).

1. On appelle discussion une instance d'ordre qui comprend tous les avoirs du débiteur ou de son hoirie, lorsqu'elle a été répudiée ou acceptée sous bénéfice d'inventaire. 3 juillet 1841. **112**

2. Sous l'édit hypothécaire, le créancier qui avait des droits à exercer contre une hoirie jacente, pouvait les exercer contre un curateur à cette hoirie, sans en requérir la discussion générale. 23 juillet 1842. **150**

3. Il est de jurisprudence sous nos lois anciennes que lorsque le vendeur sous pacte de rachat vient à être discuté avant l'expiration du terme accordé pour l'exercice du rachat, les biens vendus rentrent dans le patrimoine de la discussion, sauf à l'acquéreur à se créditer à son rang pour obtenir la restitution du prix. 3 juillet 1844. **112**

4. Les ventes ou dations en paiement faites par le discuté quelques jours seulement avant l'introduction de l'instance de discussion et à une époque où le vendeur était poursuivi par ses créanciers, sont présumées faites en fraude des créanciers. 22 avril 1840. **57**

5. Lorsqu'à la suite de l'acceptation d'une hoirie sous bénéfice d'inventaire une instance générale de discussion a été introduite en conformité des R. C., cette instance n'est point close par cela seul que l'héritier ayant fait acte d'immixtion serait déchu du bénéfice d'inventaire.

En ce cas, les créanciers non-utilement colloqués conservent leur action personnelle contre l'héritier du débiteur discuté. 5 mai 1840. **59**

V. 1. CONCORDAT, 1.

2. EXCEPTION DE DENIERS NON NOMBRÉS, 3.

3. TRANSACTION, 2.

DISTANCES.

1. Les constructions qui ne se trouvaient pas à la distance légale lorsqu'elles ont été commencées, et qui n'ont dès lors été continuées que moyennant caution pendant la durée du procès, doivent être maintenues, si la législation venant à être changée, elles se trouvaient être, au jour du jugement définitif, à la distance prescrite par la loi nouvelle. 2 août 1844. **119**

2. En règle générale, le propriétaire peut toujours bâtir sur les confins de sa propriété.

La disposition de l'art. 594, relative aux bâtiments actuellement existants dans les villes et faubourgs, est inapplicable aux hameaux.

Hors des villes et faubourgs, le voisin peut bâtir à telle distance que bon lui semble lorsque le mur de son voisin est situé sur les confins mêmes, et qu'il ne se prévaut pas de la faculté d'en requérir la mitoyenneté. 17 mars 1847. **415**

DOL. V. AVEU, 4. CESSION, 1. RACHAT, 3. SURENCHÈRE, 4.

DOMESTIQUE. V. EMPOISONNEMENT. VOIE DE FAIT.

DOMICILE.

Le sujet qui habite à l'étranger et y exerce une profession, n'est pas présumé avoir renoncé à son domicile d'origine, jusqu'à preuve contraire.

Le fils non émancipé, même majeur, a son domicile légal chez son père. 7 janvier 1846. **310**

V. CONTRAT DOTAL, 4, 5. TRANSPORT D'HYPOTHÈQUE. TUTELLE, 1.

DOMMAGES. V. EMPOISONNEMENT. QUASI-CONTRAT. DÉLAISSEMENT, 2.

DON MANUEL (sous les lois françaises).

Le don manuel n'est pas sujet à révocation en cas de survenance d'enfants. 27 mai 1839. **29**

DONATION.

§ 1er. *Formalités requises pour la validité des donations.*

§ 2. *Quels objets peuvent être donnés?*

§ 3. *Qui peut donner ou recevoir?*

§ 4. *Révocation et réduction des donations.*

§ 5. *Des donations faites à l'occasion du mariage, soit institutions contractuelles.*

§ 1er. *Formalités requises pour la validité des donations.*

1. Sous les R. C., toute donation qui n'avait pas été insinuée et publiée, restait sans effet par rapport aux tiers.

La déclaration faite dans l'acte, que cette donation était en augmentation de dot et en vue du mariage, ne modifiait en rien ce principe.
16 mai 1845. 292

2. Sous les R. C., la donation faite par l'épouse en faveur de son époux, dans son contrat de mariage, était, à peine de nullité, soumise aux formalités prescrites par le § 14, tit. 14, liv. 5 des R. C.
13 juillet 1839. 36

3. Sous la loi du 17 nivôse an II, la donation déguisée sous forme de contrat onéreux, est valide en sa forme. 27 mai 1842. 113

4. Sous les R. C., la donation rédigée en forme de contrat onéreux, est valide toutes les fois qu'elle n'a pas pour but d'éluder les prescriptions de la loi.
7 mars 1846. 311

5. La donation déguisée sous les apparences d'un contrat de vente est nulle, lorsqu'elle émane d'une personne incapable de donner, ou qui n'aurait pu le faire qu'en observant certaines formalités.
Ainsi, est nulle la donation déguisée sous le nom d'une vente, faite par une femme sans les formalités prescrites par la loi.
Indices de simulation. 20 mai 1843. 179

6. Divers indices propres à faire reconnaître une donation déguisée sous l'apparence d'une vente.
25 avril 1845. 283

7. La vente simulée est radicalement nulle, et ne peut se soutenir comme donation déguisée, lorsque les parties n'ont pas eu l'intention sérieuse de transmettre le domaine des objets qui y sont compris. 14 août 1843. 201

8. Est nulle la donation d'immeubles contenue dans un acte d'émancipation, si l'on n'a pas observé les formalités prescrites pour les donations.
12 août 1845. 313

9. La donation d'effets mobiliers n'est valable que pour ceux qui sont spécifiés dans l'acte ou dans un état annexé à l'acte de donation.
La désignation générique des titres de créance dans un acte de donation de tous les biens présents, serait insuffisante pour remplir le vœu de la loi.
12 juin 1847. 437

10. La donation *rémunératoire*, c'est-à-dire la promesse d'une prestation en denrée, ou d'une somme déterminée en reconnaissance de services rendus, ne constitue pas une donation soumise à peine de nullité aux formalités prescrites par le Code civil français. 25 juin 1847. 440

11. Il en est de même de la constitution dotale faite après le mariage : elle ne peut être considérée comme une libéralité soumise aux formalités prescrites pour les donations. 18 février 1839. 17

§ 2. *Quels sont les objets qui peuvent être donnés?*

12. La donation d'immeubles à acquérir au moyen d'une somme d'argent déterminée, ne forme pas donation de biens à venir nulle, à teneur de l'article 943 du Code civil français. 8 février 1839. 16

§ 3. *Qui peut donner ou recevoir?*

13. Sous la dénomination de personnes faibles d'esprit, le § 14, tit. 14, liv. 5 des R. C. comprend toutes celles qui ne jouissent pas de la capacité intellectuelle ordinaire.
Les donations faites par contrat de mariage entre époux dont l'un est faible d'esprit, sont soumises aux formalités du paragraphe cité. 4 août 1840. 72

14. Sous la loi du 17 nivôse an II, les donations entre mari et femme étaient permises et n'étaient sujettes à réduction qu'autant qu'elles excédaient la portion disponible.
Les tiers ne peuvent arguer de simulation les actes antérieurs à celui duquel ils tiennent leurs droits. 16 juin 1840. 67

15. Les époux ne peuvent, même d'un commun accord, renoncer à une donation portée par leur contrat dotal. 27 juin 1839. 33

§ 4. *De la révocation et de la réduction des donations.*

16. Sous les lois françaises, la donation faite même à titre de dot, est révocable en cas de survenance d'enfants.
Le don manuel n'est pas sujet à révocation pour ce motif. 27 mai 1839. 29

17. Réductions des donations faites par les ascendants avant la mise en vigueur du Code civil.
En règle générale, la révocation et la réduction des donations entre vifs sont régies par la loi en vigueur au jour de la donation.
Cependant, si la donation imposait au donataire la charge de payer, aux héritiers à réserve, tous les droits qu'ils pourraient mesurer dans l'hoirie du donateur, ces droits seraient fixés par la loi veillante au moment du décès. 17 mai 1842. 142

18. La donation déguisée sous forme de contrat onéreux est réductible par la loi en vigueur au jour du décès du testateur, lorsque cette loi a augmenté la portion disponible.
27 mai 1842. 113
7 mars 1846. 311

19. La donation qui n'excédait pas la quotité disponible au jour où elle a été consentie, ne peut être soumise à réduction par une loi postérieure.
29 décembre 1846. 385

20. Le cohéritier légitimaire qui n'a pas fait inventaire, ne peut demander la réduction des donations faites à d'autres qu'à ses cohéritiers.
Le donataire institué héritier, peut se soustraire à la réduction de sa donation, en répudiant sa part d'hoirie ; il n'est plus alors réputé cohéritier dans le sens de l'art. 1026 du Code civil. 20 juin 1845. 298

21. L'héritier institué, tenu de restituer l'hoirie, en vertu de la clause codicillaire, ne peut demander la réduction des donations qui n'excèdent pas la quotité disponible, pour parfaire la trébellianique que la loi lui accorde. 7 août 1843. 196

22. La donation faite par l'époux à sa future épouse, dans son contrat de mariage, est censée à titre gratuit : elle ne préjudicie point aux créanciers antérieurs, qui peuvent en demander la révocation, en prouvant qu'elle excédait les avoirs du donateur.
L'épouse donataire n'est pas l'ayant-cause de son mari, en ce sens que les créanciers de ce dernier puissent demander la révocation des libéralités qu'il lui a faites, sans justifier que leurs créances avaient date certaine antérieure à ces donations.
19 juin 1841. 110

22 bis. Lorsqu'il est menacé d'éviction, le donataire, comme l'acheteur, peut se refuser à exécuter les charges imposées par l'acte de donation.
Pour les contrats passés sous le droit romain, l'existence seule d'inscriptions hypothécaires ne constitue pas un péril imminent d'éviction.
18 mars 1845. 273

§ 5. *Des donations faites à l'occasion de mariage, et des institutions contractuelles.*

23. L'institution contractuelle, ou donation de biens présents et à venir, faite dans un contrat de mariage, était soumise, d'après les R. C., aux mêmes formalités que la donation pure et simple. 29 décembre 1816.   385

24. Elle ne peut devenir réductible en vertu d'une loi postérieure, si elle n'était pas inofficieuse au moment où elle a été consentie. 29 décembre 1816. 385

25. Sous le Code civil français, la donation faite, dans le contrat dotal, aux enfants à naître du mariage, est nulle à teneur de l'art. 906 du Code civil français ; elle ne se soutient que relativement à l'usufruit attribué à la mère de ces enfants.
11 janvier 1843.   161

26. Une donation de biens présents n'est pas censée institution contractuelle, quoique faite sous titre d'anticipation à l'institution héréditaire, à charge de rapport dans certains cas déterminés, et différée jusqu'au moment de la mort du donateur.
11 août 1810.   76

V. IMPUTATION, RAPPORT, 1 à 7. TESTAMENT, 11. TITRE CLÉRICAL.

DOT.

§ 1er. *Constitution de la dot.*
§ 2. *Administration de la dot.*
§ 3. *Inaliénabilité du fonds dotal.*
§ 4. *Restitution de la dot.*

---

§ 1er. *Constitution de la dot.* (V. contrat dotal).

§ 2. *Administration de la dot.*

1. La femme ne peut exercer par elle-même les actions comprises dans sa constitution dotale ; le mari seul a qualité pour le faire. 13 avril 1810. 56

§ 3. *Inaliénabilité du fonds dotal.*

2. La vente d'un fonds dotal était radicalement nulle sous les R. C. ; alors même que la femme, en vendant, aurait déclaré l'immeuble libre, elle ne peut être tenue à des dommages-intérêts envers l'acheteur. 23 mars 1847.   420

3. Le contrat dotal passé sous les lois françaises, est régi dans ses effets par ces lois ; ainsi, l'aliénation du fonds dotal faite dix ans après le retour à nos lois anciennes, est néanmoins soumise aux dispositions de l'art. 1560 du Code civil français.
Le mari qui est intervenu au contrat pour autoriser sa femme, est censé co-vendeur, et est soumis à dédommager l'acheteur évincé.
L'acheteur cependant ne peut opposer ni de l'exception de garantie, ni du droit de rétention, sans porter atteinte au principe de l'inaliénabilité de la dot. 21 juin 1845.   299

4. La vente du fonds dotal est frappée d'une nullité purement relative ; il est ainsi facultatif aux époux de s'en prévaloir ou d'y renoncer.
La femme qui a conclu à la nullité de la vente du fonds dotal, ne peut plus, lorsque le défendeur a adhéré à ses conclusions, se désister de son action réelle pour se prévaloir de son action hypothécaire, suivant le principe *electâ und vîd*, etc.
28 mars 1810.   350

5. La femme qui a constitué en dot un immeuble

a une hypothèque générale sur les b[...] son mari, lors même que le fonds dotal est inaliénable : elle peut, à son choix, exercer l'action en revendication contre les tiers, ou l'action hypothécaire sur les biens de son mari.
Cette hypothèque cependant n'est pas suffisante pour autoriser l'acheteur à suspendre le paiement du prix. 30 juillet 1847.   147

§ 4. *Obligation de restituer la dot.*

6. Le père qui a paru au contrat de mariage de son fils, sans retirer la dot, n'est tenu que comme simple caution.
En conséquence, l'obligation de restituer la dot ne doit être considérée comme une dette du père, et portée au passif de son hoirie qu'autant qu'on établirait que c'est lui qui a retiré le montant de la dot.
Si le fils, débiteur principal, est en déconfiture, le père, comme toute autre caution, peut agir même avant d'avoir payé la dot, pour être relevé de son cautionnement. 26 mars 1843.   180

7. Le père qui a paru au contrat dotal de son fils et s'est engagé conjointement avec lui à la restitution des sommes constituées, est considéré comme une caution.
Il peut se prévaloir de l'exception de discussion, tant que le mari, débiteur principal, n'a pas été préalablement discuté.
Il est tenu non-seulement de la restitution des sommes qu'il a réellement touchées, mais de toutes les obligations contractées, et même du paiement de l'augment.
Les tiers-acquéreurs ne peuvent être inquiétés qu'après discussion faite des biens du père personnellement engagé à la restitution de la dot.
4 février 1845.   268

8. L'action en restitution de dot est prescrite, si la femme a laissé écouler, sans réclamation, trente ans, dès l'échéance de l'année qui a suivi la dissolution du mariage.
La pension viagère, accordée par le mari à sa femme, n'est pas imputable sur ses reprises matrimoniales, sauf disposition contraire.
En conséquence, la perception de la pension viagère n'a pas suspendu le cours de la prescription de l'action en restitution de dot.
3 février 1844.   215

9. Les créanciers du mari ne peuvent contester la réalité de la numération de la dot après l'échéance du délai de dix ans fixé par la Novelle 100.
21 juillet 1838.   2

V. APPLICATION, 1, 2, 3. CONTRAT DOTAL, 5. DONATION, 11, 16. HYPOTHÈQUE, 1, 2, 3. RAPPORT, 3, 4, 5. SIMULATION, 3.

DOT CONGRUE.

§ 1. *Quand la dot est-elle présumée congrue ?*
§ 2. *Lorsqu'elle n'est pas présumée de plein droit congrue, sur quelles bases doit-elle être évaluée ?*
§ 3. *Qui doit payer la dot congrue, et quelles sont les garanties de la fille exclue ?*
§ 4. *Comment doit-elle être payée ?*

§ 1. *Quand la dot est-elle présumée congrue ?*

1. La femme dotée et mariée convenablement sous les R. C., n'était pas admise à demander la rescision de sa constitution dotale pour cause de lésion.
27 mars 1811.   97

2. La femme mariée avant la mise en vigueur du Code civil, et convenablement dotée, est exclue de toutes les successions ouvertes sous les R. C.

Elle ne peut se prévaloir de l'art. 13 des R. P. du 6 décembre 1837 qui l'autorise à réclamer un supplément de légitime dans les successions non ouvertes, pour réclamer un supplément dans une succession déjà ouverte, sous prétexte qu'elle aurait renoncé simultanément à ces deux hoiries, et en invoquant l'indivisibilité de sa renonciation.

6 décembre 1847.   456

3. Les femmes dotées et mariées sous l'empire des lois françaises, peuvent demander un supplément de dot congrue dans les successions de leurs parents décédés depuis la Restauration.

Le supplément ne doit pas être nécessairement calculé sur le pied de la légitime.

23 juillet 1844.   117

4. La fille dotée sous les lois françaises, conserve le droit de réclamer un supplément de dot.

La renonciation faite en recevant une somme à titre de supplément, est valable, et ne peut être rescindée que pour cause de lésion.

27 juin 1844.   242
Jugé dans le même sens, 29 avril 1813.   175
    Item.   12 août 1845.   312

5. La dot constituée par le père à sa fille déjà mariée, n'est pas de plein droit présumée congrue.

La renonciation consentie au moyen de cette dot n'est efficace qu'autant que la dot est réellement congrue eu égard à la qualité et à la fortune de la famille.

Une semblable constitution ne peut valoir comme vente de succession de personne vivante, si l'héritier n'a stipulé dans les conditions fixées par la loi dernière au Code *De pactis*.

La querelle d'inofficiosité peut être proposée par la fille qui réclame un supplément de dot, aussi bien que par le fils qui réclame un supplément de légitime. 10 janvier 1813.   163

6. La fille qui, à l'occasion de son mariage, n'a pas été exclue au moyen d'une dot congrue, peut toujours demander un supplément de dot dans la succession de son père.

La renonciation qu'elle aurait consentie en recevant une somme léguée par ce dernier à titre d'exclusion, est considérée comme faite sans cause et frappée de nullité radicale, si le legs n'équivalait pas à la dot congrue. 2 janvier 1817.   389

7. La dot constituée à la fille après son mariage, n'est pas de plein droit présumée congrue.

Les renonciations faites à cette occasion sont régies par les principes du droit commun; en conséquence, elles sont nulles si elles sont faites en l'absence de la personne à l'hoirie de laquelle on a renoncé.

28 mars 1844.   227

8. La constitution dotale faite après le mariage n'est point une donation soumise aux formalités ordinaires; l'acceptation du mari est suffisante.

Est cependant nulle la renonciation à la succession du constituant, qu'aurait consentie le mari en recevant la dot, cette renonciation n'étant faite ni en conformité de la loi dernière au Code *De pactis*, ni à l'occasion du mariage. 18 février 1839.   17

9. Décidé en sens contraire que la renonciation ne peut être attaquée qu'en cas de lésion.

La fille qui, dans son contrat dotal passé après le mariage, a renoncé à des successions futures ou déjà ouvertes, peut toujours attaquer ce contrat pour cause de lésion.

Pour échapper à la rescision, l'héritier ne pourrait opposer qu'il s'agit de droits héréditaires essentiellement aléatoires. 21 juin 1845.   298

10. La fille qui après la mort de ses parents a été exclue de leur succession moyennant une dot congrue, peut demander la rescision de sa renonciation, si elle a été lésée d'outre moitié.

Cette action est admise lors même que par le même acte, pour un seul et même prix, la fille aurait cédé ses droits sur une autre hoirie, à laquelle elle était appelée en qualité de cohéritière avec le cessionnaire.

L'action en lésion en ce cas ne se prescrit que par 10 ans depuis la mise en vigueur du Code civil.

19 avril 1817.   426

11. La fille qui a accepté le legs fait pour lui tenir lieu de dot congrue, peut néanmoins intenter une action en supplément, surtout si elle a déclaré dans la quittance ne le recevoir que *à compte de ses droits*.

30 janvier 1844.   91

12. La fille qui a accepté sans réserve ni protestation, le legs à elle fait pour lui tenir lieu de légitime ou de dot congrue dans une succession, n'est pas admissible à proposer l'action en supplément de dot; elle ne peut revenir contre son acceptation qu'en articulant des faits de lésion d'outre-moitié.

20 juin 1843.   187
Jugé dans le même sens, 21 mars 1846.   348
    Item.   18 avril 1845.   283

13. Jugé en sens contraire que l'acceptation du legs ne forme pas obstacle, sans même qu'il soit nécessaire de prouver la lésion.

L'acceptation d'un legs fait pour tous droits paternels et maternels, ne prive pas la fille du droit de demander un supplément de dot.

La constitution de cette même somme à titre de dot que ferait plus tard la légataire, ne formerait point renonciation à ses droits.

28 mars 1844.   226
Jugé dans le même sens, 7 mars 1846.   351

13 bis. La fille qui n'a pas été dotée à l'occasion de son mariage a droit à une dot congrue sur chaque succession dont elle est exclue.

31 juillet 1838.   4

§ 2. Sur quelles bases se calcule la dot congrue?

14. La dot congrue n'est pas calculée sur le pied de la légitime, mais elle doit l'être en ayant égard à la fois à la qualité de la famille, à l'usage des lieux et à la valeur de l'hoirie.

29 avril 1843.   175

15. Le Sénat arbitre le supplément de dot lorsqu'il a sous les yeux tous les éléments nécessaires pour apprécier et le montant de l'hoirie et la condition de la famille. 18 avril 1845.   283

16. Pour apprécier en point de fait si la renonciation des filles, sous les R. C., moyennant dot congrue, est sujette à rescision pour cause de lésion, on procède à composition sommaire de l'hoirie du constituant à la date de chacune des renonciations impugnées, sans discuter rigoureusement chaque article de l'actif et du passif du patrimoine.

Le juge, au vu de cette composition sommaire, des expertises sur la valeur des biens et en tenant compte des charges et des éventualités qui pèsent sur l'héritier, arbitre le montant des suppléments de dot congrue. 28 juillet 1846.   376

§ 3. *Qui doit payer la dot congrue? etc.*

17. L'obligation de payer aux filles une dot congrue comme prix de leur exclusion, est une charge réelle de l'hoirie, et pèse sur tout acquéreur de cette hoirie.

La clause insérée dans l'acte de cession, portant que les parties ne connaissent aucune dette à l'hoirie cédée, ne modifie pas ce principe.
22 février 1840.   52

18. Tant que la fille n'a pas reçu la dot congrue, prix de son exclusion, elle est censée cohéritière et copropriétaire des biens de la succession.

Si elle a cédé ses droits pour une somme déterminée, elle jouit du privilège du vendeur pour le recouvrement de cette somme, et prime tous les créanciers inscrits du chef du cessionnaire.
11 mars 1813.   167

§ 4. *Comment doit être payée la dot congrue?*

19. Suivant les R. C., la dot congrue n'est pas, comme la légitime, payable en argent ou en immeubles, au choix de l'héritier.

Elle doit être payée en argent; à plus forte raison le supplément de dot congrue doit-il être payé en argent, lorsque la fille a déjà reçu partie de sa dot en espèces. 2 mai 1816.   361

V. RENONCIATION, 1 à 4. RETRAIT, 1, 2. VENTE, 21 *bis.*

DOUBLE ORIGINAL. V. BILLET, 3, 4.

DROITS CIVILS. V. MORT CIVILE.

E

EAU.

1. Suivant l'ancienne jurisprudence, maintenue sur ce point par le Code civil (art. 558), le propriétaire riverain peut, nonobstant toute possession contraire, se servir de l'eau qui traverse son héritage, à la charge de la rendre dans son cours ordinaire à la sortie de ses fonds. 6 avril 1841.   101

2. Le propriétaire riverain peut se servir des eaux courantes non domaniales pour l'irrigation de ses héritages, nonobstant toute possession contraire; en conséquence, les propriétaires inférieurs n'ont point à se plaindre, à moins que le droit d'user des eaux ne leur ait été acquis par titre ou par prescription, conformément à l'art. 556 du Code civil.
18 décembre 1840.   78

3. Le propriétaire du fonds inférieur n'est pas assujetti à recevoir les eaux qui découlent des héritages supérieurs, lorsqu'elles y ont été amenées par des travaux d'art, sauf titres ou prescription contraires. 11 août 1840.   71

V. PRESCRIPTION, 8.

ÉCHANGE. V. RETRAIT SUCCESSORAL, 3.

ÉCHELAGE.

Le droit d'échelage est présumé en faveur du propriétaire du mur qui joint l'héritage du voisin.
2 août 1841.   119

ÉGLISE. V. BANC. PASSAGE, 7.

ÉLECTION. V. DOT, 4, 5.

ÉMANCIPATION.

1. Le fils émancipé par le mariage sous les lois françaises, n'est pas retombé sous la puissance paternelle au rétablissement des R. C., en 1814, s'il a vécu séparé de son père pendant un temps suffisant pour opérer l'émancipation tacite; le temps couru sous les lois françaises peut être compté pour opérer cette émancipation. 2 juin 1841.   107

2. La fille émancipée par le mariage sous le Code civil français, est retombée sous la puissance paternelle par le rétablissement de nos lois royales en 1815.
26 janvier 1816.   326

3. L'émancipation ne prive le père que de l'usufruit qui dérive de la puissance paternelle; ainsi ce dernier conserve l'usufruit qui lui est acquis sur les biens de ses enfants à tout autre titre.
17 février 1810.   51

V. PUISSANCE PATERNELLE, 1.

ÉMOLUMENT. V. DÉPENS, 7.

EMPHYTHÉOSE. V. ALBERGEMENT.

EMPLOI DE LA DOT. V. APPLICATION, 1, 2, 3.

EMPOISONNEMENT.

L'empoisonnement causé par l'imprudence d'un domestique dans son service, donne aux héritiers de l'occis une action en dommages-intérêts contre le domestique et contre son maître.

Cette action contre le maître ne serait pas fondée si le domestique avait agi en dehors des fonctions auxquelles il est préposé. 27 mars 1817.   423

ENCLAVE. V. PASSAGE, 1 à 7.

ENDOSSEMENT. V. BILLET A ORDRE, 4, 5. LETTRE-DE-CHANGE, 1.

ENFANT ADULTÉRIN. V. PATERNITÉ, 5.

ENFANT A NAITRE. V. DONATION, 25.

ENFANT LÉGITIME.

L'enfant né sous les lois du 20 septembre 1792, à défaut de l'acte de mariage de ses parents, doit prouver sa possession d'état comme enfant légitime, et celle de ses parents comme époux.

Les R. P. du 25 octobre 1816 ne sont applicables qu'à l'enfant qui établit qu'il y a eu mariage canonique ou civil entre ses parents.
6 septembre 1839.   11

V. PATERNITÉ, 2, 3, 4, 6.

ENQUÊTE.

§ 1. *Des délais pour soutenir des faits.*
§ 2. *Des délais pour faire entendre les témoins.*
§ 3. *Des formalités requises pour les enquêtes.*
§ 4. *Des effets de l'enquête.*

§ 1. *Des délais pour soutenir des faits.*

1. Le tribunal ne peut restreindre les délais fixés par la loi, pour soutenir des faits et faire procéder à enquête. 27 février 1841.   95

2. Les parties peuvent d'un commun accord proroger les délais pour enquêter.
26 juillet 1840.   70

35

3. Tant que les enquêtes ne sont pas ouvertes, le Sénat peut, par de justes motifs, restituer en entier contre l'expiration des délais, et admettre à articuler de nouveaux faits. 13 avril 1810.   55

4. Les tribunaux, quoique autorisés à restituer en temps contre l'expiration des délais, pour articuler des faits, ne doivent le faire que pour de justes motifs. 9 décembre 1844.   257

5. Après l'échéance des délais fixés pour enquêter, les parties peuvent encore déduire de nouveaux faits, pourvu que les enquêtes ne soient pas encore ouvertes; mais c'est à la condition de les établir autrement que par témoins. 29 avril 1845.   286

6. La partie à laquelle il a été fixé un délai pour circonstancier des faits, est déchue si elle ne l'a fait dans le délai déterminé, ou dans un temps très-rapproché. 14 juin 1845.   297

7. Les faits de reproche doivent être déduits dans les cinq jours, à dater de celui où il est donné copie des généraux interrogats.
Les tribunaux ne peuvent accorder aucune restitution contre l'échéance de ce délai. 2 avril 1844.   231

8. Les faits de reproche doivent être déduits et prouvés avant l'ouverture des enquêtes, à moins qu'ils ne résultent d'actes authentiques. 20 juillet 1840.   70

9. Les délais pour déduire les faits de reproche et les articles de salvation, ne courent ni ne tombent durant les féries. 29 avril 1845.   286

§ 2. Délais pour faire entendre les témoins.

10. La partie qui se pourvoit dans les trente jours pour faire procéder à enquête, n'est pas déchue, bien que le juge ne procède à l'audition des témoins qu'après l'expiration de ce délai. 16 décembre 1839.   45

11. Le délai de 30 jours pour faire procéder à enquête sur des faits admis à preuve, ne commence à courir que du jour où, sur réquisition de l'une des parties, le rapporteur de la cause a enjoint à l'autre de faire procéder à son enquête.
Lorsque le recours au juge-commissaire, pour la fixation du jour où les témoins devront être entendus, a eu lieu dans les 30 jours fixés par la loi, on n'encourt aucune déchéance, bien que le juge-commissaire fixe un terme plus éloigné pour l'audition des témoins. 11 avril 1843.   174

12. Les délais pour faire procéder à enquête ne courent que du jour où l'ordonnance rendue en l'absence de l'un des procureurs lui a été notifiée.
La position des deux parties devant être égale, la partie qui a requis l'ordonnance n'est pas for-close tant que l'autre partie n'a pas reçu de notification. 26 février 1817.   105

13. La partie qui, après avoir obtenu une prorogation de délai, fait défaut le jour fixé par le juge-commissaire, ne peut plus être restituée en entier. 7 mai 1844.   105

14. La partie qui a demandé l'ouverture de l'enquête adverse, est déchue de la faculté de faire enquête sur ses faits contraires.
L'ordonnance qu'elle aurait surprise en cachant cette circonstance, est nulle comme entachée de subreption. 7 mai 1844.   232

§ 3. Des formalités requises pour les enquêtes.

15. Le procureur est Dominus litis; il suffit de

l'assigner pour voir jurer les témoins, sans qu'il soit nécessaire de citer la partie. 9 juillet 1841.   113

16. L'assignation pour voir jurer les témoins, en conformité du § 23, tit. 18, liv. 3 des R. C., peut être notifiée au procureur constitué. 29 avril 1845.   286

17. L'assignation du procureur n'est pas nécessaire pour assister au serment de ceux des témoins qui, à raison de leur éloignement, seraient entendus après le jour fixé. 16 décembre 1839.   45

18. Jugé au contraire : L'enquête est nulle lorsque la partie n'a pas été citée pour voir jurer les témoins. 20 juillet 1810.   70

§ 4. Des effets de l'enquête.

19. La déposition d'un seul témoin ne fait aucune preuve. 16 décembre 1839.   45

20. Il est défendu de faire entendre plus de dix témoins sur le même fait; en cas de contravention à cette loi, on élimine tous les témoins qui ont été entendus après le dixième, lors même que leur déposition serait concluante en faveur de l'une des parties. 4 mars 1844.   222

V. Aveu, 7. Lésion, 13 à 17. Témoin. Testament, 2.

ENTREPRENEUR DE TRAVAUX PUBLICS. V. Commerçant, 1, 2. Lésion, 4.

ENVOI EN POSSESSION. V. Absent, 6 à 13.

ÉPINGLES. V. Vente, 11, 15.

ÉPOUX. V. Donation, 2, 22, 15, 14. Succession, 4. Vente, 3. Viduité.

ERREUR.

1. L'erreur matérielle dans un contrat est toujours réparable, sans que cette réparation puisse être considérée comme portant atteinte à la force de l'acte public; en conséquence, un contrat de partage dans lequel les lots n'auraient pas été portés tels qu'ils avaient été convenus entre les parties, peut être réparé pour cause d'erreur.
La preuve de l'erreur peut en ce cas être faite par serment. 26 juin 1810.   68

2. Le jugement qui consacre une erreur de calcul, ne passe jamais en jugé, et peut être réparé par le tribunal qui l'a rendu. 1er août 1843.   195

3. L'omission ou erreur matérielle commise dans une sentence peut toujours être réparée par le même juge. 21 novembre 1843.   202

4. Le tribunal de judicature-maje saisi d'une contestation, est compétent pour réparer une erreur matérielle, commise dans le dispositif d'un arrêt rendu dans la même instance. 14 février 1846.   333

V. Acquiescement, 15. Adjudication, 8, 9. Billet, 4. État-civil, 3, 4. Exploit de commandement. Inscription hypothécaire, 4. Tutelle, 8.

ESCALIER. V. Mitoyenneté.

ÉTAT-CIVIL.

1. En cas d'omission sur les registres de l'état-civil, le décès d'un individu peut, d'après les lois françaises, être établi par de simples présomptions.

pourvu qu'elles soient graves, précises et concordantes. 22 décembre 1838. 10

2. Les déclarations portées au registre du ministère de la guerre, ne peuvent prévaloir contre des présomptions graves, précises et concordantes. 10 décembre 1844. 239

3. L'erreur dans les registres d'état-civil peut être prouvée par des positions. 21 juillet 1815. 306

4. Bien que les registres de l'état-civil portent qu'un enfant est mort quelques minutes après sa naissance, on peut prouver par témoins qu'il est mort-né.

Il n'est pas nécessaire de s'inscrire en faux contre l'officier qui a dressé l'acte d'état-civil. 14 décembre 1847. 458

V. PATERNITÉ, 2, 4, 6, 7.

ÉTRANGER.

§ 1. *Compétence des tribunaux des états dans les causes où sont intéressés les étrangers.*

§ 2. *Compétence des tribunaux étrangers contre les sujets du roi.*

§ 3. *Prohibitions spéciales concernant les étrangers.*

§ 1. *Compétence des tribunaux des états dans les causes où sont intéressés des étrangers.*

1. Le Sénat est seul compétent pour prononcer sur les questions soulevées entre les sujets du roi et les étrangers, lorsque ces questions se rattachent aux rapports politiques existants entre les deux états.

Ainsi, s'agit-il de savoir si la prescription commencée en faveur d'un Genevois a pu s'accomplir depuis la promulgation de L. P. du 6 février 1818, qui défendent aux Genevois de posséder des terres dans les états, le Sénat seul est compétent. 30 mai 1845. 295

2. L'étranger qui a diffamé un sujet du roi à l'étranger, peut être cité devant les tribunaux des états, si dans le pays auquel appartient le délinquant on en use ainsi envers les étrangers.

Le Sénat retient la connaissance de la cause. 7 avril 1846. 355

3. L'étranger qui a diffamé un sujet, même en pays étranger, est justiciable des tribunaux des états, pour l'action civile en dommages-intérêts.

L'action civile peut être proposée directement et avant l'action criminelle, surtout lorsque le ministère public s'est borné à faire de simples protestations. 5 janvier 1847. 390

4. L'étranger qui a contracté hors des états avec un étranger, peut être cité devant les tribunaux des états, lorsqu'il s'y trouve, et que, dans la convention, il a déclaré être momentanément domicilié dans les états. 2 janvier 1844. 88

§ 2. *Compétence des tribunaux étrangers contre les sujets.*

5. Le sujet qui a contracté en France, et promis d'y exécuter son engagement, est justiciable des tribunaux français.

Il ne peut s'opposer à l'exécution dans les états de l'arrêt rendu contre lui par une cour française, lorsqu'il a constitué un avoué pour le représenter devant cette cour.

S'il désavoue son mandataire, le Sénat le renvoie proposer son action en désaveu devant la cour étrangère qui a rendu l'arrêt, et lui fixe un terme pour y introduire son action. 7 juin 1841. 107

6. Le jugement rendu en France par le tribunal du lieu où l'engagement a été contracté, contre un Savoisien qui ne s'y trouve pas, est censé rendu par un tribunal incompétent, aux termes du traité de 1760. Le Sénat ne défère pas aux lettres-rogatoires.

L'acquiescement volontaire de la partie ne change rien à ces principes. 1er février 1847. 399

7. Le Sénat ne défère aux lettres rogatoires qui lui sont adressées par les tribunaux étrangers pour obtenir l'exécution des jugements rendus contre un sujet du roi, qu'autant que ces tribunaux sont compétents à la forme du droit.

Le conseil des prud'hommes de la ville de Lyon est incompétent aux termes du droit commun pour connaître d'une convention passée même en France entre un Français et un sujet du roi domicilié dans les états.

L'art. 14 du Code civil français étant contraire aux règles de compétence ordinaire, et postérieur au traité du 24 mars 1760, ne peut affecter les sujets du roi. 4 mars 1842. 133

V. ACQUIESCEMENT, 16. RECONVENTION.

§ 3. *Prohibitions spéciales concernant les étrangers.*

8. Le Sénat est seul compétent pour prononcer sur la validité de la vente, faite à un étranger, d'immeubles situés à la proximité des frontières.

Les Français établis en Savoie pendant l'occupation française, qui ont continué à y résider depuis la restauration, sans faire de déclaration contraire, sont censés sujets du roi, et jouissent des droits attachés à cette qualité.

Les R. C., en prononçant la confiscation de l'immeuble situé sur la frontière, vendu à un étranger, ont, par là même, interdit au vendeur le droit de demander la nullité de la vente. 11 août 1843. 198

9. La nullité prononcée par l'art. 28 du Code civil, s'applique à toute vente sans exception, même à celle qui serait faite par un étranger à un étranger.

Cette nullité n'est pas simplement relative; tout intéressé peut en opposer.

L'acheteur ne pourrait demander la revente aux enchères à son profit. 13 mars 1847. 413

V. ADJUDICATION PROVISOIRE, 2.

V. encore GENÈVE, 1, 2, 3.

ÉVÊQUES.

Les évêques d'Italie peuvent exercer par eux-mêmes la juridiction qu'ils ont déléguée à leurs officiaux.

Ils sont compétents pour prononcer la séparation de corps, lorsque les faits qui y donnent lieu se sont passés dans leur territoire, bien que les époux n'y soient pas domiciliés. 3 avril 1840. 54

ÉVICTION.

Quelles sommes comprend l'indemnité due à l'acquéreur en cas d'éviction?

Il n'est pas en droit de répéter les sommes payées pour l'assurance contre l'incendie. 23 décembre 1840. 81

mort du notaire, et nonobstant la prescription de l'action pénale. 21 juin 1844. 239

FEMME.

1. La femme doit ses œuvres à son mari ; elle n'est pas considérée comme associée au commerce qu'elle gère pour lui, à moins qu'il n'y ait un acte régulier d'association, bien que le commerce ait été entrepris par le mari avec des marchandises constituées en dot. 4 août 1810. 72

2. La présomption de la loi *Quintus Mucius* peut être opposée à la femme qui a acquis conjointement avec son mari, lors même que l'acte porte que le prix a été payé par tous les deux. 9 février 1841. 94

3. Bien que l'acte d'acquisition porte que le prix en a été payé par le mari et par la femme, de leurs deniers communs, la somme est censée fournie exclusivement par le mari : la femme ou ses héritiers ne peuvent se prévaloir de l'acquisition qu'en remboursant la moitié du prix, à moins qu'ils ne justifient que la femme avait en propre des sommes correspondantes à la moitié du prix. 9 juin 1813. 183

4. Jugé en sens contraire. La présomption de la loi *Quintus Mucius* est écartée, lorsque le mari a laissé insérer dans l'acte que le paiement a été fait des deniers communs. Cette présomption n'est pas admise sous le Code civil français. 5 avril 1844. 101

5. La présomption de la loi *Quintus Mucius* n'est point applicable à la femme qui dirige les affaires de la maison à l'exclusion du mari. 5 juillet 1839. 31

V. Autorisation, 1, 2, 3, 4. Cautionnement, 1, 2, 3, 4. Donation, 2, 14, 22. Dot, 1 et suiv. Dot congrue, 1 et suiv. Séparation de biens, 3 et suiv. Séparation de corps, 2. Vente, 3.

FENÊTRE. V. Distance, 2. Mitoyenneté, 3.

FÉRIES. V. Appel, 54, 76. Enquête, 9. Surenchère, 1.

FILIATION.

Sous l'empire des R. C., la preuve de la maternité pouvait se faire par témoins. 23 avril 1812. 139

V. Paternité.

FILLE.

La fille devenue enceinte avant la promulgation du Code civil, bien qu'elle n'ait accouché que dès lors, peut agir contre son séducteur en conformité de l'ancienne jurisprudence ; elle est admise à se prévaloir de la preuve privilégiée. 17 juillet 1810. 69

V. Dot congrue, 1 et suiv. Pacte de famille. Renonciation, 1 et suiv. Succession, 2, 3.

FILS COMMERÇANT. V. Père.

FAIBLESSE D'ESPRIT. V. Donation, 13. Testament, 2, 3.

FOLLE ENCHÈRE.

Lorsque les travaux sont exécutés à la folle enchère de l'entrepreneur, il doit seul profiter des bénéfices, comme il doit seul supporter les pertes. 28 décembre 1812. 159

FONDATEUR DE CHAPELLE. V. Chapelle. Patronage.

FONDATEUR D'ŒUVRE PIE. V. Œuvre pie.

FONDS DOTAL. V. Dot, 2, 3, 4, 5.

FORMULE DE SERMENT. V. Serment, 2, 3, 13.

FOUR. V. Meuble.

FRAIS.

Les frais adjugés par sentence ne produisent intérêts que du jour où ils ont été liquidés. 25 juillet 1815. 307

FRANÇAIS. V. Étranger, 5, 6, 7, 8.

FRAUDE.

La vente faite par le père à ses fils en paiement de leurs créances respectives, peut être regardée comme faite en fraude des droits des créanciers. 27 janvier 1846. 327

V. Donation, 22.

FRÈRES. V. Société, 3, 4.

FRONTIÈRES. V. Étranger, 8, 9. Adjudication, 2.

FRUITS.

Suivant la jurisprudence ancienne, les fruits adjugés par jugement ne portent point intérêt. Sous le Code civil, les intérêts ne sont dus que depuis le jour de la demande judiciaire, sauf convention contraire. En conséquence, on ne doit pas procéder à un compte à l'échelette des intérêts et des fruits. 27 février 1816. 337

G

GARANTIE.

1. L'acheteur qui au moment du contrat a eu connaissance exacte de la cause d'éviction, ne peut agir en garantie contre le vendeur. 26 février 1847. 407

2. Lorsque sur une action en revendication, l'acheteur a abandonné l'immeuble sans appeler son vendeur en garantie, il n'a, suivant nos lois anciennes, un recours contre ce dernier qu'à la charge de prouver que l'éviction était juste et inévitable. 21 avril 1839. 26

3. Lorsque la chose vendue est soumise à une servitude non apparente, l'acquéreur est en droit ou de demander la résolution de la vente, ou de proposer l'action *quanti minoris*, ou de conclure aux dommages et intérêts. Cette dernière action ne peut cependant être proposée qu'autant que le vendeur avait connaissance de la servitude au moment du contrat. La clause de style, *avec toutes servitudes actives et passives*, ne suffit pas pour dispenser le vendeur de cette garantie. 3 juillet 1813. 190

4. La lésion est censée être le fait des deux parties contractantes : En conséquence, si celui qui a acheté un immeuble à vil prix le revend, en garantissant seulement ses *faits et promesses*, il est responsable de l'éviction soufferte, par suite de la rescision du premier contrat, pour cause de lésion.

Il n'en serait pas de même s'il avait vendu avec la clause : à tous périls et risques et sans aucune garantie ; en ce cas, il ne serait pas responsable de l'éviction, pourvu toutefois qu'il pût établir que l'acheteur en connaissait la cause au moment du contrat. 8 juillet 1813. 193

V. Communauté, 2. Legs, 9. Prescription, 17.

GENÈVE.

1. Le Sénat ne défère pas aux lettres rogatoires qui lui sont adressées par les syndics et conseil-d'État de Genève : il prend connaissance de la cause au fond.
Les LL. PP. du 29 février 1828, qui permettent, en matière de commerce, d'assigner devant le tribunal dans le ressort duquel les marchandises ont été livrées, ne règlent la compétence qu'entre les tribunaux des États.
La comparaissance volontaire d'un sujet devant un tribunal étranger, ne peut avoir pour effet de déroger au droit politique et de changer l'ordre de juridiction. 5 mai 1841. 104

2. Le Sénat ne défère pas aux lettres rogatoires qui lui sont adressées par les tribunaux de Genève ; mais il prend connaissance au fond, et permet l'exécution du jugement s'il en est le cas.
14 juin 1841. 109

3. Les jugements rendus par les tribunaux de Genève ne sont mis à exécution dans les États, qu'après connaissance préalable du fond de la cause.
13 décembre 1847. 157

V. Sénat, 2.

H

HABITS DE DEUIL. V. Deuil, 1, 2.

HABUI COPIAM. V. Signification, 2.

HAINE. V. Testament, 1.

HÉRITIER. V. Acceptation, 1 et suiv. Bénéfice d'inventaire, 1 et suiv. Captation, 1, 2.

HÉRITIER APPARENT. V. Répudiation, 3.

HOIRIE JACENTE. V. Curateur. Discussion.

HOMOLOGATION. V. Donation, 1, 2, 23. Titre clérical.

HOSPICE.

L'obligation contractuelle de loger et d'entretenir une personne infirme ne cesse pas par son admission dans un hospice. 27 juin 1839. 33

HUISSIER.

L'huissier ne peut exercer son ministère dans sa propre cause, ni dans celle de son mandant.
En conséquence, sont nuls les exploits dressés par un huissier dans l'intérêt de son mandant.
4 avril 1846. 354

HYPOTHÈQUE.

§ 1er. Hypothèques légales.
§ 2. Hypothèques judiciaires.
§ 3. Hypothèques conventionnelles.

—

§ 1er. Hypothèques légales.

1. L'hypothèque de la femme, pour ses reprises matrimoniales, s'étend sur tous les immeubles qui ont appartenu à son mari. 26 juillet 1841. 117

2. Sous les R. C., l'hypothèque dotale remonte à la date du contrat de mariage, même pour les avoirs dotaux acquis postérieurement, lorsque la constitution comprenait les biens présents et futurs. 14 août 1843. 209

3. La femme qui s'est constitué une dot en immeubles, n'en a pas moins hypothèques sur les biens de son mari. 30 juillet 1817. 117

§ 2. Hypothèques judiciaires.

4. Sous les lois de brumaire an VII, il n'y avait hypothèque judiciaire, en vertu d'une reconnaissance de signature, qu'autant que la signature avait été reconnue ou déclarée telle par jugement, il ne suffisait pas d'un aveu de la légitimité de la dette, sans mention de la signature. 6 mai 1845. 289

5. Les ordonnances rendues sur consentement des parties et portant obligation de poser un compte, emportent hypothèque judiciaire pour la garantie du paiement du reliquat. 2 août 1817. 150

6. Le jugement qui ordonne de procéder plus amplement n'en est pas moins considéré comme jugement de condamnation, si la dette principale y est reconnue.
Il vaut en outre comme reconnaissance de la signature mise au bas du billet et, à ce titre, confère hypothèque pour la restitution de l'indû.
31 décembre 1847. 464

7. La délation de serment sur la sincérité d'un billet sous seing-privé, et sur la convention qu'il renferme, ne forme pas aveu de la signature mise au bas.
En conséquence, les juges peuvent, nonobstant ce serment, ordonner la reconnaissance ou la vérification de la signature, afin de donner naissance à l'hypothèque judiciaire. 15 juillet 1845. 305

§ 3. Hypothèque conventionnelle.

8. L'hypothèque spéciale consentie sur les immeubles situés dans une commune déterminée, et autres lieux de la division, est valable seulement pour ceux de ces immeubles qui sont situés dans la commune.
6 mai 1845. 289

V. Vente, 19 à 29.

I

IGNORANCE DU DROIT. V. Acquiescement, 15.

IMMIXTION. V. Acceptation, 1 et suiv. Bénéfice d'inventaire, 1 et suiv.

IMPOT.

L'impôt foncier, sauf preuve contraire, est présumé payé par le propriétaire et non par le fermier.
13 août 1844. 251

IMPUTATION DE DONATION.

La donation d'une quote-part des biens présents et à venir, est imputable sur la légitime.
5 mars 1839. 19

3. La remise des intérêts est facilement présumée, surtout entre parents.

Le long silence du créancier suffit pour établir cette présomption. 18 mars 1813. 169

INTERPELLATION. V. Acceptation de succession, 1.

Les interpellations touchant la qualité héréditaire, sont censées avouées, lorsque la partie interpellée fait défaut, ou garde le silence.

Il n'en serait pas de même des interpellations données sur tout autre mode de transmission des droits ou des obligations du défunt.

7 avril 1815. 281

INTERRUPTION DE PRESCRIPTION. V. Exploit de commandement. Prescription, 16 *bis*, 17. Servitude.

INTERVENTION.

Lorsque les appelants sont déclarés non-recevables, l'intervenant en cause d'appel, qui n'a pas encouru la même déchéance, doit être renvoyé à subir le premier degré de juridiction. 7 juin 1815. 295

INVENTAIRE.

D'après la jurisprudence, les frais d'inventaire étaient à la charge de l'hoirie. 27 février 1816. 338

V. Bénéfice d'inventaire, 1 et suiv. Donation, 20.

INVESTITURE ET DÉVESTITURE. V. Passage, 9.

IRRIGATION. V. Eau, 1, 2, 3.

J

JACTANCE.

Le légataire, en donnant quittance d'un legs, ne peut être contraint à renoncer à tous plus amples droits qui pourraient lui compéter sur la succession.

L'héritier ne peut, en ce cas, retenir le legs pour sa garantie, mais il est fondé à intenter une action en jactance, pour contraindre le légataire à faire valoir ses droits dans un temps déterminé.

31 janvier 1810. 328

JOUR FÉRIÉ. V. Surenchère, 1.

JUGE DE MANDEMENT.

1. Le juge de mandement est incompétent pour sanctionner, dans un acte d'émancipation, une renonciation à des droits immobiliers.

17 février 1810. 51

2. Le juge de mandement n'est pas compétent pour sanctionner un accord sur un droit de la propriété. 6 août 1839. 39

3. Le juge de mandement est incompétent pour prononcer sur une action civile en dommages-intérêts résultant d'injures verbales ou écrites, lorsque ces dommages sont portés à plus de 300 liv.

Ainsi la cause portée d'abord au juge de mandement, puis en appel au tribunal, peut encore être

déférée au Sénat, sans qu'on puisse opposer des trois degrés de juridiction. 16 juillet 1839. 36

4. Le juge de mandement est incompétent pour statuer sur des conclusions tendant à ce que sa sentence soit affichée.

Cette incompétence étant d'ordre public, rend nulle toute sentence rendue; on peut en conséquence en demander la réparation, même après l'expiration des délais ordinaires de l'appel. 13 février 1817. 103

5. Lorsque le juge de mandement s'est mal à propos déclaré compétent, le tribunal doit connaître comme juge de première instance et non comme juge d'appel.

Ainsi la sentence du tribunal qui a prononcé comme juge d'appel, peut être déférée au Sénat, nonobstant les trois degrés de juridiction.

8 janvier 1841. 88

V. Appel, 66, 8 *ter*. Cession, 2.

JUGE-MAJE. V. Tribunal de commerce.

JUGEMENT.

1. Le jugement dont l'exécution est impossible ne passe jamais en jugé. 12 mai 1810. 59

2. Les jugements qui ne sont pas en dernier ressort, ne peuvent être exécutés avant l'échéance des dix jours accordés pour interjeter l'appel.

19 février 1811. 216

3. Le jugement nul ne peut être réparé qu'en voie d'appel.

Les conclusions prises en nullité renferment implicitement les conclusions appellatoires.

Le jugement rendu contre la partie qui comparaît sans être assistée d'un procureur, est radicalement nul, à moins cependant qu'il ne s'agisse d'accorder un titre exécutoire sur aveu. 4 février 1815. 269

V. Attentat à l'appel.

L

LÉGALISATION.

1. Un titre émané de fonctionnaires étrangers ne peut être pris en considération, s'il n'est revêtu de la légalisation de l'ambassadeur.

10 décembre 1841. 259

2. Les pièces non légalisées peuvent être prises en considération par le Sénat, dès qu'elles sont mentionnées dans d'autres pièces revêtues d'une légalisation régulière. 17 janvier 1841. 211

LÉGITIMATION.

Les enfants nés d'une femme divorcée peuvent être légitimés par rescrit du prince. — Le rescrit n'est pas censé subreptice par cela seul qu'il n'y est pas fait mention du divorce. 6 septembre 1839. 11

V. Mariage.

LÉGITIME.

1. Pour fixer le montant de la légitime, on estime les biens suivant leur valeur au temps du décès, si la légitime est payée en argent; et suivant leur valeur au jour du partage, si elle se paie en immeubles.

En conséquence, l'option laissée à l'héritier doit précéder toute expertise. 5 juillet 1838. 1

2. Jugé en sens contraire : Pour fixer le montant de la légitime, on évalue les biens suivant leur valeur au jour du partage, soit qu'on la veuille payer en argent, soit qu'on préfère la payer en immeubles. 10 juin 1839. 31

3. Jugé encore : Pour fixer le montant de la légitime, on évalue les biens suivant leur valeur au jour où le légitimaire a abdiqué son droit de copropriété.

Le légitimaire est censé avoir perdu ce droit, du jour où il a accepté le legs en argent qui lui était fait pour lui tenir lieu de tous ses droits dans l'hoirie. 12 août 1814. 251

4. Dans tous les cas, lorsque la légitime est payée en corps héréditaires, le légitimaire doit profiter de l'augmentation de valeur qu'ont acquise les biens depuis l'ouverture de la succession.

En conséquence, l'évaluation doit être faite suivant la valeur au jour de la délivrance. 14 août 1813. 200

5. Jugé encore : L'héritier qui a l'option de payer la légitime en argent ou en corps héréditaire, doit se prononcer avant qu'il soit procédé à l'expertise. 22 mars 1817. 419

6. L'héritier en optant pour le paiement en immeubles ne peut arrêter les poursuites réelles de ses créanciers sur les biens provenant de la succession.

Le légitimaire ne peut être considéré comme copropriétaire, aux termes de l'art. 2333 du Code civil. 7 août 1847. 452

7. Les dispositions de l'art. 1051 du Code civil ne sont pas applicables à une demande en légitime.

En conséquence, le légitimaire qui est en même temps créancier de l'hoirie à d'autres titres, peut toujours exiger sa créance sans attendre la composition de la masse héréditaire et la fixation de sa légitime. 28 avril 1813. 175

V. Absent, 14, 15. Provision, 1, 2. Succession, 4.

LEGS.

§ 1. Des objets qui peuvent être légués.
§ 2. Des conditions des legs.
§ 3. De l'interprétation des legs.
§ 4. De l'exaction des legs.
§ 5. Du paiement des dettes.

§ 1. Des objets qui peuvent être légués.

1. Le legs de la chose de l'héritier est valide en droit romain. 29 décembre 1810. 82

§ 2. Des conditions des legs.

2. Le legs mis à la charge de l'héritier pour le cas où il ne se fixerait pas dans une résidence déterminée, n'a rien de contraire à la liberté individuelle, et en conséquence, n'est pas prohibé par les lois. 12 janvier 1839. 14

3. La condition imposée à un légataire de gérer une tutelle, est censée remplie lorsqu'il a déclaré être prêt à accepter cette charge, et qu'elle lui a été refusée par le conseil de famille; il n'est pas obligé sous peine de perdre son legs, de se porter opposant à cette délibération. 2 mai 1812. 110

§ 3. Interprétation des legs.

4. Le legs fait pour le cas où l'héritier ne laisserait que des filles d'un mariage déterminé, est censé fait également pour le cas où il mourrait sans enfants. 7 août 1838. 6

5. Le legs d'une somme fixée, payable à la fille deux ans après son mariage, sans intérêts jusqu'alors, n'est pas censé conditionnel et caduc si la fille ne se marie pas.

Elle peut le réclamer, quoique non mariée, lorsqu'elle a cessé de vivre dans la maison commune.

Les intérêts sont dus dès l'époque de la séparation. 2 mai 1815. 288

6. Le legs de tout ce qui appartient au testateur dans un lieu déterminé, comprend non-seulement les immeubles et les objets mobiliers, mais encore les créances.

Le legs de tout ce qui appartient au testateur, à Paris, à l'époque de son décès, comprend non-seulement les créances dues par des Parisiens, mais encore celles dont le recouvrement ne peut s'effectuer qu'à Paris. 7 février 1813. 166

§ 4. De l'exaction des legs.

7. Le légataire n'a pas d'action contre l'usufruitier de la succession; il ne peut poursuivre que l'héritier, sauf à ce dernier son recours contre l'usufruitier. 2 mai 1815. 288

8. Suivant les lois romaines et notre ancienne jurisprudence, les intérêts des legs pies étaient dus de plein droit dès la mort du testateur, ou dès l'époque par lui fixée, et en tous cas, sans aucune sommation judiciaire. 1er mars 1815. 271

§ 5. Du paiement des dettes.

9. Le légataire d'un fonds expressément déclaré libre de toutes dettes et hypothèques, n'est tenu ni du paiement des dettes personnelles du défunt, ni de celles des précédents propriétaires, hypothéquées sur le fonds; s'il a été dépossédé à la suite de poursuites réelles, il a une action en recours contre l'héritier.

Ce dernier peut opposer au légataire évincé, qu'il s'est mal à propos laissé exproprier pour le paiement d'une dette dont il se serait fait décharger en excipant du Sénatus-consulte macédonien. 19 janvier 1817. 391

V. Dot congrue, 11, 12, 13. Répudiation, 1.

LÉSION.

§ 1. Quels sont les actes sujets à rescision pour cause de lésion?
§ 2. Comment se prouve la lésion?
§ 3. De l'exercice de l'action en lésion.

§ 1. Quels sont les actes sujets à lésion?

1. Sous l'empire des R. C., la cession d'hoirie n'était pas sujette à rescision pour cause de lésion, à moins qu'il n'y eût fraude de la part de l'acheteur. 16 mai 1813. 179

2. La cession d'hoirie ne peut être rescindée pour cause de lésion. Elle est nulle lorsqu'elle a été extorquée par dol et captation.

Circonstances propres à caractériser le dol. 22 mars 1814. 225

3. L'action en rescision est admise contre tout acte qui a pour objet de faire cesser l'indivision entre cohéritiers.

Est comprise sous cette dénomination, la cession faite par un cohéritier à son cohéritier de sa part en meubles, immeubles, créances, titres, raisons et prétentions quelconques dans une succession déterminée.

La stipulation d'une rente viagère pour prix de la cession, ne rend pas le contrat aléatoire et ne fait pas obstacle à la rescision. 3 août 1815. 309

4. L'action en lésion est admise contre une entreprise de travaux publics adjugée aux enchères. 3 février 1841. 92

5. Le contrat par lequel on a vendu à la fois et pour le même prix des meubles et des immeubles, est sujet à rescision pour cause de lésion, si les objets mobiliers sont de peu de valeur, comparativement aux immeubles. 28 avril 1842. 133

6. Sous l'ancien droit, la réserve d'usufruit et de pension viagère ne rendait pas la vente aléatoire au point d'exclure l'action en lésion.
L'usufruit et la pension s'évaluent en additionnant 15 annuités avec les intérêts composés. 13 août 1840. 75

7. L'usufruit est susceptible d'une appréciation certaine; ainsi le contrat de vente fait avec réserve d'usufruit en faveur du vendeur, n'est pas tellement aléatoire que l'action en lésion ne puisse être proposée.
Comment se calcule la valeur de l'usufruit réservé?
L'action en rescision pour cause de lésion est admissible lors même que la vente comprend quelques meubles, et que le tout a été vendu pour un seul et même prix. 11 mars 1813. 108

8. La clause à périls et risques insérée dans un contrat de vente, non plus que la connaissance qu'aurait eue le vendeur de la vraie valeur de l'héritage aliéné, ne font pas obstacle à l'action en lésion. 13 mars 1840. 53

9. La valeur donnée à un immeuble dans une requête, ne forme pas aveu irrévocable. 13 mai 1839. 28

10. La ratification d'un acte entaché de lésion, ne purge le vice qu'autant qu'il y a une augmentation de prix. 14 mars 1843. 168

11. La ratification de l'acte de vente ni la renonciation, même réitérée, à l'action en lésion, ne peuvent faire obstacle à cette action. 13 mai 1839. 28

12. Celui qui vend la chose d'autrui ne peut demander la rescision du contrat pour cause de lésion; en conséquence, l'acheteur peut, en réplique à cette action, opposer la simulation des titres de propriété dont se prévaut son auteur.
Les interpellations données sur ce chef sont admissibles. 13 mars 1840. 53

§ 2. Comment se prouve la lésion?

13. La preuve de la lésion doit être faite en conformité du Code civil, même lorsqu'il s'agit d'actes passés avant sa mise en vigueur. 18 février 1840. 52

14. On n'est admis à articuler des faits pour établir que l'état de l'immeuble a changé, qu'autant qu'il résulte du rapport que les experts, soit par eux-mêmes, soit par les renseignements qu'ils auraient pu se procurer, n'ont pu apprécier l'état de l'immeuble au jour de la vente. 17 mars 1840. 54

15. Aux termes de l'art. 1683, on ne doit recourir à la preuve testimoniale pour constater l'état des biens à la date de la vente, qu'après que les experts ont déclaré ne pouvoir apprécier cet état. 7 mai 1841. 105

16. Les experts appelés à évaluer un domaine vendu en bloc, ne doivent pas en calculer le prix comme si chaque pièce eût été vendue isolément.
Cependant il ne leur est pas interdit d'évaluer chaque pièce séparément, pourvu qu'ils le fassent par relation à tout le domaine. 30 janvier 1847. 398

17. Les formes tracées par l'art. 1685 du Code civil, pour les expertises en matière de lésion, ne sont pas prescrites à peine de nullité.
Ainsi, il n'y aurait pas nullité si l'un des experts avait fait connaître son opinion, ou avait omis de donner les motifs de son dissentiment.
L'expertise ne lie pas le juge : en cas de divergence, le tribunal peut adopter l'avis de la minorité, ou même sans se tenir à l'opinion des experts, prendre simplement en considération toutes les circonstances propres à l'éclairer sur la valeur du fonds. 1er mars 1841. 230

§ 3. De l'exercice de l'action en lésion.

18. Suivant les lois romaines, chacun des cohéritiers du vendeur pouvait exercer, pour sa quote-part, l'action en lésion, sauf à l'acquéreur le droit de les contraindre à rescinder la vente pour le tout.
On pouvait prouver par témoins qu'une partie du prix avait été dissimulée dans l'acte de vente.
Le contrat passé sous les R. C. continue à être régi par les lois anciennes, bien que l'action en rescision ne soit proposée que depuis la mise en vigueur du Code civil. 25 juillet 1843. 191

19. Dans une action en lésion, les sous-acquéreurs ne sont pas contradicteurs nécessaires; en conséquence, bien que la requête appellatoire ne leur ait pas été signifiée dans les délais, ils ne seraient pas fondés à opposer de la chose jugée aux poursuites ultérieures dirigées contre eux. 27 mars 1841. 99

20. L'exercice de l'action en lésion ne rend pas la chose litigieuse. 31 juillet 1838. 4

21. La lésion énormissime perpétue le pacte de rachat. La restitution de fruit n'est due que depuis la litis-contestation. 20 avril 1839. 25

V. DOT CONGRUE, 9, 10, 12, 13. RENONCIATION, 1. SIMULATION, 1, 3. TUTELLE, 7.

LETTRE-DE-CHANGE.

1. La lettre-de-change portant la clause sans frais ni protêt, dégénère en mandat de paiement.
Ce mandat de paiement constitue cependant une obligation commerciale, et se transmet par la voie de l'endossement. 28 décembre 1847. 460

2. Celui qui, n'étant pas négociant, a accepté une lettre-de-change, ne peut se libérer en excipant de la nullité de son acceptation : l'étendue de son obligation est réglée par les déclarations faites lors de l'acceptation. 5 mars 1839. 19

3. En matière de lettres-de-change, la prescription quinquennale, fondée sur l'article 189 du Code de commerce français, peut être écartée par des présomptions de non-paiement. 14 août 1838. 8

V. BILLET A ORDRE. EXCEPTION DE DENIERS NON NOMBRÉS, 3.

LETTRES ROGATOIRES.

Le Sénat ne défère aux lettres rogatoires qu'autant que les tribunaux sont compétents à la forme du droit. 4 mars 1842. 133

ÉTRANGER, 5, 6, 7. GENÈVE, 1, 2, 3. SÉNAT, 2.

MINEUR.

§ 1. *De la capacité du mineur.*

§ 2. *De la manière d'assigner les mineurs.*

—

§ 1. *De la capacité du mineur.*

1. Sous les lois françaises, le mineur au-dessus de 16 ans, ne peut disposer par testament que de la moitié de la portion disponible.

Le testament fait à cette époque n'est ainsi valable que pour une moitié de la succession, encore que le testateur ne meure qu'après avoir atteint sa majorité. 15 mars 1845. 277

2. La vente des biens immeubles d'un mineur, faite sans observer les formalités prescrites, n'était, sous les R. C., frappée que d'une nullité relative. 15 février 1845. 270

3. D'après la jurisprudence suivie en Savoie, la vente des biens immeubles faite par un mineur, sans observer les formalités prescrites, n'était frappée que d'une nullité relative.

La ratification faite en majorité rétroagissait à la date de la vente, même au préjudice des tiers. 23 janvier 1844. 213

4. L'obligation du mineur peut valablement, sous l'empire du droit romain comme sous le Code civil être l'objet d'un cautionnement. 19 décembre 1840. 79

5. Suivant notre ancienne jurisprudence, toute action en nullité dérivant de la minorité était prescrite par le laps de cinq ans à dater de la majorité. 3 janvier 1843. 161

V. Bénéfice d'inventaire, 6, 8, 12. V. Mariage, 1, Renonciation, 2. Tutelle.

§ 2. *De la manière d'assigner les mineurs.*

6. Le jugement rendu contre un curateur spécial au mineur, après que ce mineur a été habilité, est censé non avenu. 22 juillet 1847. 307

7. Les mineurs, depuis la mise en vigueur du Code civil, n'ont pu être assignés qu'en la personne de leur tuteur.

Cependant la nullité fondée sur l'irrégularité de l'assignation et de la représentation en cause des mineurs, est purement relative, et ne peut être opposée que par ces derniers et par leur ayant-cause.

En conséquence, les créanciers du mineur qui ont fait assigner deux parents en conformité des R. C. et qui ont été condamnés en leur contradictoire, ne peuvent opposer de nullité au jugement, à raison de cette irrégularité. 23 mars 1846. 317

MITOYENNETÉ.

1. Le mur qui supporte un escalier commun, est présumé commun.

L'un des co-propriétaires ne peut y faire des innovations sans le consentement des autres, ou à défaut, sans avoir établi, par une expertise, que les travaux projetés ne nuisent en rien aux co-propriétaires. 25 avril 1845. 284

2. Les dispositions des art. 592 et 594 du Code civil ne s'appliquent pas aux simples murs de clôture. Le propriétaire du fonds voisin ne peut jamais en requérir la mitoyenneté, lorsqu'ils ne sont pas sur la limite des deux héritages. 23 février 1839. 18

3. La faculté accordée par l'art. 578 du Code civil

s'applique aux murs construits avant la mise en vigueur du Code.

L'existence des fenêtres dans ce mur n'est pas un obstacle à l'acquisition de la mitoyenneté, à moins qu'il ne s'agisse de fenêtres d'aspect ouvertes en vertu d'un titre. 8 août 1840. 75

4. L'art. 575 du Code civil qui permet à tout co-propriétaire de faire exhausser le mur mitoyen, est applicable aux murs construits avant la mise en vigueur du Code civil.

Les constructions, quoique faites sous la loi antérieure qui les prohibait, doivent être maintenues, si la loi nouvelle autorise à les rétablir. 8 août 1838. 0

V. Distance, 2.

MORT CIVILE.

La mort civile ne prive que des seuls droits civils qui sont spécifiés dans la loi.

L'obligation pour cause d'aliments, contractée par le mort civilement, est valable, et est susceptible de cautionnement. 9 mars 1847. 410

MOTIFS DE JUGEMENT.

1. L'omission de motifs dans une décision n'est pas une cause de nullité. 11 août 1843. 197

2. Le défaut de *motifs* n'est pas une cause de nullité du jugement. 2 décembre 1844. 256

3. Le jugement qui, en admettant des offres, déclare qu'elles sont satisfactoires, satisfait à la loi qui ordonne de motiver toutes les conclusions. 31 janvier 1846. 328

4. Le Sénat se retient la cause et prononce au fond, lorsque les premiers juges ont manifesté leur opinion dans les motifs du jugement déféré. 27 mars 1841. 97

V. Appel, 3, 4,

MOYENS CONTRAIRES. V. Rachat, 1. Simulation, 1. 2.

MOYENS NOUVEAUX. V. Appel, 8, 8 *bis*, 8 *ter*. Chose jugée, 1 et suiv.

MUR.

La convention faite entre deux propriétaires, par laquelle ils s'engagent à donner une hauteur déterminée au mur mitoyen qui sépare leurs héritages, n'est pas un acte translatif de propriété immobilière; il peut être rédigé sous seing-privé. 2 juin 1846. 365

V. Distance. Mitoyenneté.

N

NAISSANCE. V. État-civil, 4.

NÉGOCIANT. V. Billet a ordre, 1, 2, 3. Commerçant. Lettres-de-change, 2.

NOMINATION. V. Œuvres-pies.

NOTAIRE.

Les notaires doivent connaître les personnes qui contractent par-devant eux; s'ils ne les connaissent pas, ils doivent s'assurer de leur identité : la loi ne prescrivant aucun mode spécial pour cet objet, la relation d'un seul témoin est suffisante.

L'omission de cette attestation n'entraîne même jamais la nullité de l'acte. 12 juin 1841. 109

V. Adjudication, 11. Testament, 18.

NOTIFICATION. V. Signification.

NOUVEL OEUVRE.

La seule connaissance des constructions élevées par le voisin, ne prive pas du droit d'en demander la démolition. 21 janvier 1840. 49

NOVATION.

1. La promesse de payer le prix de vente entre les mains d'un créancier désigné, l'acceptation de ce dernier et la fixation d'un terme de paiement, n'opèrent point novation entre l'acheteur et le créancier délégué.
Nonobstant cette délégation, l'acheteur peut toujours se prévaloir des dispositions de l'article 1660.
1er février 1847. 399
2. Le vendeur qui convertit en rente constituée le prix d'un immeuble, n'est pas censé pour autant faire novation et renoncer à son privilège.
1er mai 1847. 430

V. Vente, 23, 24.

NULLITÉ.

L'exécution volontaire d'un acte nul en sa forme, n'emporte renonciation à la faculté d'opposer de cette nullité, que lorsque l'exécution a été consentie avec pleine connaissance de cause.
Ainsi, les héritiers qui se sont servi pour repousser la demande d'un tiers, d'un testament dont la validité n'était pas alors contestée, ne sont pas déchus du droit d'en proposer la nullité.
25 novembre 1842. 156

V. Albergement, 1. Appel, 8 ter, 66. Chose jugée, 4, 6, 7, 8. Dot, 2, 3, 4, 5.

O

OEUVRE-PIE.

Le fondateur d'une œuvre-pie peut se réserver et transmettre à qui bon lui semble le droit de nommer aux places qu'il crée.
La disposition par laquelle il lègue à une personne ce droit de nomination avec faculté d'en disposer, fait passer le droit dans le patrimoine du légataire et le rend transmissible à tous ses héritiers.
19 mai 1840. 61

OFFICIAL. V. Autorisation, 4.

OMISSION SUR LES REGISTRES D'ÉTAT-CIVIL. (V. État-civil, 1).

OPPOSITION.

L'opposition formée par le tiers-détenteur à la sommation de payer ou de délaisser, doit être renvoyée *au juge compétent.*
Le tribunal de judicature-maje de la situation des biens est seul compétent pour connaître de cette opposition. 17 mai 1844. 231

V. Procureur, 4. Faillite, 1. Ordonnance, 2. Tiers-détenteur, 5.

OPTION. V. Légitime, 1, 2, 3, 4, 5, 6. Provision, 2.

ORDONNANCE.

1. L'ordonnance de transport sur les lieux est de simple instruction ; elle n'est sujette ni à notification à partie, ni à appel. 15 juillet 1841. 215
2. L'opposition à une ordonnance rendue par un juge-commissaire dans un ordre doit se porter par-devant le tribunal, le Sénat ne peut en connaître.
13 août 1842. 155

ORDRE.

1. Dans l'instance d'ordre, la mort d'un créancier produisant n'éteint point le mandat donné ; l'instance se poursuit en contradictoire du procureur constitué, sans qu'il soit nécessaire de mettre en cause les héritiers. 9 juillet 1841. 114
2. Les créanciers peuvent exercer les droits de leur débiteur dans une instance d'ordre, et obtenir collocation en son nom, mais seulement à concurrence de leur intérêt respectif. 10 mai 1841. 252
3. Dans les instances d'ordre, lorsque le rapport de la cause n'est pas fait à la première audience de semaine qui suit l'échéance du mois accordé aux créanciers pour produire leurs titres, le jour fixé pour ce rapport doit être notifié à tous les procureurs des créanciers comparus.
Si l'un des créanciers a été omis, le jugement rendu ne l'affecte point, et il peut en appeler tant qu'il n'a pas laissé échoir les délais d'appel, à dater du jour de la notification.
Le créancier conserve ses droits intacts, quand même le nom de son procureur aurait été porté par erreur dans les qualités du jugement.
1er avril 1846. 352
4. Le créancier qui, dans une instance d'ordre, a reçu un mandat de paiement sur un adjudicataire insolvable, peut exercer son recours contre les créanciers colloqués après lui.
Ceux-ci ne peuvent refuser de lui compter les sommes qu'ils auraient déjà touchées en vertu de leurs mandats.
Le créancier antérieur, pour exercer le recours, doit s'adresser directement aux derniers créanciers colloqués, sans mettre en cause les autres personnes qui ont été partie au jugement d'ordre.
23 décembre 1842. 156
5. Le Sénat, surtout dans les procédures d'ordre, en réformant la sentence pour un chef, renvoie au premier juge. 15 mars 1844. 224
6. Les frais de l'instance d'ordre sont à la charge du vendeur. 1er mai 1847. 430
7. L'acquéreur qui n'introduit pas l'instance d'ordre dans les délais convenus, est passible de tous les dommages-intérêts. 6 mars 1847. 409

V. Appel, 91 et suiv. Ordonnance, 2. Procureur, 2.

OUVERTURE DE TESTAMENT. V. Testament, 10.

P

PACTE DE FAMILLE.

Le contrat par lequel un père cède tous ses biens à son fils, moyennant une pension viagère, et à charge de payer ses dettes et de doter ses filles, constitue un pacte de famille proprement dit, avec démission de biens, autorisé par le droit ancien.

Les filles, en traitant avec leur frère pour obtenir un supplément de dot, sont censées avoir approuvé et exécuté ce pacte, et ne peuvent plus l'attaquer.

L'art. 13 des L. P. du 6 décembre 1837, qui les relève de toutes renonciations coutumières, ne porte aucune atteinte aux renonciations stipulées dans un pacte de famille, bien que le père soit mort sous la nouvelle loi. 3 juin 1842. 116

PAIEMENT.

Toute créance, à défaut de stipulation contraire, est censée payable au domicile du débiteur.

Les peines stipulées pour le cas de non-paiement ne sont encourues que du jour où le débiteur a été mis en demeure de payer à son domicile.
6 mars 1817. 409

V. Légitime, 4, 5, 6. Legs, 9.

PARAPHERNAUX.

Le mari qui a perçu les fruits des biens paraphernaux de sa femme, ne peut se créditer des dépenses faites pour réparations sur ces mêmes biens, à moins qu'il ne justifie que ces réparations excèdent les revenus qu'il a perçus. 19 janvier 1841. 91

V. Autorisation, 1.

PARTAGE.

1. Le partage verbal était nul sous les R. C. 29 décembre 1810. 82

2. Suivant le Code civil français, chacun des cohéritiers peut provoquer le partage de la succession tant qu'il n'y a pas eu *acte de partage*, ou possession suffisante pour acquérir par la prescription.

Un partage purement verbal n'est pas considéré comme *acte de partage* dans le sens de la loi.
12 janvier 1816. 322

3. Sous le Code civil français, tout partage entre cohéritiers, qui n'est pas fait en suivant les formalités prescrites, est réputé provisionnel.

Il ne peut, en conséquence, être envisagé comme capable de fonder ni possession à titre de propriétaire, ni prescription. 12 mars 1844. 223
Arrêt conforme. 12 juin 1817. 137

4. La promesse de partage d'immeuble ne peut être prouvée que par acte authentique. Les positions données à ce sujet ne sont pas recevables.
23 avril 1817. 428

V. Absent, 17, 18. Erreur, 1. Légitime, 7. Péril d'éviction.

PARTICIPATION. V. Société, 10.

PASSAGE.

1. D'après l'ancienne jurisprudence, la servitude de passage pour l'investiture et la dévestiture d'un fonds enclavé, s'acquérait par la prescription de 30 ans. 26 février 1817. 406

2. La prescription trentenaire ne peut être invoquée pour établir une servitude de passage, lorsque le fonds n'est devenu enclavé que par le fait du propriétaire. 28 juillet 1838. 3

3. . . . . jugé au contraire que la possession immémoriale seule admise. V. 23 décembre 1810. 81
et notes au bas de l'arrêt du 28 juillet 1838. 3

4. Sous les lois antérieures au Code civil, la servitude de passage ne pourrait s'acquérir par une prescription même immémoriale, lorsqu'il y avait abus.

Le passage n'était pas réputé abusif lorsque le chemin public joignant le fonds en faveur duquel on réclamait la servitude, était impraticable aux chariots ou présentait un trajet trop considérable à parcourir.

L'exception d'abus peut être proposée même après l'admission des faits de possession.
15 mars 1811. 96

5. Le passage est réputé abusif lors même que la voie publique serait impraticable dans la mauvaise saison, si elle est susceptible de réparations.
23 décembre 1813. 207

6. Les dispositions du règlement particulier pour la Savoie sur la suppression des chemins abusifs, ne sont pas applicables aux passages établis pour l'exploitation des propriétés particulières.
23 décembre 1810. 81

7. Les propriétaires de maisons enclavées peuvent exiger un passage sur le fonds du vendeur.

Les églises ne peuvent être soumises à aucune servitude ; en conséquence, est censé enclavé l'appartement qui n'a d'autre accès qu'une église consacrée au culte.

Suivant les circonstances, les vendeurs peuvent exiger une indemnité. 9 mai 1816. 302

8. La destination du père de famille n'était pas admise comme titre constitutif de servitude, avant la mise en vigueur du Code civil.

La servitude de passage ne pouvait s'acquérir que par titre ou par une possession immémoriale.

L'aveu de la destination du père de famille fait obstacle à l'admission de faits de possession immémoriale. 29 mars 1811. 228

9. La mention de l'investiture et dévestiture dans un acte de vente, n'est pas une clause purement de style et sans valeur.

Lorsque le fonds a été constamment desservi par un passage sur le fonds du vendeur, et qu'il serait enclavé si ce passage était supprimé, les clauses susénoncées sont considérées comme titre constitutif de servitude. 9 juillet 1811. 215

10. Le propriétaire du fonds soumis à une servitude de passage en faveur d'un fonds enclavé, peut fixer ce passage sur le point le moins dommageable.

Il peut, si les circonstances viennent à changer, fixer un autre trajet sur son fonds, pourvu que le propriétaire du fonds dominant n'en souffre aucun dommage. 13 décembre 1815. 315

11. Lorsqu'une servitude de passage a été acquise par prescription, en faveur d'un fonds enclavé, le propriétaire du fonds servant peut demander sa libération dès que le passage cesse d'être nécessaire.

Cette disposition s'applique même aux passages acquis par prescription avant la mise en vigueur du Code civil.

Le remboursement de l'indemnité n'est dû qu'autant qu'on justifierait qu'une indemnité a été payée pour l'établissement de la servitude.
11 juillet 1815. 303

V. Servitude, 1.

PATENTE DE PROCUREUR. V. Subhastation, 3, 7.

PATERNITÉ.

§ 1er. *Filiation des enfants naturels.*
§ 2. *Filiation des enfants nés pendant le mariage.*
§ 3. *De la réclamation d'état.*

§ 1er. *Filiation des enfants naturels.*

1. Sous nos lois anciennes, la fille séduite qui, à raison de son inconduite, n'était pas admise à la preuve privilégiée, pouvait établir par témoins quel était l'auteur de sa grossesse.

Cette preuve cependant n'était accueillie que lorsque les faits déduits renfermaient des présomptions graves, précises et concordantes.

Quelles étaient ces présomptions ?
10 janvier 1843.   163

§ 2. *Filiation des enfants nés pendant le mariage.*

2. L'enfant conçu pendant le mariage a pour père le mari, nonobstant toute énonciation contraire de son acte de naissance, et toute possession d'état conforme à ce titre.

L'absence du mari pendant les années qui ont précédé la naissance de l'enfant, ne suffit pas pour détruire la présomption de légitimité.

Le mari seul et ses héritiers, dans le cas prévu par le Code civil, ont le droit de proposer l'action en désaveu.

Tous les intéressés peuvent cependant, pour vaincre la présomption de légitimité, établir que l'absent était mort avant la conception de l'enfant.

Cette preuve peut être faite même par témoins.
12 décembre 1846.   381

3. Le mari peut désavouer les enfants dont sa femme est accouchée pendant le mariage, en prouvant l'impossibilité morale de tout rapprochement entre elle et lui. 26 mars 1839.   23

4. La présomption *pater is est*, est admise dans tous les cas, lors même que la femme aurait quitté le domicile conjugal pour vivre dans le libertinage, qu'elle aurait celé à son mari la naissance de l'enfant, et que ce dernier, baptisé comme fruit de l'adultère, aurait, pendant plus de 30 ans, été repoussé de la famille du mari. 23 juin 1846.   369

5. On n'est pas admis à soutenir qu'un enfant est le fruit de l'adultère, pour faire prononcer la nullité du testament qui l'institue héritier contre la prohibition de la loi.

La condition de l'enfant et la recherche de paternité, sont réglées par la loi en vigueur au jour de sa naissance. 17 mars 1847.   416

6. L'identité d'un enfant peut être établie par tout genre de preuves, même par témoins.

La reconnaissance d'un enfant faite par les parents dans l'acte de célébration de leur mariage, suffit pour établir la filiation de cet enfant. 7 avril 1846. 355

§ 3. *De la réclamation d'état.*

7. L'action en réclamation d'état est imprescriptible à l'égard de l'enfant.

L'enfant inscrit comme adultérin sur les registres de l'état-civil, et réputé tel pendant plus de 30 ans, n'a pas pour autant titre d'adultérin, et possession conforme, à teneur de l'article 163 du Code civil.
23 juin 1846.   369

8. Est nulle toute transaction sur une question d'état.

L'art. 170 du Code civil oppose une fin de non-

recevoir insurmontable aux héritiers de l'enfant qui, depuis la mise en vigueur du Code civil, a laissé passer trois ans sans poursuites, depuis les derniers actes de la procédure.

Cet article s'applique même aux instances commencées avant la mise en vigueur du Code civil, et restées dès lors sursises pendant trois ans.
19 janvier 1847.   392

V. MARIAGE, 5.

PATRONAGE.

Le droit de patronage réservé au fondateur d'une chapelle est présumé personnel.

Dans ce cas, il se transmet aux seuls héritiers du fondateur, et non aux acquéreurs étrangers du domaine dans lequel est située la chapelle.
13 août 1846.   380

V. CHAPELLE.

PATURAGE.

La possession même immémoriale de faire paître les troupeaux sur les fonds d'autrui, exercée simultanément par les habitants d'un hameau, ne leur attribue qu'un simple droit de parcours ou de vaine pâture.

Ce droit n'est censé exercé que par tolérance ; le propriétaire des fonds peut toujours le faire cesser, en se conformant aux dispositions du Code civil.
27 mai 1842.   145

PÈRE.

Le père est responsable des dettes commerciales de son fils, même émancipé, lorsqu'il a négligé de faire la déclaration prescrite par le § 4, chap. 6, tit. 16, liv. 2 des R. C. 21 mai 1839.   29

V. DOT, 6, 7. RÉPUDIATION, 3. VOIE DE FAIT.

PÉRIL D'ÉVICTION.

L'énonciation dans l'acte de vente de la cause d'éviction, forme obstacle à ce que l'acheteur suspende le paiement du prix.

Le vendeur d'un immeuble qui ne le possède qu'en vertu d'un partage verbal, ne peut être contraint à procurer un titre authentique, ni être considéré comme vendeur de la chose d'autrui.

L'existence d'inscriptions hypothécaires sur l'immeuble vendu ne fait pas obstacle au paiement du prix, lorsqu'il est démontré qu'elles ne peuvent donner aucun sujet de crainte.
28 décembre 1841.   123

V. DONATION, 22 *bis*. VENTE, 21 *bis*.

PÉTITION D'HÉRÉDITÉ.

Soit d'après le droit romain, soit sous le Code civil, soit d'après les lois françaises, les intérêts des fruits ne sont dus, dans l'action en pétition d'hérédité, que du jour de la demande judiciaire.
29 juillet 1845.   308

V. PRESCRIPTION, 16.

PÉTITOIRE. V. POSSESSOIRE.

PLAIDOIRIES. V. DÉPENS, 1. PRODUCTION, 2.

PORTE FORT. V. CAUTIONNEMENT, 1. VENTE, 11.

POSITION.

Lorsque des positions sont données à un corps moral, un de ses membres doit être député pour y

répondre, et, à cet effet, il doit recevoir des pouvoirs suffisants par une délibération spéciale.
21 juillet 1815. 30.

V. ACCEPTATION DE SUCCESSION, 1. INTERPELLATION. PARTAGE, 4.

POSSESSOIRE.

Le pétitoire et le possessoire ne peuvent être cumulés. Sans enfreindre cette règle, on ne peut agir au pétitoire, soit en délimitation, avant d'avoir terminé l'instance en réparation des voies de fait commises sur l'héritage à délimiter.
Le seul paiement des dépens de l'instance au possessoire ne serait pas suffisant pour la faire considérer comme terminée. 22 mai 1810. 62

POSTES.

1. La compétence de la chambre des Comptes en matière de postes, est restreinte aux contestations relatives au service des postes, et à celles où l'inspection générale est intéressée.
Les poursuites des maîtres de postes contre les entrepreneurs de voitures publiques, pour les contraindre à payer la rétribution fixée, est de la compétence des tribunaux ordinaires.
Les seules voitures qui usent des chevaux de la poste, ou qui ont des relais particuliers sur les routes parcourues par la poste royale, sont assujéties à la rétribution de 25 centimes par poste, ou par tête de cheval.
Les autres voitures, bien que partant à heure fixe, changeant de chevaux aux points de départ, et correspondant avec un service régulier de postes établi sur le territoire étranger, n'y sont point soumises.
17 mars 1846. 345
2. La chambre des Comptes est seule compétente pour connaître en appel d'un jugement rendu par les tribunaux de judicature-maje, dans les matières qui intéressent le service public des postes royales.
Droit de préférence attribué aux maîtres de poste pour le louage des bâtiments nécessaires aux relais.
31 janvier 1843. 161

POSTHUME.

Sous l'empire des R. C., le testament du père rompu par la naissance d'un posthume, se soutient en vertu de la clause codicillaire, si l'héritier institué n'est pas étranger à la famille.
Les petites-filles, quoique sujettes à l'exclusion, ne sont pas censées héritiers étrangers.
22 décembre 1810. 80

PRESCRIPTION.

§ 1er. Par quelles lois est régie la prescription?
§ 2. Dispositions générales sur la prescription.
§ 3. De la possession.
§ 4. Des causes qui empêchent la prescription.
§ 5. Des causes qui suspendent la prescription.
§ 6. Des causes qui interrompent la prescription.
§ 7. Du temps requis pour prescrire.

§ 1er. Par quelles lois est régie la prescription?

1. La prescription était régie par la loi du domicile du débiteur, suivant la jurisprudence admise en Savoie avant la mise en vigueur du Code civil.
12 avril 1839. 24

2. La prescription qui se rattache à un contrat est réglée par la loi en vigueur au jour où le contrat a été passé. 23 juillet 1838. 2
Arrêts conf., 25 avril 1815. 283
3. En conséquence, une vente consentie en 1814, n'a pu être attaquée comme contrat pignoratif après le laps de 10 ans, à compter dès sa date.
La prescription est régie par la loi française et commence à courir dès la date de l'acte passé sous cette loi, bien que le vendeur soit resté en possession des immeubles jusqu'au rétablissement des R. C.
Pour écarter cette prescription, le vendeur ne peut invoquer la maxime quæ temporalia..., s'il a abandonné la possession de l'immeuble avant l'intentat de l'action. 3 avril 1843. 171
3 bis. La prescription de l'action hypothécaire, commencée sous l'empire du Code civil français, est acquise en faveur du tiers-détenteur par le laps de 10 ou 20 ans.
Celle dont le principe remonte aux lois françaises, mais qui a été suspendue par la minorité ou la puissance paternelle et qui n'a commencé à courir utilement que sous les R. C., est exclusivement régie par cette dernière loi. 27 mars 1841. 98
4. Les prescriptions établies par le Code civil français ne sont point applicables aux contrats antérieurs à sa mise en vigueur.
28 décembre 1842. 157
5. La prescription décennale ne peut être invoquée par le tiers-détenteur dont le titre d'acquisition a été passé sous les lois françaises, s'il n'a pas fait transcrire son contrat sous ces lois.
23 juillet 1842. 150
5 bis. La prescription de cinq ans n'est pas applicable aux intérêts échus avant la mise en vigueur du Code civil français. 25 avril 1840. 58

§ 2. Dispositions générales.

6. La prescription ne peut être suppléée par le juge.
Tout aveu, même extrajudiciaire, de la dette, forme renonciation à la prescription.
12 février 1817. 404
6 bis. Les créanciers peuvent toujours se prévaloir de la prescription acquise à leur débiteur, nonobstant toute renonciation que ce dernier aurait faite en fraude de leurs droits.
Pour établir la fraude, il suffit de prouver que cette renonciation, au moment où elle a été consentie, portait atteinte à leurs droits.
10 juin 1843. 184
6 ter. La déclaration de consentir au partage suivant les droits des parties, emporte renonciation à la prescription acquise contre la demande en partage.
4 août 1846. 376

§ 3. De la possession.

7. Pour prescrire un droit de pacage sur un fonds communal, il faut une possession à titre de propriétaire (uti singuli). 10 janvier 1815. 265
7 bis. Une communauté ne peut acquérir par prescription qu'autant que les membres qui la composent ont possédé uti universi et non uti singuli.
18 juillet 1846. 369
8. Le vendeur ou ses héritiers peuvent récupérer par la prescription les droits qu'ils auraient aliénés au profit d'un tiers.
Mais pour cela, il faut des faits de possession exclusive, précis et bien caractérisés.

Pour conserver un droit acquis par titre, il suffit d'actes de possession moins fréquents et moins significatifs. 1er avril 1844. **228**

§ 4. Des causes qui empêchent la prescription.

9. Celui qui fait offre de payer tout ce qu'il doit, ne renonce pas à la faculté d'opposer de la prescription quinquennale des intérêts.

L'arrêt qui, en termes absolus, condamne à payer une somme avec dommages et intérêts de droit, ne fait pas obstacle à la prescription quinquennale, si cette question n'a pas été soulevée. 25 avril 1810. **58**

10. Celui qui possède en vertu d'un titre vicieux ne peut prescrire. 14 août 1810. **77**

11. Le vendeur, laissé en possession comme fermier, ne peut invoquer la prescription trentenaire, tant qu'il ne justifie pas d'une interversion légitime et d'une possession à titre de propriétaire. 8 juin 1844. **231**

12. L'adjudicataire des biens d'une discussion qui s'est soumis à en payer le prix ainsi qu'il serait ordonné par justice, ne peut prescrire pendant la durée de l'instance. 15 mai 1840. **61**

13. Celui qui pour compléter la prescription invoque la possession de son auteur, est passible des mêmes exceptions que ce dernier.

Si la prescription opposée par son auteur avait déjà été écartée par un jugement, il y aurait chose jugée également contre lui. 8 juin 1844. **108**

§ 5. Des causes qui suspendent le cours de la prescription.

13 bis. La prescription n'est pas suspendue par la nomination d'un conseil judiciaire, et pendant le temps que durent ses fonctions. 29 mars 1817. **423**

14. La prescription, d'après la loi du 6 brumaire an V, a été suspendue par l'absence pour le service militaire.

Quoique la prescription, en règle générale, ne courre pas contre celui qui, étant en possession, n'a aucun intérêt à agir, cependant du jour où la possession lui est contestée, du jour où il aurait dû prendre des conclusions subsidiaires, la prescription reprend son cours. 20 juillet 1844. **247**

15. La prescription, sous les R. C., n'était suspendue par la puissance paternelle que pour les biens soumis à l'usufruit du père. 28 décembre 1842. **157**

16. La prescription de l'action dotale ne court, au préjudice de la femme, que du jour de la dissolution du mariage. 23 mars 1847. **420**

§ 6. Des causes qui interrompent la prescription.

16 bis. Les biens des anciens bénéfices sont devenus nationaux à la mise en vigueur des lois françaises (au 25 janvier 1793), puis ils sont tombés dans le patrimoine royal, et par là sont devenus imprescriptibles, dès la publication de l'édit du 28 octobre 1844, jusqu'à l'époque où ils en ont été détachés pour former la dotation de nouveaux bénéfices.

La réunion temporaire d'un domaine au patrimoine royal, a eu pour effet non pas seulement de suspendre, mais d'interrompre la prescription commencée auparavant. 27 mars 1847. **424**

16 ter. La reprise d'instance qui interrompt la prescription de l'action principale, ne forme pas interruption à la prescription de l'action en garantie, si le garant n'a pas été appelé en cause. 30 avril 1844. **103**

16 quater. L'action familiæ erciscundæ interrompt la prescription de toutes les actions particulières de l'hoirie contre les cohéritiers.

Ainsi la prescription de l'action mandati contre l'un des héritiers tenu de rendre un compte de gestion à l'hoirie, n'a pu lui être acquise, si, dans les trente ans, l'action en partage a été intentée. 28 décembre 1840. **383**

16 quinto. Tant que l'action en pétition d'hoirie n'est pas prescrite, on peut exercer toutes les actions qui en dérivent; ainsi, on peut arguer de simulation un acte de vente passé depuis plus de trente ans entre le défunt et l'un de ses successibles, pourvu cependant que cette action ne réfléchisse pas contre des tiers. 4 février 1840. **51**

§ 7. De la durée de la prescription.

17. L'action en garantie est prescriptible par trente ans, dès l'intentat de l'action principale. 30 avril 1811. **103**

17 bis. Toute action, même celle qui tend à obtenir la communication de titres communs, est éteinte par la prescription trentenaire. 29 mars 1847. **425**

18. Jusqu'à la promulgation du Code civil français, les hypothèques en Savoie n'ont été soumises qu'à la prescription trentenaire. 6 mars 1840. **52**

19. La prescription de dix et de vingt ans, n'est pas admise dans la jurisprudence, même en matière hypothécaire. 27 mars 1844. **98**

Arrêts conformes, 23 juillet 1842. **150**
— 30 décembre 1845. **317**
— 14 mars 1846. **343**
— 23 mars 1847. **420**

20. Les intérêts dus par suite d'une condamnation judiciaire sont soumis à la prescription de 5 ans, à teneur de l'article 2277 du Code civil français. 3 juin 1843. **182**

21. La prescription quinquennale peut être opposée entre cohéritiers, lorsqu'il s'agit non pas de restitution de fruits, mais de remboursement d'intérêts indûment exigés par un cohéritier au préjudice des autres. 22 mars 1844. **97**

22. La prescription de six mois ne peut être opposée par celui qui reconnaît la sincérité de la dette, qui avoue ne l'avoir pas acquittée, et soutient que le créancier lui en a fait la remise. 26 mars 1847. **422**

V. ABSENT, 10. ALBERGEMENT, 1. BORNAGE. DOT, 8, 9. EAU, 1, 2, 3. ÉTRANGER, 1. INJURES VERBALES, 1. LETTRES-DE-CHANGE, 3. MINEUR, 5. PARTAGE, 3. PASSAGE, 1 et suiv. PATERNITÉ, 7. RENTE, 5, 6. TIERS-DÉTENTEUR, 2.

PRÉSOMPTION. V. ÉTAT-CIVIL, 1, 2. IMPOT. INTÉRÊTS, 3. QUITTANCE, 1, 2.

PRÉSOMPTION DE LA LOI QUINTUS MUCIUS. V. FEMME, 2, 3, 4, 5.

PRÉTÉRITION.

Le testament de l'aïeul qui a institué son fils est rompu par la mort de ce dernier, si le petit-fils, devenu héritier au premier degré, s'y trouve prétérit.

La succession est dévolue aux héritiers ab intestat; mais ceux-ci, en vertu de la clause codicillaire, doivent la restituer aux héritiers institués, sous la défalcation de la quarte falcidie et de la quarte trébellianique.

La clause codicillaire n'opère jamais contre la

33

volonté du testateur, et ne peut attribuer à l'héritier des droits plus amples que ceux qu'il aurait eus en vertu du testament. 9 mars 1839. 20

V. Clause Codicillaire.

PRÊTRE. V. Mariage, 3.

PREUVE. V. Lésion, 13 et suiv. Vente, 11 et suiv.

PREUVE PRIVILÉGIÉE. V. Fille.

PREUVE TESTIMONIALE.

La preuve testimoniale est admissible pour expliquer les clauses ambiguës d'un acte authentique. 12 juillet 1839. 35

V. Acquiescement, 6. Adjudication, 15. Aveu, 7. Bail, 3, 8. Contrat pignoratif, 6, 7, 8. État-civil, 4. Lésion, 14, 15. Paternité, 1, 2. Simulation, 1. Société, 6, 7, 8. Testament, 2.

PRIVILÉGE DU BAILLEUR. V. Date certaine, 8.

PRIVILÉGE DU VENDEUR. V. Dot congrue, 18. Novation, 2. Transport d'hypothèque.

PROCÈS-VERBAL DE CARENCE. V. Exécution.

PROCUREUR.

1. Le mandat ad lites donné à un procureur postulant devant un tribunal de province, portant pouvoir de suivre les causes jusqu'à leurs fins, arrêts et exécutions, est censé accorder au mandataire pouvoir de substituer dans l'instance appellatoire pardevant le Sénat.

En ce cas, il n'est pas nécessaire de faire notifier au mandant la requête appellatoire; la signification faite à son mandataire ad lites est suffisante pour le constituer en demeure de comparaître. 16 juillet 1844. 215

2. Le procureur qui a reçu des titres de créance de son client pour se présenter dans une instance d'ordre, est responsable si, par sa négligence, la collocation n'a pas lieu. 9 juillet 1844. 114

3. Le procureur sans mandat spécial ne peut acquiescer à la condamnation de son client. 2 janvier 1839. 13

4. Il ne peut se désister d'une opposition formée par son client. 13 août 1843. 201 19 février 1844. 216

V. Acquiescement, 1, 2, 3. Appel, 39, 40, 44, 45, 46, 50, 92, 93. Aveu, 1. Désaveu, 1, 2, 3. Mandat ad lites, 1. Serment, 1, 2, 3, 5.

PRODUCTION.

1. Lorsqu'une sentence enjoint de faire une production dans un délai déterminé, ce délai court non pas du jour de la notification à la partie, mais dès la production dans l'instance de cette sentence, ou de l'arrêt qui la confirme. 12 mars 1847. 112

2. Dès que les plaidoiries sont terminées, aucune production de pièces nouvelles, même décisives, n'est admissible. 11 janvier 1840. 47

3. Lorsqu'il s'agit d'une affaire compliquée, il est de jurisprudence que le demandeur peut être contraint à produire ses livres de compte. 10 janvier 1816. 332

PROMESSE DE VENTE. V. Vente, 17, 18.

PROVISION.

1. Les provisions accordées par les tribunaux au légitimaire pendant la durée du procès en demande de légitime, doivent toujours lui être payées en argent. 5 juillet 1841. 112

2. La provision sur la légitime, lorsqu'elle n'excède pas le montant des intérêts échus, est toujours payable en argent.

L'héritier n'a pas l'option de la payer en corps héréditaires. 2 novembre 1816. 380

PRUD'HOMMES. V. Étranger, 7.

PUISSANCE PATERNELLE.

1. Les enfants émancipés par l'âge ou par le mariage sous les lois françaises, sont retombés en 1814 sous la puissance paternelle.

L'usufruit de leurs biens adventifs a, dès cette époque, été acquis à leur père. 12 mars 1839. 22 12 août 1815. 313

2. Sous l'empire du droit romain, le père, comme légitime administrateur des biens de ses enfants, peut transiger en leur nom sans formalités judiciaires. 2 janvier 1839. 13

3. Suivant les lois romaines, les acquisitions faites par le fils de famille, sont censées faites pour le compte de son père, s'il ne justifie de la provenance des deniers.

Les transactions entre le père et son fils sous puissance sont radicalement nulles. 12 août 1815. 313

4. Les acquisitions faites par le fils de famille, sous l'empire des lois romaines, ne sont acquises au père que lorsque ce dernier le veut.

Circonstances propres à manifester la volonté du père.

Le fils doit seulement rapporter le prix des acquisitions, lorsqu'il ne conste pas qu'il l'a payé avec ses propres deniers. 6 février 1816. 331

5. Durant la puissance paternelle, le fils majeur ne peut ester en jugement, à raison des biens dont le père a l'usufruit, qu'après avoir obtenu son consentement, ou à défaut, l'autorisation du tribunal.

S'il y a opposition d'intérêts entr'eux, le tribunal saisi de la contestation, supplée l'autorisation du père.

Si la cause est pendante devant lui, c'est le Sénat qui autorise. 12 janvier 1816. 323

6. Le fils, durant la puissance paternelle, ne peut ester en jugement à raison des biens dont le père a l'usufruit, qu'après avoir obtenu son consentement, ou, à défaut, l'autorisation du tribunal.

Le père a l'usufruit des biens parvenus à ses enfants par succession testamentaire, lors même qu'il a été réduit à sa légitime sur ces mêmes biens.

En d'autres termes : le grand-père, en instituant ses petits-fils pour ses héritiers universels, et réduisant son fils, leur père, à la légitime, n'est pas censé avoir voulu priver ce dernier de l'usufruit attaché à la puissance paternelle. 1er mai 1816. 360

V. Émancipation, 1, 2, 3. Vente, 1, 2.

PURGE.

1. Les frais de purge sont à la charge du vendeur; l'acquéreur cependant lorsqu'il a promis de payer en tous cas, en doit faire l'avance, sauf à les imputer sur le prix de la vente. 14 août 1841. 121

2. Les frais de notification et d'ordre sont à la

charge du vendeur, à moins que l'acheteur n'ait renoncé à la faculté de purger aux frais du vendeur. Il n'est pas censé y avoir renoncé en stipulant un terme pour le paiement du prix.
14 février 1818. 429

3. L'acquéreur a toujours le droit, sauf convention contraire, de purger les immeubles acquis de toutes les hypothèques qui les grèvent, tant du chef du vendeur que de celui des précédents propriétaires.

Les frais de purge sont tous sans exception à la charge du vendeur, même pour les hypothèques inscrites du chef des précédents propriétaires.

L'acquéreur ne renonce pas au droit de purger aux frais du vendeur, en promettant de payer le prix *aux créanciers privilégiés ou hypothécaires du vendeur, antérieurs en ordre.* 31 mars 1816. 351

4. La promesse de payer dans un terme fixé le prix de l'immeuble aux créanciers inscrits, ni la connaissance qu'avait l'acheteur des hypothèques qui le grèvent, ne le privent de la faculté de purger.

Les frais du certificat de transcription, ceux de notification aux créanciers et ceux du jugement d'ordre, sont privilégiés sur le prix. 22 mars 1812. 137

5. Décidé en sens contraire : Les frais de l'acte de vente, ceux de transcription des notifications, de l'insertion au journal, et ceux des états des inscriptions hypothécaires, sont, en règle générale, à la charge de l'acheteur.

Les frais de l'instance d'ordre sont à la charge du vendeur. 1er mai 1817. 430

6. Le créancier qui requiert la mise aux enchères dans le cas de l'art. 2308 du Code civil, doit offrir caution à concurrence du prix stipulé, augmenté d'un dixième et de tous les frais.

Pour établir la solvabilité de cette caution, il doit produire l'état des biens qu'elle possède, en justifiant de la valeur qu'il y attribue, et en prouvant qu'ils sont la propriété de la caution.

Il doit en outre produire l'extrait des inscriptions existantes tant du chef de la caution que du chef de ses auteurs, surtout si elle ne les a acquis que depuis peu d'années. 6 août 1817. 451

6 bis. La caution donnée, en conformité de l'art. 73 de l'édit hypothécaire, par le créancier qui demande la subhastation des biens soumis à son hypothèque, ensuite de l'augmentation du dixième, est déchargée dès que la mise à prix a été couverte.

En conséquence, lorsque le créancier poursuivant devient lui-même adjudicataire par suite des enchères, la caution n'a plus à répondre de sa solvabilité, et se trouve relevée de toutes les charges résultant de son engagement. 2 avril 1812. 138

7. L'acquéreur qui a fait transcrire et notifier son contrat est assimilé à l'adjudicataire ; en cas de non-paiement, les biens sont revendus à sa folle enchère, en conformité de l'art. 121 de l'édit sur les hypothèques. 2 août 1839. 39

V. Vente, 22, 23, 24, 25, 26, 27, 28.

Q

QUALITÉ HÉRÉDITAIRE. V. Interpellation.

QUASI-CONTRAT.

1. Celui qui a engagé un tiers à faire un voyage et des dépenses, dans l'espoir d'obtenir un emploi déterminé, est responsable, s'il vient à échouer dans ses démarches, de tous les frais occasionnés par son imprudence. 24 janvier 1815. 266

2. La diffamation constitue un quasi-contrat qui oblige à réparer le dommage causé.
7 avril 1816. 355

QUASI-DÉLIT. V. Empoisonnement. Voie de fait.

QUITTANCE.

1. Le débiteur qui représente un reçu par lequel il lui est donné quittance des intérêts d'une annuité déterminée, est présumé avoir acquitté tous les intérêts des années précédentes.

Le créancier peut cependant détruire cette présomption par tous moyens de droit.
5 juillet 1811. 113

2. Tant sous les R. C. que sous le Code civil français, pour que le débiteur d'une rente soit présumé avoir payé les censes échues, il faut qu'il justifie par trois reçus distincts d'avoir payé les censes de trois années consécutives, sans que le crédi-rentier ait fait aucune protestation pour les années antérieures.
20 juillet 1817. 444

3. Les reçus sous seing-privé de sommes portées par acte authentique, peuvent fonder l'exception de paiement.

Cette exception n'est soumise à aucune prescription. 24 janvier 1812. 126

R

RACHAT.

1. Suivant nos lois anciennes, le terme de rachat est de rigueur ; il expire au jour fixé dans la convention, sans autre interpellation.

Il n'est suspendu ni par la minorité, ni par la pupillarité.

Le vendeur qui propose l'action en lésion contre une vente, renonce implicitement à la faculté de rachat. 12 février 1811. 215

2. Le vendeur avec pacte de rachat, ne peut être forclos par la seule expiration du délai fixé, si l'acheteur n'a pas rempli de son côté les obligations corrélatives qu'il avait prises dans l'acte.
4 février 1816. 328

3. Le vendeur n'est pas déchu de la faculté d'exercer le réméré par l'échéance du délai convenu, lorsque c'est par la faute ou par le dol de l'acheteur que les offres réelles n'ont pas été faites en temps utile.
15 juillet 1811. 115

4. Le terme de rachat, fixé à 6 ans avant la mise en vigueur du Code civil, est réduit à 5 ans par le Code civil.

Le tribunal peut accorder une prorogation d'une année ; en cas de refus, on peut appeler du jugement.

Le rachat doit être exercé pour la totalité des immeubles vendus. 6 mars 1816. 339

5. L'acquéreur avec pacte de rachat peut purger les hypothèques inscrites sur les immeubles ; en cas de surenchère, l'adjudicataire n'acquiert les biens qu'à la charge de se soumettre au rachat.

Il est en droit d'exiger le remboursement du prix d'adjudication, d'ordre, et tous les autres accessoires, lorsqu'il a été convenu que l'acheteur serait indemnisé de tous les frais faits pour se libérer valablement envers les créanciers. 6 mars 1816. 339

6. La lésion énormissime perpétue le pacte de rachat. 20 avril 1839. 25

V. Contrat pignoratif, 1, 4. Discussion, 3.

RAPPORT A SUCCESSION.

1. La donation déguisée est toujours dispensée de rapport. 27 mai 1842. 113

2. L'institution contractuelle était toujours soumise au rapport. 28 mai 1842. 115
29 décembre 1846. 385

3. Sous la loi du 17 nivôse an II, comme sous les lois romaines, les donations pour cause de noces sont sujettes au rapport. 29 décembre 1810. 82

4. La dot constituée par les ascendants est toujours soumise au rapport. Elle ne peut être considérée comme préciput qu'autant qu'elle a été formellement constituée à ce titre.
Lorsqu'une somme est constituée en dot avec stipulation expresse que le constituant l'emploira dans un terme fixé à acquérir des immeubles qui deviendront alors dotaux, ce n'est pas la somme convenue qui est sujette au rapport, mais bien la valeur des immeubles au jour de la délivrance qui en est faite au mari constitutaire. 8 février 1839. 16

5. La sœur héritière venant à la succession du père, doit y rapporter tout ce qu'elle a reçu de ce dernier à titre de dot ou de trousseau; mais elle ne rapporte pas la part d'augment de la mère prédécédée, parce que c'est une dette du père, et non point une libéralité faite en avancement d'hoirie.
Le fils doit rapporter le prix du remplacement militaire payé par son père, s'il a, depuis sa majorité, tacitement ratifié le contrat, en profitant du remplacement.
Il a droit cependant de distraire une somme correspondante à celle qu'il aurait vraisemblablement reçue de son père, s'il se fût acquitté lui-même du service militaire. 17 février 1845. 272

6. Sous le droit romain, le petit-fils qui vient de son chef à la succession de son aïeule maternelle, n'est pas tenu de rapporter la donation faite à sa mère, bien qu'il en soit héritier. 31 mai 1839. 30

7. Le donataire institué héritier à l'exclusion de tous les autres successibles, est censé dispensé du rapport, lors même que les lois en vigueur au moment de l'ouverture de la succession, viendraient à réduire à son préjudice le montant de la part disponible. 29 décembre 1846. 385

V. Donation, 26. Puissance paternelle, 4.

RATIFICATION.

Quoique la vente d'un immeuble par billet sous seing-privé, fût radicalement nulle sous les R. C., cependant lorsque cette vente était ensuite ratifiée, la ratification rétroagissait à la date du billet.
En conséquence, si la vente est arguée de lésion, c'est à la date du billet sous seing-privé, et non à celle de l'acte de ratification, qu'il faudra évaluer les biens, pour en fixer le juste prix. 23 mai 1846. 363

V. Lésion, 10, 11. Mineur, 3. Nullité. Vente, 12.

RECÉLEMENT. V. Bénéfice d'inventaire, 9.

RÉCIPROCITÉ. V. Genève, 1, 2.

RÉCLAMATION D'ÉTAT. V. Paternité, 7.

RECONDUCTION TACITE. V. Bail, 7.

RECONNAISSANCE DE SIGNATURE. V. Hypothèque, 4, 6, 7.

RECONVENTION.

Le sujet qui va plaider à l'étranger, devient justiciable du tribunal étranger devant lequel il a porté son action; il ne peut plus opposer d'incompétence à ce tribunal, à raison des demandes reconventionnelles qui viendraient à y être formées contre lui. 4 mars 1844. 222

REÇU. V. Date certaine, 3, 5, 6, 7. Quittance, 1, 2, 3.

RÉCUSATION.

Les motifs de récusation doivent être proposés par les parties avant le jugement, sauf dans les cas prévus par le § 17, tit. 10, liv. 3 des R. C.
Le jugement n'est pas nul quoique l'un des juges qui l'ont rendu ait donné comme substitut avocat-fiscal, des conclusions sur le point en litige. 14 janvier 1844. 210

RÉDUCTION. V. Donation, 17, 18, 19, 20, 21.

REGISTRE. V. État-civil, 1, 2, 3, 4.

RÈGLEMENT DE COMPTE. V. Hypothèque, 5.

RÈGLEMENT MUNICIPAL. V. Réparations.

RÈGLEMENT DE POLICE. V. Sénat, 1.

REMISE DE LA DETTE. V. Intérêts, 3.

REMPLAÇANT MILITAIRE. V. Rapport, 5.

RENONCIATION A DONATION. V. Donation, 15.

RENONCIATION A PRESCRIPTION. V. Prescription, 6 ter, 19.

RENONCIATION A SUCCESSION.

1. Les renonciations faites par les filles, sous l'empire de la loi de nivôse an II, sont nulles, même lorsque la succession ne s'est ouverte que depuis le rétablissement des R. C., qui autorisent ces renonciations. 26 juin 1841. 111

2. La renonciation à une succession ouverte sous les lois françaises, faite sous les R. C., par la fille, au moyen d'une dot qui lui est constituée dans son contrat de mariage, n'est point réglée par les dispositions du tit. 15, liv. 5, des R. C.
Cette renonciation est une véritable aliénation; elle est nulle si la fille mineure n'a pas observé les formalités prescrites par les R. C. pour la vente des biens des mineurs. 3 janvier 1843. 161

3. La fille qui, en recevant une dot congrue, a renoncé à l'hoirie des constituants, en quelque lieu que les biens se trouvent, n'est pas censée, par là, avoir renoncé à sa part virile sur les biens dépendants de la succession, et situés hors des états. 1er février 1844. 211

4. La renonciation faite par la fille qui a droit à une légitime, est réputée partage de la succession; elle est sujette à la rescision en cas de lésion du quart.
Elle n'est pas censée aléatoire, et n'est pas régie par l'art. 1111 du Code civil. 13 août 1844. 253

V. Dot congrue, 5, 6, 7, 8, 9, 10.

RENOUVELLEMENT D'INSCRIPTIONS HYPOTHÉCAIRES. V. Caution, 13. Inscription, 4, 5.

RENTE.

§ 1. *Des rentes perpétuelles.*

§ 2. *Des rentes viagères.*

§ 1. *Des rentes perpétuelles.*

1. Les rentes empreintes d'un caractère de féodalité ont été abolies par les lois des 4 août 1789, 18 juin et 25 août 1792, 17 juillet 1793 et 28 nivôse an II.

Il en est de même des rentes purement foncières, qui auraient été substituées sans faire novation complète, à des rentes d'origine féodale.
27 juillet 1816.   374

2. A défaut de stipulation contraire dans l'acte constitutif, la rente est réputée quérable.

En conséquence, le retard dans le paiement des arrérages ne suffit pas pour rendre le capital exigible, si le crédi-rentier ne justifie d'avoir mis en demeure son débiteur par une sommation régulière.
5 février 1812.   129

3. D'après la jurisprudence antérieure à la mise en vigueur du Code civil, les rentes qui n'étaient pas stipulées portables, ne tombaient en commise, pour défaut de paiement des arrérages, qu'autant que la demande en avait été faite au domicile du débiteur.

Sous le Code civil, il faut retard de paiement de deux annuités après sommation légale.

Même pour les rentes établies sous les lois anciennes, la résolution est réglée par la loi en vigueur au jour où est échue chaque annuité d'arrérages.
24 mars 1816.   319

4. Le débi-rentier qui a promis de porter les arrérages de la rente à la résidence du crédi-rentier, n'est point tenu de les lui porter dans toute autre résidence où il se transporterait postérieurement à l'acte.

Il ne renonce pas à son droit en servant ces arrérages, pendant un temps illimité, à tout autre domicile, vu qu'il ne fait qu'user d'une faculté que lui accorde la loi.

Il ne saurait être constitué en demeure et soumis au pacte résolutoire, qu'autant que le crédi-rentier justifierait de s'être mis en mesure de retirer les arrérages à la résidence déterminée par le contrat.
26 mai 1815.   291

5. Le capital des rentes perpétuelles n'était prescriptible que par cent ans, suivant la jurisprudence antérieure à la mise en vigueur du Code civil.
27 juillet 1816.   374

6. L'arrêt qui prononce sur l'existence de la rente, tient lieu de titre nouvel, et dispense d'en passer un acte spécial. 5 février 1812.   129

CAUTIONNEMENT, 16.

§ 2. *Des rentes viagères.*

7. Une constitution de rente viagère, une transaction sur procès, même en matière de meubles, ne pouvaient, sous les R. C., être rédigées en acte sous seing-privé à peine de nullité. 3 août 1844.   249

8. L'aliénation d'immeubles, moyennant une rente viagère, n'est pas un contrat purement aléatoire.

Quoique la rente excède le revenu de l'immeuble, le contrat peut être annulé comme manquant de correspectif sérieux, à raison des circonstances de fait laissées à l'appréciation des juges.
13 août 1844.   252

9. Le contrat de rente viagère peut être résilié si le constituant ne fournit pas les sûretés promises.

Il en serait de même si les immeubles sur lesquels sont appliqués les fonds de la rente venaient à être menacés d'éviction, et que le crédi-rentier ne présentât pas d'ailleurs de garanties suffisantes de solvabilité. 3 mars 1845.   276

RENVOI AU PREMIER JUGE. V. ORDRE, 5.

RÉPARATIONS.

Un règlement municipal qui prohibe tous travaux tendant à consolider les façades des bâtiments sujets à un nouvel alignement, ne prive pas le propriétaire du droit de faire toutes les autres réparations qui n'augmentent pas la solidité de l'édifice.
25 janvier 1840.   50

V. MITOYENNETÉ, 1, RÉTENTION.

REPENTIR. V. RÉPUDIATION, 2, 4.

REPROCHE. V. ENQUÊTE, 7, 8, 9. TÉMOIN.

RÉPUDIATION.

1. La fille exclue qui s'immisce dans la succession dévolue à son frère, ne se prive pas de la faculté de répudier cette succession, lorsqu'elle lui sera déférée par la répudiation de l'héritier.
17 juillet 1839.   37

1 bis. Le légitimaire qui a reconnu l'héritier pour son débiteur, ne peut plus répudier le legs qui lui a été fait pour lui tenir lieu de tous ses droits.
7 août 1817.   152

2. Sous les lois romaines, l'héritier qui a répudié la succession, n'est plus admis à la reprendre après le laps de trois ans.

Lorsque les trois ans se sont écoulés avant la mise en vigueur du Code civil, l'héritier n'est plus admis à se prévaloir de la faculté illimitée d'accepter, en conformité de l'art. 1005 du Code civil.
12 janvier 1846.   323

3. Sous l'empire des lois romaines, le père, comme légitime administrateur de ses enfants, pouvait répudier la succession qui leur était échue.

Le fils néanmoins conservait le droit de se faire restituer contre cette répudiation.

La restitution obtenue ne peut affecter les tiers qui ont acquis de bonne foi de l'héritier apparent.
26 juin 1813.   186

4. L'héritier qui, sous l'empire du Code civil français, a renoncé à une succession ouverte en 1799, a conservé la faculté de la reprendre, en respectant toutefois les droits acquis aux tiers. Cette faculté n'a souffert aucune atteinte de la mise en vigueur des R. C. en 1814. 9 juin 1840.   63

V. ACCEPTATION, 4, 5, 6.

REQUÊTE EN ADJUDICATION. V. ADJUDICATION, 7.

RÉQUISITION D'ENCHÈRES. V. PURGE, 6.

RÉSERVE.

Le père, comme tout cohéritier, doit supporter les dettes héréditaires en proportion de la réserve qui lui est attribuée par la loi, dans la succession de ses enfants. 26 juillet 1844.   218

RÉSILIATION DE BAIL. V. BAIL, 4.

Id.   DE RENTE. V. RENTE, 9.

SENTENCE.

Est nulle toute sentence qui n'est pas signée par le président du tribunal. 13 juin 1817.   437

SÉPARATION (de biens).

1. Le tribunal du domicile du mari est toujours compétent pour prononcer la séparation de biens. 1er mai 1817.   430

2. Le Code civil est seul régulateur de la séparation des droits dotaux, même pour les mariages contractés avant sa mise en vigueur.
21 février 1844.   216

3. En sens contraire, le droit de demander la séparation de biens est réglé par la loi qui a présidé au mariage.
D'après le Code civil français, la femme peut obtenir la séparation de biens dès que ses droits sont en péril, bien qu'elle se soit mariée sans dot et sous le régime de la communauté.
On ne peut lui opposer que la déconfiture du mari existait déjà au moment du mariage, ou qu'elle est le résultat de sa propre inconduite.
22 juin 1839.   33

4. Lorsque la séparation de corps a été prononcée entre époux à raison de torts graves qui rendent la cohabitation impossible, le tribunal est autorisé à prononcer la séparation des droits dotaux, quoique la dot ne soit pas en péril. 10 août 1817.   451

5. Les tribunaux ont toute latitude pour apprécier l'état des affaires du mari. 22 juin 1839.   33

6. La preuve de la déchéance du mari peut toujours se faire par témoins et par sommaire-apprise. 21 février 1844.   216

7. Les intérêts sont toujours dus à la femme dès sa demande en séparation. 10 août 1817.   451

8. La femme qui agit en séparation, ne peut demander la valeur à laquelle a été estimé son trousseau, sans offrir la restitution des effets qui subsistent encore en nature, ou en imputer la valeur.
4 février 1815.   268

9. L'assignation réelle n'ayant pour but que de garantir à la femme la jouissance de ses reprises dotales, l'offre faite par le mari ou le beau-père, avec due garantie, de servir régulièrement l'intérêt de ces reprises, fait cesser de plein droit la demande en assignation. 4 février 1815.   268

10. La femme séparée, en obtenant une assignation réelle sur les biens de son mari, ne peut se soustraire aux poursuites des créanciers inscrits sur les biens ; comme tout autre tiers-détenteur, elle peut être expropriée si elle ne se prévaut de la faculté de payer ou de délaisser. 11 mars 1813.   131

11. Sous les Royales Constitutions, la femme séparée de biens ne pouvait faire emploi de ses deniers dotaux sans autorité de justice.
Tout emploi fait sans cette autorisation ne donne lieu à aucune action contre elle, si ce n'est à concurrence des revenus de la dot qui sont affectés à l'entretien de la famille. 31 mai 1839.   30

V. ASSIGNATION, 1, 2. SÉPARATION DE CORPS.

SÉPARATION DE CORPS.

1. Le juge laïque appelé à régler les intérêts civils des époux, doit s'abstenir d'examiner si le juge ecclésiastique a bien ou mal jugé. 3 avril 1810.   51

2. La séparation illimitée, *quoad thorum et habitationem*, prononcée par le juge ecclésiastique, est précisément celle qui est mentionnée aux art. 113 et 1555 du Code civil, sous le nom de séparation définitive, et qui donne ouverture à la demande en séparation de biens.
Le tribunal laïque est seul compétent pour régler les intérêts civils des époux après la séparation de corps. 30 juillet 1811.   118

V. ALIMENTS, 1. ÉVÊQUE.

SERMENT.

§ 1er. *Du serment litis-décisoire.*

I.—*Qui a pouvoir de le déférer ?*

II.—*Qui peut l'accepter ?*

III.—*Sur quels objets peut-il être prêté ?*

IV.—*En quelle forme doit-il être prêté ?*

§ 2. *Du serment supplétif.*

§ 3. *Du serment en plaid.*

—

§ 1er. *Du serment litis-décisoire.*

I. — *Qui a qualité pour le déférer ?*

1. Il faut un mandat spécial pour déférer le serment litis-décisoire ; le pouvoir général de déférer et référer le serment, n'est pas suffisant. 11 décembre 1844.   259

2. Le serment litis-décisoire n'est pas régulièrement déféré, lorsque la formule est sous-marquée par la partie qui ne sait pas signer.
8 janvier 1815.   263

3. La partie qui défère le serment doit en signer la formule, ou donner un mandat spécial à un procureur pour la signer.
Celui qui ne sait pas écrire, peut-il faire sa marque ?
Le serment du moins est en ce cas régulièrement déféré, lorsqu'il a été admis sans opposition, et que la partie a reconnu sa marque, et ratifié la délation de serment par un acte authentique.
30 mai 1816.   365

4. On peut toujours rétracter le serment, lors même qu'il a été accepté, s'il n'a pas été régulièrement déféré dans une écriture signée par la partie elle-même, ou par son mandataire spécial.
17 mai 1817.   131

II.—*Qui peut accepter le serment ?*

5. Le procureur n'a pas besoin de mandat spécial pour accepter un serment déféré à son client.
17 janvier 1812.   125

III.—*Qu'est-ce qui peut faire la matière d'un serment ?*

6. L'art. 684 du Code pénal n'affranchit pas de l'action pénale les soustractions commises par le mari de la petite-fille, au préjudice du grand-père ou de la grand'mère, ni celles qu'aurait commises la nièce au préjudice d'un oncle ; en conséquence, le serment déféré sur ces soustractions est inadmissible, comme ayant pour objet un fait incriminé.
27 juin 1810.   69

7. Le serment litis-décisoire n'est pas recevable contre la teneur de l'acte authentique.
3 juin 1813.   182

preuve, et même par de simples indices , nonobstant le défaut d'acte authentique. 15 juin 1811. 237

7. Une société contractée dans l'espoir d'obtenir une adjudication de travaux publics, n'est point une dépendance de cette adjudication.

La preuve de cette société peut être faite par témoins, entre non-négociants, pourvu cependant qu'il y ait commencement de preuve par écrit, dans le cas où la valeur des travaux adjugés excède 300 liv.

La preuve par serment est toujours admissible.

12 mars 1811. 223

8. Sous les R. C., les contrats de société entre non-négociants pouvaient être valablement rédigés en actes sous seing-privé, lors même qu'ils avaient pour objet des immeubles.

L'existence d'une société de cette nature pouvait être établie par simples présomptions résultant des comptes et de la correspondance des parties.

11 juin 1813. 296

9. Les sociétés commerciales contractées avant la publication du Code de commerce français, depuis la mise en vigueur du Code civil français, sont restées régies, quant à la forme, par les Royales Constitutions.

En conséquence, les sociétés contractées à cette époque par écrit privé qui n'est pas signé par deux témoins, sont nulles et de nul effet.

25 juin 1817. 110

10. La société en participation n'a trait qu'à une ou plusieurs opérations déterminées.

En conséquence, la société qui s'applique à une série indéterminée d'opérations, ne peut être qualifiée de participation ; elle est soumise aux règles prescrites pour les sociétés en nom collectif.

25 juin 1817. 110

11. La nullité de l'acte de société ne fait pas obstacle à l'existence de la société de fait, dont les effets sont déterminés par les circonstances.

25 juin 1817. 110

§ 4. Des effets de la société.

12. Sous les R. C., soit qu'il s'agisse d'une société en nom collectif ou d'une société en commandite, l'associé qui contracte au nom de la société s'oblige solidairement avec ses coassociés.

19 février 1812. 131

13. Sous l'empire des lois en vigueur avant le Code civil, les associés n'étaient pas tenus solidairement les uns envers les autres, pour les obligations de la société. 11 août 1813. 198

14. Entre associés, les intérêts des avances sont dus de plein droit dès la date des déboursés, sans sommation préalable, ni convention spéciale.

13 mars 1817. 111

§ 5. Dissolution de la société.

15. La société, contractée pour un temps déterminé, ne peut être dissoute avant le terme, au gré de l'un des sociétaires. 11 août 1813. 198

16. La société de fait est dissoute du jour où les rapports sociaux ont cessé de fait entre les parties.

25 juin 1817. 110

V. Indivision.

SOCIÉTÉ ENTRE ÉPOUX. V. Femme, 1. Communauté.

SOLIDARITÉ.

1. Le débiteur solidaire peut se prévaloir de l'exception cedendarum actionum, aussi bien que la caution. 22 février 1812. 132

2. Sous les R. C., le créancier renonçait à la solidarité en poursuivant l'un des débiteurs pour sa part. 10 juin 1811. 235

V. Cautionnement, 2, 3, 4. Compensation, 1. Société, 12, 13.

STATUT CONJUGAL. V. Mariage.

STIPULATION POUR AUTRUI. V. Rente, 27.

SUBHASTATION.

§ 1er. De la requête en subhastation et du manifeste.

§ 2. Des exceptions dont elle est susceptible.

§ 3. Des effets de la subhastation.

---

§ 1er. De la requête en subhastation et du manifeste.

1. La demande en subhastation faite au nom de plusieurs créanciers simultanément n'est pas frappée de nullité, bien que la requête introductive n'ait pas été signée par chacun d'eux, il suffit qu'ils l'aient ratifiée en prenant part aux poursuites.

11 mars 1812. 131

2. Le procureur du poursuivant qui est à la fois son mandataire spécial, peut signer la requête en sa double qualité. 23 mars 1813. 170

3. Il appartient au tribunal de judicature-maje d'autoriser la vente d'une patente de procureur.

23 mars 1813. 170

3 bis. Dans les instances en subhastation, l'omission des formalités prescrites par la loi n'emporte nullité qu'autant qu'il y a préjudice réel pour le débiteur, ou omission de formalités substantielles.

En conséquence, l'ordonnance de vente ne serait pas nulle, si l'huissier, en ajournant le débiteur, avait omis d'indiquer le millésime du jour de la comparaissance, à la suite du quantième du mois.

6 mars 1817. 110

3 ter. En cas d   re deux créanciers poursuivant la vente ;   shastation d'un même immeuble, le premier est toujours préféré.

Le premier créancier, dans le sens de cet article, n'est pas celui qui a priorité d'hypothèque ou de privilège, mais celui qui le premier a fait enregistrer l'ordonnance de vente au bureau de la conservation des hypothèques. 10 janvier 1815. 261

4. L'adjudicataire n'acquiert que les numéros portés au manifeste.

Ne sont pas admissibles les faits tendant à prouver que d'après l'opinion commune, des numéros omis au manifeste faisaient partie du domaine subhasté. 11 juin 1811. 236

5. La demande en rectification ou modification du manifeste, peut être proposée devant le tribunal, et même après le jugement qui a approuvé le manifeste et ordonné la vente. 11 août 1813. 197

§ 2. Des exceptions à la demande en subhastation.

6. Le débiteur ne peut se soustraire aux poursuites en abandonnant le revenu d'une année, en conformité de l'art. 2338 du Code civil, si ce revenu n'est suffisant pour désintéresser tous les créanciers pour-

suivants, même ceux qui n'auraient pas signé la demande. 11 mars 1842. 131

7. Les dispositions de l'art. 2335 du Code civil, ne sont pas applicables aux places de procureur dont le revenu est éventuel. 23 mars 1843. 170

§ 3. Des effets de la subhastation.

8. Le débiteur est dessaisi des biens subhastés, et est considéré comme simple séquestre judiciaire, depuis le jour de la transcription au bureau des hypothèques de l'ordonnance de vente par expropriation forcée.

La vente par lui consentie après cette époque, est nulle et de nul effet en ce qui concerne le créancier poursuivant.

Cependant le débiteur peut toujours recouvrer les biens, et cesser les poursuites en désintéressant le créancier poursuivant.

Pour lui faire offre de paiement, il n'est pas nécessaire de se porter appelant de l'ordonnance de vente. 11 mai 1847. 133

9. Dès qu'il s'est écoulé trois ans depuis la date de l'adjudication, on ne peut procéder à la revente sur folle-enchère, aux frais et périls de l'acquéreur, qu'en observant les formalités établies pour les subhastations, contre le débiteur.

Le délai de trois ans n'est pas suspendu par la poursuite de l'instance d'ordre.

L'ordonnance qui autorise cette seconde vente n'est point un incident à la cause de subhastation ; les délais d'appel ne courent que du jour de sa notification à partie. 23 janvier 1842. 126

V. APPEL, 74 à 90.

SUBREPTION. V. APPEL, 81 *bis*. ENQUÊTE, 11.

SUBROGATION.

1. Sous les lois romaines, le préteur pouvait être subrogé au privilége du créancier désintéressé de ses deniers, lorsque cette subrogation avait été promise dans le contrat de prêt, et que dans la quittance, il était énoncé que la somme avait été payée de ses deniers.

Le codébiteur solidaire qui, depuis la mise en vigueur du Code civil, a payé pour son codébiteur, est de plein droit subrogé à son hypothèque, bien que le titre constitutif de la solidarité remonte à une date antérieure. 10 mai 1841. 232

2. Le tiers-détenteur menacé d'expropriation, qui paie le créancier poursuivant, est subrogé aux droits, priviléges et hypothèques de ce dernier ; il ne peut cependant se prévaloir de cette subrogation contre des tiers-détenteurs dont les acquisitions sont antérieures en date à la sienne.

Ce principe ne peut être modifié par une subrogation conventionnelle, consentie par le créancier poursuivant en faveur de l'un des tiers-détenteurs. 14 juin 1842. 116

3. Le tiers-détenteur qui, actionné en délaissement par hypothèque, a acquitté la dette, a son recours tant contre le débiteur, que contre les tiers-détenteurs dont les acquisitions sont postérieures en date à la sienne.

Si la somme payée excède 1,200 liv., il peut porter sa cause en appel, bien que les immeubles détenus par chacun des tiers-acquéreurs n'arrivent pas à cette somme.

Il ne peut, en aucun cas, agir contre les tiers qui ont acquis avant lui, lors même qu'il se serait fait

subroger dans sa quittance aux droits du créancier désintéressé. 18 mars 1846. 350

4. La subrogation accordée par l'article 2207 du Code civil au tiers-détenteur exproprié, appartient également à l'acquéreur d'un immeuble qui en est évincé par suite de la surenchère.

Cette action en subrogation ne peut être exercée avant la clôture de l'instance d'ordre ; parce que ce n'est qu'alors qu'on peut vérifier si le prix d'adjudication est insuffisant pour désintéresser et les créanciers inscrits et le précédent propriétaire. 7 juillet 1813. 191

5. Suivant le Code civil français, qui n'admet pas la subrogation légale, lorsque des créanciers à hypothèques générales se trouvent en concours sur les mêmes biens avec divers créanciers munis d'hypothèques spéciales, ils doivent être colloqués de telle sorte qu'ils touchent leur créance de préférence sur les biens soumis aux hypothèques spéciales les dernières inscrites. 20 mars 1847. 118

V. CAUTIONNEMENT, 4.

SUBSTITUTION PUPILLAIRE.

La substitution pupillaire est considérée comme le testament de l'héritier pupille.

En conséquence, la sœur de ce dernier n'a rien à prétendre, à titre de légitime, sur le montant de cette hoirie. 21 février 1846. 331

V. ACCROISSEMENT.

SUCCESSION.

1. Les effets rétroactifs de la loi du 17 nivôse an II ont été d'abord suspendus et ensuite abolis par les lois postérieures.

En conséquence, les successions ouvertes en Savoie, en 1793, qui ne sont pas encore recueillies, sont régies par le droit des R. C., sauf les modifications introduites par la loi du 15 avril 1791, relativement à l'exclusion des filles. 3 août 1841. 120

I. — Succession des filles.

2. L'exclusion prononcée par l'art. 911 du Code civil, ne s'applique qu'à la sœur appelée à la succession de son frère germain ou consanguin en concours avec d'autres frères germains ou consanguins, ou avec leurs descendants mâles par ligne masculine.

En conséquence, les descendants de la sœur venant à la succession de leur oncle maternel, ne sont exclus ni par leurs frères, ni par les descendants des frères du défunt. 18 mars 1842. 135

3. Les descendants de la sœur, venant par droit de représentation à la succession de leur oncle maternel, ne sont pas exclus par les frères, ni par les descendants des frères du défunt. 27 février 1841. 219

II. — Succession du conjoint.

1. L'époux survivant a droit au quart en usufruit de la succession entière, y compris les portions qui composent les légitimes des filles.

Cependant, il ne doit point supporter de réduction sur son usufruit, à raison des parts attribuées aux légitimaires. 18 mars 1847. 119

V. ACCEPTATION. ACCROISSEMENT. CONVOL. DOT CONGRUE. RENONCIATION. RÉPUDIATION. VENTE.

SUPPLÉMENT DE DOT. V. DOT CONGRUE.

SURENCHÈRE.

1. La surenchère du sixième, dans les ventes par expropriation forcée, n'est pas un acte judiciaire ; elle n'est pas nulle quoique faite un samedi-saint, jour férié. 25 janvier 1845. 207

2. La surenchère rend non-avenue la vente qui l'a précédée.

En conséquence, les créanciers du propriétaire évincé par suite de la surenchère, ne doivent pas être appelés à l'ordre. 11 août 1813. 197

3. Le prix de l'immeuble est irrévocablement fixé entre le vendeur et l'acquéreur par l'acte de vente ; en conséquence, l'augmentation de prix résultant de la surenchère ne saurait jamais profiter au vendeur.

Le cessionnaire du vendeur n'a pas plus de droits que son auteur ; en conséquence, il ne peut ni profiter du prix de la surenchère, ni se porter lui-même surenchérisseur, ni se faire subroger aux poursuites en cas de négligence ou de collusion du créancier qui a requis la mise aux enchères.
1er mai 1813. 177

4. Celui qui, par des manœuvres frauduleuses, a empêché de surenchérir, peut être condamné à des dommages-intérêts, en vertu des art. 1500 et 1501 du Code civil.

Il faut pour cela établir que le surenchérisseur avait intention de se présenter, et qu'il n'a été détourné que par les manœuvres employées.
2 avril 1844. 220

SUSPENSION DE PRESCRIPTION. V. Prescription, 13 bis, 14, 15, 16.

SYNDIC A LA FAILLITE. V. Date certaine, 7. Faillite.

T

TÉMOIN.

On ne peut récuser que les témoins qui sont au degré de parenté fixé par le droit.

Lorsque des témoins sont reprochés pour cause de parenté à tout autre degré, on ne doit admettre leurs dépositions que pour y avoir tel égard que de droit.

En conséquence, est sujet à appel un jugement par lequel ces témoins ont été déclarés au-dessus de toute exception. 9 juin 1810. 63

V. Enquête, 19, 20. Notaire.

TERME. V. Faillite, 3.

TERRASSE.

Il est permis à tout propriétaire d'établir une terrasse sur le toit de sa maison.

On n'est pas obligé de se tenir à la distance prescrite pour les vues directes sur la propriété d'autrui.

La terrasse cependant peut être considérée comme un balcon, lorsqu'elle est entourée de balustrade, et en ce cas l'offre de tenir cette balustrade à la distance légale du fonds voisin est parfaitement satisfactoire. 30 juillet 1817. 118

TESTAMENT.

§ 1er. *Des testaments publics.*

I.— *Qui a capacité de tester ?*

II.— *Qui peut être institué héritier ?*

III.— *De la forme des testaments, et des testaments conjonctifs.*

IV.— *De l'ouverture des testaments.*

V.— *De la révocation des testaments.*

§ 2. *Des testaments secrets.*

I.— *Qui peut tester en cette forme ?*

II.— *Quelles sont les formalités prescrites ?*

§ 1er. *Des testaments publics.*

I. — *Qui a capacité de tester ?*

1. Tout testateur est présumé capable et sain d'esprit.

Il ne suffit pas, pour annuler un testament, de prouver que le testateur était sous l'impression d'une haine violente contre son héritier naturel, si cette haine n'a pas été portée au point d'altérer ses facultés intellectuelles. 12 août 1845. 310

2. Pour faire déclarer nul un testament pour cause de démence ou de faiblesse d'esprit, il faut des faits qui démontrent une absence complète de volonté chez le testateur.

Quoique les faits de faiblesse d'esprit aient été admis à preuve et soient attestés par l'enquête, le juge cependant peut, au vu des explications données par les témoins, prononcer la validité du testament.
17 décembre 1817. 459

3. N'est pas admissible le serment déféré à l'héritier sur l'état des facultés intellectuelles du testateur au jour du testament. 15 février 1817. 101

4. Nul n'est admis à proposer la nullité d'un testament, s'il ne justifie être le plus proche successible du testateur. 21 juillet 1845. 306

II.— *Qui peut être institué héritier ?*

5. Le testament, quant à sa forme interne, en ce qui concerne la capacité de l'héritier institué, est régi exclusivement par la loi en vigueur au moment de l'ouverture de la succession.
29 décembre 1810. 82

III. — *De la forme externe des testaments.*

6. La déclaration prescrite par l'article 973 du Code civil français peut être faite en termes équipollents ; ainsi, la déclaration de ne savoir écrire équivaut à celle de ne savoir signer.

Il n'y aurait pas nullité lors même que l'on viendrait à établir que le testateur, sans savoir écrire, a quelquefois tracé son nom en caractères informes et illisibles au bas des contrats qu'il consentait.
2 décembre 1813. 205

7. La déclaration du testateur de ne savoir écrire, équivaut à celle de ne savoir signer.

Le testateur n'est pas censé savoir signer, bien qu'il ait apposé quelquefois sa signature, si cette signature n'est composée que de caractères irréguliers, péniblement tracés, et qui dénotent l'inexpérience du signataire. 13 mars 1810. 312

8. Le testament conjonctif fait en 1777 est valide, lors même que l'un des testateurs serait mort en 1810, sous l'empire du Code civil français.
9 juillet 1830. 35

9. Les dispositions du Code civil qui prohibent les testaments conjonctifs, ne sont pas applicables aux testaments rédigés dans cette forme avant sa mise en vigueur, bien que les testateurs, ou l'un d'eux, ne soient décédés que depuis cette époque.
26 janvier 1812. 127

IV. — De l'ouverture des testaments.

10. On peut toujours demander l'ouverture d'un testament, nonobstant toute prohibition insérée par le testateur dans l'acte de dépôt. 14 mai 1839. 28

V. — De la révocation des testaments.

11. Sous l'empire des lois romaines, le testament ne pouvait être révoqué qu'en observant les formalités prescrites pour sa confection.

Le codicille, au contraire, était révoqué par toute manifestation de volonté contraire, et conséquemment par une donation universelle, quoique nulle en sa forme. 29 mars 1811. 100

§ 2. Des testaments secrets.

I. — Qui peut faire un testament secret ?

12. Sous les lois romaines, le testateur qui ne savait pas lire pouvait faire un testament mystique, en employant un huitième témoin.
7 janvier 1839. 11

13. Au contraire, sous le Code civil, est nul le testament secret, lorsqu'il est prouvé que le testateur ne savait pas lire l'écriture de main.

On peut être admis à faire cette preuve, lors même que le testateur a apposé sa signature sur le testament. 17 janvier 1816. 325

14. La preuve testimoniale est admise à l'effet d'établir que l'auteur d'un testament mystique ne savait pas lire, bien qu'il ait signé le testament et que dans l'acte de remise il ait déclaré en avoir pris lecture. 3 août 1811. 119

15. Le testament serait valide, lors même que le testateur, vu son état de maladie, n'aurait pu le lire au jour du dépôt, et qu'il n'en aurait effectivement pas pris lecture, s'il l'a réellement signé.

Le serment déféré sur ces circonstances, n'est pas admissible. 25 juin 1811. 211

16. Le testament secret n'est pas frappé de nullité lorsque le testateur, par suite d'un empêchement survenu et consigné par le notaire, n'a pu signer ni le testament ni l'acte de dépôt.

La loi n'exige pas qu'il fasse sa marque dans le cas où il n'aurait pu signer le testament, quoiqu'elle l'exige pour le cas où ayant signé le testament, il n'aurait pu signer l'acte de dépôt.
15 mars 1817. 411

II. — Formalités des testaments secrets.

17. Le testament mystique doit, à peine de nullité, être signé à chaque feuillet.

L'omission de la signature au bas d'un seul feuillet emporte la nullité du testament entier ; on ne pourrait en scinder les dispositions pour maintenir seulement celles qui sont contenues dans les feuillets signés par le testateur. 26 février 1817. 406

18. Quelles sont les formalités pour la présentation, la clôture et le cachetement d'un testament secret ?

Le notaire qui a écrit le testament comme confident, peut en recevoir le dépôt.
2 décembre 1813. 203

19. Il suffit que les témoins appelés à l'ouverture d'un testament secret, reconnaissent l'identité de l'acte de dépôt. 12 août 1815. 310

V. MINEUR, 4. NULLITÉ. POSTHUME. PRÉTÉRITION.

TIERS. V. DATE CERTAINE.

TIERS-DÉTENTEUR.

1. Le privilége du vendeur, d'après le Code civil français et l'édit du 16 juillet 1822, s'étend à tous les intérêts échus du prix de vente.

En conséquence, le tiers-détenteur qui n'a pas purgé doit payer au créancier poursuivant, avec le capital de sa créance, tous les intérêts arriérés, s'il ne préfère délaisser. 27 juin 1839. 33

2. Le tiers-détenteur qui n'a pas purgé doit payer avec les capitaux inscrits, tous les intérêts en dérivant, à quelque somme qu'ils puissent s'élever.

Si, en soulevant l'exception de discussion, il a fait offre de payer tout ce qui pourra rester dû après la discussion du principal obligé, il est censé avoir par là renoncé à opposer de la prescription des intérêts. 28 juillet 1816. 375

2 bis. Il doit payer les intérêts du prix entre les mains du vendeur, jusqu'à ce qu'il y ait eu sommation de payer ou de délaisser, ou jusqu'à ce qu'il ait introduit une instance en purgation.
26 avril 1812. · 139
8 juin 1811. 108
14 février 1812. 129

2 ter. Le tiers-détenteur qui a fait transcrire son contrat et l'a fait notifier aux créanciers inscrits, devient comptable envers eux de tous les intérêts du prix de vente, dès la date de la notification.

Dès cette époque, le vendeur ne peut plus y prétendre. 21 janvier 1810. 19

3. Avant la mise en vigueur du Code civil, le tiers-détenteur, non transcriptionnaire, sommé de payer ou de délaisser, pouvait opposer toutes les exceptions réelles qui compétent au débiteur, à moins que ce dernier n'en eût déjà été débouté, ou n'y eût renoncé. 4 avril 1816. 354

4. Le tiers-détenteur actionné en délaissement peut opposer l'exception *cedendarum actionum*, si le créancier a laissé prescrire son action contre le débiteur. 29 juillet 1839. 38

5. L'opposition qu'un tiers-détenteur veut former à un commandement même décerné par le Sénat, doit être portée au tribunal de judicature-maje de la situation des biens. 6 mai 1813. 178

V. APPEL, 83 à 86. CURATEUR A L'HOIRIE JACENTE, 3. SUBROGATION, 2, 3, 4. OPPOSITION.

TITRE CLÉRICAL.

Le titre clérical est considéré comme une donation, surtout lorsqu'il a été constitué après l'ordination ; il doit, à peine de nullité, être homologué en conformité des art. 1123 et 1124 du Code civil.
14 juin 1817. 138

TITRE NOUVEL. V. RENTE, 6.

TOIT. V. TERRASSE.

TRANSACTION.

1. Est nulle toute transaction sur une réclamation d'état. 19 janvier 1817. 392

2. Les transactions amiables en matière de discussion, soit *appointements*, ne sont point régies par l'art. 1414 du Code civil, mais par les lois anciennes sur la procédure spéciale de discussion et d'ordre. 29 avril 1839. 27

V. PUISSANCE PATERNELLE, 2. RENTE VIAGÈRE, 7. TUTELLE, 6, 7, 8.

TRANSCRIPTION.

1. Les délais fixés aux créanciers pour inscrire les hypothèques consenties avant l'aliénation, courent du jour de la transcription de l'acte d'aliénation, et non pas de celui où un extrait de cette transcription a été inséré dans la gazette. 5 mai 1841.   104

2. La transcription d'un testament dans lequel les pièces léguées ne sont pas désignées par leurs numéros ou confins, ne suffit pas pour priver de leur droit de suite les créanciers non inscrits sur les immeubles légués.

Nonobstant l'existence de cette transcription, le créancier dont l'inscription est périmée, peut toujours agir en délaissement, sauf à prendre une nouvelle inscription si l'on vient à lui opposer de la péremption de la première. 10 janvier 1817.   394

3. Les frais de la transcription sont à la charge du vendeur, lorsqu'elle a été faite seulement pour rendre le prix exigible et dans son intérêt exclusif, sauf à lui à en demander le remboursement à l'acheteur, si ce dernier vient à remplir les formalités de la purgation. 27 janvier 1844.   213

V. Inscription, 5. Prescription, 5. Purge, 4, 5. 7. Subhastation, 8. Tiers-détenteur, 2 bis, 3.

TRANSPORT D'HYPOTHÈQUE.

C'est au tribunal du domicile des époux qu'il appartient d'ordonner le transport de l'hypothèque dotale, bien que les immeubles sur lesquels elle est assise et ceux sur lesquels on veut la transporter, soient situés hors de sa juridiction.
21 mars 1813.   169

TREBELLIANIQUE. V. Donation, 21.

TRIBUNAL DE JUDICATURE-MAJE.

Les tribunaux peuvent connaître les demandes en suppression de barrage sur un cours d'eau domanial, lorsque cette suppression est demandée en exécution de conventions privées, et en laissant intacts les droits du domaine. 20 avril 1817.   127

V. Adjudication, 3, 4. Chemin, 1. Curateur a l'hoirie, 4. Erreur. Étranger. Juge de mandement, 1 et suiv. Opposition. Puissance paternelle, 5, 6. Tiers-détenteur, 5.

TRIBUNAL DE COMMERCE.

Dans les provinces où il n'existe pas de tribunal de commerce, le juge-maje connaît seul des procès en matière de commerce.
Il prononce sans consulter les autres membres du tribunal. 12 mai 1817.   435

TRIBUNAL ECCLÉSIASTIQUE. V. Évêque. Séparation de corps, 1, 2.

TROUSSEAU. V. Rapport, 5. Séparation de biens, 8.

TUTELLE.

1. Lorsqu'un sujet décède à l'étranger, laissant un enfant mineur, quel est le tribunal compétent pour le pourvoir d'un tuteur?
Si le mineur a son domicile à l'étranger, quoiqu'il n'y soit pas naturalisé, le juge de ce domicile est compétent pour procéder à la nomination du tuteur.
21 juillet 1817.   443

2. La mère, bien qu'elle ne puisse ou ne veuille conserver la tutelle, doit en remplir les charges jusqu'à ce qu'elle ait fait nommer un tuteur. En conséquence, elle peut défendre, en qualité de mère, à une action dirigée contre ses enfants, et passer mandat à un procureur pour répondre en son nom.
3 juin 1813.   182

3. La mère qui intente une action au nom de ses enfants mineurs, doit justifier qu'elle s'est conformée aux prescriptions de la loi pour exercer la tutelle : à défaut de fournir cette justification, le jugement n'est pas fondé de sa part.
10 avril 1813.   174

4. Le tuteur élu par le conseil de famille ne peut se faire décharger de la tutelle, par cela seul qu'il n'est pas le plus proche parent des mineurs.
La qualité de créancier des mineurs n'est pas une excuse suffisante. 14 avril 1810.   57

5. Le juge qui a été compétent pour procéder à la nomination du tuteur, est seul compétent pour prononcer sa destitution.
Le tuteur, en ce cas, doit toujours être entendu, à peine de nullité de la délibération.
21 juillet 1817.   445

6. Sous l'empire du droit romain, le mineur devenu majeur, pouvait valablement libérer son tuteur, sans avoir préalablement reçu un compte détaillé de sa gestion. 10 décembre 1810.   79

7. Sous les R. C., le tuteur pouvait valablement transiger sur son compte de tutelle avec son pupille parvenu à sa majorité, sans justifier par récépissé de la remise de son compte.
Cette transaction ne pouvait jamais être attaquée par voie de lésion. 29 décembre 1817.   462

8. Sous le Code civil français, lorsque l'arrêté de compte de tutelle porte que le compte détaillé et les pièces à l'appui, ont été remis à l'oyant depuis plus de dix jours, cette énonciation fait pleine foi, et l'arrêté est à l'abri de toute critique, bien que la remise ne soit pas constatée par un récépissé à part.
L'omission ou l'erreur de calcul sont toujours réparables. 31 janvier 1842.   128

U

USAGE DES LIEUX. V. Bail, 5, 9.

USUFRUIT.

Sous les lois romaines, l'usufruitier ne pouvait en aucun cas être dispensé de donner caution.
La dispense portée par testament est sans effet lorsque l'hoirie s'est ouverte avant la mise en vigueur du Code civil, lors même que l'usufruitier ne se serait mis en possession que sous la loi nouvelle. 27 février 1816.   338

V. Émancipation, 3. Juge de mandement, 1. Legs, 7. Lésion, 6, 7. Puissance paternelle, 1, 5, 6.

USURE.

Les tribunaux de judicature-maje sont exclusivement compétents pour connaître les délits d'usure.
Le Sénat n'est pas censé avoir évoqué la cause en ordonnant de nouvelles informations, et réformant une ordonnance de non-lieu.
Les faits d'usure ne peuvent former la matière d'un serment. 21 mars 1816.   316

V

VAINE PATURE. V. Paturage.

VALEUR DE LA CAUSE. V. Appel, 9 à 36, 83, 84, 85, 86, 101, 102.

VALEUR EN COMPTE. V. Cession, 8.

VELLEIEN. V. Cautionnement, 1, 2, 3, 4.

VENTE.

§ 1. *Qui peut acheter ou vendre?*

§ 2. *Quels objets peuvent être vendus?*

§ 3. *Des formes requises pour la validité de la vente.*

§ 4. *Des promesses de vente.*

§ 5. *Des obligations de l'acheteur.*

§ 6. *Des obligations du vendeur.*

§ 7. *Vente de meubles et de droits incorporels.*

§ 1. *Qui peut acheter ou vendre?*

1. La vente faite par le père au fils placé sous sa puissance, est frappée de nullité suivant les lois romaines; elle est nulle pour moitié si elle est faite conjointement au fils de famille et à un étranger.
26 janvier 1816. 328

2. Le contrat par lequel un père cède tous ses biens à son fils moyennant une pension viagère, et à charge de payer ses dettes et de doter ses filles, constitue ce pacte de famille proprement dit, avec démission de biens, autorisé par le droit ancien.
3 juin 1812. 146

3. La vente faite entre époux, sous le Code civil français, est valide, si elle a pour objet le paiement d'une dette préexistante.
Les paiements faits par la femme séparée de biens, sous l'empire de la même législation, sont présumés faits de ses deniers, jusqu'à preuve contraire.
23 février 1810. 335

§ 2. *Des objets qui peuvent être vendus.*

4. La vente d'immeubles indivis n'est pas considérée comme vente de la chose d'autrui, et n'est point soumise aux dispositions de l'art. 1605 du Code civil. 23 juillet 1839. 38

5. La vente de l'hoirie d'une personne vivante n'était permise sous les lois romaines qu'entre les héritiers présomptifs, et du consentement de cette personne; il fallait encore que cette dernière eût persévéré dans sa volonté jusqu'à sa mort.
Elle est censée avoir changé de volonté dès qu'elle ajoute un legs à la somme promise pour prix des droits successifs vendus. 26 juin 1841. 111
28 mars 1844. 227

6. Sous la loi du 17 nivôse an II, la vente ou cession faite pour un seul et même prix, de deux successions, dont l'une est ouverte et l'autre ne l'est pas encore, est nulle pour le tout.
On ne peut couvrir cette nullité en offrant d'imputer la totalité du prix sur l'hoirie ouverte au moment de la cession.
Celui qui possède en vertu de ce titre ne peut prescrire. 14 août 1810. 77

7. Décidé au contraire que cette nullité peut être couverte par la prescription.
28 décembre 1812. 157

8. La prescription ne commence à courir que du jour de l'ouverture de la succession cédée; mais elle est régie par la loi en vigueur à la date de la cession.
27 mai 1812. 113

9. La cession d'une légitime due pour prix d'exclusion, et celle d'une part d'augment, sont assimilées à la cession des droits successifs.
7 avril 1813. 282

10. Lorsque deux hoiries, dont l'une est ouverte et l'autre ne l'est pas encore, sont vendues par un même acte, mais pour des prix distincts, la nullité de l'une des ventes est sans influence sur la validité de l'autre. 19 juillet 1811. 110

§ 3. *Des formes requises pour la validité de la vente.*

11. La vente d'immeubles qui n'est pas rédigée en instrument authentique, est radicalement nulle.
Si l'un des héritiers du vendeur ratifie cette vente de son propre chef, et garantit que ses cohéritiers mineurs la ratifieront, il est tenu aux dommages et intérêts envers l'acquéreur, s'il ne procure pas cette ratification : il ne peut opposer le défaut de cause à l'obligation qu'il a prise comme porte-fort.
21 décembre 1813. 206

12. Si la vente est ratifiée, la ratification rétroagit à la date de l'acte sous seing-privé.
En conséquence, si la vente est arguée de lésion, c'est à la date du billet sous seing-privé, et non à celle de l'acte de ratification, qu'il faudra évaluer les biens pour en fixer le juste prix.
23 mai 1816. 363

13. Le vendeur qui se prévaut de cette nullité n'est tenu d'aucun dommage envers l'acheteur.
3 avril 1813. 172

14. Sous les R. C., la preuve testimoniale était inadmissible *outre le contenu aux actes publics*; cependant on était admis à établir par tout genre de preuve et même par témoins que, dans une vente d'immeubles, il avait été stipulé et livré à titre d'*épingles* une somme en sus du prix porté dans l'acte.
Le propriétaire de l'immeuble est fondé à réclamer cette somme à son mandataire qui l'aurait reçue en négociant la vente. 8 avril 1813. 173

15. Sous les R. C., bien que les ventes d'immeubles dussent, à peine de nullité, être rédigées en actes authentiques, on était cependant admis à prouver qu'une partie du prix avait été déguisée et portée par une contre-lettre souscrite en même temps que la vente.
Ce supplément du prix stipulé est dû en tous cas au vendeur, lors même que par suite de circonstances particulières, les délégations consenties se trouveraient inefficaces. 7 mai 1817. 431

16. Les immeubles situés en Savoie peuvent être vendus en France par acte sous seing-privé.
Les effets de ce contrat, quand à la résolution de la vente, à défaut de paiement, sont réglés par la loi de la situation des biens. 8 août 1810. 73

§ 4. *Des promesses de vente.*

17. La promesse de vente d'un immeuble est nulle, si elle n'a été rédigée en acte authentique.
La perception des fruits qui aurait été faite par l'acheteur projeté, sous la foi de cette promesse, est censée illégale, et donne au propriétaire le droit de revendiquer ces fruits en quelque mains qu'ils passent, même de la faillite de l'acheteur.
Cependant lorsque les fruits ont été perçus de

bonne foi, le propriétaire n'en peut réclamer que la valeur, déduction faite des frais d'exploitation.
9 août 1817. 453

18. La promesse de vente, bien que valable en sa forme, n'opère point translation de la propriété, lorsque cet effet a été subordonné à une condition qui ne s'est pas accomplie.

Ainsi la dation en paiement d'un immeuble, consentie par acte sous seing-privé passé à Genève, n'a pas eu pour effet de transporter le domaine de cet immeuble, s'il était convenu entre les parties que les conventions seraient rédigées en acte authentique, si cette clause n'a pas été exécutée.
13 février 1846. 332

18 bis. La vente d'une coupe de bois à opérer dans un délai déterminé, n'est pas censée résiliée de plein droit, si dans le délai fixé les bois n'ont pas été enlevés. 25 janvier 1817. 397

§ 5. Des obligations de l'acheteur.

19. Sous l'empire de l'édit du 16 juillet 1822, le vendeur d'un immeuble grevé d'hypothèques, n'était pas admis à requérir le paiement du prix en fournissant caution. 22 mars 1812. 137
Arrêts conformes. 6 décembre 1844. 256
— 29 décembre 1847. 463

20. Arrêt contraire : Sous l'édit du 16 juillet 1822, tout acheteur d'immeubles grevés d'hypothèques avait, sauf convention contraire, la faculté d'introduire une instance en purgation.
Il suffit qu'il y ait une seule hypothèque inscrite, lors même que les créanciers ne menacent point de poursuites imminentes. 21 avril 1845. 293

21. Sous le Code civil, l'acquéreur d'un immeuble grevé d'inscriptions, peut suspendre le paiement du prix jusqu'à la clôture du jugement d'ordre, à moins que le vendeur ne préfère lui donner caution. (Art. 1660 C. c.)
Celui-ci ne serait pas fondé à exiger le prix, en offrant de le verser entre les mains d'un créancier inscrit utilement. 14 février 1812. 129

21 bis. Il y a péril d'éviction pour l'acquéreur, et juste motif de se retenir le prix, lorsque les biens par lui acquis dépendent d'une succession sur laquelle une fille pourrait avoir à prétendre un supplément de dot congrue.
L'offre de fournir caution, ou de faire emploi du prix est suffisante pour faire cesser le péril.
12 mai 1810. 60

22. La promesse de payer, dans un terme fixé, le prix de l'immeuble aux créanciers inscrits, ni la connaissance qu'avait l'acheteur des hypothèques qui le grèvent, ne le privent pas de la faculté de purger. 22 mars 1812. 137
21 janvier 1810. 49

22 bis. L'acquéreur qui a pris charge de payer le prix d'acquisition aux créanciers du vendeur, ne peut plus être admis à délaisser.
Il doit introduire une instance d'ordre dans le temps fixé pour le paiement.
En cas d'inexécution de ses obligations, il doit être condamné à tous les dommages-intérêts.
6 mars 1817. 109

23. La promesse de payer le prix entre les mains d'un créancier déterminé, l'acceptation de ce dernier, et la fixation d'un terme de paiement, n'opèrent point novation entre l'acheteur et le créancier délégué.

Nonobstant cette délégation, l'acheteur peut toujours se prévaloir de l'art. 1660.
1er février 1817. 399

24. L'acheteur qui a promis de payer à l'acquit de son vendeur, entre les mains d'un tiers, ne renonce pas à la faculté de purger, et au droit de suspendre le paiement du prix, en cas de trouble.
Le vendeur ne peut remplacer la caution dont il est parlé à l'art. 1660 du Code civil, par l'offre d'une subrogation, surtout si cette subrogation ne présente ni la même sûreté, ni la même commodité à l'acquéreur. 20 mai 1845. 392

25. L'acquéreur qui a pris à sa charge les frais de l'instance en purgation d'hypothèque, ne peut, en prétextant l'existence d'inscriptions hypothécaires sur le fonds acquis, se refuser au paiement du prix, ni exiger caution. 13 mai 1812. 112

26. L'acheteur qui a pris charge de payer le prix de vente aux créanciers du vendeur que ce dernier désignerait, ne peut contredire la désignation faite.
Il est déchu de la faculté de purger et de retenir le prix de vente, en conformité de l'art. 1660, s'il résulte des circonstances qu'il s'est contenté des sûretés qui lui sont garanties dans l'acte de vente.
27 mai 1845. 291

27. Le débiteur qui vend ses biens avec charge d'acquitter toutes ses dettes hypothécaires, est censé stipuler au profit de ses créanciers.
L'acheteur qui acquiert à cette condition, est obligé personnellement au paiement des dettes hypothécaires, et ne peut s'y soustraire en introduisant une instance en purgation hypothécaire.
14 août 1817. 155

28. Le vendeur qui a pris charge de justifier de la liberté du fonds, n'est pas tenu de remplir les formalités de la transcription et de la purgation.
Il lui suffit de prouver que les inscriptions existantes ne peuvent affecter l'immeuble vendu.
1er mars 1844. 220

29. Lorsque le vendeur a garanti l'immeuble libre de toutes hypothèques, l'acheteur peut se retenir le prix s'il découvre quelque hypothèque, même du chef des précédents propriétaires.
Pour exiger le prix, le vendeur doit, en conséquence, produire des certificats négatifs du bureau de la conservation des hypothèques, ou justifier de l'extinction de toutes les hypothèques constituées dans les 30 ans qui ont précédé la vente.
19 juin 1846. 368

§ 6. Des obligations du vendeur.

29 bis. Le vendeur est tenu de délivrer l'objet vendu ; le billet sous seing-privé par lequel l'acheteur se serait chargé des frais d'un procès à intenter, pour obtenir la délivrance des biens vendus, ne peut affranchir le vendeur de cette obligation. Cette convention forme une dérogation au contrat de vente, et doit être rédigée en acte authentique.
23 avril 1817. 128

30. La vente d'un immeuble désigné par numéros et confins, avec stipulation expresse que le vendeur n'entend vendre que les immeubles échus à son lot, dans un partage déterminé, cette vente n'opère point translation de la propriété des numéros désignés, s'ils ne sont pas les mêmes qui lui sont échus dans le partage.
Elle ne forme pas juste titre pour fonder prescription de 10 et de 20 ans.
L'acheteur, en jouissant des numéros désignés dans

l'acte, n'a pas même pu les acquérir par prescription trentenaire. 13 juin 1846. 366

31. La vente d'un immeuble déterminé pour un prix fixé dans l'acte, avec stipulation qu'il est fixé à raison de tant la toise, et qu'il pourra être augmenté ou diminué après mensuration, est une vente parfaite, même en droit romain.

La faculté de mesurer est prescrite par le laps d'une année dès la mise en vigueur du Code civil, lorsque la vente a été consentie avant cette époque et sous les lois romaines, qui n'admettaient que la prescription de trente ans. 28 juin 1845. 301

32. L'action en supplément, ou en réduction de prix, se prescrit par un an, lorsque la vente d'un immeuble a été consentie pour un prix déterminé, à raison de tant la mesure, sauf à faire raison de la différence.

Cette disposition est applicable soit que les parties aient réservé expressément la faculté de faire procéder à mensuration, soit qu'elles aient gardé le silence à cet égard. 13 février 1846. 333

V. ADJUDICATION, 2 *bis.* APPLICATION, 1, 2, 3. BAIL, 5, 6. COMMUNAUTÉ, 2. CONTRAT PIGNORATIF, 1 et suiv. CONVENTION, 2, 3. DATE CERTAINE, 1. DÉMENCE. DONATION, 3, 4, 5, 6, 7. DOT, 2, 3, 4. DOT CONGRUE, 17, 18. ÉVICTION, GARANTIE, 1, 2, 3, 4. LÉSION, 1 et suiv. MINEUR, 2, 3. ORDRE, 7. PASSAGE, 7, 9, 11. PÉRIL D'ÉVICTION. PURGE, 1 et suiv. RACHAT, 1 et suiv. SURENCHÈRE, 1 et suiv. TIERS-DÉTENTEUR, 1 et suiv.

VEUVE. V. DEUIL, 1, 2.

VIDUITÉ.

A teneur des R. C., les avantages faits en faveur de son conjoint, par l'époux qui laisse des descendants, sont toujours censés faits sous la condition de viduité. Sont compris sous le nom de descendants, à l'effet de cette disposition, tous les enfants de l'époux prédécédé, même ceux qui seraient issus d'un précédent mariage. 20 décembre 1841. 121

VILETÉ DE PRIX. V. CONTRAT PIGNORATIF, 1 et suiv. LÉSION, 13, 14, 15, 16, 17.

VIOLON. V. CONVENTION, 2.

VOIE DE FAIT.

Les complices et les instigateurs d'une voie de fait sont tous solidairement responsables des dommages envers la partie lésée.

Le père est responsable du fait de son fils non émancipé, et le maître de celui de son domestique, s'ils en ont eu connaissance et ont pu l'empêcher. 4 août 1838. 5

VOISINAGE. V. ATELIER.

VOITURE PUBLIQUE. V. POSTES, 1.

VUE. V. TERRASSE.

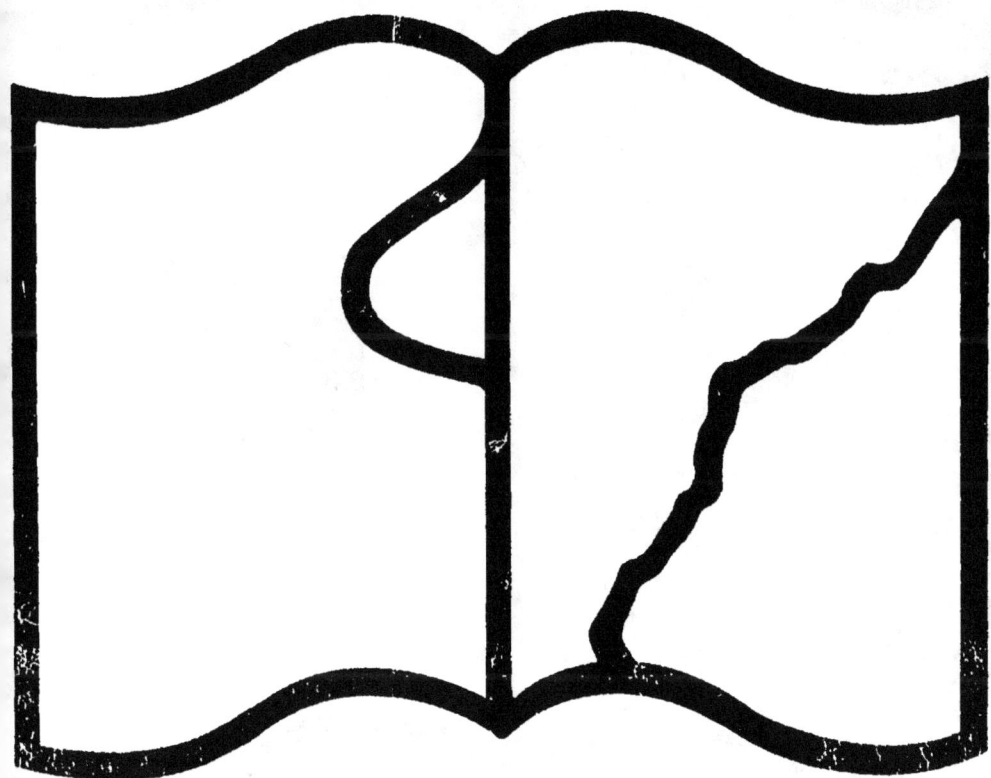

Texte détérioré — reliure défectueuse

NF Z 43-120 11

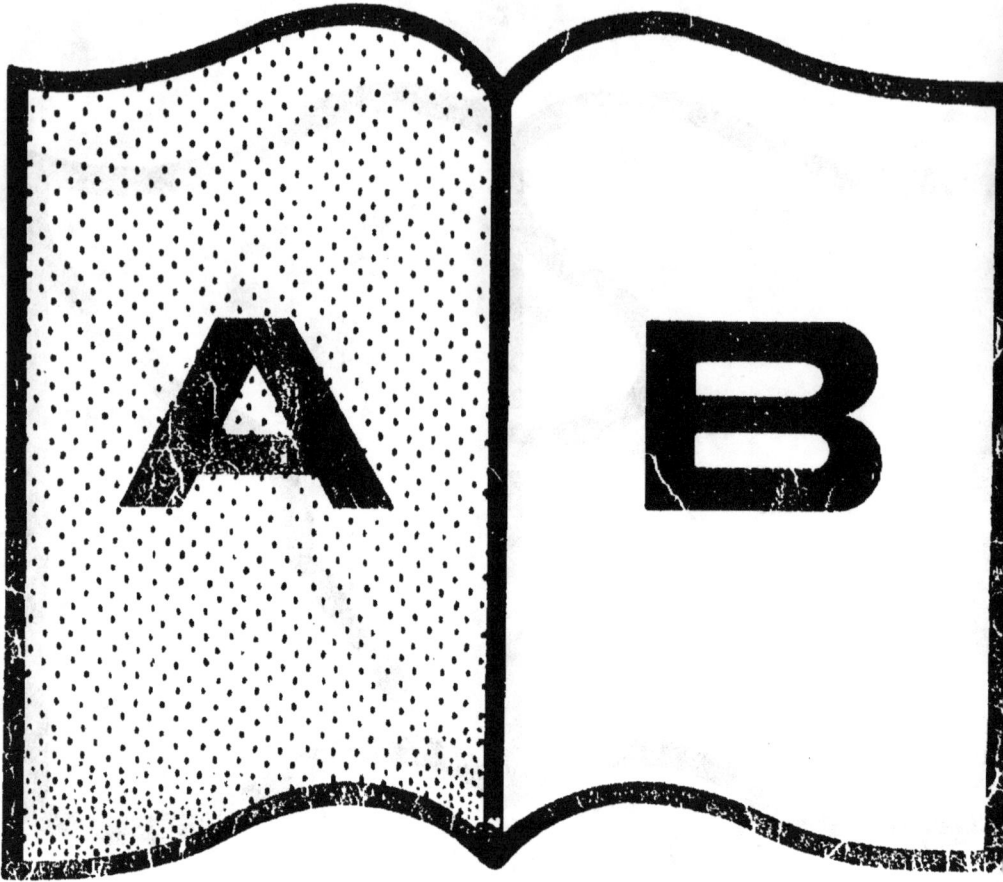

Contraste insuffisant

NF Z 43-120-14